考古学談叢

東北大学大学院文学研究科考古学研究室
須藤隆先生退任記念論文集刊行会 編

六一書房

須藤　隆先生

献呈の辞

　本年3月、須藤隆先生は定年退任を迎えられました。

　東北大学文学部考古学研究室の設立は1957年であり、本年で50周年を迎えます。須藤先生におかれましては、奈良国立文化財研究所に転出した4年を除いても約40年をこの研究室で過ごされ、それは研究室の歴史の8割の年数に及びます。以下にお示しします先生の略歴は、まさにこの研究室の歴史を辿るものであります。

　須藤先生は、東北大学文学部考古学研究室の学生であった1960年代より、恩師である伊東信雄先生からは東北先史古代史の解明、もう一人の恩師である芹沢長介先生からは旧石器時代・縄文時代の解明という課題を受け継ぎ、研究を開始されました。

　大学院を経て助手に就任された先生は、大学紛争のさなか管理職に就かれた伊東先生を補佐し、教授であった芹沢先生と、同じく助手であった横山英介先生と協力し、研究室運営にはげまれました。

　その後、1974年に奈良国立文化財研究所に転出されると、坪井清足先生、佐原眞先生、田中琢先生をはじめとする関西在住の研究者に強い刺激を受けるとともに、平城京、伯耆国政庁等の調査を担当され、歴史考古学の経験を深められました。1978年に東北大学に助教授に就任し、熱心に研究と教育に取り組まれ、数多くの門下生を育てられました。

　先生の主たる問題意識は、文化変化、社会変動、経済活動の解明に向けられ、遺物・遺構の詳細な調査に基づき、実証的に論考を重ねるという堅実な研究姿勢を守って研究を続けられました。時に、その熱心さゆえ体調を崩されることさえありました。身を削るようにして取り組まれた研究成果は、1998年に『東北日本先史時代文化変化・社会変動の研究』という著作に結実されました。

　先生が主体的に発掘調査をされた遺跡には、青森県瀬野遺跡、岩手県前田遺跡、高梨遺跡、鍬形遺跡、中神遺跡、宮城県中沢目貝塚、山王囲遺跡、木戸脇裏遺跡、皿貝貝塚、土浮貝塚、東浦遺跡、兀山窯跡、福島県墓料遺跡、慧日寺、山形県上ミ野A遺跡、新潟県荒屋遺跡などが挙げられます。これらの発掘と資料整理、論文や報告書の発表を通じてフィールドワークの重要性を説きなが

ら、数多くの学生を教え育てられました。

　また、1983年の東北大学埋蔵文化財調査室設立に尽力し、調査室長として仙台城二の丸、青葉山遺跡群等の調査を指導されて来ました。そして、1994年に東北大学埋蔵文化財調査研究センターとして改組された後も、センター長として尽力されてきました。

　教授の退任を記念し、御学恩に応える気持ちを示すため、先生の薫陶を得た門下生一同より論集『考古学談叢』として奉呈することと致しました。先生の益々の御健勝と御研究の発展を、心より祈念申し上げます。

平成19年3月吉日
須藤隆先生退任記念論文集刊行会発起人一同
阿子島香、菊地芳朗、関根達人、富岡直人、藤澤敦、柳田俊雄

考古学談叢

目　次

献呈の辞
須藤隆先生年譜
須藤隆先生著作目録

後期旧石器時代初頭～前半における小型台形剥片の生産
　　―岩手県奥州市胆沢区上萩森遺跡IIb文化石器群における剥片生産の様相―……小野章太郎　1

北海道タチカルシュナイ第V遺跡の石器製作技術
　　―C地点下層出土資料の分析―………………………………………………………村上　裕次　25

活動痕跡の重複する後期旧石器時代遺跡研究の視点と方法
　　―山形県新庄市上ミ野A遺跡の分析―………………………………………………羽石　智治　59

東北日本の「ホロカ技法」細石刃石器群の実相………………………………………佐久間光平　85

原産地遺跡における遺跡間変異研究
　　―北海道遠軽町白滝遺跡群出土の小型舟底形石器石器群を対象として―………鈴木　宏行　109

細石刃集団の移動と生業活動―細石刃の二次加工にみる遺跡間の関係から―……鹿又　喜隆　131

早水台遺跡第6次・7次調査出土縄文早期土器群の研究………………………………原田　雄紀　151

相双地域における前期前葉縄文土器の変遷………………………………………………早瀬　亮介　161

宮城県における縄文時代前期後葉の土器に関する一考察
　　―嘉倉貝塚出土土器を中心として―…………………………………………………千葉　直樹　183

東北地方中期縄文文化における地域性の研究
　　―宮城県登米市浅部貝塚出土土器の分析を中心として―…………………………菅原　哲文　213

大木式土器情報の移動と模倣―把手付突起の広域比較から―………………………水沢　教子　239

東北地方縄文時代中期後半土器の研究―器形変化に関する属性分析―……………菅野　智則　265

大洞系・類大洞系・非大洞系土器の検証
　　―道南・道央における縄文晩期初頭の土器型式構造―……………………………関根　達人　287

晩期縄文土器文様における単位と割付に関する一考察
　　―久原コレクションの分析から―……………………………………………………市川　健夫　313

長野県安曇野地域における縄文文化の終末……………………………………………土屋　和章　339

鹿角製湾曲有孔尖頭器及び湾曲尖頭器の製作技術………………………………………会田　容弘　355

石匙の使用痕分析―植物加工道具としての石匙についての考察―……………………高橋　哲　369

角のある鹿―愛知県朝日遺跡におけるニホンジカの資源利用―………………………山崎　健　389

円筒土器文化圏における食料獲得活動の地域性 ―青森県東北町東道ノ上（3）遺跡出土動物遺存体の分析―	斉藤　慶吏	409
岩手県大船渡市大洞貝塚における縄文時代後晩期の狩猟漁撈活動	氷見　淳哉	431
日本における先史家畜論―イノシシ・ブタ頭蓋の研究を中心として―	富岡　直人	447
微小骨片の古組織学的検討による動物種類の同定 ―岩手県中神遺跡出土骨片の分析―	奈良　貴史・澤田　純明	467
縄文時代中期における宮城県内の遺跡数の推移について	相原　淳一	477
軒を連ねた縄文ムラ―青森平野東部の環状配列掘立柱建物群―	永嶋　豊	493
縄文時代葬制・墓制の地域的理解にむけて ―北上川上流域の中・後期遺跡の分析を通じて―	小原　一成	517
宮戸島里浜貝塚より発見せられた弥生土器	日下　和寿	531
福島県内における弥生時代墓制研究の動向	田中　敏	577
多賀城創建期の須恵器	櫻井　友梓	593
仙台市土手内窯跡出土「加工焼台」をめぐって	奈良　佳子	613
青森県内における五所川原産須恵器の流通	藤原　弘明	629
陸奥国分寺跡出土瓦について―軒瓦と瓦生産からみた国分寺の変遷―	渡邊　泰伸	643
元慶の乱と古代地域社会 ―秋田平野における古代集落遺跡の分析を中心として―	神田　和彦	665
方割石に関する検討―北上川中流域における様相―	高木　晃	695
原史・古代の内陸漁撈	種石　悠	715
内耳の摩滅痕からみた内耳土器から焙烙への変化―房総の資料を中心に―	簗瀬　裕一	737
中世都市尾道における貿易陶磁器の変遷	西井　亨	757
中世奥羽の陶器生産と流通	山口　博之	769
青森県の中世墓研究における現状と課題	竹ヶ原　亜希	789
北方先住民の儀礼―その起源と変容―	高橋　理	813
考古学における進化論の展開	高木　暢亮	829

執筆者一覧

編集後記

須藤隆先生　年譜

1962 年
　　岩手県立盛岡第一高等学校　卒業
　　東北大学文学部　入学

1963 年
　　宮城県多賀城跡　発掘調査（1 次）

1964 年
　　宮城県多賀城跡　発掘調査（2 次）
　　福島県会津大塚山古墳　発掘調査

1965 年
　　宮城県多賀城跡　発掘調査（3 次）
　　宮城県山王囲遺跡　発掘調査（1・2 次）
　　宮城県鷹巣古墳群　発掘調査（1・2 次）

1966 年
　　東北大学文学部　卒業
　　青森県二枚橋遺跡　発掘調査
　　宮城県多賀城廃寺跡　発掘調査（3 次）
　　栃木県星野遺跡　発掘調査（2 次）
　　宮城県鷹巣古墳群　発掘調査（3 次）

1967 年
　　宮城県多賀城廃寺跡　発掘調査（4 次）
　　宮城県沼津貝塚　発掘調査
　　宮城県三十三間堂遺跡　発掘調査

1968 年
　　東北大学大学院文学研究科（修士課程）　修了
　　宮城県長根貝塚　発掘調査
　　宮城県多賀城廃寺跡　発掘調査（5 次）
　　新潟県田沢遺跡　発掘調査

1969 年
　　東北大学大学院文学研究科（博士課程）　中退
　　東北大学文学部助手　着任
　　青森県瀬野遺跡　発掘調査
　　福島県福楽沢遺跡　発掘調査

1970 年

福島県鳥内遺跡　発掘調査

1971 年

　福島県柏山遺跡　発掘調査

1972 年

　宮城県中沢目貝塚　試掘調査

　北海道タチカルシュナイ遺跡　発掘調査

1973 年

　宮城県中沢目貝塚　発掘調査（1 次）

　北海道聖山遺跡　発掘調査（1 次）

　岩手県碁石遺跡　発掘調査

1974 年

　奈良国立文化財研究所　平城宮跡発掘調査部考古第三調査室　転任

1975 年

　平城宮左京八条三坊等　発掘調査

1976 年

　奈良国立文化財研究所　平城宮跡発掘調査部考古第二調査室　配置換

　島根県伯耆国庁跡等　発掘調査

1977 年

　奈良国立文化財研究所　歴史研究室　併任　（～1978）

1978 年

　東北大学文学部助教授　転任

　栃木県星野遺跡　発掘調査

1979 年

　宮城県中沢目貝塚　発掘調査（2 次）

1980 年

　福島県墓料遺跡　発掘調査

　講演　「稲作農耕の開始と弥生文化」　放送による東北大学開放講座「発掘された古代
　　史」

1981 年

　山形県大井沢遺跡　発掘調査

1982 年

　福島県墓料遺跡　発掘調査

　仙台城二の丸　発掘調査

1983 年

　東北大学教養部　非常勤講師

岩手県高梨遺跡　発掘調査

1984 年

山形県尾花沢市周辺遺跡の踏査

岩手県前田遺跡　試掘調査

宮城県中沢目貝塚　発掘調査（3 次）

1985 年

岩手県前田遺跡　発掘調査（1 次）

山形県大石田町　試掘調査

1986 年

山形大学教育学部　非常勤講師

仙台市制 100 周年記念出版物「仙台の歴史」編集委員会委員　（～1988）

宮城県中沢目貝塚　発掘調査（4 次）

山形県上ミ野 A 遺跡　試掘調査

山形県新庄市周辺遺跡　踏査

岩手県宮古市～石巻市周辺貝塚　踏査

1987 年

京都大学文学部　非常勤講師

八戸新都市開発整備事業地域内発掘調査指導委員　（～1988）

宮城県皿貝貝塚　試掘・発掘調査

山形県上ミ野 A 遺跡　発掘調査（1 次）

岩手県前田遺跡　試掘調査

1988 年

東北大学文学部教授　昇任

広島大学文学部　非常勤講師

国史跡払田柵跡環境整備事業に係る払田柵跡環境整備審議会委員　（～1989）

宮城県石巻市周辺貝塚　踏査

岩手県前田遺跡　発掘調査（2 次）

新潟県荒屋遺跡　発掘調査（2 次）

研究発表　「北上川下流域における貝塚調査―中沢目貝塚 3、4 次調査―」　日本考古学
　　協会　（高橋理・佐々木務・富岡直人と連名）

1989 年

八戸新都市開発整備事業地域内発掘調査指導委員　（～1990）

国史跡中沢目貝塚保存計画委員会委員　（～1990）

岩手県前田遺跡　発掘調査（3 次）

新潟県荒屋遺跡　発掘調査（3 次）

研究発表　「中沢目貝塚における貝殻成長線分析 (2)」　東北史学会　（富岡直人と連名）

1990 年

払田柵跡環境整備審議会委員　（～1991）

国史跡慧日寺跡調査・保存・整備指導委員会委員　（～現在）

新仙台市史編纂専門調査分析委員　（～1992）

岩手県中神遺跡　発掘調査（1・2次）

岩手県鍬形遺跡　発掘調査

研究発表　「新潟県荒屋遺跡」　第3回東日本の旧石器を語る会　（芹沢長介・會田容弘と連名）

1991 年

九州大学文学部　非常勤講師

宮城県文化財保護審議会委員会　（～1992）

福島県慧日寺関連遺跡　分布調査

岩手県中神遺跡　発掘調査（3次）

山形県上ミ野A遺跡　発掘調査（2次）

研究発表　「亀ヶ岡式土器の成立過程について」　東北史学会　（関根達人と連名）

研究発表　「東北地方弥生文化の展開と地域性」　日本考古学協会　（工藤哲司と連名）

1992 年

東北学院大学　非常勤講師

払田柵跡環境整備審議会委員　（～1993）

仙台市史編纂専門調査分析委員　（～現在）

宮城県東裏遺跡・天王囲遺跡等　踏査

福島県慧日寺遺跡　踏査

岩手県中神遺跡　発掘調査（4次）

宮城県木戸脇浦遺跡　発掘調査

宮城県蔵王山麓遺跡群　分布調査

研究発表　「亀ヶ岡式土器成立過程の研究」　東北大学文学部考古学研究会第6回例会　（関根達人と連名）

研究発表　「亀ヶ岡式土器の成立過程について―岩手県玉山村前田遺跡二・三次調査―」　日本考古学協会春季大会　（関根達人と連名）

1993 年

名古屋大学文学部　非常勤講師

宮城県東裏遺跡　発掘調査

福島県慧日寺　発掘調査

宮城県土浮貝塚　発掘調査

岩手県中神遺跡　発掘調査（5次）

研究発表　「宮城県岩出山町木戸脇裏遺跡の発掘調査」　国立歴史民俗博物館研究会　（富岡直人と連名）

研究発表　「考古学における貝殻成長線分析の応用」　東京大学海洋学研究会　（富岡直人と連名）

研究発表　「阿武隈川下流域における縄文時代貝塚の研究」　東北史学会　（富岡直人と連名）

1994年

東北大学埋蔵文化財調査研究センター長　併任　（～2002）

宮城県文化財保護審議会委員会　（～1998）

東北歴史博物館（仮称）運営検討委員会委員　（～1999）

岩手県中神遺跡　発掘調査（6次）

研究発表　「亀ヶ岡文化終末期の研究―岩手県花泉町中神遺跡の調査から―」　東北大学考文学部古学研究会第11回例会

研究発表　「晩期縄文時代の生業活動―河北町皿貝貝塚の研究―」　東北史学会　（氷見淳哉と連名）

1995年

宮城県教育委員会特別名勝松島保存管理計画策定専門委員会委員　（～1997）

大船渡市史跡等保存整備検討委員会委員　（～1997）

宮城県山王囲遺跡　発掘調査（1次）

研究発表　「Subsistence activities in the Final Jomon society in northeasten Japan」　From the Jomon to Star Carr　（富岡直人と連名）

1996年

里浜貝塚発掘調査指導委員会　（～1997）

国史跡「山王囲遺跡」整備指導委員会委員

宮城県山王囲遺跡　発掘調査（2次）

岩手県中神遺跡　発掘調査（7次）

研究発表　「東北地方における弥生文化成立期の研究」　東北大学文学部考古学研究会第12回例会

研究発表　「北上川流域における縄文文化晩期終末の研究―岩手県花泉町中神遺跡1～5次調査成果を中心に―」　日本考古学協会第62回総会　（富岡直人と連名）

講演　「貝塚からみた縄文文化」　長町市民大学

講演　「考古学と自然科学」　慧日寺資料館講演

1997年

文部省在外研究にてアメリカ　ネブラスカ大学人類学部等に海外出張

大洞貝塚発掘調査指導委員　（～1999）

宮城県山王囲遺跡　発掘調査（3次）

研究発表　「北アメリカ先史プエブロ文化について」　東北大学文学部考古学研究会第19回例会

1998年

仙台市文化財保護審議会委員　（～現在）

文化審議会専門委員（文化財分科会）　（～現在）

宮城県山王囲遺跡　発掘調査（4次）

研究発表　「仙台市芦ノ口遺跡の縄文時代晩期の粘土採掘坑群」　東北史学会　（藤沢敦・関根達人と連名）

講演　「考古学資料―太鼓の鼓動が聞こえる―」　東北地区大学放送公開講座「東北大学の宝物貴重収蔵物―総合学術博物館への招待―」

1999年

博士（文学）（東北大学）　取得

里浜貝塚発掘調査指導委員会　（～2000）

岩手県南部地域縄文時代遺跡　踏査

宮城県山王囲遺跡　発掘調査（5次）

研究発表　「山王囲遺跡における集落の変遷」　東北史学会　（阿子島香・柳田俊雄・氷見淳哉・大場亜弥と連名）

講演　「弥生時代の東北地方―その文化と社会―」　宮城県考古学会総会・講演会・研究発表会

2000年

東北大学大学院文学研究科教授　配置換

国史跡「山王囲遺跡」整備指導委員会委員　（～2001）

山形県上ミ野A遺跡　発掘調査（3次）

研究発表　「胎土分析からみた土器の移動」　宮城県考古学会総会・研究発表会　（石井慶造・松山成男・京野恵子と連名）

研究発表　「縄文・弥生時代における集団と物資の交流―北上山系南部における集落遺跡の研究―」　東北大学文学部考古学研究会第35回例会　（菅野智則と連名）

研究発表　「縄文時代における漆器・土器における顔料」　色の考古学的研究とそれ関わる科学的手法に関する日仏コロキウム

2001年

（財）齋藤報恩会評議員　（～2003）

郡山遺跡調査指導委員会委員　（～2006）

岩手県大洞貝塚　発掘調査

大分県早水台遺跡　発掘調査（6・7次）

宮城県兀山窯跡　測量調査

ロシア　クヅネツォーボ遺跡　踏査

研究発表　「土器の移動―東北地方における前期弥生時代遠賀川系土器について―」　東北大学文学部考古学研究会第39回例会

講演　「基調講演：大船渡周辺の貝塚について」　三陸海岸シンポジウム―水産ルーツ三陸の貝塚―

2002年

宮城県文化財保護審議会委員会　（～現在）

大船渡市史跡等保存整備検討委員会委員　（～現在）

史跡座散乱木遺跡に関する調査研究委員　（～2003）

博物館協議会委員　（～2004）

岩手県大洞貝塚　発掘調査

大分県早水台遺跡　発掘調査（8次）

2003年

放送大学　非常勤講師

国史跡「山王囲遺跡」整備指導委員会委員　（～2006）

青森県史編さん執筆協力者　（～2004）

講演　「考古学からみた物のかたちと機能―縄文土器のかたち・弥生土器のかたち―」　東北大学総合学十博物館平成14年度公開講座　「かたちの探訪」

講演　「慧日寺伽藍と出土土器について」　慧日寺資料館公開講座

2004年

千葉大学文学部　非常勤講師

多賀城跡調査研究指導委員会委員　（～2006）

宮城県兀山窯跡　測量調査

講演　「東北日本弥生農耕社会の成立と展開」　東北文化公開講演会

2005年

宮城県多賀城跡調査研究委員会委員　（～現在）

2006年

宮城県兀山窯跡　試掘調査

須藤隆先生　著作目録

各年度ごとに、著書（共著を含む）、論文、調査研究報告（資料紹介など含む）、講演・学会発表、その他の著作の順で収録した。

1968 年
「新潟県田沢遺跡の発掘調査予報」『考古学ジャーナル』27　ニューサイエンス社　pp. 6-9　（芹沢長介と共著）

1969 年
「青森県大畑町二枚橋遺跡出土の土器・石器について」『考古学雑誌』56 巻 2 号　日本考古学会　pp. 10-63

『宮城県遠田郡涌谷町長根貝塚調査概報』宮城県文化財調査報告書 19　宮城県教育委員会　（伊東信雄と共著）

1970 年
「秋田県大曲市宇津ノ台遺跡の弥生式土器について」『文化』33 巻 3 号　東北大学文学会　pp. 72-108

1971 年
『郡山市福楽沢遺跡発掘調査報告書』　郡山市教育委員会　（伊東信雄と共著）

「多賀城跡調査報告 1」『考古学ジャーナル』57　ニューサイエンス社　p. 28

1972 年
『郡山市柏山遺跡発掘調査報告書』　郡山市教育委員会　（伊東信雄と共著）

1973 年
「土器組成論」『考古学研究』19 巻 4 号　考古学研究会　pp. 62-89

『タチカルシュナイ遺跡 1972』　北海道遠軽町教育委員会　（吉崎昌一ほかと共著）

『文化財保護を考える』　石巻市古代文化研究会・石巻日日新聞社　（杉良平ほか座談会録）

1974 年
「青森県二枚橋遺跡の打製石偶について」『伊東信雄教授還暦記念論集　日本考古学・古代史論集』　吉川弘文館　pp. 89-118

1975 年
「石鏃の装着された根鋏みについて」『文化』第 38 巻第 3・4 号　東北文学会　pp. 300-301　（黒川利司と共著）

1976 年
「亀ヶ岡土器の終末と東北地方における初期弥生土器の成立」『考古学研究』23 巻 2 号　考古学研究会　pp. 25-50

『伯耆国庁跡発掘調査概報（第 3 次）』　倉吉市教育委員会　（佐藤興治ほかと共著）

『平城京左京八条三坊発掘調査概報　東市周辺東北地域の調査』　奈良県　（佐藤興治ほかと共著）

「奈良時代の遺物　瓦」『平城京左京八条三坊発掘調査概報』　奈良県　pp. 28-29

1977年

「平城宮跡の調査」『奈良国立文化財研究所年報1977』　奈良国立文化財研究所　pp. 21-37　（清水真一と共著）

1979年

「東日本における弥生時代初頭の墓制について」『文化』43巻1・2号　東北大学文学会　pp. 25-50

1980年

「宮城県刈田郡蔵王町松川流域における弥生時代遺跡の分布調査（1）」『籾』2　弥生時代研究会　pp. 21-36　（長谷川真ほかと共著）

「弥生時代研究の動向　東日本」『日本考古学年報』31（1978年版）　日本考古学協会　pp. 19-22

「稲作農耕の開始と弥生文化」『発掘された古代史』　東北大学教育学部附属大学教育開放センター　pp. 97-120

1981年

「是川堀田遺跡出土の籾圧痕土器について」『是川中居・堀田遺跡発掘調査報告書』八戸市埋蔵文化財調査報告書5　八戸市教育委員会　pp. 28-29

「東北北部の弥生土器」『縄文土器大成』5　講談社　pp. 100-102

『福島県会津若松市墓料遺跡1980年度発掘調査概報　遺構編』　会津若松市教育委員会　（編著）

1982年

「弥生文化の伝播と恵山文化の成立」『芹沢長介先生還暦記念論文集　考古学論叢』1　東出版　pp. 309-369

『瀬野遺跡』　東北考古学会　（伊東信雄と共著）

『東北大学文学部考古学資料図録』2弥生時代担当　東北大学文学部

1983年

「東北地方の初期弥生土器」『考古学雑誌』68巻3号　日本考古学会　pp. 1-53

「東北地方における弥生時代農耕社会の成立と展開」『宮城の研究』1　清文堂出版　pp. 238-309

「宮城県中沢目貝塚の調査」『日本考古学協会第49回総会研究発表会資料』　日本考古学協会　pp. 16-17（小林和彦ほかと共著）

1984年

「富沢水田遺跡泉崎地区出土石包丁」『富沢水田遺跡』仙台市文化財調査報告書67　仙

台市教育委員会　pp. 213-216　（阿子島香と共著）

「下ノ内浦遺跡 SK2 土壙出土の石包丁」『仙台市高速鉄道関係遺跡調査概報 3』仙台市文化財調査報告書 69　仙台市教育委員会　pp. 59-66　（阿子島香と共著）

「北上川流域における晩期前葉の縄文土器」『考古学雑誌』69 巻 3 号　日本考古学会　pp. 1-51

「東北における稲作の開始」『考古学ジャーナル』228　ニューサイエンス社　pp. 15-20

「亀ヶ岡文化の終末と農耕文化の開始」『縄文から弥生へ』　帝塚山考古学研究所　pp. 99-106

『中沢目貝塚―縄文時代晩期貝塚の研究―』　東北大学文学部考古学研究会　（編著）

『福島県会津若松市墓料遺跡-1980 年度発掘調査報告書』　会津若松市教育委員会　（編著）

『福島県会津若松市墓料遺跡-1982 年度発掘調査報告書』　会津若松市教育委員会　（編著）

「1983 年の動向　弥生時代（東日本）」『考古学ジャーナル』232　ニューサイエンス社　pp. 48-54　（山岸良二と分担執筆）

1985 年

「東北地方における縄文集落の研究」『東北大学考古学研究報告』1　東北大学文学部考古学研究室　pp. 1-36

『山王囲遺跡調査図録』　一迫町教育委員会　（伊東信雄と共著）

『東北大学埋蔵文化財調査年報』1　東北大学埋蔵文化財調査委員会　（監修）

「北上川流域における先史集落の調査―岩手県高梨遺跡発掘調査報告―」『東北大学考古学研究報告』1　東北大学文学部考古学研究室　pp. 91-145　（共著）

「国内城」『好太王碑』pp. 55-60　ぎょうせい

1986 年

「東北」『岩波講座　日本考古学―日本考古学の現状と課題―』別巻 1　岩波書店　pp. 155-197　（加藤稔と分担執筆）

「弥生土器の様式」『弥生文化の研究』3　雄山閣　pp. 11-26

「弥生・続縄文時代」『発掘が語る日本史』1　新人物往来社　pp. 114-179

『東北大学埋蔵文化財調査年報』2　東北大学埋蔵文化財調査委員会　（監修）

『中沢目貝塚―第 3 次調査概報』　東北大学文学部考古学研究会　（編著）

『奈良国立文化財研究所基準資料 III 瓦編 3』　奈良国立文化財研究所

「青葉丘陵における従来の調査」『東北大学埋蔵文化財調査年報』2　東北大学埋蔵文化財調査委員会　pp. 1-3

「縄文時代研究の動向　東日本」『日本考古学年報』36（1983 年版）　日本考古学協会　pp. 12-16

1987年

「東日本における弥生文化の受容」『考古学雑誌』73巻1号　日本考古学会　pp. 1-42

「東日本における弥生文化の成立と展開」『弥生文化の研究』4　雄山閣　pp. 201-216

1988年

「東北地方における縄文と弥生の境」『季刊考古学』23　雄山閣　pp. 23-29

「東北地方における縄文時代貝塚の研究」『昭和62年度科学研究費補助金（一般研究B）研究成果報告書　課題番号61450053』

1990年

「東北地方における弥生文化」『考古学古代史論攷―伊東信雄先生追悼―』　今野印刷株式会社　pp. 243-322

「縄文時代生業の論点と課題」『争点日本の歴史』1原始編　新人物往来社　pp. 124-140（富岡直人と共著）

『東北大学埋蔵文化財調査年報』3　東北大学埋蔵文化財調査委員会　（監修）

『荒屋遺跡―第2・3次発掘調査概報』　川口町教育委員会　（芹沢長介ほかと編著）

「研究紹介「縄文貝塚の研究」」『東北大学学報』1263　東北大学事務局広報調査課　pp. 1-4

1991年

「東北地方における遠賀川式土器」『吉野ヶ里遺跡と東北の弥生』　仙台市博物館　pp. 83-89

「東北地方弥生文化の展開と地域性」『北からの視点』　今野印刷株式会社　pp. 97-114（工藤哲司と共著）

「序文」『宝ヶ峯』　財団法人齋藤報恩会

1992年

「東北地方における縄文時代貝塚の研究」『国立歴史民俗博物館研究報告』29　国立歴史民俗博物館　pp. 245-297

「東北地方における晩期縄文土器の成立過程」『東北文化論のための先史学歴史学論集』　今野印刷株式会社　pp. 655-707

「弥生社会の成立と展開」『新版古代の日本』9　角川書店　pp. 75-104

『東北大学埋蔵文化財調査年報』4・5　東北大学埋蔵文化財調査委員会　（監修）

「亀ヶ岡式土器の成立過程について―岩手県玉山村前田遺跡2・3次調査―」『日本考古学協会第58回総会研究発表要旨』日本考古学協会　pp. 38-40　（関根達人と共著）

1993年

「亀ヶ岡文化終末の研究―岩手県花泉町中神遺跡の調査―」『考古学ジャーナル』368　ニューサイエンス社　pp. 31-36　（津島知弘と共著）

「縄文時代の土製仮面―その様式のうつりかわり―」『白い国の詩』448　東北電力　pp.

18-21

「亀ヶ岡文化研究の視点」『考古学ジャーナル』368　ニューサイエンス社　pp. 2-5

『東北大学埋蔵文化財調査年報』6　東北大学埋蔵文化財調査委員会　（監修）

「東北地方弥生文化の成立と変遷」『東北からの弥生文化』　福島県立博物館　pp. 1-6

「山王囲遺跡の学術的意義」『新・縄文創世記』　一迫町　pp. 2-5

1994年

「晩期前葉・中葉における亀ヶ岡系土器の波及」『縄紋晩期前葉―中葉の広域編年　平成4年度科学研究費補助（総合A）研究成果報告書　課題番号04301049』北海道大学文学部　pp. 10-15

「貝塚からみた縄文時代の生業」『縄文にみる東北のこころ』　河北新報社　pp. 120-145

『東北大学埋蔵文化財調査年報』7　東北大学埋蔵文化財調査委員会　（監修）

『土浮貝塚平成5年度調査概報』角田市文化財調査報告書13　角田市教育委員会　（編著）

「東北地方弥生文化の展開と地域性」『北日本の考古学』　吉川弘文館　pp. 52-71　（工藤哲司と共著）

「あとがき」『北日本の考古学』　吉川弘文館　pp. 245-248　（桑原滋郎と共著）

「北方の古代文化」『北日本の考古学』　吉川弘文館　pp. 1-5

「市史編さんこぼれ話8　複式炉と縄文ムラの規模」『仙台市政だより』1477　仙台市　p. 17

「『特別編2考古資料』の刊行によせて」『市史せんだい』4　仙台市博物館　p. 142

1995年

「はじめに」『仙台市史』特別編2　考古資料　仙台市　pp. VIII-X

「弥生時代解説」『仙台市史』特別編2　考古資料　仙台市　pp. 168-173

「南小泉遺跡」『仙台市史』特別編2　考古資料　仙台市　pp. 174-181

「船渡前遺跡」『仙台市史』特別編2　考古資料　仙台市　pp. 200-203

「西台畑遺跡」『仙台市史』特別編2　考古資料　仙台市　pp. 212-213

『縄文時代晩期貝塚の研究2―中沢目貝塚II―』　東北大学文学部考古学研究会　（編著）

「市史編さんこぼれ話21　郡山遺跡出土の鴟尾」『仙台市政だより』1490　仙台市　p. 17

「仙台のごみ・し尿・下水処理の歴史を語る」『市史せんだい』5　仙台市博物館　pp. 4-47　（岩本由輝ほか座談会録）

1996年

「中在家南遺跡出土弥生石器の分析」『中在家南遺跡他』仙台市文化財調査報告書213　仙台市教育委員会　pp. 167-200　（佐藤道子ほかと共著）

「亀ヶ岡文化の発展と地域性」『日本文化研究所研究報告』別巻33　東北大学文学部日

本文化研究施設　pp. 1-40

『国指定山王囲遺跡発掘調査報告書』　一迫町教育委員会　（編著）

「東日本における弥生文化成立過程の研究」『平成7年度科学研究費補助金（一般研究B）研究成果報告書　課題番号05451071』

「亀ヶ岡式土器成立過程の研究」『考古学の方法―東北大学文学部考古学研究会会報―』1　東北大学文学部考古学研究会　pp. 18-19　（関根達人と共著）

「北上川下流域における縄文文化終末の研究」『日本考古学協会平成8年度大会発表要旨』日本考古学協会　pp. 81-84　（富岡直人と共著）

「亀ヶ岡文化終末期の研究―岩手県中神遺跡の調査から―」『考古学の方法―東北大学文学部考古学研究会会報―』1　東北大学文学部考古学研究会　pp. 31-32

「史跡山王囲遺跡の調査」『宮城の文化財』100　宮城県文化財保護協会　p. 4

「東北地方の弥生文化―その成立と展開―」『うきたむ考古』4　うきたむ風土記の丘考古資料館・うきたむ考古の会　pp. 1-12

「「考古学の方法」の刊行によせて」『考古学の方法―東北大学文学部考古学研究会会報―』1　東北大学文学部考古学研究会　p. 1

1997年

「東北地方における弥生文化成立過程の研究」『歴史』89　東北史学会　pp. 44-82

『東北大学埋蔵文化財調査年報』8　東北大学埋蔵文化財調査研究センター　（監修）

『国指定山王囲遺跡発掘調査報告書II』　一迫町教育委員会　（編著）

『岩手県花泉町中神遺跡の調査』　花泉町教育委員会　（編著）

「序」『東北大学埋蔵文化財調査年報』8　東北大学埋蔵文化財調査研究センター　p. 1

1998年

『東北日本先史時代文化変化・社会変動の研究』　纂修堂

『東北大学埋蔵文化財調査年報』9　東北大学埋蔵文化財調査研究センター　（監修）

『東北大学埋蔵文化財調査年報』10　東北大学埋蔵文化財調査研究センター　（監修）

『国指定山王囲遺跡発掘調査報告書III』　一迫町教育委員会　（編著）

「総括」『東北大学埋蔵文化財調査年報』9　東北大学埋蔵文化財調査研究センター　pp. 232-234

「仙台城の考古学的調査の歴史」『東北大学埋蔵文化財調査年報』9　東北大学埋蔵文化財調査研究センター　pp. 89-92

「弥生文化成立期の研究」『考古学の方法―東北大学文学部考古学研究会会報―』2　東北大学文学部考古学研究会　pp. 2-7

「考古学資料―太古の鼓動が聞こえる―」『東北大学の宝物貴重収蔵物―総合学術博物館への招待―』東北大学教育学部附属大学教育開放センター　pp. 65-82

「「考古学の方法」第2号の刊行によせて」『考古学の方法―東北大学文学部考古学研究

会会報―』2　東北大学文学部考古学研究会　p. 1

「序」『東北大学埋蔵文化財調査年報』9　東北大学埋蔵文化財調査研究センター　p. 1

「序」『東北大学埋蔵文化財調査年報』10　東北大学埋蔵文化財調査研究センター　p. 1

「『通史編1原始』の刊行にあたって」『市史せんだい』8　仙台市博物館　p. 118

1999年

「仙台湾における貝塚の研究」『仙台市史』通史編1　原始　仙台市　pp. 418-433　（富岡直人と共著）

「序章」『仙台市史』通史編1　原始　仙台市　pp. 2-8

「縄文文化の終末」『仙台市史』通史編1　原始　仙台市　pp. 271-280

「弥生文化の成立」『仙台市史』通史編1　原始　仙台市　pp. 287-295

「前期弥生文化の波及と農耕社会の出現」『仙台市史』通史編1　原始　仙台市　pp. 296-307

「弥生文化と農耕社会の発達」『仙台市史』通史編1　原始　仙台市　pp. 308-330

「石庖丁の発達」『仙台市史』通史編1　原始　仙台市　pp. 349-358

「弥生時代の生活と技術」『仙台市史』通史編1　原始　仙台市　pp. 359-389

「後期弥生文化」『仙台市史』通史編1　原始　仙台市　pp. 398-404

「石器使用痕分析」『東北大学埋蔵文化財調査年報』12　東北大学埋蔵文化財調査研究センター　pp. 106-111　（池谷孝史と共著）

『東北大学埋蔵文化財調査年報』11　東北大学埋蔵文化財調査研究センター　（監修）

『東北大学埋蔵文化財調査年報』12　東北大学埋蔵文化財調査研究センター　（監修）

『岩手県足沢遺跡出土資料』奈良国立文化財研究所史料第50冊―山内清男考古史料10―　奈良国立文化財研究所　（永嶋豊ほかと共著）

「東日本における縄文時代集落の研究」『平成8年度～平成10年度科学研究費補助金（基盤研究（B）（2））研究成果報告書　課題番号08451048』

「重要文化財―沼津貝塚出土骨角製装身具―（その1）」『Omnividens』1　東北大学総合学術博物館　p. 6

「序」『東北大学埋蔵文化財調査年報』11　東北大学埋蔵文化財調査研究センター　p. 1

「序」『東北大学埋蔵文化財調査年報』12　東北大学埋蔵文化財調査研究センター　p. 1

2000年

「弥生時代の東北地方」『宮城考古学』2　宮城県考古学会　pp. 1-24

「仙台平野の古墳時代集落」『仙台市史』通史編2　古代中世　仙台市　pp. 33-40

『東北大学埋蔵文化財調査年報』13　東北大学埋蔵文化財調査研究センター　（監修）

『岩手県大船渡市大洞貝塚範囲確認調査報告書』　大船渡市教育委員会　（渡辺誠ほかと共著）

「まとめ」『東北大学埋蔵文化財調査年報』13　東北大学埋蔵文化財調査研究センター

pp. 182-183

「縄文土器・弥生土器」『東北大学埋蔵文化財調査年報』13　東北大学埋蔵文化財調査研究センター　pp. 72-73

「縄文時代の漆器・土器における顔料」『色の考古学的研究とそれ関わる科学的手法に関する日仏コロキウム』　色の考古学的研究とそれ関わる科学的手法に関する日仏コロキウム実行委員会・日仏文化協会　p. 4　（大場亜弥と共著）

「中神ドウジャ森遺跡・上」『遺跡は語る　旧石器～古墳時代』　岩手日報社　p. 169

「中神ドウジャ森遺跡・下」『遺跡は語る　旧石器～古墳時代』　岩手日報社　p. 170

「重要文化財―沼津貝塚出土高坏―」『Omnividens』2　東北大学総合学術博物館　p. 6

「原始人のくらし解明の道」『市史せんだい』10　仙台市博物館　pp. 106-107

「研究会「古墳時代・古代の集落」の成果」『考古学の方法―東北大学文学部考古学研究会会報―』3　東北大学文学部考古学研究会　p. 1

「序」『東北大学埋蔵文化財調査年報』13　東北大学埋蔵文化財調査研究センター　p. 1

2001 年

「研究報告「先史・古代における人と物資の交流」」『人の移動にともなう社会と文化の変動についての総合的研究』　東北大学文学研究科　pp. 55-61

『東北大学埋蔵文化財調査年報』14　東北大学埋蔵文化財調査研究センター　（監修）

『東北大学埋蔵文化財調査年報』15　東北大学埋蔵文化財調査研究センター　（監修）

『東北大学埋蔵文化財調査年報』16　東北大学埋蔵文化財調査研究センター　（監修）

「まとめ」『東北大学埋蔵文化財調査年報』14　東北大学埋蔵文化財調査研究センター　pp. 146-147

「まとめ」『東北大学埋蔵文化財調査年報』14　東北大学埋蔵文化財調査研究センター　pp. 79-80

「縄文式土器の模様」『Omnividens』3　東北大学総合学術博物館　p. 1

「市史編さんこぼれ話88　仙台城二の丸跡の調査」『仙台市政だより』1557　仙台市　p. 17

「重要文化財―沼津貝塚出土鹿角製離頭銛―」『Omnividens』3　東北大学総合学術博物館　p. 6

「序」『東北大学埋蔵文化財調査年報』14　東北大学埋蔵文化財調査研究センター　p. 1

「序」『東北大学埋蔵文化財調査年報』15　東北大学埋蔵文化財調査研究センター　p. 1

「序」『東北大学埋蔵文化財調査年報』16　東北大学埋蔵文化財調査研究センター　p. 1

2002 年

「東北日本における晩期縄文集落の研究」『東北大学文学研究科年報』52　東北大学文学研究科　pp. 1-59

「上高森遺跡検証調査と前・中期旧石器研究の今後」『宮城考古学』4　宮城県考古学会

pp. 165-169

「東北大学考古学研究室によるサハリン南部先史遺跡の予備調査」『北方博物館交流』14　（財）北海道北方博物館交流協会　pp. 2-3

「原遺跡出土石包丁の研究」『原遺跡』名取市文化財調査報告書 48　名取市教育委員会　pp. 301-312

『東北大学埋蔵文化財調査年報』17　東北大学埋蔵文化財調査研究センター　（監修）

「サハリン南部先史時代遺跡遺物の自然科学的手法による国際学術研究」『財団法人福武学術文化振興財団平成 13 年度報告』　財団法人福武学術文化振興財団　pp. 45-53

「重要文化財―沼津貝塚出土土製仮面―」『Omnividens』5　東北大学総合学術博物館　pp. 6-7

「序」『東北大学埋蔵文化財調査年報』17　東北大学埋蔵文化財調査研究センター　p. 1

2003 年

「岩出山町木戸脇裏遺跡における北海道系土壙墓と出土遺物の研究」『宮城考古学』5　宮城県考古学会　pp. 1-27　（阿部義平ほかと共著）

「縄文・弥生時代における集団と物資の交流」『考古学の方法―東北大学文学部考古学研究会会報―』4　東北大学文学部考古学研究会　pp. 9-18　（菅野智則と共著）

「宮城県一迫町採集の大型局部磨製石斧 2 例」『宮城考古学』5　宮城県考古学会　pp. 239-254　（鈴木隆ほかと共著）

「土器の移動」『考古学の方法―東北大学文学部考古学研究会会報―』4　東北大学文学部考古学研究会　pp. 2-8

「歴史資源としての考古学資料データベース化の研究」『『歴史資源』として捉える歴史資料の多角的研究』　東北大学大学院文学研究科　pp. 74-80

「文化と社会の考古学」『人文社会科学の新世紀』東北大学出版会　東北大学出版会　pp. 175-188

『荒屋遺跡―第 2・3 次発掘調査報告書―』　東北大学文学部考古学研究会　（芹沢長介ほかと編著）

「「恵日寺絵図」と慧日寺跡発掘調査成果」『恵日寺絵図平成の大修復』　磐梯町教育委員会・磐梯山慧日寺資料館　pp. 48-51

「考古学からみた物のかたちと機能―縄文土器のかたち・弥生土器のかたち―」『Omnividens』8　東北大学総合学術博物館　p. 6

「「考古学の方法」刊行によせて」『考古学の方法―東北大学文学部考古学研究会会報―』4　東北大学文学部考古学研究会　p. 1

2004 年

「Yayoi Period Polished Stone Reaping Knives of Norrheastern Japan: A Marker of Early Agricultural Economy」『Bulletin of the Tohoku University Museum』No. 3　東北大学

総合学術博物館　pp. 17-67

Die Kame-ga-oka-Kultur-Keramik am Ende der Jomon-Zeit. *Zeit der Margenrote Japans Archaologie und Gesdichte bis zu den ersten Kaisern.* Reiss-Engelhorn Museen. pp. 142-154

『最上川流域の後期旧石器文化の研究1―上ミ野A遺跡第1・2次発掘調査報告書―』東北大学文学部考古学研究会　（羽石智治ほかと編著）

『岩手県大船渡市大洞貝塚　平成13・14・15年度内容確認調査報告書』　大船渡市教育委員会　（金野良一ほかと共著）

「『考古学の方法5号』刊行によせて」『考古学の方法―東北大学文学部考古学研究会会報―』5　東北大学文学部考古学研究会　p. 1

「『通史編1原始（改訂版）』の刊行によせて」『市史せんだい』14　仙台市博物館　p. 126

2005年

「歴史資源アーカイブによる考古学陳列館・標本室収蔵の考古学資料データベース化」『東北大学歴史資源アーカイブの構築と社会的メディア化』　東北大学文学研究科　pp. 119-122

「遺跡発掘の方法」『人文科学ハンドブック』　東北大学出版会　pp. 160-164

「亀ヶ岡式土器」『日本の考古学』上　学生社　pp. 211-224

「二枚橋遺跡」『青森県史』資料編　考古4　弥生～古代　青森県　pp. 212-217

「東北地方の弥生文化」『青森県史』資料編　考古3　弥生～古代　青森県　pp. 2-8

『東北大学埋蔵文化財調査年報』18　東北大学埋蔵文化財調査研究センター　（監修）

2006年

「東北大学文学研究科考古学陳列館所蔵大木囲貝塚出土基準資料―山内清男編年基準資料―」『Bulletin of the Tohoku University Museum』No. 5　東北大学総合学術博物館　pp. 1-40　（早瀬亮介ほかと共著）

「The list of the Professor of Tohoku University Ito Nobuo's collections, made up in Karafuto-Sakhalin during his personal scientific trip around the Middle and Southern parts of the island in 1933-1934」『Bulletin of the Tohoku University Museum』No. 5　東北大学総合学術博物館　pp. 57-82

「多賀城前史」『多賀城と古代東北』　吉川弘文館　pp. 31-84

「岩手県川村（砂沢）遺跡出土資料」『千葉県姥山貝塚資料　千葉県須和田遺跡資料　青森県川村（砂沢）遺跡資料』奈良国立文化財研究所史料第74冊―山内清男考古史料16―　奈良国立文化財研究所　pp. 49-74　（土屋和章ほかと共著）

「芹沢長介先生を偲ぶ」『考古学ジャーナル』546　ニューサイエンス社　pp. 7-10

後期旧石器時代初頭～前半における小型台形剝片の生産
― 岩手県奥州市胆沢区上萩森遺跡 IIb 文化石器群における剝片生産の様相 ―

小 野 章 太 郎

はじめに

　後期旧石器時代前半、AT 降灰以前の石器群である、岩手県奥州市胆沢区（旧胆沢町）上萩森遺跡 IIb 文化の石器群には、小型剝片を規則的に剝離する石器製作技術が存在する。この剝片剝離技術は、おもに剝片の腹面を作業面とし、規格的な小型台形（貝殻状）剝片を連続して剝離する技術であり、米ヶ森技法に類似するものである。

　本論では、この技術に着目し、得られた小型台形剝片や台形剝片石核を中心に分析を行い、当石器群で主体をなす、この剝片剝離技術の様相を明らかにすることを目的とする。また、上萩森遺跡における他の技術的特徴との関係を検討することにより、小型台形剝片生産の意味について考察していく。

I. 米ヶ森技法に関する研究略史

1. 米ヶ森技法の定義

　米ヶ森技法は、秋田県大仙市（旧協和町）米ヶ森遺跡で確認された、規格的な小型剝片を連続して剝離する製作技術である（富樫泰時ほか 1977）。藤原妃敏氏によれば、その特徴は以下のとおりである（藤原妃敏 1989）。①石核は剝片を素材として石核素材の背面側を打面、腹面側を作業面とする。②打面部を新たに作出する場合と石核素材の背面を打面としてそのまま用いる場合がある。③打点をわずかずつ一方向に移動させ、台形もしくは扇形の小型剝片を連続剝離する。④この際、石核素材の腹面を小型剝片の側辺部に残し、この面と小型剝片の腹面の組み合わせで鋭い縁辺部が形成される。⑤石核素材面を常に残すため、小型剝片の剝離は 1 回の打点の移動で終了し、逆戻りしたり、重複したりすることはない。⑥得られる小型剝片は米ヶ森型台形石器の素材にのみ用いられる。刃潰し状の二次加工は、剝片の末端に限定して施される。「現在のところ」得られる剝片が他器種の素材として用いられる例はない。

　近年、麻柄一志氏は、東北地方において米ヶ森技法の模式図のような規則的かつ多量に生産する様相は、米ヶ森遺跡や山形県遊佐町懐ノ内 F 遺跡での数例のみにみられるものであり、多くの石器群では、小型剝片の剝離枚数や規格性、打点の移動という要素において規則性がみられないため、これらの剝離技術を「類米ヶ森技法」と仮称した（麻柄一志

2005)。また、米ヶ森技法に関連する限定的な要素を排除したうえで、この石器群は東北地方日本海側を中心に山陰地方の日本海側まで展開し、また、北海道においても分布していると述べている。この「類米ヶ森技法」が、後期旧石器時代の初頭にはすでに地域性を有しており、また、後期旧石器時代前半段階のなかでかなりの時間幅をもっていたものと考え、米ヶ森技法の模式図にみられる剥片剥離の様相を「類米ヶ森技法」が特殊化したものとして位置付け、「類米ヶ森技法」が普遍的な存在であったと論じている。

2. 米ヶ森技法の編年的位置付け

　東北地方において、後期旧石器時代前半の編年案は、石刃技法の出現という点において、石刃技法の出現以前に後期旧石器時代石器群が出現したという考えと、石刃技法の出現を後期旧石器時代の開始期に位置付ける考えがあり、見解が大きく分かれる。

　前者の考えにもとづく編年案には、当該期の石器群をA～Dの4グループに分類する、藤原妃敏・柳田俊雄両氏の編年案がある（藤原妃敏・柳田俊雄1991）。まず、ルヴァロワ技法に類する剥片生産技術と祖型石刃技法という組み合わせなどの、前時代的な様相と後期旧石器的な様相が組み合わさるものをAグループとし、それを後期旧石器時代の初源期として位置付けている。また、これに続くB～Dグループの石器群の変遷過程を捉えるのに重要となる要素を、台形様石器の調整技術と、打点を一方向に移動させ規則的に石核素材面（ポジ面）を付す米ヶ森技法の出現とし、B→C→Dとする石器群の変遷過程とした。特に、C、Dグループ間の差異を台形様石器の製作技術と石刃技法の特徴に求め、また、きわめて規則的な製作技術である米ヶ森技法をより後出の段階として捉えている。この考えでは、石刃技法のない石器群を、石刃技法出現以前の段階としてとらえ、石刃技法が後期旧石器時代になってから発展的に出現し、展開していったことが論じられている。

　一方で、佐藤宏之氏は、後期旧石器時代前半期の石器製作の技術構造が、ナイフ形石器とそれを生産する技術基盤としての石刃技法という単一的な技術構造に収斂するのではなく、ナイフ形石器と石刃技法および台形様石器と横長・幅広剥片剥離技法という新旧両伝統の二極構造をもち、両者が同一社会に共有された選択性を持つ技術であった可能性が高いと考えた（佐藤宏之1988）。これを地理的・時間的枠組みと捉えず、石器の工程別異所製作として論じている。東北地方の当該期石器群については、石刃・縦長剥片剥離技術の漸移的発展と、相対的に多様な素材剥片の生産と多様な台形様石器の生産から盤状周縁型石核への収斂と台形様石器Ⅱ類（ペン先形）の特殊化がきわめて規則的におこなわれる、という変遷過程を捉えた（佐藤宏之1992）。

　また、トゥールのなかで主体的な器種であるナイフ形石器と台形様石器の形態的・石器製作技術的な検討から、吉川耕太郎氏は、秋田県内の当該期石器群を対象に、ナイフ形石器および台形様石器の素材の用い方、打面の有無、二次加工の種類の組み合わせを検討し、これらの石器群を、平坦加工により基部を作出する撥形の台形様石器とペン先形ナイフ形

石器、大型で微細加工によるナイフ形石器が主体となる石器群①、ナイフ形石器・台形様石器ともに急斜度加工により整形されている石器群②、基部を作り出す撥形の台形様石器がみられず、「米ヶ森型台形石器」が量産され、ナイフ形石器の打面を除去するものがみられる石器群③の、3類に分類した（吉川耕太郎2003）。そして、ナイフ形石器と台形様石器の二項対立型から、ナイフ形石器への収斂化へと変遷するという石器群①から③への編年観を示した。

以上の3つの編年案を概観してみると、石刃技法の出現の時期に関係なく、米ヶ森技法はより後出の段階のものとして、ほぼ共通して理解されている。しかし、麻柄氏の言う「類米ヶ森技法」となると、かなりの時間幅をもつことになる。

II. 上萩森遺跡の概要

上萩森遺跡（菊池強一ほか1988）は、岩手県胆沢町（現奥州市胆沢区）若柳字上萩森第98

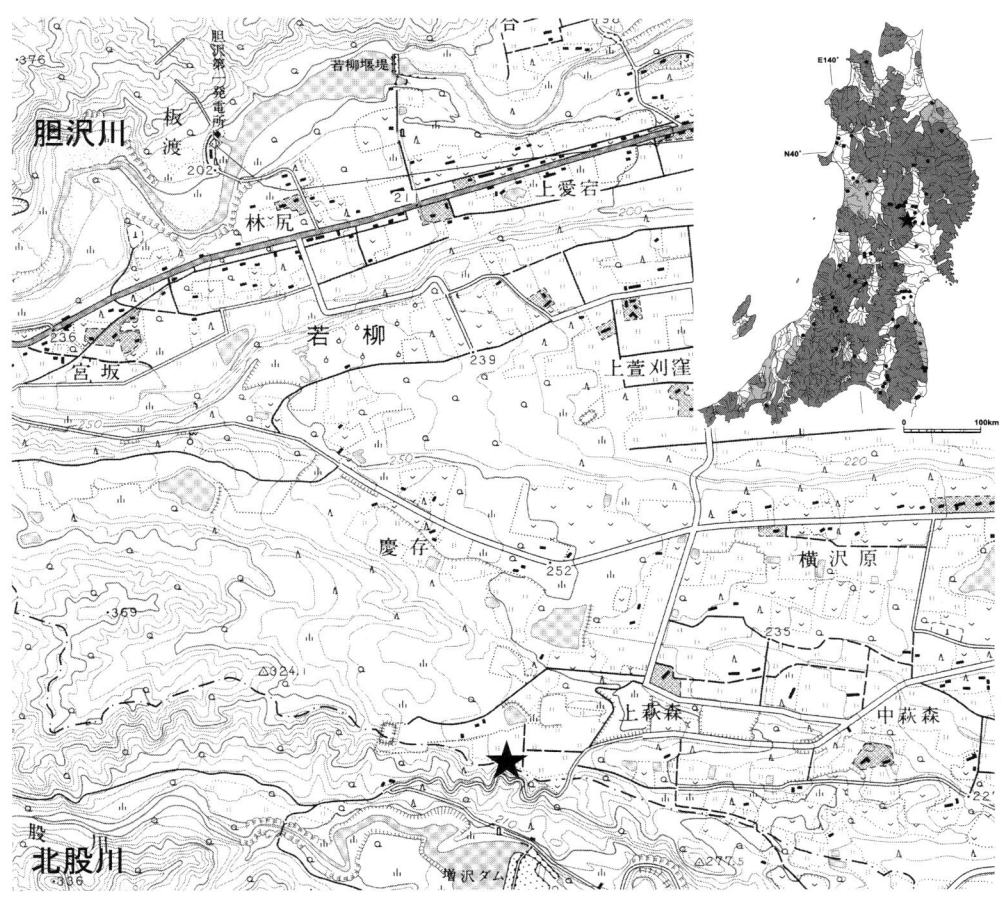

第1図　上萩森遺跡位置図（1/25,000）　★：調査区の位置　●：主な旧石器時代遺跡

番地に所在し、胆沢扇状地の扇頂部、標高 268 m に位置する（第1図）。1972 年に発見され、1975 年と翌 76 年に層位確認調査、1977 年に緊急発掘調査（本調査）が行われた。調査の結果、第 I 層に縄文時代以降の 3 枚の文化層が確認されたほか、第 II 層に 2 枚の後期旧石器時代の文化層が確認された。第 II 層は褐色から淡黄褐色粘土層で、IIa 層と IIb 層に細分される。IIb 層は淡黄褐色ガラス質火山灰を含む。IIa 層下部（上萩森 IIa 文化）と IIb 層最下部（上萩森 IIb 文化）に文化層が確認されている。第 III 層は IIIa 層および IIIb 層の 2 層に細分され、IIIb 層は山形軽石層である。

後期旧石器時代の遺物は、IIa 文化と IIb 文化の 2 つの石器群に分けられる。IIa 文化の石器群は、頁岩製のナイフ形石器や彫刻刀形石器、石刃などがあり、出土点数は IIb 文化石器群と比べて非常に少ない。出土層位や石器群の内容から AT 上位の石器群に相当する。IIb 文化の石器群は、ペン先形ナイフ形石器や台形石器などを含む石器群であり、平面分布において複数のブロックが確認されている。石器の接合は 10 m 以上離れて接合するものもあり、また、ブロック中の母岩別資料は大半が重なりあって混在していることから、同一時期の所産とみられる。淡黄褐色ガラス質火山灰層はその上位に AT が確認されており（菊池強一 2006）、その出土層位と石器群の内容から AT 下位の石器群に相当する。

本論において分析対象となる資料は、これまでの調査で出土した遺物のうち、IIb 文化に属する石器である。なお、上萩森遺跡の資料は、上萩森遺跡発掘調査団により整理され、報告書（菊池強一ほか 1988）が刊行された後、旧胆沢町教育委員会と同教委の佐々木いく子氏により継続して資料が整理されている。本研究はそれらの整理・研究の上に成り立つものである。また、一昨年には鹿又喜隆氏による研究報告（鹿又喜隆 2005）があり、これらの成果もあわせて参照していただきたい。

III. 上萩森遺跡 IIb 文化石器群における剝片剝離技術の分析

上萩森遺跡 IIb 文化石器群は現在 41 の母岩に分類される。母岩 16 の接合資料（第 2・3 図）にみられるように、おもに剝片の腹面を作業面として、その大きさやかたちに規格性をもつ小型剝片を連続して剝離する技術が特に多くみられる。実際に、出土した石核（169 点）の約 6 割（103 点）にその痕跡が残されている。また、目的となる小型台形剝片の剝離は、左から右へ打点が移動していく様相が基本形態としてみられる。この剝片剝離が、当石器群におけるある程度の規則性がみられる剝片剝離技術の主体となる。ここでは、小型台形剝片の剝離に至る一連の過程を、個々の石器の属性を抽出して得られた結果をもとに、石器製作の過程に照らし合わせながら石材の選択から順を追ってみていく。なお、石材の分類は東北大学大学院理学研究科の須田富士子氏の鑑定によるものである。

後期旧石器時代初頭～前半における小型台形剝片の生産　　5

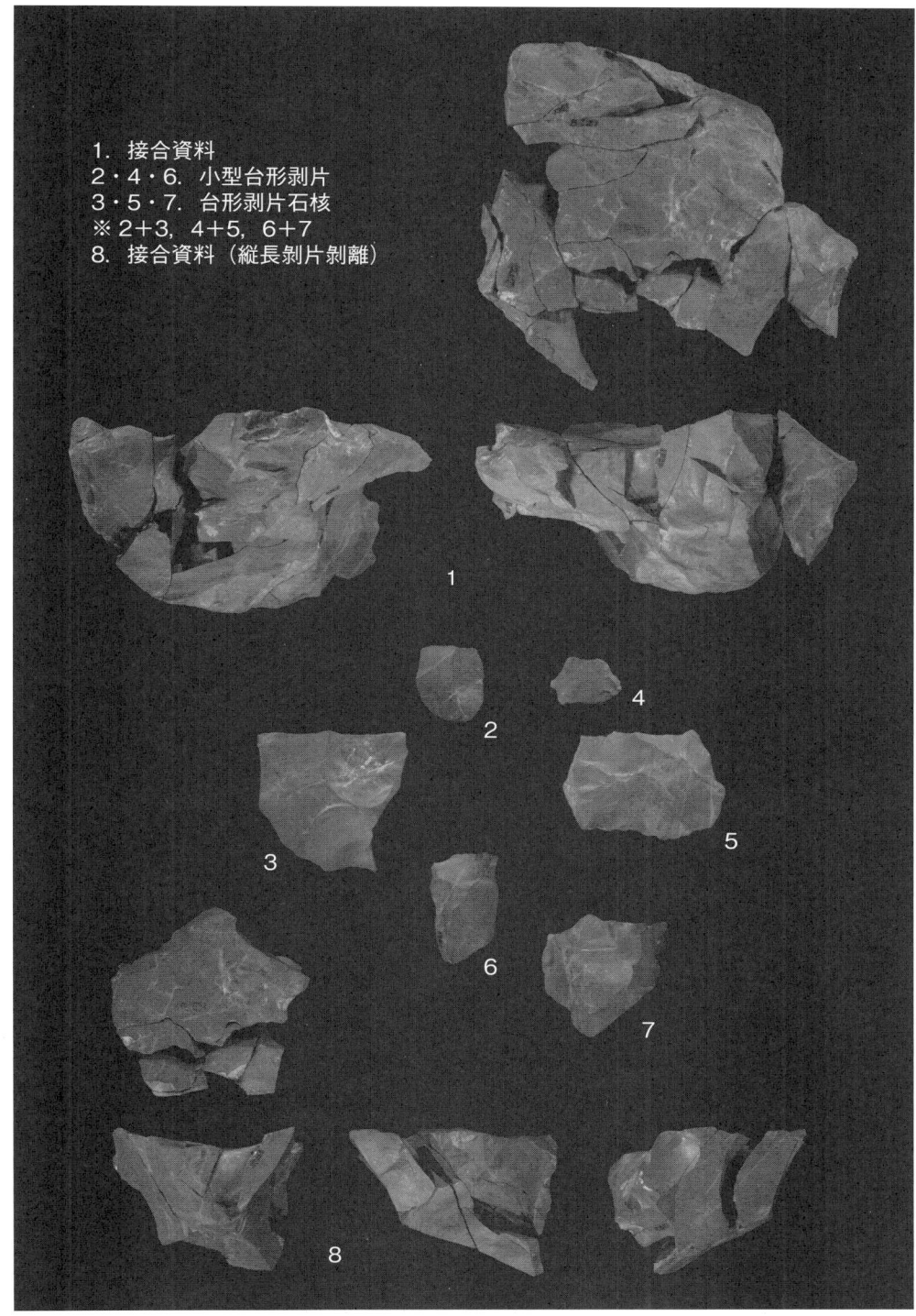

PL. 上萩森遺跡Ⅱb文化石器（1）（母岩14）　S=2/5

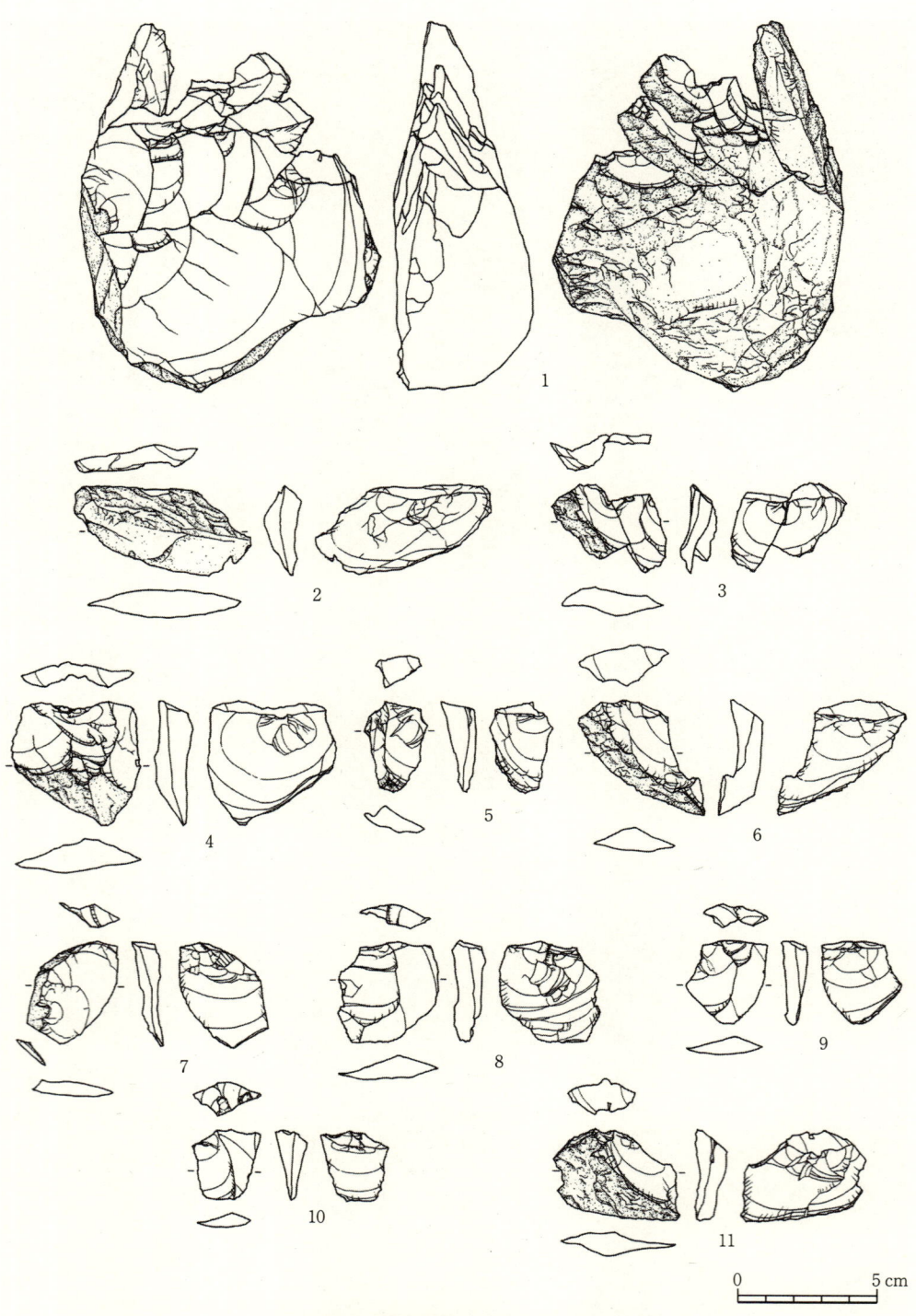

第2図　上萩森遺跡Ⅱb文化石器（2）
1. 母岩16接合資料　2～6. 打面作出剥片（母岩16）
7～10. 小型台形剥片（母岩16）　11. 打面作出剥片（母岩16）

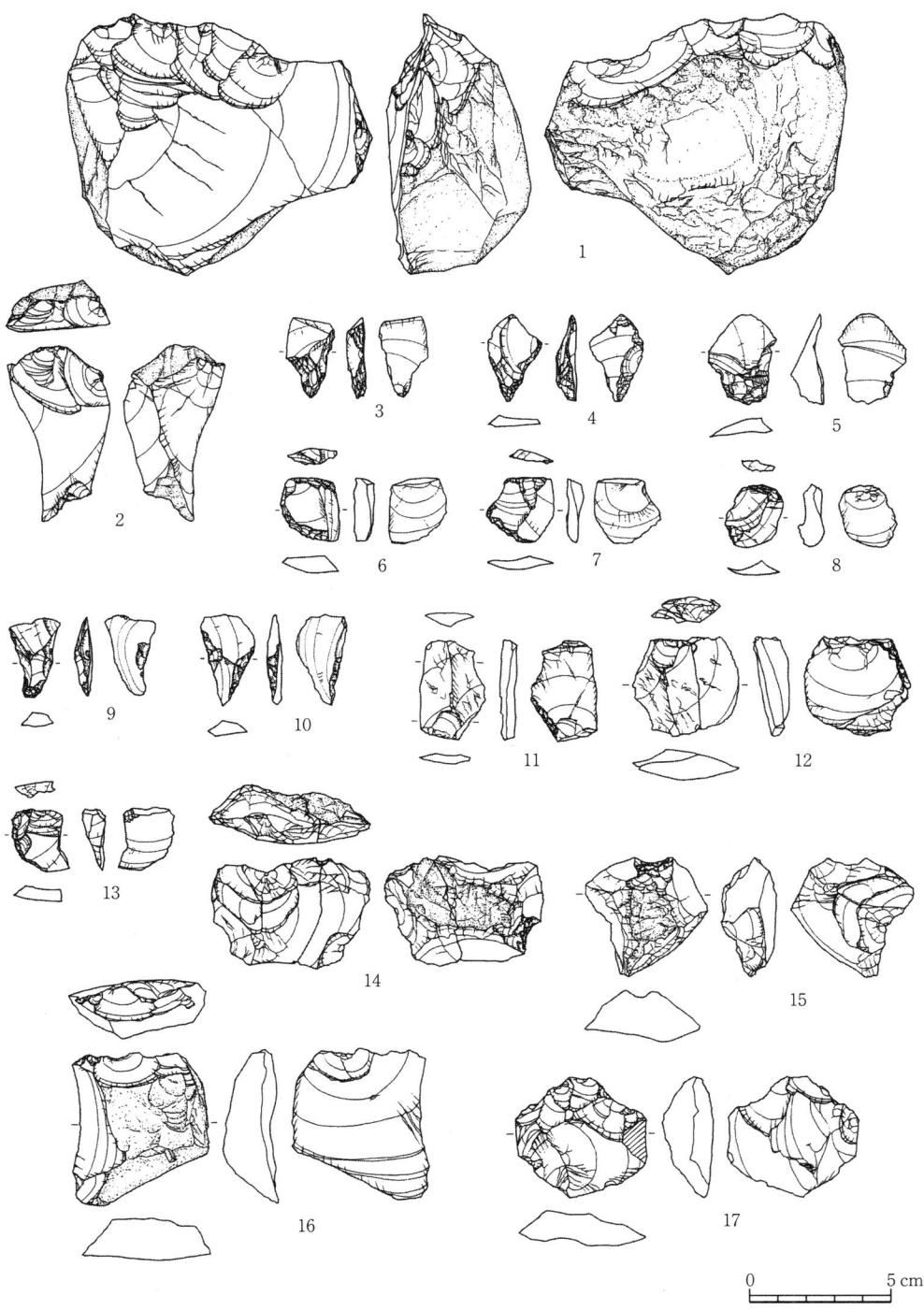

第3図　上萩森遺跡Ⅱb文化石器（3）

1. 台形剝片石核（母岩16）　2. 台形剝片石核　3〜5. ペン先形ナイフ形石器　6〜8. 台形石器B類
9・10. 台形石器A類　11. ナイフ形石器　12. 接合資料（11＋小型台形剝片）　13. 二次加工ある剝片
14. 接合資料（15＋剝片）　15. ノッチ　16・17. スクレイパー

1. 石材の選択

　上萩森遺跡 IIb 文化石器群では、凝灰岩と、頁岩・シルト岩が特に多く用いられている（第4図、第1表）。これらの石材は遺跡に近い胆沢川や北股川の河原で採取可能な石材である（須田富士子・小野章太郎 2005）。石器の数量では凝灰岩のほうが多いが、重量になると頁岩・シルト岩が凝灰岩を上回る。これらの石材の大部分は、珪質頁岩や珪質凝灰岩とよばれる細粒緻密のものである。加えて、さらに珪化した碧玉・玉髄も比較的多く用いられる一方で、流紋岩や砂岩などの粗粒の石材はほとんど用いられない。

(1) 器種別の石材選択

　小型台形剥片生産における石材の特徴に着目すると（第4図、第1表）、剥片の場合、台形剥片とそれ以外の剥片に分けても、ほぼ同じ石材組成を示すが、石核では、台形剥片石核で凝灰岩の割合が大きくなり、その他の石核で頁岩・シルト岩の割合が大きくなるという差異がみられる。

　トゥールでは、ペン先形ナイフ形石器や台形石器、ナイフ形石器といった定形的なトゥールで、頁岩・シルト岩が多く用いられるのに対し、スクレイパーやノッチなどの不定形のトゥールでは、凝灰岩が多く用いられるという傾向がみられる。また、類型については後述するが、台形石器 B 類では、ペン先形ナイフ形石器や台形石器 A 類と比べて、凝灰岩の割合がやや大きく、素材となる台形剥片や石核にやや近い組成となる。

(2) 石材別にみた石器製作の様相

　重量や数量の多い4種類の石材に着目すると、数量では、頁岩・シルト岩や碧玉・玉髄といったより良質の石材において、トゥールの数量が多いという傾向がみられる（第8図）。一方で、剥片や石核については、多少の差異は見られるものの、大きな差異は見られない。しかし、重量に着目すると、凝灰岩やチャートにおいて、台形剥片生産に関わる剥片や石核の割合が大きい。

　(1) で得られた結果とあわせて考察すると、台形剥片を生産するにあたって、石材の選択性はあまり見られないものの、やや質の落ちる凝灰岩でその割合が大きいことから、選択性がないとは必ずしも否定できない。一方で、トゥールとして用いる場合は、より良質のものを選択していた可能性が考えられる。

(3) 母岩別にみた石器製作の様相

　母岩別に石器製作の内容を見ると、頁岩や碧玉などに比べて、やや質の落ちる凝灰岩で、台形剥片生産に関わる剥片・石核を有する母岩の割合が若干大きい（第9図、第2表）。ただし、一つの母岩における、台形剥片・石核の割合（重量）が特に大きい母岩は、頁岩や碧玉に見られる。しかし、この様相を石材による大きな差異とみなすことは難しい。

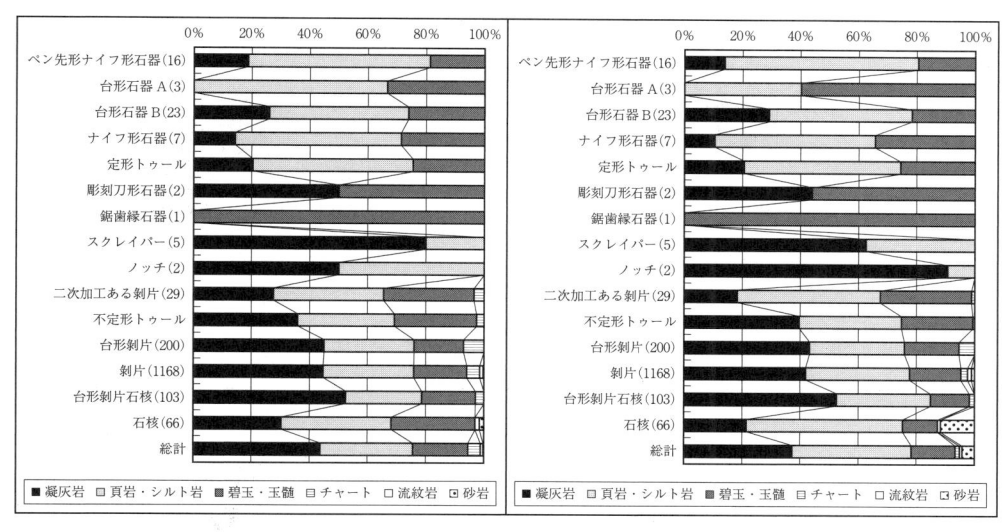

後期旧石器時代初頭〜前半における小型台形剝片の生産

第4図 器種別石材組成（左：数量、右：重量）

第1表 器種別石材組成

器種（石斧と敲石除く）	数量							重量						
	凝灰岩	頁岩・シルト岩	碧玉・玉髄	チャート	流紋岩	砂岩	総計	凝灰岩	頁岩・シルト岩	碧玉・玉髄	チャート	流紋岩	砂岩	総計
ペン先形ナイフ形石器	3	10	3				16	5.8	28.0	8.2				42.0
台形石器A		2	1				3		4.3	6.4				10.7
台形石器B	6	11	6				23	26.2	44.2	19.6				89.9
ナイフ形石器	1	4	2				7	2.7	14.3	8.9				25.9
定形トゥール	10	27	12				49	34.6	90.7	43.2				168.5
彫刻刀形石器	1		1				2	3.7		4.7				8.4
鋸歯縁石器			1				1			17.6				17.6
スクレイパー	4	1					5	20.9	12.5					33.5
ノッチ	1	1					2	87.9	9.0					96.9
二次加工ある剝片	8	11	9	1			29	43.2	116.2		74.2	2.6		236.2
不定形トゥール	14	13	11	1			39	155.7	137.8	96.5	2.6			392.5
台形剝片	90	62	34	14			200	313.2	235.8	136.3	38.9			724.2
剝片	522	365	212	52	14	3	1168	5024.3	4274.1	2123.6	274.1	161.4	123.7	11981.2
台形剝片石核	54	27	19	3			103	2983.8	1835.5	758.2	99.1			5676.6
石核	20	25	19		1	1	66	1943.0	4873.1	1095.6		94.7	1053.5	9059.9
総計	710	519	307	70	15	4	1625	10454.6	11446.9	4253.4	414.7	256.1	1177.2	28003.0

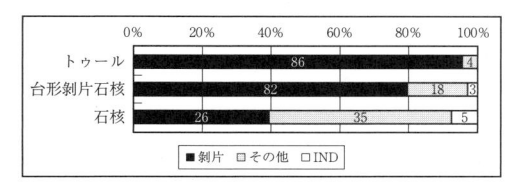

第5図 トゥールおよび石核の素材

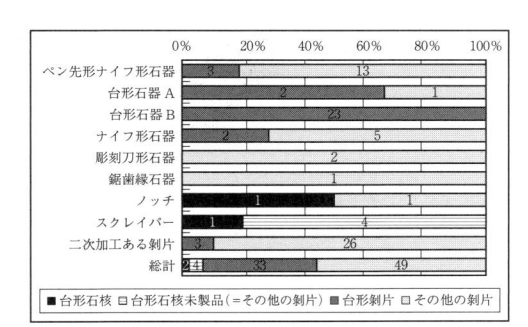

第6図 トゥールの素材

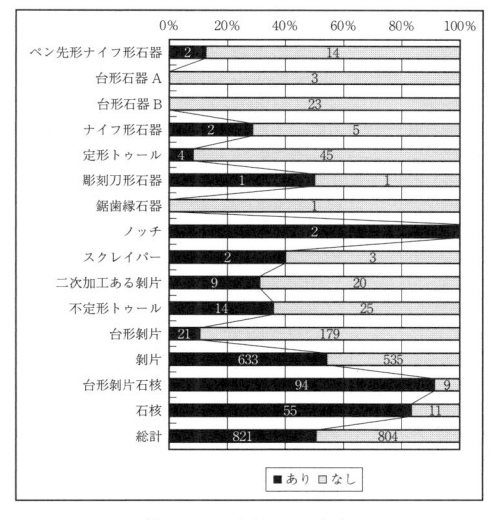

第7図 自然面の有無

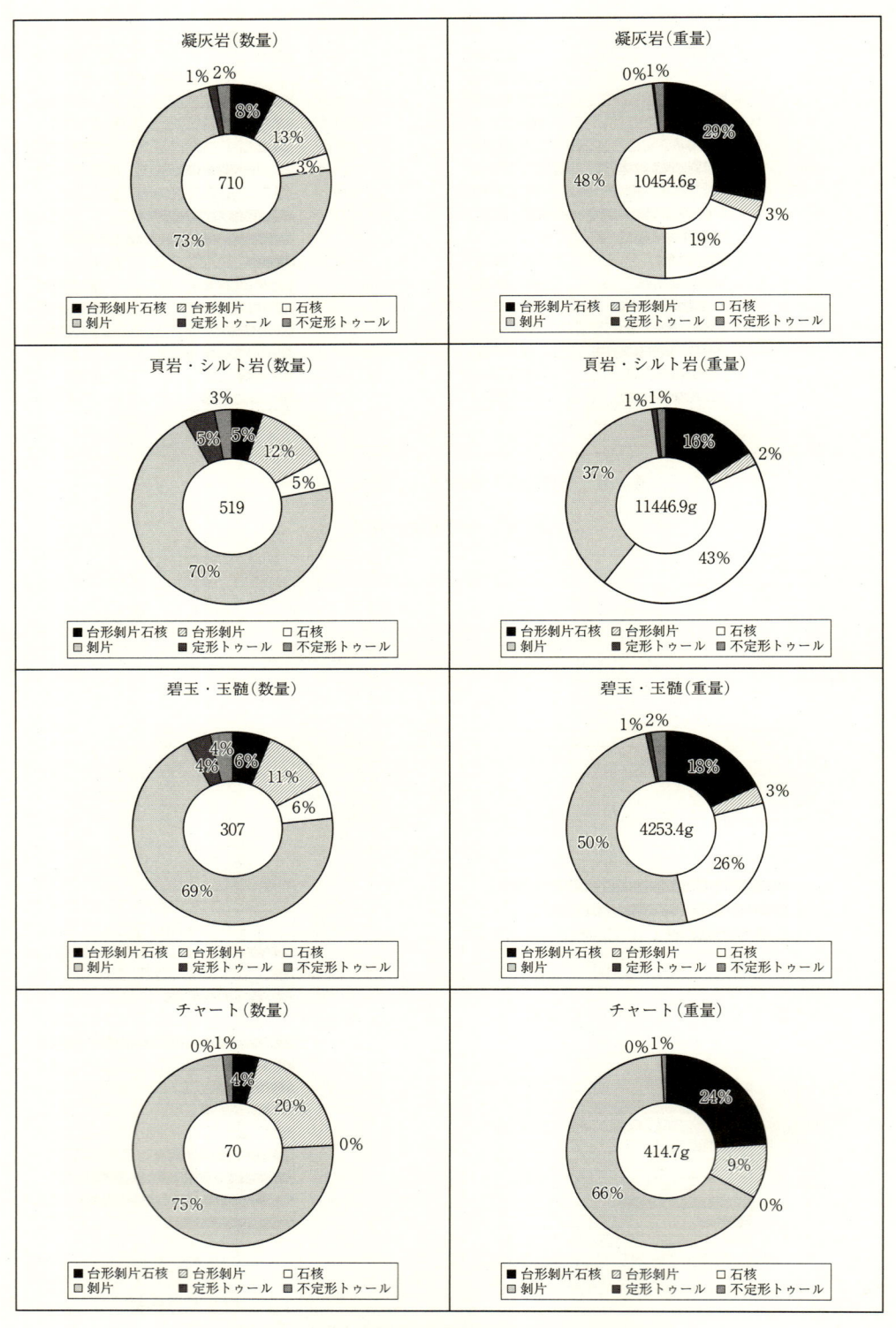

第 8 図　主要石材別石器組成（左：数量、右：重量）

第2表 母岩別石器組成

石材	母岩	台形石核	台形剥片	石核	剥片	定形トゥール	不定形トゥール	総計	台形石核	台形剥片	石核	剥片	定形トゥール	不定形トゥール	総計
	1	7	13	1	46	1	2	70	485.4	46.1	108.2	260.4	3.6	7.6	911.1
	4	9	14	1	55	1		81	426.5	52.2	15.1	437.5	10.5		941.7
	9	3	6	1	17		1	28	233.0	33.3	98.8	148.8		23.6	537.5
	2	5	15	1	35		2	58	267.3	65.8	42.4	314.0		10.1	699.6
	7	6	10	1	34	1	1	53	261.4	27.0	18.7	354.9	6.4	20.6	689.0
	29	3	10	2	18			33	46.0	20.8	19.3	87.7			173.7
凝灰岩	6	9	7	4	81	2		103	712.7	23.8	596.9	1094.4	7.2		2435.0
	18	4	10	2	65	1	6	88	227.7	24.8	66.8	530.7	1.2	29.0	880.2
	39	2	1	1	4			8	125.7	3.5	229.5	93.6			452.3
	24	2		1	17			20	79.9		76.7	196.8			353.4
	19	1	1		25		1	28	44.5	1.3		289.4		20.9	356.1
	41	1		1	14			16	30.2		68.6	535.9			634.7
	23			1	2		1	4			364.9	68.7		43.8	477.4
	8			2	13			15			233.2	105.5			338.6
	16	1	4		8			13	498.6	26.9		73.6			599.1
	40	2			4	1		7	129.5			31.2	6.4		167.1
	26	3	1		12			16	194.9	2.2		196.4			393.5
	15	7	7	2	54	4	2	76	352.7	16.6	72.8	291.0	13.3	8.4	754.8
	10	2	13	1	27	2	2	47	71.7	46.2	28.8	149.6	10.6	23.8	330.8
	12	1	6	1	18			26	59.0	27.1	138.4	135.3			359.7
頁岩	30	1		1	18	2		22	34.4		12.8	124.0	5.5		176.7
	13	6	14	2	78	3		103	276.5	47.2	449.4	1378.7	11.8		2163.7
	32		3		10			13		17.3		189.7			207.0
	34		1	1	7	2		11		3.5	150.7	79.5	3.8		237.5
	20			4	6			10			1035.3	360.1			1395.4
	37			1	1			2			636.3	8.3			644.6
	35			1	13			14			99.0	275.3			374.3
	28			3	2			6			84.5	22.7			267.7
シルト岩	38	1	1	1	2			5	71.3	5.0	236.7	71.5			384.5
	22			1	20			21			768.8	434.7			1203.5
	36	2		1	3			6	35.5	2.1		15.3			53.0
	17	6	5	1	39	1	2	54	322.9	14.8	300.6	262.6	3.1	37.4	941.5
	31	2	4	1	6			13	52.1	11.4	71.2	77.9			212.5
碧玉	14	5	8	2	42		1	58	256.4	50.5	120.0	610.8		14.4	1052.0
	25	2	3		20	1		26	47.6	9.8		146.4	1.7		205.4
	11			8	25	1		34			461.7	394.8	5.2		861.6
	27			2	3			5			28.2	62.5			90.7
	33			1	2			3			55.7	27.8			83.5
チャート	5	3	14		52			70	99.1	38.9		274.1		2.6	414.7
流紋岩	3			1	14			15			94.7	161.4			256.1
砂岩	21			1	2			3			1053.5	114.1			1167.6
総計		97	172	55	914	24	22	1284	5427.7	579.2	6681.7	9847.3	90.3	239.7	22865.8

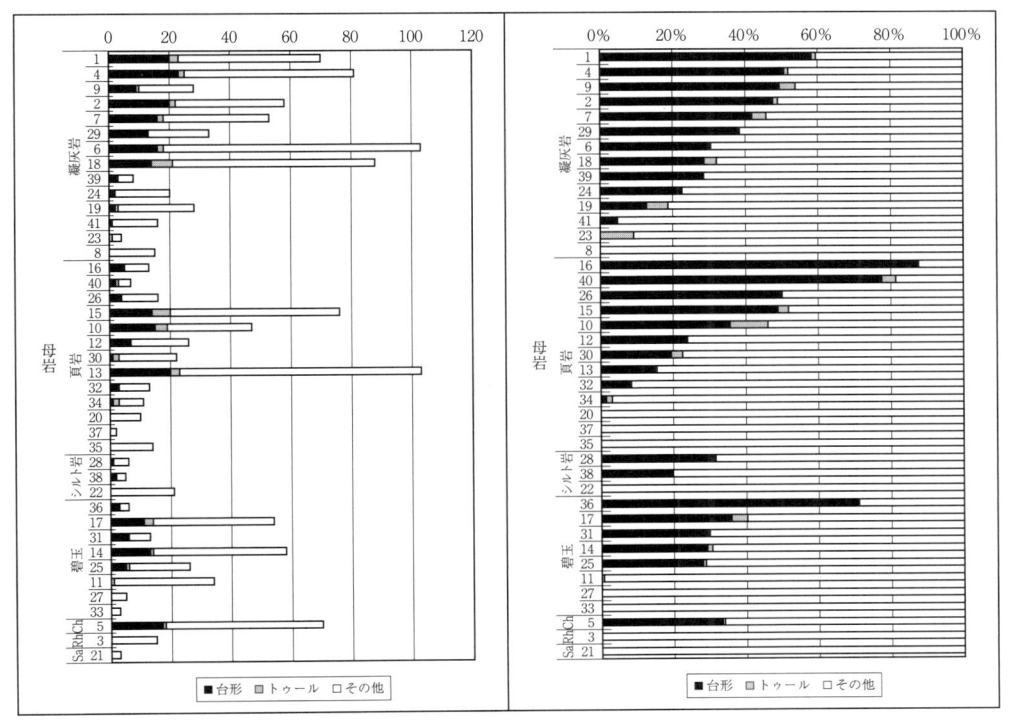

第9図 母岩別石器組成 (左:数量、右:重量)

台形剝片生産は、多くの母岩でみられるが、母岩一つひとつを比較してみると、台形剝片・石核の重量の割合が8割を超えるものから、2割以下のものまで多様であり、また、台形剝片・石核が5割を超える母岩の割合は大きくない。台形剝片生産が石器製作の主体であったことが考えられるが、小型台形剝片そのものの剝離に至るまで多くの石材が消費されていることが窺える。

　また、台形剝片生産に関わる石核や剝片がみられない母岩も存在し、その割合は全体の約1/4になる。しかしながら、このなかに台形剝片生産に代わる規則性を有する剝片剝離技術の存在を積極的に見出すことはできない。

2. 石核素材の選択

　台形剝片石核の素材は、剝片が80%弱と圧倒的に高い割合を示す（第5図）。これは、それ以外の石核で、剝片素材のものの割合をみると40%以下であることからも、剝片を意識的に用いていたことが窺える。しかし、約2割が分割礫などを素材としており、必ずしも剝片にこだわらずに、台形剝片を生産できる素材を選択していたことになる。

　素材の質的な面をみると、自然面は、台形剝片石核のうち94点（91.3%）にみられることから、自然面があっても石核の素材として用いられていた、すなわち、素材選択において自然面の有無は重要な要素ではなかったことがわかる（第7図）。実際、接合資料のなかには、原石の中心部のみならず、表皮に近い部分においても、台形剝片の素材として用いられている（PL.）。すなわち、台形剝片を剝離できる面があればそれ以外の面は何でもよいということも考えられ、素材の選択性はそれほど厳密なものではないことが窺える。

　残された石核の大きさは、高さが30～50mm、幅が40～60mmの間に大きくまとまるが、高さ約20mm×幅約30mm、重量10g未満の小型のものから、高さ約95mm×幅約110mm、重量約500gの大型のものまで、多様性に富む。しかし、その他の石核に比べて重量でまとまりがみられる（第10～12図）。また、石核の形状はやや幅広で薄手のものの割合が大きい。極端に長いものはごくわずかである。大きさにおいても素材の選択性は厳密なものではないことが窺えるが、ある程度、理想的な形を意識していたことも可能性として考えられる。

　以上より、石核の素材を選択するにあたり、種類や大きさ、形状においてある程度の拘束性はみられるものの、それほど厳密なものではなく、台形剝片を剝離できる可能性のあるものは有効に利用していたことが考えられる。

3. 作業面および打面

　台形剝片石核の作業面について、石核の大部分が剝片素材であるため、剝片の腹面が作業面となることが多い。しかし、一部に例外もみられる。第3図2の石核では、作業面が剝片の背面側にあるという点で、母岩16の接合資料との差異がみられる。素材剝片その

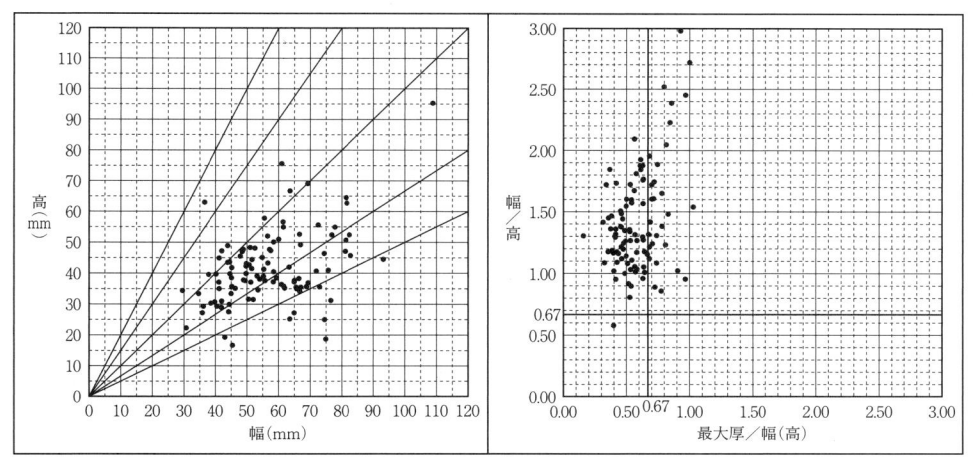

第10図　台形剥片石核の大きさ（n＝103）　　第11図　台形剥片石核の形状（n＝103）

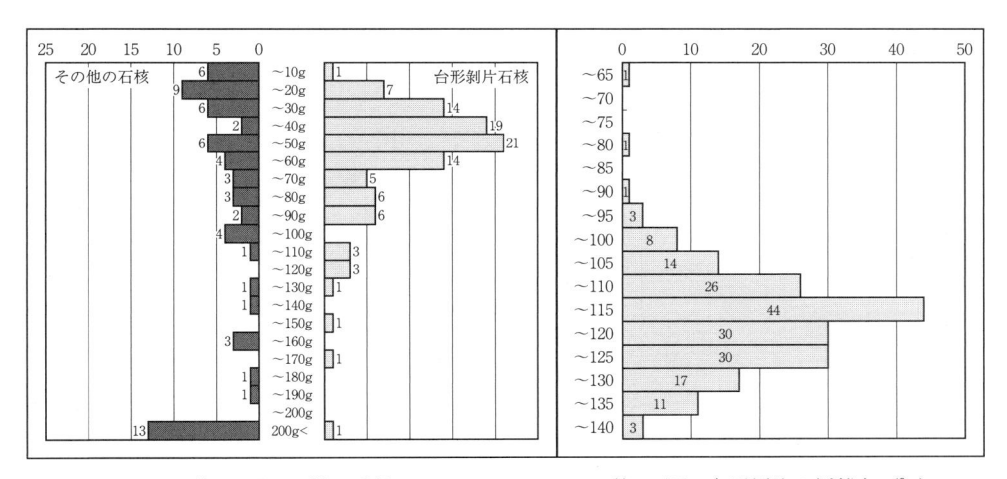

第12図　石核の重量　　第13図　台形剥片の剥離角（°）

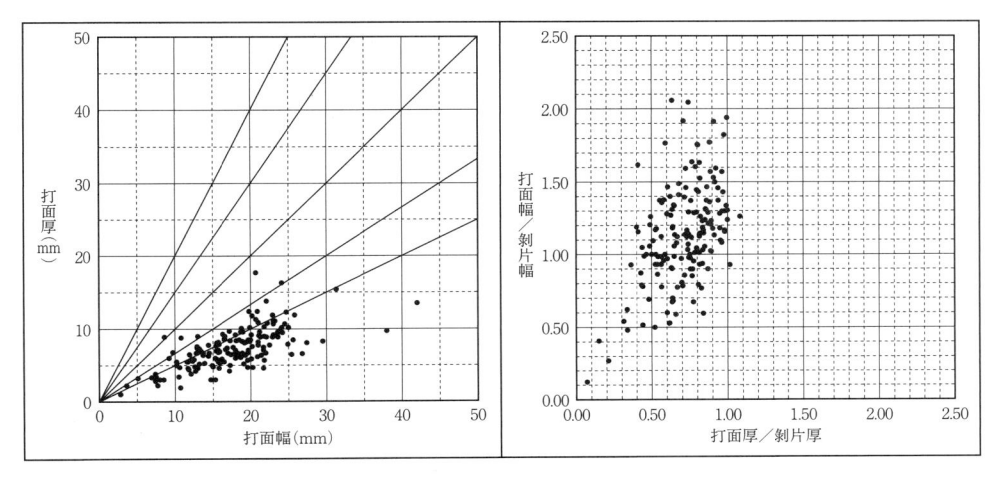

第14図　台形剥片の打面の大きさ（n＝167）

ものが、ポジ面を有する、前段階での目的剥片とみなすことができる。この剥片を石核として、新たに目的剥片を作出している。この際、腹面と背面を比較すると、背面のほうが平坦な広い面であるため、背面が作業面となったものと考えられる。

打面については、石核で打面を作り出す様相がみられるものは 90 点（87.4％）にのぼり、打面作出が日常的におこなわれていたとみられる（第 15 図）。しかし、打面調整のみられる台形剥片は 4 点（2％）のみであり、打面調整はごく稀であったことがわかる（第 22 図）。また、自然面を打面に含む台形剥片は 2 点（1％）のみであり、自然面を打面として利用することはほとんどなかったと言える。

4. 台形剥片の剥離

石核の素材が選択されたのち、作業面と打面が設定され、台形剥片の剥離が行われる。ここでは、石核と剥片の諸属性をもとに、剥片剥離の様相について触れ、また、得られる台形剥片についても言及していくこととする。

(1) 剥離の位置、順序、移動

台形剥片石核における目的剥片の剥離の位置について、剥離痕は、素材剥片の打面側に残されるものの割合が大きく、また、剥片の右側辺に残されるものの割合が大きい（第 16・17 図、p は剥片を横に二分した打面側、d は末端側、R は剥片を縦に二分した腹面正面の右側、L はその左側、O はその他）。このことから、素材剥片の打面部付近の厚みを利用した剥片剥離が多く、打面付近が剥離の起点となり、右側辺において末端へ向かって剥離が進行する事例が多いことが言える。また、剥離面がみられる側辺の数は、1 辺のみのものが過半数を占め、ほぼ全周にわたるものの割合は小さい（第 18 図）。さらに、残された剥離面数を見ると、2 枚、3 枚のものの割合が大きく、6 枚以上のものの割合は最も小さい（第 19 図）。実際に剥離される枚数と石核に残された剥離面数とは必ずしも一致せず、実際はこれよりも多くなることが考えられるが、一つの石核から台形剥片を多量に生産するという様相はあまりみられない点は注目すべきところである。

剥片剥離における他の技術的な特徴に関しては、頭部調整がみられる剥片は 18％ にとどまり、大部分では、頭部調整がおこなわれない（第 23 図）という点がみられる。また、台形剥片を剥離するにあたって、石核や剥片の打面の稜線上、あるいはその付近に打点がみられるものは、剥片は 32 点（16％）、石核は 27 点（26％）であり、一部において、稜線を加撃の目標としていたことが窺える（第 21 図）。

台形剥片の剥離の移動方向は、ほとんどが左から右へと進行するが、5 点の石核、6 点の剥片で右から左へと剥離が進行し、1 点の石核および剥片で左から右へと進行した後、左へ戻る様相がみられる。特に、母岩 6 においては、9 点中 4 点の石核に右から左へ進行する（逆方向の）剥離がみられ、高い割合を示す。

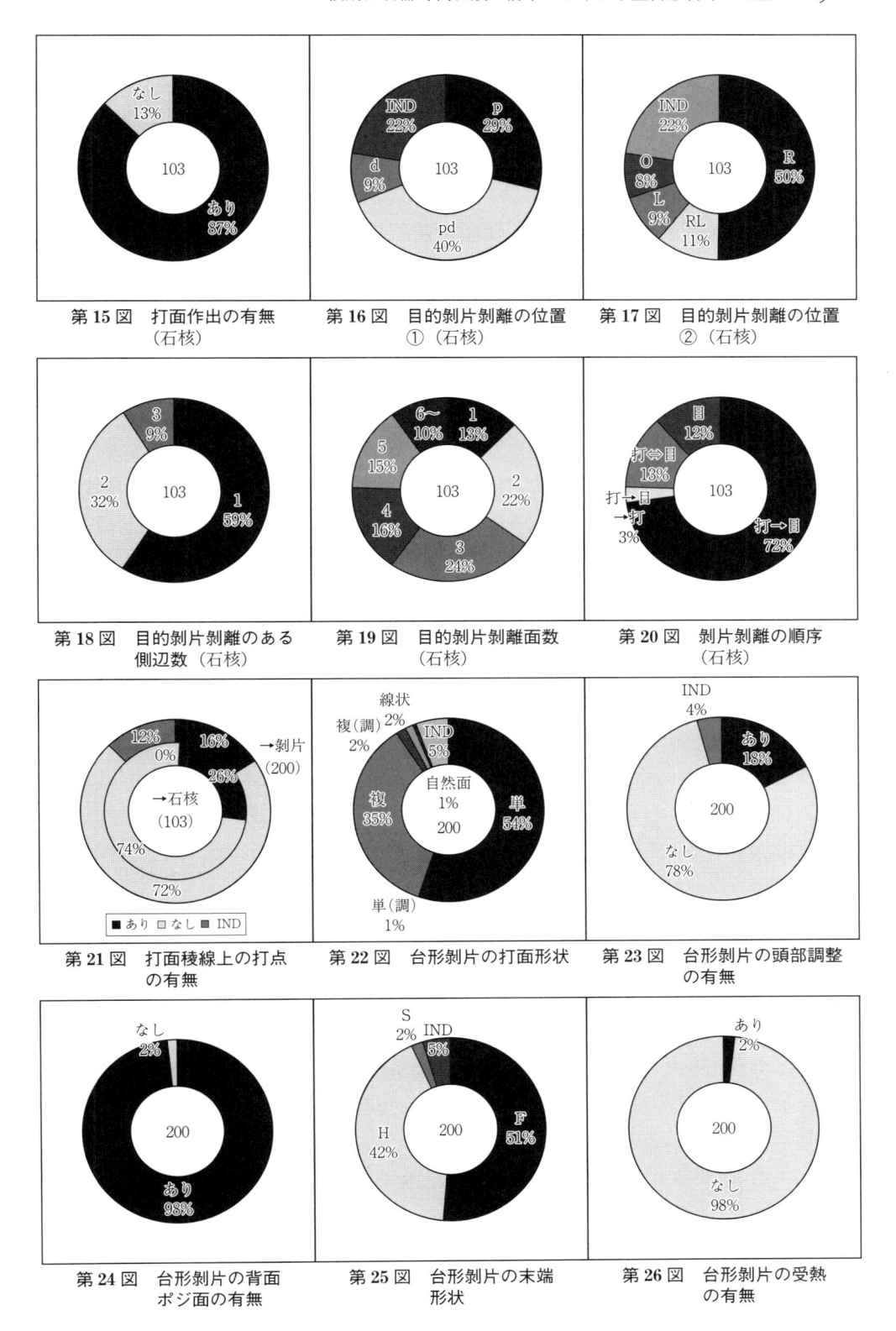

後期旧石器時代初頭〜前半における小型台形剝片の生産　15

第15図　打面作出の有無（石核）
第16図　目的剝片剝離の位置①（石核）
第17図　目的剝片剝離の位置②（石核）
第18図　目的剝片剝離のある側辺数（石核）
第19図　目的剝片剝離面数（石核）
第20図　剝片剝離の順序（石核）
第21図　打面稜線上の打点の有無
第22図　台形剝片の打面形状
第23図　台形剝片の頭部調整の有無
第24図　台形剝片の背面ポジ面の有無
第25図　台形剝片の末端形状
第26図　台形剝片の受熱の有無

剥離の進行が一定である場合、剥離された台形剥片は、ほとんどがポジ面（石核の素材面）を有することになるが、4 点（2%）においてはポジ面がみられない（第 24 図）。これは「剥離が戻る」という現象に一致する。つまり、一度左（右）に移動したのち、再び右（左）に戻って目的剥片を剥離すると、ポジ面が付されないことになる。しかし、ほとんどにおいてポジ面がみられるように、この現象はごく稀であったことがわかる。

　台形剥片を剥離する過程において、打面作出後に目的剥片を剥離するという順序でおこなわれるものが、70% 以上の石核でみられる（第 20 図）。一部では、打面作出と目的剥片の剥離が交互におこなわれるなど、目的剥片を剥離している途中に打面を補正しながら剥離を進行させている様相がみられる。また、作業面と打面側で面の粗密に差異が見られないものも一部あり、本来の打面側においても目的剥片を得ていた、すなわち副次的な目的剥片生産がおこなわれた可能性が考えられる（鹿又喜隆 2005）。

　以上より、剥離の位置や移動、順序において、ある程度の拘束性はみられるものの、そこから逸脱も少なからず散見される。目的となる剥片を得るために、臨機応変に対処していたことが考えられる。特に、母岩 6 において、逆方向の剥離が多いという点は、石材の微細な差異や個人差など、個別の要因の可能性も考えうるものであり、注目すべき点である。また、台形剥片を一つの石核から極めて多量に生産する様相はみられず、米ヶ森技法の模式図との差異は顕著である。

(2)　小型台形剥片の様相

　剥離された台形剥片の大きさは、そのほとんどが、長さ・幅ともに 15 mm 以上であり、特に、長さ 20～30 mm、幅 20～25 mm の範囲に多く分布する（第 29 図）。その形状は、厚さという要素においてはある程度のまとまりがみられるものの、長さという要素では縦長から幅広のものまで多様性に富む（第 30 図）。つまり、台形剥片全体では、大きさや形状において統一性があまりみられない。

　台形剥片以外の、折れ面のない完形剥片は 663 点であり、その多くが、長さ・幅ともに 50 mm 以下で、特に、長さが 20～35 mm、幅が 15～35 mm の範囲に集中する（第 31 図）。なお、剥片全体をみてもその傾向は同じである（第 27・28 図）。縦長・薄手の剥片といえる、幅長比、厚幅（厚長）比がそれぞれ 0.67 以下となる範囲に位置する割合は 16.9% であるが、完形剥片で、長さが幅よりも大きくなる値のもののほうがその割合が大きく、台形剥片に比べて、やや縦長の傾向がみられる（第 32 図）。

　打面の大きさは、打面幅が 15～20 mm、打面厚が 5～10 mm の範囲を中心に分布する傾向がみられる（第 14 図）。それぞれの剥片の打面幅を、剥片の幅で割った数値と、打面厚を厚さで割った数値をみると、前者が 0.5～1.0 の範囲でも 1.0 に近いところで多く分布し、また、後者が 1.0 前後から 1.5 までの範囲に多く分布する。それぞれが剥片の幅や厚さに近い数値を示すことから、打面は大きいと言える。

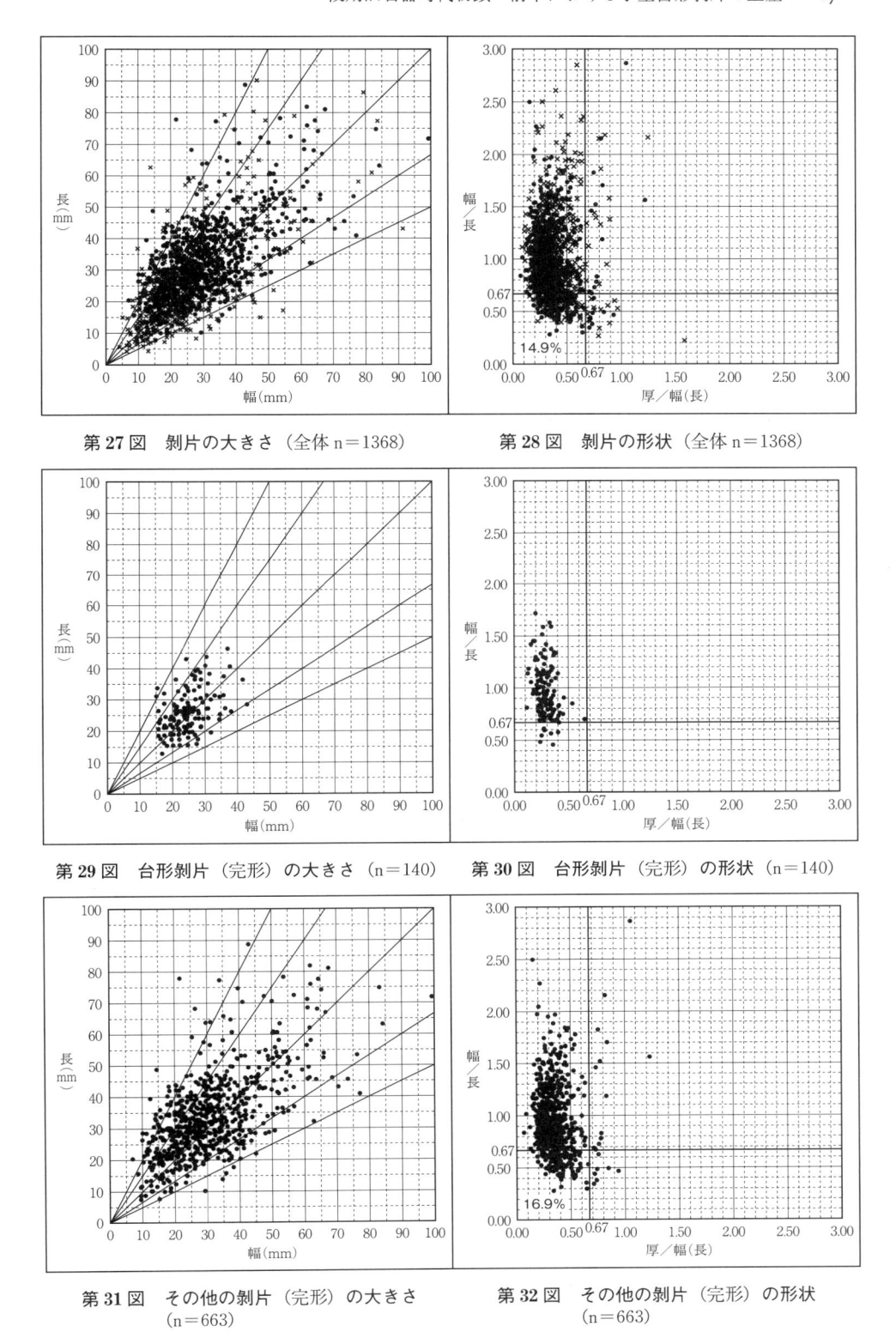

第 27 図　剥片の大きさ（全体 n＝1368）

第 28 図　剥片の形状（全体 n＝1368）

第 29 図　台形剥片（完形）の大きさ（n＝140）

第 30 図　台形剥片（完形）の形状（n＝140）

第 31 図　その他の剥片（完形）の大きさ（n＝663）

第 32 図　その他の剥片（完形）の形状（n＝663）

台形剝片の剝離角は、111〜115°の範囲を頂点とし、山形の分布形状を示す（第13図）。特に、106〜125°の範囲内に多く分布する。末端の形状は、フェザー・エンドが過半数を占め、次にヒンジ・フラクチャーの割合が4割以上を占める（第25図）。また、受熱の痕跡のあるものは4点（2%）のみにとどまる（第26図）。

5. トゥールへの利用

　上萩森遺跡 IIb 文化石器群において、トゥールは90点出土している。器種は、台形石器、ペン先形ナイフ形石器、ナイフ形石器、彫刻刀形石器、鋸歯縁石器、ノッチ、スクレイパーなどがみられる。なかでも台形石器は26点、ペン先形ナイフ形石器は16点あり、多く出土している。これらトゥールのうち、台形剝片生産に直接的に関わる剝片や石核が素材となるものが存在する（第3図3〜11・13・15〜17）。

（1）剝片の利用

　ペン先形ナイフ形石器、台形石器（A・B類）、ナイフ形石器、二次加工ある剝片で、台形剝片がトゥールの素材として用いられている。台形石器を除くとその割合はいずれも大きくない。ナイフ形石器では、縦長の台形剝片が素材として用いられていることが特徴的である。なお、台形剝片が素材であっても、折れた台形剝片に加工しているなど不定形のもの（第3図13）は、台形石器などから除外し二次加工ある剝片として分類している。

　台形剝片が素材として多く用いられているものに、台形石器がある（第3図3〜10）。台形石器は、その形状から、基部加工がみられるもの（A類）、一部のみの加工で素材となる剝片の形状を大きく残すもの（B類）の2類に分類が可能である。特にB類は台形剝片が素材であることが条件となるため、すべてが台形剝片を素材としている。B類において注目されるものの一つに、二次加工の多様性がある。米ヶ森遺跡で確認された「米ヶ森型台形石器」と異なり、二次加工が施される部位が多様で、平坦加工や急斜度の加工が施されるなど、加工そのものも一様ではない。

（2）石核等の利用

　台形剝片以外で、台形剝片生産に関わるものを素材としているトゥールとして、ノッチとスクレイパーがある（第3図）。ノッチは、2点のうち1点が、台形剝片石核を素材としている。石核が折れたのち、ノッチ状の二次加工を施したものと考えられる（第3図14〜15）。

　スクレイパーは5点出土しているが、うち1点は、台形剝片を剝離する石核を素材としており、粗い加工が石核素材剝片の背面側に施されている（第3図17）。残る4点は、交互剝離により刃部が作り出され、その加工が、台形剝片石核との類似性をもつ。ただし、他のトゥールの二次加工と比べて粗いため、本来は石核として利用することが目的とされ

ており、目的剝片が満足に作出できなかったという、石核未製品の可能性も考えられる（第3図16）。

IV. 考察

1. 上萩森遺跡 IIb 文化石器群における小型台形剝片の生産の様相

　上萩森遺跡では、おもに剝片の腹面を作業面として、規格性をもつ小型台形剝片を連続して剝離する技術が特に多くみられる。台形剝片生産が石器製作の主体であったことが考えられるが、一方で、台形剝片生産に代わる、規則性を有する剝片剝離技術の存在を積極的に見出すことができない。

　台形剝片を生産する過程において、粗割りなどの過程で生じた剝片を石核素材として用いるなど、石核の大きさやその形状が多様であるため、剝片等は石核素材として有効に利用されていたことが考えられる。ただし、台形剝片・石核以外の数量等を考慮に入れると、小型台形剝片生産に至るまでに、多くの石材が消費されていたことがわかる。したがって、大きさやその形状などで理想的な形をある程度意識して選択していた可能性も考えられる。いずれにせよ、平坦な作業面があれば、台形剝片を剝離していた様相がみられる。つまり、素材の選択性はそれほど厳密なものではないことが窺える。

　台形剝片の剝離にあたって、素材剝片の腹面を作業面とし、粗く打面を作り出し、打面調整・頭部調整をおこなわずに剝片剝離をおこなう事例が多い。しかし、必ずしもその規則に縛られることはなく、逸脱も散見される。台形剝片の剝離は、石核の素材となる剝片の打面部付近の厚みを利用し、また、打面付近が剝離の起点となり、右側辺において末端へ向かって剝離される事例が多い。石核の1辺のみに剝離面がみられるものが過半数を占めるため、一つの石核から台形剝片を多量に生産するという様相が一般的であるとは言えない。石核素材の選択等をあわせて考察すると、一見効率よく剝片剝離をおこなっているような印象を受けるが、意外と無駄の多い剝片生産の様相がみられる。また、目的剝片を剝離している途中に打面を補正しながら剝離を進行させているものや、作業面と打面側で面の粗密に差異が見られず、本来の打面側においても目的剝片を得ていた可能性のあるものも少ないながらも存在するなど、その様相は単純なものではない。目的となる剝片を得るために、臨機応変に対処していたことが考えられる。

　剝離された台形剝片は、ペン先形ナイフ形石器、台形石器（A・B類）、ナイフ形石器、二次加工ある剝片の素材として全部あるいは一部に用いられている。ナイフ形石器では、縦長の台形剝片が素材として用いられているなど（第3図11～12）、製作するトゥールにあわせた形や大きさの台形剝片が用いられている。また、より良質の石材の剝片が選択されている。また、台形石器 B 類では、二次加工の多様性がみられ、同じ器種に分類されるものであっても、使用する目的が異なるものもある（鹿又喜隆 2005）。

台形剝片以外で、ノッチとスクレイパーの素材に、台形剝片石核を利用するものが存在する。剝片以外でもトゥールの素材として有効に利用されていたことが窺える。これらの点において、トゥールと台形剝片生産に規則的な関係性を読み取ることは困難である。剝離された台形剝片全体では、大きさや形状においてあまり統一性がみられないという点も注目すべき点である。つまり、トゥールの素材としておもに台形剝片を生産していたが、その利用にあたっては、厳密な規則性を有することはないと言える。

また、先に述べた米ヶ森技法の定義に照らし合わせると以下のことがわかる。

石核については、剝片以外のものを石核素材として用いており、また、腹面にこだわらず、台形剝片が剝離できる平坦な面を作業面としているものの存在から、すべてが定義に当てはまるものではない。しかし、剝片や礫といった分類や、背面や腹面といった分類にどれほどの意味を有しており、その違いが果たして厳密なものであったのか、疑問が残る。平坦な面を有するという特徴に焦点を当てれば、定義と大きくずれることはない。

剝離の方法について、打面に関しては定義された通りの様相を示すが、剝離の移動に関しては一方向の移動を想定しており、ここに差異がみられる。また、稀な事例ではあるが、小型台形剝片に腹面を残すという現象も必ずしも生じないこととなる。つまり、小型台形剝片の背面側に見られる石核素材面と、剝片の腹面とが組み合わさって形成される縁辺が必ずしも必要のないものとなりうる。これは、台形石器の意味に大きな影響を及ぼすものである。

剝離方法の差異に関連して、台形剝片の利用において、定義された米ヶ森技法との大きな差異がみられる。確かに、「米ヶ森型台形石器」として認められるものも多く存在する点において共通するものの、素材として用いられるトゥールが台形石器のみに限定されないという点が第一の差異としてあげられる。また、二次加工が施される部位が多様で、平坦加工や急斜度の加工が施される点においても差異がみられる。さらに、石核素材面のない台形剝片の存在など、これらの様相はすなわち、単一のトゥールを想定して台形剝片が剝離されたとは考えられないものである。さらに、少数であるが、剝片にとどまらず、石核も利用されうることは注目すべき点である。

当石器群における小型台形剝片の剝片剝離技術と米ヶ森技法との差異は、見かけ上の差異にとどまらず、石器の製作において、より本質的な差異を意味する可能性が考えられる。

2. 上萩森遺跡における小型台形剝片生産の目的とその位置付け

上萩森遺跡では、小型台形剝片の生産以外の特徴として、石刃技法の不在があげられる。一部において縦長剝片の生産が認められるものの、石刃技法として認識されるものではない（PL.）。また、台形石器、ペン先形ナイフ形石器、ナイフ形石器、スクレイパー、彫刻刀形石器などが器種組成にみられるが、石刃素材の石器はみられないため、石刃技法の共伴を実証するものは確認されない。この状況が、上萩森遺跡における小型台形剝片の生産

に何らかの影響を与えていることが考えられる。

　石刃技法には、石器の縦長化により規格性という要素がみられ、そして、この技術は連続性という要素を有する。一方で、広義の意味を含む米ヶ森技法においても、一定の剝離方法で、規格性をもつ剝片を連続剝離するという様相、すなわち、規格性と連続性という要素が組み合わされる。つまり、小型台形剝片の剝離技術は、石刃技法と同じような性格を有することになる。また、台形剝片が多くのトゥールの素材になりうるという様相も、石刃と同じ性格をもつことになる。縦長の台形剝片をナイフ形石器の素材に利用するなど、石刃の不在を補完しているような現象もみられる。両者の技術が、相互にあるいは一方が他方に影響を与えている可能性は否定できない。

　上萩森遺跡における小型台形剝片の生産の様相は、本来の米ヶ森技法に比べて多様性のみられる様相である。つまり、米ヶ森型台形石器の生産に特化したものではなく、石刃技法の不在を補完するかのように、多くのトゥールの素材となりうる汎用的な剝片を生産するための技術がここに存在する。石刃技法の不在という状況もあり、トゥールの素材として有効に利用できる小型台形剝片がここで生産されたことになる。したがって、ここでみられる小型台形剝片生産は、一見すると米ヶ森技法と類似する技術を用いたものであっても、本質的に意味のやや異なるものであると考える。

おわりに

　小型台形剝片や台形剝片石核にみられる諸特徴から、上萩森遺跡における小型台形剝片生産の様相を検討してきたが、ここでみられた特徴として、定義された米ヶ森技法との差異が明らかとなった。この差異は、単に時間的なもの、空間的なものにとどまらず、石器製作の概念の相違点まで考えうるものとなる可能性がある。すなわち、上萩森遺跡における小型台形剝片の生産は、類似する技術を有する遺跡において、従来認識されてきた米ヶ森型台形石器の生産という目的にとどまらず、石刃技法不在の状況下における汎用的なトゥール素材の生産という可能性も考えられるようになった。このことは、ある程度の規則性を有しながらもそれに拘束されないという、効率的に見える多様な剝片剝離のありかたの要因として考えられる。また、剝片剝離の意味を追求することに加えて、AT下位の他の石器群における剝片生産の様相との比較検討を加えることにより、上萩森遺跡の後期旧石器時代前半における位置付けもより解明されることになるであろう。これについては稿をあらためて論ずることとする。なお、本論文は、東北大学大学院文学研究科博士後期課程在学中の、2005年度後期考古学研究演習で研究発表した内容をもとに、その授業における議論等をふまえて加筆修正を行ったものである。

　須藤隆先生には考古学研究室に配属されてから9年間ご指導いただき、また私が宮城県

に就職後も、先生とお会いする機会がよくあり、そのたびに適切なご指導をいただいております。私は学生のころ、自分の勝手な都合で日が暮れてから先生にご指導いただくことが多くなってしまいました。しかしながら、時には帰り支度中であるにもかかわらず、丁寧にご指導していただいたことに大変申し訳なく思いつつも、今でも深く感謝しております。その時の内容を本論の一部に反映させています。最後になりましたが、先生のこれからの一層のご健康とご活躍をお祈り申し上げます。

謝辞

　上萩森遺跡出土石器群を分析するにあたり、資料の借用から整理に至るまで、菊池強一氏、旧胆沢町教育委員会の佐々木いく子氏、朴沢志津江氏、（財）岩手県文化振興事業団埋蔵文化財センターの吉田充氏にさまざまなご協力、ご教示をいただきました。記して深く感謝申し上げます。

　小稿をまとめるにあたり、東北大学大学院文学研究科考古学研究室の須藤隆教授、阿子島香教授、東北大学総合学術博物館の柳田俊雄教授の多大なるご指導をいただきました。東北大学大学院文学研究科考古学研究室の鹿又喜隆助手（現（株）加速器分析研究所）には資料を整理するにあたって多くのご指導、ご協力をいただき、また、東北大学大学院理学研究科の須田富士子氏には石材の面で多くのご教示をいただき、各氏と意見交換を頻繁に行いました。さらに、資料の借用から図面作成等に至るまで、考古学研究室の菅野智則助手、羽石智治、佐々木智穂、高橋大輔、前田雅之、村田弘之の各氏のご協力をいただきました。末筆ながら記して感謝申し上げます。

引用文献

鹿又喜隆 2005「東北地方後期旧石器時代初頭の石器の製作技術と機能の研究―岩手県胆沢町上萩森遺跡 IIb 文化層の分析を通して―」『宮城考古学』7 pp. 1-26

菊池強一 2006「岩手県の更新世火山灰層と主な旧石器時代遺跡」『木越邦彦先生米寿記念シンポジウム　年代測定と日本文化研究　予稿集』（株）加速器分析研究所　pp. 51-60

菊池強一ほか 1988『上萩森遺跡調査報告書』胆沢町埋蔵文化財調査報告書第 19 集　胆沢町教育委員会

藤原妃敏 1989「米ヶ森技法と石刃技法」『考古学ジャーナル』309 pp. 14-18

藤原妃敏・柳田俊雄 1991「北海道・東北地方の様相―東北地方を中心として―」『石器文化研究 3 シンポジウム AT 降灰以前の石器文化―関東地方における変遷と列島内対比―』 石器文化研究会　pp. 151-163

麻柄一志 2005「後期旧石器時代前葉の剥離技術―米ヶ森技法の出現と展開―」『旧石器考古学』66 pp. 31-45

佐藤宏之 1988「台形様石器研究序論」『考古学雑誌』73-3 pp. 1-37

佐藤宏之 1992『日本旧石器文化の構造と進化』 柏書房

須田富士子・小野章太郎 2005「胆沢扇状地の旧石器時代に見られる石材利用」『七北川下流域　陸

奥国府多賀城周辺の人類遺跡と地表環境の変化―考古学・地形学の研究成果から―』東北地理学会一般公開シンポジウム 2005 レジュメ

富樫泰時ほか 1977『米ヶ森遺跡発掘調査報告書』 協和町教育委員会

吉川耕太郎 2003「東北地方における後期旧石器時代初頭の文化―秋田県における後期旧石器時代前半期の石器群―」『後期旧石器時代のはじまりを探る』 日本旧石器学会 pp. 54-59

北海道タチカルシュナイ第Ⅴ遺跡の石器製作技術
―C地点下層出土資料の分析―

村 上 裕 次

I. はじめに

　石器製作技術研究は、旧石器時代研究当初から進められ、技術の実態解明に多くの成果をあげてきた。層位的な出土事例に恵まれない地域では、技術のあり方が、石器群の時間的・空間的な位置付けを行う際の根拠の一つとされた。北海道や東北地方の後期旧石器時代遺跡では、利器類の素材供給に主体的な役割を果たすことから、特に「石刃技法」の存在やその技術的特徴が注目され、中心的な検討課題とされることが多かった。しかし一方で、技術は、遺跡の性格やそのときの状況により変容する（阿子島香1989）。実際に、「石刃技法」でもバリエーションが存在すること、一石器群内に異質の剥離技術が複数存在することは一般的に認められる。そのため、特定の剥離技術だけでなく、石器群に認められる各々の剥離技術を石器群全体の脈絡の中で理解することが重要である。ここで得られた結果を単位として、石器群の、特に技術的な側面からの評価がなされるべきである。

　このような課題に対する具体的な検討方法としては、一石器群を対象として、技術に影響を与える諸属性（石材の種類、質、形状、サイズ、そのときの石核の形状等における状況差など）を考慮に入れた検討を行い、個々の技術の意味を明らかにすることが必要な作業と考える。そして、技術が様々な要因により変容することを考慮して、剥離工程や目的剥片が異なる技術を、同一の基準で比較検討し、技術間の関係を明らかにして総合的に理解することが必要である。

　北海道遠軽町タチカルシュナイ第Ⅴ遺跡C地点下層（以下、下層と省略する）出土資料は、現在上層資料とともに整理作業が進められている。整理の過程で剥片剥離技術を復元できる接合資料が多数確認された。下層では、縦長剥片を連続して剥離するものとともに、いわゆる「不定形剥片」剥離技術の存在が認められた。量としては後者の方が多い。これらが、どのような意図の下で行使され、いかなる技術的質や関係を持つかを検討することは、技術の実態理解とともに、石器群の位置付けや集団の技術変容を具体的に考察する上で意義あることと考える。

　下層の石材は、ほぼ黒曜石で占められ、原石の形状や自然面の特徴も共通する。遺跡では、剥片剥離、二次加工を中心とした作業が行われている。これらより、下層では、石材や遺跡の性格、石器製作工程の段階差による影響が少ないと考えられる。したがって、分析結果についてこれらの影響を限定し、石器製作者の行使した技術の脈絡で評価を行う。

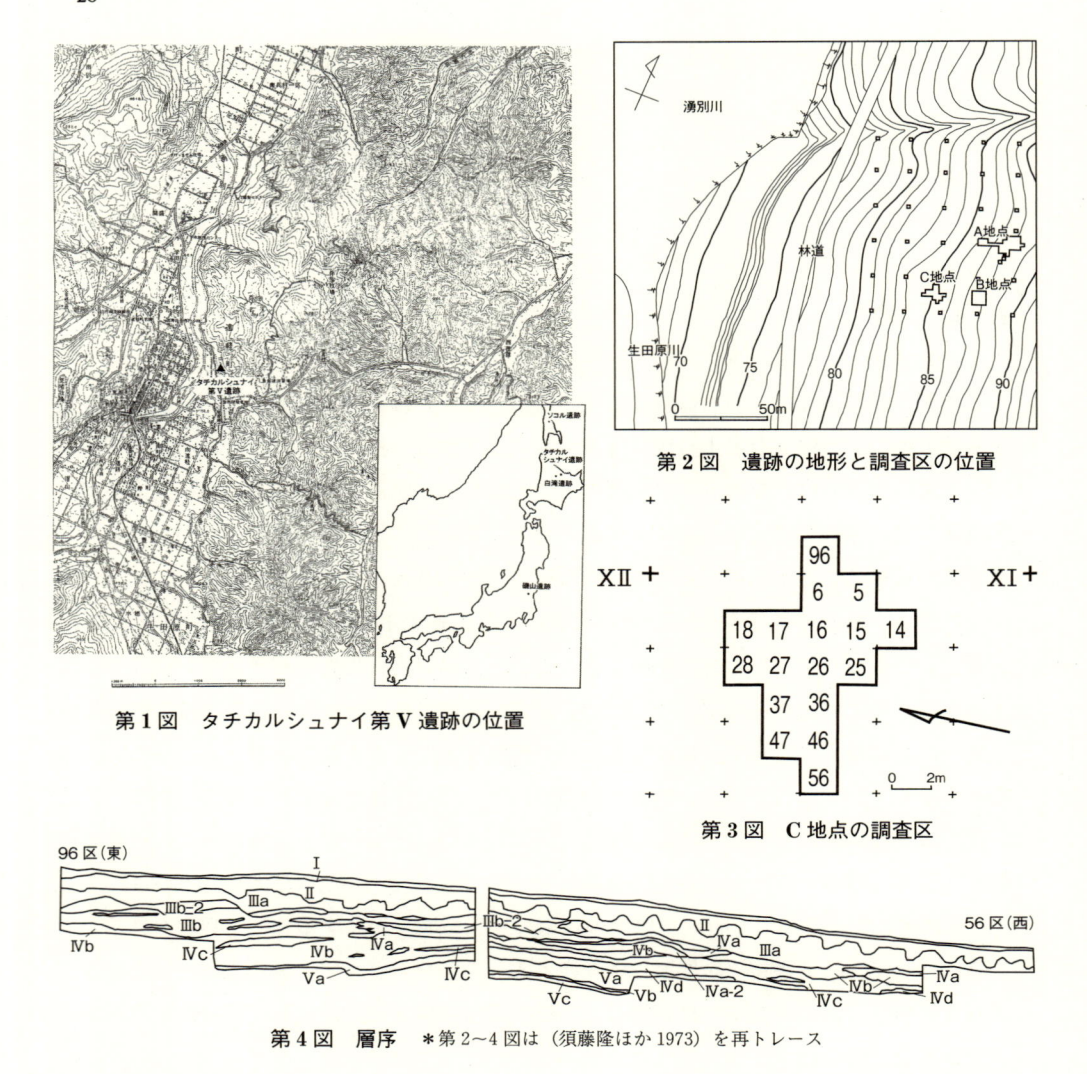

第1図　タチカルシュナイ第Ⅴ遺跡の位置

第2図　遺跡の地形と調査区の位置

第3図　C地点の調査区

第4図　層序　＊第2〜4図は（須藤隆ほか1973）を再トレース

なお、下層出土資料は、トゥールを中心に公表されているが、接合資料については未報告である。そこで、本稿では、下層出土資料の整理作業の成果を報告することを第一の目的とし、下層で確認された剝片剝離技術を石器群全体の中で総合的に理解することを第二の目的として検討を試みる。

II. 石器群の内容

1. 遺跡の概要

　タチカルシュナイ遺跡は、北海道紋別郡遠軽町に所在し、湧別川と生田原川の合流地点右岸段丘上に位置する大規模な遺跡群である（第1図）。遺跡は、緩い波状性の傾斜をもつ扇状地状の地形に立地し、第Ⅴ遺跡がのる台地の標高は85m、現河床面との比高は約15

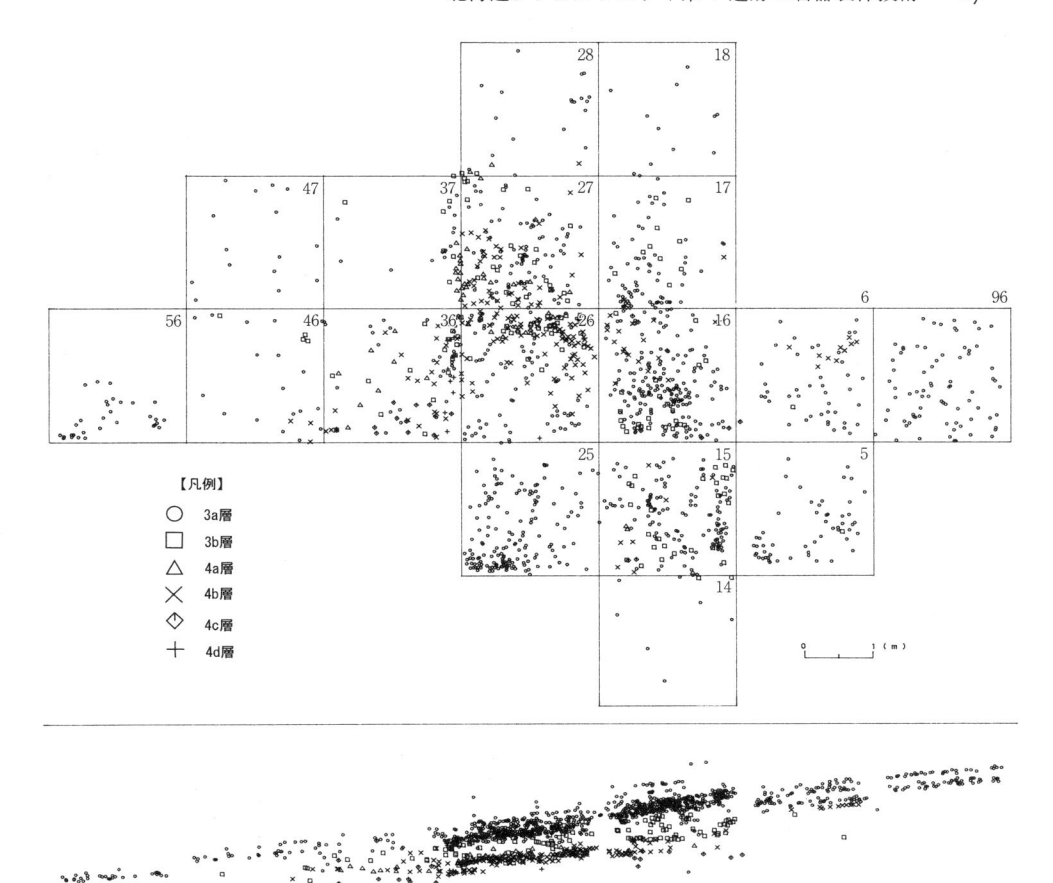

第5図 C地点の平面・垂直分布図

mである（第2図）。調査は、遺跡の草地改良に伴い1972年にA、B、Cの3地点で行われた（吉崎昌一編1973）。東北大学考古学研究室が担当したC地点では、2×2mを17グリッド、面積68 m² の範囲で調査が行われた（第3図）（須藤隆ほか1973）。層はⅠ層からⅤ層まで確認され、各層から計5038点以上の石器が出土した（第4図）。特にⅢa層とⅢb層、Ⅳb層で出土数が多い。Ⅱ～Ⅴ層出土の5038点の遺物については、出土位置を記録して取りあげている。調査によって、Ⅲa層を中心に白滝型細石刃核を伴う細石刃石器群と、Ⅳb層を中心とした石刃製作技術を伴う石器群の上下2枚の文化層の存在が明らかにされた。両者は、平面分布でも集中する範囲が異なる（第5図）[1]。

2. 出土遺物

下層出土資料の総数は544点で、その内訳は、剝片素材のトゥール24点、剝片477点（二次加工ある剝片34点含む）、石核16点、礫器3点、礫24点である（第1表）[2]。剝片が全体の87.6%を占める。トゥールは24点であるが、折れ面での接合より実際は19点

第1表　石器組成表

層位\器種		尖頭状石器	スクレイパー	鋸歯縁石器	ノッチ	彫刻刀形石器	錐形石器	二次加工ある剥片	剥片	石核	片刃礫器	敲石	礫	計
III	(点)								1	1				2
	(g)								0.6	4.9				5.5
IIIb	(点)	1				1		13	143	3			8	169
	(g)	12.8				14.5		132.9	523.8	352.8			1289.4	2326.2
III下	(点)		1						1					2
	(g)		21.6						6					27.6
IV	(点)								2					2
	(g)								0.5					0.5
IVa	(点)	2	3					4	59				2	70
	(g)	31.7	74.1					103.6	705				102.1	1016.5
IVb	(点)	1	7		1		1	11	174	10	1	2	14	222
	(g)	8.5	885.9		21.7		12.8	248.7	2020.5	1197.3	496.9	303.8	3340.8	8536.9
IVc	(点)		2					4	27					33
	(g)		151.2					273.5	723.5					1148.2
IVd	(点)		3					1	11					15
	(g)		160.7					24.1	104.3					289.1
不明	(点)		1						25	3				29
	(g)		102.7						97.3	60.6				260.6
計	(点)	4	16	1	1	1	1	34	443	16	1	2	24	544
	(g)	53	1374.6	21.6	21.7	14.5	12.8	783.4	4185.8	1610.7	496.9	303.8	4732.3	13611.1

第2表　石材組成

石材\器種		尖頭状石器	スクレイパー	鋸歯縁石器	ノッチ	彫刻刀形石器	錐形石器	二次加工ある剥片	剥片	石核	計
黒曜石	(点)	4	14	1	1		1	30	432	15	498
	(g)	53	1175.6	21.6	21.7		12.8	783.4	3739	1156.1	6963.2
安山岩	(点)		2						10	1	13
	(g)		199						440	454.6	1093.6
頁岩	(点)					1			3		4
	(g)					14.5			6.8		21.3
計	(点)	4	16	1	1	1	1	30	445	16	515
	(g)	53	1374.6	21.6	21.7	14.5	12.8	783.4	4185.8	1610.7	8078.1

(3.4%)である。スクレイパーが最も多い。層位との関係では、IIIb層とIVb層から多くの石器が出土している。石核と礫器、礫はIVb層からの出土が多い。

　下層出土資料で認められる石材には、黒曜石、安山岩、頁岩がある（第2表）。そのうち、主要な石材は黒曜石で、点数では498点（礫を除いた全体の95.4%）、重量では6963.2g（礫を除いた全体の86.1%）を占める。黒曜石の形状は、自然面の状態からすべて転礫である。茶色や紫の斑、いわゆる梨肌等、白滝産と共通する特徴を持つものが多い。これらは、自然面の円磨の状態から、遺跡の眼下を流れる湧別川より採取されたものと考えられる。黒曜石以外では、安山岩製のスクレイパー2点と頁岩製の彫刻刀形石器1点がある。

(1)　石器

　下層出土資料については、千葉英一、山田晃弘の両氏によってその一部が紹介されている（千葉英一1989、山田晃弘1986）。以下では、千葉報告、山田報告とし、両氏によって公表された資料を含めて石器の概要を記述する。なお、本稿と千葉報告、山田報告とで図化した石器が重複したものについては、第3表でその対応関係を整理した[3]。

尖頭状石器：縦長の剥片に二次加工を施し、端部に尖頭部を作り出した石器である（第6図2、3、5）。千葉報告では尖頭石器、山田報告ではドリルと分類されていたものに当たる。4点出土したが、接合して3点になる。

第3表　実測図対応表

遺物No.	器種	本稿	千葉1989	山田1986	遺物No.	器種	本稿	千葉1989	山田1986
1823	尖頭状石器	第6図2	第1図6	-	1882	片刃礫器	第6図4	第5図31	-
1982・1586	尖頭状石器	第6図3	第1図4	第2図3列目右端	1895	石核	第11図3	第5図30	-
1821-2	尖頭状石器	第6図5	第1図5	第2図2列目右端	1577	石核	第9図2	第5図29	-
2212	スクレイパー	第12図2	第3図17	第2図2列目左端	1831-2・1679	剝片	第9図1	第4図26	-
1451	スクレイパー	第16図6	第3図19	第2図3列目左端	2667	剝片	第10図1	第1図7	-
2802	スクレイパー	第12図1	第3図18	第2図5列目左端	2806	剝片	第14図7	第2図9	-
2667	スクレイパー	-	第3図22	第2図5列目左端	接合資料No.12		第8図	第2図11〜16	-
1995	スクレイパー	-	第4図24	第2図2列目中	接合資料No.22		第16図	第1図8	-
2104	錐形石器	第14図2	第1図3	-					

スクレイパー：剝片の縁辺に連続的な調整を施して刃部を作り出した石器である。16点出土したが、接合のため12点として扱う。

　剝片の一部に二次加工を施し、急峻な刃部を作出したものが3点出土した（第12図2、山田報告第2図1列目右端、第16図6）。素材剝片の一側縁に連続した二次加工を行ったものは6点出土し、二次加工部分が直線になるものが2点（千葉報告第3図23・第4図25）、外湾するものが4点（第6図1、千葉報告第3図20・21、第4図28）ある。素材剝片の二側縁以上に連続的な二次加工を行うものは2点出土した（第12図1、山田報告第2図5列目左端）。背面は全て自然面である。素材剝片の端部に連続的な二次加工を施したものは1点出土した（山田報告第2図2列目中）。

錐形石器：剝片の一部に錐部を作り出した石器である（第14図2）。

片刃礫器：礫の端部に連続的な二次加工を施した石器で、二次加工は片側に限られる（第6図4）。千葉報告では、石核とされていたが、同じ石材の石器が認められないこと、北海道帯広市川西C遺跡（北沢実編1998）などで類似した石器が報告されているため、片刃礫器とした。

　この他に、鋸歯縁石器と彫刻刀形石器が1点ずつ（山田報告第2図4列目・1列目左端）、ノッチ1点（千葉報告第4図27）、二次加工ある剝片34点、敲石2点が出土している。

　尖頭状石器では、素材剝片と二次加工との間に有意な関係が認められる。それ以外の器種では、素材剝片と特定の器種、素材剝片と二次加工位置等に規則性は認められない。二次加工についても素材剝片を大きく変形するものは僅かである。トゥールは破損しているものが大半で、素材剝片の形状を正確に把握するのは困難だが、相対的に厚めの剝片が用いられている。特にスクレイパーでその傾向が強い。

石核：16点出土したが、3点が接合するため14点として扱う。

　礫・分割礫素材の石核は12点出土した。打面と作業面の位置を固定するものが3点（第10図2、第11図3）、作業面を1面に固定して打点がその周囲を巡るものが5点（第6図7・8・9、第13図6）、打面と作業面を入れ替えながら剝離を行うものが4点（第9図2、第15図5・9、第16図3）ある。剝片素材の石核は2点出土した（第8図4、第13図7）。いずれも打面と作業面を固定した剝離が行われる。

剝片：剝片は二次加工ある剝片を含めて477点出土した。第7図は、その中の完形剝片

30

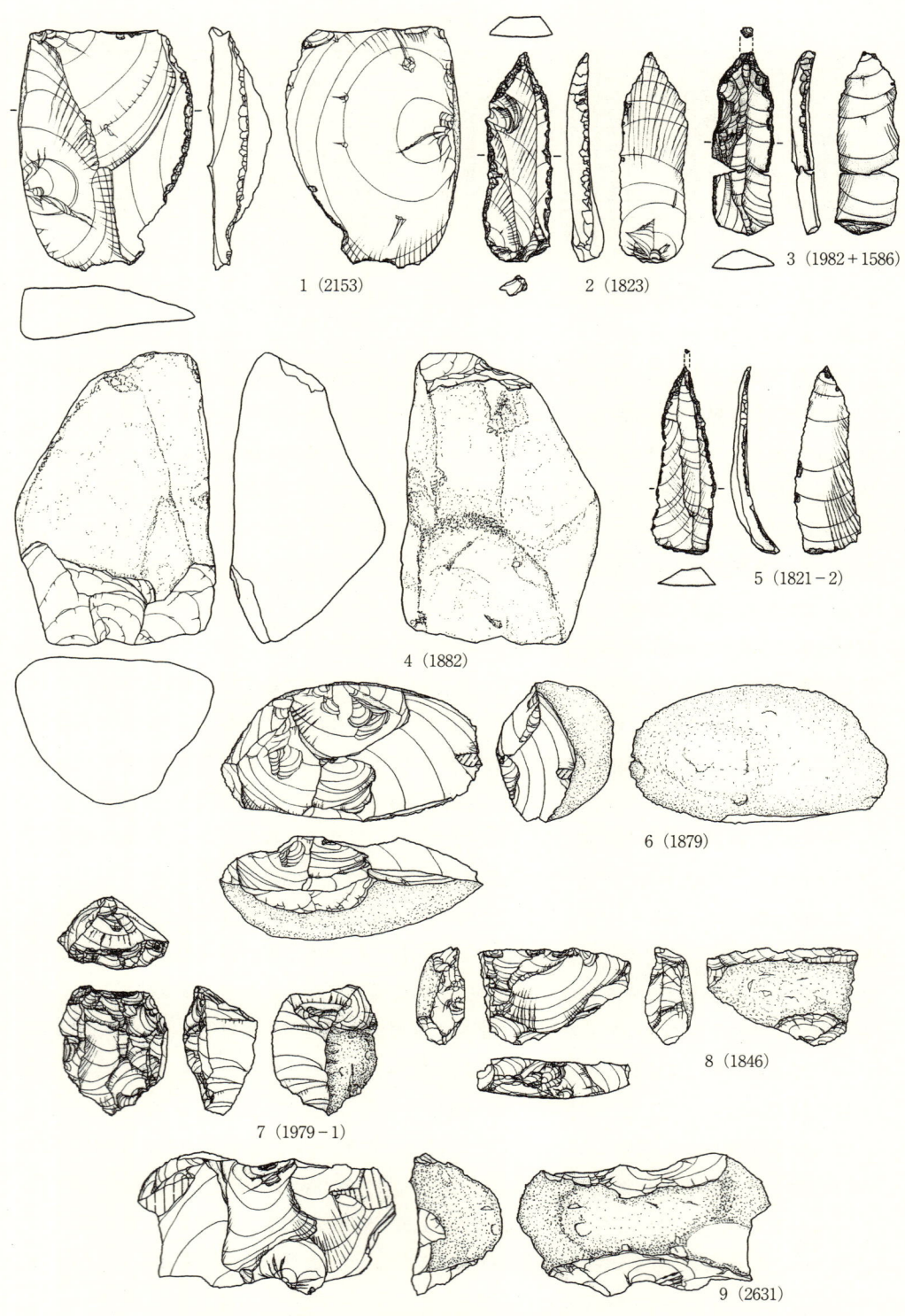

1 (2153)　　2 (1823)　　3 (1982+1586)

5 (1821-2)

4 (1882)

6 (1879)

7 (1979-1)　　8 (1846)

9 (2631)

第6図　タチカルシュナイ第V遺跡C地点下層のトゥール・石核　　Scale=2/5

139 点を対象とした長幅散布図である。剝片の法量では、長幅比1：1で長さ幅ともに60 mm以内にほとんどが収まる。安山岩製の剝片は長さ60 mm以上の範囲に分布する。

第4表で、長幅比より設定した剝片類型ごとの打面と頭部調整・打面調整との関係、背面構成、自然面の割合の出現頻度を集計した。石器群全体と、下層の中で母岩を構成する資料の数が多く、後述するが、母岩の信頼性が高いと判断した母岩2・3・5・6を対象とした。石器群全体では、長幅比1.5以上の類型1で剝離面打面が多く、背面構成が主要剝離面と同方向、背面に自然面の残る割合が少ないという傾向が確認できる。一方、長幅比1.5以下の類型2と3では、打面と自然面の割合は類型1と共通するが、背面構成で主要剝離面に対して横方向からの剝離痕を持つものが多い。剝片の形状と背面構成で大枠での対応関係が確認できる。母岩2・3・6では、類型2の剝片が主体である。打面は母岩3以外で剝離面打面が多く、背面構成では横方向の剝離痕を持つものが多い。母岩5では、類型1と2の剝片が認められ、打面は両者とも剝離面打面が主体である。一方、背面構成では、類型1で主要剝離面と同方向が多い。

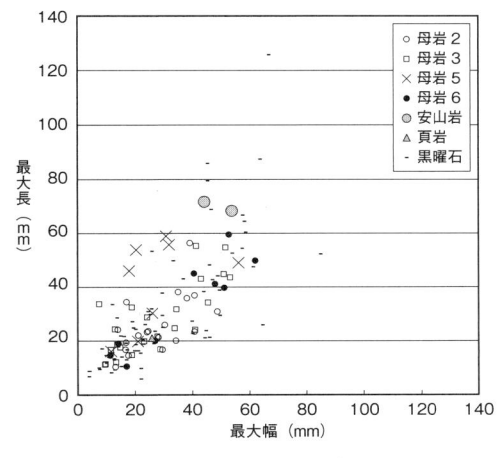

第7図 剝片長幅散布図

第4表 剝片の特徴

第5表 接合資料の内容

接合No.	母岩No.	石材	点数接合	点数全体	重量接合	重量全体	接合の種類	接合の内容
1	1		3	7	175.6	180.9	折れ面接合	打面・作業面固定。
1a			2		62.7		石核と剥片の剥離面接合	打面・作業面固定。
2			8		180.6		トゥールと剥片の剥離面接合	作業面固定で、打面90°・180°転移。
3	2		2	49	3.3	318.7	剥片の折れ面接合	
4			2		3.5		剥片の折れ面接合	
5			3		10.2		剥片の折れ面接合	
6			6		179.7		石核と剥片の剥離面接合（折れ面接合2点含む）	作業面固定で、打点がその周囲を巡る。
7			11		126.5		トゥールと剥片の剥離面接合（折れ面接合4点含む）	作業面固定で、打面90°・180°転移。
8	3		2	76	18.9	431.4	剥片の剥離面接合	
			2		18.8		剥片の剥離面接合	
10			5		15.1		剥片の剥離面接合	90°の打面転移あり。
11	4		2	12	230.3	319.1	石核と剥片の剥離面接合	打面・作業面固定。
12	5		14	17	260.1	263.4	剥片の剥離面接合（折れ面接合2点含む）	打面・作業面固定。縦長剥片剥離。
13			5		141.3		石核と剥片の剥離面接合	打面・作業面転移。打面転移（90・180°）が頻繁。
14	6		3	26	112	392.1	剥片の剥離面接合	90°の打面転移あり。
15			2		47		剥片の剥離面接合	
16			3		168.2		石核と剥片の剥離面接合	作業面固定で、打面180°転移。
17	7		3	25	134.2	346	石核と剥片の剥離面接合	打面・作業面を入れ替えて剥離。
18			2		1.4		剥片の剥離面接合	
19	8		2	18	46.9	115.2	石核と剥片の剥離面接合	作業面固定で求心状。
20			5		40.8		剥片の剥離面接合（折れ面接合3点含む）	自然面除去
21		黒曜石	15		492.8		石核と剥片の剥離面・折れ面接合	自然面除去と分割
21a	9		4	22	242.9	543	石核と剥片の剥離面接合	打面・作業面固定。
21b			11		249.9		石核と剥片の剥離面接合	作業面固定で求心状。
22	10		3	4	86.3	124.9	トゥールと剥片の剥離面接合	
23	12		3	12	38.4	81	石核と剥片の剥離面接合（折れ面接合2点含む）	作業面固定で、打面90°・180°転移。
24			2		30.2		石核と剥片の剥離面接合	剥片素材の石核と剥片の接合。
25			3		349.5		石核と剥片の剥離面接合（折れ面接合2点含む）	打面・作業面を交代して剥離を進める。石核はチョッピングトゥール状。
26	13		4	27	38.7	1567.5	折れ面接合で2点となった剥片の剥離面接合	打面・作業面固定で縦長剥片剥離。
27			5		715.5		トゥールの折れ面接合	
28	14		2	16	31	107.8	剥片の折れ面接合	
29	15		4	9	70.1	95.3	石核と剥片の剥離面接合	90°の打面転移あり。
30			2		10.9		剥片の剥離面接合	
31			2		280.9		剥片の剥離面接合	打面・作業面固定。
32	18		2	11	223.6	532.4	トゥールと剥片の剥離面接合	
33			2		22.7		剥片の剥離面接合	打面・作業面固定。
34	19		2		332.4		剥片の剥離面接合	自然面除去
35	21		2	5	55	466.9	剥片の折れ面接合	
36	22		2	13	26.5	177.8	剥片の折れ面接合	
37			2		32.8		剥片の剥離面接合	90°の打面転移でヒンジ痕を除去。
38			2		8.3		剥片の折れ面接合	
39	不明		2	126	11.6	240	トゥールの折れ面接合	
40			2		0.9		折れ面接合	
41	1	安山岩	3	5	841	854.7	石核と剥片の剥離面接合	

(2) 接合資料の内容

C地点出土資料では、礫以外の全石材を対象として上層、下層共に母岩分類が行われている[4]。下層では、黒曜石23、安山岩4、頁岩1の母岩に分類した。各母岩における接合資料の内容を第5表で整理した。接合資料については、46例計176点が確認された。これは全資料の32.3%に相当する。46例の内容は、石核と剥片の剥離面接合14例68点、剥片とトゥール・剥片同士の剥離面接合18例73点、剥片やトゥールの折れ面接合11例27点、礫の接合2例8点、というものである。このうち、原石形状の復元可能なものが3例（接合No.12、21、41）、接合した資料の多寡に関わらず剥離工程の理解可能なものが11例（接合No.1、2、6、7、11、13、17、24〜26、29）、トゥールの製作工程を表すものが1例（接合No.22）である。

下層では、黒曜石を23の母岩に分類したが、その中には、接合資料から確度の高いと

判断されるものとともに、別母岩の資料を同一母岩に分類した可能性があるものも含まれている。そのため、すべての母岩を等価的に扱うことはできない。そこで、吉川耕太郎が行った研究（吉川耕太郎 2003）を参照して、母岩分類の信頼性について検証を行った。接合例の多寡と、母岩の色調・模様・自然面・包含物という視覚的な特徴を基準として、4つのレベルで各母岩を評価した。

　①接合例が豊富で、視覚的にも同一のものとして判断できるもの（母岩3・5・9）。
　②接合例が少ない、あるいは乏しいが、視覚的な特徴から同一の母岩としての可能性が考えられるもの（母岩1・4・6・7・10・13・20・23）。
　③接合例は豊富だが、視覚的な特徴に乏しく、複数の母岩による資料が含まれている可能性があるもの（母岩2）。
　④接合例が少なく、視覚的な特徴にも乏しく、複数の母岩による資料が含まれている可能性があるもの（母岩8・11・12・14・15・16・17・18・19・21・22）。

以上より、識別有効な母岩は、①の母岩3・5・9であり、②の各母岩も有効性は高いと考えられる。なお、③の母岩2は、特徴的な模様が少ない黒色の黒曜石であったが、接合例が豊富であることから、分類は一定程度妥当であったと評価することができる。

接合資料から、下層では原石あるいは分割礫の搬入、剝片剝離、トゥール製作、トゥールの遺棄・廃棄という一連の活動が行われたことが分かる。特に、石核と剝片の剝離面接合が多いこと、単独母岩のトゥールが少ないこと、石器に残された自然面の円磨の程度が遺跡付近を流れる湧別川中流域で採取できる黒曜石の自然面のそれと酷似することから、原石あるいは分割礫を持ち込んでの剝片剝離、トゥール製作が下層で行われた主要な作業であったと考えられる。

III. タチカルシュナイ第V遺跡C地点下層の石器製作技術

石器製作技術を検討するために、個別分析である接合資料の記述と集合分析である剝片の属性分析を行う（会田容弘 1992）。両者の分析結果を関連、総合させて下層の石器製作技術の理解を試みる。

1. 接合資料の観察

接合資料を構成する石器の点数が多く、剝片剝離工程が復元できるもの6例、接合する点数に関わらず下層で特徴的な剝離工程が認められるもの7例の計13例について個別に記述を行う。

　接合資料 No. 12（母岩5：260.1g）（第8図）
　二次加工ある剝片1点と剝片12点（2点は折れ面接合）、石核1点が接合する。接合作業によってほぼ1個体の原石に復元でき、一連の剝片剝離工程を観察できる。

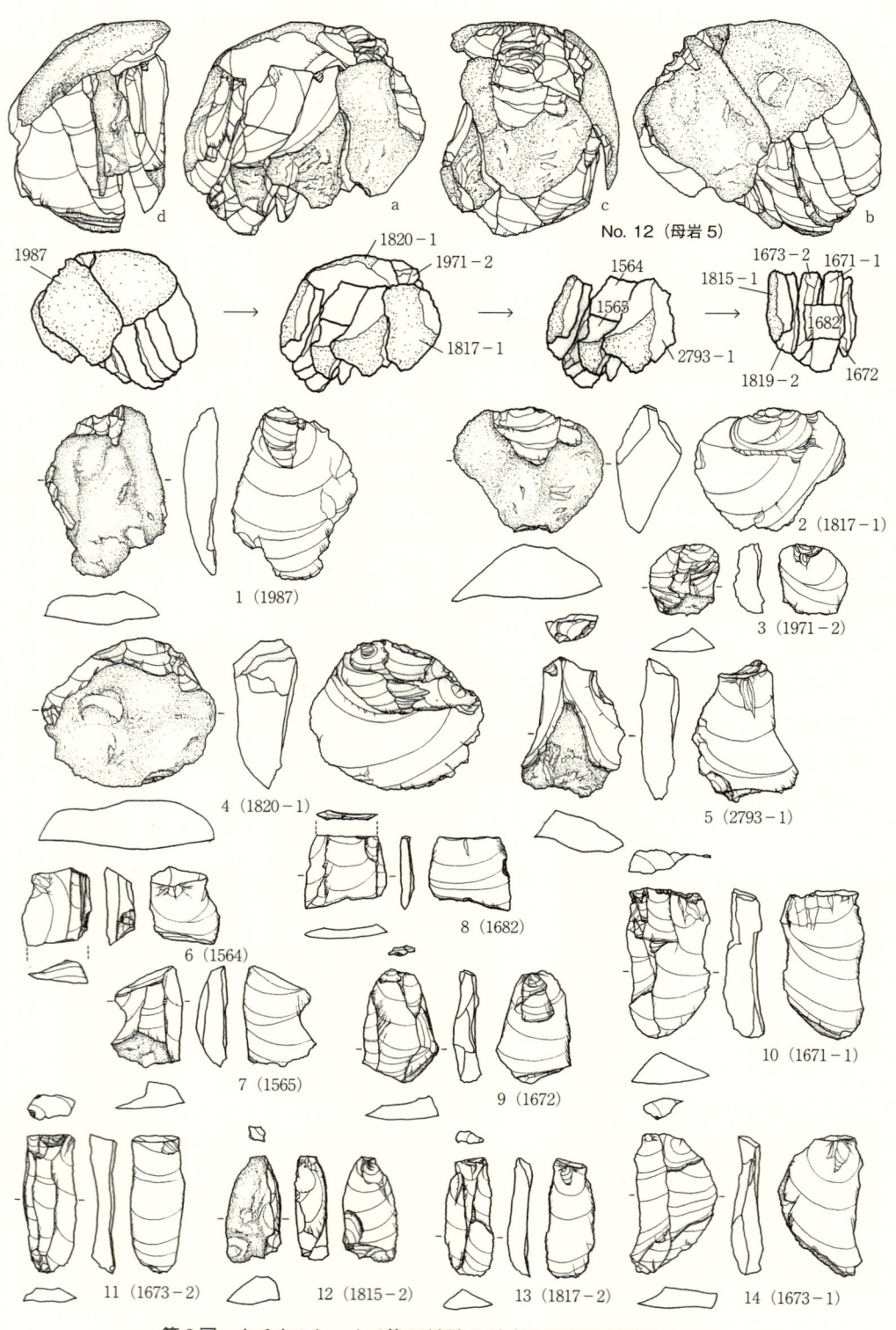

第8図　タチカルシュナイ第Ｖ遺跡Ｃ地点下層の接合資料 No. 12　　Scale＝2/5

自然面の除去（1987、1817-1）の後、打面作出（1820-1）が行われる。ここで得られた平坦な剥離面を打面とし、作業面を固定して縦長剥片が連続的に剥離される。その過程で、作業面にステップフレイキングの痕跡（以下ステップ痕と呼称する）が生じた。この接合資料では、そのステップ痕に対して、それと同じ方向から、先行の剥離で形成された稜を取り込んで打撃を行い、端から順に段階的にステップ痕を除去している（2793-1、1564・1565）。頭部調整、打面調整は少量認められるが、稜形成、打面再生等は確認できない。作業面の高さはほとんど変化しない。なお、打面作出剥片である1820-1では、腹面のバルブ部分を作業面にして小型の幅広剥片が剥離されている。

接合資料 No. 25（母岩13：349.5g）（第9図）

梨肌の黒曜石である。石核1点と剥片2点（折れ面接合）が接合する。打面と作業面を入れ替えて、自然面の除去が行われている（1679・1831-2）。

接合資料 No. 26（母岩13：38.7g）（第9図）

折れ面接合によって完形となった剥片2点が接合する。背面の観察より、打面と作業面を固定して縦長剥片を剥離したことが分かる。頭部調整が入念に行われている。打面調整は認められない。

接合資料 No. 1・1a（母岩1：175.6g）（第10図）

石核1点、剥片2点、砕片1点が接合する。打面と作業面を固定して剥片剥離が行われ、その過程で、2667、6020、6021が同時割れを起こしている。石材の質が悪く、流紋岩球顆があり、それが影響したと考えられる。6021は、新たに石核として用いられる。打面と作業面が固定され、2回の剥離の後作業が止められる。2回の剥離とも生じた剥片の末端がヒンジフラクチャーになっており、作業面に残されたヒンジフラクチャーの痕跡（以下ヒンジ痕と呼称する）が作業終了に影響を与えたと考えられる。

接合資料 No. 41（母岩1：841g）（第11図）

安山岩の接合資料で、石核1点と剥片2点が接合する。接合作業により原石の大きさと形状が復元でき、安山岩の亜角礫を石核の素材としたことが分かる。

2637、2721は原石の分割工程であり、石核の整形が目的であったと考えられる。その結果、石核の作業面は円錐状になる。その後打面と作業面を固定して剥片剥離が行われる。頭部調整、打面調整は認められ、特に頭部調整は念入りに行なわれている。

接合資料 No. 2（母岩2：180.6g）（第12図）

スクレイパー2点と剥片6点が接合する。主要な剥離工程は、作業面を固定して打点がその周囲を巡るものである。自然面除去として2802が剥離される。2802はスクレイパーに加工されている。2212の剥離では作業面にヒンジ痕が生じた。その後、d面、c面方向からの剥離でそのヒンジ痕の一部が除去されるが、その過程で別のヒンジ痕が生じている（6023、1831-1、2569、1973）。この結果、作業面には3方向から計5つのヒンジ痕が残された。打面と作業面を転移し、d面を打面、a面を作業面とした剥離がなされ、2212のヒン

36

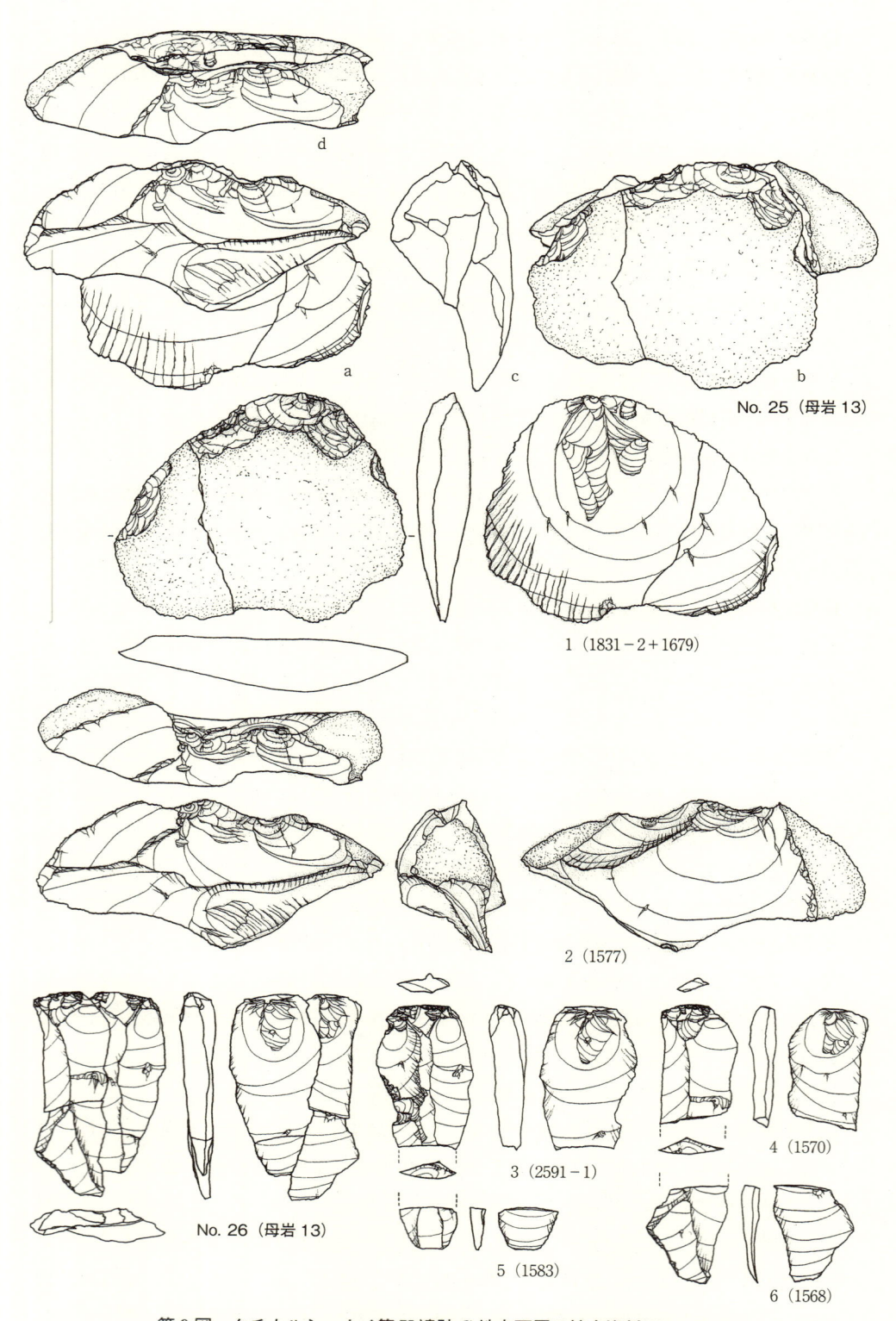

第 9 図　タチカルシュナイ第 V 遺跡 C 地点下層の接合資料 No. 25・26　Scale＝2/5

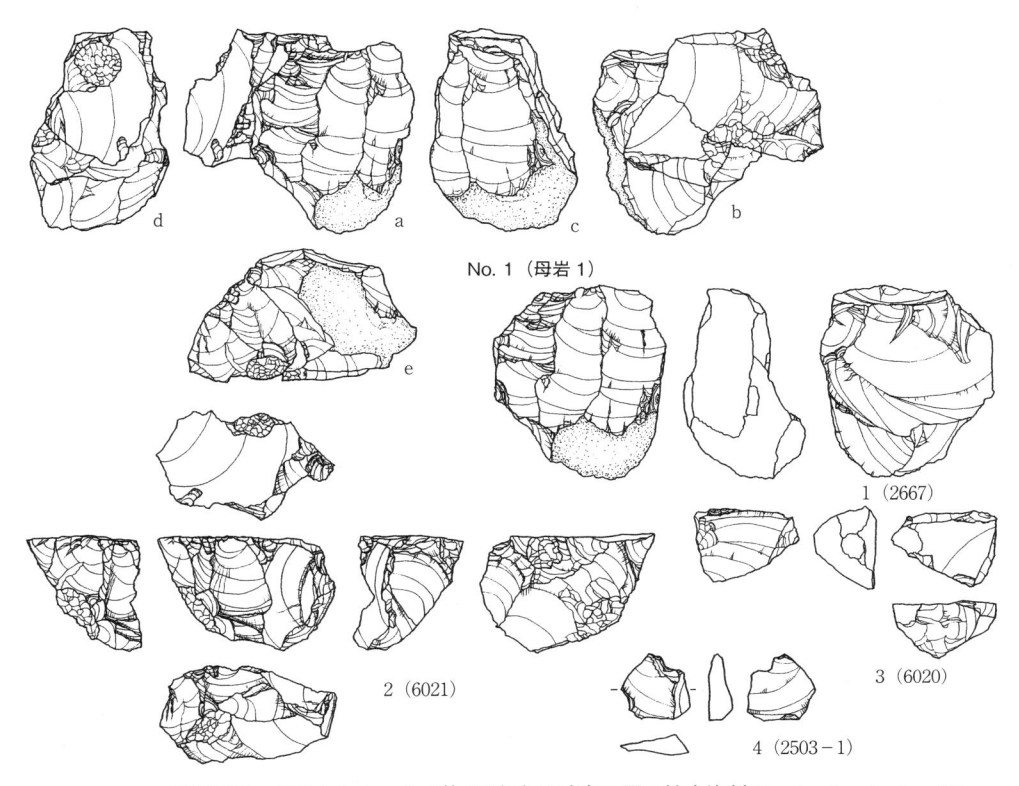

第10図　タチカルシュナイ第Ⅴ遺跡C地点下層の接合資料 No. 1・1a　Scale＝2/5

ジ痕の一部が除去される。そこで得られた剥離面を打面として1856が剥離され、作業面上の5つのヒンジ痕が除去された。頭部調整、打面調整共に認められるが、部分的に施されるものが多い。

接合資料 No. 6（母岩3：179.7g）（第13図）

　石核1点と剥片5点（2点は折れ面接合）が接合する。作業面の切りあい関係から12回以上の剥離が行われているが、作業面は1面のみである。打面は自然面である。2594の剥離で作業面に大きなステップ痕が生じた。そのステップ痕から作業面に向かって細かい剥離が行われている。これは作業面の整形を意図したものと考えられる。2619-1、2570の剥離では、同時割れを起こしている。2615-1、2761が剥離され、作業は終了する。石核の最終形状は円盤形である。頭部調整、打面調整は認められない。

接合資料 No. 7（母岩3：126.5g）（第14図）

　錐形石器1点、二次加工ある剥片1点、剥片8点（5点は折れ面接合）が接合する。2605と6029はお互いが背面で接合する。6029の背面は、接合により分割面の一部を構成する。したがって、2605は、分割されたもう片方の礫から剥離されたものと判断できる。剥離工程は、作業面を固定して打点がその周囲を巡るというものである。

　最初に、作業面の長軸の両端に打面を設定して長軸方向に剥片剥離が行われる。錐形石

器（2104）の素材もその過程で生じている。6029 の剥離では作業面に大きなヒンジ痕が生じた。次に作業面の短軸の両端に打面を移して、短軸方向の剥離が行われ、6029 の剥離で生じたヒンジ痕の除去が行われる（1837、1880、2008）。1880 と 2008 の剥離では段差が生じており、剥離面の観察から、その後の剥離ではこの段差を除去しようとしたことが考えられる。2806 の剥離で、6029 のヒンジ痕と 1880、2008 の段差の除去が完了した。その後に剥離された 2634、2613、2602 は、同時割れである。その後、再び長軸方向の剥離が行われる（2759）。

　石核作業面の長軸方向の剥離でヒンジ痕が生じ、打面を短軸に移してその対処を行ったために、短軸方向の剥離回数が多い。打面は自然面が利用され、頭部調整、打面調整は認められない。

　　接合資料 No. 13（母岩 6：141.3 g）（第 15 図）
　石核 1 点、剥片 3 点（1 点は節理面での接合）、砕片 1 点が剥離面で接合する。打面と作業面の転移が繰り返される剥離工程である。a 面から c 面、e 面に向けて複数回剥離を行った後、a 面を作業面に固定して、d 面、e 面から剥離が行われる（1664）。打面と作業面を再び入れ替えて a 面から e 面に剥離が行われる（2584）。このとき、2625 が節理による同時割れを起こしている。再度打面と作業面を交代し、a 面を作業面にして剥離が行われる（2748-3）。2748-3 以降に数回の剥離が行われ、作業は終了する。頭部調整、打面調整は認められない。

　　接合資料 No. 29（母岩 15：70.1 g）（第 15 図）
　石核 1 点、剥片 3 点が剥離面で接合する。剥離工程は、打面と作業面を転移して剥離を進めるものである。b 面を打面、d 面を作業面とした剥離と、a 面を作業面とした剥離が行われる（1843）。1843 の剥離時にヒンジ痕が生じた。その後、打面が b 面へ移り、c 面、d 面に向かって剥片が剥離される（6018、1830）。1830 の剥離では、1843 で生じたヒンジ痕が除去されている。頭部調整、打面調整は認められない。

　　接合資料 No. 17（母岩 7：134.2 g）（第 16 図）
　石核 1 点、二次加工ある剥片 1 点、剥片 1 点が接合する。剥離工程では、数回単位の剥離で打面と作業面が転移される。特に、作業面よりも打面の移動頻度が高い。1663 の剥離では、石核の底面が大きく取り込まれており、これが原因で剥離作業は終了したものと考えられる。頭部調整が認められるが、軽微である。

　　接合資料 No. 24（母岩 12：30.2 g）（第 13 図）
　剥片素材の石核と剥片が 1 点ずつ接合する。剥片の主要剥離面を作業面に用いて、2 回以上の剥離が行われる。頭部調整、打面調整は認められない。

　　接合資料 No. 22（母岩 10：86.3 g）（第 16 図）
　スクレイパー 1 点と剥片 2 点が接合する。スクレイパーの製作過程を示す接合資料である。素材剥片は、自然面を打面とした厚みのある横長剥片である。素材の右側縁下方を剥

No. 41（安山岩母岩1）

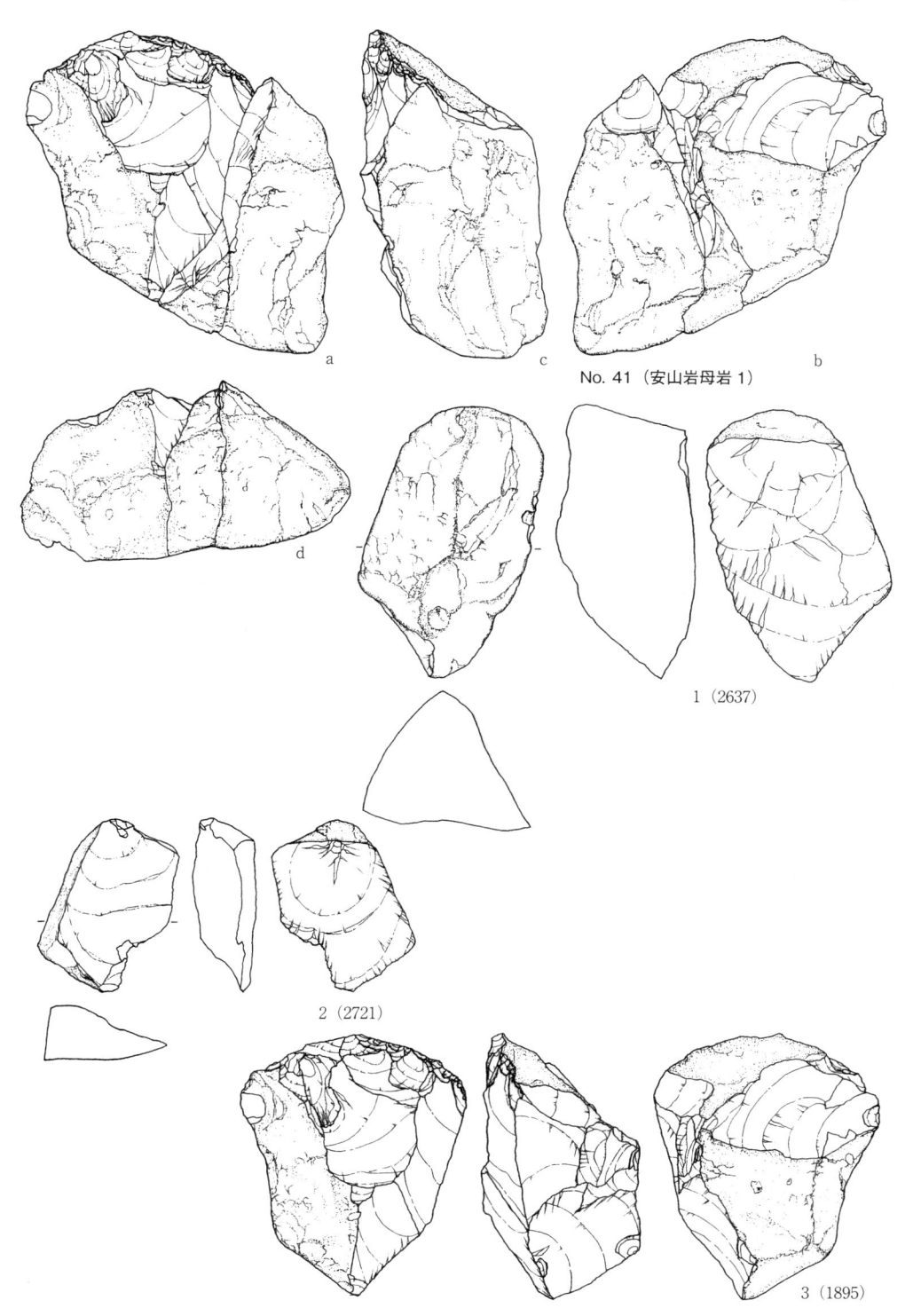

第11図　タチカルシュナイ第V遺跡C地点下層の接合資料 No. 41　Scale＝2/5

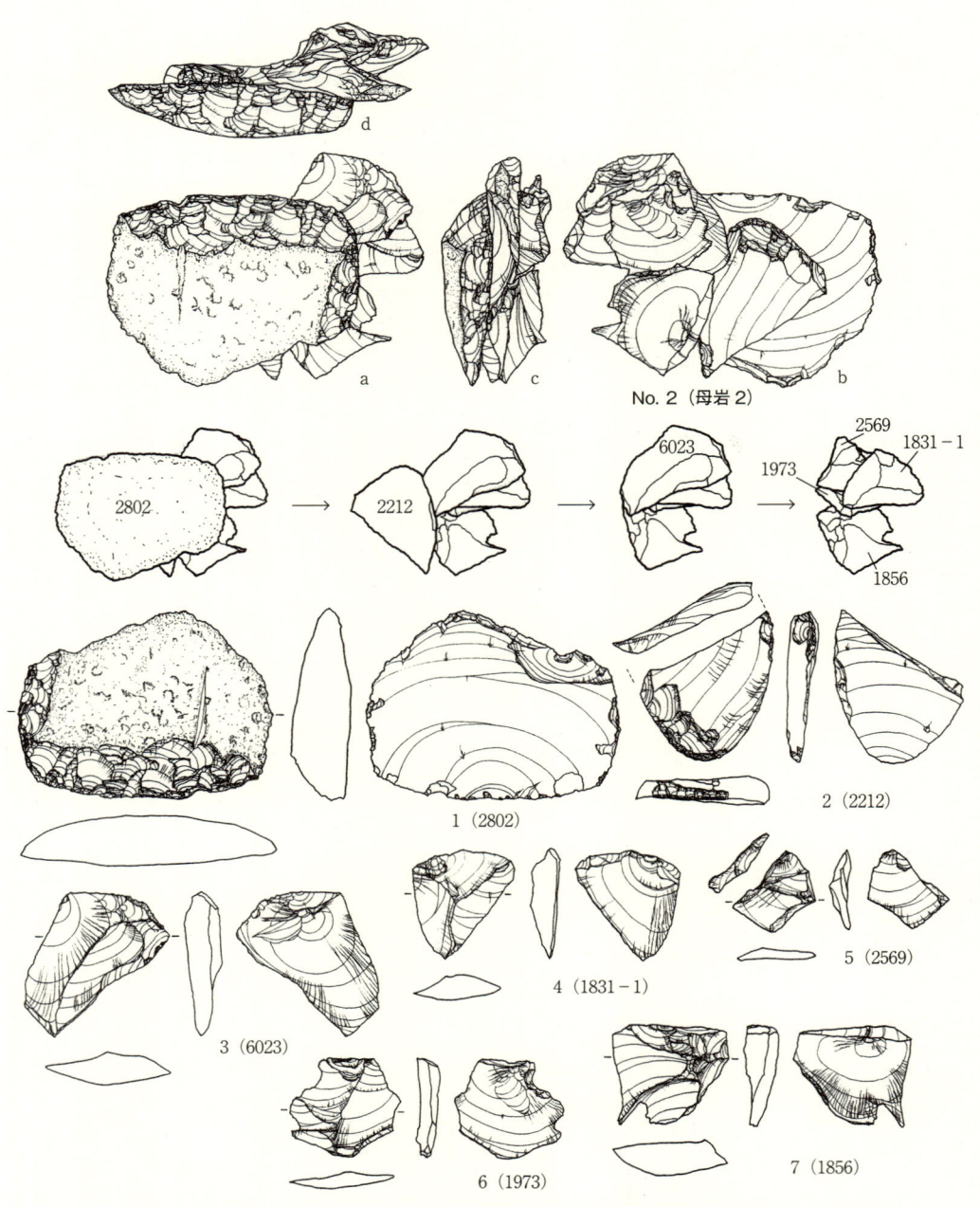

40

第 12 図　タチカルシュナイ第 V 遺跡 C 地点下層の接合資料 No. 2　　Scale＝2/5

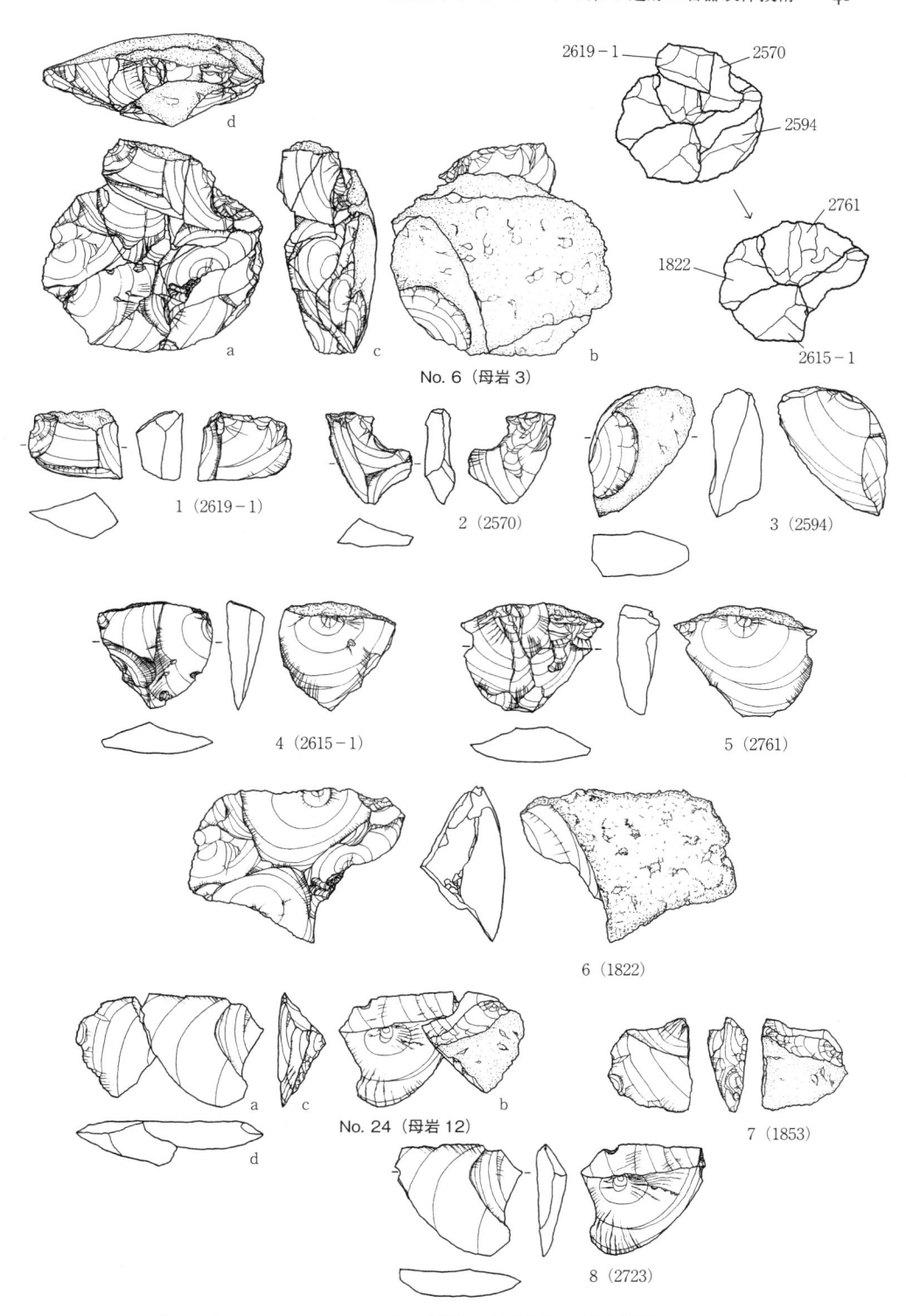

北海道タチカルシュナイ第V遺跡の石器製作技術　41

第13図　タチカルシュナイ第V遺跡C地点下層の接合資料 No. 6・24　Scale＝2/5

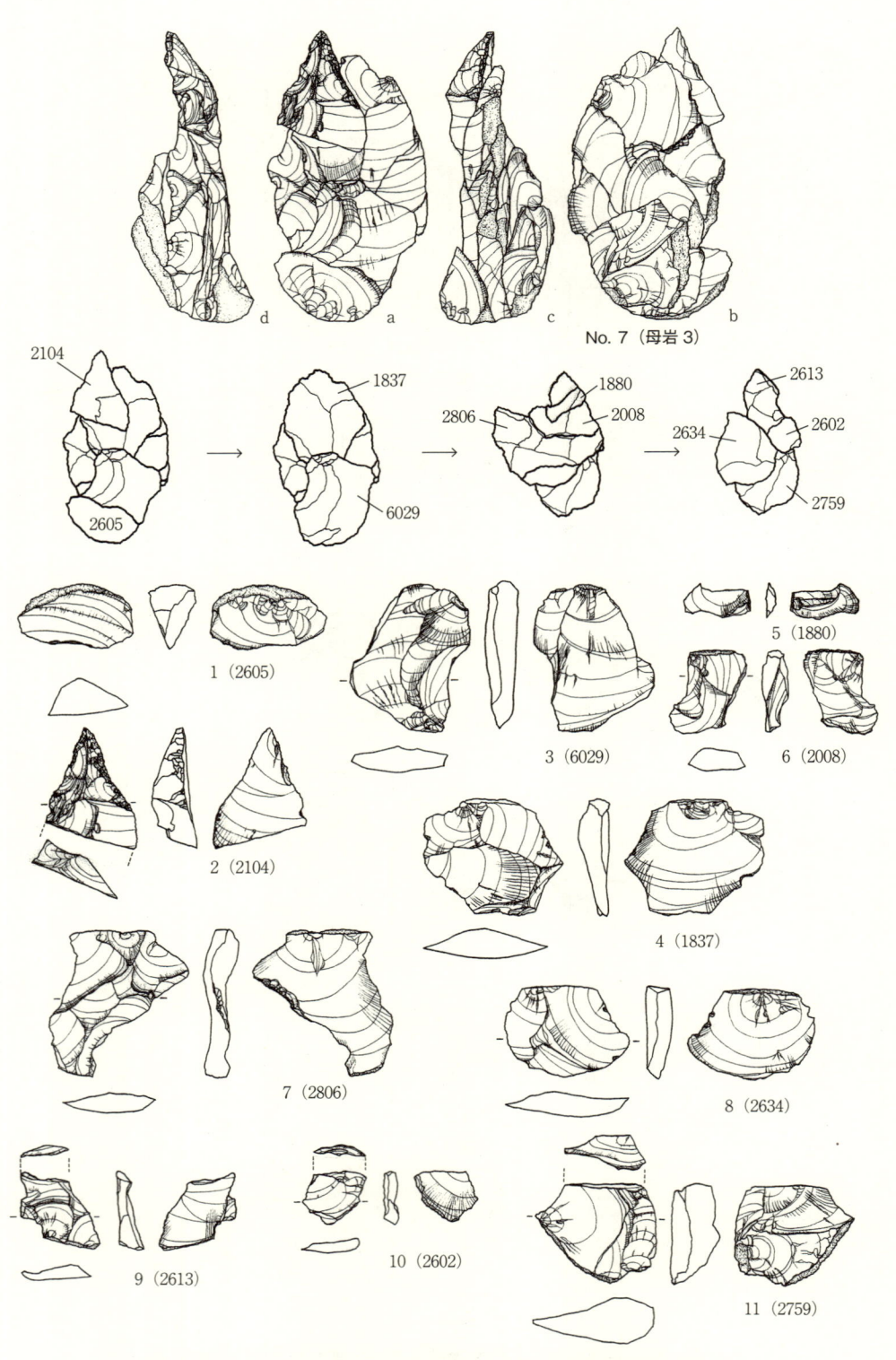

42

第 14 図　タチカルシュナイ第 V 遺跡 C 地点下層の接合資料 No. 7　　Scale＝2/5

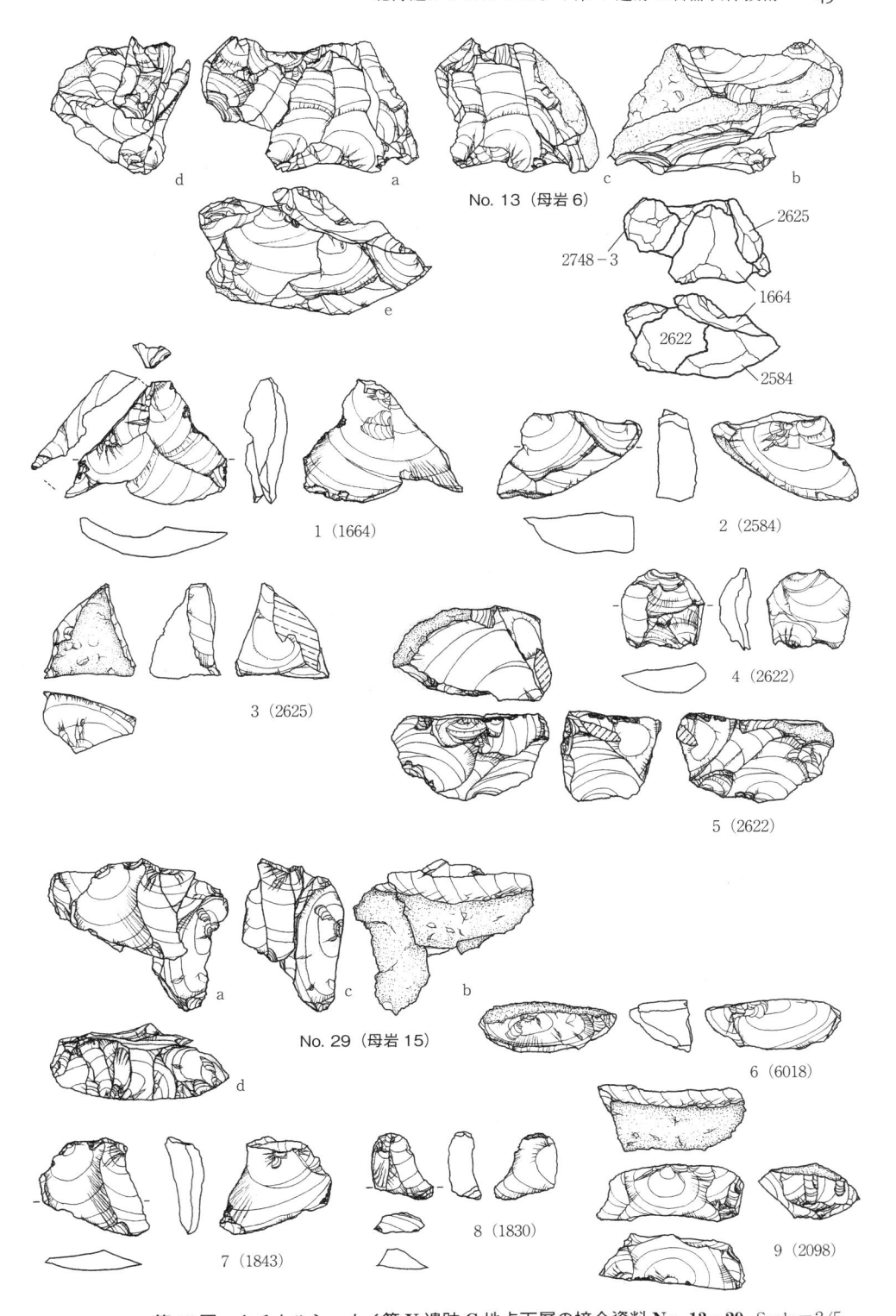

北海道タチカルシュナイ第Ⅴ遺跡の石器製作技術　43

第 15 図　タチカルシュナイ第Ⅴ遺跡 C 地点下層の接合資料 No. 13・29　Scale＝2/5

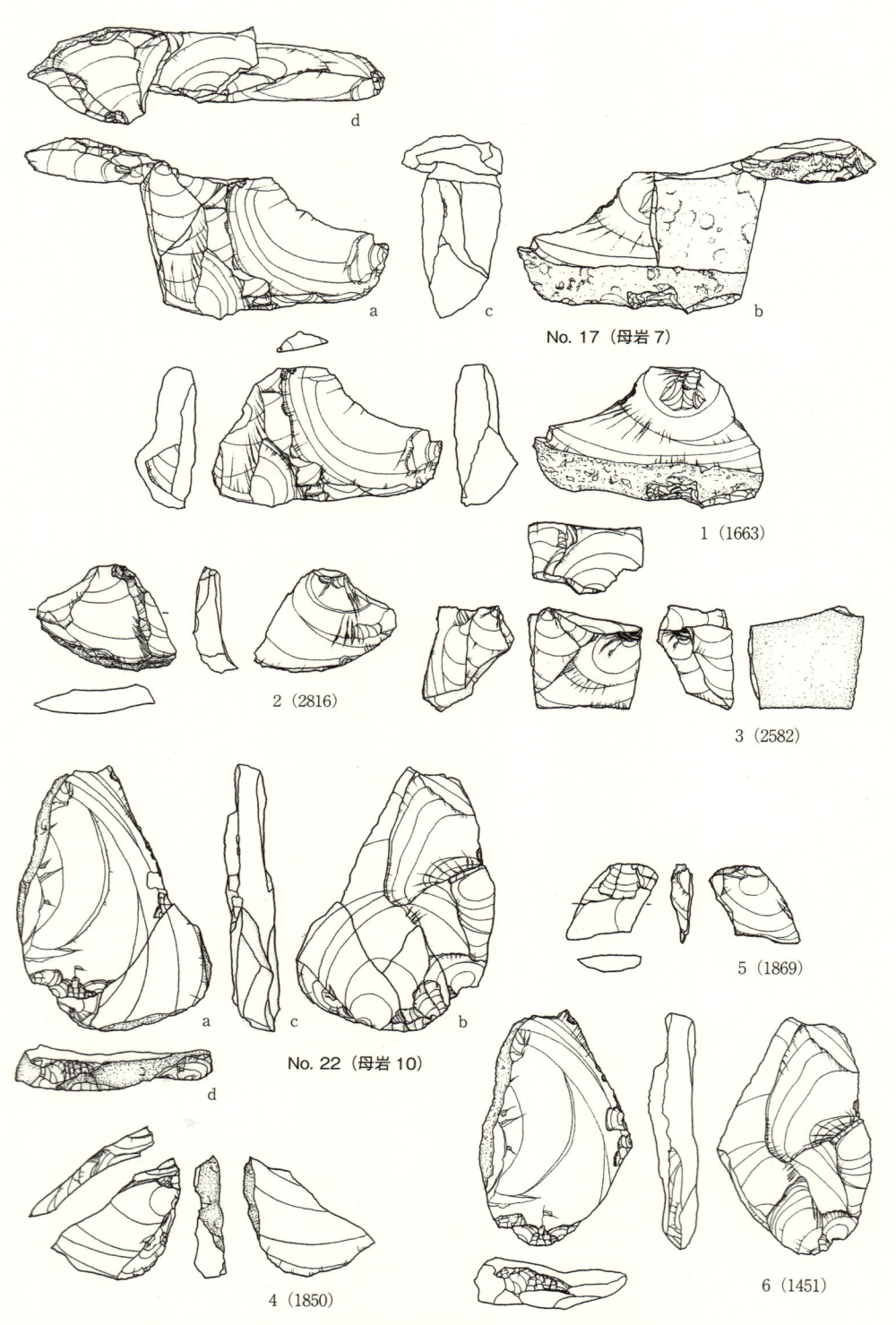

44

No. 17（母岩7）

1 (1663)

2 (2816)　　3 (2582)

No. 22（母岩10）

5 (1869)

4 (1850)　　6 (1451)

第16図　タチカルシュナイ第Ⅴ遺跡C地点下層の接合資料 No. 17・22　Scale＝2/5

離し（1850）、全体を長楕円形にする。そして、右側縁の腹面側から1869を剝離し、その剝離面から連続的に二次加工を行い、外湾形の刃部を作り出している。

接合資料からは具体的な剝離工程が見てとれる。石核の素材には転礫、もしくは転礫の分割礫を用いるものが多い。少数ではあるが、剝片を石核素材にするものも存在する。剝離工程としては、打面と作業面を固定するもの、作業面を固定し打点がその周囲を巡るもの、打面、作業面ともに転移を繰り返すものの大きく三者が確認できた。全体的に打面、作業面を転移して剝離を行うものが多い。

剝離工程の特徴として注目されることに、作業面に生じたヒンジ・ステップ痕を、その後の剝離で、中には直後の剝離で、様々な方向から除去しようとすることがある。これは、作業面のヒンジ・ステップ痕が剝離作業を進める上で影響を及ぼすことを示す点、さらに、母岩2・3・6については、目的剝片は不明瞭だが、作業面を修正して剝離作業を継続しようとする製作者の意図が読みとれる点で注目される。

2. 剝片の属性分析

(1) 分析の視点

石器製作は、岩石の割れの性質に従って製作者が打撃を繰り返し石材を消費していく過程である。したがって、一撃一撃の打撃は目的に基づいて行われ、生じた剝片はその時々の様々な状況における製作者の判断と対処を表す（松沢亜生1992、山中一郎1994、桜井準也2006）。そのような意味を持つ剝片を扱い、個々の状況における製作者の対処の仕方を定量的に検討する。それには、製作者がコントロールでき、かつ剝離に影響を与えると考えられる属性を選択する必要がある。そのような性質の属性を集計し、相関させて、傾向として認識できるものを技術的な特徴として評価する。

石器製作では、(a) 打面と作業面を中心とした石核の状態の認識と石核調整などの対応を経て (b) 打撃が行われ、その結果 (c) 剝片が生じるという一連の流れが繰り返される。本稿で検討するのは、(a) であり、扱う属性は、打面の形状、頭部調整と打面調整の位置と程度、前面角、石核の作業面の形状として背面のヒンジ・ステップ痕の方向と大きさである。これらは、接合資料の観察で確認できた諸特徴を参考にして抽出している。これに加えて、直接製作者の意図が反映されるものではないが、打点部周辺の諸属性（鈴木美保ほか2002）についても検討対象とする。これらの分析により、剝離の手順に主眼をおいた剝離工程や、得られた剝片の形状から復元される技術とは独立した基準によって剝片剝離技術を捉えていく。そして、剝離工程や剝片形状と関連づけることで、技術の実態を明らかにする。

分析では、石器群全体と各母岩を対象にする。両者を検討して、母岩単位での技術的特徴と、石器群内での母岩の位置づけ、そして各母岩によって構成される石器群全体の技術

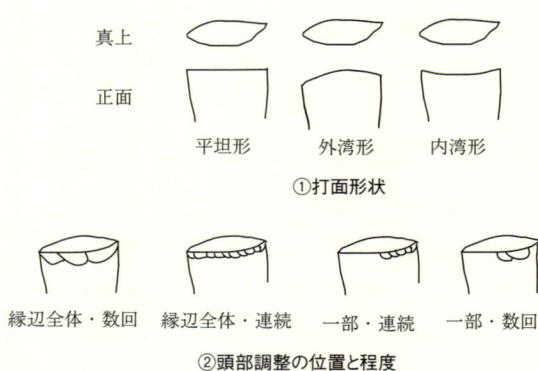

真上　　正面

平坦形　　外湾形　　内湾形

①打面形状

打面の分類			
形状	種類	状態	備考
平坦	剥離面	1面 打点あり	打面調整あり
		打点なし	
		2面 打点あり	打面調整あり
		打点なし	
		3面 打点あり	打面調整あり
		以上 打点なし	
	自然面		
	自然面＋剥離面		
外湾			
内湾			
外湾＋内湾			

※自然面、自然面＋剥離面についても、「剥離面の状態」と同様に細分する。外湾、内湾、外湾＋内湾についても同様。

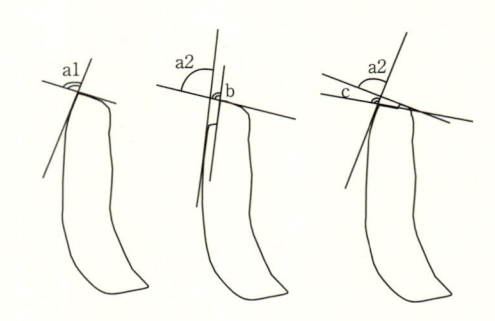

縁辺全体・数回　　縁辺全体・連続　　一部・連続　　一部・数回

②頭部調整の位置と程度

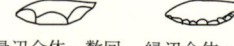

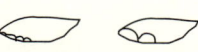

縁辺全体・数回　　縁辺全体・連続　　一部・連続　　一部・数回

③打面調整の位置と程度

a1：調整がない部分の角度
a2：調整がある部分で、調整以前の前面角を復元した角度
b：頭部調整によって形成された角度
c：打面調整によって形成された角度
※頭部調整と打面調整あるものについては、
　a2・b・cをそれぞれ計測

④前面角の計測方法

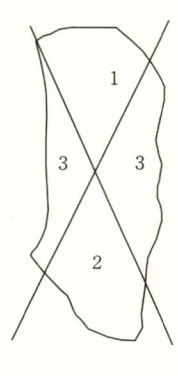

1：主要剥離面と同方向
2：逆方向
3：横方向

⑤背面形状の方向

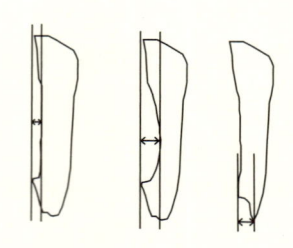

⑥背面形状の大きさの計測位置

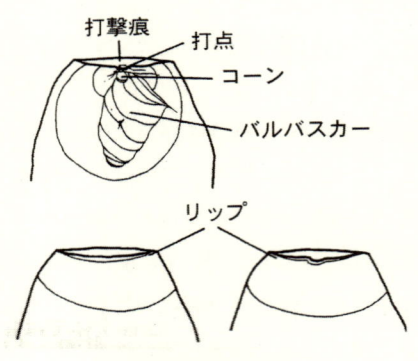

打撃痕　打点
コーン
バルバスカー

リップ

⑦打点部周辺の属性

第17図　属性計測の方法

的特徴を明らかにする。対象とする母岩は、多くの接合が認められ、母岩を構成する資料が多く、母岩の識別有効性が高いと判断した母岩3・5・6と、接合資料の豊富さから一定の有効性を持つと判断した母岩2である。

(2) 分析

1) 頭部調整、打面調整

頭部調整や打面調整等の調整技術については、石器群内の脈絡で様々な意味を有す。そのため石器群の中でその意味を考えることが調整技術を含めた剥片剥離技術の実態解明につながると考える。頭部調整については、打面の厚さの規定という指摘がなされている（渋谷孝雄1976）。打面調整については、前面角の修正（戸沢充則1968）、庇部分の除去（五十嵐彰1991）、打点位置の設定を目的としたもの（渋谷孝雄1976、柳田俊雄・藤原妃敏1981）という指摘がある。また、頭部調整と打面調整ともに、打点位置の設定とともに打面の小型化が関係するという見解がある（山原敏朗1996）。そこで、頭部調整と打面調整が行われる要因とその効果を検討し、下層における調整技術の意味を考察する。本稿では、特に前面角との関係に注目する。手順としては、両者の調整が行われる位置と程度を計量し、両者の関係と打面形状との関係を検討する。さらに、打面と背面によって形成される前面角を計測し、頭部調整と打面調整と打面との関係を検討する。

打面形状と調整の位置と程度

本稿では打面の平面形状に注目して、平坦形、外湾形、内湾形に分類した。剥離を行う際に影響を与えるのは打面の全体的な形状であると考えたためである。打面の剥離面数は重視していない。調整の位置では、打面の背面側の縁辺全体とその一部分の2項目を、調整の程度は1から2回程度の剥離と、連続的な剥離の2項目を設定し、両者の相関より4類型を設定した（第17図）[5]。この類型と、石器群全体と各母岩の相関を表したのが第6表である。対象としたのは、石器群全体が183点、母岩2が19点、母岩3が33点、母岩5が10点、母岩6が14点である。

第6表 打面形状と頭部・打面調整の位置・程度の相関

調整の位置・程度＼打面形状		調整なし	頭部調整 縁辺全体・1,2回程度	頭部調整 縁辺全体・連続	頭部調整 部分・連続	頭部調整 部分・1,2回程度	打面調整 縁辺全体・1,2回程度	打面調整 縁辺全体・連続	打面調整 部分・連続	打面調整 部分・1,2回程度	計
全体	平坦	84	8	24	1	17		3		3	141
	外湾	15	1	3	1	5	1		1	3	30
	内湾	5				2				4	11
	外湾＋内湾	1									1
母岩2	平坦	7		4		5				1	17
	外湾					2					2
母岩3	平坦	17	2	6	1		1			1	29
	外湾	2								1	3
	内湾									1	1
母岩5	平坦	7	1			2					10
母岩6	平坦	8		1							9
	外湾	1		1			1				3
	内湾	1									1
	外湾＋内湾	1									1

下層石器群の打面形状は、平坦形が最も多く、各母岩でも共通する。調整については、打面調整に比べて頭部調整の施される割合が高い。頭部調整では、石器群全体と母岩2で、縁辺全体に対する連続的な調整と部分的で1、2回程度の調整が主体となる。母岩3では前者が、母岩5では後者が認められる。打面形状との関係では、最も多い平坦形で上記の傾向が確認できる。一方、打面調整では、石器群全体、各母岩ともに打面縁辺に連続的に調整するものはごく僅かで、主体は、打面縁辺の一部に少数の剝離を行うものである。打面調整で特定の打面形状との明瞭な関係は認められない。頭部調整と打面調整の間には、調整の位置と程度に相違が認められる。また、頭部調整では、各母岩での調整の内容が異なる。

前面角の分析

前面角は、岩石の割れの性質上剝離に影響を与える属性の一つであり、また製作者によって修正が行える属性である（Whittaker, J. 1994）。剝片のサイズにも影響を与えることが指摘されている（Dibble, H. L. and Pelcin, A. 1995）。頭部調整や打面調整がある資料を取りあげ、調整部分の角度と、調整される以前の角度を復元して計測した（第17図）。双方の角度を比較することで、製作者の前面角に対する意識と頭部調整と打面調整の意味を検討する[6]。対象としたのは、石器群全体が183点（473箇所）、母岩2が18点（53箇所）、母岩3

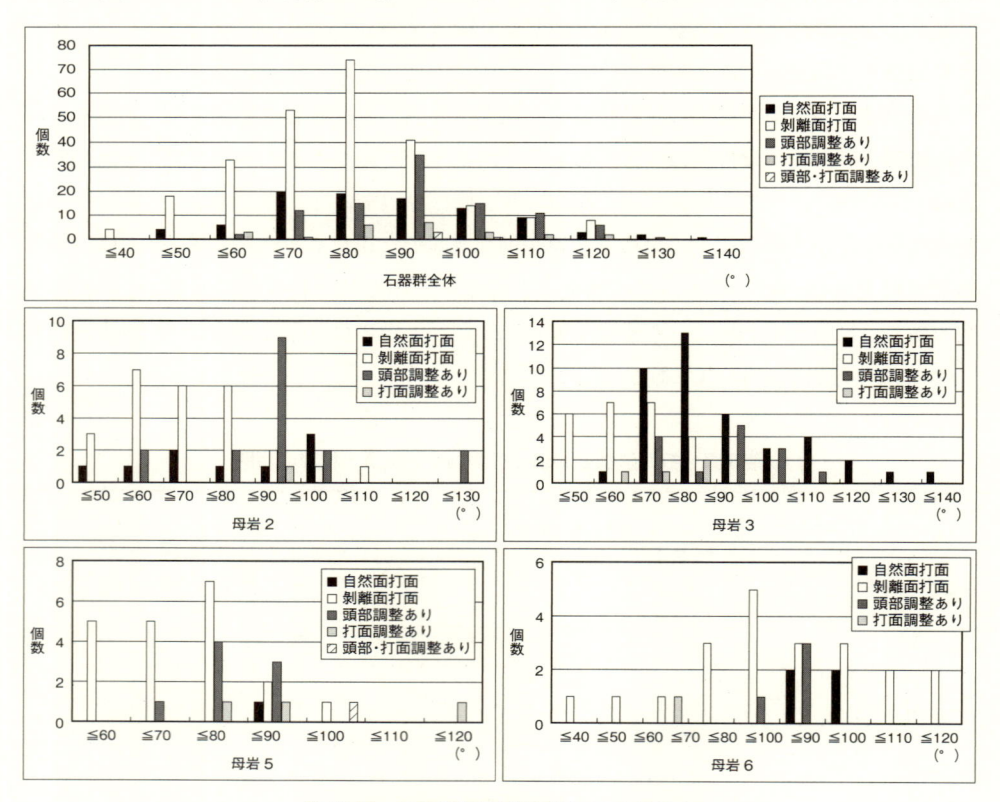

第18図 打面形状別前面角ヒストグラム

が32点（83箇所）、母岩5が11点（33箇所）、母岩6が12点（30箇所）である。

石器群全体の前面角のピークは60°から90°の区間である（第18図）。自然面打面が60°以上に、剝離面打面が90°以下の区間に多い。頭部調整のある打面は60°以上に、資料数は少ないが、打面調整のある打面、頭部調整と打面調整のある打面は70°以上で多く認められる。剝離面打面に比べて、自然面打面、調整のある打面の方が、より大きな角度を示すものが多い。各母岩とも、打面ごとの分布範囲では石器群全体と共通した傾向が認められるが、母岩6では、剝離面打面で90°以上のものがあり、それらについては、調整が施されない（第18図）。

第7表は、調整のない打面における前面角の度数分布である。表より、60°以下は全体の13％、50°以下になると5％と大幅に減少する。したがって、下層では、前面角51°以上が剝片剝離を行う一つの基準と考えられること、剝片の前面角の値が適切であれば、調整は行われないことが分かる。

第7表　頭部・打面調整がない剝片の前面角

区間	全体	母岩2	母岩3	母岩5	母岩6	計
≦ 40°	1					1
≦ 50°	2					2
≦ 60°	6	2	1	2		11
≦ 70°	10	1	3	1		15
≦ 80°	19	1	4		2	26
≦ 90°	25	1	2	3	3	34
≦ 100°	8	2	1		3	14
≦ 110°	8	1	1		1	11
≦ 120°	6		2		1	9
≦ 130°	2		1			3
≦ 140°	1		1			2
計	88	8	16	6	10	128

分析結果より下層における頭部調整と打面調整についてまとめる。頭部調整と打面調整では、前面角の修正が基本的な役割となる。両者の調整の位置や程度は一様ではないことから、製作者が何らかの意図を持ってそれらを使い分けた可能性が考えられる。そこで、調整の程度と打面の大きさや剝片の法量との関係についても別に検討を行った。しかし、それらの間に何らかの関係を指摘できるような傾向は認められなかった。したがって、下層における頭部調整と打面調整については、一連の石器製作過程の中で必要に応じて行なわれたと考えられる。前面角の値が保証されていれば調整を行わずに剝離作業が進められる。これは剝離工程の相違を問わず共通する特徴である。

2）　背面形状

背面に生じたヒンジ・ステップ痕を分析対象にする。背面の形状は、打面、前面角とともに生じる剝片の形を規制する。背面のヒンジ・ステップ痕は、以後の剝離に影響を与え、場合によっては剝離継続不能な状態を引き起こす（五十嵐彰1991、会田容弘2001、桜井準也2006）。加えてそれは、石器製作において一般的に起こる性質のものである（高橋章司2003）。そのため、背面のヒンジ・ステップ痕への対応は、製作者の石材消費方法の一端を表すと考えられる。主要剝離面の剝離方向に対してヒンジ・ステップ痕の方向を同方向、横方向、逆方向に3分類し、その集計と大きさの計測を行った（第17図）。両者の関係から、ヒンジ・ステップ痕の具体的な対処方法を検討する。対象としたのは、石器群全体が35点（50箇所）、母岩2が4点（10箇所）、母岩3が9点（10箇所）、母岩5が2点（2箇所）、母岩6が3点（5箇所）である[7]。

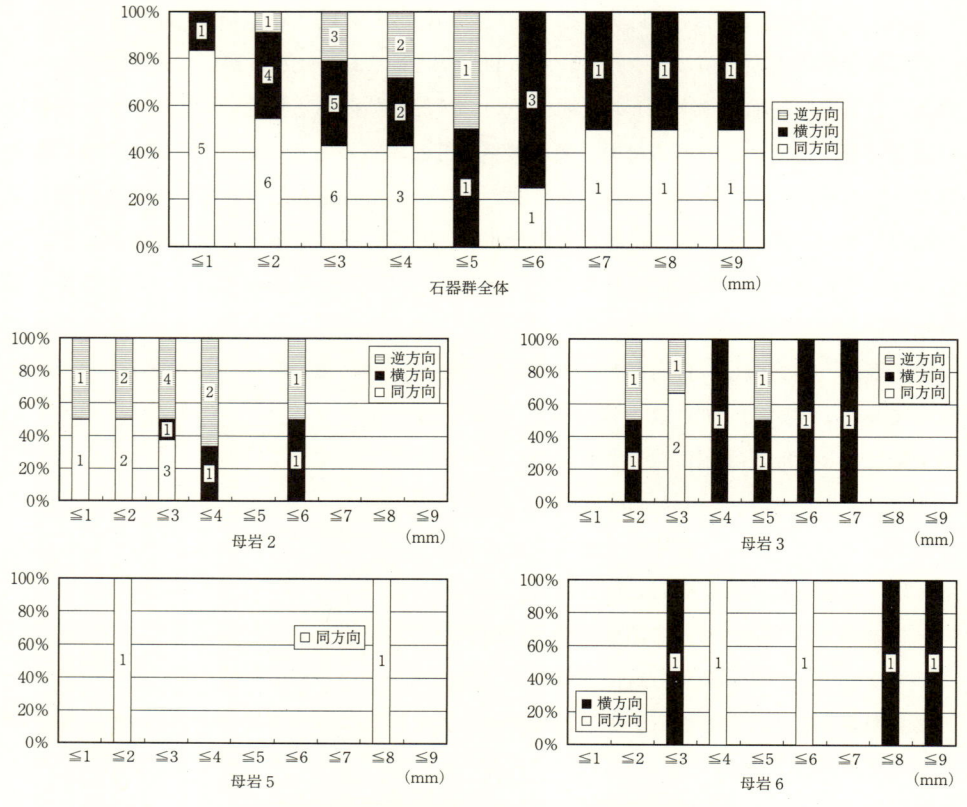

第19図　背面形状別ヒンジ・ステップ痕の大きさ

　分析結果は第19図である。石器群全体では、主要剥離面と同方向のヒンジ・ステップ痕が、大きさ2mm以下で多くの割合を占めるが、4mm～6mmの範囲では逆方向や横方向の割合が高くなる。4mmより大きいヒンジ・ステップ痕には、相対的に横方向と逆方向からの剥離の割合が高くなる。主要剥離面の剥離方向に対して、同方向、横方向のヒンジ・ステップ痕が多いことは、接合資料や剥片の背面構成で確認された打面転移の頻度が高い剥離工程と調和的である。各母岩では、母岩5以外で、石器群全体での傾向がより明瞭になる。一方母岩5のみ、主要剥離面と同方向で7mm以上のヒンジ・ステップ痕が認められる。

　背面形状の分析から、母岩2・3・6の特徴として、様々な方向から石核作業面に生じたヒンジ・ステップ痕の対処がなされること、ヒンジ・ステップ痕の大きさと、剥片剥離の方向に対応関係が認められることが明らかとなった。特に、母岩2・3では石器群で確認された傾向が明瞭になる。一方、母岩5では、母岩2・3・6のような傾向は確認できない。

3）打点部周辺の属性

　打点部周辺の属性は、製作者の制御可能な属性ではなく、打撃行為の結果残された痕跡

である。これらは、直接打撃等の剥離方法や剥離具と緩やかな相関関係を持つことが推測されるが、実際は、より多くの因子がそれらの形成に関与している（Pelcin, A. W. 1997、高倉純・出穂雅実2004、高倉純2005）。この問題については、影響を与えると想定される様々な条件を統制した実験研究を体系的に行い、その結果を積み重ねていくことが当面必要な作業と考えられる。ここでは、剥離方法や剥離具を推定できる実験データを持ち合わせていないため、現象の把握を目的として、下層出土資料に認められる打点部周辺の属性を集計した。その方法は別稿（村上裕次2005）で論じており、以下でも同様の方法を採る。分析で用いた属性は、打点、打撃痕、コーン、リップ、バルバスカーである。対象としたのは、石器群全体が152点、母岩2が16点、母岩3が25点、母岩5が8点、母岩6が11点である。

5項目の属性を組み合わせて20の類型を設定した（第8表）。類型1〜12は打点のあるもので、それに打撃痕を伴うのが類型1〜6、コーンを伴うのが類型4〜8である。類型13以降では、打点が認められない。類型13〜14は、打撃痕のあるもので、類型15〜17でコーンを、類型18・19でリップを伴う。石器群全体では、類型5が最も高い割合を占め、類型11・8・12が続く。母岩5・6では類型5が最も多く、石器群全体と同様の傾向となる。母岩2では類型11・5、母岩3では類型8・12・9・11が多く認められる。各母岩で共通するのは、母岩2・5・6における類型5の割合の高さと、母岩2・3における類型11の割合の高さである。

次に、各類型で認められる複数の属性を二属性間の関係に単純化し、それを集計して、個々の属性の関係を検討した（第9表）。石器群全体、母岩とも、打点とバルバスカー、打点とコーン、バルバスカーとコーンの割合が高く、母岩5・6では、それに加えて打点と打撃痕の割合が高い。

第8表 打点部周辺の属性の出現頻度

類型	打点	打撃痕	コーン	リップ	バルバスカー	全体 個数	全体 比率	母岩2 個数	母岩2 比率	母岩3 個数	母岩3 比率	母岩5 個数	母岩5 比率	母岩6 個数	母岩6 比率
1	○	○				4	2.6 %							1	9.1 %
2	○	○			○	7	4.6 %			3	12.0 %	1	12.5 %		
3	○	○		○		2	1.3 %								
4	○	○	○			1	0.6 %								
5	○	○	○		○	39	25.6 %	4	25.0 %	1	4.0 %	4	50.0 %	5	45.4 %
6	○	○	○	○		4	2.6 %	2	12.5 %			1	12.5 %	1	9.1 %
7	○		○		○	11	7.2 %	2	12.5 %			1	12.5 %		
8	○		○			15	9.8 %	1	6.2 %	6	24.0 %				
9	○					9	5.9 %			4	16.0 %				
10	○			○		2	1.3 %	1	6.2 %	1	4.0 %				
11	○				○	17	11.1 %	5	31.2 %	4	16.0 %			1	9.1 %
12	○					13	8.5 %			6	24.0 %	1	12.5 %	1	9.1 %
13		○	○			1	0.6 %								
14		○		○		1	0.6 %								
15			○			1	0.6 %								
16			○			2	1.3 %	1	6.2 %						
17			○			7	4.6 %								
18				○		2	1.3 %								
19				○		4	2.6 %								
20					○	3	1.9 %							1	9.1 %
計						152	100 %	16	100 %	25	100 %	8	100 %	11	100 %

第9表　打点部周辺の属性間の関係

	全体		母岩2		母岩3		母岩5		母岩6	
	個数	比率	個数	比率	個数	比率	個数	比率	個数	比率
打点と打撃痕	57	14.5 %	6	13.6 %	4	10.5 %	6	18.7 %	7	18.4 %
打点とコーン	70	17.8 %	9	20.4 %	7	18.4 %	6	18.7 %	6	15.7 %
打点とリップ	14	3.5 %	1	2.2 %	5	13.1 %			1	2.6 %
打点とバルバスカー	85	21.6 %	11	25.0 %	12	31.5 %	6	18.7 %	7	18.4 %
打撃痕とコーン	45	11.4 %	6	13.6 %	1	2.6 %	5	15.6 %	6	15.7 %
打撃痕とリップ	4	1.0 %								
打撃痕とバルバスカー	49	12.4 %	4	9.0 %	4	10.5 %	4	12.5 %	5	13.10 %
リップとコーン	2	0.5 %								
リップとバルバスカー	13	3.3 %			4	10.5 %			1	2.6 %
バルバスカーとコーン	54	13.7 %	7	15.9 %	1	2.6 %	5	15.6 %	5	13.1 %
計	393	100 %	44	100 %	38	100 %	32	100 %	38	100 %

　下層では、属性の組み合わせで、母岩3のみ相違が認められたが、石器群全体と母岩2・5・6で打点、打撃痕、コーン、バルバスカーの伴う類型5の割合が高く、かつ類型の出現頻度の順位も類似する結果が得られた。属性間の関係では、石器群全体、各母岩とも打点、バルバスカー、コーンの出現する割合が高い傾向を確認した。目的とする剥片剥離が異なる一方で、打点部周辺の属性の出現頻度や関係に一定程度の共通性が認められることから、下層では打撃行為に何らかの共通性が存在した可能性が推測される。なお、母岩3で打撃痕の認められる割合が低いのは、円磨の進んだ自然面打面の影響が考えられる。

　北海道上川郡清水町 共栄3遺跡（山原敏朗1991）と北海道帯広市川西C遺跡（北沢実編1998）の出土資料では、剥離工程や剥片形状が異なる両遺跡間と、一遺跡内での剥片の形状で、属性の出現頻度と属性間の関係に相違が認められた（村上裕次2005）。共栄3遺跡では、縦長剥片とその他の剥片で共通した傾向が認められたが、川西C遺跡では、石刃とその他の剥片で分析結果に相違が認められた。打点部周辺の属性と剥片形状との関連という点では、下層は共栄3遺跡と共通することが指摘できる。

4）法量

　剥片の法量については、前述したとおり長さ幅ともに60 mm以内の範囲に多くが分布する。長幅比1：1前後の剥片が主体的である。母岩ごとの特徴では、母岩5のみ長幅比1.5：1の縦長の剥片が多く認められるが、母岩2・3・6・7では石器群全体と同様の傾向となる（第7図）。

3. 小結

（1）剥片剥離技術の評価

　前項の分析結果から、下層における個々の剥片剥離技術の評価を行う。

　母岩2・3・6では、①打面と作業面の位置関係が流動的で、一つの石核に打面と作業面の両方、あるいは片方が複数箇所設けられること、②背面のヒンジ・ステップ痕については、複数の方向からその大きさに応じた対処が行われること、③規格的な形状の剥片が連続して剥離されないこと、④主体となる打面形状や、頭部調整、打面調整の役割が共通す

ること、が特徴として列挙できる。①から③の諸点より背面のヒンジ・ステップ痕への対処法や、石核調整等の様々な調整が剝片剝離工程の中に合理的に組み込まれていると考えられる。④からは、打面と作業面の位置関係が流動的でありながらも、必要に応じて前面角を作り出し、適切な角度の部分に打撃を行っていることが理解できる。したがって、これらは、特定の形状の剝片を得るというより、剝離を継続することに比重が置かれて剝離工程が組み立てられていた可能性が考えられる。このことは、石材消費方法の点から評価できる。目的とする剝片に対してその形状への要求が第一ではないために、原石の大きさや形状等の属性に剝片剝離が制約を受ける割合が低く、そのために柔軟な剝離工程により石材消費を進めることができると考えられる。北海道紋別郡遠軽町に所在する大規模な原産地遺跡である白滝遺跡群の奥白滝1遺跡と上白滝8遺跡では、後期旧石器時代の前半期で、台形様石器を含む小型の剝片石器が主体となる「白滝Ia群」が出土している。この石器を検討した直江康雄によると、礫素材で打面と作業面を転移して剝片剝離を行う接合資料では、石材の消費量が元の原石の3分の1以上になるものが多いとされる（直江康雄・長崎潤一2005）。北海道帯広市若葉の森遺跡では、恵庭a火山灰下位から、遺跡に多数の原石が持ち込まれ、剝片剝離作業が集中的に行われた痕跡が検出された（北沢実編2004）。原石は、拳大程度の大きさで、かつ転礫のものがほとんどであり、特徴的なあり方をみせている。このような原石に対して、分割を多用しながら、打面と作業面を固定するもの、打面と作業面を頻繁に転移して剝離を行うもの、あるいは作業面を固定して求心状に剝離を行うもの、というように様々な工程で剝片剝離が行われ、一母岩に20点以上の剝片が得られているものもある。これらの例は、下層の母岩2・3・6の剝片剝離技術の理解の中で示した視点により評価を行える可能性がある。

　一方、母岩5では、①打面と作業面を1箇所に固定して剝離を行うこと、②先行する剝離で生じた稜を取り込んで剝片剝離が行われること、③背面のヒンジ・ステップ痕にも打面と作業面を転移することなく一連の剝離過程の中で対処すること、その結果、④縦長の剝片が連続的に剝離されること、が特徴として挙げられる。作業面の稜の形状は、次の剝片の形状を規制する重要な要素であり、縦長剝片の連続剝離において、稜形状を維持するためには打面を1箇所あるいは相対する箇所に設定することが必要であると指摘されている（柳田俊雄・藤原妃敏1981）。この指摘と①〜④の特徴は共通しており、母岩5では縦長剝片剝離が目的とされていたと考えられる。そのため、母岩5に認められた技術的な要素については、縦長剝片剝離という剝片形状の点から評価できる。

　縦長剝片の連続剝離が認められる確実な接合資料はNo.12（母岩5）のみである。部分的なものでは、No.26（母岩13）があり、縦長剝片どうしの接合とその背面構成から、No.12（母岩5）と類似した剝離内容が推測できる。また、わずかではあるがトゥールでも縦長剝片素材のものが存在する。これらの事例から、下層石器群には石刃製作技術が存在すると考えられる。下層石器群におけるその特徴は、1枚の平坦な剝離面を打面とし、打面と作

業面を固定した剝離を行うこと、頭部調整と打面調整は施されるが、後者についてはその頻度や程度は少ないこと、稜調整や打面再生は認められないことである。

①、③と関連するが、母岩5が打面転移を行わない要因として、原石の形状が少なからず影響を与えていると推測する（村上裕次2006）。母岩5で用いられた原石は、ソフトボール大の球形で、そのために打面に設定した剝離面以外に平坦な面や適切な角度を持つ部分が認められない。打面作出の際に大きく剝離を行っており、縦長剝片剝離の前段階での石材消費の割合が極めて高い。このような制約を有する石材を目的に沿って有効に利用する手段として、打面と作業面を固定した剝離が選択された可能性が考えられる。

(2) 剝片剝離技術間の関係

下層で認められた母岩ごとの剝離技術の共通点と相違点を整理して、本石器群の剝片剝離技術を総合する。なお、黒曜石以外の石材については、資料数がわずかであるため、検討の対象から外す。

共通点は、石材、打面形状、頭部調整と打面調整の意味、打点部周辺の属性とその関係である。打面形状では平坦な打面が主体で、打面調整よりも頭部調整の施される割合が高い。打面調整の施されるものは少量で、平坦な打面に手を加える例は少ない。頭部調整と打面調整の意味については、前面角の修正と考えられ、51°以上の全面角が作出される。これは石器群と各母岩で共通する。両者とも便宜的に施された可能性が高く、打点位置や打面の小型化等、複数の目的が複合する様子は認められない。打面転移については、石材消費の円滑な遂行とともに、背面に生成したヒンジ・ステップ痕への対処があったものと考えられる。打点部周辺の属性では、二属性間の関係で、打点とバルバスカー、打点とコーン、打点と打撃痕、バルバスカーとコーンが共通して多く確認できた。相違点は、剝離工程、剝片の形状、背面形状への対処法である。このうち背面形状については、剝離工程や目的とする剝片の形状との関連が認められた。

共通点で挙げた諸点は、剝離工程や剝片の形状とは独立した基準に基づく性質であり、かつ製作者の石器製作における岩石への対処を表す。石器群と各母岩でも共通した傾向を確認しており、下層に認められる複数の剝片剝離技術については、石材の状態や集団の要求に起因した技術の運用方法の違いと考えられる。

IV. 課題と展望

本稿では、タチカルシュナイ第V遺跡C地点下層石器群の内容を提示すること、そして製作者の制御可能な属性に着目して、下層に認められる異質の剝離技術を横断的に検討し、総合的に理解することを試みた。分析より、下層石器群に石刃製作の痕跡が認められることを再確認した。そして、いわゆる「不定形剝片」剝離技術における、石刃製作とは

異なる石材消費方法を明らかにした。さらに、両者については技術の運用方法の違いを表すものと解釈した。

　一方で、課題も数多く存在する。本稿における属性の分類は、資料の量的な制約もあり大枠なものであった。比較分析に向かうには、より細やかな分類項目が必要となる。また、検討項目を増加し、構造的な理解を進めることも必要である。これらについては、石器製作実験と連動させて、より有意な項目を設定する必要がある。さらに、本稿で行った分析方法は、連続した過程である石器製作の特定の状況を抽出し集計するというものであった。石器製作の性質として、個別の剝離で剝離の意味が理解できるものもあるが、前後の剝離における脈絡の中で個別の剝離の意味が明らかになる場合も認められる。そのため、分析結果を、接合資料で確認できる連続した剝離過程に還元し、その中で検証していく必要がある。

　本稿では、紙数の都合上、下層の詳細な比較や年代的な位置づけについて検討を行うことができなかった。下層については、上層が湧別技法による細石刃核を伴う石器群であり（須藤隆ほか1973）、指標となるトゥールは認められないが、剝片剝離技術の特徴から、恵庭a火山灰（以下En-aとする）下位出土相当という見解（山原敏朗1996、寺崎康史・山原敏朗1999）がある。細部については、類似資料が認められないこともあり、更なる検討が必要と考えるが、巨視的にはこの見解を支持する。En-a下位出土および下位出土相当の石器群において、明確に石刃製作の痕跡が認められるものはわずかである。そのため、下層の接合資料No. 12（母岩5）やNo. 26（母岩13）での石刃製作のあり方は、北海道における石刃製作技術の出現や展開、あるいは集団の運用の実態を考える上で注目される。さらに、接合資料No. 12（母岩5）には、打面作出剝片を石核素材にして、小型剝片剝離の痕跡が認められる。ただし、ここで剝離された剝片は出土しておらず、かつこのような例は母岩5のみであるため評価は難しい。当該期における石刃製作が認められる石器群とともに、小型剝片を剝離する技術が認められる石器群との関係についても技術的指標に基づき検討していく必要がある。そして、比較検討を行う際には、En-a下位出土および下位出土相当の石器群に一般的に存在する、様々ないわゆる「不定形剝片」剝離技術についても焦点をあてる必要がある。これらには、目的剝片が不明瞭でトゥールの素材供給にも一定の傾向が認められないものが多い。そのため、剝離技術を評価する一般的な方法である、打面と作業面の位置関係や剝離工程、剝片形状というものでは、この種の技術の理解に限界がある。本稿では、対象とした接合資料の接合点数から、この種の剝離技術を一括して扱ったが、今後は良好な接合資料を用いて、石器製作工程の詳細な把握はもちろんのこと、石材の属性と剝離工程との関係、石核形状の変化と打撃の位置や方法との関係の検討から、個々の剝離技術の意味づけをはかることが必要であると考える。多角的な視点による検討を積み重ね、石器群の技術の実態を明らかにしていくことで、当該期の石器製作を通した人間行動の復元に迫っていきたい。

遺跡の形成には、石器製作のみではなく、使用や維持・廃棄等の様々な要因が関与している。石器製作技術や石器組成の多様性が顕著である当該期の石器群を理解する上では、遺跡形成過程の把握と、遺跡形成に関与した様々な活動の中で石器製作技術を評価することが重要であると考える。これらについては、個別の分析方法の整備、検討とともに今後取り組んでいきたい。

謝辞

　タチカルシュナイ第Ⅴ遺跡C地点は、須藤隆先生が中心となって調査が行われました。調査では、高い問題意識のもと、詳細なデータが豊富に得られております。在学中には、タチカルシュナイ第Ⅴ遺跡C地点下層出土資料の自由な使用をお許しいただき、さらに資料を通して考古学の考え方や取り組み方について多くのご指導をいただきました。このたび、退任を迎えられるにあたりまして、研究室入室から今日にいたるまでいただいている多くの学恩に御礼申し上げますとともに、先生の御健康とますますの御活躍をお祈り申し上げます。

　本稿は、平成15年度に東北大学大学院文学研究科に提出した修士論文の一部を加筆修正したものである。本論文作成にあたり、須藤隆先生をはじめ、阿子島香先生、柳田俊雄先生に終始ご指導いただきました。会田容弘、山田晃弘、北沢実、山原敏朗、鈴木宏行、直江康雄、鈴木隆、鹿又喜隆、菅野智則、羽石智治、村田弘之、の諸先生諸氏には本稿の着想から作成に至るまで多くのご助言、ご協力をいただきました。特に鈴木隆氏には、分析視点と分析方法について多くのご教示をいただきました。記して御礼申し上げます。

　また、タチカルシュナイ第Ⅴ遺跡C地点の遺物整理については平口哲夫先生、千葉英一氏をはじめ山田晃弘氏、伊藤典子氏、飯塚洋介氏とこれまで数多くの方々が取り組んで多くの成果をあげてこられました。これらの方々のご尽力無くして本稿は成りえませんでした。調査・整理に関わった多くの方々に、末筆ではありますが感謝の意を申し上げます。

註

1) 遺物の出土状況については、各属性（石器組成、石材、剥片法量、母岩、接合資料）について平面分布図と垂直分布図を作成し検討を行っている。また、接合資料の層位的な出現頻度についても検討済みである。これらについては、別の機会で詳説したいと考えている。

2) これまでの報告（須藤隆ほか1973、千葉英一1989、山田晃弘1986）とは、資料数、器種分類において一部変更がある。

3) このうち山田報告については、個別の石器に番号が付いていない。そのため、本稿では、…列目の左端、中、右端として該当する資料を示す。山田報告の第2図で公表された石器は10点で、それらは5列にレイアウトされている。1・3・5列目が2点、2列目が3点、4列目が1点という配置である。

4) ただし剥片の中には小さすぎて識別不可能な資料も存在するため、全石材を対象として、部分的に識別を行った。上層と下層でそれぞれ1から母岩番号を与えている。

5) 本稿の分析では、1、2回程度の剥離も頭部調整、打面調整として認識した。これは、剥離の回数ではなく、剥離を行うという行為を重視するためである。

6) 前面角の計測は1点の剝片から複数の箇所を計測した。そして計測した値を全て分析に用いた。そのため、分析に用いた剝片の数より資料体の数の方が多くなる。分析では、ヒストグラムの区間を10°にし、測定の誤差が分析結果に影響しないよう努めた。
7) 1点の剝片に複数のヒンジ・ステップ痕が存在する場合は、そのすべてを分析に用いた。したがって分析に用いた剝片の数と実際の資料体の数は異なる場合がある。ヒンジ・ステップ痕の大きさについては、直定規を用いて計測した。

引用文献

会田容弘 1992「東北地方における後期旧石器時代石器群の剝片剝離技術の研究―接合資料をもとにした剝片剝離技術分析の試み―」『東北文化論のための先史学歴史学論集』 今野印刷 pp. 209-292

会田容弘 2001「第7章 翠鳥園遺跡石器集中部34～38の石器製作技術分析」『翠鳥園遺跡発掘調査報告書―旧石器時代編―』 羽曳野市教育委員会 pp. 222-272

阿子島香 1989『石器の使用痕』 ニューサイエンス社

千葉英一 1985「日本の旧石器―北海道（2）―」『考古学ジャーナル』248 pp. 20-26

千葉英一 1989「タチカルシュナイ第V遺跡C地点下層石器群の再検討」『考古学論叢II』 纂修堂 pp. 89-103

Dibble, H. L. and Pelcin, A. 1995 The Effect of Hammer Mass and Velocity on Flake Mass. *Journal of Archaeological Science,* Vol. 22, pp. 429-439

五十嵐彰 1991「II群（石核）」『お仲間林遺跡1986』慶應義塾大学文学部民族学・考古学研究室小報8 慶応義塾大学文学部民俗学・考古学教室 pp. 75-108

北沢 実編 1998『帯広・川西C遺跡』帯広市埋蔵文化財報告第16冊 帯広市教育委員会

北沢 実編 2004『帯広・若葉の森遺跡』帯広市埋蔵文化財調査報告第24冊 帯広市教育委員会

松沢亜生 1992「石刃技法における前処理、稜線作りおよび第一石刃について」『東北文化論における先史学歴史学論集』 今野印刷 pp. 111-128

村上裕次 2005「北海道における後期旧石器時代の石器製作技術研究―共栄3・川西C遺跡恵庭a火山灰下位出土資料の分析―」『北海道旧石器文化研究』10 pp. 27-36

村上裕次 2006「東北地方における石刃製作技術研究―原石形状との関連を中心に―」『宮城考古学』8 pp. 1-16

直江康雄・長崎潤一 2005「北海道後期旧石器時代前半期の石材消費戦略―白滝Ia群と祝梅三角山地点―」『北海道旧石器文化研究』10 pp. 45-58

Pelcin, A. W. 1997 The formation of flakes : The role of platform thickness and exterior platform angle in the production of flake initiations and terminations. *Journal of Archaeology Science,* Vol. 24, pp. 1107-1113

桜井準也 2006「日常的実践としての石器製作―製作者の「判断」の問題をめぐって―」『メタ・アーケオロジー』5 pp. 9-29

渋谷孝雄 1976「金谷原遺跡の石刃技法の分析」『山形考古』2-4 pp. 15-38

須藤 隆・千葉英一・平口哲夫 1973「C地点」『タチカルシュナイ遺跡 1972』 遠軽町教育委員会 pp. 16-18

鈴木美保ほか 2002「石器製作におけるハンマー素材の推定―実験研究と考古資料への適用―」『第

四紀研究』41-6 pp. 471-484

高橋章司 2003「翠鳥園遺跡における石器製作の技量」『考古学ジャーナル』504 pp. 16-19

高倉　純・出穂雅実 2004「フラクチャーウィングによる剝離方法の同定研究」『第四紀研究』43-1 pp. 37-48

高倉　純 2005「剝離方法研究―方法論的課題と展望―」『論集忍路子 I』pp. 43-56

寺崎康史・山原敏朗 1999「北海道地方」『旧石器考古学』58 pp. 3-10

戸沢充則 1968「埼玉県砂川遺跡の石器文化」『考古学集刊』4-1 pp. 73-118

Whittaker, J. 1994 Flintnapping: Making and Understanding Stone Tools. Univercity of Texas Press

山田晃弘 1986「北海道後期旧石器時代における石器製作技術構造の変遷に関する予察」『考古学雑誌』71-4 pp. 1-29

山原敏朗ほか 1991『清水町　上清水遺跡・共栄 3 遺跡（2）・東松沢 2 遺跡　芽室町　北明 1 遺跡―北海道横断自動車道埋蔵文化財発掘調査報告―』（財）北海道埋蔵文化財センター発掘調査報告書第 76 集　（財）北海道埋蔵文化財センター

山原敏朗 1996「北海道における細石刃文化以前の石器群について」『帯広百年記念館研究紀要』14 pp. 1-28

山中一郎 1994『石器研究のダイナミズム―ボルド型式学の革新のために―』　大阪文化研究会

山中一郎 2004「ボルド型式学とは何だったのか？」『山下秀樹氏追悼考古論集』　山下秀樹氏追悼論文集刊行会　pp. 147-156

柳田俊雄・藤原妃敏 1981「瀬戸内技法と石刃技法―調整技術の持つ意味―」『旧石器考古学』23 pp. 29-40

吉川耕太郎 2003「個体別資料分析の再検討―琴丘町小林遺跡における縄文時代中期後半の石器群―」『秋田県埋蔵文化財センター研究紀要』17 pp. 32-38

吉崎昌一編 1973『タチカルシュナイ遺跡　1972』　遠軽町教育委員会

活動痕跡の重複する後期旧石器時代遺跡研究の視点と方法
―山形県新庄市上ミ野 A 遺跡の分析―

羽 石 智 治

I. はじめに

　後期旧石器時代遺跡の多様な姿は、遺跡間の関係性を連鎖的・補完的にとらえていく視点をもたらした。常呂川流域の遺跡群を対象とした研究では、遺跡間の組成差が同一時期の人間集団による活動内容の違いを表すとする仮説が提示され（加藤晋平・桑原護1969、加藤晋平ほか1970）、良質の石材原産地を抱える地域については、「原産地遺跡」と「消費地遺跡」という区分のもとに遺跡間の関係性が積極的に議論されている。東北地方の石刃石器群においては、石材原産地からの距離とそれに応じた石材補給の程度が、石器の組成やサイズ、さらには剥片生産技術の変異に大きく影響するとの指摘がある（会田容弘1993）。「原産地遺跡」と「消費地遺跡」という区分に従う場合、東北地方では山形県西川町お仲間林遺跡（阿部祥人・五十嵐彰編1991、阿部祥人ほか編1995）に代表されるごく一部の「原産地遺跡」とその他大多数の「消費地遺跡」という理解が生じる。こうした区分は、遺跡内での石器製作や使用に伴う石材消費という観点に基づいており、遺物量や石器組成などの面で相違する遺跡間の変異を理解していくための一方法といえる。ただし、石材消費からみた遺跡間比較は、「原産地遺跡」の特異性を明瞭に浮き立たせる一方で、多くの「消費地遺跡」は「原産地遺跡」との比較のもとにその位置付けがなされるため、個々の遺跡の性格が反映されにくい。したがって、旧石器時代において石器製作を含む様々な活動の場となったであろう「消費地遺跡」間の多様性やその具体的な関係性については、石材消費論のみでは十分に評価しきれないと考えられる。

　「消費地遺跡」の中には、遺跡内での多様な活動痕跡やそれらの重複によって特徴付けられる遺跡も存在する。活動痕跡のいわば濃淡を遺跡間で比較検討し、その意味付けを探っていくことは、旧石器時代社会の行動復元に一つの視点をもたらすと考えられる。そして、諸活動痕跡を色濃く残す遺跡においては、石器をめぐる「技術的組織」（阿子島香1989）を多面から評価しうる可能性を有している。諸活動の結果が集約された一定空間やその場に位置する個々の石器に認められる特徴を生かしながら分析することで、一遺跡における石器の製作や使用、維持・管理、廃棄の様相とそれらの関係、石器の諸様相と遺構の関係といった多角的な理解が可能になる。以上の視点のもと、本稿では重複する活動痕跡を読み解くための視点と方法を整理し、具体的な事例として山形県新庄市上ミ野 A 遺跡の分析を行う。本稿では、特に石器接合資料と母岩別資料、石器の使用痕、礫の接合関

係、石器と礫の受熱痕跡、空間分布を諸活動の関係を理解するための重要な情報と位置付け、活動痕跡の重複関係のなかに「消費地遺跡」での石器群の一様相や空間利用のあり方を示すことを目的とする。さらには、諸活動の関係から遺跡形成過程の復元を試みる。

II. 分析の視点と方法

1. 活動痕跡の重複をめぐる研究動向

　遺跡の形成に関与する人間行動は多様かつ重複的であり、個別の行動痕跡は考古資料を通じて必ずしも逐一把握しうるものではない。そして、多くの遺跡では、程度の差はあれ過去の個別の行動痕跡が重複し、「各行動からの痕跡が加算された、圧縮された」状態となった資料が分析対象となることが指摘されている（阿子島香 1985・1995・1997）。遺跡の形成に関して、Clive Gamble は「統合性（integrity）」と「解像度（resolution）」という概念による説明を行っている（Gamble, C. 1986）。遺跡の形成に関与する要因の多様性の程度を示す「統合性」と、個々の要因がもたらす出来事の均質性の程度を示す「解像度」の組み合わせは遺跡ごとに異なるが、多くの旧石器時代遺跡ではその形成過程で人間とともに動物や自然環境といった多様な行為者が関与し、さらには各行為者のもたらす活動内容が多岐にわたるとされる。本稿で問題としている活動痕跡の重複関係のとらえ方も、こうした考古資料の性質や操作性に大きく規定される[1]。そこで、遺跡の性質に応じた資料分析が求められることになる。

　遺物の空間分布に関していえば、一定の空間内で多様な活動痕跡が確認される遺跡において、その分布傾向を先験的に単一の要因に帰することは困難である。したがって、実験研究による解釈の枠組み作りや、諸要素の比較分析により解釈の蓋然性を高めていく手続きが要求される。石器製作による遺物散布の傾向を明らかにする実験研究（阿子島香 1985、佐藤宏之 1986）や、一定の遺物分布がその後の踏み付け行為により拡散していく過程を追及する実験研究（御堂島正 1994）は、こうした性格を有する遺跡の空間分布から複雑な形成要因を読み解くための分析手法といえる。さらには、特定の行動を反映すると推測される資料体を遺跡内から抽出し、その集合を単位として比較分析を行うことも一つの方法といえる。比較により明らかとなった諸要素間の傾向から、諸活動の関係について解釈の道筋をつけるものである。トゥールや接合資料、使用痕ある石器、受熱資料などを取り上げ、遺構との位置関係を比較するのはこうした分析の一例である（太田昭夫編 1992、髙倉純・中沢祐一 2003）。

　活動痕跡の重複という視点は、遺物間の位置関係への適用にとどまるものではない。個々の考古資料の読み取りにおいても、道具利用の一様相を明らかにする。石器の再加工（長崎潤一 1987・1990、佐藤雅一ほか 2000）や変形過程（新田浩三 1995、北沢実 1998）、使用痕分析による、従来の実験結果に合致しない石器の複雑な表面変化の理解と、「技術的組織」

や遺跡構造という脈絡の中でのその評価（阿子島香1992）、複雑な使用痕パターンからみた使用痕の重複と光沢面形成過程の評価（鹿又喜隆2002）といった研究は、個々の石器から当時の活動の複雑な履歴や連続性を明らかにする。以上の研究は、石器製作あるいは石器使用という脈絡内での取り組みといえるが、こうした視点を評価し、石器の製作から使用、維持、廃棄へいたる一連の経過へと視野を広げるならば、石器製作後の使用痕跡、あるいは石器製作後の受熱痕跡といった異なる活動間の関係も、やはり活動痕跡の重複を示す情報として積極的に評価していく必要がある。

　活動痕跡の重複に関する以上のような研究動向は、遺跡を構成する遺物を諸要素に分かち、その空間分布パターンを比較分析する方向性と、接合資料分析や使用痕分析から遺物のたどった履歴を個別的・連続的に読み解く方向性として要約されよう。いずれの方向性においても、確度のより高い解釈に向うためには目的に沿った実験研究を組み込んだ分析の積み重ねが重要であることが分かる。そして、性質の異なるこうした情報は、様々な情報を含みこむ遺跡という場において結び付けられ、遺跡形成の理解に重要な役割を果たすことが期待される。

2. 本稿における視点と方法

　諸活動の集積した結果残された遺跡の空間分析では、遺跡を構成する諸要素間に何らかの有意な傾向を見出しうるかどうか、さらには遺跡形成の過程で、ある空間内で行われる各行為にどの程度の秩序や関係を認めることができるのかといった点に注意を払うことになる。ある一定の空間内で諸活動が強い関連をもって行われるならば、それらが遺跡内の空間分布に何らかの構造をもたらし、さらには遺跡内部の構造を通じて考古資料からは直接とらえにくい空間利用のあり方についても間接的に推測可能となることが期待される。ただし、遺跡の形成やその結果もたらされる遺跡内部の構造は考古資料の分析を通じて明らかにされるものであり、まずはいかなる考古資料からいかなる性質の行動痕跡に接近しうるかを明確にした上で分析に取り組むことにする。

　ここでは上記の研究動向をふまえ、復元しうる情報の性質に応じて、考古資料を①行動の個別的・連続的な情報を有するもの、②行動の集合的な情報を有するもの、の二者に分けて整理したい。

　①に該当する考古資料には、一点の石器あるいは一個体の接合資料や母岩別資料などがある。特に接合資料が代表例であり、過去の動作の連続を具体的に明らかにすることができる。ただし、条件に恵まれた一部の遺跡を除けば考古資料全体の中の部分的な情報であるという性格を有する。母岩別資料はこうした部分的な情報を補足し、さらに剥離作業の単位を保証する。また、一点の石器においても活動痕跡の重複が認められる場合があり、そこから異なる活動の関係を整理する見通しが得られる。

　一方、②は考古資料から確認される活動の類別を単位とした分析を目指すものである。

該当する考古資料の一例としては、遺跡から出土する全ての剝片・チップや受熱石器があり、前者は遺跡内で行われた石器製作活動の総体を、後者は火の使用活動を読み取ることが可能である。この場合、類別化された活動単位で得られる情報は集合的であるが、①の情報とは異なり個別行動への分離が必ずしも容易ではないという性格を有する。そして、②は①の情報を包括する場合もある。資料全体を何らかの属性に基づいて諸要素に分離し、諸要素間の比較によって傾向を読み取る際には、過去の具体的な行動あるいは現象に対応するような要素を抽出することが重要になる。なお、諸要素間の比較には様々な組み合わせがあり、石器と礫群の分布の比較（遺物と遺構の関係を追及するもの）や、各種トゥール、剝片・チップ、石核の分布の比較（器種間の関係）、さらには遺物全体と受熱石器の比較（全資料と一部資料の関係）などの方法が考えられる。

両者の資料分析から復元できる情報の性質は大きく異なるが、いずれの情報を対象とした分析においても遺跡から諸活動間の関係を読み取る有効な手段となる。本稿ではこうした視点において両者の分析を重ね合わせ、より確度の高い解釈を目指す。

III. 上ミ野 A 遺跡の概要

上ミ野 A 遺跡は、山形県北部の最上地域中央部にある新庄盆地の西縁に位置し、最上川の支流である升形川によって形成された中位の河岸段丘上に立地する（第1・2図）。新庄盆地東縁の高位段丘あるいは最高位段丘上には新庄市山屋A遺跡（長沢正機 1979）、乱馬堂遺跡（長沢正機・鈴木雅宏 1982）、横前遺跡（加藤稔 1964）、新堤遺跡（柏倉亮吉編 1969、宇野修平・佐藤禎宏 1973）、南縁の高位段丘上には南野遺跡（長沢正機 1977）が位置している。1984 年から行われた東北大学考古学研究室による最上川中流域の遺跡分布調査と 1986 年の試掘調査を経て、1987 年に第 1 次調査、1991 年に第 2 次調査が実施された（羽石智治ほか編 2004）。この調査によって礫群を伴

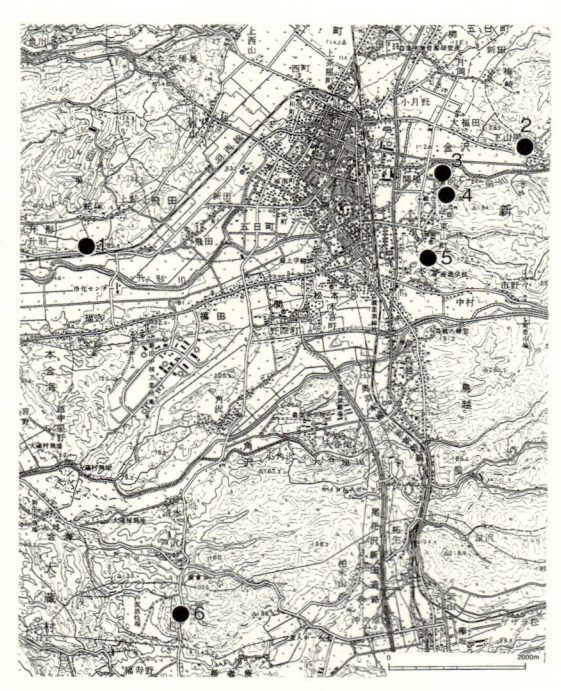

第1図　新庄盆地の旧石器時代遺跡分布図
（国土地理院発行5万分の1地形図「新庄」より作成）
1 上ミ野A、2 山屋A、3 乱馬堂
4 横前、5 新堤、6 南野

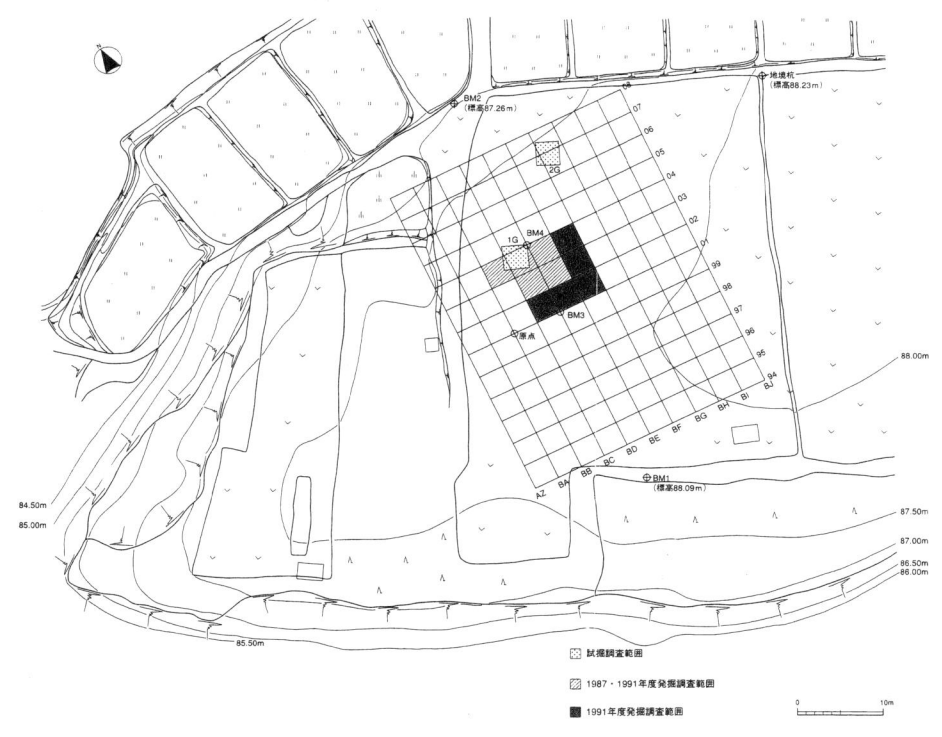

第2図　上ミ野A遺跡の地形およびグリッド配置図

う遺物集中地点がほぼ完掘され、AT上位の3a層を主要な遺物包含層とすることが明らかになった。石器の製作と使用、礫群の構築と火の使用、石器と礫の移動、礫集中地点をとりまく作業空間のあり方などを検討することのできる良好な資料が得られた。出土資料は、エンド・スクレイパー32点、ナイフ形石器26点、ノッチ11点、鋸歯縁石器4点、彫刻刀4点、二次加工ある石刃・剥片34点などを含むトゥール110点、石刃14点、剥片582点、チップ1,857点、石核23点の総数2,595点である（第3・4図）。利用石材の98.3％は頁岩であり、他に黒曜石、玉髄、凝灰岩がわずかにある。接合作業の結果、遺跡内で石刃製作はほとんど行われず、消費の進んだ比較的小型の石核を用いて同一打面から、あるいは打面と作業面を転移させながら長さ・幅ともに4cm以下の小型剥片を主に製作したことが確認された。打面調整などの石核調整技術はほとんど認められない。石器の総重量は約10.5kgであり、計75母岩を数える。礫は628点出土しており、総重量は約53.1kgである。石材構成や礫表面の円磨度からすれば、これらの礫は近隣河川で獲得し、遺跡内に搬入されたと推定される[2]。礫の多くには赤色化と破損が認められることが大きな特徴であり、個体により赤色化の程度が異なる。調査区内には密集度を違える3箇所の礫集中が認められ、赤色化の激しい礫も同様の分布傾向を示す。調査区北東部（BF03区）が最も密集した分布域である。多くの石器は、調査区中央部の2箇所の礫集中（BD02・BD03区とBE02区）と重複した分布を示す（第5・6図）。

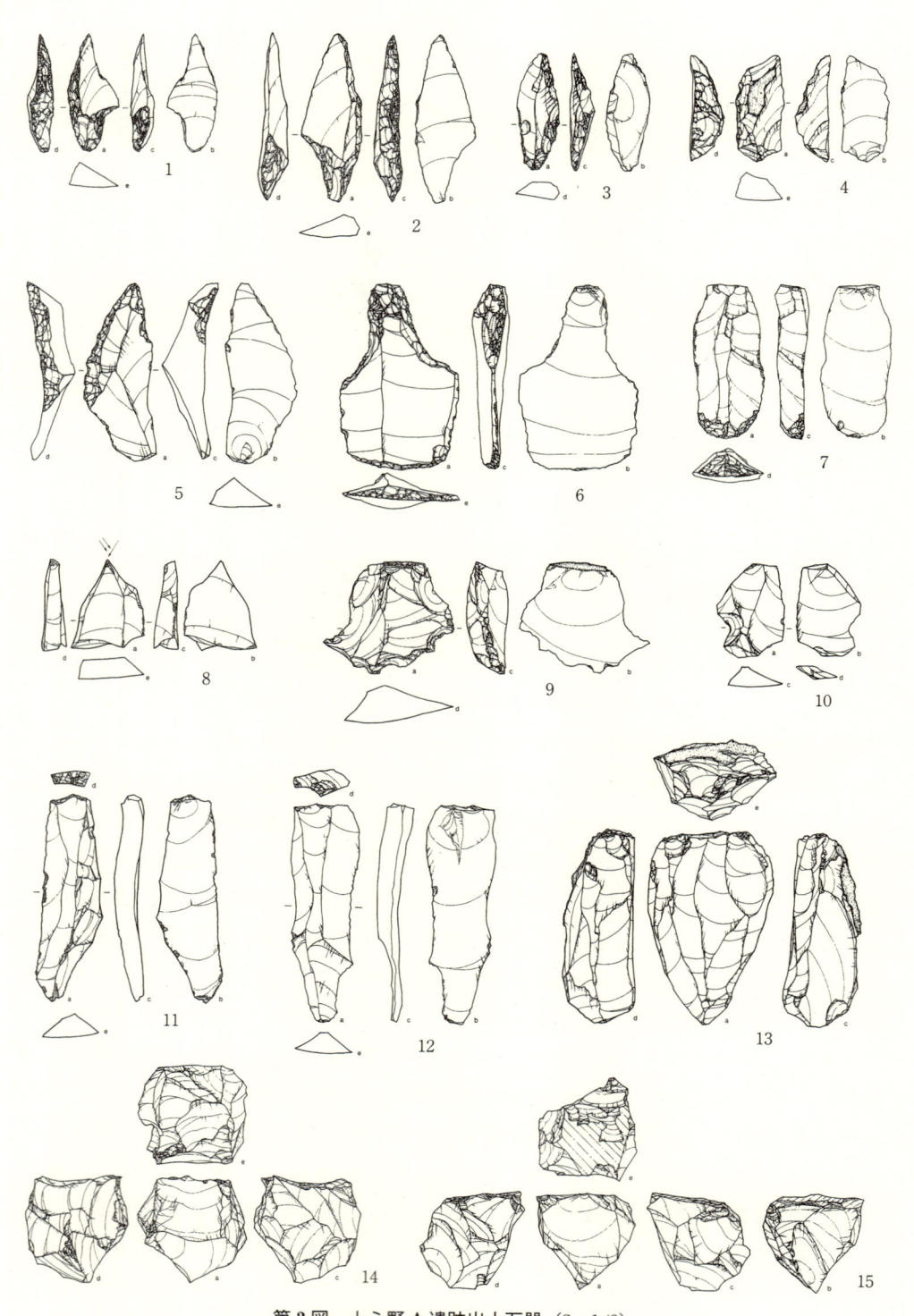

第3図　上ミ野A遺跡出土石器（S=1/3）
1～4 ナイフ形石器、5 スクレイパー、6・7 エンド・スクレイパー、8 彫刻刀、9 鋸歯縁石器、10 ノッチ、11・12 石刃、13～15 石核

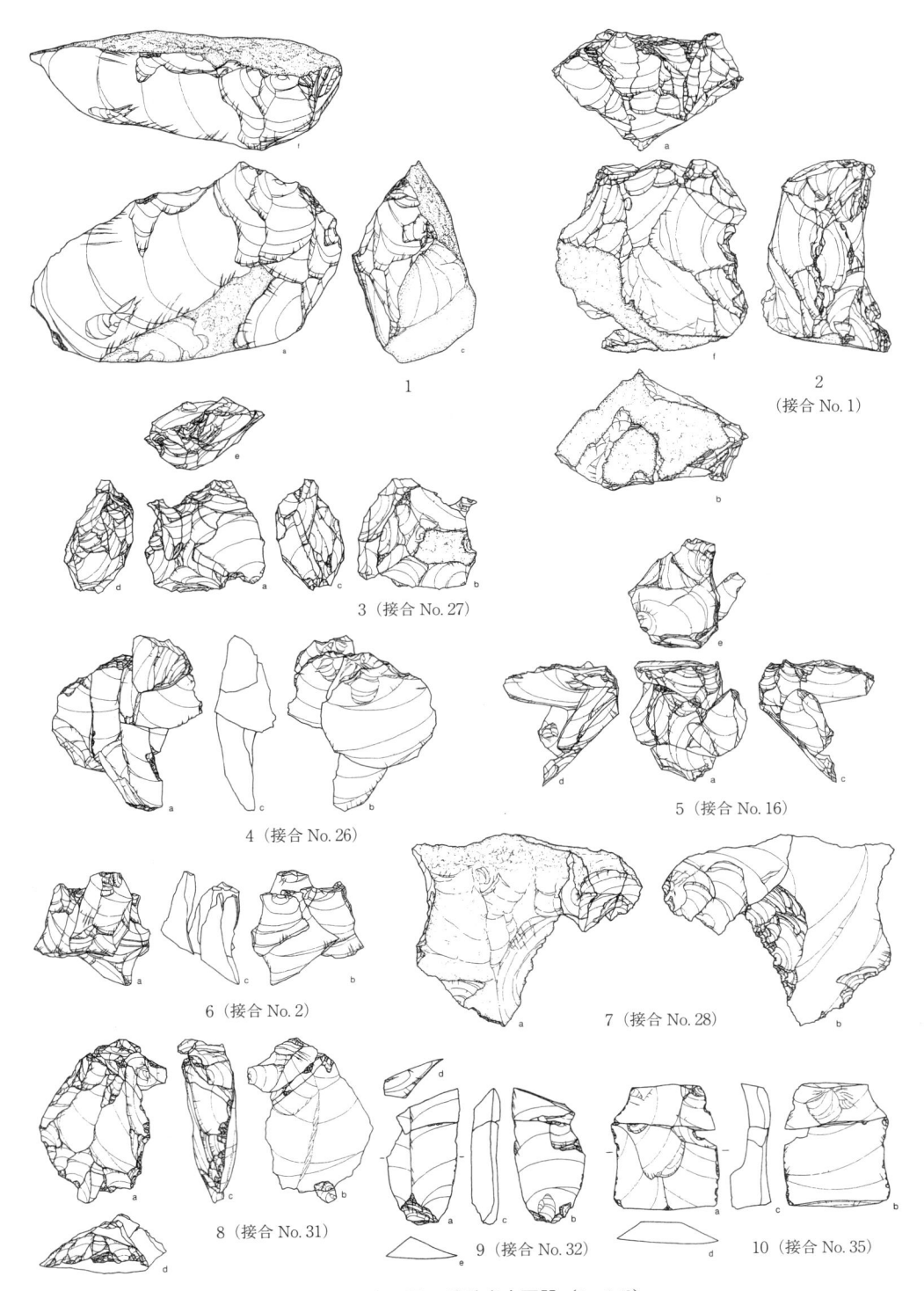

活動痕跡の重複する後期旧石器時代遺跡研究の視点と方法　65

第4図　上ミ野A遺跡出土石器　(S＝1/3)
1 石核、2～7 剥片剥離を示す接合資料、8～10 二次加工を示す接合資料

第5図　石器分布図

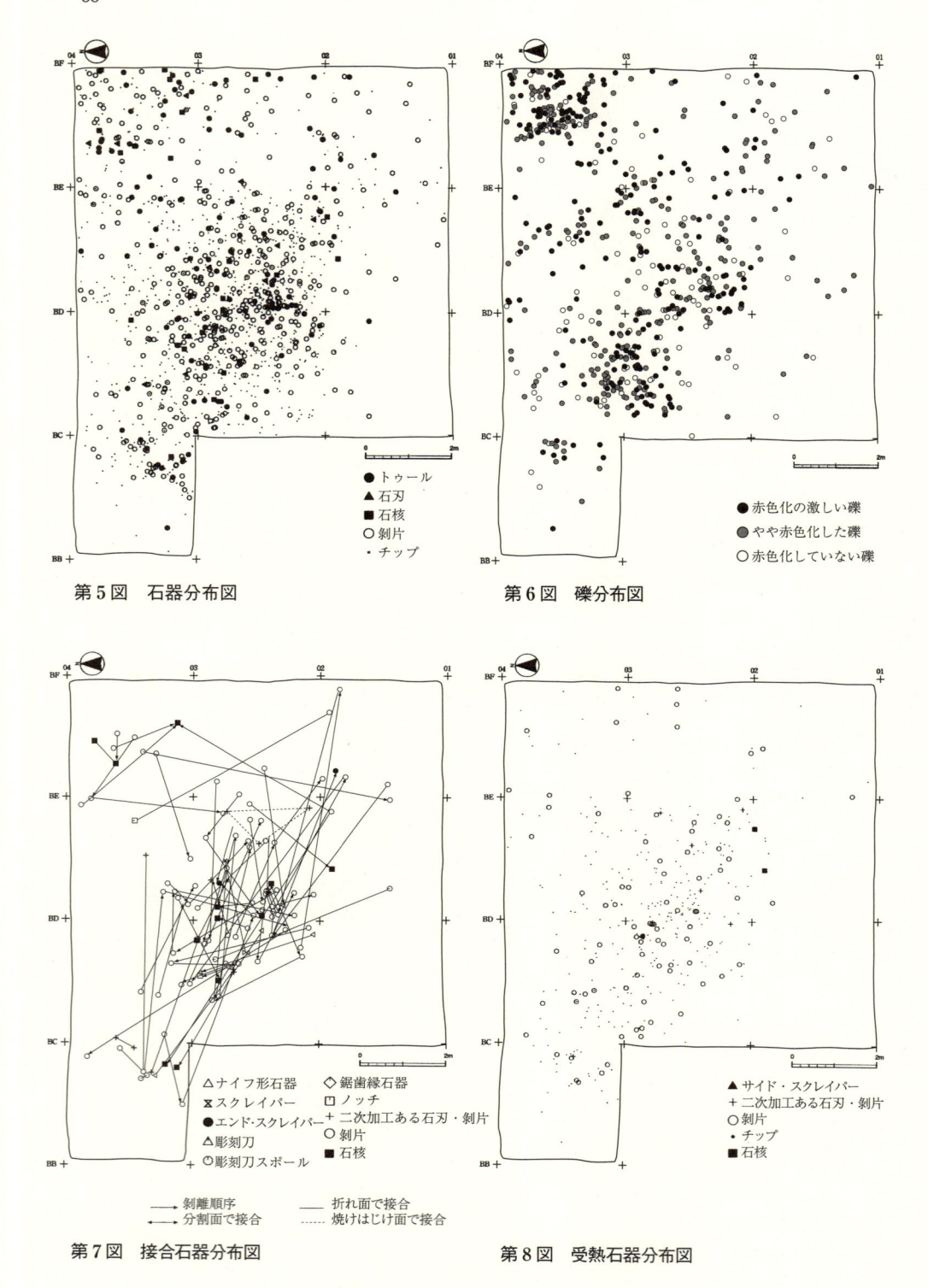

凡例：
- ● トゥール
- ▲ 石刃
- ■ 石核
- ○ 剥片
- ・ チップ

第6図　礫分布図

凡例：
- ● 赤色化の激しい礫
- ◉ やや赤色化した礫
- ○ 赤色化していない礫

第7図　接合石器分布図

凡例：
- △ ナイフ形石器
- ✕ スクレイパー
- ● エンド・スクレイパー
- △ 彫刻刀
- ◎ 彫刻刀スポール
- ◇ 鋸歯縁石器
- □ ノッチ
- + 二次加工ある石刃・剥片
- ○ 剥片
- ■ 石核

- →　剥離順序
- ←　分割面で接合
- ──　折れ面で接合
- ⋯⋯　焼けはじけ面で接合

第8図　受熱石器分布図

凡例：
- ▲ サイド・スクレイパー
- + 二次加工ある石刃・剥片
- ○ 剥片
- ・ チップ
- ■ 石核

考古資料から復元可能な上ミ野 A 遺跡における活動を列挙すると、①石核や分割した原石、トゥール、石刃の搬入、②石器製作、③石器使用、④礫の搬入、⑤礫群構築、⑥火の使用、⑦石器と礫の廃棄となる。さらに遺物分布の検討から、こうした諸活動を通じて石器と礫の移動が確認される。次章では、上ミ野 A 遺跡における石器製作、石器使用、火の使用について個別的に概観した後、諸活動の関係について検討する。

IV. 上ミ野 A 遺跡における諸活動の様相とその関係

1. 石器の製作

　接合資料や石核に認められる技術的特徴、器種ごとの法量の比較から、遺跡内ではある程度消費の進んだ段階の石核を用いた小型剥片剥離、さらに剥片素材石核からの小型剥片剥離が行われたことが確認された（第 4 図 2～7）。多数の母岩と石核が確認されるが、各母岩が小型であることがこうした剥片剥離の特徴をもたらす一つの要因と推定される[3]。遺跡内で確認される最大の石核（第 4 図 1）は大きな分割面を残しており、遺跡内に搬入された石材の大きさや状態を示している。新庄盆地に所在する石刃石器群との組成の比較から、石核 1 点あたりの剥片数が最も少ないことが確認されたが、こうした組成比にみられる特徴も、遺跡内で限られた量の石材を消費するという剥片剥離の性格を反映していると考えられる（羽石智治 2004）。その後の二次加工によりナイフ形石器やエンド・スクレイパー、鋸歯縁石器、ノッチ、二次加工ある剥片が製作されている。ただし、遺跡内で主に製作される小型剥片よりも大きなトゥールが多数存在することから、他地点で製作されたトゥールやその素材剥片が多く搬入されたと考えられる。この他に、石刃や石刃素材のトゥール（エンド・スクレイパーなど）が搬入されている。石刃核（第 3 図 13）が 1 点出土しているが、遺跡内での石刃製作の痕跡はほとんど認められない。上ミ野 A 遺跡ではこうした石刃の一部が折断加工され、その折断剥片で彫刻刀やノッチ、二次加工ある剥片が製作される（第 4 図 9・10）。剥片・チップや石核の分布、さらには接合資料分布、母岩別資料分布の特徴から、調査区中央部（BD02・BD03・BE02・BE03 区）での石器製作が推定される（第 5・7 図）[4]。

2. 石器の受熱痕からみた火の使用

　上ミ野 A 遺跡での主要石材である頁岩は堆積岩であり、受熱の痕跡は比較的明瞭に観察される。受熱資料を対象とした先行研究や受熱痕跡の認定方法の詳細については別稿にて述べたが（羽石智治投稿中）、石器表面の亀裂や破砕、さらには灰白色や黒色への色調変化を受熱痕跡の判断基準としている（第 9 図）。その結果、熱を受けたと認定した資料は 865 点であり、石器全体の 33.3% を占める。亀裂や破砕とともに色調変化が認められるといった重度の表面変化が観察された資料は 239 点であり、受熱石器全体の 27.6% を占

第 9 図　上ミ野 A 遺跡出土受熱石器
（上は接合資料 No. 5）

第 1 表　受熱石器の出土位置と受熱率

器種 区	チップ	剝片	二次加工ある石刃・剝片	石核	ナイフ形石器	サイド・スクレイパー	計
BC03	41 (41.8)	8 (22.2)	1 (25.0)				50 (35.0)
BD01	1 (14.3)	1 (9.1)					2 (10.5)
BD02	198 (41.7)	33 (26.4)	1 (16.7)			1 (100)	233 (37.1)
BD03	68 (39.5)	11 (20.4)					79 (33.2)
BE01	6 (31.6)	3 (17.6)		2 (100)			11 (25.6)
BE02	253 (42.2)	29 (20.7)	1 (16.7)				283 (36.4)
BE03	136 (36.7)	11 (17.2)			1 (33.3)		148 (32.9)
BF01	3 (17.6)	6 (26.1)					9 (20.9)
BF02	11 (30.6)	10 (21.7)					21 (21.9)
BF03	16 (27.1)	11 (16.7)					27 (17.4)
—	1						1
総計	735 (39.6)	123 (21.1)	3 (8.8)	2 (8.7)	1 (3.8)	1 (100)	865 (33.3)

（　）の数値は受熱率

める。この受熱石器の器種構成には明瞭な偏りが認められる（第1表）。受熱石器の大多数はチップと剝片であり、受熱率もチップが約 40％、剝片が約 20％ と相対的に高率であるのに対し、トゥールや石核にはほとんど受熱の痕跡は認められず、受熱率もサイド・スクレイパーを例外としていずれも 10％ 以下と低率である。受熱石器の大半がチップと剝片であることや、接合資料内の一部の剝片にのみ受熱痕跡が認められる例があること、さらには受熱痕跡が認められる面を切る剝離面が存在しないことから、上ミ野 A 遺跡出土の受熱石器は「加熱処理」（御堂島正 1993a・1993b）の結果ではなく、遺跡内での火の使用に関わる偶発的な受熱を要因として生じた可能性が高い。

接合資料 No. 5（第9図）と No. 16（第4図）からは、遺跡内で製作された剝片類の一部が偶発的に熱を受けて破損・変色したことが推定される。チップや剝片を主体とした受熱石器は、調査区中央部に位置する2箇所の礫集中に重なって分布しており、両者は同じ機会に受熱した可能性が高いと考えられる（第8図）。これに対し、調査区北東部の密集度の高い礫集中域に受熱石器はほとんど分布しない。なお、受熱率の極めて低い各種トゥール、石刃、石核はいずれもその多くが3箇所の礫集中をとりまくように分布しており、礫集中との位置関係が受熱の程度に大きく関与していることがわかる（第10図）。したがって、これらの石器の分布には礫集中に強く関係した活動の結果が反映されていると推定される。

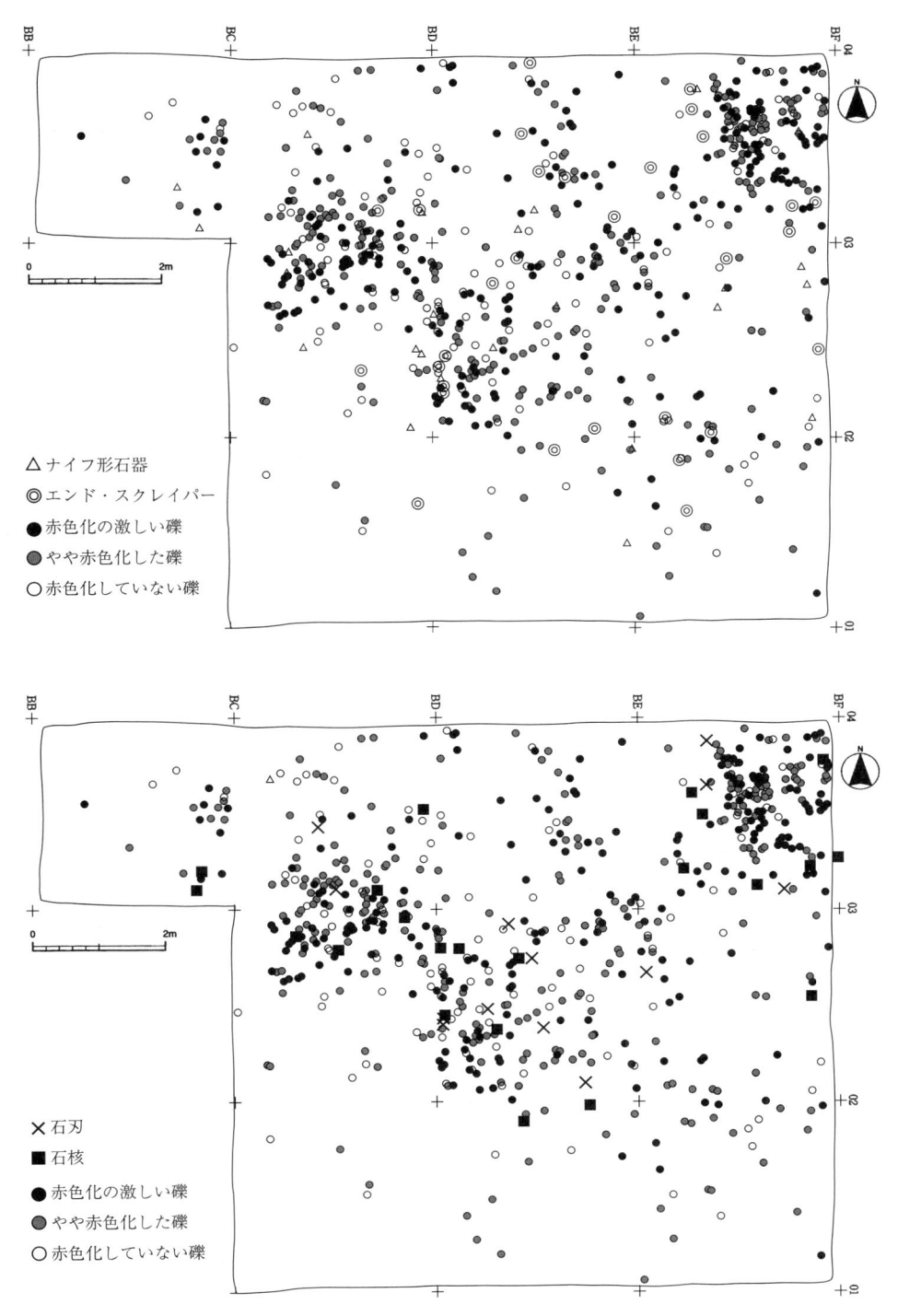

活動痕跡の重複する後期旧石器時代遺跡研究の視点と方法　69

第10図　ナイフ形石器、エンド・スクレイパー、石刃、石核と礫の位置関係

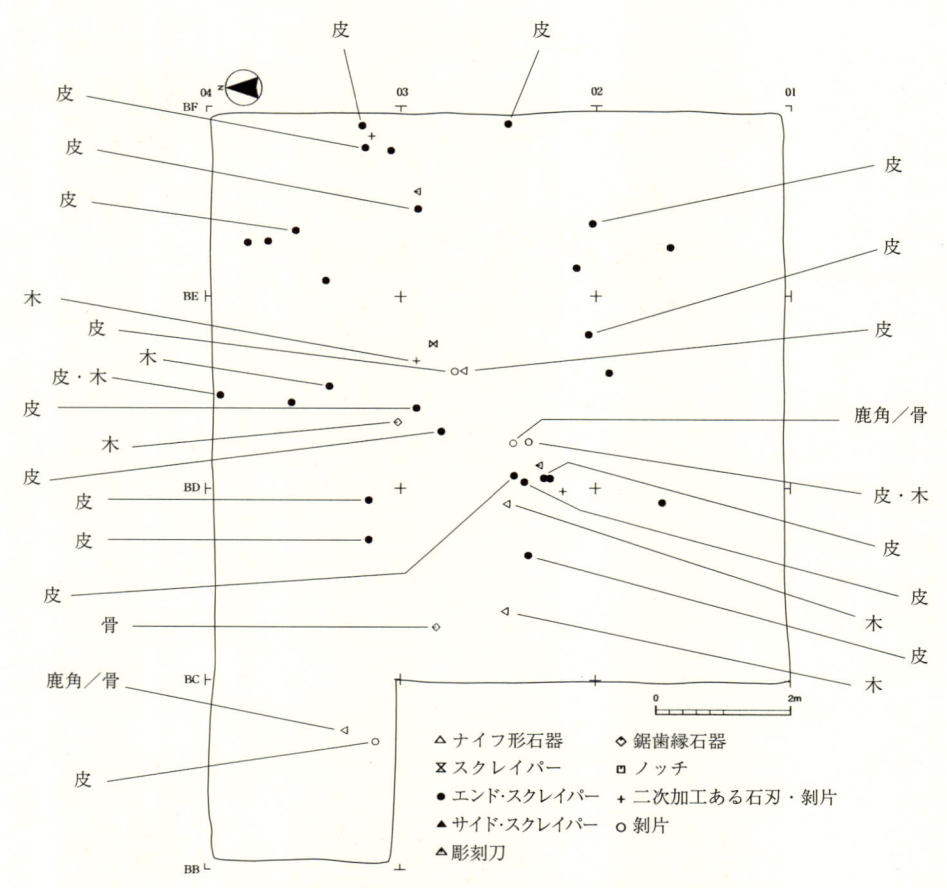

第 11 図　使用痕ある石器の分布と推定被加工物
(推定被加工物未記入の石器は輝斑、摩滅の観察されたもの)

3. 石器の使用

　上ミ野 A 遺跡で出土した石器については金属顕微鏡を用いた使用痕分析が行われ、石器の使用状況が具体的に明らかにされている（沢田敦・鹿又喜隆 2004）。その結果、軽度ではあるがエンド・スクレイパーに最も高い割合（58.6%）で使用痕が観察された。その推定被加工物は 1 点を除きすべて皮である。ナイフ形石器と鋸歯縁石器の一部は、鹿角・骨、木、皮の加工に用いられたと推定される。このように、上ミ野 A 遺跡では器種と機能に一定の相関が確認された。さらに、接合資料内の一部の剝片（母岩 12）にも使用痕が認められ、遺跡内で製作された剝片が二次加工されないまま皮、鹿角・骨の加工に用いられたと考えられる。接合はしないが母岩分類の結果から、遺跡内で製作されたエンド・スクレイパーやナイフ形石器、剝片の使用が推定される例（母岩 12）もある。分布の検討から、使用痕の観察される石器は複数の礫集中の周辺に分布するものが多く、礫集中との位置関係に強い相関を認めることができる。特にエンド・スクレイパーは礫集中をとりまく分布

傾向を明瞭に示す。さらに、使用痕の観察された石器の組み合わせと、推定される被加工物の組み合わせは地点により異なるという様相が認められる（第 11 図）。調査区北東部の礫集中の周り、あるいはその南側ではエンド・スクレイパーが分布しており、その推定被加工物は皮である。これに対し、中央部の 2 箇所の礫集中の周辺ではエンド・スクレイパーやナイフ形石器、鋸歯縁石器、剝片などの多様な石器に使用痕が確認され、その推定被加工物は皮、木、鹿角・骨である。場所を違える礫集中とその周辺に分布する石器の器種や推定被加工物とのこうした対応関係から、これらの石器は遺跡内の複数礫集中地点の周辺で使用され、調査区中央部と北東部では石器使用の面からも異なる活動の関与が推定される。

4. 諸活動の関係

(1) 石器の製作と使用、火の使用の関係

石器接合資料や母岩別資料の内容から、上ミ野 A 遺跡では主に長さ・幅ともに 4 cm 以下の小型剝片が製作されたことが明らかにされた。こうした小型剝片の中には、活動痕跡の重複という点で注目すべき資料が確認された。使用痕分析の結果、小型剝片剝離を特徴とする母岩 12 の接合資料（第 4 図 No. 2 と No. 16）の一部剝片に使用痕が認められた（沢田敦・鹿又喜隆 2004）。接合資料 No. 2 の剝片 150 には、2 箇所に光沢が認められた。末端部に認められる光沢の被加工物は皮、操作は Scrape と推定される。側縁に認められる光沢の被加工物は木、操作は Saw か Cut と推定される。接合資料 No. 16 の剝片 187 には末端部に光沢が認められた。被加工物は骨あるいは鹿角、操作は Scrape と推定される。

さらに、接合資料 No. 16 の剝片 188 には末端部に受熱痕と推定される剝落が認められた。同様の痕跡は母岩 22 の接合資料 No. 5（第 9 図）、母岩 2 の接合資料 No. 27（第 4 図）、母岩 9 の接合資料 No. 28（第 4 図）にも認められる。

接合資料を構成する剝片に観察された以上のような痕跡は、遺跡内で製作された剝片の一部がその後に使用され、あるいは熱を受けて破損したという経過を示している。このような活動痕跡の重複が確認された資料は、いずれも調査区中央部に位置している（第 12 図）。さらに、剝片・チップと受熱石器はいずれも調査区中央部を中心とした共通する分布傾向を示しており、石器製作から使用、さらには礫群構築と火の使用といった活動が上ミ野 A 遺跡調査区内の限られた空間で確認されたことになる。こうした空間は多様な活動の関与する複雑な形成過程を経ている可能性が高く、諸活動の関係を検討する上で焦点を当てるべき空間と考えられる。

(2) 石器の製作・使用と維持・消費の関係

調査区中央部で製作された小型剝片は 2 箇所の礫集中に重複して分布しており、その多くがこの場における火の使用に伴い受熱し、破損した可能性が高い。したがって、こうし

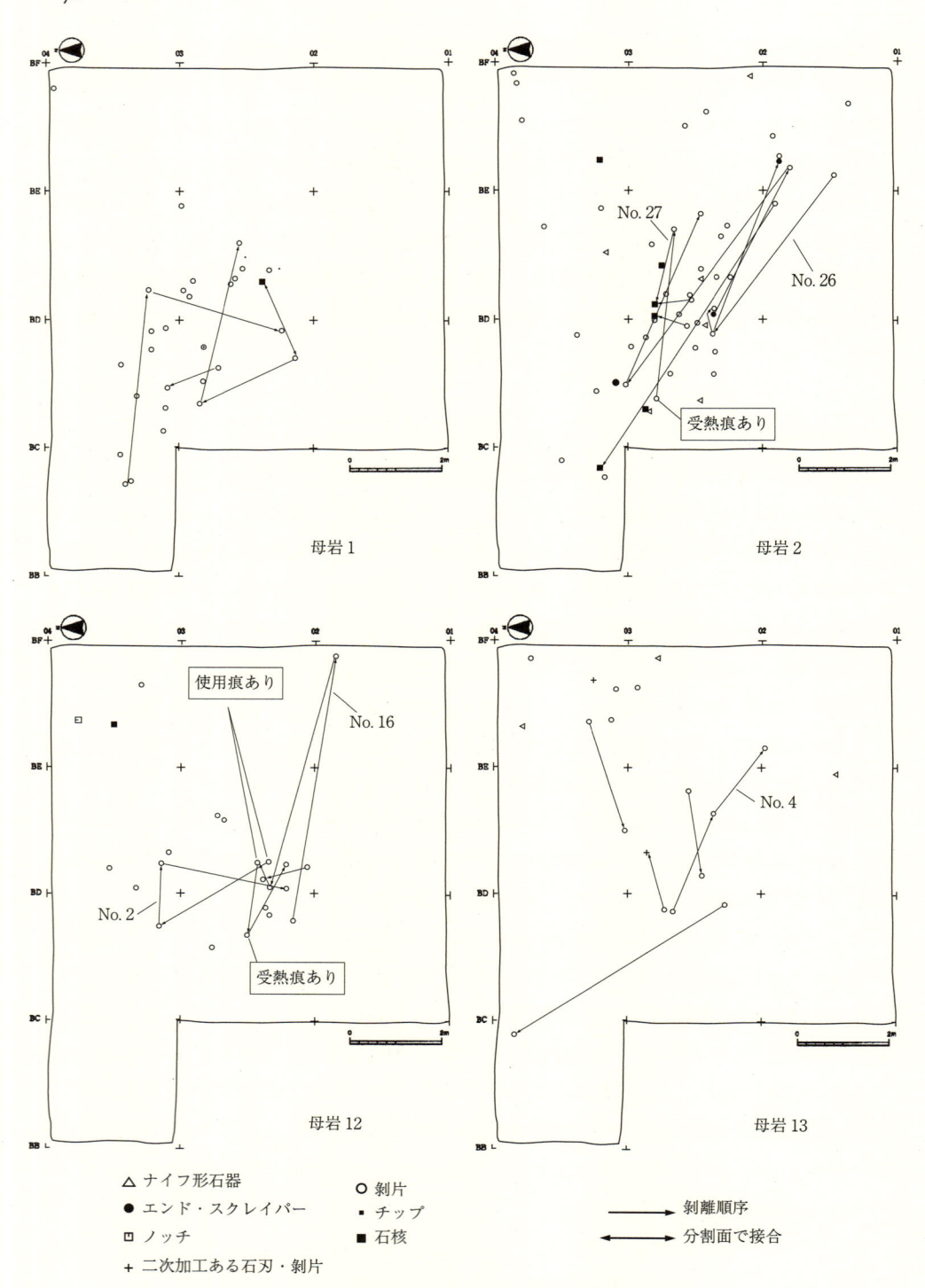

第 12 図　母岩 1・2・12・13 の分布図

た小型剝片の維持・管理性は乏しく、一部に使用痕が確認されたことも併せて解釈するならば、その場限りの使用を経て廃棄されたと考えられる。一方、遺跡内で製作された可能性の低い石刃素材のエンド・スクレイパーの多くに使用痕が確認されたこと、トゥールや石刃には受熱の痕跡がほとんど認められないこと、エンド・スクレイパーやナイフ形石器、石刃の多くは調査区内の3箇所の礫集中の周辺に位置することから、礫集中の周辺がそれらの使用の場であり、その維持・管理性はより高いといえる。以上の傾向から、器種ごとに異なるその維持・管理性は、使用率や受熱の程度、さらには礫集中との位置関係に強く反映されているといえる。このように、分布からみた石器の使用と受熱は、ともに礫集中との位置関係において器種ごとに異なる特徴的な傾向が読み取れる。

(3) 活動痕跡の重複関係から遺跡形成過程の復元へ

　遺跡内における諸活動の関係を解釈する上で、多様な活動痕跡の重複が確認される調査区中央部が手がかりをもたらす場であることは既に確認した。この地点では、①剝片剝離から二次加工にいたる石器製作、②遺跡内で製作された石器あるいは遺跡外から搬入された石器を用いた皮、木、鹿角・骨に対する加工、③礫群の構築、④火の使用と礫の赤色化・破損、石器の受熱、⑤石器と礫の廃棄という多様な活動とそれに伴って生じた現象が認められた。こうした諸活動の場となった調査区中央部における空間分布上の傾向を整理すると以下の通りである。まずは、遺跡内での石器製作活動により生じた剝片とチップの分布範囲と、受熱石器の分布範囲が非常によく一致している点である。つまり、比較的小さな石核から可能な限り生産された多数の剝片が高い割合で熱によるダメージを受けている状況が、調査区中央部で確認された。加えて、上述の通り、調査区中央における2箇所の礫集中と使用痕ある石器、あるいは礫集中と受熱石器の間にはそれぞれ分布上の排他と重複という違いはあるがいずれにも強い位置的な関係が認められる点である。

　このように整理してきた諸活動の空間上の様相に対して、断片的ではあるが、過去の活動痕跡の重複や連続性が確実に読み取れる資料を加味して総合的に検討する。同一母岩の接合資料 No. 2 と No. 16 からは、遺跡内での石器製作とその後の剝片の使用という活動の経過が確認された。母岩分類の結果からも、石器製作後のトゥール・剝片の使用が推定される例がある。また、接合資料 No. 5・16・27・28 を含む複数母岩で、遺跡内での石器製作とその後の一部剝片の受熱という経過が確認された。したがって一つの解釈として、この場における石器製作とその際に生じた剝片・トゥールの使用、あるいは石器製作と受熱の間にはそれぞれ時間差を想定することができる。そして、礫集中と使用痕ある石器、礫集中と受熱石器の間にみられる強い位置的相関を併せて考慮すれば、石器製作と、礫集中に関わる火の利用やその周辺空間における石器の使用の間の時間差として整理されよう。こうした推定にたてば、調査区中央部における多数の剝片が高い割合で受熱している状況を同一空間における時間の経過の中で理解することができる。そして、上ミ野A遺跡出

土遺物の有機的な位置関係をもたらした主たる人為的要因は、礫群と強く関わる火を焚く行為や石器使用に求められよう。

ただし、こうした推定は、石器の製作や使用、火を焚くという活動期間の継続性の程度を評価できない現段階においては各活動間の完全な時間差を示すものではないし、資料全体の一括性を否定するものでもない。あくまで遺跡を構成する資料の一部に観察された活動痕跡の重複に着目することで想定される可能性である以上、石器製作や使用といった遺跡形成に関与した諸活動の一部分に対する評価であることに注意したい。

このように、石器の製作や使用、礫群の構築と火の使用、廃棄という多様な活動が行われた地点を対象として、類別化されたそれぞれの行動に関わる資料の集合体を対象とした比較分析に、個別的・連続的な行動痕跡を介在させて遺跡形成過程の解釈を試みた。こうした分析からは、石器製作よりもその使用や火を炊く行為が主に礫集中と強く関わっていたと考えられ、考古資料からは直接推定困難な過去の行動も礫集中とその周辺で秩序だって行われていた可能性がある。このように、上ミ野A遺跡においては、調査区中央部における2箇所の礫集中とその周辺部が活動の中心となる場の一つであったといえよう。

V. 遺物の移動からみた遺跡形成過程

1. 接合資料の空間分析

これまでに、調査区中央部を対象として活動痕跡の重複関係から遺跡形成過程の復元へと解釈を進めた。ただし、これは遺跡内の一部空間で組み立てられた解釈である。遺跡がその内部空間に変異を有することは、これまでに多くの事例で確認され、遺跡内空間分析の主要な課題とされてきた。遺物の組成や分布傾向が異なる空間については、従来場の機能差と解釈される傾向にあった。しかし、民族考古学の成果は固定的かつ機能的に特化した活動領域の存在に疑問を投げかけ、地点間の組成差はその形成過程の違いを大きな要因とする解釈を示した（Binford, L. R. 1978）。こうした理解を検証するための重要な考古学的情報の一つが接合資料であり、遺物の移動や場の間の関連性を推定する手段となる。上ミ野A遺跡においても石器の組成や石器と礫の位置関係、受熱の程度、使用痕分析からみた推定被加工物、礫群の密集度など多くの面で調査区中央部と北東部の間の相違が明らかになった。こうした違いの意味を探り、さらに調査区中央部で整理された活動痕跡の重複関係から遺跡全体の形成過程復元へ向うためには石器と礫の接合資料分析をふまえた理解は欠かせない。

接合資料を手がかりとした遺物の移動方向や移動の順序については、遺跡の形成に関わる一つの要因として注目されて以来、多くの遺跡で分析とその解釈が蓄積されてきた。こうした研究の過程で浮き彫りにされた課題のなかに、①移動の順序や方向についてどこまで確実な理解は可能なのか、さらには②離れた地点の遺物どうしが接合する現象に対して

どの程度まで人為的な要因の関与を認めるのか、という2点がある。割れの順序を加味した個体別資料分布の詳細な検討をもとに、石器移動の方向性や遺物集中地点間の関係を解釈した研究（鈴木忠司編 1980、鈴木忠司・山下秀樹編 1982）はあるものの、①というより基礎的なレベルの検証はこれまで総じて低調であったように見うけられる。②については人為的・非人為的要因の追求を目的とした実験研究が蓄積されてきたが、遺跡立地面の傾斜や土壌の攪乱、凍結作用といった様々な非人為的要因に応じて遺物が水平・垂直方向に移動することが明らかになっており（御堂島正・上本進二 1988、佐藤宏之・工藤敏久 1989）、人為的要因として解釈するには様々な手続きが求められる。北海道遠軽町白滝遺跡群では、接合資料の分布状況や遺物の長軸方向と遺跡立地面の傾斜の関係を検討することで、周氷河性のソリフラクションによって遺物移動が増幅した可能性が指摘されている（長沼孝ほか 2000・2001）。現状では以上のような課題を解決するための一定の方法が確立されているわけではなく、遺跡の性格に応じた実際の資料分析に負う所が大きいと考えている。

　本稿では、遺物の移動を推定するために、①割れの順序の理解と位置関係の把握、②遺物の移動方向と順序の推定、③移動をもたらす主要因の推定という手順を追って整理したい。①は遺物に対する観察と割れの順序を加味した分布の図示によって客観的な提示が可能な段階である。ただし、②・③は程度の差はあれ推定の域に入る。したがって、②の段階においては分布図上で諸要素間の位置関係のパターンを把握し、遺物の属性を考慮しながら推定の蓋然性を高めることが重要になる。こうした視点から、以下では石器と礫それぞれを対象として分析を行う。

2. 石器の移動について

　母岩1・2・12・13について検討を行う。いずれも遺跡内での石器製作が推定される母岩であり、剝片剝離技術の検討が可能な接合資料を含んでいる。いずれの母岩、接合資料とも調査区中央部に分布しており、この場での石器製作が推定される（第12図）。ただし、それぞれの分布範囲はわずかに異なっており、母岩12が最もまとまりが強い。これらの複数母岩の分布を比較するとさらに以下のような共通する傾向が認められる。

　①接合資料 No. 16（母岩12）と No. 26（母岩2）を構成する石器のうち、剝離順序の途中にある剝片やエンド・スクレイパーが遺物分布の散漫な調査区南東部に離れて分布する。さらに、接合資料 No. 4（母岩13）は剝離順序の最後の剝片がやはり調査区南東部に分布する。

　②調査区中央部から離れた北東部の礫集中の周辺にまばらに分布するトゥール、石核、剝片がある（母岩1・2・12・13）。特にこの礫集中の西側にはナイフ形石器、ノッチ、石核がまとまるのが特徴的である。

　①の傾向については、割れの順序を素直にたどると、連続的に剝離された石器が調査区中央部と南東部の間を行き来することになる。こうした可能性を完全に否定することはで

きないが、調査区中央部における剝片剝離を示す資料（剝片とチップ、石核、接合資料）の集中を根拠として、調査区中央部で行われた連続的な剝離作業の後に一部の剝片が南東部に移動したとする推定がより蓋然性は高いといえよう。つぎにこうした移動の要因であるが、ここでは非人為的要因の可能性も視野に入れ、遺跡立地面の特徴から両者の範囲の接合資料分布を検討する。上ミ野A遺跡の立地する舌状河岸段丘は西側に向かって若干の傾斜が認められる（第2図）。遺物の垂直分布は、調査区北側ではやはり若干西側にかけての傾斜が認められ、調査区南側ではほぼ水平に分布する。したがって、調査区中央部に集中する接合資料の一部のみが南東方向に移動する主たる要因を自然営力に帰する根拠は薄く、むしろ人為的な要因が推定される。②の傾向については接合関係から検討できないが、遺跡立地面の傾斜に加え、調査区北東部に分布する石器が礫集中をとりまくという整合的な分布傾向からは、各母岩ともに調査区中央部からの人為的な移動が推定される。

3. 礫の移動について

礫は75個体の接合資料が確認された。接合礫の分布には、出土地点の異なる破損礫が接合する場合と、同一地点からまとまって出土した破損礫どうしが接合する場合がある。分布範囲を比較すると両者はほぼ重なっており、その中の一部の礫のみが移動するという現象には特定の要因が働いていることが推定される（第13図）。こうした状況に対し、礫の割れの順序と属性の面から検討を行う。

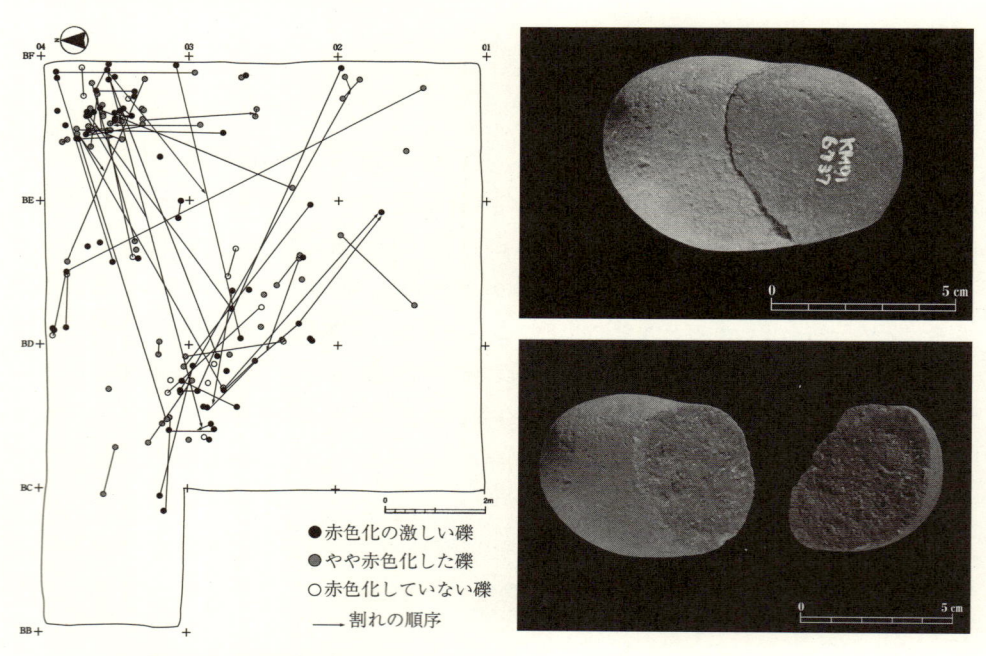

第13図　接合礫分布図
（接合線で結ばれない礫は、同一地点で出土したものどうしの接合を示す）

第14図　礫接合資料（No. P5）

第2表 接合礫の諸属性

接合資料No.	石材	属性の組み合わせ	赤色化度	総重量	接合破片数
P1	安山岩	赤色化・破損	2+1	1905.2	5
P2	凝灰岩	赤色化→付着物→破損→一部の個体が再赤色化	2+1	239.8	7
P4	花崗岩	赤色化・破損	2+1	357.9	6
P5	砂岩	赤色化・破損→一部の個体が再赤色化	2+1	225.4	2
P12	安山岩	赤色化→破損→一部の個体が再赤色化	2	2036.4	12
P19	花崗岩	赤色化・破損→一部の個体が再赤色化・破損	1	568.8	5
P23	安山岩	赤色化・破損→一部の個体に付着物	1	604.9	4
P24	花崗岩	赤色化・破損→一部の個体が再赤色化・破損	1	393.5	4
P28	安山岩	赤色化→破損→一部の個体が再赤色化	2	223.3	2
P33	安山岩	赤色化・破損	2+1	120.3	2
P34	花崗岩	赤色化・破損	2+1	175.1	2
P37	安山岩	赤色化・破損	2+1	125.9	2
P38	安山岩	赤色化・破損	2+1	207.9	3

赤色化度　1：赤色化の激しい礫　2：やや赤色化した礫　3：赤色化していない礫
※表中の赤色化度は、各破片の最も赤色化の激しい部位を基準とした組み合わせを示す

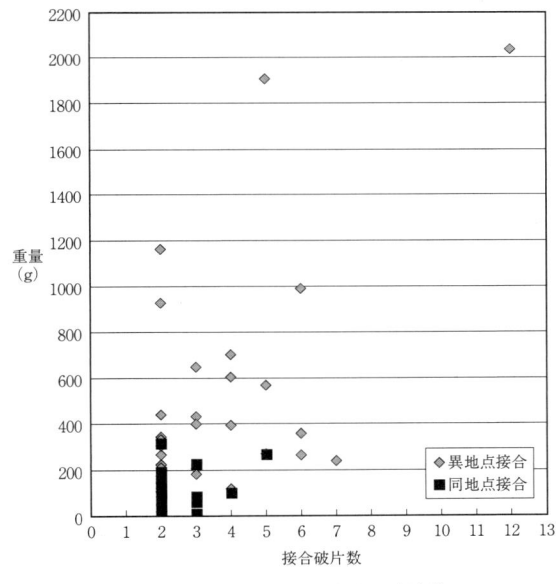

第15図　接合礫の総重量と破片数

第3表　接合礫破片の重量

重量(g)	異地点接合	同地点接合
0～50	40	46
～100	34	14
～150	19	5
～200	7	5
～250	2	1
～300	6	
～350	3	
～400	2	
～450	1	
～500		
～550		
～600		
～650	1	
～700	1	
～750		
～800		
～850	1	
～900		
～950	2	

第4表　接合礫の赤色化・破損の組み合わせ

	赤色化・破損	破損	赤色化・破損→再赤色化・破損	赤色化・破損→付着物	付着物→破損
異地点接合	29	5	6	1	
同地点接合	27	6			1

礫の接合資料はほとんどが断片的であり、加えて花崗岩の場合には節理面で割れている
ものが多い。したがって石器とは異なり、その順序を追える部分が非常に限られる。分布
図上で割れの順序を示す矢印の方向を検討すると、調査区北東部内と中央部内にとどまる
ものが多いが、他に調査区北東部から中央部へ、さらに中央部と北東部から南東部へとい
う方向性が確認される。接合資料の一部（P2・P5・P12・P19・P24・P28）には、接合面どう
しで赤色化の程度の異なるものが確認されている（第14図）。割れの順序にこうした情報
を組み合わせることによって、礫が熱を受けることで赤く変色し、破損していく過程を読
み取ることができる（第2表）。

　礫の移動には特定の要因が働いている可能性を分布の面から指摘したが、それでは同一
地点にまとまって分布する接合礫（以下、同地点接合礫とする）と、離れた地点に分布す
る接合礫（以下、異地点接合礫とする）の間にはいったいどのような属性上の相違が認め
られるのだろうか。ここでは礫の石材、重量、赤色化・破損の組み合わせについての比較から
その相違点を探る。

　石材は同地点接合礫で安山岩の割合が高く、60％を占める。異地点接合礫では安山岩
の占める割合が相対的に減少し、花崗岩の割合が増加する。ともに45％程度である。重
量は、接合資料を単位とした比較と、接合資料を構成する個々の礫破片を単位とした比較
を行った。接合資料単位では、同地点接合礫のほとんどが200g以下であるのに対し、異
地点接合礫には200g以下のものもあるが、200gをはるかに超える重量のものが多く存
在する（第15図）。同じ破片数からなる接合資料どうしの比較でも両者の重量分布範囲に
は明確な相違が認められるため、個々の礫破片の重量が異なることが予測された。そこで、
個々の礫破片を単位として比較すると、やはり同地点接合礫はほぼ200g以下に限られ、
異地点接合礫には200gを超えるものが多く存在する（第3表）。赤色化・破損の組み合わ
せでは、それがともに認められる個体が同地点接合礫・異地点接合礫ともにほとんどであ
る。ただし、異地点接合礫には赤色化・破損後に一部の破片がさらに赤色化・破損してい
る例が若干みられる（第4表）。以上の諸属性の検討から、より重量のある礫が移動してい
る可能性があり、具体的には200g以上の破片、あるいは再度赤色化・破損した破片を含
む接合資料に注目することで礫の移動方向が推定できると考えられる。

　異地点接合礫のうち、200g以下の破片のみで構成されるものと、200g以上の破片を含
むものを平面分布上で比較すると、それぞれの分布範囲や接合関係には明確な相違が認め
られる（第16図）。前者は調査区中央部に隣接する2箇所の礫集中間で、あるいは北東部
の礫集中内で接合関係の完結するものが多く、一部の個体で南東部に伸びる分布を示す。
後者は調査区中央部に位置する2箇所の礫集中のうち西側の礫集中と、北東部の礫集中間
での接合が目立つ。200gを超える礫は中央部と北東部のいずれの礫集中にも分布してお
り、割れの順序も組み合わせれば、この2箇所の礫集中間で重量のある礫が双方向に移動
した可能性が考えられる。

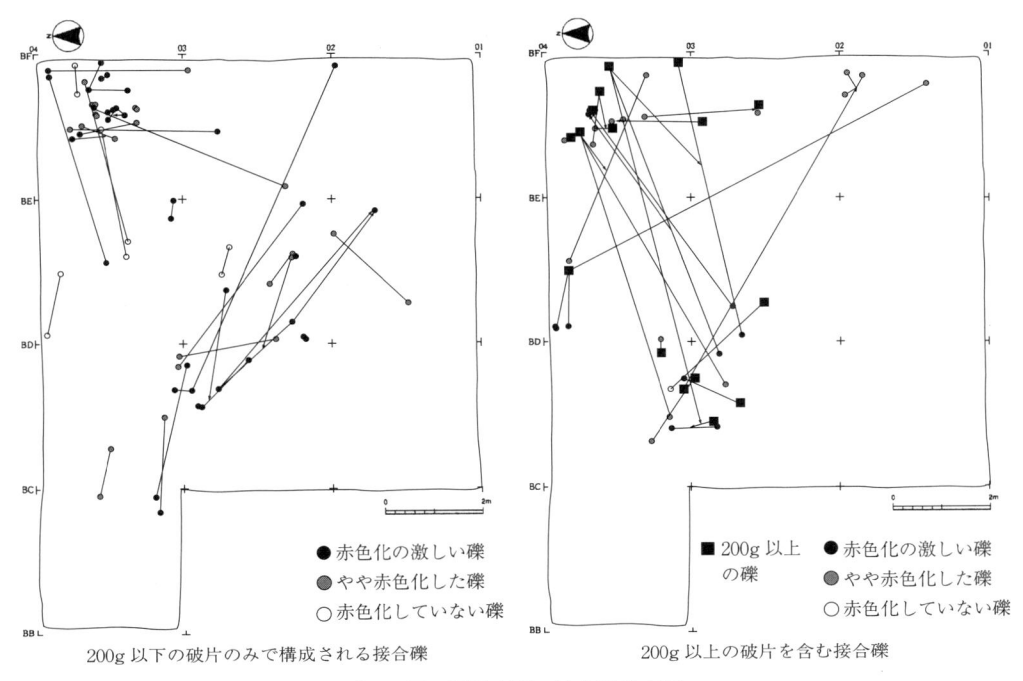

活動痕跡の重複する後期旧石器時代遺跡研究の視点と方法　79

200g以下の破片のみで構成される接合礫　　　200g以上の破片を含む接合礫

● 赤色化の激しい礫
◐ やや赤色化した礫
○ 赤色化していない礫

■ 200g以上の礫　● 赤色化の激しい礫
　　　　　　　　◐ やや赤色化した礫
　　　　　　　　○ 赤色化していない礫

第16図　異地点間の接合礫分布図

つぎに、再赤色化した破片を含む接合資料の分布をみると、12点が接合するNo.P12を除けば調査区北東部と南東部、あるいは中央部と南東部の間での接合が主なものである。再赤色化した礫は主に北東部の礫集中とその南側に分布しており、礫がごく散漫に広がる南東部の範囲にあって特徴的な存在である（第17図）。再赤色化という現象は異地点接合礫にのみ認められることから、こうした特徴の礫がもとの場から移動した可能性がある。礫集中から離れた場に位置する再赤色化礫がどの地点で再赤色化したか判断できないが、遺跡立地面の傾斜や礫集中との位置関係から判断するならば、調査区中央部と北東部それぞれから南東部へという礫の移動には人為的な要因を想定したい。同様に、礫集中間での重量ある礫の移動についても礫集中が機能する

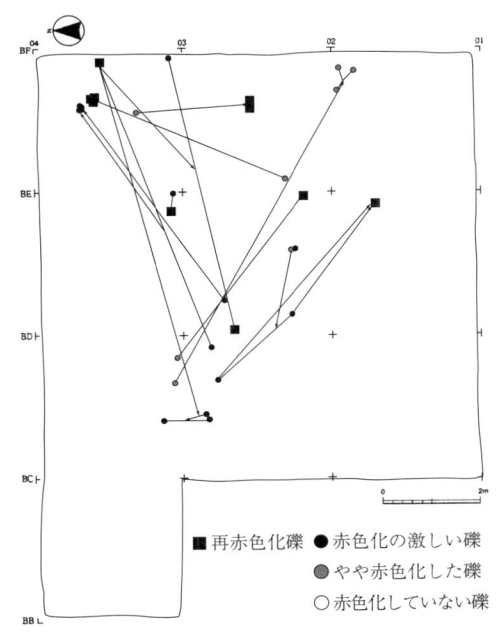

■ 再赤色化礫　● 赤色化の激しい礫
　　　　　　　◐ やや赤色化した礫
　　　　　　　○ 赤色化していない礫

第17図　再赤色化礫を含む接合礫分布図

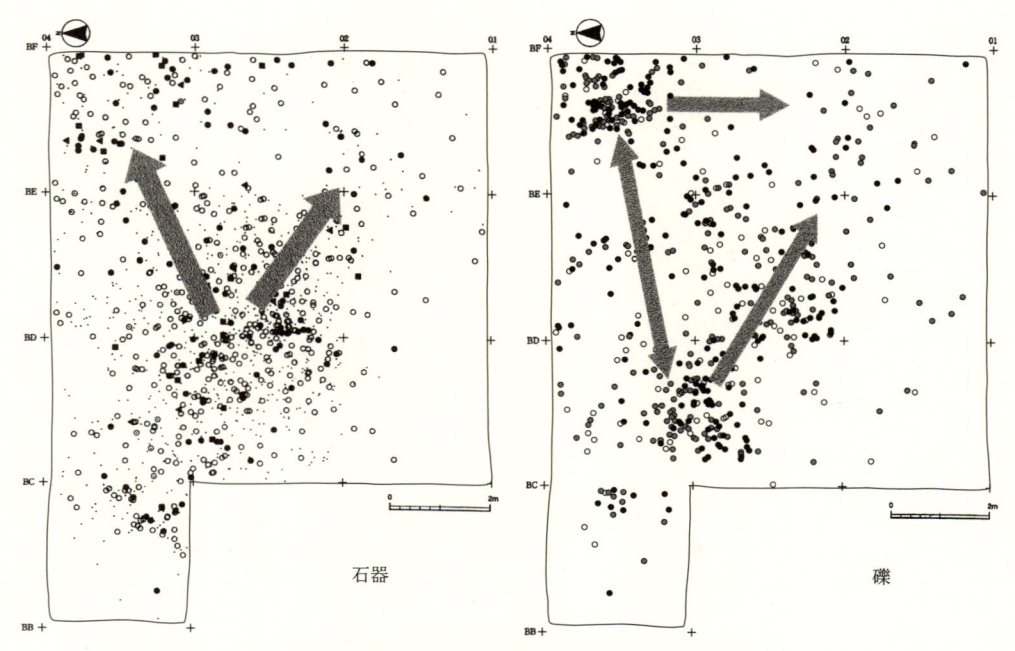

第18図　石器・礫移動方向の推定模式図

過程での人為的な移動が推定される。

4. 石器と礫の移動からみた遺跡形成過程

　石器と礫の移動に関する検討から推定された共通点として、調査区中央部と北東部の間での移動（石器は中央部から北東部への移動、礫は双方向への移動）、中央部や北東部から南東部への移動がある（第18図）。そして、この二通りの移動パターンはともに調査区内で確認された3箇所の礫集中に強く規制された現象といえる。したがって、石器と礫の移動は、石器の使用や火を焚く行為と同様に礫集中をとりまく空間内での一連の諸活動のある側面を示すものと考えられる。さらに調査区南東方向への石器と礫の移動は、3箇所の礫集中域が諸活動を行う際に中心となる場でありながら、これと同時に礫集中の無い空間が礫集中およびその周辺の空間と関わりながら利用されたことを示すものといえる。調査区南東部におけるエンド・スクレイパーを中心とするトゥールのまとまりは、こうした石器・礫の移動と関連する状況にあると考えられる。

VI. 展望と課題

　本稿では、上ミ野A遺跡における石器の製作と使用、礫群の構築、火の使用、石器と礫の移動に焦点を当てて分析を行ってきた。石器の使用と受熱痕跡、石器と礫の移動に関する分析結果から、遺跡内で確認された3箇所の礫集中とその周辺の場が活動空間として

重点的に利用されていた可能性を示した。これとともに、礫分布が非常に散漫な空間も礫集中とその周辺部からの遺物の移動が推定され、一体化した作業空間として機能していたと考えられる。一方、石器製作は他の作業に比べて礫集中との関連性に乏しく、諸活動との間に一部時間差のある可能性を指摘した。母岩分類の結果や各母岩重量から明らかなように、遺跡内に持ち込まれた、まとまった大きさの石核はわずかであり、それですら比較的小型である。これに対して遺跡内に搬入された礫の総重量は約53 kgであり、石器の約5倍の重量になる。遺跡の立地する河岸段丘上に礫を運び込む労力や、その94％が破損、82％が赤変している状況から判断すると、礫の集中的、あるいは継続的な利用を考える必要があろう。したがって、上ミ野A遺跡では剝片剝離段階から行われる石器製作作業は遺跡内での活動全体の中では一部分であり、石器の使用や火を焚く行為、さらには考古資料からは直接確認されない多様な行為が3箇所の礫集中とその周辺の場で行われた可能性を想定したい。石器製作時の遺物分布は、その後の受熱とそれに伴う飛散、石器の使用と持ち運びによって大きく変化しており、主にその維持性や石器製作以外の諸活動を反映した空間分布が形成されたと考えられる。

　本稿において分析の視点に据えた活動痕跡の重複から、上ミ野A遺跡における諸活動の関係や遺跡形成過程に見通しを与える試論を進めてきた。ただし、本稿において分析対象とした重複関係は、遺跡内で確認される関係性にとどまっており、遺跡間に及ぶより長期的・継続的な活動の履歴や重複関係については十分に触れることができなかった。移動性が高いと推定される後期旧石器時代において、一遺跡を超えて継起する行動は、遺跡間接合資料や石器接合資料の欠落部、単独母岩資料の存在、さらには石器の表面変化などを手がかりとした検討がなされている。諸活動の関与により形成された遺跡においても、そうした時空間上の継続性をふまえた評価は欠かせない。遺跡に搬入された礫の総重量や重度の赤色化と破損という現象から、この場の継続的な利用を先に推定したが、礫群という遺構の性質上、非常に限定された空間内での活動の姿が本稿では対象にされてきたといえる。石器製作を除く他の活動が礫群分布に強く規定されていたとする分析結果は、当時の活動領域内の一地点における非常に秩序だった姿を示すことになった。諸活動の関係を時間軸上に整理した上記の分析結果は、こうした遺跡の性質上可能となった。一方で、より広域的に継起する活動に関わるものとして、上ミ野A遺跡では製作痕跡に乏しい石刃関連資料が重要な位置を占める。遺跡内に持ち込んだ石刃をそのままの、あるいは微弱な加工にとどめた状態で遺棄・廃棄する一方、一部の石刃を折断し、トゥールへ加工する姿も明らかになった。さらに、二次加工される石刃の多くは主に遺跡外でエンド・スクレイパーに加工され、上ミ野A遺跡において使用され、その一部は、スクレイパー刃部の欠損後に遺跡外に搬出される。こうした石刃利用のあり方は、複数地点に渡る長期的な活動、あるいは非常に限定された空間内で完結する活動のいずれにも対応した柔軟な姿を垣間見せていると考えられる。こうした石刃利用の柔軟性については、今後周辺遺跡との比較分

析から意味付けを探っていきたいと考えている。

　さらに、遺跡内で製作された小型剝片の一部が加工されることなくその場限りの便宜的な使用に供される一方で、他の剝片がナイフ形石器などのトゥールに加工されて維持されるという状況は、手持ちの限られた石材を有効に消費しながらも、遺跡内での必要性と将来的な利用を見据えた石器製作が行われたことを示すと考えられる。こうして製作された石器の維持・管理性の程度は、他の活動や礫群との位置関係に明瞭に反映されることを本稿では確認した。よって、上ミ野A遺跡における小型剝片剝離技術を石材保持状況のみならず、石器の使用や火の利用といった生業活動を含めた複合的な要因の結果として説明していくことが今後の課題といえよう。遺跡内で確認される諸活動との関連のもとに石器製作を意味付けしていくことは、石器製作活動が解釈の大きな比重を占める多くの遺跡を理解する際の一助となるものであり、活動痕跡の重複性において多様な姿の遺跡を含みこんだ比較分析を今後進めていくことで、後期旧石器時代社会の実態へ接近していきたいと考えている。

　　謝辞
　この度退任を迎えられるにあたり、須藤隆先生のこれまでの学恩に心より御礼申し上げます。在学期間が長いながらもなかなか方向性の定まらない私でしたが、終始丁寧にご指導いただきました。当時身をもって学んだ考古資料に対する厳密な分析手法や、分析結果に対して絶えず検証を繰り返していく姿勢は、私にとっての大きな指針であり、さらには今後への課題でもあります。こうした課題に向けて研鑽を積んでいくことで、わずかなりとも学恩に報いていきたいと考えております。先生の今後ますますのご健康、ご活躍をお祈り申し上げます。

　また、東北大学考古学研究室在学中には、阿子島香先生、柳田俊雄先生に旧石器の研究法について絶えずご指導いただきました。会田容弘、沢田敦、鹿又喜隆、福壽規人、小川優、佐々木智穂、鈴木隆、小野章太郎、村上裕次の各氏には本論作成にいたるまでに多くの貴重なご助言、ご協力をいただきました。記して御礼申し上げます。

　　註
1) 後述するように、上ミ野A遺跡では多様な活動痕跡が確認されており、「解像度」の低さを特徴とする。ただし、本稿で対象とするのは主に人間活動であり、遺跡形成要因の多様性の程度については十分な検討ができていない。今後の課題としたい。
2) 礫の石材構成は、安山岩が56.8%、花崗岩が35.5%であり、合わせて全体の90%程を占める。
3) 最も重量のある母岩2が1,041gであり、その他の母岩の多くは100〜600g程度である。
4) 上ミ野A遺跡の発掘調査では、1m四方を単位として、3mmメッシュの乾燥篩による微細遺

物の回収が行われている。こうしたデータを加味したチップの分布傾向は、出土位置を記録して取り上げたものと同様、調査区中央部での顕著な集中を示す。

引用文献

阿部祥人・五十嵐彰編 1991『お仲間林遺跡の研究 1986』慶應義塾大学民族学・考古学研究室小報 8

阿部祥人ほか編 1995『お仲間林遺跡の研究—1992 年発掘調査—』慶應義塾大学民族学・考古学研究室小報 11

会田容弘 1993「頁岩製石刃石器群の比較研究」『考古学雑誌』79-2 pp. 1-30

阿子島香 1985「石器の平面分布における静態と動態」『東北大学考古学研究報告』1 pp. 37-62

阿子島香 1989『石器の使用痕』 ニューサイエンス社

阿子島香 1992「実験使用痕分析と技術的組織—パレオインディアン文化の一事例を通して—」『東北文化論のための先史学歴史学論集』 加藤稔先生還暦記念会 pp. 27-53

阿子島香 1995「ドゥフォール岩陰の彼方に—石器群の空間分布と人間活動—」『歴史』84 pp. 1-29

阿子島香 1997「続・ドゥフォール岩陰の彼方に—岩陰遺跡文化層の構造論的理解—」『歴史』89 pp. 83-112

Binford, L. R. 1978 Dimensional Analysis of Behavior and Site Structure: Learning from an Eskimo Hunting Stand. *American Antiquity*, vol. 43, pp. 330-361.

Gamble, C. 1986 *The Palaeolithic Settlement of Europe*, pp. 22-24. Cambridge University Press, Cambridge.

羽石智治ほか編 2004『最上川流域の後期旧石器文化の研究 1 上ミ野 A 遺跡第 1・2 次発掘調査報告書』 東北大学大学院文学研究科考古学研究室

羽石智治 2004「第 8 章 考察 第 1 節 石刃石器群との比較による上ミ野 A 遺跡の性格付け」『最上川流域の後期旧石器文化の研究 1 上ミ野 A 遺跡第 1・2 次発掘調査報告書』 東北大学大学院文学研究科考古学研究室 pp. 51-53

羽石智治 投稿中「後期旧石器時代における石器・礫群の空間分布研究—新庄市上ミ野 A 遺跡出土受熱資料の分析を通して—」『考古学の方法』6 東北大学文学部考古学研究会

鹿又喜隆 2002「重複する使用痕の実験研究—出土資料による分析方法の再構築にむけて—」『文化』66-1・2 pp. 57-76

柏倉亮吉編 1969『山形県史 資料篇 11 考古資料』 山形県

加藤 稔 1964『山屋・東山遺跡—山形県新庄盆地東縁部の先縄文時代遺跡予報—』 新庄市教育委員会

加藤晋平・桑原 護 1969『中本遺跡 北海道先土器遺跡の発掘報告』

加藤晋平ほか 1970「エンド・スクレイパーについて—北海道常呂郡端野町吉田遺跡の例—」『考古学雑誌』55-3 pp. 44-74

北沢 実 1998『帯広・川西 C 遺跡』帯広市埋蔵文化財調査報告第 16 冊 北海道帯広市教育委員会

御堂島正・上本進二 1988「遺物の地表面移動—雨・風・霜柱・植物の影響について—」『旧石器考古学』37 pp. 5-16

御堂島正 1993a「石器製作における加熱処理」『二十一世紀への考古学』 雄山閣 pp. 3-14

御堂島正 1993b「加熱処理による石器製作」『考古学雑誌』79-1 pp. 1-18
御堂島正 1994「踏みつけによる遺物の移動と損傷」『旧石器考古学』48 pp. 43-54
長沼 孝ほか 2000『白滝遺跡群Ⅰ 白滝村 上白滝7遺跡』(財)北海道埋蔵文化財センター調査報告書第140集 (財)北海道埋蔵文化財センター
長沼 孝ほか 2001『白滝遺跡群Ⅱ 白滝村 上白滝2遺跡 上白滝6遺跡 北支湧別4遺跡』(財)北海道埋蔵文化財センター調査報告書第154集 (財)北海道埋蔵文化財センター
長崎潤一 1987「石斧の形態変化について―接合資料を中心として―」『早稲田大学大学院 文学研究科紀要』14 pp. 71-78
長崎潤一 1990「後期旧石器時代前半期の石斧―形態変化論を視点として―」『先史考古学研究』3 pp. 1-33
長沢正機 1977『南野遺跡発掘調査報告書』新庄市教育委員会報告書4 新庄市教育委員会
長沢正機 1979『山屋A遺跡発掘調査報告書』新庄市教育委員会報告書5 新庄市教育委員会
長沢正機・鈴木雅宏 1982『乱馬堂遺跡発掘調査報告書』新庄市教育委員会報告書6 新庄市教育委員会
新田浩三 1995「下総型石刃再生技法の提唱」『研究紀要』16 (財)千葉県文化財センター pp. 1-41
太田昭夫編 1992『富沢遺跡―第30次調査報告書第Ⅱ分冊―旧石器時代編』仙台市文化財調査報告書第160集 仙台市教育委員会
佐藤宏之 1986「石器製作空間の実験考古学的研究（Ⅰ）―遺跡空間の機能・構造探求へのアプローチ―」『東京都埋蔵文化財研究論集』Ⅳ pp. 1-41
佐藤宏之・工藤敏久 1989「遺跡形成論と遺物の移動―石器製作空間の実験考古学的研究」『古代文化』41-5 pp. 28-37
佐藤雅一ほか 2000『下モ原Ⅰ遺跡―国営農地再編整備事業に伴う遺跡発掘調査報告書―』津南町文化財調査報告書第32輯 新潟県中魚沼郡津南町教育委員会
沢田 敦・鹿又喜隆 2004「第6章 石器の機能」『最上川流域の後期旧石器文化の研究1 上ミ野A遺跡第1・2次発掘調査報告書』東北大学大学院文学研究科考古学研究室 pp. 39-43
鈴木忠司編 1980『静岡県磐田市寺谷遺跡発掘調査報告書』 平安博物館
鈴木忠司・山下秀樹編 1982『富山県大沢野町野沢遺跡発掘調査報告書〈A地点〉』 平安博物館
高倉 純・中沢祐一 2003「遺跡内における被熱黒曜石製石器分布の分析―北海道帯広市川西C遺跡における遺物分布を対象として―」『北海道考古学』39 pp. 1-16
宇野修平・佐藤禎宏 1973「山形県新庄市新堤遺跡の旧石器(1)」『山形考古』2-2 pp. 7-18

東北日本の「ホロカ技法」細石刃石器群の実相

佐 久 間 光 平

I. はじめに

　細石刃剝離技法の一つである「ホロカ技法」は、周知のようにR. E. モーラン（R. E. Morlan 1967）によって提唱された舟底形石器製作技術にもとづく名称であるが、こうしたホロカ技法をもつ細石刃石器群は、北海道地域にとどまらず本州の東北地方や関東・中部地方などにおいてもその分布が確認されている（堤隆編 2003a ほか）。この技法は、"北方系"細石刃石器群を性格づける技術要素の一部を構成し、本州においては湧別技法とともに少なからぬ影響を与えていることも指摘されてきた（橋本勝雄 1989、桜井美枝 1991 ほか）。ただ、このようなホロカ技法をもつ細石刃石器群の実態は、一部地域を除き、これまでなかなか摑みきれてこなかった。これは、当の北海道においてさえ、ホロカ技法を主体とする細石刃石器群の良好な一括資料に恵まれてこなかったという背景もあるが、ホロカ技法と湧別技法あるいは他の技法をもつ石器群の相互の関係や各技法間の技術的関係、これらの石器群の地域性などにも起因しているものとみられる。

　しかし、近年、組成される複数の細石刃核がホロカ技法によるもののみで形成された細石刃石器群の検出例が増え、多様な細石刃石器群の中にあってホロカ技法（ホロカ型）が客体的な存在しか示さなかった北海道においても、白滝第4地点遺跡や元町2遺跡などでまとまった一括資料が得られている（寺崎康史 2006 ほか）。これらの石器群の内容から、ホロカ技法を持つ細石刃石器群の特徴のいくつかが次第に浮かび上がってきた。ここではこうしたホロカ技法による細石刃核「ホロカ型」を組成する細石刃石器群を取り上げ、東北日本の細石刃石器群の一員として展開するホロカ技法細石刃石器群の特徴や他の石器群との関係を検討し、これらの石器群の持つ特色などについて考えてみたい。

II. 東北日本の「ホロカ技法」細石刃石器群

　本論では、北海道地方と本州の関東・中部地方以北の地域において、ホロカ技法による細石刃核を出土した主要な遺跡（第1表）を対象とした[1]。これらの石器群は、組成される細石刃核（型）によって以下のように3つに分けられる。
　　A：ホロカ技法による細石刃核のみを組成する石器群
　　B：ホロカ技法と湧別技法による細石刃核を組成する石器群

第1表　ホロカ型細石刃核を組成する主な遺跡

地域	類型	遺跡名	石器総数	細石刃技法関連 ホロカ型細石刃核	細石刃技法関連 他型細石刃核	石刃技法関連 石刃	石刃技法関連 石刃核	舟底形石器	彫刻刀形石器 ホロカ型	彫刻刀形石器 荒屋型	彫刻刀形石器 その他	掻器	尖頭器	両面加工	備考
北海道	A	白滝第4地点遺跡（ブロックa-b）	7,921	9		34	○	8			3	35			良好な一括資料
	A	元町2遺跡（第7ブロック）	--	○		○	○		○		○	○	○		細石刃核の一部に打面に擦痕あり
	A	ホロカ沢Ⅰ遺跡	8,466	1		233	2	15	3			7			ホロカ型細石刃核は他端が欠損
	B	タチカルシュナイ第Ⅴ遺跡（C地点上層）	4,683	1	7(湧別)	29	○			10	6				ホロカ型細石刃核は白滝型と共伴か
	C	置戸安住遺跡（C地点）	7,035	2	1(広郷)	235	○	6		2		6	3		石器群は混在の状況を示す
	C	札滑遺跡（K地点）	1,739	2	4(広郷)	62	○		○?			22	6		ホロカ型細石刃核は石器集中地点から離れて出土
	C	暁遺跡（第4地点-3）	342	3	2(峠下)	○					4				ホロカ型細石刃核はまとまって出土
東北	A	大平山元Ⅱ遺跡（郷土館調査）	37<	4(8)							○	○			細石刃核に接合資料あり
	A	越中山S遺跡	約1,500	5		2?			1?	3	17				〃
	A	峠山牧場Ⅰ遺跡	8	2											ほかに細石刃6点
関東・中部	A	沖餅遺跡（A～C群）	118	5							7	2			石器の素材の一部は石刃か
	A	宮脇遺跡（Aトレンチ）	<668	3							3				〃
	A	桝形遺跡（2次調査）	379	12<		7					1	2			ファースト、スキー状スポール含む？
	A	柏倉芳見沢遺跡（第1～第3ブロック）	167	3		○						2			石刃技法あり
	A	樽口遺跡（A-MH文化層）	204	3							2	28	1		掻器はうち7点が彫掻器素材に石刃あり
	A	天神小根遺跡	1,067			141	9<				5	1			接合資料多い
	B	荒屋遺跡（2・3次調査）	92,435	2	9(湧別)	2				390	195	19	1		ホロカ技法と湧別技法が共存か
	B	月岡遺跡（1次調査）	355	(2)	4(湧別)	9	1			7	7				ホロカ技法による細石刃核ブランク

※遺跡名がゴシックのものは、一括性があるとみられる石器群
※ホロカ型細石刃核の（ ）内数値は細石刃核ブランクとみられる資料数

　C：ホロカ技法とその他の技法（湧別技法を除く）による細石刃核を組成する石器群
　これらのうち遺跡名をゴシックで表記したものは、資料の一括性が比較的保たれていると考えられる石器群である。Cの石器群についてはいずれも資料の一括性が明らかでないかあるいは乏しく、ゴシックで表記した石器群以外の出土石器の共伴関係は必ずしも保証されているわけではないので、この点には注意が必要である。以下、各地域のホロカ技法を持つ細石刃石器群を検討する。

1. 北海道

　これまで、組成される細石刃核がホロカ型によってのみ構成されるA石器群は確認されてこなかったが、近年になって遠軽町（旧白滝村）白滝第4地点遺跡（松村愉人・瀬下直人2002）、美幌町元町2遺跡（日本考古学協会釧路大会実行委員会編1999）で多数の石器が出土し、ホロカ技法細石刃石器群の特徴の一端を具体的に知ることができるようになった。北海道ではこの他、B・C石器群の報告例がある。

　白滝第4地点遺跡の石器群は良好な一括資料で、ホロカ技法細石刃核石器群の特徴を抽出するには不可欠な石器群である。石器集中地点は、石器の平面分布・接合状況から大きくA・Bの2つに分けられている。ブロックA（細分7：a-1～5、b-1～2）からは細石刃核9点、細石刃47点、舟底形石器8点、彫刻刀形石器3点、掻器35点、削器8点、石刃34点、石核6点など（第1図1～14）、約8,000点が出土した。9点の細石刃核はすべてホロカ型（1～4）である。舟底形石器（10）とされる石器は大～中形品で、その形状からみる

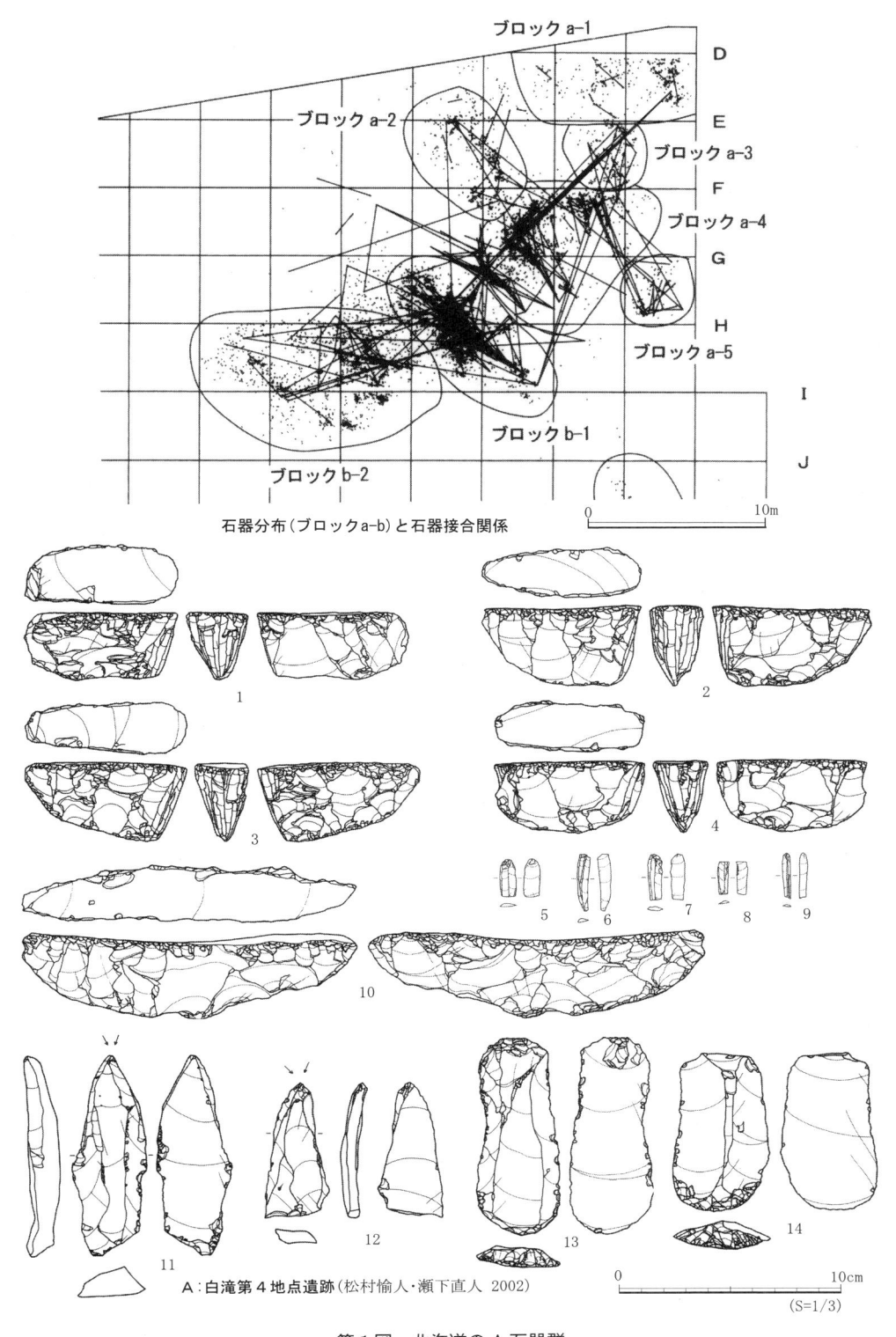

東北日本の「ホロカ技法」細石刃石器群の実相　87

石器分布（ブロックa-b）と石器接合関係

A：白滝第4地点遺跡（松村愉人・瀬下直人 2002）

(S=1/3)

第1図　北海道のA石器群

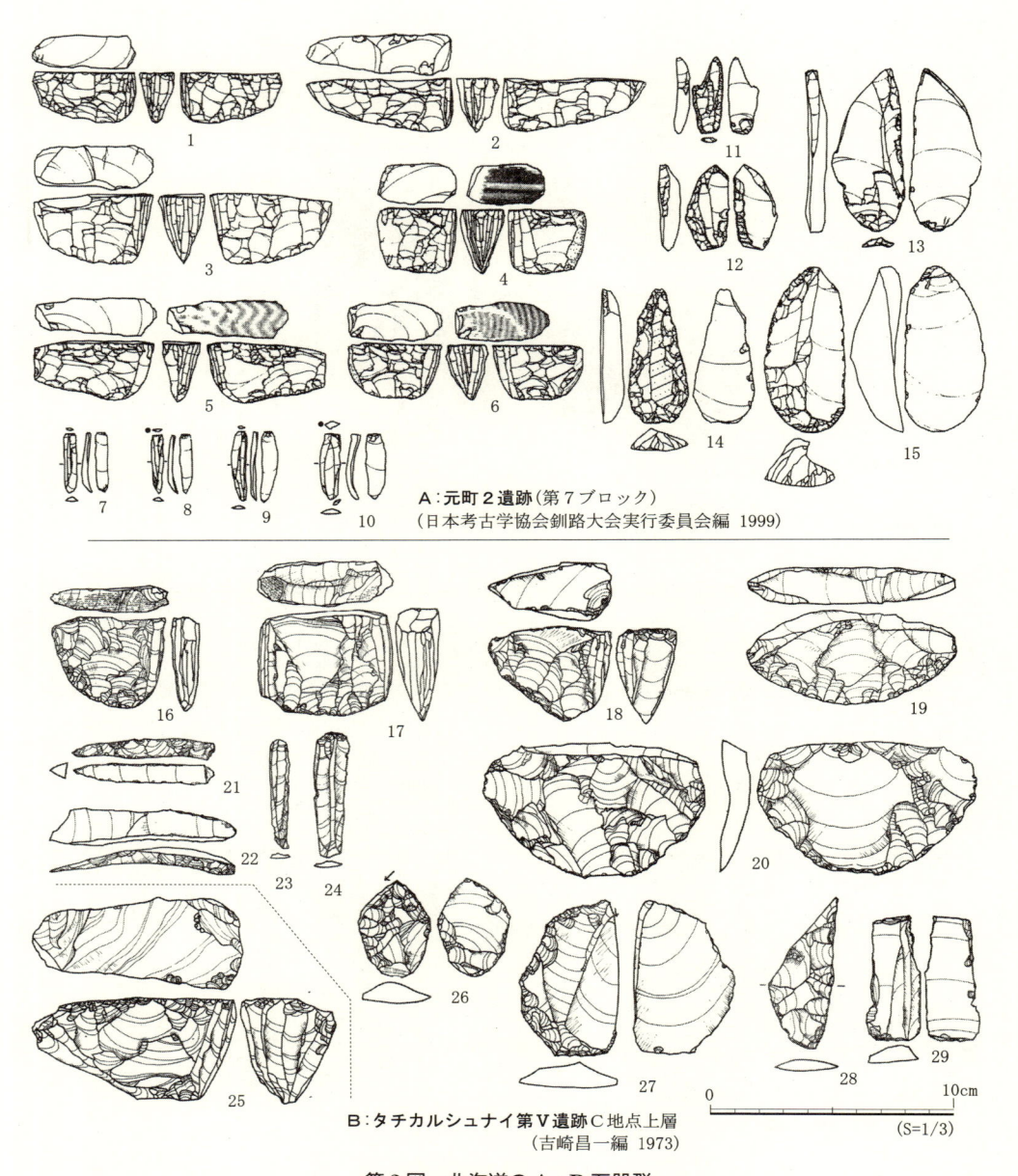

A：元町２遺跡（第７ブロック）
（日本考古学協会釧路大会実行委員会編 1999）

B：タチカルシュナイ第Ⅴ遺跡Ｃ地点上層
（吉崎昌一編 1973）

第２図　北海道のＡ・Ｂ石器群

とホロカ型細石刃核のブランクの可能性もある。彫刻刀形石器（11・12）には荒屋型は含まれておらず、交叉刃形が主体である。石刃や石刃核が組成され、また搔器（13・14）や彫刻刀形石器の素材にも石刃が多数用いられており、石刃技法は明確に存在する。石材は99％以上が黒曜石で、他に頁岩・チャート・安山岩などがあり、細石刃核・細石刃はすべて黒曜石製、彫刻刀形石器や搔器の一部にのみ頁岩製が含まれている。

　元町２遺跡の石器群についてはその詳細が明らかではないが、過去に例がないほど豊富な資料が得られており、ホロカ技法細石刃石器群を考える上で重要な石器群（第２図

1～15）である。多数の石器ブロックのうち、第7号ブロックにはホロカ型細石刃核（1～6）、彫刻刀形石器（11～13：荒屋型を含む）、掻器（14・15）、両面加工尖頭器などがあり、30点を超える多数の細石刃核の中には、通常のホロカ型細石刃核の他に打面に"擦痕"をもつ資料（4～6）が数多く含まれている。言うまでもなく、細石刃核の打面に施される"擦痕"は湧別技法「白滝型」の特徴の一つであり、両者の関連性を示す資料としても注目される。

　これらの石器群以外では、遠軽町ホロカ沢I遺跡（白滝団体研究会1963）・タチカルシュナイ第V遺跡C地点上層（吉崎昌一編1973）、置戸町置戸安住遺跡C地点（戸沢充則1967）、西興部村札滑遺跡K地点（桑原護1975・1977）、帯広市暁遺跡第4地点（北沢実1988）などからホロカ型細石刃核がそれぞれ1～3点ほど出土している。ホロカ沢I遺跡では、3m四方ほどの範囲からホロカ型細石刃核、大小の舟底形石器、ホロカ型彫刻刀形石器、掻器などが出土したが、石器群の一括性については不明瞭で、ホロカ技法細石刃石器群の一様相を表しているかどうかははっきりしない。タチカルシュナイ第V遺跡（C地点上層）の石器群については、母岩別資料や接合資料などの検討から一括性が保証されていると考えられている。ここでは白滝型とホロカ型が共伴する可能性（B石器群）が指摘されており

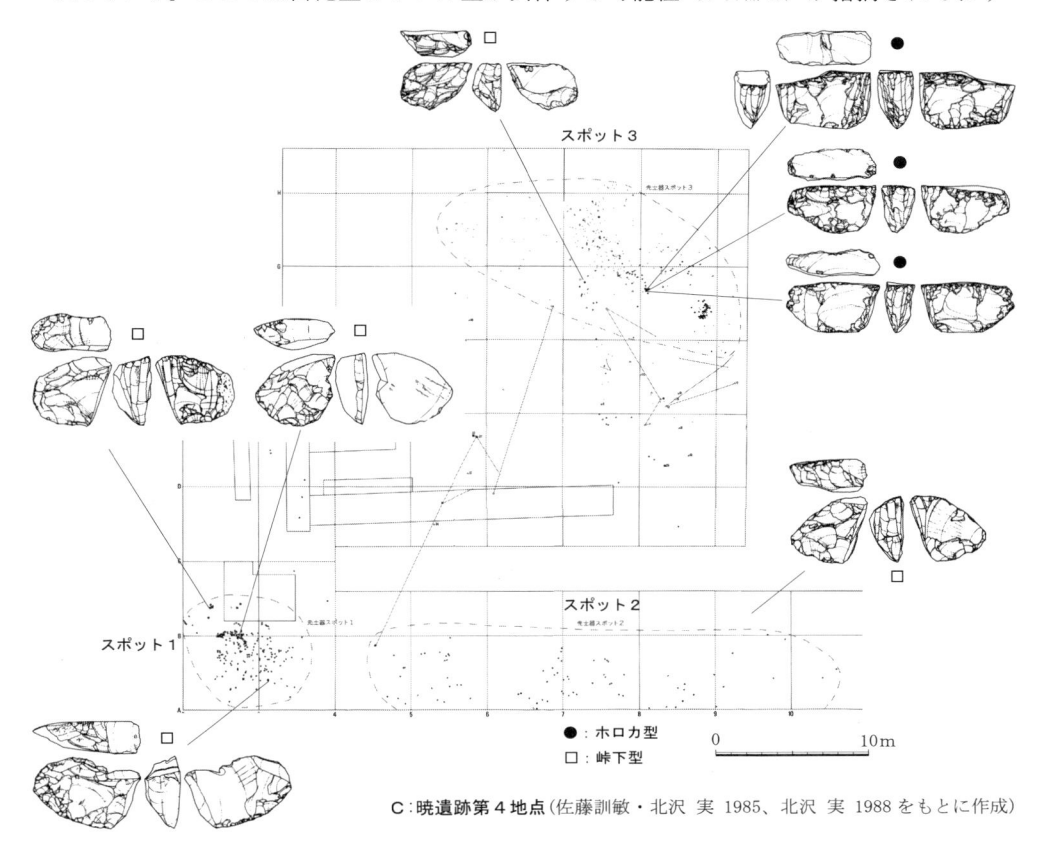

C：暁遺跡第4地点（佐藤訓敏・北沢　実1985、北沢　実1988をもとに作成）

第3図　北海道のC石器群

(山田晃弘1986)、後述する本州の新潟県川口町荒屋遺跡(芹沢長介・須藤隆編2003)などとともに湧別技法とホロカ技法の共存例として認められる可能性が高い。また、前述した元町2遺跡のように打面に擦痕のある細石刃核がホロカ型と湧別技法白滝型の密接な関係を示唆している点に着目すれば、当遺跡のホロカ技法と湧別技法(白滝型)の共伴関係をより肯定的に受け止めることができる。この石器群は、白滝型細石刃核7点、ホロカ型細石刃核1点、細石刃271点、彫刻刀形石器16点、掻器2点、石刃19点など(第2図16～29)から構成されており、ホロカ型細石刃核は数量的にはいわば客体的な存在である。彫刻刀形石器は半数以上が荒屋型の範疇に入る資料である。石刃技法の存在は明確に認められる。石材は黒曜石が主体で、細石刃核・細石刃はすべて黒曜石製である。他に頁岩・安山岩などがあり、彫刻刀形石器には黒曜石製と頁岩製の両者がある。

置戸安住遺跡C地点・札滑遺跡K地点・暁遺跡第4地点-3(C石器群)では、ホロカ型細石刃核とともに広郷型・峠下型などが出土している。しかし、石器の出土状況(第3図)や石器群の内容などを検討すると、いずれも資料の一括性が確認されていないかあるいは乏しいことから、ホロカ型細石刃核を組成する細石刃石器群の実体を表す資料としては扱えないようである[2]。

2. 本州

(1) 東北地方

比較的まとまった発掘資料としては、青森県外ヶ浜町大平山元II遺跡(三宅徹也ほか1980)、山形県鶴岡市越中山S遺跡(加藤稔1975)などがあるが、より以南の関東・中部地方などに比べ石器群の数は意外と少ない。2遺跡とも細石刃核はホロカ型のみで構成(A石器群)されている。当地域では湧別技法など他技法との共伴例をもつ石器群は知られていない。

大平山元II遺跡(1977・1978年青森県立郷土館調査)では、石器群はIIa～IIcの3文化層に分けられ、IIa文化層が"舟底形石器"(ホロカ型細石刃核)を主体とする文化層とされている。ただ、これらの石器群は有樋尖頭器やナイフ形石器などを組成する下層石器群との分離にやや難があるために、その全容を明確には捉えきれていない。IIa文化層の石器群は、ホロカ型細石刃核4点、細石刃核ブランク8点、細石刃9点、彫刻刀形石器4点、掻器1点など(第4図1～10)から構成されているが、資料数はやや少ない。細石刃核の中には側面調整剥片との接合資料(3)が含まれている。4点の彫刻刀形石器の中には荒屋型は含まれていない。石刃技法についてもその存在が判然とせず、石器素材などを見る限りでは希薄なようである。石材は大半が珪質頁岩で、ごくまれに黒曜石、玉髄などが用いられている。

越中山S遺跡では石器群に若干の混在(ナイフ形石器など)があるようであるが、概ねまとまりを示している資料である。石器にはホロカ型細石刃核5点、細石刃79点、彫刻刀

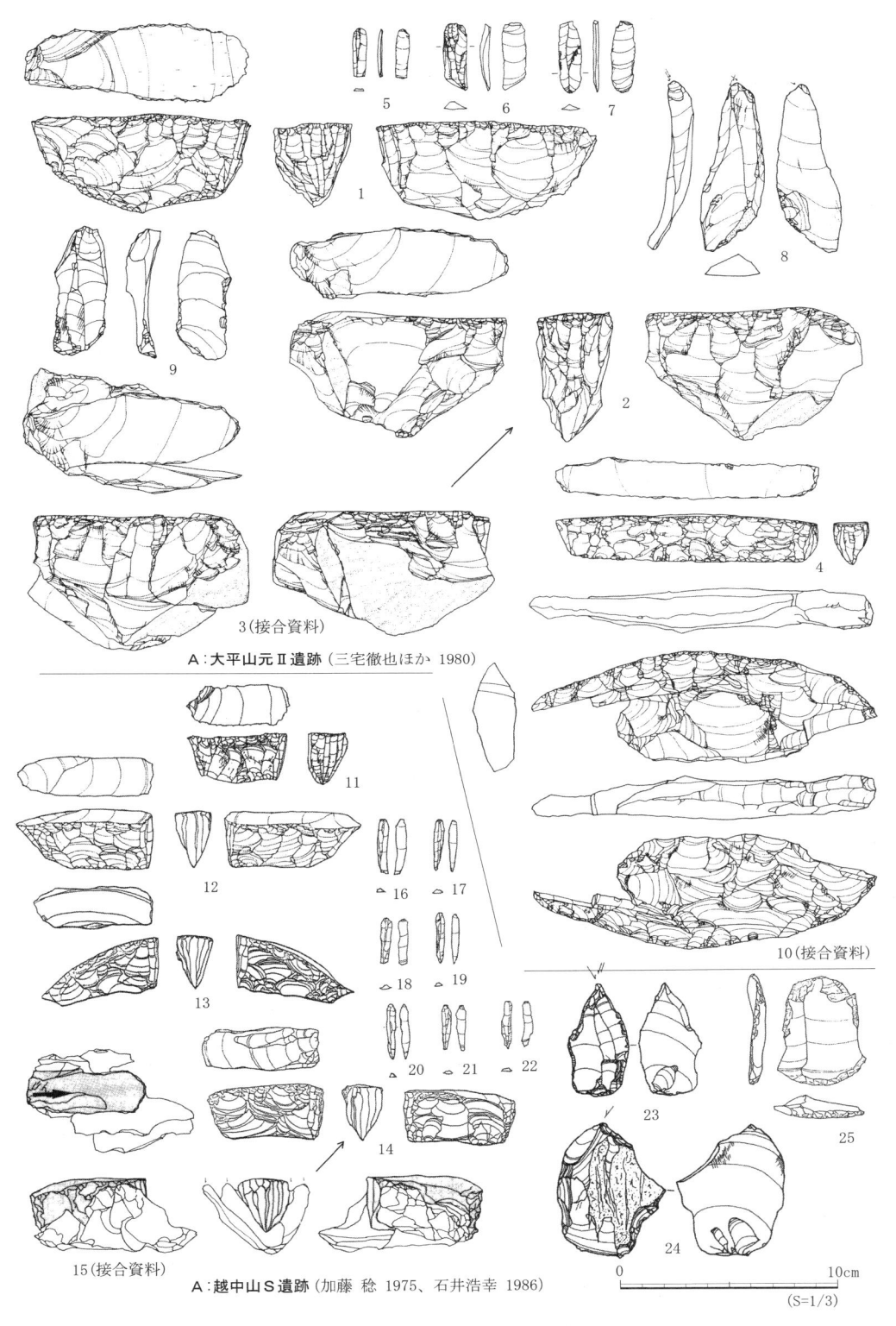

東北日本の「ホロカ技法」細石刃石器群の実相　91

A：大平山元Ⅱ遺跡（三宅徹也ほか 1980）

A：越中山S遺跡（加藤 稔 1975、石井浩幸 1986）

0　　　　　10cm
(S=1/3)

第4図　東北地方のA石器群

形石器4点、掻器17点など（第4図11〜26）があり、細石刃核には大平山元II遺跡と同様に側面調整剝片との接合資料（15）が含まれている。彫刻刀形石器には荒屋型に類似する資料（24）が1点含まれるが、周縁の調整や形状をみると明確に荒屋型の範疇に入る資料とは言い切れない。また、石刃や石刃核が確実に組成されるかどうかははっきりしないが、掻器などの石器素材には石刃が認められるようである。石材はすべて珪質頁岩である。

　これら2遺跡以外では、岩手県西和賀町峠山牧場I遺跡（高橋義介・菊池強一1999）があるが、細石刃核2点、細石刃6点と資料が少なく、石器群全体の内容を知ることができない。ただ、2点の細石刃核はいずれも珪質頁岩製で舟底形を呈しており、ホロカ技法による細石刃核の特徴を備えている。

（2）関東・中部地方

　ホロカ型細石刃核のみを組成するA石器群としては、茨城県竜ヶ崎市沖餅遺跡（渡辺俊夫1980）・日立市宮脇遺跡（平岡和夫・間宮政光1997）、群馬県前橋市桝形遺跡（関矢晃1981）・柏倉芳見沢遺跡（萩谷千明ほか2005）、新潟県朝日村樽口遺跡A-MH文化層（立木宏明ほか1996）、長野県佐久市天神小根遺跡（須藤隆司2006）など、比較的多く知られている。また、ホロカ型と湧別技法による（札滑型）細石刃核をもつB石器群として新潟県荒屋遺跡（芹沢長介・須藤隆ほか2003）、同県堀之内町月岡遺跡（中村孝三郎・小林達雄1975）などがある。

　沖餅遺跡では、石器はやや散漫な分布を示すが、一括性があるとみられるA〜C群からホロカ型細石刃核5点、掻器7点、削器14点など（第5図1〜6）が出土している。細石刃や彫刻刀形石器は含まれていない。掻器や削器の素材には石刃もしくは石刃状の縦長剝片があり、石刃技法は存在する可能性がある。石材は頁岩を主体とし、他に安山岩・泥質砂岩などがある。細石刃核には頁岩（4点）と泥質砂岩（1点）製がある。同じく宮脇遺跡では、Aトレンチからホロカ型細石刃核3点、細石刃21点、掻器3点など（第5図7〜18）、約600点が出土している。彫刻刀形石器（16）は、このAトレンチの集中地点からやや離れて出土している。石刃技法の存在を示す明確な資料はないが、彫刻刀形石器や削器の素材の一部は石刃とみられる。石材は珪質頁岩が主体であり、他に黒曜石・玉髄などがあるが、細石刃技法関連資料は前者で、後者は掻器や削器などに用いられている。

　桝形遺跡では、調査区が細長く石器群のまとまりがおさえられているわけではないが、2次調査の際にはホロカ型細石刃核12点以上（類品含む）、細石刃39点、彫刻刀形石器1点、掻器2点など（第5図19〜30）、約330点が出土している。細石刃核の数は、他遺跡に比べて最も多い。1点のみの彫刻刀形石器（28）は珪岩製の剝片を利用したもので、いわゆる荒屋型ではない。石器群には縦長剝片（もしくは石刃）が含まれており、石刃技法が存在した可能性がある。石材は頁岩が最も多く、ついで珪質頁岩、安山岩、珪岩などがみられる。細石刃核や細石刃は頁岩・珪質頁岩製が主体であるが、わずかにチャート製も含

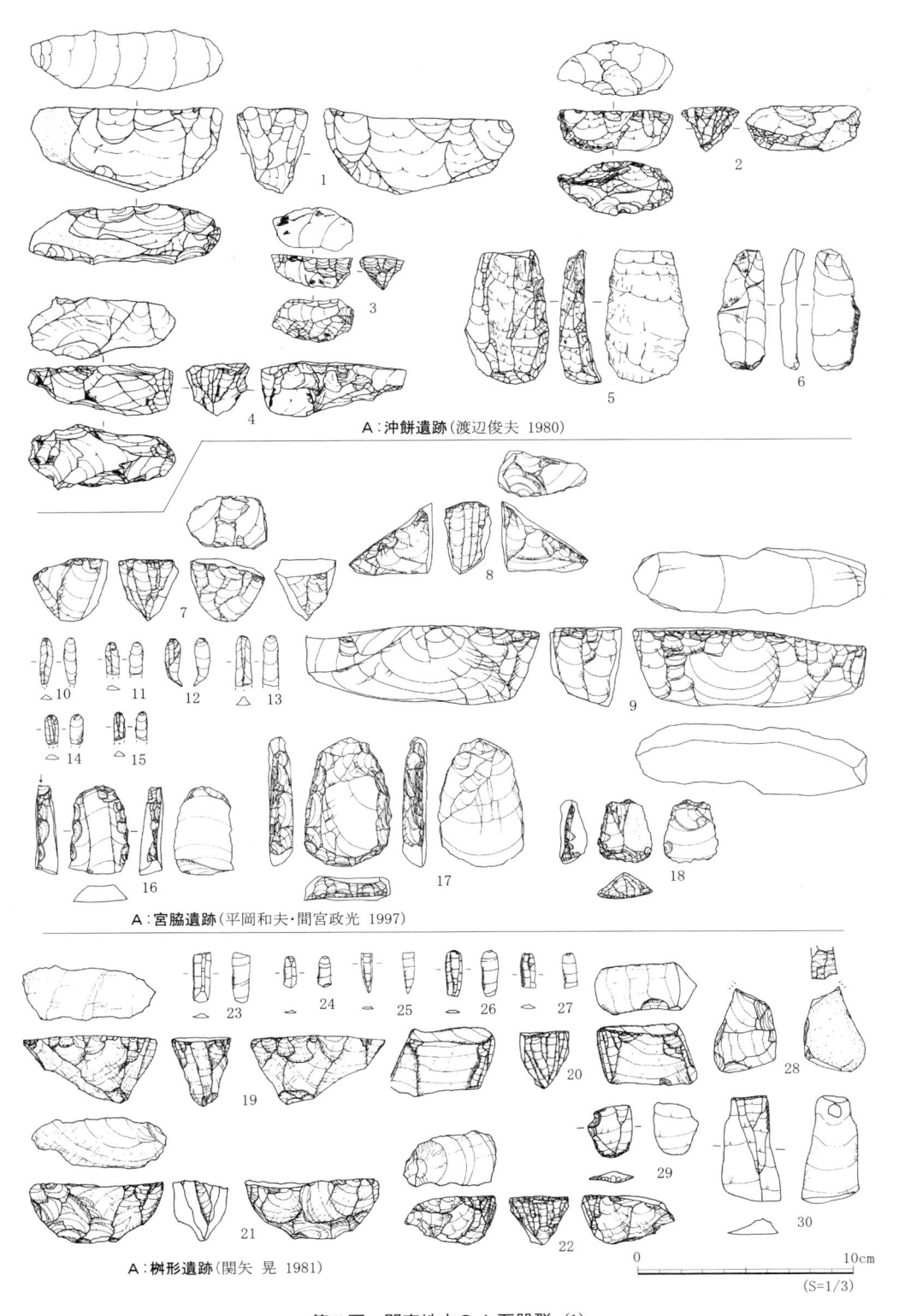

東北日本の「ホロカ技法」細石刃石器群の実相 93

A：沖餅遺跡（渡辺俊夫 1980）

A：宮脇遺跡（平岡和夫・間宮政光 1997）

A：桝形遺跡（関矢 晃 1981）

0　　　　　　　　　　10cm
(S=1/3)

第5図　関東地方のA石器群（1）

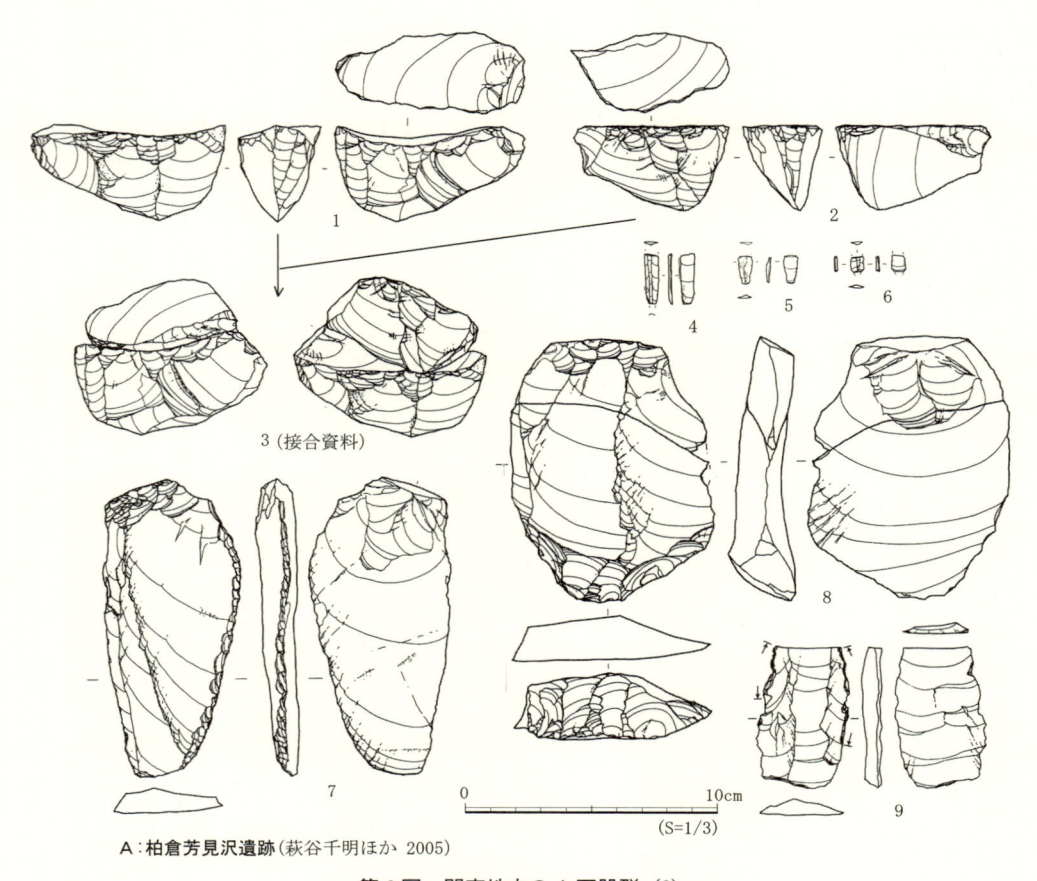

94

A：柏倉芳見沢遺跡（萩谷千明ほか 2005）

第6図　関東地方のA石器群（2）

まれている。柏倉芳見沢遺跡では3ブロックから計167点の石器が出土しており、ホロカ型細石刃核3点（他にブランク3点？）、細石刃3点、掻器2点、削器10点、石刃もしくは縦長剥片50点など（第6図1～9）が組成されている。彫刻刀形石器は含まれていない。細石刃核には石核同士の接合資料（3）があり、大型の分割礫を石核として剥離された厚手の縦長剥片が素材として用いられているようである。石刃技法は認められる。石材は黒色頁岩が主体（147点/167点）で、他に黒色安山岩・チャートなどがわずかに含まれている。

樽口遺跡A-MH文化層は、おおむね3ブロックから構成されており、石器には細石刃核3点、細石刃118点、彫刻刀形石器2点、掻器21点、彫搔器7点、尖頭器状スクレーパー2点、尖頭器1点など（第7図1～13）がある。細石刃核は3点ともホロカ型の範疇で捉えられるが、うち2点は礫面を残す剥片素材である。彫刻刀型石器には荒屋型は含まれていない。掻器の基部に彫刻刀面がある特徴的な"彫搔器"が組成されている。石刃を素材にした掻器や削器が多くあることから石刃技法は認められる。石材は珪質頁岩97％、玉髄3％である。なお、これらの石器群に近接して白滝型細石刃核、彫刻刀形石器（荒屋型含む）、掻器、尖頭器など、湧別技法による細石刃石器群が存在する。前者とは異なり

東北日本の「ホロカ技法」細石刃石器群の実相　95

A：樽口遺跡（立木宏明ほか 1996）

A：天神小根遺跡（須藤隆司 2006）

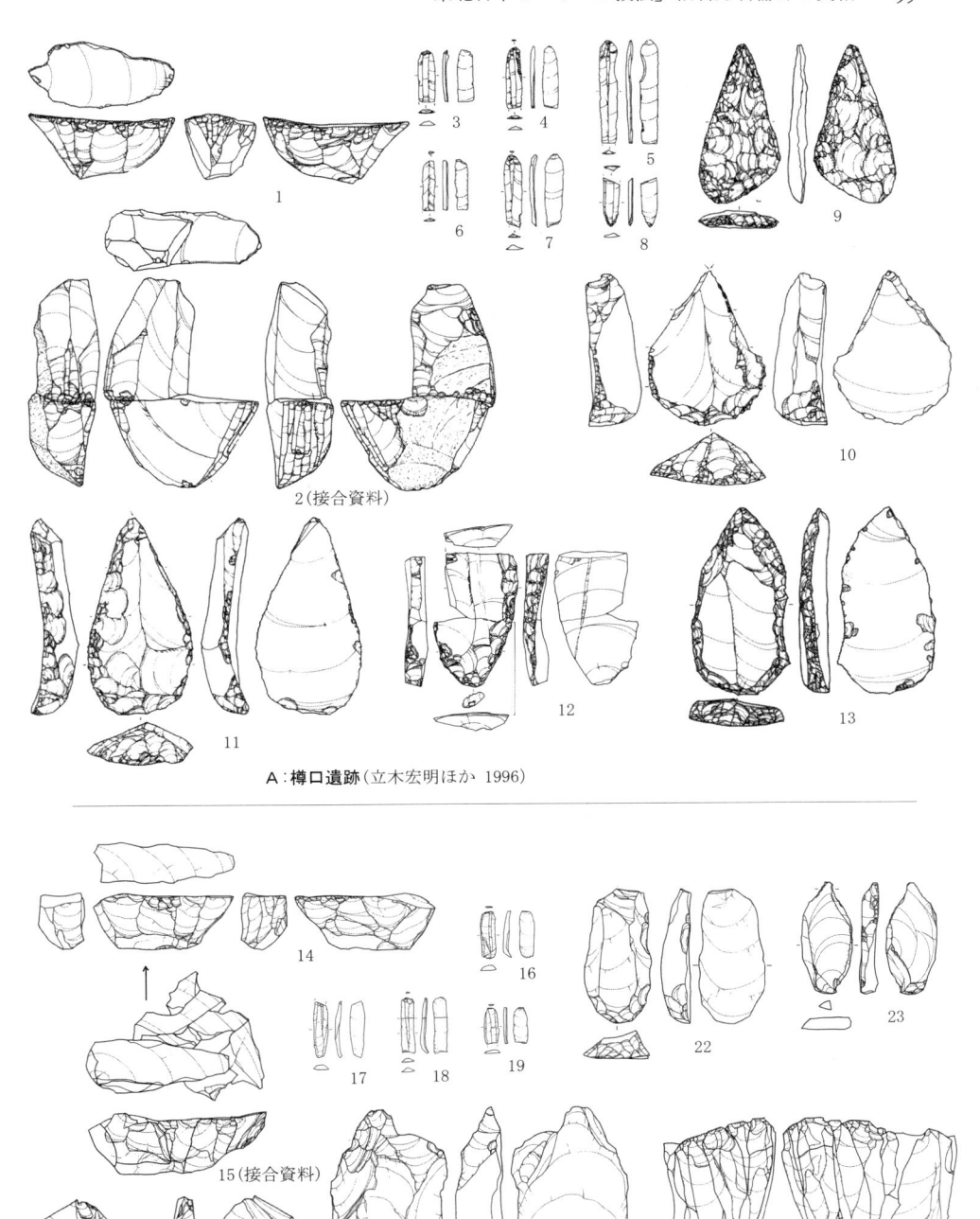

第7図　中部地方のA石器群

黒曜石が主体で、珪質頁岩は1.2%ほどである。

　天神小根遺跡では、石器群は本来の位置から帯状に移動している状況を示すが、計1,067点の石器が出土している。その内訳は、細石刃24点、ホロカ型細石刃核1点、細石刃核ブランク2点、搔器1点、錐状石器1点、彫刻刀形石器5点、削器7点、石刃141点、石核19点など（第7図14~24）である。細石刃核と調整剝片、石刃核と石刃などの接合資料が多く含まれており、細石刃核には石刃核の打面形成時の厚手剝片が利用されていることもわかっている。彫刻刀形石器には荒屋型はやはり組成されていない。石材は"駒込"頁岩が大半を占め、他に凝灰岩、安山岩、玉髄などが含まれている。

　このようなホロカ技法による細石刃核のみで構成される細石刃石器群の他に、湧別技法を主体とする石器群にホロカ型細石刃核が含まれる事例（B石器群）として新潟県荒屋遺跡と月岡遺跡がある。荒屋遺跡の2・3次調査では、竪穴住居状遺構や焼土土壙などとともに、細石刃核11点、細石刃5,590点、（荒屋型）彫刻刀形石器626点など（第8図1~24）、総数9万点を超える膨大な量の石器が得られている。11点の細石刃核のうち、9点が湧別技法によるもの（1~3: 札滑型）、2点がホロカ技法によるもの（5・6）である。湧別技法による細石刃核にはファーストスポールを細石刃核ブランクとするものがあり、これを素材とした細石刃核はホロカ技法による製作技術と共通する（芹沢長介・須藤隆編2003）。また、同一母岩の中に湧別技法とホロカ技法関連資料が含まれており（第8図下）、両者が共存する蓋然性が高いことを示している。石刃技法は全体的にみて希薄かもしくは欠落していると思われる。石材は珪質頁岩が主体で、他に若干の凝灰岩・碧玉・安山岩などが含まれている。月岡遺跡は本来的な遺物包含層からの出土ではないが、約40 m^{2}の範囲から約350点の石器がまとまって出土している。石器群は湧別技法による（札滑型）細石刃核4点、細石刃核ブランク3点、細石刃92点、彫刻刀形石器14点、石刃9点、石刃核1点などを組成する。細石刃核ブランクとみられる資料の中にホロカ技法の特徴をもつものが2点含まれているが、いわゆる甲板面に調整剝離、下縁に平坦面を持つなど、ホロカ技法による舟底形の細石刃核とはやや異なった特徴をもつ。石材はほとんどが珪質頁岩で、わずかにチャート等も含まれている。

III. ホロカ技法をもつ細石刃石器群の特徴

　これまで述べてきた北海道および本州地方のホロカ技法細石刃石器群を対象として、ホロカ技法が卓越する北海道とこれらが波及・展開したと考えられる本州地方を分けて検討し、細石刃技法（細石刃核）の共伴関係や石器組成、石刃技法などの技術基盤、利用石材などについて取り上げ、これらの石器群の特色について指摘しておきたい。

東北日本の「ホロカ技法」細石刃石器群の実相　97

B：荒屋遺跡（芹沢長介・須藤 隆ほか 2003）　　　　　　　　　　（S=1/3）

《母岩54を構成する石器の分布》

ファーストスポール（湧別技法）

ホロカ型細石刃核（ホロカ技法）

細石刃核ブランク（湧別技法）

芹沢長介・須藤 隆ほか 2003 をもとに作成

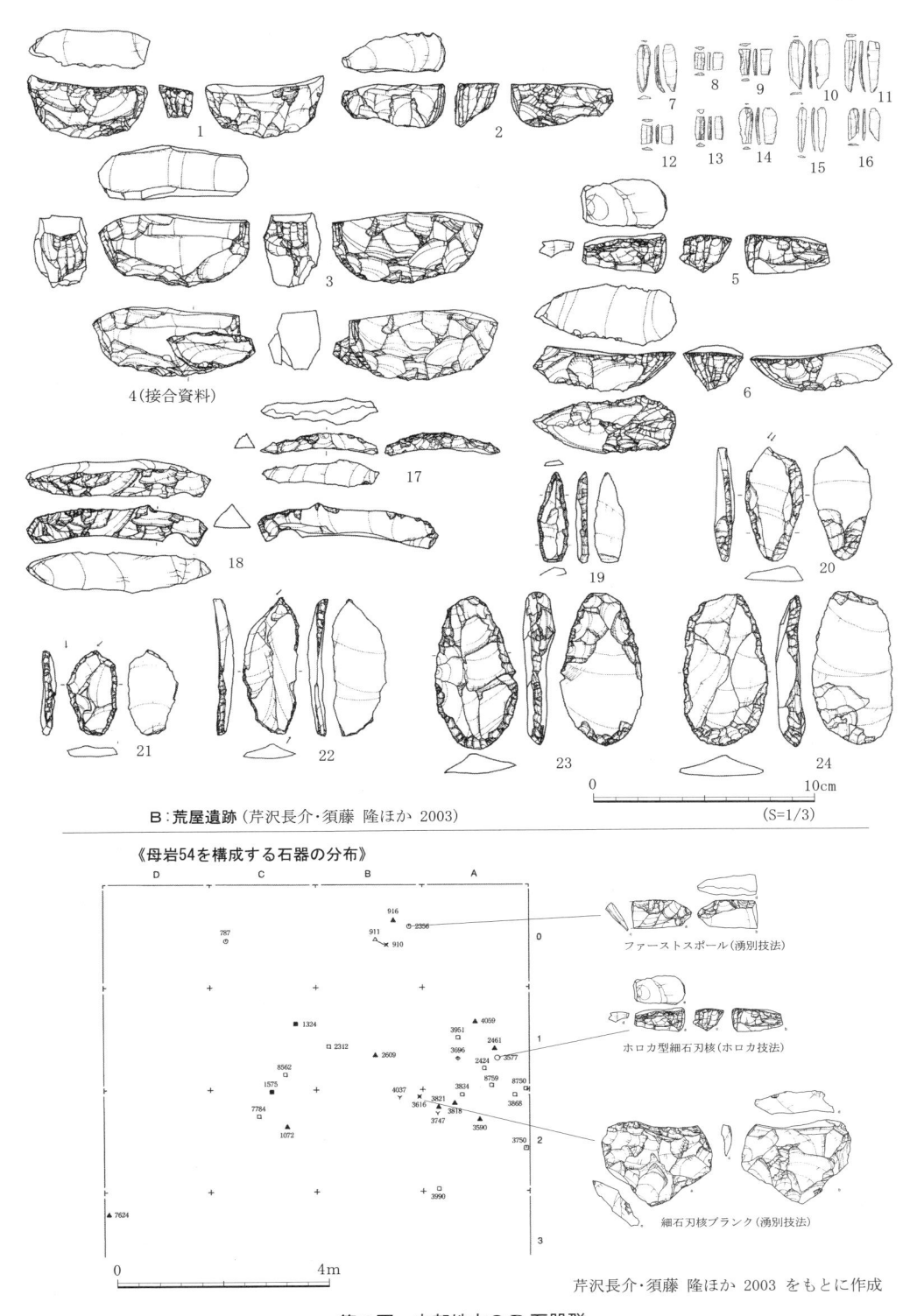

第8図　中部地方の B 石器群

1. A・B石器群およびホロカ技法と他技法との共伴関係

　すでにみてきたように、東北日本においては、ホロカ型細石刃核（ホロカ技法）が単独で石器群を構成する場合（A）と湧別技法細石刃石器群の中にあって客体的に存在する石器群（B）の場合がある（第9図）。C石器群のような事例は本州にはなく北海道においてのみ報告例があるが、これらの石器群については資料の一括性の問題もあり、現時点では認めがたいと言える。つまり、第2表に示したように、北海道と本州ではホロカ技法に関わる石器群は「A」および事例は少ないものの「B」が認められることになる[3]。

　A石器群には北海道では白滝第4地点遺跡（ブロックa-b）、元町2遺跡（第7ブロック）、本州では青森県大平山元Ⅱ遺跡、山形県越中山S遺跡、岩手県峠山牧場Ⅰ遺跡、茨城県沖餅遺跡（A〜C群）・宮脇遺跡（Aトレンチ）、群馬県桝形遺跡（2次調査）・柏倉芳見沢遺跡、新潟県樽口遺跡（A-MH文化層）、長野県天神小根遺跡などがあり、北海道よりもむしろ本州に多い。北海道においてはホロカ型が他の細石刃核を持つ石器群に混じって出土する例は多いものの、ホロカ型が単独でまとまって出土した例は割と少ない。これらの石器群のうち、元町2遺跡については細石刃核（ホロカ型）の打面に擦痕が観察される資料が多数含まれていることから、湧別技法「白滝型」との関連性も考慮しなければならず、この石器群に限ってはAの他の石器群とは同列に扱えない資料と考えられる。

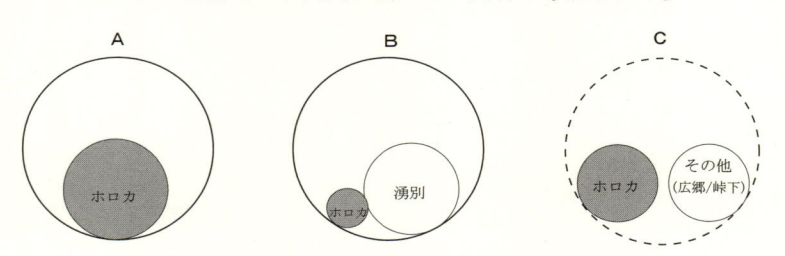

第9図　ホロカ技法をもつ細石刃石器群の概念図

第2表　A・B石器群の構成

地域	類型	遺跡名	細石刃技法 ホロカ	細石刃技法 湧別	石刃技法	舟底形石器	彫刻刀形石器 荒屋型	彫刻刀形石器 その他	石材
北海道	A	白滝第4地点遺跡（ブロックa-b）	◎		◎	8		3	[黒曜石] 頁岩 チャート
		元町2遺跡（第7ブロック）	◎		◎	有	有	有	[黒曜石] 珪質頁岩 安山岩
	B	タチカルシュナイ第Ⅴ遺跡（C地点上層）	○	◎	◎		10	6	[黒曜石] 頁岩 安山岩
東北・関東・中部	A	大平山元Ⅱ遺跡（郷土館調査）	◎					有	[珪質頁岩] 黒曜石 玉髄
		越中山S遺跡	◎		△		1?	3	[珪質頁岩]
		峠山牧場Ⅰ遺跡	○						[珪質頁岩]
		沖餅遺跡（A〜C群）	◎		△				[頁岩] 安山岩 泥質砂岩
		宮脇遺跡（Aトレンチ）	◎		△				[珪質頁岩] 黒曜石 玉髄
		桝形遺跡（2次調査）	◎		○			1	[頁岩] 珪質頁岩 安山岩
		柏倉芳見沢遺跡	◎		◎				[黒色頁岩] 黒色安山岩
		樽口遺跡（A-MH文化層）	◎					2	[珪質頁岩] 玉髄
		天神小根遺跡	○					5	[凝灰岩 珪質頁岩 安山岩]
	B	荒屋遺跡（2・3次調査）	○	◎	◎		390	195	[珪質頁岩] 凝灰岩 碧玉
		月岡遺跡（1次調査）	○	◎	◎		7	7	[珪質頁岩] チャート

※石材の［　］は主体となるもの

B石器群には北海道のタチカルシュナイ第V遺跡（C地点上層）、本州の荒屋遺跡・月岡遺跡などがあり、いずれも湧別技法細石刃石器群の中にホロカ技法が取り込まれたような状況を示している。後述するように、B石器群には荒屋型彫刻刀石器が組成されることを考えれば、湧別技法細石刃石器群（荒屋型彫刻刀形石器を組成する）の中にホロカ技法による細石刃剝離技術が受け入れられたと見ることもできる。湧別技法を主体とした細石刃石器群にとってホロカ技法が比較的容易に受け入れやすい技術であったことは、その技術的特徴を勘案すれば理解しやすい。両技法は工程は異なるものの、最終的な残核の形状は両者の識別が困難なものが生ずるほど類似する技法であり（第10図）、ホロカ技法は湧別技法を石器群の基盤とした技術体系の中に調和的な技術として組み込まれたものであろう。

ホロカ技法細石刃石器群と湧別技法細石刃石器群の接触・相互の技術的受容は、別の形の現象も造り出している。つまり、ホロカ型細石刃核の打面に擦痕がある元町2遺跡の事例である。この石器群にはホロカ型細石刃核の打面に擦痕をもつ資料が多く含まれている。言うまでもなく、これは湧別技法「白滝型」と共通する技術である。元町2遺跡の場合は、ホロカ技法を主体とした石器群が湧別技法石器群の技術要素の一部を取り入れた事例として位置づけられる。

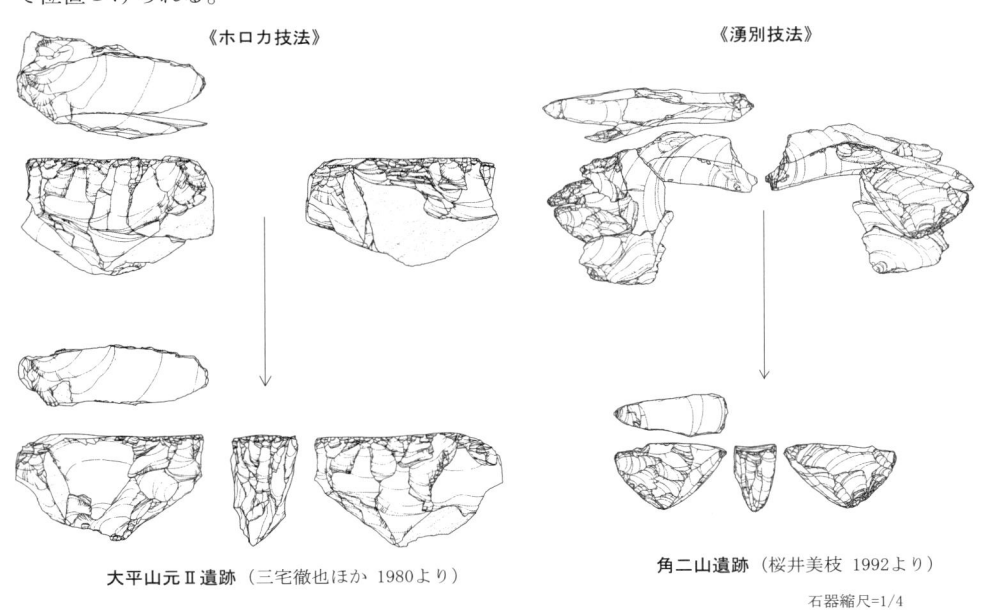

《ホロカ技法》　　　　　　　　　《湧別技法》

大平山元II遺跡（三宅徹也ほか 1980より）　　角二山遺跡（桜井美枝 1992より）

石器縮尺=1/4

第10図　ホロカ技法および湧別技法による細石刃核

ホロカ技法と湧別技法は時間的にはきわめて近接して展開した技法であり、時にはそれぞれの石器群が保有する技術の相互の受容がおこなわれ、B石器群やAの元町2遺跡などの石器群を形成することになったのではないかと考えられる。

2. 石器組成―荒屋型彫刻刀形石器の欠落―

　第1表・第2表に示したように、北海道のA石器群：白滝第4地点遺跡・元町2遺跡では舟底形石器、掻器を共通して組成しているが、彫刻刀形石器と両面加工尖頭器については明瞭な違いがあり、白滝第4地点遺跡では彫刻刀形石器に荒屋型は全く含まれておらず、主体となるのは交叉刃形である。また、両面加工尖頭器も含まれていない。これに対し、元町2遺跡では多くの荒屋型彫刻刀形石器が組成されており、両面加工尖頭器も認められる。

　本州のA石器群では、いずれの石器群においても明確な荒屋型彫刻刀形石器は基本的には組成されていない。越中山S遺跡では4点の頁岩製彫刻刀形石器のうち1点（第4図24）が荒屋型の範疇に入るとされているが、素材の周辺加工や形状からみると確実な資料とは言えない[4]。この遺跡以外では、彫刻刀形石器の主体となるのはやはり交叉刃形である。掻器はほぼ共通して認められるが、両面加工尖頭器は大平山元Ⅱ遺跡の他は組成されていない。北海道との大きな相違点は、どの石器群にも「舟底形石器」が組成されていないことである。

　北海道のB石器群：タチカルシュナイ第Ⅴ遺跡では、荒屋型彫刻刀形石器、掻器、両面加工尖頭器などが含まれており、Aの元町2遺跡に共通した石器組成を示すが、舟底形石器の存在は確認されていない。

　本州のB石器群：荒屋遺跡・月岡遺跡は、A石器群と異なり荒屋型彫刻刀形石器を多数組成する。掻器は、荒屋遺跡には組成されているが月岡遺跡にはみられないようである。また、荒屋遺跡には両面加工尖頭器が含まれるのに対し、月岡遺跡では組成されていない。

　こうした北海道および本州のA石器群の石器組成の中で特に注目されるのは、元町2遺跡（湧別技法と関連する）を除いて両地域の石器群とも荒屋型彫刻刀形石器が欠落している点である（第11図）。これに対し、B石器群では一定量含まれている。ホロカ型細石刃核のみで構成されるA石器群のこのような特徴は、他のいわゆる削

第3表　東北日本における細石刃石器群と荒屋型彫刻刀形石器

地域	遺跡名	細石刃剝離技法（型）	彫刻刀形石器 荒屋型	彫刻刀形石器 その他
北海道	美利河1遺跡（sb1〜3）	峠下	38	1
	湯の里4遺跡（B群）	峠下	6	6
	柏台1遺跡	蘭越	4	0
	上白滝2遺跡（sb9）	蘭越	0	2
	オルイカ2遺跡	湧別（札滑型）	14<	1<
	石川1遺跡	湧別（札滑型）	12	11
	上幌内モイ遺跡	湧別（札滑型）	1	0
	タチカルシュナイ第Ⅴ遺跡（C地点上層）	湧別（白滝型）	10	6
	オサツ16遺跡（B地区）	忍路子	36<	<100
	居辺17遺跡	忍路子	47<	<70
	広郷20遺跡	広郷	18	11
	白滝第4地点遺跡（D区）	広郷	1	1
東北	大平山元Ⅱ遺跡（蟹田町調査）	湧別	2	15
	角二山遺跡	湧別	27	16
	樽口遺跡（A-MS）	湧別（白滝型）	1	0
関東・中部	中土遺跡	湧別	0	0
	正面中島遺跡	湧別	4	7
	中ッ原第5遺跡B地点	湧別	1	4
	頭無遺跡	湧別	7	0
	白草遺跡	湧別	20	1
	大網山田台No.8遺跡	湧別	9	0
	木戸場遺跡	湧別	9	0
	東峰御幸畑西遺跡	湧別	10	0

※第2表の遺跡は除いた。

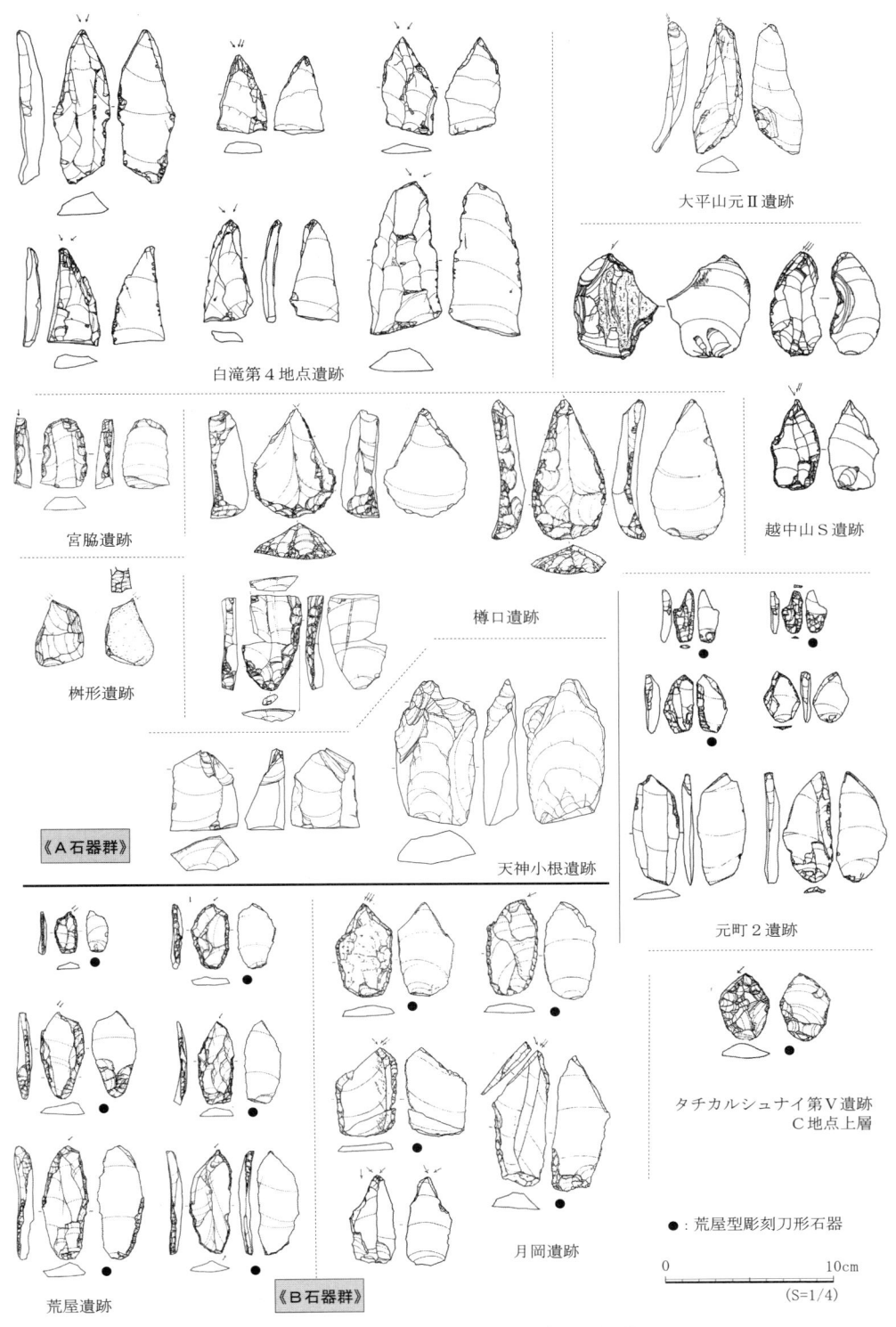

東北日本の「ホロカ技法」細石刃石器群の実相　101

大平山元II遺跡

白滝第4地点遺跡

宮脇遺跡

越中山S遺跡

桝形遺跡

樽口遺跡

《A石器群》

天神小根遺跡

元町2遺跡

タチカルシュナイ第V遺跡
C地点上層

荒屋遺跡　《B石器群》　月岡遺跡

● : 荒屋型彫刻刀形石器

0　　　　　10cm
(S=1/4)

第11図　AおよびB石器群の彫刻刀形石器

片系細石刃石器群などと比較すると、より際だってくる。北海道では峠下技法・蘭越技法・湧別技法（札滑型・白滝型）・忍路子技法などの多様な細石刃石器群が展開しているが、一部の石器群を除いて、いずれも荒屋型もしくは類荒屋型彫刻刀形石器が組成されている（第3表）。北海道の場合、時期的にこれらに後続するとされる広郷技法細石刃石器群や有舌尖頭器石器群においてさえも荒屋型彫刻刀形石器が組成されている[5]。本州の湧別技法をもつ細石刃石器群においても荒屋型彫刻刀形石器との結びつきは強く、この傾向は変わっていない。

　こうした荒屋型彫刻刀形石器の欠落という点からみると、ホロカ技法細石刃石器群は北方（系）の細石刃石器群としてはやや異色な存在であると言える。このような点に注目すれば、Aの石器群は荒屋型彫刻刀形石器を基本的に組成する他の技法による細石刃石器群とは一線を画しておくべきであろうと思われる。荒屋型彫刻刀形石器の欠落という石器組成上の特徴は、ホロカ技法細石刃石器群の系統や由来、本州への北方系細石刃石器群の波及・展開の背景などを示唆している可能性があり、今後、大きな関心をもつ必要があろう。

　これに対し、B石器群に荒屋型彫刻刀形石器が組成されるということは、湧別技法細石刃石器群との関わりの中で理解できるものと思われる。B石器群はホロカ型と湧別技法による細石刃核をもつが、前述したように湧別技法を主体とする細石刃石器群として位置づけできる内容を備えている。湧別技法が主体となる細石刃石器群には基本的に荒屋型彫刻刀形石器が組成されており、B石器群をこれらと同類の石器群（ただしホロカ技法と関わりを持つ）としてみれば、B石器群における荒屋型彫刻刀形石器の存在は容易に受け入れられるはずである[6]。

3. 石刃技法の存否

　北海道のA石器群：白滝第4地点遺跡（ブロックa-b）・元町2遺跡（第7ブロック）では石刃や石刃核などが含まれており、石刃技法の存在は明確である。掻器や彫刻刀形石器の素材には石刃が用いられている。B石器群：タチカルシュナイ第V遺跡（C地点上層）でも同様に石刃技法が認められる。北海道においては石刃技法が剝片剥離技術の基盤となり主体的な役割を果たしていることがわかる。

　一方、本州では石刃技法が認められる例と認められないかもしくは希薄な例の両者がある。A石器群の天神小根遺跡や柏倉芳見沢遺跡では石刃（石刃核）が組成されており、樽口遺跡（A-MH文化層）や桝形遺跡では石器素材に石刃が認められることから、これらの石器群には石刃技法の存在が明らかに、あるいはある程度確認できる。しかし、同じA石器群の大平山元II遺跡、越中山S遺跡、宮脇遺跡（Aトレンチ）では、その資料を見る限り、石刃技法の存在を示す資料がみられないかもしくは希薄である。B石器群でもAと同様の傾向があり、月岡遺跡では石刃や石刃核が組成されているのに対し、荒屋遺跡ではその存在が希薄である。

このように、北海道の石器群はA・B石器群とも石刃技法が基本的に備わっているが、本州の石器群にはそれが認められる場合と認められない（もしくは希薄）場合があるようである。本州の場合、湧別技法細石刃石器群には全般に石刃技法が欠落する傾向が強く（橋本勝雄1993ほか）、ホロカ技法をもつ細石刃石器群にもこうした傾向性が一部見て取れる。しかし、ホロカ技法細石刃石器群にはむしろ石刃技法の存在が確認できる場合が多いことも確かである。これには、ホロカ技法細石刃石器群と湧別技法細石刃石器群の石器製作技術の構造上の違いに由来する面が多分にあると考えるべきかもしれない。むろんこうした現象に対しては、環境への適応や石材獲得、作業内容の違い等に由来するとする見方も可能であり、両石器群の相異を生み出した背景を単純化してみることはできない。

しかしながら、地域的な様相を比較すると、北海道では時期を通じて石刃技法を基盤とした細石刃石器群が盛行するのに対して、本州では石刃技法の欠落（希薄）の傾向性は否定できず、北海道と本州のこうした差異には地域的な要素が大きく関わっているとみられる。北海道と違って本州ではすでに石刃技法の有用性が薄れた技術体系が定着しており、ホロカ技法や湧別技法をもつ北方系の細石刃石器群も徐々にその中へ組み込まれていき、やがては石刃技法が潜在化あるいは欠落する石器群へと変容していったのではないかと考えられる。

4. 石材の選択

北海道のA・B石器群はいずれも黒曜石を主体としており、これらは背後に控える白滝や十勝地域の黒曜石原産地から供給された原石が利用されたものと考えられる。黒曜石以外では、頁岩や安山岩などがわずかに用いられているが、彫刻刀形石器などには近辺では採取できない珪質頁岩が共通して使用されている。北海道においては、黒曜石地帯にあっても彫刻刀形石器（荒屋型含む）と遠隔地の珪質頁岩との結びつきは強い（第2表）。

本州のA・B石器群では、柏倉芳見沢遺跡など一部を除いて、いずれも共通して珪質頁岩（頁岩）を主体としている。ほかに玉髄・珪岩・安山岩などが用いられているものの、これらは量的には少ない。北関東の群馬県や茨城県などでは、珪質頁岩は遠隔地の石材である。本州では湧別技法細石刃石器群と珪質頁岩との密接な関係はすでに知られているが、ホロカ技法細石刃石器群においてもその傾向が強く、石器群相互の背後の関連性を示唆している。

こうした利用石材の傾向からみれば、両地域のホロカ技法細石刃石器群はいずれも珪質頁岩の石材的特性を認識した石器群であり、そういう点では湧別技法細石刃石器群とも共通していると言える。

IV. おわりに

　ホロカ技法を持つ細石刃石器群は、近年になってようやくその実態を見せ始めてきた。資料的にはまだまだ制約されているとは言え、湧別技法細石刃石器群や荒屋型彫刻刀形石器との関係、北海道から本州への波及・展開など、これまで以上にその姿を追求することができるようになった。特に、湧別技法細石刃石器群とホロカ技法細石刃石器群相互の関係、技術的受容などについても両地域の石器群のあり方からその内容が多少なりとも明らかになり、荒屋型彫刻刀形石器との関係からはホロカ技法細石刃石器群の系統・由来などについて考える糸口が得られたものと考えられる。しかしながら、東北日本におけるホロカ技法細石刃石器群の展開と変容、石器群の地域性、石材環境と石器群の技術的相関など、石器群をめぐる多くの課題の解明のためには、重要な鍵を握る北海道地域のみならず本州地域においても今後の資料の蓄積が必要であろう。

　須藤隆先生には、考古学研究室の学生時代（学部・大学院）や東北大学埋蔵文化財調査室に勤務した期間、また、大学を離れてからも様々なご指導をいただきました。深く感謝申し上げますとともに、先生の今後のご健勝をお祈り申し上げます。

謝辞

　小稿をまとめるに当たり、以下の方々（敬称略）からご教示・ご協力をいただきました。末筆になりますが、記して感謝いたします。
　赤井　文人　鹿又　喜隆　須藤　隆司　寺崎　康史　森嶋　秀一　柳田　俊雄　山田　晃弘

註

1) 本州の場合、特に関東・中部地方にあっては「ホロカ技法」と類似する「船野技法」の存在を考慮する必要があるが、ここでは両技法間の問題に関わる石器群については取り上げていない。
2) 暁遺跡第4地点スポット3からは、ほぼ接した状態でホロカ型細石刃核が3点出土し、これに近接した地点（約10m）からは峠下型細石刃核が1点出土している（第4図）。この出土状況から両者の共伴の可能性も考えられるが、ただ、第4地点には峠下型細石刃核をもつ石器集中地点が別に存在することから、両者の混在の可能性が排除できない。
3) 異なる型式の細石刃核の共伴関係については慎重に検討する必要があると思われる。各種の細石刃剝離技法は、石核の素材、ブランクの整形・調整、打面の形成・調整、細石刃剝離といった全工程を踏まえて設定されている訳であるから、もし異なる型式の細石刃核が共伴するとなれば、同じ「細石刃」を得るためになぜ異なる技法が同一石器群中で共存するのかを考えなければならない。確かに、各集団の接触によって同一石器群中に異なる細石刃技法が存在することはあり得ること（群馬県みどり市馬見岡遺跡：小菅将夫2006）であり一概に否定できないが、多様な細

石刃石器群が近接して分布し、しかも石器が多量に出土する例が多い北海道地方にあっては、各技法の共伴関係については慎重に見極める必要がある。

4) 以前、この資料をもとに、湧別技法を持つ細石刃石器群のみならずホロカ技法（単独）をもつ細石刃石器群にも一部には荒屋型彫刻刀形石器が組成される可能性があると考えていたが（佐久間光平2006）、他石器群の石器組成を考慮すると、後者の石器群には荒屋型彫刻刀形石器を組成する可能性については否定的にならざるを得ない。

5) 荒屋型彫刻刀形石器は、言うまでもなく新潟県荒屋遺跡の出土資料をもとに芹沢長介によって設定された型式であるが（芹沢長介1959）、北海道と本州では相違点が認められることから一括りできないとの指摘もある（山原敏朗1997、加藤学2003）。しかし、ここでは相違点よりもむしろ相互の技術的共通性を重視して「荒屋型彫刻刀形石器」をとらえ、その背景に注目したいと考えている。

6) そういう点では、元町2遺跡（第7ブロック）はAよりもどちらかと言えばBの類型に含めるべき資料であり、後述するようにBには荒屋型彫刻刀形石器が多数組成されるという特徴と整合する。

引用文献

阿部明義・広田良成ほか 2005『千歳市　オルイカ2遺跡(2)』北埋調報221　財団法人北海道埋蔵文化財センター

安斉正人 2003『旧石器社会の構造変動』　同成社

千葉英一 1993「新道4遺跡における細石刃石器群の検討―美利河技法の成立―」『先史学と関連科学　吉崎昌一先生還暦記念論集』 吉崎昌一先生還暦記念論集刊行会　pp.5-23

千葉県土地開発公社・財団法人千葉県文化財センター　1987『佐倉市向山谷津・明代台・木戸場・古内遺跡』 千葉県土地開発公社・財団法人千葉県文化財センター

福井淳一ほか 1999『千歳市　柏台1遺跡』北埋調報138　財団法人北海道埋蔵文化財センター

萩谷千明ほか 2005『柏倉芳見沢遺跡　柏倉落合遺跡』　前橋市教育委員会

橋本勝雄 1989「東日本の細石器文化―東北・北陸・中部高地・関東・東海地方の研究動向」『考古学ジャーナル』No.306 pp.12-21

橋本勝雄 1993「略説・日本細石器文化研究の現状と課題」『史館』第24号 pp.1-22

畑　宏明編 1985『湯の里遺跡群』財団法人北海道埋蔵文化財センター調査報告書第18集　財団法人北海道埋蔵文化財センター

平岡和夫・間宮政光 1997『宮脇遺跡・宮脇A遺跡・宮脇B遺跡』日立市文化財調査報告第39集 日立市教育委員会

石井浩幸 1986「越中山遺跡群における細石器文化の探求」『庄内考古学』第20号 pp.33-49

乾　哲也ほか 2006『上幌内モイ遺跡(1)―厚幌ダム建設事業に伴う埋蔵文化財発掘調査報告書1―』 厚別町教育委員会

加藤　学 2003「いわゆる荒屋型彫器の形態的検討―範疇の検討と地域性の把握―」『シンポジウム日本の細石刃文化II』 八ヶ岳旧石器研究グループ　pp.25-52

加藤　稔 1975「越中山遺跡」『日本の旧石器文化』2　雄山閣　pp.112-137

加藤　稔 1991「東北日本の細石刃文化の展開」『山形県立博物館研究報告』12 pp.13-88

加藤　稔 1992『東北日本の旧石器文化』雄山閣考古学選書35　雄山閣

加藤　稔ほか 1982「最上川・荒川流域の細石刃文化」『最上川　山形県総合学術調査報告書』　山形県総合学術調査会　pp. 768-819

川口　潤 1993『白草Ⅰ遺跡・北篠場遺跡』埼玉県埋蔵文化財調査事業団報告書第 129 集　埼玉県埋蔵文化財調査事業団

川口　潤 2003「東北北部地域の細石刃文化」『シンポジウム　日本の細石刃文化Ⅰ』　八ヶ岳旧石器研究グループ　pp. 53-71

Kimura Hideaki (ed.) 1992 *Reexamination of the Yubetsu techique and study of the Horokazawa Toma Lithic Culture.* Sapporo.

Kimura Hideaki (ed.) 1993 *The Origin and Dispersal of Microblade Industry in Northen Eurasia.*（北方ユーラシアにおける細石刃石器群の起源と拡散）Sapporo.

北沢　実 1988『帯広・暁遺跡 3』帯広市埋蔵文化財調査報告第 7 冊　帯広市教育委員会

小菅将夫 2006「遺跡速報　群馬県馬見岡遺跡第 12 次調査」『考古学ジャーナル』No. 539 pp. 29-32

久保勝範・太田敏量 1980『北見市広郷・開成遺跡発掘調査報告書』　北見市

栗島義明 1993「湧別技法の波及─削片系と在地系の細石刃核について」『土曜考古』第 17 号 pp. 1-37

桑原　護 1975「札滑遺跡」『日本の旧石器文化』2　雄山閣　pp. 58-67

桑原　護 1977『札滑遺跡・K 地点の調査』

松村愉文・瀬下直人 2002『白滝第 4 地点遺跡』　白滝村教育委員会

前原　豊・関根吉晴 1988「柳久保遺跡群頭無遺跡」『第 2 回東北日本の旧石器文化を語る会資料集』　東北日本の旧石器文化を語る会　pp. 33-37

三宅徹也ほか 1980『大平山元Ⅱ遺跡発掘調査報告書』青森県立郷土館調査報告書第 8 集　青森県立郷土館

R. E. Morlan, 1967 The Preceramic Period of Hokkaido: An Outline. Arctic Anthropology IV-1, pp. 164-220.

長沼　孝ほか 1985『今金町　美利河 1 遺跡』北埋調報 23　財団法人北海道埋蔵文化財センター

長沼　孝ほか 1988『函館市　石川 1 遺跡』北埋調報 45　財団法人北海道埋蔵文化財センター

長沼　孝・鈴木宏行 2001『白滝遺跡群Ⅱ』財団法人北海道埋蔵文化財センター調査報告書第 154 集　財団法人北海道埋蔵文化財センター

永塚俊司 1997「荒屋系細石刃石器群における一つの定点」『人間・遺跡・遺物 3─麻生優先生退官記念論集─』　発掘者談話会　pp. 90-117

永塚俊司ほか 2000『新東京国際空港埋蔵文化財発掘調査報告書 XIII ─東峰御幸畑西遺跡（空港 No.61 遺跡）─』千葉県文化財センター調査報告第 385 集　新東京国際空港公団・千葉県文化財センター

中村孝三郎 1965『中土遺跡』　長岡市立博物館

中村孝三郎・小林達雄 1975「月岡遺跡」『日本の旧石器文化』2　雄山閣　pp. 242-254

新潟石器研究会 1996「新潟県中土遺跡出土遺物の再検討」『長岡市立科学博物館研究報告』第 31 号 pp. 123-158

日本考古学協会釧路大会実行委員会編 1999『シンポジウム　海峡と北の考古学　資料集Ⅰ』日本考古学協会 1999 年度釧路大会

大場正善 2003「東北南部地域の細石刃文化」『シンポジウム　日本の細石刃文化Ⅰ』　八ヶ岳旧石

器研究グループ　pp. 72-98

大島秀俊　1997『千歳市　オサツ16遺跡（2）』　北海道文化財保護協会

大鳥居仁・大矢義明ほか　2001『上士幌町　居辺17遺跡』　上士幌町教育委員会

佐久間光平　2000「北海道の細石刃石器群における「ホロカ技法」の問題」『一所懸命　佐藤広史君追悼論文集』　佐藤広史君を偲ぶ会　pp. 121-135

佐久間光平　2006「東北地方における北方系細石刃石器群の波及と展開」『宮城考古学』第8号 pp. 17-38

桜井美枝　1991「北方系細石刃石器群の南下」『考古学ジャーナル』No. 341 pp. 2-7

桜井美枝　1992「細石刃石器群の技術構造―山形県角二山遺跡の分析」『東北文化論のための先史学歴史学論集　加藤稔先生還暦記念論文集』pp. 441-462

佐野勝宏　2002「北方系細石刃石器群を残した人類の行動形態」『考古学研究』第49巻1号 pp. 38-58

佐野勝宏　2003「北方系細石刃石器群の移動形態」『シンポジウム　日本の細石刃文化II』　八ヶ岳旧石器研究グループ　pp. 122-131

佐野勝宏ほか　2002『正面中島遺跡』津南町文化財調査報告第37輯　津南町教育委員会

佐藤宏之　1992「北方系削片系細石刃石器群と定住化仮説」『法政大学大学院紀要』第29号 pp. 55-83

佐藤訓敏・北沢　実　1985『帯広・暁遺跡』帯広市埋蔵文化財調査報告第1冊　帯広市教育委員会

関矢　晃　1981『桝形遺跡発掘調査報告書』　群馬県勢多郡宮城村教育委員会

芹沢長介　1959「新潟県荒屋遺跡における細石刃文化と荒屋型彫刻刀について（予報）」『第四紀研究』第1巻第5号 pp. 174-181

芹沢長介・須藤　隆編　2003『荒屋遺跡　第2・3次発掘調査報告書』　東北大学大学院文学研究科考古学研究室・川口町教育委員会

白滝団体研究会　1963『白滝遺跡の研究』　地学団体研究会

須藤隆司　2006『細石刃石器群・駒込頁岩原産地遺跡　天神小根遺跡』佐久市埋蔵文化財調査報告書第136集　佐久市教育委員会

立木宏明ほか　1996「樽口遺跡」『奥三面ダム関連遺跡発掘調査報告書V』朝日村文化財報告書第11集　朝日村教育委員会

高橋義介・菊池強一　1999『峠山牧場I遺跡A地区発掘調査報告書』岩手県文化振興事業団埋蔵文化財調査報告書第291集　財団法人岩手県文化振興事業団埋蔵文化財センター

田村　隆ほか　1994『大網山田台遺跡群―旧石器時代篇―』財団法人山武郡市文化財センター発掘調査報告書第16集　山武郡市文化財センター

寺崎康史　1999「北海道細石刃石器群理解への一試論」『先史考古学論集』第8集 pp. 71-88

寺崎康史　2006「北海道の地域編年」『旧石器時代の地域編年的研究』　同成社　pp. 275-314

寺崎康史・宮本雅通　2003「北海道西部の細石刃文化」『シンポジウム　日本の細石刃文化I』　八ヶ岳旧石器研究グループ　pp. 25-52

戸沢充則　1967「北海道置戸安住遺跡の調査とその石器群」『考古学集刊』第3巻3号 pp. 1-44

鶴丸俊明　1979「北海道地方の細石刃文化」『駿台史学』第47号 pp. 23-50

堤　隆　1996「削片系細石刃石器群をめぐる技術的組織の異相―中ッ原細石刃石器群を中心として―」『古代』第102号 pp. 36-61

堤　隆編 1991『中ッ原第 5 遺跡 B 地点の研究』 八ヶ岳旧石器研究グループ

堤　隆編 2003a『シンポジウム　日本の細石刃文化 I』 八ヶ岳旧石器研究グループ

堤　隆編 2003b『シンポジウム　日本の細石刃文化 II』 八ヶ岳旧石器研究グループ

堤　隆編 2004『シンポジウム　日本の細石刃文化 III』 八ヶ岳旧石器研究グループ

上野秀一・加藤　稔 1973「東北地方の細石刃技術とその北海道との関連について」『北海道考古学』第 9 輯 pp. 25-50

宇野修平・上野秀一 1975「角二山遺跡」『日本の旧石器文化』2　雄山閣　pp. 96-111

山田晃弘 1986「北海道後期旧石器時代における石器製作技術構造の変遷に関する予察」『考古学雑誌』第 71 巻第 4 号 pp. 1-29

山原敏朗 1997「彫器の形態・技術・機能―暁遺跡における 2 種類の彫器の分析視点から―」『先史考古学論集』第 6 集 pp. 1-30

山原敏朗 2003「北海道東部の細石刃石器群」『シンポジウム　日本の細石刃文化 I』 八ヶ岳旧石器研究グループ　pp. 1-24

柳田俊雄 2006「東北地方の地域編年」『旧石器時代の地域編年的研究』 同成社　pp. 141-172

横山裕平ほか 1992『大平山元 II 遺跡発掘調査報告書』 蟹田町教育委員会

吉井雅勇 1998「新潟県における北方系細石刃石器群について」『新潟考古学談話会会報』第 19 号 pp. 14-23

吉崎昌一編 1973『タチカルシュナイ遺跡 1972』 遠軽町教育委員会

渡辺俊夫 1980『竜ヶ崎ニュータウン内埋蔵文化財調査報告書 3 ―沖餅遺跡―』茨城県教育財団文化財調査報告 III　茨城県教育財団

原産地遺跡における遺跡間変異研究
―北海道遠軽町白滝遺跡群出土の小型舟底形石器石器群を対象として―

鈴 木 宏 行

はじめに

近年、石器研究において遺跡に残された石器群と石材との関係を基に石材の利用形態を論じる研究が盛んに行われている。遺跡内での石器製作活動の復元、遺跡間の連結、使用石材の分布との関連によって石材の消費形態が推定される。

ところで、石材利用の脈絡から遺跡は石材を採取した原産地遺跡と石材を消費した消費地遺跡に二分される。石材消費形態を復元するためには原産地遺跡と消費地遺跡両者を総合化することが必要である。原産地遺跡は石材消費の上で起点となり、そこで得られた石材はその後の石材消費を規定している。これまでの研究では消費地遺跡が分析の対象となることがほとんどである一方、原産地遺跡は調査例が少ないこともあり、具体的に取り上げられることは少ない。

本論では原産地遺跡である白滝遺跡群における小型舟底形石器を含む石器群（5遺跡11石器ブロック群・区域[1]）の石器製作技術と原石の選択性の関連を検討し、それらの変異を基に石器群の分類を行い、地域内での石材環境の違いが各石器ブロック群に及ぼす影響を検討する。結果的に二種類の石器群に大別できたが、石材環境の違いが要因となって内容に違いが認められる要素は少なく、非常に均質な構造を持っていることが判明した。

I. 白滝遺跡群研究の意義と本論文の目的

白滝遺跡群は日本における旧石器研究開始当初より吉崎昌一らにより注目されてきた。赤石山を中心とする黒曜石の巨大な原産地であることを背景に大小様々な石器が大量に出土し、北海道内、さらには日本全体の編年研究に利用された（吉崎昌一 1958 など）。1963年に白滝団体研究所による『白滝遺跡の研究』がまとめられ、明治大学による服部台遺跡の報告（杉原荘介・戸沢充則 1975）によって白滝地域における1950年代後半～1961年に調査された成果が出揃う。

その後、1980年代に白滝村教育委員会等による服部台2・近藤台1遺跡の発掘調査（千葉英一・畑宏明 1982）、白滝第30・4地点遺跡の範囲確認調査、村内の分布調査（松谷純一 1987a・1987b）など小規模な調査が行われ、1987年には木村英明による幌加沢遺跡遠間地点の発掘調査が開始され、現在も継続中である（木村英明 2003 など）。白滝地域（旧白滝村）

で確認されている遺跡は湧別川の右岸段丘上に立地する遺跡がほとんどであるが、赤石山は深い森林が広がっているため山中には未発見の遺跡の存在が予想される。幌加沢遺跡遠間地点は赤石山の山腹に位置する重要な遺跡であり、木村は大量の遺物が出土する中で辛抱強く調査を行い、山腹の遺跡の実態を明らかにしてきている。そして、調査結果を基に、白滝地域の遺跡を標高別に「切り出し基地」、「中継地」、「集落」と区分し、遺跡の機能的構造としての「分業システム」の存在を想定した（Kimura, H 1992・木村英明 1995）。

1995 年から旭川・紋別自動車道の建設工事に伴う白滝遺跡群の調査・整理が北海道埋蔵文化財センター（17 遺跡）・白滝村教育委員会（2 遺跡）によって継続的に行われている。一連の調査は、湧別川に沿った幅 50 m 長さ 8 km に及ぶトレンチ調査と言うことができる。2006 年までに 140,000 m^2 を調査し、678 万点、12.6 t（白滝村教育委員会調査分は点数から推定）程度の遺物が出土している。縄文時代以降の旧白滝 8・9、下白滝遺跡を除いて 99% 以上の遺物が旧石器時代に属し、その内 99% 以上が黒曜石製の遺物である。また、加工のある石器は 1% 以下でそのほとんどが剝片類である。

1950 年代の調査は、編年作業や石器群の分布の広がりの解明を主な目的として行われており、各遺跡の調査規模は小規模なものであった。北海道埋蔵文化財センターによる継続調査が 12 年を迎える現在、湧別川の河岸段丘上に立地する遺跡の多くから複数の石器群が出土し、特に、八号沢川と湧別川の合流点付近の大規模遺跡が集中する地区の遺跡はその傾向が強く、上白滝 8 遺跡のように同一地点にいくつかの石器群が重複する複雑な出土状況を示すことも判明している（鈴木宏行 2006）。このことから、遺物が多く、大規模な遺跡であればあるほど複雑な様相を呈することが予測され、最も遺物量の多い地点を選択する小規模な調査であれば複数の石器群に関する資料が混在する可能性があり、また、石器群を分別しにくい条件にあるといえる。

紋別・旭川自動車道の一連の調査は、白滝という巨大な黒曜石産地での以下の成果をもたらした。①白滝地域の遺跡を面的に調査することによって遺物の集中域の広がりを認定することでき、接合資料と合わせた分布を基準に石器群の認定が可能になった。②膨大な接合資料を通して石器製作技術、石材の搬入・搬出形態などの各遺跡で行われた石器製作活動の復元が可能になった。③ 8 km に及ぶトレンチ調査を通して多くの石器群が多くの遺跡で出土したことによって地域内における石器群間・同一石器群同士での比較検討が可能になった。①②で明らかになった石器製作活動を同一の石器群同士で比較することにより、白滝地域という限定された地域内でのより細かい立地条件の異なる石器群の変異の有無を共時的に検討することができる。さらには白滝地域内での石材利用の変異を異なる石器群同士で通時的に比較することも可能である。このような地域内での石器製作活動の検討・復元は、さらに周辺地域間との検討、異なる原産地遺跡間の検討、異なる時代・異なる地域との検討などの広範な研究の基礎となる。

本論文では、北海道埋蔵文化財センターが調査した遺跡のうち小型舟底形石器を含む石

器群が出土している石器ブロック群を対象として白滝地域内での石器製作活動の変異の有無を検討し、その違いに影響を与えると予想される石材環境との関連性があるかどうか検討したい。

II. 分析

1. 分析の方法

　遺物の分析に入る前に、まず石器製作活動に影響を及ぼすと予想される石材環境について、赤石山周辺の黒曜石の分布と分析対象遺跡の立地を基に検討する。次に、石器製作技術と原石種類・形状の関係などの遺物の分析を行う。最後にそれらを総合的に比較して石器群の分類を行い、石器群の共通性を明らかにし、遺跡の立地との関連性を検討する。遺跡に残された遺物から石材の消費形態を復元する場合、原石採取から素材剥離、二次加工、使用、刃部再生、廃棄に至る石器のライフヒストリーを復元する必要がある。これら全てを論じるには紙数が足りないため、本論文では原石採取から素材剥離、素材の搬出形態に焦点を絞って検討することとし、それ以外の段階については別稿で論じることにする。

2. 分析対象資料

　小型舟底形石器石器群が出土している既報告ないし2007年度報告遺跡のうち、舟底形石器 Ia または IIa 類が点取り遺物で10点以上出土している石器ブロック群・区域を対象とする[2]。舟底形石器は素材の平坦面から周辺に二次加工を施して舟形に整形した石器である。これまでの報告の中でIa・b、IIa〜c 類に分離した（鈴木宏行・直江康雄 2006：p.10-11）。小型舟底形石器であるI類は、加工が精緻で幅が4〜12 mm、高さが8〜12 mm 程度の小型のもので、主に上下から側面加工が行われ、端部に細石刃状の縞状剥離痕を持つものが多い。幅は、4〜8 mm（Ia 類）のものが多く、一部8〜12 mm（Ib 類）のものがある。利用される石質は茶色が混じるいわゆる「花十勝」と呼ばれる黒曜石が多い。IIa 類は Ia 類の未成品で、主に上からのみ側面調整が行われ、端部に縞状剥離痕がみられない。素材には長さ15 cm 以下、主に10 cm 以下の小型の剥片・石核類が利用され、石材は Ia 類同様、茶色が混じる黒曜石が多い。IIb・c 類は大形石刃・大形舟底形石器石器群に伴うもので幌加型細石刃核に関連する可能性がある。

　分析の対象とした石器ブロック群・区域（以下、石器ブロック群で統一）は湧別川の上流側から遠軽町（平成17年に遠軽町と合併して白滝村から変更）服部台2遺跡 Sb-47〜52（直江康雄・鈴木宏行 2007）、上白滝（かみしらたき）8遺跡 A、D（鈴木宏行ほか 2004）、G、I〜K 区（鈴木宏行・直江康雄 2006）、上白滝2遺跡 Sb-11・12、Sb-13（鈴木宏行ほか 2001）、上白滝5遺跡 Sb-6〜11（直江康雄ほか 2002）、白滝3遺跡 Sb-1・斜面部[3]（北海道埋蔵文化財センター編 2002）である。以下、服2（47〜52）、上8（A）、上8（D）、上8（G）、上8（I）、上8（J）、上8（K）、

上2（11・12）、上2（13）、上5（6〜11）、白3（1・斜）と略称する。単体・接合資料ともに掲載資料を分析対象とし、他の石器群と重複する「区域」の接合資料については本石器群に属するもののみ対象とした。その結果、接合資料については順に18、1、35、47、20、84、113、8、14、18、20、45個体、計405個体の掲載資料を扱った。なお、対象石器ブロック群は服部台2遺跡を除き、全て筆者が報告を担当したものである。

3. 赤石山周辺の黒曜石の分布

　赤石山の黒曜石の産出状況については木村英明や長沼孝によって詳しく説明されている（木村英明1995、長沼孝2000）。赤石山一帯の体系的な分布調査は行われていないが、ここでは現状で把握されている黒曜石の分布状況を整理し、藁科哲男による原石群（遺物分析研究所編2006）と比較して赤石山周辺の各地点において採取可能な黒曜石を分類したい。

　赤石山周辺には黒曜石の露頭がいくつか確認されている。深い森林のため未発見の露頭もあると予想されるが、大きく①山頂部から南西部への露頭群、②山頂部東部の露頭群、また、③赤石山の南東3kmに位置する872m峰の直下に位置する露頭群に分けられ（第1図）、藁科哲男による蛍光X線分析法では①が「赤石山群」（以下赤石山系と呼ぶ）、②が「あじさい滝群」、③が「白土沢群」と判定される。幌加沢遠間地点直下の沢で採集された原石の70％は元素組成が「あじさい滝群」と区別できない「幌加沢群」で、残りの30％は「赤石山群」に一致するという。また、八号沢川下流域で採取される梨肌黒曜石の「八号沢群」は「白土沢群」と類似する。このことから「あじさい滝群」と「幌加沢群」、「白土沢群」と「八号沢群」をそれぞれ同一とみなし、それぞれ「あじさい滝系」、「梨肌系」と呼称する。「あじさい滝系」と「梨肌系」は元素組成上区別できないが、前者は瑠璃光沢が強く、後者は細かい気泡が多く瑠璃光沢の鈍い俗称「梨肌」と呼ばれるもので、両者は肉眼的特徴で区別される。

　以上を整理すると、①「赤石山系」の岩帯は赤石山山頂から西側にかけて連続・非連続的に分布し、②「あじさい滝系」の岩帯は赤石山山頂部下部の東側から南東部にかけて連続・非連続的に分布し、③「梨肌系」の岩帯は赤石山山頂部から3km南東部の872m峰から鹿砦周辺にかけて連続・非連続的に分布するものと推定される。これらの岩帯の分布から沢に含まれると想定される黒曜石を分離すると、①と③の西側を通過して流れる沢を集める八号沢川には「赤石山系」「梨肌系」の黒曜石、③を通過して流れる十勝石沢川には「梨肌系」の黒曜石、①の東側・南東側と②と③の東側を通過して流れる沢を集める幌加湧別川には「赤石山」「あじさい滝」「梨肌系」の黒曜石が含まれることになる。

　八号沢川や幌加湧別川に含まれる「赤石山系」「あじさい滝系」と「梨肌系」は肉眼的に分離可能である。幌加沢遺跡遠間地点直下の沢に含まれる「赤石山系」「あじさい滝系」の比率は藁科の分析結果を用いれば、前述の通り3：7程度である。現在（『白滝遺跡群VII』の報告）までに服部台2遺跡から上白滝6遺跡までの上白滝地区で413点の蛍光X線

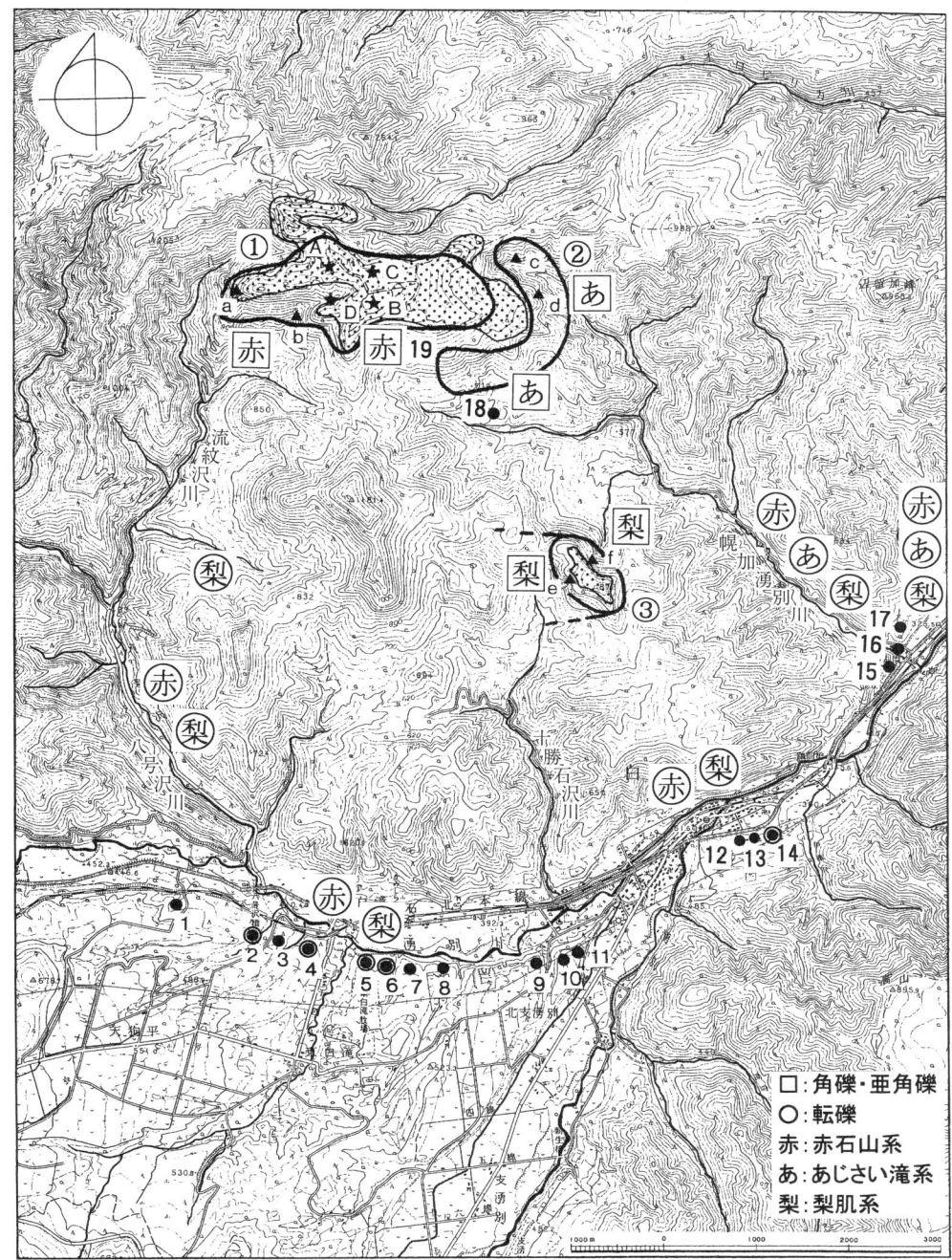

原産地遺跡における遺跡間変異研究　113

1:奥白滝11　2:服部台2　3:奥白滝1　4:上白滝8　5:上白滝2　6:上白滝5　7:上白滝6　8:上白滝7　9:北支湧別4
10:白滝第4地点　11:白滝第30地点　12:白滝8　13:白滝18　14:白滝3　15:旧白滝9　16:旧白滝8　17:旧白滝5
18:幌加沢遠間地点　19:赤石山　A:黒　B:赤(採掘後)　C:茶　D:流紋岩球顆　a:八号沢の露頭　b:球顆の沢・柱状露頭
c:幌加沢の露頭　d:あじさいの滝　e:十勝石沢の露頭　f:白土の沢露頭
①「赤石山系」岩帯、②「あじさい滝系」岩帯、③「梨肌系」岩帯推定分布範囲

第1図　調査遺跡・露頭位置及び原石分布状況

分析による産地推定を行ったが、そのうち「あじさい滝群」と判定された遺物は31点で、同一母岩の無いトゥールで搬入されたものが多く、剥片剥離が行われているのは、素材剥片で搬入されている奥白滝1遺跡の紅葉山型細石刃核石器群のみである。このことは、八号沢川周辺で「あじさい滝系」の原石が採取できない可能性があることを間接的に示し、逆に、続縄文時代の遺跡ではあるが幌加湧別川の出口付近に立地する旧白滝8遺跡では15点中7点が「あじさい滝群」、6点が「赤石山群」に判定されており、両者が幌加湧別川に含まれることを間接的に示している。以上の黒曜石の分布から湧別川本流に含まれる黒曜石を推定すると、瑠璃光沢のある原石は幌加湧別川との合流点の上流側では「赤石山系」の転礫のみで、下流側では「赤石山系」「あじさい滝系」の転礫が混在することになる。また、沢筋で採取可能な角・亜角礫は、八号沢川・流紋沢川ルートでは「赤石山系」、幌加湧別川ルートでは「あじさい滝系」とさらに登った山頂部周辺での「赤石山系」である。

4. 遺跡の位置

　白滝地域の遺跡の多くは湧別川によって形成された河岸段丘上に立地している。遺跡は赤石山周辺から流れ出す沢と湧別川の合流点付近から下流側に広がる形で集中し、上流側から順に、①八号沢川と湧別川、②十勝石沢川と湧別川、③幌加湧別川と湧別川の合流点周辺の3か所の集中地区として捉えられる。

　①は湧別川と支湧別川に挟まれた三角地帯の西側北縁に位置し、背後には天狗岳からの緩斜面が広がる。白滝第13地点遺跡をはじめ、服部台、白滝第32・33地点遺跡など、学史的に有名かつ大規模な遺跡が集中する白滝地域内で最大の大規模遺跡集中地区である。②は三角地帯の北東部に位置し、湧別川と支湧別川との合流点にも近く、白滝第4・30地点遺跡の大規模遺跡が立地している。③は湧別川と支湧別川の合流点の下流域に位置し、①②と違い、湧別川の両側に山が迫った平坦面が少ない地形である。

　服部台2・上白滝8・上白滝2・上白滝5遺跡は①に位置し（第1図）、八号沢川と湧別川との合流点からそれぞれ0.5km、1.1km、1.5km、1.8km下流に分布する。各遺跡の1 m^{2}あたりの出土数は119点、76点、62点、11点と合流点付近には大規模遺跡が、下流に離れるにつれ規模が小さくなる。本地域では八号沢川から流紋沢川を上ると「赤石山系」の角・亜角礫が採取でき、湧別川本流では「赤石山系」・「梨肌系」の転礫が採取できる。

　白滝3遺跡は②と③の中間に位置し、八号沢と湧別川の合流点からは6km下流、幌加湧別川と湧別川の合流点から2.2km上流に位置する。1 m^{2}あたりの出土数は14点である。転礫は湧別川で「赤石山系」が採取可能で、角・亜角礫採取には八号沢川よりも幌加湧別川が近く、その場合「赤石山系」「あじさい滝系」が採取可能である。

5. 遺物の分析

(1) 石器ブロック群・区域の規模

第1表は各石器ブロック群・区域の点取り遺物の石器組成である。服2（47～52）・上8（A）・上8（D）・上8（G）・上8（I）・上8（J）は有舌尖頭器石器群、広郷型ナイフ形石器石器群など複数の石器群が重複して出土し、それらを合計した点数のため本来の小型舟底形石器石器群の出土量より多い。これらについては、参考値として留めるが、舟底形石器の量を比べると上白滝8遺跡では、上8（A）・上8（K）を除く上8（D）・上8（G）・上8（I）・上8（J）で、ほぼ100点以上出土しており、また、接合資料の量でも他の遺跡を凌駕している。上8（D）・上8（G）・上8（I）・上8（J）以外の石器ブロック群は1万点以下で、白滝3遺跡は最も規模が小さく、全体的には上白滝8遺跡に非常に大規模な石器ブロック群が形成される一方、相対的に小規模な石器ブロック群が他の遺跡に残され、服部台2遺跡を除くと下流に向かって概ね小規模化している。石器組成では各石器ブロック群とも尖頭器、周縁加工左刃彫器、掻器、削器、錐形石器、舟底形石器が伴い、石刃類も多数出土する（第2～4図）。本石器群は各石器ブロック群に共通して尖頭器製作、石刃剥離、舟底形石器製作（主にIIa類）が行われ、一方で彫器、掻器、錐形石器などの加工・使用・刃部再生などが行われたと考えられる（鈴木宏行2001・2002・2004・2006）。

(2) 石器製作技術と原石の選択性

石器製作において製作者は目的とする石器を念頭において一連の石器製作をイメージしながら原石採取、剥片剥離技術、素材選択、二次加工技術の各段階で選択を行っている。本石器群の目的とする石器は、尖頭器、彫器・掻器などの石刃製石器、舟底形石器の3種類に分けられる。これまでの報告の中で、剥片剥離技術は①1原石から一つの石核素材の尖頭器を製作する両面調整技術（第2図19・27など）、②単剥離打面から頭部調整を伴って石刃を剥離する石刃剥離技術（上5（6～11）では打面調整も見られる）（第2図6・28など）、③厚手の剥片を剥離する剥片剥離技術（第2図13・21など）に分けられ、尖頭器は①、石刃製石器素材は②の技術によって製作され、舟底形石器は①～③すべての剥片剥離技術から剥離された剥片を素材として加工されていることが判明している（鈴木宏行前掲）。以下、剥片剥離技術の①を「尖頭器」、②を「石刃」、③を「その他」と略称する。

1) 剥片剥離技術と原石形状

接合資料の原石形状を角礫・亜角礫、転礫に分類した。本来角礫と転礫は対応する言葉ではないが、採取地点を考慮に入れて、表面が平滑で原石の角の潰れがほとんど無いものを「角礫」（第2図20・35など）、表面が平滑で角が潰れているものを「亜角礫」（第2図37・39など）、角が丸くなり、全体的に丸みを帯びているものを「転礫」（第2図29、第3図11など）とした。角・亜角礫は露頭周辺から沢の上流部にかけて採取可能で、転礫は沢の

第1表　石器ブロック群・区域の石器組成（点取り遺物）

点取り遺物点数	尖頭器	両面調整石器	ナイフ形石器	彫器	掻器	削器	錐形石器	舟底形石器	二次加工ある剥片	細石刃	細石刃核
服2(45〜52)	19	16		16	3	9	3	14	10		
上8(A)	72	13	1	7	24	49	5	29	17	25	28
上8(D)	264	59	1	32	36	109	7	111	41	1	
上8(G)	49	8	1	25	35	82	7	98	45		
上8(I)	202	11	44	57	54	125	11	113	110		
上8(J)	125	27		77	34	101	11	221	95		
上8(K)	17	2		2	3	15		30	1		
上2(11・12)	7			1	6	4	1	20	6		
上2(13)	17			13	22	42	3	40	21		
上5(6〜11)	27			69	28	31	2	67	20		
白3(1・斜)	3			5				22	2		

石刃	縦長剥片	石刃核	石核	削片	剥片	斧形石器	つまみ付ナイフ	石刃鏃	原石	礫石器等	合計
75	85	6	6	10	8216						8488
189	165	13	32	87	12903				8	2	13669
201	440	37	54	18	27331	1			31	9	28783
208	293	31	25	31	16156				3		17097
821	876	56	57	83	48712	1			19	1	51353
539	571	52	95	44	39392		1		10	2	41397
43	48	6	15	1	3200						3383
11	38	2	15	4	3166						3281
69	108	15	20	8	5356				32		5766
98	104	9	18	36	9243	2		1	2	1	9758
18	18	5	8	8	919						1009

第2表　剥片剥離技術と原石形状・肉眼的特徴

石器ブロック群	剥片剥離技術	角礫・亜角礫 黒曜石1	黒曜石4	黒曜石5	小計	転礫 黒曜石1	黒曜石3	黒曜石4	黒曜石5	小計	総計
服2(47〜52)	「尖頭器」					2				2	2
	「石刃」	1			1	3	1	2		6	7
	「その他」		3		3	3				3	6
	小計	1	3		4	8	1	2		11	15
上8(A)	「その他」		1		1						1
	小計		1		1						1
上8(D)	「尖頭器」	1	6		7						7
	「石刃」		12		12		2	2		4	16
	「その他」		8		8			1		1	9
	小計	1	26		27		2	3		5	32
上8(G)	「尖頭器」		4		4						4
	「石刃」	7	17		24		2	1	1	4	28
	「その他」		10		10			3		3	13
	小計	7	31		38		2	4	1	7	45
上8(I)	「尖頭器」		9		9						9
	「石刃」	1	36		37	9	1	5	1	16	53
	「その他」		14		14			1		1	15
	小計	1	59		60	9	1	6	1	17	77
上8(J)	「尖頭器」	10	4	1	15	6		3	2	11	26
	「尖頭器+石刃」	2			2						2
	「石刃」	25	3		28	17	1		4	25	53
	「その他」	2	4		6	5		14		19	25
	小計	39	11	1	51	28	1	21	5	55	106
上8(K)	「尖頭器」	1			1						1
	「石刃」		2		2						2
	「その他」		4		4			1		1	5
	小計	1	6		7			1		1	8
上2(11・12)	「尖頭器」		4		4						4
	「石刃」		1		1	1		3		4	5
	「その他」		3		3			1		1	4
	小計		8		8	1		4		5	13
上2(13)	「尖頭器」		3		3						3
	「石刃」		3		3			7		7	10
	「その他」		1		1						1
	小計		7		7			7		7	14
上5(6〜11)	「尖頭器」	1	8		9	1				1	10
	「石刃」	8	4		12	2		3		5	17
	「その他」	2	5		7			2		2	9
	小計	11	17		28	3		5		8	36
白3(1・斜)	「尖頭器」		2		2			1		1	3
	「石刃」	1	2		3	3	1		1	5	8
	「その他」		3		3			3		3	6
	小計	1	7		8	3	1	4	1	9	17
総計		62	176	1	239	52	8	57	8	125	364

下流域や湧別川本流で採取される。また、肉眼的特徴から黒色の「黒曜石1」、梨肌の「黒曜石2」、黒色に茶色の混じった（茶＜黒）「黒曜石3」、黒色に茶色の混じった黒曜石4（茶＞黒）、黒色に紫がかった茶色の混じった「黒曜石5」の5種類（鈴木宏行・直江康雄2006の口絵32を参照）に分類した。

接合資料は礫形状が判定できるものを対象とし、それらは、原石ないし原石に近い形状で遺跡内に持ち込まれたもので、遺跡滞在中に採取されたものと考えられる。剝片剝離技術の「尖頭器」「石刃」「その他」の比率は石器群による多少の違いはあるが概ね20％、50％、30％程度である（第2表）。角・亜角礫の比率が高い石器ブロック群が多く、上8（D）・上8（G）・上8（I）・上8（K）・上5（6～11）は75％以上、上2（11・12）・上2（13）は50～60％台、上8（J）・白3（1・斜）は40％台、服2（47～52）は20％台である。

石質別では、全体的には「黒曜石4」が多用される傾向が強く、上8（D）・上8（K）・上2（11・12）・上2（13）では「黒曜石1」がほとんど利用されない。「黒曜石1」が利用されるのは比率の高い順から上8（J）、服2（47～52）、上5（6～11）、白3（1・斜）、上8（G）、上8（I）で、それぞれ63％、60％、40％、22％、15％、13％で、「尖頭器」・「石刃」・「その他」すべてに利用される服2（47～52）・上8（J）を除いて「黒曜石1」は石刃剝離にほぼ限定される。石刃剝離に利用される「黒曜石1」の原石は、上8（G）・上5（6～11）には角・亜角礫が、上8（I）・服2（47～52）には転礫が主体を占め、上8（J）は角・亜角礫が60％を占める。

「尖頭器」には、角・亜角礫と転礫、「黒曜石1」と「黒曜石4」がそれぞれほぼ同率で利用される上8（J）、転礫の「黒曜石1」が利用される服2（47～52）を除いて、ほとんどの石器ブロック群で「黒曜石4」の角・亜角礫が利用されている。

「石刃」は角・亜角礫の比率が高い上8（D）・上8（G）・上8（I）・上8（K）・上5（6～11）、ほぼ同数の上8（J）、転礫の比率が高い服2（47～52）・上2（11・12）・上2（13）・白3（1・斜）に分けられるが、「尖頭器」「その他」に比べ角・亜角礫、転礫両者が利用される。前述のように「黒曜石1」が利用される場合があるが、服2（47～52）・上8（J）・上5（6～11）を除いて「黒曜石4」が主体的に利用される。

「その他」は、角・亜角礫の比率が高い上8（A）・上8（D）・上8（G）・上8（I）・上8（K）・上2（11・12）・上2（13）・上5（6～11）、ほぼ同数の服2（47～52）・白3（1・斜）、転礫の比率が高い上8（J）に分けられ、ブロック群全体の石材傾向に概ね一致する。また、「その他」には上8（J）・服2（47～52）を除いてほとんどが「黒曜石4」が利用され、「黒曜石1」の比率が高い上8（J）であっても「その他」に限っては黒曜石4の比率が高い。「その他」は舟底形石器の素材の剝離を主な目的としているため、舟底形石器には「黒曜石4」が好んで利用されていたことになる。

以上の特徴を大別すると、①角・亜角礫率が高く、「黒曜石1」の利用率が非常に低い上8（D）・上8（K）・上2（11・12）・上2（13）、②角・亜角礫率が高く、「黒曜石1」が

118

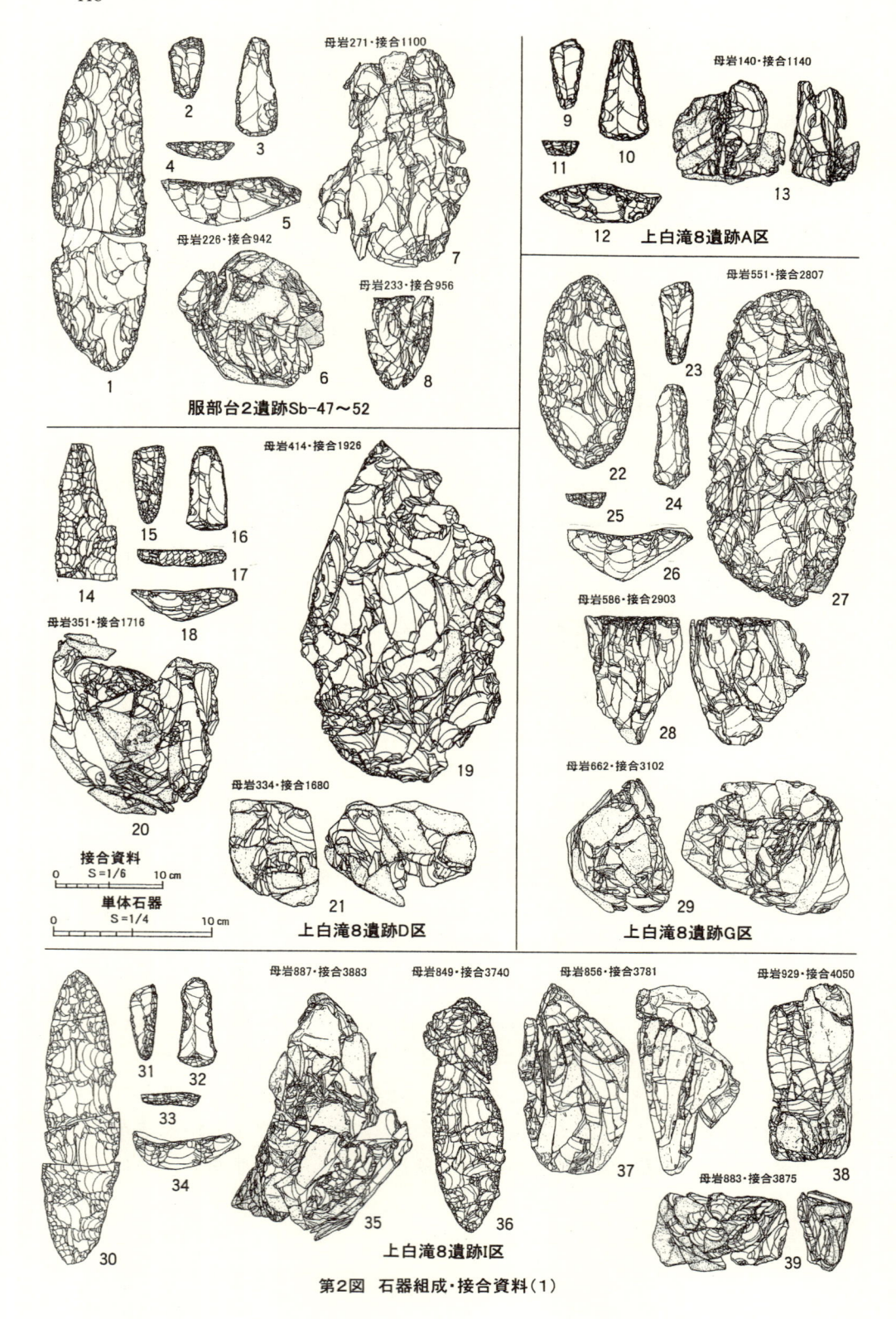

母岩271・接合1100

母岩140・接合1140

母岩226・接合942

母岩233・接合956

12 上白滝8遺跡A区

服部台2遺跡Sb-47〜52

母岩551・接合2807

母岩414・接合1926

母岩586・接合2903

母岩351・接合1716

母岩662・接合3102

接合資料
0　　S=1/6　　10cm
単体石器
0　　S=1/4　　10cm

母岩334・接合1680

上白滝8遺跡D区

上白滝8遺跡G区

母岩887・接合3883　母岩849・接合3740　母岩856・接合3781　母岩929・接合4050

母岩883・接合3875

上白滝8遺跡I区

第2図　石器組成・接合資料(1)

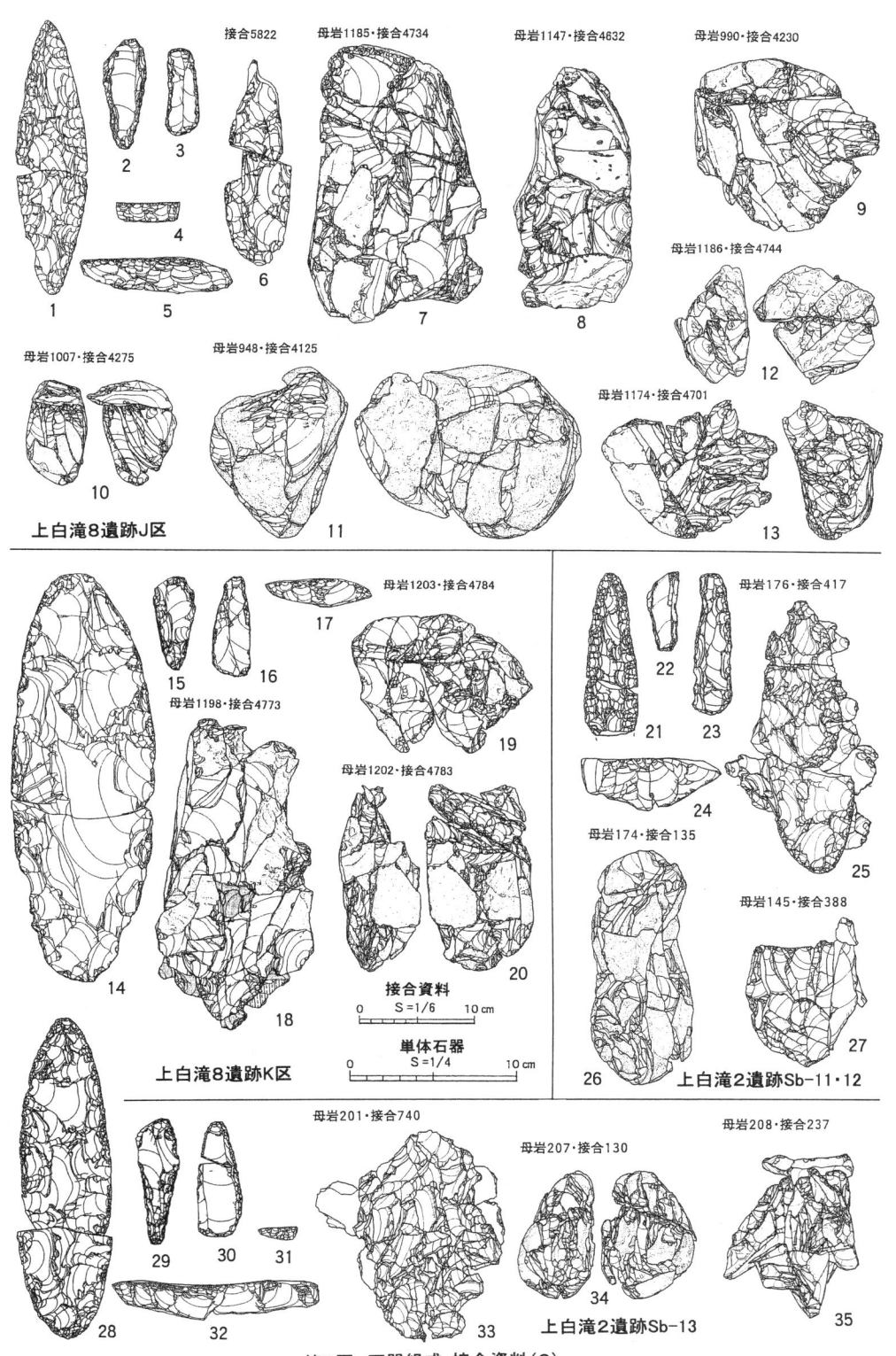

原産地遺跡における遺跡間変異研究　119

第3図　石器組成・接合資料(2)

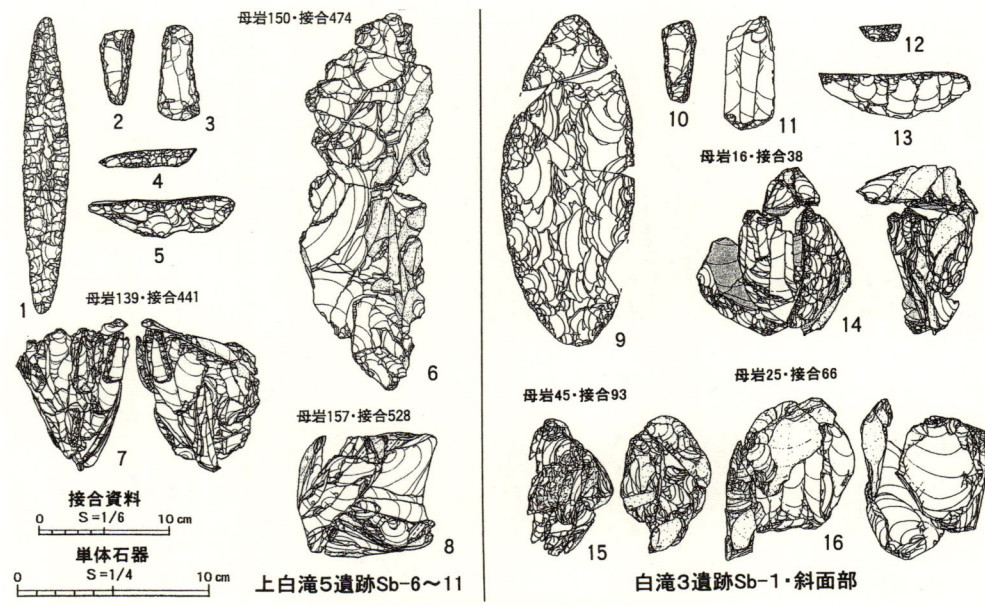

第4図 石器組成・接合資料（3）

「石刃」にほぼ限定して利用される上8（G）・上8（I）・上5（6〜11）・白3（1・斜）、③転礫率と「黒曜石1」の比率が高く、「黒曜石1」が3種類の剥片剥離技術に利用される上8（J）・服2（47〜52）に分けられる。但し、①の石器ブロック群にも黒曜石1製の石刃・石刃核などが含まれており、②と同一の原石採取戦略が採用されていた可能性がある。上8（A）は1個体のみであり、分類困難である。

　原石形状・剥片剥離技術の種類と原石の大きさを第5・6図に示した。全体の傾向として搬入形態が原石・両面体に関わらず「尖頭器」には20〜30cmの原石が主体的に利用され（上8（D）・上5（6〜11）には30〜50cmのものも含まれる）、「石刃」「その他」に比べ大きいサイズの原石が利用される。それ以外では、①「石刃」「その他」が原石形状に関わらず大きさに違いが見られない上8（G）・上8（I）・上2（11・12）・上2（13）・上5（6〜11）と②剥片剥離技術と原石とに相関が認められる服2（47〜52）・上8（D）・上8（J）・上8（K）・白3（1・斜）に分けられる。②では転礫素材の「石刃」が最も大きく（15〜20cmが主体）、次いで角・亜角礫素材の「石刃」（15cm前後が主体）、最も小さいのが角・亜角礫素材の「その他」（10〜15cm主体）である。転礫素材の「その他」は上8（J）・上5（6〜11）では相対的に小型に分布するが、その他は傾向性が認められない。①②とも「尖頭器」の素材には大型の角・亜角礫や一部転礫が選択されている。②は原石採取段階で剥片剥離技術に対応した選択性が働いて、「石刃剥離用」、「（舟底形石器素材剥離のための）剥片剥離用」など目的に応じた採取が行われていたものと思われる。

　「尖頭器」の搬入時の原石・両面調整体の長さは①20〜25cmの上2（13）、②20〜30cmの服2（47〜52）・上8（I）・上8（J）・上2（11・12）、③25〜35cmの上8（G）、④20〜45

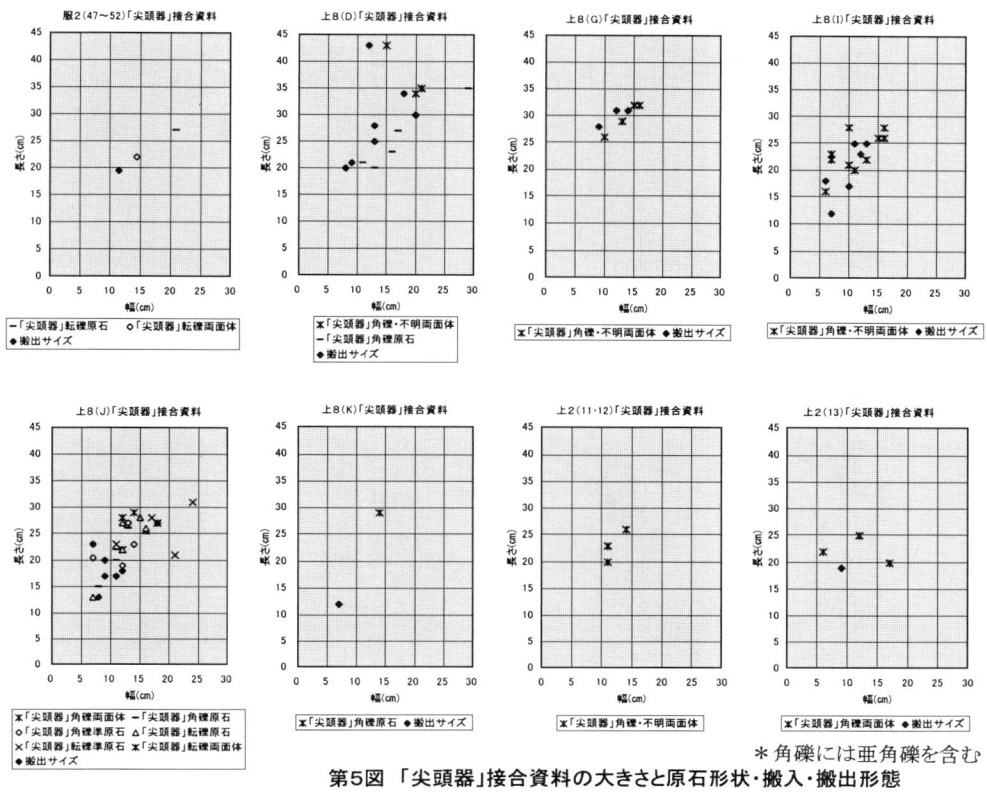

第5図 「尖頭器」接合資料の大きさと原石形状・搬入・搬出形態

第3表 舟底形石器製作の有無と剥片剥離技術

剥片剥離技術種類	「尖頭器」		「石刃」		「その他」		合計
石器ブロック群	舟底有り	舟底無し	舟底有り	舟底無し	舟底有り	舟底無し	
服2(45〜52)	1	2	2	7	3	3	18
上8(A)					1		1
上8(D)	1	7	10	6	9		33
上8(G)	1	4	18	10	12	1	46
上8(I)	3	13	30	23	12	3	84
上8(J)	6	26	21	30	19	8	110
上8(K)		1	2	5			8
上2(11・12)	2	3		5	4		14
上2(13)		3	5	5	1		14
上5(6〜11)		11	7	15	7	3	43
白3(1・斜)	1	3	3	5	4	3	19
総計	15	73	98	106	77	21	390

＊角礫には亜角礫を含む

cmの上8（D）・上5（6〜11）に分けられ、搬出される尖頭器の長さも原石ないし搬入時の両面調整体に対応して変異が見られるが、幅は10cm前後のものが多い。また、転礫が一定量利用される服2（47〜52）・上8（J）は「石刃」「その他」には他の石器ブロック群に比べ相対的に大型の原石が利用される反面、「尖頭器」には小型の原石が利用され、原石の大きさは「石刃」「その他」の原石サイズと連続的である。

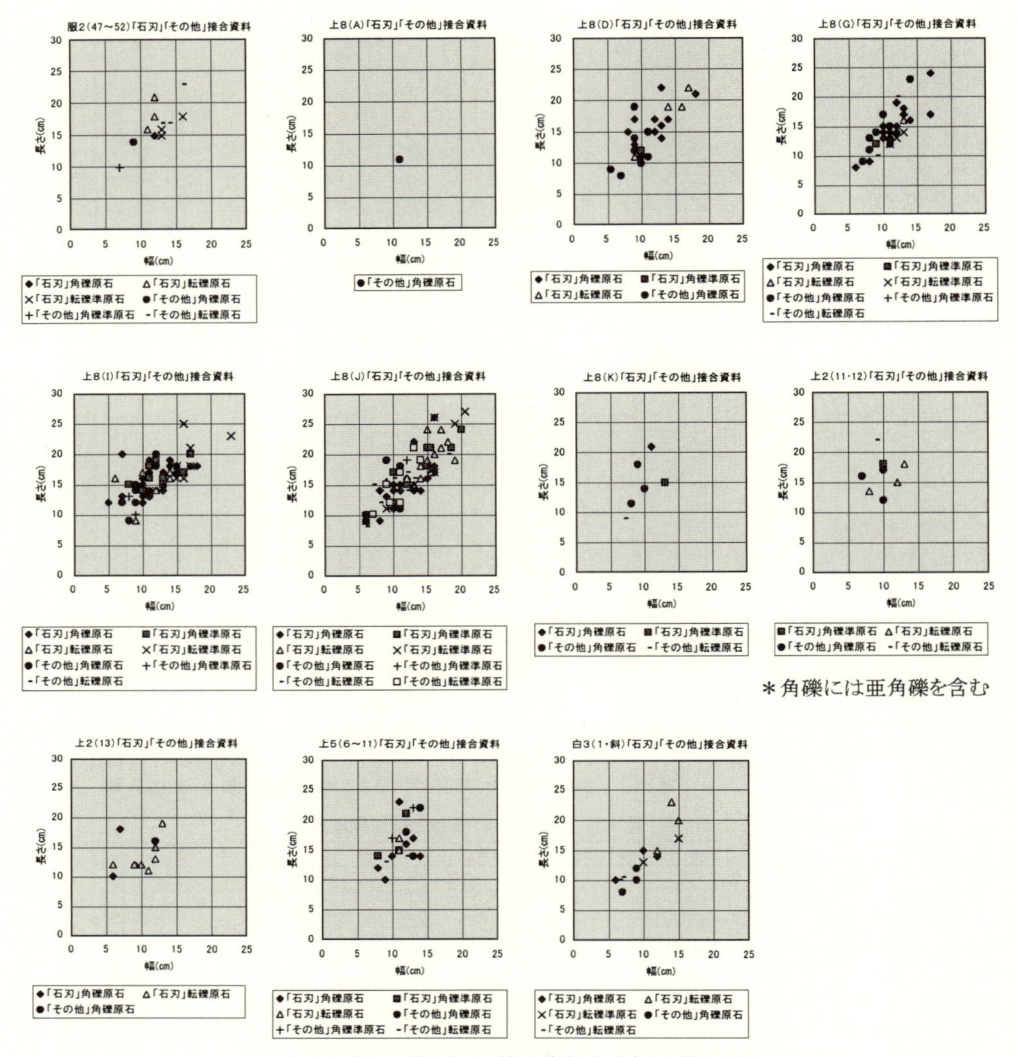

第6図 「石刃」「その他」接合資料の大きさと原石形状

2) 舟底形石器製作と剥片剥離技術

舟底形石器は「尖頭器」「石刃」「その他」全ての剥片剥離技術から剥離された剥片類を素材として加工されているが、全体ではそれぞれ15％、48％、79％の母岩に含まれている（第3図）。「その他」は主に舟底形石器の素材を得るために剥離されたもので、「石刃」・「尖頭器」については舟底形石器の素材に適する剥片類が素材として利用されている。「石刃」の初期段階の打面作出剥片などの石核調整段階の厚手の剥片は素材として適しており、「尖頭器」の調整剥片は薄く素材として適していなかったため利用率に違いがある。

3) 剥離された石刃の長さと原石形状

剥離される石刃の最大長は剥離の進行に伴う石刃核の変形によって減少し、接合資料で

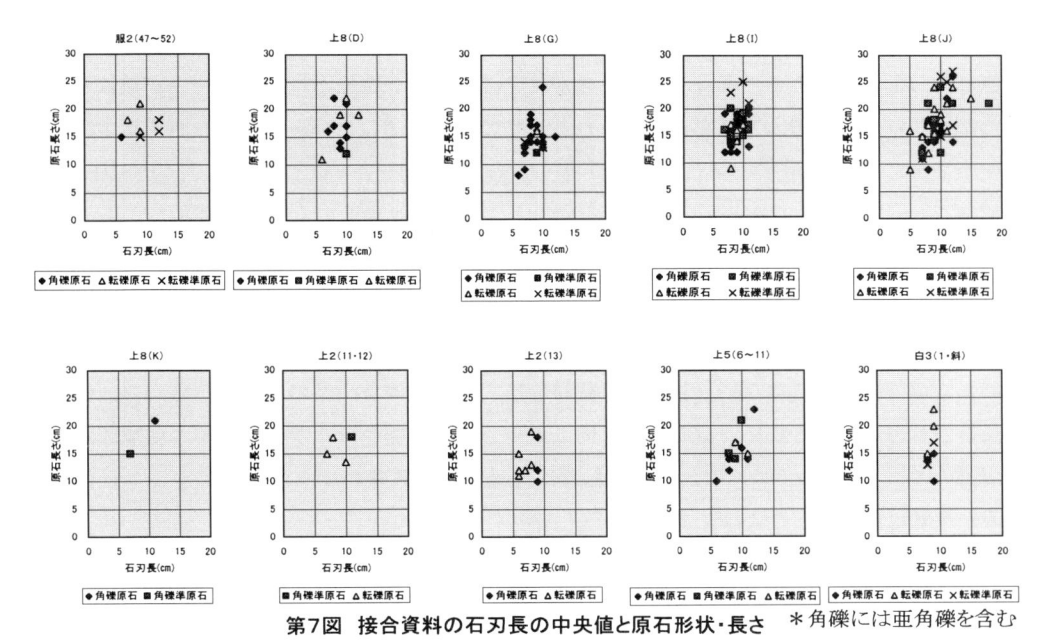

原産地遺跡における遺跡間変異研究　123

第7図　接合資料の石刃長の中央値と原石形状・長さ　＊角礫には亜角礫を含む

第4表　接合資料の石刃長の中央値と原石形状

剥離された石刃長(cm)	服2(47～52)			上8(D)			上8(G)			上8(I)			上8(J)			上8(K)			上2(11·12)			上2(13)			上5(6～11)			白3(1·斜)		
	角·亜角	転礫	小計	角·亜角	転礫	小計	角·亜角	転礫	小計	角·亜角	転礫	小計	角·亜角	転礫	小計	角·亜角	転礫	小計	角·亜角	転礫	小計	角·亜角	転礫	小計	角·亜角	転礫	小計	角·亜角	転礫	小計
～6	1	0	1	0	1	1	1	0	1	0	0	0	2	2	0	0	0	0	0	0	0	3	3	1	0	1	0	0	0	0
～8	0	1	1	3	0	3	12	1	13	15	4	19	10	4	14	0	0	0	2	0	2	4	4	0	5	5	1	2	3
～10	0	3	3	8	2	10	9	3	12	15	8	23	10	8	18	0	0	0	0	0	0	0	0	3	4	1	5	2	3	5
～12	0	2	2	0	1	1	1	0	1	5	1	6	4	6	10	1	0	1	0	0	0	0	0	0	1	3	0	0	0
～14	0	0	0	0	0	0	0	0	0	0	0	0	0	0	0	0	0	0	0	0	0	0	0	0	0	0	0	0	0
～16	0	0	0	0	0	0	0	0	0	0	0	0	0	0	0	0	0	0	0	0	0	0	0	0	0	0	0	0	0
～18	0	0	0	0	0	0	0	0	0	0	0	0	1	0	1	0	0	0	0	0	0	0	0	0	0	0	0	0	0
合計	1	6	7	11	4	15	23	4	27	35	13	48	25	21	46	2	1	3	7	10	10	2	12	3	5	8
平均値	6.0	9.7	9.3	9.3	9.3	9.3	8.3	8.8	8.4	9.2	9.1	9.0	9.3	10.0	9.6	9.0	11.0	8.5	9.0	9.0	6.9	7.5	9.1	9.4	10.1	8.7	8.6	8.6
最大値	6	12	12	10	12	12	12	10	12	13	12	13	18	19	19	11	11	10	11	9	11	12	12	9	9
最小値	6	7	6	7	6	6	6	7	6	7	6	7	5	5	5	7	11	7	5	5	7	9	6	6	6	6	6	8	8	8
標準偏差	0.0	1.8	1.9	1.0	2.2	1.4	1.5	1.1	1.4	1.3	1.0	1.2	2.4	2.9	2.7	2.0	0.0	1.1	1.4	0.8	1.2	1.6	2.1	1.6	0.5	0.5	0.5

第5表　接合資料における石刃の欠落状況と原石形状

石器ブロック群	服2(45～52)				上8(D)					上8(G)					上8(I)					上8(J)					
石刃欠落状況	大	中	小	無	小計	大	中	小	無	小計	大	中	小	無	小計	大	中	小	無	小計	大	中	小	無	小計
角礫·亜角礫		1			1	3	6	2	1	12	8	6	9		23	16	13	5	2	36	10	5	9	3	27
転礫	3		2	1	6		1	3		4			1	2	4	4	3	5	3	15	2	8	11	2	23
合計	3	1	2	1	7	3	7	5	1	16	8	7	10	2	27	20	16	10	5	51	12	13	20	5	50

石器ブロック群	上8(K)		上2(11·12)			上2(13)					上5(6～11)					白3(1·斜)				合計
石刃欠落状況	大	小計	中	小	小計	大	中	小	無	小計	大	中	小	無	小計	大	中	小	小計	
角礫·亜角礫	2	2	1		1	1	1	1		3	2	3	5		10	1	1	1	3	116
転礫			2	2	4		1	5	1	7	1		1	1	3	2	2	1	5	71
合計	2	2	3	2	5	1	2	6	1	10	2	3	6	1	13	3	3	2	8	187

第6表　原産地推定結果

石器ブロック群	服2(47～52)	上8(D)	上8(G)	上8(I)	上8(K)	上2(11·12)	上2(13)	上5(6～11)	白3(1·斜)	合計
赤石山	2	4				1	2	21	31	61
あじさい滝			1					1	1	3
ケショマップ								3		3
所山				3	2					8
十勝								1		1
合計	2	4	1	3	2	1	2	28	33	76

は段階によって石刃長が変化するのが確認できる。各接合資料で観察される石刃長の中央値と原石形状・大きさの関連を示したのが第7図である。準原石は原石に近いが数枚の剝離が行われた後に搬入されたと考えられるものである。そのため、本来の原石形状よりやや小さめの数値を示す。原石の最大長は上2 (13) が10～15 cmと小さめで、上8 (J) が12～27 cmと大きめであるが、それらを除くと12～20 cm程度のものが主体的で、そのうち上8 (D)・上8 (G)・上8 (I)・上5 (6～11)・白3 (1・斜) には少量ながら20 cm以上の原石が含まれる。原石形状は服2 (47～52)・上8 (D)・上8 (I)・上8 (J)・白3 (1・斜) で転礫が角・亜角礫に比べ大型である。剝離される石刃長の中央値は7～11 cmで原石形状による違いは顕著ではない。しかし、相対的に大型の転礫と小型の角・亜角礫から同様の長さの石刃が剝離されていることや、同じ大きさでは転礫のほうが短い石刃が剝離される(上2 (11・12)・上2 (13)) ことから、転礫に比べ角・亜角礫のほうが小型でもより長い石刃が剝離可能であったようである。

接合資料の石刃長の中央値を詳しく見ると (第4表)、上2 (13) の転礫はやや短めであるが、全体的に9 cm前後がほとんどで石器ブロック群による偏りはほとんど認められない。また、標準偏差から読み取れるバラツキは上8 (J) が大きいものの、その他は小さく、石刃剝離の際に作業面長が類似した石刃核が準備されていたことが認められる。

4) 接合資料における石刃の欠落状況と原石形状

石刃が剝離されている接合資料における石刃欠落率を、ほとんどが欠落している「大」(第3図9・19など)、半分程度欠落している「中」(第2図20・29など)、少量欠落している「小」(第3図10・34など)、欠落がほとんど無い「無」に分けた (第5表)。欠落率は遺跡に残されていない石刃の量に相当するため、搬出率とみなすことが可能である。前述の通り、「石刃」は角・亜角礫の比率が高い上8 (D)・上8 (G)・上8 (I)・上8 (K)・上5 (6～11)、ほぼ同数の上8 (J)、転礫の比率が高い服2 (47～52)・上2 (11・12)・上2 (13)・白3 (1・斜) に分けられるが、「尖頭器」「その他」に比べ偏りが少なく、両者が利用される傾向がある。上8 (D)・(G)・(I)・(J)・(K)・上2 (13)・上5 (6～11) は角・亜角礫の石刃欠落率が高く、全体の傾向としても角・亜角礫は石刃が量産され、そのうちの多くが欠落するものが多い。一方、転礫は石刃が量産されるものが少なく、欠落率も低い。原石形状と石刃量産の効率との関連については、剝離した個人の技量や原石形状の割り易さなどの要因が考えられるが、現状ではそれらの解釈の基準が無い。両者が利用されながらも角・亜角礫の欠落率 (搬出率) が高い現象については、転礫の利用率・欠落率が高い服2 (47～52)・白3 (1・斜) を除いて転礫利用が角・亜角礫による石刃剝離を補うものと位置付けておく。

III. 原産地分析結果と石材採取

　原産地分析試料は服2（47〜52）・上8（D）・上2（11・12）・上2（13）では代表的なトゥールや接合資料を、上8（G）・上8（I）・上8（K）では肉眼的に特徴的なものを、上5（6〜11）ではその両者を、白3（1・斜）ではトゥールや接合資料をほぼ網羅的に抽出して分析を行った（第6表）。これらは、石器ブロック群全体を必ずしも網羅的に扱ってはいないが、肉眼的に特徴なもの以外は主要な石材傾向を反映していると考えられる。

　接合資料は、経験上、上白滝地区の遺跡でよく見る肉眼的特徴を呈するもので、白3（1・斜）出土の接合資料1点を除いて「赤石山群」に判定された。分析を行った接合資料は「尖頭器」が多いが、一部、「石刃」「その他」も含まれ、角・亜角礫を主体として転礫も含まれる。白3（1・斜）を含め、本石器群のほとんどが「赤石山群」の黒曜石が利用されており、産地分析による黒曜石の分布（第1図）と合わせると白3（1・斜）を除いた八号沢川と湧別川の合流点付近の遺跡を残した人々は、角・亜角礫を八号沢川・流紋沢川ルートで採取し、転礫を遺跡直下の湧別川で採取していたものと考えられる。

　「赤石山群」以外の判定結果が得られた白3（1・斜）出土の接合資料（第4図16）は、やや透明感のある「黒曜石1」の角礫で、原石の形状で搬入され、石刃剥離が行われたものである。「あじさい滝群」と判定された。白3（1・斜）では「黒曜石1」の角礫の唯一の接合資料で、他の「黒曜石1」の転礫、「黒曜石4」の角・亜角・転礫は全て「赤石山群」の判定であった。白滝3遺跡は幌加湧別川の合流点のほうが近く、その沢筋を登って採取されたと考えられるが、「あじさい滝群」の黒曜石は幌加湧別川近くに立地していても客体的な利用状況であったと思われる。「黒曜石4」の角・亜角礫が接合資料の半数程度含まれる（第2表）ことから、山頂部周辺に原石を採取に訪れていることは確実で、角・亜角礫の採取を幌加湧別川ルートでも「あじさい滝系」の露頭周辺では採取を行わず、さらに山頂まで登って「赤石山群」の黒曜石（特に「黒曜石4」）を採取したものと考えられる。また、転礫は全て「赤石山群」であることから他の八号沢川と湧別川の合流点付近の遺跡同様、直下の湧別川で採取していたと考えられる。

　一方、肉眼的に特徴的な掻器・削器・石刃は、上8（G）で「あじさい滝群」、上8（I）・上8（K）で「所山群」、上5（6〜11）で「あじさい滝群」「ケショマップ群」「所山群」、白3（1・斜）で「十勝群」と判定され、これらは母岩別資料が無く、全て単体で搬入されたと考えられる。これらは、回帰的な行動により石器群が残されたと考えた場合、移動ルートを考える材料になる。周辺地域では白滝産の「黒曜石4」と肉眼的に推定される舟底形石器Ia類や尖頭器などが美幌町元町2・3遺跡、北見市中本遺跡、帯広市落合遺跡などで出土している。その分布と他産地の黒曜石の測定例は矛盾せず、白滝地域と北見・十勝間を各黒曜石産地（二次的な産地を含む）を経由して移動していたことが想像される。また、

同様な石器群は下川町西町1遺跡でも出土しており、下川方面にも白滝産の黒曜石が持ち込まれている。消費地遺跡との関連性については今後改めて検討したいと思う。

IV. 小型舟底形石器石器群の類型化と共通性

　白滝地域内の小型舟底形石器石器群は、石材の選択性などから、A類：上8（A）・上8（D）・上8（G）・上8（I）・上8（K）・上2（11・12）・上2（13）・上5（6〜11）・白3（1・斜）とB類：服2（47〜52）・上8（J）の2種類に分けられる。

　A類は「黒曜石4」の比率が高く、「尖頭器」「石刃」「その他」全てに利用され、「黒曜石1」は「石刃」にほぼ限定して利用される。角・亜角礫の比率が上8（D）・上8（G）・上8（I）・上8（K）・上5（6〜11）は高く、上2（11・12）・上2（13）は中程度、白3（1・斜）はやや低く、概ね八号沢川と湧別川の合流点より下流側に下るに従って転礫の利用率が増加する。転礫は角・亜角礫に比べ石刃の剝離効率が低く（石刃欠落量が少ない）、角・亜角礫の補助的な役割を担っていたと考えられ、下流域では角・亜角礫の採取可能な山頂部までの距離が遠くなるため転礫が多めに代用された可能性がある。「尖頭器」には大型の角・亜角礫が利用され、「石刃」「その他」に比べ大型の原石が利用され、それらは明確に区別される。「石刃」「その他」と原石サイズの相関は上8（G）・上8（I）・上2（11・12）・上2（13）には認められず、上8（D）・上8（K）・白3（1・斜）に認められる。「石刃」には12〜20cmの原石が主体的に利用され、「その他」の角・亜角礫には8〜15cm程度のやや小型の原石が利用される。剝離される石刃の大きさは9cm前後のものが多く、作業面長のバラツキは少ない。白滝地域内での分布に関しては、広域に分布し、八号沢川と湧別川の合流点付近の大規模遺跡集中地帯に規模の大きい石器ブロック群が残され、下流に離れるにつれ小規模化する。本類型を残した人々は角・亜角礫を主体的に利用しており、それらを入手するために八号沢ルートを利用し、そのために合流点付近に近い場所で頻繁で大規模な石器製作が行われた結果、遺跡間での規模の違いが生じたと考えられる。利用石材は、「黒曜石4」が多く、接合資料の産地分析結果も赤石山山頂部に分布する「赤石山系」の石材利用がほとんどである。「あじさい滝系」の黒曜石が採取可能な幌加沢川に近い遺跡でも同様で、「赤石山系」黒曜石へのこだわりが認められる。

　B類は「黒曜石1」が60%程度利用され、尖頭器を含めて半数以上に転礫が利用される。但し、「その他」には「黒曜石4」の使用率が高く、A類同様、舟底形石器に黒曜石4の嗜好が窺える。原石サイズと石器製作技術の相関が認められ、大型のものから順に「尖頭器」用の角・亜角・転礫、「石刃」用の転礫、「石刃」用の角・亜角礫、「その他」用の角・亜角礫となる。「石刃」用の原石サイズはA類より大型であるが剝離される石刃の平均は若干大きい程度であまり違いは見られない。しかし、石刃の大きさにはバラツキが見られ、大型のものから小型のものまで含まれている。「石刃」「その他」の原石はA類に

比べ大型である反面、「尖頭器」には他と変わらない大きさの原石が利用され、両者の大きさは連続的である。白滝地域内の分布に関しては、遺跡数が少ないものの八号沢川と湧別川の合流点付近に近い石材採取に適した地域に偏って分布する。本類型は転礫が半数近く利用され、角・亜角礫の比率が他の石器群に比べ低い。しかしながら、上8（J）については、その絶対量はA類の大規模石器ブロック群に比肩し、好立地を生かした石材採取が行われていたことが窺える。

A・B類ともに石器製作技術は共通し、これらは、石器群を形成する根本的な要素である。剝片剝離技術には「尖頭器」・「石刃」・「その他」の3種類が存在し、それらによって尖頭器・石刃・舟底形石器が製作され、特に石刃・舟底形石器IIa類は大量に製作され、搬出されている。トゥールには特徴的に石刃素材の周縁加工左刃彫器、搔器が含まれる。

また、遺物量を除くと各石器ブロック群で行われている作業に明確な違いは認められず、その内容は比較的均質であり、それが白滝地域における本石器群の最大の特徴である。

おわりに

白滝地域における原石の選択性と剝片剝離技術の関係の遺跡間変異について小型舟底形石器器群を対象に検討してきた。その結果、A・B類に類型化でき、A類では立地の違いによる遺物量・転礫利用率などの違いが認められた。しかしながら、そのような石材の選択性の違いが認められるものの石器ブロック群間には多くの共通点が見出され、原産地で行われた作業の均質さが明らかとなった。ところで、帯広市では白滝産黒曜石に偏る消費地遺跡の落合遺跡スポット1・2、十勝産黒曜石に偏る原産地遺跡的性格の南町1遺跡、その消費地遺跡的性格の落合遺跡スポット3～5があり、際立った違いが認められる。これらの違いが地域的なものかどうかは今後、白滝地域から地域を広げて検討する必要がある。また、今回は石器のライフヒストリーにおける素材の選択から二次加工、刃部再生、廃棄に至る過程については検討しておらず、それらについては別稿で論じたい。

白滝遺跡群の調査・報告は最も濃密な上白滝地区を終了し、旧白滝地区に移行している。旧白滝5・ホロカ沢I遺跡などがある旧白滝地区は幌加湧別川の湧別川本流への出口付近にあたり、石材利用の観点からも重要な地点である。これまで上白滝地区の報告を行ってきたが、今後はそれらを基礎にして黒曜石産地である白滝地域で行われた石器製作作業を具体的・総合的に復元して行きたいと思う。

最後になりましたが、須藤隆先生には大学時代、考古資料に対して真摯に実証的に取り組む姿勢を学びました。現在、白滝遺跡群の調査に関わって11年目になりますが、約460万点、10トンの黒曜石と正面から向き合い、なんとか取り組むことができるのはその姿勢を拝見し、そこから学び取ることができたためと思っています。まだまだ、学恩に報いることができたとは思っていませんが、今後もそのような姿勢を第一に考古学的調査に

取り組んでいきたいと思います。

　なお、赤石山周辺の黒曜石分布につきましては遠軽町教育委員会松村愉文氏に案内していただき、ご教示いただいた。また、服部台2遺跡の状況については直江康雄氏にご教示いただいた。末筆ながら両氏に感謝申し上げます。

　　註
1) 「石器ブロック群」は、石器組成・接合関係から関連すると考えられる単独または複数の「石器ブロック」（平面的な分布によって分離されたもの）によって構成された単位である。また、「区域」は、異なる石器組成の「石器群」が一部重複し、連続した分布状況を示す上白滝8遺跡で使用した用語で、石器組成・接合関係からは完全に分離できないがそれらの最大公約数的な分布上の括りとして単独または複数の「石器ブロック群」を分離した単位である。前者は同一の石器製作技術を持ち、同一時期の所産と考えられるが、後者は多少なりとも異なる「石器群」が混じっていると考えられる。また、上白滝2・5遺跡は報告書では「石器群」として報告しているが、これらは「石器ブロック群」に相当する。
2) 小型舟底形石器石器群は旧白滝5遺跡において2003・2006年に調査した高位部・中位部から出土している（北海道埋蔵文化財センター編2004・2007）。遺跡は幌加湧別川と湧別川の合流点付近に立地し、石材利用の観点から上白滝地区との比較において重要な遺跡となる。現在整理中で詳細は明らかになっていない。
3) 白滝3遺跡は現在『白滝遺跡群VIII』として印刷工程に入っている。2007年度前半には刊行予定で、データ類については報告書が優先する。

　　引用文献
千葉英一・畑　宏明　1982『服部台2遺跡・近藤台1遺跡』　白滝村教育委員会
北海道埋蔵文化財センター編　2002「白滝遺跡群・上白滝6・白滝3・下白滝遺跡」『調査年報』14　（財）北海道埋蔵文化財センター　pp. 22-29
北海道埋蔵文化財センター編　2004「白滝遺跡群・旧白滝5・旧白滝8・中島遺跡」『調査年報』16　（財）北海道埋蔵文化財センター　pp. 36-44
北海道埋蔵文化財センター編　2007「白滝遺跡群・旧白滝5遺跡」『調査年報』19　（財）北海道埋蔵文化財センター　pp. 36-45
遺物分析研究所編　2006「IV章4 上白滝8遺跡出土の黒曜石製石器の原材産地分析・水和層測定」『白滝遺跡群VI』北海道埋蔵文化財センター調査報告書第223集 pp. 283-301
Kimura, H 1992『Reexamination of the Yubetsu technique and study of the Horokazawa Toma Lithic Culture』 札幌大学埋蔵文化財展示室
木村英明　1995「黒曜石・ヒト・技術」『北海道考古学』第31集 pp. 3-63
木村英明　2003『白滝幌加沢遺跡遠間地点と黒曜石原産地〔第九次調査概報〕』 札幌大学埋蔵文化財展示室
松谷純一　1987a『白滝第4地点遺跡』 白滝村教育委員会
松谷純一　1987b『白滝村の遺跡』 白滝村教育委員会
長沼　孝　2000「II章5 黒曜石の原石山・赤石山」『白滝遺跡群I』北海道埋蔵文化財センター調査

報告書第 140 集　（財）北海道埋蔵文化財センター　pp. 56-58
直江康雄・鈴木宏行 2007『白滝遺跡群 VII』北海道埋蔵文化財センター調査報告書第 236 集　（財）北海道埋蔵文化財センター
直江康雄ほか 2002『白滝遺跡群 III』北海道埋蔵文化財センター調査報告書第 169 集　（財）北海道埋蔵文化財センター
白滝団体研究会編 1963『白滝遺跡の研究』　地学団体研究会
杉原荘介・戸沢充則 1975『北海道白滝服部台における細石器文化』　明治大学
鈴木宏行 2001「VII 章 3 上白滝 2 遺跡について」『白滝遺跡群 II』北海道埋蔵文化財センター調査報告書第 154 集　（財）北海道埋蔵文化財センター　pp. 273-292
鈴木宏行 2002「VI 章 2 上白滝 5 遺跡について」『白滝遺跡群 III』北海道埋蔵文化財センター調査報告書第 169 集　（財）北海道埋蔵文化財センター　pp. 348-375
鈴木宏行 2004「VIII 章 2 上白滝 8 遺跡「白滝 I 群」以外について」『白滝遺跡群 IV』北海道埋蔵文化財センター調査報告書第 195 集　（財）北海道埋蔵文化財センター　pp. 337-362
鈴木宏行 2006「V 章 2・3「白滝 I 群」以外について・上白滝 8 遺跡の総括」『白滝遺跡群 VI』北海道埋蔵文化財センター調査報告書第 223 集　（財）北海道埋蔵文化財センター　pp. 320-365
鈴木宏行ほか 2001『白滝遺跡群 II』北海道埋蔵文化財センター調査報告書第 154 集　（財）北海道埋蔵文化財センター
鈴木宏行・直江康雄 2006『白滝遺跡群 VI』北海道埋蔵文化財センター調査報告書第 223 集　（財）北海道埋蔵文化財センター
鈴木宏行ほか 2004『白滝遺跡群 IV』北海道埋蔵文化財センター調査報告書第 195 集　（財）北海道埋蔵文化財センター
吉崎昌一 1958「北海道の無土器文化について」『郷土の科学』No. 19 pp. 3-7

細石刃集団の移動と生業活動
―細石刃の二次加工にみる遺跡間の関係から―

鹿 又 喜 隆

I. 研究の端緒

　東北大学3年生の終わり頃、新潟県川口町荒屋遺跡から出土した細石刃に初めて触れた。卒業論文で荒屋遺跡出土の細石刃の機能研究を行うためであった。荒屋遺跡の細石刃はとても精巧であり、側辺に細かなマイクロフレイキングが連続的に認められることもあって、非常に整った形状であった。荒屋遺跡以外の細石刃を目にしたことの無かった私は、細石刃の側縁に細かなマイクロフレイキングが認められるのはごく普通のことなのだと思い込んでいた。間も無く、荒屋遺跡の細石刃石器群は本州において極めて特殊な事例であり、側辺に連続的なマイクロフレイキングが認められる細石刃は稀であることを学んだ。卒業論文を指導して下さった須藤隆先生は、そのマイクロフレイキングが使用痕であるのか二次加工であるのかと度々訊ねられた。また、細石刃はどのように装着され、どのように使われたのかと質問された。当時の私は、十分な結論が出せないまま、卒業論文を終えてしまった。卒論を通じて、マイクロフレイキングには明瞭な使用痕が伴わないことだけは判明した。おそらくは二次加工であると考えたが、細石刃がどのように使われ、どのような状態で装着されたのか皆目見当がつかなかった。その後、国内の多くの細石刃を目にする機会を得て、湧別技法札滑型や幌加型細石刃核から剝離された細石刃の一部には、荒屋遺跡に類似する二次加工が認められることが分かった。特に荒屋遺跡の近くに立地する堀之内町月岡遺跡の細石刃を見たとき、その細石刃が荒屋遺跡と全く同じ二次加工であることを知り、同じ集団が残したに違いないと考えるようになった。同様な細石刃は、本州東北部の複数の遺跡から出土していることを確認し、細石刃が組み合わせ道具であって、遺跡間を移動しながら生活を営んでいることを実感した。この点に着目すれば、かつて須藤先生に質問されたことに対する答えを、自分なりに提示できると考え、本論を執筆するに至った。私が東北大学在学・在職中に大変お世話になった須藤隆先生の退任を記念して、本論を贈りたいと思います。

II. 研究の目的

　考古学の研究では、それぞれの時代・地域に特徴的に認められる考古学的資料を文化的な特徴を端的に示すものとして、「石器文化」、「土器文化」として捉える傾向にある。本

論では、より厳密な意味での「文化」に裏付けられた人類行動のもつ共通性を「文化的慣習」として位置づけ、各時代・地域の集団の行動を理解することを試みる。この文化的慣習の成立する条件として次の3点があげられる（大神英裕 2000）。

① 同じ文化に属する構成員は、物事に対して共通の認識をもつ。
② ある文化の構成員間で物事に対する認識が共通する背景には、構成員間での交流や情緒の交換があった。
③ 構成員同士が物事に対して共通認識をもっていることをお互いに知っている。

この文化的慣習の成立条件に着目することで、特徴的な土器や石器によって文化を識別していた型式学的な視点とは異なる要素が見えてくる。筆者はこの実践を既に試み、概念的な有効性を確認している（鹿又喜隆 2004a）。本論では、「文化的慣習」の認識に基づいた集団の理解を試みる。

後期旧石器時代終末の細石刃石器群を有した集団は、移動性の高い生業活動を営んでいたと考えられ、移動に適した石器製作技術の特徴が指摘されている。本論では、石器の機能的な観点を重視し、同じ文化的慣習をもつ集団によって残された複数の遺跡を関係付け、集団の移動と生業活動について、より具体的に復元することを試みる。そのひとつの着眼点が、異なる遺跡に残された二次加工のある細石刃である。

III. 研究略史と分析視点

後期旧石器時代終末、日本列島の東と西には異なる細石刃文化が展開することを芹沢長介が初めて指摘した（芹沢長介 1963）。その契機は、日本で最初に発見された細石刃石器群である長野県南牧村矢出川遺跡とその後に見つかった荒屋遺跡の対照的なあり方であった（芹沢長介 1959）。東日本に分布する細石刃文化の指標が荒屋型彫刻刀形石器であり、日本の東北部だけでなく、シベリアのバイカル湖付近やベーリング海峡をこえたアラスカ方面までその類似資料が確認された。本州におけるこの東北日本に特徴的な細石刃石器群の南限は利根川水系であることが橋本勝雄によって指摘された（橋本勝雄 1988）。現在においても太平洋側での分布に関しては、大きな変更は認められない。

このような本州における細石刃石器群の分布の偏在性は、移動・行動論的な解釈を導くことになる。楔形細石刃核をもつ石器群の行動論的研究は90年代前半頃から多く認められるようになる。白石典之は東北アジアの細石刃石器群の検討を通して、石刃技術と両面調整石器製作技術をもつ類型IIにおいて、両面調整石器を消費する間に最も効率よく、あらゆる機能の道具を製作できる特性をもち、母岩消費効率が良くなることで、長距離移動と広範囲の分布が可能になったと想定する（白石典之 1993a・1993b）。加藤博文は、晩氷期の気候・狩猟対象獣の様相と遺跡ごとの器種組成、製作技術の特徴から、日本海側から関東地域への楔形細石刃石器群の波及について考察している（加藤博文 1997）。日本海側と

越冬地である太平洋側との狩猟対象獣の季節的な回帰的移動に適応した行動様式がとられたとの仮説が提示された。その中で楔形細石刃石器群における両面調整石器は、行動形態を図る指標であり、細石刃石器群の行動形態を的確に示すモビルトゥールであったと推測している。佐藤宏之は、更新世から完新世への移行の中で、関東地方では内水面漁撈を生業システムの中に採用したことで、定住型狩猟採集戦略が開発されたと指摘する（佐藤宏之1992）。

細石刃石器群の北海道から本州への移動に関しては、主に北からの波及が想定されるが、その後の石器群の形成には在来の石器群との融合が若干認められるとの見解が主流である（桜井美枝1991、佐久間光平2006）。ただし、詳細な各種細石刃石器群の編年については、南関東での層位的事例に基づく以外に指標が少なく、北海道・東北を含めた当該期の東北日本での変遷は明らかとなっていない。

東北日本に分布する特徴的な細石刃石器群にみられる遺跡間の石器製作の連鎖に関して、永塚俊司が端的に述べている（永塚俊司1997）。永塚は、荒屋遺跡（芹沢長介・須藤隆編2003）に代表されるこれらの石器群を「荒屋系石器群」と定義した。その技術基盤は「細石刃生産工程と、彫刻刀形石器等の剝片石器（トゥール）の素材剝片生産が一体化した石器製作構造」であるが、石器群のみせる表現形は「遺跡に搬入される素材形態が各遺跡において異なる」ことに起因する。「搬入された素材の各段階以降の石器生産・使用・再生・廃棄・遺棄・搬出の痕跡が遺跡内に残される」として、遺跡間の石器製作の連鎖をまとめている。そして、湧別技法・ホロカ技法の両技法をもって石器群を分離する従来の分類基準とは異なり、「連動システム」の中で石器群を理解する。さらに、細石刃の大きさの差異に着目し、大型細石刃の「中土グループ」と小型細石刃の「荒屋グループ」に分離でき、それらが細石核の打面形成の手法（削片剝離と分割）とも大きく関連することを指摘している。これらの点は、本論の趣旨と合致する。永塚は、さらに細石刃の大きさの相違が「同じ連動システムの枠内における表現形態の差」と認識している。この点が本論での理解と異なるところである。細石刃の大きさの違いは、同一のシステムの枠内で捉えることはできないと考える。本論では、石器の機能・行動的な側面から、先に触れた文化的慣習の視点を重視して石器群を捉え、より具体的に細石刃を所有した集団の行動と生業活動を復元することを試みる。機能的側面を評価した技術的組織の観点からの石器群の分析は、阿子島香や堤隆によって実践されており、参考とするところである（阿子島香1992、堤隆1996）。

IV. 東北日本の細石刃石器群の概要と分類

1. 本州東北部における細石刃石器群の細分

本州東北部の細石刃石器群は主に4つのグループに分類される（鹿又喜隆2006）。①湧別

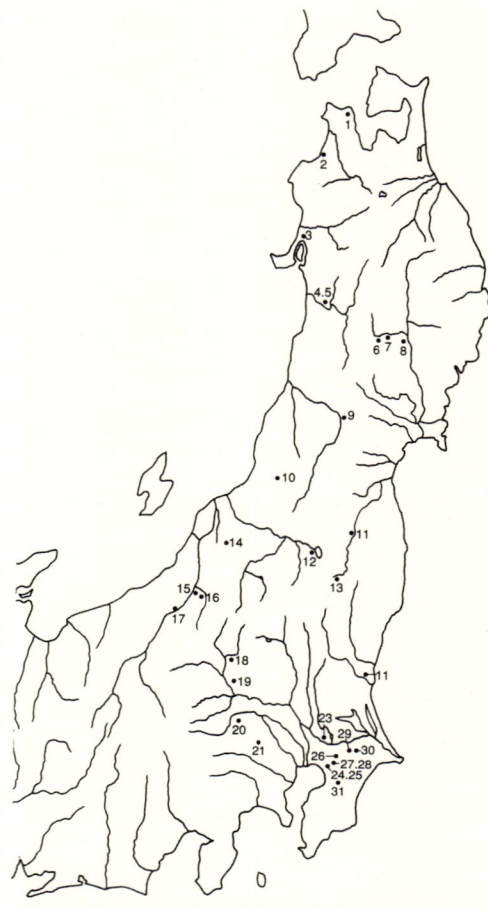

第1図　本州の湧別技法の認められる細石刃遺跡の位置

第1表　本州における湧別・ホロカ技法の認められる細石刃遺跡の所在

No.	遺跡名	所在	文献
1	大平山元Ⅱa	青森県外ヶ浜町	三宅・横山 1980
	大平山元Ⅱc		三宅 1980
	大平山元Ⅱ-1		横山ほか 1992
2	丸山	青森県木造町	大湯ほか 2000
3	鴨子台	秋田県八竜町	小山内・小林 1992
4	下堤D	秋田県秋田市	菅原ほか 1982
5	狸崎B	秋田県秋田市	菅原ほか 1993
6	耳取ⅠA	岩手県西和賀町	羽柴ほか 1996
7	峠山牧場ⅠA	岩手県西和賀町	高橋・菊池 1999
	峠山牧場ⅠB		阿部 2000
8	柏山館	岩手県金ヶ崎町	菊池 1993
	早坂平	岩手県山形村	北村ほか 2005
	越中山S	山形県鶴岡市	加藤ほか 1982 / 石井 1988
	高瀬山	山形県寒河江市	石井 1986b
	宮山坂F	山形県遊佐町	佐藤 1982
9	角二山	山形県大石田町	宇野・上野 1975
	金谷原	山形県寒河江市	石井 1990
	湯ノ花	山形県小国町	加藤ほか 1982
	名生館跡	宮城県大崎市	天野 1999
10	樽口A-MH	新潟県朝日村	立木ほか 1996
	樽口A-MS		
11	学壇	福島県福島市	西村・秦・関 1995
12	笹山原遺跡群	福島県会津若松市	阿部・小島 2000 / 高原・浅川 2002 / 会田 2003
13	一里段A	福島県白河市	石本ほか 2000
14	中土	新潟県三条市	新潟県石器研究会 1996 / 中村 1965
15	荒屋	新潟県川口町	芹沢・須藤編 2003
16	月岡	新潟県堀之内町	中村・小林 1975、堀之内町教委 1990
17	正面中島	新潟県津南町	佐藤・佐野 2002
	権現山A	栃木県宇都宮市	谷中ほか 2001
18	上原	群馬県北橘村	桜井 2001
	大雄院前	群馬県桐生市	萩谷 2003
	鳥取福蔵寺	群馬県前橋市	群馬県立歴史博物館 2002
	柏倉吉見沢	群馬県前橋市	萩谷ほか 2005
19	頭無	群馬県前橋市	前原・関根 1988
20	白草	埼玉県深谷市	川口ほか 1993
21	狭山B	東京都瑞穂町	吉田・比留間 1970
	額田大宮	茨城県那珂町	額田大宮遺跡調査団 1978
22	後野B	茨城県ひたちなか市	後野遺跡調査団 1976
23	柏原	茨城県取手市	菱沼 1999
24	木戸先	千葉県四街道市	林田ほか 1994
25	和良比	千葉県四街道市	齋藤ほか 1991
26	木戸場	千葉県佐倉市	矢戸ほか 1987
27	高岡大山	千葉県佐倉市	阿部ほか 1993
28	高岡大福寺	千葉県佐倉市	阿部ほか 1993
29	駒井野荒追	千葉県成田市	林田ほか 1992
30	東峰御幸畑西	千葉県成田市	永塚 2000
31	大網山田台 No.8	千葉県大網白里町	田村ほか 1994
	長堀北	神奈川県大和市	滝沢・小池ほか 1991
	上野Ⅰ-Ⅱ	神奈川県大和市	相田 1986
	勝坂A	神奈川県相模原市	青木ほか 1993
	寺尾	神奈川県綾瀬市	鈴木ほか 1980
	中ッ原5B	長野県南牧村	堤ほか 1991
	中ッ原1G		堤ほか 1995、1996
	柳又A	長野県開田村	國學院大学考古学研究室 1990 など
	天神小根	長野県佐久市	須藤 2006
	池の原開拓地B	岐阜県高根村	飛騨考古学会旧石器分科会・永塚 2001
	恩原2-M	岡山県鏡野町	稲田編 1996

第 2 表　角二山グループの細石刃の法量

遺跡名	法量（平均）				文献
	長さ mm	幅 mm	厚さ mm	重さ g	
大網山田台 No.8	60-30	7			田村ほか 1994
柏原	(43.3)	(8.8)	(3.7)	(1.1)	菱沼 1999
後野 B	50-20	5-9 (7)			後野遺跡調査団 1976
学壇	30	8			西村・秦・関 1995
中土	31.8-43.6 (38.4)	6-10.7 (8)	1.1-3.1 (2.2)	0.55-0.84 (0.69)	新潟県石器研究会 1996
角二山	56.4-10.3	7-8	1-2		宇野・上野 1975 剣持 1972 加藤ほか 1982 桜井 1992
名生館	37 (破損)	11	1.4		天野 1999
下堤 D	50 以上 (破損)	約 10	2		菅原ほか 1982

（ ）＝平均値

第 3 表　荒屋グループの細石刃の法量と二次加工

遺跡名	法量（平均）			二次加工の特徴	文献
	長さ mm	幅 mm	厚さ mm		
恩原 2	23.4	6.5	2.2	背面右 4 点、左 1 点。恩原 1 に AY 型 1 点。	稲田ほか 1996
東峰御幸畑西	20-30 (22.3)	4.5-9.5 (6.9)	2.4	腹・背面とも右側に多い（AY 型なし）。RT 率低い。	永塚 2000
白草	20	5.5	2.6	腹・背面とも右側に多い（AY 型が若干含まれる）。RT 率低い。	川口ほか 1993
正面中島	-	5.5	1.5	背面右 3 点、背面左 1 点。	佐藤・佐野 2002
月岡	22-47 (33)	3.6-8.2 (5.2)	-	背面右に明瞭な RT（AY 型）。約半数に RT。	中村・小林 1975
荒屋	19.8 (RT : 21.3)	5.6 (RT : 5.4)	1.3 (RT : 1.3)	背面右・腹面右先端に RT 主。30 ％以上の細石刃に RT がある。	芹沢・須藤編 2003
頭無	30-65	7 程		背面右に RT、RT 率低い。	前原・関根 1988
権現山 A	21.5 (基部欠損)	6.5	3.5	背面右に微細剥離（RT）あり。MB 1 点のみ。	谷中ほか 2001
額田大宮	15～25	4～5	1	背面左に RT 4 点。安山岩製石器群の共伴。	額田大宮遺跡調査団 1978
越中山 S	15-25	4-6	0.8-2	背・腹面右に若干多いが、剥離の大きさ位置に傾向なし。RT 約半数にある。35.4 ％に RT	石井 1986、酒井・加藤ほか 1973
宮山坂 F	23.6 (全て欠損品)	7.1	2	AY 型 1 点	佐藤 1982
峠山牧場 I B	28	7	4	AY 型 1 点	高橋・菊池 1999、阿部 2000

註　AY 型＝荒屋遺跡に類似する、背面右側辺と腹面右側辺先端部に二次加工のある細石刃
RT＝retouch 二次加工

技法（札滑型）をもつ石器群、②ホロカ技法をもつ石器群、③湧別技法（白滝型）をもつ石器群、④円錐形・円柱形細石刃核をもつ石器群である。それらの石器群の時間的な前後関係は不明な点が多い。この地域で遺跡数が最も多いのが、湧別技法（札滑型）を主体的な技術基盤とする細石刃石器群である。使用される石材は主に珪質頁岩である点が特徴である。荒屋型彫刻刀形石器（芹沢長介 1959）、角二山型掻器（加藤稔 1973）を組成し、湧別技法札滑型細石刃核、円盤状石核等を有する。この石器群には、第 1 図にあげた諸遺跡が該当する（第 1 表）。

　本論の細石刃石器群を分類するひとつの基準が、細石刃の法量である。これについては、細石刃研究の初期から注意が向けられていた。中村孝三郎は、新潟県三条市中土遺跡の報告の中で、荒屋遺跡と中土遺跡の細石刃の大きさが明瞭に異なることを指摘している（中村孝三郎 1965）。山形県大石田町角二山遺跡と鶴岡市越中山 S 遺跡の比較を行った小野一彦は、細石刃の大きさの違いを母型（ブランク）の大きさ、あるいは技法の違いに起因すると推定している（小野一彦 1971）。また、特徴的な二次加工の仕方が、組み合わせ道具

とする場合の機能と深く結びつくと考えた。角二山遺跡の細石刃のサイズが、中土遺跡に類似する点を指摘している。研究史上において細石刃の大きさに対する関心は高かった（加藤稔ほか 1982、後野遺跡調査団 1976、織笠昭 1983、綿貫俊一・堤隆 1987、永塚俊司 1997、佐野勝宏 2002）。これは、細石刃が組み合わせ道具であるとの想定に起因するものである。

本州東北部の細石刃石器群は、幅広で長い細石刃（長さ4～5cm、幅1cm程）を保有する石器群と、幅狭で短い細石刃（長さ2～3cm、幅6mm程）を保有する石器群に分けられる（第2・3表）。前者は角二山遺跡が代表的な事例であり、その他に秋田県秋田市下堤D、宮城県大崎市名生館跡、山形県鶴岡市越中山M、福島県福島市学壇、茨城県ひたちなか市後野B、取手市柏原、新潟県中土遺跡があげられる。後者は荒屋遺跡が代表的な事例であり、その他に秋田県秋田市狸崎B、岩手県西和賀町峠山牧場IA・B、山形県遊佐町宮山坂F、鶴岡市越中山S、福島県会津若松市笹山原 No. 27、群馬県前橋市頭無、桐生市大雄院前、新潟県朝日村樽口A-MH文化層、月岡、津南町正面中島、千葉県成田市東峰御幸畑西、埼玉県深谷市白草、岡山県鏡野町恩原2遺跡が該当する。以下では前者を「角二山グループ」、後者を「荒屋グループ」と呼称する。

2. 角二山グループと荒屋グループの行動論的検討

細石刃の法量は、湧別技法における打面再生による細石刃核の形態変化に基づくとの解釈が一定の妥当性をもって説明される（光石鳴己 1996、鴨志田篤二ほか 1997、永塚俊司 1998）。珪質頁岩の原産地から離れた地域では、細石刃核の小型化や形態変化、打面・作業面の転位や再生が指摘される。しかし、細石刃の機能を考えた場合、石材消費の観点からは必ずしも理解できない部分が残る。それは、細石刃を柄に装着する行為において、細石刃の法量は極めて重要な属性となる点である。角二山グループと荒屋グループの細石刃の法量の差異は、漸位的なものではなく、明瞭に二分されたものである。細石刃の長さは、細石刃剝離作業面の長さ、つまり打面再生や打面と作業面の角度の変化に対応して変わると推定されるが、実際は、細石刃の幅や厚さも変化する。細石刃の形態は、組み合わせ道具として機能する場合に、同一集団においては複数の遺跡間においても共通することが期待されるはずであり、単純な石材消費による細石刃の小型化とは考え難い。

細石刃製作技術において荒屋グループには幌加型細石刃核がしばしば認められる。また、越中山S遺跡（酒井忠一・加藤稔ほか 1973、石井浩幸 1988）、樽口遺跡A-MH文化層（立木宏明ほか 1996）は、幌加型細石刃核のみが出土している。幌加型細石刃核は剝片素材であり、湧別技法（札滑型）のように両面加工石器を製作する必要が無く、多様な素材から細石刃核を製作できる点で有効な技術である。通常、幌加型細石刃核から剝離される細石刃は小型であり、荒屋グループと同様なサイズである。幌加型細石刃核の有無が両グループの細石刃サイズの差異に反映されている。荒屋遺跡において、幌加型細石刃核と札滑型細石刃核は製作技法が異なるものの、共に同様な形態の細石刃を剝離する目的があったと考えられる（第2図）。湧別技法は荒屋グループと角二山グループの両者に認められる技術である

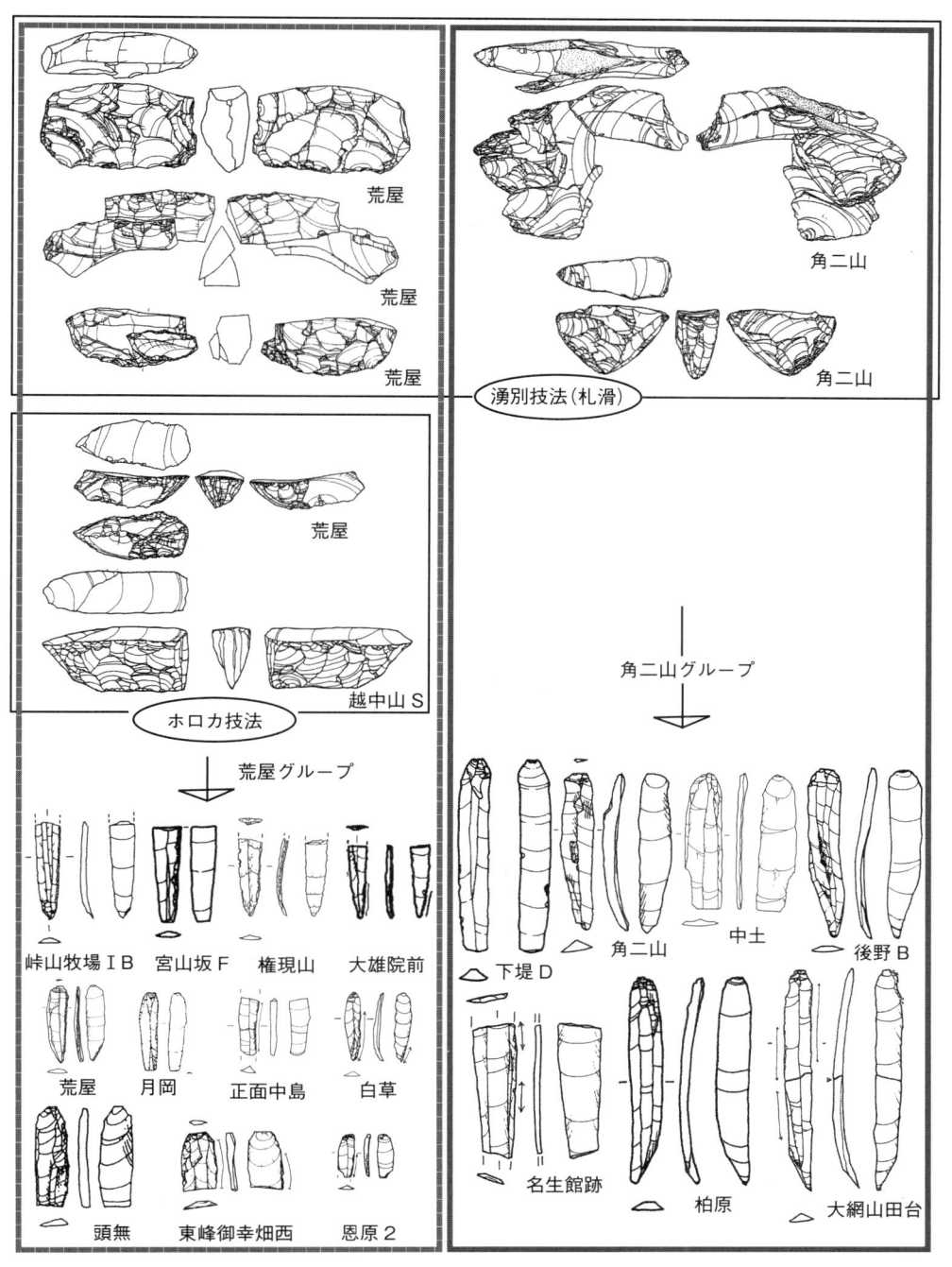

細石刃集団の移動と生業活動　137

第2図　湧別技法（札滑型）とホロカ技法から制作される荒屋・角二山グループの細石刃

が、両者の製作目的である細石刃の形態は異なっていた。

　角二山グループと荒屋グループは石器組成においても若干の違いを示す。角二山グループでは、彫刻刀形石器が少ないか、あるいは多く保有していても、彫刻刀スポールの数量が少ない。一方、荒屋グループでは、彫刻刀形石器だけでなく、彫刻刀スポールの数量も多い傾向にある。特にこれらの石器が集中して出土する遺跡は荒屋グループに確認される。彫刻刀形石器は、細石刃を装着するための骨角製の軸を製作するために使用されたと推定される（堤隆1997、伊藤典子2002、鹿又喜隆2003）。彫刻刀形石器は、骨角を削る以外にも、皮をなめす作業に使用される。荒屋型彫刻刀形石器のように、高率で骨角を削る作業に使用された道具は後期旧石器時代を通じて認められず、この時期の骨角加工の需要が非常に高かったことが伺える。

　この2つのグループには、もう1点異なる特徴がある。角二山グループの細石刃には二次加工が施されないのに対して、荒屋グループには高い割合で細石刃に二次加工が施される点である（第2図）。荒屋、月岡、白草遺跡を除けば、点数は少ないものの、狸崎B、峠山牧場IB、宮山坂F、笹山原No. 27、栃木県宇都宮市権現山A区、頭無、大雄院前、正面中島、東峰御幸畑西、恩原2遺跡に二次加工を施された細石刃が確認される。その二次加工部位は、主に細石刃の背面右側辺が主体であり、腹面右側辺先端部にも施される荒屋遺跡と同じタイプの細石刃も認められる。

　機能面から考えれば、細石刃はその役目が終わると、柄から外され、遺跡に残される。このような行為の繰り返しによって、複数の遺跡間に同様な二次加工をもつ細石刃が残されるのである。角二山グループと荒屋グループの特徴の相違は、それぞれの生業活動や移動性の違いに由来すると考えられる。要するに、荒屋グループでは細石刃が小型であり、石材維持の点で効率的である。また、細石刃を装着するための柄を製作する機会が多く、彫刻刀形石器の使用度が高い。柄に装着される細石刃には、二次加工が施される割合が高い。

　細石刃の装着法に関して、荒屋遺跡から出土した細石刃の使用痕分析を通して既に検討を行っている（鹿又喜隆2005）。その結果、二次加工を施された細石刃の背面右側辺を柄に嵌め込む状態で装着することが想定された（第3図）。荒屋グループの細石刃の装着法は、二次加工部位の共通性から荒屋遺跡の細石刃と同様であったと推察される。行動論的視点から細石刃の機能面を評価すれば、同様な部位に二次加工を施された細石刃が各遺跡に残されたと推察され、ひとつの文化的慣習の視点に基づいた集団の枠組みを設定できる。ただし、着柄・使用された全ての細石刃に二次加工が施される訳ではないことが、荒屋遺跡の分析からも明らかであり、注意する必要がある。一方で、角二山グループに関しては、石器の機能分析が行われたものの（新潟石器研究会1996、鹿又喜隆2004b）、細石刃の機能に関して、十分な分析結果を得ていないため、同様な行動論的な解釈ができないのが現状である。

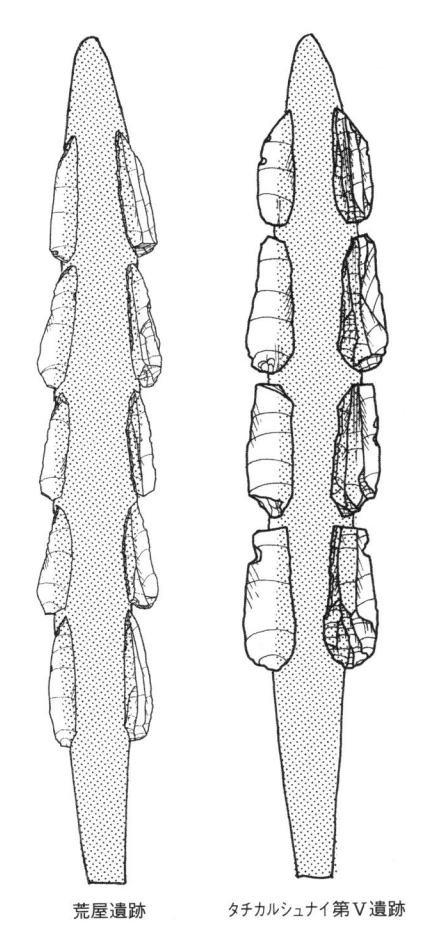

　　　　　　　　　荒屋遺跡　　　タチカルシュナイ第Ⅴ遺跡
　　　　　第3図　細石刃着柄想定図（鹿又喜隆2005より）

3. 荒屋グループの生業活動

　荒屋グループの遺跡を比較すると、石器の数量、組成に大きな差異が認められる。荒屋グループでは、各器種の機能が分化しており、その数量をもって、ある程度活動内容を推し量ることができる。石器数量が最も多いのが荒屋遺跡であり、細石刃、彫刻刀形石器ともに最多である。荒屋グループの中でも中核的な遺跡であり、遺跡の利用期間も長期にわたっていたと考えられる。

　彫刻刀形石器の数量では、笹山原No. 27遺跡が表採資料であるが、その総数が100点を超える。次いで多いのが白草遺跡であり、彫刻刀スポールもまとまって出土する。彫刻刀形石器が多く、そのスポールもまとまって出土する遺跡は、骨角製の柄を製作した遺跡と考えられ、その素材を獲得する活動も行われた可能性がある。通常、骨角製柄の製作に伴って、細石刃の製作と装着が行われた可能性が高く、彫刻刀形石器やそのスポールが多く出土する遺跡では、それに比例して細石刃の数量も多い。

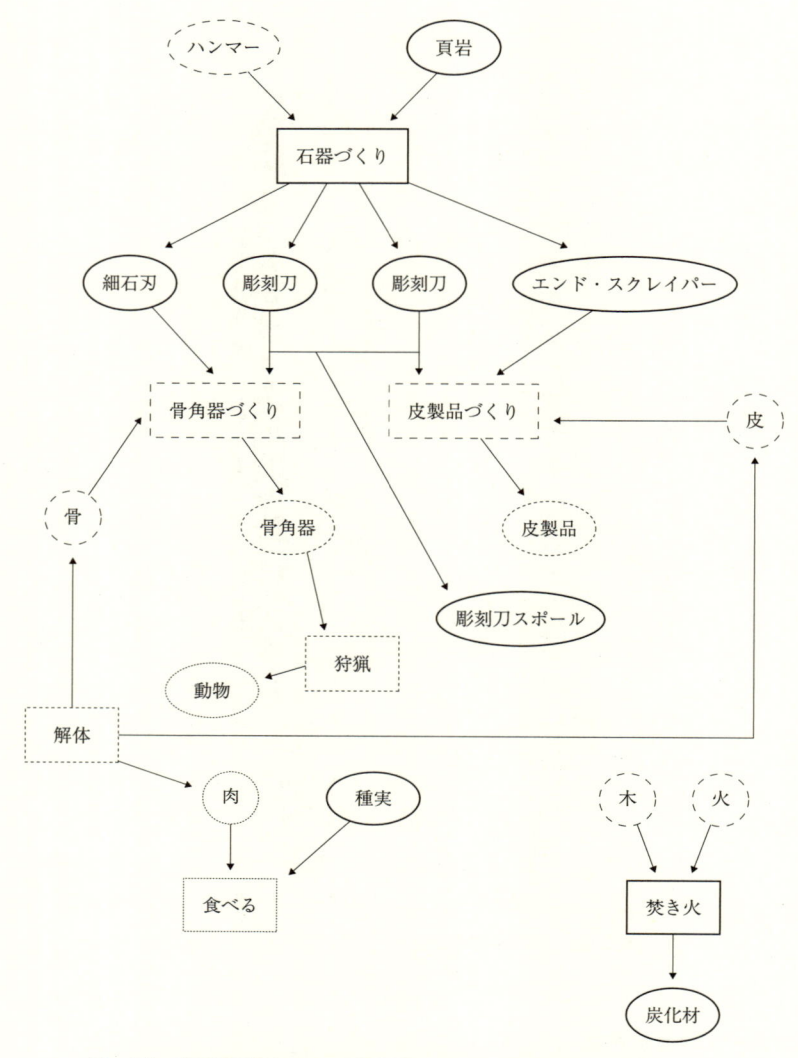

第4図　荒屋遺跡における諸活動の組織化（鹿又喜隆 2004c 加筆）

　月岡、東峰御幸畑西、正面中島、頭無遺跡などでは、細石刃以外に少数の彫刻刀形石器と彫刻刀スポールが出土した。若干の骨角加工が行われた可能性がある。

　少数の細石刃のみが出土する遺跡には、峠山牧場Ⅰ遺跡B地点、権現山遺跡A区があり、細石刃の付け替え、あるいは使用に伴う細石刃の離脱があったと推測される。

　その他にも少数あるいは単独の細石刃核や荒屋型彫刻刀形石器が出土する遺跡も多数確認される。このように各遺跡での活動内容は多様であったと考えられる。石器の機能研究から判断すれば、荒屋グループの細石刃集団は、動物資源の獲得とそれに伴う生業活動が中心的な位置を占めていた。石器数が多く、彫刻刀形石器、エンド・スクレイパー等の使用度が高かったと考えられる遺跡では、動物から得られる骨や角の加工、皮の加工が行われ、比較的長期にわたって一地点で生活が営まれた。荒屋遺跡では、多数の遺構が重複し

て存在し、それらの遺構において火の使用が盛んであった。オニグルミなどの堅果類も採集され、おそらく食用とされた。荒屋遺跡の生業活動の具体像については、既に検討を行った（第4図、鹿又喜隆2004c）。荒屋遺跡では、このような組織化された活動が行われ、滞在期間も長期に及んだと考えられる。また、荒屋型彫刻刀形石器が多数採表された笹山原No.27遺跡では、同様に長期的な滞在と、荒屋遺跡に類似した活動が行われたと考えられるが、この遺跡では珪質頁岩が欠乏したためか、地元で採取される凝灰質頁岩が石器製作に利用されている。荒屋グループの石器群では、珪質頁岩以外の石材が多く使用されるのは稀である。

　荒屋グループでは、規模の大小は相違するものの、同様な組織化された活動が行われていたと考えられる。また、規模の小さい遺跡では、それらの活動の一部が実行されたと推測される。

V. 北海道から本州への移動

　湧別技法をもつ細石刃石器群は、本州でも東北部にほぼ限定して分布する。また、この分布範囲が太平洋側では利根川水系を南限とすることも指摘されている。北海道にも湧別技法をもつ細石刃石器群が広く分布し、さらに北方でも多く確認されていることから、いわゆる「北方系」の石器群であると考えられる。また、この石器群に多く伴出する荒屋型彫刻刀形石器も同様な分布圏を示すことが指摘される（芹沢長介2003、加藤学2003）。このような石器群の分布圏から、本州への細石刃の流入に関しても幾つかの推察が行われている。これらの論考では、北海道において湧別技法やホロカ技法が卓越する極めて限定した時期に、細石刃石器群が本州へ流入したと推察されており、本論においてもこれに従うものであるが、本州への南下を可能にした要因について、さらに検討を加えたい。

　本州において確認された荒屋グループの細石刃石器群は、極めて移動性の高い石器群であり、それを可能にした技術体系が認められた。この荒屋グループと共通した特徴をもつ石器群が北海道にも存在する（第5図）。これらは、湧別技法（札滑型）を技術基盤とし、荒屋型彫刻刀形石器や二次加工が施された細石刃を組成する石器群である。北海道においても極めて移動性の高い石器群であったと考えられ、黒曜石産地推定などによって証明されている。千歳市オルイカ2遺跡では白滝産や十勝三股産の黒曜石、厚真町上幌内モイ遺跡では置戸所山産黒曜石が使用されている（阿部明義ほか2003、乾哲也ほか2006）。上幌内モイ遺跡では、素材分割によって細石刃核2点が製作されている。この技術は、荒屋遺跡や樽口遺跡A-MH文化層、群馬県前橋市柏倉吉見沢遺跡（萩谷千明ほか2005）など、本州のホロカ技法を有する石器群に共通する。

　北海道の細石刃石器群は、細石刃核の型式からは幾つかのグループに分けられる。細石刃製作技術とその特徴、^{14}C年代を表4にまとめた。峠下型と札滑型の共伴事例が多いが、

オルイカ2　S=2/5

上幌内モイ　S=2/5

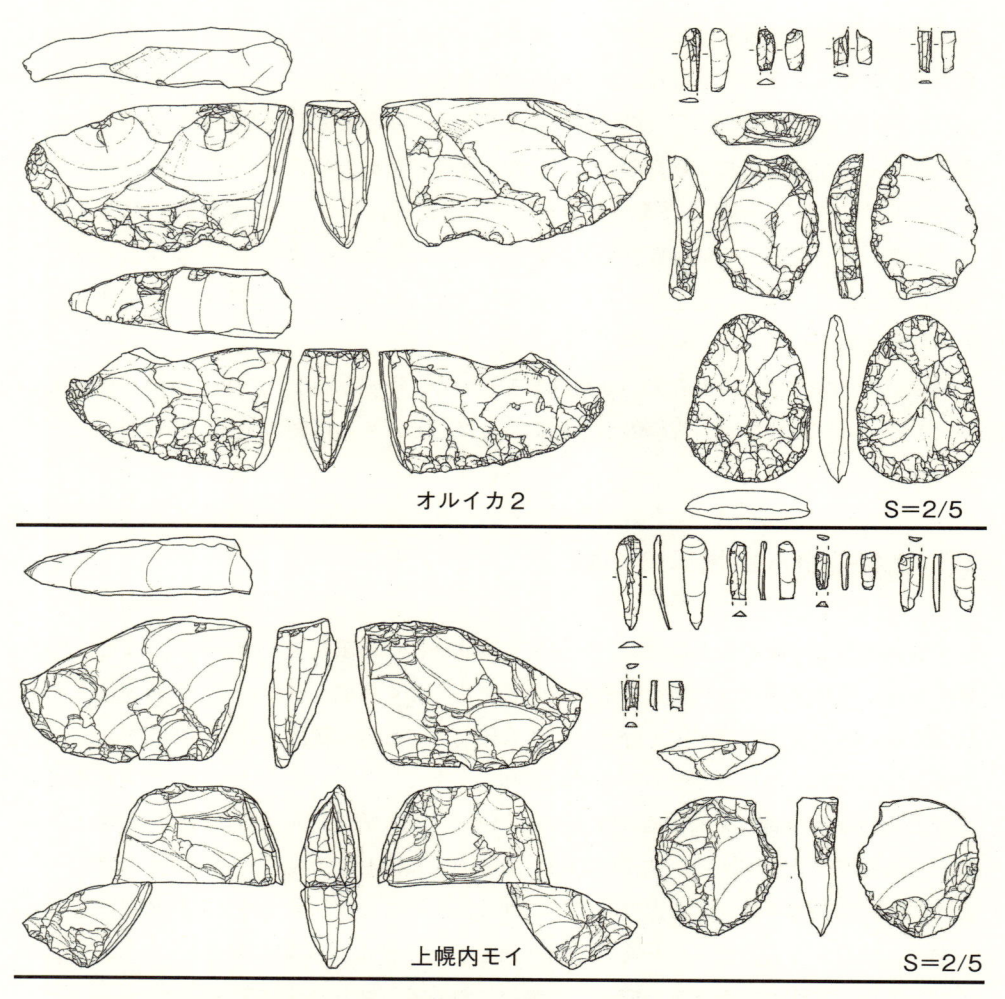

第5図　北海道の湧別技法札滑型関連遺跡（阿部義明ほか2003、乾哲也ほか2006より）

　両者の細石刃はその形態とサイズに違いがあり、主要なものは細石刃の形態から分類可能である。遠軽町タチカルシュナイ第V遺跡C地点（須藤隆ほか1973）をはじめ、幾つかの遺跡において細石刃の稜線付近に長軸に平行方向して伸びる線状痕が肉眼でも観察できる（第6図、山原敏朗1998・2002、鹿又喜隆2005）。これらは、主として札滑型あるいは幌加型細石刃核から剝離された細石刃に認められる。この痕跡は着柄痕と考えられ、細石刃の使用と脱着、集団の移動を裏付けるものである。

　北海道の細石刃石器群では、長期にわたって、移動性の高い行動パターンをもった生業活動が営まれていたと推定されるが、北海道から本州への集団の移入は、そのごく限られた時期であったと推察される。北海道の細石刃石器群の編年を考える場合、出土層位がひとつの基準となる。道央では、恵庭a火山灰がキーテフラである。恵庭a火山灰はおよそ17000～15000年前に降下した火山灰である。その下層からは、峠下型、蘭越型、美利河

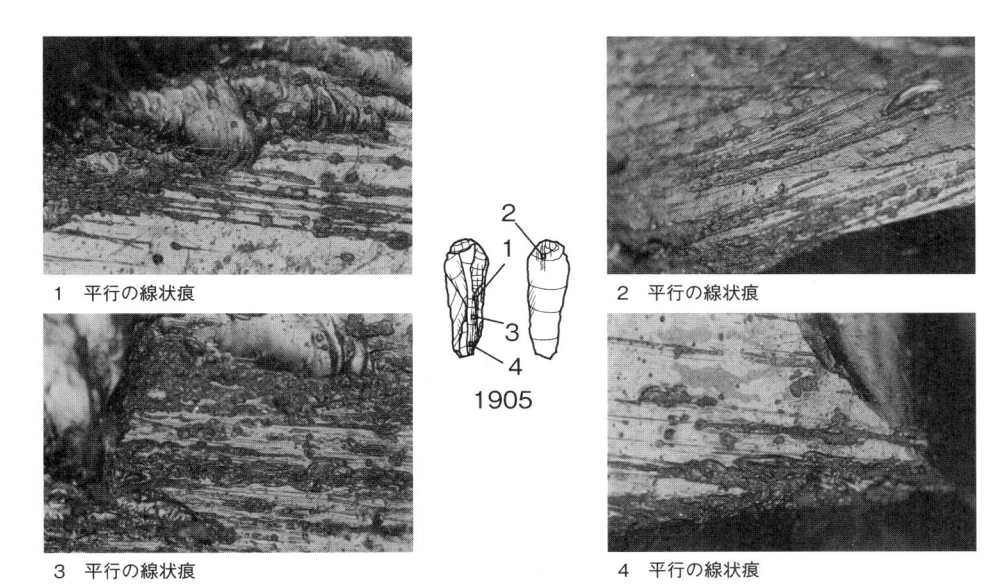

| 1 平行の線状痕 | 2 平行の線状痕 |
| 3 平行の線状痕 | 4 平行の線状痕 |

第6図　タチカルシュナイ第V遺跡C地点の細石刃の線状痕（鹿又喜隆2005より）

型細石刃核を伴う石器群が出土する。上層からは、峠下型、札滑型を伴う石器群が出土する。有舌尖頭器や局部磨製石斧と共伴することが多い忍路子型や広郷型が、より新しい時期に位置づけられる。また、恵庭a火山灰上位の峠下型や札滑型、忍路子型、広郷型細石刃核を伴う石器群の年代は14C年代によれば15000～11000yrBPである[1]（第4表）。本州への移入は、その中でも限られた時期であったと考えられる。北海道において札滑型細石刃核のみが出土する遺跡の^{14}C年代は14670～13600yrBP頃であり、これに近い年代の限定された時期であった可能性が高い。

　北海道において長期間移動性の高い生業活動を営んでいた細石刃石器群の中でも、上述の限られた時間内に、主に札滑型細石刃核をもち、荒屋型彫刻刀形石器、エンド・スクレイパー等の特徴的な石器を保有した石器群が本州へ移入したと考えられる。それは本州の細石刃石器群の14C年代から14500yrBP前後の時期と予想される。荒屋遺跡ではおよそ14250～13700yrBP、岩手県久慈市早坂平遺跡II文化層では13450yrBPの^{14}C年代が示され[2]、北海道の類似石器群の年代に対応する。これらの石器群は、移動性の高い生業活動を維持しており、結果として、荒屋グループのような特徴をもっていたと考えられる。細石刃核の形態などから考えれば、角二山グループの大型の札滑型細石刃核の方が、北海道内で確認される札滑型細石刃核に類似するが、これを根拠に角二山グループが北海道から流入し、本州内で技術的な変容を受けて荒屋グループに移行したと考えることはできない。本州での様相を踏まえれば、より移動性が高い生業活動を有したと考えられるのが荒屋グループであり、本州への流入を可能にする行動システムが備わっていた。この点に関しては、複数時期にわたる本州への移入も想定しながら、慎重に結論に導く必要があろう。

第4表　北海道における細石刃石器群の諸特徴と年代

遺跡名	二次加工の特徴	石材	峠下	札滑	白滝	幌加	広郷	14C 年代 yrBP	文献
キウス7	背面右・腹面右にRT1	黒曜石	4						皆川ほか1998 鎌田ほか1999
北栄-40	13.2％、部位はランダムだが、背面右が多い。	黒曜石 頁岩少	22	1					橋爪ほか1990
上白滝8A区 Sb-17	背面右RT少数	黒曜石	○	△					長沼・鈴木・直江2004
上似平	27点にRT、背面右主体。	黒曜石	○	△				12530 ± 490 11410 ± 440	明石・後藤ほか1978 山原2002
暁5次SP1	側辺のRTあり、札滑型のMBに多い。	黒曜石	26	13			1		北沢1989
暁2次SP3	22％、背面左側辺が多い。	黒曜石		1			1		佐藤・北沢1987
暁2次SP6	少数	黒曜石	△	○					佐藤・北沢1987
暁2次SP8	左・右側辺・表・裏など多様	黒曜石	6	4					佐藤・北沢1987
暁1次SP1	左・右側辺の背面が多い	黒曜石	○	○				14700 ± 250 14700 ± 130 10900 ± 500	佐藤・北沢1985 山原1998
泉町A	背面右・腹面右各1	黒曜石	4			1			北沢1992
南町2SP3	4点、部位はランダム	黒曜石		△				13790 ± 190	山原1992
オルイカ2	背面右側辺4	黒曜石		○				14620 ± 50	阿部ほか2003
上幌内モイ	21点にRT、腹面右に平坦剝離、微細剝離	黒曜石		○				14565 ± 50 14560 ± 50 14650 ± 80	乾ほか2006
キウス5	4点中1点の背面右にRT	黒曜石		△					熊谷・鎌田1998 鎌田ほか1999
タチカルシュナイVC	右RT多い。	黒曜石		○	○	○			須藤ほか1973
札滑K	67点中21点に加工、18点に刃こぼれ、表裏面のどちらかに。一側辺に連続的なものもある。	黒曜石65/67点、2点がチャート				○			桑原1975
上白滝2 Sb-9	連続的なものは背面右側辺、両側辺にRTのあるものを少数含む。	黒曜石					○	11860 ± 110 13760 ± 170	鈴木ほか2001
川西C Sp-17	背面右1、腹面右1	黒曜石						13020 ± 40	北沢ほか2000
石川1	左右側辺に少数	黒曜石　頁岩	美利河・湧別						長沼ほか1988

○＝石核の存在から確認できる。
△＝共伴遺物から存在が確認できる。

VI. まとめ

　本州の湧別技法（札滑型）有する集団は、その諸特徴から荒屋グループと角二山グループに分類できた。その分類基準は、①細石刃の法量、②細石刃の二次加工、③ホロカ技法の共存、④石器組成の4点である。機能的側面から判断すれば、荒屋グループは極めて移

動性の高い集団と考えられる。北海道から本州への細石刃石器群の南下もこのような移動性の高い集団であったため可能となったと推察した。集団の移動を考える場合に、異なる遺跡に類似した石器が残されるが、その理由を理解することが重要である。本論では、多くの遺跡に類似した二次加工をもつ細石刃が残されることは、細石刃が組み合わせ道具として機能したことの証明になると考えた。二次加工のある細石刃は、骨角製の柄の製作や使用後の細石刃の脱着によって廃棄されたと推察した。その確実性を高めるには、細石刃の脱着の痕跡を明らかにする必要があり、本論では荒屋遺跡の使用痕分析の事例や北海道の細石刃に見られる線状痕を根拠として取り上げた。しかし、機能研究の事例は充分とは言えず、さらに基礎研究を蓄積する必要があり、この点が継続的な課題である。また、本論では、異なる技術、具体的には湧別技法（札滑型）とホロカ技法が同一の目的物を製作する技術であり、いっぽうで湧別技法（札滑型）としてひとつのグループと考えられた石器群を荒屋グループと角二山グループに分類した。この点は、石器製作技術研究のひとつの方向性を示し得たと考える。我々の分類基準と当時の集団の分類基準が異なっている可能性について検討する余地は十分にあると考えている。例えば、同一遺跡に認められる峠下型細石刃核により製作された細石刃と湧別技法により製作された細石刃は、我々の分類では単に「細石刃」と認識されているが、両者から製作される細石刃形態は異なっており、その機能も相違した可能性もある。その意味でも、機能研究によって提示し得る課題が存在するはずであり、常に実資料を丹念に研究し、その成果を蓄積することが重要である。

謝辞

本論は東北大学在籍中の研究成果に基づいており、故芹沢長介先生、須藤隆先生、阿子島香先生、柳田俊雄先生から多大なる御指導を頂いた。また、編集において菅野智則氏の御助力を賜った。記して謝意を表す。

註

1) 本論の年代については、すべて ^{14}C 年代（$\delta^{13}C$ 補正有り）で示した。
2) 早坂平遺跡I文化層の ^{14}C 年代では、13400～14280yrBPの年代が得られている。これらの値はII文化層の年代に対応する可能性が高いが、本論では報告書の記載を重視し、II文化層となる1試料の年代のみを引用した。
3) 細石刃石器群が出土した、多数の遺跡の報告書を引用したため、表のみに記載された遺跡に関しては、引用文献を割愛した。

引用文献

阿部寿彦ほか 1993「第6編 高岡大山遺跡」『千葉県佐倉市高岡遺跡群II』（財）印旛郡市文化財センター pp.3-567

阿部明義ほか 2003『千歳市オルイカ2遺跡』 北海道埋蔵文化財センター

会田容弘 2003「平成14年度文化学科考古学発掘調査実習報告―福島県会津若松市笹山原 No. 27 遺跡試掘と笹山原 No. 16 遺跡第 2 次発掘調査の報告―」『文化学科（資格課程）報告集』第 5 集 郡山上大学附属短期大学部文化学科 pp. 48-61

明石博志・後藤聡明ほか 1978『上似平遺跡』帯広市教育委員会

阿子島香 1992「実験使用痕分析と技術的組織」『東北文化論のための先史学歴史学論集』加藤稔先生還暦記念会編 pp. 27-53

天野順陽 1999「名生館遺跡」『名生館遺跡・下草古城本丸跡ほか』宮城県文化財調査報告書第 181 集 pp. 1-78

群馬県立歴史博物館 2002『縄文創生』企画展図録

萩谷千明 2003「北関東の細石刃文化」『日本の細石刃文化 I』pp. 156-183

萩谷千明ほか 2005『柏倉吉見沢遺跡 柏倉落合遺跡』前橋市教育委員会

羽柴直人・菊池強一・三浦謙一 1996『耳取 I 遺跡 A 地区発掘調査報告書 東北横断秋田線建設関連遺跡発掘調査』岩手県文化振興事業団埋蔵文化財調査報告書第 232 集

橋爪 実ほか 1990『北栄-40 遺跡』訓子府町教育委員会

橋本勝雄 1988「《研究ノート》千葉県佐倉市木戸場遺跡 A 地点「第 1・2 ユニット」から」『研究連絡誌』第 21 号 pp. 12-20

菱沼良幸 1999『取手都市計画事業下高井特定地区画整理事業内埋蔵文化財調査報告書 III 東原遺跡 前畑遺跡 柏原遺跡』茨城県教育財団文化財調査報告書第 143 集

稲田孝司編 1996『恩原 2 遺跡』岡山大学文学部考古学研究室

乾 哲也ほか 2006『上幌内モイ遺跡 (1)』厚真町教育委員会

石井浩幸 1986「越中山遺跡群における細石器文化の探求」『庄内考古学』20 pp. 33-50

石井浩幸 1988「越中山 S 遺跡」『第 2 回東北日本の旧石器文化を語る会予稿集』pp. 29-32

石井浩幸 1991「山形県寒河江市金谷原遺跡の細石刃石器群」『古代文化』第 43 巻 12 号 pp. 34-40

石井浩幸ほか 1986『高瀬山 K・L 遺跡発掘調査報告書』寒河江市教育委員会

石本 弘ほか 2000『福島県文化センター白河館（仮称）遺跡発掘調査報告 一里段 A 遺跡（1 次調査）』福島県文化財調査報告書第 361 集

伊藤典子 2002「彫刻刀形石器の使用痕分析―福島県学壇遺跡群出土石器を中心として―」『石器使用痕研究会会報』2 pp. 4-5

鴨志田篤二ほか 1997「鹿島郡旭村出土の細石刃核」『茨城県考古学協会誌』9 pp. 1-5

鹿又喜隆 2003「荒屋型彫刻刀の機能―荒屋遺跡第 2・3 次発掘調査出土資料の分析を通して―」『日本の細石刃文化 II-細石刃文化研究の諸問題―』シンポジウム資料集 pp. 11-24

鹿又喜隆 2004a「石刃技法における調整技術の効果」『旧石器考古学』65 pp. 17-29

鹿又喜隆 2004b「大石田町立歴史民俗資料館所蔵の角二山遺跡細石刃石器群の研究」『山形考古』7-4 pp. 19-32

鹿又喜隆 2004c「定住性の高さと活動の組織化」『文化』68-1・2 pp. 59-75

鹿又喜隆 2005「細石刃の装着法と使用法―荒屋遺跡・タチカルシュナイ第 V 遺跡 C 地点出土資料の分析から―」『考古学雑誌』88-4 pp. 1-27

鹿又喜隆 2006「東北地方」『縄紋化のプロセス』公開シンポジウム予稿集 pp. 36-52

加藤博文 1996「モービル・トゥールとしての両面調整石器―縄文化にむかう技術組織の変動―」『考古学雑抄―西野元先生退官記念論文集』pp. 26-44

鎌田　望ほか　1999『千歳市キウス 5 遺跡（7）キウス 7 遺跡（6）』北海道埋蔵文化財センター
加藤博文　1997「技術体系とその多様性の解釈：細石刃石器群の事例にて」『筑波大学先史学・考古学研究』8 pp. 1-27
加藤　学　2003「いわゆる荒屋型彫器の形態学的検討」『日本の細石刃文化 II—細石刃文化研究の諸問題—』シンポジウム資料集 pp. 25-52
加藤　稔　1973「ある研究史—最上川・荒川流域における後期旧石器文化研究の諸問題—」『山形考古』2-2 pp. 31-54
加藤　稔　1991「東北日本の細石器文化の展開」『山形県立博物館研究報告』第 12 号 pp. 13-88
加藤　稔ほか　1982「最上川・荒川流域の細石刃文化」『最上川』山形県総合学術調査会　pp. 768-819
川口　潤　1993『白草遺跡 I・北篠場遺跡』埼玉県埋蔵文化財調査事業団報告書第 129 集
剣持みどり　1972「角二山細石刃石器群の構造」『山形考古』通巻 16 号 pp. 9-25
菊池強一ほか　1996『柏山館跡発掘調査報告書　厚生年金施設サンピア金ヶ崎埋蔵文化財発掘調査』岩手県文化振興事業団文化財調査報告書 242
北沢　実　1989『帯広市暁遺跡の発掘調査—第 5 次調査報告書—』十勝考古学研究所調査報告 1
北沢　実　1992『帯広・泉町 A 遺跡』帯広市埋蔵文化財調査報告書
北沢　実ほか　2000『帯広・川西 C 遺跡 2』帯広市埋蔵文化財調査報告第 18 冊
北村忠昭・米田　寛・長村克稔ほか　2004『早坂平遺跡発掘調査報告書』岩手県文化振興事業団埋蔵文化財調査報告書第 437 集
熊谷仁史・鎌田　望編　1998『千歳市キウス 5 遺跡（6）B 地区・C 地区』北海道埋蔵文化財センター
桑原　護　1975「札滑遺跡」『日本の旧石器文化 2 遺跡と遺物〈上〉』雄山閣　pp. 57-67
前原　豊・関根吉晴　1988「柳久保遺跡群頭無遺跡」『第 2 回東北日本の旧石器文化を語る会レジュメ』pp. 33-37
皆川洋一ほか　1997『千歳市キウス 7 遺跡（5）』北海道埋蔵文化財センター
光石鳴巳　1996「恩原 2 遺跡における細石刃石器群の技術論的考察」『恩原 2 遺跡』岡山大学文学部考古学研究室　pp. 155-167
三宅徹也・横山裕平　1980『大平山元 II 遺跡発掘調査報告書』青森県立郷土館
三宅徹也ほか　1981『大平山元 III 遺跡発掘調査報告書』青森県立郷土館
中村孝三郎　1965『中土遺跡』長岡市立科学博物館
中村孝三郎・小林達雄　1975「月岡遺跡」『日本の旧石器文化　2』pp. 242-254
長沼　孝編　1988『函館市石川 1 遺跡』北海道埋蔵文化財センター
長沼　孝・鈴木宏行・直江康雄　2004『白滝遺跡群 IV』（財）北海道埋蔵文化財センター調査報告書第 195 集
永塚俊司　1997「荒屋系細石刃石器群における一つの定点」『人間・遺跡・遺物　3』麻生優先生退官記念論文集 pp. 90-117
永塚俊司　1998「細石刃核の変形—東峰御幸畑西（空港 No. 61）遺跡の細石刃石器群より」『研究連絡紙』52　千葉県文化財センター　pp. 1-8
永塚俊司ほか　2000「第 2 章旧石器時代」『新東京国際空港埋蔵文化財発掘調査報告書 XIII—東峰御幸畑西遺跡（空港 No. 61 遺跡）—』（財）千葉県文化財センター

新潟県石器研究会 1996「新潟県中土遺跡出土遺物の再検討」『長岡市立科学博物館研究報告』31 pp. 123-158
西村博幸・秦　文夫・関　亘 1995『学壇遺跡群』 福島市教育委員会 （財）福島市振興公社
額田大宮遺跡調査団 1978『額田大宮遺跡』 那珂町史編纂委員会
小野一彦 1971「最上川・赤川流域における細石刃文化―とくに湧別技法を有する細石刃群の検討―」『最上川流域の歴史と文化』 工藤定雄教授還暦記念会 pp. 1-40
大神英裕 2000「動作学のための基礎理論」『実験動作学　からだを動かすこころの仕組み』成瀬悟策編　至文堂 pp. 28-37
大湯卓二ほか 2000「第2編　木造町丸山遺跡」『東北町長者久保遺跡　木造町丸山遺跡』青森県立郷土館第44集
織笠　昭 1983「細石刃の形態学的一考察」『人間・遺跡・遺物―わが考古学論集1-』 pp. 77-104
小山内透・小林克ほか 1992『鴨子台遺跡・八幡台遺跡』秋田県埋蔵文化財調査報告書230
酒井忠一・加藤稔ほか 1973『越中山遺跡の研究序説』 山形県朝日村教育委員会
佐久間光平 2006「東北地方における北方系細石刃石器群の波及と展開」『宮城考古学』第8号 pp. 17-38
桜井美枝 1991「北方系細石刃文化の南下」『考古学ジャーナル』341 pp. 2-7
桜井美枝 1992「細石刃石器群の技術構造―山形県角二山遺跡の分析―」『東北文化論のための先史学歴史学論集』 加藤稔先生還暦記念会編 pp. 441-462
桜井美枝 2001『銭神遺跡　箱田遺跡群補遺』 北橘村教育委員会
佐野勝宏 2002「北方系細石刃石器群を残した人類の行動形態」『考古学研究』49-1 pp. 38-58
佐藤訓敏・北沢　実 1985『帯広暁遺跡』帯広市埋蔵文化財調査報告1
佐藤訓敏・北沢　実 1987『帯広暁遺跡2』帯広市埋蔵文化財調査報告5
佐藤宏之 1992「北方系削片系細石刃石器群と定住化仮説」『法政大学大学院紀要』29 pp. 55-83
佐藤禎宏 1982「宮山坂F遺跡出土の細石器」『山形考古』17 pp. 31-37
佐藤雅一・佐野勝宏 2002『正面中島遺跡―国営農地再編パイロット事業に伴う遺跡発掘調査報告書―』 津南町教育委員会
芹沢長介 1959「新潟県荒屋遺跡における細石刃文化と荒屋形彫刻刀について（予報）」『第四紀研究』第1巻第5号 pp. 174-181
芹沢長介 1963「無土器時代の地方色」『国文学解釈と鑑賞』4月号 pp. 19-27
芹沢長介 2003「第7章　考察　第4節　荒屋型彫刻刀の分布―大陸と日本―」『荒屋遺跡第2・3次発掘調査報告書』 東北大学大学院文学研究科考古学研究室・川口町教育委員会 pp. 88-97
芹沢長介・須藤　隆編 2003『荒屋遺跡第2・3次発掘調査報告書』 東北大学考古学研究室・川口町教育委員会
白石典之 1993a「北海道における細石刃石器群の展開」『物質文化』56 pp. 1-22
白石典之 1993b「東北アジアの細石刃石器群～技術よりみた時間・空間的変遷とその背景～」『筑波大学先史学・考古学研究』第4号 pp. 1-29
菅原俊行ほか 1982『下堤D遺跡発掘調査報告書』 秋田市教育委員会
菅原俊行ほか 1993『秋田臨空港新都市開発関係埋蔵文化財発掘調査報告書　狸崎B遺跡　地蔵田A遺跡』 秋田市教育委員会
須藤　隆ほか 1973「C地点」『タチカルシュナイ遺跡1972』 北海道遠軽町教育委員会編 pp. 16-

18

須藤隆司 2006『天神小根遺跡』佐久市埋葬文化財調査報告書第136集

鈴木宏行ほか 2001『白滝遺跡群II』（財）北海道埋蔵文化財センター調査報告書第154集

立木宏明ほか 1996『奥三面ダム関連遺跡発掘調査報告書V 樽口遺跡』朝日村文化財報告書第11集　新潟県朝日村教育委員会

高橋義介・菊池強一 1999『峠山牧場I遺跡A地区発掘調査報告書』岩手県文化振興事業団埋蔵文化財調査報告書第291集

高原要輔・浅川文雄 2002「福島県会津若松市笹山原No.27遺跡」『第16回東北日本の旧石器文化を語る会』予稿集 pp. 93-96

田村　隆ほか 1994『大網山田台遺跡群I―旧石器時代篇―』（財）山武郡市文化財センター発掘調査報告書第16集

谷中　隆ほか 2001『権現山遺跡・百目鬼遺跡』栃木県埋蔵文化財調査報告書第257集

堤　隆 1996「削片系細石刃石器群をめぐる技術的組織の様相―中ッ原細石刃石器群を中心として―」『古代』102 pp. 36-61

堤　隆 1997「荒屋型彫刻刀形石器の機能推定―埼玉県白草遺跡の石器使用痕分析から―」『旧石器考古学』54 pp. 17-36

堤　隆ほか 1991『中ッ原第5遺跡B地点の研究』八ヶ岳旧石器研究グループ

堤　隆ほか 1995『中ッ原第1遺跡G地点の研究』八ヶ岳旧石器研究グループ

堤　隆ほか 1996『中ッ原第1遺跡G地点の研究』II 八ヶ岳旧石器研究グループ

宇野修平・上野修一 1975「角二山遺跡」『日本の旧石器文化2』雄山閣 pp. 96-111

後野遺跡調査団 1976『後野遺跡』

山原敏朗 1995「第5章南町2遺跡の発掘調査」『帯広・南町2遺跡』帯広市教育委員会 pp. 57-90

山原敏朗 1998「北海道帯広市暁遺跡細石刃製作技術について―第1地点にみられる技術的多様性の検討―」『北方の考古学』pp. 1-22

山原敏朗 2002「帯広市上似平遺跡Aブロック出土細石刃に関する考察」『旧石器考古学』63 pp. 51-65

矢戸三男ほか 1987『佐倉市向山谷津・明代台・木戸場・古内遺跡』千葉県文化財センター

横山裕平ほか 1992『大平山元II遺跡発掘調査報告書』蟹田町教育委員会

綿貫俊一・堤　隆 1987「荒屋遺跡の細石刃文化資料」『長野県考古学会誌』pp. 1-20

早水台遺跡第6次・7次調査出土縄文早期土器群の研究

原 田 雄 紀

I. はじめに

　東九州における押型文土器編年は、大分県日出町早水台遺跡の第2次調査（八幡一郎・賀川光夫1965）のあと、賀川光男によって、川原田式→早水台式→田村式→ヤトコロ式と組み立てられた（賀川光夫1965）。さらに橘昌信は大分県杵築市稲荷山遺跡の調査を通して、内面に原体条痕を施文せず横位施文のみからなる押型文土器を、早水台式の中から抽出して稲荷山式として型式設定した（橘昌信1980）。さらに、後藤一重は早水台式から文様の粗大化が進んでいない縦位施文を特徴とする土器を下菅生B式として設定した（後藤一重ほか1981）。いわば、早水台式は早水台遺跡出土資料の中から、稲荷山式・下菅生B式を引いた残りになる。本論考では2001年に東北大学総合学術博物館と東北大学大学院によって行われた早水台遺跡第6次・7次調査において出土した縄文時代早期の資料について、現在の編年観から改めて見直し、分析結果を考察と題して発表したい[1]。

II. 第6次・7次調査のまとめ

　東北大学総合学術博物館・東北大学大学院によって2001年に2回に渡って行われた早水台遺跡第6次・7次調査では、多数の縄文時代早期の土器・石器が出土した。調査箇所は天地返し等の攪乱が及んでいないと考えられた台地北側斜面である。層序は第5次調査（芹沢長介1965）を参考に上から1層（表土）・2a層（黒褐色土層）・2b層（暗褐色土層）・3a層（極暗褐色のローム層）・3b層（暗褐色の暗色帯、以下省略）と分類されており、うち2a層・2b層・3a層上面までに縄文時代早期の遺物を包含していた。

　遺物の内容は土器が合計で1,224点、石器が319点出土している。土器は第I群土器（撚糸文土器）5点、第II群土器（押型文土器）322点、第III群土器（無文土器）400点、第IV群土器（条痕文土器）7点で、無文土器が全体の半分以上を占める。押型文土器に施文されている文様の種類は、山形文が259点、楕円文が58点、格子目文が3点であり、8割以上は山形文が施文されている。押型文の土器型式は古い時期より、川原田式1点、稲荷山式17点、早水台式4点に加え、縦位施文の下菅生B式[2]までの4型式が出土している。また壺形土器と思われる土器片も4点ほど確認できた。石器については石鏃5点、尖頭器2点（サヌカイト製と瑪瑙製）、楔形石器1点、不定形石器1点、石刃1点、石核が8点、平

石2点、剝片・砕片が299点出土している。剝片・砕片の石材は姫島産ガラス質安山岩と黒色黒曜石が最も多くそれぞれ全体の3割を占め、石核も出土している。次いでチャートが計51点、サヌカイトも計18点出土しているが、石核の出土はなかった。その他に特徴的な石材として凝灰岩がある。トゥールも含め16点の出土があるが、そのほとんどが大きさ10cm以上の荒く割られたもので、2b層に集中して出土し、2点のみ2次加工が認められた。また、灰白色または灰黒色をした姫島産の黒曜石は2点のみの出土であった。

今回の早水台遺跡第6次・7次調査では無文土器が半数以上を占め、押型文土器の点数を上回っていた。押型文土器は川原田式から下菅生B式までの各型式が出土しており、そのうち稲荷山式に相当する土器が最も多く、早水台遺跡出土押型文土器の主体となる。

III. 出土資料の分析

1. 押型文文様の分類

出土土器の文様の分類にあたっては、第1次調査（八幡一郎・賀川光夫1955）の文様分類基準を参考にA類撚糸文、B類押型文、C類無文、D類条痕文に分類した。B類押型文については山形文をB1類、楕円文をB2類、格子目文をB3類に分類している。さらに山形文については凸部が太くなるものをB1b類として抽出した。また、楕円文についても数珠のようにつながった連珠文をB2b類と分類した。この際、分類の参考としたのが可児通宏の研究（可児通宏1969）で

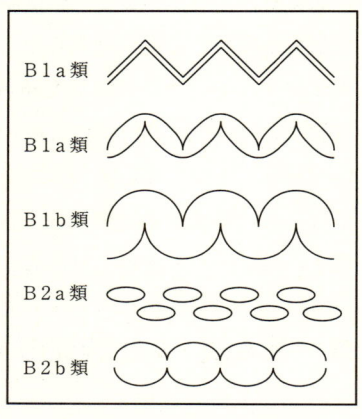

第1図　押型文文様模式図

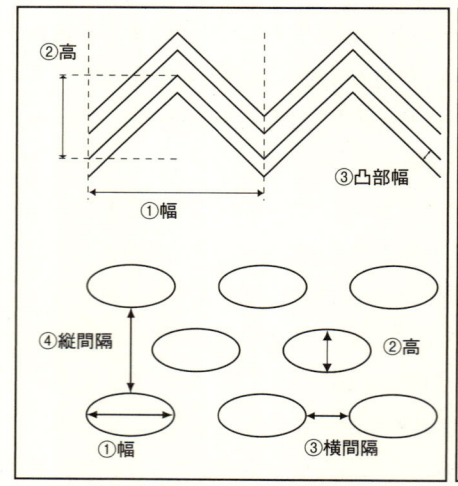

第2図　山形文・楕円文測定基準図

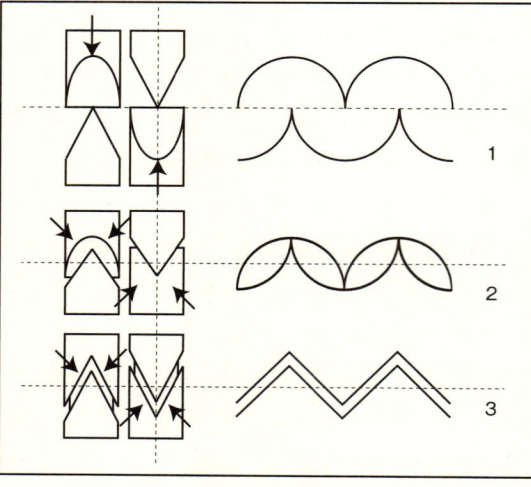

第3図　山形文原体割付模式図

ある。他にも押型文土器の文様の詳細な分類についての研究（上野佳也1967、会田進1971）などがあるが、可児通宏の論文によれば山形文の頂が丸みを帯びているものは、正弦曲線の組み合わせによるものとされる。この研究に基づき、押型文原体の復元を行った。

　まず、押型文原体に彫刻する刃を平らなものだと仮定した場合、第3図[3] 1の場合では押型文原体の軸に対して常に平行に刃を入れることで彫刻できる。原体に対して深く彫り込みが入るため、山形が太くなる（凸部幅が広くなり、立体感が出てくる）ことが多い。この方法では原体自体に山形の文様を直接彫り込むのではないため、原体自体にはきれいな山形彫刻は現れない。原体を転がしてはじめて山形が表現される仕組みとなる。山形の頂点の割付や細かい線の調整が不要となるため、容易に彫り込みが可能であり、この押型文原体の作成は、原体を彫刻するのではなく、原体を削る作業と言ったほうが良いほどに、削り屑が生じる。

　第3図1と同様に、山形の頂がカーブを描く第3図2の原体を作成する場合、まず1よりも原体への割付作業が難しい。割付決定後、1とは異なり原体の軸に対して平行ではなく、斜めに数方向から刃を入れて、山形がカーブを描くように彫り込みを行う。この原体への彫り込みは1よりも浅くなる。原体には曲線で構成される山形が彫り込まれ、山形も比較的細いものとなりやすい。

　山形の頂点が尖る第3図3の原体は、先端部の削りによって山形の割付を綿密に決定したあと、軸に対して斜めに平刃を入れ、これをジグザグに繰り返すことによって作成できる。原体には直線で構成される山形の文様が直接彫り込まれる。また原体に対して刃の角度は、より垂直に近いものとなる。このように2と3は曲線か、直線かという違いはあるが、原体への彫刻技法は類似している。すなわち、3の直線部を刃の角度調整によって、例えば山形頂点の鋭角を曲線へと変換していると思われる。2と3は原体作成時の技法が近いため、山形の頂点の特徴だけで分類することができない資料もあり、必ず違いが明確に指摘できない部分が生じる。よって、可児通宏が山形の頂点が丸くなり、正弦曲線の組み合わせとした中から、原体に対して常に一定の方向から彫り込みを加えた1のみを抽出し、B1b類とした。原体自体を比較すると、B1b類の方法では一見原体に明確な山形は描かれていないため、施文時にどのような文様が表れるか不明であるが、最終的な施文効果として山形が現れる。一方B1a類は、原体自体に山形のジグザグが直接彫り込まれる。実際原体を作る難易度は、1よりも2、2よりも3が難しい。

　また、楕円文も正弦曲線の組み合わせでできていると考えられる。この中でB2b類とした隣の楕円と接している連珠文とも呼ばれる楕円文は、第3図1の正弦曲線を横に半分ずらし、上と下で半円または弧が一致したときに連珠状となる。原体に掘り込むときの刃は軸に対して平行となり、わざわざ斜めに入れる必要はない。また、上と下2方向からの2回だけの彫り込みによって、楕円が一つ完成するので、容易に作成することが可能である。この技法は明らかに、B1a類よりもB1b類山形文のものに近いと判断できる。B2b類

は 1955 年刊行の報告書（八幡一郎・賀川光夫 1955）でも他の楕円文と区別されていたが、B1b 類山形文資料中に、一部に山形を構成する上の半円と下の半円が横にずれて連珠状になるものが存在する。この押型文文様の観察からも、B1b 類山形文と B2b 類山形文は技法上同一であると考えられる。以上のような押型文原体の復元から、出土押型文土器の文様分類の根拠とした。

2. 山形文と楕円文の関係

原体作成の違いから分類した B1a 類と B1b 類山形文については、山形の計測数値によって明確に分かれる。第 4 図では縦軸に、土器器面における山形の凸部の幅、横軸に山形一単位の幅をとった。押型文原体の直径を一定と考えた場合、両者の特徴は、B1a 類では山形の凸部の幅が狭く（細い）、B1b 類では幅が広

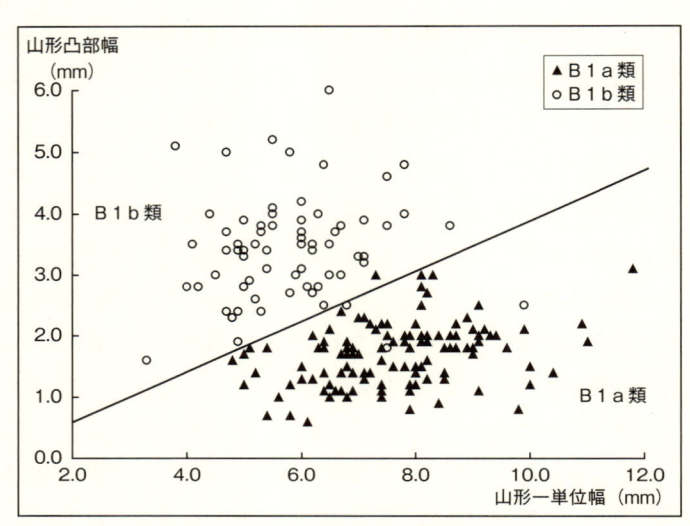

第 4 図　B1a 類・B1a 類山形文計測図

い（太い）。そして、B1a 類は山形の凸部を細くしたまま、一単位の幅を大きくすることが可能であり、一方 B1b 類は一単位の幅が大きくなるのにほぼ比例して凸部の幅が広くなる傾向がある。これは一単位の幅を大きくするためには、原体への彫り込みを深くしなければならないためである。

さらに、早水台遺跡出土土器の胎土には石英・輝石・角閃石・長石などの鉱物が含まれるが、出土土器の胎土を 1 点ずつ観察したところ B1b 類には径 1 mm 以上の白濁した状態の長石が際立って多く含まれている。この長石を特徴的に多数含有する土器の出土点数を文様別に示したのが、第 5 図である。B1a 類や B2a 類にも 1 点ずつ観察できたが、B1a 類は 153 点中の 1 点であり全体の量に比べると 1% にもならない。B2a 類も 37 点中の 1 点である。それに比べて B1b 類は 80 点中の 22 点であり 3 割近い点数となる。また、B2b 類も 16 点中 5 点であり、3 割を超える。こ

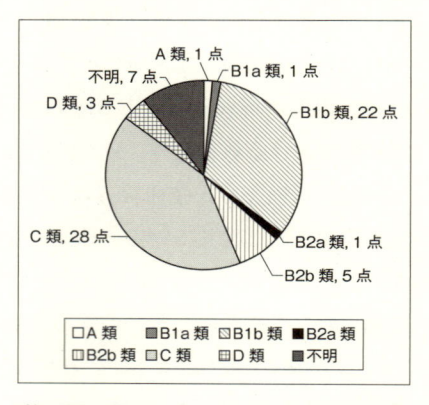

第 5 図　長石を多く含む土器の出土点数

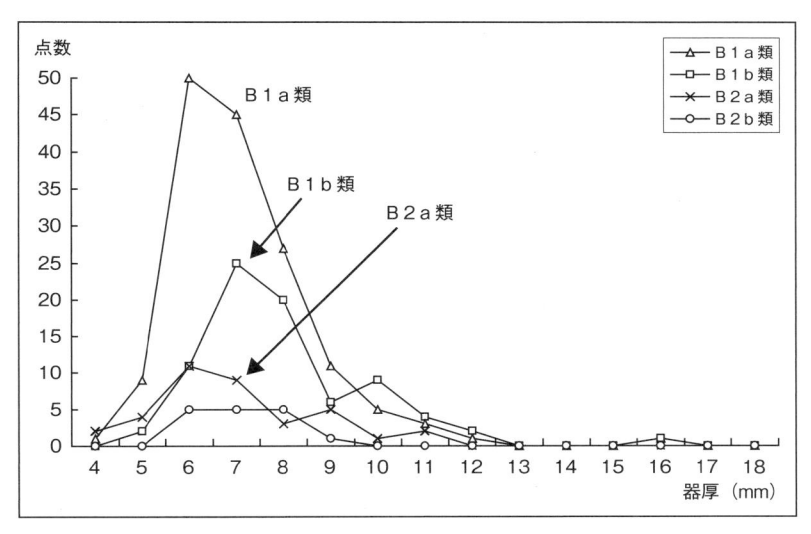

第 6 図　押型文土器文様類型別器厚図

のように、第 II 群押型文土器の中においては、B1b 類と B2b 類は 3 割前後の割合で、共通する胎土の特徴を示している。このように、B1b 類と B2b 類には、原体作成技法以外にも胎土の上からも共通性が見出せる。ただ、同じ胎土の様子を示すものとして、無文土器は約 30 点、条痕文土器は 3 点を含んでいる。

　また、B1a 類と B1b 類の違いを示すものとして、器厚の違いがある。すなわち、6〜7 mm が極大の B1a 類と B2a 類、7〜8 mm 極大の B1b 類、6〜8 mm の厚さの B2b 類となる。つまり 1 mm の違いではあるが B1a 類・B2a 類は薄め、B1b 類は厚めになる。B1b 類の原体作成が B1a 類のものより、容易であることはすでに指摘したが、B1b 類は土器自体の作りもやや簡素化している可能性がある。一方で、B1b 類では原体への彫り込みが深くなる傾向がある。文様の立体感を出すためには、土器に施文具を強く押し付ける必要があり、そのためには、器厚を厚くしなければならない必要性もあることが推測される。同じ山形文でも文様の違いにより、器厚にも差違が生じることは土器製作グループにも違いがあることが想定できる。

3. 壺形土器について

　九州における縄文時代早期には、熊本県大津町の瀬田裏遺跡（緒方勉 1993）に代表されるような壺形土器が存在する。今までに大坪芳典・遠部慎により早水台遺跡出土資料にも壺形土器が存在することが報告されてきた（大坪芳典・遠部慎 2000）。縄文時代早期の壺形土器は体部に穿孔を有することから注口土器とも呼ばれるが、体部に屈曲を有するものや、同県山江村 城・馬場遺跡の体部が緩やかにカーブするもの、鹿児島県鹿屋市前畑遺跡の口縁がすぼまるものなどの出土例がある。大分県内でも竹田市（旧荻町）政所馬渡遺跡の体部に穿孔がある資料が著名である。早水台遺跡第 6 次・7 次調査でも、この壺形土器が

出土している[1]。そのうち1点は、体部がくの字に屈曲する、一見手向山式のような器形を呈し、屈曲点の下に山形文が横位施文され、上では縦位に施文される。施文される山形文はB1b類である。これと同一個体と思われる口縁部破片は、山形文が縦位施文され、早水台式の特徴である口縁部内側の原体条痕とされるやや太めの沈線が施文される。そのほかの資料では、壺形土器の頸部と考えられる破片が確認できており、頸部の下部では山形文が横位施文され、上部では縦位施文されているものなどがある。これらの資料は、体部の穿孔は確認できなかったが、瀬田裏遺跡にて認められるような尖底で体部に屈曲を有し、頸部が緩やかに外彎し、口縁部が外反する器形の壺形土器に相当するのであろう。そして少なくとも早水台式段階で壺形土器は存在するものと考えられる。

また、この壺形土器への縦位施文は、下菅生B式の施文方法へ何らかの影響を及ぼしている可能性が考えられる。実際、原体条痕がある壺形土器の口縁部外側には縦位施文を認め、また、縦と横両方の施文方向が見られる壺形土器片の出土も今回の調査で確認している。壺形土器は頸部が緩やかに外彎するため、従来の横位施文では、原体の端と端が器面にぶつかり、原体と器面の接着面は極めて狭く、上手に施文することができない。この頸部に施文するためには、斜め、または縦に原体を転がすことが必要である。壺に施文するために縦位施文の技術が生じたのか、あるいは縦位施文技術の確立により壺のように外彎する器形への施文が可能になったのか不明であるが、壺形土器の成立と縦位施文相互の関係は想定できる。

4. 無文土器と押型文土器の関係に関する考察

早水台遺跡第6次・7次調査出土土器の器厚をまとめたところ、土器群による器厚の違いが明瞭に現れた（第7図）。押型文土器は6mm〜7mmに極大が現れるのに対し、無文土器は11mmから12mmが極大となる。また撚糸文土器は押型文土器の器厚に近似し、条痕文土器は無文土器の器厚に近い。これまで、無文土器については、器厚が5mm程度の薄手無文土器と、10mmを越える厚手無文土器が分類されている（橘昌信1970）。今回の調査でも、器厚10mmを越え、赤褐色を呈する厚手の無文土器が多量に出土しており、厚手無文土器に比べれば量は少ないが、器厚7mm前後と押型文土器と同じ程度の器厚で、また焼成も厚手と比べてやや異なる薄手の無文土器が出土している。

この無文土器については、早水台遺跡第6次・7次調査の整理を通して、押型文土器と無文土器は器厚が明らかに5mm以上も異なる上、器形にも差があり、土器表面の色から焼成も異なっていることなどから、果たして両者が共存するものであるのかという疑問を感じていた。さらに、私自身が参加した第7次調査では、土器の取り上げを実際に行いながら、赤褐色を呈した厚手の無文土器が押型文土器より下層から出土しているように感じていた。実際、無文土器と押型文土器の層別の出土点数比率（第8図）は2a層と2b層間の違いはほとんどなかったが、2層と3a層では、3a層での無文土器の比率が大きく上回

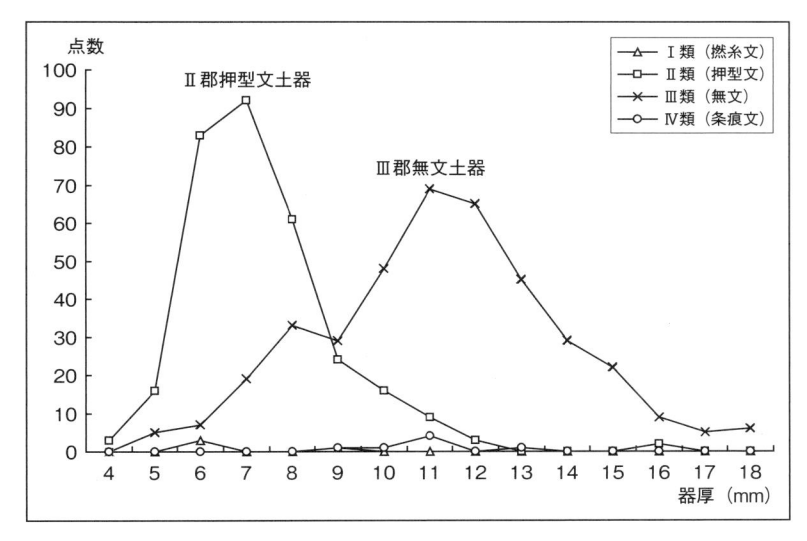

第7図　土器別器厚図

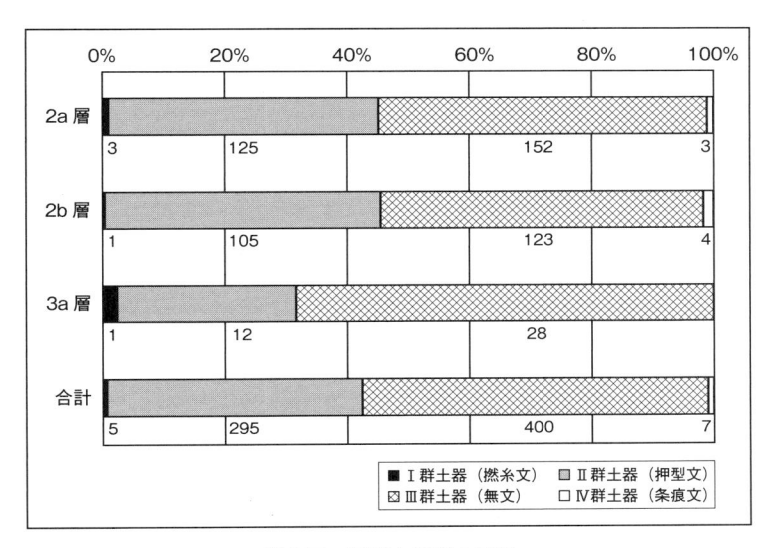

第8図　層別土器出土状況

っていた。さらに無文土器の平均器厚は 2a 層では 10.9 mm、2b 層では 10.1 mm、3a 層では 11.3 mm と 3a 層が最も厚い結果となった。

　その一方で、前出の B1b 類・B2b 類に共通する胎土をもつ無文土器が 30 点近くも出土しており、同じ粘土で押型文土器、無文土器が製作された可能性がある。また無文土器の口縁部内面に、稲荷山式の刻目を想起させる山形文原体を押し付けたと思われる刻目がある資料[1]が出土しており、共通性も認められる。以上のことから、早水台遺跡出土の無文土器には、押型文土器に伴うものと伴わないものが存在する。そして、下層から無文土器の出土が多いことから、無文土器が稲荷山式・早水台式より古いものとして捉えられる。

東九州の早期の遺跡における押型文土器と無文土器との比率に注目すると、稲荷山式の単純遺跡である稲荷山遺跡は75%が無文土器で、早水台遺跡ではおよそ60%が無文土器である。川原田式から早水台式がまとまって出土した大分県臼杵市（旧野津町）菅無田遺跡は無文土器が全体の7割を占めている。一方早水台式より後に位置づけられる同県竹田市下菅生B遺跡では24%、田村式が中心の政所馬渡遺跡も29%に過ぎない。このように早水台式を境に無文土器は押型文土器に占める比率が極端に低下する傾向がある。こうした、無文土器の減少という九州における縄文早期の流れから考えると、押型文土器に先行するという無文土器は、押型文土器の稲荷山式段階から早水台式段階において、押型文土器との交流もしくは両者の土器の融合化があり、結果として無文土器の数が減少した可能性が考えられる。

IV. 終わりに

本稿は、平成14年度に東北大学文学部に提出した卒業論文の一部を加筆、修正を行ったものです。在学中に多大な御指導を賜りました須藤隆先生に、この小稿を献呈いたします。

本稿をまとめるにあたっては、須藤隆先生をはじめ、柳田俊雄先生、阿子島香先生、小野章太郎氏、早瀬亮介氏をはじめたくさんの方々にお世話になりました。文末ながら感謝の意を表します。

註
1) 出土資料の図版は2007年に刊行される東北大学総合学術博物館の研究紀要『Bulletin of the Tohoku University Museum No. 7』に掲載される予定である。
2) 第3図の模式図は可児通宏（可児通宏1969）の論文を参考に作成した。
3) 小破片だが、下菅生B式の特徴である文様が粗大でなく縦位施文の土器片が12点出土した。

引用文献
会田　進 1971「押型文土器の再検討―特に施文法・文様構成を中心として―」『信濃』23-3 pp. 55-72
賀川光夫 1965「縄文文化の発展と地域性　九州東南部」『日本の考古学II 縄文時代』河出書房 pp. 268-275
可児通宏 1969「押型文土器の変遷過程―施文原体の分析を中心とした考察―」『考古学雑誌』55-2 pp. 22-33
後藤一重ほか 1981『菅生台地と周辺の遺跡』VI　竹田市教育委員会
緒方　勉 1993『瀬田裏遺跡調査報告II』瀬田裏遺跡調査団
大坪芳典・遠部　慎 2000「早水台式土器の器種―屈曲する胴部に関しする覚書―」『別府大学付属博物館だより』43 pp. 8-9

芹沢長介 1965「大分県早水台における前期旧石器の研究」『日本文化研究所研究報告』1 pp. 1-119
橘　昌信 1970『稲荷山遺跡緊急発掘調査』大分県文化財調査報告 20・21　大分県教育委員会
橘　昌信 1980『大分県二日市洞穴発掘調査報告』九重町文化財調査報告 5
上野佳也 1967「押型文土器の諸問題―土器文様を中心としての研究―」『考古学雑誌』53-3 pp. 1-17
八幡一郎・賀川光夫 1955『早水台』大分県文化財調査報告書 3　大分県教育委員会
八幡一郎・賀川光夫 1965『続早水台』別府大学文学部考古学研究室報告 3　別府大学文学部

相双地域における前期前葉縄文土器の変遷

早 瀬 亮 介

I. 研究の目的

　先稿において筆者は、東北大学文学研究科考古学研究室と角田市教育委員会が行った宮城県角田市土浮貝塚の発掘調査成果（須藤隆ほか 1994）に基づき、阿武隈川下流域の貝塚から出土した縄文時代前期初頭の土器群を検討した（早瀬亮介 2005）。そこでは、土浮貝塚における土器の層位的出土状況から土器群の変遷過程を明らかにした上で、宮城県柴田町上川名貝塚、名取市宇賀崎貝塚出土土器との対比を行うことにより、阿武隈川下流域の前期初頭の土器群を 2 段階に区分して捉えた。この様相は、松島湾岸、相双地域など隣接する地域ではおおむね共通すると見られるが、より遠隔の地域では異なっている。さらに、これまで提唱されてきた前期初頭の土器型式と基準資料の関係を整理し、上川名 II 式など前期初頭土器型式の捉え方について問題点を指摘した。前期初頭土器群の成立と前期前葉[1]への変遷過程、そして同一時期における地域差などを明らかにしていく必要があると考えられた。

　これを受け、本稿では前期初頭から前葉への変遷過程の追究を試みる。阿武隈川下流域での研究成果を援用しつつこの課題に取り組むために、福島県の太平洋岸北・中部の遺跡群から出土した土器を中心に検討を行う。相双地域と呼ばれるこの地域は土器の様相が阿武隈川下流域とよく共通するため、編年対比に適していると考えられる。また 1990 年代の大規模開発に伴い、特に相馬市と原町市の遺跡で前期前葉の竪穴住居跡や遺物包含層が多数検出されており、この時期の土器の変遷過程を一括資料の分析によって明らかにできる強みがある。さらに、近年常磐自動車道関連の調査によって双葉郡でも資料が増加している。そして南相馬市（旧小高町）宮田貝塚の資料はこの地域の編年の基準となってきたものである。これらを検討することによって東北南部のこの時期の編年についてひとつの見通しが得られるものと考えられる。

II. 相双地域の縄文時代前期前葉遺跡

　阿武隈川と太平洋に挟まれて急峻な阿武隈高地が南北に連なり、その東麓は相双丘陵となって太平洋に向かって延びる。この丘陵は、東流して太平洋に注ぐ河川によって樹枝状に開析され、東端部に河岸段丘が発達する。さらに東側には海岸低地が形成され、太平洋

に至る。このように相双地域は、丘陵と低地が入り組む地形を特徴とする南北に細長い地域である。

　この地域に分布する前期前葉の遺跡を北から順に概観する。まず相馬市には段ノ原A遺跡（山口晋1995）、段ノ原B遺跡（吉田秀享1995a）、猪倉B遺跡（小暮伸之1996）、山田B遺跡（吉田秀享・酒井優1997）が知られる。いずれも相双丘陵から延びる細長い丘陵上に竪穴住居跡などの遺構が多数検出され、さらに斜面の遺物包含層からは多量の前期前葉の遺物が出土している。報告書では、特に吉田秀享が前期前葉の遺構・遺物について詳細に検討し、その内容と位置付けを論じている（吉田秀享1995b）。

　原町市では赤沼遺跡（長島雄一ほか1983）で大木2a式の資料が知られる。さらに八重米坂A遺跡（吉田秀享ほか1990、西谷勉1992、高橋亜貴子ほか1994）、羽山B遺跡（香川愼一ほか1991、藤谷誠ほか1992）で前期前葉の遺構・遺物包含層が調査され、良好な資料が得られた。

　南相馬市（旧小高町）宮田貝塚は竹島国基によって調査・報告された、この地域を代表する前期前葉の遺跡である（竹島国基1975）。竹島が分類した宮田貝塚第III群土器は、その後この地域の特徴的な土器群として様々に論じられてきた（佐藤典邦1987、1988等）。近年は福島県や新潟県で類例が増加し、さらに東北北部の表館式との関連が指摘されるなど、注目されている（谷藤保彦2005、縄文セミナーの会2006等）。

　双葉郡双葉町では郡山貝塚が知られる。斜面に形成されたA、B、Cの3地点の貝塚が調査され、前期前葉を主体とする土器群が出土している（大竹憲治ほか1990）。また双葉郡大熊町上平A遺跡（門脇秀典ほか2003）、双葉郡富岡町本町西C遺跡（新海和広ほか2002）、双葉郡楢葉町大谷上ノ原遺跡（山元出ほか2001、荒川裕ほか2002）では、前期前葉の竪穴住居跡等の遺構群が調査された。

　このように、相双地域では前期前葉の良好な資料が多数蓄積され、詳細な検討が行われてきた。阿武隈川下流域での成果と対比しつつ、さらなる検討を加えることは、相互の研究を深めることになると考える。

III. 出土土器の検討

　本稿執筆に当たり筆者が実見できたのは、相馬市段ノ原A遺跡、段ノ原B遺跡、猪倉B遺跡、山田B遺跡の出土土器である。今回はこれらの資料を分析の中心に据え、その結果に基づいて他遺跡の資料を加えた検討を行うこととする。

1. 分析対象遺跡の概要

　段ノ原A遺跡は、相馬市椎木字段ノ原に所在し、相双丘陵の北部に位置する。東に延びる小舌状丘陵の尾根上に立地し、北側は椎木川の小さな谷底平野、南側も小さな谷が入り込んでいる。調査区内は尾根頂部の北東向き緩斜面で、標高は77〜86mである。調査

区外では急激に谷に落ちる。前期前葉に比定された遺構は相対的に標高の高い南西部を中心に検出された。検出された遺構は、竪穴住居跡2軒、土坑13基、焼土遺構6基、遺物包含層1ヶ所、チップ集中地点1ヶ所である。

　段ノ原A遺跡から浅い谷を隔てて東側が段ノ原B遺跡である。段ノ原B遺跡は段ノ原A遺跡と同地内に所在し、同一丘陵の延長にある標高58〜76mの中位段丘上に立地する。標高の高い西部は北向きの緩斜面をなし、低い東部は平坦面である。遺跡の北側は椎木川に浸蝕された急崖となり、南側は約20度の急斜面である。前期前葉の遺構は、竪穴住居跡102軒、土坑253基、焼土遺構43基、竪穴状の性格不明遺構9基、集石遺構4基、小穴群5ヶ所、溝跡1条、遺物包含層7ヶ所である。

　これらの遺構は段丘頂部から南側斜面上部にかけて集中し、斜面には遺物包含層が形成されており、これらは地形と竪穴住居跡の分布のあり方から5ヶ所の集中区域として捉えられている。集中区域1は、調査区東側のやや南東向きに下がる平坦面で、竪穴住居跡14軒が見られ、他に土坑、焼土遺構が認められる。北側は急崖で崩落しており、いくつかの住居跡が破壊されている。集中区域2は、北東向き緩斜面からほぼ平坦面に移行した調査区中央北側で、72軒と最も多くの住居跡が密集し、激しく重複している。他に土坑、焼土遺構がある。集中区域3は、集中区域2の南西側に位置する北向き緩斜面で、9軒の住居跡がほとんど重複せずに分布する。土坑との重複が見られる。集中区域4は、集中区域2の南東側、調査区南側急斜面の上部に位置する。急斜面に6軒の住居跡が検出された。集中区域5は、最も標高の高い調査区南西端部に1軒の住居跡が見られ、他に3基の竪穴状の性格不明遺構が検出されている。住居跡の分布はこのようであるが、土坑や焼土遺構はこれらと重複しつつ、調査区の南西から北東にかけてより広い範囲に分布している。

　この段ノ原A・B遺跡の丘陵から約2km南方に当たる相双丘陵の1丘陵に、猪倉B遺跡と山田B遺跡がある。

　猪倉B遺跡は相馬市大坪字猪倉に所在し、阿武隈高地から東に延びる丘陵先端部の独立丘陵の中位段丘面上に立地する。この丘陵は南東部に東から大きな谷が入り込み、遺跡はこれを囲む形になっている。谷から北側は標高41〜55mの丘陵頂部で、南向きに緩やかに傾斜する平坦面となっている。平坦面の北は急傾斜で水田面に達する。この斜面に5ヶ所の小さな谷が見られる。平坦面の南側は、東から入り込む大きな谷に向かって急激に落ち、ここにも3ヶ所の小さな谷が形成されている。大きな谷の西側から南側は、この谷を囲むように標高50〜60mの馬の背状の丘陵となっている。平坦面はほとんどなく、丘陵の周囲に9ヶ所の小さな谷が形成されている。

　前期前葉の遺構は竪穴住居跡254軒、掘立柱建物跡5棟、土坑195基、焼土遺構1基、小穴群3ヶ所、他に谷に形成された遺物包含層15ヶ所がある。遺構と遺物の分布にはまとまりが認められ、5ヶ所の遺構集中区域として捉えられた。このうち前期前葉の遺構が検出されたのは遺構集中区域2、4、5である。遺構集中区域2には調査区北側の丘陵平坦

面全体に検出された遺構群と、その北・南側斜面の谷に見られる遺物包含層がある。ここで検出された前期前葉の遺構は、竪穴住居跡250軒、土坑187基、掘立柱建物跡5棟、小穴群2ヶ所、焼土遺構1基である。斜面の9ヶ所の谷には、量の違いはあるが、ほとんど前期前葉の遺物が包含されている。前期前葉の遺構はわずかに南向きに傾斜する丘陵平坦面の中でも、特に西側から中央部にかけて密集し、著しく重複する。東側と斜面部には少ない。土坑の中で落とし穴と認定されたものは、平坦面南側と北側に列を成して分布しており、住居跡群が最も密集する区域から外れている。貯蔵穴と認定された土坑も住居跡群の周囲に分布する傾向がある。ただし住居跡と重複する場合もあり、前後関係はまちまちである。遺構集中区域4は谷を取り巻くように調査区西側から南側にかけて延びる馬の背状の丘陵部分である。前期前葉の遺構は竪穴住居跡4軒、土坑4基、小穴群1ヶ所で、土坑1基を除き丘陵頂部に構築されている。重複関係はなく、遺構集中区域2とは大きく異なった様相を示す。また斜面の谷6ヶ所に遺物包含層が形成されている。このうちNo.8谷の底から土坑1基が検出された。遺構集中区域5は調査区南東部の丘陵とその斜面で、縄文時代前期前葉の遺構としては、落とし穴と考えられる土坑が4基斜面に認められる。

　山田B遺跡は相馬市大坪字山田に所在し、猪倉B遺跡の東側に延びる独立丘陵に立地する。両遺跡の間には北西と南東から谷が深く入り込み、狭い尾根でつながっている。この山田B遺跡の丘陵は、さらに北東と南東から大きな谷が入り込んで、T字を左に90度回転したような形をなしている。頂部の標高は39〜59mである。周囲はいずれも急崖や急斜面で、谷底や小規模な沖積平野に落ち込む。丘陵頂部は南向きの緩斜面で、遺構の多くはここから密集して検出された。その周囲の急斜面にはいくつもの小規模な谷があり、遺物包含層が形成されている。

　前期前葉の遺構は、竪穴住居跡129軒、土坑187基、焼土遺構1基、焼土塊が集積した範囲8ヶ所等である。遺構の分布を見ると、竪穴住居跡は丘陵頂部からやや下がった南向き緩斜面に密集して分布し、重複するものも少なくない。貯蔵穴と認定された土坑は住居跡周辺に分布する。落とし穴と考えられる土坑は南側緩斜面と住居跡の集中する区域に分布する。落とし穴と住居跡は重複するものもあり、前後関係は一定しない。焼土遺構1基は住居跡の集中区域にあり、焼土塊の集積は南側緩斜面に8ヶ所認められる。

　これらの4遺跡は、丘陵上の平坦面または緩斜面に竪穴住居跡、貯蔵穴、落とし穴等の遺構群が展開し、丘陵周囲の急斜面谷部に遺物包含層が形成されるという、共通した特徴を持つ。遺構が激しく重複し、住居跡と落とし穴の前後関係が一定しないなど、この場を訪れる集団の流動的で変化に富む活動状況がうかがわれる。

　また近接した位置にあって、基盤の地質、遺構の状況も共通することから、土層の堆積状況も似通っている。基盤となるのは坂元粗粒砂岩部層、赤色風化殻、中位段丘堆積物で、遺跡によって多少異なるがLIII〜V層とされた。多くの遺構はこれらの上面で検出された。それらの上に暗褐色もしくは黒褐色のLIIが堆積する。LIIは丘陵上で散漫に分布するの

に対し、斜面では厚く堆積し、多量の遺物を包含する。LI は表土である。

遺構内堆積土には、LII に共通する層が多く見られるほかに、基盤層起源の土層や、両者が不均一に攪拌されたような混土の状態も少なからず観察された。調査者は、基盤層起源の堆積層や混土状態の土層、あるいは上面に凹凸のある不安定な堆積状況等を認めた場合、その堆積層が人為的に投棄されたものと判断している。このような状況が生まれた理由としては、遺構が激しく重複していること、さらに重複する遺構同士に時期差が認められない場合が多いことなどから、短期間に多くの遺構が形成され、廃絶される中で、土の投棄や攪拌が起こったものと考えられた。段ノ原 B 遺跡で、重複する複数の遺構の中で、最も古い 15 号住居跡出土土器片と最も新しい 9 号住居跡出土土器片が接合していることなども、その状況を物語ると見られている。また、遺構内出土遺物は全体的に少なく、土器の多くは破片資料であり、復元個体がまとまって出土するような状況は稀である。

斜面谷部の遺物包含層については、土器の分類に基づいて集計を行い、地点別、層位別に検討を行っている。しかし、同一地点で上下関係にある層の間で有意な差は認められず、また複数地点の間で対比される層の土器が共通するとは限らない等の検討結果が示されている。これは斜面が急であることから、土層と遺物の崩落、再堆積が繰り返された結果と考えられている。

このような調査所見から、土器の分析には様々な制約が伴うものの、遺構内での堆積関係やまとまりと、その重複関係、包含層の地点による相違等、多くの着眼点から取り組むことが可能と考える。

2. 分析の方法

4 遺跡の資料、とりわけ段ノ原 B 遺跡の資料に対して調査者である吉田秀享が検討を行い、土器の変遷を論じている（吉田秀享 1995a・1995b）。ここではまず吉田による編年とその方法を整理した上で、本稿での分析方法を組み立てることとする。

吉田は段ノ原 B 遺跡を中心に 4 遺跡の土器全体を分類できる基準を作成した。これらの遺跡で圧倒的多数を占める前期前葉の土器の中で、回転施文する縄文以外の文様を持つ土器を II 群土器、縄文のみの土器を III 群土器とし、各々細別を設定した。II 群土器の中で主要な類型を集めて特徴を説明し、それらに伴う III 群土器を抽出した。その上で I から IV 期の時期区分を提示した。III 期についてはさらに III 古期、III 新期に細分している。II から IV 期についてはその前後関係を示す遺構の重複関係を図示している（吉田 1995 第 509-510 図）。II 群土器の変遷は、前期前葉に一貫して主要文様帯を構成する蕨手状の意匠に焦点を定め、その施文具・手法の置換という現象に着目しつつ、変遷を説明したものである。さらに関東地方の羽状縄文土器群で重視される縄文施文法の変遷をもう一つの着眼点として、III 群土器の変遷を組み合わせた。I 期は花積下層式、上川名 II 式、III 期は宮田貝塚第 III 群土器、IV 期は大木 2a 式の時期に当たるとし、II 期については、宮田貝塚

にも類例があるものの、宮田貝塚第III群土器とは分けて考えるとした。

　この吉田の編年は、良好で多量の資料を一貫した基準で検討することにより、この地域の前期前葉土器群の変遷、とりわけ主体を占めるII、III期の土器の位置付けについて見通しを与えた重要な研究であった。その後このような土器群は、さらに福島県と福島市による摺上川ダム関連の調査においても、福島市獅子内遺跡などで良好な資料が得られ、検討が進められた（鈴鹿良一ほか1999、堀江格2004）。しかし宮田貝塚第III群土器を主体とするこれらの土器群の位置づけは未だ十分に明らかになったとは言えない。それはこれらの土器群を関東地方や仙台湾周辺の編年に対比することが困難な状況に如実に表れている（縄文セミナーの会2006）。

　東北から関東地方における前期前葉土器群については、遺構出土の一括資料や遺物包含層出土土器のまとまりを分析し、質的にも量的にも漸移的な変遷過程が提示されてきた（白鳥良一1974、黒坂禎二1984、小川出・村田晃一1986）。変遷の実態に加え、破片主体の出土状況を考慮して、このような分析方法が工夫されてきたものと考えられる。この点で吉田の研究は、特徴的な類型の検討にやや重点が置かれ、まとまりの把握が必ずしも十分ではなかったと言える。

　このような観点から、本稿では、土器個体の分類よりも土器群のまとまりのパターンを抽出し、群別することを第一とする。具体的には、各遺跡で土器のまとまりを把握し得るだけの出土量のある一括資料を選定し、群別を行う。この場合、全資料の定量的な分析が有効であるが、今回はこれを十分行うことができなかった。山田B遺跡については報告書に提示された集計表を参照し、他遺跡については抽出資料の観察に基づいて検討した。これらの選定資料について、堆積層の上下関係、遺構の重複関係、分布状況等を手がかりに前後関係を捉え、変遷を明らかにする。

3. 分析

　ここでは各遺跡出土土器を取り上げ、群別を行う。本来ならば一括資料ごとに、遺構内の土層堆積状況や遺物出土状況を説明しながら群を抽出していくべきだが、紙数の制約からやむを得ず手順を省略し、各遺跡で認められたまとまりごとに特徴的な土器を説明する形を取る。

　なお、一括資料の捉え方と時期の認定について付言する。個々の遺構には複数の堆積層があり、さらに自然堆積と人為堆積が繰り返される場合などがある。これらは埋没の過程をいくつかの段階に分けて捉えるべきものであるが、結果として複数の層から出土した土器の間に違いが認められないような場合には、同一地点に廃棄され、あるいは埋没した事実を重視し、多くは広い意味で一括資料として扱うことにした。次に行う土器の説明や、表に提示した遺構に関して、埋土の違い等があまり表現されていないのは、このような検討による判断に基づいている[2]。詳細は報告書を参照されたい。

また、本稿での時期認定は土器群の時期を示すものであって、その土器が出土した遺構の時期を直接表すとは必ずしも言えない。上述のような遺構の状況から考えて、出土土器の時期から遺構の時期を厳密に認定することには慎重にならざるを得ない。各遺跡、地点で主体となる土器の時期からある程度大きく判断するのが妥当と考える。

(1) 山田B遺跡出土土器（第1図）
　山田B遺跡では、遺構出土資料から3群のまとまりを捉えた。
　A群土器は3号住居跡（第1図1～3）、13号住居跡（第1図11・12）、77号住居跡出土土器（第1図23～31）によって捉えられた。他に78号住居跡（第1図32・33）等からも出土している。口縁部が外彎もしくは外傾する深鉢が主体となる。頸部で明瞭にくびれ、口縁部が強く外彎するもの（第1図11）や、緩やかに外彎していくもの（第1図26）など彎曲の強さや頸部のくびれには変異がある。平縁（第1図12）、押圧による小波状口縁（第1図2）、4単位の大波状口縁（第1図3）と口縁形態は多様である。外面全体に縄文を横方向に回転施文する土器が最も多い。縄文原体は斜行縄文、非結束羽状縄文（第1図3・11・12等）が主体で、結束第1種羽状縄文は少ない。他に撚糸文（第1図27）等が見られる。縄文以外の装飾は、横位の撚紐圧痕（第1図11）、その間に刻みを施すもの（第1図1）、多截竹管の沈線文（第1図24）、指頭押圧によって縦位の突帯状に作り出されるもの（第1図32）等が見られる。これらは口縁部文様帯に展開することが多く、縄文の上に施される場合とナデられた器面に施される場合がある。このような主要文様帯を持つ土器の他に、口縁端部や頸部に連続的に押圧を加えるだけの簡素なもの（第1図2・26）も見られる。
　B群土器は20号住居跡、46号住居跡（第1図18・19）、59号住居跡（第1図20～22）、216号土坑出土土器（第1図34）によって捉えられる。他に6号住居跡（第1図4～8）、9号住居跡（第1図9・10）等でも出土している。器形はA群とあまり変わらない。第1図34は体部が膨らみ、頸部でくびれ、口縁部が内彎する深鉢である。口縁形態は平縁と大波状口縁（第1図34）があるが、小波状口縁は少ない。これは口縁端部の刺突や押圧等の装飾が、端面ではなく外縁に施されることによる（第1図10・18）。縄文が全面に施される土器が多く、原体は斜行縄文、結束第1種羽状縄文（第1図34）が主体となる。結束の羽状縄文は施文幅の狭いもの（第1図7）も見られる。装飾は、1段で撚りが正反対の縄を複数並べて蕨手状の圧痕を施し、その間に刻みや円形竹管の刺突を施すもの（第1図9・20）、半截竹管の刺突や短沈線を突帯に組み合わせて渦巻状等に施すもの（第1図5・6・34）等がある。
　C群土器は17号住居跡出土土器（第1図13～16）によって示されるまとまりである。口縁外縁に矢羽根状に刻みを施し、その下に極めて幅の狭い非結束羽状縄文を施すもの（第1図13・14）や、同様に縦位の刻みと幅の狭い結束第1種羽状縄文が施されるもの（第1図15・16）等が見られる。器形は口縁が外傾もしくは緩やかに外彎する。非常に単純な内容

168

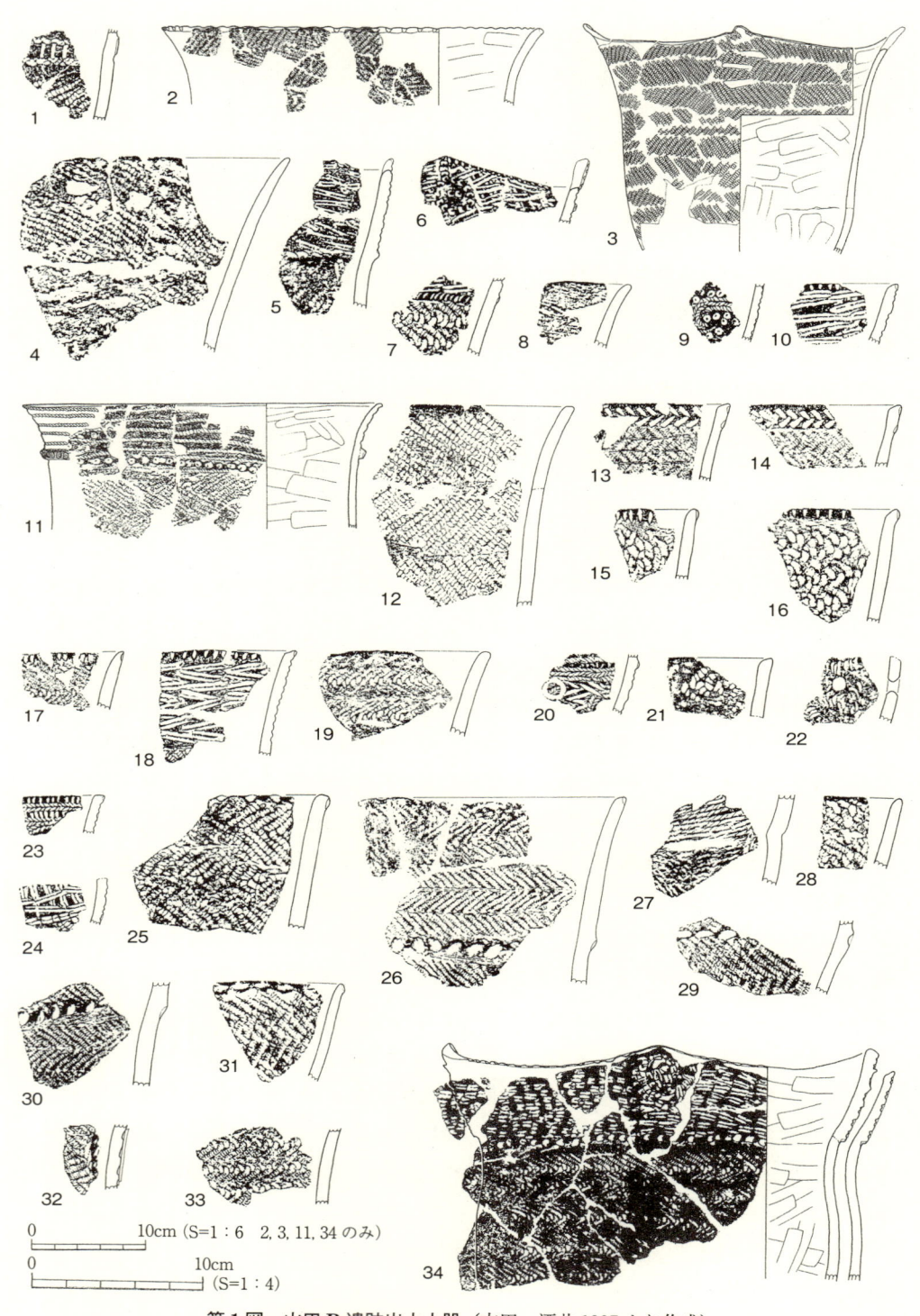

第 1 図　山田 B 遺跡出土土器（吉田・酒井 1997 より作成）
1～3 3 号住居跡、4～8 6 号住居跡、9・10 9 号住居跡、11・12 13 号住居跡、13～16 17 号住居跡、17 28 号住居跡、18・19 46 号住居跡、20～22 59 号住居跡、23～31 77 号住居跡、32・33 78 号住居跡、34 216 号土坑

を持つまとまりである。

　遺構の重複は多いが、異なる土器群の前後関係を明瞭に示すような事例は少ない。その中で出土量は少ないもののB群と見られる28号住居跡（第1図17）が23号住居跡に壊され、さらにこれよりもC群の17号住居跡が新しいという関係は注意される。

　遺構出土資料によって群別を設定したが、斜面谷部の遺物包含層出土土器には、表に示すとおりAからC群の他に、後述するD群も見られる。No.2谷ではA群がまとまって出土している。

(2) 猪倉B遺跡出土土器（第2図）

　猪倉B遺跡は遺構集中区域2と4でほとんどの縄文時代の遺構が検出されており、地点間で出土土器に差異が認められる。

　遺構集中区域2の遺構出土土器の中で、まとまりを把握できる量が出土したものに関してはすべてD群に属している。D群土器は24号住居跡、26号住居跡（第2図1～3）、32号住居跡（第2図4～6）、34号住居跡（第2図7～12）、137号土坑（第2図13）等によって捉えられたまとまりである。器形は頸部で明瞭にくびれ、口縁部がわずかに内彎しながら広がる深鉢（第2図13）や口縁部が緩やかに外彎するもの（第2図12）等が見られる。口縁形態には平縁と大波状口縁（第2図13）がある。縄文はほとんど全面に施される。原体は斜行縄文、非結束羽状縄文、結束第1種羽状縄文（第2図1・3・11）、末端環付のループ文（第2図2・6・12・13）があり、極めて狭い幅で施文されるのが特徴である。縄文以外の文様としては、多截竹管を用いた押引き文やコンパス文が口縁部に横位に並列して施されるものが特徴的である（第2図3・5・8・9）。これに撚紐の圧痕が伴うものもある（第2図7）。多截竹管の押引き文は口縁部に広く展開する場合もある（第2図4）。さらに、竹管を用いて押引きを施した後に沈線を重ねて施す手法、あるいは逆に沈線を引いた後で、その溝内に連続刺突を加えるという、独特の手法が用いられる。吉田がⅡ期の指標とした「Ⅱ-4類」の特徴である。第2図14、15は遺構外出土であるが、この手法により蕨手状文等が施されている[3]。また、ループ文を帯状に施して文様を表すものも少数見られる（第2図13）。

　なお、この区域の斜面谷部の包含層[4]では、No.3谷でD群が主体となっている。他方、No.1、17谷ではA群が主体である。

　遺構集中区域4では、結束第1種羽状縄文の土器がまとまって出土した260号住居跡出土土器（第2図18）がB群として捉えられる。262号住居跡（第2図19～23）、264号住居跡出土土器（第2図24～31）は先述のB～D群に共通する土器が出土している。遺構外では撚紐圧痕の蕨手状文に刺突や刻みが伴うもの（第2図33・34）や多截竹管押引き文と撚紐圧痕の土器（第2図35・36）等が出土している。No.8谷はB群主体、No.7谷はD群主体である。

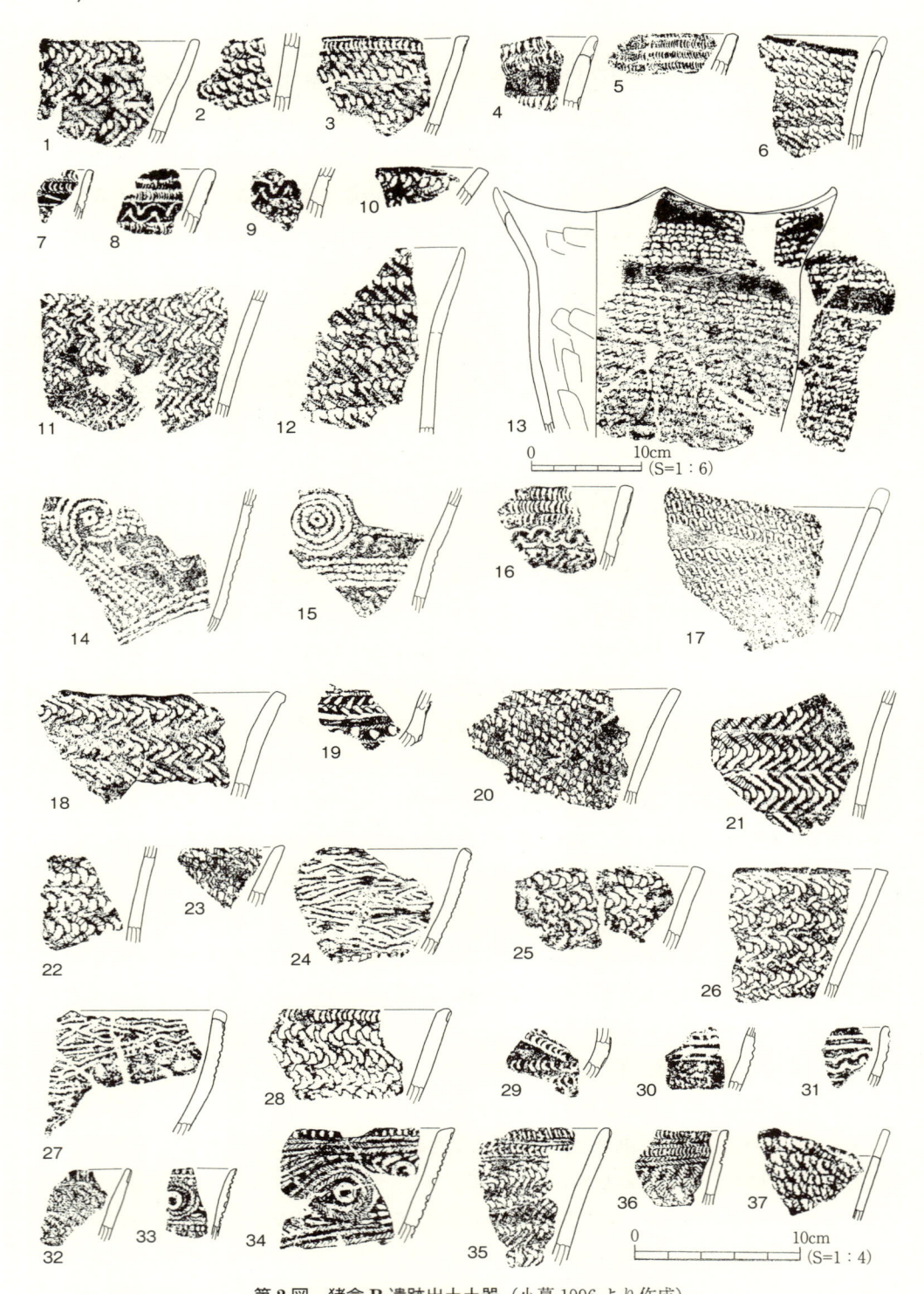

第 2 図　猪倉 B 遺跡出土土器 （小暮 1996 より作成）
1〜3 26 号住居跡、4〜6 32 号住居跡、7〜12 34 号住居跡、13 137 号土坑、14〜17 遺構外（以上遺構集中区域 2）、
18 260 号住居跡、19〜23 262 号住居跡、24〜31 264 号住居跡、32〜37 遺構外（以上遺構集中区域 4）

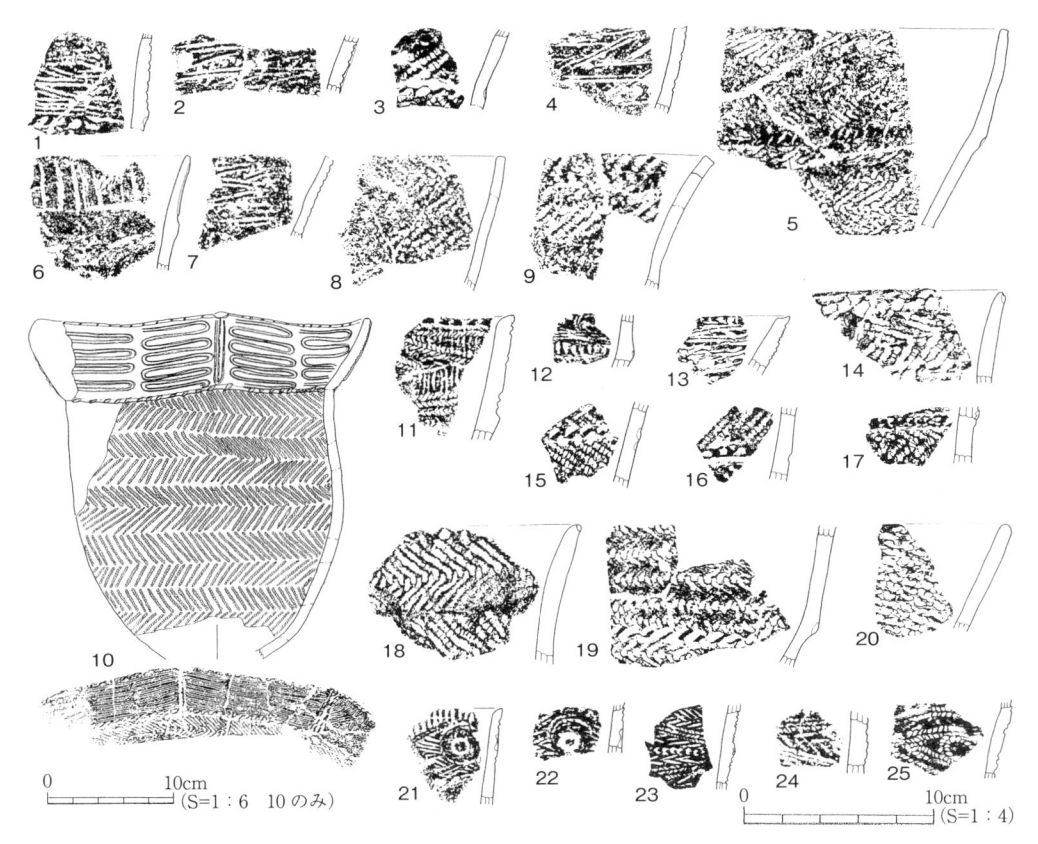

第 3 図　段ノ原 A 遺跡出土土器（山口 1995 より作成）
1～9 1 号住居跡、10 51 号土坑、11～20 1 号遺物包含層、21～25 遺構外

遺構の重複は極めて多いが、土器群間の前後関係を示すものを認めることはできなかった。

(3) 段ノ原 A 遺跡出土土器（第 3 図）

段ノ原 A 遺跡では、先述の A～B 群に当たる土器が出土している。量的にまとまっている 1 号住居跡（第 3 図 1～9）と 1 号遺物包含層（第 3 図 11～20）では、結束第 1 種羽状縄文の上に半截竹管の短沈線を斜めに多数重ねて施すもの（第 3 図 1・2）や複数並列する撚紐圧痕の蕨手状文（第 3 図 12）等、B 群に共通する傾向が見られる。しかし非結束羽状縄文が比較的多く、A～B 群として大きく捉えておく。51 号土坑から出土した土器（第 3 図 10）は、体部に非結束羽状縄文、頸部に指頭押圧、口縁部には波頂下に指頭押圧を縦に連続して突帯状にし、周囲に半截竹管の流水文を縦位、横位、斜位に施す深鉢で、A 群と見られる。遺構外からは B 群を特徴付ける撚紐圧痕を持つ土器（第 3 図 21～25）が出土している。

土器群の有意な差を示す層位関係や遺構の重複関係は認められない。

(4) 段ノ原B遺跡出土土器（第4～6図）

　段ノ原B遺跡は、遺構の集中区域が5ヶ所認定され、それらに属さない遺構も若干存在する。地点によって土器に違いが認められる。

　段ノ原B遺跡で主体となるのはE群土器である。集中区域1～3及び2の北側で出土している。15号住居跡（第4図1～3・6）、20号住居跡（第4図4・5・7～11）、35号住居跡（第4図12・13）、42号住居跡（第4図17・18）、54号住居跡（第4図19～21、第5図1・2）、94号住居跡（第5図13）、112号土坑（第5図18）、167号土坑（第5図19～22）、215号土坑（第5図23）、296号土坑出土土器（第5図24・25、第6図1）等の一括資料で捉えられる。器形は、頸部でくびれ、口縁部が内彎する深鉢（第6図11）、頸部でくびれ口縁部が外彎するもの（第4図6・12・21等）、体部が膨らみ、頸部でくびれて口縁部が外彎するもの（第5図18）等がある。口縁形態は平縁と大波状口縁で、波状口縁には単純な4単位のもの（第4図12・19等）の他に、波頂間に小突起を持つもの（第5図18）や緩やかな双頭波頂になるもの（第5図25）が見られる。縄文は多くの土器の外面全体に施される。斜行縄文、非結束羽状縄文、結束第1種羽状縄文、ループ文を主体とし、さらに複節、異節、組紐がある。羽状縄文は非結束が多く、しばしば同一横帯内で原体を換え、菱形に表現する（第5図19）。ループ文は極めて施文幅の狭いもの（第4図6）と幅の広いものがあり、両者が交互に現れるものや、さらにそれが羽状や菱形に施されるものもある（第4図7等）。施文幅の狭いループ文は帯状に延長されてループ文帯となり、入り組む横S字状文（第4図6）や、鋸歯状文（第5図23）となる。縄文以外の装飾では、半截・多截竹管の押引きによる菱形文（第5図13）や、押引きと沈線が伴う手法による多方向の直線や曲線が組み合う意匠（第4図3、第5図9・10）が見られる。さらに半截・多截竹管の直線的な文様に刻みを充填し、ボタン状貼付が加えられるもの（第4図8、第5図21）が伴っている。

　集中区域2と4ではD群土器が出土している。36号住居跡（第4図14～16）、55号住居跡（第5図3～5）、75号住居跡出土土器（第5図9～12）である。縄文は結束第1種羽状縄文を主体とし、幅の狭い施文が目に付く。多截竹管の押引き文（第4図15）や、それに撚紐の圧痕文が伴う装飾（第5図3）が見られる。

　集中区域5では65号住居跡でA群土器が出土している（第5図6～8）。横位の撚紐圧痕の装飾が施されている（第5図6）。この区域は段ノ原A遺跡に最も近い地点である。

　集中区域5と3の間には、67号土坑（第5図14～17）、4号性格不明遺構（第6図3～5）、5号性格不明遺構（第6図6・7）が存在し、いずれもB群土器を出土している。口縁外縁の刻み（第5図14）や撚紐圧痕の蕨手状文に刻みと円形竹管文が加えられるもの（第6図6）等が見られる。

　遺構外出土土器はE群主体である。装飾意匠を把握できるものを図示した（第6図8～15）。

　遺構の重複関係は多数認められるが、その多くは出土量が少ないこともあって有意な土

相双地域における前期前葉縄文土器の変遷　173

第4図　段ノ原B遺跡出土土器（吉田1995より作成）
1〜3・6 15号住居跡、4・5・7〜11 20号住居跡、12・13 35号住居跡、14〜16 36号住居跡、17・18 42号住居跡、19〜21 54号住居跡

第5図　段ノ原B遺跡出土土器（吉田1995より作成）
1・2 54号住居跡、3〜5 55号住居跡、6〜8 65号住居跡、9〜12 75号住居跡、13 94号住居跡、14〜17 67号土坑、18 112号土坑、19〜22 167号土坑、23 215号土坑、24・25 296号土坑

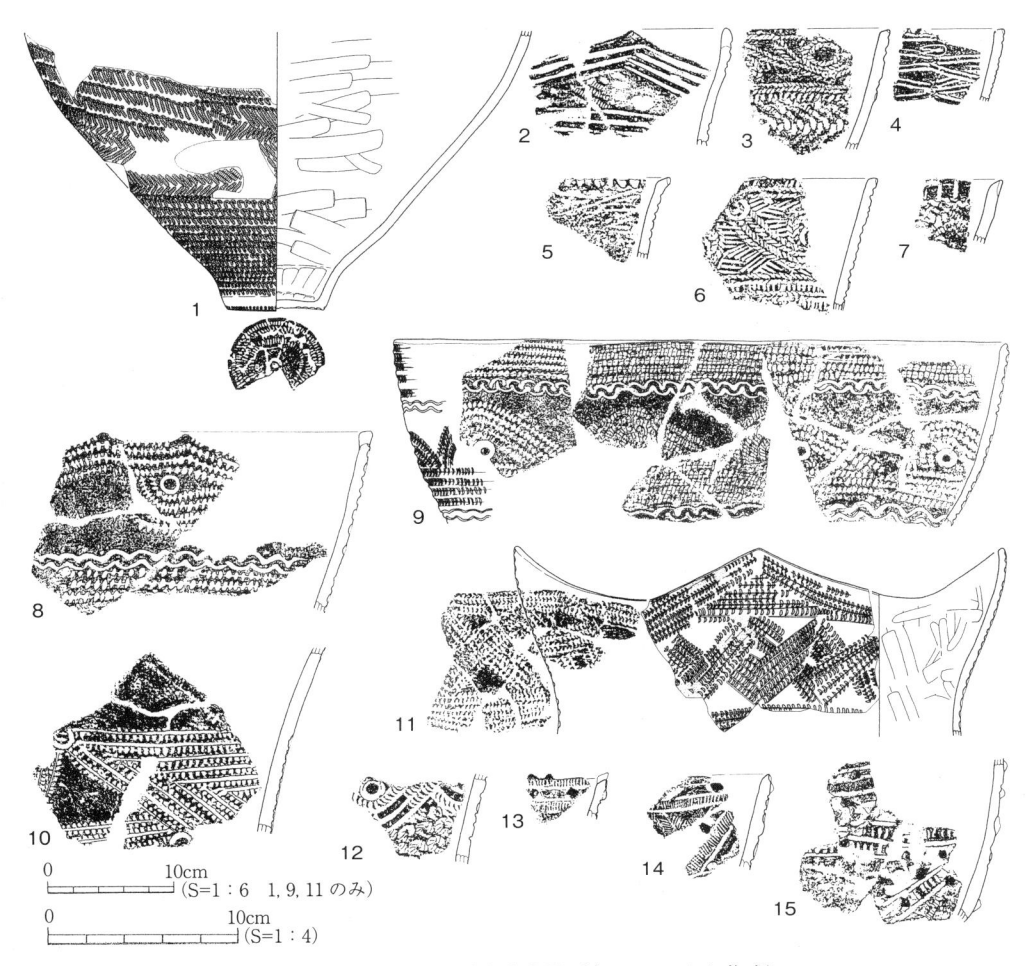

第 6 図　段ノ原 B 遺跡出土土器（吉田 1995 より作成）
1 296 号土坑、2 301 号土坑、3〜5 4 号性格不明遺構、6・7 5 号性格不明遺構、8〜15 遺構外

器群の違いを認めがたいものである。その中で、D 群の 36 号住居跡が古く、E 群の 35 号住居跡が新しいという重複関係は重要である。

(5) その他の遺跡出土土器について

今回実見していない相双地域の前期前葉土器群について概観する。

原町市八重米坂 A 遺跡では、竪穴住居跡等の遺構が検出されているが、遺構内での前期前葉土器のまとまりはあまり良好ではない。第 1 次調査の遺物包含層では本稿の D〜E 群に共通する土器群が出土し、これと共に佐藤典邦によって詳細に論じられたことのある相互刺突文を持つ土器群が出土している（佐藤典邦 1987・1988）。相互刺突文以外にも口縁部の刻みや、竹管の押引きなど本稿で扱った土器群とは異なる様相を持っている（吉田秀享ほか 1990）。また第 3 次調査 II・III・IV 区遺構外出土土器の中に、D〜E 群に相当する土

器群がまとまって出土している（高橋亜貴子ほか 1994）。

　原町市羽山 B 遺跡では、第 1 次調査の第 1 遺物包含層で A 群やループ文の土器、第 2 遺物包含層からは相互刺突文の土器と大木 2a 式が出土している（香川慎一ほか 1991）。第 2 次調査でも前期前葉の土器が出土している（藤谷誠ほか 1992）。

　南相馬市宮田貝塚では A〜E 群まですべて出土しているが、主体となるのは D、E 群と見られる（竹島国基 1975）。基準資料と言えるものであるため、D、E 群の位置付けを検討する上では避けて通れない資料と言える。今後施文具や施文手法を詳細に観察して段ノ原 B 遺跡出土土器等と比較する必要がある。

　双葉郡双葉町郡山貝塚では、羽状縄文やループ文など縄文のみ施された大多数の土器の中に、数点ではあるが縄文上に半截竹管の沈線や押引きを加えた土器が認められる（大竹憲治ほか 1990）。このような土器は、段ノ原 B 遺跡でも少数見られる（第 4 図 18、第 5 図 13）が、明瞭に異なるまとまりを成していないので、今回は E 群として大きく捉えた。しかし、郡山貝塚の土器群は、これらが段ノ原 B 遺跡にはない別の土器群として捉えられる可能性を示唆するものと言える。

　双葉郡大熊町上平 A 遺跡では竪穴住居跡から前期前葉の良好な資料が出土している（門脇秀典ほか 2003）。この遺跡の土器群は郡山貝塚の土器に共通し、さらに文様を持つ土器が多い。郡山貝塚と合わせて検討することにより、この土器群の位置付けを明らかにできると考えられる。

　富岡町本町西 C 遺跡では、竪穴住居跡から前期初頭の資料が出土している（新海和広ほか 2002）。撚紐圧痕の蕨手状文に短刻線を充填する土器が主体となるが、これは本稿の B 群に見られた蕨手状文とは異なる。本稿の A 群のような土器群にはこの本町西 C 遺跡のような蕨手状文が伴うことが阿武隈川下流域で確認される（加藤孝 1951、須藤隆ほか 1994、早瀬亮介 2005）。山田 B 遺跡などの A 群とこの遺跡の土器の違いには注意を要する。

　楢葉町大谷上ノ原遺跡では、第 1 次調査の遺構外から相互刺突文に関連する土器群（山元出ほか 2001）、第 2 次調査の竪穴住居跡から D 群に相当する土器群が出土している（荒川裕ほか 2002）。文様構成の把握できる個体も多く、相馬市の遺跡群と対比できる良好な資料である。

IV. 考察

(1) 相双地域における前期前葉縄文土器の段階区分（表）

　これまでの検討によって、相双地域には A〜E 群の土器群が認定された。このうち、B 群から C 群、D 群から E 群については遺構の重複関係から時期の前後関係が推定された。ここではさらに阿武隈川下流域の土器群を対比することにより、前後関係の根拠を相互に補うことで、相双地域における土器の変遷を明らかにする。

阿武隈川下流域では、土浮貝塚出土土器の層位関係に基づき、土浮貝塚下層群（第Ⅴ、Ⅵ層群）と上川名貝塚出土土器を古段階、土浮貝塚上層群（第Ⅱ、Ⅲ、Ⅳ層群）と宇賀崎貝塚出土土器を新段階に位置づけ、前期初頭の段階区分を示した（早瀬亮介2005）。縄文や装飾の特徴から、土浮貝塚下層群が本稿のA群に、土浮貝塚上層群がB群に対比されると考えられる。これによって、A群とB群の間に前後関係が示されたことになり、各々第1、2段階とする。これは吉田のⅠ期に当たり、吉田は山田B遺跡の資料をもとに細別を示している（吉田秀享・酒井優1997）。また先述のとおり、土浮貝塚下層群や上川名貝塚出土土器を特徴付ける蕨手状文の土器が山田B遺跡等のA群に認められないことについては今後検討する必要がある。

さらに先稿では特徴を指摘するにとどめた土浮貝塚第Ⅰ層群出土土器の位置づけをあらためて検討する[5]。第Ⅰ層群出土土器は、口縁部に多截竹管の横位押引文、これに撚紐圧痕が伴うもの、さらに撚紐の蕨手状文が展開するものがある。縄文は極めて施文幅の狭い結束第1種羽状縄文が主体となり、ループ文も見られる。これらの特徴は本稿のC群またはD群に相当すると考えられる。土浮貝塚第Ⅰ層群の堆積状況があまり良好でないことと、出土土器が少量であることから、あまりこれを強調できないことは先稿に触れたとおりであるが、この層位関係はB群とC、D群の間にある前後関係を示唆するものと言える。

B群とD群に関連して問題になるのはC群の位置づけである。遺構の重複関係からB群からC群への変化が推定され、土浮貝塚第Ⅰ層群のあり方も、B群からC群、D群への変遷を示唆している。しかし、C群は非常に単純な内容を持ち、B群の要素をD群に引き継ぐだけの変異を持たない。一括資料として認められたのも山田B遺跡17号住居跡だけである。このようなことから、C群の存在はB群からD群への変遷過程にある、過渡的な様相を表していると見るにとどめ、1段階を設定しないことにする。そのため、D群を第3段階とし、C群を第2〜3段階とする。

D群からE群への変遷は、遺構の重複関係によって示されている。ここでさらに述べる必要があるのは、E群の細別についてである。E群は吉田秀享がⅢ期としたものにおおむね対比され、Ⅲ期は古期と新期に細別されていた。この細別は刺突やループ文による装飾意匠の変遷過程を想定し、遺構の重複関係によって根拠を与えたものである。今回筆者も追認を試みたが、明瞭に異なるまとまりとしては把握しきれないと判断し、今回は大きく捉えることにした。これについては今後郡山貝塚や上平A遺跡などの土器群、相互刺突文の土器群などを検討する中でさらに考えて行きたい。

以上の検討結果から、相双地域における前期前葉縄文土器の変遷を、A群─第1段階、B群─第2段階、C群─第2〜3段階、D群─第3段階、E群─第4段階という形で捉えることとする（表）。変化の方向性の認識はおおむね吉田秀享と共通するが、吉田の編年が特定の装飾類型を指標として時期を認定するのに対し、本稿では出土一括資料の示す変

表　相双地域における前期前葉縄文土器の群別と段階区分

			相双地域前期前葉段階区分				
			第1段階 A群	第2段階 B群	第2～3段階 C群	第3段階 D群	第4段階 E群
山田B遺跡	遺構		3、13、77号住居跡	20、46、59号住居跡 216号土坑	17号住居跡		
	遺物包含層			No.4～7谷（B群主体）			
			No.2谷		No.11谷		
			No.12～14谷				
猪倉B遺跡	遺構集中区域4	遺構		260号住居跡			
				262、264号住居跡			
		遺物包含層		No.8谷（主体）		No.7谷（主体）	
	遺構集中区域2	遺構				24、26、32、34、44号住居跡 137号土坑	
		遺物包含層	No.1谷、No.17谷（主体）			No.3谷（主体）	
					No.2谷		
段ノ原A遺跡	遺構			1号住居跡			
			51号土坑				
	遺物包含層・遺構外			1号遺物包含層			
			遺構外				
段ノ原B遺跡	遺構集中区域1						78号住居跡
	遺構集中区域2					36、55号住居跡	8～11、14、15、19、20、22、27、29、31、33、35、39、40、42、44、49、54、56、93、94号住居跡 112、167、215号土坑
	遺構集中区域2北側						296号土坑
	遺構集中区域3						6号住居跡
	遺構集中区域4					75号住居跡	
	遺構集中区域5		65号住居跡				
	遺構集中区域3と5の間			67号土坑 4、5号性格不明遺構			
	全体			遺物包含層・遺構外（E群主体）			

異に即して、より漸移的な内容の段階区分となった。

(2) 他地域との編年対比

　阿武隈川下流域との対比は既に行い、第1、2段階が前期初頭とされてきた時期に当たることが明らかになった。第3、4段階の位置づけは、仙台湾周辺の編年、とりわけ宮城県仙台市三神峯遺跡の層位的編年（白鳥良一1974）に対比して考える必要がある。縄文の特徴を比較すると、第3段階は幅の狭い非結束羽状縄文、結束第1種羽状縄文、ループ文を特徴とすることから三神峯遺跡第III層に、第4段階は幅の狭いあるいは広いループ文が、羽状や菱形に構成される特徴から三神峯遺跡第II層に対比される。しかし、三神峯遺跡第II層出土のループ文上に竹管の刺突を施す土器は、本稿の第4段階にはあまり認められず、むしろ郡山貝塚や上平A遺跡に近いものがある。この時期の仙台湾周辺の遺跡群は、前期前葉大木式土器編年の基準となってきたものであり（相原淳一1990など）、縄文以外の装飾が乏しい特徴がある。このような地域差の存在が、より装飾の多い南の地域との直接的な対比を難しくする理由の一つになっている。しかしその一方で、仙台市大貝

中遺跡（主浜光朗・佐藤淳 1997）からD群に比定できる土器が出土し、これと三神峯遺跡出土土器がどのように対比されるのか、問題はさらに複雑である。大木1式の基準資料である三神峯遺跡出土土器等の仙台湾周辺の資料について、相双地域で蓄積された資料を視野に入れた検討が新たに必要と考える。

関東地方の編年については、装飾意匠と縄文の特徴から、第1段階が花積下層式、第2段階が新田野段階、第3段階がこれに後続する二ツ木式、第4段階が関山Ⅰ式に対比される可能性が高い。段ノ原B遺跡で出土したボタン状貼付の施された土器もこれに矛盾しないように考えられる。ただし関東の土器群との対比は、施文具・手法を相互により厳密に検討した上でなされる必要があると考える。

東北北部、とりわけ表館式との関係については触れることができなかった。段ノ原B遺跡でも類例が指摘され（第6図2・9等、吉田秀享 1995b）、今後追究して行きたいと考えている。そのためには本稿で行ったように、筆者自身が各地域の編年を検討し、それを対比する中で広域にわたる系統関係等を論じて行きたい。その際には、小地域における段階区分を、広域の時期区分に発展させることができると考える。

謝辞

筆者は東北大学の考古学研究室に10年間在籍し、縄文土器の研究に取り組んだ。角田市土浮貝塚の報告書作成に関わる中で、須藤先生から叱咤激励され、あるいは温かく見守って頂きながら、研究について多くを学ぶことができたように思う。先生の退任を記念して寄せる拙稿が先生から与えられた教えに値するものかどうか、甚だ心もとない。

本稿を執筆するための資料調査の際、福島県文化財センター　能登谷宣康氏、山内幹夫氏、吉田秀享氏には様々なご教示、ご助言を頂いた。記して感謝申し上げる。

註

1) 「前期前葉」は前期を3分した場合（前葉・中葉・後葉）と5分した場合（初頭・前葉・中葉・後葉・末葉）の両方の時期呼称として用いられる。本稿では主に3分した意味で用い、特に「前期初頭から前葉」とした場合のみ5分した意味で用いた。
2) 同じ層から縄文早期の土器片が出土している場合や、埋土最上層から出土した土器の中に、その遺構で主体となる土器よりも新しいものが含まれている場合もあるが、個々に説明することはできなかった。
3) 意匠は異なるが、同様の手法が44号住居跡出土土器（第128図1、小暮伸之 1996）に見られる。
4) 猪倉B遺跡の報告書では、単に遺構集中区域ごとに遺構外出土として一括提示されているが、土器の出土地区を確認することによって、厳密とは言えないが各谷に帰属させて検討することが可能であった。
5) 第Ⅰ層群出土土器は、（須藤隆ほか 1994）の第2図1、16、第5図75、第6図87、（早瀬亮介

2005）の第3図1～3である。

引用文献

相原淳一 1990「東北地方における縄文時代早期後半から前期前葉にかけての土器編年」『考古学雑誌』76-1 pp. 1-65

荒川　裕ほか 2002「大谷上ノ原遺跡」『常磐自動車道遺跡調査報告31　大谷上ノ原遺跡（2次調査）・大谷山根遺跡・二枚橋遺跡・上繁岡山根遺跡』福島県文化財調査報告書第390集　福島県教育委員会

藤谷　誠ほか 1992「羽山B遺跡（第2次調査）」『原町火力発電所関連遺跡調査報告II』福島県文化財調査報告書第265集　福島県教育委員会　pp. 555-650

早瀬亮介 2005「阿武隈川下流域における縄文時代前期初頭の土器型式」『歴史』104 pp. 82-107

堀江　格 2004『摺上川ダム埋蔵文化財発掘調査報告13　総括編』福島市埋蔵文化財報告書第172集　福島市教育委員会

縄文セミナーの会 2006『第19回縄文セミナー　前期前葉の再検討』縄文セミナーの会

門脇秀典ほか 2003「上平A遺跡」『常磐自動車道遺跡調査報告37　後作A遺跡（2次調査）・上平A遺跡・道平遺跡』福島県文化財調査報告書第414集　福島県教育委員会　pp. 31-136

香川愼一ほか 1991「羽山B遺跡（第1次調査）」『原町火力発電所関連遺跡調査報告II』福島県文化財調査報告書第265集　福島県教育委員会　pp. 803-863

加藤　孝 1951「宮城県上川名貝塚の研究―東北地方縄文式文化の編年学的研究（一）―」『宮城学院女子大学研究論文集』1 pp. 183-199

小暮伸之 1996「猪倉B遺跡」『相馬開発関連遺跡調査報告IV　本文1』福島県文化財調査報告書第326集　福島県教育委員会　pp. 21-802

黒坂禎二 1984『深作東部遺跡群発掘調査報告』大宮市遺跡調査会報告第10集　大宮市遺跡調査会

長島雄一ほか 1983『赤沼遺跡試掘調査報告』原町市埋蔵文化財調査報告書　福島県原町市教育委員会

西谷　勉 1992「八重米坂A遺跡（第2次調査）」『原町火力発電所関連遺跡調査報告III』福島県文化財調査報告書第281集　福島県教育委員会　pp. 653-670

小川　出・村田晃一 1986『今熊野遺跡II 縄文・弥生時代編』宮城県文化財調査報告書第114集　宮城県教育委員会

大竹憲治ほか 1990『双葉・郡山貝塚の研究』双葉町埋蔵文化財調査報告第7冊　福島県双葉町教育委員会

佐藤典邦 1987「関山式土器終末から黒浜式土器初頭の諸問題（1）―相互刺突を持つ土器について―」『史峰』12 pp. 15-25

佐藤典邦 1988「関山式土器終末から黒浜式土器初頭の諸問題（2）―宮田貝塚第III群土器研究の動向―」『史峰』13 pp. 1-19

新海和広ほか 2002「本町西C遺跡」『常磐自動車道遺跡調査報告36　本町西B遺跡・本町西C遺跡・本町西D遺跡・後作A遺跡（1次調査）』福島県文化財調査報告書第400集　福島県教育委員会　pp. 73-132

白鳥良一 1974「仙台市三神峯遺跡の調査」平重道先生還暦記念会編『東北の考古・歴史論集』pp. 1-54

主浜光朗・佐藤　淳　1997「大貝中遺跡」『相ノ原・大貝中・川添東遺跡―国道286号線（赤石工区）改良工事関係発掘調査報告書―』仙台市文化財調査報告書第217集　仙台市教育委員会　pp. 164-258

須藤　隆ほか　1994『土浮貝塚　平成5年度調査概報』角田市文化財調査報告書第13集　角田市教育委員会

鈴鹿良一ほか　1998「獅子内遺跡」『摺上川ダム遺跡発掘調査報告VIII 獅子内遺跡（第4次調査）・小屋館遺跡（含小屋館跡）』福島県文化財調査報告書第351集　福島県教育委員会　pp. 11-174

高橋亜貴子ほか　1994「八重米坂A遺跡（第3次調査）」『原町火力発電所関連遺跡調査報告IV』福島県文化財調査報告書第297集　福島県教育委員会　pp. 507-705

竹島国基　1975『福島県相馬郡小高町宮田貝塚　昭和48年7月発掘調査報告』福島県相馬郡小高町教育委員会

谷藤保彦　2005「表館式土器に関する一考察　―広域分布からみた視点―」『葛西励先生還暦記念論文集　北奥の考古学』葛西励先生還暦記念論文集刊行会　pp. 95-120

山口　晋　1995「段ノ原A遺跡」『相馬開発関連遺跡調査報告III　本文』福島県文化財調査報告書第312集　福島県教育委員会　pp. 55-150

山元　出ほか　2001「大谷上ノ原遺跡（1次調査）」『常磐自動車道遺跡調査報告26　大谷上ノ原遺跡（1次調査）・新堤遺跡』福島県文化財調査報告書第379集　福島県教育委員会　pp. 15-114

吉田秀享　1995a「段ノ原B遺跡」『相馬開発関連遺跡調査報告III　本文』福島県文化財調査報告書第312集　福島県教育委員会　pp. 151-1088

吉田秀享　1995b「考察」『相馬開発関連遺跡調査報告III　本文』福島県文化財調査報告書第312集　福島県教育委員会　pp. 1133-1188

吉田秀享ほか　1990「八重米坂A遺跡（第1次調査）」『原町火力発電所関連遺跡調査報告I』福島県文化財調査報告書第236集　福島県教育委員会　pp. 86-297

吉田秀享・酒井　優　1997「山田B遺跡」『相馬開発関連遺跡調査報告V　本文1』福島県文化財調査報告書第333集　福島県教育委員会　pp. 21-772

宮城県における縄文時代前期後葉の土器に関する一考察
― 嘉倉貝塚出土土器を中心として ―

千 葉 直 樹

I. はじめに

1. 研究史

　大木1式から10式の各型式は、山内清男氏によって、宮城県七ヶ浜町大木囲貝塚発掘出土資料をもとに設定された東北地方の前期から中期の土器型式である。しかしその内容について詳細に示されることはなく、各型式の土器セットの写真と簡単な解説が残されただけであった。後に大木1式から6式については興野義一氏が昭和42年から45年にかけて「大木式土器理解のために」と題した一連の論文で解説を行った（興野義一1967～1970a）。また、大木5式については宮城県登米市（旧迫町）糠塚貝塚と（旧南方町）長者原貝塚出土資料をもとに後半を5b式とした細分案を提唱している（興野義一1970b・1981）。これらの興野氏の論文は東北地方における縄文時代前期研究の基礎となる文献として多くの研究者に引用されている。その後、大木5式について芳賀英一氏が福島県会津美里町青宮西遺跡出土資料を中心に東北南部の大木5式について分析し、仙台湾地方との地域差が存在することを明らかにした（芳賀英一1985）。

　一方、大木6式については大木7a式との関係が注目された。林謙作氏や小笠原好彦氏によって糠塚式が提唱され（林謙作1965、小笠原好彦1968）、縄文時代前期と中期との変革期における土器群が議論されることとなり、糠塚式は大木6式より新しく、山内氏の大木7a式の写真にはほとんどみられない土器で構成される中期初頭の土器群として理解された。その後、宮城県涌谷町長根貝塚の調査で大木6式が第一群、第二群の2段階に細分される可能性が指摘された（藤沼邦彦ほか1969）。藤沼氏はこれらより新しい時期と考えられる第三群土器について「現段階では大木6式か糠塚式とも称することができない。大木7a式との関係は今後の研究に待つことにする」として結論を保留し慎重な立場をとった。

　糠塚式と大木7a式の関係について、丹羽茂氏は長根貝塚出土土器を再検討し、大木6式以後大木7b式以前をすべて大木7a式とした上で、3段階の細分案を想定した（丹羽茂1981）。一方、今村啓爾氏は「大木7a式が本来の五領ヶ台式である五領ヶ台II式に並行するものとして位置づけられたいきさつを重視し、五領ヶ台II式に並行する部分を大木7a式、五領ヶ台I式に並行する部分を糠塚式と呼ぶのがよい」とする見解を示した（今村啓爾1985）。相原淳一氏は、宮城県七ヶ宿町小梁川遺跡出土資料について、大木囲貝塚や長根貝塚出土資料と比較することで大木6式期の宮城県南の様相について分析を行っている

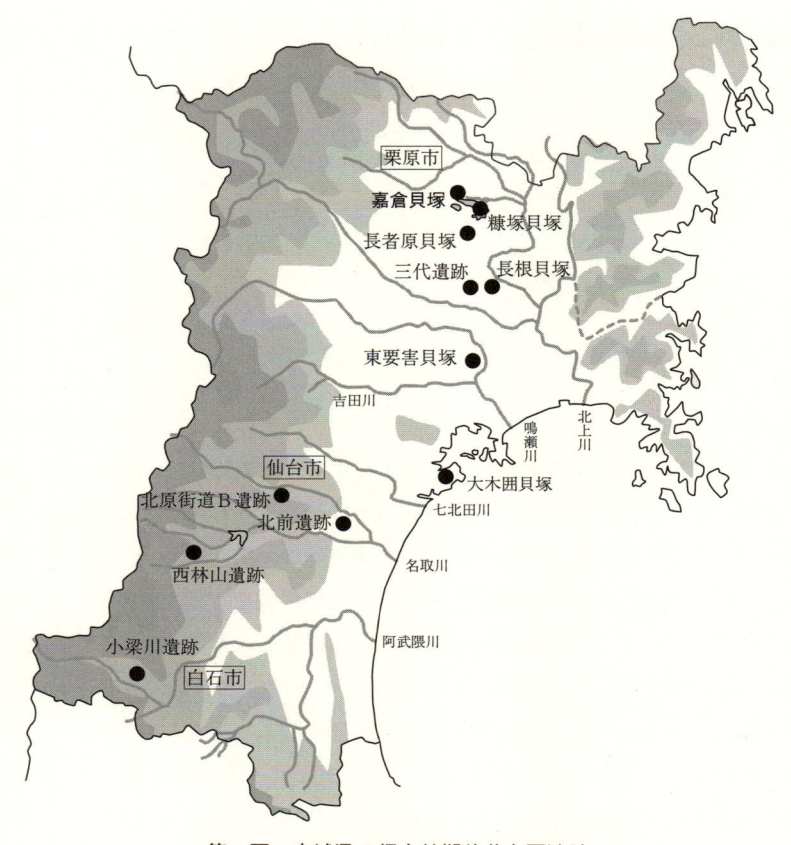

第1図　宮城県の縄文前期後葉主要遺跡

（相原淳一1986）。相原氏は大木6式に相当する小梁川第Ｉ群土器について、下層のVb・Vc層と上層のVa・Va層上面出土土器との違いを示し、新旧の時期差を想定した。また、小梁川第Ｉ群土器と長根貝塚第一・二群土器を対比し、両遺跡の違いは同時期の文様要素の組成の違いであり、地域性に由来するものとの見解を示した。これは同時に長根貝塚第一・二群土器の違いについて時期差とすることに否定的な見解を示したものと理解される。また、中期初頭の土器と考えられる小梁川第II群土器や長根貝塚第三群土器、糠塚式とされる土器群については、「山内・伊東の定義に立ち返り、中期初頭の土器型式は大木7a式で一括するのが最も妥当と考え、糠塚式の名称は用いない」とした。

　林氏や今村氏の見解は、山内氏によって示された土器セット以外の土器に対して、新型式を設定することで対応しようとするものであり、丹羽氏や相原氏の見解は、山内清男氏によって設定された大木各型式の時期区分を尊重し、各時期の土器型式の内容を拡げて理解しようとするものである。現在でも糠塚式と大木7a式について統一した見解に至ってはいないが、糠塚式または長根貝塚第三群土器、小梁川遺跡第II群土器より前の段階を縄文時代前期末（大木6式）とする点では共通していると思われる。

　近年では、金子直行氏や松田光太郎氏らが、文様の系統性や類似性などから前期後葉に

おける関東や北陸地方の土器群と大木6式との並行関係について論考している（金子直行1999、松田光太郎2003）。

2. 興野義一氏による大木5、6式の研究

　現在の大木5、6式の理解については興野氏の研究に基づくところが大きい。そこで以下では興野義一氏による大木5、6式の解説について簡単にまとめておく。大木5式の細分については糠塚貝塚と長者原貝塚の発掘成果に基づいている。両遺跡は10km程度離れた位置にあり（第1図）、糠塚貝塚で大木5a式と5b式の両方が出土したのに対し、長者原貝塚では大木5b式が単独出土したという出土状況の違いと型式的な違いが根拠とされる（興野義一1969・1970a・1970b・1981・1996・1998）。

大木5式（第2図1〜18）

　器形は円筒形、植木鉢形、朝顔花形が多く、まれに頸部がくびれるものもある。口縁は平縁か、突起が2または4個つく。

　細い粘土紐を貼付して体部上半を装飾する。粘土紐を一々ちぎって折り重ねた鋸歯状文になっているが、幅広の粘土紐はない。

　格子状文・梯子状文は口縁直下に押し上げられいち早く消失。山形貼付文は縦位のものがなくなってたて込む。

　口唇部に粘土紐貼付はなくなり、代わりに帯状の突起装飾がつく。

　大木5式はさらに2型式に細分される[1]。（前半＝大木5a、後半＝大木5b）

前半型式：口縁部の鋸歯状装飾体は切れ込みは深いが鋸歯数は少ない。まれに環状突起がつく。装飾体には刺突が施されることもある。

　　　格子状文（3）・梯子状文があり、斜位または電光状に貼付される。

　　　山形文（鋸歯状文）はやや発達する（1）。縦位や斜位、電光形（2）と不規則なものがあるが、逐次横位に平行して数段に貼付されるようになる。

　　　輪積みの痕跡を残した円筒形の無文土器が伴う（5・6）。

後半型式：口唇部の鋸歯状装飾体は小型化するが、口縁の半周または全周に広がり、鋸歯数は増加。一端に窓が生じて上を突起状に持ち上げる（8）が、窓はまもなく退化し、その後鋸歯状装飾体（突帯）も退化する（10・14）。口縁部の一端に窓が開く段階で、山形貼付文に伍してボタン状貼り付け（13・17）があらわれる。

　　　（粘土紐貼付）連続山形文は口辺部に圧縮され、段数も2〜3段に減ずる（8・15・17）。圧縮された狭い文様帯は上下を挟む細い粘土紐貼付文によって区画される。区画線が複数のものや刻みがあるなどのいくつか類型がある。圧縮された文様帯内の（粘土紐貼付）連続山形文は次第に山形沈線文（14）に置換し、さらに簡略化が進むと対弧文（＝交互弧状文）（16）や刻線貼付だけ（11）となる。ついで

爪形文が発生する。下部を区画する直線文もやがて沈線化する。
　最後の段階になると沈線は文様帯の枠を破って体部下半に飛び出し、半裁竹管で単純なX字状に施される（18）。鋸歯状装飾帯は名目的なものになり、刻目だけや全くの裸縁（17）などもある。

大木6式（第2図19～32）
　頸部に締まりがあり、胴部が幾分膨らむ器形が多い。口縁部は平縁（31）と4個の突起があるもの（大波状）（30）がある。さらに副突起のあるものもある。
　口縁部は肥厚することが多く、太い沈線が大まかにつけられる。ボタン状貼付文、棒状貼付文、橋状把手（21）がつけられる。胴部では、口縁部の突起または貼付文のマークに呼応してひかれた縦線によって四分画され、各分画毎に対向線を引いてこれを交差させるか、または対向させて胴部いっぱいにX字文、変形X字文、対向線文を描き、これに爪形文や鋸歯文を附加する。交差点や集合点にはボタン状貼付（21・22）、またはそれにかわる凹弧線をいれる。口頸部文様帯と体部文様帯が相伴い、2つの文様帯は互いに連絡のない別個の文様をなす。上下の文様帯の区画である頸部には、数条の沈線や爪形文、隆帯からなる区画文がくることが多い。
　大木6式にも施文法に新旧の差違がある。古いものは口縁部の高さが低く、口縁文様も単調であり、小さな円形の凹文（盲孔）や頸部に擬縄紐（縄紐を模した）の隆帯がつく（30）。
　新しくなると、口頸部文様帯は幅を増し、しかも肉厚となって（頸部の）隆帯はなくなる。大まかな太い沈線文、爪形文、各種の貼付文が付いて口頸部文様は多様化し、口縁部は肉厚なものから最後には平べったいものにしだいに変化する。施文も縦位の連続弧文に単一化する（31）。施文は単純になるが、円形マークは大型化する（31）。
　大木6式に十三菩提式からの流れで刻線貼付文（25・29・32）による文様表現がある（＝結節浮線文）。十三菩提式と福浦式をモチーフにした文様帯の狭い円筒台付茶釜型土器（いわゆる金魚鉢形土器）も出現する（26・27・28）。＊（　）内は筆者による補足説明
　興野氏の大木5式と大木6式の理解は特徴をよく捉えており、大木5a式と5b式の細分も可能と思われる。しかし、解説に用いられた写真図版には小破片のものも多く不十分な部分もある。また、鋸歯状粘土紐貼付文から山形沈線文や交互弧状文への変化は型式学的な推定によるものであるなど、土器の変遷については層位的な確認も必要と思われる。
　こうした視点から、山内氏や興野氏によって大木5、6式として示された土器がどのような共伴関係にあるのかを発掘成果に基づいて緻密に確認していくことが第一の課題と考え、以下では宮城県栗原市(くりはら)（旧築館町(つきだて)）嘉倉(かくら)貝塚出土土器を中心に前期後葉の土器型式について検討したい。

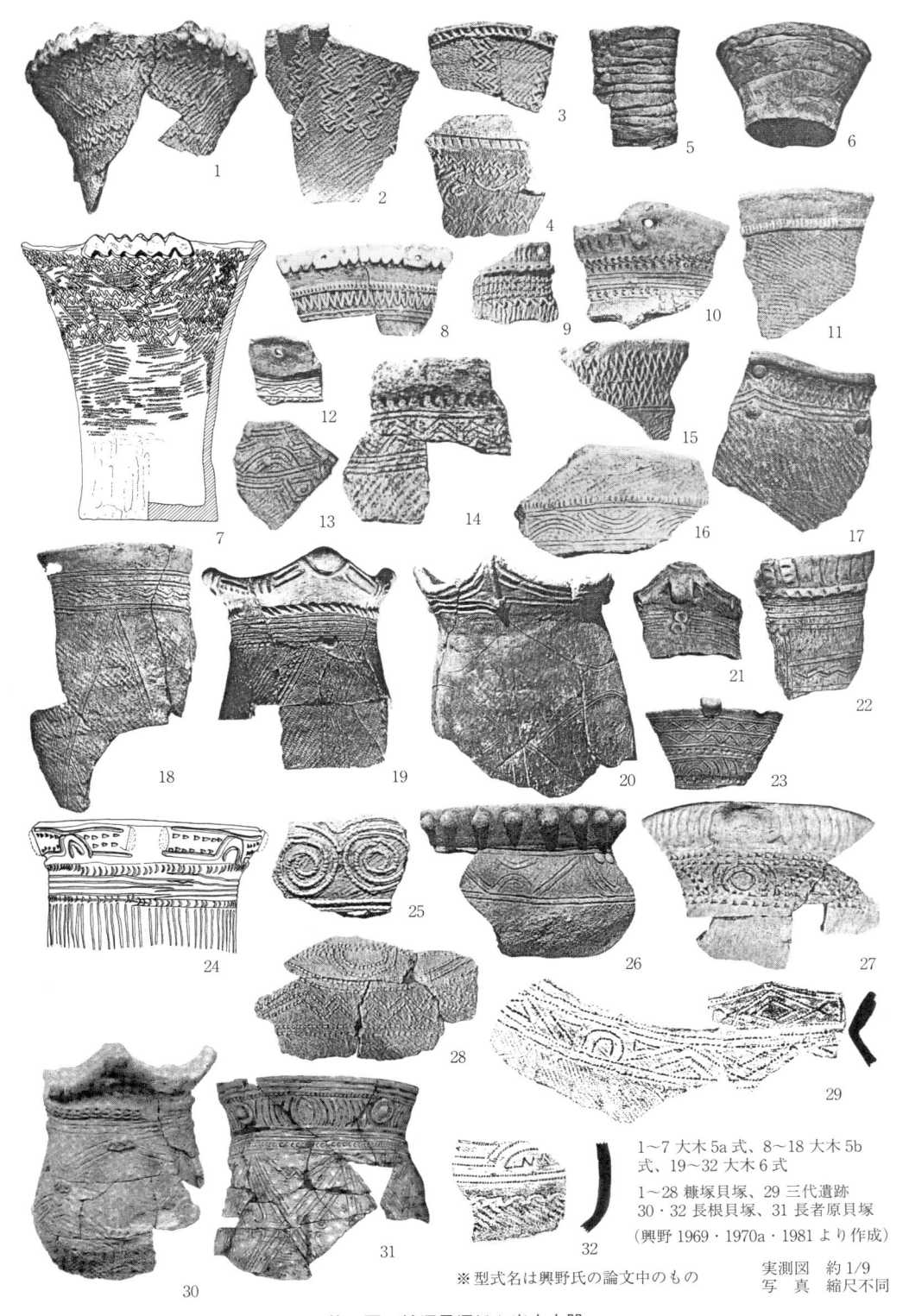

宮城県における縄文時代前期後葉の土器に関する一考察　187

1〜7 大木5a式、8〜18 大木5b式、19〜32 大木6式
1〜28 糠塚貝塚、29 三代遺跡
30・32 長根貝塚、31 長者原貝塚
（興野1969・1970a・1981より作成）

※型式名は興野氏の論文中のもの

実測図　約1/9
写　真　縮尺不同

第2図　糠塚貝塚ほか出土土器

II. 嘉倉貝塚出土土器

　嘉倉貝塚は栗原市築館字萩沢加倉に所在する。築館丘陵先端部に形成された平坦面に立地し、遺跡は伊豆沼・内沼・蕪栗沼が広がる湖沼地帯の北西に位置する。湖沼地帯の南東には興野氏が大木5式の分析を行った糠塚貝塚や長者原貝塚がある。また、遺跡南方には遠田郡涌谷町長根貝塚もあり、これらの出土資料と比較しやすい条件下にある（第1図）。

　嘉倉貝塚では、近年の調査において大木5～7式期の環状集落が形成されていることが確認され、住居跡や包含層から前期後葉の資料が多数出土している（佐藤憲幸ほか2003、天野順陽2003）。

　前期後半の器種構成は、ほとんどが深鉢である。長胴形の深鉢には、胴部上半にふくらみがあり頸部に屈曲をもつもの（深鉢A）、胴部中央から下半に膨らみがあり頸部にくびれをもつもの（深鉢B）、胴部から口縁部にかけて緩やかに外反するもの（深鉢C）がある。短胴形の深鉢には、胴部から口縁部にかけて内彎するもの（深鉢D）と胴部中央が膨らみ頸部に屈曲をもつもの（深鉢E）がある。また、底部付近が円筒形でそれより上が球胴形をなすいわゆる金魚鉢形の深鉢（深鉢F）が特徴的である（第1表）。

　SI77、SI120、SI170住居跡などにおいて比較的まとまった土器が出土しており、以下ではこれらの出土土器を中心にその特徴について述べたい。

1. SI77住居跡出土土器

　SI77住居跡には2度の建て替えが認められるが、3時期目の床面と堆積層から一括資料が得られた。堆積層の5～8層（下層）出土土器は住居廃絶後に自然堆積層が形成された後に、1・2層（上層）は再び自然流入土が堆積した後の窪地に廃棄されたものと考えられている。

(1) SI77住居跡床面、堆積土下層出土土器（第3図）

　このうち床面および床面直上出土土器、下層出土土器は特徴が近似しているため、これらの土器を一括して扱うこととする。

第1表　器形分類

深鉢A類：長胴形。胴部上半に膨らみがあり、頸部に屈曲をもつもの（第3図1）。
深鉢B類：長胴形。胴部中央から下半に膨らみがあり、頸部に屈曲をもつもの（第4図8）。
深鉢C類：長胴形。胴部から口縁部にかけて緩やかに外反するもの（第3図2）。
深鉢D類：短胴形。胴部中央が膨らみ、頸部をもたないもの（第3図7）。
深鉢E類：短胴形。胴部中央が膨らみ、頸部に屈曲をもつもの（第4図3）。
深鉢F類：金魚鉢形。底部付近が円筒形でそれより上が球胴形のもの。頸部に屈曲をもつ（第4図5）。

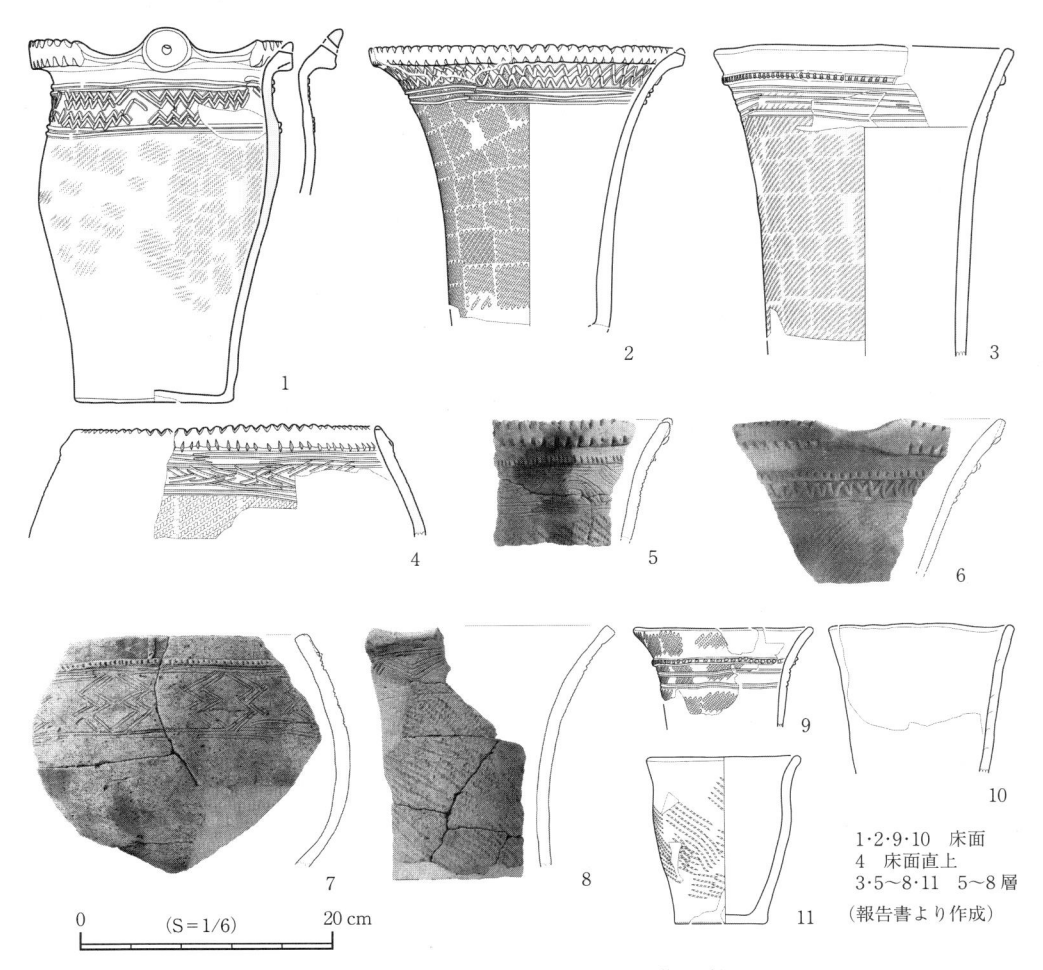

1・2・9・10 床面
4 床面直上
3・5〜8・11 5〜8層
（報告書より作成）

第3図　嘉倉貝塚第Ⅰ群土器（SI77住居跡）

　器種には、深鉢A、深鉢C、深鉢Dがある。口縁形態は平縁で平滑なものと、上下に刻み目を施した鋸歯状の突帯が半周または全周するものがあり、後者の中には貫通孔のある環状突起がつくものがみられる（1・2）。なお、波状縁のものは含まれていないが、組成の欠落によるものと思われる。

　文様の施文部位は頸部から胴部上半のごく狭い範囲にあり、横走する隆帯や平行沈線によって文様帯が区画され、上部の区画には刺突や刻みが加えられるものが多い。区画内には細い粘土紐貼付による1〜2段の鋸歯状文が多くみられる（1・2・6）。文様を描く粘土紐は短くちぎるか、しっかりとした折り目があり、平たく押しつぶすように貼り付けられる。また、半裁竹管を施文具とする電光状文（7）や交互弧状文（5）、山形文（8）、矢羽根状文（4）、平行沈線文（3）などが認められる。地文は横回転の単節LRまたは無節L縄文が多く、R撚糸文（11）もみられる。

(2) SI77住居跡堆積土上層出土土器（第4図）

上層出土土器では、長胴形の深鉢A、深鉢B、深鉢C、短胴形の深鉢Eとこれにいわゆる金魚鉢形をなす深鉢Fがある。口縁形態には平縁と4単位の波状縁がある。金魚鉢形の深鉢は胴部下半の円筒形部分がほぼ真っ直ぐで長く、直径も大きい（5・6）。

これらの土器は、口縁部、頸部、胴部の広い範囲に施文されるものが多い。地文は横回転の単節LR、RL、無節L縄文がみられる。文様や口縁形態の特徴から大きく2つのグループの土器（A・B）に分けられる。

Aグループは口縁の肥厚が明瞭ではなく、鋸歯状装飾帯の名残と考えられる刻み目や三角形の印刻（4・7）、対向する波状文などが施される土器（3）で、波頂部が凹むものが多い（1・3・4・5）。頸部には平行沈線や鋸歯状沈線に沿う爪形文（半裁竹管による刺突列）が多用され、これらが重層して施文されるものも多い（3・4・5）。胴部文様には半裁竹管によるX字状文（1）、V字状文（6）などの幾何学文が描かれ、それぞれの文様が連続爪形文や平行沈線文によって連結される（3）。また文様の交点には複数のボタン状貼付文が付加される（6・7）。

Bグループは、口縁が軽く肥厚し、円形や楕円形の盲孔を中心として、太描きで口縁を立体的に彫り込む幅広の沈線（8）や縦位または斜位の単沈線（9・10）が施される。頸部には平行沈線や擬縄紐の隆帯（8）が巡る。胴部にはM字状文（8）や波状文（8・10）が施され、それぞれの文様の交点には複数のボタン状貼付文が付加される。また、胴部にL縄文が施されているだけで、沈線文をもたないものがある（9）。

また深鉢Cには、口縁部が無文で軽く肥厚するもの（13）、縄文だけが施されたもの（12）、全くの無文のもの（14）がある。

このようにSI77出土土器は床面・下層と上層とで層位的に分離され、器種組成、文様構成等の点で顕著な違いが認められ、それは時期差に起因するものと理解される。以下では床面・下層出土土器を第Ⅰ群土器、上層出土土器を第Ⅱ群土器と呼称する。

これらの土器群の特徴を山内氏や興野氏によって示された大木式の特徴にあてはめると、第Ⅰ群土器が大木5b式、第Ⅱ群土器がおおよそ大木6式に相当すると考えられる。また、SI77住居跡床面で粘土紐貼付文の土器と沈線文の土器が共伴しており、これらはほぼ同時期に使用されていたと考えられる。

次に第Ⅰ群土器の類似資料を包含層出土資料の中から取り上げその特徴について補足し、第Ⅱ群土器については編年的位置について考察したい。

(3) SX140遺物包含層出土土器（第5図）

嘉倉貝塚では、環状に列ぶ住居跡の北側に遺物包含層が形成されていた。この包含層の第2層から第Ⅰ群土器（大木5b式）と類似する土器が多く出土している。包含層出土資料は報告書中で佐藤憲幸氏が述べているように、出土状況にまとまりが少ないことや第Ⅱ

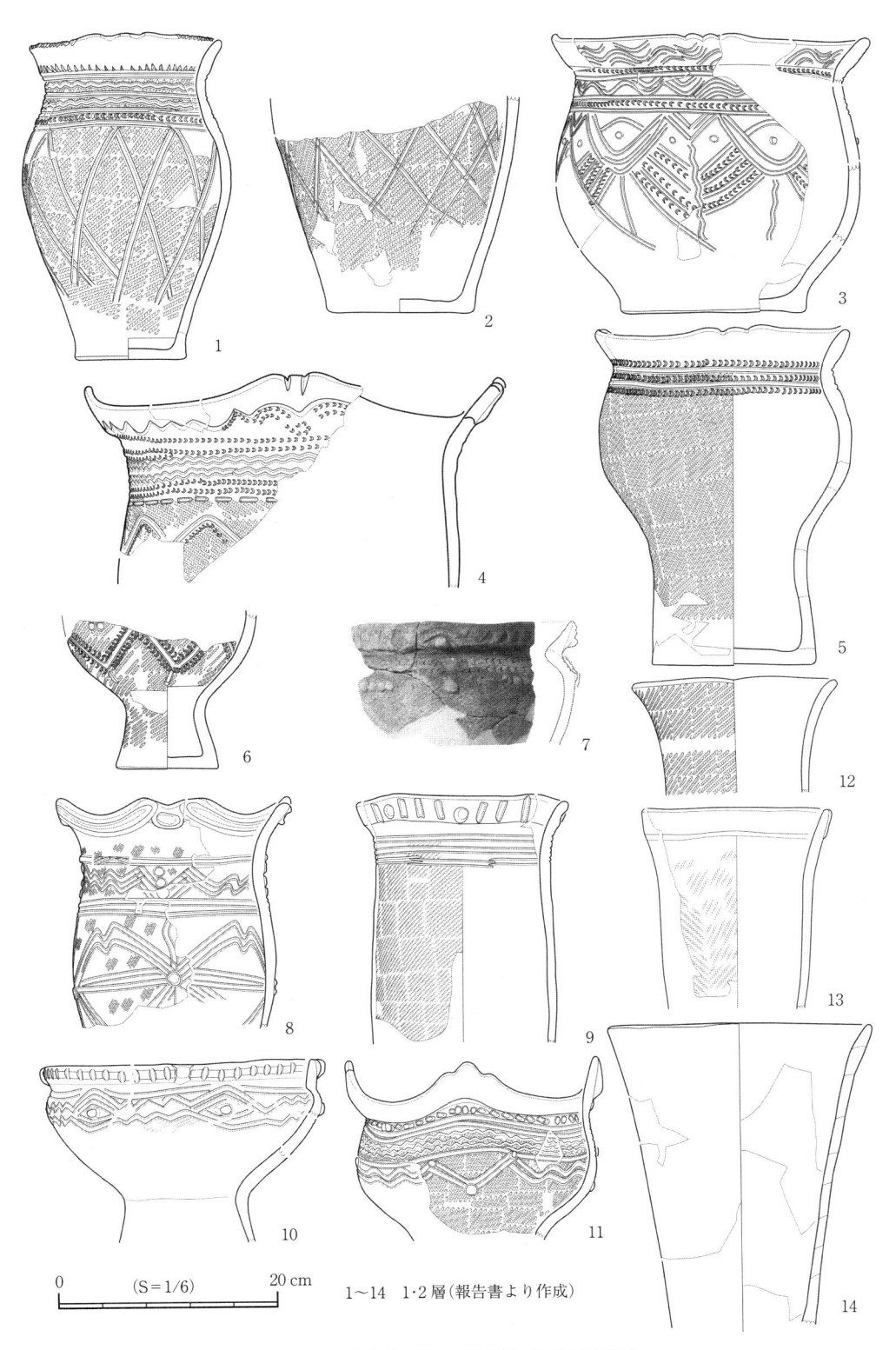

宮城県における縄文時代前期後葉の土器に関する一考察　191

1〜14　1・2層（報告書より作成）

第4図　嘉倉貝塚第II群土器（SI77住居跡）

192

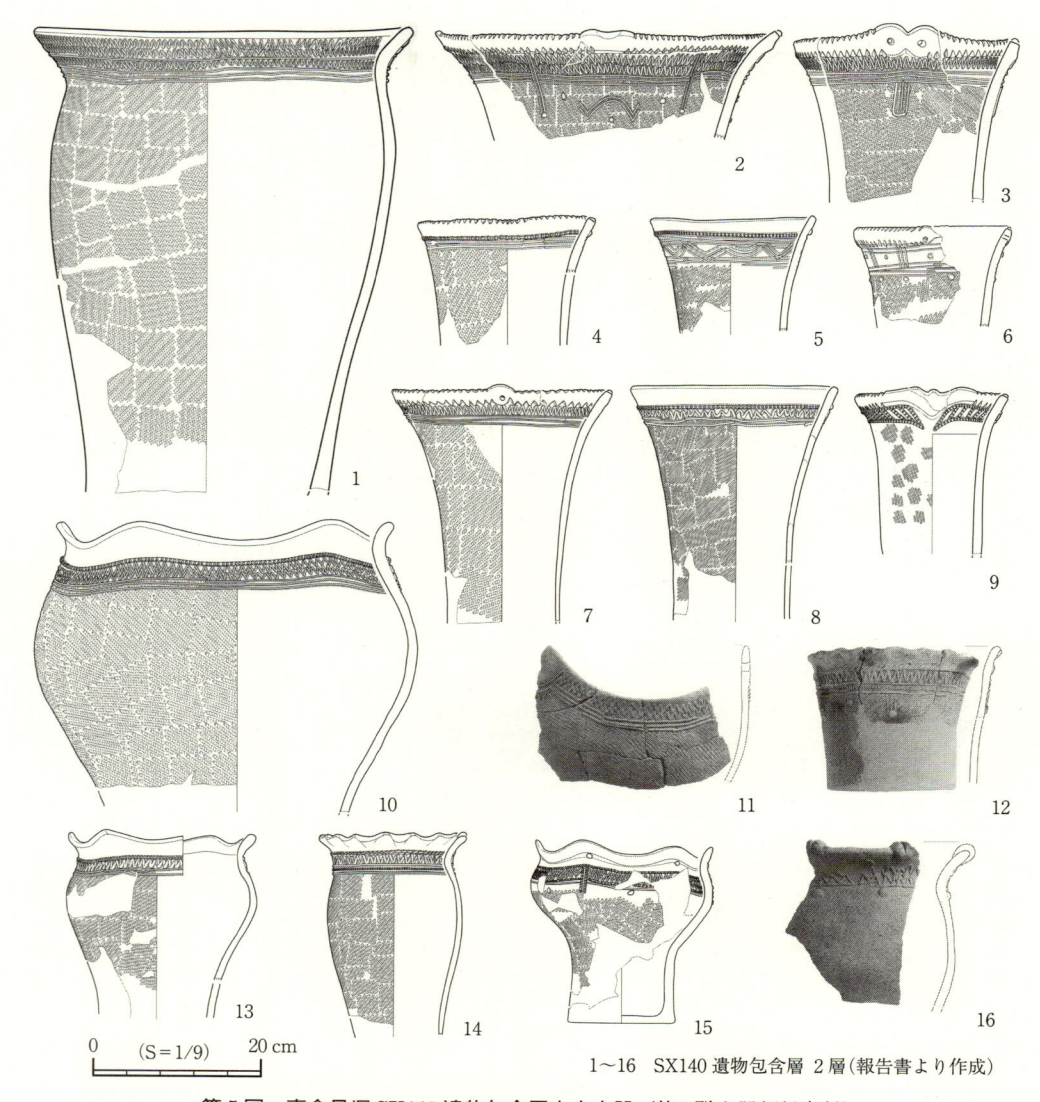

0 　(S=1/9)　20cm

1〜16 SX140遺物包含層 2層（報告書より作成）

第5図　嘉倉貝塚 SX140 遺物包含層出土土器（第Ⅰ群土器類似資料）

群土器（大木6式）の破片や大木4式、5a式と考えられる土器が含まれるなどの問題点もあるが、出土土器のほとんどは第Ⅰ群土器に近い特徴をもつ土器である。これらを第Ⅰ群土器の類似資料として提示し、器形や文様について補足したい。

　第5図が包含層出土土器で第Ⅰ群土器と共通する特徴をもつ土器である。

　器種には長胴形の深鉢A、深鉢C、金魚鉢形の深鉢Fがみられる。長胴形の深鉢には平縁（1・2）と波状縁（10・14）がある。平縁の口縁に小突起がつくものもある（16）。鋸歯状粘土紐貼付文は、頸部から胴部上半にあるもの（10）、口縁部全体にあるもの（1）、波状縁に沿って施されたものがある（11）。15は深鉢Fの胴部上半に鋸歯状粘土紐貼付文が施されており、金魚鉢形深鉢は大木5b式の段階で出現したと考えられる。

沈線文は頸部または胴部上半の狭い範囲に、交互弧状文、平行沈線文、波状文と山形文の組み合わせ (5) などが施文される。鋸歯状文が沈線化した土器は認められず、これらの沈線文と鋸歯状粘土紐貼付文がやはり共伴すると思われる。

鋸歯状粘土紐貼付文が施された土器は口縁部に鋸歯状の突帯が巡るものが多く (2・3・6)、環状突起を伴うものもある (3・7)。ただし、包含層出土のものは、第Ⅰ群土器で見られたものより鋸歯状突帯や環状突起が退化してしまったものが多い。また、縦位の粘土紐を貼付するもの (3) や、山形の貼付文が胴部上半に施されるもの (2) もある。これらはボタン状貼付文と共伴するものが多く (2・12・15)、ボタン状貼付文は１ヵ所に１個だけ貼り付けられている。ボタン状貼付文は第Ⅰ群土器には含まれておらず、第Ⅱ群土器に多くみられる文様要素である。鋸歯状粘土紐貼付文や鋸歯状突帯と共伴することから、その出現は大木5b式期と考えられ、おそらく第Ⅰ群土器では組成から欠落していたものであろう。区画隆帯は粘土紐貼付文や沈線文が施された土器に共通して認められる。また、隆帯は、刻み目を細かく加えた刻線紐状のものが多いが、14の土器は大木６式に盛行する縄紐状の隆帯が鋸歯状粘土紐貼付文と共伴しており、この隆帯の初出も大木5b式期に求められる。

なお、沈線の施文方法はすべて半裁竹管による２条一組の細描きのもので、棒状工具による太描きの沈線は認められない。地文のほとんどは横方向に回転する単節LRまたはRL縄文である。

このように遺物包含層出土土器の多くは第Ⅰ群土器とほぼ共通する内容をもち、大木5b式と考えられる。

(4) 嘉倉貝塚第Ⅱ群土器の編年的位置

嘉倉貝塚第Ⅱ群土器は、大木5b式と考えられる第Ⅰ群土器より新しい時期の土器と考えられるが、詳しい編年的位置について考察したい。

先に述べたように第Ⅱ群土器はAグループとBグループに分けられるが、一括廃棄層から出土したまとまった資料であり、層位的には分離する根拠をもっていない。

前者（Aグループ）は興野氏によって大木5b式の最後の段階とされた土器の特徴と一致し、後者（Bグループ）はいわゆる大木６式として捉えられている土器である。型式的な特徴から両者を分離することは可能であるが、層位的な根拠がないことから、ここでは１つの土器群として捉えておく。AグループとBグループの土器が同時に製作された可能性もあるが、器形や文様を前後の時期の土器と比較すると、両者の違いは時間的なものである可能性が高い。AグループからBグループへの変化が比較的短期間であったために両者が一括して廃棄された可能性を考えたい。今後調査事例が増えることで、これらの土器群が層位的に分離される可能性もある。

Aグループの土器の編年的位置については、大木６式との器形の類似性、文様帯の幅と

施文手法が大木6式の文様と共通していることや、いわゆる大木6式とされるBグループの土器との共伴関係から、本論では大木6式の最も古い段階の土器群として位置づける。

2. SI170、SI120住居跡、SK127土壙出土土器（第6図）

次に嘉倉貝塚SI170、SI120住居跡、SK127土壙出土土器について考察したい。

基本的な土器の器形や文様はこれらの遺構出土土器でよく共通しており、ほぼ同時期のものとみられる。

器形や文様は第II群土器Bグループの土器と近いが、口縁部の肥厚はより顕著になり、頸部と段があるものが多い（1・5・6・7）。また、縦位の橋状把手（4）や副突起（3・4）がある土器もみられる。金魚鉢形の深鉢は胴部下半の筒状の部分が小型で裾が広がり、外見上は台付鉢の形態を呈する（4）。施される文様には深鉢形土器と文様が共通しているもの（4）と口縁部に渦巻状の貼付文が施され、胴部に押し曳き沈線で菱形や山形の文様が描かれたもの（2）がある[2]。長胴形の深鉢の頸部や胴部の装飾は第II群土器Bグループと近似するが、胴部文様は複数の半裁竹管による平行沈線と鋸歯状沈線によって縦に区画される[3]。これらの土器にはII群土器Aグループの土器が伴っていないことからも、第II群土器より後に位置づけられると考えられ、以下ではこれらを**第III群土器**とする。

ところで、SI170の床面直上からは大木6式とは明らかに特徴が異なる深鉢が出土している（8）。口縁部には粘土紐を貼り付けた肥大する波頂部4単位を有し、頂部先端に盲孔があり、胴部はほぼ真っ直ぐであると考えられる。口縁部には結節浮線文[4]によって山形文と渦巻文、口縁部と胴部の境に鋸歯状印刻文（三角形の彫去）、胴部には集合沈線文による渦巻文が施されている。縄文は施されていない。胴部下半の文様は不明であるが、この土器と類似する土器は、石川県能都町真脇貝塚（小島俊彰ほか1986）や神奈川県横浜市石原（東方第7）遺跡（坂上克弘ほか1974）、鎌倉市東正院遺跡（鈴木保彦1972）などから出土している。無文地に鋸歯状の印刻文や胴部の集合沈線文などを施している点は、福浦上層II式や東正院遺跡出土の十三菩提式第I段階後半とみられる土器と類似する要素である。一方、口縁部の結節浮線文や細い隆線、波状口縁の頂部が肥大する点は真脇式（小島俊彰ほか1986）や十三菩提式第II段階（松田光太郎ほか1997）の土器と類似している。しかし、これらの型式の土器は縄文地に施された結節浮線文やソーメン状浮線文を施すことを特徴としている点で本遺跡出土土器とは異なっている。嘉倉貝塚出土の深鉢は両者の中間的な特徴をもっているといえる。このように十三菩提土器様式は関東、中部、北陸、東北地方まで広範囲に分布し、地域間の関連が把握しにくい状態にある。また、福浦上層式と真脇式とに時期差をみるかについては異なった見解（小島俊彰ほか1986、松田光太郎ほか1997、寺崎裕助1999、金子直行1999）もあり、第6図8の土器の詳細な時期についての判断は難しく、おおよそ十三菩提式の古段階に併行する時期として捉えておく。類似する土器の東北地方での出土例には福島県磐梯町・猪苗代町法正尻遺跡、山形県遊佐町吹浦遺跡、秋田

1・2 底面
SK127 土壙

3〜5 床面直上
SI120 住居跡

6 床面、7・9 床面直上
8 床面直上

（報告書より作成）
0　　(S=1/6)　　20 cm

SI170 住居跡

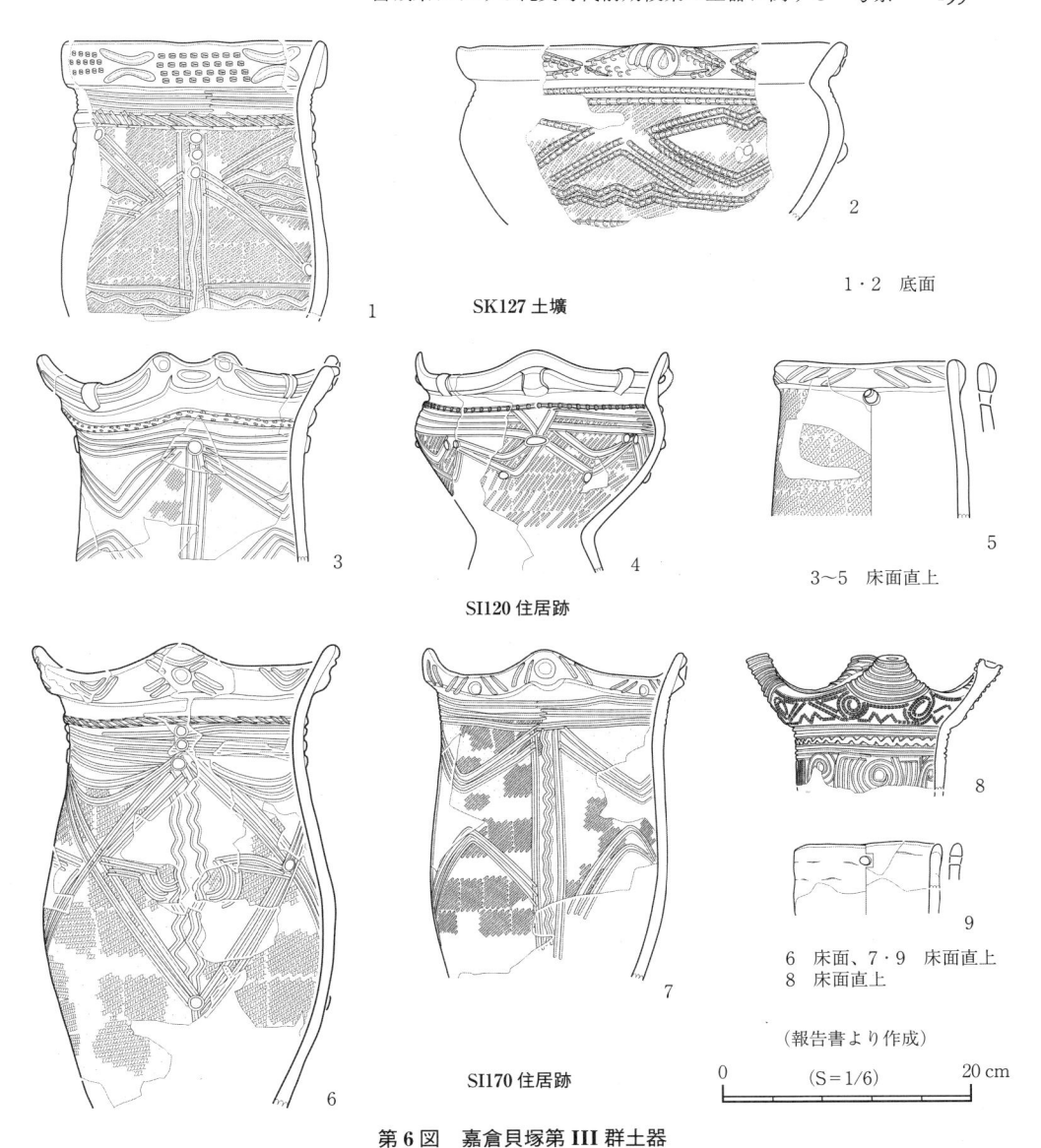

第 6 図　嘉倉貝塚第 III 群土器

県秋田市下堤 D 遺跡などがある。下堤 D 遺跡では焼土遺構出土で大木 6 式と共伴している例が報告されている（菅原俊行ほか 1982）。

　以上のように SI77、SI170、SI120 住居跡、SK127 土壙出土土器をもとに前期後葉の土器型式について考察した。これらは第 I 群土器（大木 5b 式）→第 II 群土器（大木 6 式）→第 III 群土器（大木 6 式）と位置づけることができる。

3. SI100、SI406、SI408 住居跡ほか出土土器

　ところで、嘉倉貝塚では第 II 群、III 群土器とは異なる特徴の大木 6 式と考えられる土

器が出土している。これらの土器はSI100、SI406、SI444、SI408、SI597、SI716住居跡堆積土などから出土している。住居跡の自然堆積土から出土したものが多く、個体数が少ないなど不十分な点はあるが、大木6式でも新しい特徴をもつと考えられることからこれを**第Ⅳ群土器**と呼称する。

　器種には長胴形深鉢と金魚鉢形深鉢がある。長胴形深鉢は頸部に屈曲をもち、口縁は平縁と波状縁がある。第Ⅲ群土器に比べ口縁は平面的で肥厚するものは少なく、文様は密に施されたものが多い。文様が密になるのにあわせて口縁部の幅が拡大される。頸部には平行沈線文や擬縄紐の隆帯、爪形文（第7図12・14）、胴部には平行沈線文が施される。金魚鉢形深鉢には、波状縁で口唇部が内側に少し突出するものと平縁のものがあり、底部付近が第Ⅲ群土器と同じように小型の台状を呈するもの（同図3）と筒状にまっすぐ延びるもの（第8図1）とがある。地文は横回転の単節LR縄文が多く、単節RL（同図1）や無節L縄文もみられる。

　SI406床面・床面直上出土土器やSI100、SI408出土土器は、口縁部の沈線文、耳状の把手（第8図11）、擬縄紐の隆帯（同図13）、胴部の平行沈線文の交点に刻みのある楕円形貼付文やボタン状貼付文が付加されるなど（同図13）、第Ⅲ群土器に特徴が近いものが多い。胴部の平行沈線文の交点に円文（第7図13）が施されているものもある。また、金魚鉢形深鉢には口縁部や胴部上半に結節浮線文による渦巻文（同図17・第8図6）や山形文（同図12）、鋸歯状文（第7図18）が施される。

　一方、SI716、SI597の堆積土からは新しい文様要素をもった土器が多く出土している。口縁部の突起が大形化し、胴部の平行沈線文の交点に2条一組の弧状短沈線文が施される土器で、頸部が屈曲し口縁部が内弯する深鉢がある（第7図10・11・12）。波状縁の頂部に細い粘土紐が貼付されるもの（第7図9）、縦位の橋状把手（同図2）、横位の橋状把手と円形の盲孔が組み合わされたもの（同図9・10）、U字状の貼付文（同図4）、厚手の円盤状貼付文（同図3）があり、それらを中心として縦位の短沈線や弧状沈線文が連続して施される（同図11）。金魚鉢形深鉢は口唇部が内側に突出し、口縁部に大型の円盤状貼付文や橋状把手がある。これを中心に弧状文と斜線文を組み合わせた文様が施され、胴部上半にも弧状文が施される（第7図3・8）。胴部下半には横回転のLやLR縄文が施されている。浮線文が施された土器はみられないがおそらく組成上の欠落によるもので、第8図9のような浮線文が、中期初頭の深鉢口縁部の粘土紐貼付文（第14図11・12）につながると推定される。

　このように第Ⅳ群土器には遺構を異にして出土する土器の特徴に違いがあり、そこには時間差が想定される。しかし、個体数が少なく内容が不明な点も多いことから時期の細分は避け、特徴の違いを指摘するにとどめたい。なお、第Ⅳ群土器が出土している住居跡は遺構の重複関係においても第Ⅱ群や第Ⅲ群土器が出土する住居跡よりも新しく、土器の特徴から推定される時期差と矛盾しない（第8図）。このことは第Ⅳ群土器が大木6式でも新しい段階のものとする考えを補強するものである。

宮城県における縄文時代前期後葉の土器に関する一考察　197

1～8　SI716 堆積土

SI716 住居跡

SI597 住居跡

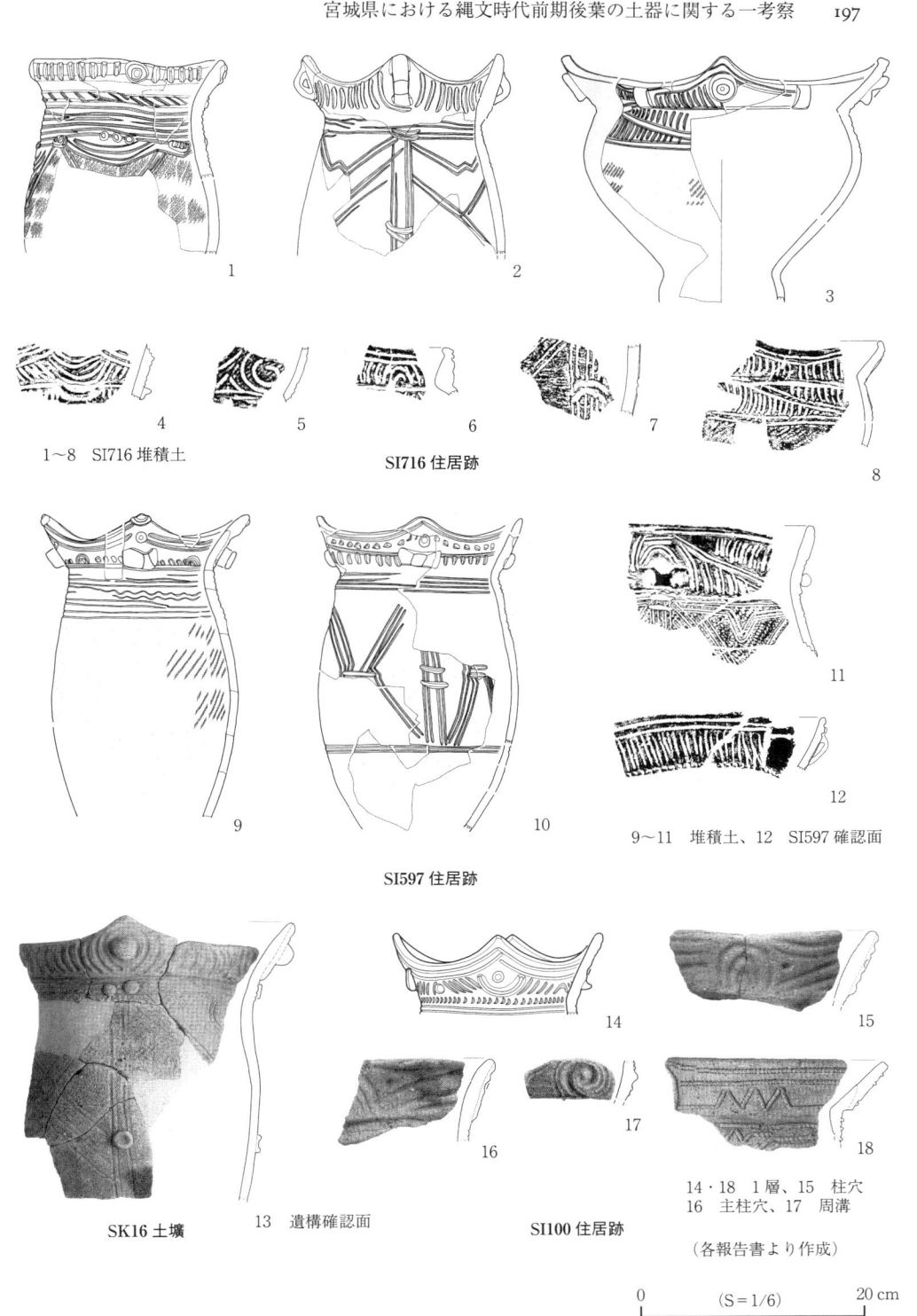

9～11　堆積土、12　SI597 確認面

SK16 土壙　　13　遺構確認面　　SI100 住居跡

14・18　1層、15　柱穴
16　主柱穴、17　周溝

（各報告書より作成）

0　　(S=1/6)　　20 cm

第7図　嘉倉貝塚第Ⅳ群土器

198

SI406 出土土器　　　　　　　　　　1〜7 床面、8〜10 床面直上

SI408 出土土器　　　　　　　　　11・12 1層、13 確認面

SI444 出土土器　　　　14 床直、15 1・2層、16 2層、17 ピット

SI400 出土土器　　　　18 主柱抜取穴、19 2層

20 主柱抜取穴

SI403 出土土器
（報告書より作成）

遺構の重複関係

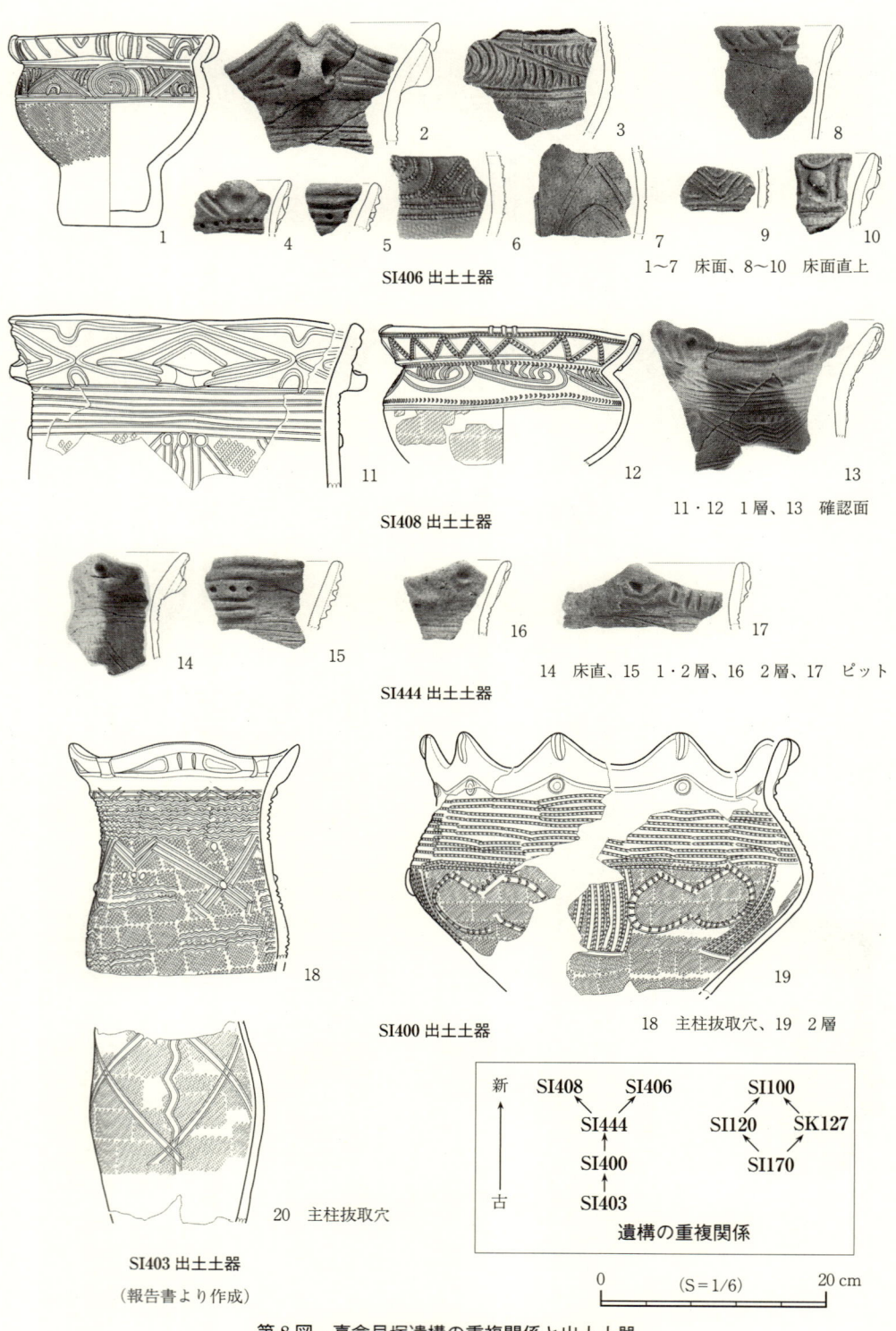

(S=1/6)　0〜20 cm

第8図　嘉倉貝塚遺構の重複関係と出土土器

III. 他遺跡との比較

　以下では県内の前期後葉の比較的まとまった資料が得られている遺跡について嘉倉貝塚出土土器と比較したい。

1. 大木5a式期

　嘉倉貝塚では大木5a式と考えられる土器が少数出土している。これらは折り重ねられた鋸歯状連続山形文と格子状文・梯子状文の組み合わせによる幾何学状の文様が施される。口縁部に大きな鋸歯状装飾帯が付き、口縁部から胴部の広い範囲に文様が施されている（第10図1～8）。

　県内の大木5a式をみると、糠塚貝塚のほか、仙台市北原街道B遺跡（工藤信一郎1994）、七ヶ浜町大木囲貝塚（八巻正文1979、須藤隆ほか2006）、川崎町西林山遺跡（手塚均1987）などで出土している（第10図9～14）。これらの遺跡で出土している大木5a式土器に施される文様は粘土紐貼付文で、大木囲貝塚を除き太描きの沈線文は認められない。

(1) 大木囲貝塚（第9図）

　大木囲貝塚出土のものには、山内氏によって発掘された資料と1979年に町教育委員会によって調査報告されたものがある。山内氏によって発掘された資料は、土器型式の写真が興野氏によって報告されたほか（興野義一1996）、2006年に須藤隆先生らによって写真に掲載されていた基準資料が図化され報告された（須藤隆ほか2006）。

　折り重ねられた鋸歯状連続山形文や格子状文・梯子状文の組み合わせによる幾何学状の

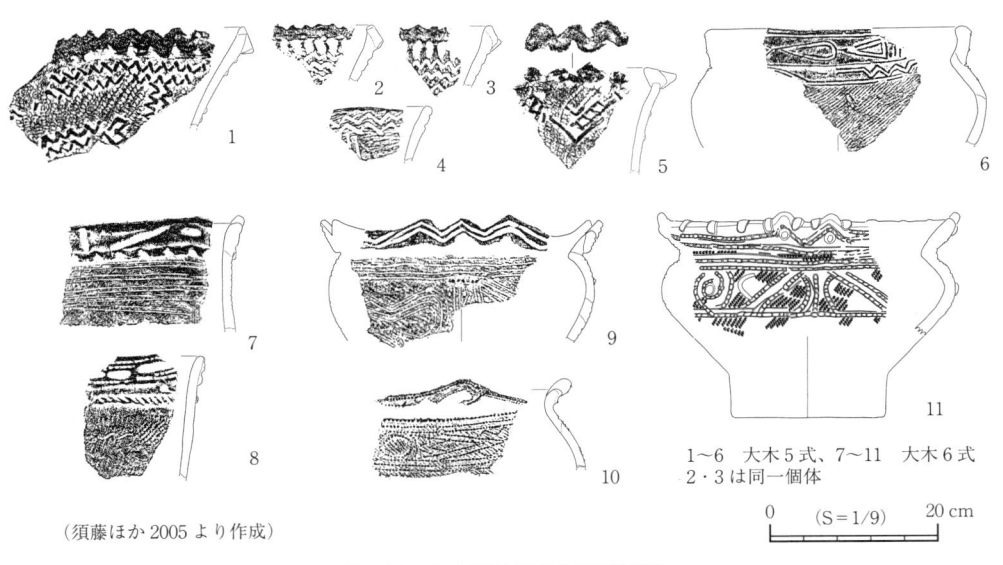

第9図　大木囲貝塚出土基準資料

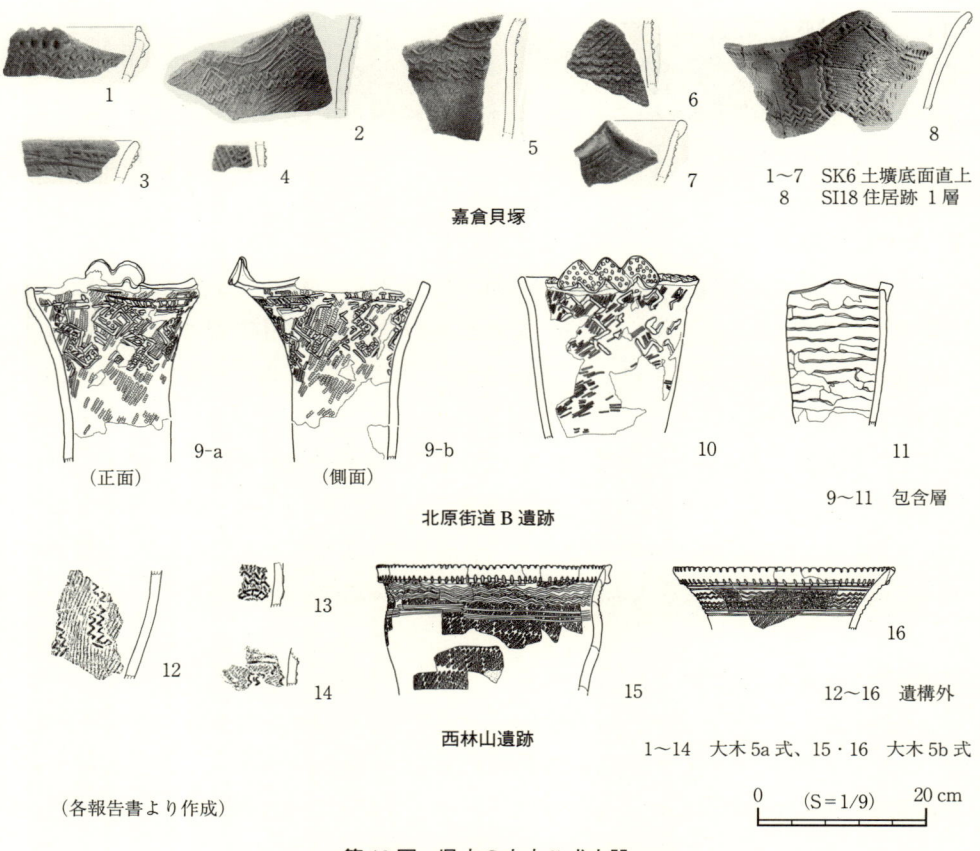

第 10 図　県内の大木 5 式土器

文様が施されるなど糠塚貝塚や嘉倉貝塚とほぼ同じ内容をもつが[55]、大木囲貝塚出土資料の中には太描きの沈線文が施された小破片が数点含まれている（第9図2～4）。

　興野氏は太描きの沈線文について「前半型式にあり、大木4式からの沈線文が残ったもので、後半型式までは達しないか、あるいは繊細な山形沈線文になるらしい」と指摘している（興野義一1969）。

(2)　北原街道B遺跡（第10図）
　仙台市青葉区上愛子に所在する。北原街道B遺跡からは全体がわかる土器が3点出土している。文様のある深鉢は、胴部から口縁部にかけて緩やかに外反する器形で、朝顔花形（9）と植木鉢形（10）がある。口縁は平縁で大形の鋸歯状突起が付き、突起に刺突が施されたもの（10）がある。胴部には格子状文や梯子状文（9）、鋸歯状文（10）が施されている。11は輪積みの痕跡を残した円筒形の無文土器で糠塚貝塚に同種の土器がある。

　糠塚貝塚や北原街道B遺跡、大木囲貝塚などで報告されている資料は、県内の大木5a

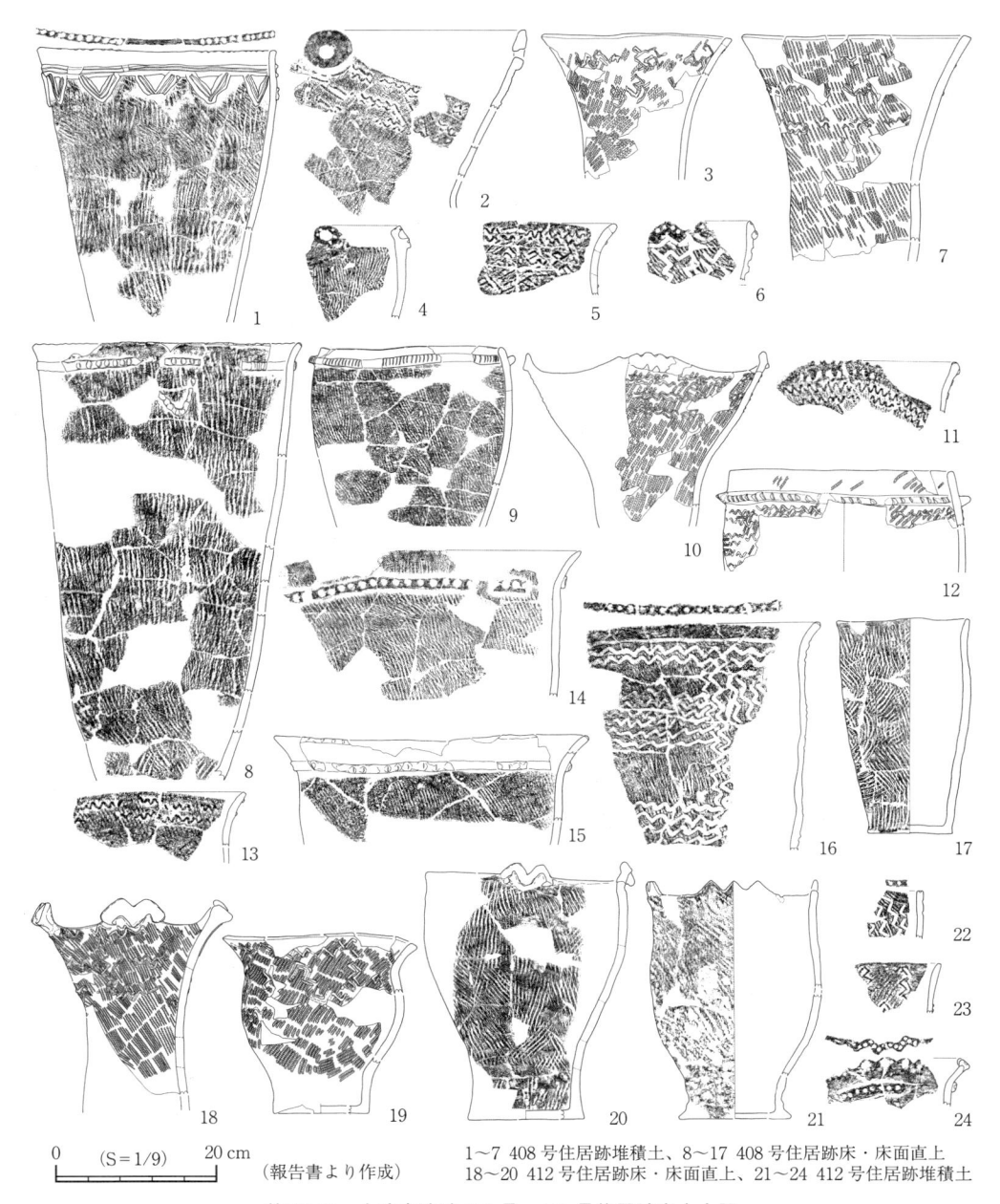

0　　　　　　20 cm
　(S=1/9)　　　　（報告書より作成）　　1～7 408号住居跡堆積土、8～17 408号住居跡床・床面直上
　　　　　　　　　　　　　　　　　　　18～20 412号住居跡床・床面直上、21～24 412号住居跡堆積土

第11図　大清水遺跡408号、412号住居跡出土土器

式として貴重な例ではあるが、小破片資料が多く、大木5a式の特徴を明らかにするにはまだ十分ではない状況にある。

　県外の資料では、岩手県奥州市大清水上遺跡（佐藤淳一2006）、遠野市新田遺跡（金子昭彦2002）、秋田県大仙市上ノ山Ⅱ遺跡（大野憲司ほか1998）、福島県胄宮西遺跡（芳賀英一ほか1984）などで出土している。特に大清水上遺跡は大木5a式のまとまった資料として注

目される[6]（第11図）。土器には粘土紐貼付による鋸歯状文のほか、太描きの沈線文による文様が多く施されている。芳賀氏によれば、福島県や岩手県は太描きの沈線文が描かれる土器が粘土紐を貼り付けた土器とほぼ同数かむしろ卓越した状況にあるという（芳賀英一 1985）。宮城県で粘土紐貼付と半裁竹管による平行沈線文が主体であり、他県では太描きの沈線文も多くみられるという違いは文様施文法の地域差とみてよいと思われる。

2. 大木5b式期

糠塚貝塚、長者原貝塚からは前期後葉の土器がまとまって出土し、興野氏が大木5b式の型式設定を行った。土器群の特徴は、ほぼ嘉倉貝塚第Ⅰ群土器と類似するが、第2図18のX字状文の施された土器が大木5b式に含まれている。

嘉倉貝塚、糠塚貝塚、長者原貝塚出土資料で報告された大木5b式の資料中には、半裁竹管文で鋸歯状文が施された土器はほとんど無い。

西林山遺跡出土の土器は、半裁竹管で頸部や胴部上半に鋸歯状文が施されている（第10図15、16）。器形や文様帯の狭さ、口縁部の鋸歯状突帯が発達している特徴は、嘉倉貝塚第Ⅰ群土器のものと共通しているが、主文様は粘土紐ではなく半裁竹管文によって施されている。主文様の施文法だけが置換されていることから、大木5b式の鋸歯状文の最終形態というよりも同段階における施文技法の類型の一つと考えられる。

3. 大木6式期

涌谷町長根貝塚（藤沼邦彦ほか 1969）、大崎市（旧鹿島町）東要害貝塚（宮城県教育委員会 2004）、仙台市北前遺跡（佐藤洋ほか 1982）、七ヶ宿町小梁川遺跡（相原淳一 1986）などで出土している。

(1) 長根貝塚（第12図）

遠田郡涌谷町小里字長根に所在する。大木6式に相当する土器として第一群と第二群があり、口縁部文様の違いと出土地点の違いから、第一群より第二群が新しいという時期差が考えられている。ⅡSトレンチ3層出土の第一群土器は、長胴の深鉢と金魚鉢形の深鉢がある。長胴形深鉢の口縁には平縁と単純な山形の波状縁があり、橋状把手と円形の盲孔が組み合わされたものやU字状の貼付文、ボタン状貼付文を中心として太描きの沈線文や刺突列などが施される。口縁の断面形態は第二群土器に比べ肥厚しているものが多い。胴部には平行沈線文が施され、その交点にはボタン状突起（12）よりも二個一対の弧状短沈線文（1・2・5）が加えられる。金魚鉢形深鉢は口縁部と胴部上半に細い浮線文や結節浮線文によって渦巻文や鋸歯状文、三角形文、半円文などが施されている（15・16・19）。胴部の地文には単節の斜行縄文がみられる。

長根貝塚第二群土器の長胴形深鉢は口縁が単純な山形の波状縁と平縁で、第一群土器に

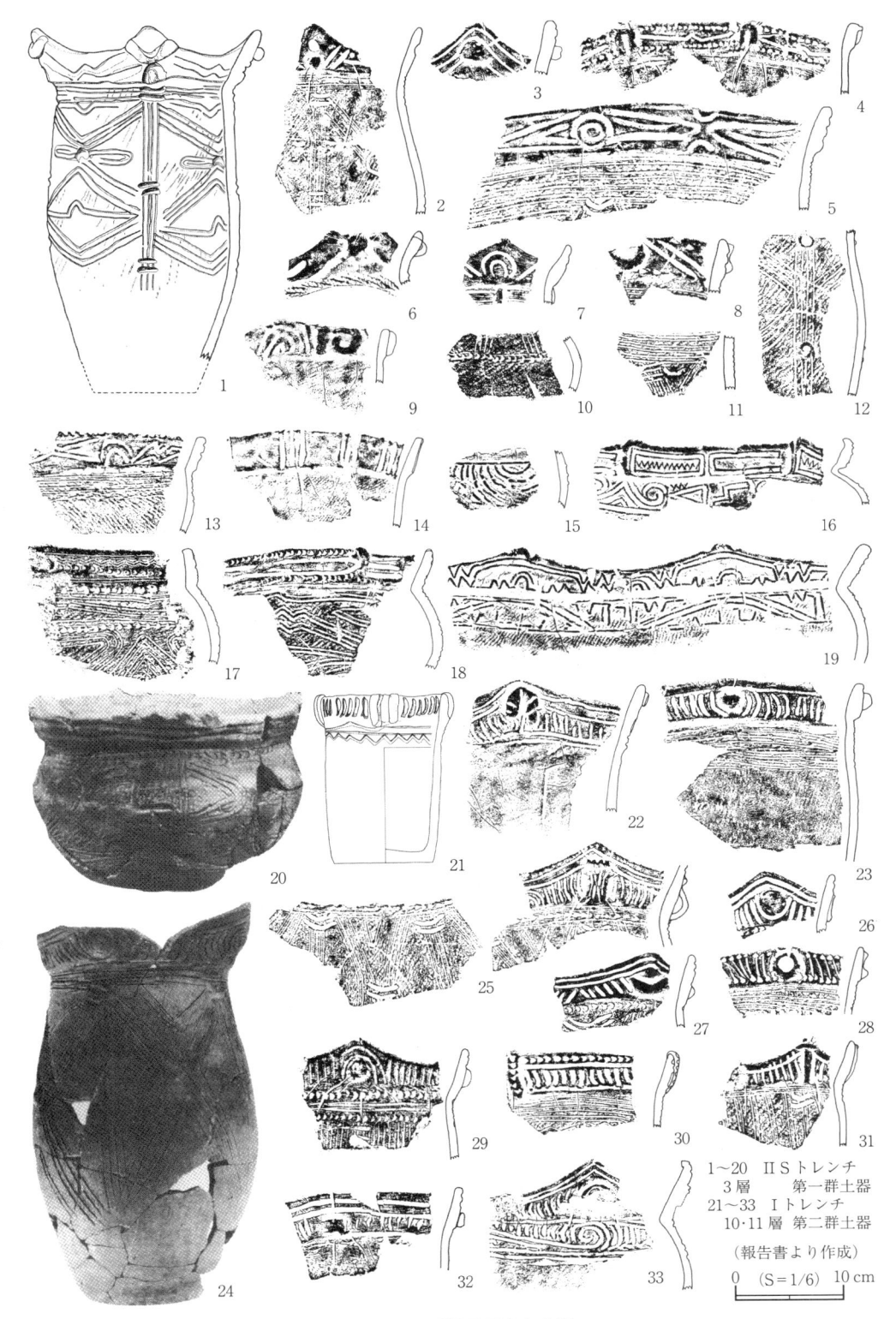

宮城県における縄文時代前期後葉の土器に関する一考察　203

1～20　ⅡSトレンチ
　3層　第一群土器
21～33　Ⅰトレンチ
　10・11層　第二群土器
（報告書より作成）
0　(S=1/6)　10cm

第12図　長根貝塚出土土器

比べ平面的なものが多い。半球形の突起 (23)、橋状把手 (25)、大型のボタン状 (26・28) またはU字状 (22) の貼付文、縦位の隆帯 (30・31) があり、これらを中心に縦位の弧状文や沈線文が施され、爪形文 (27・29) もみられる。胴部文様には第一群土器と類似する文様が多いが、縦位の平行沈線だけのもの (29・31) や全く無文のもの (22) も含まれる。金魚鉢形になると推定される土器は、波状縁で口唇部が内面に少し突出する (33)。文様は大型のボタン状貼付文を中心に弧状文が施され、胴部上半に渦巻文と縦位の弧状文を組み合わせた文様が施されている。下半は無文である。

　これらの特徴は嘉倉貝塚第IV群土器と類似し、同じ時期の土器群と考えられる。細分については、長根貝塚第一群は口縁部の特徴が古いもの (2・8) が含まれ、嘉倉貝塚第III群土器に近いと思われるが、金魚鉢形深鉢の文様は方形区画内に細かな鋸歯状文を充塡したものや三角形文など様々な文様が密に施されている。嘉倉貝塚第III群土器の結節浮線文によるおおぶりな渦巻文や鋸歯状文よりもむしろ中期初頭の粘土紐貼付文の文様構成に近い。一方、第二群土器の25や29などは中期初頭の土器により近い土器と思われる。しかし、第二群の土器が抽出されたI区は層位的なまとまりがあまり良くなく、第二群土器は口縁部の縦位の弧状沈線文という型式的特徴から抽出されたものである。後続すると考えられる中期初頭の土器をみても、縦位の弧状沈線文からつながる文様だけではない (第14図)。第二群土器の弧状文と共伴する別の文様が施された土器があるとみるべきであろう。このように長根貝塚第一群と二群には大まかな時間差はみられるものの、細分する基準となる一括資料とするには課題も多い。ここではこれらを一括して嘉倉貝塚第IV群土器に併行する時期のものとして捉えておきたい (第2表)。

(2)　小梁川遺跡 (第13図)

　刈田郡七ヶ宿町字小梁川・白ハゲ・板沢に所在する。大木6式から7b式期に形成された遺物包含層が検出され、宮城県南部の代表的な遺跡として引用されることが多い。この中で東側遺物包含層 CL-CQ・86-87区V層から大木6式の土器がまとまって出土している[7] (第I群土器)。V層は上層 (a・a層上面) と下層 (b・c層) に大きく分かれ、出土土器の特徴が細部で異なる。器種は上下層とも長胴形と金魚鉢形の深鉢がある。

　下層土器では、長胴形の深鉢は口縁部が波状縁と平縁があり、円形の盲孔や橋状把手を中心に斜位の短沈線文や口縁に沿う沈線文が施される。施される沈線は幅広で、口縁部は立体的なものが多い。頸部には半裁竹管による平行沈線や鋸歯状沈線文、擬縄紐状の隆帯 (13) が巡る。胴部にはX字状の平行沈線文がみられ、その交点にはボタン状貼付文が付加される。口縁部が外反する短胴形の深鉢の口縁部には、押し曳き (14) や押圧縄文 (7) による山形文が施されている。また波状口縁の土器で結節浮線文が施されているものもみられる (10～12)。金魚鉢形の深鉢には、口縁部に鋸歯状印刻文、胴部に押し曳き沈線による三角形文が施された土器 (19) や頸部に平行沈線だけが巡る土器 (18) がある。

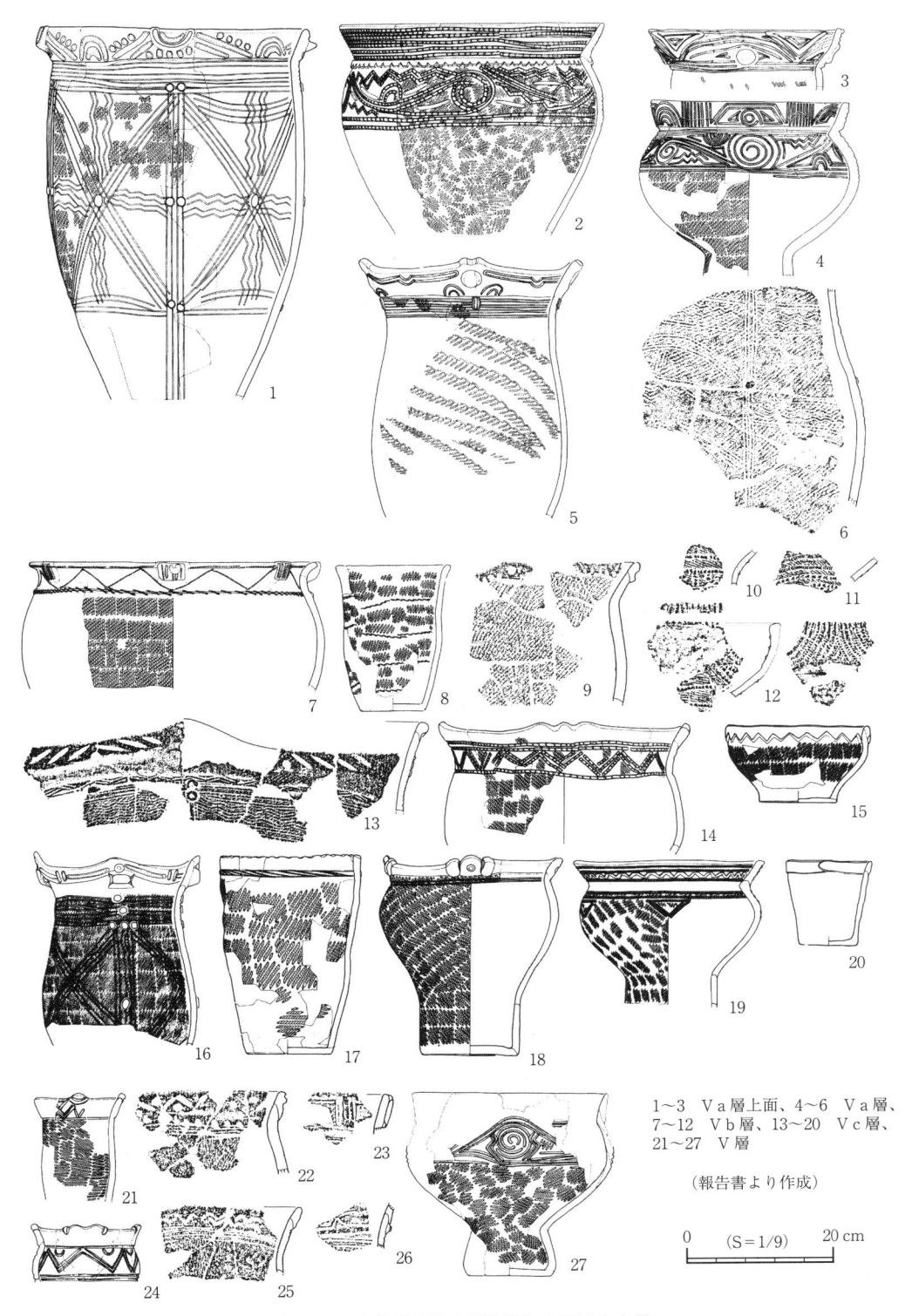

宮城県における縄文時代前期後葉の土器に関する一考察　205

1〜3　Ⅴa層上面、4〜6　Ⅴa層、
7〜12　Ⅴb層、13〜20　Ⅴc層、
21〜27　Ⅴ層

（報告書より作成）

0　　（S＝1/9）　　20 cm

第13図　小梁川遺跡東側遺物包含層出土土器

		北 部	南 部
大木5式	5a式	嘉倉貝塚SK6土壙　糠塚貝塚	西林山遺跡　北原街道B遺跡遺物包含層第Ⅳ群1類
	5b式	嘉倉貝塚Ⅰ群 嘉倉貝塚SX140遺物包含層　糠塚貝塚　長者原貝塚	西林山遺跡　小梁川遺跡東側遺物包含層CQ90 6層出土深鉢
大木6式	前	嘉倉貝塚Ⅱ群	北前遺跡（26号土壙）
	中	嘉倉貝塚Ⅲ群	小梁川遺跡Ⅰ群（東側遺物包含層Ⅴb・c層）
	後	嘉倉貝塚Ⅳ群　長根貝塚Ⅰ群（ⅡSトレンチ3層） 長根貝塚Ⅱ群　三代遺跡（Ⅰトレンチ10・11層）	北前遺跡　小梁川遺跡Ⅰ群（東側遺物包含層Ⅴa・a層上面）
中期初頭		嘉倉貝塚SI320住居跡1層　長根貝塚Ⅲ群（Ⅰトレンチ8・9層）	小梁川遺跡Ⅱ群（東側遺物包含層Ⅳ・Ⅳ層上面）

第2表　宮城県内の主要遺跡並行関係

　上層土器は、器種や器形に下層土器と変化はないが、長胴の深鉢の口縁部は下層に比べ平面的なものが多く、口縁部の文様の中心には大型のボタン状貼付文（3）やU字状の貼付文（1）があり、その間を埋める半円文（1）や口縁に平行する沈線文（5）、斜線文、三角形文（3）などが施されている。また、金魚鉢形深鉢には渦巻文や三角形文、鋸歯状文が沈線や結節沈線によって胴部上半に施されている（2・4）。これらの土器の特徴はⅤ下層土器が嘉倉貝塚第Ⅲ群に、Ⅴ上層土器は嘉倉貝塚第Ⅳ群と同じ頃の土器群と考えられる（第2表）[8]。12の深鉢口縁部の器形や19の金魚鉢形深鉢の文様要素も、嘉倉貝塚SI170出土の深鉢（第6図8）と類似している。なお、小梁川遺跡では口縁部に連続する弧状文が施される土器は少なく、相原氏が指摘するように宮城県北部と南部では文様に地域性があるものと理解される。

Ⅳ. 結　語

　これまで宮城県内の前期前葉の土器群について考察してきた。県内の土器は基本的によく類似した特徴を示している。大木5式は興野氏が提唱したように大木5a式と5b式とに細分されると考えられるが、県内の大木5a式の資料はまだ少なく、その内容ついて十

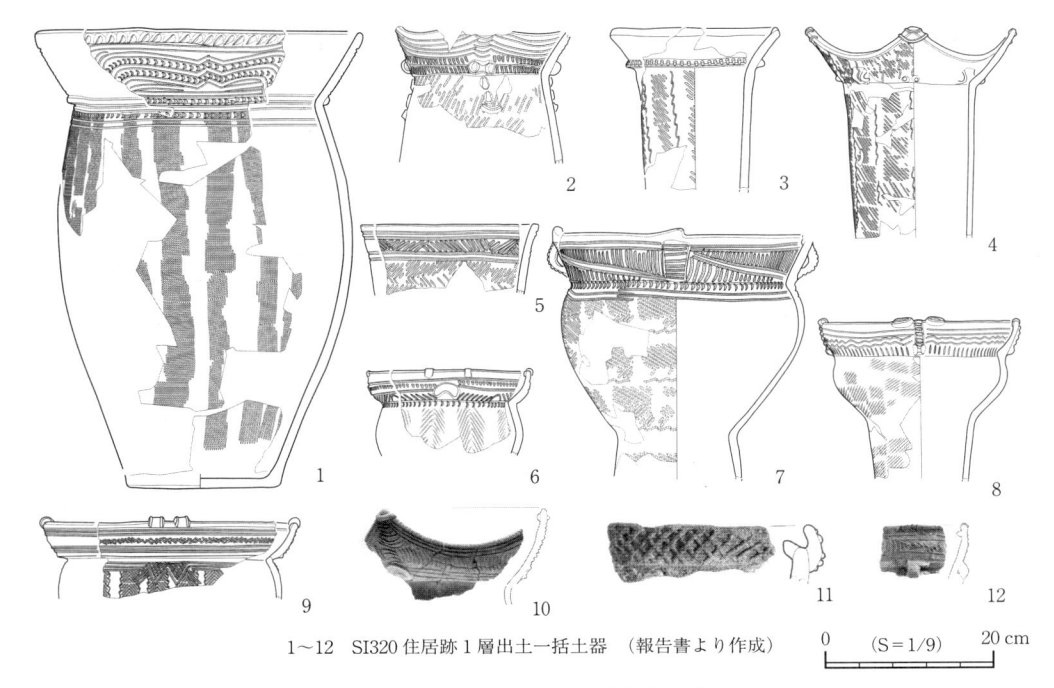

宮城県における縄文時代前期後葉の土器に関する一考察　207

1～12　SI320住居跡1層出土一括土器　（報告書より作成）　0　(S=1/9)　20cm

第14図　嘉倉貝塚出土中期初頭土器

分に把握することはできなかった。その他の時期についても筆者の力不足からほとんど遺跡出土資料を概観することに終始してしまったが、以下では大木5b式と大木6式の特徴についてまとめ結語としたい。

　大木5b式は口縁部から胴部上半の狭い範囲に文様帯があり、横走する隆帯や半裁竹管による平行沈線文によって区画される場合が多い。文様では横方向の鋸歯状粘土紐貼付文が特徴的である。この土器と半裁竹管による沈線文が施された土器が共伴し、同時期のものとして理解される。鋸歯状粘土紐貼付文は大木6式の頸部文様に引き継がれ、平行沈線と組み合わされた鋸歯状沈線文や擬縄紐の隆帯上の刻みに変化すると考えられる。また、金魚鉢形の深鉢はこの時期の後半にはすでに出現し、ボタン状の貼付文もこの段階ですでにみられる。

　大木6式は第II群土器→第III群土器→第IV群土器の変遷が考えられた。これらはそれぞれ大木6式の古段階、中段階、新段階に対応するものと思われる（第2表）。大木6式は前後の類似性が強く、各文様要素がそれぞれ別個に消長するため段階を判別しにくい。しかし、器形や文様要素の共伴関係と変遷の傾向をある程度つかむことは可能である。

　古段階は口縁部や頸部の文様に大木5b式の文様要素を強く残し、爪形文が多用される土器が特徴的に認められる[9]。中段階においては、大木6式の最も整った形が長胴形深鉢に成立し、胴部の平行沈線文の交点には盛んにボタン状貼付文が付加される。その一方で、結節浮線文や結節沈線文、鋸歯状の印刻文が施された土器がこの段階で出現する。これら

はそれまでには認められなかった文様要素で、十三菩提土器様式との関連が想定される。結節浮線文や結節沈線文は新段階まで金魚鉢形土器に積極的に施文され、新段階では結節浮線文で描かれる渦巻文とほぼ同じ意匠で沈線（無節）による文様が長胴形の深鉢の口縁部や胴部文様にも採用される。これは口縁部の縦位に連続する弧状文や短沈線文など、中期的な文様の成立にも影響を与えたと考えられる。新段階の土器は、縦位や円盤状の貼付文とそれを中心とする弧状沈線文を組み合わせた文様が宮城県北部に多く、南部では弧状沈線よりも山形沈線文や菱形沈線文などが主体で地域性がみられる。また、新段階は新旧で特徴が異なると考えられ、前半では長胴形深鉢は口縁部が外反し、突起装飾は小形のものが多いが、後半では口縁部が内弯し、突起装飾も大形化して中期的な特徴が強まる。胴部文様は沈線化が進み、長根貝塚第二群土器にみられるように地文だけのもの増えると思われる。

　以上のように各時期の特徴についてまとめたが、土器群の前後関係については不十分な点もあり、大木6式新段階の土器については内容も不明な点が多い。今後の課題である。

　なお、2004年に調査された大崎市東要害貝塚では、大木6式から中期への移行期のまとまった資料が得られており（宮城県教育委員会2004）、この時期の土器変遷を解明する資料として期待される。

謝辞

　筆者が東北大学考古学研究室在学中は、須藤隆先生からは考古学全般にわたるご指導を賜った。中でも卒業論文と修士論文のテーマであった東北地方の晩期終末の土器群について熱心にご指導を賜り、さらに『山内清男考古資料集10 岩手県足沢遺跡資料』の作成に携わらせていただいた。筆者の力不足で、須藤隆先生には大変なご迷惑をおかけしたことを恥じるとともに、辛抱強く熱心に指導してくださった須藤隆先生に御礼申し上げたい。

　大学院修了後発掘調査に携わる仕事に就き、改めて在学中ご指導いただいたことの大切さを痛感する。微力ながら宮城県の考古学の発展に寄与することで、須藤隆先生に賜った学恩に少しでも報いることを期するとともに、須藤隆先生の益々のご活躍を願い、献呈の言葉とさせていただきたい。

　本論を書くにあたり、以下の方々をはじめとして、多くの方にお世話になりました。末筆ではありますがこの場を借りてお礼申し上げます。
　菅野智則、西村力、早瀬亮介、三好秀樹（敬称略）

註
1）　興野氏は1996年の論文中で「後半について大木5b式を提唱したが一度も大木5a式と称したことはない……後半を大木5b式とすることでおのずと大木5a式という概念が生じたのだろう」

としていたが、1998年の論文では「大木5式を2分し、後半を大木5b式として1970年の専門誌に提唱した。同型式の土器を前後で2分する場合a、bとするのが、通例である」とし、正式に提唱したことはないものの、各論文中で大木5式前半の特徴として記述していたものが大木5a式と考えて良いものと思われる。
2) 第6図2は短胴形の深鉢の可能性もある。
3) 縦位の鋸歯状区画線は第II群土器にも単独で施されたものがみられるが、第III群土器に比べ未発達である（第4図3・8）。
4) 細い隆線の上に半裁竹管によって細かな爪形文が加えられたものを指す。
5) 第9図6の土器は金魚鉢形の土器になると推定され、浮線文による鋸歯状文が胴部上半に施される特徴は大木6式にみられるものである。口縁部文様も大木6式の金魚鉢形深鉢（第6図4）に類似することから、大木6式に含まれる可能性もあると思われる。なお、報告によれば大木5、6式の土器には「大木」の墨書があるだけで、出土地点、層位は不明である。
6) 408号住居跡は他の住居跡や捨て場との重複があり、一部に大木4式を含む可能性もある。
7) Ⅴa層上面については大木7a式に属すると考えられる土器も出土しており、一括土器とするには問題もある。
8) なお、嘉倉貝塚第II群土器と類似するものは小梁川遺跡発掘調査報告書pp. 58第41図6、pp. 521第538図4の土器が相当すると思われる。
9) この段階と考えられる土器には、岩手県西和賀町峠山牧場I遺跡B地区RA23住居跡出土資料や金ヶ崎町和光6区遺跡RI住居跡出土資料がある。

引用文献

阿部勝則 2000『峠山牧場I遺跡B地区発掘調査報告書 東北横断自動車道秋田線建設事業関連遺跡発掘調査』岩手県文化振興事業団埋蔵文化財調査報告書第320集 （財）岩手県文化振興事業団埋蔵文化財センター

相原淳一 1986『小梁川遺跡 遺物包含層土器編―七ヶ宿ダム関連遺跡発掘調査報告書II』宮城県文化財調査報告書第117集 宮城県教育委員会

天野順陽 2003『嘉倉貝塚―平成13・14年度重要遺跡範囲確認調査報告書』築館町文化財調査報告書第16集 築館町教育委員会

藤沼邦彦ほか 1969『埋蔵文化財緊急発掘調査概報―長根貝塚―』宮城県文化財調査報告書第19集 宮城県教育委員会

芳賀英一ほか 1984『冑宮西遺跡』会津高田町文化財調査報告書第4集

芳賀英一 1985「大木5式土器と東部関東との関係」『古代』第80号 pp. 99-132

林 謙作 1965「縄文文化の発展と地域性2 東北」『日本の考古学II 縄文時代』 河出書房 pp. 70-79

今村啓爾 1985「五領ヶ台式土器の編年」『東京大学文学部考古学研究室紀要』4 pp. 93-157

金子昭彦 2002『新田遺跡発掘調査報告書 伊手川河川改良事業関連遺跡発掘調査』岩手県文化振興事業団埋蔵文化財調査報告書第405集 （財）岩手県文化振興事業団埋蔵文化財センター

金子直行 1999「縄文前期終末土器群の関係性―十三菩提式土器と集合沈線文系土器群の関係を中心として―」『縄文土器論集―縄文セミナー10周年記念論文集―』 六一書房 pp. 177-209

小島俊彰ほか 1986『石川県能都町 真脇遺跡―農村基盤総合整備事業能都東地区真脇工区に係る

発掘調査報告書』　能都町教育委員会
工藤信一郎　1994『北原街道 B 遺跡』仙台市文化財調査報告書第 181 集　仙台市教育委員会
黒坂雅人　1988『吹浦遺跡第 3・4 次緊急発掘調査報告書』山形県埋蔵文化財調査報告書第 120 集　山形県教育委員会
興野義一　1967「大木式土器の理解のために（I）」『月刊　考古学ジャーナル』No. 13 pp. 16-18
興野義一　1968a「大木式土器の理解のために（II）」『月刊　考古学ジャーナル』No. 16 pp. 22-25
興野義一　1968b「大木式土器の理解のために（III）」『月刊　考古学ジャーナル』No. 18 pp. 8-10
興野義一　1968c「大木式土器の理解のために（IV）」『月刊　考古学ジャーナル』No. 24 pp. 17-19
興野義一　1969「大木式土器の理解のために（V）」『月刊　考古学ジャーナル』No. 32 pp. 6-9
興野義一　1970a「大木式土器の理解のために（VI）」『月刊　考古学ジャーナル』No. 48 pp. 20-22
興野義一　1970b「大木 5b 式の提唱」『古代文化』第 22 巻 4 号 pp. 97-102
興野義一　1981「糠塚貝塚について」『迫町史』　迫町史編纂委員会　pp. 1105-1136
興野義一　1996「山内清男先生供与の大木式土器写真セットについて」『画竜点睛』山内清男先生没後 25 年記念論集　山内先生没後 25 年記念論集刊行会　pp. 215-224
興野義一　1998「私の考古遍歴　長者原貝塚（登米郡　南方町）の命運」『続・ワインの散歩道』日本科学者会議宮城支部　世の中研究会　pp. 95-103
松田光太郎ほか　1997「神奈川における縄文時代文化の変遷 IV　前期終末・中期初頭期―十三菩提式～五領ヶ台式期の様相」『研究紀要』2　神奈川県立埋蔵文化財センター　pp. 17-44
松田光太郎　2003「大木 6 式土器の変遷とその地域性―縄文時代前期末葉の東北地方中・南部の土器編年―」『神奈川考古』第 39 号　神奈川考古同人会　pp. 1-30
松本　茂ほか『東北自動車道遺跡調査報 11　法正尻遺跡』福島県文化財調査報告書第 243 集　福島県教育委員会
宮城県教育委員会　2004『東要害貝塚現地説明会資料』　鹿島台町教育委員会・宮城県教育委員会
丹羽　茂　1981「大木式土器」『縄文文化の研究　4　縄文土器 II』　雄山閣出版　pp. 43-60
小笠原好彦　1968「東北地方南部における前期末から中期初頭の縄文式土器」『仙台湾周辺の考古学的研究　宮城県の地理と歴史』　宮城教育大学歴史研究会
大野憲司ほか　1998『東北横断自動車道秋田線発掘調査報告書 II―上ノ山 I 遺跡・館野遺跡・上ノ山 II 遺跡―』秋田県文化財調査報告書第 166 集　秋田県教育委員会
佐々木清文ほか　1987『和光 6 区遺跡発掘調査報告書――一般県道和賀・金ヶ崎・胆沢線拡幅工事関連緊急発掘調査―』岩手県文化振興事業団埋蔵文化財調査報告書第 114 集　（財）岩手県文化振興事業団埋蔵文化財センター
佐藤　洋ほか　1982『北前遺跡発掘調査報告書』仙台市文化財調査報告書第 36 集　仙台市教育委員会
佐藤淳一　2006『大清水上遺跡発掘調査報告書　胆沢ダム建設事業関連遺跡発掘調査』岩手県文化振興事業団埋蔵文化財調査報告書第 475 集　（財）岩手県文化振興事業団埋蔵文化財センター
佐藤憲幸ほか　2003『嘉倉貝塚』宮城県文化財調査報告書第 192 集　宮城県教育委員会
坂上克弘ほか　1974『（東方第 7 遺跡）港北ニュータウン地域内文化財報告 IV』　横浜市埋蔵文化財調査委員会・横浜市教育委員会
菅原俊行ほか　1982『下堤 D 遺跡発掘調査報告書』　秋田市教育委員会
須藤　隆ほか　2006「東北大学文学研究科考古学陳列館所蔵大木囲貝塚出土基準資料―山内清男編

年基準資料―」『Bulletin of Tohoku University Museun』No. 5 pp. 1-40

鈴木保彦 1972『東正院遺跡発掘調査報告』 神奈川教育委員会

寺崎祐助 1999「新潟県における縄文時代前期の土器―その標識資料と編年―」『縄文土器論集―縄文セミナー10周年記念論文集―』 六一書房 pp. 177-209

手塚 均 1987『(西林山遺跡) 中ノ内A遺跡・本屋敷遺跡他―東北横断自動車道遺跡調査報告書II―』宮城県文化財調査報告書第121集 宮城県教育委員会

八巻正文 1979『大木囲貝塚―昭和52年度環境整備調査報告書』七ヶ浜町文化財調査報告書第4集 七ヶ浜町教育委員会

東北地方中期縄文文化における地域性の研究
―宮城県登米市浅部貝塚出土土器の分析を中心として―

菅 原 哲 文

I. 研究の方法と目的

　本論では、宮城県登米市（旧中田町）浅部貝塚出土土器の分析をもとに、東北地方縄文時代中期後葉、特に大木9式土器を中心として、当期の土器の層位的な変遷や地域的特色を報告し、さらに宮城県南部の資料と比較し、同一型式の分布圏内の土器に反映される地域性について検討することを目的とする。

　大木9式土器の編年研究については、山内清男による大木諸型式設定以降（山内清男1937）、林謙作による2分案・3分案（林謙作1965・1966）、丹羽茂による2分案（丹羽茂1981・1989）などの細分案が提唱されてきた。また、宮城県七ヶ宿町大梁川遺跡の報告において（相原淳一ほか1988）、遺物包含層で層位的に大木9・10式土器が出土し、中期後葉大木式土器分布圏内の地域性について研究が進展した。

　地域差の把握については、分布論的な方法を中心として検討されてきた。中期後葉の大木式土器分布圏内においては、東北地方内での概括的な地域差は指摘されているが、資料の蓄積を進め、さらに小地域（河川流域単位など）での地域性の検討は、今後も進められるべき課題である。

　本論での地域性の把握方法としては、浅部貝塚、大梁川遺跡の2遺跡において、時期的に並行と考えられる資料の定量的な比較を行うこととした。また、深鉢の器形の組成に着目し、東北地方における地域性の様相について一視点を提示することとした。

II. 浅部貝塚の概要

　分析対象とした浅部貝塚の概要について述べる。当貝塚は、宮城県登米市大字浅水字浅部に所在する（第1・2図）。
　地理的環境であるが、宮城県北の内陸平野の北東端に位置し、北上川の下流域にあたる。北上川は、丘陵をはさんで遺跡の約150ｍ東で蛇行しながら南流する。遺跡の東方には伊豆沼・長沼などの仙北湖沼地帯が広がる。貝塚は平野部との境界となる東北から西南にのびる丘陵の一端に位置し、西に向かって開ける斜面上に形成されている。丘陵下の沖積面は水田として利用され、標高は6ｍ前後である。貝塚からは、早期末の船入島下層式、前期の大木6式、中期の大木7・8a・8b・9・10式、後期の南境・宝ヶ峰式土器が出土して

第1図　浅部貝塚位置図 (1:50,000)
(宮城県教育委員会 1993「米谷」・「登米」より作成)

No.	所在地・遺跡名
1	秋田県鹿角市天戸森遺跡
2	岩手県八幡平市長者屋敷遺跡
3	〃　盛岡市繫遺跡
4	〃　花巻市大地渡遺跡
5	〃　花巻市観音堂遺跡
6	〃　北上市八天遺跡
7	〃　宮古市上村貝塚
8	〃　一関市貝鳥貝塚
9	宮城県登米市青島貝塚
10	〃　登米市浅部貝塚
11	〃　石巻市南境貝塚
12	〃　美里町山前遺跡
13	〃　大衡村上深沢遺跡
14	〃　松島町西ノ浜貝塚
15	〃　東松島市里浜貝塚
16	〃　七ヶ浜町大木囲貝塚
17	〃　白石市菅生田遺跡
18	〃　七ヶ宿町大梁川遺跡
19	山形県村山市中山遺跡
20	〃　東根市小林遺跡
21	〃　山形市熊ノ前遺跡
22	福島県飯舘村上ノ台A遺跡
23	〃　二本松市原瀬上原遺跡
24	〃　三春町西方前遺跡
25	〃　三春町春田遺跡
26	〃　玉川村堂平B遺跡
27	〃　いわき市大畑貝塚

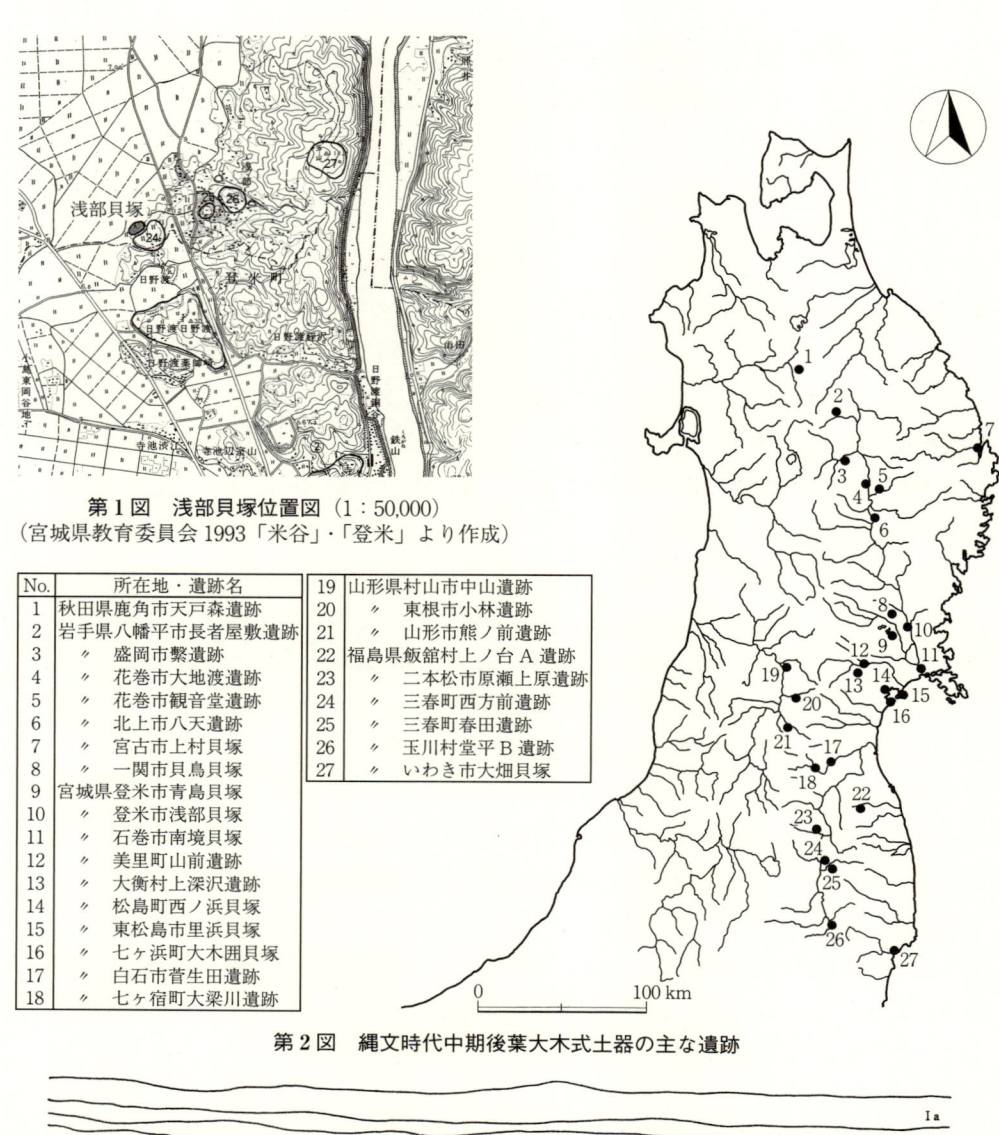

第2図　縄文時代中期後葉大木式土器の主な遺跡

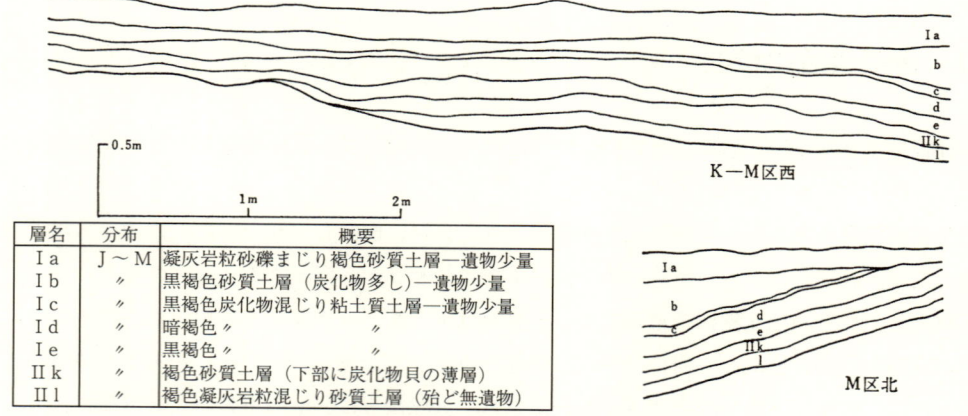

層名	分布	概要
Ia	J〜M	凝灰岩粒砂礫まじり褐色砂質土層―遺物少量
Ib	〃	黒褐色砂質土層（炭化物多し）―遺物少量
Ic	〃	黒褐色炭化物混じり粘質土層―遺物少量
Id	〃	暗褐色 〃 〃
Ie	〃	黒褐色 〃 〃
IIk	〃	褐色砂質土層（下部に炭化物貝の薄層）
IIl	〃	褐色凝灰岩粒混じり砂質土層（殆ど無遺物）

K―M区西

M区北

第3図　浅部貝塚土層断面図 （林謙作 1971 より作成）

いる（藤沼邦彦ほか 1989）。貝種は、マルタニシ・ヤマトシジミ・ヌマガイ・ナガガキなどから構成される。

　浅部貝塚の調査経緯であるが、古くは登米高校の植田房雄が調査しており、貝塚はナガガキが大部分で小型シジミを伴っていたという。また興野義一は、浅部 A 地点とした場所において出土した繊維土器を基準資料とし、縄文時代前期初頭の上川名式よりも一型式さかのぼるノッコエ式或いは浅部式という土器型式を提唱した（興野義一 1958）。

　1966 年 1 月 29 日から、本貝塚で発掘調査が行われた。前年度末の浅部の開田工事の最中に、土器・石器・獣骨等が多量に出土したため、中田町教育委員会が調査したところ、縄文時代中期から後期にかけての土器、貝塚層、住居跡と考えられる遺構等が確認された。町教育委員会では、東北大学考古学研究室の指導により発掘調査を実施した（中田町史編纂委員会 1977）。グリットは、開田工事によって斜面の削平された区域の南端を起点（A 区）として北端の M 区までを設定し、1 辺 2 m とした。調査面積は、2×12 m の 24 m² である。

　当貝塚の調査内容については、林謙作の論考がある（林謙作 1970・1971）。以下、その概要を述べる。D 区では、現地表下約 40 cm で凝灰岩が露出したので、本格的な発掘が行われたのは G〜M 区である。また、J 区を中心として東西に浅い谷が走り、J 区以南では各層は西北に向かって、また以北では西南に向かって傾斜している。よって J 区を境として南北では全く層の堆積状況は異なっており、K〜M 区の層と G〜J 区層を直接対比して関連づけることはできなかったという。土層断面図、層位、層の摘要については、第 3 図に示した通りである。堆積層の厚さは、最も厚い部分でも 1.3 m を超えず、遺物包含層も厚くはない。貝層の発達はあまり良好ではない。発掘地点は包含層の末端に近いため、古い型式の二次堆積がかなり顕著であるという。

III. 浅部貝塚出土土器の内容

1. 分析対象資料について

　本分析では、東北大学所蔵の 1966 年度調査、浅部貝塚の K・L・M 区、Ic・d・e、IIk・l 層出土土器を用いる。上層の Ia・b 層は大木 10 式土器が出土しているが、遺物量が少量で、下層からの混入土器が多いため除外した。数量的な分析は、口縁部と頸部を対象とした 153 個体である。層本来の堆積時期と異なる古い型式の土器（大木 7〜8b 式土器）や、残存部が無文で文様が判別できない資料は除外した。ただし、縄文のみが施されるなど文様要素の乏しい土器は、時期決定は困難であるものの、伴うものとして分析対象に含めた。分析は、出土土器の型式内容を考慮し、IIk・l 層、Ie 層、Ic・d 層に 3 分した層群に分けて行った。詳細は後述するが、IIk・l 層は大木 9 式前半期の前半に、Ie 層は大木 9 式前半期の後半に、Ic・d 層は、大木 9 式後半期に位置づけられる。

第1表　器形分類

深鉢	A	頸部でくびれ、口縁部が内弯するキャリパー状をなすもの。(第4図2・第13図1)
	B	口縁部が外反し、体部が膨らむもの。(第4図6・16)
	C	体部に屈曲部をもたず、口縁部が緩やかに立ち上がるか、内弯気味になるもの。(第5図23・25)
	D	体部に縦位の2個1対の紐掛け状橋状突起が付けられるもの。(第13図27)
鉢・浅鉢	A	口縁部が内側に内弯するもの。(第5図30)
	B	頸部でく字状に屈曲し、口縁部が短く外反するもの。
	C	口縁部が緩やかに内弯しながら、立ち上がるもの。(第8図74)
	D	口縁部が外傾するもの。

第2表　文様帯構成

1類	装飾的な文様要素が文様帯に認められるもの	
	1A	口縁部文様帯をもつもの。(第4図1)
	1B1	口縁部を無文とし、体部文様帯をもつもの。(第4図7)
	1B2	口縁部を無文とし、区画線によって体部文様帯と区画するもの。(第4図10)
	1B3	口縁部を無文とし、隆帯によって体部文様帯と区画するもの。(第8図62)
	1B4	口縁部を無文とし、体部文様帯が展開するが、体部中位を区画線で区画し、体部下半は縄文のみとなるもの。
	1C	口唇直下から体部下まで、体部文様帯が展開するもの。(第4図6)
	1D	口縁から胴部上半にかけて、体部文様帯が展開し、体部下半は地文が施されるもの。
	1E	口唇部に狭い文様帯を設け、その下に体部文様帯が展開するもの。
2類	口縁部や体部の文様が縄文や無文で、装飾的な文様要素が文様帯に認められないもの。	
	2A	簡略的な狭い口縁部文様帯を設け、体部には地文が施されるもの。(第5図24)
	2B1	口縁部を無文とし、体部に地文が施されるもの。(第5図29)
	2B2	口縁部を無文とし、区画線によって、体部の地文との区画を行うもの。
	2B3	口縁部を無文とし、隆帯により体部の地文とを区画するもの。
	2F	全体に縄文を施すもの。または無文となるもの。(第5図17)

第3表　文様

1類	横に展開する口縁部文様帯と、縦に展開する体部文様帯をもち、隆沈線によって文様が描かれるもの。	
	a1	横位渦巻楕円文と楕円文系の文様を組み合わせるもの。渦巻部はそれほど渦を巻き込まないが、発達し、口縁上に突起状に張り出す。(第4図2・第13図1)
	a3	渦巻部が明瞭に巻き込む横位渦巻文と横位楕円文系文様を組み合わせるもの。口縁部には突起が付かない。(第13図3)
	a4	渦巻部が退化した横位渦巻文と楕円文を組み合わせるもの。(第4図4)
	a5	多重化した横位渦巻楕円文や楕円文を組み合わせるもの。(第13図4)
	b1	溝状文。(第5図24)
	b2	溝状文と、横位渦巻楕円文や楕円文系を文様を組み合わせるもの。(第5図30)
	b3	幅の狭い横位渦巻文。(第13図14)
	c	横位楕円文と波状文を組み合わせるもの。(第13図5)
	d	円文および楕円文で構成されるもの。(第7図45)
	e	双頭渦巻文。
2類	口縁部文様帯と体部文様帯で構成され、文様の展開は縦方向が主である。楕円文系文様や縦位渦巻文で構成され、主に沈線により文様を描く。	
	a	口縁部の文様が楕円文系の文様で構成されるもの。
	a1	楕円文。(第13図16)
	a3	縦位渦巻文と他の要素を組み合わせるもの。(第13図17)
	a4	横位渦巻文。(第13図21)
	a5	双頭渦巻文と楕円文系文様を組み合わせるもの。(第13図19)
	b	口縁部の文様が波状文と楕円文系の文様で構成されるもの。
	b1	楕円文と波状文を組み合わせるもの。(第9図89・第13図18)
	b3	縦位渦巻文と波状文を組み合わせるもの。(第13図23)
	b5	双頭渦巻文と波状文を組み合わせるもの。
3類 5類	3類は、縦位に体部文様が展開するもの。部分的に隆沈線もあるが、沈線文が主体である。5類は、無文の口縁部を横位沈線文で体部と区画し、体部に縦展開の文様を配置するもの。沈線文が主体である。	
	a	縦位楕円文や∩文で構成されるもの。(3A—第7図51、5A—第4図16)
	b	楕円文系の文様と退化した縦位渦巻文様を組み合わせるもの。(3B—第5図23、5B—第4図13)
	c	楕円文系の文様と懸垂文を組み合わせるもの。
	d	楕円文系の文様とステッキ状文を組み合わせるもの。(3D—第10図97)
	e	縦位渦巻文と他の文様要素を組み合わせるもの。(3E—第4図7・8、5E—第5図21)
	g	波状文、縦位渦巻文、縦位楕円文、∩文などを組み合わせて全体に展開するもの。(3G—第13図20)
	h	双頭渦巻文とその他の要素を組み合わせるもの。(3H—第13図29)
	i	波状文と楕円文系の文様を組み合わせるもの。(5I—第13図25)

3類 5類	j	縦位楕円文、∩文、渦巻文などの文様を不規則に組み合わせるもの。(3J—第4図6、5J—第4図10・11)
	k	懸垂文が単独で用いられるもの。(3K—第7図48)
	l	地文のみのもの。文様5類にのみ適用する。
	m	弧状線文を複数用いるもの。文様3類に認められる。
	n	U字状の区画文に、楕円文系の文様を組み合わせるもの。(5N—第13図8)
	o	アルファベット状の縄文帯に楕円文などの文様を組み合わせるもの。
4類		体部全体に文様が展開するもので、文様表現技法が隆沈線のものである。
	a	縦位渦巻楕円文、楕円文などを組み合わせるもの。(第4図14・第13図7)
	b	文様展開が縦方向ではなく、不規則な楕円文、渦巻文を組み合わせるもの。(第4図9)
	c	隆帯による縦方向の楕円文や∩文で構成されるもの。(第5図26)
6類		文様が2類・3類のいずれかと推測されるが、小破片で全体の文様が不明のもの。(第7図47)
7類		沈線区画による、内部に縄文を充塡したアルファベット状の文様を展開するもの。
8類		口縁部から横方向の体部文様が展開するもの。文様は無文部主体の展開となる。
9類		体部に縄文などの地文様が施されるだけのもの。(第5図17)
10類		無文のもの

2. 分析における属性の設定と分類

　分析を行うにあたり、土器の器種・器形・文様帯の展開・文様について、分類を行った。なお、この分類は、比較対象とする大梁川遺跡を含めてのものである。

　器種は、深鉢・鉢・浅鉢・台付鉢・壺形土器・有孔土器・器台・袖珍土器が認められる。分類基準については、口径より器高が大きいものを深鉢、口径と器高の比率がほぼ1：1になるものを鉢、同じく口径と器高の比率が1：2程度になるものを浅鉢とした。

　器形であるが、深鉢・鉢・浅鉢について、口縁部の傾きの形状、胴部の膨らみの形状により細分を行った。分類の詳細については、第1表に示した。

　文様帯の構成については、1類…装飾的な文様要素が文様帯に設けられるもの、2類…口縁部や体部の文様が縄文や無文で、装飾的な文様要素が用いられないものに大別し、文様帯の配置と展開方向により細分した[1]。分類の詳細は、第2表に示した。

　文様の分類については、文様帯、文様の展開、意匠、文様表現技法により1から10類に大別し、その中で細分した。分類は、大梁川遺跡（相原淳一ほか1988）、大衡村上深沢遺跡（後藤勝彦ほか1978）の報告による分類を参考とした。分類の詳細は第3表に示した。

3. IIk・l層出土土器

　当層の主な出土土器を、第4～6図（1～38）に集成した。

　1～5は、口縁部が内弯する深鉢A類である。断面形が三角形状の隆沈線による横位渦巻楕円文（1a1類-1～3・5）が主に見られ、2・5は、渦巻部が口縁上に張り出す。2は、隆帯貼り付け後に区画内に縄文を充塡する。4は渦巻部が退化している（1a4類）。

　6～13、15～17は、口縁部が外反する深鉢B類である。文様は沈線文がほとんどで、縦位に体部文様が展開する文様3類、口縁部を無文とし、頸部に横位沈線を廻らして体部を区画し、体部に縦方向に文様が展開する5類が中心である。縦位渦巻文、縦位楕円文、∩文を不規則に組み合わせるもの（3j類-6）、それに横位区画線が入るもの（5j類-10・11）、縦位渦巻文と楕円文系の文様を組み合わせるもの（3e類-7・8）、縦位楕円文や∩文で構成

されるもの（5a類-16）、その他、隆沈線による不規則な楕円文を組み合わせるもの（4b類-9）がある。

14・18〜29は、口縁部が緩やかに立ち上がるか、やや内弯気味となる深鉢C類である。文様は隆沈線を用いるものと、沈線のみのものがあるが、沈線文が多い。隆沈線文による文様4類には、縦位渦巻楕円文と楕円文系の文様を施すもの（4a類-14）、縦方向の楕円文や∩文で構成されるもの（4c類-26）がある。文様3類・5類は、縦位渦巻文と楕円文系の文様を組み合わせるもの（5e類-19〜21）、∩文と退化した渦巻文を組み合わせるもの（3b類-23）、縦位楕円文と∩文で構成されるもの（3a類-22・27）がある。24は、口縁部に溝状の文様を施す（1b1類）。

鉢・浅鉢類は、口縁部が内弯するA類（30）と、緩やかに立ち上がるC類（31）がある。30は鉢で、隆沈線により口縁上に溝状の文様を配し、下に横位渦巻楕円文を施す（1b2類）。地文として条線が施される。31には、横位渦巻文が施される。32は袖珍土器である。

当層の文様表現技法であるが、大木9式に一般的に認められる楕円文や∩文が出現しているものの、磨消縄文は発達していない。また、深鉢A類は、全て隆沈線文による文様が施されるが、深鉢B・C類には、隆沈線文が施されるものも認められるが、主体は沈線文である。地文の構成には、少量ながらも条線を施す個体が認められる。

4. Ie層出土土器の内容

当層の主な出土土器を、第6〜9図に集成した（39〜82）。39〜45は、深鉢A類である。隆沈線による横位渦巻楕円文（1a1類-39・40・44）、円文や楕円文を連結したもの（1d類-45）がある。口縁部の形状は、渦巻部が口縁上部に半円形状に大きく張り出すもの（39・41・44・45）が特徴的で、他に大波状口縁（40・42）が認められる。体部文様には、隆沈線や隆線による連結した楕円文が施され、文様間の無文部が発達する。44は、楕円文内に半円状の刺突が認められる。

46〜60は、深鉢B類である。文様は沈線がほとんどで、文様3類・5類が中心である。特に、縦位楕円文や∩文で構成される3A（46・51）・5A類（52〜55）が占める。縄文のみが施される9類は、口縁上部を無文にするものが中心である。

61〜68、72は、深鉢C類である。文様は、隆沈線文を用いるものと、沈線文のみのものがあるが、沈線文の方が多く、隆沈線は文様の一部分に用いられる。∩文が施されるもの（3a類-61・63・67・72、4c類-62）、楕円文系の文様と退化した縦位渦巻文を組み合わせるもの（3b類-64）など、文様3類が多い。

70・73・74は、鉢・浅鉢類で、口縁部が緩やかに立ち上がるC類である。70は、渦巻部分に隆帯を用いる縦位渦巻楕円文と楕円文系の文様を組み合わせる（3e類）。74は、退化した縦位渦巻文と∩文を組み合わせる（3b類）。

69は袖珍土器である。71は有孔土器で、1個体のみ確認された。口縁下に鍔が廻り、

縦に穿孔が施され、赤彩が認められる。

　補足として、当層では、深鉢A類の体部文様や、深鉢B・C類の楕円文系の文様に磨消縄文が発達した個体が認められる。文様表現技法では、深鉢A類は、引き続き隆沈線文による文様が施されるが、深鉢B・C類は、ほとんど沈線による文様となり、少量ながら文様の一部に隆沈線文が認められるものがある。

5．Ic・d層出土土器の内容

　当層の主な出土土器を、第9～11図（83～126）に集成した。

　83～89は、深鉢A類である。隆沈線による文様としては、横位渦巻楕円文（1a1類-83～85）、円文や楕円文を連結するもの（1d類-86）、隆帯による縦方向に展開する楕円文系の文様（4c類-88）がある。1a1類については、下層からの混入が考えられる。また、新たに沈線文主体の文様が認められ、沈線による縦位渦巻文と楕円文系の文様を組み合わせるもの（3e類-87）、口縁部に楕円文と波状文を組み合わせ、体部には退化した渦巻文と∩文を組み合わせるもの（2b1類-89）などである。口縁部の形状は、渦巻部が口縁上部に半円形状に大きく張り出すもの（85・86）と平縁がある。

　90～106・113・118は深鉢B類である。文様は沈線がほとんどで、文様3類・5類が中心である。縦位楕円文や∩文で構成されるもの（3a類-90～92・94）、ステッキ状文が施されるもの（3d類-97）、横位区画線の下に、縦位渦巻文と∩文を組み合わせるもの（5e類-99・101・103）がある。文様5類の頸部の区画線は、99・101・104・105のように、3本沈線を施したり、沈線上に刺突を施すものが特徴的である。また、沈線で区画して内部に縄文を充填し、「e・c・s」字状となる文様3o類又は7類に該当するもの（96・98・102）が認められる。

　107～112・114～117・119は深鉢C類である。文様は、沈線文がほとんどで、隆沈線は渦巻文の一部分に用いられる。文様は3類が中心である。縦位楕円文あるいは∩文が施されるもの（3a類-108～111・113・114）、楕円文系の文様と退化した縦位渦巻文を組み合わせるもの（3b類-115）、縦位渦巻文と楕円文系の文様を組み合わせるもの（3e類-116）がある。その他、少数ながら楕円文と波状文を組み合わせるもの（3i類-107）がある。

　補足を述べる。磨消縄文は、深鉢A・B・C類に普遍的に認められる。文様表現技法では、深鉢A類は、引き続き隆沈線による文様が施されるものもあるが、沈線によるものに移行する。深鉢B・C類は、ほとんど沈線による文様で、少量ながら文様の一部に隆沈線文が認められるものがある。量は少ないが、撚糸文が施されるもの（92・109・117・125）が認められる。

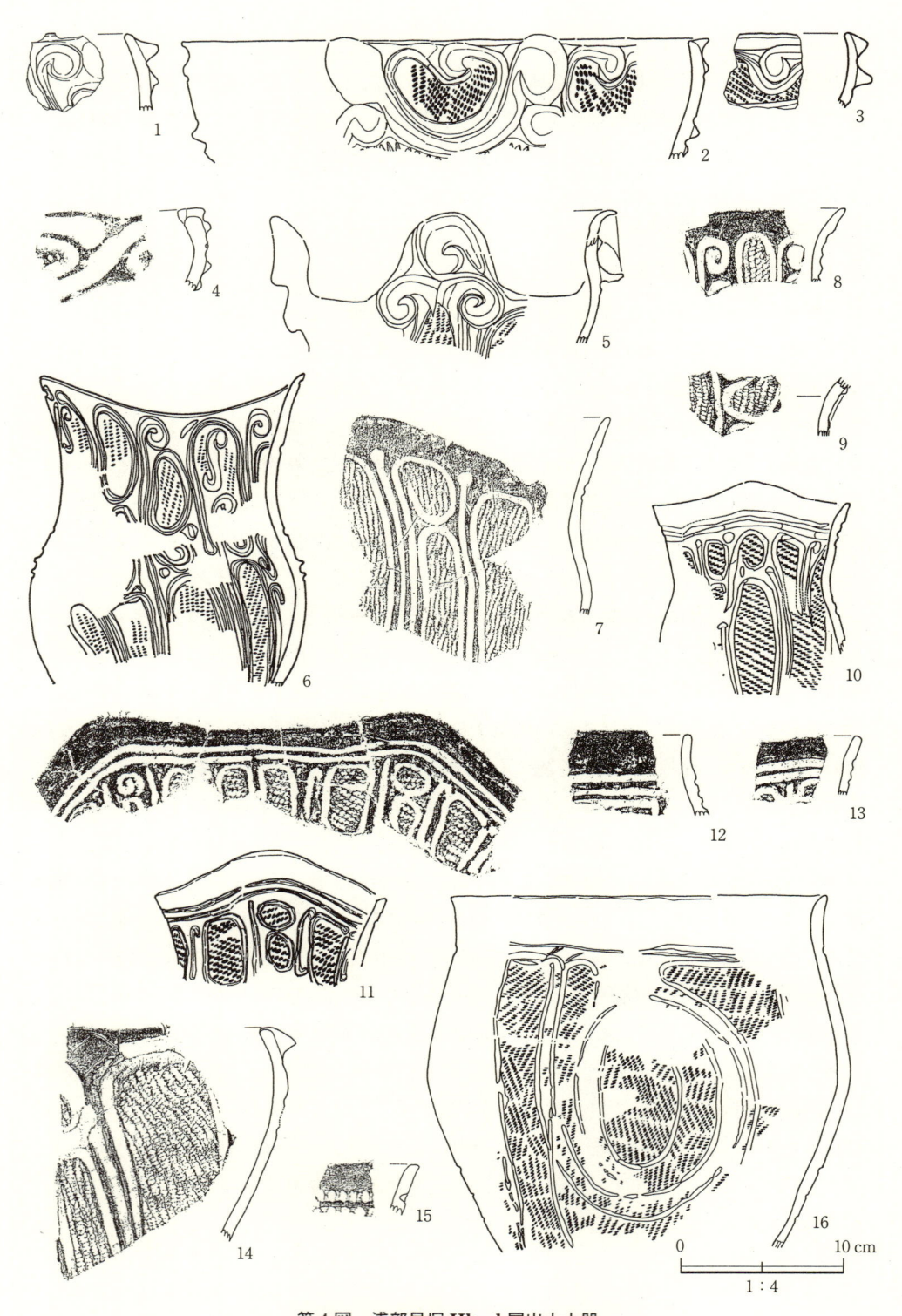

第4図　浅部貝塚 IIk・l 層出土土器

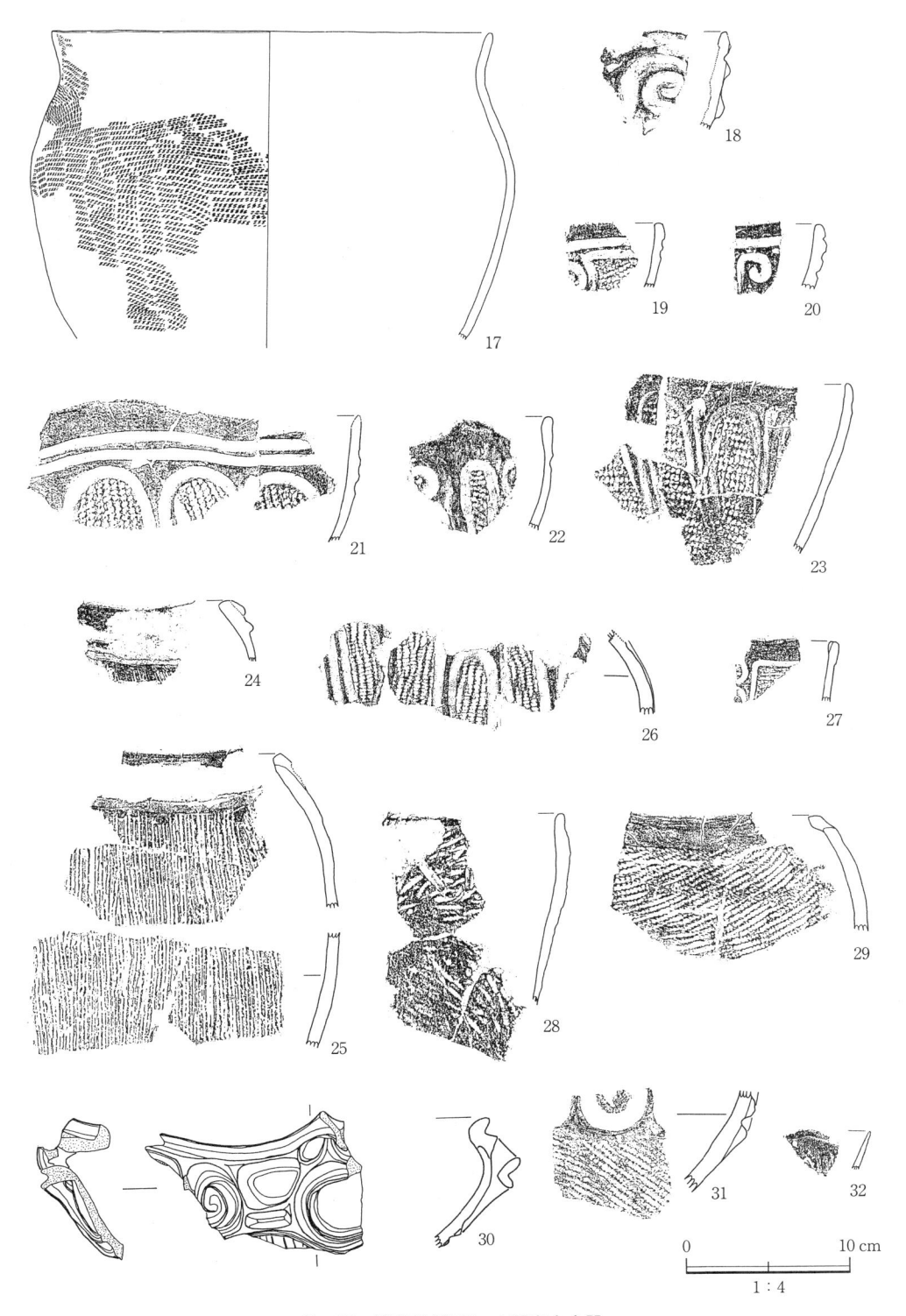

東北地方中期縄文文化における地域性の研究　221

第5図　浅部貝塚 IIk・l 層出土土器

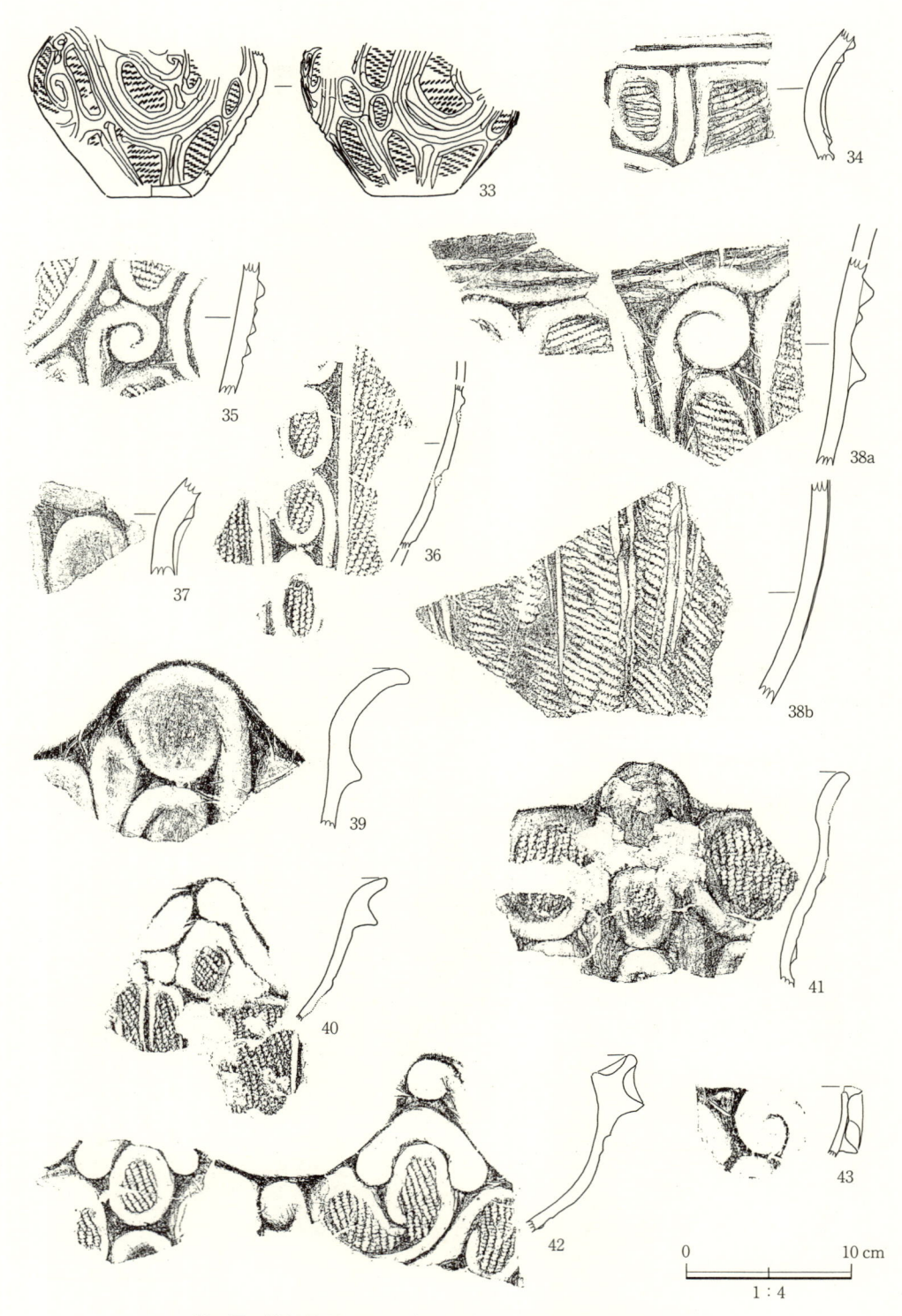

第 6 図　浅部貝塚 IIk・l（33〜38）、Ie 層（39〜43）出土土器

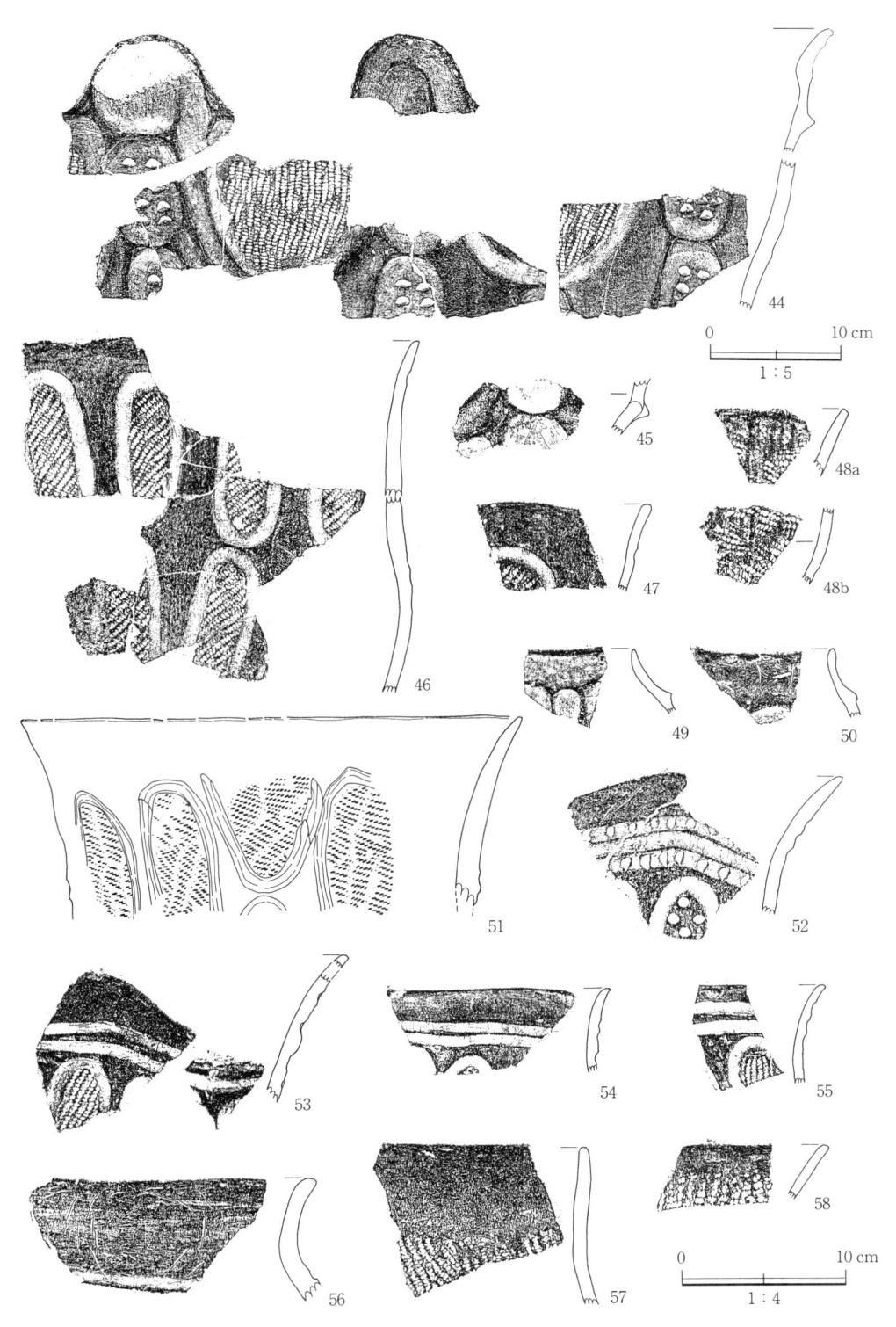

東北地方中期縄文文化における地域性の研究 223

第 7 図　浅部貝塚 Ie 層出土土器

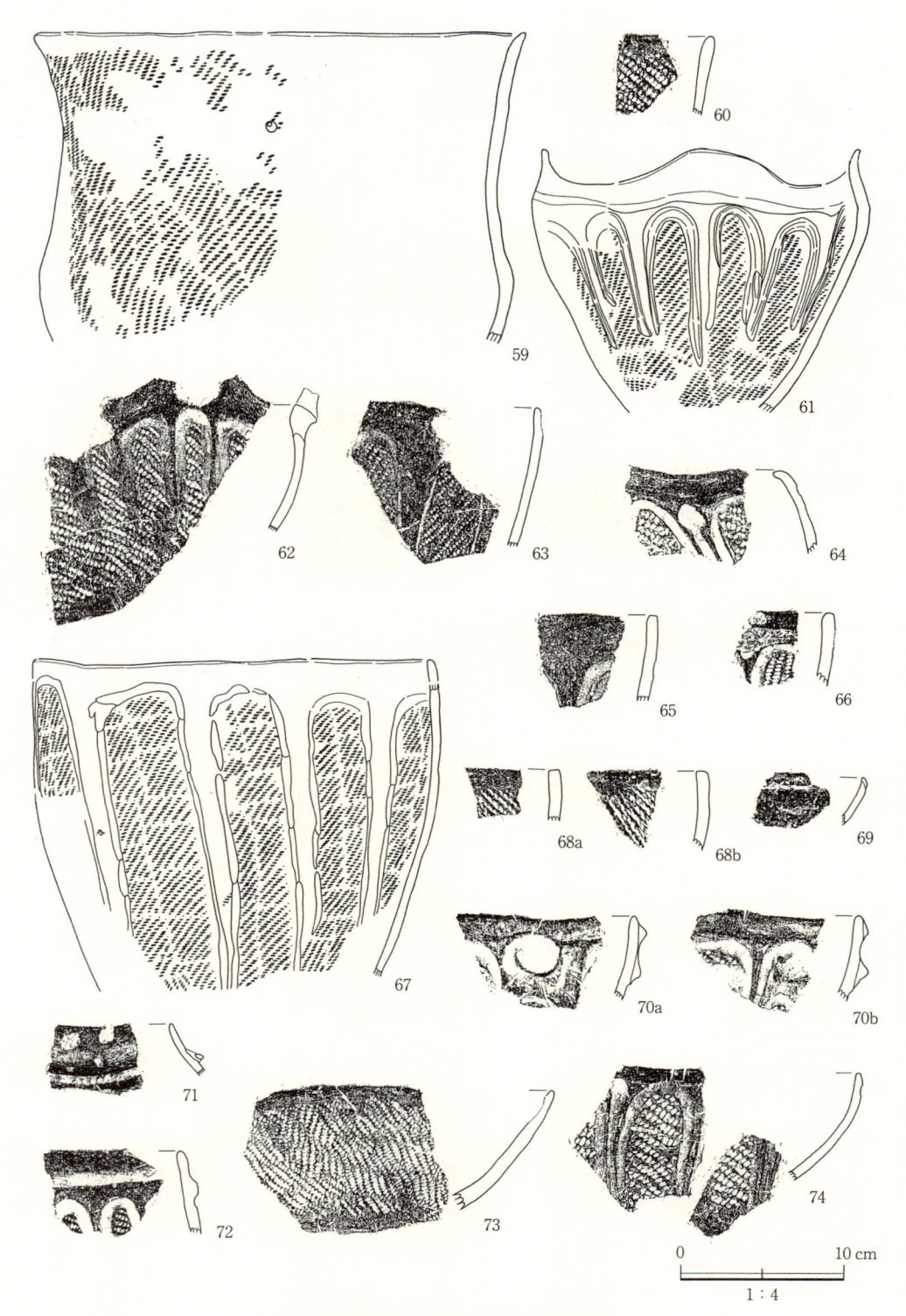

第8図　浅部貝塚 Ie 層出土土器

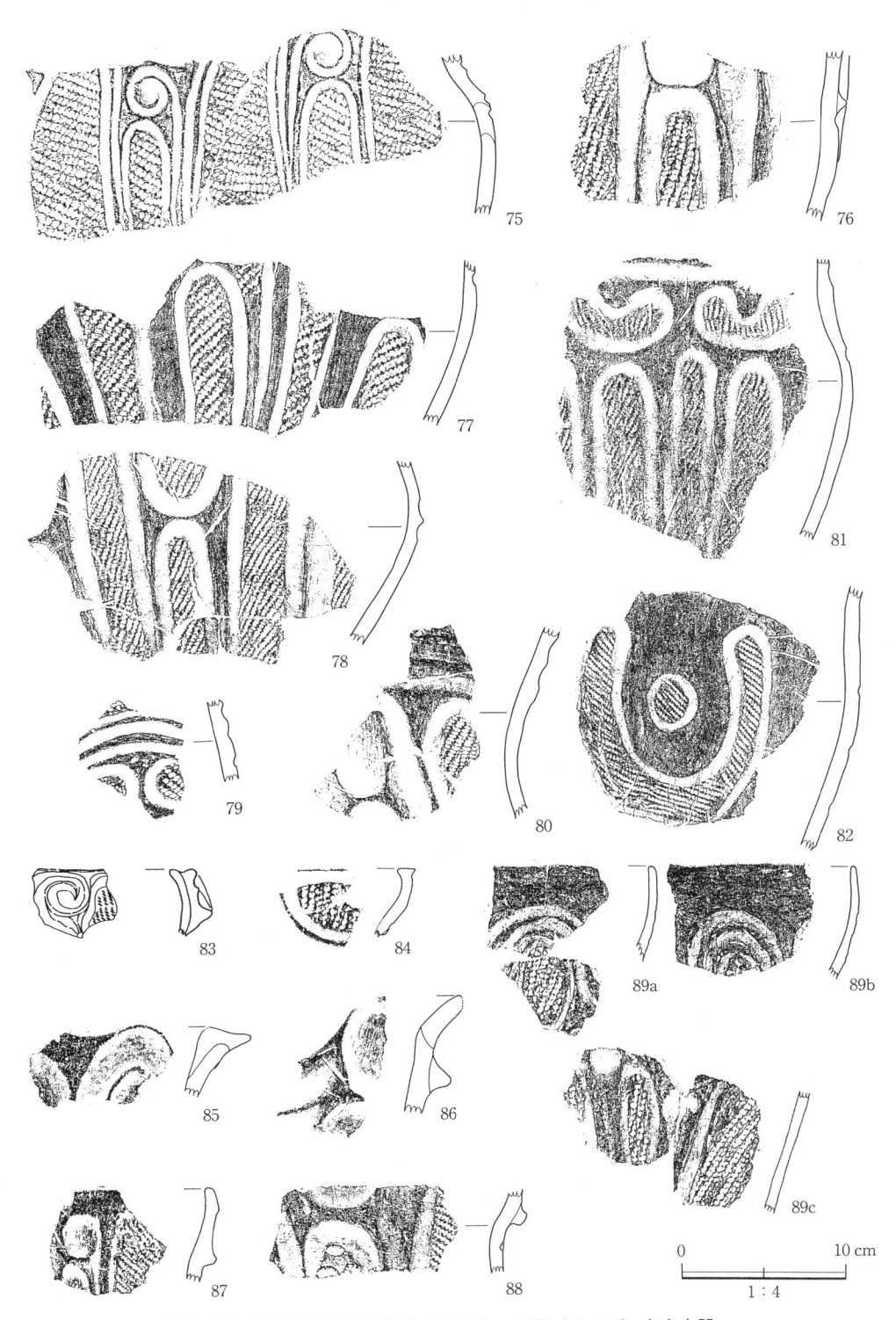

東北地方中期縄文文化における地域性の研究 225

第9図 浅部貝塚 Ie 層（75〜82）、Ic・d 層（83〜89）出土土器

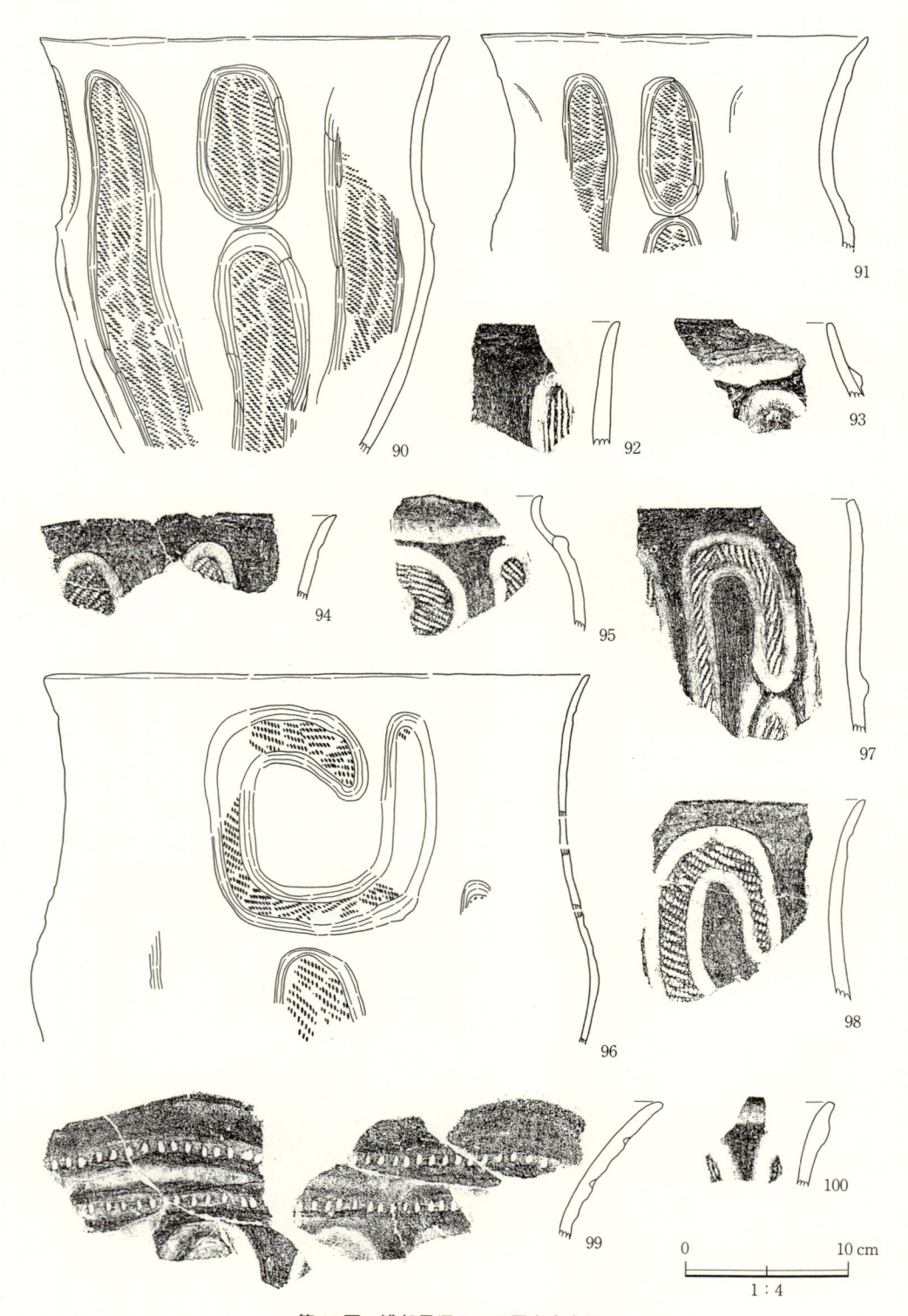

第 10 図　浅部貝塚 Ic・d 層出土土器

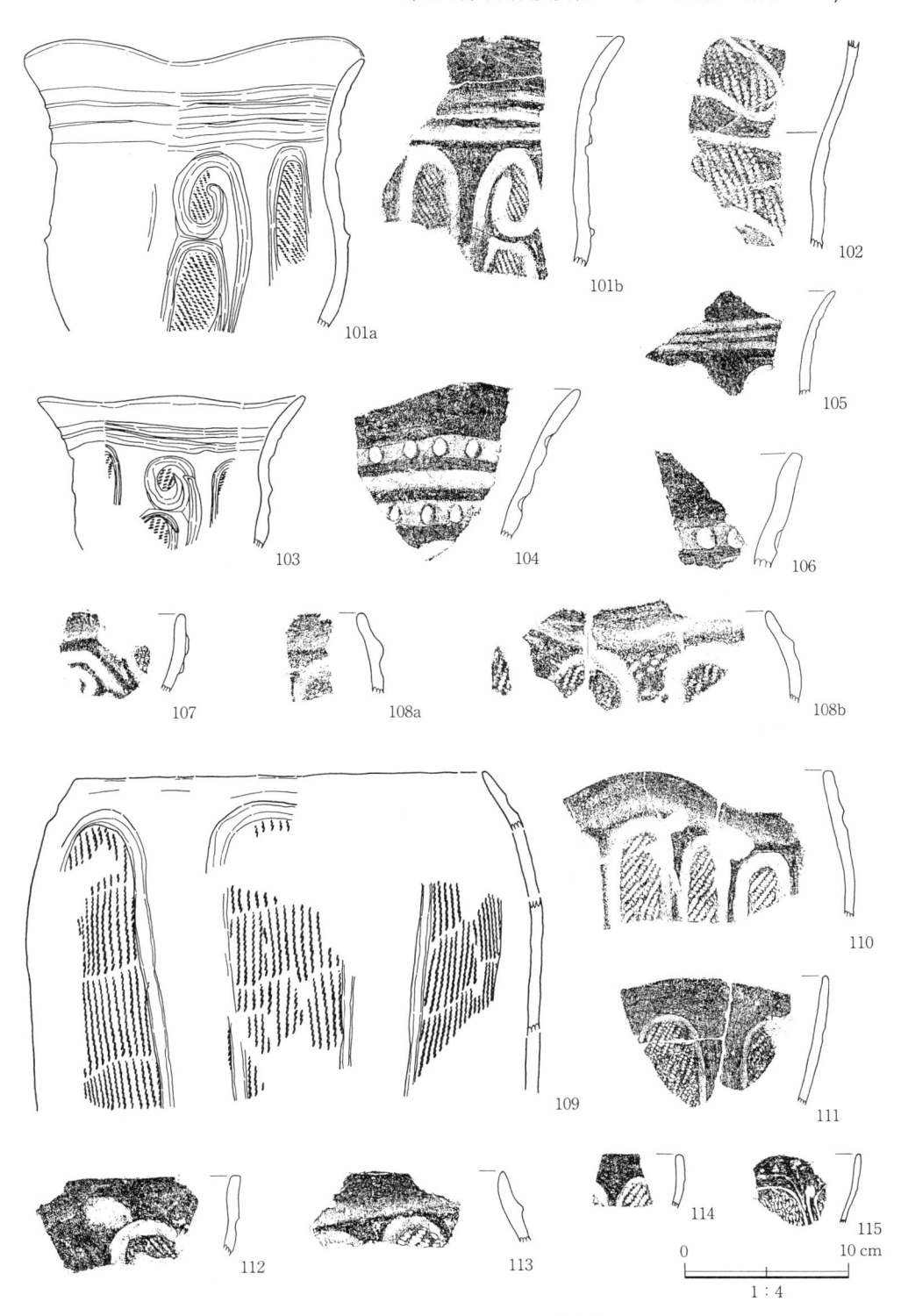

東北地方中期縄文文化における地域性の研究 227

第 11 図　浅部貝塚 Ic・d 層出土土器

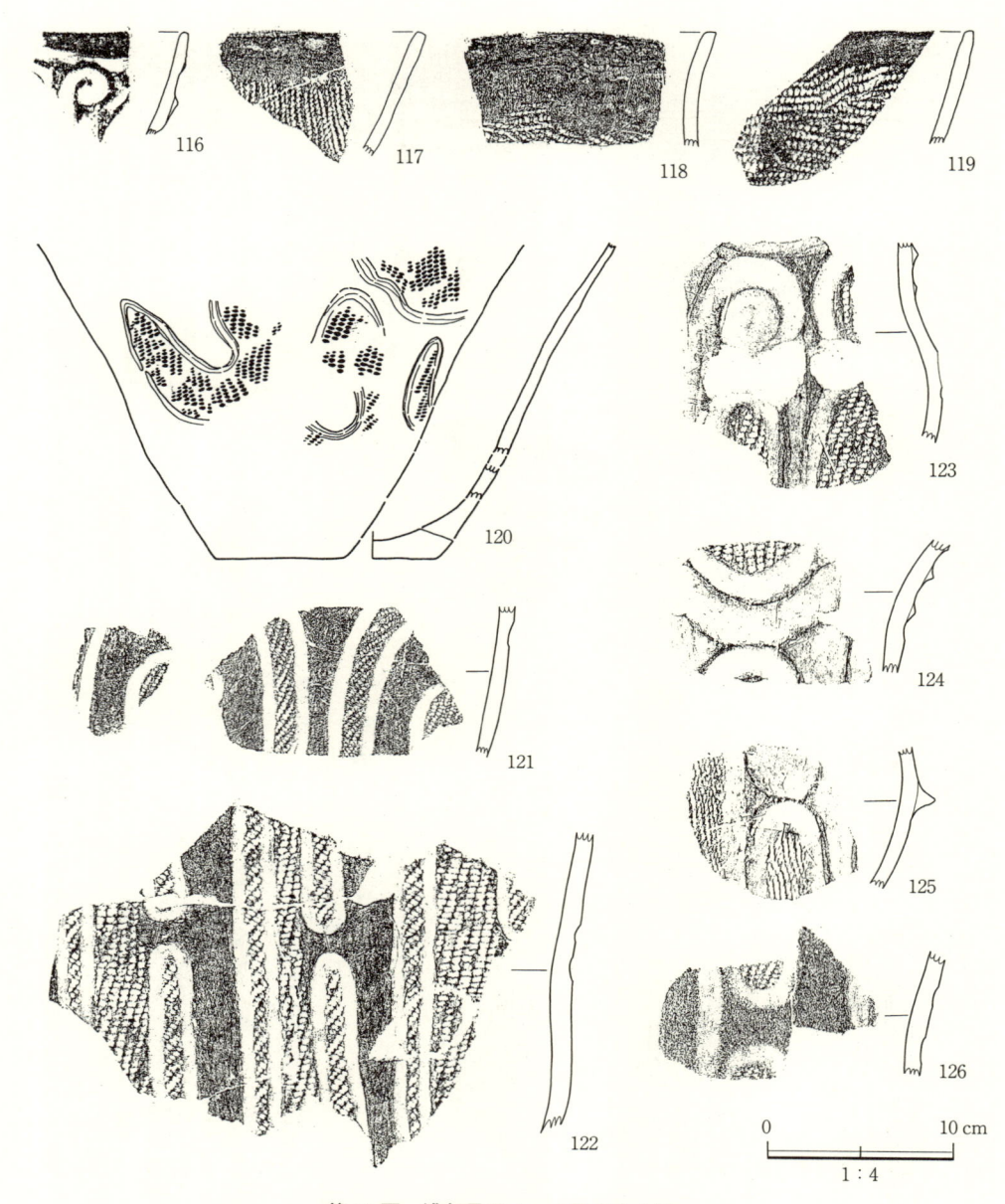

第12図　浅部貝塚Ic・d層出土土器

VI. 他地域の遺跡との比較分析

1. 比較資料と時間軸の設定

　比較検討する資料と時間軸の設定を述べる。宮城県七ヶ宿町大梁川遺跡遺物包含層出土土器の報告（相原淳一ほか1988）では、大木9式土器は、前半期・後半期でとらえられており、前半期は2つの段階が設定されている。この報告と浅部貝塚出土土器を比較するこ

東北地方中期縄文文化における地域性の研究　229

ととする。

　大梁川遺跡は、宮城県刈田郡七ヶ宿町字若林山ほか地内に所在する。遺跡は、白石川の支流である大梁川の左岸の、南西向き丘陵緩斜面に立地する。広い意味では、宮城県南部、阿武隈川下流域の範囲に含まれる。調査は、昭和59年に宮城県教育委員会により行われた。縄文時代中期後葉から後期初頭の遺構として、遺物包含層1地点、竪穴住居跡11棟、敷石住居跡1棟、炉跡6基などが検出された。このうち、南側遺物包含層は、層厚約60

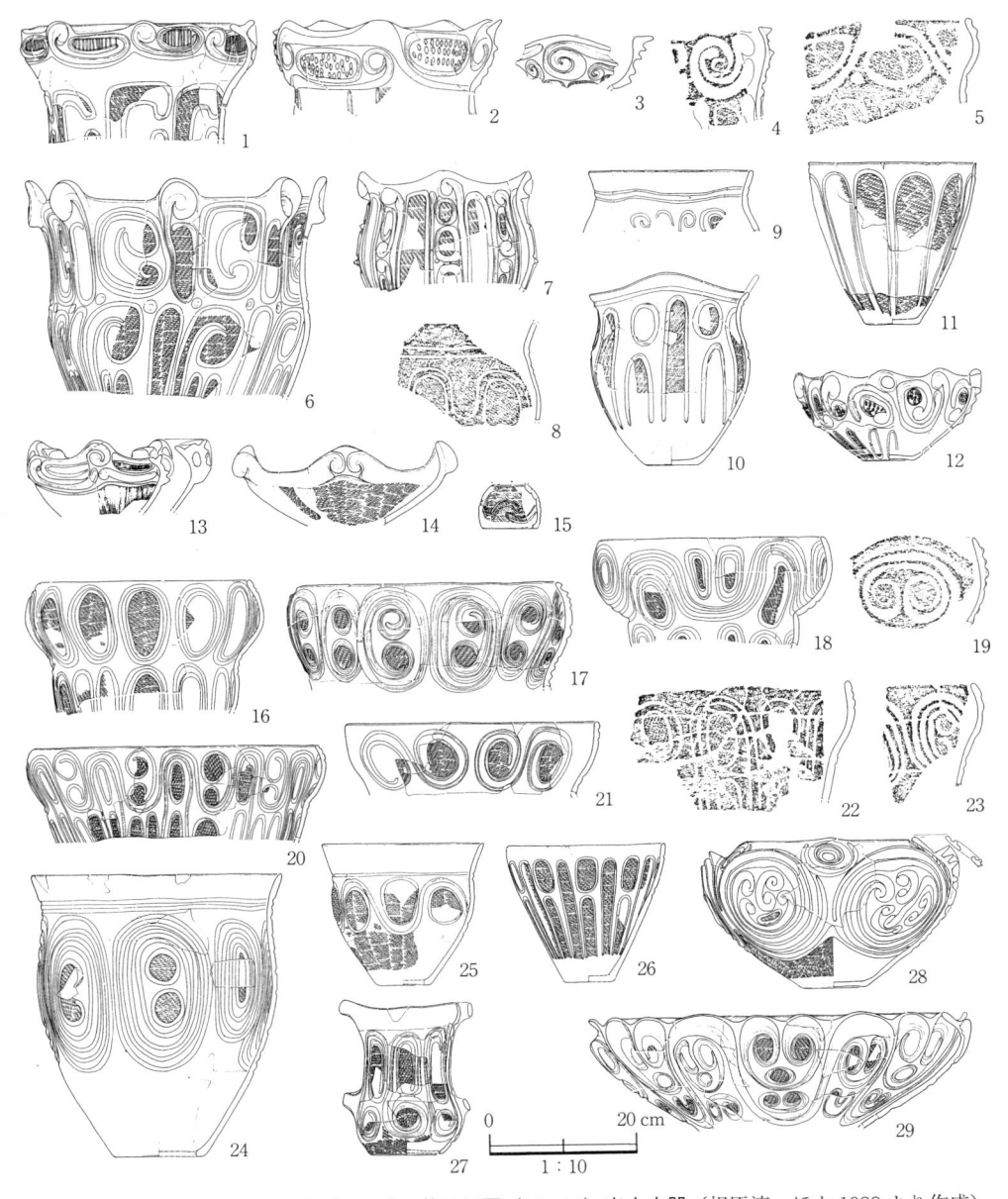

第13図　大梁川遺跡第IV層（1〜15）・第III層（16〜29）出土土器（相原淳一ほか1988より作成）

1a-浅部貝塚器種組成

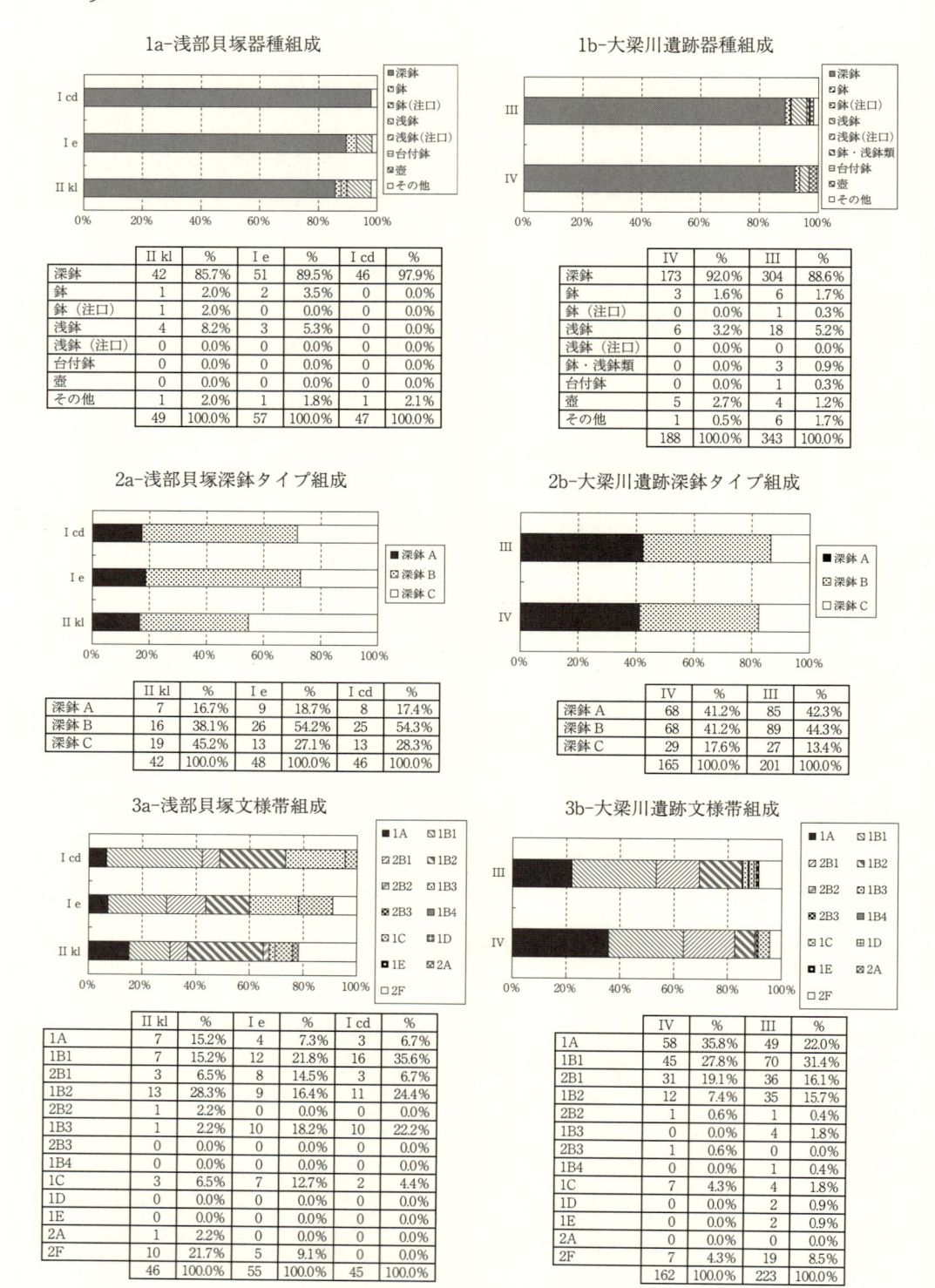

	II kl	%	I e	%	I cd	%
深鉢	42	85.7%	51	89.5%	46	97.9%
鉢	1	2.0%	2	3.5%	0	0.0%
鉢（注口）	1	2.0%	0	0.0%	0	0.0%
浅鉢	4	8.2%	3	5.3%	0	0.0%
浅鉢（注口）	0	0.0%	0	0.0%	0	0.0%
台付鉢	0	0.0%	0	0.0%	0	0.0%
壺	0	0.0%	0	0.0%	0	0.0%
その他	1	2.0%	1	1.8%	1	2.1%
	49	100.0%	57	100.0%	47	100.0%

1b-大梁川遺跡器種組成

	IV	%	III	%
深鉢	173	92.0%	304	88.6%
鉢	3	1.6%	6	1.7%
鉢（注口）	0	0.0%	1	0.3%
浅鉢	6	3.2%	18	5.2%
浅鉢（注口）	0	0.0%	0	0.0%
鉢・浅鉢類	0	0.0%	3	0.9%
台付鉢	0	0.0%	1	0.3%
壺	5	2.7%	4	1.2%
その他	1	0.5%	6	1.7%
	188	100.0%	343	100.0%

2a-浅部貝塚深鉢タイプ組成

	II kl	%	I e	%	I cd	%
深鉢 A	7	16.7%	9	18.7%	8	17.4%
深鉢 B	16	38.1%	26	54.2%	25	54.3%
深鉢 C	19	45.2%	13	27.1%	13	28.3%
	42	100.0%	48	100.0%	46	100.0%

2b-大梁川遺跡深鉢タイプ組成

	IV	%	III	%
深鉢 A	68	41.2%	85	42.3%
深鉢 B	68	41.2%	89	44.3%
深鉢 C	29	17.6%	27	13.4%
	165	100.0%	201	100.0%

3a-浅部貝塚文様帯組成

	II kl	%	I e	%	I cd	%
1A	7	15.2%	4	7.3%	3	6.7%
1B1	7	15.2%	12	21.8%	16	35.6%
2B1	3	6.5%	8	14.5%	3	6.7%
1B2	13	28.3%	9	16.4%	11	24.4%
2B2	1	2.2%	0	0.0%	0	0.0%
1B3	1	2.2%	10	18.2%	10	22.2%
2B3	0	0.0%	0	0.0%	0	0.0%
1B4	0	0.0%	0	0.0%	0	0.0%
1C	3	6.5%	7	12.7%	2	4.4%
1D	0	0.0%	0	0.0%	0	0.0%
1E	0	0.0%	0	0.0%	0	0.0%
2A	1	2.2%	0	0.0%	0	0.0%
2F	10	21.7%	5	9.1%	0	0.0%
	46	100.0%	55	100.0%	45	100.0%

3b-大梁川遺跡文様帯組成

	IV	%	III	%
1A	58	35.8%	49	22.0%
1B1	45	27.8%	70	31.4%
2B1	31	19.1%	36	16.1%
1B2	12	7.4%	35	15.7%
2B2	1	0.6%	1	0.4%
1B3	0	0.0%	4	1.8%
2B3	1	0.6%	0	0.0%
1B4	0	0.0%	1	0.4%
1C	7	4.3%	4	1.8%
1D	0	0.0%	2	0.9%
1E	0	0.0%	2	0.9%
2A	0	0.0%	0	0.0%
2F	7	4.3%	19	8.5%
	162	100.0%	223	100.0%

第14図　浅部貝塚・大梁川遺跡の資料分析

cm、最も分層された地区では7層であり、第I～IV層の4枚に大別された。分析に用いるのは、南側遺物包含層BA49・50、BB49～51区グリッド出土土器である。個体数換算の条件は、浅部貝塚と同様とし、第IV層183個体、第III層343個体である[2]。主な土器を第13図に集成した。

　大梁川第IV層出土土器は、大木9式前半期に位置づけられている。浅部貝塚Ie層出土土器は、口縁部に半円形の突起が付され、隆帯による文様1A類が認められることなどから、大梁川第IV層に並行すると考えられる。浅部貝塚IIk・l層出土土器は、美里町（旧小牛田町）山前遺跡第2層出土土器（宮城県教育庁文化財保護課1976）に類似する文様3j・5j類を有する深鉢B類が認められることより、大梁川第IV層よりも古い様相をもつ可能性が考えられる。大梁川遺跡第III層出土土器は、大木9式後半期に位置づけられている。浅部貝塚Ic・d層出土土器には、深鉢A類で文様2類のものが認められること、また、文様5o類もしくは7類などの大木9式でも新しい文様要素が確認されることより、大梁川第III層に並行すると考えられる。

2. 浅部貝塚II層・Ie層出土土器と、大梁川第IV層出土土器の比較（大木9式前半期）

2遺跡について、属性の類型の組成を比較する。

　器種組成を、第14図1a・1bに示した。大梁川遺跡が、深鉢92.0％、鉢・浅鉢類が

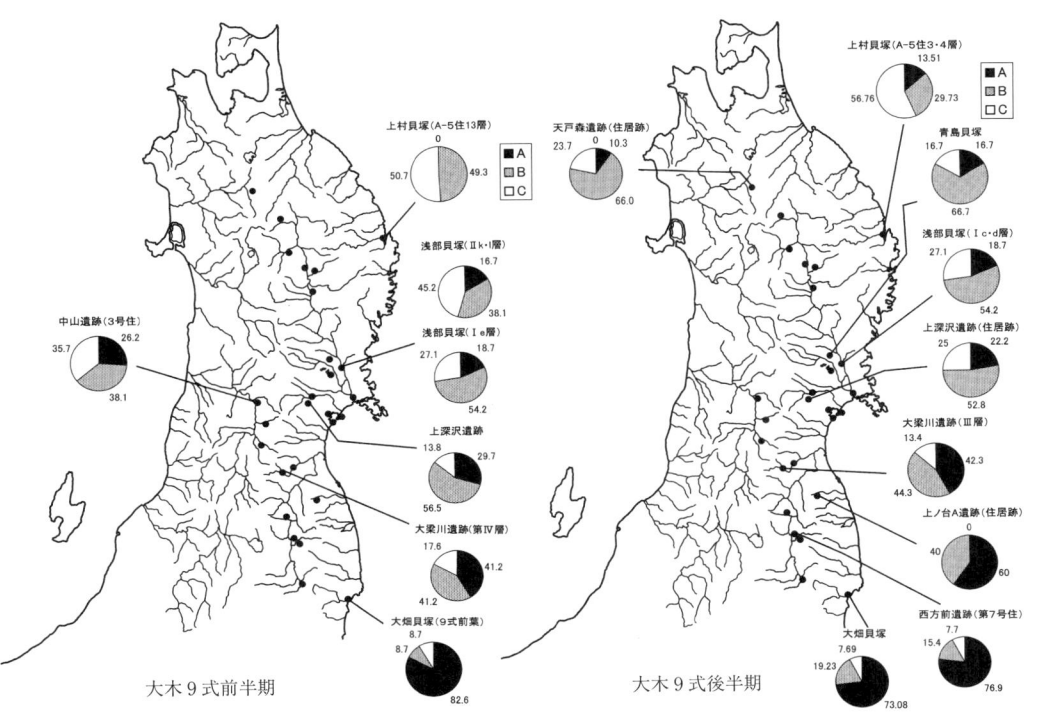

第15図　深鉢タイプ組成の地域性

4.8%、壺2.7%、その他は0.5%である。鉢・浅鉢類には、注口が付されたものは認められない。一方、浅部貝塚Ie層では、鉢・浅鉢類が8.8%と若干高い値を示す。浅部貝塚II層の器種組成は、深鉢85.7%、鉢・浅鉢は、12.2%で、鉢・浅鉢類がより高い値を示す。

深鉢タイプ組成を、第14図2a・2bに示した。大梁川遺跡は、深鉢A類が41.2%、深鉢Bが41.2%、深鉢Cが17.6%であり、セットの主体は、深鉢A・B類が均等に占める。浅部貝塚Ie層は、深鉢B類が54.2%と半数以上を占め、次いでC類が27.1%、A類は18.7%と最も少ない。II層では、深鉢C類が45.2%と最も多く、次いで深鉢B類が38.1%、深鉢A類は16.7%と最も少ない。両遺跡の相違が明瞭に表れている。

文様帯の構成の組成にも、明確な地域差が表れた。口縁部文様帯をもつ1A類は、浅部貝塚Ie層には、7.3%と少ない。口縁部を無文として、体部文様帯をもつ類型、1B・2B類は、70.9%と主体を占める。その中で、地域的な特徴と思われるのは、口縁部を無文とし、頸部に沈線を廻らし体部文様帯を区画する1B2類が、16.4%と一定の割合を占めることである。大梁川IV層は、1A類が35.8%と比較的多く、1B・2B類は、55.5%である。この1A類は、深鉢A類に特有であり、その頻度はA類の頻度に相関していると考えられる。また、1B・2B類は、深鉢B・C類の頻度に関係している。

文様であるが、浅部貝塚では、文様1類では、a1類、d類がよく認められ、体部文様は、隆沈線による楕円文系の文様がある。文様1d類や体部の隆沈線による楕円文系の文様は、大梁川遺跡には認められない。文様2類は浅部貝塚に乏しいが、大梁川遺跡には多様性が認められ、双頭渦巻文の2b5類は、大梁川遺跡に特徴的である。文様5類は、両遺跡に認められるが、口縁部と体部を区画する沈線の本数は、浅部貝塚が複数本数のものの頻度が多い。文様に関して、用いられる文様要素は、両遺跡ではほとんど同じであるが、その組み合わせと頻度で若干の地域的な相違が生じている。

東北地方の各遺跡の深鉢タイプ組成を、第15図に示した[3]。岩手県北部の宮古市上村貝塚（小野田哲憲ほか1991）では、セットの主体は深鉢C類、B類で、両者がほぼ半数を占め、深鉢A類は稀である。北上川の上流域も類似する状況が推測される。北上川の下流域の浅部貝塚、宮城県北部の上深沢遺跡（後藤勝彦ほか1978）では、深鉢B類が優勢で、次いで深鉢C類が占め、深鉢A類の比率は2者に比較して少ない。山形盆地の中山遺跡（佐藤鎮雄・佐藤正俊1976）でも類似する傾向を示す。また、大木9式前半期の中でも古い段階では、深鉢C類が優勢で、時期が下るにつれて深鉢B類の比率が高くなる傾向がある。大梁川遺跡を含む宮城県南部以南の地域は、深鉢A類が優勢であり、次いで深鉢B類、C類となる。深鉢A類の比率は南部になるに従い比率を増し、相対的に深鉢B類の比率は減少する傾向がある。福島県南部いわき市大畑貝塚（馬目順一ほか1975）になると、ほとんどが深鉢A類によって占められ、B・C類は僅かである。

3. 浅部貝塚 Ic・d 層出土土器と、大梁川第 III 層出土土器の比較（大木 9 式後半期）

　器種組成は（第 14 図 1a・1b）、大梁川遺跡が、深鉢 88.6％、鉢・浅鉢類が 8.2％、壺 1.2％、その他は 1.7％ である。下層と比較して、浅鉢類が増加する。また、注口付きの個体が認められる。浅部貝塚は、深鉢 97.9％、その他 2.1％ である。浅部貝塚からは鉢・浅鉢の出土はないが、当地域でも組成に加わることが想定される。

　深鉢タイプ組成は（第 14 図 2a・2b）、大梁川遺跡で、深鉢 A 類が 42.3％、深鉢 B 類が 44.3％、深鉢 C 類が 13.4％ である。深鉢 B 類が僅かに多いが、依然として深鉢 A 類の占める比率が高く同程度である。これに対して、浅部貝塚 Ic・d 層では、深鉢 B 類が 54.3％ と半数を占め、次いで深鉢 C 類が 28.3％、深鉢 A 類は 17.4％ である。前時期の地域差が継続している。

　文様帯の組成は（第 14 図 3a・3b）、大梁川遺跡が、口縁部文様帯をもつ 1A 類が 22.0％、口縁部を無文とし、体部文様帯をもつ類型、1B・2B 類が 65.8％ と大半を占める。1A 類は、前段階よりも比率が低下するが、これは深鉢 A 類の文様帯が口縁部のみでなく、体部文様帯と一体化するものに転換している様相を反映していると思われる。浅部貝塚では 1A 類は 6.6％ と少なく、1B・2B 類の総数は、88.9％ とほとんどを占める。この内、1B1・2B1 が 42.3％ と半数を占め、1B2 類も 24.4％ と一定の割合を占めるのが特徴的である。両遺跡とも、体部文様帯のみを持つ類型が多くを占めるが、大梁川遺跡は、1A 類がやや多く残存する。

　文様であるが、浅部貝塚 Ic・d 層では、文様 2 類（B1 類）が僅かに認められる。文様 3 類は A・B・D・E 類が認められ、A 類が中心である。沈線は、重層化せず単独で描かれる。文様 5 類は E 類が確認され、文様帯組成の比率から考慮すると、1/4 程度の比率を占めていると考えられる。頸部の沈線の本数は 3 本構成のものが認められ、多重化する傾向があり、沈線上には刺突が施されるものがよく見受けられる。また、地理的に近接する、登米市（旧南方町）青島貝塚 F トレンチ 4 層出土土器は、当期に並行すると考えられる資料である（土岐山武・後藤勝彦 1975）。青島貝塚では、文様 5 類が特徴的で、多重化する頸部の沈線や、刺突を加える点は浅部貝塚に類似する。また、文様 2 類が少なく、主体は文様 3 類で、文様を描く沈線は単独のものがほとんどである。

　次に、大梁川 III 層出土土器の文様について述べる。文様 2 類は、a1・a3・a4・a5・b1・b3・b5 類と多様な種類が認められ、一定量を占めるのが特徴的である。単純な楕円文のみの組み合わせだけでなく、縦位渦巻文を用いるもの（a3 類）、双頭渦巻文を用いるもの（a5 類）が多い。波状文を用いるもの（b 類）では、楕円文と組み合わせる b1 類が多く、文様を構成する波状文が 2 重・3 重になるものがしばしば認められる。文様を構成する沈線の本数は、複数のものが、1 本だけのものの倍近くを占めた。この文様 2 類の由来は、文様 1 類からの変化が考えられ、深鉢 A 類と強い結びつきを持つものである。文様 3 類は、a 類が特に多く、次いで e 類が多い。文様 5 類では、アルファベット状の縄文帯を

伴う5o類が多い。文様の種類、構成については、両者の地域差が明確である。

他地域の深鉢タイプ組成を第15図に示した。秋田県北部の鹿角市天戸森遺跡（秋元信夫1984）では深鉢B類がセットの約8割を占め、わずかに深鉢C類を伴う。岩手県北部の宮古市上村貝塚では、深鉢C類が主体を占め、次いで深鉢B類、深鉢A類は1割程度である。浅部貝塚、青島貝塚、上深沢遺跡を含む北上川下流域、宮城県北部においては、セットの主体は深鉢B類に移り、深鉢C類、A類は補助的位置である。宮城県南部大梁川遺跡では、深鉢A類とB類の比率は、ほぼ拮抗している。福島県北部飯舘村上ノ台A遺跡（山内幹夫ほか1990）では、深鉢A類が優位である。福島県南部の三春町西方前遺跡（中田茂司1992）、大畑貝塚では、深鉢A類が7～8割を占める。

VII. まとめ

浅部貝塚出土土器は、IIk・1層が大木9式前半期でも古い段階に、Ie層は、大木9式前半期でも新しい段階に、Ic・d層は、大木9式後半期に位置づけられる。また、北上川下流域に位置する当遺跡出土土器の地域的特色は、同時期の宮城県南部に位置する七ヶ宿町大梁川遺跡出土土器と比較して、大木9式前半期、後半期を通じて宮城県南部とは異なった地域性をもつ資料であることが明らかになった。特に、深鉢の器形（深鉢A・B・C類）の組成には顕著な相違が認められた。また、両遺跡ともに、意匠として用いられる文様要素は基本的に同じであるが、文様帯や文様の量的な関係を検討したところ、各地域での特有な地域性をもつことが明らかになった。大木8b式から9式、10式の前半期においては、広範囲にわたる共通した器形・文様の分布による普遍性が強調されてきた側面がある。その中でも、北上川下流域を含む宮城県北部地域と、宮城県南部地域は、同一の土器型式の分布圏内であるが、それぞれ独自の地域的特色を保持しつつ土器製作を行ってきたことが明らかになったといえよう。

最後に、本論をまとめるにあたり多くの方々から御協力をいただいた。須藤隆先生からは、御指導、御助言をいただき、東北大学所蔵の浅部貝塚の資料の報告をお勧めいだたいた。また、浅部貝塚との比較資料として、東北歴史資料館へ大梁川遺跡の資料観察に伺った当時には、藤沼邦彦氏、阿部博志氏、須田良平氏から御指導いただいた。また、菅野智則氏、森田賢司氏には、本論作成のため、浅部貝塚の資料観察に御協力いただいた。ここに記して感謝申し上げたい。

註
1) 文様帯構成及び文様の分類については、分析の際に分類を包括して欠番にしたものもある。また、大木10式土器までを含めた分析を意図していたため、8類など提示資料に含まれないもの

がある。
2) 大梁川遺跡の分析対象資料は、報告書掲載遺物と、報告書に掲載されていない資料を含めたものである。なお、大梁川遺跡のデータは、筆者が 1994 年（平成 6 年）に東北歴史資料館で大梁川遺跡出土土器のデータを集計したものを基としている。
3) 深鉢タイプ組成のデータは、浅部貝塚と大梁川遺跡以外は、報告書に図示されている遺物を集計したものである。

引用文献

秋元信夫 1984『天戸森遺跡』鹿角市文化財調査資料 26　鹿角市教育委員会
相原淳一ほか 1988『大梁川・小梁川遺跡（石器編）』宮城県文化財調査報告書 126　宮城県教育委員会
藤沼邦彦ほか 1989「宮城県の貝塚」『東北歴史資料館資料集』25　東北歴史資料館
後藤勝彦ほか 1978『上深沢遺跡―東北自動車道遺跡調査報告書 I―』宮城県文化財調査報告書 52　宮城県教育委員会
林　謙作 1965「縄文文化の発展と地域性―東北―」『日本の考古学』II　河出書房新社　pp. 64-96
林　謙作 1966「第四章第一地点縄文時代集落の調査」『栃木市星野遺跡―第一次発掘調査報告―』栃木市教育委員会　pp. 51-74
林　謙作 1970「宮城県浅部貝塚出土のシカ・イノシシ遺体」『物質文化』15 pp. 1-11
林　謙作 1971「宮城・浅部貝塚出土の動物遺体―分析と考察―」『物質文化』17 pp. 7-21
興野義一 1958「迫川流域の石器時代文化」『仙台郷土史研究』18-3 pp. 20-30
馬目順一ほか 1975『大畑貝塚調査報告』　いわき市教育委員会
宮城県教育委員会 1993『宮城県遺跡地図』宮城県文化財調査報告書 152　宮城県文化財保護協会
宮城県教育庁文化財保護課 1976『山前遺跡』　宮城県小牛田町教育委員会
中田町史編纂委員会 1977「第一章　中田町内の主なる遺跡」『中田町史』　宮城県登米郡中田町　pp. 3-17
仲田茂司 1992『西方町遺跡 III』三春町文化財調査報告書 15　三春町教育委員会
丹羽　茂 1981「大木式土器」『縄文文化の研究』4　雄山閣出版　pp. 43-60
丹羽　茂 1989「中期大木土器様式」『縄文土器大観』1　小学館　pp. 346-352
小野田哲憲ほか 1991『上村貝塚発掘調査報告書』岩手県文化振興事業団埋蔵文化財調査報告書 158　（財）岩手県文化振興事業団埋蔵文化財センター
佐藤鎮雄・佐藤正俊 1976『小林遺跡発掘調査報告書』山形県埋蔵文化財調査報告書 8　山形県教育委員会
土岐山武・後藤勝彦 1975「(3) 出土遺物について　(A) 土製品　a 縄文土器」『宮城県登米郡南方町青島貝塚発掘調査報告』　宮城県南方町　pp. 23-61
山内清男 1937「縄紋土器型式の細別と大別」『先史考古学』1-1 pp. 29-32
山内幹夫ほか 1990「上ノ台 A 遺跡（2 次）」『真野ダム関連遺跡発掘調査報告 XIV』福島県文化財調査報告書 230　福島県教育委員会・（財）福島県文化センター・福島県土木部

付表1　浅部貝塚出土縄文土器観察表

番号	層位	器種器形	文様帯	文様類型・縄文・その他	番号	層位	器種器形	文様帯	文様類型・縄文・その他
1	Ⅱl	深鉢A	1A	1a1（隆沈線文）	19	Ⅱk	深鉢C	1B2	5e（沈線文）・LR
2	Ⅱk	深鉢A	1A	1a1（隆沈線文）・RL	20	Ⅱk	深鉢C	1B2	5e（沈線文）
3	Ⅱk	深鉢A	1A	1a1（隆沈線文）・RLR	21	Ⅱl	深鉢C	1B2	5e（沈線文）・RLR
4	Ⅱk	深鉢A	1A	1a4（隆沈線文）・刺突文	22	Ⅱk	深鉢C	1B1	3a（沈線文）・LR
5	Ⅱk	深鉢A	1A	1a1（隆沈線文）・RL・口縁に半円形突起	23	Ⅱl	深鉢C	1B1	3b（沈線文）・LR
					24	Ⅱk	深鉢C	2A	1b1（隆沈線文）・条線文
6	Ⅱl	深鉢B	1C	3j（沈線文）・RL	25	Ⅱl	深鉢C	2B1	9・体部に条線文
7	Ⅱl	深鉢B	1B1	3e（沈線文）・RL	26	Ⅱk	深鉢C		4c（隆沈線文）・RL
8	Ⅱk	深鉢B	1B1	3e（沈線文）・RLR	27	Ⅱl	深鉢C	1B1	3a（沈線文）・LR
9	Ⅱk	深鉢B		4b（隆沈線文）・RL	28	Ⅱl	深鉢C	2F	9・R
10	Ⅱl	深鉢B	1B2	5j（沈線文）・LR	29	Ⅱl	深鉢C	2B1	9・RL
11	Ⅱk	深鉢B	1B2	5j（沈線文）・LR	30	Ⅱk	鉢A（注口）	1A	1b2（隆沈線文）・条線文
12	Ⅱk	深鉢B	1B2	5（沈線文）					
13	Ⅱk	深鉢B	1B2	5b（沈線文）	31	Ⅱk	鉢C	1A	1a1（隆沈線文）・LR
14	Ⅱl	深鉢C	1C	4a（隆沈線文）・RL	32	Ⅱl	袖珍土器	2F	10
15	Ⅱl	深鉢B	1B2	5（沈線文）・沈線上に刺突文	33	Ⅱk	不明		（沈線文）・LR
					34	Ⅱk	深鉢		（隆沈線文）・LR0段多条
16	Ⅱk	深鉢B	1B2	5a（沈線文）・RL	35	Ⅱl	深鉢		（沈線文）・RL
17	Ⅱl	深鉢B	2F	9・LRL	36	Ⅱl	深鉢		（沈線文）・RLR
18	Ⅱk	深鉢C		4（隆沈線文）	37	Ⅱk	深鉢		（沈線文）
38	Ⅱk	深鉢		（隆沈線文）・LR	81	Ⅰe	深鉢	1B2	5o（沈線文）・RL
39	Ⅰe	深鉢A	1A	1a1（隆沈線文）・口縁に半円形突起	82	Ⅰe	深鉢		3o（沈線文）・RL
					83	Ⅰc	深鉢A	1A	1a1（隆沈線文）・LR
40	Ⅰe	深鉢A	1A	1a1（隆沈線文）・RLR・大波状口縁	84	Ⅰd	深鉢A	1A	1a1（隆沈線文）・RLR
					85	Ⅰc	深鉢A	1A	1a1（隆沈線文）
41	Ⅰe	深鉢A	1A	1a1（隆沈線文）・RLR・口縁に半円形突起	86	Ⅰd	深鉢A	1A	1d（隆沈線文）
					87	Ⅰd	深鉢A	1B1	3e（沈線文）・LR
42	Ⅰe	深鉢A	1A	1a1（隆沈線文）・RL・大波状口縁	88	Ⅰc	深鉢A		4c（隆沈線文）・LR・刺突文
43	Ⅰe	深鉢A	1A	1a1（隆沈線文）	89	Ⅰd	深鉢A	1A	2b1（沈線文）・RLR
					90	Ⅰc	深鉢B	1B1	3a（沈線文）・LR
44	Ⅰe	深鉢A	1A	1a1（隆沈線文）・RL・口縁に半円形突起・刺突文	91	Ⅰc	深鉢B	1B1	3a（沈線文）・LR
					92	Ⅰc	深鉢B	1B1	3a（沈線文）・撚糸文R
45	Ⅰe	深鉢A	1A	1d（隆沈線文）・口縁に半円形突起	93	Ⅰd	深鉢B	1B3	4c（隆沈線）
					94	Ⅰd	深鉢B	1B1	3a（沈線文）・RL
46	Ⅰe	深鉢B	1B1	3a（沈線文）・RL	95	Ⅰd	深鉢B	1B1	5o又は7（沈線文）・LR
47	Ⅰe	深鉢B	1B1	6（沈線文）・RL	96	Ⅰc	深鉢B	1B1	5o又は7（沈線文）・RL
48	Ⅰe	深鉢B	1C	3k（沈線文）・LR	97	Ⅰd	深鉢B	1B1	3d（沈線文、一部隆沈線文）・RL
49	Ⅰe	深鉢B		4a（隆沈線文）					
50	Ⅰe	深鉢B		（隆沈線文）	98	Ⅰe	深鉢B		5o又は7（沈線文）・LR
51	Ⅰe	深鉢B	1B1	3a（沈線文）・LR	99	Ⅰd	深鉢B	1B2	5e（沈線文）・沈線上に刺突文
52	Ⅰe	深鉢B	1B2	5a（沈線文）・刺突文					
53	Ⅰe	深鉢B	1B2	5a（沈線文）・RL	100	Ⅰd	深鉢B	1B1	6（沈線文）・撚糸文L
54	Ⅰe	深鉢B	1B2	5a（沈線文）・RL	101	Ⅰd	深鉢B	1B2	5e（沈線文・一部隆沈線文）・LR
55	Ⅰe	深鉢B	1B2	5a（沈線文）・RL					
56	Ⅰe	深鉢B	1B2	5（沈線文）	102	Ⅰc	深鉢B		5o又は7（沈線文）・RL
57	Ⅰe	深鉢B	2B1	9・LR	103	Ⅰc	深鉢B	1B2	5e（沈線文）・RL
58	Ⅰe	深鉢B	2B1	9・RLR	104	Ⅰc	深鉢B	1B2	5（沈線文）・沈線上に刺突文
59	Ⅰe	深鉢B	2B1	9・RL・補修孔					
60	Ⅰe	深鉢B		9・LR	105	Ⅰd	深鉢B	1B2	5（沈線文）
61	Ⅰe	深鉢C	1B1	3a（沈線文）・RL	106	Ⅰd	深鉢B	1B2	5（沈線文）・沈線上に刺突文
62	Ⅰe	深鉢C	1B3	4c（隆沈線文）・LR・波頂部に円孔					
					107	Ⅰd	深鉢C	1B1	3i（沈線文）
63	Ⅰe	深鉢C	1B1	3a（沈線文）・LR	108	Ⅰd	深鉢C	1B1	3a（沈線文）・RL
64	Ⅰe	深鉢C	1B1	3b（沈線文）・LR	109	Ⅰd	深鉢C	1B1	3a（沈線文）・撚糸文L
65	Ⅰe	深鉢C	1B1	6（沈線文）	110	Ⅰd	深鉢C	1B1	3a（沈線文）・RL
66	Ⅰe	深鉢C	1B1	3a（沈線文）・RL	111	Ⅰd	深鉢C	1B1	3a（沈線文）・RL
67	Ⅰe	深鉢C	1B1	3a（沈線文）・RL	112	Ⅰc	深鉢C	1B1	6（沈線文）・LR
68	Ⅰe	深鉢B	2B1	9・L撚糸文	113	Ⅰd	深鉢B	1B1	3a（沈線文）・RL
69	Ⅰe	袖珍土器	2F	袖珍土器	114	Ⅰd	深鉢C	1B1	3a（沈線文）・RL
70	Ⅰe	鉢C	1B1	3e（隆沈線文）・LR	115	Ⅰd	深鉢C	1B1	3b（沈線文）・LR
71	Ⅰe	有孔土器	1B3	隆帯の鍔、縦に貫通孔、赤彩あり	116	Ⅰd	深鉢C	1B1	3e（隆沈線文）
					117	Ⅰd	深鉢C	2B1	9・撚糸文L

236

番号	層位	器種器形	文様帯	文様類型・縄文・その他	番号	層位	器種器形	文様帯	文様類型・縄文・その他
72	Ie	深鉢C	1B1	3a（沈線文）・LR	118	Id	深鉢B	2B1	9・LR
73	Ie	浅鉢C	2B1	9・RL	119	Id	深鉢C	2B1	9・LR
74	Ie	鉢C	1B1	3b（沈線文）・LR	120	Id	深鉢		（沈線文）・RL
75	Ie	深鉢		（沈線文）・LR	121	Id	深鉢		（沈線文）・RL
76	Ie	深鉢		（隆沈線文）・RLR	122	Id	深鉢		（沈線文）・RL
77	Ie	深鉢		（沈線文）・RL	123	Id	深鉢		（沈線文・一部隆沈線文）・RLR
78	Ie	深鉢		（沈線文）・RLR	124	Id	深鉢		（隆沈線文）・RLR
79	Ie	深鉢		（沈線文）・LR	125	Ic	深鉢		（隆沈線文）・撚糸文L
80	Ie	深鉢B	1B2	5e（沈線文）・RL	126	Ic	深鉢		（沈線文）・RL

大木式土器情報の移動と模倣
―把手付突起の広域比較から―

水 沢 教 子

はじめに

　大河千曲川（県境以北は信濃川）の流域にあたる長野盆地南部には、関東・北陸地方を結ぶ上信越自動車道と関西・東海地方から北上する中央自動車道が交わる更埴ジャンクションがあり、まさに東西交通の結節点にあたる。このジャンクション付近の千曲川の自然堤防上の微高地に展開する中・近世から縄文時代までの複合大遺跡が千曲市屋代遺跡群[1]である。特に1993・1994年の発掘調査では、地表下4mの地点から縄文中期後葉の生活面が発見され、多くの大木9式系土器群が出土した。その結果、長野盆地の縄文人が予想以上に大木式土器文化と接触していた実態が明らかになってきた。

　屋代遺跡群出土の大木系土器の中で特に注目されるのは、大木8b式～9式の過渡的な様相を色濃く持った2点の土器である。本稿ではこの土器に視点を据え、これらと東北地方の大木式との関係を考えていきたい。

I. 大木式土器の広がり

1. 東日本における大木式土器

　東北地方に成立した縄文時代中期大木8a式・8b式は、渦巻文様（先端が延びるものは蕨手文様）が器面全体にめぐる典型的な「渦巻文土器群期」（林謙作1976）の所産である。この頃列島北部には円筒上層式、南には勝坂式が独自の文化を醸成していた。ところが勝坂式の後には大木8a式に近い加曽利E式という、前代とは原理の異なる渦巻文系の土器文化が成立する。大木8b式中段階になると大木式と加曽利E式の類似度は頂点に達し、口縁部のみでは区別が出来ない程度にまで一体化する。一方中部高地でも、勝坂式（井戸尻III式）の系譜を引く梨久保B式（唐草文系I期）に大木8a式の共伴、後続する唐草文系土器には大木8b式の要素が色濃くみられる。

　新潟県域では一部大木7b式から8a・8b式に、大木式とは異なる文様構成をもちながらも規格性が非常に強い火焔型土器・王冠型土器が組成していた。火焔型土器が消え去った後にも組成の中に大木8b式や唐草文系土器と極めて類似した類型が続く。さらに円筒上層式も、大木8b式の変容した型式である榎林式へと変化を遂げる。このように東日本各地に生起していた個性の強い諸型式が、「渦巻文様」という共通の特徴をもつ土器型式

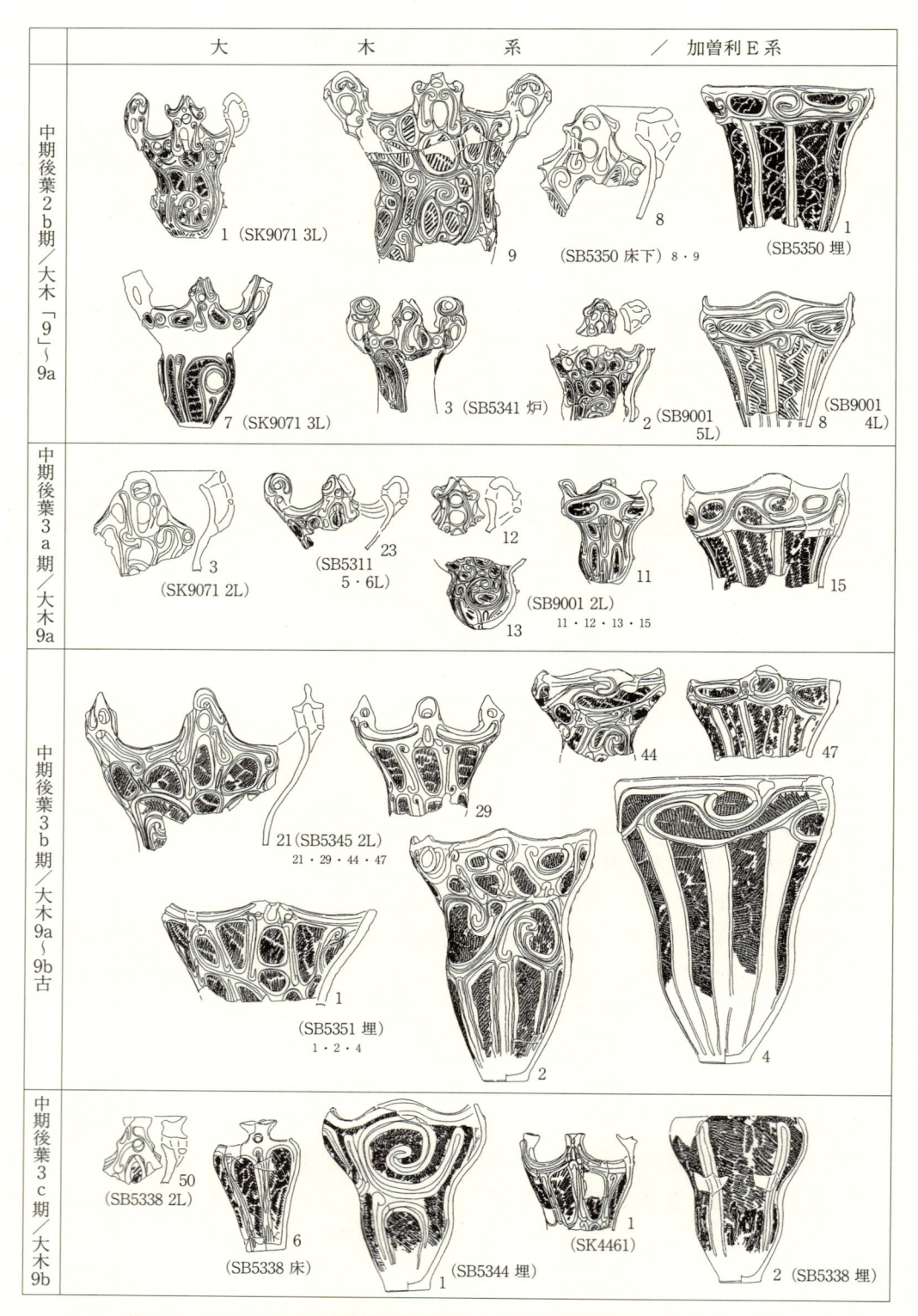

第1図　長野県千曲市屋代遺跡群遺構出土大木系土器の変遷（水沢2000を改変）　S=1/12
※数字は報告書における報告番号に同じ。（　）内のLは出土層位、埋は埋甕、同一層の場合
はまとめて記載。本文中に引用する場合は、例えば1（SK9071 3L）をSK9071-1と表現する。

に変化していったのである。あたかも勝坂式の過剰ともいえる装飾を誇る神話的な世界から抽象的かつ現実的な方向への転換のようでさえある。土器に現れた広域的な変化の背景には、日本列島の縄文時代の土器づくりのシステムがなんらかの画期を迎えようとしていたことがあるようにも見える。

2. 屋代遺跡群で出土した大木9式土器

(1) 屋代遺跡群出土の大木系土器の変遷

千曲市屋代遺跡群の地表下4mに展開する縄文中期後葉 XII-2 層面では竪穴住居跡53軒、掘立柱建物跡27棟（平地式住居を含む）が調査されており、遺物包含層も含めると出土土器はコンテナ約1400箱に上る（水沢教子・寺内隆夫ほか2000）。このうち中期後葉土器は、住居跡の切り合いと層位的な出土状況による前後関係の確認、そして遺構間接合による廃棄の同時性の検証により、4期に区分される。土器全体の組成としては、在地の圧痕隆帯文土器や渦巻多連文土器に大木系土器[2]（第1図）、加曽利E系土器、串田新系土器などが伴う。屋代遺跡群2b期（加曽利EII式並行）にあたるSB5350号住居跡の土器型式が分かる口縁部資料に基づく土器組成（土器型式の組成）を見ると、圧痕隆帯文土器22%、加曽利E系土器20%、大木系土器17%、曽利・唐草文系土器2%、その他・不明39%となっている。大木系の比率は2b期と3b期が比較的高い。後葉3a・b期は加曽利EIII式古段階、後葉3c期は加曽利EIII式新段階と並行関係にあり、大木系側でもSB9001-11の胴部文様の技法と区画、SB5338-6の胴部文様などから、大木9a式から9b式[3]への時間差が推測される。ただ、屋代遺跡群の大木系土器の類型の組成では4単位の把手付突起を有する土器が圧倒的に多く、2b期の基本型を3b期まで踏襲する。器形、文様帯構成は変わらないが、隆帯が低くなだらかになったものや（第1図SB5345-21）、沈線による区画と蕨手文のみになったものがある。また屋代遺跡群では突起の有無に拘わらず波状口縁であるが、東信地方から群馬・埼玉県方面では、平縁で頸部に無文帯をもちながら胴部に隆帯による渦巻文が展開する土器がしばしばみつかっている。おそらく把手をもつ大木系土器とは異なるルートでかつ異なる変容過程を経たものと考えられる。その他の土器も含め、大木系土器が関東地方や千曲川水系にもたらされた背景には様ざまな過程が推測される。

(2) 屋代遺跡群出土 SK9071-1 と SB5350-9 の特徴

1) SK9071-1 とその出土状況

SK9071 は後葉2b期の集落域の北側で単独で検出された深さ40cmたらずの浅い土坑である。特に3層で大木系土器のSK9071-1（第2図）、大木系土器のSK9071-2や7（第1図）、渦巻多連文土器がそれぞれ胴部下半や底のみを欠損した状態で一括投げ込まれたように出土した。

SK9071-1の器形は口縁部がかるく内弯するいわゆるキャリパー形である。口唇部には

沈線が一周する。波長部に4単位の把手付突起[4]を有する。ただし一つは欠損している。把手付突起の2つの基部は中に蕨手文が印刻されるヒレ状の隆帯による貼り付けで、突起と突起の間の空間にもヒレ状隆帯による円形区画があり、その脇には沈線による渦巻文が描かれている。突起の基部やや下方から主文様としてのJ字状に曲流する渦巻文が始まり、その先端は胴部最大径のあたりでヒレ状に隆起する。主文様の間は、中に縄文を充填した複数の楕円区画によって埋められている。

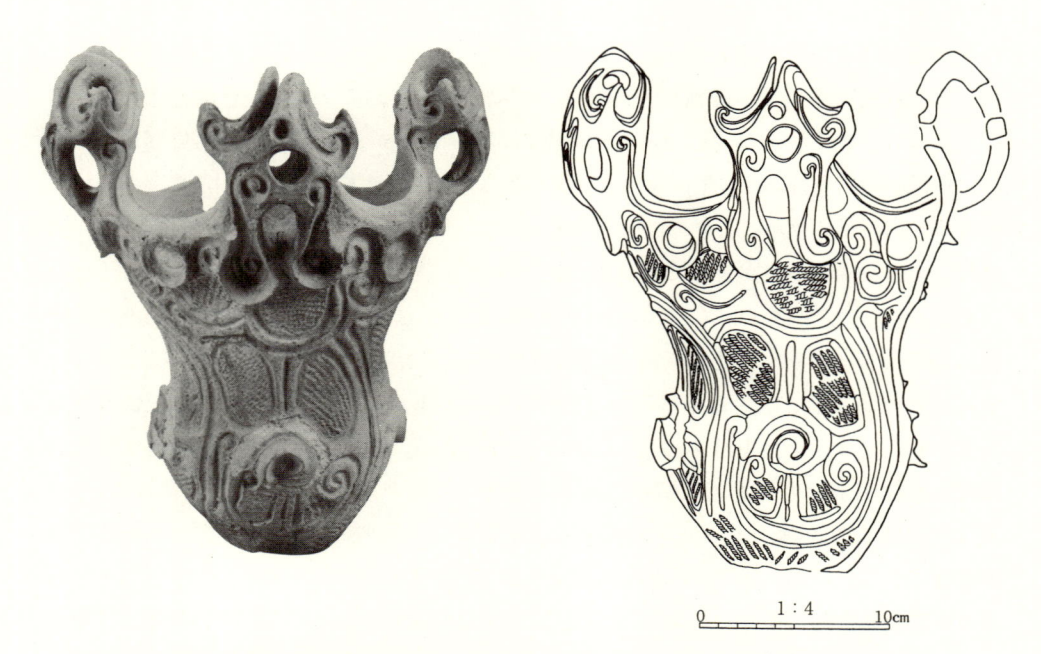

第2図　屋代遺跡群SK9071-1（水沢・寺内2000より引用／長野県立歴史館蔵）

2）SB5350-9とその出土状況

　本土器（第3図）は2b期のSB5350号住居跡を切る土坑墓に屈葬されていた人骨の記録を終えた後ウレタン樹脂で人骨を取り上げるための深掘中に、土坑墓脇の住居跡床下レベルから出土した。把手を欠き、あたかも埋甕のように胴部下半を割られた状態であった。さらにこのSB5350の床面検出ピット（貯蔵穴の可能性ある）からはこの土器の把手付突起のみが出土した[5]。SB5350-9の破片はSB5341の5層、SF5191の3層、SB5332床下などからも分散して出土している。

　器形は口縁部がかるく内彎するキャリパー形である。把手付突起は1単位しか残存していないが、本来波頂部に4単位あったと考えられる。分帯線は無いが、括れ部より上に渦巻文と楕円区画の組み合わせである「渦巻楕円文」や楕円区画が配置され、括れ部より下には主文様としてのJ字状に曲流する渦巻文が4単位巡り、その先端はヒレ状に隆起する。この主文様の内側も縄文を充填した楕円区画によって埋められている。

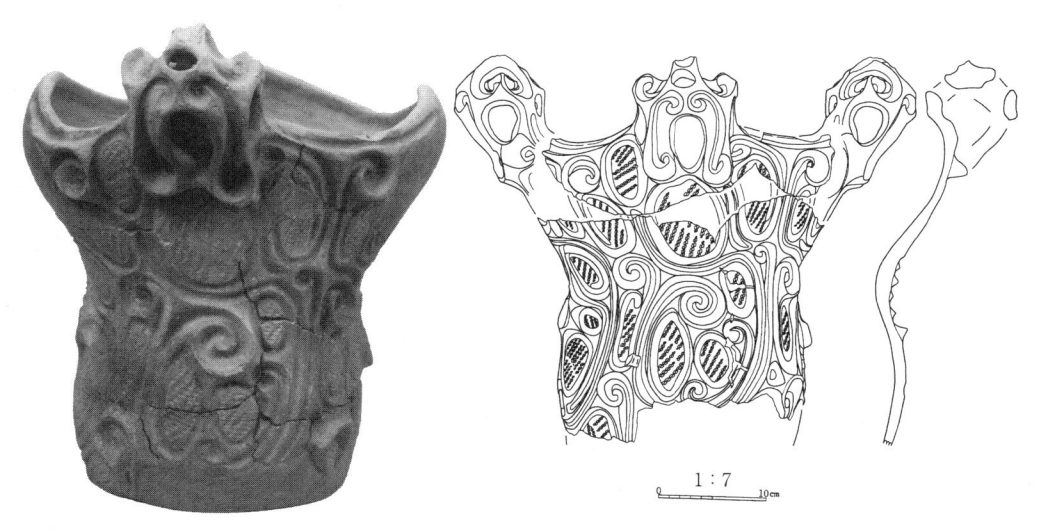

第 3 図　屋代遺跡群 SB5350-9（水沢・寺内 2000 より引用／長野県立歴史館蔵）

II. 屋代遺跡群の大木系土器と南東北の大木式土器との比較

本章では SK9071-1 と SB5350-9 を宮城・福島・山形県域から出土している大木 9 式土器と比較する。比較の視点は器形、文様帯、文様と文様表出技法（水沢教子 1990）である。

1. 器形

大木 8b 式～9 式の深鉢形土器の器形は大きくは①口縁部がやや膨らんで口唇部がすぼまるいわゆる「キャリパー形」、②胴部が膨らみ、頸部で括れ、口唇部が外反ないしは外傾する「外反形」、③胴部から頸部へかけて膨らみ、口縁部ですぼまるいわゆる「樽形」の 3 つに分けられる。胴部最大径の位置は当初下方のものが多いが（第 4 図 1）、括れ直下（第 4 図 6）のものも増える。また、「外反形」の器形は胴部が大きく膨らみ、壺形を呈するものも見られる（第 4 図 9・13）。屋代遺跡群の SK9071-1・SB5350-9 はともに「キャリパー形」に属する。

2. 文様帯と類型

(1) 大木式の類型

器形と文様帯構成から、大木 8b 式～9 式は大きく A・B・C・D・E の 5 つの類型に分類される（第 4 図）。このうち、

○「キャリパー形」の土器は、

　　A 類：平口縁もしくはかるい波状口縁で、横方向に展開する口縁部文様帯と括れ部以下の胴部文様帯を有する。頸部に無文帯があるものと消失したものを含む。

○「外反形」の土器は、
> B類：口唇部が肥厚し、中央に溝を持ち中心に渦巻もしくは円形刺突をもつ口唇部文様帯を有し、括れ部以下に胴部文様帯を有する。当初頸部に無文帯があるが、時期が下るにつれて消失する。A類に類似した類型をもつ土器型式に関東の加曽利E式があるのに対し、B類は大木式独自の類型で、大木式を特徴づけるものである。
>
> C類：口縁部が無文で胴部のみに文様が展開するもの。
>
> E類：網の目状に隆起した隆帯装飾が口縁部を一周し、そこから4単位の把手が隆起し、口縁部文様帯を形成する。通常無文帯を挟んで括れ部以下に胴部文様が展開する。

○「樽形」の土器は、
> D類：口唇部に肥厚部や沈線をもつ他は文様が口縁部から胴部まで連続するもの。

　このうちA・B類については頸部無文帯を持つ3文様帯構成のものをそれぞれA1類、B1類とし、口唇部に区画線が見られるのみで胴部から口縁部まで連続的に文様が展開するものをそれぞれA2類、B2類とする。これらには波状口縁で把手がないものと、平縁で3ないし4単位の把手が付くものが見られる。A2・B2類は大木8b式新から「9」式に盛行し、9a式へと引き継がれるが、9a式になると逆U字区画や円形区画など文様単位が

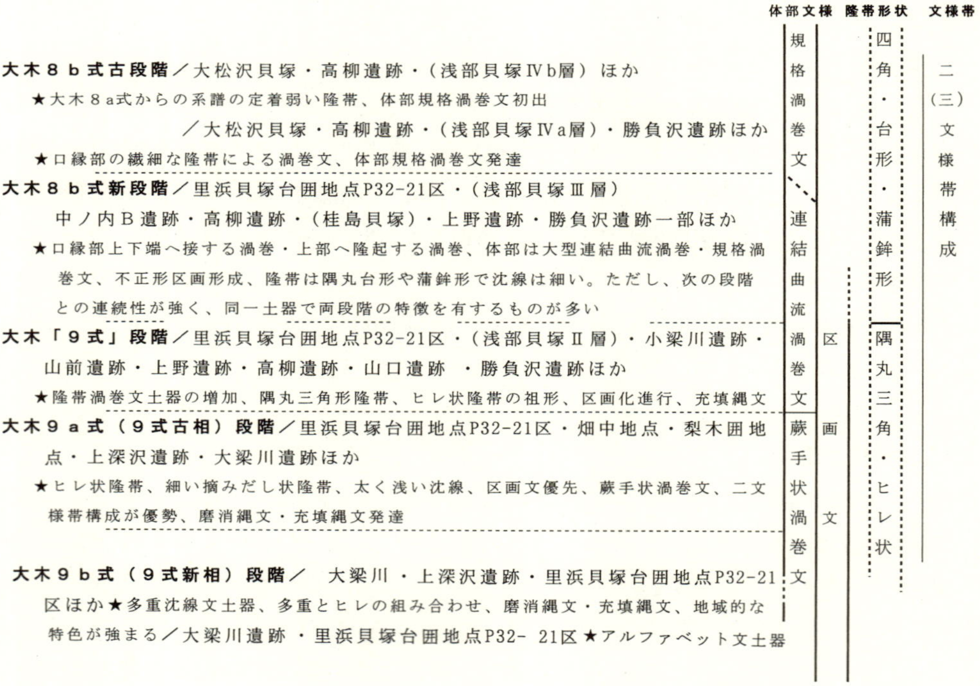

	体部文様	隆帯形状	文様帯
大木8b式古段階／大松沢貝塚・高柳遺跡・（浅部貝塚Ⅳb層）ほか ★大木8a式からの系譜の定着弱い隆帯、体部規格渦巻文初出 　　　　　　／大松沢貝塚・高柳遺跡・（浅部貝塚Ⅳa層）・勝負沢遺跡ほか ★口縁部の繊細な隆帯による渦巻文、体部規格渦巻文発達	規格渦巻文	四角・台形・蒲鉾形	二（三）文様帯構成
大木8b式新段階／里浜貝塚台囲地点P32-21区・（浅部貝塚Ⅲ層） 中ノ内B遺跡・高柳遺跡・（桂島貝塚）・上野遺跡・勝負沢遺跡一部ほか ★口縁部上下端へ接する渦巻・上部へ隆起する渦巻、体部は大型連結曲流渦巻・規格渦巻文、不正形区画形成、隆帯は隅丸台形や蒲鉾形で沈線は細い。ただし、次の段階との連続性が強く、同一土器で両段階の特徴を有するものが多い	連結曲流渦巻文		
大木「9式」段階／里浜貝塚台囲地点P32-21区・（浅部貝塚Ⅱ）・小梁川遺跡・山前遺跡・上野遺跡・高柳遺跡・山口遺跡・勝負沢遺跡ほか ★隆帯渦巻文土器の増加、隅丸三角形隆帯、ヒレ状隆帯の祖形、区画文化進行、充填縄文		区画 隅丸三角・ヒレ状	
大木9a式（9式古相）段階／里浜貝塚台囲地点P32-21区・畑中地点・梨木囲地点・上深沢遺跡・大梁川遺跡ほか ★ヒレ状隆帯、細い摘みだし状隆帯、太く浅い沈線、区画文優先、蕨手状渦巻文、二文様帯構成が優勢、磨消縄文・充填縄文発達	蕨手状渦巻文		
大木9b式（9式新相）段階／大梁川・上深沢遺跡・里浜貝塚台囲地点P32-21区ほか★多重沈線文土器、多重とヒレの組み合わせ、磨消縄文・充填縄文、地域的な特色が強まる／大梁川遺跡・里浜貝塚台囲地点P32-21区★アルファベット文土器			

第4図　大木8b式から大木9式への

小型化するため、それ以前のような文様の全面展開は起こらず、胴部上半などに文様単位の区切りが自然に生じる場合が多い。

(2) 屋代遺跡群出土土器の類型

屋代遺跡群のSK9071-1、SB5350-9は両者ともにこのうちA2類に属するものとして差し支えない。屋代遺跡群の多くの大木系土器の場合は特に波状口縁で口唇部に4単位の把手状突起を有するものが2b期から3b期まで連続し、その変化を捉えることができる。このような土器は「屋代類型」(綿田弘実2003)と命名され、屋代遺跡群の象徴となっている。

3. 文様と文様表出技法

文様と文様表出技法を把手、胴部文様の順に整理する。

(1) 把手付突起

把手付突起は「屋代類型」の最大の特徴である。本項では、東北南部の大木式の論述に先だって、屋代遺跡群の把手付突起についてまとめてみたい。

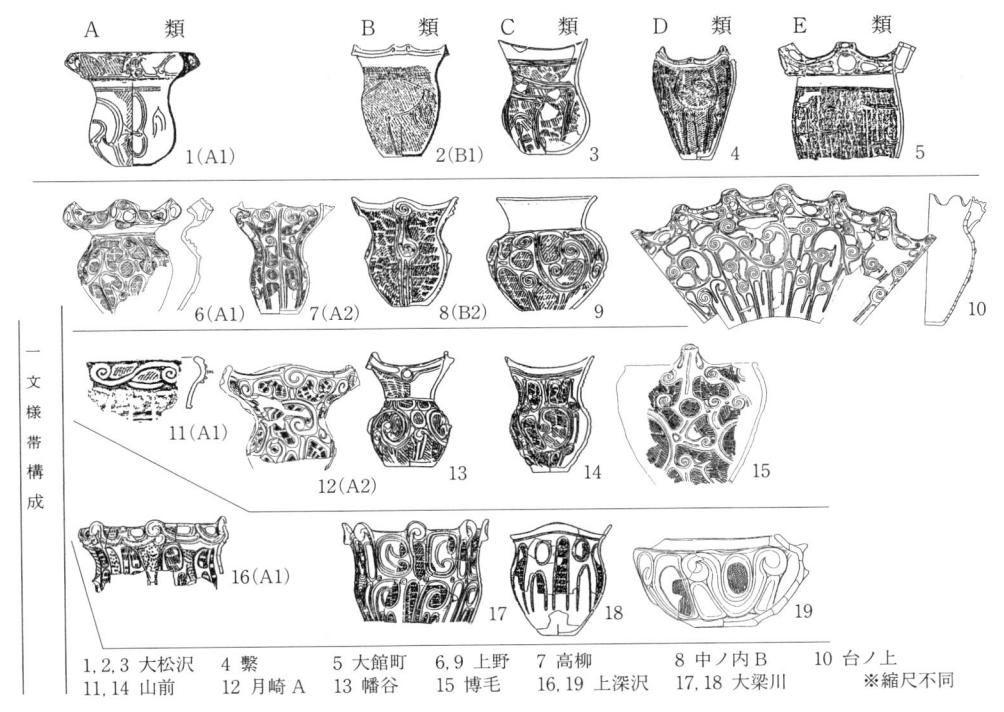

変化のメルクマール（水沢2003aを改変）

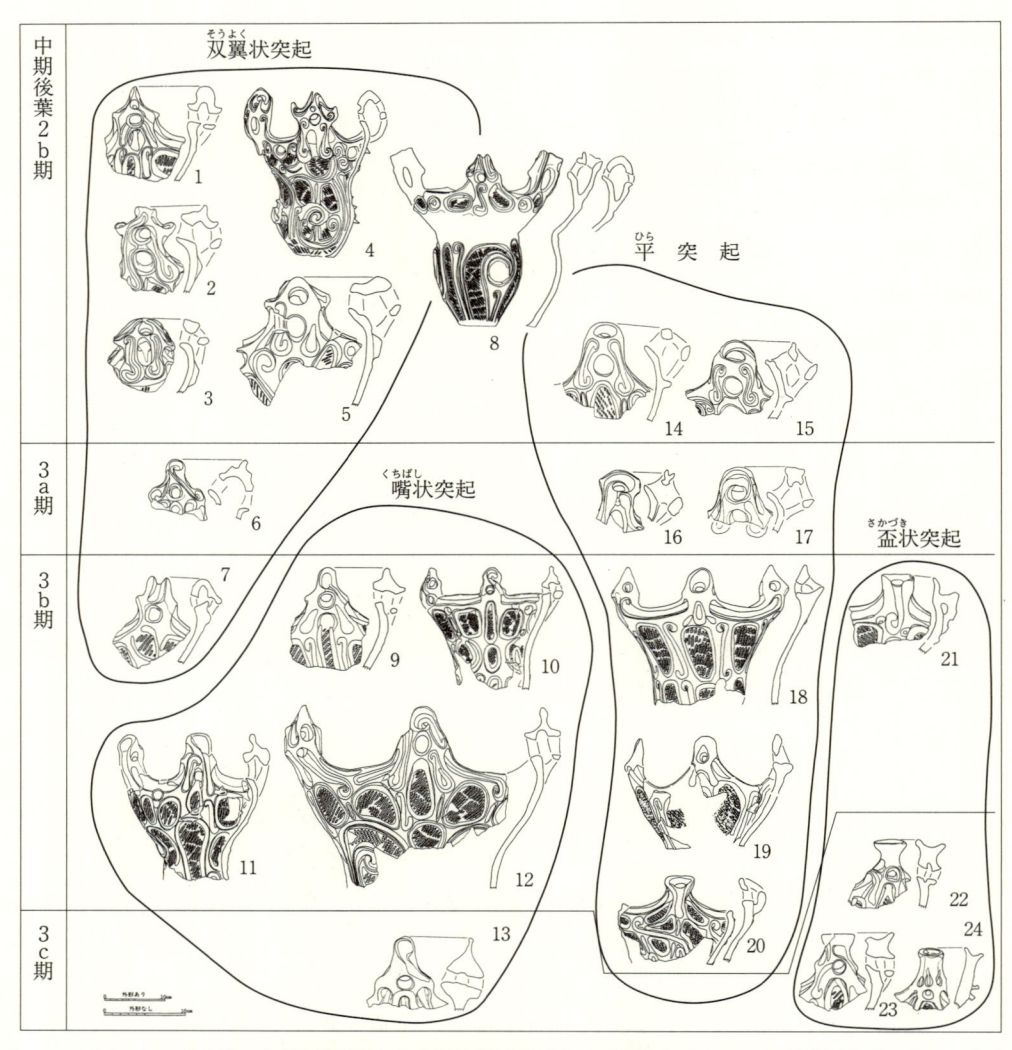

第 5 図　屋代遺跡群出土土器の把手付突起の分類（水沢 2000 を編集）

1）屋代遺跡群出土土器の把手付突起

　屋代遺跡群の大木系土器全体を概観すると、把手付突起の形態は大きく 4 つに分類される。SK9071-1 や SB5350-9 に代表される突起は中空で、基部にボタン状の貼り付けを有する 2 本の橋状隆帯で口縁部に取り付けられている。把手の先端の突起状の装飾は、中央が尖り、その下の孔は突起前方から突起の伸長方向と垂直に貫通している。断面図を描くと、貫通孔の上側が逆 V 字形に尖って表現される。正面から突起を観察すると、孔の両側は左右対象に上に跳ね上がっている。この特徴から、類似した突起を「双翼状突起」（第 5 図 1～7）と名付けた（水沢教子 2000）。SK9071-1 は左右の跳ね上がり部分（双翼部）の先端は鋭く尖っているが、SB5350-9 の先端は丸い。ただ、どちらも双翼方向に深い沈線による蕨手文が印刻されている。特に SK9071-1 は頂部から左側にノの字を描くように深

い沈線が印刻され、その先端は上巻の蕨手文となる。右側の蕨手文は途中から発し、先端はやはり上巻となる。SB5350-9 も両側の蕨手文はいずれも上巻だが、尾の先は突起の端を伝って口唇部を一周する沈線へと繋がる。

その他の突起には「平突起」（第5図14〜20）、「嘴状突起」（第5図9〜13）、「盃状突起」（第5図21〜23）がある。「平突起」も「双翼状突起」と同様に通常2本の隆帯で口縁部に取り付けられている。頂部やや前方と頂部やや内側は平らで、前者の中心が中空になっている。この中空部分が平面を呈するため、「平突起」と命名した。断面図を描くと、「双翼状突起」の頂部が逆V字状もしくはなだらかな逆U字状になるのに対し、「平突起」の頂部は、外側の中空部分と内側の中空部分を繋ぐ四角形もしくは菱形のブリッジにすぎない。平面を呈する部分は、渦巻き装飾と融合したもの（15・16）と、シンプルなドーナッツ状のもの（14・18〜20）とが見られる。「平突起」は2b期から3c期に該当し、同一の土器に「双翼状突起」と「平突起」が併用されていることが判明したもの（8）もある。4つ全ての突起が残存する例が殆どないためはっきりしないが、4つの把手付突起の中に異なる形態のものが含まれていた例は他にもあったのかもしれない。

これに対し、扁平で鳥の嘴に似ている「嘴状突起」は3b期から3c期に集中する。盃状に頂部が窪む「盃状」突起もこれに併行する。前者は形態上「双翼状突起」が押しつぶされた形、後者は「平突起」の孔がふさがった形にも見てとれることから、これらの退化形態と予想される。当初の「双翼状突起」と「平突起」は千曲川水系に根付き、やがて次の「嘴状突起」や「盃状突起」を生みだしていったのであろうか。

2）東北地方南部の大木式土器の突起

東北地方南部では、大木8a式期に大形の把手付突起が盛行するが、8b式古段階になると小形化し、A1類に添付されたり[6]、もしくはE類の口縁部に付く網目状の装飾の頂部に添付されたものが確認できる。大木8b式新段階になると各遺跡で少数ながら4単位の把手付突起を有する土器が現れる。これらの形態の一つに屋代遺跡群の「平突起」に類似した把手付突起がある。平坦な頂部には円形の貫通孔やコイル状の貫通孔がつく。大木8b式新段階の例としては宮城県仙台市高柳遺跡（第6図1）（佐藤好一1995）、山形県朝日町八ツ目久保遺跡（第6図2）（佐竹桂一ほか1999）・米沢市台ノ上遺跡（第6図3）（菊地政信1997）例などがあげられる。大木「9」式になると宮城県東松島市里浜貝塚台囲地点（第8図1）（会田容弘1999）や高柳遺跡（第6図5）のように頂部がヒレ状に隆起したものが見える。前者は3単位である。更に大木9a式にあたる里浜貝塚畑中地点（第8図3）例では、頂部は前二者に類似するが、把手付突起の基部が2本の橋状把手で口縁部に付着し、屋代遺跡群例に繋がるボタン状のヒレ状渦巻きを有する。この畑中地点出土土器の把手付突起の頂部形態に酷似している例に屋代遺跡群 SB5313b-16（第5図16）がある。

これに対し、頂部が尖り、左右に張り出しが見られる「双翼状突起」の類例は極めて少ない。その中で特に注目されるのが、宮城県七ヶ浜町大木囲貝塚出土土器である（第7図

1)。本土器は山内資料として東北大学に保管されている大木9式土器（須藤隆2006）の優品である。精緻な白色の胎土で黒雲母を含み、焼きしまりは良好である。器形はこの手の土器に多い「キャリパー形」ではなく、「外反形」で、胴部から口縁部まで連続的に文様が展開するB2類に相当する。特に4単位の把手が全て残存している点では極めて貴重である。さらに驚くべきことは、3つの把手付突起が先述の里浜貝塚台囲地点等に類似した「平突起」的な形態であるのに対し、1つだけがなんと「双翼状突起」に類似した別形態

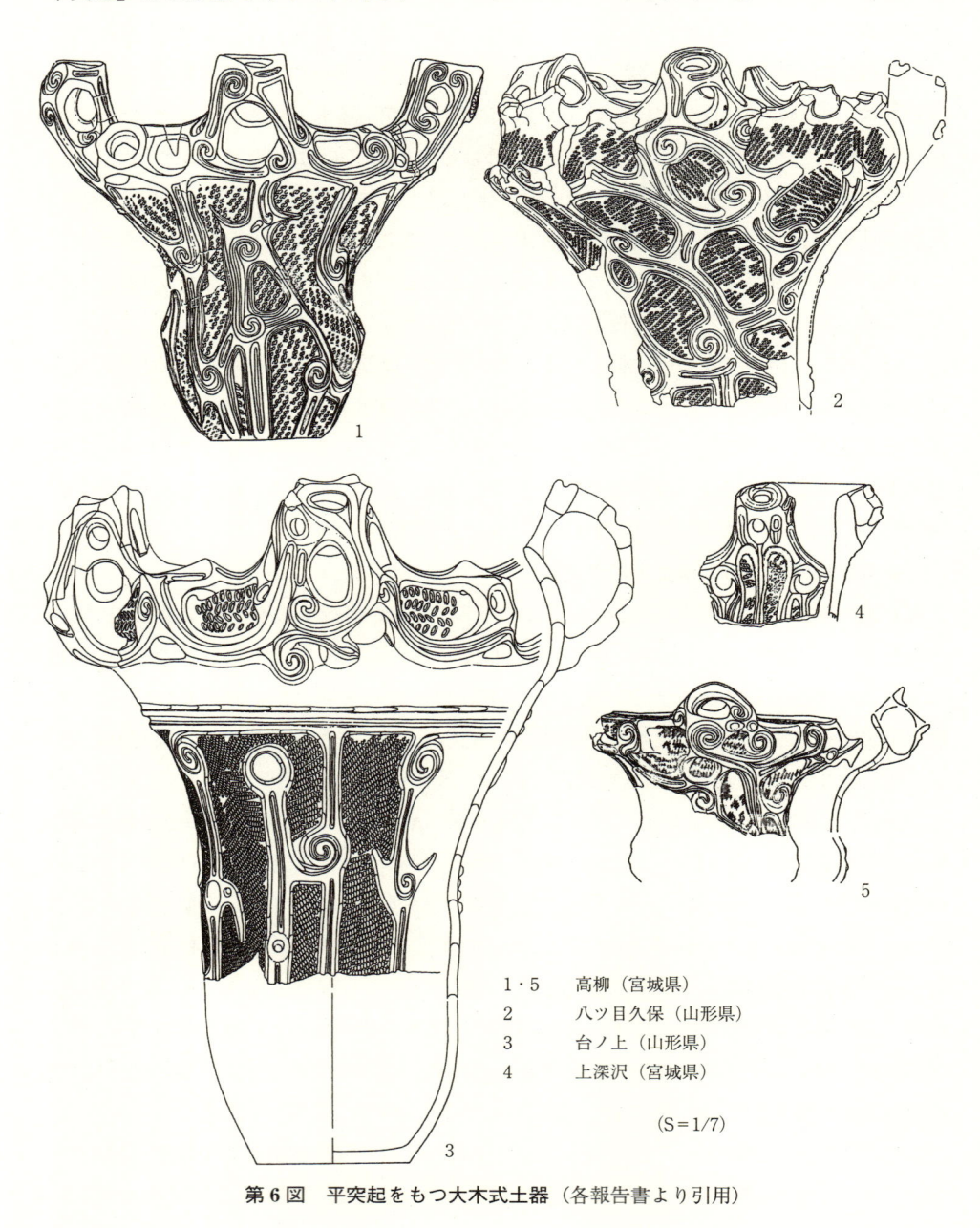

1・5	高柳（宮城県）
2	八ツ目久保（山形県）
3	台ノ上（山形県）
4	上深沢（宮城県）

(S=1/7)

第6図　平突起をもつ大木式土器（各報告書より引用）

なのである。この4つ目の把手付突起（第7図1左）は頂部がやや尖り、左右に張り出しが見られ、前面に貫通孔を有する。特に向かって右側は、上側に跳ね上がっている。印刻された沈線は頂部に発し、逆ノの字を描き、その先端の蕨手文は突起の跳ね上がりに伴い、上側に巻いている。対して左側に印刻された渦巻は下方から発して左側面を上昇し下側に渦を巻く。そのため、突起の双翼部の跳ね上がりも右側より弱い。この左側の印刻渦巻の形態は、高柳遺跡出土土器（第6図5）の「平突起」的な突起の向かって左側に小さく印刻された渦巻の形態に共通している。屋代遺跡群 SB9071-1 は把手付突起の貫通孔の下から直接双基部が延びていたが、こちらは貫通孔の下に横方向の緩いU字状の沈線があり、その下から単基部が延びる。また、屋代例では貫通孔の上に小型円形の刺突を有するが、こちらも貫通孔の左上に存在する。非常によく似た把手付突起は秋田県秋田市松木台III遺跡（大野憲司ほか1986）の遺構外出土土器（第7図2）にもみられる。本土器はむしろ屋代例に近い「キャリパー形」のA2類にあたる。やはり突起頂部は突出するものの、双翼

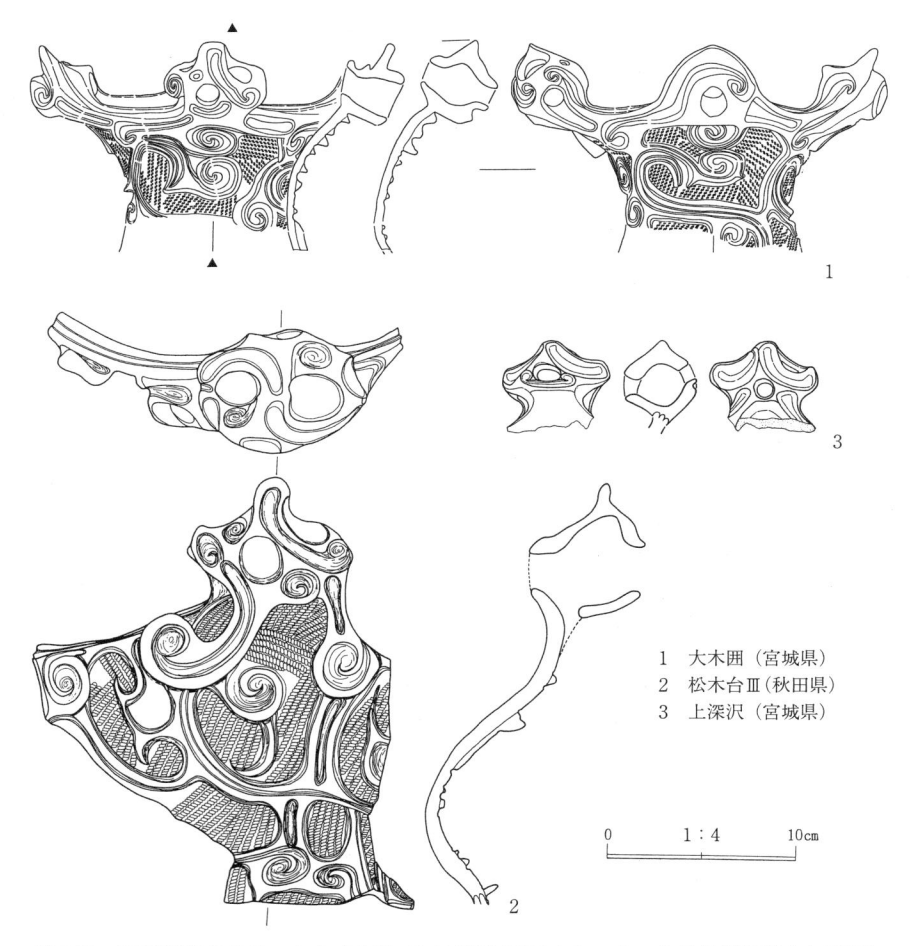

1　大木囲（宮城県）
2　松木台III（秋田県）
3　上深沢（宮城県）

0　　1:4　　10cm

第7図　双翼状突起を持つ大木式土器（1は須藤2005より、その他は各報告書より引用）

部はあまり尖らず、頂部から逆ノの字状の沈線が印刻され、右側の先端は上巻の蕨手文である。大木囲例が単基部であったのに対し、こちらは双基部である。口唇部の沈線や隆帯の形状は大木囲貝塚例に類似する。

　大木 9a 式期の例としては把手付突起のみではあるが、宮城県大衡村上深沢遺跡例（第 7 図 3）（宮城県教育委員会 1978）があげられる。こちらは左右が対称が跳ね上がる形態で「双翼状突起」の範疇で捉えられる。ただ、大木式全体で把手付突起を有するものの割合が低い上に、「平突起」的な形状のものが多いため、本形態は極少数といってよいだろう。

(2) 大木 9 式土器の胴部文様とその表出技法
1) 南東北地方の大木式土器の胴部文様と表出技法

　大木式土器編年（伊東信雄 1977）を完成させた山内清男氏（山内清男 1937）がキャビネ写真にして知人に配布し（興野義一 1996）、一部型式名が添付されて発表され（小岩末治 1961）近年正式報告がなされた大木式土器の標式資料（早瀬亮介ほか 2006）の多くは破片資料であったため、層位と地点で裏付けられる山内氏の土器型式区分のメルクマールは、主に胴部文様と文様表出技法の差によって抽出記載されたものと予想される。山内氏の大木 9 式（興野義一 1996）は、写真のまとまりからは大きく三段階に分かれると認識されていたと推測される。文様表出技法から見た古い段階の大木 9 式土器（写真 1 枚目）とは、大木 8b 式新段階（第 4 図 6・7・9）に類似した、渦巻文様が連結しながら曲流展開する文様構成を主体的にとりながらも、大木 8b 式の頂部が広く断面が台形状を呈する隆帯が、頂部から裾へかけて幅の広い沈線でなぞられることにより、頂部の平坦部が狭い隅丸三角形への変化を遂げつつあるものを指す。また、部分的に大木 8b 式新段階には無かったヒレ状に隆起した隆帯が主に渦巻部分に採用され始める。また、沈線が幅広くなったことで掻き出された粘土を寄せて器面を隆帯状に盛り上げたようなものも登場する。山内氏の言葉を借りると（興野義一 1996）、大木 9 式は、「粘土紐の太さ・高さが不定となる。それを囲む沈線が丸みを帯びて来る。」という。大木 9 式の次の段階（写真 2・3 枚目）は、脇のなぞりによってさらに細くなった隆帯とヒレ状に隆起した隆帯による巻の弱い渦巻文様が描かれる土器や、幅の広い沈線で区画文様やその間の蕨手状渦巻文が描かれる一群である。楕円形区画のみが描かれるもの（写真 4 枚目）は更に新しい段階に比定されよう。古い段階となる資料は大木 8b 式の一部と同じ B 地点 6 層から、次の段階の一部は 4・5 層から、新しい段階の一部が 3 層から出土していたことが明らかになった（須藤隆 2006）。非常に漸位的な大木 8b 式から 9 式への画期は型式区分全体の問題として今後も検討していく必要があろう。

　このような点を踏まえて、大木 8b 式から大木 9 式期土器の諸属性を広域に比較する視点として以下文様表出技法と文様の構成を抽出する。ただ、前者は同一個体の部位によって異なる場合がある点、後者は完形に近いものでなけれが判別できない場合がある点に問

題を残す。

A、隆沈線および沈線の形状

  a 断面台形隆沈線：隆帯の頂部が平らな、幅の広い隆帯。

  b 断面三角形隆沈線：隆帯の頂部から裾へかけて幅の広い沈線でなぞられることにより、頂部の平坦部が狭くなる隅丸三角形の隆沈線。個体差が大きく、平坦部が狭いもの→尖るものという変遷も予想されるが、同一個体に両方が使われている場合もあるので、敢えて分けない。

  c ヒレ状隆帯：断面三角形でヒレのように隆起する隆帯。

  d 調整沈線：幅の広い沈線で、粘土を寄せたために沈線間がやや盛り上がり、そこを磨いて調整している場合もあるもの。

B、文様の構成

　文様は通常、沈線のみの場合は三本ないし二本、隆帯の場合は二本まれに一本で描かれ、それぞれの両脇に沈線が沿う。破片が大きい場合、主文様の展開の構成を下記のとおり読みとることができる。

  ・Cの字構成 ・Jの字構成 ・Sの字構成 ・直線的構成

　上記主文様の間を埋める文様には区画文と蕨手文があり、前者の形態は、楕円形・正円形・U字形ほかに分類される。

　里浜貝塚P-32区での細かな分層発掘調査によって抽出された廃棄の前後関係（会田容弘1999）から、これらの時間的な変遷を推測してみたい。まず151層以下は、「A、隆沈線および沈線の形状」の範疇の隆沈線や沈線を含まない段階である。つまり、この層位から出土した資料は、間が無調整の平行沈線および断面が四角形で頂部が広い隆沈線によって文様が描かれる大木8b式にあたる。ところが、150層[7]から134層の土器には、大木8b式にプラスしてAのa・b・cの三要素が現れる。つまり大木「9」式の特徴を大きく含む段階にあたる。134層の突起を有する個体（第8図1）は、口縁部突起の部分にだけcが使われ、胴部はbで、文様は「Cの字構成」をとる。同一層位からは口縁部の渦巻文のみc、胴部はbで、文様は「Jの字構成」の個体（第8図2）が出土している。第7図1も口縁部の突起と突起下の向かい合う渦巻きにのみcが使われ、胴部文様はbで描かれていて、これらに併行する段階とみられる。曲流展開する渦巻きの先端のみcで描く手法は第4図13の壺形土器にも共通する。これに対し、132層より上層111層あたりまでは、渦の巻が弱まり、cとdが併用されて直線的な文様構成になる個体や、沈線のみで楕円区画や多重文様が描かれる個体が目立つようになる。第8図3の畑中地点例は、この段階に相当するとみられるが、bの中でも極めて先の尖った隆帯と著しく隆起したcが使われている。梨木囲地点とも共通する要素が多く、大木9a式段階と考えられる。

　高柳遺跡では、大木8a式の沈線文で描かれる文様の中に既に「Jの字構成」や「Sの字構成」があり、大木8b式新段階には隆帯によるそれらとともに「Sの字構成」や「直線

的構成」が増える傾向が見られる。また、文様同士の連結が強まったことで発生する区画は大木8b式新段階には不正形であるが、大木「9」式になると正方形や円形に整っていき、その結果胴部最上部に区画が一周する構成（第4図13）も見て取れる。

2) 屋代遺跡群出土土器の文様構成と文様表出技法

　SK9071-1の文様は、主文様の「Jの字構成」や把手付突起基部直下を巡るU字状の区画は大木「9」式（第4図13）に共通する。ただ、主文様が三本隆帯（脇に沿う沈線は四本）で描かれている点、区画の間に横方向の沈線蕨手文が入る点、大木式では沈線化すべき部分の一部が隆帯に置き換わっている点など、本来の大木8b～9式を逸脱した様相も無いわけではない。因みに三本隆帯は、四本隆帯とともに新潟県域の大木8b式にしばしば使われる要素であることは注目されよう。SK9071-1の文様表出技法は、口縁部直下（突起間）の円形区画、把手付突起の基部、胴部文様先端の渦巻部分に大木式に共通するcが用いられている。特に突起の基部のcは、大木9a式の里浜貝塚畑中地区出土土器に共通する用いられ方をしている。ただし文様を描く隆沈線は大木式本来のa・bより器面への接

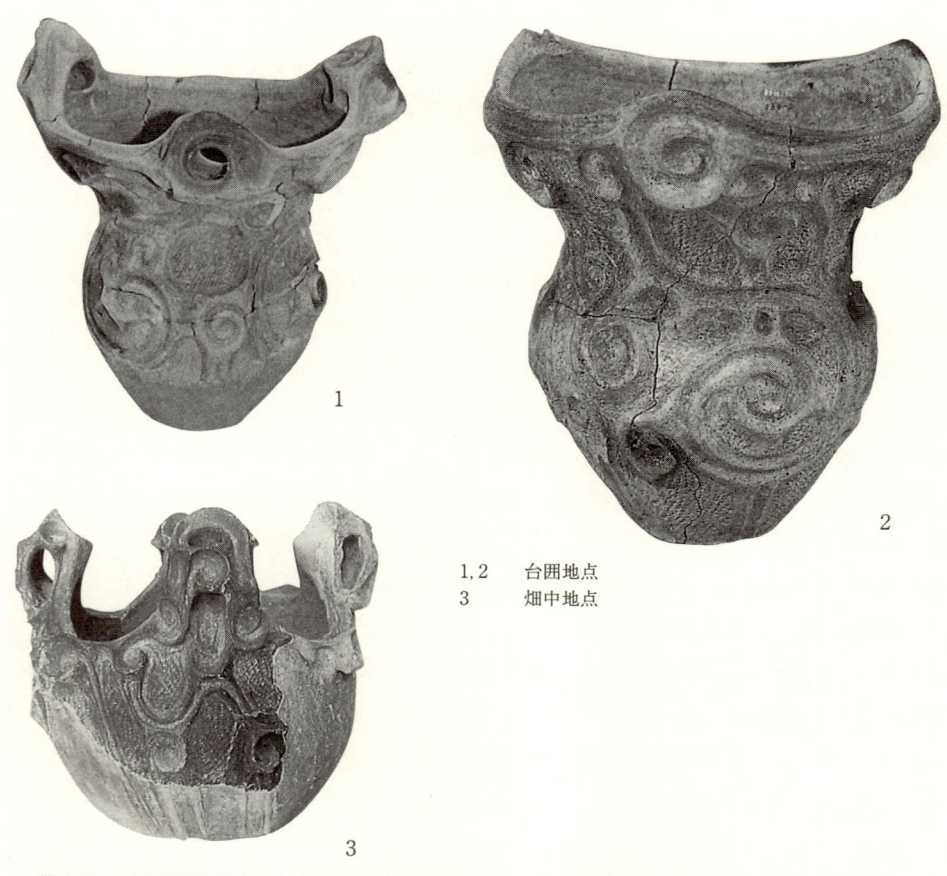

第8図　宮城県里浜貝塚出土土器（水沢・岡村2005より転載／奥松島縄文村歴史資料館蔵）

1,2　台囲地点
3　畑中地点

地部が細くかつ高さも無いため、部分的にはむしろ d に近い形態を呈する。さらに底部付近になると隆帯、つまり沈線間の盛り上がりが殆どなくなってしまう。

　SB5350-9 も主文様の「Jの字構成」は大木「9」式に共通する。ただ二本隆帯（脇の沈線は三本）で描かれる部分と三本隆帯（脇の沈線は四本）、一本隆帯（脇の沈線は二本）の部分が入り乱れて出現する。また、渦巻部分の脇や、その先の隆沈線のみが曲流する柄の部分の途中にも、余計な渦巻が付く。これらも本来の大木式を逸脱した文様構成上のゆらぎである。SB5350-9 の文様表出技法のうち「Jの字構成」の渦巻文様の頂部、口縁部直下の渦巻文、ならびに把手状突起の基部は大木式土器のcの範疇で捉えられる。ただその他の部分は SK9071-1 よりもさらに d に近く先の尖った断面三角形隆沈線によって描かれている。

　3）小　結

　以上の分析から屋代遺跡群出土土器の2点は、器形と文様帯構成、そしてそれらから設定された類型上は南東北地方の大木 8b 新段階〜「9」式に含まれる。文様構成上も大木 8b 式新段階〜大木「9」式だが、隆帯の本数や文様要素の配置に若干の逸脱がある。文様表出技法は大木「9」式〜大木 9a 式の特徴と、そこから外れた部分を併せ持つ。また把手の形態も大木「9」式〜大木 9a 式の様相が見えるが、直接比較できる資料が少ない。

III. 新潟県域における把手付突起を有する土器の諸相

1．双翼状突起の祖形にあたるもの

　さて、そもそも縄文時代中期において把手が最も盛行したのは中期中葉で、屋代遺跡群周辺の地域では、火焔型土器とその後続類型や、勝坂式から曽利I式にかけての土器などに多く見られる。とりわけ、火焔型土器の主要分布圏は大木式文化圏の南端に重なるため、大木式土器、火焔型土器・王冠型土器と越後の在地系土器が共伴（寺崎裕助 1991、小田由美子 1991）する新潟県域の土器事情は見逃せない。この地域の大木式土器には把手を備えたものが特に目立ち、その傾向は福島県西会津地方や山形県など東北南部にも広がる。

　まず、大木 8a 式新段階には大形の把手付突起が盛行する。特に2〜4つの貫通孔をもち、正面から見ると頂部が緩く尖った台形状を呈する把手付突起が新潟県津南町道尻手遺跡（第9図1）（佐藤雅一ほか 2005）・沖ノ原遺跡（渡辺誠・江坂輝弥 1977）、南魚沼市上ノ台II遺跡、湯沢町川久保遺跡（佐藤雅一 1986）、見附市羽黒遺跡（金子拓男・寺崎裕助 1982）など信濃川上〜中流域を中心に発達する。

　大木 8b 式段階になると、胴部文様は縄文地文に沈線で規格渦巻文（水沢教子 1996）が描かれるいわゆる大木 8b 式（第9図2・3・5）と、矢羽状沈線の地文に隆帯で規格渦巻文が描かれる類型（第9図4）の双方に4単位の把手付突起が付く場合が多い。その中に頂部が尖って双翼状的に左右が張り出し、掘られた溝に下から上に巻上がる渦巻が印刻される形態（第9図4）が存在する。また、把手付突起の基部は X 字状になるもの（第9図3・5）

254

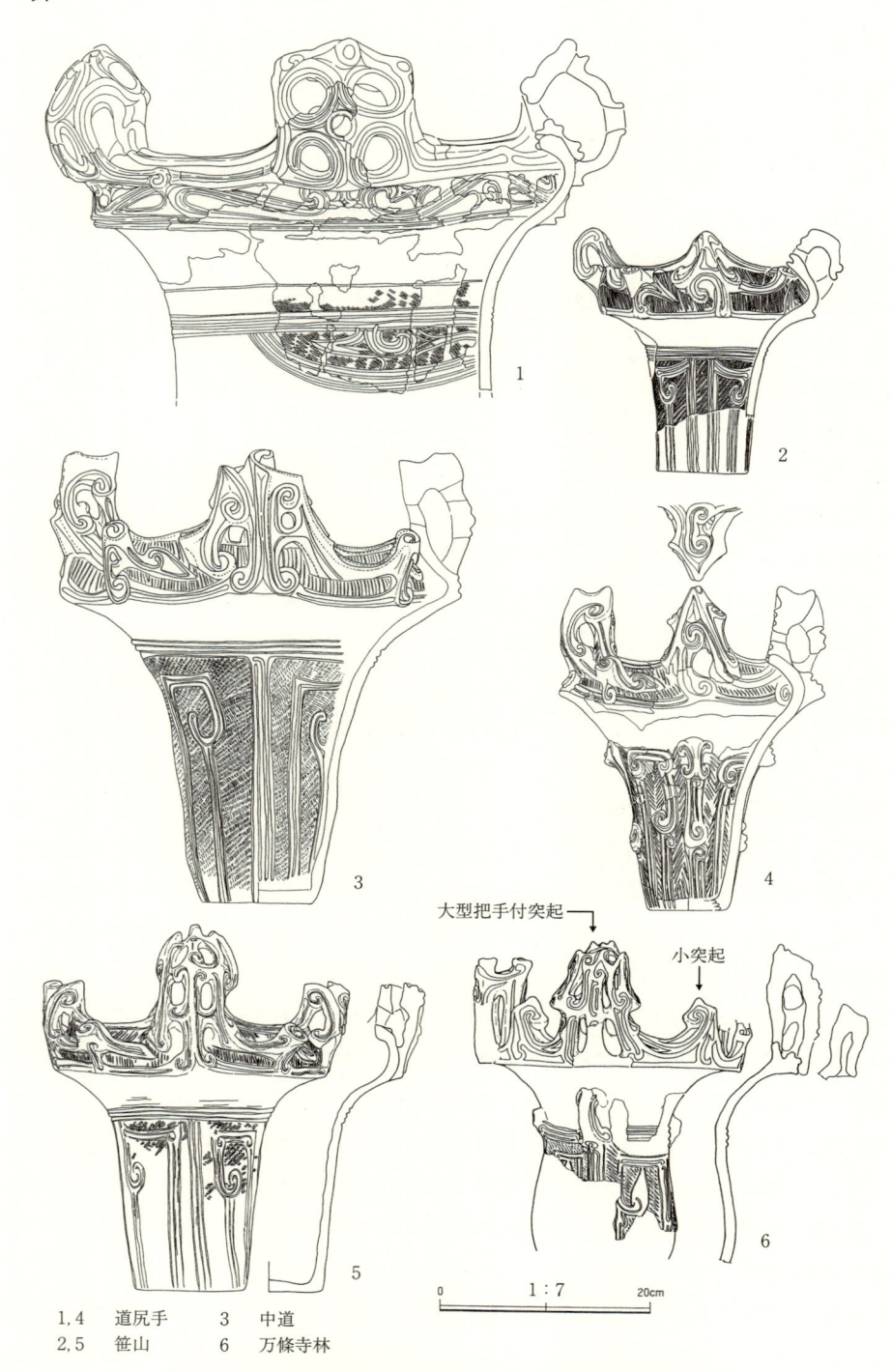

大型把手付突起
小突起

1:7

| 1,4 | 道尻手 | 3 | 中道 |
| 2,5 | 笹山 | 6 | 万條寺林 |

第9図　新潟県の信濃川流域の大木式土器（各報告書より引用）

とXの交差部分がやや離れ、結果として左右対象の橋状になる例（第9図2・4）がある。これらは長岡市栃倉遺跡（藤田亮策ほか1961）・馬高遺跡（中村孝三郎1958）・岩野原遺跡（寺崎裕助ほか1981）など信濃川中流域と十日町市森上遺跡（金子拓男ほか1974）、沖ノ原遺跡、南魚沼市万條寺林遺跡（池田亨・荒木勇次ほか1988）など上流域、そして海岸部の

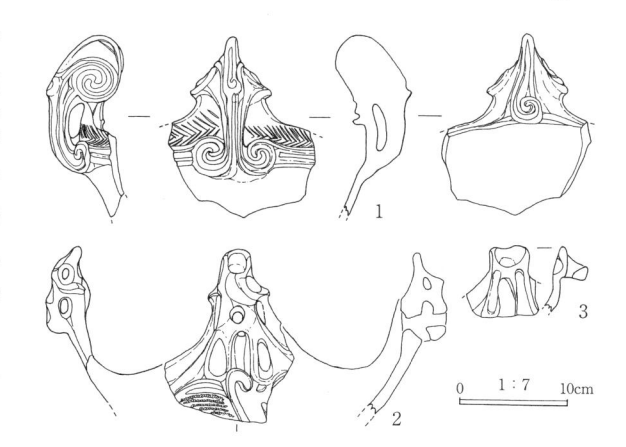

第10図　長野県明神前遺跡出土土器（笹沢2001より引用）

柏崎市岩野遺跡、糸魚川市中山A遺跡（山岸洋一2005）や関川流域の上越市山屋敷I遺跡（寺崎裕助ほか2003）・前原遺跡（小田由美子2004）、妙高市大貝遺跡などと広範囲に分布する。さらにこの形態は長野県域の「唐草文系土器」の第II段階に共通する要素[8]なのである。大町市大崎遺跡、長野市明神前遺跡（第10図1）（笹沢浩2001）、安曇野市ほうろく屋敷遺跡出土土器（大沢哲ほか1991）など北信から中信にかけての数多くの遺跡で同様の形態の、突起が4単位付随する例が見られる。これらと同時期にあたると見られる新潟県十日町市幅上遺跡から出土した高さ83cmの大木8b式土器（水沢教子・岡村秀雄2005 p.22）も「双翼状突起」との関係が推測される、頂部が尖り左右に双翼状の張り出しをもつ突起を有する。これは網目状の隆帯が一周とりまくE類にあたるが、この網目状隆帯から4単位の把手付突起が上方向へ延びる。

　さて、万條寺林遺跡や幅上遺跡、沖ノ原遺跡からは口縁部文様帯の下端部が大きく張り出すとともに内側に強く屈曲し、非常に大形の把手付突起をもつA1類型の変化型が出土している。これらは4単位の大形の把手付突起とその間を埋める4単位の小突起を有する。万條寺林遺跡出土土器（第9図6）の大形把手付突起は頂部に複数の突起をもち、正面には沈線による蕨手文様が印刻されている。渦巻の方向は、両外側は上から下へ巻下がり、中央は下から上へ巻上がる。一方幅上遺跡の大形把手付突起例（水沢教子・岡村秀雄2005 p.21）では、「平突起」同様に頂部が平坦な箱状を呈し外周がヒレ状にやや隆起し、沖ノ原例では同様な箱状部分の頂部からさらに3つの突起が延びている（渡辺誠・江坂輝弥ほか1977 図版41-1）。これら上方向へ延びる突起は双翼状突起の双翼の跳ね上がりに繋がる要素とも考えられる。さらに間の小突起は三角形で頂部が尖り、沈線の印刻による渦巻が下から双翼方向に巻き上がる。これらの大形把手付突起の箱状形態と小突起との組み合わせは大木8b式新段階の高柳遺跡例にも共通する（第6図1）。

　このように大木8b式段階には双翼状突起に繋がる要素のある突起の多い信濃川中流域や上越地域ではあるが、断面台形の隆帯による渦巻文が複雑に連結しあう大木8b式新段

階の資料そのものは比較的不明瞭である。三条市吉野屋遺跡(県立三条商業高等学校社会科クラブ考古班 1974)や同長野遺跡(下田村教育委員会 1990)、羽黒遺跡といった長岡以北の遺跡や、上越市前原遺跡など全体が解る例は少ない[9]。さらに大木「9」式でも屋代遺跡群の SK9071-1 に相当するような良好な完形土器が現時点で少ない。

そのような中で、上越市山屋敷Ⅰ遺跡はこの両段階を含んでいることで注目される。沈線地文の大木 8b 式土器(第 11 図 1)に、先端が尖り基部に左右対称の渦巻が印刻される把手付突起

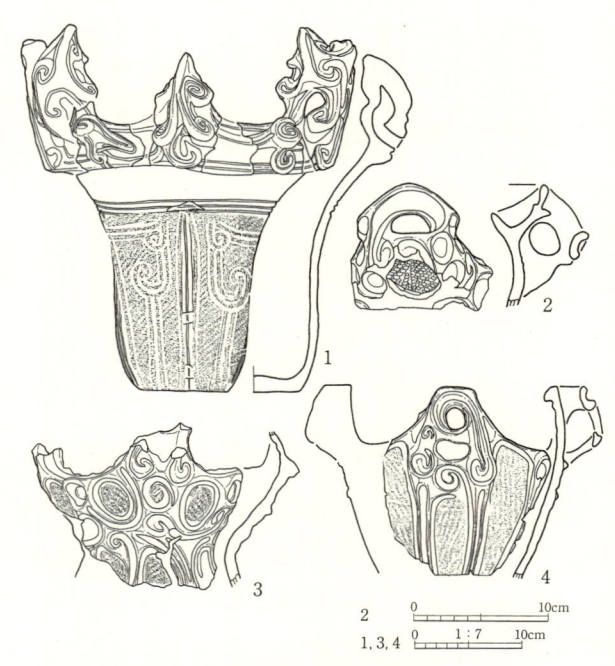

第 11 図　新潟県山屋敷Ⅰ遺跡出土土器
(寺崎ほか 2003 より引用)

が添付されている。またここでは大木「9」式にあたる胴部破片も出土している。把手付突起は残存していないものの双基部が痕跡的に残る大木「9」式土器(第 11 図 3)や里浜貝塚例などに類似した形態の突起(第 11 図 2)が該当する。

2. 大木 9a 式期の把手付突起

信濃川流域の大木 9a 式の完形品で把手付突起をもった例に沖ノ原遺跡出土土器(第 12 図 4)がある。これは沖ノ原式の基準資料である 1 号住出土土器(第 12 図 1〜3)と同時期と推定される。把手付突起は 4 単位で頂部は渦巻文の渦部分となっている。ここから二本の橋状隆帯が延びて器面に付着している。器面との接点にはボタン状貼り付けは見られない。その下部にはヒレ状渦巻が添付されているが、胴部の文様は直線的で曲流展開しない。

このように直線的な胴部文様構成の大木 9a 式はこの他、原遺跡出土土器(佐藤雅一 1998)にもみられ、この地域に共通するタイプを形成している。沖ノ原式のその他の土器は「沖ノ原類型」(第 12 図 1・2)や「万條寺林類型」(第 123 号住居址出土土器)といわれるもので(佐藤雅一 2002)、何れも把手を持たない。屋代遺跡群ではこれらの並行期とそれ以降の時期にも把手付突起が盛行するのとは対照的である。情報の発信とその伝播・継承のあり方を今後さらに探っていく必要があろう。

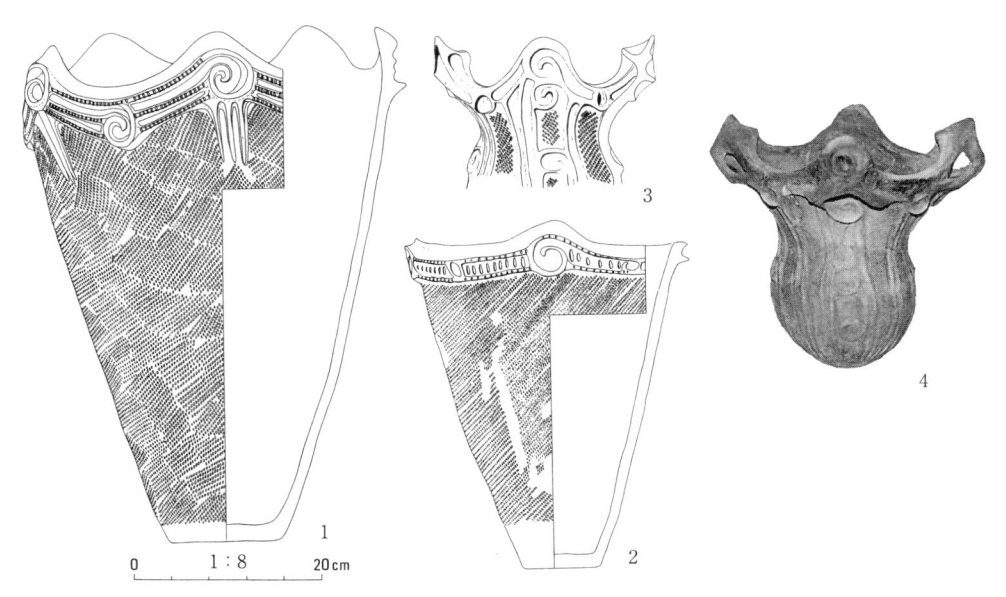

第12図　新潟県沖ノ原遺跡出土土器（1〜3：報告書より引用、4：水沢・岡村2005より転載／津南町教育委員会蔵）

IV. 把手付突起の添付の意義と大木式土器情報の移動と模倣

1. 把手付突起の動向

　以上の検討からSK9071-1とSB5350-9は、器形や文様帯構成という点では大木9式の中心分布地域の流儀を受け継ぎ、文様や技法も一見大木式の様相をもつことが解った。ただ細部にはそこから逸脱した要素があり、さらに把手付突起の形態は大木式の中心分布域での類例が少ないため系統を辿れる状態になく、かといって突起が大木8a式段階から長く流行してきた新潟県域の信濃川流域では両者の祖形と推測される把手付突起はあれど、実際に両者に類似した把手は判然としない。その意味で今のところ、これらは大木9式に極めて近い大木系とは言えてもその産地を型式学的な検討や分布論のみで絞り込むのは極めて難しいというしかない。ただ宮城県大木囲貝塚という大木9式の中心地と、長野県屋代遺跡群という大木式の南限を越えた場所、そして秋田県松木台III遺跡といった北部に「双翼状突起」の類例が散発的に出土する意義は極めて大きい。類例が少なく、論を展開できる段階にはないものの、その背景として縄文時代史上特異な豪華さと均衡そして斉一性と分布の偏在性を兼ね備えた火焔型土器やその後続型式と大木式土器を併せ持っていた人々の文化の理解が鍵になるように想像する。つまり、太平洋側と日本海側を繋ぐルート、そして日本海側を伝っての交流の実態の解明が必要となろう。今回深く検討できなかったが、大木8a〜8b式期に南東北地方と火焔土器分布圏との情報の交流によって大木式の要素をもつ越後在地系土器が製作されたように、火焔土器文化圏から西会津を経由して南東

北地方への把手情報の拡散も予想される。また大木囲貝塚からは曽利式系の折衷土器が出土し（須藤隆2006）、宮城県塩竈市桂島貝塚や山形県西川町山居遺跡（氏家信行・志田純子ほか1998）には大木8b式B類型に新潟県から長野県域で流行する矢羽状沈線地文が施された個体が存在する。このように、火焰型土器分布圏と東北地方間の情報の流れは双方向に作用してきたのだろう。そしてさらにこれらを踏まえて、情報の伝達の問題、つまり土器の移動、土器を作る人の移動、そして土器情報のみの移動等の動態に迫る必要があろう。

　それでは屋代遺跡群に視点を定めた場合、今回の検討してきた2つの土器を通じて屋代遺跡群にもたらされたものが何であったかを予想できるのだろうか。先述したように器形や文様帯構成という土器の骨格が大木式分布圏の土器に通じる点、文様構成や文様表出技法の大枠が大木式土器を踏襲している点からは、仙台湾などの中心分布域からではないとしても、これらを熟知した土器作り人の移動か土器の移動が考えられよう。仮に信濃川流域～上越地域の大木8b式系の把手付突起が発展して「双翼状突起」が成立するといった様相や大木9式土器の胴部文様の細部の変容がこの地域の出土土器から追証されれば、この地域から千曲川流域への搬入もしくはこの地域からの土器を作る人の移動が可能性の一つとなろう。ただ何れの場合にしても、土器の単独移動は「交易」、土器を作る人の移動は「集団移動」や「作り手の婚入」といった、縄文人の生業・家族・社会組織・生活文化領域などに係わる重要な意味合いを持つ。これらの慎重な検討と、その解釈の結果の蓄積こそ縄文社会復元のための基礎作業になることを忘れてはならない。

2. 屋代遺跡群出土大木系土器の胎土

　土器の動きを推定するために型式学的な情報に加えて必要な情報こそが、土器の胎土情報であると考える（水沢教子1992）。型式学的・技法的に大木式固有の特色をもった土器が千曲川流域の地元の素地土で作られたとしたら、それこそは、ある程度精巧な大木式土器を日常的に作れる人の存在を意味する。つまり、土器製作者の移動となろう。逆に地元の素地土でなければ、それは搬入品と解釈され、次の段階で産地の検討へ進めるのである。

　屋代遺跡群2期のヒレ状突起を有する大木系土器には胎土の特徴から、千曲川水系への搬入品の可能性が高いものがある（水沢教子2005）。ただこれは屋代遺跡群の在地に産出する裾花凝灰岩を含む地元産と推測される他の土器とは胎土が異なるというだけで、その産地が北信地域や新潟県域なのかさらに遠く東北地方まで行くのかは定かではない。これに対し、SB5350-9の胎土は地元の裾花水冷凝灰岩を含む圧痕隆帯文土器など在地の胎土とは異なるが、おそらく2b期の情報を基に地元の人々が製作したであろう3a期大木系土器の中に類似した胎土のものがあることが示されつつある（水沢教子2007予定[10]）。粘土部分のX線分析からも、地元の土器とは異なるものの、やや千曲川水系に近い化学組成が報告されている（建石徹2000）。このことから、SB5350-9は地元で作られた可能性もまだ完全には否定できない。そしてもし本資料が在地で作られたとしたら、土器の作り手の移

3. 把手付突起の取り付け意義

　把手付突起は一体何のために付けられるのだろうか。従来の装飾効果説に加え、炉で煮炊きをする際に紐を掛けて吊す説（三上徹也1995）は興味深い。仮に機能はそうであったとしても、秘められた付加価値が把手には存在するのではないか。かつて、把手の欠損形態が一様に台形状の抉りである点と、X線透過写真に現れた土器作りの際の粘土塊組み合わせ痕跡とは無関係に把手が欠損している点から、把手付突起が故意に切り落とされている可能性を指摘した（水沢教子2003b）。千曲川流域の他の遺跡でも把手付突起のみが単独で出土する例が多いため、本体から切断され、運ばれた可能性すらある。そうであれば、それはかなりの遠隔地へ移動することもあり得るだろう。信濃川流域で誕生した双翼状の把手付突起が逆に南東北の大木式の文化圏へ運ばれたり、信濃川を遡って屋代遺跡群へ運ばれ、それを真似て土器を作るようなことも考えられるのかもしれない。

　大木囲貝塚の土器の突起が一つだけ異なり、その類例が遠隔地から出土する意味。そこには本来平坦な突起をメルクマールにしていた通常の土器から一歩離れた何らかのメッセージ性が読みとれるのではないか。更に複式炉を有する大木式土器文化圏を更に遡った千曲川中流域に忽然と現れた大木9式土器と大木9式系土器を一時的にではあるが20％近くも含む集落。その一番古い土器の把手にこの形態が出現した意味。そして加曽利E式や地元の圧痕隆帯文土器とともにこの形態をも守り続けたこだわり。そこには単発的な土器の移動や模倣を越えた濃厚な人と人との交流が窺えると考える。これが社会的にどのような意味を持つのか、先行する矢羽根地文を有する土器や、2つの土器の後に続く退化形態の把手付突起の千曲川上流地域への拡散の状況を含めて、今後も多方面から検討していく必要があろう。

終わりに

　かつて東北地方の大木8b式が越後で一時的な変容を遂げ、その要素が信濃の唐草文系土器の中に取り入れられていく過程を論じたことがある（水沢教子1996）。奇しくもその脱稿直後に千曲市屋代遺跡群の地表下4mの地点から縄文中期後葉の生活面が偶然発見され、本調査によって大量の大木9式系土器群が出土した。これはそれまで把手や胴部破片が出土するに止まっていたり、かなり変容した土器のみが知られていた千曲川水系の大木系土器の情報量を飛躍的に増加させたのである。屋代遺跡群を地下深く埋めた土砂は大河千曲川の溢流氾濫によって運ばれたシルト質の砂層である。屋代遺跡群に止まらず、大木9式の集落が海岸・湖沼・大河の側など土砂に深く埋もれやすい場所に立地する傾向が強いことが発掘調査の制約となり、この土器の分布を長らく不明瞭にしてきた。ただ、今後は広

域的な土器の編年に終始するのではなく、そのような場所に生活することを余儀なくした生業を含めての彼らの生活様式、そして中期後半期の東日本社会の土器文様を席巻することになったその文化的な原動力を課題として設定していきたいと考える。おわりに、本論の成果と今度の課題をまとめて結びとしたい。

〈成　果〉

●長野県屋代遺跡群出土の2点の土器は、南東北地方特に仙台湾周辺の大木式土器との比較において、器形・文様帯構成は大木8b式～「9」式と捉えられる。文様構成は、大木8b式新段階～「9」式、文様表出技法は大木「9」式～大木9a式の特徴で捉えられるが、それぞれ本来の大木式を逸脱した要素が若干含まれている。

●屋代遺跡群出土2点の土器の把手付突起の形態は、大木「9」式にあたる宮城県大木囲貝塚等出土土器、大木9a式にあたる上深沢遺跡出土土器に類似し、突起基部の形態は大木9a式期の里浜貝塚例等に類似している。

●宮城県大木囲貝塚出土土器の突起は四単位のうち三単位は東北地方の大木式に多用される「平突起」形態だが、1単位だけが「双翼状突起」的であり、非常に象徴的である。

●新潟県の信濃川流域では把手付突起をもつ大木系土器が多く、大木8b式並行期には屋代遺跡群で多出する「双翼状突起」の祖型とみられる資料も存在する。ただ、大木9式に至る型式学的変化を推測するに足る資料は今のところ充実していない。

〈課　題〉

●型式学的な分析から2点の土器が屋代遺跡群にもたらされた背景には、土器の移動か、土器作り人の移動が考えられる。胎土分析によってこれらが在地の素地土から作られているのか、そうでないのかを粘土と砂の双方の分析から解明していく必要がある。

(2006年12月21日脱稿)

謝辞

「科学分析は地味ですが、緻密で大切な作業です。これからの考古学には必要不可欠になるはずのこのような分野には、継続的な根気強さこそが必要と思います。」考古学を志望しながら野外では貧血や頭痛に倒れがちだった私が、20年以上前に恐る恐る東北大学文学部考古学研究室の扉を叩いた折りの須藤隆教授のお言葉である。そしてその後の暖かいご指導により、胎土分析をはじめとする科学的な手法による考古学の道へと進むことができた。先生の学恩に心から感謝し、ご健康と益々のご活躍をお祈りいたします。また、中心分布域から離れた信州で大木系土器の研究を進めるにあたって、多くの皆様から貴重なご助言・ご協力を賜りました。記して謝意を表します。

会田容弘、相原淳一、阿部博志、石原正敏、大竹憲昭、岡村秀雄、岡村道雄、小田由美子、金子拓男、金子直行、川村　正、川崎　保、菅野智則、郷道哲章、木幡賀一、小林圭一、小柳義男、佐藤雅一、佐藤　啓、白沢勝彦、菅原弘樹、鈴木徳雄、関根慎二、高橋

理、高橋　保、田中耕作、田中正治郎、谷藤保彦、堤　隆、寺内隆夫、寺崎裕助、土肥孝、丹羽　茂、林　謙作、原　充弘、藤巻正信、細田　勝、前山精明、松井　章、宮下健司、室野秀文、本橋恵美子、山田晃弘、山本　肇、綿田弘実、奥松島縄文村歴史資料館、仙台市教育委員会、津南町教育委員会、東北大学、東北歴史博物館、長野県立歴史館

註

1) 上信越自動車道建設に伴う更埴条里遺跡・屋代遺跡群の発掘調査では、約 2.2 km 116,000 m² の調査区内の各地区に局地的に展開した縄文集落だけで調査終了時点でコンテナ約 3,000 箱、全時期を合わせると 10,000 箱程度の膨大な資料が採集され、信濃の歴史を様ざまな角度から塗り替えた。

2) 「大木系土器」とは、大木式土器の本来の分布圏（筆者は類型組成の完備や土器の機能と連動することが予想される複式炉の存在から、大木 9 式の分布南限は信濃川上流域と考えている）外に住む人々が、大木式土器を模倣して在地で製作した土器と捉えている。これに対し、大木式の本来の分布圏から搬入された土器は「大木式土器」といえる。千曲川水系で出土する土器はこの 2 者のいずれかのはずである。ただ、このどちらであるのかを土器の表面観察のみから認定するのは大変難しい。これは「他地域から搬入された異系統土器」（寺内隆夫 2005）全体の問題でもある。

3) 大木 9 式土器の細分は、別表の地点別資料や層位に基づいた先行研究を踏まえ、仮称大木「9」式（大木 9a 式古相）、大木 9a 式（大木 9a 式新相）、大木 9b 式の 3 段階区分を 2003 年に発表した（水沢教子 2003a）。大木「9」式と大木 9a 式の名称の問題は据え置いたままだが、今回はこれに従う。なお、林謙作氏の「大木 9 0（きゅうぜろ）」段階の理解は、浅部貝塚出土土器に基づく氏からのご教示によるものである。なお屋代遺跡群 SB5350-9 も「大木 90」であるとのご教示をいただいている。また本稿で「大木 9 式」と表現する場合は大木「9」式～9b 式全体を指す。

註3　別表

研究者と論文 \ 主な遺跡	山内資料大木 9 式の古いもの≒山前遺跡 2 層、幡谷貝塚、里浜貝塚台囲地点ほか	里浜貝塚梨木囲地区破砕片層、上深沢遺跡包含層、大梁川遺跡 IV 層、原瀬上原遺跡 12 住炉	青島貝塚 F トレ第 4 層、上深沢遺跡、大梁川遺跡 III c～d 層、原瀬上原遺跡 12 住下層、観音堂 8 住床・ピット	大梁川遺跡 III a～b 層、原瀬上原遺跡 12 住上層、塩沢上原遺跡 A II 区 3 住、観音堂遺跡 27 住床・炉
林　謙作 1965	（「大木 9 0（きゅうぜろ）」式）大木 8 b～9 式	大木 9a 式	大木 9b 式	（大木 9c 式？）
丹羽　茂 1981・1988		古い様相の大木 9 式	新しい様相の大木 9 式	新しい様相の大木 9 式
須藤　隆 1985	大木 9 a 式	大木 9a 式	大木 9b 式古段階	大木 9b 式新段階
相原淳一 1988	大木 9 式前半期	大木 9 式前半期	大木 9 式後半期	大木 9 式後半期
本稿	大木「9」式（大木 9a 式古相）	大木 9a 式（大木 9a 式新相）	大木 9b 式	大木 9b 式

4) 把手付突起とは、把手が付き、かつ口縁部から上方向へ延びた突起のことを指す。通常「把手」とか「突起」と呼ばれている。東北地方の大木式土器には3単位と4単位がある。火焰型土器やその系列下にあるといわれる新潟県の中期中～後葉土器群の場合は4単位である。屋代遺跡群の場合も確認できた全てが4単位となっている。

5) この検出が正しければ、住居を建てる前に把手付突起と底部周辺が打ち欠かれ、胴部だけがSB5350-9の床下に埋められ、住居機能時もしくは廃絶時に突起だけがピットに入れられたことになろう。そして本住居跡の住人は、胴部を埋めても突起だけは保管していたともいえよう。

6) 仁斗田貝塚出土土器のうち、A類型の大木8b式古段階にあたるもの（林謙作氏がp77 図24-2に「田代島」土器として図示したもの（林謙作1965））は、把手付突起を持ち、先端が尖り「双翼状突起」的な張り出しを有するとのご教示を丹羽茂氏よりいただいた。

7) ただし140・141層の直上に広がる127・128層の土器の沈み込みが予想されるためこの2層は除いて考える。

8) 新潟県の矢羽状沈線を地文に持つ土器と長野県の「唐草文系土器」II段階の把手付突起を有する土器の共通性は非常に高い。各要素には、別土器型式内の類型の類似度を越えた共通性が見て取れる。何らかの型式の枠組み、もしくは説明の枠組みを整備する必要があろう。最近長野県中野市千田遺跡でこれらがまとまって出土しており、両地域の土器群の関係が解明されつつある。

9) 矢羽状沈線を地文とし、規格渦巻文が展開する類型が大木8b式新段階に相当するという編年（佐藤雅一ほか2005）も示されている。

10)「屋代遺跡群出土煮沸具の胎土分析」（上）・（下）『長野県立歴史館研究紀要』13・14号 2007・2008予定

引用文献

会田容弘 1999『里浜貝塚平成10年度発掘調査概報』鳴瀬町文化財調査報告書第5集　鳴瀬町教育委員会

相原淳一 1988「V. 考察　1. 土器」（相原淳一ほか 1988『七ヶ宿ダム関連遺跡発掘調査報告書IV 大梁川・小梁川遺跡』宮城県文化財調査報告書第126集　宮城県教育委員会　pp. 395-455所収）

藤田亮策ほか 1961『栃倉』栃尾市教育委員会

古川利意・佐藤光義 1985『博毛遺跡』高郷村教育委員会

原　充広 1994「月崎A遺跡（第7-9・11-13次調査）」『飯坂南部土地区画整理事業関連遺跡調査報告III』福島市文化財報告書第65集　福島市教育委員会 pp. 10-122

原　充広・安中　浩 1997『月崎A遺跡（第6・16・18-26次調査）』福島市文化財報告書第95集　福島市教育委員会

林　謙作 1965「縄文文化の発展と地域性―東北―」『日本の考古学』II pp. 64-96

林　謙作 1976「亀ヶ岡文化論」『東北考古学の諸問題』pp. 171-203

池田　亨・荒木勇次ほか 1988『万條寺林遺跡』塩沢町文化財調査報告書第7集　塩沢町教育委員会

石原正敏ほか 1998『笹山遺跡』十日町市埋蔵文化財発掘調査報告書第14集　十日町市教育委員会

伊藤　裕・須田良平 1987「中ノ内B遺跡」手塚均ほか『中ノ内A遺跡・元屋敷遺跡他』宮城県文化財調査報告書第121集　宮城県教育委員会　pp. 401-465

伊東信雄 1977「山内博士東北縄文土器編年の成立過程」『考古学研究』24-3・4 pp. 164-170

金子拓男ほか 1974『森上遺跡発掘調査概報』 中里村教育委員会

金子拓男・寺崎裕助 1982『羽黒遺跡』 見附市教育委員会

加藤 孝 1956a「陸前國大松澤貝殻塚の研究 (1)」『宮城学院女子大学研究論文集』9 pp. 63-72

加藤 孝 1956b「陸前國大松澤貝殻塚の研究 (2)」『宮城学院女子大学研究論文集』10 pp. 139-156

県立三条商業高等学校社会科クラブ考古班 1974『吉野屋遺跡』

菊地政信 1997『台ノ上遺跡発掘調査報告書』米沢市埋蔵文化財調査報告書第 55 集 米沢市教育委員会

小岩末治 1961「上古篇」『岩手県史』1 pp. 1-342

駒形敏朗・小熊博史ほか 1998『中道遺跡』 長岡市教育委員会

熊谷常正 1982「IV 解説 1. 縄文時代 (3) 中期」『岩手の土器』 岩手県立博物館 pp. 77

興野義一 1996「山内清男先生供与の大木式土器写真セットについて」『画竜点睛』pp. 215-224

三上徹也 1995「土器利用炉の分類とその意義」『長野県立歴史館研究紀要』第 1 号 pp. 93-102

宮城県教育委員会 1976『山前遺跡』 小牛田町教育委員会

宮城県教育委員会 1978『東北自動車道遺跡調査報告書 I 上深沢遺跡』宮城県文化財調査報告書第 52 集 宮城県教育委員会

水沢教子 1990「縄文社会における領域と交流―中期縄文土器の胎土分析を通じて―」東北大学提出修士論文

水沢教子 1992「縄文社会復元の手続きとしての胎土分析」『信濃』第 44 巻第 4 号 pp. 16-34

水沢教子 1996「大木 8b 式の変容 (上)」『長野県の考古学』pp. 84-123

水沢教子 2000「第 5 章第 3 節 1 土器」、「第 10 章第 1 節 2 中期後葉の土器」水沢教子・寺内隆夫ほか『上信越自動車道埋蔵文化財発掘調査報告書 24 更埴条里遺跡・屋代遺跡群―縄文時代編―』長野県埋蔵文化財センター発掘調査報告書第 51 集 長野県埋蔵文化財センター pp. 122-166、298-316

水沢教子 2003a「中期後葉の渦巻文を有する土器とその周辺」『第 16 回縄文セミナー中期後半の再検討』pp. 161-188

水沢教子 2003b「縄文土器の突起周辺の X 線透過観察」『長野県立歴史館研究紀要』第 9 号 pp. 2-14

水沢教子 2005「屋代遺跡群出土『圧痕隆帯文土器』の胎土」『長野県立歴史館研究紀要』第 11 号 pp. 88-95

水沢教子・岡村秀雄 2005『平成 17 年度夏季企画展図録 地下 4 m の「縄文伝説」―屋代遺跡群愛と出会いの 4 千年―』 長野県立歴史館

中村孝三郎 1958『馬高』 長岡市科学博物館

丹羽 茂 1981「大木式土器」『縄文文化の研究』4 pp. 43-60

丹羽 茂 1988「中期大木式土器様式」『縄文土器大観』1 pp. 194-243、346-352

小田由美子 1991「火炎土器様式ノート」『新潟県考古学談話会会報』7 pp. 1-5

小田由美子 2004「第 III 章 前原遺跡」『上信越自動車道埋蔵文化財発掘調査報告書 XII』pp. 9-65

大沢 哲ほか 1991『ほうろく屋敷遺跡』明科町の埋蔵文化財第 3 集 明科町教育委員会

大野憲司ほか 1986「第 2 編 第 6 章 松木台 III 遺跡」『東北横断自動車道秋田線発掘調査報告書 I』秋田県埋蔵文化財調査報告書 第 150 集 秋田県教育委員会 pp. 309-544

笹沢 浩 2001「第 1 章原始・古代 第 2 節縄文時代 ⑥明神前遺跡」『豊野町誌「豊野町の資料

(一)」』pp. 158-184
佐竹桂一ほか 1999『八ツ目久保遺跡』山形県埋蔵文化財センター発掘調査報告書第64集　(財)山形県埋蔵文化財センター
佐藤雅一 1986『川久保遺跡』　湯沢町教育委員会
佐藤雅一 1998「原遺跡の研究」『新潟考古』第9号 pp. 1-50
佐藤雅一 2002「沖ノ原式土器について」『第16回縄文セミナー中期後半の再検討』pp. 1-70
佐藤雅一ほか 2005『道尻手遺跡』津南町文化財調査報告第47集　津南町教育委員会
佐藤好一 1995『高柳遺跡』仙台市文化財調査報告書190集　仙台市教育委員会
下田村教育委員会 1990『長野遺跡発掘調査報告書』下田村文化財調査報告書第29号　下田村教育委員会
須藤　隆 1985「東北地方における縄文集落の研究」『東北大学考古学研究報告』1 pp. 1-35
須藤　隆 2006「大木9式土器」pp. 10-12・28-29　早瀬亮介ほか 2006「東北大学文学研究科考古学陳列館所蔵大木囲貝塚出土基準資料―山内清男編年基準資料―」『Bulletin of the Tohoku University Museum』No. 5 pp. 1-40
建石　徹 2000「第10章第1節3　縄文中期土器の胎土　(3) 粘土の蛍光X線分析による在地胎土と異質胎土」水沢教子・寺内隆夫ほか『上信越自動車道埋蔵文化財発掘調査報告書24　更埴条里遺跡・屋代遺跡群―縄文時代編―』長野県埋蔵文化財センター発掘調査報告書第51集　長野県埋蔵文化財センター　pp. 318-319
寺崎裕助 1991「火炎土器様式について」『新潟県考古学談話会会報』8 pp. 1-19
寺崎裕助ほか 1981『岩野原遺跡』　長岡市教育委員会
寺崎裕助ほか 2003「山屋敷Ⅰ遺跡」『上越市史』資料編2考古 pp. 72-194
寺内隆夫 2005「千曲川流域と鬼怒川を結ぶもの」『怒濤の考古学』pp. 1-24
氏家信行・志田純子 1988『山居遺跡』山形県埋蔵文化財センター調査報告書第53集　(財) 山形県埋蔵文化財センター
綿田弘実 2003「長野県千曲川流域の縄文中期後葉土器群」『第16回縄文セミナー中期後半の再検討』pp. 105-159
渡辺　誠・江坂輝弥 1977『沖ノ原遺跡発掘調査報告書』　津南町教育委員会
八木光則・千田和文 1982『大館遺跡群―昭和57年度発掘調査概報―』　盛岡市教育委員会
山岸洋一 2005『中山A・中山B遺跡発掘調査報告書』　糸魚川市教育委員会
山内清男 1937「縄紋土器型式の細別と大別」、「附表」『先史考古学』1-1 pp. 29-32
結城慎一 1989『上野遺跡』仙台市文化財調査報告書第124集　仙台市教育委員会

東北地方縄文時代中期後半土器の研究
―器形変化に関する属性分析―

菅 野 智 則

はじめに

　これまでに縄文時代中期後半の集落を対象として分析を試み、集落に関わる現象の把握に努めてきた（菅野智則 2003・2005a など）。これらの分析は、比較的長い時間幅における特徴や変化であり、詳細な集落景観を復元するまでには至っていない[1]。集落景観に関する細かな状況を検討するためには、微細かつ確実な編年軸が必要となる。住居跡の時期比定に利用している縄文土器に関する研究は、編年研究を基軸として進められてきた。土器型式編年に基づき住居跡の時期が比定され、その上で他の遺構などとの関わり合いから、集落内での詳細な段階を設定することができる。集落研究においても、非常に重要な検討対象の一つとして位置づけることができる。小林謙一氏らにより実践されている研究は、これまでの研究史の中で大きな成果として評価できる（小林謙一 1999 など）。

　また、集落研究における土器研究には編年以外にも重要な役割がある。1984 年羽生淳子氏は、遺跡間関係の指標としての縄文土器の類似度に検討を加えた（羽生淳子 1984・1985）。こうした研究は、土器型式の地域性解明などの問題と、基本的には同質であると言える。これは、時間を主な要因とせずに生じる地域的な土器変化の把握方法と、研究者による空間的変異の認識の可能性に関する問題となる。そして、この分析により得られた土器の類似性により構成されたまとまりと、地域、遺跡、あるいは集団、個人というような考古学的集団における関係の位置づけが課題となる。さらに、これらの考古学的集団の概念と、現実的なそれらとの対応についても検討しなければならない（鈴木公雄 1974）。土器に表現される様々な現象を通じて、個人の身体的動作、思想的背景など人間が内包する多面性について、常に検討する必要がある。

　このような分析を進めるためには、時間・空間的差異などによる土器の形態的変異の認識と表現の方法が当面の課題となる。こうした形態的変異は、文化あるいは技術的変化を背景とする属性の変化として表現することができる。この属性は、分析者の想定する型式概念、表現あるいは分析手法などの違いにより、基準や項目の差異として示される（菅野智則 2005b）。このように考えるならば、土器型式の実態を捉えるため、型式設定に関わる重要な属性内容の明確化、属性表現手法、それらを用いた分析方法の確立が重要であると指摘することができる。

　本稿で主な対象としている東北地方中期後半土器の研究は、松本彦七郎によって開始さ

れ（松本彦七郎 1919a・1919b など）、山内清男により体系化された（山内清男 1937 など）。その研究は受け継がれ、数多くの研究者によって推進されている[2]。本稿では、それらの研究成果を踏まえつつ、分析方法の確立を目的とし、多様に存在する土器の属性から、器形をとりあげて検討する。

I. 研究の方法

1. 分析方法

　土器を分析目的に沿って細かな要素に分解し、要素毎に附属する個別的な属性の特徴から傾向を導き出すことにより類型を設定し、それぞれの変化と属性間の相関関係を求めることが基本方針となる。このように考えるならば、類型はメルクマールのような個別的特徴だけではなく、属性の複合的な組み合わせにより表現されるものとして理解することができる。

　本稿で目的とする土器の形態的特徴は、全体的なプロポーションを示す器形と、端面形、口縁形態、底部形態等の各部位の形態の二つに大きく分けられる。さらに、これらは実測図などの図面により二次元で表現される場合と、立体的な形状として三次元的に表現される場合の二種類に区分できる。これらの形態は、胎土選択を含めた製作技術と大きく関係する。このような製作技術の分析からは、土器形態の差違が生じる理由について言及することが可能となる。形態分析は、本来ならば製作技術の差異なども含めた上で、歪みなどの情報を加えた三次元データで検討すべきではあるが、本稿では実測図等の図面を元に検討を行う。

　土器の中央線をY軸、底部の線をX軸と仮定する。Y軸からは、高さに関する属性が得られ、器高や、頸部変換点などの特徴的な地点の高さを属性として設定することができる。X軸からは、径に関する属性が考えられる。最大径、最小径、口縁径、頸部径、胴部最大径、底部径等がある。また、X軸とY軸の属性と組み合わせた比率や角度等から、プロポーションを検討することができる。ただし、この基準となるXY軸設定の仕方により、採集できるデータの意味が変化するため、それぞれ定義が必要となる。また、このようにして採取した定量的データの全てが、必ず有意な傾向を示すとは考えにくい。こうしたデータのあり方は、その土器が有する個別的特徴に起因する問題であるのか、または属性項目設定の問題なのか、対象に応じて検討しなければならない。したがって、機械的に全ての項目を測定するのではなく、対象に応じて有意と考えられる属性項目を設定し、後に検証する必要がある。

　土器の側面形態、口縁や底部などの部位形態は、定量的な方法で表現することが難しいため、類型として表現する。深鉢や鉢、壺などの器種設定が代表的な事例であると言える。また、それぞれの器種には、くびれの有無や位置、ある定点からの外傾、外彎、内傾、内

彎等の傾きの度合い、あるいはその屈曲の程度等の特徴がある。これらの特徴を属性として設定し、その組み合わせにより器形を表現することができる。口縁形態には、平坦口縁や波状口縁のほか、突起などの付加物がある。底部では、尖底、平底、上げ底などがある。しかし、これら設定した類型間の境界事例の判断は難しい。そのため、設定した類型は、形態のみならず、定量データにより導き出された傾向に基づき、存在しうる範囲を提示し、分割あるいは統合する可能性を常に想定する必要がある。そして、最終的には、その形態を形成した技術と形態データとの相関関係から、その類型の存在が保証されるものと考える。

北上川流域の中期後半の深鉢形土器の器形は、全体的な傾向として、大木8b式期に認められるキャリパー形の口縁部の屈曲が弱くなり、緩やかな彎曲を描く器形に変化する。そして、後期になるにつれ底部から口縁部まで直線的な器形に変化することが想定できる。このような想定の検証のため、頸部屈曲点の有無と屈曲程度、底部から胴部への屈曲程度について検討を行う。本稿では、それぞれのあり方について、定量的な属性分析の方法確立を目的とし、技術的課題については稿を改めたい。

このような方法の問題点については、以前も指摘したが、①類型設定（その基準の妥当性と客観化の問題）、②現象の把握（類型を用いた分析方法の問題）、③相関関係の追求（相関関係の求め方と、解釈の妥当性の問題）の3点が考えられる（菅野智則2003）。とくに①に関しては、別の属性、2〜3つ程度の属性相関、あるいは多量の属性相関などの様々なパターンから求められる可能性がある。それぞれの高い相関を示す属性を組み合わせ、複数属性による土器形態の類型として設定し、その時間・空間軸変異を提示することが可能である。また、そのようにして設定された類型は、個別の属性類型より上位の概念であり、型式より下位の概念と判断することができる。

2. 分析条件の設定

本稿での時期区分は、これまで（菅野智則2003など）と同様に、中期後葉（大木9式）、中期末葉（大木10式）、後期初頭（観音堂式・門前式（本間宏1994））と大きく区分する[3]。分析する遺跡として、遺物出土量が多い岩手県一関市清水遺跡（村上拓2002）のほか、（旧西磐井郡花泉町）下舘銅屋遺跡（松本建速1999）、（旧東磐井郡千厩町）清田台遺跡（小原眞一2003）、上野平遺跡（酒井宗孝ほか2000）、北上市館IV遺跡（佐々木弘1993）、菅田遺跡（杉本良・岩田貴之2004）、南部工業団地遺跡（杉本良ほか1995）、西和賀町（旧和賀郡湯田町）本内II遺跡（星雅之ほか1998）を選択した（第1図）。別稿（菅野智則2005d）で示した地域区分での「1地域」の南半部となる。これらの遺跡出土土器のうち、完形に近い土器のみを集成した[4]。

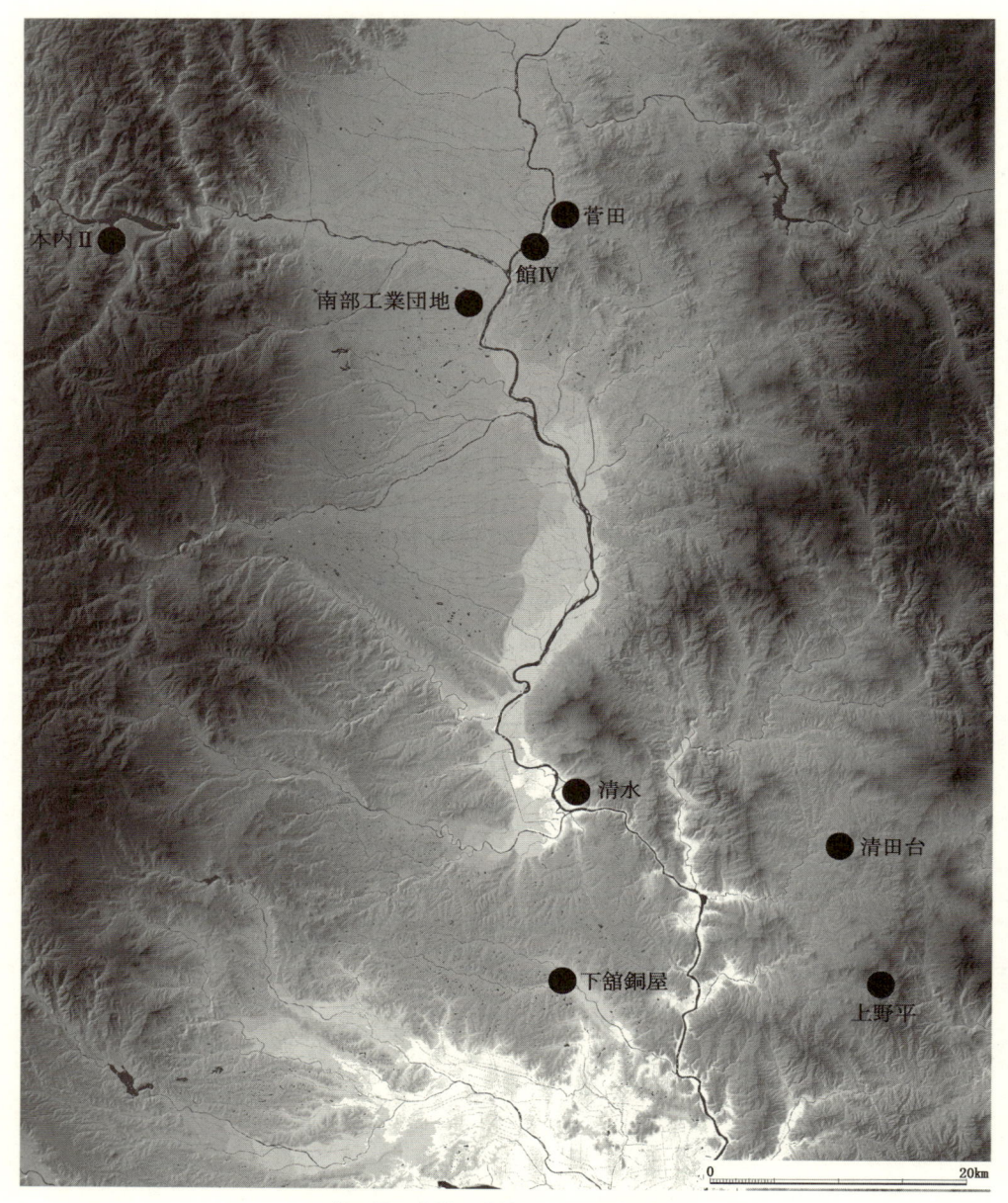

第1図　本稿で分析する遺跡の分布[5]

(1) 器種と器形類型の設定

　分析対象土器の器種には、深鉢、浅鉢、鉢、壺がある。深鉢から鉢については、全体のプロファイル、口径と器高の比率を参考としている。深鉢は、口径と器高の比率が、おおむね1：0.8以上、鉢は同じく0.8～0.5、浅鉢は0.5～0.2とした（芹沢長介編1979、須藤隆編1995）。壺は、基本的に口頸が体部最大径より小さく、頸部を有する器形として設定した（須藤隆編1995）。この壺には、頸部が無く、胴下部が脹む円筒状を呈する器形等も含

めた。今回、壺とした器形は、この事例が最も多い。壺の形態は多様であり、細分が可能である。本稿で対象とする器種の点数は、深鉢 160 点、台付深鉢 2 点、台付注口付深鉢 1 点、注口付深鉢 4 点、鉢 2 点、注口付鉢 4 点、浅鉢 3 点、壺 12 点の総計 188 点となる。

　今回の検討対象資料では、各時期において、深鉢が主体を占める（第 1 表）。中期末葉には、深鉢の各器種がほぼ揃う。注口部と台部は、基本的に深鉢と鉢に付く。無文土器を含む粗製土器には、注口部は付くことはない。台付深鉢は、清田台遺跡第 47 号住居跡に認められるように中期中葉には存在しているが、中期後葉になると消失し、中期末葉に再び登場する。装飾的な蓋は、清水遺跡において後期前葉に顕著に認められるが、その前段階では存在していない。こうした時期的な器種の有無がある程度想定できるが、破片資料を含め、より多くの遺跡を集成することにより、具体的な様相が明瞭になるものと考える。

　器形類型は、①口縁部の外反と内彎、②くびれ部の有無、③屈曲の位置あるいは各部位の彎曲程度により区分することができる（第 2 図）。

　口縁部が外反する器形は、くびれ部の有無で大きく区分できる。さらに、くびれ部を作り出す屈曲点の位置により細分した。屈曲点が最上位に位置する一群は、極僅かに口縁部が反り返る（a1 類）。その他の一群は、胴部でやや膨らみ、屈曲点付近で最小径となり、口縁部に向かい大きく開く（a2 類）。本稿で対象とする時期は、この器形が主体を占める。最大径が胴部にある場合と、口縁部にある場合が認められる。くびれ部が無い一群は、底部からやや緩やかに外反する（b 類）。また、a2 類のうち屈曲点が然程明瞭ではなく、緩やかに転換するため、b 類との区別が難しい事例がある。このような事例は、a3 類として区分した。

　口縁部が内湾する器形は、同様にくびれ部の有無で区分できる。くびれ部を境として、口縁部と胴部が膨む。この口縁部と胴部の膨らみの程度により区分できる。口縁部が大きく膨む一群は、胴部も膨らみ、口縁部が最大径となる（c1 類）。c1 類の中には、口縁部と胴部の両方が膨み、口縁部と胴部の径が近似する場合もある。口縁部のみが膨む一群の胴部は、底部より直線的に立ち上がり、屈曲点から緩やかに膨む（c2 類）。また、屈曲点が無い一群は、底部より緩やかに立ち上がり、口縁部付近で内彎する（d 類）。d 類は、c2 類と類似するが、底部からの立ち上がりの角度が大きい。また、定形的な門前式の深鉢は、突起以外の口縁形状から判断して、d 類に区分した。

　口縁形態は、平坦口縁（I）、波状口縁（II）、突起類（III）がある。波状口縁は波状の回数と製作方法、突起類も形態により様々に分類できるが、本稿では細分しない。なお、突起は、立体的な装飾を付けるものに限る。注口部についても、突起として取り扱う。また、深鉢 a2 類などで、山形状に粘土貼付を行い、波状を呈する場合が多々認められる。この場合、その完成した形態から、波状を意図したものと捉えた。突起分類を含めた口縁形態の細分は、器形と口縁形態、文様との相関関係を含め、今後の検討課題としたい。

深鉢

鉢   浅鉢

壺

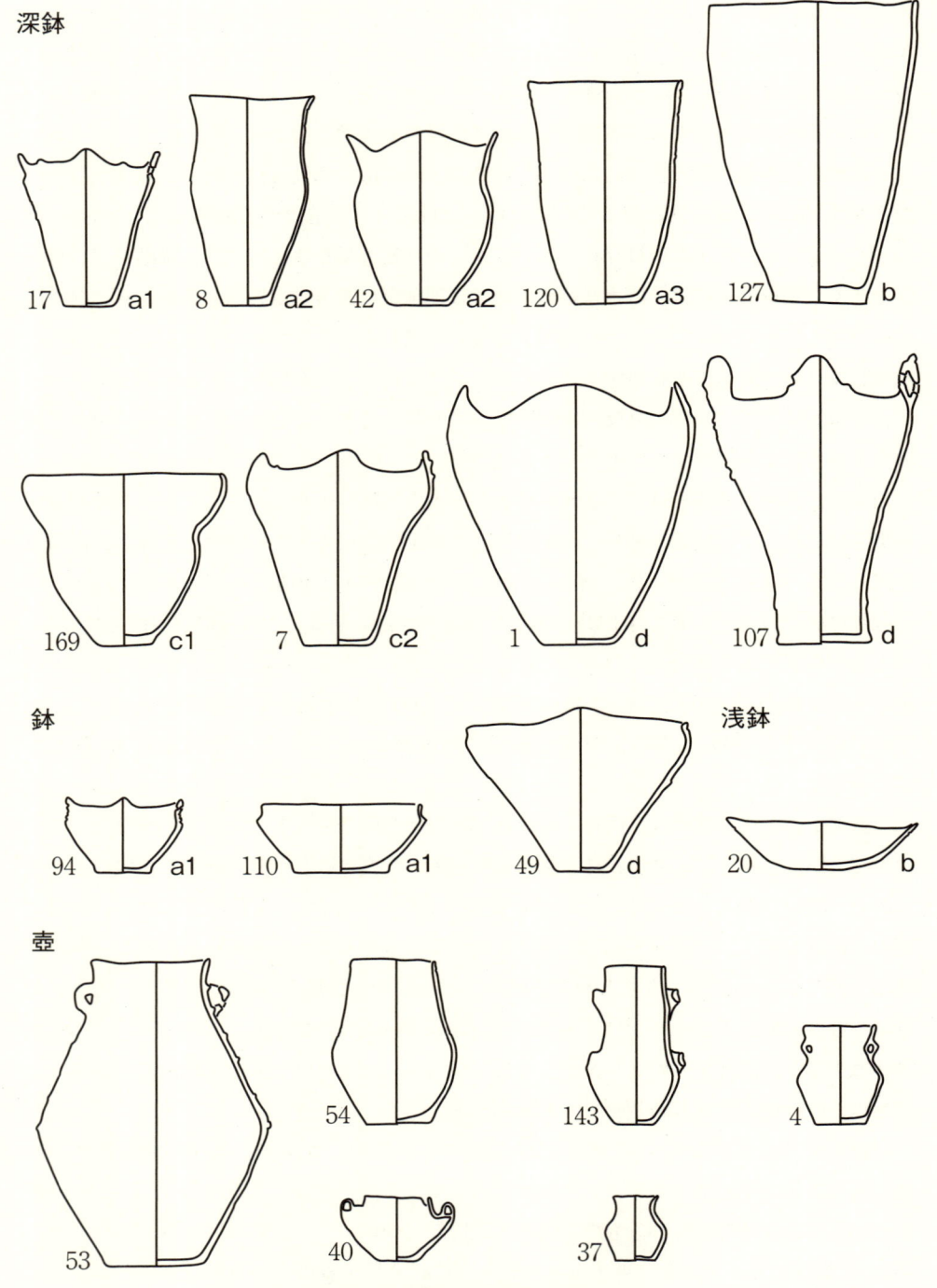

第2図 器種・器形分類図 (S=1/10)
左下の数字は付表の番号と対応する。

(2) 計測の方法

計測基準を設定した（第3図）。底径と口径を計測し、その中間点を結ぶ線を基準線とする（第3図a）。この基準線の高さを計測し、基準高とする。また、この基準線から垂線を引き、胴部最大径点と頸部最小径点位置を計測する。この基準線により、土器が歪んでいる場合でも、同一基準で胴部最大径点と屈曲点最小径点を計測することができる[6]。さらに、基準線と底部水平線がなす角度（中央角）により、土器の歪みが比較できる（第3図b）。

また、底部が水平になる線を作成し、土器最大径の接点を通る垂線を作成した。そして、その垂線から口縁部に接する垂線を作成する。これにより、土器に外接する四角形を描くことができる（第3図c）。この四角形の縦横を計測することにより、土器の最大幅と最大高を検討することができる。ただし、歪みなどにより大きく傾く事例もあるため、この値は画一的な性質となる。

外形形状は、断面図部分を用いて計測する。口縁部端面（A点）から、底部水平線へ垂線を引く。そして、頸部最小径点（B点）と胴部最大径点（C点）の位置を、その垂線に落とし、それぞれの口縁部端面からの区間距離を計測する（第3図d）。波状口縁や、突起が付く場合は、それぞれの頂点から計測した。

さらに、A点・B点・C点のそれぞれと底部端（D点）を結び、その角度を計測する（第3図e）。また、それぞれの点から点への角度を計測した（第3図f）[7]。

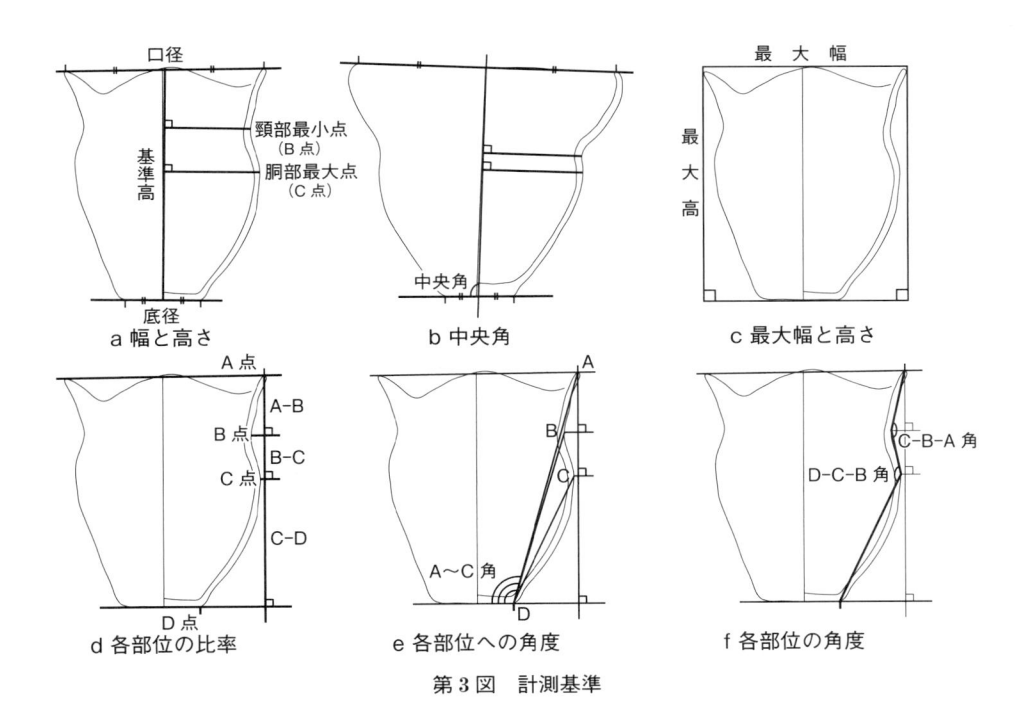

第3図 計測基準

a 幅と高さ
b 中央角
c 最大幅と高さ
d 各部位の比率
e 各部位への角度
f 各部位の角度

II. 分析

1. 器種と器形の変遷

深鉢が主体となり、その中でも a2 類が主体となる（第1表）。深鉢に関しては、中期後葉には a3 類を除きほぼ全ての器形が出現する。その後、中期末葉にいたり、c 類以外の各器形が揃う[8]。破片資料では、中期末葉の大木 10a 式期に c 類が認められるが、内彎する器形の主体は d 類にあることが推定できる。

口縁形態は平縁が約半数前後を占め中心となる。しかし、波状口縁も数量的に多く、中期後葉では平縁と同程度存在する。突起は、深鉢 a2・d 類に付く。

第1表　時期別器種・器形・口縁類型の点数

		中期後葉 I	Ⅱ	Ⅲ	計	中期末葉 I	Ⅱ	Ⅲ	計	後期初頭 I	Ⅱ	Ⅲ	計	粗製 I	Ⅱ	総計	
深鉢	a1						3		3	1		1	2	1	2	8	
	a2	4	6		10	38	9	1	48	11			11	8	1	78	
	a3					4	7		11	2			2			17	
	b	1	1		2	2			2					16	1	21	160
	c1	1	1		2											2	
	c2	1			1											1	
	d	1	1	1	3	5	10	2	17	1			1	11	1	33	
台付深鉢	a1						1		1					1		1	2
	b													1		1	
台付注口付深鉢	d						1		1							1	
注口付深鉢	b						2		2					2		2	4
	d							2	2					2		2	
深鉢 計		8	9	1	18	49	32	6	87	14	1	1	16	41	5	167	
鉢	a1									1			1	1		2	
注口付鉢	a1						1		1					1		1	4
	d					1	1	1	3					3		3	
浅鉢	a1													1		1	3
	b									1			1	1		2	
壺		2			2	7			7					1	2	12	
総計		10	9	1	20	57	33	8	98	16	2	1	19	46	5	188	

2. 器形の歪み

大体の器形において垂直（90°）に近い値を示し、今回の分析資料では、顕著な歪みは把握できない（第2表）。ただし、壺のばらつきが小さい。壺は、小形であり数量的な問題も

第2表　中央角の平均値と標準偏差

		中期後葉	中期末葉	後期初頭	粗製	総計
深鉢	平均	87.86	89.37	89.41	89.19	89.16
	標準偏差	1.60	2.18	1.12	1.86	2.01
	点数	18	83	16	46	163
鉢	平均		88.34	90.53	90.13	89.00
	標準偏差		4.06	-	-	3.44
	点数		4	1	1	6
浅鉢	平均			93.46	90.00	91.16
	標準偏差			-	0.81	1.76
	点数			1	2	3
壺	平均	86.70	89.56	88.59	91.38	89.30
	標準偏差	0.36	0.69	-	0.07	1.49
	点数	2	7	1	2	12
全体	平均	87.74	89.34	89.64	89.32	89.19
	標準偏差	1.56	2.23	1.41	1.83	2.05
	点数	20	94	19	51	184

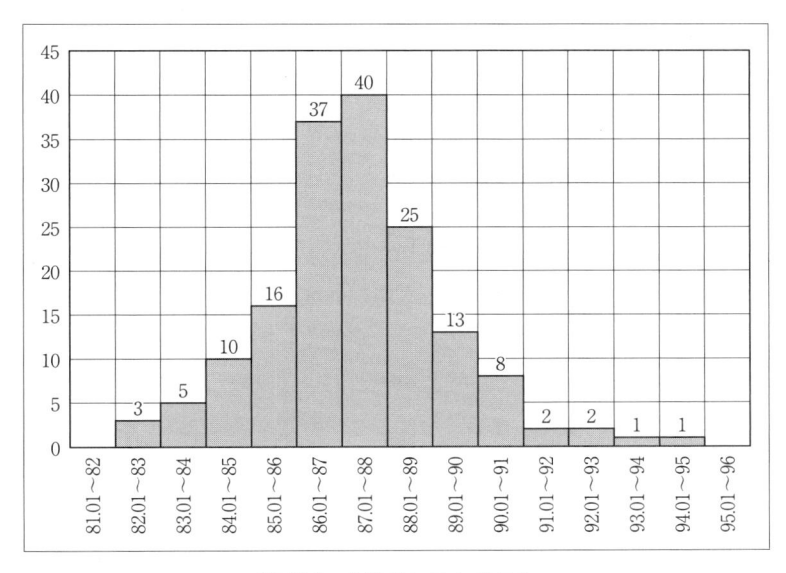

東北地方縄文時代中期後半土器の研究　273

第4図　中央角ヒストグラム

第3表　深鉢の口径・底径・高さ

	口径（cm）				底径（cm）				高さ（cm）			
	中期後葉	中期末葉	後期初頭	粗製	中期後葉	中期末葉	後期初頭	粗製	中期後葉	中期末葉	後期初頭	粗製
0.01～2												
2.01～4					2	3		1				
4.01～6					4	11		3				
6.01～8					9	29	4	7				
8.01～10	2	1		1	2	23	4	10	1			1
10.01～12	4	5	1	2	1	15	6	12	2	4		2
12.01～14	1	5	1	2		2	2	10	2	5	1	
14.01～16		4	1	5		1		2	1	3		3
16.01～18		8	2	2					1	1		2
18.01～20	2	5		6						3		1
20.01～22	3	16	4	4		1			2	6	1	1
22.01～24	3	13	3	9					2	4	1	3
24.01～26		5	1	6					2	4		2
26.01～28	1	5	3	5					3	5		2
28.01～30	1	7		1						5	1	2
30.01～32		4		2						4		
32.01～34		2								6	4	3
34.01～36										11	1	2
36.01～38	1	1								2	3	7
38.01～40									1	3	2	2
40.01～42										4		
42.01～44										3	1	2
44.01～46												1
46.01～48									1	3		1
48.01～50										1		
50.01～52										2		2
52.01～54										1		2
54.01～56												2
56.01～58												1
58.01～60												
60.01～62										1		
62.01～64												
平均	19.06	21.55	20.84	21.20	6.63	8.37	9.90	9.98	22.08	30.00	32.21	32.83
標準偏差	7.87	6.01	4.72	5.28	1.80	2.70	1.91	2.83	9.48	11.16	7.59	12.93
点数	18	81	16	45	18	85	16	45	18	81	16	45

　　　平均値の存在する階級を示す。

あるが、丁寧に作られていることが推察できる。また、点数が多い深鉢のみを、1°単位でヒストグラムにすると、89～90°をピークとする傾向が明瞭である（第4図）。

3. 深鉢のサイズ

サイズについては、注口付深鉢も含めた深鉢のみを分析対象とする。深鉢のサイズは、時期が新しくなるにつれ、底径、高さ共に大型化する傾向が認められる（第3表）。しかし、口径は大きくは変化しない。そして、次第に各径は収斂し、ばらつきが小さくなる。後期初頭に向かい、底径と高さが大型化しつつ定型化していく様相が把握できる。また、粗製深鉢は各時期に比べやや大型であり、口径と底径は収斂しているが、高さのばらつきは大きい。つまり、高さを変化させることにより、容量を調整していたことが想定できる。

第4表 深鉢の最大幅と最大高

	最大幅				最大高			
	中期後葉	中期末葉	後期初頭	粗製	中期後葉	中期末葉	後期初頭	粗製
6.01～8								
8.01～10	2	1			1			1
10.01～12	4	4	1	3	2	2		2
12.01～14		4	1		1	6	1	1
14.01～16		5		5	2	3		1
16.01～18	1	7	3	2	1	2		3
18.01～20	2	5		6		3		1
20.01～22	1	13	4	6	2	2	1	
22.01～24	3	15	3	6	1	7		4
24.01～26	1	5	1	3	3	4	2	2
26.01～28	1	6	2	7	3	4		2
28.01～30	1	8		5		9	1	2
30.01～32		3	1	1		4		
32.01～34		1				5	3	4
34.01～36	1	2				7	2	
36.01～38		1				5	1	8
38.01～40	1			1	1	4	2	1
40.01～42		1				3	2	1
42.01～44						4		1
44.01～46						1	1	1
46.01～48						3		2
48.01～50					1	1		
50.01～52						1		1
52.01～54						1		3
54.01～56								2
56.01～58								
58.01～60								1
60.01～62								
62.01～64						1		
平均	20.21	22.48	21.34	22.34	22.48	30.31	32.58	33.15
標準偏差	8.66	6.30	4.98	5.76	9.72	10.83	7.71	13.11
点数	18	81	16	45	18	82	16	45

また、最大高は、高さとほぼ同様の傾向を示す（第4表）。しかし、最大幅は、口径よりもばらつきは大きく、中期後葉から後期初頭に向かい、次第に収斂する。このことは、口縁部末端以外の部分で、口径を上回るような径の存在と、その部位が変化していることを示す。その部位は、深鉢c類の口縁部と胴部の膨らみ、あるいは深鉢a類の胴部の膨らみなどの部分と考えられる。

第5表　器形毎の最大幅と最大高の時期的変遷

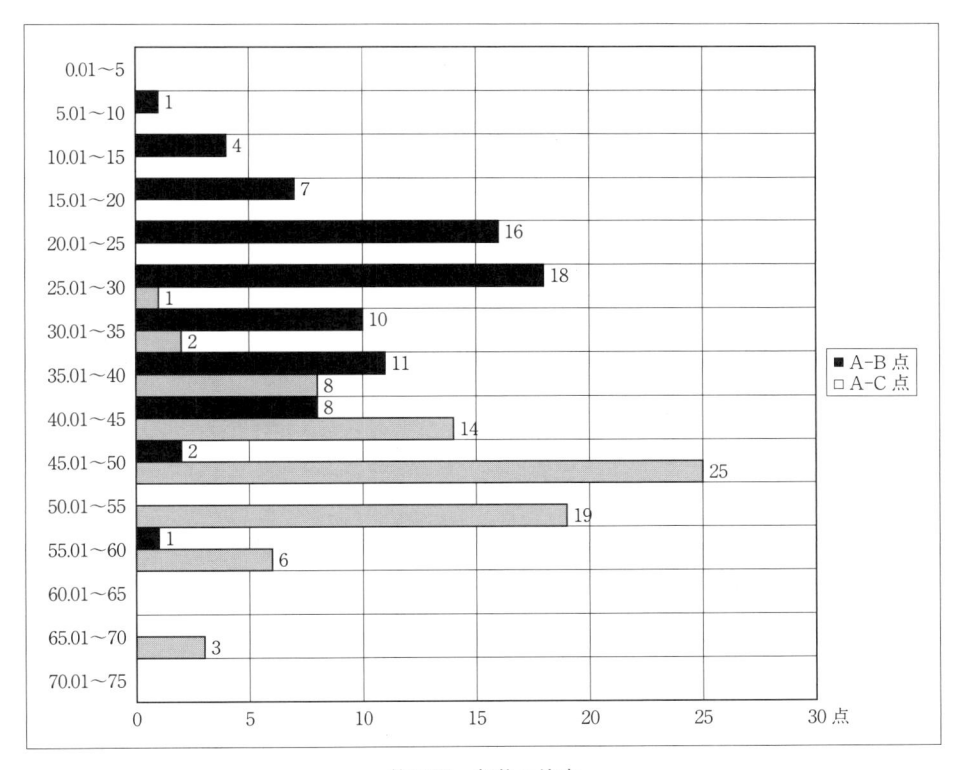

			中期後葉	中期末葉	後期初頭	粗製	総計
外反する器形 (a・b類)	最大幅	平均	17.38	22.35	20.96	21.13	21.39
		標準偏差	8.45	5.87	4.92	5.52	6.15
		点数	12	66	15	33	126
	最大高	平均	21.03	31.74	32.53	32.27	30.95
		標準偏差	10.59	10.70	7.96	13.40	11.65
		点数	12	66	15	33	126
内彎する器形 (c・d類)	最大幅	平均	25.87	23.07	27.00	25.68	24.60
		標準偏差	5.85	7.90	-	5.02	6.66
		点数	6	15	1	12	34
	最大高	平均	25.37	24.45	33.20	35.58	28.67
		標準偏差	6.83	9.24	-	11.92	11.08
		点数	6	16	1	12	35

第5図　部位の比率

さらに、外反する器形（a・b類）と内彎する器形（c・d類）の最大幅・高さを比較すると、内湾する器形は各時期共に正方形に近いが、外反する器形の場合、次第に長方形に近くなることが認められる（第5表）。

4. 深鉢a2類の各部位の比率

各時期に存在し、最も点数が多い深鉢a2類（78点）のあり方について検討する。断面

図上での器高（A-D点）に対するA点からB・C点までの距離の割合を比較する（B・C／A）。全時期のA-B点間距離割合の平均値は29.15%、A-C点間は47.73%となり、その標準偏差は、それぞれ9.52と7.33になる。5%の階級によるヒストグラムは、それぞれ整った分布を描く（第5図）。これらのデータからは、A-B：B-C：C-Dは3：2：5という比率になることが最も多いことが理解できる。

また、標準偏差からも示されているようにC点の位置は、B点に比べてまとまる。さらに、A-B点の範囲（最大値－最小値）は49.53であるが、A-C点は40.63となり、約9%以上が変化していることが理解できる。

時期別に検討すると、A-B点の平均値は後期初頭に向かい増加する傾向が明確である（第6表）。ただし、A-C点も微弱ながら増加している。従って、後期初頭に向けて、胴部最大径点が下方へと動きつつ、さらに頸部最小径点が次第に胴部最大径点へと接近していく様子が見て取れる[10]。

第6表　部位比率の変化

		中期後葉	中期末葉	後期初頭	粗製	総計
A-B点	平均	26.68	28.48	34.86	28.49	29.15
	標準偏差	11.64	8.28	9.60	10.34	9.52
	点数	10	48	11	9	78
A-C点	平均	46.01	47.90	50.98	44.71	47.73
	標準偏差	10.38	6.02	7.11	8.07	7.33
	点数	10	48	11	9	78

5. 各部位の角度

分析対象は、4.と同様である。最初に底部（D点）からの各点への角度について分析を行う。値が大きくなると、開く器形になる。それぞれの点への角度は、A角、B角、C角と、記号は変えずに表現する。各角度共に、後期初頭に向けて次第に全ての角度が小さくなる（第7表）。そして標準偏差からは、値が収斂する様相が見て取れる。

第7表　角度の変遷

		中期後葉	中期末葉	後期初頭	粗製	総計
A角	平均	105.80	103.63	99.48	100.94	103.01
	標準偏差	3.34	3.81	1.65	3.19	3.93
	点数	10	48	11	9	78
B角	平均	106.44	103.81	97.65	101.42	103.01
	標準偏差	3.31	3.87	1.25	3.39	4.29
	点数	10	48	11	9	78
C角	平均	113.30	110.17	101.35	105.85	108.83
	標準偏差	3.28	3.54	2.67	4.88	5.04
	点数	10	48	11	9	78

また、各点の角度を計測した。E-C-B、C-B-Aの各角度を計測することで、BとC点を中心とする角度を算出した（第8表）。両方の属性共に、値が大きくなると直線的な器形

第8表　部位別角度の変遷

	D-C-B 角					C-B-A 角				
	中期後葉	中期末葉	後期初頭	粗製	総計	中期後葉	中期末葉	後期初頭	粗製	総計
130.01〜135										
135.01〜140		1			1		1			1
140.01〜145	2	2			4		1			1
145.01〜150	1	8	1	1	11	1	1	1		3
150.01〜155	5	14		2	21	2	8		1	11
155.01〜160	1	18	1	2	22	2	12		1	15
160.01〜165	1	4	3	2	10	1	11	7	3	22
165.01〜170		1	5	2	8	3	10	2	1	16
170.01〜175			1		1	1	4	1	2	8
175.01〜180									1	1
180.01〜185										
平均	151.47	153.93	164.60	159.16	155.72	160.59	160.00	163.37	164.42	161.06
標準偏差	5.58	5.81	6.93	5.98	7.24	7.88	7.63	5.57	6.63	7.49
点数	10	48	11	9	78	10	48	11	9	78

になる。こちらの場合は、後期初頭に向かい値が増加する。

　これらの結果から、後期初頭に向かい全体的に直線的になり、開かない器形へと変化していくことが理解できる。このことは、先の最大幅・最大高の分析の結果と矛盾しない。

III. 小結

　分析の結果、以下の傾向が認められた。

器種と器形
1　深鉢、鉢、浅鉢、壺が存在するが、深鉢が主体を占める。
2　深鉢a2類がとくに多く、a1・3類は中期末葉以降に出現する。
3　深鉢c類は、中期後葉に認められる。
4　台付と注口は、通常の深鉢と鉢に付く。また、粗製土器に注口は付かない。
5　口縁形態は、その半数以上が平坦口縁であるが、波状口縁も多い。

サイズ
1　中期後葉の深鉢は比較的小形であるが、後期初頭に向けて徐々に大型化する。
2　粗製土器は、口径・底径は変化させず、高さを変化させて容量を変える傾向がある。

形態
1　中心軸がずれるような事例は少ない。
2　深鉢の主体となるa2類は、頸部最小径点が次第に胴部最大径点へと接近する。
3　後期初頭へと向かい、次第に器形が直線化し、細長い形態となる。

おわりに

　本稿で実施した分析によって導き出された傾向は、遺跡数、資料数などの制約により大

きな偏りがあることは否めない。このような偏りがあることから、本稿で得られた結論が、そのまま中期後半から後期初頭の土器形態の全てを表現しているとは全く考えていない。しかしながら、本稿で試みた分析方法により、資料数が増加しても、同一基準に基づき形状を把握することが可能である。こうした手続きを経て、厳密な資料操作が可能となる。

また、こうした偏りが生じる原因について検討することが必要である。遺跡ごとに出現する傾向が異なるのであれば、それは地域性の把握へとつながる。また、破片資料でしか存在しないものが有るのであれば、破片でしか出現し得ない要因、おそらく使用状況、廃棄後の堆積状況を検討すべきである。こうした関連する現象の分析を通じて、より精度の高い研究方法が確立できるものと考えている。

今後の研究としては、複数の方向が考えられる。①資料の蓄積と方法の検証：同様の基準で空間的に対象を広げ、方法の妥当性の検証と共に、地域性について検討を行う。②他属性の検討を通じた比較：今回は器形のみであるが、文様など他の土器属性に関する分析も必要である。これらの分析についても検討方法を確立し、同水準で今回の分析と比較検討しなければならない。この①と②のような形状把握を目的とする分析の他に、③技術的研究：粘土選択から始まる製作技術について着目し、器形、文様などの形状が生じる要因について検討する。これらの研究方向は、相互に関係し補完する構造であり、単独では大きな意味をなさない。今後、継続して研究を進めていきたい。

須藤隆先生には、常に懇切なご指導を賜ってきた。ご指導頂く対象は様々であるが、学問の根幹として、科学的あるいは客観性への理解と、実証的な方法を学ばせて頂いた。このことは、現在の私の考古学研究の基礎となっている。研究対象が、土器や石器などの遺物、あるいは遺構や遺跡にせよ、その基本は同様である。本論は、ご指導を通じて習得した成果を、自分の研究テーマを用いて表現したものである。退任記念として、感謝の意を献じさせていただきます。

謝辞

本稿を執筆するにあたり、様々なご教示や、着想のための資料観察機会を与えて頂いた皆様に感謝致します。末文ながら御礼申し上げます（個人・機関別に50音順、敬称は略させていただきました）。會田容弘、相原康二、相原淳一、稲野裕介、井上雅孝、神原雄一郎、君島武史、佐々木亮二、菅原弘樹、菅原哲文、高橋義介、田村正樹、墓田裕二、三浦謙一、八木勝枝、山田晃弘、（財）岩手県文化振興事業団埋蔵文化財センター、北上市立埋蔵文化財センター、七ヶ浜町教育委員会、滝沢村埋蔵文化財センター、東北歴史博物館、東松島市教育委員会。

註

1) 分析対象を変えずに、マクロスケールからミクロスケールへと視点を変化させた際に、捉えることのできる傾向が異なる場合には、おそらく分析の条件設定が適切ではないか、あるいは、その傾向の差違をそのまま解釈できる現象が存在していることが予想できる。
2) 詳細な研究史については別稿にて提示したい。
3) 本稿では細分は行っていない。今後、本稿での分析成果を細分する際の基準として考え、その他の時期の資料についても蓄積し比較検討したい。また、粗製土器は、器形から時期が判断できる事例も存在するが、大部分の土器は判定が難しい。そのため、器形や共伴土器等から、中期後葉から後期初頭に近似すると考えられる土器群を一括して取り扱う。従って、必ずしも限定した時期の特徴を示している訳ではない可能性がある。
4) 確実な定量データを採集できる資料が必要なため、なるべく完形に近い土器のみ選択した。従って、今回集成した遺跡の中で、現在の所、破片資料でしか存在していない器種、器形等については本稿では対象としない。また、袖珍土器は分析の対象から外した。
5) 図化にあたり、データとして国土地理院発行『数値地図 50 メッシュ』と『数値地図 25000 (地図画像)』を用いて、フリーソフトウェア「カシミール」を使用した。
6) 集成できた資料の数量的な問題から、今回は深鉢 a2 類の胴部最大径点と頸部最小径点の計測方法について提示した。後期まで継続する深鉢 c・d 類のあり方からすると、それらの口縁部最大径点と、深鉢 a2 類との関係等についても重要な問題であると言える。なお、これらの計測は 0.5 cm、0.1°単位で行った。
7) 報告書掲載までの資料整理の仕方、あるいは計測誤差などの問題もあるが、このように計測された値は、土器の計測箇所等により変化する。研究目的や分析技法により様々であろうが、基本的には細かな実数値同士による比較はあまり意味をなさない。数値自身には強い価値はあまり無く、むしろ、同一基準により計測された、それぞれの値の関係に大きな意味があると考える。
8) 本稿にてデータ提示はできないが、a1 類は、中期末葉とくに大木 10b 式期から後期初頭段階に特徴的な器形である。そして、中期後葉から中期末葉大木 10a 式期には a2 類が多く、a3 類は大木 10b 式から後期初頭段階に多く認められる。
9) 土器の歪みについては、二次元的に角度で計測したが、三次元の形状測定により最も視覚的に計測できる。また、大型品であれば、歪み無く製作することは困難であることが想像できる。しかし、時期や高さにかかわらず、大体の資料は本稿で提示した全体の傾向とは大きく相違しないように見受けられる。土器製作の技術的問題と合わせ、今後の検討課題としたい。
10) このような変化は、視覚的にも明瞭である。そして、器形と文様のどちらの規制が強いのか分析により判断することは困難ではあるが、器形変化が文様施文位置の変遷と連動していることは確実である。さらに、時期的な文様モチーフの変化にも大きな影響があるものと考えられる。

引用文献

羽生淳子 1984「縄文土器における文様・形態の類似と相異―遺跡相互間の関係の分析と復元に向けて―」『信濃』36-10 pp. 49-61

羽生淳子 1985「縄文土器の類似度―土器の属性分析に基づく遺跡間の関係復元への新たな試み―」『史学』55-2・3 pp. 1-30

本間 宏 1994「大木 10 式土器の考え方」『しのぶ考古』10 pp. 3-24

星　雅之ほか 1998『本内 II 遺跡発掘調査報告書』岩手県文化振興事業団埋蔵文化財調査報告書 271　(財) 岩手県文化振興事業団埋蔵文化財センター
菅野智則 2003「縄文集落研究の初期的操作」『歴史』101 pp. 103-128
菅野智則 2005a「縄文時代中期集落の構造」『文化』69-1・2 pp. 112-133
菅野智則 2005b「集落研究におけるデータベース」『博古研究』30 pp. 26-34
菅野智則 2005c「複式炉を有する縄文中期後葉集落の分布」『日本考古学協会 2005 年度福島大会研究発表要旨』pp. 18-19
菅野智則 2005d「複式炉を有する縄文集落の分布」『日本考古学協会 2005 年度福島大会シンポジウム資料集』pp. 35-48
小林謙一 1999「縄紋時代中期集落における一時的集落景観の復元」『国立歴史民俗博物館研究報告』82 pp. 95-121
松本彦七郎 1919a「日本石器時代土器」『理学界』17-3 pp. 1-4
松本彦七郎 1919b「日本の石器時代土器（二）」『理学界』17-4 pp. 5-8
松本建速 1999『下舘銅屋遺跡発掘調査報告書』岩手県文化振興事業団埋蔵文化財調査報告書 297　(財) 岩手県文化振興事業団埋蔵文化財センター
村上　拓 2002『清水遺跡発掘調査報告書』岩手県文化振興事業団埋蔵文化財調査報告書 382　(財) 岩手県文化振興事業団埋蔵文化財センター
小原眞一 2003『清田台遺跡発掘調査報告書』岩手県文化振興事業団埋蔵文化財調査報告書 412　(財) 岩手県文化振興事業団埋蔵文化財センター
酒井宗孝ほか 2000『上野平遺跡発掘調査報告書』岩手県文化振興事業団埋蔵文化財調査報告書 333　(財) 岩手県文化振興事業団埋蔵文化財センター
佐々木弘 1993『館 IV 遺跡発掘調査報告書』岩手県文化振興事業団埋蔵文化財調査報告書 187　(財) 岩手県文化振興事業団埋蔵文化財センター
芹沢長介編 1979『聖山』　東北大学文学部考古学研究会
杉本　良ほか 1995『南部工業団地内遺跡 I』北上市埋蔵文化財調査報告 9　北上市立埋蔵文化財センター
杉本　良・岩田貴之 2004『菅田遺跡』北上市埋蔵文化財調査報告 64　北上市立埋蔵文化財センター
須藤　隆編 1995『縄文時代晩期貝塚の研究 2 中沢目貝塚 II』　東北大学文学部考古学研究会
鈴木公雄 1974「「集団」研究のための覚え書き―林報告に対するコメントにかえて―」『考古学研究』21-2 pp. 69-76
山内清男 1937「縄紋土器型式の細別と大別」『先史考古学』1-1 pp. 29-32

付表 1-1

番号	遺跡名	時期	口径	底径	高さ	最大幅	最大高	高さ/口径	器種	器形	口縁	中央角	報告書番号*
1	上野平	中期後葉	29.6	10.0	38.2	35.2	38.4	1.29	深鉢	d	II	89.37	162-1250
2	上野平	中期末葉	20.0	5.6	12.4	21.2	12.6	0.62	注口付鉢	d	I	92.58	111-182
3	上野平	中期末葉	10.8	8.4	23.2	20.0	23.2	2.15	壺	-	I	89.54	178-1481
4	上野平	中期末葉	10.0	7.0	14.6	12.2	14.8	1.46	壺	-	I	90.10	222-2075
5	上野平	中期末葉	18.0	7.6	33.6	21.4	33.6	1.87	深鉢	a2	I	88.37	130-603
6	上野平	中期末葉	29.6	10.0	47.2	30.0	47.6	1.59	深鉢	a2	I	89.36	195-1703
7	上野平	中期末葉	23.2	7.6	34.0	23.4	34.2	1.47	深鉢	a2	I	86.26	181-1514
8	上野平	中期末葉	17.4	6.6	30.8	17.6	30.8	1.77	深鉢	a2	I	89.37	155-1138
9	上野平	中期末葉	31.0	10.0	51.4	31.4	51.6	1.66	深鉢	a2	I	89.56	53-10
10	上野平	中期末葉	13.6	4.8	19.2	14.0	19.4	1.41	深鉢	a2	I	90.43	181-1519
11	上野平	中期末葉	22.2	10.6	36.6	22.6	36.8	1.65	深鉢	a3	I	88.29	150-1048
12	上野平	中期末葉	20.2	7.4	29.0	20.4	29.4	1.44	深鉢	a2	I	89.19	181-1510
13	上野平	中期末葉	36.8	11.0	41.8	40.8	42.0	1.14	深鉢	d	II	92.14	115-230
14	上野平	中期末葉	26.6	7.6	27.8	27.2	28.4	1.05	深鉢	d	II	90.38	164-1265
15	上野平	中期末葉	28.4	12.0	43.4	29.2	43.4	1.53	深鉢	a2	I	88.35	177-1467
16	上野平	中期末葉	21.4	9.2	32.6	21.8	33.0	1.52	深鉢	a3	I	91.08	180-1499
17	上野平	中期末葉	22.4	8.8	21.0	22.8	21.0	0.94	深鉢	a1	II	89.50	202-1810
18	上野平	中期末葉	19.6	7.0	22.6	20.0	23.2	1.15	深鉢	a1	II	89.13	129-589
19	上野平	中期末葉	20.4	21.4	26.8	21.4	26.8	1.31	深鉢	a1	II	89.95	112-187
20	上野平	後期初頭	26.8	8.0	7.2	27.2	7.2	0.27	浅鉢	b	II	93.46	218-2040
21	上野平	後期初頭	13.4	7.8	20.4	14.0	20.6	1.52	深鉢	a2	I	89.45	202-1803
22	上野平	後期初頭	17.0	7.0	24.8	17.4	24.8	1.46	深鉢	a2	I	89.62	211-1914
23	上野平	粗製	19.0	7.2	33.2	19.4	33.0	1.75	深鉢	b	I	90.31	185-1562
24	上野平	粗製	30.6	9.0	36.6	31.0	36.8	1.20	深鉢	a2	I	89.39	184-1558
25	上野平	粗製	25.2	13.6	52.6	28.2	53.4	2.09	深鉢	d	I	91.57	197-1726
26	清田台	中期後葉	23.8	7.8	23.8	24.0	25.8	1.00	深鉢	a2	II	90.44	28-253
27	清田台	中期末葉	14.4	6.4	11.4	15.0	14.0	0.79	注口付鉢	a1	III	87.26	16-121
28	清田台	中期末葉	12.2	4.2	10.2	14.4	10.2	0.84	注口付深鉢	b	II	88.63	113-1158
29	清田台	中期末葉	10.4	8.0	29.2	19.2	29.2	2.81	壺	-	I	89.45	10-49
30	清田台	中期末葉	17.2	7.6	19.4	17.6	19.4	1.13	深鉢	b	I	89.57	23-194
31	清田台	中期末葉	20.0	8.4	32.4	19.8	32.2	1.62	深鉢	a2	I	89.19	17-130
32	清田台	中期末葉	18.0	9.6	30.2	19.4	30.0	1.68	深鉢	a2	I	88.17	56-589
33	清田台	中期末葉	16.2	6.4	23.8	16.2	24.0	1.47	深鉢	a2	I	93.09	17-132
34	清田台	中期末葉	20.8	9.0	24.4	22.0	27.6	1.17	深鉢	a2	III	89.00	11-54
35	清田台	中期末葉	-	7.8	-	-	29.8	-	深鉢	d	II	-	10-45
36	清田台	中期末葉	12.8	5.4	12.6	14.0	14.6	0.98	深鉢	d	II	90.23	37-372
37	清田台	粗製	6.2	5.6	11.0	8.6	9.6	1.77	壺	-	I	91.45	33-311
38	清田台	粗製	21.0	8.2	32.0	21.4	32.2	1.52	深鉢	b	I	90.23	23-198
39	清田台	粗製	19.4	6.8	23.2	19.6	23.4	1.20	深鉢	b	I	88.98	43-436
40	清水	中期後葉	9.0	5.4	9.6	16.0	9.6	1.07	壺	-	I	87.06	154-BF64
41	清水	中期後葉	19.6	5.8	21.6	19.6	22.0	1.10	深鉢	a2	II	88.10	40-BM289
42	清水	中期後葉	21.4	8.2	25.2	21.6	25.6	1.18	深鉢	a2	II	86.33	150-BF30
43	清水	中期後葉	18.8	7.8	28.0	18.8	28.0	1.49	深鉢	a2	I	87.53	70-BM617
44	清水	中期後葉	10.2	4.2	16.6	10.6	16.6	1.63	深鉢	a2	I	87.37	38-BM274
45	清水	中期後葉	8.4	4.0	9.2	8.6	9.4	1.10	深鉢	a2	I	89.32	39-BM282
46	清水	中期後葉	21.6	7.0	21.4	22.4	21.2	0.99	深鉢	a2	I	88.28	40-BM291
47	清水	中期末葉	24.8	15.6	37.2	32.8	37.4	1.50	台付注口付深鉢	d	III	92.28	58-BM516
48	清水	中期末葉	15.8	8.8	18.6	16.2	18.6	1.18	台付深鉢	a1	II	90.03	64-BM556
49	清水	中期末葉	31.0	7.6	21.6	31.6	24.4	0.70	注口付鉢	d	II	82.19	170-BA40
50	清水	中期末葉	26.8	14.4	20.2	32.4	22.6	0.75	注口付鉢	d	III	91.31	147-BF1
51	清水	中期末葉	-	7.4	-	-	-	-	注口付深鉢	d	III	-	181-BA134
52	清水	中期末葉	-	11.6	-	-	-	-	注口付深鉢	d	III	-	9-BM52
53	清水	中期末葉	16.2	14.0	45.4	33.2	42.2	2.80	壺	-	I	88.17	173-BA63
54	清水	中期末葉	11.6	9.0	24.2	17.8	24.4	2.09	壺	-	I	90.34	19-BM123
55	清水	中期末葉	9.6	5.0	20.4	15.6	20.4	2.13	壺	-	I	89.17	68-BM602
56	清水	中期末葉	33.0	11.4	61.6	35.8	61.2	1.87	深鉢	a2	I	87.56	17-BM107
57	清水	中期末葉	22.6	10.4	32.2	23.2	32.0	1.42	深鉢	a2	I	87.08	154-BF63
58	清水	中期末葉	11.8	4.4	15.4	12.0	15.6	1.31	深鉢	a2	I	94.19	165-BA7
59	清水	中期末葉	21.6	7.6	27.6	22.0	27.6	1.28	深鉢	a2	I	89.26	71-BM621
60	清水	中期末葉	20.4	7.6	30.6	20.8	30.8	1.50	深鉢	a2	I	90.31	14-BM91
61	清水	中期末葉	17.4	7.4	25.0	17.6	25.4	1.44	深鉢	a2	I	89.46	13-BM85
62	清水	中期末葉	10.6	5.6	15.6	11.4	15.6	1.47	深鉢	a2	I	87.20	37-BM267
63	清水	中期末葉	9.8	4.2	12.4	10.0	12.8	1.27	深鉢	a2	II	88.45	14-BM92

付表1-2

番号	遺跡名	時期	口径	底径	高さ	最大幅	最大高	高さ/口径	器種	器形	口縁	中央角	報告書番号*
64	清水	中期末葉	20.4	5.4	28.0	21.8	28.0	1.37	深鉢	a2	II	88.34	40-BM290
65	清水	中期末葉	24.6	8.0	22.8	26.2	22.8	0.93	深鉢	d	I	86.43	36-BM263
66	清水	中期末葉	20.6	6.8	22.0	22.4	23.0	1.07	深鉢	d	I	87.32	149-BF25
67	清水	中期末葉	23.4	8.4	21.8	24.8	22.6	0.93	深鉢	d	I	90.31	153-BF51
68	清水	中期末葉	12.8	4.0	11.6	13.6	12.6	0.91	深鉢	d	II	90.25	156-BF79
69	清水	中期末葉	31.4	11.8	50.4	31.8	52.4	1.61	深鉢	a2	II	88.22	64-BM555
70	清水	中期末葉	24.8	5.8	28.8	25.0	29.2	1.16	深鉢	a2	II	88.26	20-BM135
71	清水	中期末葉	28.2	7.2	40.8	28.4	41.0	1.45	深鉢	a2	I	88.55	177-BA100
72	清水	中期末葉	22.0	8.2	36.0	22.6	36.2	1.64	深鉢	a2	I	92.47	153-BF56
73	清水	中期末葉	32.0	10.6	40.4	35.2	41.0	1.26	深鉢	d	II	91.14	4-BM13
74	清水	中期末葉	29.2	14.8	52.6	30.8	42.2	1.80	深鉢	a2	I	90.20	88-BM773
75	清水	中期末葉	26.0	12.6	38.0	26.4	39.0	1.46	深鉢	a2	I	91.12	147-BF3
76	清水	中期末葉	29.2	10.8	39.0	29.8	39.4	1.34	深鉢	a3	I	87.40	216-BA510
77	清水	中期末葉	21.6	9.2	35.2	22.0	35.6	1.63	深鉢	a2	I	86.21	214-BA499
78	清水	中期末葉	23.0	11.2	29.0	23.4	28.8	1.26	深鉢	a3	II	88.37	134-BM1344
79	清水	中期末葉	26.8	10.8	38.2	27.0	38.8	1.43	深鉢	a2	I	88.33	28-BM203
80	清水	中期末葉	23.0	11.6	42.2	23.6	42.4	1.83	深鉢	a3	I	89.45	199-BA349
81	清水	中期末葉	27.8	11.8	46.2	28.2	46.8	1.66	深鉢	a3	II	84.07	10-BM58
82	清水	中期末葉	28.8	12.2	49.6	29.4	49.6	1.72	深鉢	a2	II	89.17	58-BM517
83	清水	中期末葉	16.0	6.4	21.0	16.6	25.0	1.31	深鉢	a3	II	92.41	15-BF106
84	清水	中期末葉	21.6	7.2	27.6	21.8	29.0	1.28	深鉢	a3	II	89.46	31-BM219
85	清水	中期末葉	10.8	4.0	12.0	11.2	12.2	1.11	深鉢	a3	II	91.11	31-BM216
86	清水	中期末葉	10.6	4.6	12.4	11.2	12.6	1.17	深鉢	a3	II	88.55	31-BM220
87	清水	中期末葉	13.8	6.6	15.4	14.6	16.2	1.12	深鉢	a2	II	88.22	184-BA170
88	清水	中期末葉	18.4	7.0	21.2	20.0	22.6	1.15	深鉢	d	II	94.22	34-BM238
89	清水	中期末葉	10.2	7.0	11.4	12.8	11.6	1.12	深鉢	d	I	91.17	200-BA358
90	清水	中期末葉	23.0	9.6	28.4	26.4	28.8	1.23	深鉢	d	III	91.16	3-BM1
91	清水	中期末葉	21.0	7.4	33.2	21.4	33.6	1.58	深鉢	a2	I	90.02	160-BF108
92	清水	中期末葉	30.4	9.8	41.8	36.8	42.2	1.38	注口付深鉢	b	II	87.34	28-BM202
93	清水	後期初頭	12.0	8.4	22.6	15.2	23.0	1.88	壺	-	I	88.59	126-BM1242
94	清水	後期初頭	16.0	7.4	11.0	16.4	11.2	0.69	鉢	a1	II	90.53	201-BA373
95	清水	後期初頭	21.0	8.0	33.4	21.4	34.0	1.59	深鉢	a3	I	90.20	168-BA26
96	清水	後期初頭	21.0	10.0	33.8	21.2	34.2	1.61	深鉢	a2	I	88.47	7-BM41
97	清水	後期初頭	10.4	6.8	13.8	10.6	14.0	1.33	深鉢	a3	I	90.44	198-BA330
98	清水	後期初頭	26.2	12.4	40.0	26.4	40.6	1.53	深鉢	a2	I	89.50	125-BM1240
99	清水	後期初頭	25.6	10.8	39.8	25.8	40.6	1.55	深鉢	a2	I	87.14	108-BM981
100	清水	後期初頭	16.0	8.2	23.8	16.2	24.2	1.49	深鉢	a2	I	88.42	208-BA442
101	清水	後期初頭	17.8	9.4	33.4	17.8	33.6	1.88	深鉢	a2	I	90.35	26-BM188
102	清水	後期初頭	22.4	10.6	37.6	22.8	38.2	1.68	深鉢	a2	I	91.46	174-BA67
103	清水	後期初頭	21.6	11.8	34.8	21.8	35.4	1.61	深鉢	a2	I	89.25	201-BA371
104	清水	後期初頭	22.6	12.0	36.8	23.0	37.0	1.63	深鉢	a2	I	89.32	174-BA68
105	清水	後期初頭	23.4	10.2	37.8	23.6	38.4	1.62	深鉢	a2	I	88.38	22-BM154
106	清水	後期初頭	26.8	11.8	33.0	27.0	33.2	1.23	深鉢	d	I	91.31	18-BM117
107	清水	後期初頭	27.6	12.8	42.2	30.6	42.4	1.53	深鉢	a1	III	89.14	123-BM1223
108	清水	後期初頭	20.6	8.8	30.0	21.8	30.0	1.46	深鉢	a1	II	88.15	18-BM115
109	清水	粗製	35.0	22.8	8.6	35.6	10.8	0.25	浅鉢	b	I	89.19	174-BA75
110	清水	粗製	22.2	13.0	10.0	24.0	10.2	0.45	浅鉢	a1	I	90.82	172-BA56
111	清水	粗製	14.4	8.4	10.8	16.0	11.0	0.75	鉢	a1	I	90.13	210-BA464
112	清水	粗製	11.6	5.8	10.4	11.8	10.4	0.90	深鉢	a1	II	86.16	26-BM189
113	清水	粗製	16.4	8.8	16.8	19.0	17.4	1.02	深鉢	a1	II	90.17	114-BM1080
114	清水	粗製	31.4	11.0	57.6	38.8	58.6	1.83	深鉢	d	I	90.08	14-BM93
115	清水	粗製	26.6	14.6	54.8	30.0	55.0	2.06	深鉢	a3	I	90.53	161-BF115
116	清水	粗製	25.2	10.4	50.2	27.2	50.4	1.99	深鉢	a3	I	92.44	199-BA350
117	清水	粗製	28.0	13.6	52.8	28.2	53.4	1.89	深鉢	a2	I	90.22	55-BM496
118	清水	粗製	23.0	10.6	28.0	23.2	26.6	1.22	深鉢	a2	I	85.25	161-BF114
119	清水	粗製	15.0	7.6	22.4	17.6	22.8	1.49	深鉢	a2	I	89.20	156-BF82
120	清水	粗製	16.0	8.4	17.6	16.4	17.8	1.10	深鉢	b	I	91.15	179-BA112
121	清水	粗製	14.6	8.2	16.0	15.0	16.0	1.10	深鉢	a1	I	92.54	191-BA250
122	清水	粗製	22.4	11.0	36.8	22.8	37.0	1.64	深鉢	a2	I	89.44	44-BM314
123	清水	粗製	19.6	10.8	32.4	20.0	33.0	1.65	深鉢	a2	I	88.09	187-BA199
124	清水	粗製	24.0	11.8	54.2	26.4	54.6	2.26	深鉢	a3	I	91.34	19-BM122
125	清水	粗製	26.6	10.8	51.4	27.2	52.2	1.93	深鉢	a2	II	88.10	30-BM213
126	清水	粗製	28.0	14.0	46.8	28.4	47.4	1.67	深鉢	b	I	90.10	7-BM44

付表 1-3

番号	遺跡名	時期	口径	底径	高さ	最大幅	最大高	高さ/口径	器種	器形	口縁	中央角	報告書番号＊
127	清水	粗製	29.2	13.2	43.8	29.6	44.6	1.50	深鉢	d	I	89.16	106-BM963
128	清水	粗製	19.6	9.8	28.8	20.4	29.0	1.47	深鉢	d	I	87.50	55-BM495
129	清水	粗製	25.0	12.8	36.4	26.8	36.8	1.46	深鉢	d	I	90.18	181-BA141
130	清水	粗製	26.0	12.2	39.4	26.2	39.7	1.52	深鉢	d	I	86.38	122-BM1219
131	清水	粗製	23.4	10.4	32.4	23.6	32.6	1.38	深鉢	b	I	89.34	24-BM176
132	清水	粗製	20.6	12.2	43.0	21.2	43.2	2.09	深鉢	b	I	89.25	142-BM1467
133	清水	粗製	22.4	13.6	46.0	23.2	47.0	2.05	深鉢	a3	I	89.41	213-BA491
134	清水	粗製	17.6	10.4	36.4	18.4	36.4	2.07	深鉢	b	I	89.26	179-BA111
135	清水	粗製	20.2	10.8	35.4	20.8	36.0	1.75	深鉢	b	I	88.09	12-BM73
136	清水	粗製	24.6	11.8	36.0	26.8	36.6	1.46	深鉢	d	I	88.07	139-BM1444
137	清水	粗製	20.2	9.0	25.6	22.0	25.8	1.27	深鉢	d	I	91.46	45-BM344
138	清水	粗製	19.4	9.2	23.4	20.4	23.6	1.21	深鉢	d	I	89.44	182-BA152
139	清水	粗製	22.8	10.0	21.6	23.8	22.2	0.95	深鉢	d	II	89.07	116-BM1118
140	清水	粗製	15.4	15.4	27.0	15.8	26.8	1.75	深鉢	b	I	88.95	172-BA55
141	清水	粗製	11.6	4.8	11.6	12.0	11.8	1.00	深鉢	b	I	90.60	152-BF46
142	清水	粗製	13.2	6.4	14.8	14.8	13.8	1.12	深鉢	b	I	88.70	210-BA462
143	下舘銅屋	中期後葉	8.4	5.2	23.2	13.8	23.4	2.76	壺	-	I	86.34	205-34
144	下舘銅屋	中期後葉	9.0	3.8	11.0	9.6	11.0	1.22	深鉢	b	II	88.28	218-90
145	下舘銅屋	中期末葉	12.0	10.4	26.2	20.6	26.4	2.18	壺	-	I	90.13	253-240
146	下舘銅屋	中期末葉	23.4	8.0	29.0	23.4	29.0	1.24	深鉢	a2	I	88.15	200-10
147	下舘銅屋	中期末葉	-	3.6	-	-	-	-	深鉢	d	II	-	218-91
148	下舘銅屋	中期末葉	18.8	7.2	25.2	19.0	25.6	1.34	深鉢	a2	I	90.19	232-156
149	下舘銅屋	中期末葉	32.4	9.2	43.0	32.6	44.2	1.33	深鉢	a2	I	87.30	204-29
150	下舘銅屋	中期末葉	28.4	11.0	46.2	28.8	46.4	1.63	深鉢	a2	I	90.46	228-133
151	下舘銅屋	中期末葉	21.0	8.6	35.8	22.6	36.0	1.70	深鉢	a2	I	85.47	213-69
152	下舘銅屋	中期末葉	24.0	8.8	36.0	24.4	36.6	1.50	深鉢	a2	I	91.27	219-99
153	下舘銅屋	中期末葉	22.8	8.8	34.6	23.0	35.0	1.52	深鉢	a2	I	92.04	221-101
154	下舘銅屋	中期末葉	24.4	7.4	35.6	24.6	35.4	1.46	深鉢	a2	I	88.58	215-76
155	下舘銅屋	中期末葉	22.6	10.8	34.4	23.6	34.6	1.52	深鉢	a2	I	95.25	213-67
156	下舘銅屋	中期末葉	16.2	6.2	20.6	16.2	20.6	1.27	深鉢	a2	II	85.04	216-81
157	下舘銅屋	中期末葉	14.6	5.0	13.4	14.8	14.0	0.92	深鉢	a3	II	86.47	212-64
158	下舘銅屋	中期末葉	21.6	9.0	25.0	22.8	25.8	1.16	深鉢	b	I	88.11	212-63
159	下舘銅屋	中期末葉	25.2	7.8	36.0	25.4	37.2	1.43	深鉢	a2	I	96.04	227-127
160	下舘銅屋	中期末葉	22.8	8.6	34.4	22.8	35.0	1.51	深鉢	a2	I	89.01	231-146
161	下舘銅屋	中期末葉	20.8	8.2	30.2	21.0	30.8	1.45	深鉢	a2	I	89.53	202-18
162	下舘銅屋	中期末葉	21.8	9.6	38.4	23.2	39.2	1.76	深鉢	a2	I	88.12	227-132
163	下舘銅屋	中期末葉	27.2	8.6	36.0	29.2	36.4	1.32	深鉢	d	III	89.00	220-100
164	下舘銅屋	中期末葉	14.2	5.4	13.2	15.8	13.4	0.93	深鉢	d	I	89.47	216-84
165	下舘銅屋	粗製	9.6	6.8	18.6	14.2	18.8	1.94	壺	-	I	91.31	211-60
166	下舘銅屋	粗製	27.6	8.8	36.6	28.0	37.2	1.33	深鉢	a2	I	86.09	216-82
167	菅田	中期後葉	14.0	6.6	16.0	16.2	16.0	1.14	深鉢	c1	II	88.00	33-1
168	菅田	中期後葉	21.6	6.4	26.6	22.2	26.8	1.23	深鉢	a2	I	87.36	34-1
169	舘IV	中期後葉	27.6	7.4	25.2	29.2	25.4	0.91	深鉢	c1	I	90.48	150-18
170	舘IV	中期後葉	23.0	7.4	23.0	25.2	24.0	1.00	深鉢	c2	I	86.56	150-16
171	舘IV	中期後葉	10.6	4.8	13.8	10.6	14.6	1.30	深鉢	a2	II	85.37	198-470
172	舘IV	中期後葉	11.8	5.0	12.4	12.0	12.4	1.05	深鉢	a2	II	84.13	152-30
173	舘IV	中期末葉	14.2	6.2	17.0	15.6	18.0	1.20	深鉢	d	I	85.16	172-215
174	舘IV	中期末葉	17.4	7.0	19.6	17.6	19.8	1.13	深鉢	a2	I	92.55	179-303
175	舘IV	粗製	10.0	3.4	9.8	10.4	10.0	0.98	深鉢	b	II	84.31	172-216
176	舘IV	粗製	13.6	7.8	26.0	15.2	26.0	1.91	深鉢	a2	I	88.56	179-304
177	南部工業団地	中期後葉	22.6	6.6	26.6	27.0	27.2	1.18	深鉢	d	III	89.25	205-5
178	南部工業団地	中期後葉	11.4	6.4	11.6	11.8	11.6	1.02	深鉢	b	I	87.02	205-6
179	本内II	中期後葉	38.0	10.2	47.2	39.2	48.6	1.24	深鉢	a2	I	88.25	94-697
180	本内II	中期末葉	26.6	8.4	34.2	27.0	34.0	1.29	深鉢	a2	I	89.55	54-260
181	本内II	中期末葉	18.8	9.8	23.6	22.0	23.6	1.26	深鉢	d	I	87.02	211-326
182	本内II	粗製	12.0	5.2	11.4	12.4	11.6	0.95	台付深鉢	b	I	86.43	55-289
183	本内II	粗製	23.8	12.8	37.8	25.2	38.0	1.59	深鉢	d	I	87.28	214-356
184	本内II	粗製	23.0	11.6	37.2	25.6	37.6	1.62	深鉢	b	I	93.62	211-330
185	本内II	粗製	14.8	5.0	14.8	15.0	16.2	1.00	深鉢	b	I	89.32	211-328
186	本内II	粗製	25.0	12.8	40.0	25.6	41.4	1.60	深鉢	b	I	89.33	207-302
187	本内II	粗製	22.8	6.4	29.2	23.0	29.6	1.28	深鉢	b	I	88.03	210-319
188	本内II	粗製	18.8	6.2	18.4	20.0	18.6	0.98	深鉢	d	I	89.42	192-152

＊報告書番号は、「報告書ページ数－報告書記載番号」とする。

付表2

番号	遺跡名	時期	A-B	B-C	A-C	C-D	A角	B角	C角	D-C-B角	C-B-A角	報告書番号*
5	上野平	中期末葉	2.0	13.2	15.2	18.0	97.17	97.90	110.43	149.43	167.15	130-603
6	上野平	中期末葉	14.8	7.6	22.4	24.6	104.03	102.47	109.12	147.38	151.98	195-1703
7	上野平	中期末葉	8.0	8.0	16.0	18.0	101.70	100.73	109.43	153.37	156.45	181-1514
8	上野平	中期末葉	8.2	5.4	13.6	17.0	104.92	105.20	109.83	155.97	163.23	155-1138
9	上野平	中期末葉	12.8	9.2	22.0	29.4	103.02	102.90	107.92	157.78	162.42	53-10
10	上野平	中期末葉	6.6	3.6	10.2	9.2	107.28	105.87	111.93	153.12	159.68	181-1519
12	上野平	中期末葉	10.6	4.0	14.6	14.4	102.63	103.88	109.85	152.42	162.98	181-1510
15	上野平	中期末葉	12.8	10.8	23.6	19.8	99.87	99.83	107.92	155.72	160.13	177-1467
21	上野平	後期初頭	6.8	3.4	10.2	10.4	100.43	98.48	103.43	160.97	162.83	202-1803
22	上野平	後期初頭	10.6	6.4	17.0	8.0	102.38	99.63	108.58	159.33	163.43	211-1914
24	上野平	粗製	16.4	4.0	20.4	16.2	108.42	109.25	113.87	154.68	161.58	184-1558
26	清田台	中期後葉	12.0	1.8	13.8	11.8	112.23	114.52	117.50	152.03	158.97	28-253
31	清田台	中期末葉	7.2	8.8	16.0	16.4	100.92	101.18	108.97	157.28	165.32	17-130
32	清田台	中期末葉	7.2	8.8	16.0	14.0	97.43	98.52	108.18	154.33	167.02	56-589
33	清田台	中期末葉	7.6	4.8	12.4	11.8	101.85	102.57	107.18	160.53	166.93	17-132
34	清田台	中期末葉	5.4	4.0	9.4	16.2	103.02	103.10	106.38	159.85	162.97	11-54
41	清水	中期後葉	5.8	3.8	9.6	12.6	106.72	105.88	112.97	147.53	149.02	40-BM289
42	清水	中期後葉	6.8	4.8	11.6	14.0	107.77	107.30	115.63	143.23	151.83	150-BF30
43	清水	中期後葉	6.0	4.8	10.8	17.2	102.33	103.32	107.88	160.25	172.38	70-BM617
44	清水	中期後葉	2.4	6.0	8.4	8.0	103.75	102.67	112.88	153.08	160.93	38-BM274
45	清水	中期後葉	2.6	2.6	5.2	4.2	108.92	106.70	115.82	154.82	155.47	39-BM282
56	清水	中期末葉	11.2	16.6	27.8	33.2	99.27	99.77	109.97	150.27	164.33	17-BM107
57	清水	中期末葉	7.4	9.0	16.4	15.6	99.97	96.98	105.77	157.42	155.63	154-BF63
58	清水	中期末葉	4.2	2.8	7.0	8.6	106.03	105.28	112.28	152.07	153.78	165-BA7
59	清水	中期末葉	10.4	3.6	14.0	13.6	109.10	109.47	114.38	154.43	158.78	71-BM621
60	清水	中期末葉	5.4	9.2	14.6	16.2	101.43	100.53	108.73	154.43	154.03	14-BM91
61	清水	中期末葉	4.8	4.8	9.6	15.2	106.48	105.97	112.48	151.82	155.97	13-BM85
62	清水	中期末葉	2.8	4.0	6.8	8.8	98.88	98.82	108.22	143.77	140.82	37-BM267
63	清水	中期末葉	2.6	3.6	6.2	6.6	102.47	102.02	113.53	140.58	145.73	14-BM92
64	清水	中期末葉	7.2	7.0	14.2	13.8	107.18	106.17	117.72	151.77	158.18	40-BM290
69	清水	中期末葉	19.0	6.8	25.8	26.6	101.65	103.52	107.83	162.00	171.17	64-BM555
70	清水	中期末葉	12.6	3.2	15.8	13.4	109.43	106.38	114.10	135.68	136.72	20-BM135
71	清水	中期末葉	10.0	5.6	15.6	25.0	107.12	107.97	111.93	152.62	161.72	177-BA100
72	清水	中期末葉	10.6	4.8	15.4	20.4	103.47	105.60	110.62	146.87	157.48	153-BF56
74	清水	中期末葉	11.6	15.6	27.2	25.2	102.75	103.85	111.45	159.42	172.87	88-BM773
75	清水	中期末葉	17.0	2.0	19.0	19.4	104.72	107.28	109.97	156.02	165.23	147-BF3
77	清水	中期末葉	13.0	7.4	20.4	15.0	101.55	104.17	110.62	158.47	172.38	214-BA499
79	清水	中期末葉	12.8	5.2	18.0	20.6	101.83	104.22	108.83	157.83	168.58	28-BM203
82	清水	中期末葉	18.2	5.8	24.0	25.6	100.65	104.67	107.73	160.18	173.97	58-BM517
87	清水	中期末葉	7.0	2.2	9.2	7.0	104.03	104.47	108.40	153.33	156.22	184-BA170
91	清水	中期末葉	12.6	2.8	15.4	18.0	105.37	107.42	110.27	159.25	166.03	160-BF108
96	清水	後期初頭	9.0	5.2	14.2	20.0	100.03	97.12	100.38	170.12	162.17	7-BM41
98	清水	後期初頭	22.0	1.2	23.2	16.4	100.23	99.60	102.68	145.93	148.93	125-BM1240
99	清水	後期初頭	10.4	10.2	20.6	20.0	96.20	95.10	100.02	163.65	166.45	108-BM981
100	清水	後期初頭	10.2	2.4	12.6	10.8	99.68	98.12	101.13	164.95	164.77	208-BA442
101	清水	後期初頭	9.8	8.0	17.8	15.8	96.77	97.18	101.42	167.08	173.60	26-BM188
102	清水	後期初頭	9.2	7.2	16.4	21.4	99.40	96.57	99.43	169.48	160.62	174-BA67
103	清水	後期初頭	15.2	2.4	17.6	17.8	99.23	97.78	98.63	169.65	165.55	201-BA371
104	清水	後期初頭	9.4	7.4	16.8	19.6	99.18	97.27	99.67	169.65	164.73	174-BA68
105	清水	後期初頭	13.2	4.4	17.6	20.4	100.68	97.32	99.50	169.73	163.97	22-BM154
117	清水	粗製	18.4	6.4	24.8	53.2	97.92	99.72	102.32	165.92	175.03	55-BM496
118	清水	粗製	8.4	6.0	14.4	12.2	101.97	99.35	106.67	156.52	153.17	161-BF114

119	清水	粗製	3.4	7.2	10.6	12.0	102.83	103.52	114.92	147.92	163.55	156-BF82
122	清水	粗製	12.8	6.4	19.2	17.8	99.92	99.52	102.82	166.18	170.57	44-BM314
123	清水	粗製	10.2	4.2	14.4	18.4	99.30	98.80	100.75	164.63	166.45	187-BA199
125	清水	粗製	21.0	3.0	24.0	28.2	99.88	103.35	103.85	162.97	171.12	30-BM213
146	下舘銅屋	中期末葉	9.8	5.6	15.4	13.6	106.17	106.33	115.25	145.97	154.33	200-10
148	下舘銅屋	中期末葉	9.8	2.6	12.4	13.2	101.93	100.83	105.03	159.93	160.58	232-156
149	下舘銅屋	中期末葉	10.4	10.4	20.8	22.2	106.08	105.67	114.28	148.47	154.77	204-29
150	下舘銅屋	中期末葉	11.4	9.0	20.4	26.0	103.37	100.65	104.98	165.77	162.53	228-133
151	下舘銅屋	中期末葉	6.4	9.6	16.0	20.0	95.83	95.83	103.30	152.87	155.83	213-69
152	下舘銅屋	中期末葉	9.4	6.8	16.2	20.0	104.52	103.78	110.52	149.12	151.22	219-99
153	下舘銅屋	中期末葉	8.8	7.6	16.4	18.0	104.65	106.55	114.30	150.73	161.03	221-101
154	下舘銅屋	中期末葉	9.6	6.8	16.4	19.2	104.77	104.58	112.77	145.30	152.62	215-76
155	下舘銅屋	中期末葉	12.4	4.4	16.8	17.2	107.50	108.43	112.28	161.32	168.05	213-67
156	下舘銅屋	中期末葉	7.8	1.4	9.2	11.4	104.57	102.52	105.97	159.13	159.45	216-81
159	下舘銅屋	中期末葉	9.6	6.2	15.8	18.2	116.33	115.38	120.43	155.88	157.57	227-127
160	下舘銅屋	中期末葉	13.2	5.6	18.8	14.8	103.52	104.58	110.08	158.32	167.63	231-146
161	下舘銅屋	中期末葉	8.6	6.8	15.4	15.2	102.70	102.73	109.47	155.83	166.08	202-18
162	下舘銅屋	中期末葉	10.0	6.8	16.8	22.4	96.97	95.68	101.05	158.45	157.18	227-132
166	下舘銅屋	粗製	8.8	4.8	13.6	23.8	101.37	101.88	105.52	153.78	157.50	216-82
168	菅田	中期後葉	4.8	3.4	8.2	18.8	105.13	108.88	111.27	154.80	167.92	34-1
171	館Ⅳ	中期後葉	7.2	2.6	9.8	4.8	103.08	104.63	116.62	141.33	152.60	198-470
172	館Ⅳ	中期後葉	2.8	2.0	4.8	7.6	100.48	103.38	107.70	156.23	167.18	152-30
174	館Ⅳ	中期末葉	2.4	2.8	5.2	13.8	112.32	111.28	114.18	156.72	152.08	179-303
176	館Ⅳ	粗製	3.0	6.0	9.0	16.2	96.83	97.38	101.97	159.85	160.80	179-304
179	本内Ⅱ	中期後葉	6.8	11.0	17.8	31.2	107.60	107.17	114.72	151.40	169.63	94-697
180	本内Ⅱ	中期末葉	13.4	11.6	25.0	12.4	105.82	109.53	112.22	149.60	162.90	54-260

＊報告書番号は、「報告書ページ数－報告書記載番号」とする。

大洞系・類大洞系・非大洞系土器の検証
―道南・道央における縄文晩期初頭の土器型式構造―

関 根 達 人

I. 問題の所在

　東北地方の晩期縄文土器である亀ケ岡式土器が、本来的な分布圏外からも出土するという事実は、広域土器編年を確立する上で、また土器型式の背景にある集団関係を考察する上で古くから注目されてきた。

　北海道に青森県つがる市（旧木造町）亀ケ岡遺跡から出土するのと同様な土器が存在することは、亀ケ岡式土器なる考古学的概念が成立するはるか昔、18世紀末・19世紀初頭に菅江真澄により既に認識されていた（関根達人2006）。そして山内清男により大洞編年が確立された1930年代には、北海道の南端には亀ケ岡式土器が分布する一方、より北方では在地で作られた粗製土器と亀ケ岡式精製土器が混在するとの認識がもたれている（山内清男1933）。ここで注意すべきは有名な山内の「縄紋土器型式の大別と細別」を示した編年表のなかで、陸前の大洞式に対して陸奥では亀ケ岡式の名称が使われ、両者が区別されていたことである（山内清男1937）。通常、大洞諸型式はいわゆる亀ケ岡式の細分であると考えられているが、山内は大洞諸型式を設定した段階で既に、大洞式と亀ケ岡式を陸前と陸奥という地域差として認識するとともに、道南に分布するのは陸奥の亀ケ岡式であると理解していたのである。

　北海道の晩期縄文土器の編年大綱は吉崎昌一によって示されたが（吉崎昌一1965）、その後に行われた木古内町札苅遺跡や七飯町聖山遺跡等の晩期縄文遺跡の発掘調査を受けて、野村崇はより詳細な変遷案を提示した（野村崇1981・1985）。

　山内が示した在地産の「より粗製の土器」と「東北地方から輸入されたか、または同地方からの影響の下に製作された」亀ケ岡式精製土器のセットという考え方は、1980年代に入って、林謙作により「大洞系」・「類大洞系」・「非大洞系」という概念で再評価と修正が図られることになる（林謙作1981・1983）。北海道の晩期縄文土器を説明する上で「大洞系」・「類大洞系」・「非大洞系」という区分は便利なため時折眼にするが、林がこの概念を提示する際に設定した「美々4式」は、後に林自身によって撤回されている（林謙作1997）。その後、苫小牧市柏原5遺跡出土土器に基づき工藤肇が「柏原I～IV式」を設定したが（苫小牧市教育委員会1997、工藤肇2000）、机上での型式学的操作により設定された型式であり、出土状況の良好な資料による検証を必要としている。近年、北海道では恵庭市カリンバ3遺跡、松前町東山遺跡など後期末から晩期初頭の重要な資料が相次いで公表されて

いる。本稿では東山遺跡出土土器の分析を中心に、道南・道央における晩期初頭の土器群の様相を明らかにするとともに、東北北部、津軽・下北地方の資料との比較を進め、「大洞系」・「類大洞系」・「非大洞系」という概念の妥当性・有効性に関して検討する。

II. 松前町東山遺跡出土土器の検討

1. 資料の概要

　東山遺跡は、北海道の南端、白神岬から海岸沿いに北西へ約8km、及部川と伝治沢川に挟まれた標高20～30mの海岸段丘上に立地する。遺跡からは津軽海峡を挟んで約27km先にある津軽半島が間近に見え、天候に恵まれれば岩木山の秀麗な姿を拝むことができる。

　遺跡は縄文早期から晩期と近世の複合遺跡であり、丘陵上の平坦面から緩斜面では縄文後晩期の遺構・遺物、及部川に面する丘陵東側の急斜面では盛土遺構に伴って円筒文化期に属する膨大な遺物が発見されている。本論で扱う資料は、町道改良工事に伴う2001～2004年の調査で出土したもので、報告書が刊行されている（松前町教育委員会2005）。晩期の遺物は、緩斜面にある後期中葉の竪穴住居跡群の窪地を利用した土器捨て場遺構と、遺物包含層から出土している。遺構・層と出土土器の時期との対応は次の通りである。

　　土器捨て場 H9・H14：晩期1a～1b期
　　土器捨て場遺構 H11：晩期1a～2期
　　土器捨て場遺構 H13：晩期1b期
　　土器捨て場 H4・H5、遺物包含層 Q12・13区III層：晩期2期
　　土器捨て場 H8・H10：晩期3期

　晩期1a期の資料に関しては、それのみが単独で出土する遺構や層は確認できないが、晩期1b・2・3期の資料については、上記の通り、良好な一括資料が存在する。本論では、地点毎に時期的なまとまりが看取される土器捨て場遺構出土資料を中心に、遺物包含層の土器を補足する形で、時期毎にその特徴を述べる。なお、文様モティーフに関しては、次節において既存の土器型式や他遺跡出土資料との対比を行うなかで詳述することとし、ここでは主に器形と文様帯構成に触れる。

2. 時期毎の様相

(1) 晩期1a期【大洞B1式併行期】（第1・2図）

　深鉢には、括れを持ち口頸部に沈線文が展開する精製土器、括れがなく口縁部直下に文様帯を持つ土器、同じく括れがない粗製土器の3種がある。体部が括れる深鉢には、口縁部と頸部の文様帯が明確に分かれるもの（第2図13～18、21・22）と一体化しているもの（第1図1・6、第2図12）、頸部下半の無文帯を挟んで括れ部付近に文様帯をもつもの（第1

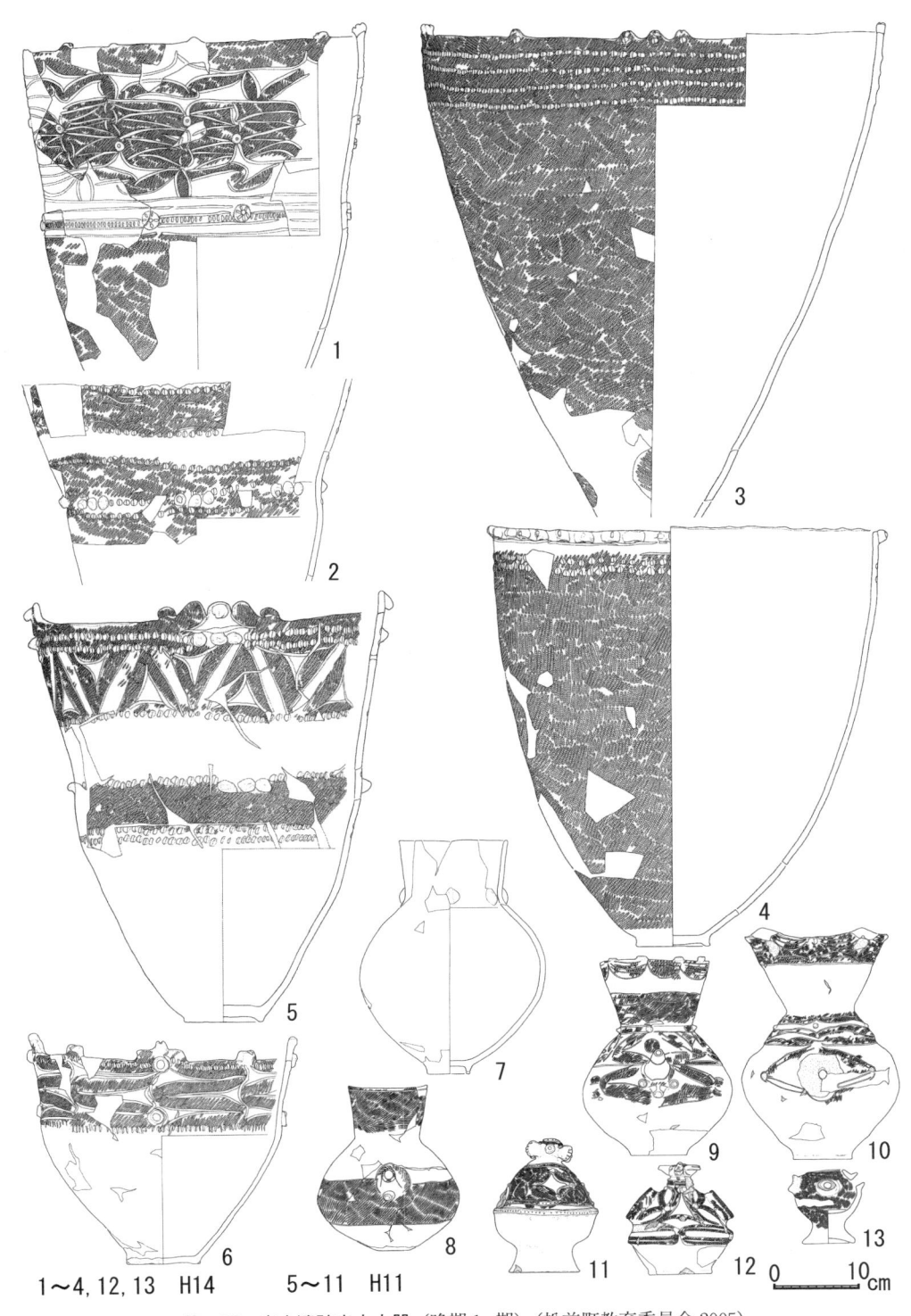

大洞系・類大洞系・非大洞系土器の検証　289

1〜4, 12, 13　H14　　5〜11　H11

第1図　東山遺跡出土土器（晩期1a期）（松前町教育委員会 2005）

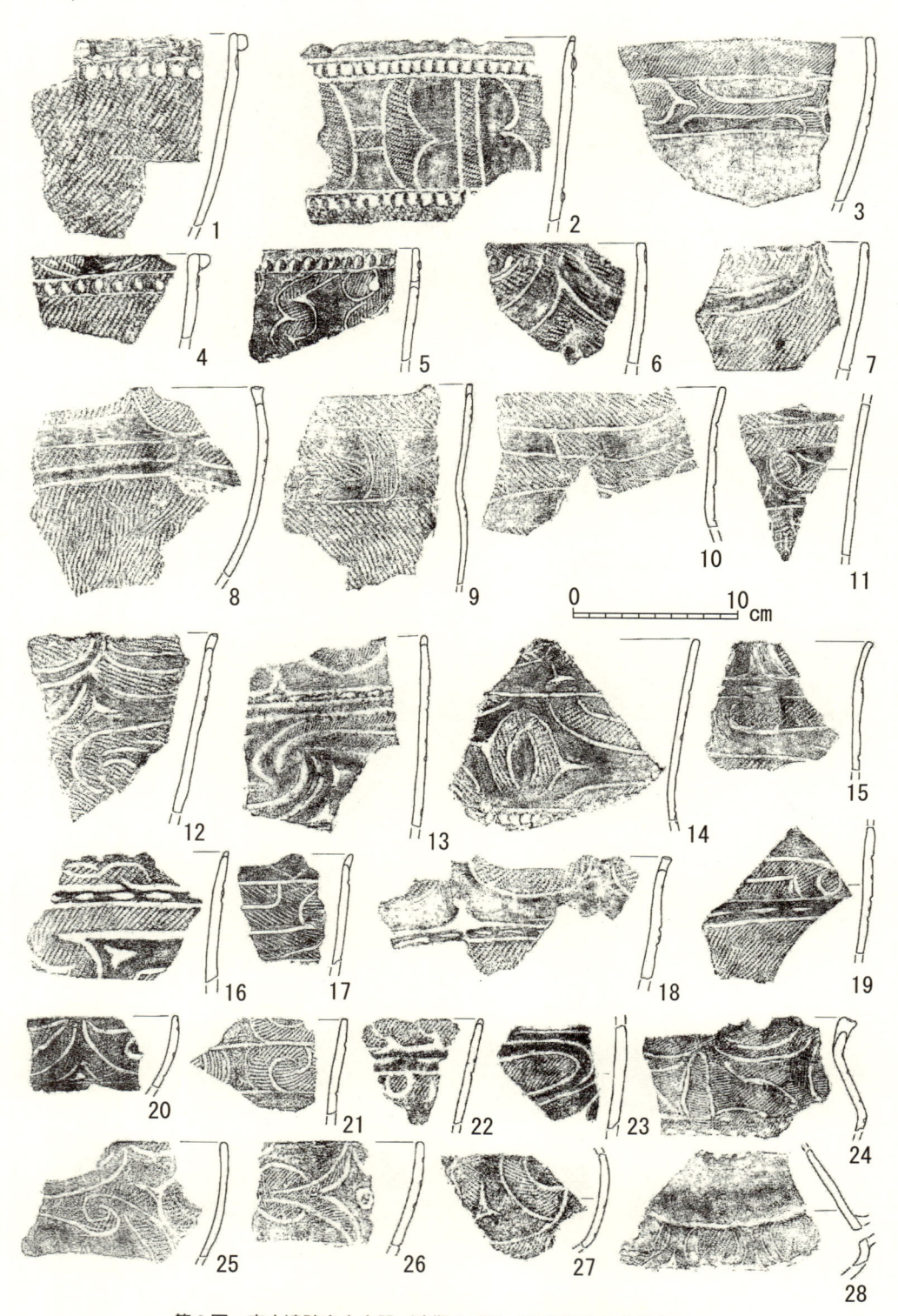

第 2 図　東山遺跡出土土器（晩期 1a 期）（松前町教育委員会 2005）

図2・5）がある。このうち頸部下半に無文帯が巡る深鉢は、突瘤文土器が出土したことで知られる青森県むつ市 大湊近川 遺跡（青森県教育委員会1987）など下北・津軽地方では散見されるが、本来的には東北地方の瘤付土器には見られない文様帯構成である。

　粗製深鉢（第1図3・4、第2図1）は、いずれも斜行縄文を地文とし、その上から口縁部直下に1〜4段ほどの刺突列が巡る。刺突は、断面が円形ないし半円形の工具を器面に対してやや斜め方向から連続的に行われている。そのため、刺突そのものは縦横の幅に大きな差がなく、ほとんどの場合、左右どちらか一方の側に粘土の捲れかえりが看取される（これと同様の刺突は沈線文が施された精製土器にも多用されている）。口縁は所々に低い山形突起がつくものと、口唇部は平坦だが山形の突起が外側に向かって連続的に付き、その結果口縁部が鍔状に張り出すものとがある。なお、粗製・精製を問わず、内側から刺突を加える突瘤文は全く見られない。

　鉢は点数が少ない。体部から口縁部まで緩やかに立ち上がるもの（第2図20・25・26）と、屈曲を有するもの（同24）があり、いずれも沈線文が施される。

　壺は、口頸部が直立気味で体部との境に突起が付く、後期的様相が色濃く残る無文の壺がある（第1図7）。

　注口土器は、口縁部・頸部・体部の三段造りで底には低い台が付くもの（第1図10）、頸部が分化せず底には低い台が付くもの（同9）、同じく頸部は分化せず平底のもの（同8）、体部に低い段を有するもの（第2図28）があり、体部の扁平度は、この順番で高くなる。東北地方の場合、晩期初頭には注口土器の体部は扁平化するとともに、台付の注口土器はみられなくなる。その点で東山遺跡の注口土器には多分に後期的な様相を残すが、総じて注口部のホーデン状突起が退化している点には晩期的様相も見て取れる。

　香炉形土器は、閉じた頂部に突起が付く形態（第1図11・12）と、頂部が開口するもの（同13）がある。前者は体部上半に文様帯を持ち、後者は地文（縄文）のみである。

(2)　晩期1b期【大洞B2式併行期】（第3図）

　深鉢には、短い口頸部が外傾し、そこに文様帯が形成されるもの（第3図7・11・23）、括れがなく口縁部直下に文様帯を持つもの（4〜6、8〜10、24〜28、34）、同じく括れがない粗製土器の3種がある。粗製深鉢は、小波状口縁が多く、地文（斜行縄文）のみ施すもの（2・3）と、地文の上に刺突列を加えたもの（1）があるが、前者は、大洞B2式を中心に東北地方の晩期初頭の土器にも一般的にみられるものである。刺突は、器面に対して垂直方向から行われるようになるため、晩期1a期の土器のように、刺突孔の左右どちらか一方の側に粘土の捲れかえりが生じる現象はあまりみられなくなる。

　鉢は、括れを有し口頸部が外傾するもの（38）と屈曲点・屈折点をもたないものに大別される。屈曲点・屈折点をもたないものは、口縁部がやや内弯するもの（13・35）、体部から口縁部にかけて直線的に開くもの（29・30・36・37）に分けることができる。このうち、

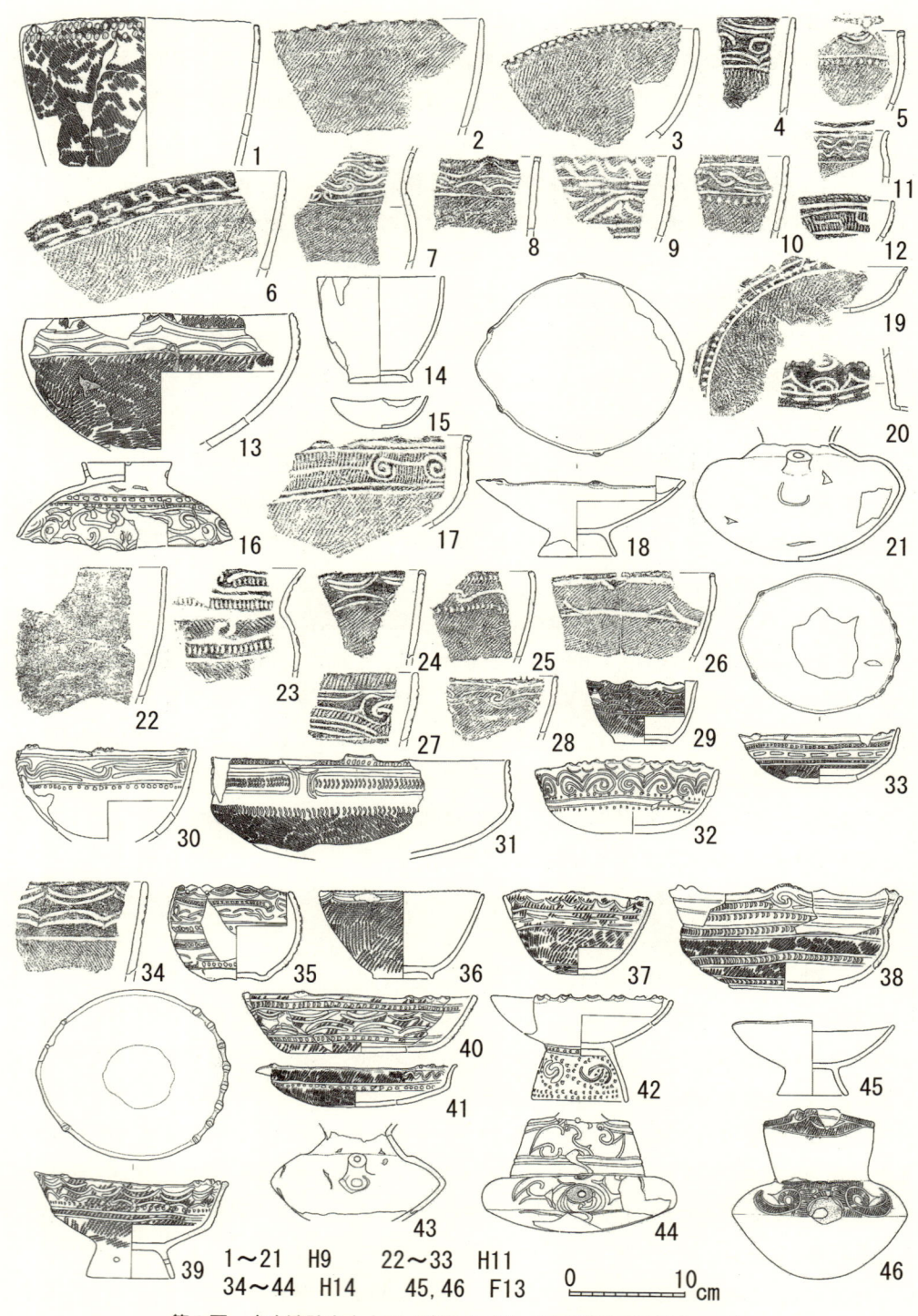

第3図　東山遺跡出土土器（晩期1b期）（松前町教育委員会 2005）

1～21　H9
22～33　H11
34～44　H14　　45, 46　F13

体部が屈折し口頸部が短く直立する鉢は、東北地方の後晩期縄文土器にはみられない器形である。

　浅鉢・皿は台が付くもの（18・39・42・45）と付かないもの（15・19・32・33・40・41）があり、いずれも上面観が正円でなく舟形など異形を呈するものが多い点が特徴的である。体部が屈折し口頸部が短く直立する鉢（17・31）も東北地方ではみられない。異形の浅鉢は大洞BC式やC1式には散見されるが大洞B2式には極めて稀である。本遺跡にみられる異形の浅鉢は、単に上面観が正円にならないだけでなく、片口が付いたり、突起が左右非対称に配置される点にも特色を有する。

　注口土器（43・44・46）は3類型存在するが、全て大洞B2式にもみられるものである。

　蓋型土器としたもの（16）は、報告書では浅鉢となっている。この土器は、焼成前に穿孔された一対の穴が摘み（高台）部の左右対称となる場所に存在し、なおかつ口縁に沿って外面に紐を通すことが可能な穴を有する装飾突起が多数配置されることから、蓋の可能性が高いと考えた。

(3)　晩期2期【大洞BC式併行期】（第4・5図）

　深鉢には、短い口頸部が外傾し、そこに文様帯が形成されるもの（第4図7・10・13）、括れがなく口縁部直下に文様帯を持つもの（同6・8・11・12、第5図1・7・9・16）、同じく括れがない粗製土器の3種がある。粗製深鉢は、地文（斜行縄文）の上に刺突列を加えたもので、小波状口縁のもの（第4図1、第5図2・3・15）と小突起が付くもの（第4図2・3）とがみられる。刺突列は1段ないし2段で、器面に対して垂直方向から施されたものが多く、その形状は晩期1b期に比べ縦長幅狭になる傾向がみられる。

　鉢は数が多く、口縁部の立ち上がりかたや屈曲点・屈折点および高台の有無が多くの変異を生み出している。台付鉢（第4図16〜18・22、第5図14）は、台部の抉り込みをほとんどもたない上、高台内側の体部と台部との接合箇所に明確な屈折点がみられず、緩やかなカーブを描く。こうした点は、東北地方の晩期縄文土器にはみられない特徴であり、成形という土器製作上の根幹に関わる部分で、東北地方とは異なる技法があったことを示すものとして注目される。なお、体部が筒状を呈し口縁部が直線的に開く異形台付鉢（第4図31）も、東北地方の晩期縄文土器には類例がみられない。

　浅鉢は台が付くもの（第5図4・13・21）と付かないもの（第4図25・28）があり、晩期1b期に引き続き、舟形など異形を呈するものが目立つ。

　壺は変異に富むが、大洞BC式と共通するもの（第4図34〜37、第5図22・25）を主体とし、大洞BC式には見られない特殊な有段広口壺（第4図33、第5図23）が加わる。

　注口土器（第4図38、第5図24）はいずれも大洞BC式特有のものである。

　これらの土器群は、北海道上ノ国町竹内屋敷遺跡第3-4層出土土器（上ノ国村教育委員会1961）と共通する点が多く、上ノ国式に比定できよう。

294

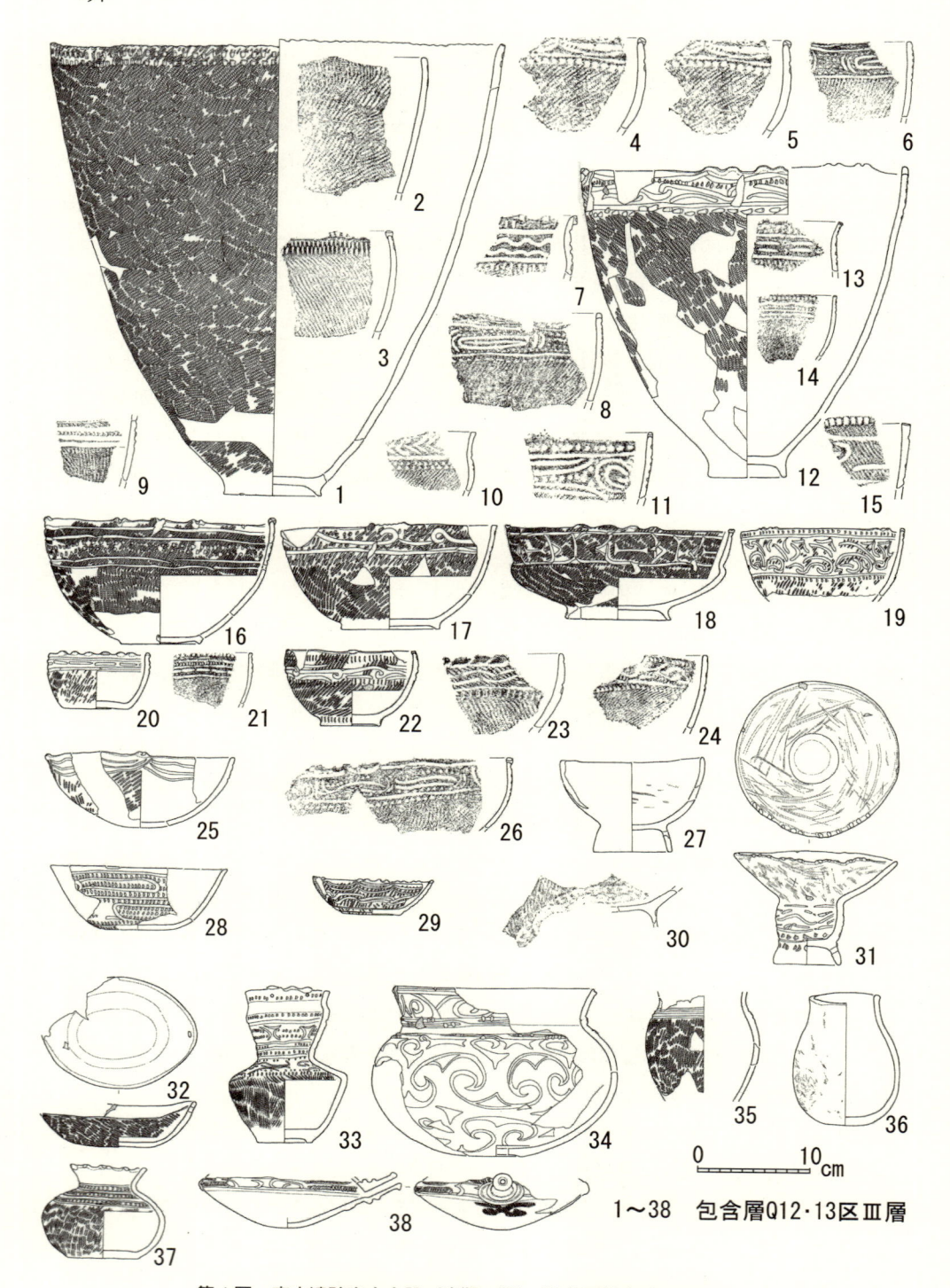

第4図　東山遺跡出土土器（晩期2期）（松前町教育委員会 2005）

1～38　包含層Q12・13区Ⅲ層

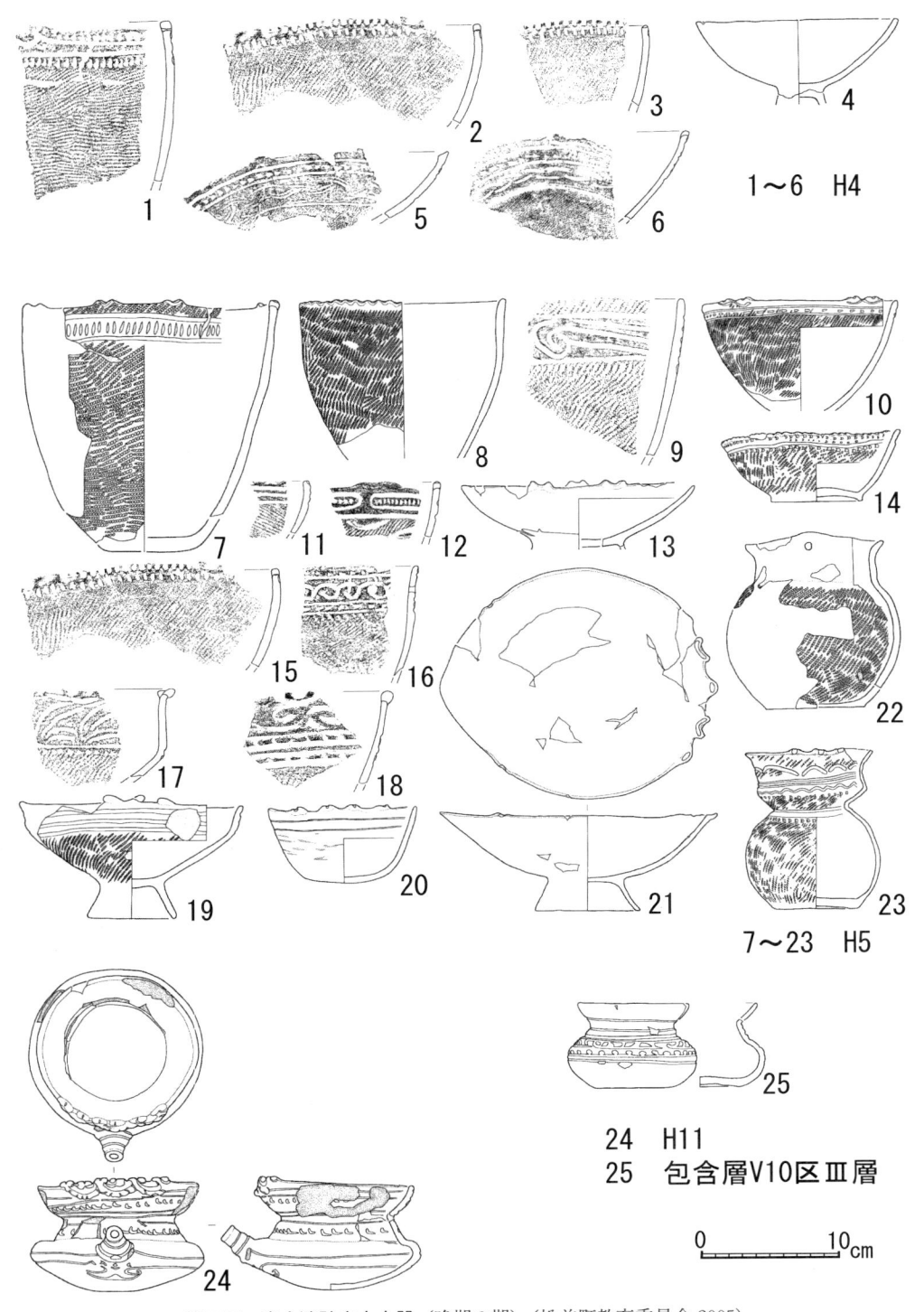

大洞系・類大洞系・非大洞系土器の検証 295

1~6 H4

7~23 H5

24 H11
25 包含層V10区Ⅲ層

第5図 東山遺跡出土土器（晩期2期）（松前町教育委員会2005）

(4) 晩期3期【大洞C1式併行期】(第6図)

　東山遺跡では本段階の資料は量的に少なく、器種構成全体を語れる状況にはない。本段階には、刺突自体は装飾技法として残るものの、地文（斜行縄文）の上に刺突を加えた粗製深鉢は陰を潜め、斜行縄文のみを施文したもの（第6図15・16）や、口縁部文様帯を平行沈線で区画し、そのなかにジグザグに蛇行する沈線を施文する半精製の深鉢・鉢類（3・13）が目立つようになる。やや内側に屈曲した口縁部に平行沈線を数条有し、肩部に2個1対の小突起を貼り付け、体部には条が縦走するように縄文を施した鉢（4）は、東北地方北部に分布の中心をもつ土器である。浅鉢では引き続き、左右非対称となる異形土器（12）が認められる。

　これらの土器群もまた、いわゆる上ノ国式の範疇に含まれるものと思われる。東山遺跡では晩期3期の資料が少ないため、晩期2期の土器との違いを十分に吟味できないが、い

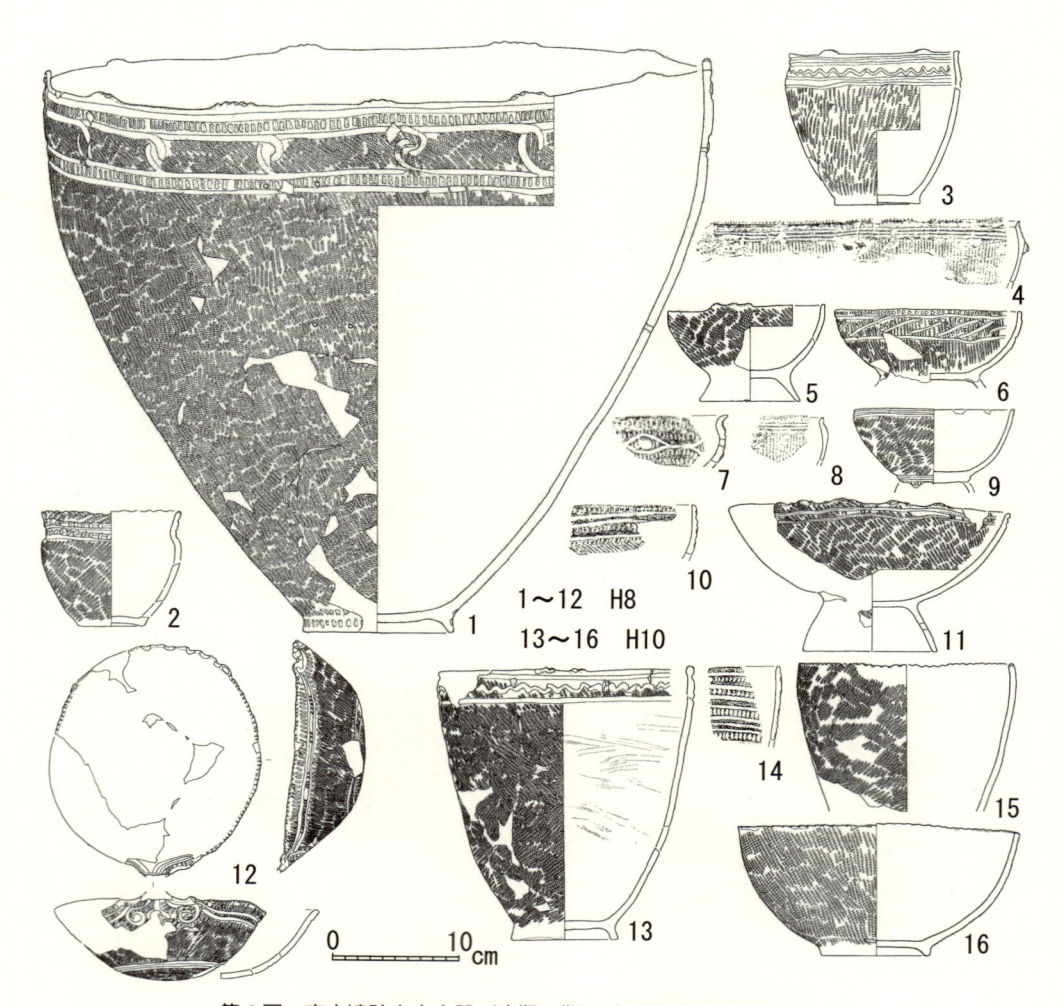

第6図　東山遺跡出土土器（晩期3期）（松前町教育委員会2005）

ずれ良好な資料により上ノ国式は新旧2時期に細分できるであろう。

III. 既存の土器型式との対比

1.「御殿山式」ならびにカリンバ3遺跡出土土器の検討

　御殿山式は、北海道ひだか町（旧静内町）御殿山遺跡の第3次調査で検出された積石を伴う墳墓群から出土した土器を標式とし、「斜行縄文或は羽状縄文を地文とし、沈線文、突瘤文を有する」I式と、「斜行縄文を地文とし、沈線文、刻文、はり瘤文、三尖頭沈刻文、はりつけ文の組合せがあり、磨消手法が発達している」II式に分別されている（河野広道・藤本英夫1961、藤本英夫1963）。しかし、標式として提示された資料（第7図上段・中段）は数が少ない上、小破片中心であったため、その後の編年研究において型式の捉え方に研究者間で齟齬が生じることとなる（鷹野光行1984・1989、野村崇1996、森田知忠1981な

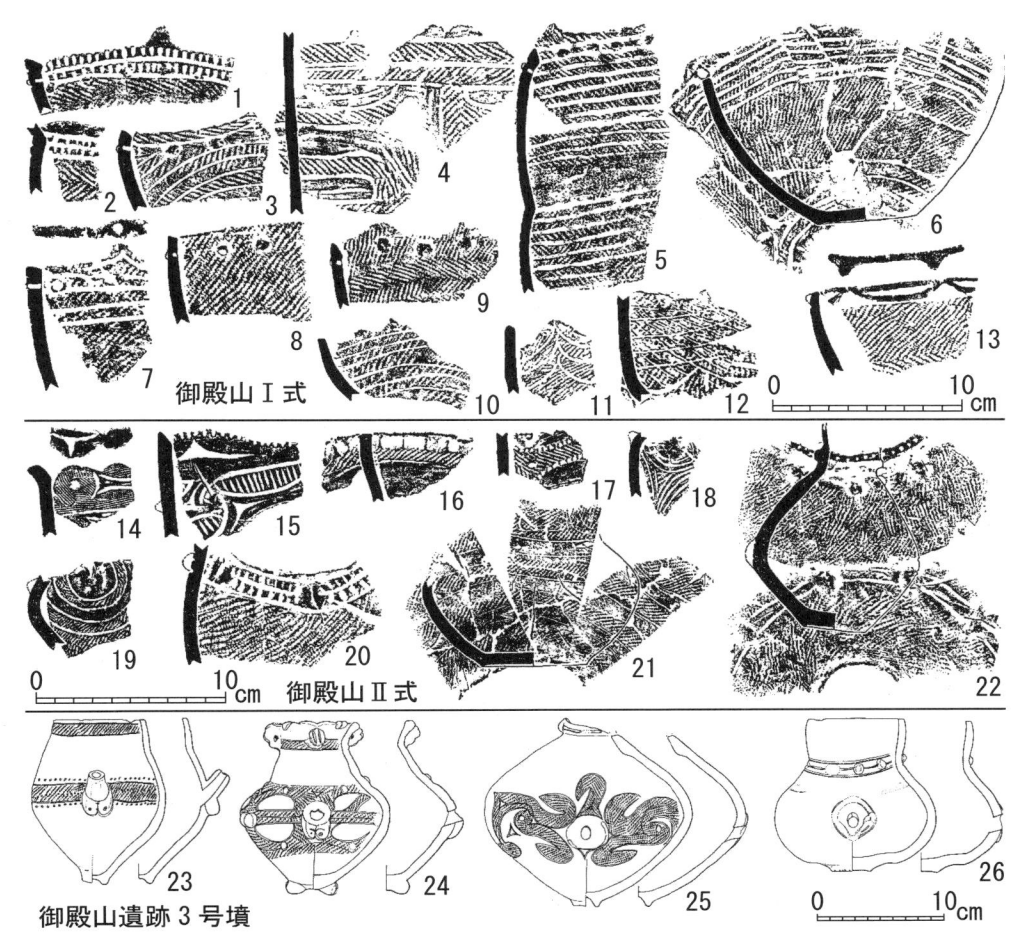

第7図　御殿山I・II式の標式資料と御殿山II式の一括資料
（1〜22：河野・藤本1961、23〜26：静内町教育委員会1984）

298

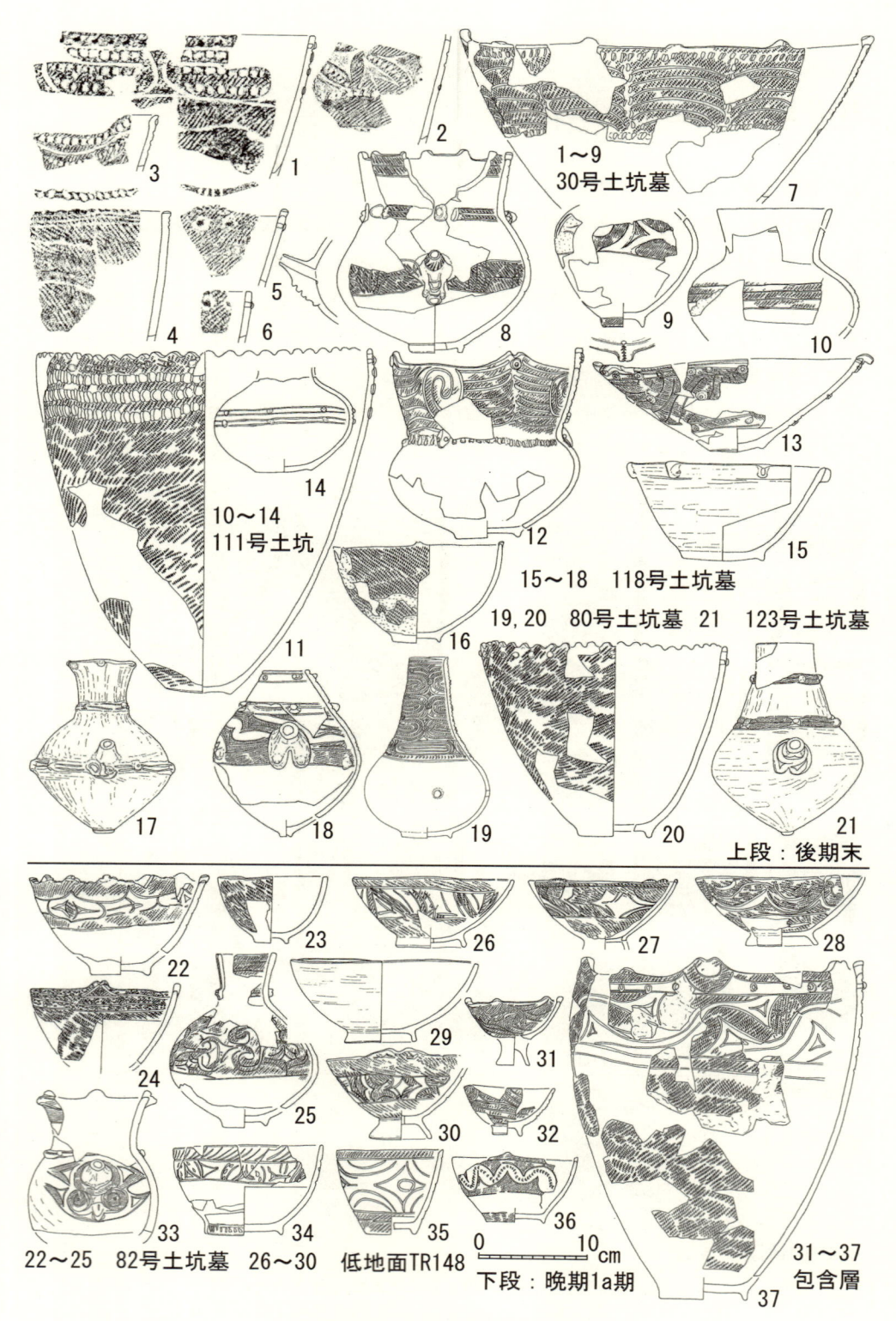

1～9
30号土坑墓

10～14 111号土坑

15～18 118号土坑墓

19, 20 80号土坑墓　21 123号土坑墓

上段：後期末

22～25 82号土坑墓　26～30 低地面TR148

31～37 包含層

下段：晩期1a期

第8図　カリンバ3遺跡出土土器
（1～25・31～37：恵庭市教育委員会2003a、26～30：恵庭市教育委員会2004）

ど)。標式遺跡である御殿山遺跡は、藤本英夫を中心に 1952 年から 65 年にかけて 11 回もの発掘調査が行われ、計 80 基以上の墓が検出されているが、未報告資料や地点・層位が判らなくなってしまった資料も少なくない（静内町教育委員会 1984）。また、その後に発見された御殿山式に関連すると思われる資料も、その多くが御殿山遺跡と同じく墳墓出土資料であり、御殿山式は長い間、器種構成全体が把握可能な資料に恵まれなかった。

　本稿で問題となるのは、狭義の御殿山式、すなわち御殿山 II 式であるが、その構成を理解するとともに細分を行う上で鍵となる資料が、近年、恵庭市カリンバ 3 遺跡で発見された（恵庭市教育委員会 2003a・2003b・2004）。カリンバ 3 遺跡では、御殿山式に関連する資料は、主として土坑墓群やその周辺と北側に隣接する低地面に形成された遺物包含層から出土する。このうち、82 号土坑墓と低地面の 148 号トレンチから出土した土器（第 8 図下段）は、後述する「柏原 IV 式」や「美々 4 式」の一部と共通する特徴を持ち、30 号・80 号・111 号・118 号・123 号土坑墓出土資料（第 8 図上段）に比べ、新しい様相を呈する。これらは従来全て御殿山式（II 式）に分類されてきた土器であり、御殿山 II 式は、型式学的にも出土状況からも、後期末の段階の資料と晩期初頭（晩期 1a 期）の資料に細分可能であること、そして新旧どちらの段階にも突瘤文が伴う（晩期初頭まで突瘤文が残る）ことが改めて確かめられた。

2.「美々 4 式」・「柏原 IV 式」の検討

　美々 4 式は、千歳市美々 4・美沢 1 両遺跡出土土器を標式とし、晩期初頭「大洞 B 式」に併行する勇払原野を中心に石狩低地帯に分布域をもつ土器型式として、1983 年に林謙作により設定された（第 9・10 図）（林謙作 1983）。その特徴は、類大洞系土器を主体とし、それに大洞系土器（大洞 B 式）と在地の御殿山系土器（非大洞系土器）がセットとして組み合う点にあると説明された。在地の堂林―三ツ谷系の要素は、部分的に残存しているに過ぎないとの指摘もなされた。林は 1997 年、苫小牧市柏原 5 遺跡出土の土器群を分析するなかで、美々 4 式の再検討を行い、大洞 B1・B2 式の認識が不十分であった上、前後の土器群の変化の道筋に対する目配りも不足していたとの理由で、美々 4 式を撤回した。

　林が型式設定に用いたのは、美々 4・美沢 1 遺跡の盛土墓から出土した資料が中心であり、それに粗製深鉢など盛土墓資料に乏しい器種を補う形で両遺跡の包含層（IIB 層）出土資料が使われた。東山遺跡出土土器と比較した場合、美々 4 式の基準資料は、晩期 1b 期を主体としつつも、晩期 1a 期と 1b 期の両者に跨っていることが明らかである。この点に関しては、大洞 B1・B2 式の認識が不十分であったとの林の言説にも現われている。実際、美々 4 遺跡の盛土墓群の層序関係は極めて複雑であり、盛土墓の構築方法とその手順が解明されない限り、出土器の帰属や一括資料の認定は困難である。なお、東山遺跡出土土器と比較すると、突瘤の有無や主要文様モティーフに地域的な差違もみられる。

　柏原 IV 式は、苫小牧市柏原 5 遺跡出土土器を標式とし、工藤肇により大洞 B1 式・安

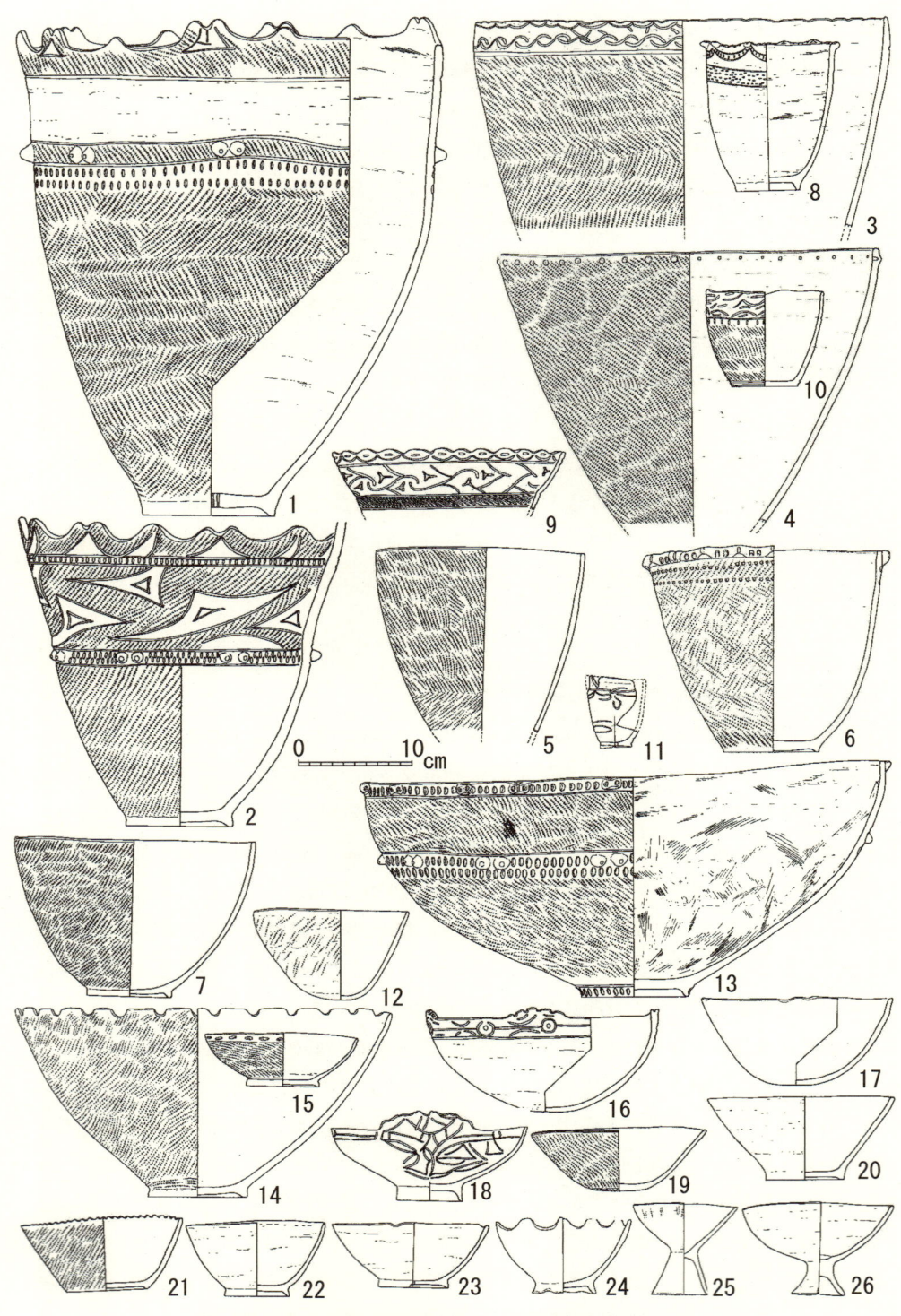

第 9 図　美々 4 式の標式資料 (1)（北海道教育委員会 1977)

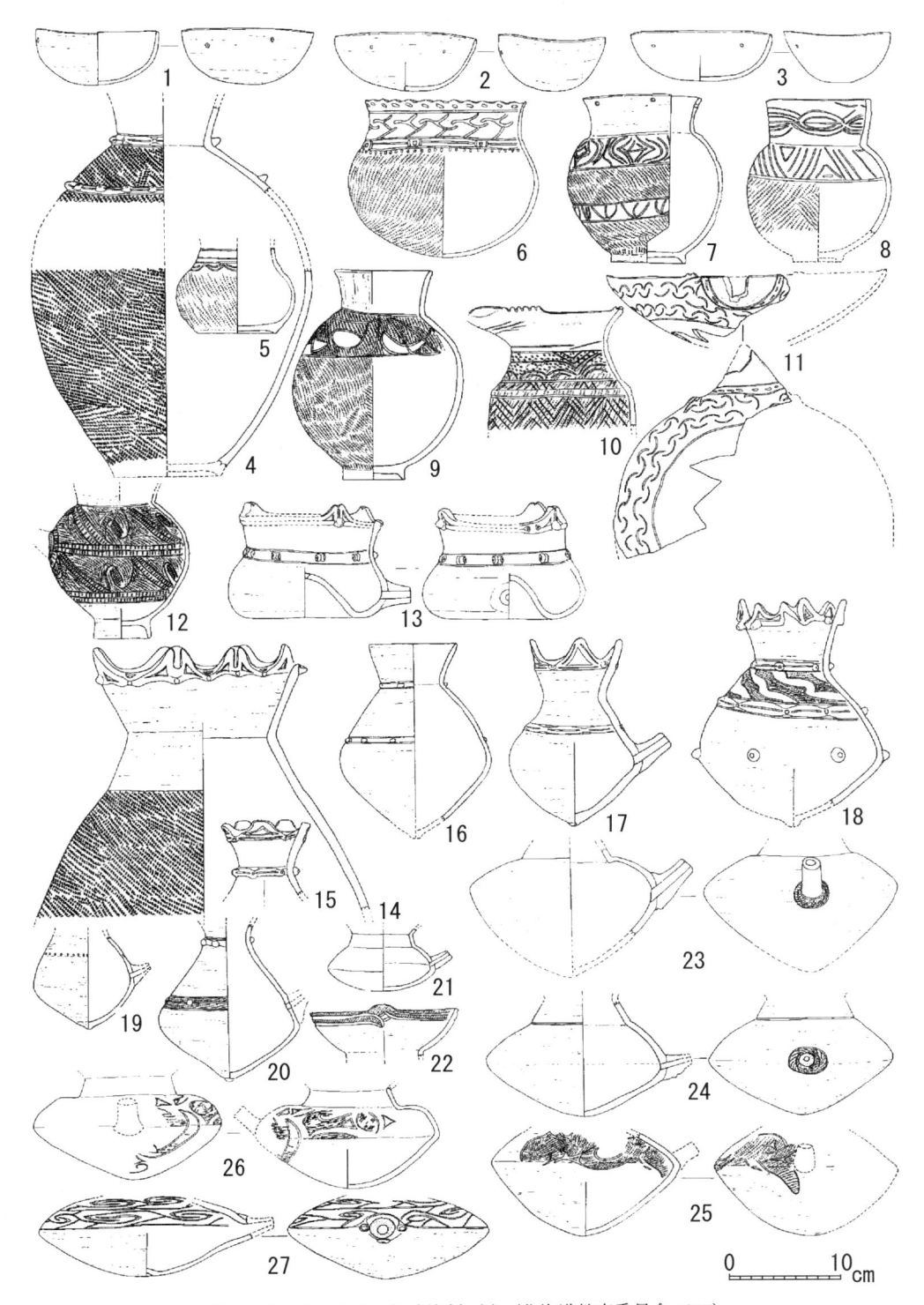

大洞系・類大洞系・非大洞系土器の検証　301

第10図　美々4式の標式資料（2）（北海道教育委員会 1977）

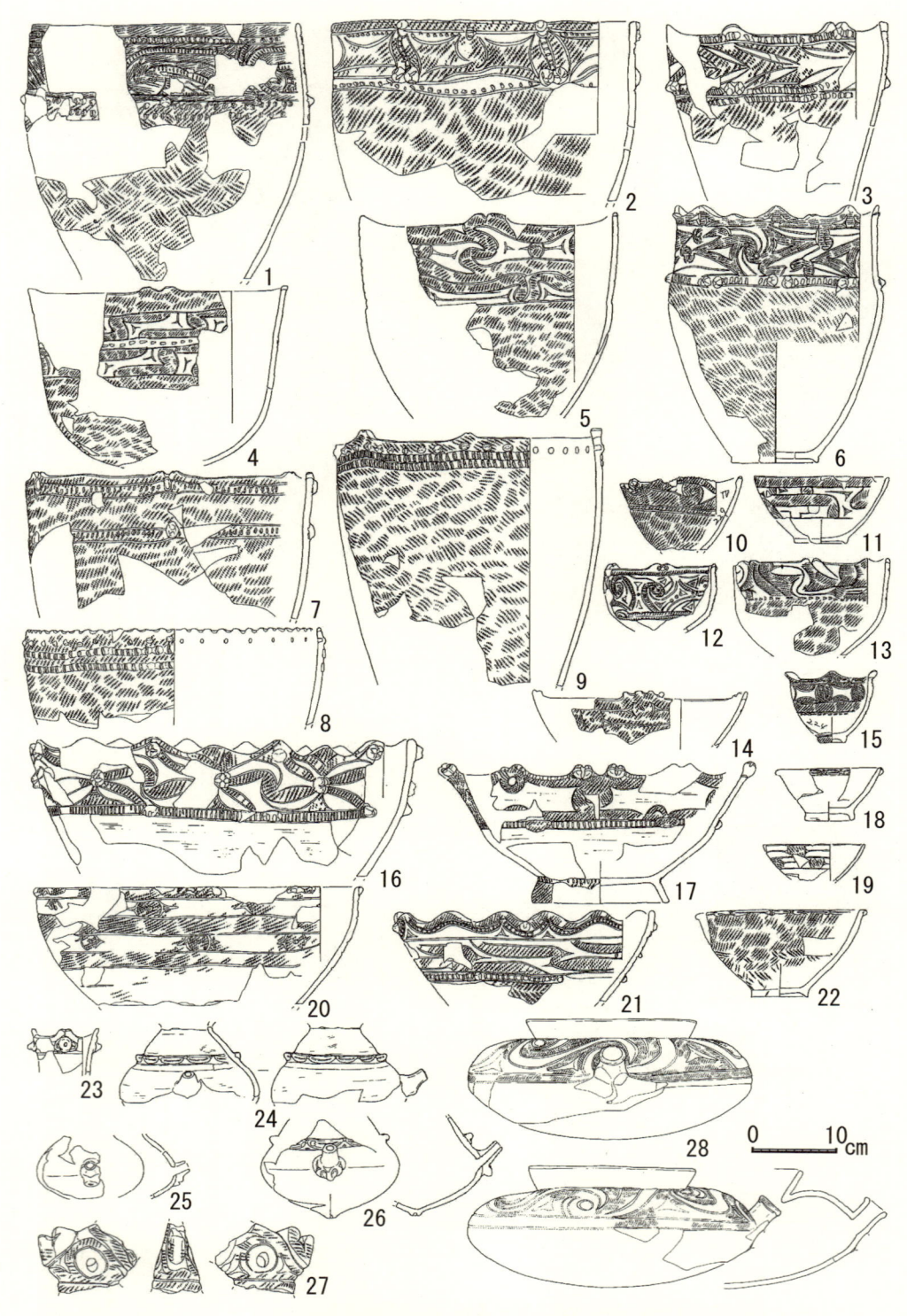

第11図 「柏原Ⅳ式」(1～27) と柏原5遺跡出土の大型注口土器 (28) (苫小牧市教育委員会 1997)

行3a式に併行する晩期初頭の土器を型式分類・抽出する形で型式設定がなされた（第11図）。工藤は御殿山（I・II）式を新旧に細分し、古い段階を柏原III式に、新しい段階をIV式にあて、IV式には夕張川中流域の由仁町東三川遺跡を標式とする東三川I式（野村崇1969）の一部も含まれるとしたが、IV式そのものの分布域については明言していない。美々4式と比較した場合、一部重複しながらも、相対的には柏原IV式が古く時間幅も狭い。筆者は、柏原IV式を石狩低地帯における晩期1a期の土器型式として基本的には支持する立場をとるが、東山遺跡の当該期の資料と比較した場合、後述するように、突瘤の有無や精製深鉢の文様帯構成、文様モティーフ等に地域的な差違もみられる。なお、柏原IV式の基準資料には含まれていないが、柏原5遺跡から出土した大型の注口土器（第11図28）は、大洞B1式の搬入品の可能性が極めて高く、本来、柏原IV式とセットになるべきものである。

3. 高野遺跡出土土器の検討

　松前町高野遺跡V群土器は、北海道の晩期縄文土器や亀ケ岡式土器の分布を論じる際には、これまでもしばしば取り上げられてきた。報告者である峰山巖は、その特徴に関して、三叉文の発達が未熟であり、突瘤文を伴わない一方で爪形文の出現率が高く、無文土器も多いと述べ、その編年的位置については大洞B式に併行するとした（松前町教育委員会1974）。高野遺跡には配石遺構に伴うV群土器の一括資料も存在する（第12図）。高野遺跡V群土器は、距離的に近いこともあり、筆者が東山遺跡出土土器のうち晩期1b期に比定した資料（第3図）と近似する。

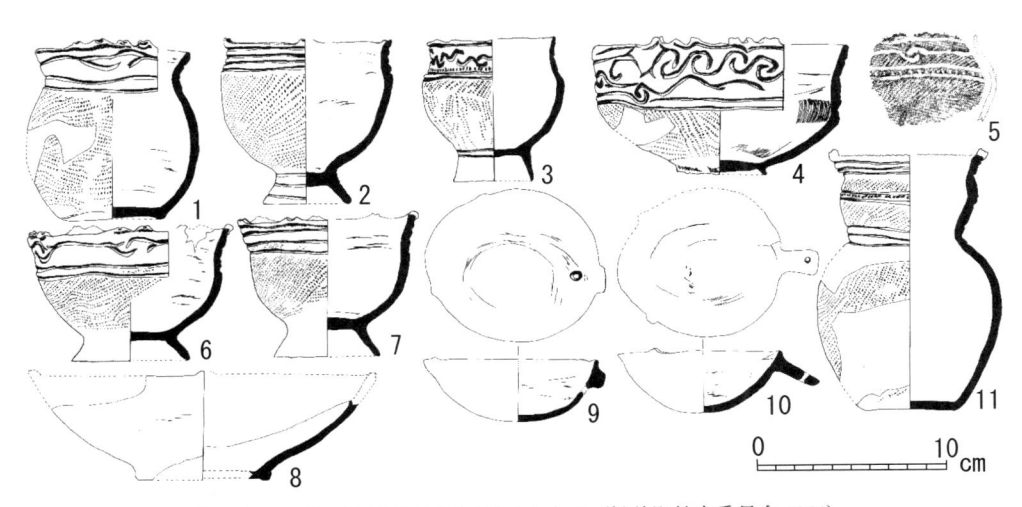

第12図　高野遺跡板状配石遺構出土土器（松前町教育委員会1974）

IV.「東山1a式」「東山1b式」の設定とその型式構造

1. 東山1a式の特徴と分布

　第1・2図に示した松前町東山遺跡出土の土器群は、道南における晩期1a期の基準資料であり、併行関係にある大洞B1式や柏原IV式と基本的な器種構成は共通するものの、施文技法や文様帯構成・文様モティーフに大きな違いが認められることから、新たに東山1a式と命名する。ここでは大洞B1式や柏原IV式との違いを中心にその特徴を述べ、併せてその分布域について記述する。

　後期末の土器に比べれば磨消縄文手法が目立つようになるが、地文として施した縄文の上に細く鋭い沈線で文様を描き、その後磨り消しなどの調整を一切加えない土器も引き続き存在する。筆者が縄文地沈線文手法と呼ぶこのような施文手法は、併行関係にある大洞B1式には全く認められず、東山1a式や柏原IV式など北海道の土器の特徴の一つである。

　東山1a式の精製深鉢には、頸部下半に無文帯をもつ土器（第1図2・3）があるが、そうした深鉢は柏原IV式や大洞B1式には見られない。このような文様帯構成をとる精製深鉢は後期後葉の段階からすでに道南から東北北部の地域に特徴的に認められる（関根達人2004、本稿第15図1～3）。

　東山1a式の主要な文様は連弧文と入組帯状文であり、他に入組曲線文や斜めや縦の区画文がみられる（第13図）。連弧文は、上向きの1条ないし2条の弧線を横に連ねたもの（1・2）、上向きと下向きの弧線を組み合わせたもの（3～5）、山形三叉文や対向三叉文と組み合わせたもの（6・7）など変異に富む。東北地方では、大洞B1式を挟んで、後期末の入組帯状文から大洞B2式に盛行する入組三叉文への変遷が無理なく辿れるが、東山1a式には入組三叉文の祖形となるものがほとんど見あたらない。すなわち、東山1a式の場合、大洞B1式に特有の退化した入組帯状文は稀で、斜めに階段状に連なる本来的な意匠を失い、縦方向に展開（10）、折り返し（12）、弧線文と融合（13）、あるいはより複雑化する（11・14）。入組帯状文系文様の中で大洞B1式と共通するのは、大腿骨文（9）や入組帯状文が退化する過程で生じた入組曲線文（8）くらいしか見あたらない。

　縦位（15）や斜位（16）の区画文は、東北地方の晩期1a期の土器やその前身であるコブ付土器群には見られない文様だが、北海道では後期後葉の堂林式などの段階から斜位・縦位に区画する文様があり、そうした伝統に由来する可能性が高い。

　以上、文様に関しては、東山1a式と柏原IV式は、基本的モティーフの点では共通性が高いが、文様帯の在り方や、施文技法、具体的には突瘤文の有無という点で両者は異なる。

　このような特徴をもつ土器は、落合計策による北斗市（旧上磯町）茂辺地遺跡採集資料（国立歴史民俗博物館2001）のなかに類例が認められ、津軽・下北地方にも分布する（第15

大洞系・類大洞系・非大洞系土器の検証　305

連弧文

入組曲線文

入組帯状文

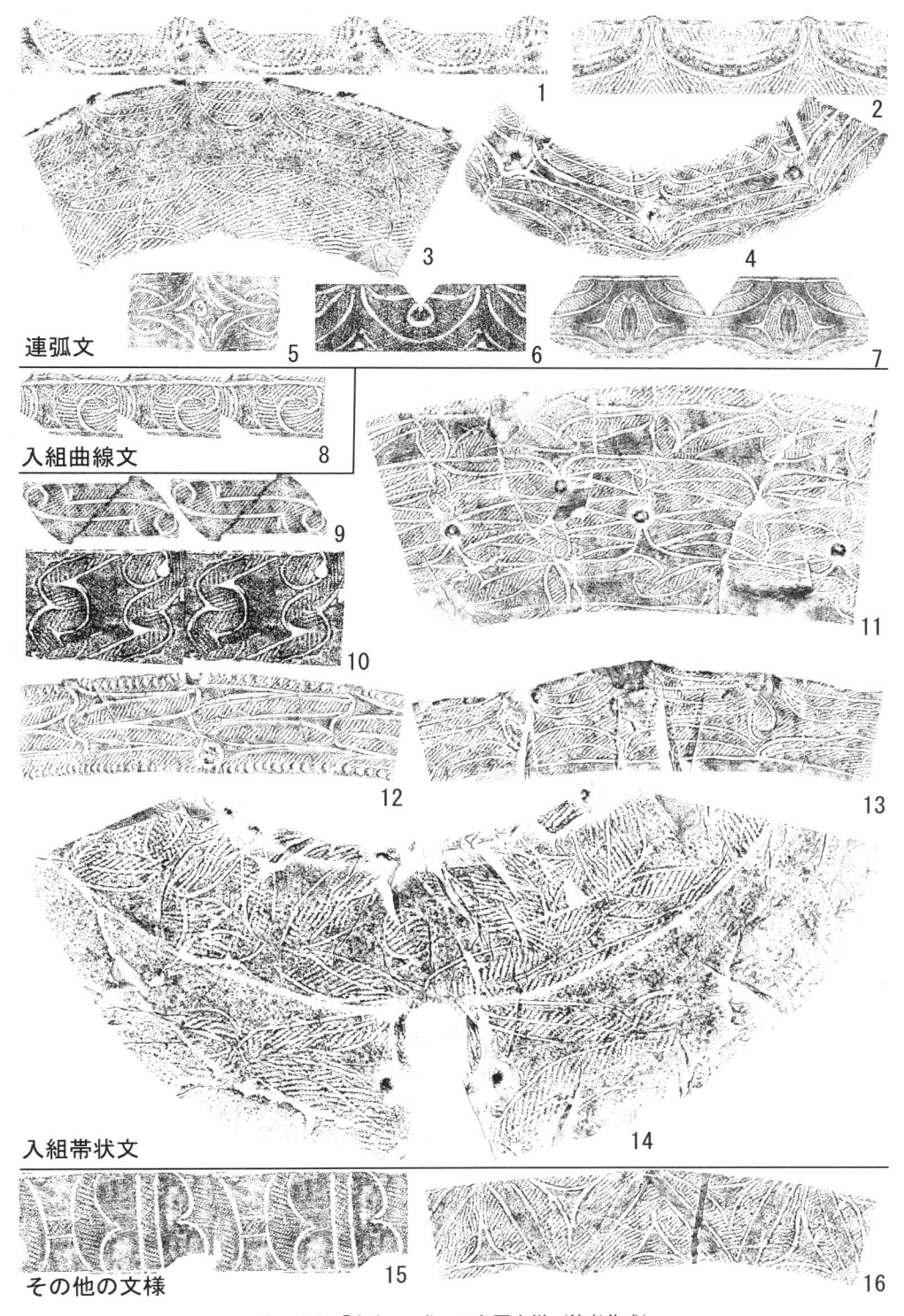

その他の文様

第13図　「東山1a式」の主要文様（筆者作成）

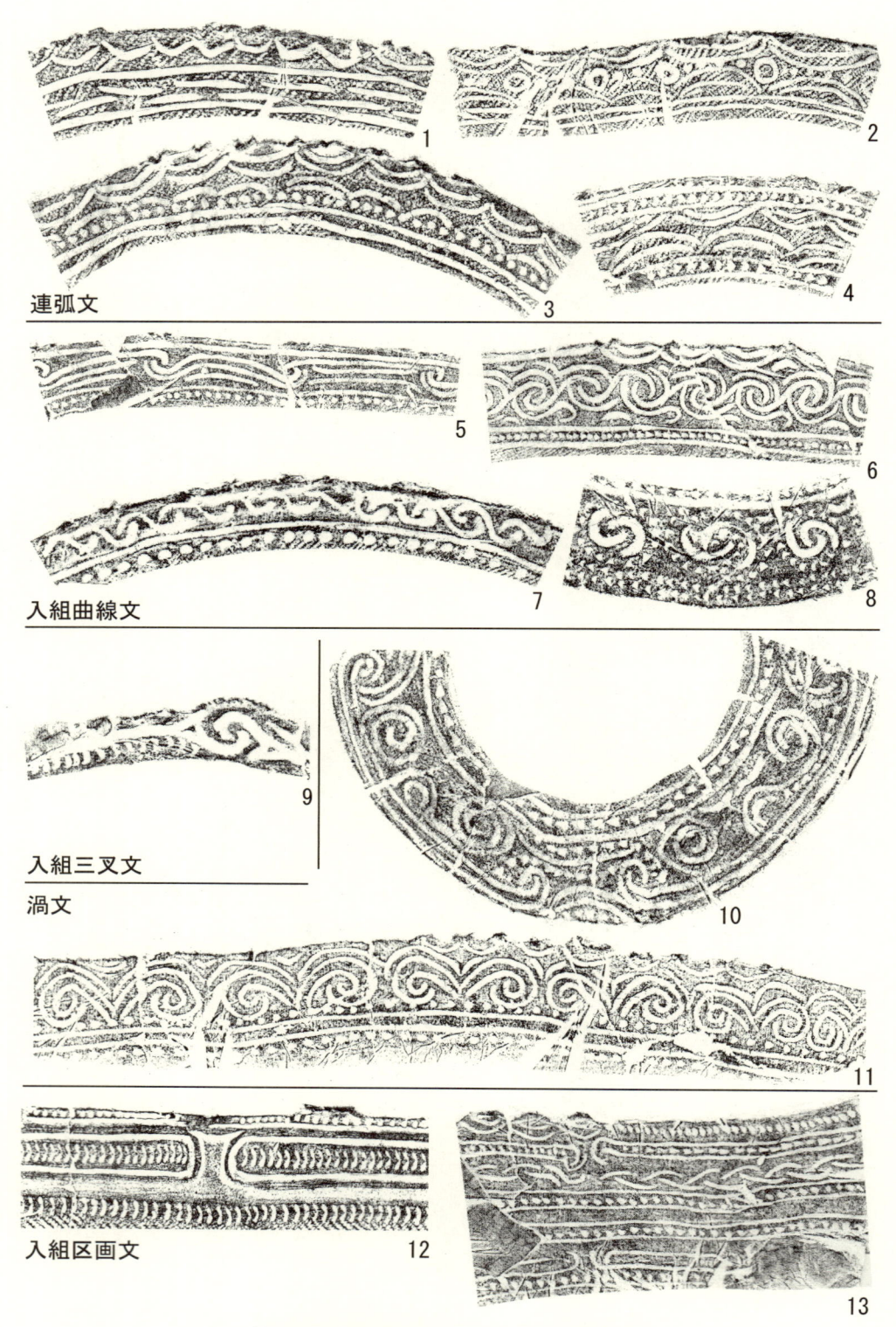

連弧文

入組曲線文

入組三叉文

渦文

入組区画文

第14図 「東山1b式」の主要文様（筆者作成）

図上段)。津軽・下北地方では、実態としては、大洞B1式と東山1a式が混在する状況を呈するが、粗製深鉢に関しては東山1a式に特徴的な刺突文系土器は稀である。

2. 東山1b式の特徴と分布

第3図に示した松前町東山遺跡出土の土器群は、松前町高野遺跡V群土器（第12図）とともに、道南における晩期1b期の基準資料であり、併行関係にある大洞B2式とは器種構成・施文技法・文様モティーフなど様々な点で無視し得ない違いを有する。本稿では、それらを基準資料として新たに東山1b式を設定する。ここでは東山1b式について、大洞B2式との違いを中心にその特徴を述べ、併せてその分布域について記述する。

東山1b式には、体部が屈折し口頸部が短く直立する浅鉢（第3図17・31）や、上面観が舟形など異形を呈する浅鉢・皿類（同18・33・39・41）、蓋形土器（同16）など、大洞B2式に見られない形態の土器が存在する。施文技法の点では、東山1b式を特徴づける縄文地沈線文手法や刺突も大洞B2式には存在しない。

粗製深鉢は、伝統的な縄文地に口縁部のみ刺突列を巡らせるもの（同1）が減る一方、大洞B2式に共通するもの（同2・3）が目立つようになる。

東山1b式の主要な文様は、基本的に東山1a式を踏襲しており、その延長線上にある（第14図）。連弧文（1～4）は、前代に比べ弧線のスパンが短くなるが、引き続き主要な文様の一つである。入組帯状文はかろうじてその名残をとどめるもの（5）もみられるが、それから派生した入組曲線文（6～8）に取って代わられる。入組曲線文は横S字の末端を絡ませ、横に連ねるもの（6・7）から、向かい合わせに置いた2個1対のC字の末端を絡ませるもの（8）まで、変異に富む。入組帯状文からの変化を念頭に置けば、入組曲線文のなかでは5が最も古相を示し、5→6→7→8の変遷が無理なく辿れる。一方で、大洞B2式を最も特徴づける入組三叉文（9）は少ない。連弧文や入組曲線文とならんで多用されるのが渦文（10・11）である。他に平行沈線の末端を上下に曲げ、横長方形の区画を作り出す文様（12・13）があるが、そうした文様は大洞B2式には全く認められない。

このような特徴をもつ土器は、道南では北斗市（旧上磯町）茂辺地遺跡採集資料（国立歴史民俗博物館2001）のなかに類例があり、津軽・下北地方にも分布している（第15図下段）。津軽・下北の場合、実態としては、大洞B2式と東山1b式が混在する状況を呈する。

3. 東山1a・1b式の型式構造

東山1a・1b式を構成する土器群について、器種ごとに、その分布状況を次のA～Cに類型化し、その型式構造を検討した（第1表）。

　A：北海道のみに分布し、東北地方にはみられない。
　　Aa：道南～道央に分布する。
　　Ab：道南のみに分布し、道央では見当たらないか、非常に稀。

B：北海道および東北北部（津軽・下北）に分布し、それ以外ではみられない。
　　　C：東北地方を主たる分布域とし、北海道から東北地方の広い範囲に分布する。
　東山1a式は、道央や津軽・下北の土器とも共通する部分が大きいが、津軽・下北を除く東北地方の土器とは共通性が乏しい。東山1a式は大洞B1式と併行関係にあるものの、両者で特徴を共有する土器は香炉に限られ、他の器種は様相を異にする。粗製深鉢に、道央部とも東北北部とも異なる強い地域色がみられる点も注目される。
　東山1b式は、津軽・下北の土器とは引き続き高い共通性を持っているが、道央部の土器との共通性は弱くなる。反対に注口土器や粗製深鉢などは、併行関係にある大洞B2式と共有する現象がみられ、前代に比べ東北地方との結びつきが強まる。ただし、東山1b式を特色づけている異形の浅鉢類は、明らかに東北地方の晩期土器にはない北方的要素である。それらが晩期後半のタンネトウL式や幣舞式などで盛行する異形土器へ連なるものなのか否かについては、今後晩期中葉の土器を検討するなかで追求する必要がある。

第1表　東山1a・1b式の型式構造

◎主体を占める　○少量ある

東山1a式	分布類型				
器種	Aa	Ab	B	C
粗製深鉢	○	◎		
精製深鉢	○		○	
鉢	○		○	
浅鉢・皿	?	?		
壺			?	
注口土器	◎		○	
香炉				○

東山1b式	分布類型				
器種	Aa	Ab	B	C
粗製深鉢			○	◎
精製深鉢	○		○	
鉢	○		?	
浅鉢・皿	○		○	
壺	?		?	?
注口土器				◎
蓋形土器		○		

Aa　道南～道央に分布する。

Ab　道南にのみ分布し、道央では見あたらないか、非常に稀。

B　道南から東北北部（津軽・下北）に分布し、それ以外ではみられない。

C　東北地方を主たる分布域とし、北海道から東北の広い範囲に分布する。

V. まとめ

　林謙作が石狩低地帯における縄文晩期初頭の土器型式構造を述べる際に使い始めた、大洞式・類大洞式・非大洞式の概念は、山内清男以来、北海道の土器を説明する場合に研究者が漠然と抱いていた「印象」を定義づけ、学術用語化したという点では一定の評価を与えることができる。「大洞式・類大洞式・非大洞式」は、林自身が認めているように、なにも石狩低地帯や北海道の土器のみを念頭に置いた用語ではなく、亀ケ岡式土器分布圏の周辺部ならば関東であろうと北陸であろうと適用可能な概念であった。しかし、それゆえに便利な言葉である一方、常に実態を不明確にする危険性もはらんだ用語でもあった。
　そもそも、林は大洞式を東北地方晩期縄文土器の総称として使っているが、東北地方の晩期縄文土器に地域差が認められることは、小論の冒頭で述べたように、山内清男以来、多くの研究者が認めるところであった。その差違を無視して大洞式と一括し、それをいきなり東北地方から遠く離れた石狩低地帯の土器と比較するという研究方法自体に、疑問を

大洞系・類大洞系・非大洞系土器の検証　309

東山1a式

1・2　大湊近川遺跡　3・4　水木沢遺跡　5　小森山東部遺跡
6　沢部(1)遺跡　7〜12　十腰内遺跡　13　石郷遺跡

東山1b式

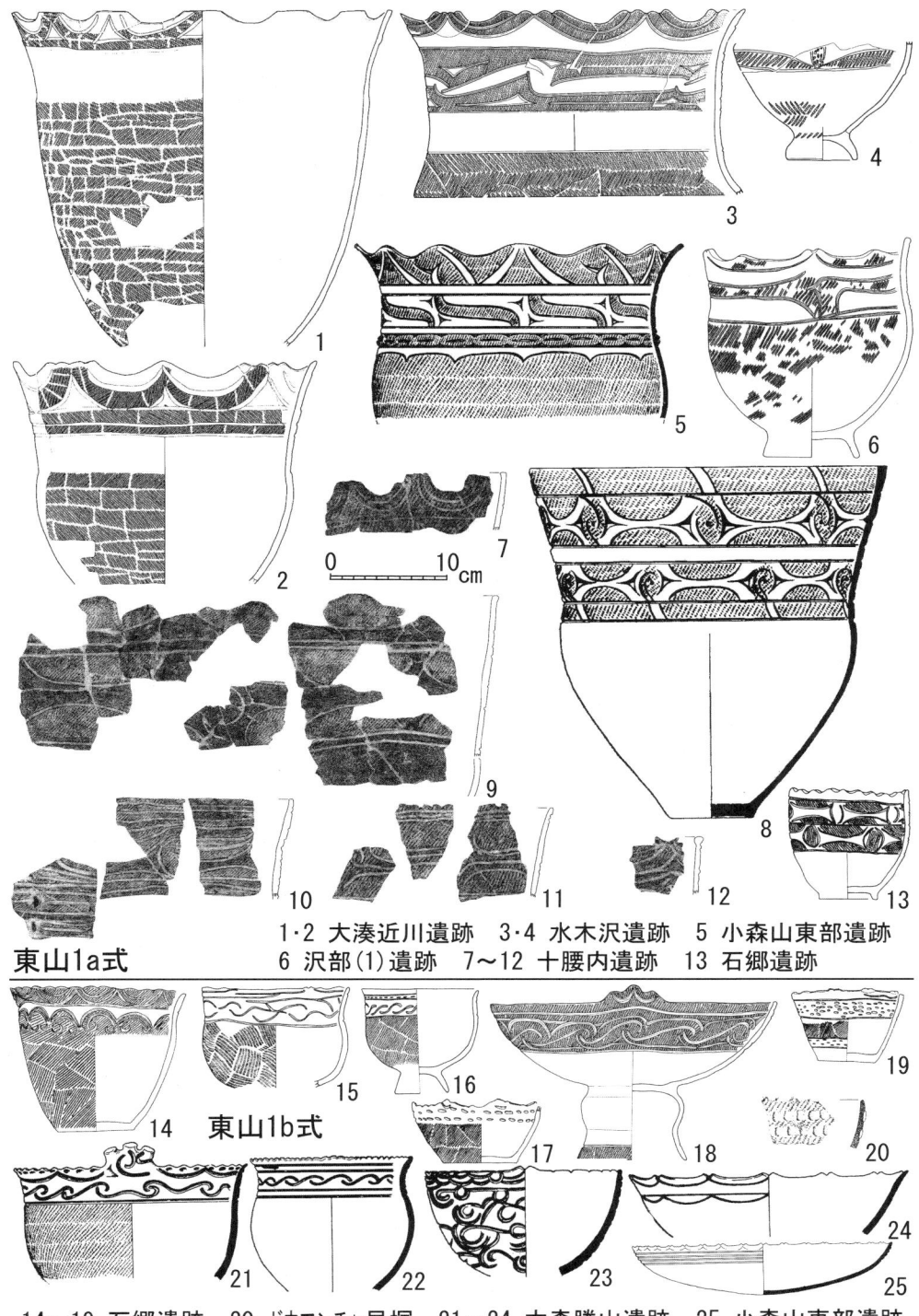

14〜19　石郷遺跡　20　ドウマンチャ貝塚　21〜24　大森勝山遺跡　25　小森山東部遺跡

第15図　津軽・下北地方出土の東山 1a・1b 式土器（1・2:青森県教育委員会 1987、3・4:青森県教育委員会 1977、5・8・21〜25:岩木山刊行会 1968、6:弘前市教育委員会 1998、7・9〜12:関根 2005、13〜19:平賀町教育委員会 1979、20:江坂・渡辺・高山 1967）

抱かざるを得ない。石狩低地帯の土器と東北地方の土器との比較を試みるなら、道南の土器、さらには津軽・下北地方の土器といったように、近接する地域の土器同士の比較を積み重ね、徐々に「隙間」を埋めていく作業が必要な筈である。型式の細分化というと、とかく時間幅を細かく刻むことにばかり目がいきがちだが、本来的には、地域の細分化、すなわち地域性の抽出と同時併行で行われるべきものである。

そうした視点に立ち、本稿では、大洞B1式・B2式に併行する道南の土器型式として、松前町東山遺跡出土資料を標式として東山1a・1b式を設定し、同時期の道央部石狩低地帯や東北北部津軽・下北地方の土器との異同を論じた。東山1a・1b式は道南を中心に津軽海峡を越えて本州北端の津軽・下北地方にも分布する。

従来使われてきた型式名との関係は次の通りである。柏原IV式は東山1a式と時期的に併行関係にあるが、型式内容に違いが認められるため、道央部石狩低地帯における晩期初頭の土器型式名として尊重したい。御殿山式（御殿山II式）は、カリンバ3遺跡の資料で明らかにしたように、後期末と晩期1a期に細分され、後者は東山1a式や柏原IV式の一部をなす。石狩低地帯における晩期1b期の土器は、それを指し示すに適した型式名が存在していないが、実態としては美々4式と呼ばれた土器群から柏原IV式を差し引いた残りということになる。東山1b式に続く道南の土器型式は上ノ国式であるが、上ノ国式自体は大洞BC式と大洞C1式の両者と併行関係にあり、その細分が必要である。

津軽・下北地方の晩期縄文土器全てを大洞式で説明することはできない。この点に関しては、多くの研究者が賛同するところかと思うが、かといってこれまで津軽・下北地方で大洞式に代わる型式名が提示されたことはない。今回、道南の土器型式名として東山1a・1b式を設定したことにより、津軽・下北地方では、晩期1a期には大洞B1式と東山1a式が、晩期1b期には大洞B2式と東山1b式が混在しているとの説明が可能になった。このような説明が果たして適切か否かという問題はなお残る。しかし少なくとも津軽・下北地方の晩期縄文土器全てを無理に大洞式で説明したり、石狩低地帯の晩期縄文土器について、道南や津軽・下北地方を飛び越え、遠く離れた大洞式との直接対比で似ている似ていないを論じることに比べれば、より生産的で実態に即した議論ではなかろうか。

謝辞

須藤隆先生には、今日まで20年にわたってご指導・ご鞭撻頂いている。卒業論文で中沢目貝塚出土の後晩期縄文土器を扱って以来、片時も縄文の研究を忘れたつもりはないが、振り返れば中近世考古学に多くの時間を割いてきた。今後は、少なくともそれと同じくらいの時間を縄文の研究にも振り向け、先生の学恩に報いるよう精進を重ねていきたい。

本稿を草するにあたり、資料見学で松前町教育委員会ならびに苫小牧市博物館にお世話になった。末筆ではありますが、感謝申し上げます。

引用文献

青森県教育委員会　1977『水木沢遺跡』青森県埋蔵文化財調査報告書 34

青森県教育委員会　1987『大湊近川遺跡』青森県埋蔵文化財調査報告書 104

岩木山刊行会　1968『岩木山　岩木山麓古代遺跡発掘調査報告書』

江坂輝弥・渡辺　誠・高山　純　1967「大間町ドウマンチャ貝塚」『下北―自然・文化・社会―』九学会連合下北調査委員会　平凡社　pp. 129-150

恵庭市教育委員会　2003a『カリンバ 3 遺跡（1）』

恵庭市教育委員会　2003b『カリンバ 3 遺跡（2）』

恵庭市教育委員会　2004『カリンバ 3 遺跡（3）』

大場利夫・渡辺兼庸　1966「北海道爾志郡三ツ谷貝塚」『考古学雑誌』51-4 pp. 13-27

上ノ国村教育委員会　1961『上ノ国遺跡』

工藤　肇　2000「柏原 I～IV 式土器について」『苫小牧市埋蔵文化財調査センター所報』2 pp. 9-28

河野広道・藤本英夫　1961「御殿山墳墓群について」『考古学雑誌』46-4 pp. 16-33

国立歴史民俗博物館　2001『落合計策縄文時代遺物コレクション』

静内町教育委員会　1984『御殿山遺跡とその周辺における考古学的調査』

関根達人　2004「本州出土の突瘤文・刺突文系土器群とその意味」『人文社会論叢』第 12 号　弘前大学人文学部　pp. 1-22

関根達人　2005「十腰内 III・IV・V・VI 群土器に関する今日的理解」『北奥の考古学』葛西勵先生還暦記念論文集 pp. 161-176

関根達人　2006「菅江真澄が描いた縄文土器と土偶」『真澄学』第 3 号 pp. 62-75

鷹野光行　1984「北海道考古学・回顧と展望　縄文時代後半期」『北海道考古学』20 pp. 47-55

鷹野光行　1989「御殿山式土器様式」『縄文土器大観』4　小学館　pp. 295-298

苫小牧市教育委員会　1997『柏原 5 遺跡』

野村　崇　1969「由仁町東三川遺跡」『北海道由仁町の先史遺跡』　由仁町教育委員会　pp. 27-58

野村　崇　1981「晩期の土器　北海道南部・中部の土器」『縄文文化の研究』4　雄山閣　pp. 196-206

野村　崇　1985『北海道縄文時代終末期の研究』　みやま書房

野村　崇　1996「御殿山式土器」『日本土器事典』　雄山閣　pp. 360

林　謙作　1981「縄文晩期という時代・北海道」『縄文土器大成』4　講談社　pp. 130-139

林　謙作　1983「美々 4 式の構成」『考古学論叢』I 芹沢長介先生還暦記念論文集 pp. 273-307

林　謙作　1997「美々 4 式の再検討」『北海道考古学会研究会発表資料』

平賀町教育委員会　1979『石郷遺跡』平賀町埋蔵文化財報告書 7

弘前市教育委員会　1998『弘前市内遺跡発掘調査報告書』2

藤本英夫　1963『GOTENYAMA Plates』　静内町教育委員会

北海道教育委員会　1977『美沢川流域の遺跡』I

松前町教育委員会　1974『松前町高野遺跡発掘報告』

松前町教育委員会　2005『東山遺跡』

森田知忠　1981「北海道」『縄文土器大成』3　講談社　pp. 136-138

山内清男　1933「縄紋式以後」『ドルメン』2-2 pp. 49-53

山内清男　1937「縄紋土器型式の細別と大別」『先史考古学』1-1 pp. 28-32

吉崎昌一 1965「縄文文化の発展と地域性 1北海道」『日本の考古学』II 河出書房新社 pp. 30-63

晩期縄文土器文様における単位と割付に関する一考察
―久原コレクションの分析から―

市 川 健 夫

I. はじめに

　東北地方における晩期縄文土器研究は、山内清男によって大洞諸型式が設定され、編年大綱の枠組みが提示された（山内清男 1930）。その後、資料の蓄積とともに型式内容の把握や検証が進められ、地域間の併行関係や時期細分について論じられている。しかし、型式内容や編年大綱の精緻化が進められている一方で、当時の社会構造への追究には不明確な部分が多いと考えられる（須藤隆 1984・1998）。

　晩期縄文時代には、器種の多様化や整った器形が認められ、精巧な装飾や文様が施される。これらの特徴には、多種多様なバリエーションがあり、選択された各属性のセット関係によって一個体の土器が成立する（鈴木公雄 1964）。このセット関係から捉えられる土器群が、東北地方一円で共通する様相と地域的に異なる様相を特徴としつつ、亀ヶ岡式土器分布圏を形成している。このような分布圏が成立する背景には、各地域における継続的な伝統文化のほか、情報伝達を含む地域間交流による土器の移動、模倣製作などの存在が考えられる。こうした複雑な様相から、当時の社会構造を解明するためには、器形や装飾、文様などの特徴を踏まえ、施文手法の分析によって製作者の行動を理解することが重要であると考える。

　晩期縄文土器の装飾、文様の施文手法には、①文様帯の設定、②装飾や文様の構成と割付、③目的とする装飾、文様の作出という大きな3つの工程がある。各工程には、施文順序や調整技術、施文工具などの技法があり、複雑に関連して意匠体系が構築されている。施文手法の各工程を体系的に分析し、その規則性や工程間の連続的関係の検討を通じて、製作者の行動の一端を明らかにすることができる。そこで本論では、久原コレクションの青森県つがる市亀ヶ岡遺跡、同弘前市十腰内遺跡出土資料を用い、施文工程②の文様単位の構成と割付について検討する。

II. 晩期縄文土器における施文手法の研究史[1]

　1928年、杉山寿栄男は『日本原始工藝概説』において、原始文様の詳細な検討を行なった（杉山寿栄男 1928a・1928b）。文様を動物や植物から発生した実体文と、編物あるいは組物の模倣から発生した工藝文に二大別した。各文様の特徴から装飾化と退化にいくつか

の段階があることを想定した。また文様展開図を提示し、厚手式、薄手式の各器形における施文位置や施文方法を検討し、原始文様の起源と変遷について考察した。

1976 年に、須藤隆氏は、晩期 6 期から弥生 2 期の東北地方 47 遺跡の出土資料を対象に、文様の構成、施文技法に重点を置いた系統的変遷について考察した（須藤隆 1976）。晩期 6 期の変形工字文を A 型、弥生前期のものを B 型として文様要素と施文手順から分類し、各類型の分布、施文手法から地域色が形成されることを指摘した。A 型変形工字文が強い斉一性を持って北、中部に盛行し、後続する弥生前期の型式群との変遷過程を捉えた。そして北部には A 型の構成と手法を受け継いだ B 型が展開し、中部は漸進的な変遷を持つ型式群、南部は逆に急激な変化を見せる型式群への推移があると指摘している。

1977 年、林謙作氏は晩期縄文時代の葬制における頭位方向の検討から区分原理を捉える過程で、土器文様の割付に注目した（林謙作 1977）。土器文様の割付を、文様展開図と割付の模式図から検討し、単位の水平、垂直方向への展開の仕方について提示している。頭位方向と文様割付の配置による対応関係を捉え、晩期社会の組織原理を反映していると指摘した。

1981 年、高橋龍三郎氏は青森県青森市細野遺跡出土資料を対象に、文様の沈線で彫り込まれ、磨消されたネガ部分に着目した編年研究を行った（高橋龍三郎 1981）。文様を主、副、補助要素の 3 要素に分け、各要素の形態、配置、相関関係などの観点から系統関係を抽出した。この系統関係によって、大洞 BC 式期から C2 式期までの文様要素を捉え、大洞 C1 式期を新古 2 段階に細分した。

1983 年、今村啓爾氏は文様の割付および文様帯の捉え方について、これまでの研究を概括的に述べている（今村啓爾 1983）。特に「文様帯系統論」（山内清男 1964）に焦点を当て、①文様帯を捉える上で、土器面に対する文様配置の規則性を抽象した概念であること、②土器の系統的変化を解明するための概念であることの二つの概念設定が重要であると指摘した。また、文様帯の変化を一型式内での多様性、地域的変化、年代的変化の三つに大別して、文様帯変化の現象と対比し、器種間および併行型式間の関係について考察した。

藤沼邦彦氏は、久原コレクションをはじめとする晩期 2 期から 4 期資料を用い、文様の描き方について手順と原則を考察した（藤沼邦彦 1983・1989）。文様要素を区画文、配置文、充填文に分類し、単位文様、連続文様を構成する要素として捉えた。この結果、①区画文や配置文で割付し、充填文を足すことで単位文様や連続文様を構成する。②各要素は弧線の組合せのモチーフが多く、点対称に描かれる。③充填文の形は区画文などの形に対応し、単位文様などが一定幅で構成している。④文様要素と単位（連続）文様との区別は、磨消手法では前者が磨消部、後者が縄文部となり、浮彫手法では前者が削平部、後者が隆帯部になる傾向があるという 4 点を明らかにした。文様研究の課題として、器形との関係や、突起の位置、縄文との関係、割付の検討について指摘している。また、藤沼氏は継続して青森県の晩期縄文土器一括資料を中心に文様の描き方の検討を進めている（藤沼邦彦ほか

編 2004・2006)。

　1984 年、須藤隆氏は、岩手県盛岡市前田遺跡、宮城県大崎市中沢目貝塚発掘調査資料を中心に、文様要素の配置、施文方向について検討した（須藤隆 1984）。後期終末期から晩期 1b 期の入組帯状文と入組三叉文に着目して、各文様を構成する沈線と弧線の巻き込む位置や方向について明らかにした。入組帯状文では、右回りに入組み、右下がりになる場合が多く、充塡手法が用いられる場合があると指摘した。入組三叉文も原理はほぼ同様であり、右回りに入組むものが多く、左下がりになる場合が一般的であることを指摘した。また、羊歯状文を含め、後期終末期から晩期 2 期までの系統関係を明らかにした。

　1993 年、高橋龍三郎氏は、1981 年に提示した研究方法を基礎とし、岩手県北上市九年橋遺跡出土晩期 4 期資料を対象として、壺に施文されるネガ文様を中心に検討を行った（高橋龍三郎 1993a・1993b）。「独立並置型」、「合体型」、「横位入組型」の 3 類型に整理し、系統の生成、変遷過程を検討している。器種との関係、類型間の共伴関係を踏まえ、遺跡内での各類型の分布傾向から類型間の変遷、同時性について検証した。また他遺跡との比較から晩期 4 期を I から V 期に細分し、遺跡間の併行関係を示した。

　須藤隆氏は、宮城県石巻市沼津貝塚出土高坏を中心に、晩期 3、4 期における単位文様の形や構成について検討を行った（須藤隆 1996・1998）。縄文施文から文様、装飾成立までの施文順位を明らかにし、浮文である単位文様の構成から文様要素との配置関係を分析した。複雑な意匠構成に対し、文様要素の配列の著しい定型化と、単位文様の構成や配列、付加的要素の種類、配置による類型の多様化を捉えた。こうした多様化は各器種にもあり、北海道や関東の類例から、分布傾向において広範囲に渡る形態や装飾、製作技術の共通性を指摘している。

　近年の文様割付に関する研究に桜井準也氏の研究がある（桜井準也 1998・2004・2006）。桜井氏は小林謙一氏の文様割付の分析方法（小林謙一 1999・2000a・2000b・2002）を用い、岩手県北上市九年橋遺跡出土晩期 4 期資料を対象に、製作者の割付における行動を検討した。方形区画文が施文される壺を中心に、文様区画の割付の提示と角度の計測をした。この計測値の傾向から各文様要素の区画や施文過程について検討を行った。文様区画は必ずしも均等ではないが、4 単位の場合、突起と胴部文様の区画との位置がほぼ対応することを明らかにした。製作者が 360° 展開する施文空間全体が見渡せないため、「割り振る」ことはせず、「突起側」と「非突起側」の意識を持って施文を行っていた可能性があると指摘した。

　また、施文工具については会田容弘氏の研究がある（会田容弘 1994・1997）。会田氏は、宮城県東松島市里浜貝塚出土の棒状骨角器に注目し、施文工具とその動きや、施文工程について施文実験を行い、施文工具の推定復原を行った。出土する骨角器の検討から、施文工具に鳥骨製刺突具が用いられていると指摘した。また、施文実験による刻目文との比較から、棒状骨角器を文様施文具、器面調整のための工具であるとする仮説を提示した。

ここまで東北地方の晩期縄文土器における施文手法に関する研究を概観した。文様の単位や、施文工具、施文工程と順序など、具体的に文様が作出される過程が注目され、時期的変遷と地域性について追究されている。また、近年においては文様割付の視点からの検討が行われ、製作者の施文における対処方法が考慮されている。本論で取り上げる文様単位の割付は、桜井氏の研究にあるように、製作者の割付における具体的な行動の解明のほか、製作工程の復元や、遺跡間や地域間での施文手法の同異性を捉える上で重要であると考える。

III. 分析資料の概要

1. 久原コレクションについて

　久原コレクションは、久原房之助によって収集された縄文時代遺物コレクションであり、1928年に旧東北帝国大学（現東北大学）法文学部に寄託された資料である（喜田貞吉 1933、須藤隆 2003・2004）。多数の土器、石器をはじめ総数は1470件におよぶ（須藤隆 2003）。そのコレクションの大部分は、かつて青森県で精力的に収集を行っていた佐藤蔀によって採集された資料である（伊東信雄 1973）。晩期縄文土器は津軽地方から採集された資料が主体となる。本論で対象とする資料は、亀ヶ岡遺跡、十腰内遺跡から採集された晩期中葉の資料である。

2. 出土遺跡の概要

(1) 青森県つがる市亀ヶ岡遺跡

　青森県つがる市木造大字館岡字亀岡、亀ヶ岡に所在し、岩木川が形成する河岸段丘の丘陵部先端と、北、南側に見られる支谷に立地する（第1図)[2]。1944年に国史跡に指定されている。江戸時代から知られ、出土する遺物は好事家によって珍重されていた。発掘や採集、探査は、蓑虫山人や佐藤蔀など多くの諸氏によって行なわれていたが、学術的な発掘調査は1889年の若林勝邦による発掘調査が最初である（若林勝邦 1889）。1895年からは2回にわたって佐藤伝蔵による大規模な発掘調査行われ（佐藤伝蔵 1896a・1896b・1986c）、これ以後も中谷治宇二郎（中谷治宇二郎 1929）、小岩井兼輝（小岩井兼輝 1934）らが小規模な発掘調査を行い、成果を報告している。戦後には、1959年に三田史学会（清水潤三ほか 1959）、1973年に青森県教育委員会（市川金丸ほか 1974）、1984年に青森県立郷土館（鈴木克彦ほか 1984）によって発掘調査が行われている。また近年に至っては、弘前大学日本考古学研究室によって同大学収蔵の亀ヶ岡遺跡出土資料の再整理が行われ、その一部が公表されている（藤沼邦彦ほか編 2006)[3]。これまでに遺構は土坑26基（晩期2～4期）、歴史時代のピット状遺構1基が検出されている。住居跡は検出されていない。遺物は縄文晩期を主体とし、縄文中～後期、弥生時代、歴史時代のものが見られ、土器、石器、漆器、土偶、土版、耳

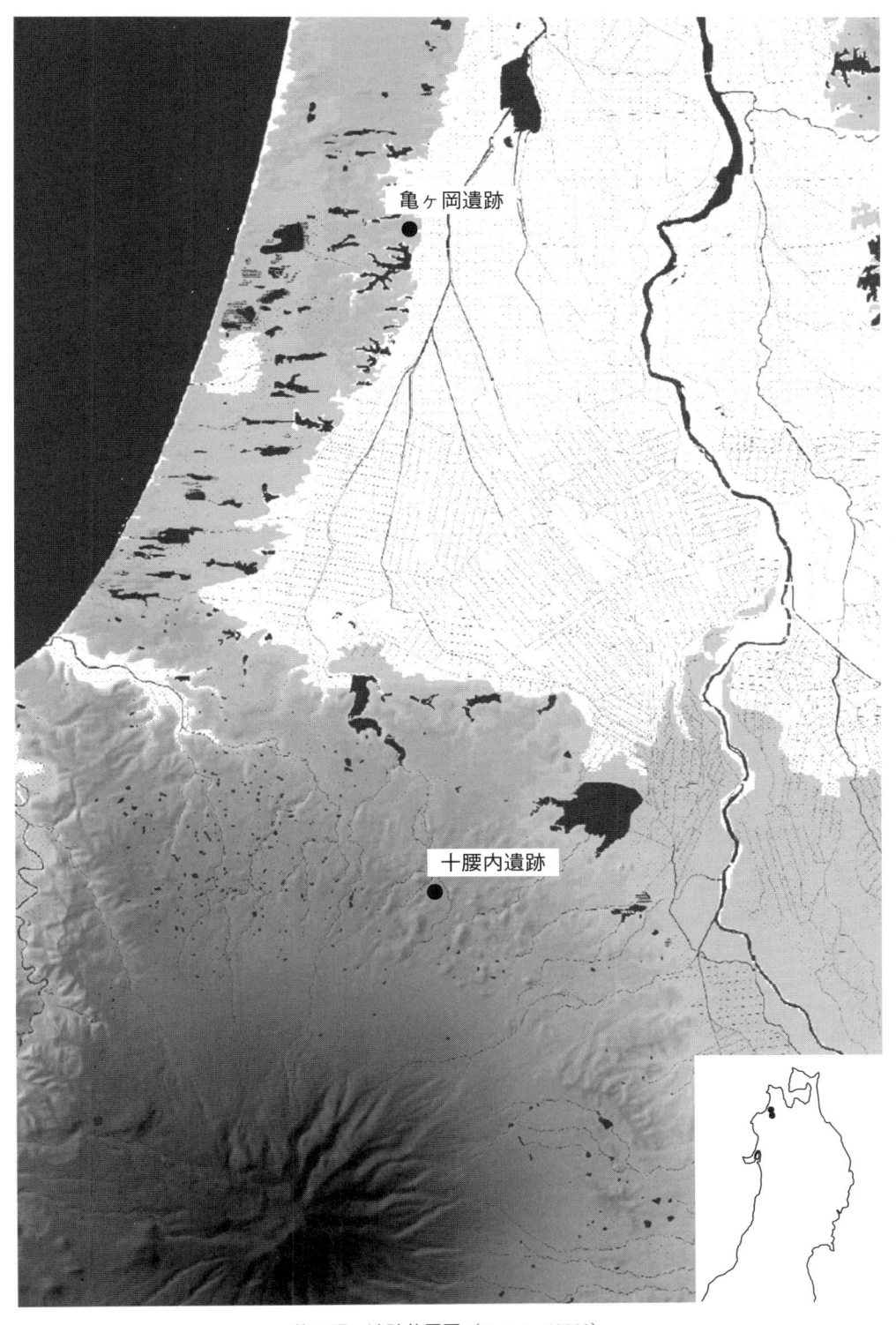

晩期縄文土器文様における単位と割付に関する一考察　317

第 1 図　遺跡位置図（Scale1：50000）

飾、石刀、岩版、玉類、骨角器などがある。

(2) 同弘前市十腰内遺跡[4]

　青森県弘前市大字十腰内字猿沢地内に所在する。岩木山から北東へのびる山稜の標高90〜120 m に位置し、無名川北側の丘陵地と沖積地に立地する（第1図）。従来「旧カメコ山」と呼ばれていた台地であり、現在、十腰内 (1) 遺跡と呼称されている。川を挟んだ南側には「新カメコ山」があり、縄文後期の十腰内式の標識遺跡である十腰内 (2) 遺跡が立地している。明治時代から「亀ヶ岡式土器」が出土することで知られていたが、発掘調査は 1960 年の今井冨士雄、磯崎正彦による調査が最初である（今井冨士雄ほか 1968）。その後 1997、1999 年には青森県埋蔵文化財調査センターによって約 6000 m² に渡って発掘調査が行われている（神康夫ほか 1999、齋藤正ほか 2001）。これまでに遺構は晩期を主体に竪穴住居跡 8 軒、掘立柱建物跡 1 棟、土坑 57 基、溝跡 2 基、土器埋設遺構 3 基、道路状遺構 3 基、集石遺構 2 基が検出されている。遺物は縄文晩期を主体とし、土器は特に晩期 2、3 期が多く、縄文前〜中期、弥生時代、平安時代のものが若干ある。その他、石器、土偶、土版、耳飾り、円盤状土製品、石刀、岩版、石冠、玉類などがある。

IV. 分析の方法

1. 分析資料について

　分析対象とする資料は、完形および復元個体と、文様単位が推定可能と判断した個体37 点である[5]。資料の時期は、大別として晩期 3、4 期を使用し、聖山式とそれに併行する時期の資料を便宜的に 4-5 期として位置付けて検討を進める。各資料の内訳は、亀ヶ岡遺跡 3 期（以下亀ヶ岡 3 期）9 点（皿 2 点、壺 4 点、注口土器 2 点、香炉形土器 1 点）、4 期 8 点（鉢 3 点、壺 4 点、注口土器 1 点）、4-5 期 7 点（鉢 3 点、壺 4 点）、十腰内遺跡 3 期（以下十腰内 3 期）9 点（浅鉢 3 点、壺 4 点、注口土器 2 点）、4 期 1 点（壺 1 点）、4-5 期 1 点（鉢 1 点）である。なお十腰内 4、4-5 期は 1 点のみのため、分析では十腰内 3 期に含めて提示する。また、1 個体に複数の文様帯がある場合は、個々の文様帯毎に文様単位を抽出して分析に用いた。

2. 分析内容

　本論では、①文様帯の長さと文様単位の相関、②文様の「割付角度」[6]の 2 点について考察する。

　①では、文様帯の長さに対する文様単位数の割付について、傾向と変化を検討し、製作者の器面に対する文様単位の認識の仕方について明らかにする。②では、円形の割付模式図を作成し、主体となる文様要素の割付範囲について角度を計測した。「割付角度」は、

文様類型毎に最大角度差と標準偏差から検討する。最大角度差は、実際に計測した「割付角度」のばらつきの最大値であり、割付の全体的な誤差を示す。標準偏差は、一個体に連続する文様要素の割付のまとまり方を示す。偏差値が低いほど全体的な誤差の大きさに関わらず、比較的均等に割付けられる傾向がある。これらの値の関係から、割付のばらつき方の様相を検討し、製作者の割付の対処方法を明らかにする。

3. 分析基準

(1) 文様類型

文様類型は第2図に示した。文様が文様帯の両側に接続し、単位文様を形成する区画文をA類、文様が文様帯の片側に接続するか、あるいは接続せずに連続文様を形成する配置文をB類として分類した（藤沼邦彦1983・1989）。またA、B類は文様の形からI～VII類に細別し、類型に属さないと判断したものはVIII類としてまとめた。同一類型間で反転した形態や配置方法が異なるものはそれぞれa～g類として区別した。その結果、A類は大別5類型と細別7類型に、B類は大別8類型と細別29類型に分類した。B類はおおむね、文様帯の片側に接続するものをBI類、文様帯に接続しないものをBII～VIII類とした。AIV類とBIII1類は形態的に類似するが、文様帯との接続が異なるため区別した。

(2) 文様帯と割付の計測方法

文様帯の長さの計測方法については第3図に示した。文様は、文様帯のほぼ中間の位置に展開する場合が多いため、文様帯最大幅の1/2の位置から計測した。

装飾、文様割付の提示方法と「割付角度」の計測方法については第4図に示した。割付模式図の作成方法は小林謙一氏の方法を参考とした[7]（小林謙一1999・2000a・2000b・2002）。この模式図から、個体毎の各文様要素の割付範囲を抽出し、「割付角度」について計測する。模式図の作成では、装飾や文様が施される各部分を割付設定位置とし、この位置の直径から円を作成して、中心点を軸に割付線を設定する。最大径が口縁部付近になる鉢や皿などは口縁部が外円、体部が内円側となり、これに対し最大径が体部になる壺は口縁部が内円、体部が外円側となる。各装飾、文様の記号と番号は、装飾を1・2…とA・B…、文様をa・b…とI・II…にそれぞれ設定した。描き始めの部分が厳密に特定できないため、実測図正面から右回りの順に記号と番号を付けている。割付線の設定は、装飾の場合、山形突起は頂部の1点、二個一対の粘土粒は最大径となる両端2点からそれぞれ設定した。文様の場合は、各要素の最大径の両端2点から設定している。文様の「割付角度」は、この割付線2本と中心点を結ぶ角度から計測した。なお、実測図から模式図の円を、実際の資料から割付線の距離をそれぞれ計測した。

割付模式図の提示には実測図と文様展開図に対応させる形で配置関係、記号を記した[8]。実測図、文様展開図、割付模式図は遺跡別、時期別に亀ヶ岡3期（第5～7図）、亀ヶ岡4

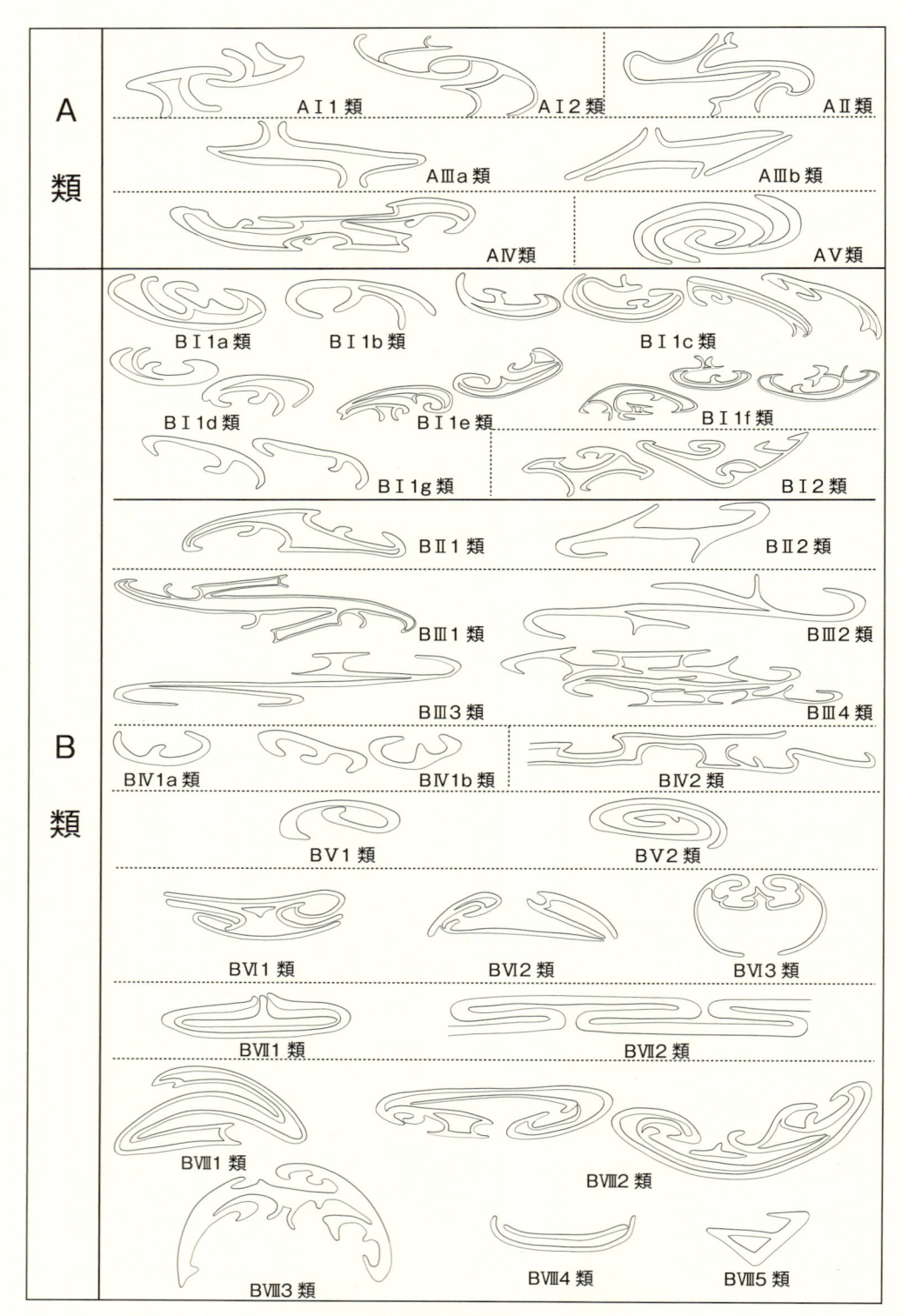

第2図　文様類型図

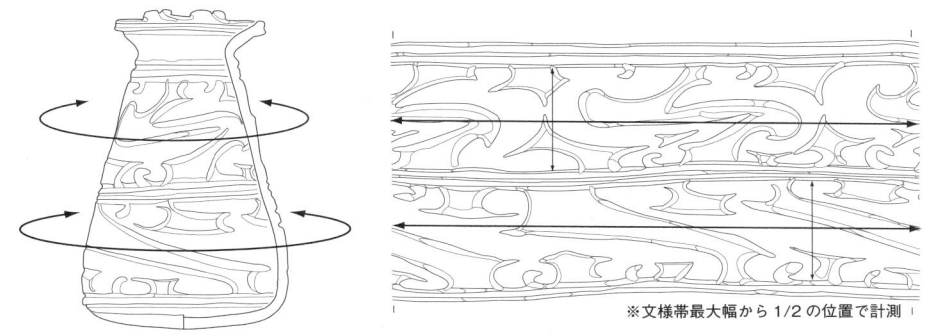

晩期縄文土器文様における単位と割付に関する一考察 321

※文様帯最大幅から1/2の位置で計測

第3図 文様帯円周の計測位置

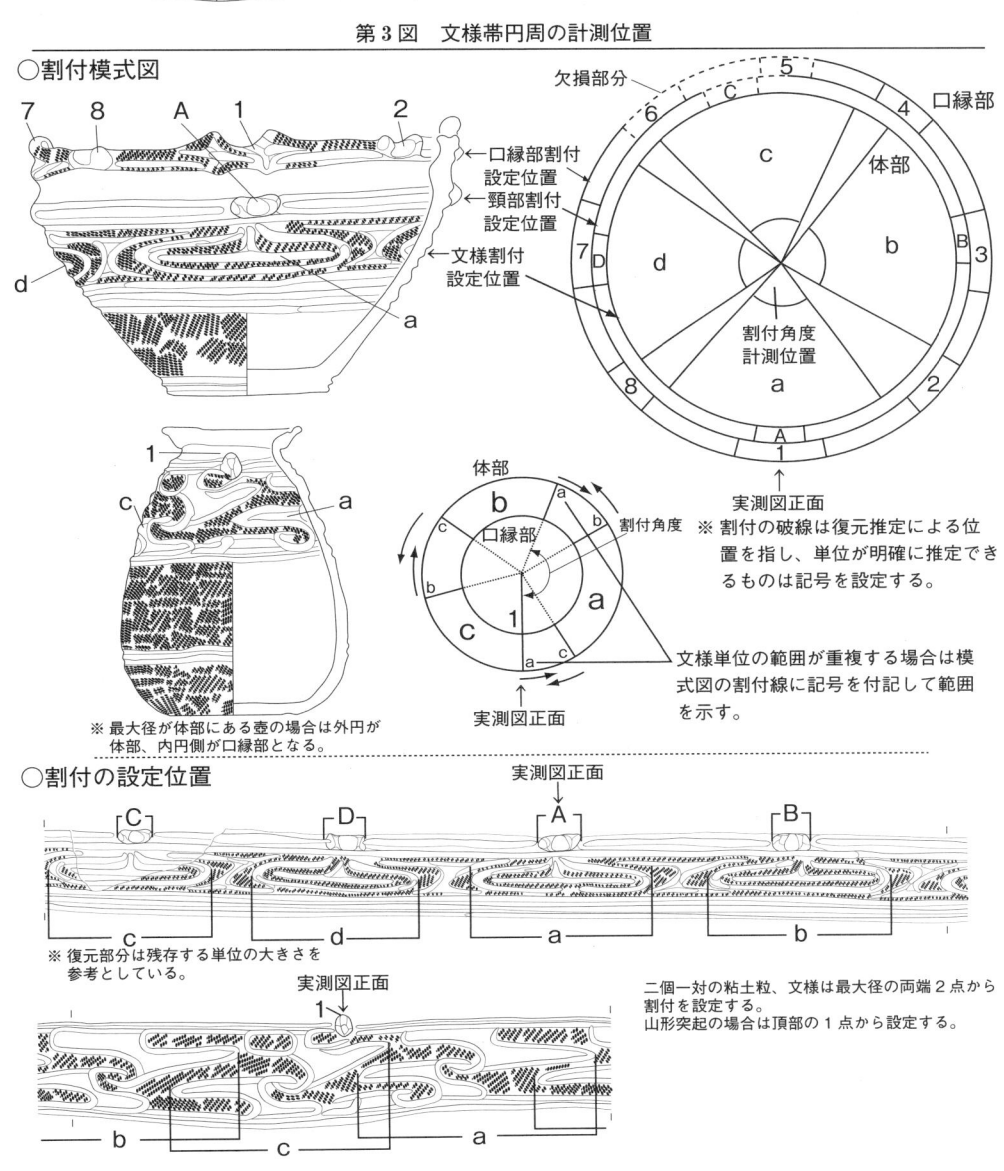

○割付模式図

口縁部割付設定位置
頸部割付設定位置
文様割付設定位置

欠損部分
口縁部
体部
割付角度計測位置

実測図正面
※ 割付の破線は復元推定による位置を指し、単位が明確に推定できるものは記号を設定する。

文様単位の範囲が重複する場合は模式図の割付線に記号を付記して範囲を示す。

※ 最大径が体部にある壺の場合は外円が体部、内円側が口縁部となる。

体部
口縁部
割付角度
実測図正面

○割付の設定位置

実測図正面

※ 復元部分は残存する単位の大きさを参考としている。

二個一対の粘土粒、文様は最大径の両端2点から割付を設定する。
山形突起の場合は頂部の1点から設定する。

実測図正面

第4図 装飾・文様割付の提示方法

期（第8~9図13）亀ヶ岡4-5期（第9図14~10図）、十腰内3、4~5期（第11~13図）をそれぞれ提示した。

V. 分析と考察

1. 文様帯の長さと文様単位の関係

　遺跡、時期別における集計表を第1表に示した。亀ヶ岡3期では、2~6単位の範囲で文様が施文される場合が多く、中でも偶数単位が多い傾向にある。施文される単位数に幅があるが、全体的に文様帯が長くなるにつれて、文様単位数も多くなる傾向がある。亀ヶ岡4期では、5単位のものが他の単位数と比べ多い。文様帯の長さ毎に明確な傾向は見られないが、3期とほぼ同様か、単位数が収斂する傾向にあると推測される。亀ヶ岡4-5期では、全体的な文様単位数にばらつきが認められる。文様帯の長さ毎に明確な傾向が見られないが、2単位のものが30~60 cmの範囲に比較的多い。文様帯の長さに関わらず、少数単位の文様が施文されている。これらの結果から、3~4期では、単位数や文様帯の長さ毎の傾向において、おおむね類似した様相があると考えられる。また、4-5期は4期までとは単位数のばらつきや文様帯毎の傾向に異なる様相がある。

　十腰内3期は、文様帯の長さと文様単位数が相関せず、長さに関わらず3、4単位を中心に施文されていたことが看取される。文様帯の長さに応じて単位数が徐々に変化する亀ヶ岡3期に対し、施文単位を優先させている様相が窺われる。製作者の単位数におけるくせや、遺跡間あるいは地域間で単位数に何らかの制約が生じている可能性が考えられる。

2. 文様の「割付角度」の様相

(1) 亀ヶ岡遺跡での時期的変化

　亀ヶ岡遺跡における文様の「割付角度」については第2~4表に時期別で提示した。亀ヶ岡3期は、最大角度差が最大値で97度、最小値で1度となり、全体的に誤差が多い。角度差の平均値は約25度である。半数以上が10~30度前後の範囲にある。標準偏差は全体的にまとまりが少なく、文様割付にばらつきがあることが推測される。

　亀ヶ岡4期では、最大角度差が最大値で46度、最小値で4度となり、亀ヶ岡3期と比べ誤差が少なくなる。角度差の平均値は約20度であり、半数が10度前後の範囲にある。標準偏差も3期に比べ、より収斂する傾向があり、全体的に均等な割付が意図されていた傾向が看取できる。

　亀ヶ岡4-5期では、最大角度差が最大値で65度、最小値で3度となり、4期より誤差があらわれる。角度差の平均値は約33度であり、全体で20度以上になるものが多い。標準偏差も4期より値が高くなり、割付のばらつきが大きくなる。文様類型毎では明確な傾向は認められないが、聖山I・II式に特徴的なBIII3・4類やBVII2類は、最大角度差、標

第1表　文様帯の長さと文様単位の関係

亀ヶ岡遺跡 3 期

単位 \ 文様帯長（cm）	～10	～20	～30	～40	～50	～60	～70	計
1								
2		2	1					3
3		1	1	1				3
4		1	2	2				5
5				1				1
6				2	1	1		4
7								
8			1					1
計		4	5	6	1	1		17

亀ヶ岡遺跡 4 期

単位 \ 文様帯長（cm）	～10	～20	～30	～40	～50	～60	～70	計
1								
2								
3	1		1					2
4				1	1			2
5				3	1			4
6			1	1				2
7								
8								
計	1		2	5	2			10

亀ヶ岡遺跡 4-5 期

単位 \ 文様帯長（cm）	～10	～20	～30	～40	～50	～60	～70	計
1								
2				1	1	1		3
3								
4			1					1
5			2		1			3
6				1				1
7								
8					1			1
計			3	2	3	1		9

十腰内遺跡 3 期

単位 \ 文様帯長（cm）	～10	～20	～30	～40	～50	～60	～70	計
1								
2			1					1
3		1	1	2		2		6
4				3	3			6
5		1		1				2
6								
7								
8			1					1
計		2	3	6	3	2		16

準偏差の値が高い傾向にある。

　これらの分析から、3〜4期は最大角度差と標準偏差の値が全体的に収斂する傾向があり、より均等に文様割付がされていたことが理解できる。そして4-5期は、4期よりも最大角度差、標準偏差の値が高くなる傾向があり、割付の対処が不安定になる。これらの傾向は、文様単位数における時期的な変化の傾向と一致する。このことから3〜4期では、施文される文様が曲線的な雲形文から簡略化を辿る時期であり、文様の変化に伴って割付の対処がより均質化したことが考えられる。また、4-5期では聖山式および工字文的な要素が出現し、これに伴って文様単位数や最大角度差、標準偏差にばらつきが生じたことが考えられる。

(2) 亀ヶ岡遺跡3期と十腰内遺跡3期との比較

　十腰内3期の「割付角度」について第5表に提示した。十腰内3期では、最大角度差が最大値で154度、最小値で5度となり、全体的に誤差が多い。角度差の平均値は45度であり、亀ヶ岡3期と約20度の差がある。また、十腰内3期は、個体毎に角度差が30度を超えるものが少なくなく、亀ヶ岡3期で10〜30度前後であったことから、誤差の違いが顕著である。標準偏差の値も亀ヶ岡3期と比べて高く、割付のばらつきの大きさが顕著である。

　文様単位数と文様帯の長さとの関係を考慮すると、亀ヶ岡3期では設定した文様帯の長さに応じて、単位数も変化する。十腰内3期の「割付角度」と比べばらつきが小さく、比較的均等な割付が意図されていたことが推測される。このことから、2遺跡における製作者の文様単位の認識は、亀ヶ岡遺跡出土資料では設定した文様帯の長さに意識を持ち、施文する文様単位を柔軟に割付をしようとする様相が捉えられる。これに対し十腰内遺跡出土資料では、文様帯の長さにとらわれず、単位数を優先したために均等な割付がされなかった様相が考えられる。

VI. おわりに

　本論では、晩期縄文土器文様の割付の観点から、土器製作者の文様単位と割付の対処方法について検討を試みた。その結果、亀ヶ岡3、4期で雲形文の簡略化に伴い、割付が収斂する様相と、4-5期で聖山式および工字文的要素の出現による割付の変化を捉えた。また十腰内遺跡との文様単位の認識と割付の差異を捉え、土器製作者の割付の行動における時期的変化、遺跡間での差異を指摘した。しかし本分析だけでは、器種や文様帯設定の位置、装飾との関係、製作者が文様を描く際の視点や器面の見通しなどを含め、方法論的な不備が多い。また本論の結論は、地域的に隣接した二遺跡の個別的な事例提示であり、これらの傾向を普遍的な様相として捉えることは難しい。今後は、こうした文様割付の検討

第2表　亀ヶ岡遺跡3期の割付角度のばらつき

遺跡名	図版番号	久原番号	器種	文様帯長	文様類型	単位	a	b	c	d	e	f	g	h	平均	最大角度差	標準偏差
亀ヶ岡遺跡3期	6図4	K141	壺	23.2	AⅠ1	3	159	164	158						160	6	3.215
	6図3	K88	壺	32.8	AⅠ1	5	67	68	70	69	65				68	5	1.924
	6図6	K143	壺	19.2	AⅡ	2	165	121							143	44	31.113
	6図6	K143	壺	26.6	AⅢa	2	156	173							165	17	12.021
		K152	注口	34.7	AⅣ+BⅠ1b	3	44	134	141						106	97	54.096
	7図7	K343	注口	36.5	BⅠ1a+BⅥ3	4	56	56	56	55					56	1	0.500
	7図8	K158b	香炉	29.5	BⅠ1c	4	78	83	81	65					77	18	8.098
	7図7	K343	注口	32.1	BⅠ1d	5	48	55	48	52	51	47			50	8	3.061
	6図5	K144	壺	12.0	BⅠ1d	2	179	152							166	27	19.092
	6図5	K144	壺	17.2	BⅠ1e	4	80	70	70	73					73	10	4.717
	5図1	K194	皿	61.8	BⅡ1+BⅧ1	6	50	53	51	101	119	92			78	69	30.144
	7図8	K158a	香炉	22.9	BⅣ1b	4	60	57	54	56					57	6	2.500
	7図8	K158a	香炉	27.0	BⅣ1b	8	38	49	43	32	39	41	33	28	38	21	6.728
	7図8	K158b	香炉	13.9	BⅣ1b	3	109	93	96						99	16	8.505
	5図2	K195	皿	44.9	BⅤ	4	65	47	73	75					65	28	12.754
		K152	注口	31.8	BⅥ1	4	49	42	62	50					51	20	8.302
	5図2	K195	皿	44.9	BⅧ3	2	195	179							187	16	11.314

※割付角度は各記号とも右回りに数値が対応する。

第3表　亀ヶ岡遺跡4期の割付角度のばらつき

遺跡名	図版番号	番号	器種	文様帯長	文様類型	単位	a	b	c	d	e	f	g	h	平均	最大角度差	標準偏差
亀ヶ岡遺跡4期	8図10	K87	壺	32.3	AⅤ	5	58	63	60	89	61				66	31	12.872
	8図10	K87	壺	33.2	AⅤ	4	99	99	53	93					86	46	22.181
		K110	壺	28.9	BⅠ1a	3	109	105	112						109	7	3.512
	9図12	K107	壺	31.5	BⅠ1g	6	49	52	60	54	55	57			55	11	3.834
	8図11	K111	壺	26.7	BⅠ1g+BⅧ5	6	35	50	58	62	57	54			53	27	9.543
		K181	鉢	3.0	BⅡ2	3	124	126	122						124	4	2.000
		K81	鉢	43.3	BⅣ2	5	52	56	68	74	50				60	24	10.488
	9図13	K150	注口	32.6	BⅤ2	5	48	63	61	61	62				59	15	6.205
	9図13	K150	注口	32.6	BⅤ2	5	51	65	60	65	68				62	17	6.686
	8図9	K177	鉢	46.1	BⅦ1	4	74	83	69	72					75	14	6.028

※割付角度は各記号とも右回りに数値が対応する。

第4表　亀ヶ岡遺跡4～5期の割付角度のばらつき

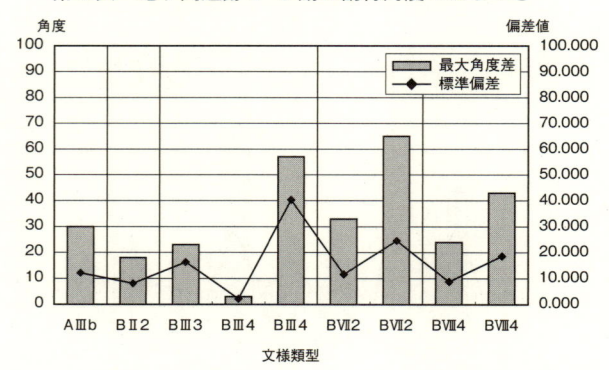

遺跡名	図版番号	番号	器種	文様帯長	文様類型	単位	a	b	c	d	e	f	g	h	平均	最大角度差	標準偏差
亀ヶ岡遺跡 4-5期		K137	壺	42.6	AⅢb	5	76	88	73	92	62				78	30	12.050
		K192	鉢	26.7	BⅡ3	4	105	98	87	103					98	18	8.057
	9図14	K182	鉢	41.5	BⅢ3	2	215	192							204	23	16.263
	10図17	K65	壺	51.3	BⅢ4	2	152	149							151	3	2.121
	10図16	K96	壺	34.9	BⅢ4	2	148	205							177	57	40.305
	10図15	K180	鉢	41.3	BⅥ2	8	85	70	91	103	102	102	95	83	91	33	11.600
		K138	壺	39.3	BⅦ2	6	109	140	101	87	111	152			117	65	24.533
		K138	壺	28.1	BⅧ4	5	69	78	71	54	67				68	24	8.758
		K137	壺	27.7	BⅧ4	5	81	63	38	79	81				68	43	18.596

※割付角度は各記号とも右回りに数値が対応する。

第5表　十腰内遺跡3期の割付角度のばらつき

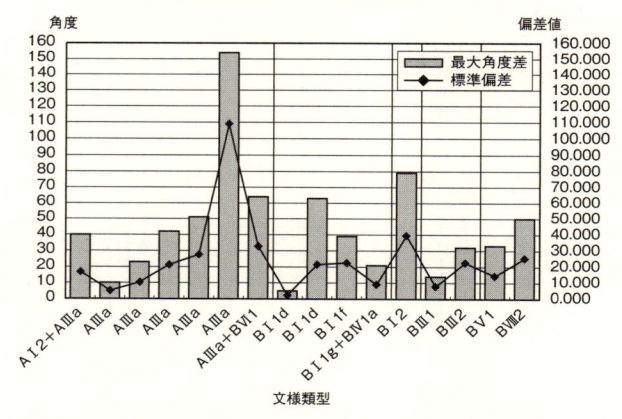

遺跡名	図版番号	番号	器種	文様帯長	文様類型	単位	a	b	c	d	e	f	g	h	平均	最大角度差	標準偏差
十腰内遺跡3期	12図22	K301	壺	38.0	AⅠ2+AⅢa	4	95	124	101	84					101	40	16.872
	11図20	K327	浅鉢	50.8	AⅢa	3	123	128	118						123	10	5.000
		K333	浅鉢	38.4	AⅢa	4	92	85	94	71					86	23	10.408
	12図21	K300	壺	18.7	AⅢa	3	120	162	135						139	42	21.284
	11図19	K329	浅鉢	30.0	AⅢa	3	145	152	101						133	51	27.647
		K303	壺	21.3	AⅢa	2	112	266							189	154	108.894
		K300	壺	42.0	AⅢa+BⅥ1	4	105	41	104	57					77	64	32.704
	13図25	K346	注口	31.7	BⅠ1d	5	64	66	69	64	68				66	5	2.280
		K303	壺	23.2	BⅠ1d	8	72	66	66	89	80	42	36	99	69	63	21.599
	12図22	K300	壺	27.8	BⅠ1f	3	87	126	126						113	39	22.517
	13図25	K346	注口	42.5	BⅠ1g+BⅣ1a	4	44	42	57	36					45	21	8.846
	12図23	K302	壺	35.4	BⅠ2	4	81	82	135	160					115	79	39.450
		K264	壺	54.9	BⅢ1	3	124	137	123						128	14	7.810
	11図18	K319	鉢	45.1	BⅢ2	2	179	147							163	32	22.627
	12図22	K300	壺	16.5	BⅤ1	5	82	77	54	49	62				65	33	14.307
	13図24	K344	注口	36.9	BⅧ2	3	98	117	148						121	50	25.239

※割付角度は各記号とも右回りに数値が対応する。

を含め、施文順序や文様の描き方をはじめとする施文手法の分析を体系的に行い、遺跡間、地域間での集団相互の関係について考えていきたい。

謝辞

東北大学大学院文学研究科教授　須藤隆先生には、数多くの御指導、御助言を賜り、久原コレクションの使用を快く御快諾して頂きました。須藤先生には考古学研究室に入室以来、暖かく懇切丁寧な御指導、御鞭撻を賜りました。これまでの学恩に深く感謝致しますとともに、今後の御活躍を心よりお祈り申し上げます。

同文学研究科教授　阿子島香先生には多くの御指導を頂いた。同助手　菅野智則先生には常日頃から多くの御指導、御配慮を頂いた。

また、本論を進めるにあたって下記の先生方をはじめとする諸氏から御指導、御助言を賜った。筆者の力不足で御指導に添えることができなかった部分も少なくない。末筆ではありますが、記して心より感謝申し上げます（敬称略）。

市川金丸、宇田川浩一、関根達人、藤沼邦彦、藤原弘明、村越潔

資料整理にあたっては、東北大学文学研究科考古学研究室大学院生　古田和誠、村田弘之、亘理好美、桑島秀治、学部生　佐藤秀一、鈴木啓兼、千葉麻衣子、山形文、傳田恵隆の各氏の協力を得た。心より感謝申し上げます。

なお本論は、2006年度東北史学会考古学部会発表「晩期縄文土器文様における単位と割付の一様相」での分析を基礎としている。

註

1) 晩期縄文土器の施文手法の研究においては、鈴木公雄による関東地方における安行式、姥山式土器を対象とした文様単位と割付や、施文工程数、デザインシステムなどの施文手法に関する一連の研究がある（鈴木公雄 1968・1969・1982・Suzuki, K. 1970）。本論では頁数の都合もあり、東北地方の亀ヶ岡式土器における研究史に留まった。また、分析の主眼である文様の割付についてはすでに小林謙一氏によって進められており、詳細な研究史、研究の成果が提示されている（小林謙一 1999・2000a・2000b・2002）。
2) 遺跡位置図作成には、国土地理院発行の「数値地図50mメッシュ（標高）」を地形データとして、フリーソフトウェア「カシミール3D」を利用して地形を表現した。
3) 小岩井兼輝の発掘調査によって出土した資料と伝えられている（藤沼邦彦ほか編 2006）。
4) 十腰内（1）遺跡に相当すると考えられるが、採集された地点は明確ではなく、遺物の註記に「十腰内」と付されているものが多いため、本論では「十腰内遺跡」と称して扱う。
5) 資料の図版については頁数の都合もあり、代表的なもの25点を提示した。
6) 本論での「割付」の定義は、器面に対する装飾、文様単位の位置決定のことを指す。突起など装飾、文様の意匠体系の中で、土器一個体における見栄えなどの装飾性の向上に役割を果たす工程であると考える。小林謙一氏の定義（小林謙一 2000b）とは文様区画を配列するという点で若干異なるが、ほぼ同義であると考える。

7) 小林謙一氏の分析では、文様の区画に焦点を当て、「割付角度」のずれや一致度などについて詳細な分析を行っている（小林謙一 1999・2000a・2000b・2002）。桜井準也氏も同様の方法で方形区画文の検討を行っている（桜井準也 1998・2004・2006）。本論では文様の描かれる範囲に注目し、主体となる文様要素毎の最大幅の2点から「割付角度」を計測している。

8) 展開図は、皿などの上方から作成したもの以外は、全てデジタルカメラ撮影による画像から加工したデータをもとに作成している。一個体につき、文様帯の位置や器形に応じて、撮影角度が器面に対して90度になるように固定し、8～32枚を撮影し、連結させている。画像の連結の際には、個々の文様要素の幅や間隔を正確に復元することを重視している。

引用文献

会田容弘 1994「棒状骨角器考―宮城県里浜貝塚台囲地点出土の縄文後・晩期土器の沈線施文とミガキの技術―」『考古学研究』41-3 pp. 39-59

会田容弘 1997「東北地方縄文時代後期から晩期の土器装飾文様に見られる2種のキザミ」『古代』104 pp. 19-40

藤沼邦彦 1983「文様の描き方―亀ヶ岡式土器の雲形文の場合―」『縄文文化の研究』5 pp. 151-167

藤沼邦彦 1989「亀ヶ岡式土器の文様の描き方」『考古学論叢 II』pp. 129-175

藤沼邦彦ほか編 2004『亀ヶ岡文化遺物実測図集』弘前大学人文学部日本考古学研究室研究報告 1

藤沼邦彦ほか編 2006『亀ヶ岡文化遺物実測図集（2）』弘前大学人文学部日本考古学研究室研究報告 4

林　謙作 1977「縄文期の葬制第 II 部―遺体の配列、とくに頭位方向」『考古学雑誌』63-3 pp. 1-36

市川金丸ほか 1974『亀ヶ岡遺跡発掘調査報告書』青森県埋蔵文化財調査報告書第 14 集　青森県教育委員会

今井冨士雄ほか 1968「十腰内遺跡」『岩木山』pp. 316-388

今村啓爾 1983「文様の割りつけと文様帯」『縄文文化の研究』5 pp. 124-150

伊東信雄 1973『古代東北発掘』　学生社

神康夫ほか 1999『十腰内（1）遺跡』青森県埋蔵文化財調査報告書第 261 集　青森県教育委員会

喜田貞吉 1933『還暦記念　六十年之回顧』（喜田貞吉　1982『喜田貞吉著作集 14 六十年の回顧・日誌』平凡社所収）

小林謙一 1999「縄紋中期土器器面の文様割付について」『セツルメント研究』1 pp. 72-102

小林謙一 2000a「縄紋中期土器器面の文様割付について（続）」『セツルメント研究』2 pp. 75-119

小林謙一 2000b「縄紋中期土器の文様割付の研究」『日本考古学』10 pp. 1-24

小林謙一 2002「南西関東地方縄文中期後半の文様割付の研究」『縄文時代』13 pp. 53-80

小林謙一ほか 1993『慶応義塾湘南藤沢キャンパス内遺跡　第 1 巻　総論』慶應義塾

小岩井兼輝 1934「亀ヶ岡新石器時代遺蹟と過去水準変化について」『日本学術協会報告』9-2 pp. 96-100

中谷治宇二郎 1929「東北地方石器時代遺跡調査予報」『人類学雑誌』44-3 pp. 107-113

齋藤正ほか 2001『十腰内（1）遺跡 II』青森県埋蔵文化財調査報告書第 304 集　青森県教育委員会

桜井準也 1998「縄文土器製作における文様区画と施文過程―縄文人の認知構造の解明にむけて―」『東邦考古』22 pp. 31-46

桜井準也 2004『知覚と認知の考古学』 雄山閣
桜井準也 2006「土器の文様区画と認知構造」『心と形の考古学』pp. 133-160
佐藤伝蔵 1896a「陸奥亀ヶ岡発掘報告」『東京人類学会雑誌』11-118 pp. 125-149
佐藤伝蔵 1896b「陸奥亀ヶ岡第二回発掘報告」『東京人類学会雑誌』11-124 pp. 389-412
佐藤伝蔵 1896c「陸奥亀ヶ岡第二回発掘報告（続）」『東京人類学会雑誌』11-125 pp. 448-468
清水潤三ほか 1959『亀ヶ岡遺蹟―青森県亀ヶ岡低湿地遺蹟の研究―』 三田史学会
杉山寿栄男 1928a『日本原始工藝』 工藝美術研究會
杉山寿栄男 1928b『日本原始工藝概説』 工藝美術研究會
須藤 隆 1976「亀ヶ岡式土器の終末と東北地方における初期弥生土器の成立」『考古学研究』23-2 pp. 25-50
須藤 隆 1984「北上川流域における晩期前葉の縄文土器」『考古学雑誌』69-3 pp. 1-51
須藤 隆 1996「亀ヶ岡文化の発展と地域性」『日本文化研究所研究報告別巻』33 pp. 93-132
須藤 隆 1998『東北日本先史時代文化変化・社会変動の研究』 纂修堂
須藤 隆 2003「歴史資源としての考古学資料データベース化の研究―東北大学大学院文学研究科収蔵考古学資料の資料化とその活用―」『歴史資源として捉える歴史資料の多角的研究』pp. 74-80
須藤 隆 2004「歴史資源アーカイブ」による考古学陳列館・標本室収蔵の考古学資料データベース化―亀ヶ岡式土器の調査―」『東北大学歴史資源アーカイヴの構築と社会的メディア化』pp. 119-122
鈴木克彦ほか 1984『亀ヶ岡石器時代遺跡』青森県立郷土館調査報告書考古6集 青森県立郷土館
鈴木公雄 1964「土器型式の認定方法としてのセットの意義」『考古学手帖』21 pp. 1-5
鈴木公雄 1968「安行式土器における文様単位と割りつけ」『日本考古学協会昭和43年度大会研究発表要旨』pp. 5-6
鈴木公雄 1969「安行系粗製土器における文様施文の順位と工程数」『信濃』21-4 pp. 1-16
鈴木公雄 1982「縄文波状縁土器の文様配置について」『史学』52-2 pp. 35-47
Suzuki, K 1970 "Design System in Later Jomon Pottery"『人類学雑誌』78-1 pp. 38-49
高橋龍三郎 1981「亀ヶ岡式土器の研究」『北奥古代文化』12 pp. 1-51
高橋龍三郎 1993a「大洞C2式土器の細分とネガ文様」『二十一世紀への考古学』pp. 219-232
高橋龍三郎 1993b「大洞C2式土器細分のための諸課題」『先史考古学研究』4 pp. 83-151
山内清男 1930「所謂亀ヶ岡式土器の分布と縄文式土器の終末」『考古学』1-3 pp. 139-157
山内清男 1964「縄紋式土器 総論」『日本原始美術』1 pp. 148-158
若林勝邦 1889「陸奥亀ヶ岡探究記」『東洋学芸雑誌』97 pp. 501-504

330

亀ヶ岡遺跡3期

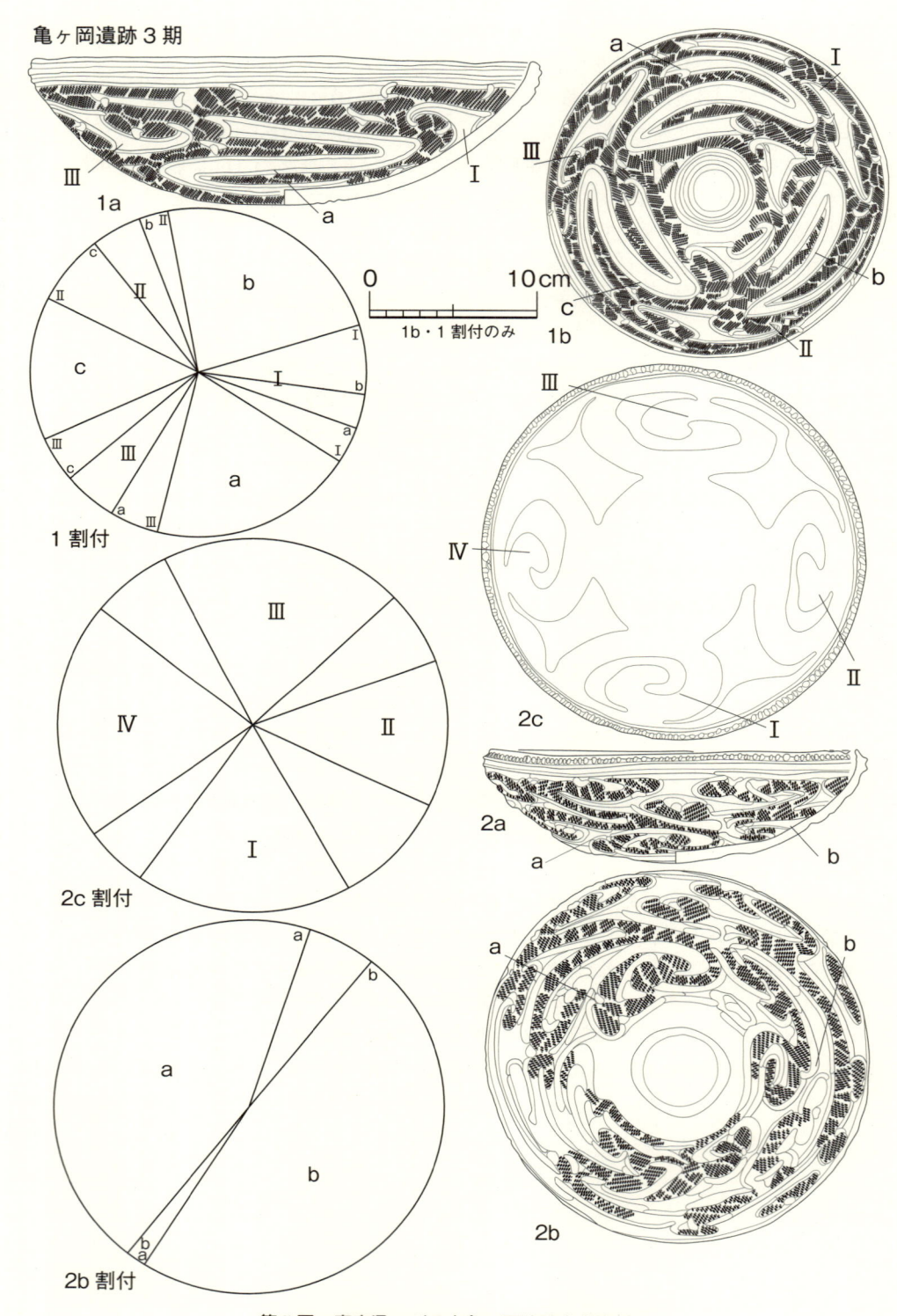

1a
1割付
2c割付
2b割付

1b・1割付のみ
0　10cm

1b
2c
2a
2b

第5図　青森県つがる市亀ヶ岡遺跡出土資料1

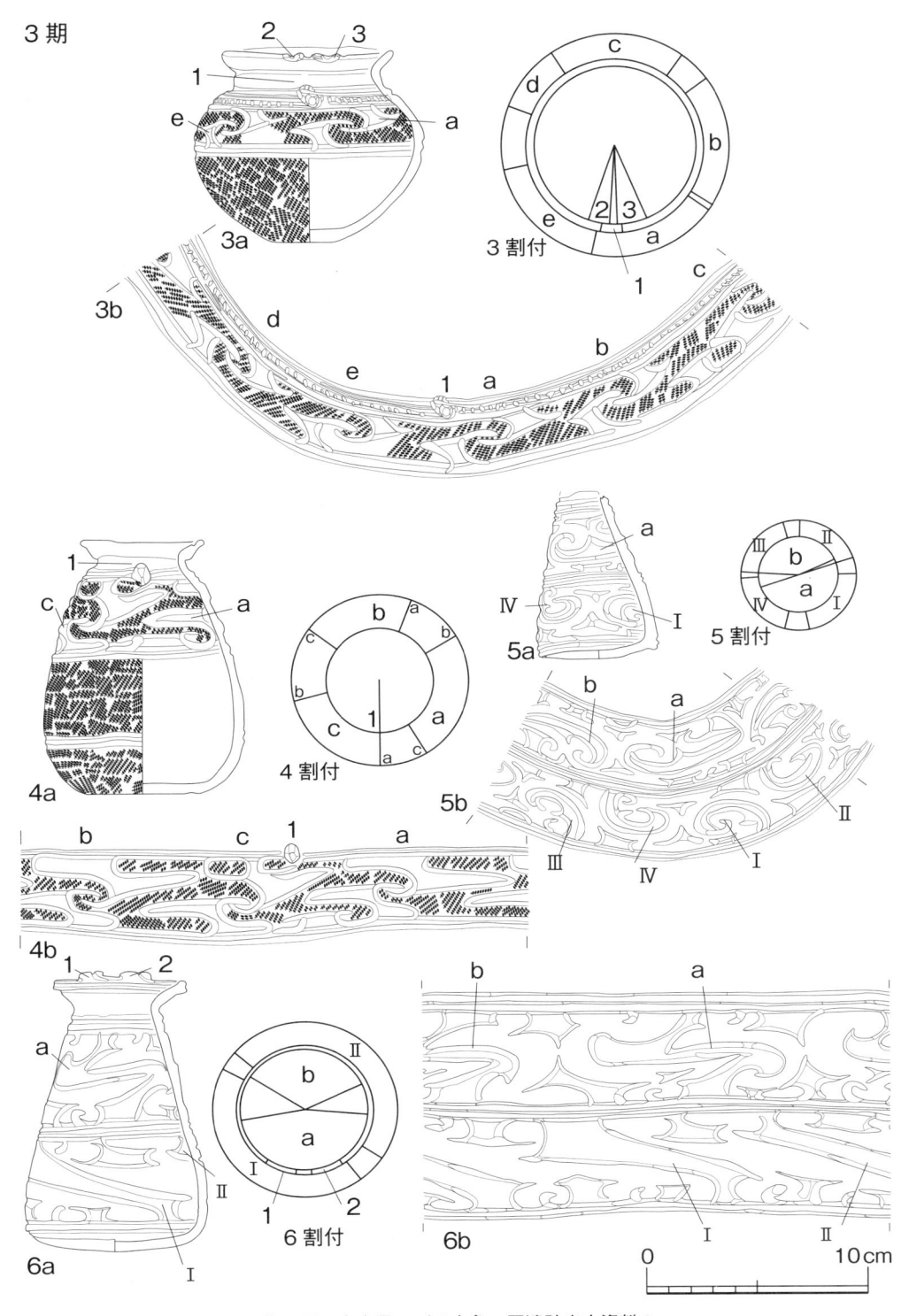

晩期縄文土器文様における単位と割付に関する一考察　331

第6図　青森県つがる市亀ヶ岡遺跡出土資料2

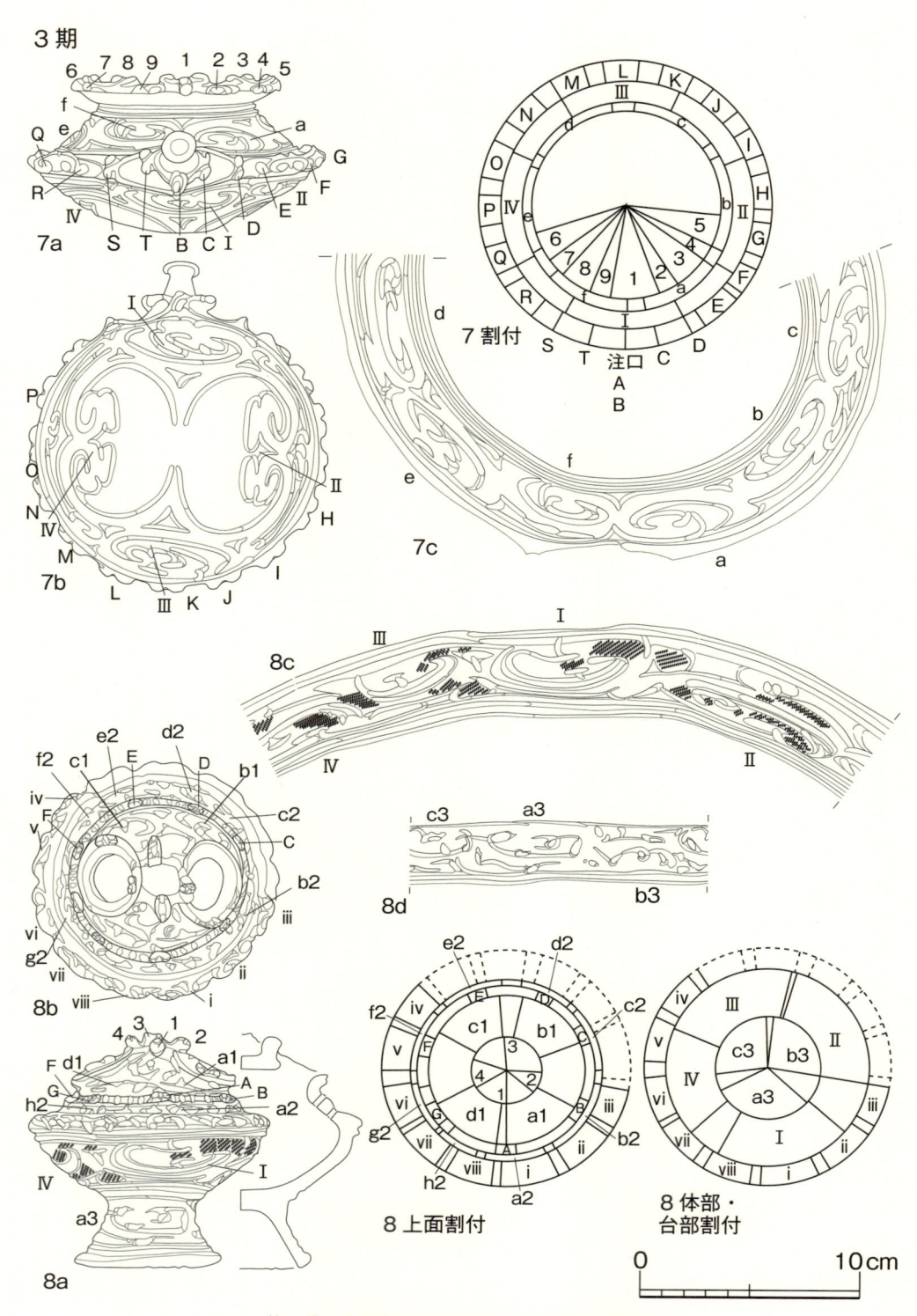

第7図　青森県つがる市亀ヶ岡遺跡出土資料3

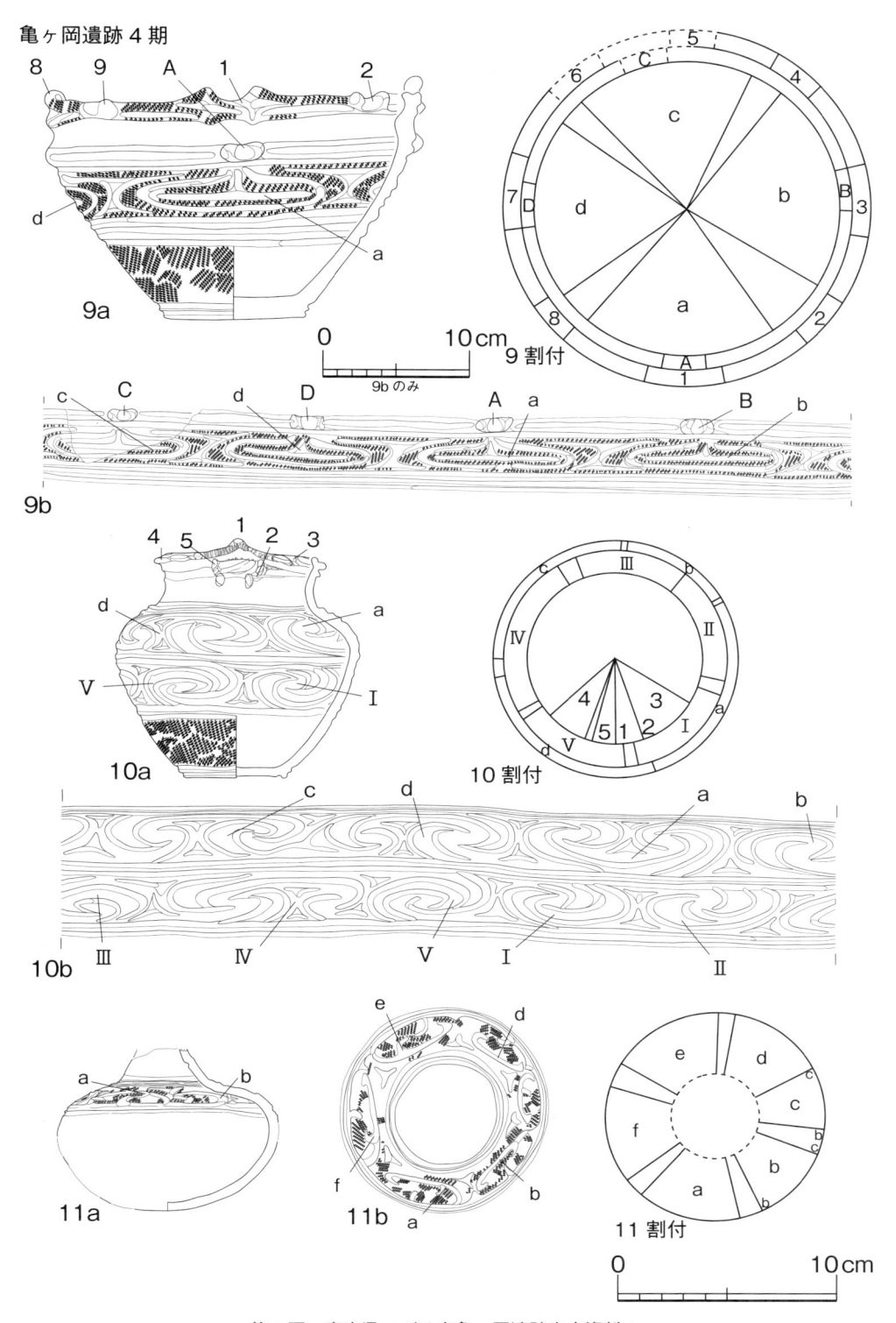

晩期縄文土器文様における単位と割付に関する一考察　333

亀ヶ岡遺跡4期

9a
9b
9割付
9bのみ
0　10cm

10a
10割付
10b

11a
11b
11割付
0　10cm

第8図　青森県つがる市亀ヶ岡遺跡出土資料4

334

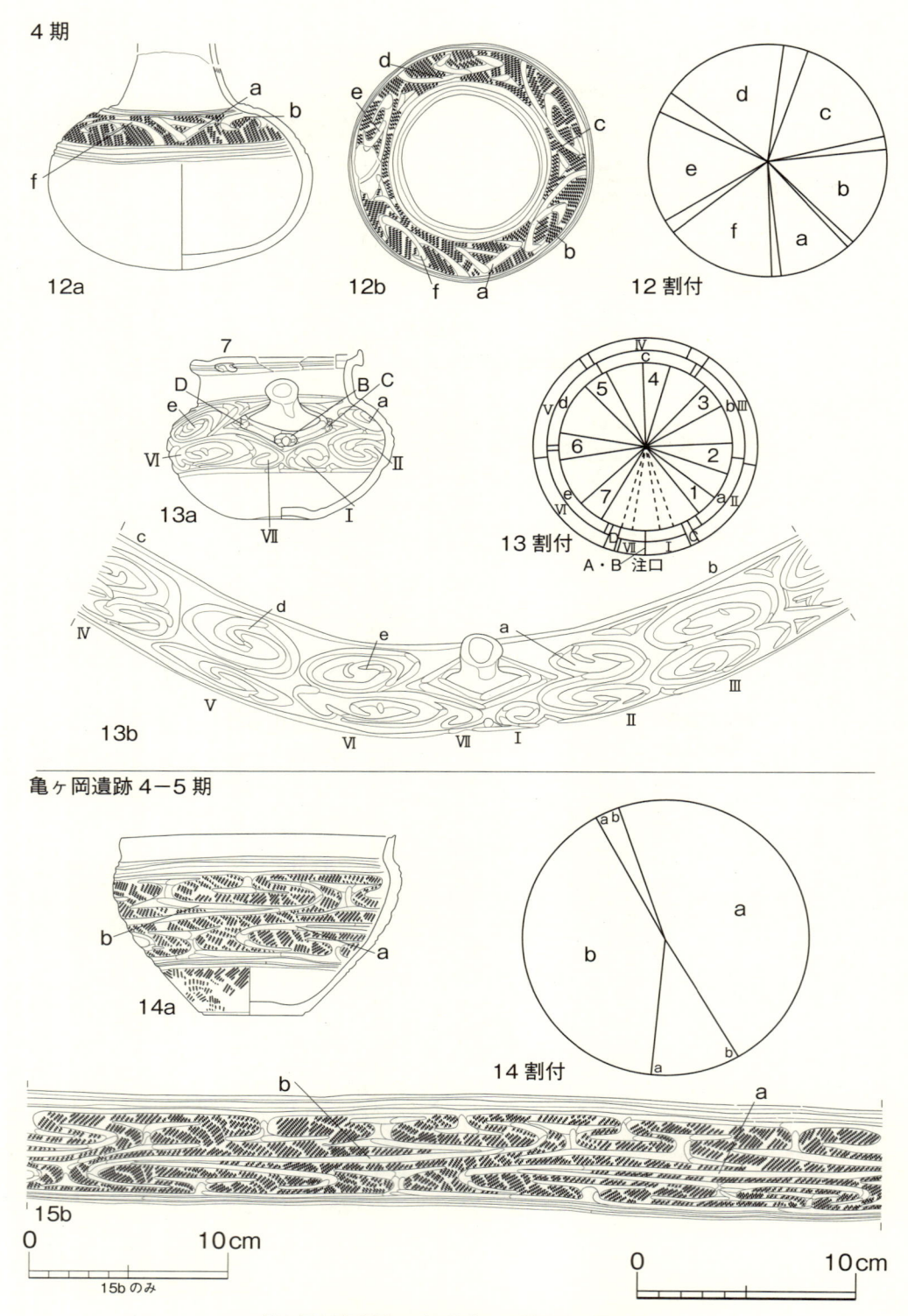

4期

第9図 青森県つがる市亀ヶ岡遺跡出土資料5

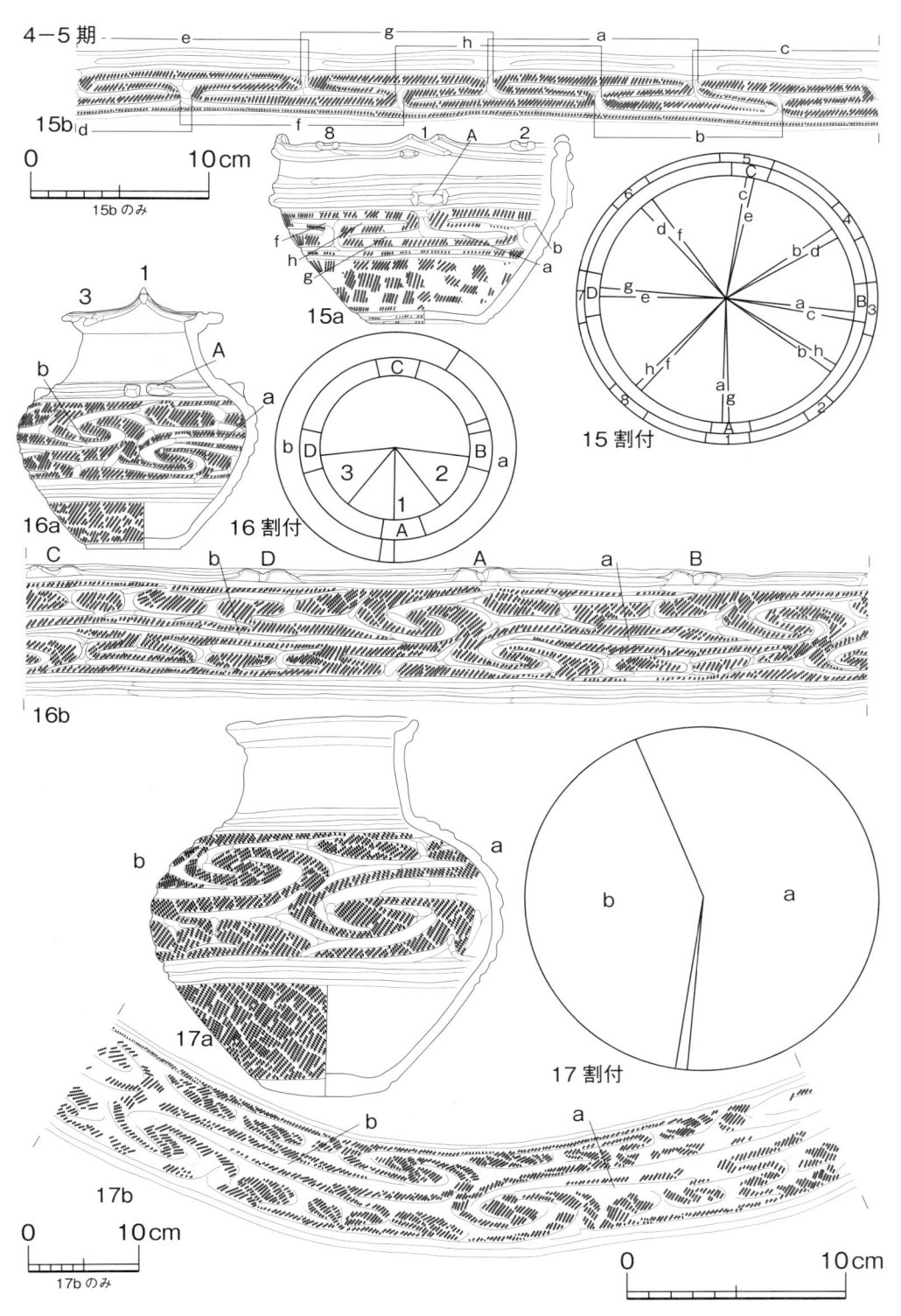

晩期縄文土器文様における単位と割付に関する一考察　335

第10図　青森県つがる市亀ヶ岡遺跡出土資料6

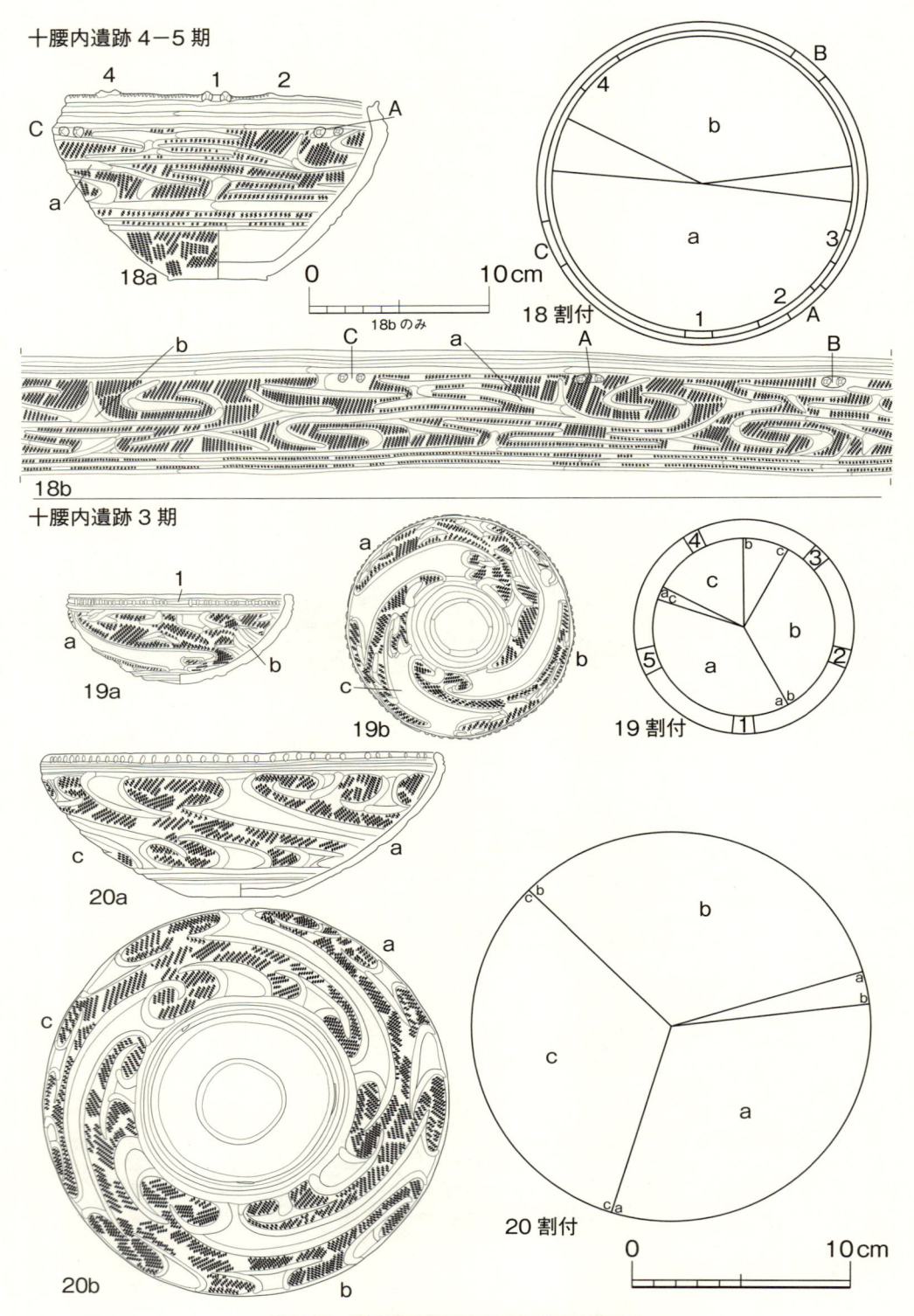

第11図　青森県弘前市十腰内遺跡出土資料1

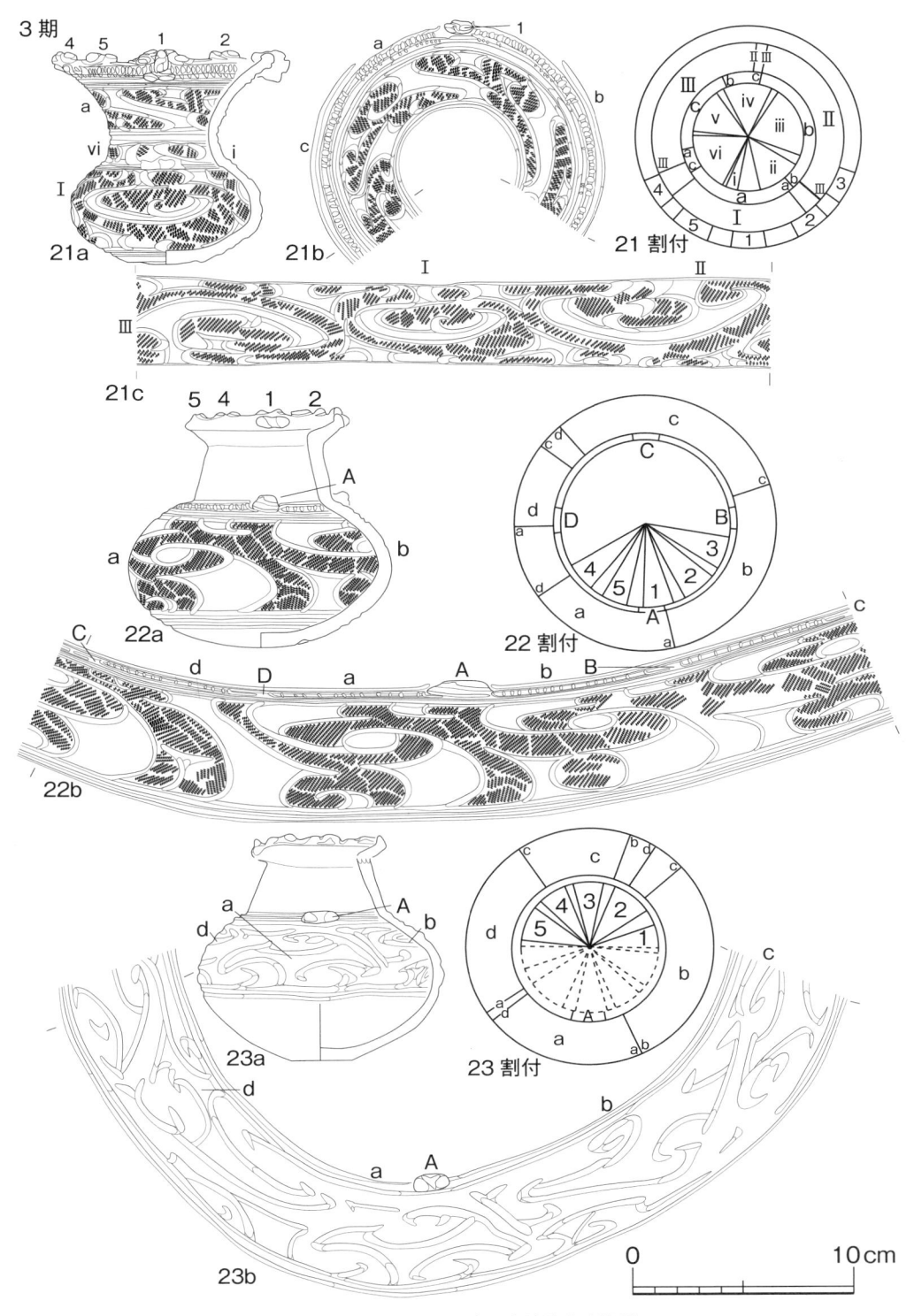

晩期縄文土器文様における単位と割付に関する一考察　337

第12図　青森県弘前市十腰内遺跡出土資料2

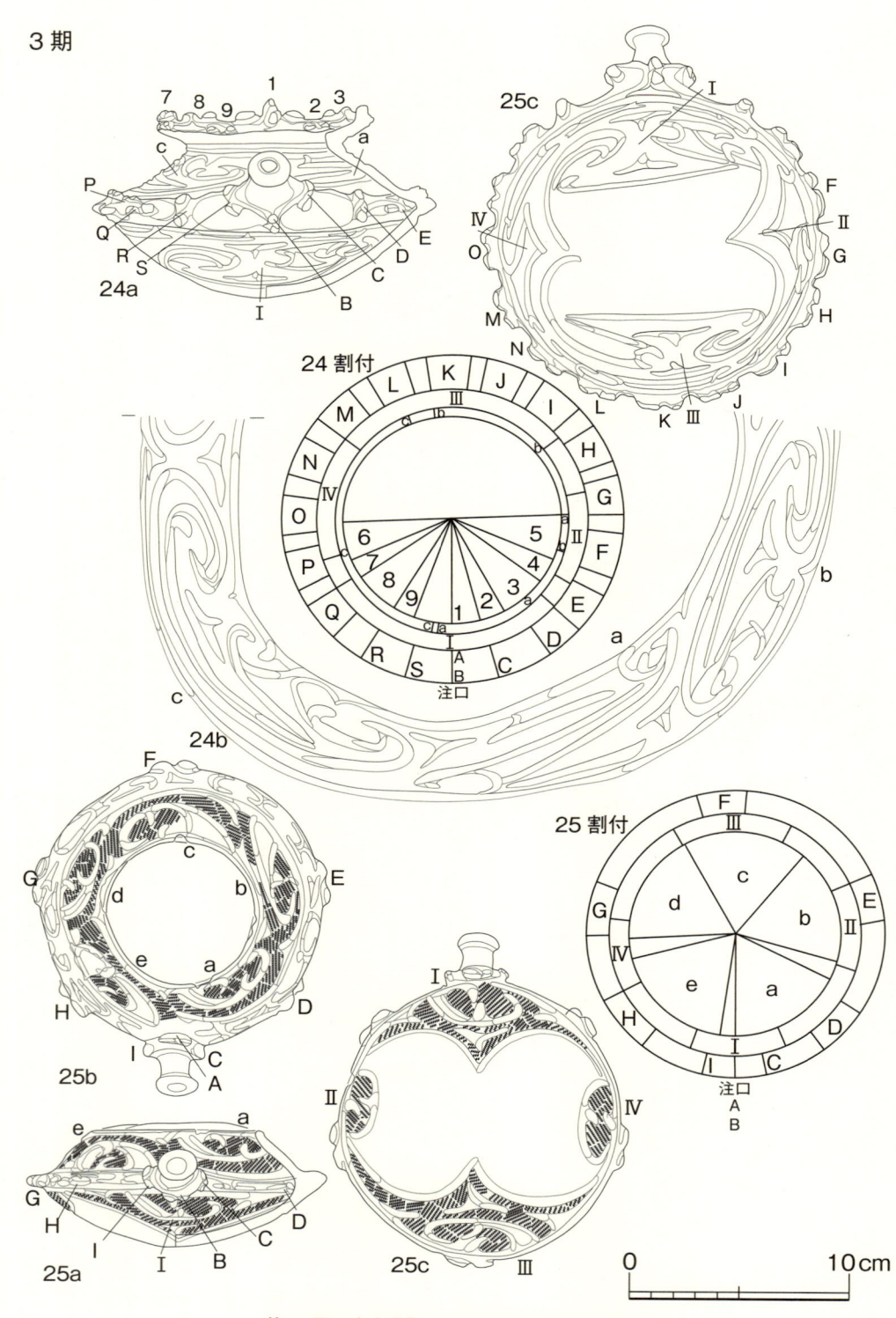

338

3期

第13図　青森県弘前市十腰内遺跡出土資料3

長野県安曇野地域における縄文文化の終末

土 屋 和 章

I. はじめに

　松本盆地中部の安曇野地域における縄文文化の終末と弥生文化の開始を考察する。研究史を紐解くと、この地域での縄文文化終末期の土器型式は、東北地方の影響がつよいながらも東海・西日本的な影響も併せもつことがうかがえる。近年では東日本的な弥生文化の評価もさかんになされ（須藤隆 1998、設楽博己 2000、高瀬克範 2004 など）、列島単位での人や物の移動に関心が払われている。東北地方において、弥生文化の開始と展開についてはそれ以前に隆盛を極めた縄文時代晩期文化からの連続的な変化が詳細にとらえられつつある。こういった研究の進展を、ここで取り上げる安曇野地域に照らし合わせて考えるとどういった事実が浮かびあがってくるのだろうか。本稿はこの疑問点から出発し、当該地域の縄文・弥生移行期土器に東北日本の影響を探ることを主たる目的とする。

　安曇野地域は、長野県のほぼ中央に位置し、松本盆地の西北部を占める。西部は北アルプスの山岳地帯を含み、その山々を源とする中房川、烏川、梓川、高瀬川などが犀川に合流する東部は海抜 500 から 700 m の概ね平坦な複合扇状地となっている。今回調査対象とした遺跡はこの北アルプスの扇状地上か犀川の段丘面上に所在する（第1図）。当地から東北地方を視野に入れた場合、犀川段丘面の遺跡では河川に沿って長野盆地から信濃川を経て越後平野へ、北アルプス扇状地上の遺跡では山麓にそって大北地域を経て姫川から糸魚川へと抜ける移動の道筋が想定でき、これらはいずれも水系としては日本海側に属する。

II. 研究のながれ

　長野県における縄文時代終末期から弥生時代初期の土器については古くから研究者の注意をひき型式設定やその内容把握に努力が払われ、1950 年代には藤森栄一氏らによって、それ以前の成果を総括する研究がなされていった。氏は地域と時代を大きく区分しいくつかの土器型式の設定をおこなっている。この枠組みの設定をうけて、1960 年代には神村透氏が下伊那地域をフィールドに弥生土器の編年を組みたて、東海地方西部の編年体系と比較して土器群に位置づけをあたえることで、全県的な編年を作り上げていった（神村透 1966）。また、本稿で取り扱う安曇野地域を含む松本盆地における縄文文化から弥生文化への推移に着目した研究が藤澤宗平氏によってなされている（藤澤宗平 1971）。氏はこの地

第1図　安曇野地域における縄文・弥生移行期遺跡分布図

域における弥生文化の伝播を遺跡・遺物の面から考察し、文化の移り変わりの様相について論及した。

1955年には永峯光一氏らにより小諸市氷(こもろこおり)遺跡の発掘調査がおこなわれた（永峯光一1969）。この調査の結果、1956年に永峯氏により氷式土器が型式設定され、これに続いて口外帯を有し浮線文・細密条痕が施される第1群、沈線文が施される第2群、条痕文土器である第3群に分類され、第1群をもって氷Ⅰ式、第2群および第3群の大部分をもって氷Ⅱ式土器とする細分がなされた。

この型式設定と細分以降、氷式土器の研究は周辺各県との比較検討により氷式土器が縄文時代終末の土器型式として重要な意味合いを強めていく（群馬県考古学談話会編1983）。1980年代になると、設楽博己氏、石川日出志氏らによって各地域の個別編年の確立と他

地域での編年との比較研究がおこなわれ、中部高地における浮線文土器群研究のひとつの画期となる（設楽博己1982、石川日出志1985）。設楽氏は1982年の論文において、本稿で取り扱う安曇野地域を含む松本盆地をひとつの地域とし、そこに所在する女鳥羽川遺跡、離山遺跡、トチガ原遺跡出土の浮線文土器について、鉢類に施された文様の分類を分析することでこれら3つの遺跡間に時期差を認め、3段階の区分をおこなった（設楽博己1982）。石川氏は浮線文土器の成立基盤を東北地方晩期縄文土器やそこから派生した工字文に求め、これを前提として浮線文土器群の成立と展開を論じた（石川日出志1985）。この論中で氏は鉢形土器の器形と文様の相関関係から従前の浮線文土器群を3群に区分し、それぞれに時期差を与えている。

　この様な研究の流れの中、1991年には中沢道彦氏によって氷式土器の研究史とその時点での研究動向が総括された（中沢道彦1991a）。この論文で氏は、東北地方との編年的対比を視野にいれ、所謂東北遠賀川論、大洞A式・A'式・砂沢式の区分、東北南部における浮線文土器等の新資料の位置づけの問題を論点とした。その上で、中部高地と東北地方とを直接的、かつ確実に結びつけうる資料に制約を感じつつもこの対比の重要性を指摘している。さらに、1998年には本稿でも取り上げる離山遺跡第8類土器を基準資料に「離山式」[1]を設定し、この型式での精製浮線文浅鉢の発達、半精製深鉢・甕の発達や精粗の器種間での交渉が比較的疎な点をもって「離山式」が大洞式の型式構造の影響下にあることを指摘している（中沢道彦1998）。

　氷I式土器の成立と細分に関しての研究が進む中、1994年に氷I式と氷II式の関係性を追及し中部高地における縄文文化から弥生文化への変遷過程を解明すべく、氷遺跡の第二次発掘調査がおこなわれた（永峯光一ほか編1998）。この調査では氷遺跡における土器変遷過程の解明、遺跡周辺微地形と遺物分布範囲・遺物包含層の広がりの把握、生業活動の復元を主眼としている。この結果、氷I式は4段階に細分されて、氷I式直後に氷II式が位置づけられている。また氷II式は東北地方の砂沢・青木畑・二枚橋式の段階に対比された（小林青樹・宇佐美哲也1998）。

　このほか、小林青樹氏による細密条痕の起源の検討（小林青樹1991）や、百瀬長秀氏による浮線文期の遺跡分布論（百瀬長秀1994）などの論考、中沢道彦氏・丑野毅氏によるレプリカ法を用いた籾状圧痕の観察（中沢道彦・丑野毅1998）などの研究も発表され、土器編年にとどまらない考察がなされている。

III. 研究の目的と方法

1. 研究の目的

　長野県における縄文時代晩期後半土器は山内清男氏の設定した東北地方晩期縄文土器型式に対比して内容がとらえられ、永峯光一氏による氷遺跡第一次発掘調査報告の中で氷式

土器の細分と東北地方晩期縄文土器編年との対比がされた（永峯光一1969）。ここで氏は氷I式の成立に大洞A式土器と西日本系土器の影響があることを示唆している。研究史を紐解くと、とりわけ氷I式をめぐる土器編年研究の中で土器群の精粗、浮線文に代表される文様展開と描出手法などが仔細に分析され、大洞A式・A'式土器との時間差が検討されている。本稿はこうした全県的な研究の蓄積を鑑み、地域を安曇野地域に限定して当該期の土器群の様相について東北地方からの影響を軸に考察することを目的とする。

2. 資料の概要

本稿で取り扱う資料は、安曇野地域における縄文・弥生時代移行期土器である（第1図）。発掘調査による資料を中心としたが、一部採集品も視野に入れる。対象とする遺跡は、離山遺跡、黒沢川右岸遺跡、三角原遺跡、神沢遺跡、ほうろく屋敷遺跡、緑ヶ丘遺跡、荒井遺跡とした。それぞれの遺跡出土土器から対象とする遺物を抽出し、浮線文・沈線文[2]について考察をおこなう。

IV. 安曇野地域における縄文・弥生移行期の土器

1. 離山遺跡

安曇野市穂高牧に所在する離山遺跡は、ゴルフ場開発に伴い1971年に発掘調査がされている（藤澤宗平ほか1972）。本遺跡は北アルプスに源を発する烏川扇状地の扇頂部に位置し、最高位標高は760mを測る。遺跡の南東部には当遺跡の呼称となった独立丘である離山が存在し、南側は急崖を作り烏川にのぞむ。発掘調査にはトレンチ方式を採用し、全体を4地区に分割して、配石遺構・住居址が検出された地区についてはグリッド方式に切りかえている。

遺構は、配石遺構・竪穴住居址4基等が検出されている。特に配石遺構は、調査前から地表面に露出していた部分もあり、あるいは古墳ではないかと注目されていたが、調査によって大規模な配石遺構であることが判明した。この配石遺構は複数の遺構から成りその要素は30以上と報告されている。このうち1・3・8〜12・17・18の各号址の下部が調査され、第9号・第10号配石址下部のピットから縄文時代晩期土器の出土が報じられた（藤澤宗平ほか1972）。

出土した土器片はリンゴ箱20箱分にのぼり、口縁部破片2107点、底部破片853点を数える。土器片の出土位置に関しては、配石遺構を中心とした第1地区がそれ以南に続く第2・第3地区に比べやや多いようであるが、調査区全面的にわたった散布がみられている。出土土器全体の傾向として、時期は縄文時代中期から晩期にわたり、磨滅した無文の小破片が多い。報告書では焼成・器形・文様に加え出土状態を考慮して第1〜第10類に分類している。このうち縄文時代晩期土器とされたのは第8類（第2図）である。

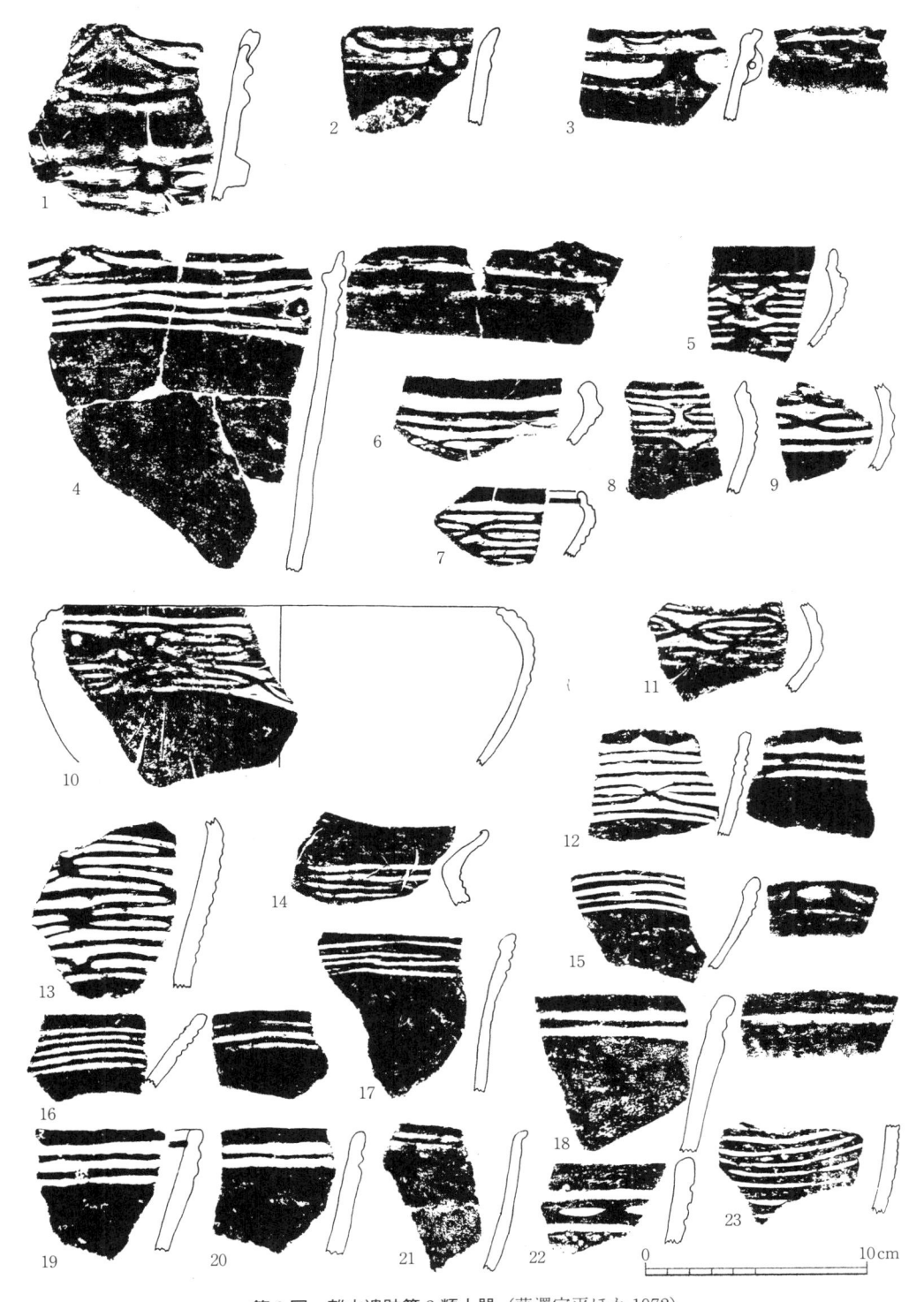

長野県安曇野地域における縄文文化の終末　　343

第 2 図　離山遺跡第 8 類土器（藤澤宗平ほか 1972）

離山遺跡出土第8類土器は、浮線文が施文される土器群であり松本盆地での類例を松本市女鳥羽川遺跡、石行遺跡に求められる。離山遺跡報告書では本類をさらにa～hの8類型に細別している。深鉢形土器とされるものは、口縁外に浮線の口外帯をもち、緩やかに波状を呈する突起の頂部に上からの押圧を加え、浮線間は三角形状を呈し口縁部内外に隆起線をもつ。浅鉢形土器とされるものは、底部から緩やかに外彎しながら立ち上がり口縁部がやや内湾する椀形といえるような器形が多い。この浅鉢形土器の体部上半には浮線文が施文され、多段化するものもある。この他、深鉢・浅鉢形土器には体部上半に2～5条の平行沈線を施した破片も出土しており、これらは口縁部内沈線をもつ例が多い。浮線文・平行沈線文以外の土器として、頸部の隆帯に刻み目を施した壺形土器、入組文をもつ鉢形土器、条痕文をもつ深鉢や撚糸文土器が縄文時代晩期として報告されている。報告書未掲載土器にも浮線文・平行沈線文が施文された土器が存在する。破片資料が主なため全体の器形は明らかではないが、浅鉢形土器が主体的であり、若干の深鉢形土器・壺形土器肩部と考えられる破片がある。口縁部下に屈曲があり口縁がやや立ち上がる器形と、屈曲をもたず体部から口縁部にかけて素直に立ち上がる器形が観察され、いずれも胎土にはごく少量の砂粒を含む例が多い。

離山遺跡出土土器に変形工字文土器は観察されなかった。鉢形土器にみられた多段化する浮線文のモチーフ（第2図12）は岩手県一関市中神遺跡（須藤隆編1997）晩期5b・5c期の壺形土器に施文される多段化する工字文のモチーフと類似するが、横位の連結部分などに違いもみられ、かつ離山遺跡において多段化する浮線文が少量であることから、いまだ確定的ではない。

2. 黒沢川右岸遺跡・三角原遺跡

安曇野市三郷小倉に所在する黒沢川右岸遺跡は、社会福祉法人老人ホーム建設に伴い1983年に発掘調査がなされた（山田瑞穂ほか1988）。本遺跡は、松本盆地西山麓、黒沢川により形成された扇状地上、標高約680mの地点に位置し、現在の黒沢川河床との比高は5.5～6mである。発掘調査にはトレンチ方式を採用し、遺物出土が濃厚な地点および遺構が検出された部分について調査範囲を拡張している。

調査では縄文時代前期・中期、弥生時代中期の遺構が検出された。このうち弥生時代に属するものには、竪穴住居址2基、小竪穴、土壙、集石がある。安曇野地域で弥生時代の住居址が調査されたのはこの黒沢川右岸遺跡が初であり、その意味で重要である。竪穴住居址は2基とも楕円形を呈するプランで、中央に地床炉があり、床面上に壁に沿って柱穴が確認されている。遺物は調査以前既出のものをあわせると、土器、土製品、石器、石製品が報じられており、石器では、石鏃、打製石斧、抉入石斧、太形蛤刃石斧、扁平片刃石斧、石庖丁が確認されている。また、籾痕が確認できる弥生土器も報告されている。弥生時代とされる遺構出土土器はほとんどが弥生時代中期土器である。そのうち、第1号住居

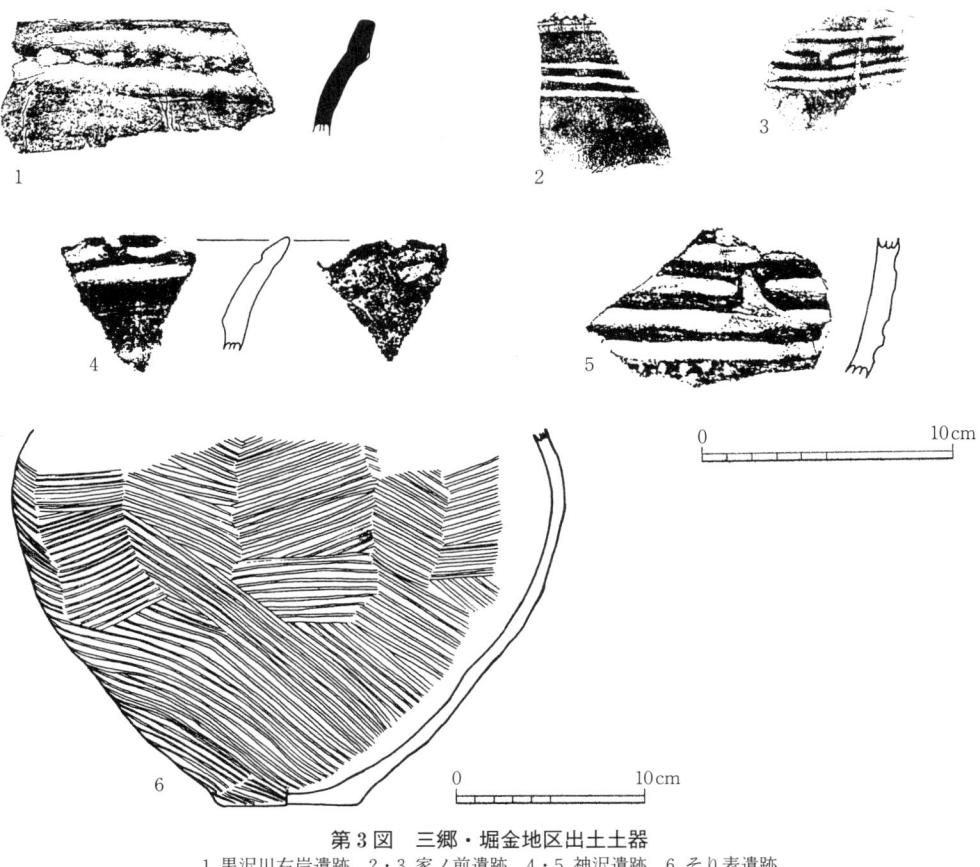

第3図　三郷・堀金地区出土土器
1 黒沢川右岸遺跡　2・3 家ノ前遺跡　4・5 神沢遺跡　6 そり表遺跡
(1 山田瑞穂ほか1988、2・3 藤澤宗平1968、4〜6 百瀬新治編1988)

址覆土から突帯文深鉢1点と変形工字文をもつ壺の体部上半1点、第4号住居址から突帯文深鉢1点、縄文時代前期とされる第3号住居址覆土から突帯文深鉢1点を確認した。このうち第1号住居址出土の変形工字文壺は、報告書未掲載遺物であるが、2条の平行沈線下にやや鋭く反転する変形工字文を断面U字形で太さ2mm程度の沈線で描く。変形工字文の全体は明らかではないが、やや鋭い反転部に1条の沈線が充填されていることから変形工字文C1型[3]（須藤隆1983）と考えられそうである。変形工字文の上部には1条の刺突列が沿う。本資料は弥生時代土器として捉えうるものであるが、残存している変形工字文の形態から東北地方との関連がうかがえるものである。

　1923年発行の旧『南安曇郡誌』に三郷小倉開墾地東部出土の四頭石斧が掲載され、その後大場磐雄氏により「チンクラ屋敷より出土」とする記録が残されている（百瀬新治2006）。この四頭石斧は中央に孔をあけ4つの磨いた刃部をもつ。閃緑岩製で、半分に割れているが接合するとほぼ完全な形になり、径は約20cmを測る。チンクラ屋敷遺跡は黒沢川右岸遺跡の南方300mに位置し、大局的にみれば黒沢川右岸遺跡の南限とも考えられる立地である。開墾後、農地となった本遺跡から採集された土器には縄文時代中期および

弥生時代中期と考えられるものが紹介されている（山田瑞穂1999）が、四頭石斧との厳密な出土位置関係は明らかではない。本稿では黒沢川右岸遺跡周辺出土の縄文・弥生移行期の遺物として注目しておく。

黒沢川右岸遺跡の下流、安曇野市三郷温(みさとゆたか)に所在する三角原遺跡からは弥生時代前期とされる条痕文の施された深鉢が土坑から出土した（第4図、廣田和穂2005）。

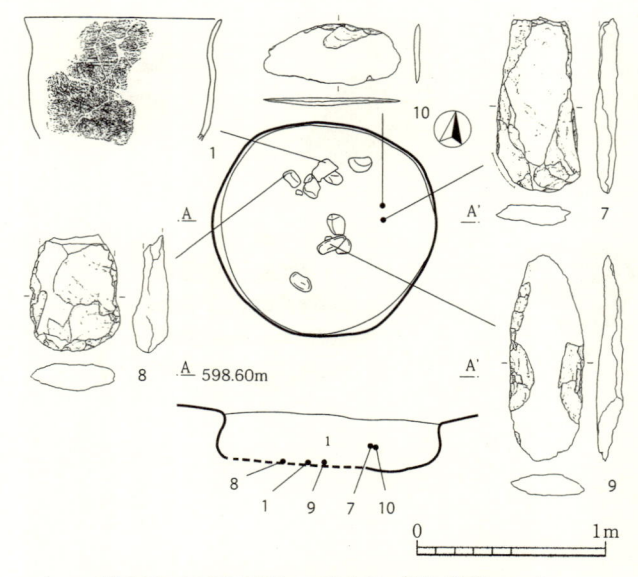

第4図　三角原遺跡77号土坑（廣田和穂2005）

この77号土坑は三角原遺跡で唯一弥生時代の遺構として調査されたもので、直径110 cmのほぼ円形のプランを呈し、深さは30 cmほどである。条痕文土器のほかには無文でナデ調整された深鉢、打製石斧や刃器が出土している。

この他、三郷地区では山麓部である三郷小倉に所在する家ノ前(いえのまえ)遺跡から縄文時代晩期に属する土器片が2点確認され（第3図2・3）、同三郷小倉所在才ノ神(さいのかみ)遺跡から晩期前半、氷式土器が出土している報告がある（宮下健司ほか編1988）。

3.　神沢遺跡

神沢遺跡は安曇野市堀金三田(ほりがねみた)に所在し、林道開設事業に伴い1987年に発掘調査が行われた（百瀬新治編1988）。本遺跡は松本盆地西麓の黒沢川および烏川扇状地に南北から挟まれた部分にある小さな沢が形成した小扇状地扇頂に立地する。調査は2m四方の調査区を林道建設地点に配置する方法で、10箇所設定された調査区のうち3箇所から土器が出土した。他の遺物および遺構は検出されていない。縄文時代晩期とされる土器は2点出土している（第3図4・5）。第3図4は壺形土器の口縁部と考えられ、口縁部内に1条の沈線をもつ。5の装飾モチーフは佐野II式の粗大工字文とされ、三郷小倉家ノ前遺跡出土土器に同様の意匠が確認される。

神沢遺跡から約1km北東にひろがるそり表遺跡では試掘坑から条痕の施された弥生土器の体部下半以下が出土している（第3図6、百瀬新治編1988）。この土器は土壙からの出土で、器面に貝殻腹縁によると考えられる条痕が施される。体部下半までは羽状を意識した施文であるが、それより下方は右上がりの施文となっている。

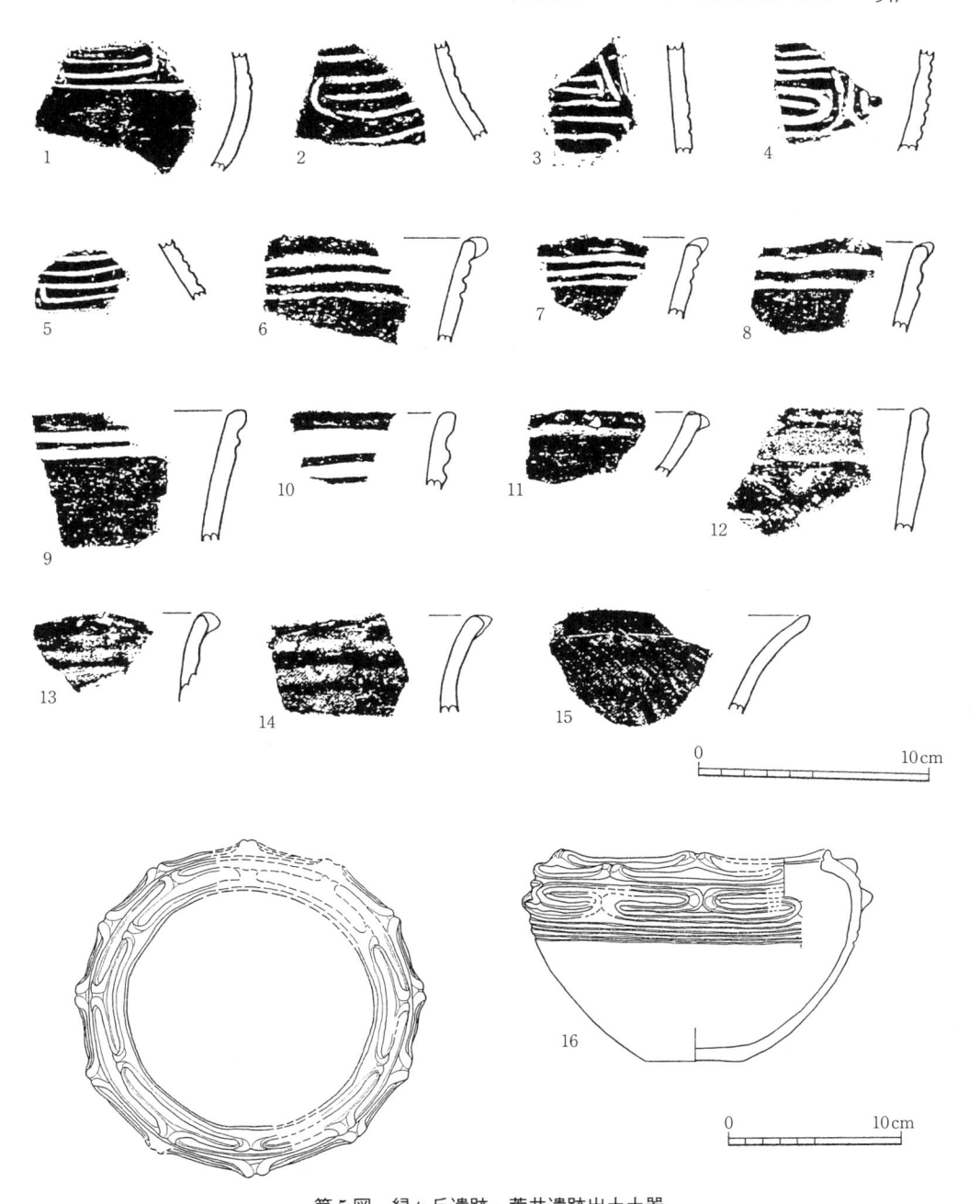

第5図　緑ヶ丘遺跡・荒井遺跡出土土器
1～15　緑ヶ丘遺跡　16　荒井遺跡（1～15　太田喜幸・河西清光 1966、16　三好博喜・大沢哲 1984）

4. 緑ヶ丘遺跡・荒井遺跡

　安曇野市明科七貴に所在する緑ヶ丘遺跡は、1965年に宅地造成に伴う緊急調査として発掘調査がなされた（太田喜幸・河西清光 1966）。本遺跡は千曲川上流域にあたる犀川が松本盆地から流れ出す明科地区の河岸段丘上に位置する。段丘は三段に発達し、遺跡付近は南・北側が侵食されたため半島状をなす。発掘調査にはトレンチ方式が採用された。

　遺構として南北約5m、東西約4mの範囲におよぶ集石遺構が検出されている。報告では人為的に配置されたと考えることは困難であるとしつつも、この集石から多量の土器・石器が出土したことに注目している。またこの集石下からは焼土が2箇所検出されている。

　出土遺物には土器・石器があり、石器としては太型蛤刃石斧、石庖丁が報告された。出土土器は5000点を越し、集石遺構周辺に集中的に分布している。個々の土器片は小破片で磨耗しており、接合して復元可能なものがない点が特徴である。本稿で取り扱うのは緑ヶ丘遺跡出土土器のうち第1類とされる沈線と半隆起文が施される土器群である（第5図1〜15）。緑ヶ丘遺跡出土第1類土器は、幅3mm程度で断面U字形の沈線で変形工字文が施文される壺形土器が大半を占める。小破片ゆえ詳細な器形をうかがい知ることは困難だが比較的肩の張る壺形土器が多いことが観察される。体部下半が丸みをおびる器形のものもある。変形工字文は反転部がやや鋭く区画内に1条の沈線が充塡されるC1型になると考えられる。

　緑ヶ丘遺跡が所在する段丘下の荒井遺跡からは浮線文が施文された浅鉢が出土している（第5図16）。耕作中に単独出土したものなので、詳細な出土位置や層位は不明である。体部から口縁部にかけて内傾する器形を呈する。文様は工字文状に反転する浮線文で、反転部には二個一対となる小突起を配している。口唇部に1条、文様帯下部に2条の沈線がめぐり体部下半との区画としている。口縁部下に無文帯はもたない。体部下半は無文で、口縁部から底部にかけて丁寧なミガキ調整が施されている。

5. ほうろく屋敷遺跡

　ほうろく屋敷遺跡は安曇野市明科南陸郷に所在し、ほ場整備に伴い1988・1989年に発掘調査がなされた（大沢哲・龍野守 1991）。遺跡は犀川が北流し松本盆地から流れ出す地峡部の河岸段丘上に立地する。二次にわたる調査では約13000 m^2 が発掘され、縄文時代の遺構・遺物のほか、弥生時代初頭とされる配石を伴う土器棺再葬墓が16基検出されている。またこの他、配石墓・礫床墓と考えられる遺構も確認された。

　C群3号墓・同群5号墓からは磨消縄文が施される壺形土器、C群5号墓・D群1号墓からは変形工字文状の文様がやや太めの浅い沈線で施される壺形土器が出土した。またF5グリッド配石上面からは体部文様帯に三角連繋文をもつ鉢形土器が出土している（第6図）。この土器は頸部がしまる有肩の鉢形土器で、口縁部下に施された5条の平行沈線下に無文帯が配され、体部上半に三角連繋文が展開する。体部下半は無文となっている。無

文帯下に三角連繋文が施文される鉢形土器は岩手県中神遺跡C北区包含層20・21層で確認されており（須藤隆編 1997）、東北地方との関連性がうかがえる。

第6図　ほうろく屋敷遺跡F5グリッド配石上面出土土器
（大沢哲・龍野守 1991）

V. まとめと考察

安曇野地域における縄文・弥生移行期土器の概要は以上のとおりである。この地域への東北地方文化の影響を考える前に、氷式とされる土器と東北地方縄文晩期土器の共伴事例を整理する。福島県郡山(こおりやま)市滝ノ口(たきのくち)遺跡1号住居例が両者の共判した例として示される（高田勝 1987、郡山市埋蔵文化財発掘調査事業団編 1988）。第7図に挙げた1号住居跡出土土器のうち1・6・8・9が住居跡検出面の一地点よりお互いに重なるように一括して出土した（高田勝 1987）。1の鉢形土器は口縁部が外反、頸部と体部の境界が「く」の字状に屈曲して、体部はソロバン玉を押し潰したような形状になる。体部上半に文様帯が展開しており、変形工字文の上下に匹字文が施される。変形工字文の交点には部分的に彫り込みがされており、これは晩期6期にみられる変形工字文A型の特徴と考えられる。6は肥厚する口縁部が外反し底部が丸底になる浅鉢形土器である。口縁部に口外帯を形成し、刻みを有する。口縁部下無文帯の下には上下を沈線で区画した文様帯をもち、体部下半は無文となっている。文様帯に施文された浮線文は直線的なモチーフで展開するが、会合点にはとぎれがある。この鉢形土器について編年的に氷I式のどの段階におくか諸説分かれる点であるが、本稿の目的に沿えば浮線文土器と東北地方縄文時代晩期最終末土器が伴って出土した例である点を重要視する。

緑ヶ丘出土第1類土器には変形工字文C1型が施文される。東北地方での類例は宮城県栗原(くりはら)市山王囲(さんのうがこい)遺跡、青木畑(あおきばた)遺跡、岩手県中神遺跡、軽米(かるまい)町馬場野(ばばの)II遺跡、滝沢(たきざわ)村湯舟沢(ゆぶねざわ)遺跡などの弥生時代2a期資料に特徴的に見られる。第8図には青木畑遺跡出土土器を示した（加藤道男 1982）。青木畑遺跡資料では精製の鉢類および高坏類に変形工字文C1型が展開する（第8図6～12）。一方、緑ヶ丘遺跡第1類土器で変形工字文が展開する器種は壺形土器が大方と観察され、青木畑遺跡出土資料とは異なる。ただし、意匠の観点からは緑ヶ丘遺跡第1類土器が東北地方における弥生時代2a期に併行関係であると考えうる素地を提供した。

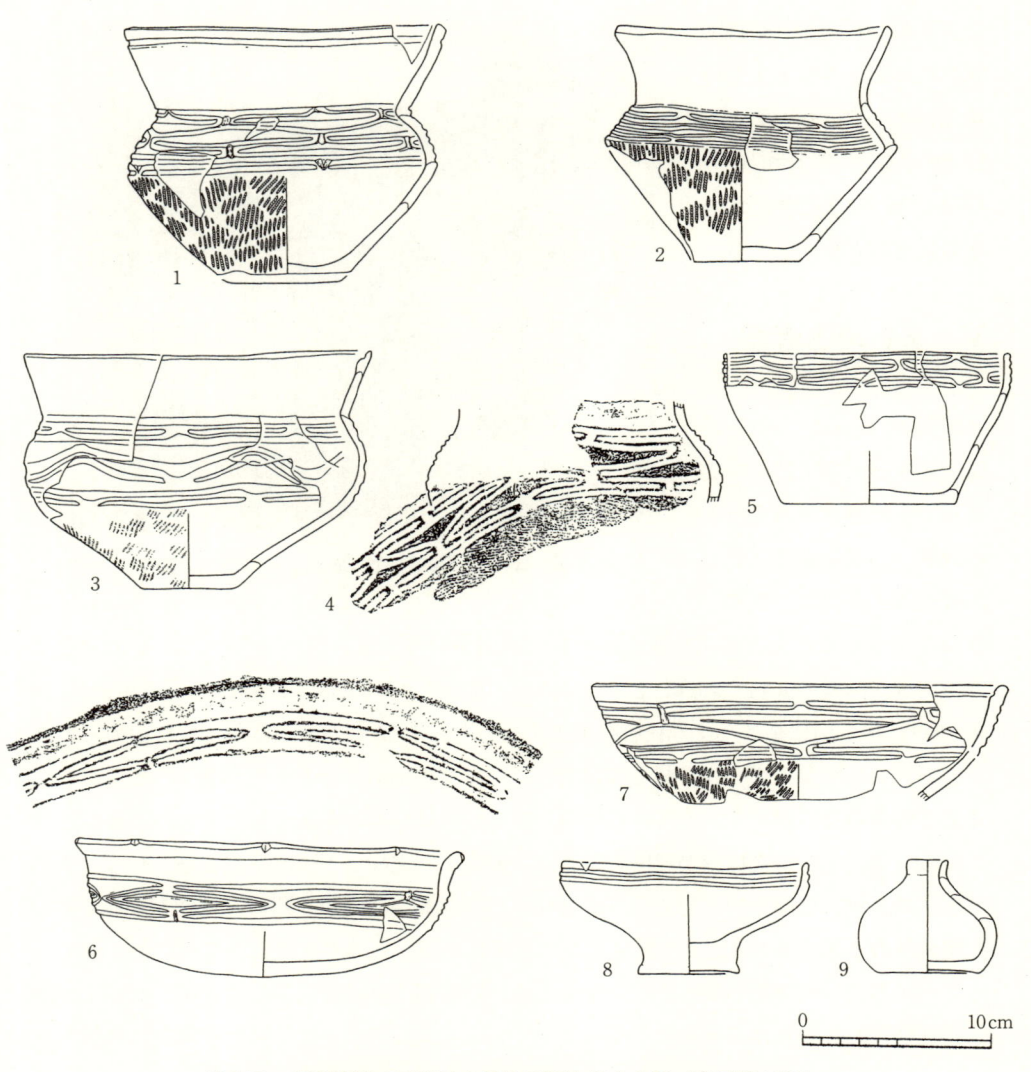

第 7 図　福島県滝ノ口遺跡 1 号住居覆土出土土器（髙田勝 1987）

　離山遺跡出土第 8 類土器には第 2 図 5〜11 の内彎する口縁部を有し、口縁上位が沈線などで区画されて文様帯に浮線文が展開する浅鉢形土器、同図 15〜17 の直線的に外反する器形で内面、もしくは内外面に 4 条以上の多条な沈線が施される沈線文土器が主体となる（中沢道彦 1998）。中沢道彦氏は前述のとおりこの「離山式」において新潟県や東北南部の大洞 A 式との関係の深さを指摘する（中沢道彦 1998）。離山遺跡出土土器に関して有文破片は鉢形土器が主体的で台がつくものがあるかは現段階では不明であり、東北地方晩期 5・6 期に一定の組成を占める台付浅鉢の類は確認されない。荒井遺跡出土土器とともに安曇野地域の縄文時代終末と考えるが、荒井遺跡土器の口外帯が発達する特徴がやや後出的である。

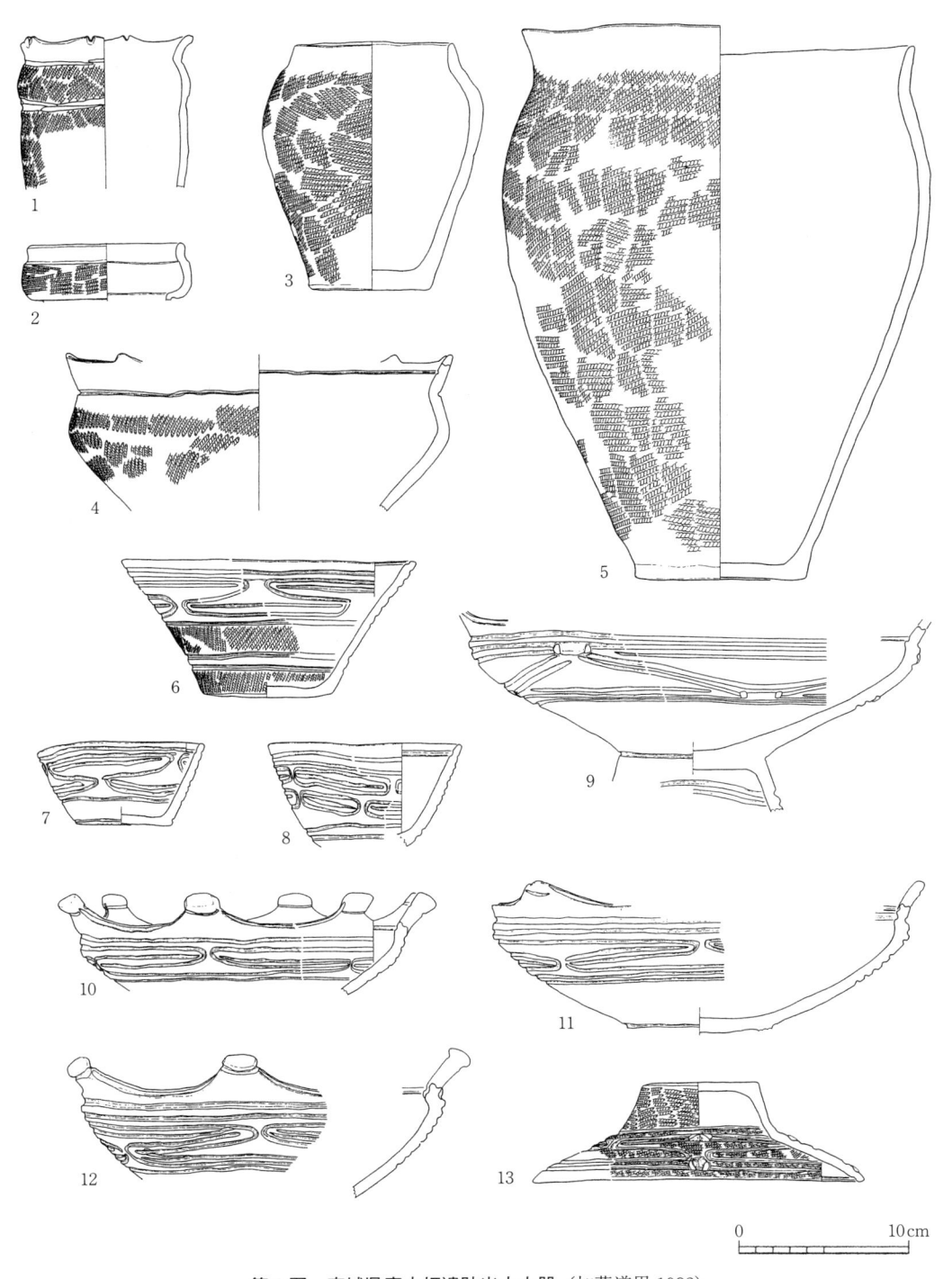

第 8 図　宮城県青木畑遺跡出土土器（加藤道男 1982）

黒沢川右岸遺跡出土変形工字文壺は変形工字文Ｃ型が展開する特徴から緑ヶ丘遺跡第1類土器とほぼ同時期と考えた。ただし、黒沢川右岸遺跡資料では変形工字文土器は1点しか確認できず、住居覆土からの出土なので厳密な住居の時期ではない点に注意が必要である。

以上のように意匠の面からは縄文時代晩期後半から弥生時代にかけて東北地方からの影響と考えられる土器は安曇野地域に確かに存在するといえよう。ただし縄文時代晩期5・6期における台付鉢の不在、弥生時代初頭の高坏の不在、変形工字文が壺に多く施される点などの相違点も浮き彫りになった。これらが安曇野地域に顕著なものかどうか今後比較対照していく必要があると考える。また、本稿では厳密な編年の対比を目的としないので、安曇野地域内の資料の詳細な時間軸および東北地方との併行関係には言及できていない。この点については今後先行研究にならいつつ、地域性の検討を充分におこなったうえで資料の観察を進める必要を感じている。

謝辞

須藤隆先生には東北大学在学中より多くの御教授を賜り、心から感謝申し上げます。この度は先生の御退任に際し、拙い考察ではありますが献呈させていただき先生の御健康とますますの御活躍をお祈りさせていただきます。

本稿を著するにあたり、永峯光一先生には貴重な文献をお送りいただきました。記して深謝いたします。

また資料見学・文献収集に際し、大沢哲氏、那須野雅好氏、廣田和穂氏、山下泰永氏、山田真一氏、安曇野市教育委員会にお世話になりました。末筆ですが記して感謝の意とさせていただきます。

註

1) 従前の「離山段階」とされていたものに年代と地方の単位たる型式としての地位をあたえた。類例は離山遺跡のほか大町市長畑遺跡1号土坑、一津遺跡、飯田市矢崎遺跡である。
2) 浮線文と大洞Ａ式に相当する工字文の違いについては、石川日出志氏によって施文技法の違いとして整理・提示されている（石川日出志1985）。工字文は構図描出の後に沈線部・隆線部ともに研磨され、両者の境界が不明瞭となるが、隆線部は丸みをもつ平坦面として仕上げられる。これに対し浮線文は彫刻的手法が発達しており、沈文部が強く磨きこまれることによって隆線部が線状をなす。本稿でもこの区分にならう。
3) 大洞Ａ'式、砂沢式の変形工字文Ａ型に近似するが、その構成要素のうち、交点における彫り込み、粘土粒が省略され、変形工字文の反転のくり返しで文様が構成される。（中略）C1型　縄文時代晩期終末のＡ型に近似した構成をとり、反転部が鋭く、区画内には1条の沈線が充塡される（須藤隆1983）。

引用文献

藤澤宗平 1968「第一編　原始」『南安曇郡誌』第2巻上　南安曇郡誌改訂編纂会　pp. 1-148

藤澤宗平 1971「松本盆地における縄文文化から弥生文化への推移について」『一志茂樹博士喜寿記念論集』（藤澤宗平『信濃先史文化の研究』pp 229-255 所収）

藤澤宗平ほか 1972『離山遺跡』　長野県南安曇郡穂高町教育委員会

群馬県考古学談話会編 1983『第4回三県シンポジウム　東日本における黎明期の弥生土器』　北武蔵古代文化研究所ほか

廣田和穂 2005『安曇野農業水利事業あづみ野排水路埋蔵文化財発掘調査報告書　三角原遺跡』長野県埋蔵文化財センター発掘調査報告書76　長野県埋蔵文化財センター

石川日出志 1985「中部地方以西の縄文時代晩期浮線文土器」『信濃』37-4 pp. 152-169

神村　透 1966「弥生文化の発展と地域性　中部高地」『日本の考古学 III　弥生時代』　河出書房新社　pp. 151-161

加藤道男 1982『青木畑遺跡』宮城県文化財調査報告書85　宮城県教育委員会

小林青樹 1991「浮線文系土器様式の細密条痕技法」『國學院大學考古学資料館紀要』7　國學院大學考古学資料館　pp. 50-64

小林青樹・宇佐美哲也 1998「3　氷式土器の研究」『長野県小諸市氷遺跡発掘調査資料図譜』第二冊　氷遺跡発掘調査資料図譜刊行会　pp. 128-169

郡山市埋蔵文化財発掘調査事業団編 1988『滝ノ口遺跡』　福島県郡山市教育委員会

宮下健司ほか編 1988『長野県史　考古資料編』全1巻　長野県史刊行会

三好博喜・大沢　哲 1984「第二編歴史　第一章考古」『明科町史』上巻　明科町史編纂会　pp. 241-382

百瀬長秀 1994「浮線文期遺跡分布論」『中部高地の考古学』IV　長野県考古学会　pp. 165-200

百瀬新治 2006「第1章　原始の三郷」『三郷村誌 II』第2巻歴史編上　三郷村誌刊行会　pp. 3-54

百瀬新治編 1988『神沢遺跡・田多井古城下遺跡・そり表遺跡』堀金村の埋蔵文化財1　堀金村教育委員会

永峯光一 1969「氷遺跡の調査とその研究」『石器時代』9 pp. 1-53

永峯光一ほか編 1998『長野県小諸市氷遺跡発掘調査資料図譜』第二冊　氷遺跡発掘調査資料図譜刊行会

中沢道彦 1991a「氷式土器をめぐる研究史（一）」『信濃』43-5 pp. 71-89

中沢道彦 1991b「長野県の概要」『東日本における稲作の受容』　第一回東日本埋蔵文化財研究会　pp 149-216

中沢道彦 1998「「氷I式」の細分と構造に関する試論」『長野県小諸市氷遺跡発掘調査資料図譜』第三冊　氷遺跡発掘調査資料図譜刊行会　pp. 1-21

中沢道彦・丑野毅 1998「レプリカ法による縄文時代晩期土器の籾状圧痕の観察」『縄文時代』9 pp. 1-28

大沢　哲・龍野守 1991『ほうろく屋敷遺跡』明科町の埋蔵文化財3　明科町教育委員会

太田喜幸・河西清光 1966「長野県東筑摩郡明科町七貴緑ヶ丘遺跡調査」『松本諏訪地区新産都市地域内埋蔵文化財緊急分布調査報告』　長野県考古学会　pp. 139-156

設楽博己 1982「中部地方における弥生土器の成立過程」『信濃』34-4 pp87-129

設楽博己 2000「縄文系弥生文化の構想」『考古学研究』47-1 pp. 88-100

須藤　隆 1983「東北地方の初期弥生土器―山王 III 層式―」『考古学雑誌』68-3 pp. 1-53
須藤　隆 1998『東北日本先史時代文化変化・社会変動の研究』 纂修堂
須藤　隆編 1997『中神遺跡の調査』 東北大学考古学研究室
高田　勝 1987「郡山市熱海町滝ノ口遺跡 1 号住居跡出土の土器」『西方前遺跡 II　土製品・石製品篇』 三春町教育委員会　pp. 140-144
高瀬克範 2004『本州島東北部の弥生社会誌』 六一書房
山田瑞穂 1999『三郷村埋蔵文化財（資料集）』三郷村の埋蔵文化財 4　三郷村教育委員会
山田瑞穂ほか 1988『黒沢川右岸遺跡』三郷村の埋蔵文化財 1　三郷村教育委員会

鹿角製湾曲有孔尖頭器及び湾曲尖頭器の製作技術

会田 容弘

はじめに

　『沼津貝塚出土石器時代遺物』(伊東信雄1962)の中で「鹿角製湾曲刺具」と命名された角器がある。金子浩昌と忍沢成視は「鹿角製湾曲刺具」を「主軸に対して若干湾曲する器体を有し、その先端は鋭く尖る。器体の中央部に一孔、さらにその下に一孔(稀に二孔)有する。」と述べている。「主軸に対して若干湾曲する」という形態的特徴が名称の由来でもある。この角器は縄文時代晩期にのみ出現し、分布も仙台湾沿岸に限られるとの指摘がある(金子浩昌・忍沢成視1986)。

　楠本政助は「鹿角製湾曲刺具」と形態の類似したアメリカの鉄製捕鯨銛からその使用法を類推し、使用実験により機能を推定した。楠本は「鹿角製湾曲刺具」を「上部の孔で器体を固定し、もう一本の孔を半固定させた状態で使用し、刺突の際の器体の回転によって逆刺機能を得ようというもの」(楠本政助1979)と考えた。

　須藤隆は宮城県大崎市中沢目貝塚出土の類似の角器を「有孔尖頭器」(第3図24・25)と名づけた(須藤隆編1983)。楠本らの機能推定に対して「反転可動式の銛頭と推定したが、2孔を中心にピッチが多量に付着していることから、むしろ強固に固定したもの」と考え、その機能に疑問を提示した。

　東北歴史資料館(現・東北歴史博物館)による宮城県東松島市里浜貝塚西畑地点の発掘調査により同種の資料が大量に得られた。小井川和夫は当初「湾曲刺具」の名称を用いた(東北歴史資料館1985)が、後に「柄に対する装着・装着後の使用法などの推定から、鉤先としての機能を推定」し、「鉤先」と名づけた(小井川和夫・山田晃弘2002)。その「鉤先」には穿孔のない湾曲した尖頭器も含まれることとなった。そこでは、アスファルトや紐によって「着柄」するという共通要素を認め、二種の着柄法を推定している。その結果、多様な形態の角器が「鉤先」のカテゴリーに含まれることになった。

　本角器に対する分類の視点は主に機能によるものである。角器の場合、金属素材の釣針やモリ、ヤスなどが現在も漁具として存在することから、類推によって機能を想定し、習慣的に同様の名称で呼ばれることが多い。しかし、類推によって機能を推定できない遺物もある。石器型式学では機能と技術を明確に分離すべきであるという考え方がある(山中一郎1979)。角器型式学にも同様の配慮が必要であろう。よって、機能を証明できない角器の型式名には機能を想定させる言葉を含ませるべきではないと考える。「湾曲刺具」、

「鉤先」という名称はその機能を想定させることから適切ではない。須藤隆の用いた「有孔尖頭器」という用語（須藤隆編 1983）がその角器を技術形態学的に表現していると言える。さらに「湾曲」という用語はそれを特徴として備える角器には重要な属性と考え、「湾曲有孔尖頭器」という名称を用いることが妥当であると考える。また、穿孔のなされていないものについては「湾曲尖頭器」の名称を用いるべきである。本角器をこのように定義することで、技術論的に分析することが可能になる。

　本論では技術論の立場から湾曲有孔尖頭器及び湾曲尖頭器の製作技術について論じたい。

I. 資料

　里浜貝塚は宮城県東松島市宮戸地内にある台囲 地点、袖窪・畑中・梨木囲 地点、里・寺下囲・西畑地点等の貝塚の総称である。里浜貝塚は宮戸島の北西部に位置し、その範囲は東西約 640 m・南北 200 m をほこる日本有数最大規模の貝塚（史跡指定面積約 15 万 m²）である。宮戸島は松島湾が太平洋に開口する外縁部に位置し、浦戸諸島最大の島である。その東側は太平洋に面し、西側は内海である松島湾に面している。里浜貝塚は松島湾に面した島の北西面に位置している。

　里浜貝塚の研究史は東北帝国大学理学部の松本彦七郎博士の 1918（大正 7）年の調査にはじまる。1951（昭和 26）年から 1962（昭和 37）年にかけて東北大学教育教養部日本史研究室と宮戸島遺跡調査会によって台囲地点や寺下囲地点などの調査が行われた。1979（昭和 54）年から 1990（平成 3）年まで東北歴史資料館による仙台湾沿岸の貝塚研究と縄文人の生業活動研究を目的とした調査（東北歴史資料館 1982）が行われた。その中で 1979（昭和 54）年から 1984（昭和 59）年まで西畑地点の縄文時代晩期中葉貝層の調査が行われた。発掘では貝層の微細層位分層が行われ、貝層は悉皆採集され、水洗選別がなされている。遺物、自然遺物は水洗選別後分類され、回収されている。発掘調査によるサンプリングエラーは現在実施されている調査方法の中では最も抑えられている。西畑地点から発掘された鹿角を素材とする資料をすべて対象とし、観察をおこなった。鹿角片には未製品、素材のハネモノ、グリップ、加工途中で生じた砕片などが含まれている。その中から湾曲有孔尖頭器、湾曲尖頭器、その破損品、未製品、素材ハネモノ（尖部・幹部）を認識し、抽出した。

　2001（平成 13）年、里地区で水道管再埋設に伴う立会い調査が奥松島縄文村歴史資料館の手によって行われた。工事区が里浜貝塚寺下囲地点であったことから、原位置を離れた貝層から大量の遺物が出土した。その中から湾曲有孔尖頭器・湾曲尖頭器が確認された。

　本論文では里浜貝塚西畑地点及び寺下囲地点（水道管埋設部）出土資料を基本資料として用いる。

II. 研究の方法

　角器の製作技術を明らかにするには素材から最終的に廃棄されるまで先史人が関わった動作連鎖（シエーンオペラトワール）に基づいて研究することが重要である（ルロワ・グーラン 荒木亨訳1973）。この有効性は石器研究において証明されている（Inizan, M. I. & H. Roche, J. Tixier 大沼克彦ほか訳1998）。石器研究の技術論は理論的枠組みと資料認識に実験的手法を取り入れることで飛躍的に進歩した。技術研究は民族の経済や身体技法にまで論及する。ルロワ・グーランは身体技法の「加撃」について、システマティックに定義している（ルロワ・グーラン 中村友博訳1980）。これらの動作は遺物に痕跡として残されるだけで、考古学者は先史人の動作を直接観察することはできない。技術学派は石器製作技術を認識するために、メトード（Method）とテクニーク（Technique）という概念を用いる（山中一郎 2006）。メトードは遺物に残されるが、テクニークは遺物にその痕跡しか残さない。考古資料に残されたテクニークの痕跡を解き明かすために様々な分析方法が考案されている（山中一郎 2004・2005）。中でもテクニークを明らかにするために実験的手法を用いることが有効である。

　技術論の観点に立った角器研究は、素材、加工手続きというメトードとどのような道具と動作で加工したのかというテクニークを明らかにすることを目的とする。そのために遺物として残された完成品だけでなく、未製品と副産物の観察と検討を通してそのメトードを明らかにする。角器の場合、素材鹿角形状は年齢により多少の相違はあるものの一定である。鹿角を分割し素材を製作する。それを「素材取り」と呼ぶ。「素材取り」では製作するに十分な大きさと強度、形状の部位を選択し、完成実寸よりもやや大きめの素材を切り出す。製作物によって特定個別の素材切り出しもあるが、最初に分割し、その中から素材として十分なものを選択する場合がある。後者の場合、大まかな角器製作計画があり鹿角の部位により製作物が決定されていることになる。これ以後の工程の内容は製作物により異なるのでその概要のみを記す。「荒彫り」とは大まかに不要な部分を除去する作業である。「中彫り」とは各部位を彫りだしてゆく作業である。「仕上げ」は細密な彫刻などを施す工程である。「磨き」は微妙な凹凸をなくし、光沢をつける工程である。皮などの軟質の素材を用いることで滑らかな表面になる。「染め」とは赤漆などで染色する工程である。これらの作業工程は仮説的に設定されたものであるから、個々の遺物について検討を行い、内容を明らかにしなくてはならない。

　テクニークとはそれぞれの工程で行われる道具を用いた動作をさす。しかし、遺物には道具の加工痕跡が残されているだけである。これには工具を推定し、複製した上で、製作実験を行い実験によって形成された加工痕跡と遺物に残された加工痕跡を対比しその推定の妥当性を検討しなくてはならない。今回は湾曲有孔尖頭器について、観察をもとに製作

358

実験を行った。

III. 半裁枝角、湾曲尖頭器未製品、湾曲尖頭器、鹿角製湾曲有孔尖頭器の観察

里浜貝塚西畑地点から出土した全鹿角関係資料を観察し、その中から湾曲有孔尖頭器、湾曲尖頭器に関連すると考えられる資料を選択した[1]。さらに寺下囲地点水道管埋設部出土の資料の中から湾曲有孔尖頭器関連資料を抽出し、台囲、寺下囲地点出土の関連すると考えられる資料を抽出した[2]。里浜貝塚以外では、中沢目貝塚出土資料を比較のために取上げた[3]。以下にその観察結果を述べる。

第1図～第3図の1から23は里浜貝塚西畑地点出土（晩期4期　大洞C2式期）の資料である。1から6は枝角を縦に半裁した資料である。1～4・6は1尖を素材としている。5は4尖の可能性がある。2は縦半裁後に先端部が折れたものである。4は縦の中軸線から逸れて半裁されたものである。6は縦半裁後に基部付近で折れている。2と6の折れは半裁時に同時割れの可能性もある。折れは加圧が原因である。7～10は湾曲尖頭器の未製品と考えられる。7は太い幹部を素材としている。先端部に削り加工痕が残っている。幹部のやや湾曲した姿を残していることから、湾曲尖頭器未製品と判断した。長さが145 mmと大きい。この大きさから推定すると固定モリやヤスに加工することも可能である。しかし、素材形状がやや湾曲していることと左下に抉りがあることから湾曲尖頭器の未製品と推定した。8は湾曲した幹部を素材としている。先端部に削り痕跡が残り、先端部を鋭利に加工している。長さは158 mmと最も大きい。この大きさから推定するとヤスに加工することも可能である。しかし、素材形状がやや湾曲していることから湾曲尖頭器未製品と推定した。9は尖部を素材としたものである。先端部は鹿角尖部素材面を残し、基部は段と茎を削りにより作出している。茎の作出は不完全である。10は尖部を素材としたものである。先端部に僅かな可工痕跡は認められるが、折れている。基部は削りにより茎の作出がなされているが、不完全である。11～15、22・23は湾曲尖頭器である。半裁した枝角尖部を素材としている。枝角先端に近い部分を素材として選択しているので必然的にその形状は湾曲を余儀なくされる。22は茎の2箇所に凹部がある。16～21は湾曲有孔尖頭器である。半裁した枝角尖部を素材としている。穿孔の位置は段の下、2孔が穿たれている。

第3図24・25は中沢目貝塚出土の有孔尖頭器である。縄文晩期2期（大洞BC式期）のものである。24には鹿角表皮とその対面に鹿角海綿状組織（髄）が確認できる。素材は鹿角幹部の可能性が大きい。25にも鹿角表皮とその対面に鹿角海綿状組織（髄）が確認できる。角質部の厚さは約6.7 mmを測る。縦側面形が素材形状を残し、外湾していることから、素材は鹿角幹部と推定される。両者ともに器体軸は湾曲しておらず、直線的である。

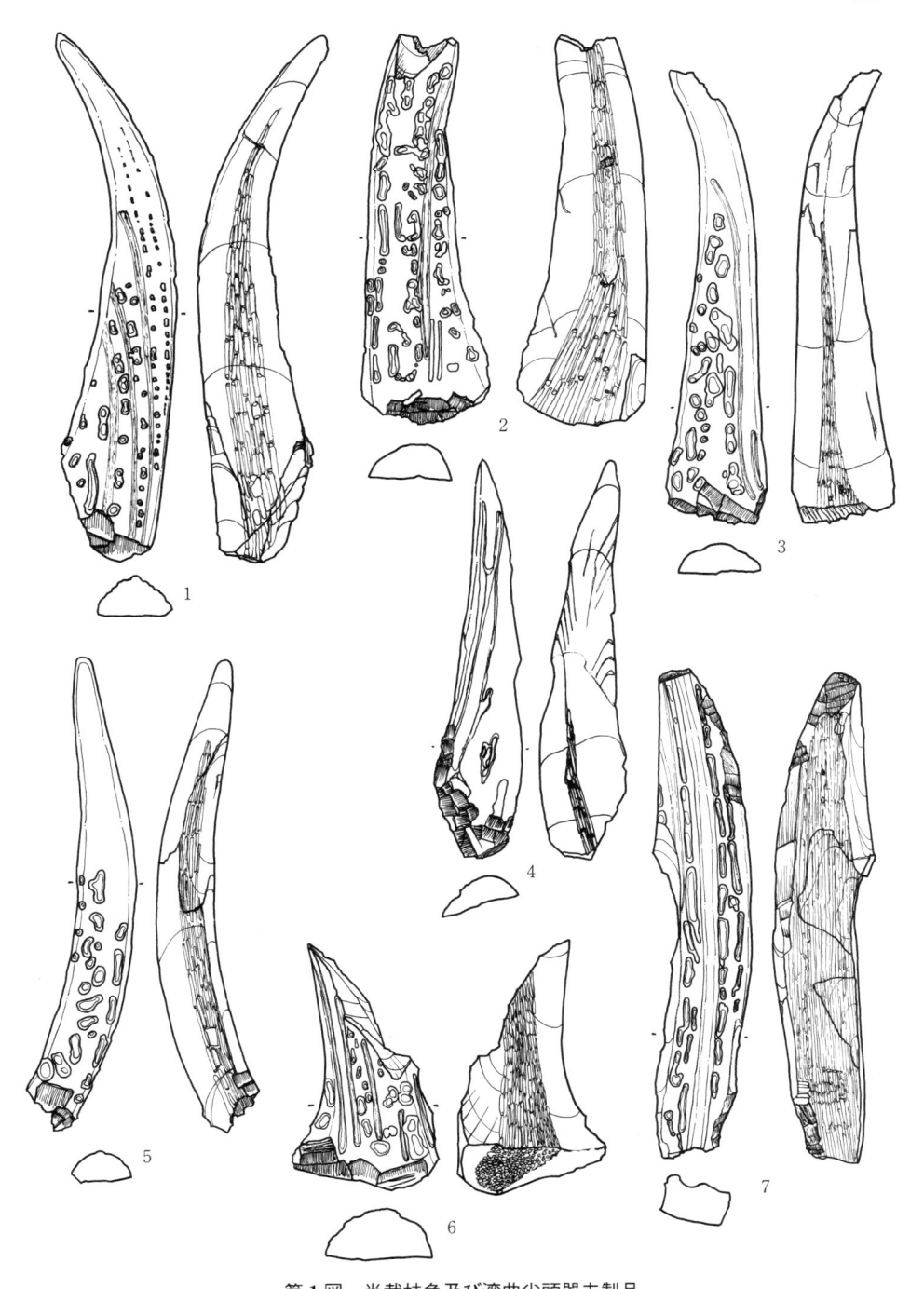

鹿角製湾曲有孔尖頭器及び湾曲尖頭器の製作技術　　359

第1図　半裁枝角及び湾曲尖頭器未製品
1〜6：半裁枝角（里浜貝塚西畑地点出土）、7：湾曲尖頭器未製品（里浜貝塚西畑地点出土）　縮尺1/2

360

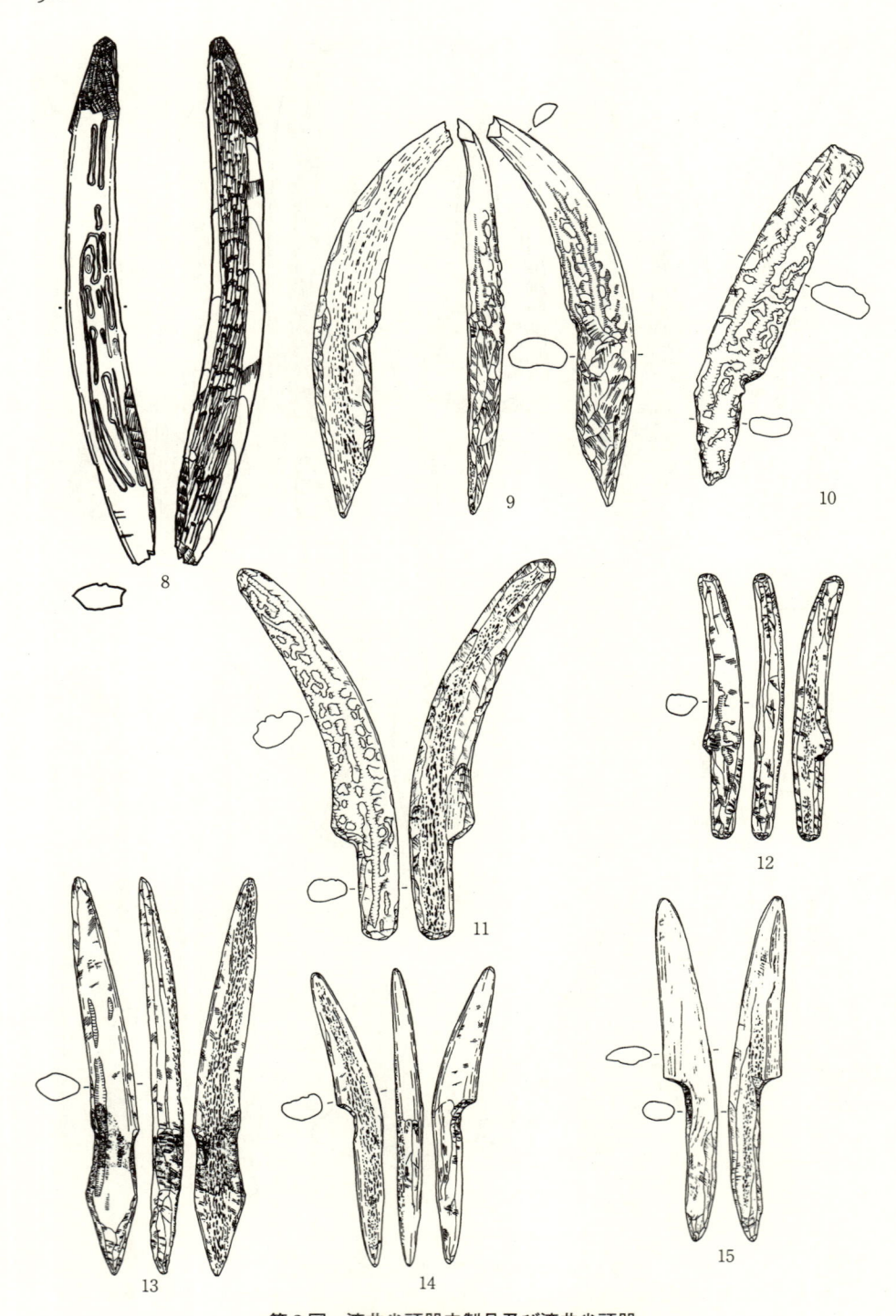

第 2 図　湾曲尖頭器未製品及び湾曲尖頭器

8～10：湾曲尖頭器未製品（里浜貝塚西畑地点出土）、11～15：湾曲尖頭器（里浜貝塚西畑地点出土）、
9～15（小井川和夫・山田晃弘 2002 より転載）縮尺 1/2

第4図26は里浜貝塚寺下囲地点出土の湾曲有孔尖頭器である。弥生時代寺下囲期の土器に共伴している。最も尖部が直線的に長い5尖の尖端部を素材にしている（写真図版10）。

　第4図27～31は里浜貝塚寺下囲地点水道管理設部から出土した資料である。27は鹿角尖部を素材として基部の作出がなされている湾曲尖頭器未製品である。先端部は折られている。鹿角枝角（1尖？）を半裁した痕跡が明らかな資料である。28は湾曲有孔尖頭器である。孔は3つ穿たれている。髄の広がりから半裁された枝角先端部を素材としていることがわかる。29は湾曲有孔尖頭器である。あまり器体は湾曲していないが、鹿角枝角先端部を利用していることは髄質の広がりにより明らかである。素材があまり湾曲していない5尖の先端部を用いた可能性がある。孔は2つ穿たれている。基部は斜めに折れている。30は湾曲尖頭器の基部である。中央部下で折れ、基部のみ残っている。先端部が残っていないので枝角を素材としたものか否か判定できない。31はシカまたはイノシシの肩甲骨を素材としたものである。小井川・山田が「鉤先ii」と分類したものと同じ形態のものである（小井川和夫・山田晃弘2002）。異なった素材を用いていたので、参考のために取上げた。

　第4図32は里浜貝塚台囲地点出土（昭和31年調査）資料である[4]。形態的に湾曲尖頭器に類似するので取上げた。鹿角素材である。

IV. 湾曲有孔尖頭器の製作実験によるテクニークの復原

　湾曲有孔尖頭器及び湾曲尖頭器の観察から素材は鹿角枝角の尖部を用いていることが明らかになった。未製品及び製品の観察から、メトードは「素材取り」の後、形状を整える「荒彫り」、各部位を彫り出す「中彫り」と器面を整える「仕上げ」が行われることがわかった。湾曲有孔尖頭器の場合「中彫り」と「仕上げ」は明瞭に区別することはできない。鹿角枝角を素材とし、湾曲有孔尖頭器の製作実験を行った。最初の工程「素材取り」は枝角の縦半裁である。鹿角枝角の半裁のテクニークを復原するために半裁された枝角の観察を行った。半裁を行うための導線となる擦り切り溝などは確認できなかった。また、鏨状の工具の打ち込み痕跡も確認できなかった。鹿角半裁を行うためには石器によって擦り切りを行い導線を作り、そこに鏨状の工具を打ちつけ、裂くように割り進める作業が最も正確である。しかし、先に述べたように半裁枝角からはその痕跡が確認できない。半裁枝角の半裁面から観察できたのは、任意に引き裂いた面である。鹿角には独特の撓りがあり、木や竹のように真っ二つに割ることはできない。枝角基部を固定し、切断面の中央に鏨または鏨状の工具をあてて、徐々に力を加え、割り進めるというテクニークが現在の仮説である。今のところ枝角の正確な半裁を実験的に復原できていない。今回は枝角（3尖）を万力で固定し、鋸によって半裁した。この工程の復原は課題として残る。

　「素材取り」の状況を示すために3尖の半裁状況と寺下囲地点出土湾曲有孔尖頭器を対

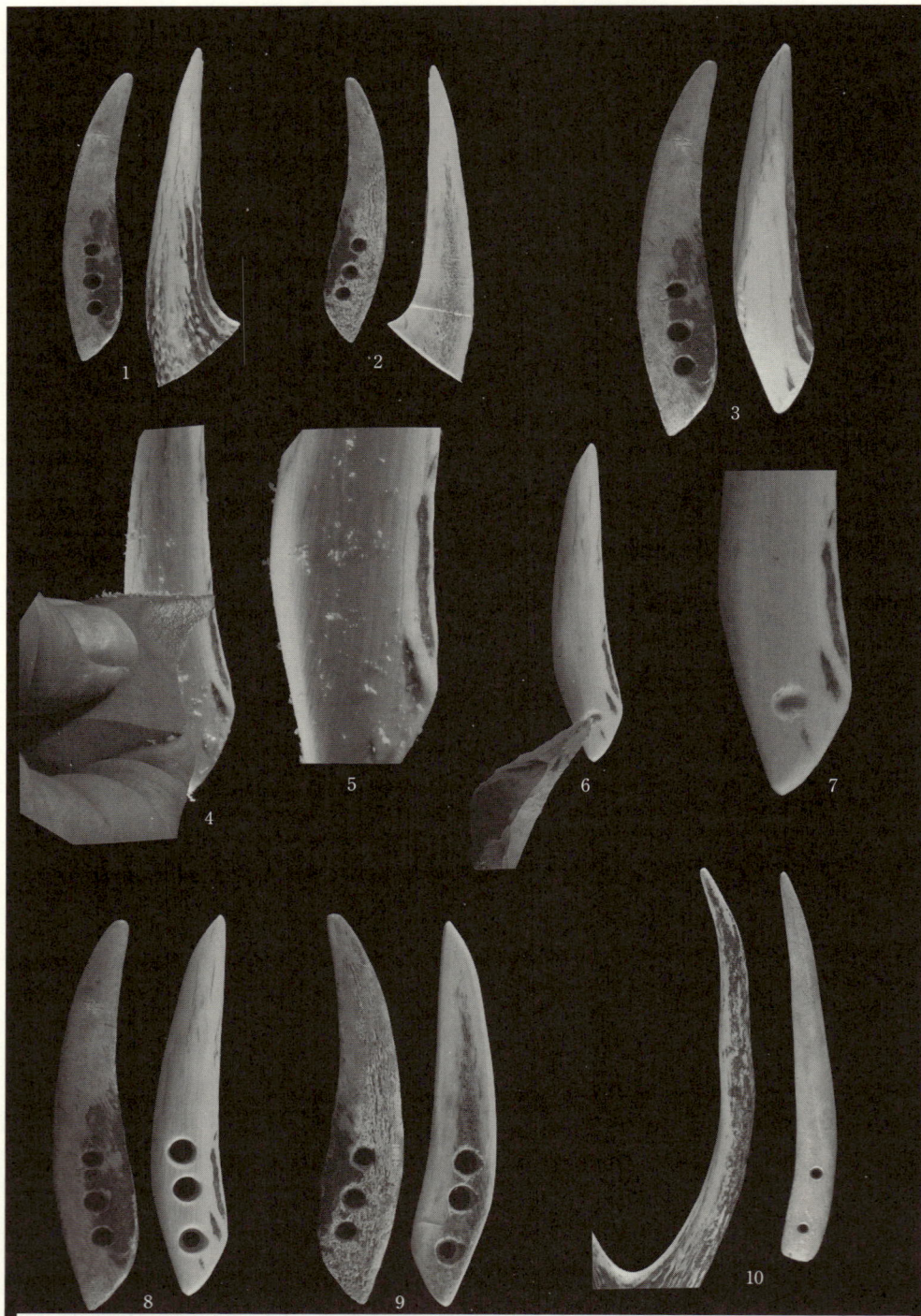

写真図版　湾曲有孔尖頭器（図版4-28里浜貝塚寺下囲地点水道管埋設部出土）の複製品製作実験過程及び湾曲有孔尖頭器（里浜貝塚寺下囲地点出土）と枝角（5尖）との比較
1：湾曲有孔尖頭器（表皮面）と枝角3尖（表皮部）との比較、2：湾曲有孔尖頭器（内面）と半裁枝角3尖（半裁面）との比較、3：荒彫り工程、4：仕上げ工程、石器による「削り」、5：削り作業面の拡大写真、6：仕上げ工程、石錐による「穿孔」、7：穿孔作業部位の拡大、8・9：完成した湾曲有孔尖頭器実験品と遺物の比較、10：湾曲有孔尖頭器（里浜貝塚寺下囲地点出土、第4図26）と枝角（5尖）の比較

置してみた（写真図版1・2）。ほぼ十分な大きさである。この資料が3尖素材であるか、1尖の尖端（4尖では長さが不足する可能性があり、5尖では湾曲が不足する可能性がある）であるかの判定は困難である。少なくとも髄の海綿状組織の状況から枝角先端部を用いていることは明らかである。

「荒彫り」の工程を示す痕跡は完成品資料には残されていない。湾曲尖頭器未製品と推定される資料（第2図9・10、第4図27）の観察から、打ち削りによる整形が行われていたことが推定できる。具体的には着柄した小型磨製石斧が工具として推定される。枝角の叉部の除去と先端部を若干削り落として丸みを持たせている（写真図版3）。鋭利な尖端を嫌っている。細く尖った先端部は力がかかった場合折れやすくなり、それを避ける加工とも考えられる。

「中彫り」及び「仕上げ」工程は石器による削りによって行われる。これまでの観察では「仕上げ」には石器による削りと荒い砂岩製砥石による磨きの2者が認められた。角器表面の特徴としては石器による削りを示す痕跡は平行した線状痕の面的広がりがあることである。一方砥石による磨き痕跡は短い擦痕で構成される曲面として認識できる。湾曲有孔尖頭器および湾曲尖頭器の表面には平行した線状痕の平面が観察できる。今回の実験では硬質頁岩製剝片を用いて「削り」を行った。削り作業中に生じる刃部の刃こぼれによる微細剝離痕跡が表面の平行した線状痕に対応する（写真図版4・5）。さらに、「仕上げ」工程には穿孔工程がある。資料の観察から穿孔は表面の削りの後と推定できた。今回は手持ち石錐を用いて穿孔を行った（写真図版6・7）。柄をつけた弓きりや巻き付けきりの利用も考えられる。しかし、遺物の痕跡からそれらを推定することは困難である。実験では示していないが湾曲尖頭器には日本刀の刃区（はまち）のような段差があるが、その作り出しは石器による切り込みと削りの併用によって作り出されている。

V. 考察

資料の観察と製作実験により、里浜貝塚西畑地点と寺下囲地点（水道管理設部）の湾曲有孔尖頭器及び湾曲尖頭器は鹿角半裁枝角先端部を素材として製作されていることが明らかとなった。湾曲した形状は鹿角枝角の曲線を利用した結果である。これらは共伴する土器から晩期4期（大洞C2式期）の里浜縄文人の角器製作技術の一端を示すものである。

これ以外の関連する資料を検討してみたい。里浜貝塚台囲地点出土（1956（昭和31）年調査）の資料がある（第4図32）。縄文時代後期後葉の土器に共伴している。形状は湾曲尖頭器に近似するが、西畑地点の同種の資料に比べると細身である。素材は鹿角枝角尖部と限定することはできなかった。その理由は器体の薄さによる。幹部角質部でも製作が可能である。また、仕上げに砥石による磨き加工痕跡が認められる。基部にピッチの付着が認められることから湾曲尖頭器と類似した着柄方法が推定される。この資料と類似したものに

364

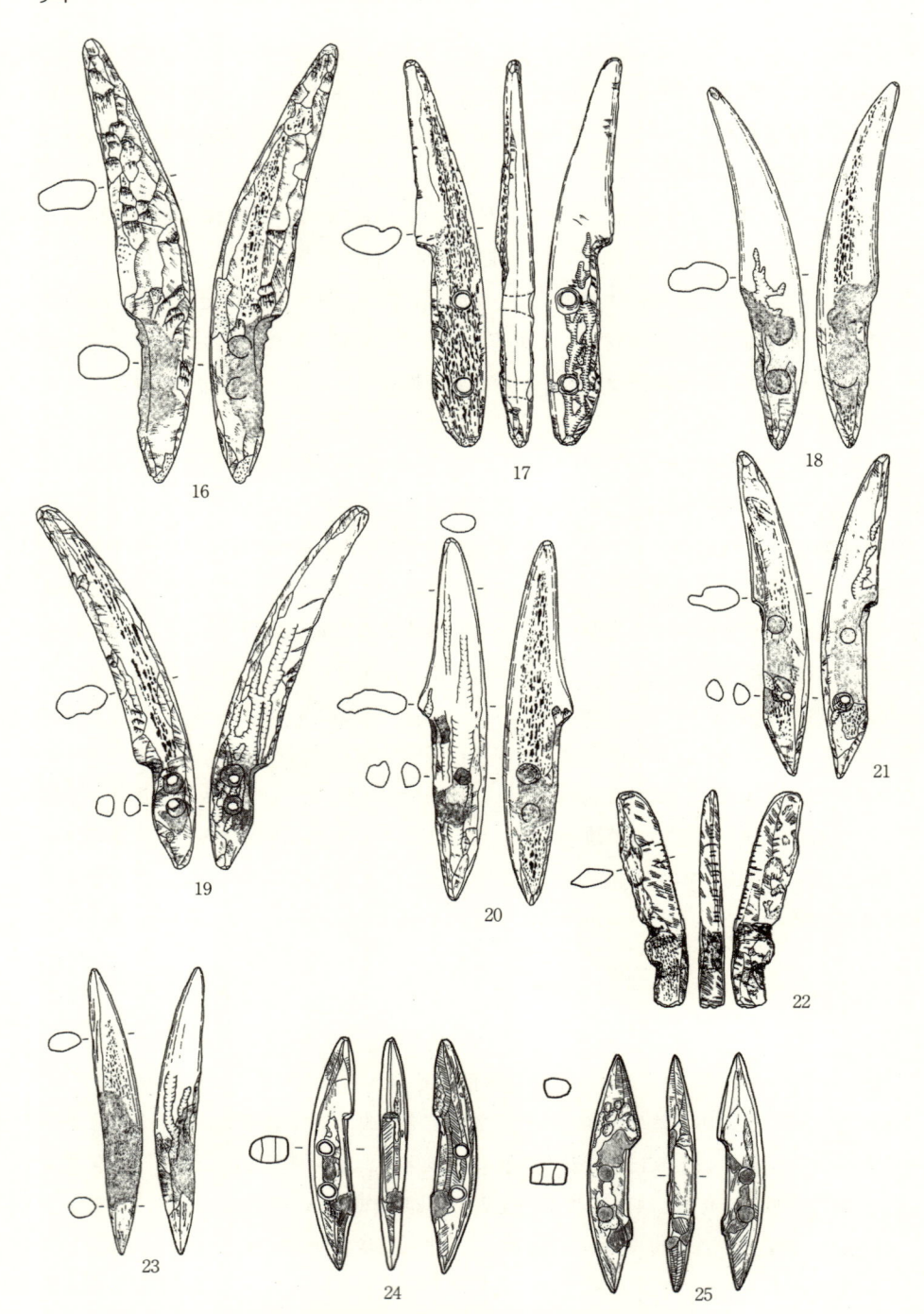

第3図　湾曲尖頭器、湾曲有孔尖頭器及び有孔尖頭器
16〜21：湾曲有孔尖頭器（里浜貝塚西畑地点出土）、22・23：湾曲尖頭器（里浜貝塚西畑地点出土）、
24・25：有孔尖頭器（中沢目貝塚出土）、16〜23（小井川和夫・山田晃弘2002より転載）、24・25（須
藤隆編1983より転載）縮尺1/2

鹿角製湾曲有孔尖頭器及び湾曲尖頭器の製作技術　365

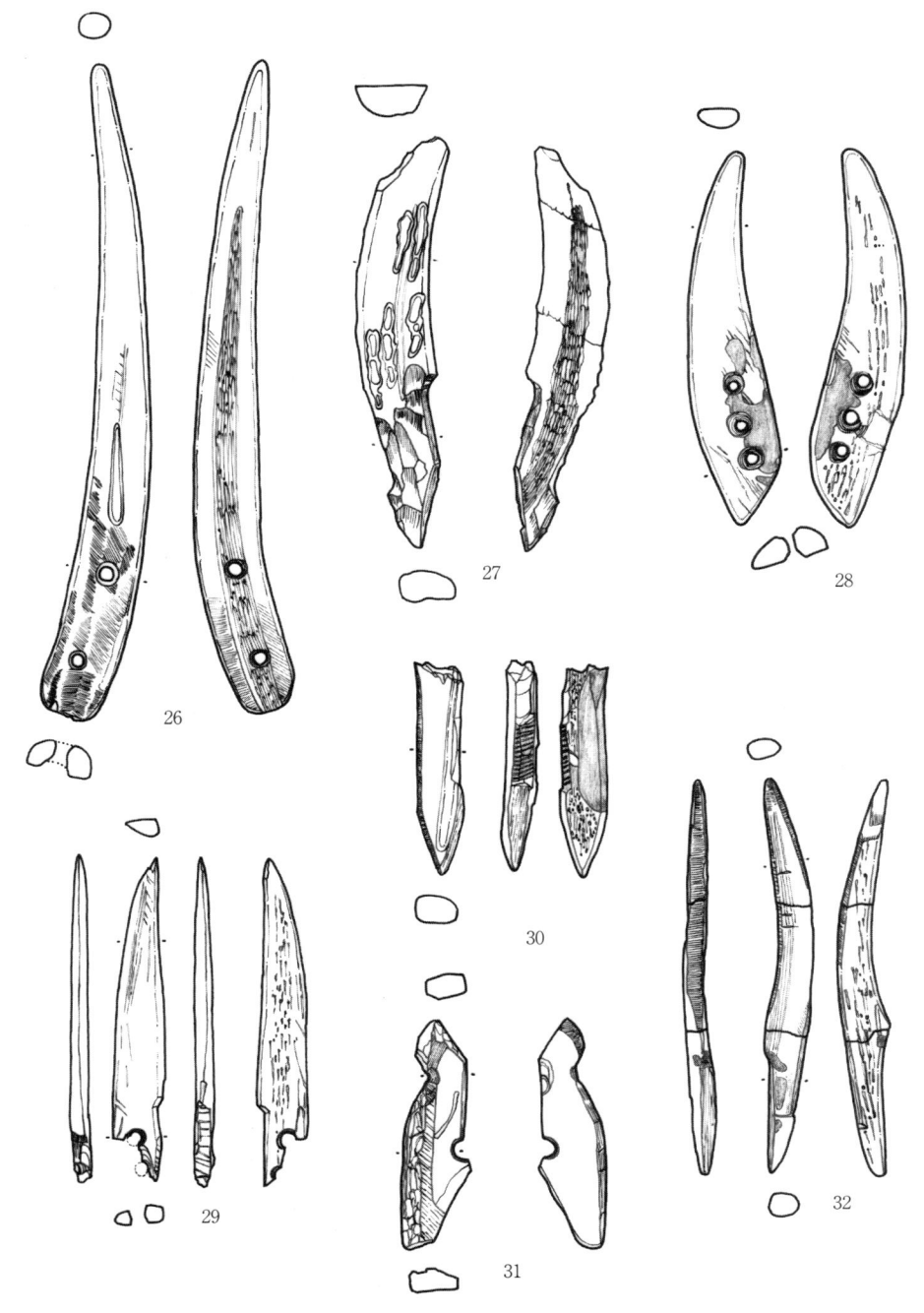

第4図　湾曲有孔尖頭器、湾曲尖頭器及び湾曲尖頭器未製品
26：湾曲有孔尖頭器（里浜貝塚寺下囲地点出土）、27：湾曲刺突具未製品（里浜貝塚寺下囲地点水道管埋設部出土）、28・29：湾曲有孔尖頭器（里浜貝塚寺下囲地点水道管埋設部出土）、30：湾曲刺突具（里浜貝塚寺下囲地点水道管埋設部出土）、31：肩甲骨製有孔尖頭器（里浜貝塚寺下囲地点水道管埋設部出土）、32：湾曲尖頭器（里浜貝塚台囲地点）縮尺1/2

里浜貝塚西畑地点南区出土の「組み合わせ釣針」（鳴瀬町教育委員会・奥松島縄文村歴史資料館 1998、第 28 図 184、図版 34-499）がある。基部が若干失われ現存長は 77 mm である。この資料も鹿角の角質部を素材としているが身が細く、髄の海綿状組織もほとんど残っていないことから、素材部位を枝角尖部と断定できない。石器の削りにより仕上げられている。32 の資料よりはこぶりであるが、縄文時代後期後葉コブ付き文土器が共伴していることから、時期もほぼ同時である。

里浜貝塚寺下囲地点 (1956 (昭和 31) 年調査 C-1 区 1 貝層) 出土湾曲有孔尖頭器（第 4 図 26）がある。この資料は鹿角枝角 5 尖を素材としている（写真図版 10）。基部は砥石による磨きにより仕上げられている。先端部にかけての加工痕跡は磨耗により失われ、判定できない。髄質部の海綿状組織は溝状に除去されている。本資料は弥生時代寺下囲式土器に伴っている[5]。晩期 4 期の湾曲有孔尖頭器に比べると大きく、着柄方法も異なる可能性がある。

中沢目貝塚出土の有孔尖頭器（第 3 図 24・25）は素材を鹿角尖部と限定することはできなかった。直線的形状、長さおよび厚さから推定して鹿角幹部でも十分製作可能である。また、段がふたつあること、穿孔の位置が中央部と下半部にあることは里浜貝塚西畑地点出土の湾曲有孔尖頭器とは異なった形状である。須藤隆の「沼津貝塚貝鳥貝塚出土資料とはむしろ対象となる捕獲物、用途、あるいは帰属時期を異にするものと考えたほうがよい」（須藤隆編 1983）という指摘は首肯できるものであろう。

湾曲有孔尖頭器及び湾曲尖頭器はその素材を鹿角枝角先端部の半裁鹿角片に求めていることから、たとえ製品が存在しなくとも、組織的な生産の有無を同様の枝角先端部半裁鹿角片の有無によって推し量ることが可能である。里浜貝塚台囲地点（会田容弘 1994）、風越地点（東北歴史資料館 1997）や HSO 地点（鳴瀬町教育委員会・奥松島縄文村歴史資料館 1996）、里浜貝塚西畑地点南区（鳴瀬町教育委員会・奥松島縄文村歴史資料館 1997）からは同様の枝角尖端半裁鹿角片は 1 点も出土していない。中期中葉から後期初頭の貝層である台囲 1998 年調査地点（鳴瀬町教育委員会・奥松島縄文村歴史資料館 1998）からも出土していない。これらの状況証拠から湾曲有孔尖頭器及び湾曲尖頭器の製作は縄文晩期 4 期（大洞 C2 式期）に限定される可能性が高い。

枝角はその形状が尖形で、角質部が厚く強度を持つ。髄質部は角質部に比べ、強度がなく、見た目の装飾性に劣る。一般的に角器の製作には髄質部を除去し、角質部のみを用いる傾向にある。しかし角質部は幹部においても 6 から 7 mm 程度である。幹部素材の角器の厚さは 10 mm を越えるものはほとんどない。枝角先端部はその形態の特徴から剥離具（会田容弘 2000）、銛頭、弭などの素材となる。大型の銛頭や盲孔の弭の素材は枝角先端部に限定されると同時にその形状は枝角先端部の形状に規制される。このような資料の仲間に湾曲有孔尖頭器と湾曲尖頭器が加えられることになる。

鹿角の部位別の利用状況の検討は全鹿角資料を検討して行わねばならないが、湾曲有孔

尖頭器及び湾曲尖頭器の検討は角器製作技術のひとつの分析例として位置づけることができよう。角器研究に技術論の視点を導入したケーススタディとしても意味があると考える。

まとめ

1) 里浜貝塚西畑地点と寺下囲地点（水道管埋設部）の湾曲有孔尖頭器及び湾曲尖頭器は鹿角半裁枝角先端部を素材として製作されている。
2) その製作過程を実験によって復原し、そのメソードとテクニークをほぼ証明することができた。枝角半裁のテクニークが未証明であり、今後の課題である。
3) 今後、里浜貝塚西畑地点の鹿角全体を通した技術論的分析が必要である。

献呈の辞
須藤隆東北大学大学院文学研究科教授の定年退任をお祝いし、謹んで本論文を献呈いたします。東北大学においては学生として在籍した6年間、助手の5年間ご指導を仰ぐことができました。私が奥松島縄文村歴史資料館に奉職し、史跡里浜貝塚調査指導委員をお願いしたところ、ご多忙にも関わらずご快諾くださり、史跡里浜貝塚の整備のための発掘調査を御指導くださいました。私が郡山女子大学に転じてからも、実習発掘のことなど考古学の教育について御指導いただくことができました。先生から受けた学恩を論文の形でお返しできるにはまだまだ未熟であります。これからも弛まず考古学研究に邁進することをお誓いし、献呈の辞に代えさせていただきます。

註
1) 東北歴史博物館山田晃弘氏の御厚意により里浜貝塚西畑地点出土の角器関連資料の観察をさせていただいた。記して感謝したい。
2) 奥松島縄文村歴史資料館菅原弘樹副館長の御厚意により、里浜貝塚寺下囲地点水道管埋設部出土資料、寺下囲発掘資料、台囲発掘資料の観察をさせていただいた。記して感謝したい。
3) 須藤隆東北大学大学院文学研究科教授の御厚意により実物を観察させていただいた。記して感謝したい。
4) 奥松島縄文村歴史資料館副館長菅原弘樹氏より、本資料の存在の教示を賜った。記して感謝したい。
5) 里浜貝塚寺下囲地点出土資料の分析を行っている日下和寿氏によれば、C-1区1貝層の主体は弥生土器が主体であるが、縄文時代晩期の土器、土師器（南小泉式）も含まれているとの教示を得た。本資料には金属器による加工痕がないことから、土師器に伴うものではないと考えている。御教示を賜った日下氏に記して感謝したい。

引用文献
会田容弘 1994「角器製作技術研究の方法」『山形考古』第5巻第2号 pp. 15-22

会田容弘 2000「縄文時代の石器製作工具―宮城県里浜貝塚出土品を例として―」『佐藤広史君追悼論文集　一所懸命』　佐藤広史君を偲ぶ会　pp. 137-154
Inizan, M. I. & H. Roche, J. Tixier 大沼克彦ほか訳 1998『石器研究入門』　クバプロ
伊東信雄 1962『沼津貝塚出土石器時代遺物 I』　東北大学文学部日本文化研究所
金子浩昌・忍沢成視 1986『骨角器の研究　縄文篇 I』　慶友社
楠本政助 1979「鹿角製湾曲刺具の実際」『考古学ジャーナル』No. 170 pp. 35-38
小井川和夫・山田晃弘 2002「里浜貝塚西畑地点出土遺物」『東北歴史博物館研究紀要』3 pp. 45-136
鳴瀬町教育委員会・奥松島縄文村歴史資料館 1996『里浜貝塚　平成 8 年度発掘調査概報』
鳴瀬町教育委員会・奥松島縄文村歴史資料館 1997『里浜貝塚　平成 9 年度発掘調査概報』
鳴瀬町教育委員会・奥松島縄文村歴史資料館 1998『里浜貝塚　平成 10 年度発掘調査概報』
ルロワ・グーラン、アンドレ（荒木　亨訳）1973『身ぶりと言葉』　新潮社
ルロワ・グーラン、アンドレ（中村友博訳）1980「加撃」『神奈川考古』第 12 号 pp. 179-189
("L'homme et la Matiere: evolution et techniques" 1971, pp. 47-60)
須藤　隆編 1983『中沢目貝塚』　東北大学文学部考古学研究会
東北歴史資料館 1982『里浜貝塚 I』（西畑地点）
東北歴史資料館 1985『里浜貝塚 IV』（西畑地点―骨角牙貝製品）
東北歴史資料館 1997『里浜貝塚 X』（風越地点）
山中一郎 1979「技術形態学と機能形態学」『考古学ジャーナル』No. 167 pp. 13-15
山中一郎 2004「日本考古学の若干の問題―自身の歩みのなかから―」『山形考古』第 7 巻第 4 号　pp. 7-18
山中一郎 2005「考古学における方法の問題」『郵政考古紀要』35 pp. 1-37
山中一郎 2006「石器技術学から見る「石刃」」『東北日本の石刃石器群』　東北日本の旧石器文化を語る会　pp. 13-25

石匙の使用痕分析
―植物加工道具としての石匙についての考察―

高 橋 　 哲

I. はじめに

　石匙の使用痕分析の報告を行う。紙面数の関係で、詳細な石匙機能研究は不可能なので、特にAタイプ光沢が確認できた石匙に注目し、そこから派生する植物質被加工物の問題を取り上げる。注目すべき点は、東北地方の石匙のかなりの割合にAタイプ光沢が検出されていることである。

　本稿は、石匙に関する次ぎの5点に焦点をあて、論述する（IV.にて）。
　(1)　石匙の形態や石材は様々であるが、どの形態にAタイプ光沢が顕著であるのか。
　(2)　石匙の操作方法について。
　(3)　地域的にAタイプ光沢出現に差異がみられるか。
　(4)　編年的にどの段階からAタイプ光沢がみられ、いつまで継続するか。
　(5)　対象植物について。

II. 石匙研究学史

　動物植物遺存体研究が進み、縄文時代の生業が見直されてきた。植物質遺物の検出やその資料が増加し、また民族学的な見地からも、狩猟採集民が植物質食料にかなり依存していることが指摘されはじめ、縄文文化の植物資源の活用が注目されてきている。一方でその扱う道具、特に石器に関するデータの蓄積は非常に乏しいのが現実である。かりに遺跡周囲にヒエなどの植物が分析で検出されたとしても、それらが人間に利用されていたかは花粉分析のみでは明らかにできない場合もあり、道具の分析から間接的に証明する必要がある。

　本稿で扱う石匙の機能は、一般的には皮剥具、鎌、工具や携帯の万能具など、形態的な特徴や欧州の研究を参考にしたものであった。

　体系的に石匙を扱ったのは中谷治宇二郎である（中谷治宇二郎 1925）。石匙を形態的な視点から整理し、機能については、それ以前の研究でしばしば用いられた皮剥具は欧州の搔器の訳語であろうが、遺物に使用方法を意味する言葉を与えて名称とすることは誤った概念を与えるとの見解を示している。

　藤森栄一は、縄文時代前期の精製石匙刃部の断面形態から物を切断するような機能を考

えた（藤森栄一 1935）。縄文中期の中部高地に多い粗製石匙については、粗大な形態で刃部は鈍い点などに注目し、縄文農耕論の観点から植物の実や根などを収穫する道具と推定している（藤森栄一 1963）。五味一郎は藤森栄一の農耕具としての石匙をさらに発展させ、縄文時代早期・前期の石匙を農耕社会の道具とし、6つの農具として論を展開している（五味一郎 1980）。しかし機能的には推論の域をでていない上、何故縄文時代早期・前期が農耕社会かの根拠が非常に乏しい。

　宮城県仙台市三神峯遺跡の分析は、使用痕研究の嚆矢であった（梶原洋 1982）。その分析により縦形、横形石匙には機能的に大きな差はなく、動物解体のみでなく、木、草本植物など用途が非常に多目的であると重要な指摘がなされている。また石匙が携帯する万能道具という見解が主流になった。

　梶原洋以降の分析としては、縄文時代前期青森県において、剥片石器の中における石匙の割合が非常に高いことが指摘されており、さらに肉眼で顕著な光沢が確認され、検鏡の結果Aタイプ光沢が確認されている（北林八洲晴ほか 1995、小野貴之・沼宮内陽一郎 2000）。縄文文化の植物資源の利用のあり方について、石匙と草本植物からアプローチするという研究視点が生じたことになる。

III. 分析

1. 石匙の形態分類

　加工によって、素材一端に摘み部をもつ石器を石匙とし、次ぎの3つに分類した（第1図）。

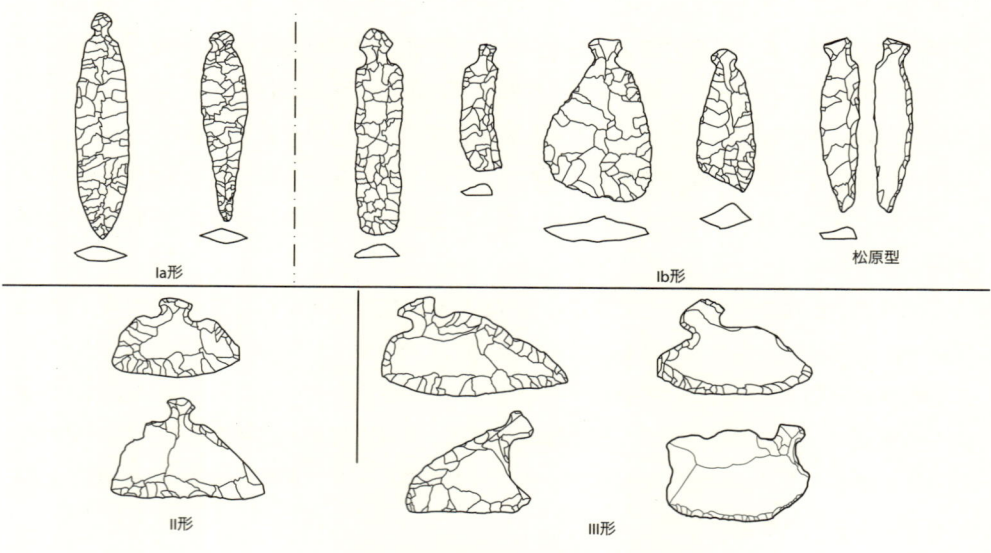

第1図　石匙の形態

縦形石匙；I、横形石匙（刃部に対して摘み直角）；II、横形石匙（刃部に対して摘み斜め）；III 石匙 I のみさらに、左右対称；a と、非対称；b に細分した。

加工の在り方については本稿では扱わないが、石匙 Ia は、両面加工で刃部先端が尖頭状を呈するものを基本的には指すこととする（第 1・4 図）。石匙 Ib は片面加工を指すこととし、松原型もこれに含めた[1]。

2. 分析方法ならびに光沢について

使用痕の属性については基本的に東北大学使用痕研究チームの成果に基づいている（阿子島香 1981・1989、阿子島香・梶原洋 1984、梶原洋・阿子島香 1981、芹沢長介ほか 1982 など）。黒曜石、チャートなどについては御堂島正の一連の実験を参考としている（御堂島正 1982・1986・1988・2005）。著者も同種実験を行っており、実験の途中経過を報告している（高橋哲 2003a）。その後も実験は継続している。

観察方法などについては、著者が行った分析に関しては、キーエンス社のデジタルマイクロスコープを用いた。詳細は下記の各報告書を参考としてもらいたい。

著者がこれまで、荒れた A タイプ光沢、CA タイプ光沢などと記述した光沢について若干補足する。これらは同じ特徴を有する光沢である。A タイプ光沢は、非常に滑らかな表面で、流動的な外観であるといった特徴を持ち、肉眼でもはっきりと光沢がみられる。イネ科植物などに主体的に生じる光沢である。問題となっている光沢は、広がりという点では A タイプ光沢に近いが、網目状であり、一見 C タイプ光沢にも近い。しかし個々の光沢を子細に観察すると、丸みと明るさをもち、AB タイプ光沢に非常に近い特徴を有する（第 3 図写真 5、第 5 図写真 2）。第 2 図で提示したようにイネなどを切った場合には、いわゆる A タイプ光沢が発生するが、クズなどになると、AB タイプ光沢らしき特徴を有するが、一段と表面の状態が粗くなるといった特徴を有する。典型的な A タイプ光沢とは区別する意味で便宜的に用いてきた[2]。なお著者は実験パターンと異なる場合は、光沢タイプは記しつつも、個々に説明することで、補うようにつとめている。

本稿ではこのような A タイプ光沢を A？タイプ光沢と便宜的に呼称する。

B タイプ光沢は、木質の被加工物に主体的に生じる光沢であるが、A タイプ光沢の発達段階に発生し、A タイプ光沢との関連も強いので、この光沢についても本稿の対象に入れる。

3. 資料の選択

取り上げた主な対象遺跡は、使用痕研究会発行の雑誌に掲載された文献目録を参考に収拾した。地域は東北地方と関東甲信越地域を取り上げた。東北地方はさらに大木式と円筒式の境界を目安に南北に分けた。関東甲信越地域は分析遺跡が少ないので一括して取り上げる。

珪質頁岩:
- 稲束 / 乾燥稲束 / 稲束 土混入
- ススキ / ススキ / クズ
- クズ / クズ / (ブタクサ)
- (ブタクサ) / 除草作業 / タケ

黒曜石:
- 稲束 / 乾燥稲束 / ススキ

サヌカイト:
- 稲束 / ススキ / ススキ

上記写真はすべてカッティング

第2図　使用痕実験写真

(1) 東北北部

1) 岩渡小谷(4)遺跡（坂本真弓ほか2004、高橋哲2004a）

青森市の西方、沖館川の右岸に位置する。遺構としては、縄文前期の住居33棟、埋設土器遺構、土坑、木組み遺構、木製漆器など有機質製品が出土している。石匙は79点を観察した。石材は珪質頁岩がほとんどで、鉄石英が2点加わる。形態は石匙Ibが大半であり、石匙IIとIIIが若干加わる。

使用痕は線状痕からカッティング[3]に利用されていることが確認されている。光沢に関しては、AあるいはBタイプ光沢といった植物質を加工した石匙が46点に確認できた。Aタイプ光沢が確認できたのは主に石匙Ibであり、石匙IIに数点、石匙IIIには観察できなかった。掲載した2点は典型的な資料であり[4]（第3図）、写真1は、石匙に背面剥離

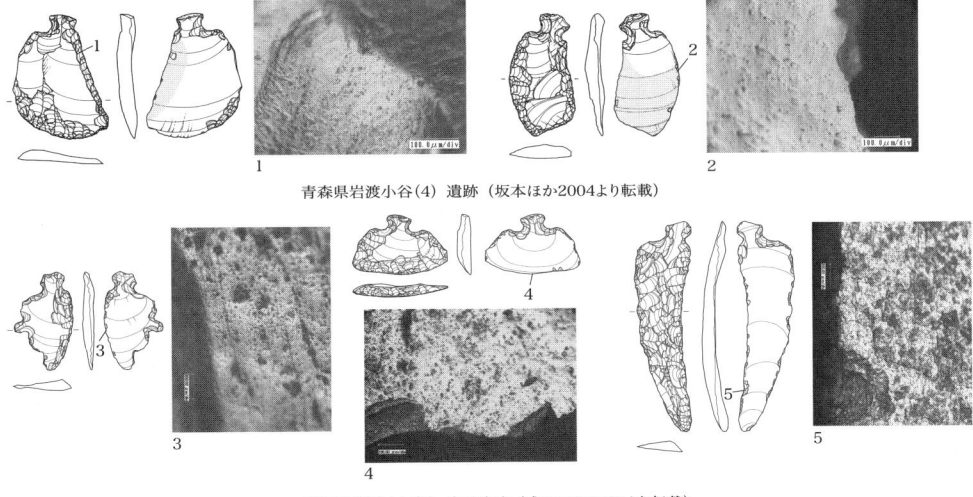

青森県岩渡小谷(4)遺跡（坂本ほか2004より転載）

青森県東道ノ上(3)遺跡遺跡（成田ほか2006より転載）

第3図　Aタイプが確認できた石匙

青森県岩渡小谷(4)遺跡
（坂本ほか2004より転載）

Aタイプ光沢みられない石匙

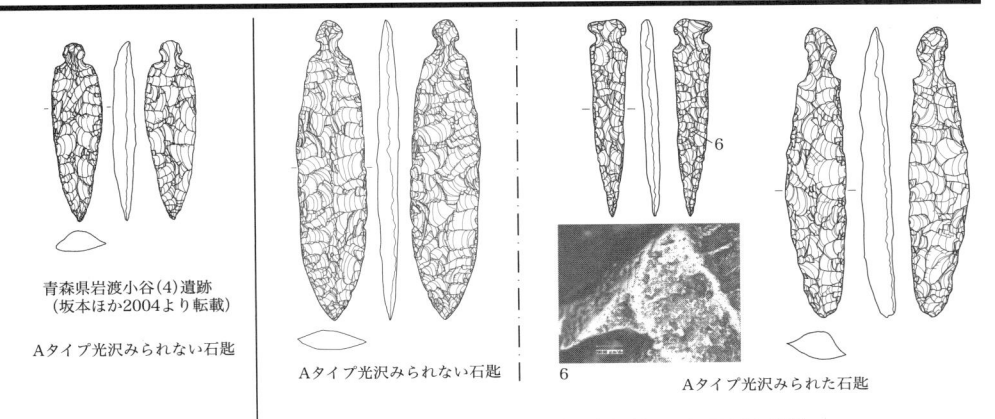

Aタイプ光沢みられない石匙

Aタイプ光沢みられた石匙

青森県東道ノ上(3)遺跡遺跡（成田ほか2006より転載）

第4図　石匙Ia

稜上にはっきりとした光沢がみられ、同種光沢は、主要剝離面のトーン部分まではっきりと確認できた。写真2は、刃部の広い範囲にまで光沢が観察できた資料である。

鉄石英のうち1点はBタイプ光沢らしき光沢が確認できたが、光沢としては判然としない。もう1点にはAタイプ光沢は確認されていない。

石匙Iaは、Aタイプ光沢は確認されなかった（第4図）。

2) 稲山(いなやま)遺跡（小野貴之・蝦名純2002、小野貴之・児玉大成2004、高橋哲2004b)

青森県青森市の東方、陸奥湾の東側に位置する。前期と後期が主体であり、前期からは竪穴住居27棟と土坑群が検出されている。後期と比較して、石匙の石器組成に占める割合が高い。石匙Ib、II、IIIの29点を観察した。石材はすべて珪質頁岩である。

前期に関する石匙は、IVc層3点、住居から8点、土坑から1点である。後期に関する石匙は、IVa層からは9点であり、土坑は2点、その他は、IV層から4点、I層から1点である。石匙は全体で731点出土しているので、資料の偏りはあるが、観察したところAタイプ光沢がほとんどであった。第11号住居は、縄文時代前期後葉に属し、20点近くの石匙が出土している。この内5点の石匙を観察し、5点ともAタイプ光沢が確認されている。

3) 向田(むこうだ)(18)遺跡（川村眞一・田中寿明2004、高橋哲2004c)

青森県野辺地(のへじ)町にある。A区では、縄文時代前期円筒下層d式と、晩期から弥生時代を主体とし、早期の土器なども出土している。石匙は8点出土し、内2点観察がなされ、2点ともAタイプ光沢が確認されている。

B区とC区は、円筒下層d式を主体としている。B区から剝片石器56点中46点が石匙、C区では30点中25点が石匙であり、石匙の占める割合が高い。B区では観察所見から、肉眼でも光沢が認められるのが3割強、C区でも半分弱に光沢が認められ、分析点数以上にAタイプ光沢が検出される可能性が非常に高いことが想定できる。

4) 東道ノ上(ひがしみちのかみ)(3)遺跡（成田滋彦ほか2006、高橋哲2006a)

青森県東北(とうほく)町、小川原湖南西にある河岸段丘上の遺跡である。縄文時代前期円筒下層a式から中期円筒上層a式にかけての遺跡である。石匙は93点観察した。石材は緑色凝灰岩2点を除きすべて珪質頁岩製である。石匙Ib、II、III[5]にAタイプ光沢が確認できた[4]（第3図写真3、4)。Aタイプ光沢は35点、A？タイプ光沢は15点であるので、総計50点にAタイプ光沢が確認できたことになる。写真3の資料は、摘みらしき加工が2つあるので、石匙Iもしくは石匙IIとはっきりと区分できない資料である。写真4の資料は石匙IIであり、はっきりとAタイプ光沢が確認できた。写真5はA？タイプ光沢が確認された資料である。

石匙Iaについては、7点中5点にAタイプ光沢はみられなかったが、2点にAタイプ光沢がみられた（第4図写真6と右端の資料)。Aタイプ光沢が確認できたものと、できないものには若干形態の異なりがあり、詳細はIV.-1にて記述する。

5) 和野I遺跡（赤石登・高瀬克範2004、高橋哲2004d）

岩手県田野畑村、海岸から2km、標高約180mにあり、三陸海岸の中では割と平坦な地形に位置する。縄文中期の住居、前期から中期の土坑が確認されている。北部捨て場と南部捨て場があり、出土土器から縄文前期から中期の時期である。前期と中期で土器が大きく変わり、前期は円筒下層式が主体的であるのに対し、中期は大木系土器が主体を占めている。南部捨て場では、前期に相当するのは3層である。3層はさらに細分され、3a層が大木系土器であるのに対し、他の3層は円筒下層式に帰属する。

石匙104点観察し、50点に使用痕が確認されている。石匙は石匙Ibが主体で、石匙Iaが数点出土している。Aタイプ光沢が確認されたのは石匙IとIIの2点のみである。Aタイプ光沢がみられた石匙は2a層（大木7b期）から出土している。石匙Iaには、Aタイプ光沢は確認されていない。

石材は珪質頁岩が大半であり、チャート、泥岩、メノウが加わる。珪質頁岩以外のすべてAタイプ光沢は確認されていない。

大木と円筒下層の差は、Aタイプ光沢の有無にみられた。しかし円筒下層は、青森県において頻繁に確認されており、同じ円筒土器でも地域的な差が反映している可能性がある。

この地域では、上記遺跡以外でも青森県下北半島のむつ市（旧川内町）熊ヶ平遺跡などにも同じ様な光沢が肉眼で確認されている（北林八洲晴ほか1995）。青森市熊沢遺跡では、石匙が92点出土し、欠損19点をのぞく73点中、65％の資料に肉眼でも光沢が確認されている（小野貴之・沼宮内陽一郎2000）。青森県野辺地町有戸鳥井平(7)遺跡（高橋哲2003b）でも石匙IbにAタイプ光沢、米山(2)遺跡（高橋哲2005a）第1004竪穴住居から出土の石匙IIIにBタイプ光沢が確認されている。その他岩手県二戸市（旧浄法寺町）上杉沢遺跡の晩期資料（高瀬克範2001）、青森県八戸市潟野遺跡（高橋哲2006b）にはAタイプ光沢は確認できなかった。

(2) 東北南部
1) 青葉山遺跡E地点第3次調査（須藤隆ほか1999）

宮城県仙台市東北大学理学部構内の遺跡である。縄文時代早期貝殻条痕文期の遺跡で、竪穴式住居2棟検出されている。4点の石匙の観察がなされ、1点にAタイプ光沢、1点にBタイプ光沢が報告されている。

2) 三神峯遺跡（梶原洋1982）

仙台市三神峯公園にあり、奥羽山脈から沖積地へ向かって突出した丘陵、名取川左岸に位置する遺跡である。縄文時代前期で、住居や遺物包含層が確認されている。石匙は76点中32点を観察している。観察していない石匙は、石質の関係と欠損品である。詳細は梶原洋の分析報告に譲るとして、縦形、横形ともにAタイプ光沢が確認されている。

山形県高瀬山遺跡
（斉藤ほか 2004 より転載）

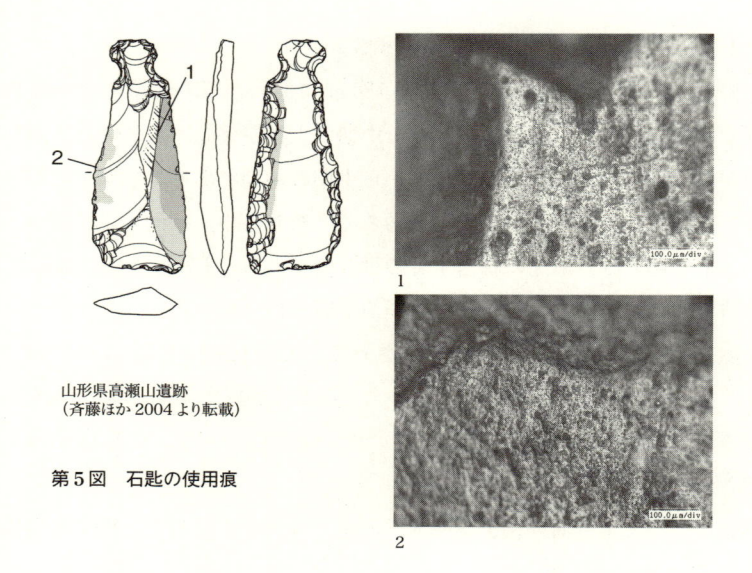

第5図　石匙の使用痕

3)　中沢目貝塚（須藤隆編 1984）

　宮城県北部、大崎市（旧田尻町）に位置し、仙北湖沼地帯に位置している。遺跡は湖沼地帯南部の大貫台地に位置し、北側に蕪栗沼がある。この貝塚から出土した縄文時代晩期出土の石匙4点中3点にAもしくはBタイプ光沢が観察されている。

4)　高瀬山遺跡（斉藤主税ほか 2004、高橋哲 2004e）

　山形県寒河江市、寒河江川沿いにある遺跡である。縄文時代中期大木6式の環状集落を中心に、小規模な中期（複式炉）、早期資料が確認されている。

　石匙108点を観察し、44点にAタイプ光沢、1点にBタイプ光沢が確認されている。多くはA？タイプ光沢である[6]（第5図）。石材の大半は珪質頁岩であり、若干鉄石英が加わる。観察できたのは石匙I、II、IIIである。第5図の写真1は主体的な刃部に確認できたAタイプ光沢であり、ピット、線状痕が多くA？タイプ光沢に近い。また写真2はA？タイプ光沢である。

　ST3467では、5点中2点にAタイプ光沢が確認されている。SK824は大木6あるいは8b式期であり、石匙3点出土している。内2点にAタイプ光沢が確認されている。各住居、土坑などの遺構や、遺構外からもAタイプ光沢が確認されている石匙が出土している。

　石匙Iaの1点にAタイプ光沢が確認できたが、典型的な光沢ではなく、A？タイプ光沢である。鉄石英製やミニチュア石匙にはAタイプ光沢は確認されていない。

5)　中川原C遺跡（佐竹桂一ほか 2002、高橋哲 2002）

　山形県新庄市、新庄盆地を流れる泉田川右岸段丘上にある。大木7bから8a式期の遺跡であり、それぞれ地点を変えて分布している。石匙は57点観察し、32点に使用痕が確認できた。Aタイプ光沢（A？タイプ光沢が主体）が4点、Bタイプ光沢が1点であり、石

匙 Ib や III に確認されている。石材は珪質頁岩が主体であり、これに若干の凝灰岩や鉄石英が加わる。これら凝灰岩や鉄石英には A タイプ光沢は確認できなかった。

6) 西向(にしむかい)遺跡（須賀井新人 2004）

鶴岡(つるおか)市街から南西方向、降矢川左岸段丘上に位置する遺跡である。縄文時代中期前葉新保・新崎式を主体とする遺跡である。石匙 III のみで、石匙 I はなく、中部・北陸の石匙に類似し、A タイプ光沢は確認できなかった。黒曜石の原産地分析の結果、信州産と羽黒山産であり、近場の黒曜石を利用する以外にも、信州産が遺跡にもちこまれ、土器型式と総合しても中部・北陸の影響を受けた遺跡の内容である。

7) 和台(わだい)遺跡（西戸純一ほか 2003、高橋哲 2003c）

福島県飯野(いいの)町に位置する。縄文中期住居 184 軒と、土坑が確認されている。住居の多くは大木 10 式段階に相当する。石匙は 26 点観察し、B タイプ光沢が 1 点確認され、A タイプ光沢は確認できなかった。和台遺跡では、北関東にある分銅形打製石斧が出土している。

8) 二軒茶屋(にけんちゃや)遺跡（水澤幸一 2003、高橋哲 2003d）

新潟県胎内(たいない)市（旧中条(なかじょう)町）にあり、丘陵上に立地する。上から中世の遺構や文化層が確認されている。縄文前期前葉の遺物包含層と、遺構が確認されている。遺構は縄文時代の土坑のみである。第 59 号遺構から、両面加工の石匙 Ia が出土している。他の石匙はいわゆる松原型石匙（泰昭繁 1991）であり、製作的には非常に規格的である。

使用痕光沢には多様性があり、従来の光沢分類から分類するのは非常に困難である。報告書では一番近いと思われるタイプを属性にとったが、他の光沢タイプの特徴が入り込んでいる可能性がある。

上記以外に岩手県一関(いちのせき)市（旧千厩(せんまや)町）清田台(きよただい)遺跡（太田公彦・池谷勝典 2003）、（旧花泉(はないずみ)町）中神(なかがみ)遺跡（須藤隆編 1997）、宮城県栗原(くりはら)市（旧一迫(いちはさま)町）山王囲(さんのうがこい)遺跡（須藤隆編 1998）において分析報告されている。共に A タイプ光沢は確認されていない。

(3) 関東甲信越地域

長野県御代田(みよた)町下弥堂(しもみどう)遺跡は、縄文時代前期の遺跡である。石匙 7 点を観察し、1 点チャート製横形石匙に A タイプ光沢、黒曜石製縦形石匙に平行方向の線状痕が確認されている（堤隆 1994）。長野県木曽(きそ)町（旧三岳(みたけ)村）小島(おじま)遺跡（高橋哲 2003e）は、石匙 7 点が確認され、4 点はハリ質安山岩製、3 点はチャート製である。縄文時代中期中葉の SB8 住居出土の横形石匙 1 点を観察した結果、E2 タイプ光沢と平行方向の線状痕が確認できた。SQ01 という遺物集中区、縄文時代中期から縦形石匙が出土し、不明光沢がみられた。長野県木曽(きそ)町（旧木曽福島(きそふくしま)町）板敷野(いたじきの)遺跡（高橋哲 2003f）は縄文時代中期後葉から後期初頭の段階にあたり、唐草文系、下伊那系、東海系、加曾利 E 式土器が段階ごとに主体を変えていく遺跡である。その内、中期後葉に属する横形石匙 2 点に A タイプ光沢が確認でき

た他は、Eタイプ光沢が確認されている。長野県飯田市、縄文中期の遺跡から赤チャート製石匙が出土し、Aタイプ光沢が確認されている（御堂島正 2005）。

　山梨県北杜市（旧長坂町）酒呑場遺跡（高橋哲 2005b）は、大深沢川の右岸に位置する。縄文時代前期中期の遺跡である。黒曜石、チャート製石匙 82 点の使用痕分析の結果、Aタイプ光沢はみられず、主に CDE タイプ光沢が確認されている。神津島産黒曜石製の石匙 Ia が 1 点確認されているが、やはり A タイプ光沢は確認されていない。大形粗製石匙 147 点も観察したが、表面風化のため、使用痕は観察できなかった。山梨県北杜市（旧大泉村）金生遺跡は、石匙に E タイプ光沢などが確認されており、A タイプ光沢はみられなかった（梶原洋 1989）。

　群馬県安中市、縄文中期砂押 III 遺跡（池谷勝典 2004）では石匙に A タイプ光沢は確認されていない。

　全体に関東甲信越方面の石匙は、石材の影響で観察できる資料の偏りがある。安山岩系粗製石匙は表面風化のため観察できなかった。分析可能なチャート製石匙に A タイプ光沢がみられ、同じく分析可能な黒曜石製石匙には A タイプ光沢は皆無であった。

IV. 考察

1. 形態（石材）と A タイプ光沢

　石匙 I から III すべてに A タイプ光沢は確認できた。しかし石匙 I でも、石匙 Ia は A タイプ光沢が確認できる石匙とそうでない石匙に分かれる。確認できない石匙は、第 4 図の岩渡小谷（4）遺跡、東道ノ上（3）遺跡を代表するように両面加工で断面が扁平なレンズ状で体部中央が膨らみ、刃部先端が尖頭状の形態である。観察できた石匙は摘みから刃部先端にかけて一直線に尖頭状に尖り、断面も石錐のように分厚い四角形の形態（第 4 図写真 6 の資料）の他、先端が丸みをもち分厚い形態の石匙 Ia にも A タイプ光沢が確認されている形態（第 4 図右端の資料）。

　III.-3 にて詳細に引用しなかったが、摘み部の加工のみで刃部に加工のない素刃石匙やミニチュア石匙には A タイプ光沢が確認できた事例はない。

　石材については、関東甲信越地域では、使用痕分析が可能な石材には A タイプ光沢が検出される事例が非常に乏しい。粗製の安山岩・砂岩製などに A タイプ光沢がついている可能性もあるが、風化しているので断定はできない。現時点ではチャート製石匙に A タイプ光沢がみられるのみであり、黒曜石製石匙にはみられない。

　東北地方は珪質頁岩が主体であり、鉄石英や黒曜石製の石匙が若干ある。東北地方の黒曜石製石匙の分析事例はないので詳細は不明であるが、鉄石英については著者が観察したかぎり A タイプ光沢は確認できた事例はない。

2. 石匙の操作方法について

　確認できた使用痕の特徴をもう少し詳細に検討し、石匙がどのように扱われたか論じてみたい。

　線状痕については、分類した平面形態にかかわらず、刃部に対して平行方向であり、草本植物のカッティングに用いられたと考えられる。

　光沢については、石器の片面、主に主要剥離面側に強度のAタイプ光沢が広がり、反対の面、主に石器背面側には刃部剥離稜上や、少し内側に光沢が広がるのが確認でき、どちらかというと主要剥離面側の方が光沢発達の度合いは強い。背面側にみられる光沢は、剥離によって必ずしも切られていないので、刃部再生の結果両面の光沢発達度合いに差が生じたわけではない。使用痕実験の経験からカッティング操作で必ずしも刃部両面に均等に光沢が生じるというわけではなく、片側により強く発達する場合もある。また被加工物が柔軟性にやや欠ける場合、剥離のネガ面にまで被加工物が接触しないことも考えられる。

　刃部については、刃部形態は外湾、内湾、直線である。傾向的には内湾もしくは直線的な刃部にAタイプ光沢が確認できた事例が多いが、外湾した石匙にもみられるので、形態が強く影響したかは断定できない。刃角[7]については計測している遺跡を参考にすれば、40から70度近くの急角度までと幅がある。石匙のAタイプ光沢が確認できた刃部に限れば、刃角はあまり影響がなかったと考えられる。

　摘み部に光沢は広がらないことから、この部分は被加工物に接触しなかった状態が考えられる。石匙の摘み部分は、抉り部分に沿ってアスファルトが付着しているものもあるので、紐などに結わえていたと一般的に考えられている。しかし使用痕の広がりが、摘み部近くまで広がることと、摘み部にきれいに光沢がひろがらないことを考慮すると、単純に紐で結わえられていたと考えるだけでなく、何かしらの柄に装着されていた可能性も考慮する必要がある。ただ、摘み部に柄に装着して生じたような摩耗の痕跡は確認できなかった。

　熊ヶ平遺跡ではこのような使用痕と、ヒエが出土したことをもとにヒエの穂摘み、いわゆる石庖丁的な操作方法を考慮している（北林八洲晴ほか1995）。民俗事例で、落穂性の高いヒエなどは、湾曲した鎌で穂首刈りすることが報告され（佐々木高明1971、橘礼吉1994など）、特に刃部が内湾した石匙は形態的に鎌刃に似ていることも事実である。しかしIV.-5で述べるようにAタイプ光沢を発生させる植物は多様であり、ヒエに限定することはできず、石匙で石庖丁のように穂首刈りをしていたかは使用痕光沢では断定できない。

　現時点で確実なのは、石匙は形態に関わりなく、草本植物をカッティングしたことである。柄に装着されたのか、摘み部を紐に結わえ、使用したのかは現時点では特定できない。

3. 地位的な差

　東北地方では、珪質頁岩によって大半の剥片石器が製作されている上、Aタイプ光沢が

確認できる事例は非常に多い。縄文時代前期で限定すると、大木式と円筒式でAタイプ光沢がみられるが、典型的なAタイプ光沢と断定できるものが多いのは円筒下層式である。大木式は典型的なAタイプ光沢はあるが、A？タイプ光沢と記したような光沢も多い[8]。また同じ円筒下層式土器でも、青森県の諸遺跡と、三陸海岸の和野Ⅰ遺跡では、Aタイプ光沢の有無で差が認められ、同じ土器文化圏でも地域的・生業的な差として石匙のAタイプ光沢に表れた可能性がある。

　関東甲信越地域では、Aタイプ光沢が確認できた石匙は少ない。石匙はⅡ・Ⅲ類の横形に若干確認されている程度である。前期初頭の下弥堂遺跡と、中期の板敷野遺跡などでそれぞれチャート製に確認されている。分析可能な黒曜石製石匙は、縦形・横形に関わりなく、Aタイプ光沢が確認できた事例はない。少なくとも黒曜石製石匙は草本植物に対して使用されないようである。黒曜石製品は器種的に石鏃・石錐・掻器、使用痕剥片など狩猟具・工具関連である。またいわゆる異形石器の多くが黒曜石製であるため、関東甲信越地域の縄文文化にとって、黒曜石の用途がかなり特殊であった可能性も考えられる。Ⅳ.-1で論じたAタイプ光沢と石材の関係を考慮すると、縄文時代において用いる石材に応じて用途が決まっていたか、あるいはある種の石材はある種の作業に用いてはならない禁忌があったのかもしれない。

　庄内地方の西向遺跡は、北陸の影響を受けた遺跡であり、石匙にはAタイプ光沢は確認されなかった。福島県和台遺跡ではBタイプが1点検出されたのみでAタイプ光沢は確認できなかった。このように関東地方や北陸地方の影響を受けた遺跡においては、Aタイプ光沢は確認できなかった。

　東北地方同様に、単一石材をもちいる畿内地域でも当然石匙は確認されている。しかしこの地域に占有されているサヌカイトは、表面風化が激しく使用痕分析に適していないため、石匙の用途について詳細な分析ができず、東北・関東甲信越地域と直接比較するわけにはいかない。なおサヌカイト自体は、第2図で示したように、実験では光沢は生じている。

4. 編年

(1) 縄文早期から前期初頭

　青葉山遺跡E地点第3次調査（須藤隆ほか1999）のように、少なくとも早期後半、繊維土器出現の前後に石匙が現れ、かつAタイプ光沢が出現する。尖底の羽状縄文土器を出土した長野県下弥堂遺跡や新潟県二軒茶屋遺跡でもAタイプ光沢がみられた。

(2) 縄文前期・中期

　東北地方は、北部の円筒土器文化、南部の大木土器文化に分かれる。
　円筒下層式の石匙にはAタイプ光沢が多く確認されている。大木式にもAタイプ光沢

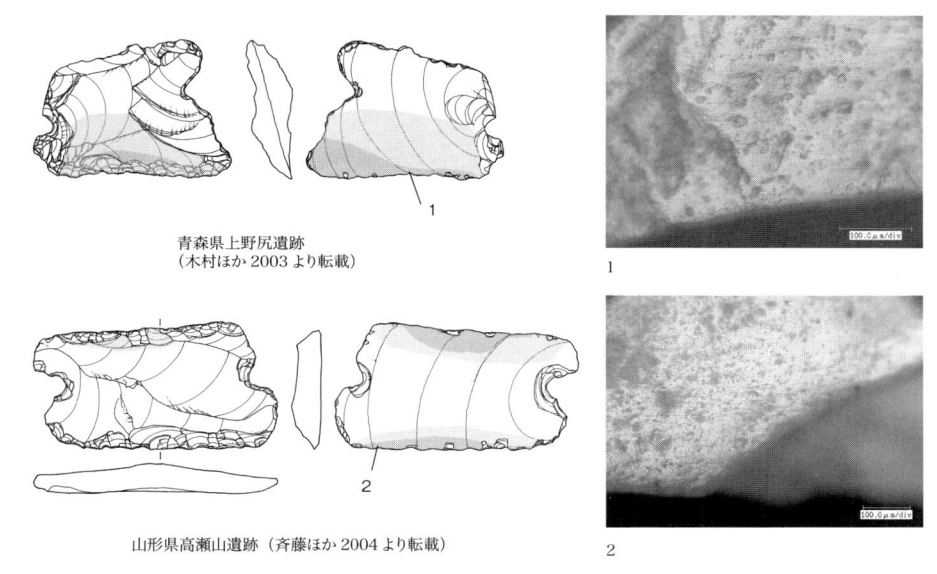

青森県上野尻遺跡
（木村ほか2003より転載）

山形県高瀬山遺跡（斉藤ほか2004より転載）

第6図　抉入削器

は確認されているが、円筒下層式と比較し、その数は少ない。

さらに石匙以外でも、東北地方では、Aタイプ光沢が確認されている石器がある。特殊な形態をもつ、抉入削器とよぶ石器がその1つである[4)6)]（第6図）。素材剝片の長軸両端に、加工によって抉りをいれた横長削器のことである。縄文前期後半の青森県青森市上野尻遺跡（高橋哲2003g）では、第201号竪穴式住居から、抉入削器が出土している。高瀬山遺跡（高橋哲2004e）においても、大木6式に相当すると考えられるSK723から抉入削器が出土している。同種石器は、熊ヶ平遺跡においても出土しており（報告書では石匙8類）、肉眼で光沢が確認されている。

抉入削器以外にも、岩渡小谷(4)遺跡で篦状石器にBタイプ光沢、高瀬山遺跡で大形掻器にBタイプ光沢、中川原C遺跡で削器にAタイプ光沢が確認され、縄文時代の石器が植物資源にかなりの割合で使用されている事例が増えてきている。

(3)　縄文後晩期から弥生時代

分析事例は少ないが、後期では青森県有戸鳥井平(7)遺跡、青森県米山(2)遺跡、宮城県中沢目貝塚で晩期の石匙3点にAタイプ光沢が確認されている。中部関東では、山梨県金生遺跡ではAタイプ光沢は確認されていない。弥生時代になるとさらに分析事例が少なくなり、宮城県山王囲遺跡ではAタイプ光沢は検出されていない。弥生時代のむつ市（旧脇野沢村）瀬野遺跡（伊東信雄・須藤隆1982）でも石匙は確認されている。

(4)　まとめ

以上まとめると、石匙は出現段階からAタイプ光沢が確認され、そして縄文時代晩期

までAタイプ光沢がみられるので、少なくとも東北地方で出土する石匙の用途の1つが縄文時代を通して草本植物のカッティングであったことが伺える。

　縄文時代以前の旧石器時代では、新潟県川口町荒屋遺跡（芹沢長介・須藤隆 2003）や山形県新庄市上ミ野A遺跡（羽石智治ほか 2004）における使用痕分析の結果、Aタイプ光沢が確認されている事例はない。また中部・関東における分析事例を含めてもAタイプ光沢が確認できた遺跡は確認されていない（堤隆 1997a・1997b、御堂島正 1991a・1991b など）。旧石器時代の石器は、使用痕分析の内容からもっぱら動物の捕獲・解体に関わる道具であったことが伺える。

　旧石器時代から縄文時代への変遷に植物活用がすでに指摘されている（芹沢長介編 1974 など）。この頃温暖化の影響で、堅果類の利用が盛んになり、植物質資源を活用するような生業形態へと大きく変化したと考えられる。

　現時点の石匙使用痕観察の成果から考慮すれば、縄文時代早期ごろ植物質、特に草本植物の利用が本格化したと考えられる[9]。礫石器の出現が早期の早い段階から確認され、堅果類を含めた植物資源の活用がさらに草本植物にまで拡大したものと考えられ、そうした用途に石匙が利用されたのであろう。

5. 対象植物について

　石器の使用痕分析は、あくまで石器が何に対してどのような被加工物であるかを明らかにしてくれるだけであり、文化背景は直接語ることはない（芹沢長介ほか 1982）。それでは石匙の作業対象となったのは、どのような草本植物が考えられるであろうか。

　縄文時代の植物質資源の活用は、埼玉県さいたま市（旧岩槻市）真福寺泥炭層遺跡から豊富に得られたことを嚆矢に、青森県八戸市是川、つがる市（旧木造町）亀ヶ岡遺跡などでも豊富な木製品が得られている。その後も、各地の遺跡で、豊かな木製品、漆器類が出土している。

　縄文時代の種子研究が盛んである。青森県青森市三内丸山遺跡の植物花粉分析などから、多くの植物が利用されていることが指摘されている（佐藤洋一郎・石川隆二 2004）。山王囲遺跡ではヒエやアサを検出したと報告されている（須藤隆 1997）。三内丸山遺跡においても、遺跡近辺で自生しているイヌビエを収穫したのではと記載されている（岡田康博編 2005）。最近では佐賀県佐賀市東名遺跡の縄文時代早期の土坑から、草本束が検出されたと発表されている（西田巌ほか 2006）。

　遺物、花粉分析などから考えられる植物として、アカソ、アザミ、エゴマ、オオショウブキ、カタクリ、ガマ、ヒエ、ヒシ、ヒョウタン、フキ、マコモ、ミズナ、ヨモギ、リョクトウなどがあげられよう。こうした植物は、民俗事例などで確認されている限り鎌による根刈や、手でちぎるなどと採集方法はいろいろである（赤羽正春 2001、佐々木高明 1971、橘礼吉 1994 など）。

クリなど堅果類の栽培では、下草を除草するなど管理をすれば、より収穫が多い（酒詰仲男 1957）。イモ類が縄文時代に存在したと指摘されている。イモ類は茎を切り取れば、土中内で保存が利く。現代でも里芋などは収穫するさいに、茎部分が1mを超えるほど生長するので、掘り出す前に茎を根刈りし、それから鍬などで掘り起こす。

また植物は単に食料だけでなく、染料、住居、編み物類などの材料を提供するので豊富な植物資源を活用する縄文人にとっては食料以外の需要も多々あったであろう。実際に、縄文時代には、漆を漉すためのアンギンや、底部に網代の痕跡が残されている土器もある。石錘から網の存在も挙げられる。円筒下層式文化では土器の胎土に繊維を混入することから、土器製作の際に胎土に混入する草本植物が必要であったであろう。琵琶湖湖畔に生育するヨシ類は、現代まで重要な生活道具の資源でもあり、鎌により刈り取られている。東道ノ上（3）遺跡、三内丸山遺跡、高瀬山遺跡、中沢目貝塚などは、低湿地帯に近い立地もあり、遺跡周辺にはアシ類が繁茂していたと考えられ、そうした植物を刈り取り、利用していたと思われる。

著者の行った実験では、イネ、クズ、ススキ、科不明の雑草類（第2図）などで実験し、Aタイプ光沢が確認された。また他研究者の実験でも同じような結果が報告されている。つまりAタイプ光沢から被加工物を特定することは困難であり、Aタイプ光沢が検出されただけでは縄文時代に農耕が存在したかは明らかにできないのである。

V. 総括

最後に上記成果についてまとめと、今後の課題を記述する。

- 形態的には、石匙I、II、IIIすべてにAタイプ光沢が確認できた。すべて刃部に対して平行方向の線状痕であり、使用痕からは、縦形と横形の機能的な差がみられなかった。こうした形態の差が細かな用途に応じて使い分けられていたのか、それとも横形石匙が関東甲信越地域に多いことから使用者の文化出自の差異かは、明らかにできなかった。
- 両面加工石匙Iaには基本的にはAタイプ光沢はみられなかった。Aタイプ光沢が確認できた石匙と若干形態を異にするので、分析事例を集め、再び論じたい。
- ミニチュア石匙にはAタイプ光沢はみられなかった。
- 石匙が出現するあたりから、Aタイプ光沢が確実に現れ始め、晩期まで継続する。石匙の用途の1つに草本植物のカッティング作業が重要な位置を占めていたことは伺える。しかし使用痕分析であきらかにできるのは、そこまでであり、どのような植物に対して用いられたかは、花粉分析や植物遺存体などのデータを積み重ね、石匙の使用痕分析との比較検討が必要であろう。
- 石材については、関東甲信越地域の黒曜石、東北地方の鉄石英にはAタイプ光沢はみられない。黒曜石は石器器種構成などから狩猟具・威信材という限定的な用途にのみ

利用されたとも言えよう。つまりある種の石材がある種の作業には使用されない何らかの文化的な禁忌が存在した可能性がある。

- 繊維を含む円筒下層式にＡタイプ光沢が多いが、青森県の諸遺跡と、三陸海岸の遺跡でＡタイプ光沢の出現頻度が異なり、同じ円筒式でも石匙のＡタイプ光沢がみられる程度に差がある可能性がある。現時点では、北海道、秋田県や青森県津軽半島での分析事例がないので、こうした地域の分析をした上で、あらためて円筒式文化圏内での差異について検討したい。

- 大木式には石匙にＡタイプ光沢はみられるが、円筒式と比較し、あまり顕著ではない。両地域の生業の差が反映しているのであろうか。また、関東甲信越地域の影響を受けた遺跡にはＡタイプ光沢が検出されなかった。

- 関東甲信越地域では、石匙にＡタイプ光沢が確認できる事例は非常に少ない。石材の選択性、生業活動などの差など総合的に分析していき、東北地方と比較検討する必要がある。

- 旧石器時代にＡタイプ光沢がみられず、縄文時代早期中葉あたりから、Ａタイプ光沢がみられる。旧石器時代とは大きく異なる作業が発生したと同時に、次の弥生時代に稲作が入り込む前の段階で、すでに草本植物の利用に熟知した文化が列島に存在していたことを表している。旧石器から縄文時代への大きな画期にＡタイプ光沢がメルクマークの一つとなるであろう。石匙出現以前に磨石・石皿類が出現し、堅果類の利用が本格化したことが想定され、石匙にＡタイプ光沢が確認されたことから縄文文化が草本植物まで植物の利用へと広がった可能性がある。

- 縄文晩期にＡタイプ光沢が確認されたことについて、次の弥生時代を迎えるにあたり、石庖丁の出現以前にすでに草本植物を刈り取るような道具が存在していることになる。東北北部において、水田、籾痕土器の存在から稲作が行われていることは明らかになっており、石庖丁などの収穫具が存在しないことについて、縄文時代の草本植物を利用する文化がどのように関わっていたかについて研究を深めていく必要がある。

- 東北南部、宮城県仙台平野から福島県浜通り地域の石庖丁が多数出土している地域の石匙を検討し、縄文から弥生時代にかけての道具の変遷について使用痕分析からアプローチし、稲作の導入過程について石器の面から明らかにする必要がある。

謝辞

考古学研究室在学中から使用痕研究にたずさわり、須藤隆先生から多くのご指導を頂きました。在学中研究テーマであった続縄文文化以外にも、弥生時代の収穫具や石匙などを分析する機会を頂きました。本稿でまとめた研究もまだ途上であり、先生の退任記念論集にはなだ不十分な所もあり、お恥ずかしい限りですが、先生のご定年に際し本稿を献呈いたしたいです。

本稿をまとめるにあたり、青森県埋蔵文化財調査センター、山形県埋蔵文化財センターには資料の転載許可を頂きました。東北大学菅野智則氏に文献収集の際に一部協力して頂きました。(株) アルカ、本文で引用した各埋蔵文化財調査機関の諸氏にお世話になりました。末筆ではありますがここに記して感謝の意を表します。

註
1) 厳密には形態、加工、刃部形態などを考慮するのが理想であるが、本稿では紙面の都合もあり、これらは略する。石匙 Ia の中には片面加工であり Ib に類似した石匙もある。これについては本稿では加工の在り方から Ib 類に属するものと判断する。II、III については、ここでは細かに分類しない。
2) 実験パターンと異なる場合は、どのように処理するかは各研究者間でまちまちであり、その点の差をどのように埋め、共通認識を得るかを、使用痕研究会で現在検討中である。
3) カッティングは、刃部に対して線状痕が平行方向にみられ、被加工物を切ったと考えられる操作方法である。意味的には刈り取る、切る、切断するとあるが、刈り取るという意味を用いると、農耕を臭わせてしまうので、あえて英語を用いた。
4) 青森県埋蔵文化財調査センターからデータの転載許可を頂き、(株) アルカに保管してあるオリジナルデータを用いた。
5) 東道ノ上 (3) 遺跡の報告では、石匙 II と III をひとくくりに分類した。
6) 山形県埋蔵文化財センターからデータの転載許可を頂き、(株) アルカに保管してあるオリジナルデータを用いた。
7) 刃角の測定は、Production edge angle を用いた (御堂島正 1982)。5 度単位に切れ目をいれた厚紙を刃部に当て、刃部を数カ所計測し平均値をだし小数点以下は四捨五入した。
8) かりに同じ A タイプ光沢としても円筒式と大木式とでは被加工物が異なっていたのであろうか。現時点では両者の生業に関する具体的事例がないので今後の検討課題である。
9) 旧石器時代に草本植物の利用がなかったという意味ではなく、使用痕としてないという意味である。

引用文献
赤羽正春 2001『採集 ブナ林の恵み』ものと人間の文化史 103 法政大学出版局
赤石 登・高瀬克範 2004『和野 I 遺跡発掘調査報告書』岩手県文化振興事業団埋蔵文化財調査報告書 452 (財) 岩手県文化振興事業団埋蔵文化財センター
阿子島香 1981「マイクロフレイキングの実験的研究 (東北大学使用痕研究チームによる研究報告その 1)」『考古学雑誌』66-4 pp. 1-27
阿子島香 1989『石器の使用痕』考古学ライブラリー 56 ニュー・サイエンス社
阿子島香・梶原 洋 1984「石器の使用痕分析と客観化 (東北大学使用痕研究チームによる研究報告その 5)」『考古学ジャーナル』227 pp. 12-17
藤森栄一 1935「石匙の或る断面」『考古学』6-10 pp. 452-456
藤森栄一 1963「縄文中期に於ける石匙の機能的変化について」『考古学雑誌』49-3 pp. 35-43
五味一郎 1980「縄文時代早・前期の石匙—その農具としての定立—」『信濃』32-7 pp. 77-108

羽石智治ほか 2004『上ミ野 A 遺跡　第 1・2 次発掘調査報告書』　東北大学大学院文学研究科考古学研究室

泰　昭繁 1991「特殊な剝離技法をもつ東日本の石匙―松原型石匙の分布と製作時期について―」『考古学雑誌』76-4 pp. 1-29

池谷勝典 2004「石器使用痕分析」『天神林遺跡・砂押 III 遺跡・大道南 II 遺跡・向原 II 遺跡』　群馬県安中市教育委員会　pp. 385-393

伊東信雄・須藤　隆 1982『瀬野遺跡』　東北考古学会

梶原　洋 1982「石匙の使用痕分析　仙台市三神峯遺跡出土資料を使って（東北大学使用痕研究チームによる研究報告その 3）」『考古学雑誌』68-2 pp. 43-81

梶原　洋 1989「第 IV 章　金生遺跡出土石器の使用痕分析」『金生遺跡 II（縄文時代編）』山梨県埋蔵文化財センター調査報告書 41　山梨県教育委員会　pp. 208-216

梶原　洋・阿子島香 1981「頁岩製石器の実験使用痕研究―ポリッシュを中心とした機能推定の試み―（東北大学使用痕研究チームによる研究報告その 2）」『考古学雑誌』67-1 pp. 1-35

川村眞一・田中寿明 2004『向田（18）遺跡』野辺地町文化財調査報告書 14　青森県野辺地町教育委員会

木村鐵次朗ほか 2003『上野尻遺跡 IV』青森県埋蔵文化財調査報告書 353　青森県教育委員会

北林八洲晴ほか 1995『熊ヶ平遺跡』青森県埋蔵文化財調査報告書 180　青森県教育委員会

御堂島正 1982「エッジ・ダメージの形成に関する実験的研究―変数としての刃角」『中部高地の考古学』II pp. 66-98

御堂島正 1986「黒曜石製石器の使用痕―ポリッシュに関する実験的研究―」『神奈川考古』22 pp. 51-77

御堂島正 1988「使用痕と石材―チャート、サヌカイト、凝灰岩に形成されるポリッシュ―」『考古学雑誌』74-2 pp. 1-28

御堂島正 1991a「3 立科 F 遺跡出土石器の使用痕分析」『立科 F 遺跡』佐久市埋蔵文化財調査報告書 5　佐久市教育委員会　PP. 82-92

御堂島正 1991b「中ッ原第 5 遺跡 B 地点出土黒曜石製石器の使用痕分析」『中ッ原第 5 遺跡 B 地点の研究』八ヶ岳旧石器研究グループ編 pp. 116-126

御堂島正 2005『石器使用痕の研究』　同成社

水澤幸一 2003『二軒茶屋遺跡』中条町埋蔵文化財調査報告書 27　中条町教育委員会

中谷治宇二郎 1925「石匙に対する二三の考察」『人類学雑誌』40-4 pp. 144-153

成田滋彦ほか 2006『東道ノ上（3）遺跡』青森県埋蔵文化財調査報告書 424　青森県教育委員会

西田　巌ほか 2006「(6) 佐賀県佐賀市東名遺跡の調査―縄文時代早期後葉の湿地性貝塚―」『有限責任中間法人日本考古学協会第 72 回総会　研究発表要旨』　有限責任中間法人日本考古学協会 pp. 41-44

西戸純一ほか 2003『和台遺跡』飯野町埋蔵文化財報告書 5　飯野町教育委員会

岡田康博編 2005『縄文時代を掘る　三内丸山遺跡からの展開』NHK ライブラリー 199　日本放送出版協会

小野貴之・蝦名　純 2002『稲山遺跡発掘調査報告書 II』青森市埋蔵文化財調査報告書 62　青森市教育委員会

小野貴之・児玉大成 2004『稲山遺跡発掘調査報告書 V』青森市埋蔵文化財調査報告書 72　青森市

教育委員会

小野貴之・沼宮内陽一郎　2000『熊沢遺跡発掘調査報告書』青森市埋蔵文化財調査報告書48　青森市教育委員会

太田公彦・池谷勝典　2003「5.清田台遺跡出土石器の使用痕分析について」『清田台遺跡発掘調査報告書（第2分冊　遺物編）』岩手県文化振興事業団埋蔵文化財調査報告書412　（財）岩手県文化振興事業団埋蔵文化財センター　pp. 302-314

斉藤主税ほか　2004『高瀬山遺跡（1期）第1～4次発掘調査報告書』山形県埋蔵文化財センター調査報告書121　（財）山形県埋蔵文化財センター

坂本真弓ほか　2004『岩渡小谷（4）遺跡II』青森県埋蔵文化財調査報告書371　青森県教育委員会

酒詰仲男　1957「日本原始農業試論」『考古学雑誌』42-2 pp. 1-12

佐々木高明　1971『稲作以前』NHKブックス147　日本放送出版協会

佐竹桂一ほか　2002『中川原C遺跡・立泉川遺跡発掘調査報告書』山形県埋蔵文化財センター調査報告書98　（財）山形県埋蔵文化財センター

佐藤洋一郎・石川隆二　2004『〈三内丸山遺跡〉植物の世界』ポピュラー・サイエンス265　裳華房

芹沢長介編　1974『古代史発掘　最古の狩人たち』講談社

芹沢長介・須藤　隆　2003『荒屋遺跡　第2・3次発掘調査報告書』東北大学大学院文学研究科考古学研究室・川口町教育委員会

芹沢長介ほか　1982「実験使用痕研究とその可能性（東北大学使用痕研究チームによる研究報告その4）」『考古学と自然科学』14 pp. 67-87

須賀井新人　2004『西向遺跡発掘調査報告書』山形県埋蔵文化財センター調査報告書130　（財）山形県埋蔵文化財センター

須藤　隆　1997「東北地方における弥生文化成立過程の研究」『歴史』89 pp. 44-82

須藤　隆編　1984『中沢目貝塚』東北大学文学部考古学研究会

須藤　隆編　1997『中神遺跡の調査』東北大学文学部考古学研究室・岩手県花泉町教育委員会

須藤　隆編　1998『国史跡　山王囲遺跡　発掘調査報告書III』一迫町教育委員会

須藤　隆ほか　1999『東北大学埋蔵文化財調査年報』12　東北大学埋蔵文化財調査研究センター

橘礼吉　1994『白山麓の焼畑農耕』白水社

高橋　哲　2002「中川原C遺跡の使用痕分析」『中川原C遺跡・立泉川遺跡発掘調査報告書』山形県埋蔵文化財センター調査報告書98　（財）山形県埋蔵文化財センター　付編 pp. 1-36

高橋　哲　2003a「使用痕実験報告と使用痕研究の課題」『アルカ研究論集』1 pp. 54-59

高橋　哲　2003b「第6節　石器の使用痕分析」『有戸鳥井平（7）遺跡』青森県埋蔵文化財調査報告書第348　青森県教育委員会　pp. 142-156

高橋　哲　2003c「石器の使用痕について」『和台遺跡』飯野町埋蔵文化財報告書5　飯野町教育委員会　pp. 715-730

高橋　哲　2003d「二軒茶屋遺跡出土石器の使用痕分析」『二軒茶屋遺跡』中条町埋蔵文化財調査報告27　中条町教育委員会　pp. 150-168

高橋　哲　2003e「使用痕分析」『小島遺跡』長野県木曽地方事務所　pp. 117-120

高橋　哲　2003f「石器の使用痕分析」『板敷野遺跡』長野県木曽地方事務所　pp. 194-206

高橋　哲　2003g「上野尻遺跡出土抉入削器の使用痕分析」『上野尻遺跡IV』青森県埋蔵文化財調査報告書353　青森県教育委員会　pp. 286-289

高橋　哲　2004a「岩渡小谷（4）遺跡の使用痕分析」『岩渡小谷（4）遺跡Ⅱ』青森県埋蔵文化財調査報告書371　青森県教育委員会　pp. 260-277

高橋　哲　2004b「稲山遺跡出土石器の使用痕分析」『稲山遺跡Ⅴ』　青森市教育委員会　pp. 45-65

高橋　哲　2004c「向田（18）遺跡出土の石器について　1 向田（18）遺跡の使用痕分析」『向田（18）遺跡』野辺地町文化財調査報告書14　野辺地町教育委員会　pp. 304-309

高橋　哲　2004d「剝片石器の使用痕」『和野Ⅰ遺跡』岩手県文化振興事業団埋蔵文化財調査報告書452　（財）岩手県文化振興事業団埋蔵文化財センター　pp. 492-502

高橋　哲　2004e「3 高瀬山遺跡出土石器の使用痕分析」『高瀬山遺跡（1期）第1～4次発掘調査報告書　本文編Ⅱ』山形県埋蔵文化財センター調査報告書121　（財）山形県埋蔵文化財センター　pp. 483-559

高橋　哲　2005a「米山（2）遺跡出土石器の使用痕分析」『米山（2）遺跡』青森県埋蔵文化財調査報告書391　青森県教育委員会　pp. 163-173

高橋　哲　2005b「第2節　酒呑場遺跡の使用痕分析」『酒呑場遺跡（第1～3次）』山梨県埋蔵文化財センター調査報告書216　山梨県教育委員会　pp. 87-95

高橋　哲　2006a「第12節　東道ノ上（3）遺跡の使用痕分析」『東道ノ上（3）遺跡（第2分冊）』青森県埋蔵文化財調査報告書424　青森県教育委員会　pp. 63-70

高橋　哲　2006b「第12節　潟野遺跡出土石器の使用痕分析」『潟野遺跡』青森県埋蔵文化財調査報告書412　青森県教育委員会　pp. 215-222

高瀬克範　2001「4 上杉沢遺跡の出土遺物に関する考察」『上杉沢遺跡』　浄法寺町教育委員会　pp. 170-174

堤　　隆　1994『下弥堂遺跡』御代田町埋蔵文化財調査報告書17　御代田町教育委員会

堤　　隆　1997a「荒屋型彫刻刀形石器の機能推定―埼玉県白草遺跡の石器使用痕分析から―」『旧石器考古学』54 pp. 17-35

堤　　隆　1997b「柏ヶ谷長ヲサ遺跡の石器の機能に関する分析」『柏ヶ谷長ヲサ遺跡』　柏ヶ谷長ヲサ遺跡調査団　pp. 379-389

角のある鹿
―愛知県朝日遺跡におけるニホンジカの資源利用―

山 崎 健

I. はじめに

　本稿では、朝日遺跡において骨角器の主要な素材であるニホンジカを分析し、①食料資源としてのニホンジカの獲得と、②道具素材としてのニホンジカの獲得を検討して、朝日遺跡におけるニホンジカの資源利用を明らかにすることを試みる。具体的に述べると、①については、部位別出現頻度を検討して、ニホンジカの狩猟を論じていく。②については、ニホンジカを素材とした骨角器の流通を論じていく。これは、石器や木器とは異なる様相が想定されているものの（石黒立人1997・2002a・2002b）、その実態は不明であった朝日遺跡における骨角器の生産と流通について、検討するものでもある。

II. 朝日遺跡における動物資源利用

　朝日遺跡は、愛知県清洲市、西春日井郡春日町、名古屋市西区に広がる弥生時代中期を中心とした大規模な集落遺跡である。濃尾平野に位置し、西に五条川、東に庄内川の流れる沖積平野に東西に伸びる標高2～3mの微高地上に立地している。墓域を含む遺跡範囲は、東西1.4km、南北0.8kmに及ぶ。

　これまで約30年におよび断続的に発掘調査が行われ、数多くの動物遺存体や骨角器の蓄積がある。本章では、これらの報告を総合して、朝日遺跡における動物資源利用（山崎健・織田銑一2006a）の概要をまとめていく。まず、朝日遺跡における動物資源利用を総合的に考察し、動物資源利用の中でニホンジカを位置づけていきたい。

1. 朝日遺跡における動物資源利用

　朝日遺跡では、湖沼や河川などを含んだ低湿地に生息する魚類（コイ科、ナマズ属など）、鳥類（カモ亜科、ガン亜科など）を積極的に利用していた。貝類でも、弥生時代中期中葉（貝田町式期）以降に淡水域に生息するオオタニシが一定量認められるようになる（山崎健・織田銑一2006a）。こうした様相は、低湿地における複合的な生業活動と位置づけられることができよう（河岡武春1977、菅豊1990、安室知1992）。低湿地は、ヌタ場として利用するイノシシ類の好む環境であり、実際にイノシシ類は哺乳類遺存体で主体を占めている。

　また、コイ、フナ属、ナマズ属などの淡水魚類は、「一時的水域」を繁殖場所とするこ

とが知られている（斉藤憲治1997）。弥生時代における洪水の活発化や人為的な土地改変（環濠や水田など）によって、遺跡周辺に「一時的水域」が形成された可能性は高いと推測される。とくに、朝日遺跡では弥生時代後期の環濠からヤナ状遺構が検出されており（田中禎子1988）、湖沼域や河川だけでなく、人為的に改変された水域についても漁撈活動の場として重要であったことが考えられる（山崎健・宮腰健司2005）。イノシシ類についても人為的に改変された土地を好むため、遺跡周辺の人為的な環境について近づいてきた可能性がある。

　以上のことから、朝日遺跡では、遺跡周辺に生息する、あるいは近づいてきた動物を積極的に利用していたことが示唆される。

2. 朝日遺跡におけるニホンジカ

　イノシシとニホンジカの生態をみると（三浦慎吾1991、阿部永監修2005）、広い食性をもつイノシシは森林から平野部にかけて広く分布し、とくに攪乱の多い不安定な環境に生息する。それに対し、草本と大本の葉を幅広く食べるニホンジカは森林から完全に離れて生活することはなく、パッチ状に草地が入り込んだ森林地帯に多く生息する。ニホンジカが遺跡周辺に近づく可能性は排除できないが、生息環境を考慮すると、ニホンジカは朝日遺跡からやや離れた森林地帯で主に狩猟されていたものと推測される。こうした森林地帯にはタヌキ、キツネ、イタチ、アナグマ、テンなど多くの中・小型哺乳類も生息していると考えられる。しかし、朝日遺跡では、水洗選別により資料を回収しているため、発掘調査時のサンプリングエラーの可能性は低い。このことから、ニホンジカは選択的に狩猟されたものと考えられる。

　このようにニホンジカは、他の動物遺存体に比べてやや異なる傾向が認められた。そのため、次章より「遺跡から出土したニホンジカ」および「ニホンジカを素材とした骨角器」について、分析を行っていく。

III. 分析資料

　分析資料は、愛知県埋蔵文化財センターに所蔵されている朝日遺跡出土の動物遺存体と骨角器である。動物遺存体については、1985〜1989年度調査資料（渡辺誠1987、宮腰健司・佐藤治1989、渡辺誠・田中禎子1986・1992、西本豊弘1992・1994、西本豊弘ほか1992）、1995・96年度調査資料（渡辺誠・田中禎子2000、新美倫子2000）、1999〜2002年度調査資料（山崎健・織田銑一2006b）を分析対象とした。骨角器については、1985〜1989年度調査資料（宮腰健司1990・1992）、1995・96年度調査資料（宮腰健司2000）、1999〜2002年度調査資料（川添和暁・山崎健2006）を分析対象とした。所属時期は、弥生時代中期（朝日式期〜高蔵式期）が主体である。

これらの資料について、次章の分析方法で述べるように、すでに報告された資料であっても現生骨格標本により種同定を再び行い、「遺跡から出土したニホンジカ」および「ニホンジカを素材とした骨角器」を選別した。その結果、合計で2,021点の分析資料が抽出された。このため、本稿で扱う分析資料は、これまでの報告された資料数とは異なる場合があることをご了承いただきたい。

IV. 分析方法

1. 同定

　分析資料は、現生骨格標本との比較により同定を行った。比較標本には、筆者所蔵標本の他に、名古屋大学大学院附属設楽フィールド所蔵の標本を用いた。同定対象は骨端部が残存する資料としたが、人為的な加工痕が観察された資料については骨幹部も同定対象とした。同定に関しては、「部位」、「左右」、「残存状況」、「成長段階」を記録した。「部位」

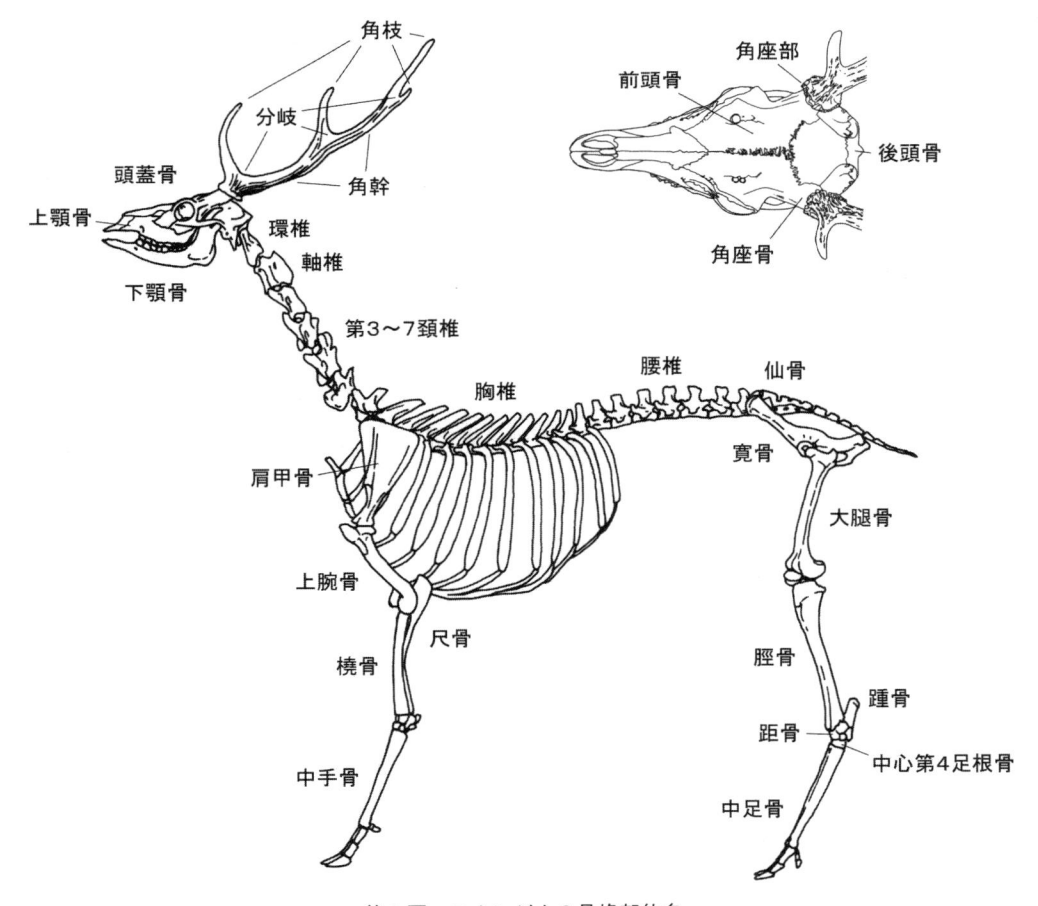

第1図　ニホンジカの骨格部位名
＊須藤隆編（1995）および西本豊弘（1999）に加筆修正した。

では資料の骨格部位（第1図）を、「左右」では左右のある骨格部位の資料について左右を記載した。「残存状況」は資料の残存状況を示す。長骨に関しては近位端および遠位端の有無を記載し、尺骨では滑車切痕の有無も記載した。また、肩甲骨では関節窩、寛骨では寛骨臼を記載した。その他の骨格部位に関しては、解剖学用語を用いて記載した。解剖学用語について、歯に関する項目は後藤仁敏・大泰司紀之、それ以外の項目は加藤嘉太郎・山内昭二に従った。（後藤仁敏・大泰司紀之1986、加藤嘉太郎・山内昭二1995）。また、「成長段階」は、上顎骨・下顎骨については歯の萌出・交換を記載し、四肢骨については骨端の癒合状況を記載した。

2. 定量的記載

定量的な分析を行うため、遺跡から出土したニホンジカを NISP（Number of Identified of Specimen：同定資料数）、MNI（Minimum Number of Individuals：最小個体数）、MNE（Minimum Number of Elements：最小骨格部位数）、MAU（Minimum Animal Units：最小動物単位数）を用いて算出した。

NISP とは、種および骨格部位が同定された資料数である。同定された資料数を単純に比較が出来るが、同一部位に由来した資料を重複して集計してしまう可能性がある。そのため、重複して集計する可能性を排除した MNI や同一種における骨格部位の出土量を比較するときに一般的に用いられる定量的な記載方法である MNE、MAU（Binford, L. R. 1978・1981・1984）を用いた。MNE とは骨格部位の最小個数である。MNE の算定にあたっては「左右」と「成長段階」を考慮した。MAU とは、MNE に動物1個体の持つ骨の数を考慮して算出した数である。部位別出現頻度を検討する際に、MAU の最も高い部位を基準として、部位ごとの出土比率を表すのが％MAU である。

V. 遺跡出土ニホンジカの年齢構成

遺跡から出土したニホンジカの年齢構成について、「上顎骨および下顎骨の歯の萌出・交換状況の観察による方法」と「四肢骨の癒合状況の観察による方法」の2つの側面から検討する。

1. 下顎歯の萌出・交換状況

下顎骨の歯の萌出・交換状況による基準（大泰司紀之1980）を参考として、1段階（第1大臼歯が未萌出）、2段階（第1大臼歯が萌出開始～完了）、3段階（第2大臼歯が萌出開始～完了）、4段階（第3大臼歯が萌出開始～萌出途中）、5段階（第3大臼歯が萌出完了）の5段階に分類した。分析結果を第2図に示す。1段階が0個体、2段階が0個体、3段階が4個体、4段階が6個体、5段階が22個体であった。年齢を考慮すると、1・2段階（5ヶ月齢未満）が

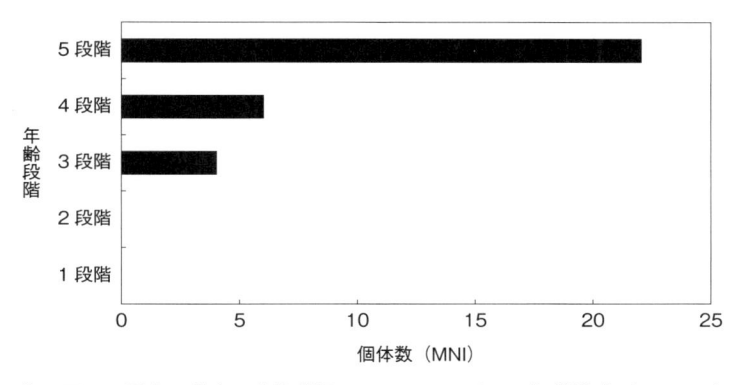

第2図 下顎歯の萌出・交換状況によるニホンジカの年齢構成 (MNI＝32)

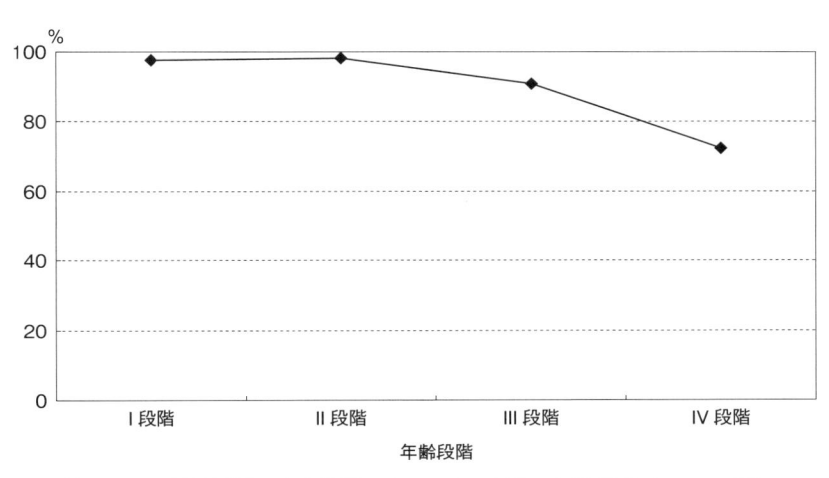

第3図 四肢骨骨端の癒合状況によるニホンジカの年齢構成 (MNE＝688)

0％、3段階（5～11ヶ月齢）が12.5％、4段階（12～20ヶ月齢）が18.75％、5段階（21ヶ月齢以上）が68.75％であった。

2. 四肢骨骨端の癒合状況

　四肢骨の各部位は成長に伴って骨端が癒合するため、癒合状況によっても年齢の推定は可能である。ニホンジカの基準はないため、同じシカ属のアカシカにおける四肢骨骨端の癒合状況による基準を用いた。İlgenzdi, G. の基準に従って、Ⅰ段階（肩甲骨関節窩、寛骨臼）、Ⅱ段階（上腕骨遠位端、橈骨近位端）、Ⅲ段階（中手・中足骨遠位端、脛骨遠位端、踵骨近位端、大腿骨近位端）[1]、Ⅳ段階（上腕骨近位端、橈骨近位端、尺骨近位端、尺骨遠位端、大腿骨遠位端、脛骨近位端）の4段階に分類した（İlgenzdi, G. 2000）。各段階において、「分析資料」に対して「骨端が癒合した資料（＝その年齢を超えて生存した個体）」の割合を算出して、「到達率（kill off pattern）」を求めた。

　分析結果を第3図に示す。年齢段階到達率がⅠ段階では97.74％、Ⅱ段階では98.10％、

III段階では90.73％、IV段階では72.46％であった。ニホンジカとアカシカにおける骨端が癒合する年齢の差異が明らかでないため、各段階における詳細な年齢は不明である。しかし、各段階での到達率が非常に高い点から、ほとんどのニホンジカが成獣であったことが確認できる。この結果は、下顎骨による年齢構成と矛盾しない。

3. 小結

遺跡から出土したニホンジカについて、歯の萌出・交換状況および四肢骨の癒合状況から年齢構成を推定した。どちらの結果からも、ほとんどの個体が成獣であるという結論が得られた。

VI. 食料資源としてのニホンジカの獲得

朝日遺跡では、ニホンジカの角、下顎骨、肩甲骨、尺骨、中手・中足骨が骨角器の素材として利用されている。本章では、遺跡出土ニホンジカについて、骨角器素材として利用されていない骨格部位における部位別出現頻度を検討し、朝日遺跡における食料資源としてのニホンジカの獲得を考察する。具体的には、食料資源としてのニホンジカが、朝日遺跡に全身で搬入されたのか、特定の部位のみが搬入されたのかについて検討する。

1. 部位別出現頻度

骨角器素材として利用されていない骨格部位について、MNEとMAUを算出した。さらに、骨角器素材として利用されていない骨格部位のうち、最もMAUが大きかった上腕骨遠位端（MAU=98）を基準として、それぞれの骨格部位の出現頻度（％MAU）を比較した（第1表）。分析結果について、％MAUが50％を境にして分けると、50％以上の骨格部位は上腕骨遠位端、距骨、寛骨、脛骨遠位端、橈骨近位端であった。また、50％以下の骨格部位は環椎、軸椎、橈骨遠位端、中心第4足根骨、踵骨、大腿骨遠位端、脛骨近位端、大腿骨近位端、第3～7頸椎、上顎骨、腰椎、上腕骨近位端、仙骨、胸椎であった。

この部位別出現頻度には、①ニホンジカの獲得・消費・廃棄など過去の人間活動、②廃棄後のイヌによる消費や持ち去り、③堆積後の骨の残存度（骨の強度）、などの影響が反映されたものと考えられる。遺物形成過程を考慮すると、①の過去の人間活動を議論するためには、②のイヌによる影響と③の骨格部位の強度についてまず検討しなければならない。

そのため、第2節ではイヌによる影響を検討し、第3節では骨の強度による影響を検討する。そして第4節で、廃棄後の影響を考慮した上でニホンジカの獲得を検討する。

2. イヌによる影響の検討

「Percentage survival」と「イヌの咬み痕」から、イヌによる影響を検討する。

第1表 遺跡出土ニホンジカの部位別出現頻度（骨角器素材として利用されていない骨格部位）

部位		NISP	MNE (L/R)	MAU	%MAU*
上顎骨		23	7 / 13	20.00	20.41
環椎		25	24	48.00	48.98
軸椎		23	23	46.00	46.94
第3〜7頸椎		52	52	20.80	21.22
胸椎		10	10	1.54	1.57
腰椎		32	32	10.67	10.88
仙骨		1	1	2.00	2.04
上腕骨	近位端	117	2 / 6	8.00	8.16
	遠位端		50 / 48	98.00	100.00
橈骨	近位端	95	26 / 29	55.00	56.12
	遠位端		23 / 20	43.00	43.88
寛骨		76	36 / 32	68.00	69.39
大腿骨	近位端	82	11 / 10	21.00	21.43
	遠位端		14 / 15	29.00	29.59
脛骨	近位端	107	19 / 8	27.00	27.55
	遠位端		41 / 26	67.00	68.37
距骨		81	39 / 42	81.00	82.65
踵骨		38	21 / 16	37.00	37.76
中心第4足根骨		40	24 / 16	40.00	40.82
合計		802	736	—	—

＊上腕骨遠位端（MAU＝98）を基準とした

第2表 骨格部位におけるイヌの影響（%survival）と骨密度（VD）

部位	%MAU	Brain (1976、1981) %survival	Lyman (1994) 計測部位	VD
環椎	48.98	18.8	Ave (AT1-3)*	0.18
軸椎	46.94	21.9	Ave (AX1-3)*	0.14
第3〜7頸椎	21.22	3.8	Ave (CE1-2)*	0.17
胸椎	1.46	2.5	Ave (TH1-2)*	0.26
腰椎	8.16	8.1	Ave (LU1-3)*	0.29
仙骨	2.04	1.6	Ave (SC1-2)*	0.18
上腕骨近位端	8.16	0.0	HU1	0.24
上腕骨遠位端	100	64.0	HU5	0.39
橈骨近位端	56.12	50.8	RA1	0.42
橈骨遠位端	43.88	17.2	RA5	0.43
寛骨	69.39	26.6	AC1	0.27
大腿骨近位端	21.43	14.1	Ave (FE1-2)*	0.39
大腿骨遠位端	29.59	7.0	FE6	0.28
脛骨近位端	27.55	10.1	TI1	0.30
脛骨遠位端	68.37	56.3	Ave (TI4-5)*	0.51
距骨	82.65	12.5	Ave (AS1-3)*	0.56
踵骨	37.76	10.9	Ave (CA1-4)*	0.49

＊Aveはカッコ内にある計測部位の平均値を示している。

(1) Percentage survival（第2表）

「Percentage survival」とは、Brain, C. K. がアフリカ南部のホッテントット集落で調査し

第3表 イヌ咬み痕

部位	NISP	イヌ咬み痕 n	%
頭蓋骨	211	2	0.95
角（破片）	303	3	0.99
角座（落角）	95	2	2.11
角座（不明）	10	0	0
上顎骨	23	0	0
下顎骨	82	5	6.10
環椎	25	1	4.00
軸椎	23	2	8.70
第3～7頸椎	52	1	1.92
胸椎	10	0	0
腰椎	32	1	3.13
仙骨	1	0	0
肩甲骨	79	11	13.92
上腕骨	117	32	27.35
橈骨	95	12	12.63
尺骨	52	14	26.92
寛骨	76	26	34.21
大腿骨	82	33	40.24
脛骨	107	25	23.36
距骨	81	18	22.22
踵骨	38	15	39.47
中心第4足根骨	40	0	0.00
中手・中足骨	387	26	6.72
合計	2021	229	11.33

た、犬によって破壊や消失されたヤギの骨のデータである（Brain, C. K. 1976・1981）。この「Percentage survival」とニホンジカの部位別出現頻度（％MAU）について、スピアマンの順位相関を用いて検定を行った。その結果、相関係数は $r_s=0.87$（P<0.01）と強い相関が認められた。すなわち、ニホンジカの部位別出現頻度にはイヌによる影響が大きく反映した可能性が高い。

(2) イヌ咬み痕（第3表）

円形の溝や穴が集中的に認められる痕跡を「イヌ咬み痕」として定義した。これらの痕跡は、厳密には食肉類の咬み痕と考えられる。しかし、朝日遺跡では遺跡から出土する食肉類はほとんどがイヌであるため、イヌの咬み痕であることが想定される。

分析資料 2,021 点のうち、イヌの咬み痕が観察された資料は 229 点（11.33％）であった。部位ごとに観察された頻度（NISP 算定）をみると、大腿骨と踵骨で約 40％ と高い値を示した。それに次いで、寛骨、上腕骨、尺骨、脛骨、距骨で約 20～30％ に観察された。また、分析資料の中には、骨端部がなく、筒状の骨幹部のみの資料も多く認められた。こうした資料にも咬み痕が認められることから、イヌが骨端部を破損した残滓であると考えられる（Binford, L. R. 1981）。イヌの咬み痕が多く認められたことは「Percentage survival」の結果とも一致する。例えば、部位別出現頻度が低い大腿骨には、イヌの咬み痕が 40.24％ と最も高頻度で観察されている。

3. 骨の強度による影響（第2表）

骨の密度から、骨の強度による影響を検討する。骨の密度については、ニホンジカの各骨格部位における骨密度のデータ（VD）を用いた（Lyman, R. L. 1994）。この骨密度とニホンジカの部位別出現頻度（％MAU）について、スピアマンの順位相関を用いて検定を行った。その結果、相関係数 $r_s=0.47$（P<0.01）と相関が認められた。すなわち、ニホンジカの部位別出現頻度には、骨密度が影響した可能性がある。例えば、部位別出現頻度が相対的に低かった脊柱（頸椎、胸椎、腰椎、仙骨）や上腕骨遠位端は、イヌによる咬み痕だけでなく、骨自体の強度が弱いために出土量が低かった可能性が考えられる。

4. 小結

　食料資源としてのニホンジカの獲得を議論するために、遺跡出土のニホンジカについて部位別出現頻度を求めた。その部位別出現頻度における廃棄後の影響を検討したところ、イヌや骨の強度による影響が反映された可能性が指摘された。すなわち、出現頻度が相対的に低い値であった骨格部位については、廃棄後の影響が反映し、廃棄された個数よりも過少に評価されたものと考えられる。したがって、食料資源としてのニホンジカは、特定の部位のみが持ち込まれたのではなく、全身が持ち込まれ消費されたことが示唆された。そのため、朝日遺跡におけるニホンジカ狩猟は、他遺跡との協業や肉の分配が行われた可能性は低いと考えられる。

VII. 骨角器素材としてのニホンジカの獲得

　骨角器素材として利用された骨格部位の出現頻度を検討することにより、道具素材としてのニホンジカの獲得を考察する。具体的には、骨角器素材として利用された骨格部位が、全身で持ち込まれたニホンジカを利用したのか、単独で流通していたのかについて論じていく。

1. 骨角器素材の利用率

　朝日遺跡ではニホンジカを素材とした骨角器が数多く出土している。ニホンジカの骨格部位のうち、骨角器の素材となった部位は角、下顎骨、肩甲骨、尺骨、中手・中足骨である。本節では、これらの骨角器素材となった部位の利用率を検討する。利用率を求めるにあたって、骨角器素材となった部位は、骨角器の製作技術や形態により大きく2つに分けられる。以下、それぞれについて骨角器素材の利用率を検討していく。

（1）　素材となった骨格部位の形状が骨角器に残されており、骨端部や関節面が確認できるため、定量的な記載が可能な資料。

（2）　骨角器が素材を細かく分割して製作されており、素材となる骨格部位の形状が骨角器に残されていないため、定量的な記載が不可能な資料。

（1）　素材となった骨格部位の形状が残された骨角器

　下顎骨、肩甲骨、尺骨を素材とした骨角器が該当する。これらの資料については「各骨格部位数（MNE）」に対して「骨角器として利用された骨格部位（MNE）」の割合を算出して、「利用率」を求めた。

　その結果、下顎骨では61点のうち10点（16.39％）が掻器や刺突具に利用されていた。肩甲骨では72点のうち7点（9.72％）がト骨に利用されていた。尺骨では50点のうち12点（24.00％）が刺突具やヘラに利用されていた。したがって、これらの骨格部位では、獲

得した骨格部位のうち約 10～20％ が骨角器素材として利用されていたと考えられた。

(2) 素材となった骨格部位の形状が残されていない骨角器

　角や中手・中足骨を素材とした骨角器が該当する。これらの資料は、骨角器を製作する際に、素材が細かく分割されているため、前節のような利用率の推定は不可能である。そのため、分割された素材に残された「骨角器の製作痕跡」を観察して、利用率を推定していく。

1) 観察された痕跡

　骨角器の製作に関する痕跡のうち、「長軸に対して垂直方向に分割した痕跡（横方向の分割）」について検討する。「骨角器の製作痕跡」は、原田幹・宮腰健司（2005）を参考として、次のように定義した（第4図）。

打撃による分割：平坦な加工面が複数の方向から切り合って認められた痕跡。
擦切りによる分割：溝の断面形がV字やU字を呈し、溝の底部には溝と並行する形の
　　　　　　　　　線状痕が認められる痕跡。

　分析の結果を第4表に示す。中手・中足骨 387 点の資料から、166 ヶ所に製作痕跡が認められた。部分ごとにみると、近位端で 22 ヶ所、遠位端で 144 ヶ所であった。角では、角のある頭蓋骨や角の破片など 619 点の資料から 373 ヶ所に製作痕跡が認められた。角の部位ごとにみると、角枝に 98 ヶ所、角幹に 210 ヶ所、分岐に 31 ヶ所、角座骨に 34 ヶ所であった。分析を総合すると、中手・中足骨では擦切りによって分割することが 97.59％

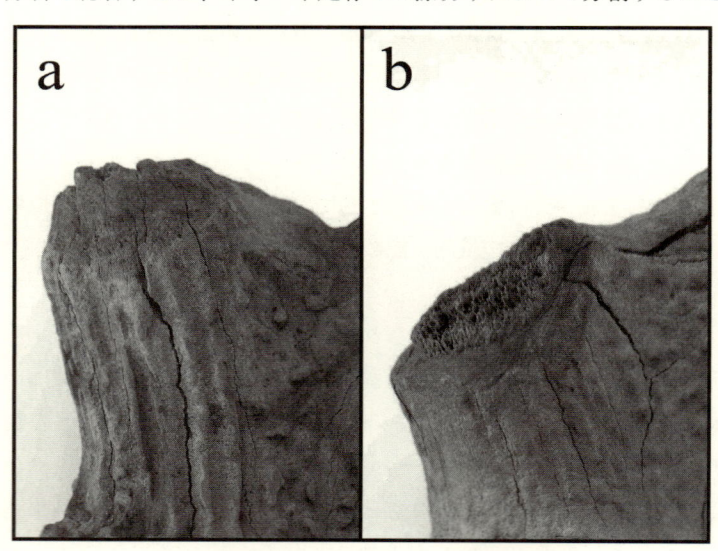

第 4 図　骨角器の製作痕跡
a：打撃による分割　b：擦切りによる分割

第4表 骨格器の製作痕跡

製作痕	角					中手・中足骨		
	角座骨	角幹	分岐	角枝	合計	近位端	遠位端	合計
擦切り	2	38		21	61 (16.35%)	22	140	162 (97.59%)
打撃	32	170	31	77	310 (83.11%)		4	4 (2.41%)
擦切り＋打撃		2			2 (0.54%)			

と多く、角では打撃によって分割することが83.11%と多いことが明らかとなった。また、角では、比較的太い部分に対しては打撃によって分割することが多く、比較的細い部分には擦切りで分割することがある傾向も認められた。

2) 利用率

この骨角器の製作痕跡が観察された資料の中で、定量的記載が可能な部分として、角では角座骨を、中手・中足骨では遠位端を抽出し、「各骨格部位数（MNE）」に対して「骨角器製作の痕跡が認められる資料（MNE）」の割合を算出して、「利用率」を求めた。その結果、角座骨のついた状態の角では、148点のうち未加工の資料は1点も存在しなかった（100%）。中手・中足骨の遠位端では、153点のうち144点（94.12%）について骨角器の製作痕跡が認められた。

したがって、角や中手・中足骨は、獲得した部位のほとんどが骨角器素材として利用されていたと推測される。

2. 部位別出現頻度

頭蓋骨、下顎骨、肩甲骨、尺骨、中手・中足骨について、同様にMNEとMAUを求めた。%MAUの算定にあたっては、前章でニホンジカが全身で持ち込まれたことが明らかとなったため、前章と同様に上腕骨遠位端（MAU=98）を基準とした（第5表）。その結果、

第5表 遺跡出土ニホンジカの部位別出現頻度（骨角器素材として利用された骨格部位）

	部位	NISP	MNE（L/R）	MAU	%MAU*
頭蓋骨	前頭骨	211	77 / 66 （左右不明：6）	149.00	152.04
	角座骨		80 / 69 （左右不明：29）	178.00	181.63
	角座部（非落角）		64 / 58 （左右不明：26）	148.00	151.02
	後頭骨		38	76.00	77.55
下顎骨		82	29 / 32	61.00	62.24
肩甲骨		79	28 / 44	72.00	73.47
尺骨		52	26 / 24	50.00	51.02
中手・中足骨	近位端	387	57	28.50	29.08
	遠位端		150	75.00	76.53
合計		811	903	—	—

＊上腕骨遠位端（MAU=98）を基準とした

％MAU が 100 以下の骨格部位は後頭骨、下顎骨、肩甲骨、尺骨、中手・中足骨であり、％MAU が 100 以上の骨格部位は、前頭骨、角座骨、非落角の角座部であった。

まず、頭蓋骨以外の骨格部位について検討する。下顎骨、肩甲骨、尺骨、中手・中足骨はすべて％MAU が 100 以下であった。これは全身で搬入されたニホンジカの骨格部位（骨角器素材に利用していない部位）の出現頻度と変わらない値である。したがって、骨角器素材となった下顎骨、肩甲骨、尺骨、中手・中足骨については、全身で持ち込まれたニホンジカの骨を利用したことが示唆された[2]。

また、頭蓋骨については、前頭骨、角座骨、角座部（非落角）は％MAU が 100 以上で、

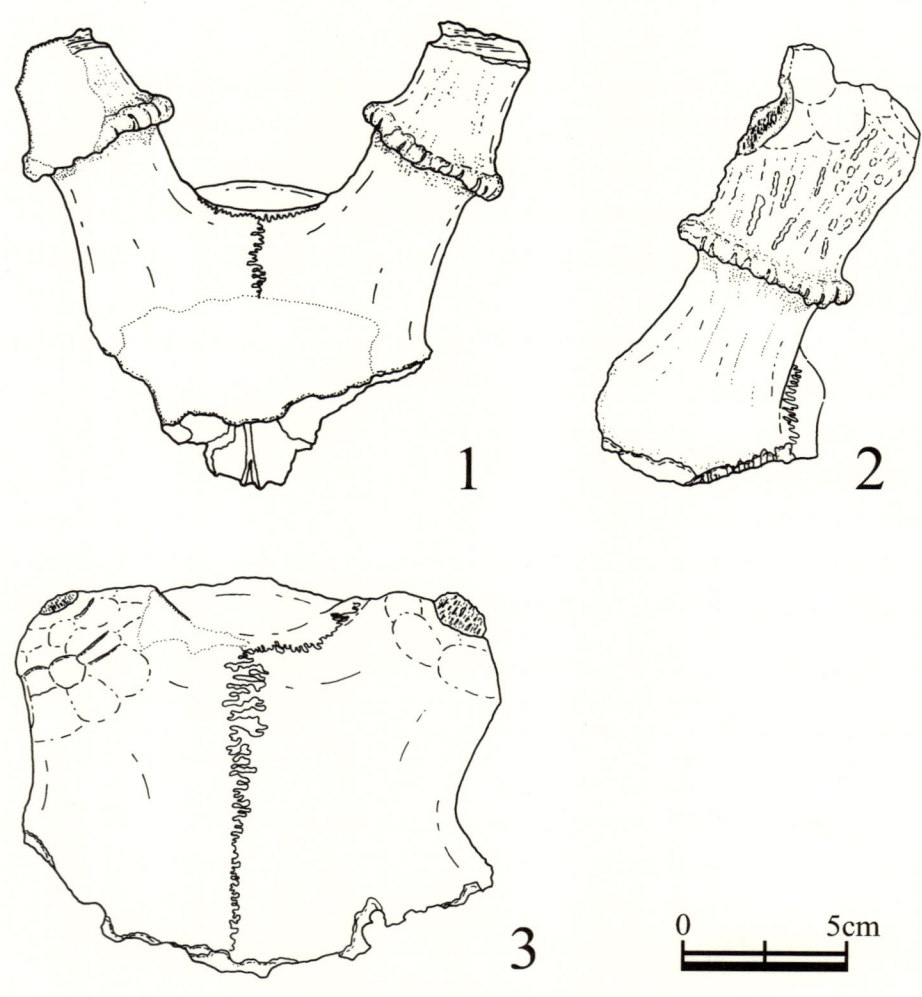

第5図 「角座骨がついた状態の角」を利用した事例
1：左右の前頭骨・角座骨・角座部が残存し、両側の角幹部が擦切りによって分割されている（61H-xb-159）。
2：左の前頭骨・角座骨・角座部が残存し、角幹部・角枝部が打撃によって分割されている（99〜02年度資料：No.95）。
3：左右の前頭骨・角座骨が残存し、両側の角座骨が打撃によって分割されている（60D-xb-237）。

後頭骨のみ％MAUが100以下であった。これは、全身で搬入されたニホンジカの骨格部位を利用しただけでなく、前頭骨と角座骨と角座部（非落角）のみが個別に搬入されたものと考えられる。すなわち、角座骨がついた状態の角（角座骨のある角）が流通していた可能性が示唆された（第5図）。

3. 落角の獲得

前節では、「角座骨がついた状態の角」が流通していた可能性が示唆された。そこで、落角と「角座骨のある角（非落角）」

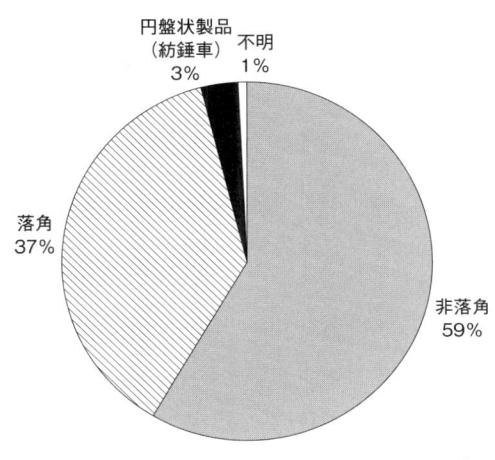

第6図　角座部における落角と非落角の割合（MNE＝252）

について検討する。ニホンジカの角は春になると脱落する。この脱落した「落角」と「角座骨のある角（非落角）」では、その獲得技術に大きな違いが存在している。ニホンジカの角を「狩猟により採集する技術」と「落角を拾う技術」で比較すると、探索や狩猟、解体に要する労力・時間などのコストが大きく異なってくる。さらに、落角を採集するには特殊な道具も必要としない。

そこで、角座部に着目して落角と非落角の比率を検討した（第6図）。その結果、非落角が59％、落角が37％であり、非落角がやや多いという結果であった。その他に、落角と非落角の区別が不明の資料があり、円盤状製品（紡錘車）として加工された資料が3％、保存状態が悪い資料が1％であった。

獲得に関わるコストの低減につながる落角利用であるが、①落角は獲得できる期間が限られている点、②角座部を挟んで角座骨から角幹まで利用する骨角器（棒状鹿角製品など）は「角座骨のある角」でなければ製作できない点など、落角と非落角の利用に関しては、複合的な背景が考えられる[3]

4. 小結

骨角器素材となった骨格部位について利用率を検討したところ、下顎骨、肩甲骨、尺骨は約10～20％であった。それに対し、角と中手・中足骨はほとんどで骨角器の製作痕跡が認められ、骨角器素材として非常に重要であったことが明らかとなった。しかし、角と中手・中足骨では獲得形態が異なっており、中手・中足骨は獲得したニホンジカの骨を利用しているのみであったが、角は角座骨がついた状態で流通している可能性が考えられた。落角が流通している可能性もあるが、朝日遺跡では落角よりも角座骨のある角が多く搬入されていた。

VIII. 最後に

1. 本稿のまとめ

　本稿では、朝日遺跡の動物資源利用を検討し、朝日遺跡では低湿地という遺跡により近い空間、とくに人為的に改変された環境に近づいてきた動物を積極的に利用していたことを指摘した。そして、その中で、ニホンジカのみが主に遺跡からやや離れた森林地帯で獲得されたと推測された。その際に、他の小・中型哺乳類がほとんど出土していないことから、選択的にニホンジカが獲得された可能性が示された。

　次に、朝日遺跡におけるニホンジカの資源利用を検討した。分析の結果、ニホンジカは全身の状態で遺跡に持ち込まれたものと考えられた。持ち込まれたニホンジカは食料資源だけではなく、下顎骨、肩甲骨、尺骨についてはその一部が、中手・中足骨についてはほとんどが骨角器素材として利用されていたことを指摘した。また、角に関しては持ち込まれたニホンジカを利用していただけでなく、角座骨のある角が流通していた可能性が示唆された。落角も流通している可能性があるが、落角よりも角座骨のある角の方が多く搬入されていた。

　動物資源利用の観点からみると、ニホンジカは食料資源としてだけではなく、道具素材としても重要であったと考えられる。とくに、朝日遺跡では、獲得したニホンジカに加えて、角座骨のある角を単独で獲得していた可能性が示唆された。したがって、朝日遺跡におけるニホンジカは、食料資源以上に道具素材資源として重要であったと言えよう。

　さらに、資源獲得に関わるシステムをみると、ニホンジカが全身の状態で持ち込まれていたことから、朝日遺跡におけるニホンジカの狩猟は、他遺跡との協業や肉の分配が行われた可能性は低いと考えられた。一方で、道具素材となる角は流通していた可能性が示唆された。これらのことから、ニホンジカの食料資源と道具素材資源では、その獲得システムが異なっていたことが推測される。

2. 動物資源利用からみた「角のない鹿」

　ニホンジカは、弥生時代の絵画に描かれることが最も多い動物である。朝日遺跡でも、弥生時代中期後葉以降にシカを線刻した土器が多く認められるようになる（石黒立人 1994）。描かれたシカの多くは角の表現がないことが知られており、落角後のオスジカという見解（春成秀爾 1991）とメスジカという見解（佐原真 1996）の2つの解釈が存在している。

　本稿で論じたように、動物資源利用の観点からみると「角のある鹿」は道具素材として重要であった。そうすると、「角のない鹿」は、落角後のオスジカであれメスジカであれ、動物資源利用の観点からみると「道具素材として有用な角を持たない鹿」であったといえる。したがって、弥生時代の絵画に描かれた「角のない鹿」は、少なくとも動物資源利用

とは異なる価値観が表現されたものと解釈することができよう。

3. 動物遺存体研究と骨角器研究の齟齬

　本稿で検討したように、朝日遺跡では、ニホンジカの角は骨角器素材として非常に重要であり、ニホンジカの角が角座骨のある状態でも流通していたことを明らかとした。この朝日遺跡における事例が、朝日遺跡特有の現象なのか、他遺跡に広く適用できるのかについては、それぞれの遺跡ごとに検討しなければならない問題である。しかし、少なくとも、本研究によって、食料資源のみが強調された動物資源利用、食料獲得のみを目的とした狩猟活動については見直す必要が生まれてこよう。

　考古学において多様な動物資源利用の研究が立ち遅れている要因の1つとして、動物遺存体研究と骨角器研究の齟齬があげられる。遺跡から出土する動物質資料について、発掘調査報告書が作成される段階で、人工遺物である「骨角器」と自然遺物である「動物遺存体」として、分析資料が分けられていることが多い。これは石器研究で言えば、わかりやすく道具の形態をしている石鏃などのみを道具として分析し、石核や剥片などは石材同定の分析しか行われていないことと同じであろう。そのため、骨角器研究では資源獲得段階の研究が立ち遅れており（山崎健2006、山崎健・織田銑一2006c・2007）、動物遺存体研究では食料資源利用に限定した解釈に偏ってしまう可能性がある。本稿で用いた部位別出現頻度についても、骨角器の分析に用いられた資料を考慮しないで解釈されてしまう危険性が指摘できる。

　動物遺存体研究と骨角器研究が同じ分析資料を共有することにより、考古学において多用な動物資源利用の研究が進むことが期待される。

4. 多様な動物資源利用の復元をめざして

　縄文時代における狩猟産品（毛皮、骨角、薬の原材料など）の交易の可能性を指摘した佐々木史郎の問いかけに対して、考古学はどのように答えられるのだろうか（佐々木史郎2004）。本稿では、食料資源以外の動物資源利用として、道具素材としての動物資源利用しか論じられていない。しかし本来、動物資源は多様な利用がなされていたとことが想定される。

　例えば、朝日遺跡でも認められたイノシシ類やニホンジカの選択的な狩猟については、弥生時代に共通している可能性が高い（松井章1991、西本豊弘1997、甲本眞之2000）。しかし、イノシシ類やニホンジカを選択的に狩猟した点とともに、小・中型哺乳類がほとんど出土していない点についても検討する必要がある。動物資源利用の観点からみると、小型・中型哺乳類は食料資源と共に毛皮資源として非常に有用である。したがって、弥生時代になり、それまで毛皮素材として用いられていた中・小型哺乳類が捕獲されなくなった要因としては、以下の2点が考えられる。

①小型・中型哺乳類の毛皮に代わる別の資源が導入されたため、小型・中型哺乳類が獲得されなくなった。
②小型・中型哺乳類の毛皮のみが流通したため、遺跡から骨が出土しなくなった。

この2つの仮説に対して、①については遺跡から出土した布類や、衣服の製作に関わる遺物の検討を行う必要があろう。②については、石器など加工具の研究や、より山間部に近い遺跡から出土する動物遺存体について検討する必要があると思われる。
本稿が、考古学における多様な動物資源利用の研究の一助となれば幸いである。

謝辞

まず、長年にわたる朝日遺跡の発掘調査による膨大な出土資料をしっかりと管理・保管されている愛知県埋蔵文化財センターに敬意を表したい。
本稿は、近江貝塚研究会第155回研究会で発表した内容の一部を加筆修正したものである。発表に際しては、参加された方々より貴重なご意見をいただきました。また、本稿を執筆するにあたり、下記の方々からご教示やご配慮を得ました。記して感謝いたします。

織田銑一先生（名古屋大学大学院生命農学研究科）、磯谷和明氏・原田幹氏（愛知県教育委員会）、宮腰健司氏・鬼頭剛氏・蔭山誠一氏・川添和暁氏（愛知県埋蔵文化財センター）、愛知県教育委員会、愛知県埋蔵文化財センター、名古屋大学大学院附属設楽フィールド

須藤隆先生の下で現在の研究における基礎を学ばせていただきました。その御学恩に感謝し、本稿を献呈させていただきます。

註

1) İlgenzdi, G. (2000) では、II段階の成長を示す部位として「基節骨近位端」と「中節骨近位端」も示されている。しかし、本稿では指骨（基節骨・中節骨・末節骨）を分析対象としなかったため、これらの成長段階については検討していない。
2) なお、中手・中足骨近位端の出現頻度が遠位端に比べて極端に低いのは、骨角器製作による影響が大きい反映したものと考えられる。中手・中足骨製のヤス状刺突具の製作工程をみると、遠位端は除去するものの、近位端は除去しない資料が数多く存在する。そのため、①近位端が研磨工程などにより観察できなくなった、②近位端の使われたヤス状刺突具が遺跡に廃棄されなかった、などの要因によって、中手・中足骨近位端の出現頻度が低くなったと考えられる。
3) 落角には齧歯類の咬み痕が認められることがある（宮尾嶽雄・拓植達雄 1974）。筆者も現生標本の落角の多くに齧歯類の咬み痕があることを確認している。しかし、今回の分析資料の角には齧歯類の咬み痕は認められなかった。角が落ちてどれぐらいの期間で齧歯類の咬み痕が認められるのかは不明であるが、落角が落ちてから比較的短期間で採集されたことを示すのかもしれない。

落角の獲得を考察する上で、今後の検討課題としたい。

引用文献

阿部　永（監修）2005『日本の哺乳類　改訂版』　東海大学出版会

Binford, L. R. 1978 *Nunamiut Ethnoarchaeology*. Academic Press

Binford, L. R. 1981 *Bones : Ancient Men and Modern Myths*. Academic Press

Binford, L. R. 1984 *Faunal remains from Klasies River Mouth*. Academic Press

Brain, C. K. 1976 Some Principles in the Interpretation on bone accumulations associated with man. *Human Origins : Louis Leakey and the East African Evidence*. pp. 96-116.

Brain, C. K. 1981 *The Hunters or the Hunted ? An Introduction to African Cave Taphonomy*. The University of Chicago Press

原田　幹・宮腰健司 2005「愛知県朝日遺跡における骨角器の製作技術」『日本考古学協会第71回総会研究発表要旨』pp. 98-101

İlgenzdi, G. 2000 Zooarchaeology at Çaönü : A Preliminary Assesment of the Red Deer Bones. *Archaeozoology of the Near East IVA*. pp. 41-153

石黒立人 1994「線刻土器」『朝日遺跡Ⅴ』　愛知県埋蔵文化財センター　pp. 180-191

石黒立人 1997「手工業生産と弥生社会をめぐるラフ・スケッチ―伊勢湾地方を中心として―」『考古学フォーラム』8 pp. 1-27

石黒立人 2002a「弥生時代の生産と流通―伊勢湾地方を中心にして―」『川から海へ1-人が動く・モノが運ばれる―』pp. 7-14

石黒立人 2002b「生産と流通からみた伊勢湾地方の弥生集落」『日本考古学協会2002年度橿原大会研究発表会資料』pp. 217-226

後藤仁敏・大泰司紀之 1986『歯の比較解剖学』　医歯薬出版株式会社

加藤嘉太郎・山内昭二 1995『改訂　家畜比較解剖図説』　養賢堂

河岡武春 1977「低湿地文化論ノート―農漁民あるいは漁農民について―」『近畿民具』1

川添和暁・山崎　健 2006「骨角製品」『朝日遺跡Ⅶ』　愛知県埋蔵文化財センター　（印刷中）

甲本眞之 2000「弥生時代の食糧事情」『環境と食糧生産』古代史の論点1　小学館　pp. 167-182

Lyman, R. L. 1994 *Vertebrate Taphonomy*. Cambridge University Press

松井　章 1991「弥生時代の動物食」『弥生文化―日本文化の源流をさぐる―』　大阪府立弥生文化博物館　pp. 89-94

三浦慎吾 1991「日本産偶蹄類の生活史戦略とその保護管理―標本個体群の検討から―」『現代の哺乳類学』　朝倉書店　pp. 244-273

宮腰健司 1990「朝日遺跡出土の骨角器」『年報　平成元年度』　愛知県埋蔵文化財センター　pp. 77-86

宮腰健司 1992「骨角製品」『朝日遺跡Ⅲ』　愛知県埋蔵文化センター　pp. 43-52

宮腰健司 2000「骨角器」『朝日遺跡Ⅵ-新資料館地点の調査―』　愛知県埋蔵文化センター　pp. 398-410

宮腰健司・佐藤　治 1989「朝日遺跡出土の動物遺存体」『年報　昭和63年度』　愛知県埋蔵文化センター　pp. 150-157

宮尾嶽雄・拓植達雄 1974「シカの落角をかじるヒメネズミ」『日本哺乳類雑記』3 pp. 62-63

新美倫子 2000「朝日遺跡出土の動物遺体」『朝日遺跡 VI-新資料館地点の調査―』 愛知県埋蔵文化財センター pp. 438-457

西本豊弘 1992「朝日遺跡の弥生時代のブタ」『朝日遺跡 II（自然科学編）』 愛知県埋蔵文化財センター pp. 213-242

西本豊弘 1994「朝日遺跡出土のイヌと動物遺体のまとめ」『朝日遺跡 V』 愛知県埋蔵文化財センター pp. 329-338

西本豊弘 1997「弥生時代の動物質食料」『国立歴史民俗博物館研究報告』70 pp. 256-265

西本豊弘 1999「哺乳類の骨の分類」『考古学と動物学』考古学と自然科学② 同成社 pp. 21-36

西本豊弘・佐藤治・新美倫子 1992「朝日遺跡の動物遺体」『朝日遺跡 II（自然科学編）』 愛知県埋蔵文化センター pp. 207-212

春成秀爾 1991「角のない鹿—弥生時代の農耕儀礼—」『日本における初期弥生文化の成立』横山浩一先生退官記念論文集 II 横山浩一先生退官記念事業会 pp. 442-481

大泰司紀之 1980「遺跡出土ニホンジカの下顎骨による性別・年齢・死亡季節査定法」『考古学と自然科学』13 pp. 51-74

佐原 真 1996『祭りのカネ銅鐸』歴史発掘 8 講談社

斉藤憲治 1997「淡水魚の繁殖場所としての一時的水域」『日本の希少淡水魚の現状と系統保存—よみがえれ日本産淡水魚—』 禄書房 pp. 194-204

佐々木史郎 2004「毛皮交易による狩猟採集社会の世界システムへの参入」『シカ・イノシシ資源の持続的利用に関する歴史動態論的研究』科学研究費補助金基盤研究 (B)(2) pp. 93-97

菅 豊 1990「「水辺」の生活誌—生計活動の複合的展開とその社会的意味—」『日本民俗学』181 pp. 41-81

須藤 隆 1995『縄文時代晩期貝塚の研究 2 中沢目貝塚 II』 東北大学文学部考古学研究室

田中禎子 1988「愛知県朝日遺跡のヤナ」『季刊考古学』25 pp. 45-59

山崎 健 2006「渥美半島における貝輪素材の獲得」『考古学ジャーナル』543 pp. 15-19

山崎 健・宮腰健司 2005「朝日遺跡出土の魚類遺存体」『研究紀要』6 愛知県埋蔵文化財センター pp. 34-45

山崎 健・織田銑一 2006a「朝日遺跡における動物資源利用」『朝日遺跡 VII』 愛知県埋蔵文化財センター （印刷中）

山崎 健・織田銑一 2006b「朝日遺跡出土の動物遺存体」『朝日遺跡 VII』 愛知県埋蔵文化財センター （印刷中）

山崎 健・織田銑一 2006c「渥美半島における打ち上げ貝類の研究」『田原の文化』32 pp. 13-30

山崎 健・織田銑一 2007「縄文時代後晩期における貝輪素材の獲得と搬入に関する研究—愛知県伊川津貝塚出土のタマキガイ科製貝輪の分析から—」『古代』120 早稲田大学考古学会 （印刷中）

安室 知 1992「低湿地文化論・再考」『長野市立博物館紀要』1 pp. 1-10

渡辺 誠 1987「朝日遺跡 61B 区貝層のブロック・サンプリング」『年報 昭和 61 年度』 愛知県埋蔵文化センター pp. 87-94

渡辺 誠・田中禎子 1986「朝日遺跡貝層ブロック・サンプリングの調査報告」『年報 昭和 62 年度』 愛知県埋蔵文化センター pp. 92-117

渡辺 誠・田中禎子 1992「朝日遺跡貝層ブロック・サンプリングの調査報告」『朝日遺跡 II（自然

科学編)』 愛知県埋蔵文化センター pp. 159-182

渡辺　誠・田中禎子 2000「朝日遺跡貝層ブロック・サンプリングの調査報告」『朝日遺跡 VI-新資料館地点の調査―』 愛知県埋蔵文化センター pp. 413-430

円筒土器文化圏における食料獲得活動の地域性
―青森県東北町東道ノ上(3)遺跡出土動物遺存体の分析―

斉 藤 慶 吏

I. はじめに

　本州北端に位置する青森県の縄文時代動物遺存体については、数量的な記載、報告に基づき、組成内容まで具体的に論じられた事例が少なく、不明な点が多いのが現状である。当該地域では、縄文時代を通じて、開窩式離頭銛や結合式釣針に代表される北方系統の骨角製漁撈具がみられ、出土動物遺存体内容の定性的な記載から、東北地方南部や関東地方と比較して、陸棲大型哺乳類の出土が少ないことが指摘されていた(村越潔1974)。縄文時代における本州島の主要な狩猟対象獣が、ニホンジカとイノシシの2種であることは早くから指摘されており、東北地方南部以南で、その割合は出土哺乳類組成の7割以上を占めることが、明らかにされている(西本豊弘1991)。その一方で、津軽海峡を隔てた北海道南部の貝塚では多量の海棲哺乳類が出土し、これらが蛋白源として重要な位置づけを占めていたことが指摘されている(西本豊弘1984、金子浩昌1986、新美倫子1990)。近年ではこうした傾向が動物遺存体の分析のみならず、古人骨の安定同位体比を用いた食性分析(南川雅男2001)からも指摘されており、当該地域の生業様式については、共通する円筒土器文化圏にありながら生物分布境界のブラキストン線を挟む北海道南部地域、大木式土器文化圏内にあたる東北地方南部地域との関連性が注意されるところである。
　小論は、小川原湖周辺地域に位置する東道ノ上(3)遺跡から出土した動物遺存体の分析を中心に、これまでに報告されている青森県内出土の円筒下層式期動物遺存体資料を概観し、円筒土器文化の食料獲得活動について考察を加えるものである。

II. 問題の所在と研究略史

　対象とする円筒土器文化圏とは、東北地方北部から、北海道西南部にかけて、バケツ形の器形を特徴とする「円筒土器」の出土する遺跡が分布する地域を指す。「円筒土器」は青森県五所川原市オセドウ貝塚、八戸市是川一王寺遺跡の調査で出土した土器について、長谷部言人が与えた名称であり、山内清男はその型式内容を下層式(前期)と上層式(中期)に大別し、下層式を4型式、上層式を2型式に細別した(長谷部言人1927、山内清男1929)。以来、円筒土器そのものの研究のみならず、石器や骨角器、土偶といった他の物質文化要素の独自性も論じられるようになり、縄文時代前期から中期にかけて、東北地方

南部の大木式土器文化圏と並び、東北地方北部から北海道南部に展開した独自の文化としての見方が次第に定着するようになった。

当該地域の動物遺存体については、出土した貝種に関する記載や海進現象についての考察が非常に早い段階からなされていた（佐藤重紀 1891、若林勝邦 1919）が、戦前までは史前学研究所による是川一王寺遺跡（宮坂光次 1930）、吉田格、直良信夫らによるオセドウ貝塚（吉田格・直良信夫 1942）など、ごく一部の調査報告で和名表記が付される程度であった。

1950年代以降、下北半島から八戸周辺、太平洋側の地域で縄文時代早期から前期にかけての貝塚調査が江坂輝彌、佐藤達夫らによって実施され、出土した動物遺存体の同定は直良信夫、大給尹に委ねられるようになる。この時期から、食料資源の解明に出土動物遺存体を用いるという視点が徐々に現れ、近接する遺跡間でその内容を比較するという試みも開始される（音喜多富寿 1956）。

1960年代には、出土動物遺存体の全国的な集成が公にされ（酒詰仲男 1961）、狩猟・漁撈対象動物の地域性が論じられるようになる。この頃、列島全域で精力的な動物遺存体の報告を行い始めた金子浩昌は、下北半島、小川原湖畔、八戸近郊、津軽半島という地域区分で青森県周辺の貝塚の分布、出土動物遺存体の内容について整理を行っている。日本海側の地域については基礎資料が乏しい状況にありながらも、当該地域の貝塚は小規模なものが多く、本州北端における厳しい自然環境の影響が示唆されると述べている（金子浩昌 1965）。

1970年代から80年代にかけて、関東地方や東北地方南部では貝塚調査のサンプリング方法に関する問題意識の高まりとともに土壌水洗選別を悉皆的に行う手法が定着し、動物遺存体を基礎資料とする生業研究に新たな展開がみられた（鈴木公雄ほか 1981、須藤隆ほか 1984）。青森県では八戸市長七谷地貝塚で全量回収を目指した最初の調査が実施され、出土した動物遺存体はニホンジカやイノシシといった獣骨の割合が非常に少なく、集落の生業が漁撈を中心に展開されていたことが推定されている（市川金丸ほか 1980）。

渡辺誠は、動物質食料に対して低調だった植物質食料研究の課題を整理し、縄文時代前中期の土器文化圏が植生や動物分布と密接な関連を有することを指摘した（渡辺誠 1982）。更に、ブラキストン線をまたいで共通の土器文化がみられる青森県と道南は哺乳類・鳥類の生物分布よりも植物の利用環境についての主体的な選択がうかがわれる地域であるとし、円筒土器文化の植物利用、食料獲得活動研究の重要性に言及した。また、前稿から約20年の資料の蓄積を経て、再び列島の出土動物遺存体内容の地域性を検討した金子浩昌は当該地域の動物利用について、より具体的に論じ、大型陸棲哺乳類は少なく、海棲哺乳類の出土も限定的で、馬淵川流域、陸奥湾域下北半島側などでは、漁撈主体という評価がなされている（金子浩昌ほか 1982）。

1992年に開始された青森市三内丸山遺跡の調査では、円筒下層式期を中心とした低湿地土壌のサンプリングと多角的な自然科学分析によって、集落周辺の植生環境の復元が行

われ、植物遺体や動物遺存体の内容が明らかにされた他、花粉化石やDNA分析によって、集落周辺にクリ林が存在し、管理栽培が行われていた可能性も指摘されている（青森県史編さん考古部会2002）。三内丸山遺跡の動物質食料については、第六鉄塔地区から出土した円筒下層a・b式期に帰属する動物遺存体の内容を中心に分析がなされ、ノウサギやムササビといった小型哺乳類が多く出土し、縄文時代の典型的な狩猟対象獣とされるシカ・イノシシの出土量が著しく少ないことが確認された。西本豊弘は、つがる市田小屋野貝塚、八戸市長七谷地貝塚、畑内遺跡と出土哺乳類の内容を対比する中で、シカ・イノシシに依存しない生業形態は青森県南部の畑内遺跡では認められず、円筒土器文化一般の特徴というよりは青森県北部の地域的な特性であるとの見解を示した（西本豊弘1998）。また、海棲哺乳類の出土も少なく、交換を背景とする食肉消費が含まれている可能性に言及している。樋泉岳二は魚種の多様性と、出土量から、三内丸山集落に居住した人々が、高度な海洋適応能力を備えた集団であることを確認し、さらに、出土部位の出現傾向から、保存加工技術の発達とそれを背景とした交易的関係の確立を示唆している（樋泉岳二1998）。

以上、当該地域の食料獲得活動に関連する研究の流れを簡単に述べたが、青森県における動物遺存体研究は、貝塚調査が少なく、定量的なサンプリングに基づいた量的把握は立ち遅れていた。北海道や東北地方南部との関係を検討するための十分な比較資料は、近年の三内丸山遺跡の調査に至るまで求められない状況にあった。更に、大規模拠点集落的様相のみられる三内丸山遺跡で確認された植物利用、動物利用のあり方が青森県内の他の円筒土器文化一般に敷衍できるものであるのかという問題についても未解決であり、同時期の比較資料が求められていた所であった。

2004年に実施された東道ノ上（3）遺跡の調査では、動物遺存体を包含する層において5mmメッシュ以上の悉皆的な土壌サンプリングを実施し、三内丸山遺跡第六鉄塔地区出土資料との比較分析可能な資料の獲得が目指された。次章以降では、東道ノ上（3）遺跡から出土した動物遺存体を中心に扱い、組成内容、大型陸棲哺乳類（イノシシ・ニホンジカ）の年齢構成、個体サイズの比較を行うことで、青森県を中心とした円筒土器文化圏における食料獲得活動の地域的特性を検討する。

III. 東道ノ上（3）遺跡出土動物遺存体の分析

1. 遺跡の概要

東道ノ上（3）遺跡は青森県東北町大字大浦字東道ノ上に所在する縄文時代前期～中期、古代の複合遺跡である（第1図）。平成16年に相坂川左岸農業水利事業に先立って行われた埋蔵文化財発掘調査によって、幅10mの調査区内より、縄文時代前期から中期にかけての竪穴住居跡31軒と大規模な遺物集中区2箇所が検出された。砂土路川に面する北側斜面の遺物集中区の最下層には十和田中掫パミスが確認されており、その直上にあるやや

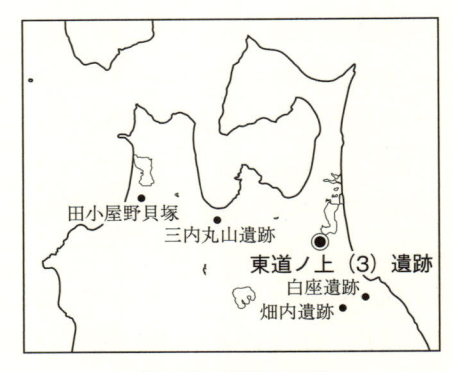

第1図　遺跡の位置

黒みを帯びた砂層から円筒下層a式土器が大量に出土した。また、段丘頂部の平場から急傾斜が開始する部分を中心に円筒下層a式期の貝層が検出され、大量の動物遺存体資料が得られた。台地上に展開する集落を構成する竪穴住居跡は円筒下層a〜d式、円筒上層a式期に帰属し、斜面地に形成されている大規模な遺物集中区は台地上に展開した集落が形成した廃棄域として理解できるものである（成田滋彦ほか2006）。

2. 基本層序とサンプリング方法

　斜面上位の傾斜が開始する比較的平坦な箇所（175グリッド以南の台地側）では、基底面の十和田中掫パミス直上に堆積する黒色砂層（第IV層）から円筒下層a式土器が個体復元可能な状態で大量に出土しており、その上位（第IIIB層）には貝類、獣魚骨、炭化植物遺体（クリ・クルミ）を含む貝層と円筒下層a式を主体とする土器、さらにその上位（第IIIA層）では円筒下層a式と若干の円筒下層b式土器が入り混じって出土している。第IIB層は、黄色ロームを主体とする人為堆積土であり、円筒下層d式土器が個体復元可能な状態で多量に出土した。円筒下層a式土器と円筒下層d式土器は層位的に上下関係を維持した状態で出土しており、貝層の検出状況や掘り上げ土と考えられる黄褐色ローム（第IIB層）の堆積状況等からみても、この場所が崩落等の攪乱を免れ、比較的安定した堆積状態にあったものと判断された。しかし、遺物集中区が形成されている斜面は急傾斜地のため、崩落や地滑りに起因する物理的な攪乱が随所で生じており、特に斜面中腹から下部にいたっては型式的に内容のまとまらない土器片が、基底面まで入り混じった状態で出土している。

　第IIIB層以下で検出された獣魚骨層および貝層については、掘り上げた土壌をグリッドと基本層序ごとに一括し、悉皆的に5mmメッシュの園芸用金属篩で水洗した。特定の貝種が集中した状態で確認された箇所については、範囲を記録してブロックサンプリングを行った。現場から持ち帰った土壌については、規格篩（4mm、2mm、1mm）を用い、水洗選別を実施した。

　現在までに4mmメッシュ以上の資料についてはサンプル全体量に対して貝類、哺乳類、鳥類で10割、魚類については2%の資料が選別および同定されている。また、2mm・1mmメッシュ資料についてはそれぞれ全体量の0.8%と0.1%が選別・同定されている。ネズミ類やモグラ類、スズメ目等の小型鳥類を除けば、出土哺乳類および鳥類の9割以上は4mmメッシュ以上のサンプルで出現しており、量的な内容を検討する条件としては十分な資料化がなされているといえる。

次節以降で扱う資料は、第ⅢB層、第Ⅳ層で確認された円筒下層a式期に帰属する貝層から出土した動物遺存体資料である。

3. 出土動物遺存体の組成

　出土哺乳類は破片数で2,836点の資料が得られた。これらの中から破片資料、基本同定部位に該当しないものを除外し、2,262点の資料が同定されている。目視によって取り上げた資料では、ニホンジカが多量に含まれていたが、水洗篩別を行った土壌サンプルの選別と同定が進むにつれて、ノウサギやムササビが多く検出され、最終的に最小個体数ではノウサギがニホンジカを上回る結果となった。出土哺乳類の組成としては、同定破片数でニホンジカ（876点、38.7%）が最も多く、ノウサギ（527点、23.3%）、イノシシ（418点、18.5%）、ムササビ（291点、12.9%）がこれに次ぐ（第5図、第5表）。

　鳥類の主体はカモ類とキジであり、海鳥の出土は少ない。カモ類についてはマガモやカルガモに相当する大型のカモ類（55点、13%）よりも、ミコアイサ程度のやや小型のサイズ（70点、16.5%）が多くみられる。また、オオハクチョウやコハクチョウなどのハクチョウ類（13点、3%）やタンチョウやマナヅルに相当するツル類（19点、4.5%）などもみられ、円筒下層式期においても小川原湖周辺は渡り鳥の中継地点であったことがうかがえる。ワシ・タカ類（19点、4.5%）も比較的多く出土しており、オオワシ、オジロワシに相当するものがみられる。また、ハト類（48点、11.3%）はカモ類に次いで出土量が多く、カラス類（18点、4.3%）とともに、集落近くで盛んに捕獲されていたものと考えられる。

　魚類は現在までに4mmメッシュで4,364点、2mmメッシュで1,886点、1mmメッシュで735点が同定されている。前述した通り、2mmおよび、1mmメッシュの選別・同定量が少ないため、小型魚類が過小評価されている状態にある。4mmメッシュではフグ科（1,650点、37.8%）とスズキ（956点、21.9%）、カレイ科（585点、13.4%）が主体をなしており、現在の小川原湖の出現魚種と共通するものが多い。フグ科の歯骨高分布を検討したところ、サイズの上では複数の集中がみられ、2種以上のグループの存在が推定される。2mmメッシュ資料ではサヨリ属（201点、10.7%）など汽水域に入り込む種類が多くみられ、1mmメッシュ資料からはワカサギと思われる大量のキュウリウオ科（309点、42%）が出土している。淡水域に生息するものとしてはこの他にドジョウ科（2点、2.7%）が確認されている。これらワカサギやドジョウ、カタクチイワシ（71点、9.7%）などの小型魚類が遺跡内に持ち込まれた脈絡については、捕食した大型魚類の胃内容物からの随伴等、多くの可能性を想定しておく必要がある。東道ノ上（3）遺跡の出土魚類内容からは内湾奥部の利用度の高さが顕著に現れているが、淡水魚の出土がみられた点については、カワシンジュガイの採集などと並行して、淡水域での漁撈を示唆するものである。

　貝類についてはシジミ属（10,704点、29.4%）の出土が最も多く、アサリ（9,467点、26%）もこれとほぼ同率である。ハマグリ（7,004点、19.3%）とマガキ（5,167点、14.2%）

はこれらに次ぎ、巻貝ではアカニシ（253点、0.7%）がやや多い。貝層の堆積は主体をなす貝類に特定種の偏りが局所的にみられるなど、一括廃棄的様相と捉えられる部分もみられた。温暖種[1]としてはシオフキ（556点、1.5%）、オキシジミ（210点、0.6%）などが確認されているが、小川原湖周辺に立地する早期末の三沢市山中 (2) 貝塚や野口貝塚と比較するとその組成率は相対的に低下しており、対馬暖流の劣勢に関連した貝類群集の組成変化の可能性も考えられる（紀藤典夫ほか 1998）。

4. 大型陸棲哺乳類の分析

　東道ノ上 (3) 遺跡では、5 mm メッシュ以上の悉皆的なサンプリングに基づいた資料を分析した結果、出土哺乳類については最小個体数でノウサギが最多を占め、同定破片数でニホンジカに次ぐ出土量となることが明らかとなった。従来、縄文時代の主要狩猟対象獣とされてきたイノシシとニホンジカの割合が相対的に低く位置づけられることになる。次にこうした現象の背景を探るため、東道ノ上 (3) 遺跡で出土したイノシシおよびニホンジカのサイズと年齢構成に検討を加える。

(1) 死亡年齢および季節査定

1) 方法

　イノシシ、ニホンジカの死亡年齢査定については、骨端の癒合、歯牙の萌出・交換（遊佐五郎 1974、林良博ほか 1977、大泰司紀之 1980、新美倫子 1991・1997）、咬耗状態（小池裕子・林良博 1984）を利用した方法や、セメント質に形成される年輪を調査する方法（林良博ほか 1977、新美倫子 1991）が一般的に用いられる。東道ノ上 (3) 遺跡出土動物遺存体の中からイノシシとニホンジカの下顎骨について、歯牙の萌出・交換、咬耗状態の観察を中心とした年齢段階の査定を行い、捕獲された陸棲大型哺乳類の年齢構成を復元する。

2) 結果

　イノシシ：新美倫子の萌出段階（第1表）に基づき、資料を分類した（新美倫子 1991）。破片資料も含め、検討に耐えうる資料の点数は 14 点であった。分類の結果、萌出段階の内訳は III-1 段階が 4 点と最多であり、II-1 段階の 3 点がこれに次ぐ。I-2 段階、V-3 段階が各 2 点、I-1 段階、III-4 段階が各 1 点含まれるといった内容であった。I-2 段階と II-1 段階でどちらに帰属させるか判断に悩んだ資料が 2 点含まれているが、総じて東道ノ上 (3) 遺跡出土イノシシの年齢は II-1 段階と III-1 段階に大きく集中する傾向がみられる。これらは生後 7～8 ヶ月齢と 19～20 ヶ月齢に相当し、出産の最盛期にあたる春に生まれたものと仮定すれば、死亡時期は冬に集中していることになる（第 2 表）。階上町白座遺跡（円筒下層 a 式期）で出土したイノシシの下顎骨 2 点のうち、1 点は第二後臼歯以降が欠損しているものの、第一後臼歯の咬耗状態、わずかに残る歯槽の状態から判断して、II-1 段

第1表　イノシシの萌出段階（新美倫子1991）

I段階	第1後臼歯の萌出が完了するまでの段階	1年目の春〜冬
I-1	第1後臼歯が未萌出のもの	
I-2	第1後臼歯が萌出途中のもの	
II段階	第1後臼歯の萌出が完了した段階	
II-1	第2後臼歯が未萌出で、歯槽が開いているもの	生後1回目の冬
II-2	第2後臼歯の第1咬頭が萌出を開始してから、第2咬頭が萌出を開始するまでのもの	
II-3	第2後臼歯の第2咬頭が萌出を開始してから、完了するまでのもの	
III段階	第2後臼歯の萌出が完了した段階	
III-1	第3後臼歯が未萌出で歯槽が開いているもの	生後2回目の冬
III-2	第3後臼歯の第1咬頭が萌出を開始してから、第2咬頭が萌出を開始するまでのもの	
III-3	第3後臼歯の第2咬頭が萌出を開始してから、第3咬頭が萌出を開始するまでのもの	
III-4	第3後臼歯の第3咬頭が萌出を開始してから、第4咬頭が萌出を開始するまでのもの	生後3回目の冬
III-5	第3後臼歯の第4咬頭が萌出を開始してから、ほぼ完了するまでのもの	
IV段階	第3後臼歯の萌出が完了しているが、エナメル質の摩耗が、第4咬頭まで及ばない段階	
V段階	第3後臼歯の萌出が完了し、エナメル質の摩耗が第4咬頭まで及んでいる段階	
V-1	第3後臼歯の第1咬頭で摩耗のために象牙質が現れたもの	
V-2	第3後臼歯の第2咬頭まで摩耗のために象牙質が現れたもの	
V-3	第3後臼歯の第3咬頭まで摩耗のために象牙質が現れたもの	
V-4	第3後臼歯の第4咬頭まで摩耗のために象牙質が現れたもの	

第2表　出土イノシシ下顎骨の萌出段階区分

	I-1	I-2	I-2/II-1	II-1	II-2	II-3	III-1	III-2	III-3	III-4	III-5	IV	V-1	V-2	V-3	V-4
畑内遺跡（山崎京美ほか2001）				3		1							1			2
白座遺跡（山崎京美ほか2001）				1?										1		
鳥浜貝塚1984（内山純蔵2002）			1	4			6	1		2	6	2	1		1	
東道ノ上（3）遺跡	1		2	3			4			1		1		2		
				冬			冬			冬						

第3表　ニホンジカ後臼歯の萌出段階（新美倫子1997）

I段階	第一後臼歯の萌出が完了するまでの段階
I-1	第一後臼歯が未萌出のもの
I-2	第一後臼歯が萌出途中のもの
II段階	第一後臼歯の萌出が完了した段階
II-1	第二後臼歯が未萌出で歯槽が開いているもの
II-2	第二後臼歯の第一咬頭が萌出を開始してから、第二咬頭が萌出を開始するまでのもの
II-3	第二後臼歯の第二咬頭が萌出を開始してから、完了するまでのもの
III段階	第二後臼歯の萌出が完了した段階
III-1	第三後臼歯が未萌出で、歯槽が開いているもの
III-2	第三後臼歯の第一咬頭が萌出を開始してから、第二咬頭が萌出を開始するまでのもの
III-3	第三後臼歯の第二咬頭が萌出を開始してから、第三咬頭が萌出を開始するまでのもの
III-4	第三後臼歯の第三咬頭が萌出を開始してから、ほぼ完了するまでのもの
IV段階	第三後臼歯の萌出が完了した段階

第4表　東道ノ上（3）遺跡出土ニホンジカ下顎骨の萌出段階区分

I-1	I-2	II-1	II-2	II-3	III-1	III-2	III-3	III-4	IV
	2	3			1		3	10	8
		冬				冬			

階に相当する可能性が高い。更に、畑内遺跡B捨て場（前期中葉）でも萌出段階を検討することのできた資料6点のうち、3点がII-1段階であり、この段階に年齢の集中が顕著に確認される。これらをふまえると、イノシシについては冬季に捕獲されたものが多く、年齢構成としては幼獣が主体となる。福井県若狭町鳥浜貝塚出土のイノシシは死亡季節の集中する時期に共通点がみられるものの、年齢構成については成獣個体が多数含まれており、異質である（内山純蔵2002）。

　ニホンジカ：新美倫子の萌出段階（第3表）に基づき、出土資料の分類を行った（新美倫子1997）。検討を行った資料の点数は27点である。著しく幼・若齢個体に偏りのあったイ

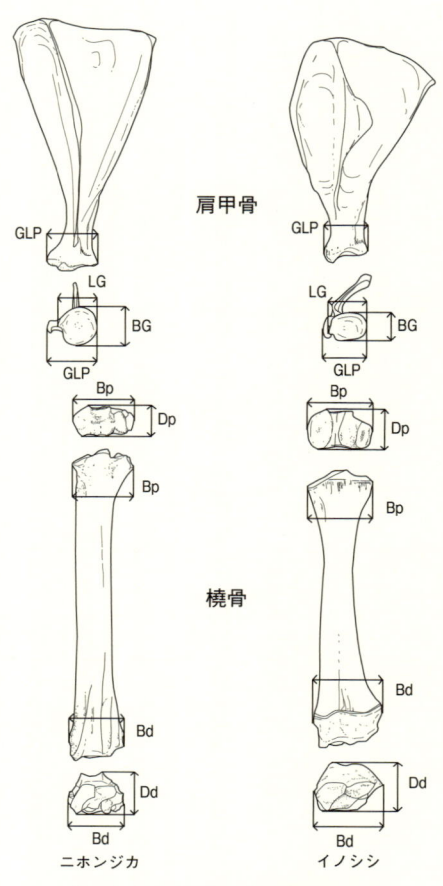

第 2 図　肩甲骨・橈骨計測位置
(Driesch 1976) から作成

ノシシと比べ、ニホンジカでは成獣の割合がわずかに高くなる。いずれも第三後臼歯の咬耗がほとんど進行していない IV 段階、ないしは、第三後臼歯萌出完了直前の III-4 段階が主体であり、若獣から成獣の間に位置づけられる個体が主体となる。IV 段階（2.5歳）以降に該当する成獣の割合は少ない（第4表）。これらの死亡季節について、エゾシカをもとに検討した新美の分析では、I-2 段階で 9～10 月、II-1 段階で 11～4 月、III-1 段階で 8～12 月、III-3 段階で 4～6 月、III-4 段階で 4～11 月に対応するとされている。これに基づけば、東道ノ上（3）遺跡出土ニホンジカでは時間幅の大きい III-4 段階（春～秋）を除外しても、II-1 段階（秋～春）と III-3 段階（春～夏）の 2 つの集中がみられ、冬季に大きな偏りをみせたイノシシとは対照的に、顕著な季節的偏りは確認されないという結果が導き出される。

(2)　イノシシ・ニホンジカのサイズ
1)　方法

上腕骨、橈骨、肩甲骨、大腿骨、脛骨、下顎骨を計測対象部位とし、骨端幅、最大長、厚さ等を Driesch の方法に準拠して計測した (Driesch 1976)。ここでは、紙数の都合上、肩甲骨の関節窩長（LG）・幅（BG）、関節部最大長（GLP）と橈骨の近位端幅（Bp）・厚（Dp）、遠位端幅（Bd）・厚（Dd）（第2図）の計測結果のみについてふれることとする。これらの部位を選択した理由としては、①部位の中で比較的出土量が多く、②計測点が明瞭で計測誤差が生じにくい、③特にニホンジカについて雌雄のボーダーが現れやすいとの指摘がなされている（白木紀子・西本豊弘 1994、橘麻紀乃 1997）ことを根拠とする。

2)　結果

イノシシ：肩甲骨については、関節部最大長（GLP）で 28.6 mm から 47.8 mm（第3図1）、関節窩長（LG）で 25 mm から 39 mm（第3図2）、関節窩幅（BG）で 19.1 mm から 32 mm に分散する（第3図3）。橈骨については近位端幅（Bp）で 27.1 mm から 39.6 mm（第3図4）、近位端厚（Dp）で 21.1 mm から 28.9 mm、遠位端幅（Bd）で 25.2 mm から 47.1

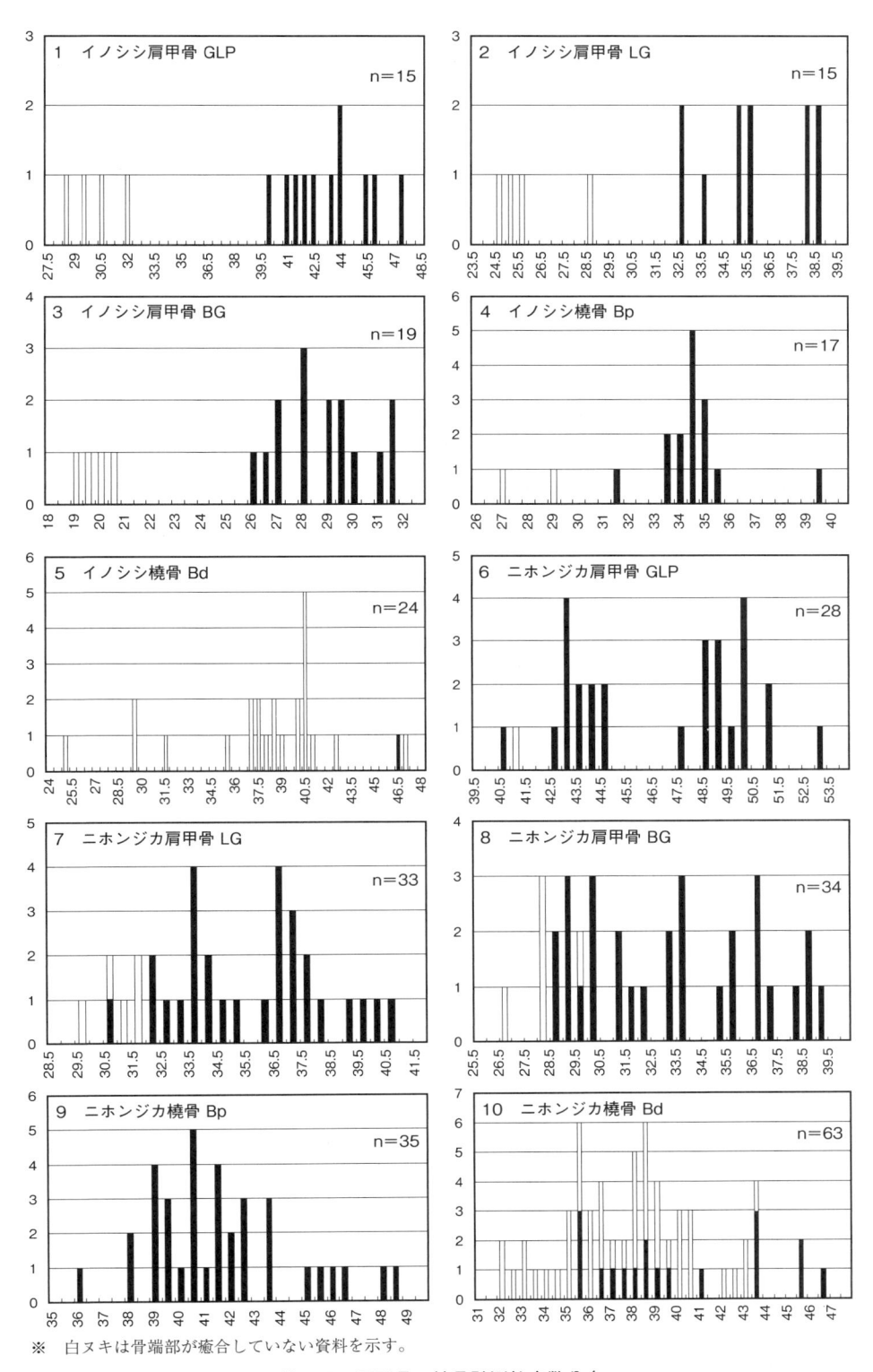

円筒土器文化圏における食料獲得活動の地域性　417

※　白ヌキは骨端部が癒合していない資料を示す。

第3図　肩甲骨・橈骨計測値度数分布

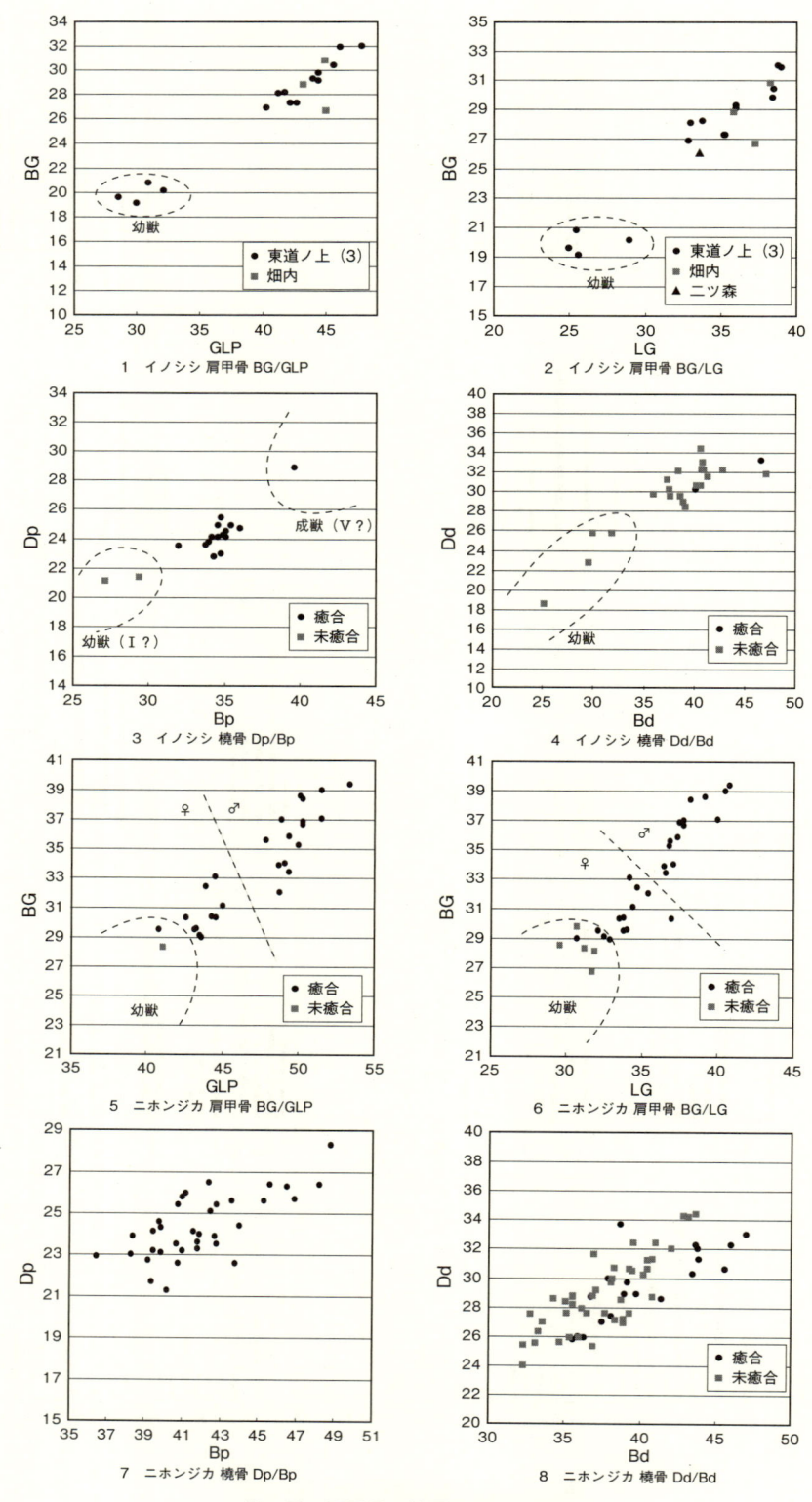

第4図　肩甲骨・橈骨計測値分布図

mm（第3図5）、遠位端厚（Dd）で18.6 mmから34.4 mmに分散する。いずれの計測値においても、平均的な値から低く外れるものが約4点みられる。これらの資料については骨端の化骨がみられず、前節で検討した年齢査定の結果をふまえると当歳獣に相当するグループと考えられる。また、橈骨幅・厚（Bp・Bd）では、平均を大きく上回る個体がわずかに出現している。このうち1点については、骨端の癒合もみられ、骨質の状態からも成獣個体とみなせる。分散図には年齢的なまとまりに起因するものと思われる計測値の集中がみられ、幼獣の集団が明瞭に区別される（第4図1～4）。橈骨幅でみられた3つのクラスターを下顎骨の年齢査定と比較すると、小さい値がⅠ段階、大きい値はⅤ段階の個体に比定される可能性がある。しかしながら、全体的に成獣個体が少ないため、雌雄の境界等については判断できない。また、東道ノ上（3）遺跡で出土した肩甲骨の計測値は畑内遺跡（前期中葉）、二ツ森貝塚（円筒下層d式期・榎林式期）で出土したイノシシと概ね近い値を示している（第4図1・2）。

ニホンジカ：肩甲骨については、関節部最大長（GLP）で40.8 mmから53.4 mm（第3図6）、関節窩長（LG）で29.6 mmから40.8 mm（第3図7）、関節窩幅（BG）で26.7 mmから39.4 mm（第3図8）に分散する。橈骨については近位端幅（Bp）で36.5 mmから48.8 mm（第3図9）、近位端厚（Dp）で21.3 mmから28.3 mm、遠位端幅（Bd）で32.3 mmから47 mm（第3図10）、遠位端厚（Dd）で24 mmから34.4 mmに分散する。肩甲骨の計測値では関節窩長・関節部最大長で二峰性の分布が現れており（第3図6・7）、分散図でも、クラスターが二つに分かれる（第4図5・6）。また、橈骨でも計測値の集中が3箇所でみられる（第3図9・10）。下顎骨の年齢査定では第三後臼歯萌出完了直前の個体が多く確認されており、計測した部位についてもイノシシとは対照的に成獣個体もしくは成獣直前の個体が多く含まれているものと推定される。成獣直前段階の若獣から老齢にあたる2.8歳以上の個体については、雌雄に関わりなく骨端の大きさに変化がみられないとされる（橘麻紀乃1997）。ここで得られた計測値の大小も性差につながる可能性が考えられ、肩甲骨で確認された大小2つのグループが、雌雄を示しているとすれば、その比率は骨端の癒合していない2点を除いて、約2：3に区分される（第3図6、第4図5）。橈骨遠位端幅で37.5 mm以下を幼若獣段階ととらえれば、42.5 mm前後にある谷についても雌雄のボーダーとなる可能性が考えられる。しかしながら、分散図（第4図7・8）では、その境界は不明瞭で、量比についても肩甲骨と異なるため、現段階では判断を保留したい。

IV. 青森県における円筒下層式期狩猟活動の地域性

1. 出土哺乳類の組成

次に、東道ノ上（3）遺跡とほぼ同時期に帰属する青森県内の4遺跡（第1図）を取り上げ、出土哺乳類の内容を比較し、岩手県境から津軽半島にかけての狩猟活動の地域性に関

する検討を行う。量的な評価、算定方法については同定破片数を用いた[2]。

(1) 田小屋野貝塚

田小屋野貝塚はつがる市（旧木造町）館岡字田小屋野に所在する。津軽平野の西端付近を流れる山田川の西方約700m、標高10〜23mの台地上に位置する。1990・1991年に青森県立郷土館による発掘調査が実施され、円筒下層a・b式期に帰属する住居跡堆積土上位からイシガイを主体とする貝層が検出された。コンテナ約2箱分の土壌サンプルとコンテナ1箱分の目視取り上げによる動物遺存体が回収され、土壌サンプルについては、1mmメッシュ以上の篩にかけられている（福田友之ほか1995）。

田小屋野貝塚において最も特徴的な出土哺乳類はイルカやアシカ、トドといった海棲哺乳類とカモシカである（第5図、第5表）。破片数で最も多く出土しているのはノウサギで、イノシシとニホンジカは1点も出土していない。津軽半島の円筒下層式期貝塚としては田小屋野貝塚の他にオセドウ貝塚（吉田格・直良信夫1942、荒谷雄蔵1992）、五所川原市深郷田遺跡（佐藤達夫ほか1965）、つがる市石神遺跡（江坂輝彌ほか1970）、鰺ヶ沢市浮橋貝塚（村越潔1968）などがあるが、いずれの遺跡においても獣骨の出土が少なく、とりわけイノシシの出土が記載されているものは皆無である。

(2) 三内丸山遺跡　第六鉄塔地区

三内丸山遺跡は青森市三内字丸山に所在し、沖館川の南、標高20mほどの河岸段丘上に立地する。縄文時代前期から中期にかけての大規模拠点集落であるが、中期に形成された盛土状遺構や竪穴住居跡が大規模に展開しているため、前期の遺構の内容、集落構成については未確認部分が多い。1992年以降実施されている青森県教育委員会の発掘調査によって遺跡北側に位置する「北の谷」地区と第六鉄塔地区では低湿地土壌の中から大量の動植物遺存体が回収されている。前者については現在未報告の状態であるが、後者については既に報告書が刊行されている（岡田康博ほか1998）。第六鉄塔地区の自然遺物の回収には、4mm以上の篩によって全量回収がなされ、一グリッド分の範囲で4・2・1mmのメッシュが用いられている。

円筒下層a・b式期を主体とする第六鉄塔地区の捨て場から出土した哺乳類の組成はノウサギとムササビで全体量の約8割が占められている（第5図、第5表）。また、ニホンジカやイノシシの出土は著しく少なく、海棲哺乳類も主体的な状況では含まれない。鳥類では、カモ類が圧倒的に主体をなし、全体量の約8割を占め、ウ類、キジ類がこれに次ぐ。魚類についてはブリの若魚やホシザメ、ツノザメといった小型のサメ類を主体とする多様な種構成が確認されており、ブリ・サバ類については頭部骨格と椎骨の数量比較から頭部を切断した保存加工の存在も指摘されている。また、タコ・イカ類やシャコ、カニ類、淡水域に生息するドジョウ（樋泉岳二2006）なども確認されている。

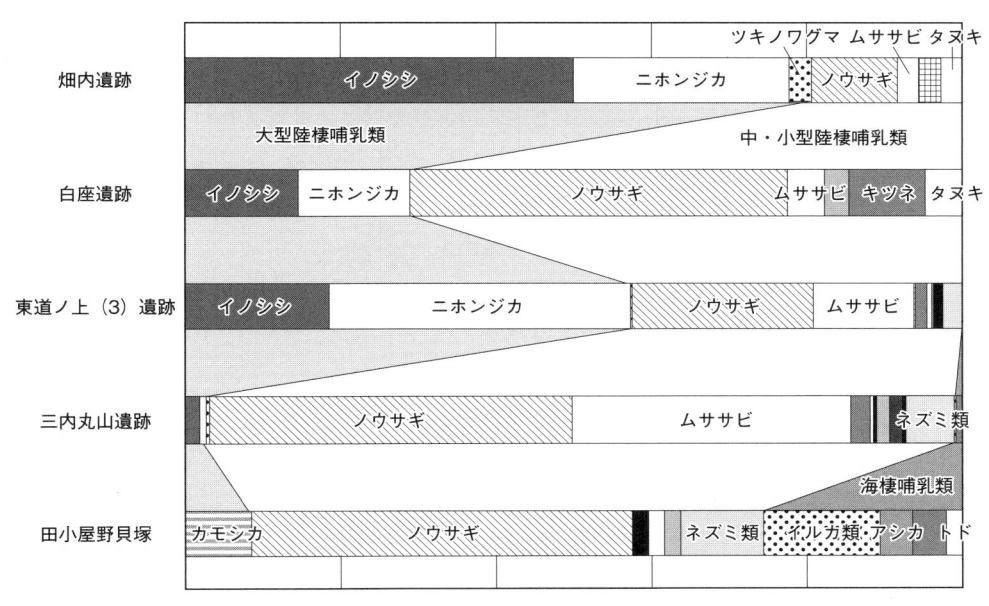

円筒土器文化圏における食料獲得活動の地域性　421

第5図　円筒下層式期哺乳類組成

第5表　円筒下層式期哺乳類組成

	田小屋野貝塚 (福田友之ほか 1995)	三内丸山遺跡 (西本豊弘 1998)	東道ノ上 (3) 遺跡	白座遺跡 (小林和彦 1989)	畑内遺跡 (小林和彦 1997)
イノシシ		28 (1.8 %)	418 (18.5 %)	9 (14.5 %)	87 (50 %)
ニホンジカ		13 (0.8 %)	876 (38.7 %)	9 (14.5 %)	98 (27.8 %)
カモシカ	4 (8.5 %)				
ツキノワグマ		9 (0.6 %)	5 (0.2 %)		1 (2.8 %)
オオカミ			4 (0.2 %)		
ノウサギ	23 (48.9 %)	731 (46 %)	527 (23.3 %)	30 (48.4 %)	15 (11.1 %)
ムササビ		564 (35.5 %)	291 (12.9 %)	3 (4.8 %)	1 (2.8 %)
イヌ				2 (3.2 %)	
アナグマ	1 (2.1 %)				
カワウソ		1 (0.01 %)	4 (0.2 %)		1 (2.8 %)
キツネ		38 (2.4 %)	33 (1.5 %)	6 (9.7 %)	
タヌキ	1 (2.1 %)	8 (0.5 %)	14 (0.6 %)	3 (4.8 %)	1 (2.8 %)
テン		7 (0.4 %)	2 (0.1 %)		
イタチ	1 (2.1 %)	26 (1.6 %)	3 (0.1 %)		
リス類		26 (1.6 %)			
モグラ類		6 (0.4 %)	27 (1.2 %)		
ネズミ類	5 (10.6 %)	99 (6.2 %)	58 (2.6 %)		
イルカ類	7 (14.9 %)	3 (0.2 %)			
アシカ	2 (4.3 %)				
アシカ類	2 (4.3 %)		11 (0.1 %)		
オットセイ		1 (0.01 %)			
トド	1 (2.1 %)				

(3) 白座遺跡

　白座遺跡は階上町大字道仏字天当平に所在し、階上岳北東麓から東北東へのびる丘陵地内の谷縁に立地する。1987年に、県道拡幅工事に先立つ発掘調査が階上町教育委員会によって実施され、円筒下層a式期に帰属する竪穴住居跡1軒と岩礁性貝類を主体とする貝層が確認されている（杉山武ほか 1989）。貝層の自然遺物は 30 cm×30 cm の区画を設定して回収されたものであるが、土壌の水洗選別は行われず、小型魚類の様相については不明

である。

　貝層から出土した哺乳類はノウサギが全体の約5割、イノシシ、ニホンジカはこれに次ぎ、いずれも約15％を占める。中・小型哺乳類としてはノウサギの他にキツネとタヌキがみられるが、キツネがタヌキをわずかに上回る。同様の傾向は、三内丸山遺跡、東道ノ上（3）遺跡でも確認されており、タヌキが優位になる現在の自然分布とは反対の現象が生じている（第5図、第5表）。鳥類ではキジ類の出土がやや多く、カラス類、カモ類、ウ類などがみられる。また、魚類では、サメ類の出土が最も多く、マグロやカツオなどの大型回遊魚が多く出土している（小林和彦 1989）。

(4) 畑内遺跡

　畑内遺跡は八戸市（旧南郷村）大字島守字畑内に所在する。青森・岩手県境に位置し、新井田川右岸の標高約90〜95ｍの河岸段丘上に立地している。世増ダム建設事業に先立ち、青森県埋蔵文化財調査センターによって1992年から2001年にかけて発掘調査が実施された。縄文時代早期から近世にかけての複合遺跡であるが、特に縄文時代前期中葉から中期初頭には大規模な集落が展開されている。円筒下層 d 式期に帰属する土坑や住居跡の覆土からイノシシやノウサギなどの獣骨、カツオやサメ類などの魚骨が被熱した状態で確認されている（小林和彦 2001・2002）。遺跡内には6箇所の遺物集中区（「捨て場」）が確認されており、B 捨て場（旧称「西捨て場」）と F 捨て場からそれぞれ動物遺存体が出土している。とりわけ前期中葉に帰属する B 捨て場では、十和田中掫パミス直上からイノシシを主体とする大量の獣骨が出土している（小林和彦 1997）。

　B 捨て場から出土した哺乳類で最も多く確認されているのはニホンジカとイノシシであり、それぞれ、全体量の4割を上回る。個体数算定を行うとイノシシが約5割、ニホンジカが約3割となり、イノシシ優位の組成となる。これらに次ぐのはノウサギで、全体量の約7％を占める（第5図、第5表）。鳥類ではキジ類がやや多く、ワシ・タカ類、ウ類がわずかに出土している。資料の回収方法については、目視による取り上げが中心であるが、一部の土壌について水洗篩別を実施したところ、微小な魚骨はほとんど含まれていなかったという。確認されている魚種はサメ類、カツオ、マグロ類、スズキ、マダイ、ヒラメなどの大型魚が中心であり、海岸部から直線距離で約20km という遺跡の立地を考えると集落間の交易によってもたらされた可能性も考えられる。

2. 小結

　青森県南東部から北西部にかけて、円筒下層式期の出土哺乳類組成を比較した。岩手県境近くに所在する畑内遺跡では比較的大型哺乳類の割合が高く、東道ノ上（3）遺跡の所在する上北地域を境にして、陸奥湾沿岸の三内丸山遺跡、津軽半島の田小屋野貝塚にかけてニホンジカとイノシシの割合は大きく低下する。中・小型哺乳類主体という傾向は青森

県北西部で特に顕著であり、出土哺乳類の7割を大型哺乳類が占める遺跡は畑内遺跡を除いて確認されなかった。

　海棲哺乳類については田小屋野貝塚と三内丸山遺跡で確認されているが、田小屋野貝塚では全体量の2割強を占めており、比較的多く含まれている。

　ノウサギについては、全県的に組成率が高く、円筒下層式期を代表する狩猟対象獣であることが改めて確認された。三内丸山遺跡ではノウサギに次いでムササビの出土量が突出していたが、これに近い状況は東道ノ上 (3) 遺跡の組成のみであった。三内丸山遺跡と東道ノ上 (3) 遺跡以外の3遺跡はいずれも、目視取り上げ資料が中心であり、ムササビの数量的評価については資料回収時の欠落が懸念される。追加資料の蓄積を待った上で再検討を要する。

V. まとめ

　青森県を中心とした円筒土器文化圏の出土哺乳類は特に北西部地域で大型哺乳類の割合が著しく低く、上北から八戸、岩手県境へと近づくに従ってイノシシ・ニホンジカの割合が高くなることが確認された。大型哺乳類と中・小型哺乳類の割合が拮抗する上北地域の東道ノ上 (3) 遺跡では、イノシシのほとんどが幼若齢段階に相当し、ニホンジカでは若齢と成獣の境界に相当する段階が多く確認された。こうした出土傾向と年齢査定の結果をふまえれば、東道ノ上 (3) 遺跡の大型哺乳類は比較的狩猟圧の高い状況下におかれていた可能性が考えられる（小池裕子・林良博 1984、小池裕子 1992）。

　現在、イノシシの分布は宮城県南部、ニホンジカは岩手県五葉山を北限とし、青森県内では南部地域でごく稀に偶来種として確認される（阿部永 2005）。両種の分布については積雪との関連で説明されることが多く、イノシシについては年間積雪深 30 cm、ニホンジカについても蹄圧との関連で、積雪深が 50 cm 前後に達すると大きく動きが規制され、人間による狩猟圧が加わることで地域的な絶滅が引き起こされやすいという（高槻成紀 2006）。縄文時代の貝塚から出土する動物遺存体についても、両種の出土量は多雪地域では少なく、特にイノシシの出土量が減じる傾向が顕著にみられる（長谷川豊 2006）。哺乳類の組成を検討した青森県内5遺跡の位置を 1961 年から 1970 年の年合計積雪量分布（第6図）と重ねてみると両種の出土が少ない遺跡は白座遺跡を除き、いずれも年合計積雪量で 3 m を超える場所に立地していることが分かる。

　年間積雪量の多い青森県北西部地域において大型哺乳類を対象とした狩猟活動が低調であったことは、狩猟用の陥穴と考えられている遺構の分布状況（第7図）からも確認できる。陥穴が多雪地域において冬季に機能しないことは明らかであるが、東道ノ上 (3) 遺跡が位置する上北地域に集中する陥穴の形状がいわゆる溝状土坑（Tピット）であり、なおかつ同遺跡のニホンジカの死亡季節が冬期に偏りをみせなかったことを考えると、シカ

第6図　青森県内の年合計積雪量の分布
（青森市編さん自然部会 2001）

第7図　青森県内陥穴遺構の分布
（坂本真弓・杉野森淳子 1997 改変）

縮尺：28.6%

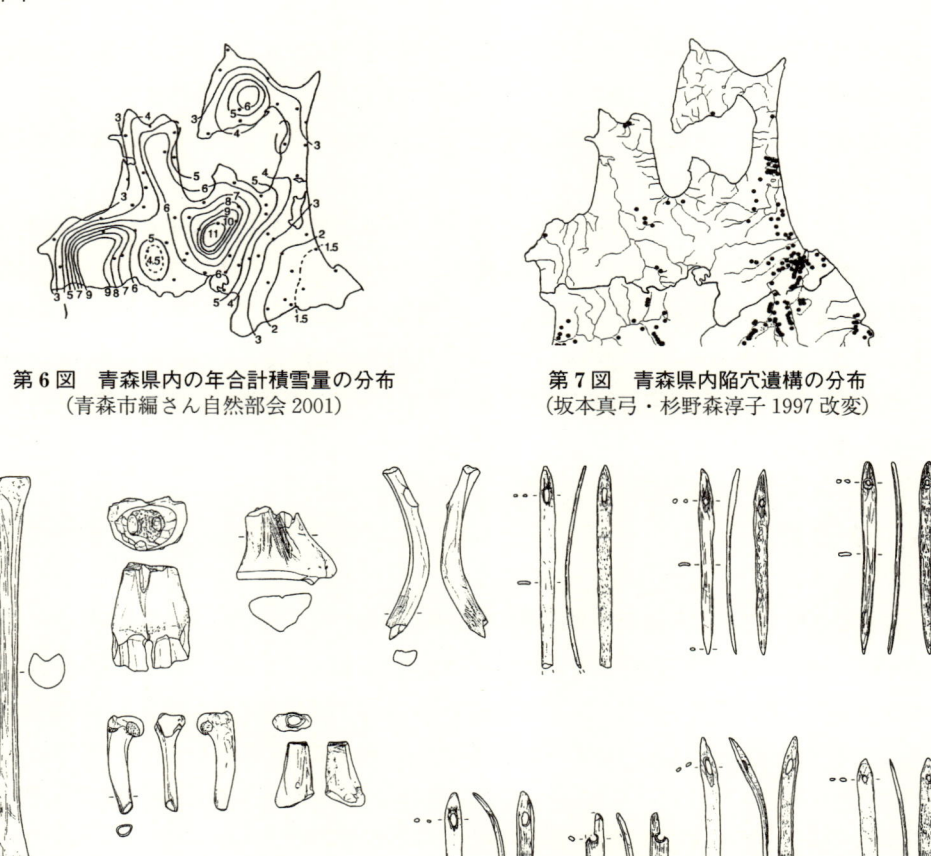

第8図　東道ノ上（3）遺跡出土骨針・残欠類

猟が陥穴猟を中心に展開されていた可能性が示唆される。

　大型哺乳類の資源量は、骨角製品素材の獲得にも影響を及ぼす。三内丸山遺跡で出土した骨角製品素材の部位については、通常は用いられることの少ない肋骨や肩甲骨など彎曲した部位まで効率的に利用されていることが指摘されている。東道ノ上（3）遺跡においても、肋骨や肩甲骨を素材とする骨針や残欠類（第8図）が確認されており、三内丸山遺跡と共通した傾向がみられる。利用部位の選択やそれによって規定される器種の形状は、原材獲得環境の一要因に帰するものではないが、組成や年齢査定の結果から導き出された両遺跡の大型哺乳類の獲得環境をふまえると、特殊な利用部位を選択する傾向は効率的な素材利用を模索したことの現れとして理解することができる。

　円筒下層式期における海獣狩猟については、対象としたいずれの遺跡においても主体的に出土する状況は確認されず、現段階で、生業としての重要性を高く評価することは困難

である。縄文時代前期段階では、生態的な条件に恵まれた内浦湾沿岸部以外において、海棲哺乳類を多量に捕獲する技術体系が確立していなかった可能性が指摘されている（新美倫子1990）が、陸奥湾沿岸地域、小川原湖周辺地域についても、出土貝類に温暖種が含まれることから、基本的には暖流の強い状態が続き、海獣類の南下を促す生態的な条件が整わず、遺跡周辺での海獣狩猟は低調だったことが考えられる。田小屋野貝塚やオセドウ貝塚ではイルカ類の出土がやや目立つが、これらの地域については資料の不足もあり、現段階では評価をひかえる。資料の増加を待ちたい。

VI. おわりに

　小論では円筒下層式期の貝層から出土した動物遺存体資料について、数量化に基づく全体的な組成内容についての検討と大型哺乳類下顎骨を用いた年齢査定の分析、計測値の比較を行い、円筒土器文化圏内における食料獲得活動の地域性を検討した。

　今回の分析では、円筒下層式期において大型哺乳類の組成が中・小型哺乳類と比較して相対的に低いという一般的な傾向が得られた。さらに、その傾向は現在の多雪地域に所在する遺跡で顕著に現れ、遺跡周辺の資源量を反映している可能性が高い。陸棲大型哺乳類が比較的多く出土していた東道ノ上(3)遺跡でも、ニホンジカで若齢主体、イノシシに至っては成獣個体がほとんど現れないという状況が確認された。

　8,500年前に生じた対馬暖流の本格的流入に伴い、東北地方北部に降水量の増大が引き起こされたことは、八甲田山田代平、西津軽郡館岡層で確認されたブナ属花粉の増加からも推定されており（安田喜憲1990）、現在と近似した積雪分布が成立したことによって大型哺乳類の生息環境にも大きな影響が与えられたと考えられる。多雪地域を擁する円筒土器文化の食料獲得活動は乏しい大型哺乳類資源を前提とし、海獣類、中・小型哺乳類の狩猟と漁撈、植物利用の中でいかに克服していくかという戦略上の葛藤の中にあったと考えられる。こうした状況下で生じた適応戦略が冬季にまで及ぶ漁撈への積極的な労働力の投下や魚類の保存加工（樋泉岳二1998）であり、クリの管理的利用や堅果類の備蓄（名久井文明2004）といった植物利用の発達へとつながったのかもしれない。

　謝辞
　小論をまとめるにあたり、市川金丸、杉山陽亮、高橋健、高橋憲太郎、樋泉岳二、西本豊弘、氷見淳哉、福田友之、藤沼邦彦、青森県埋蔵文化財調査センター職員各氏より、多くの御協力、御教示を頂きました。記して感謝申し上げます。
　東北地方の貝塚研究に大きな足跡を残して来られた須藤隆先生のご健勝と一層のご活躍を祈念し、本小論を献呈させて頂きます。

註
1) 生息分布の北限が三陸、男鹿半島以南にあたり、青森県周辺では確認されないものを「温暖種」とした。分布域については、(奥谷喬司ほか 2000)、(肥後俊一・後藤芳央 1993) の記述に従った。
2) 対象とした遺跡の報告では、同定対象部位が明確に示されていないが、椎骨、中手・中足骨、手根・足根骨、指骨などの部位は小型哺乳類で同定されないことが多く、同定対象部位の差によってシカ・イノシシ出土量が過大に評価されることが懸念される。そのため、量的な評価、算定方法については、基本的に左右、遠位近位を区別した最小個体数による組成比較が望ましいところであるが、田小屋野貝塚、白座遺跡については一遺跡当たりの出土量が少なく、最小個体数算定が有為に機能しないため、同定破片数を用いた。

引用文献

阿部 永 2005『日本の哺乳類 [改訂版]』 東海大学出版会
青森県史編さん自然部会 2001『青森県史 自然編 地学』 青森県
青森県史編さん考古部会 2002『青森県史 別編 三内丸山遺跡』 青森県
荒谷雄蔵 1992『オセドウ貝塚発掘調査概報』市浦村埋蔵文化財発掘報告書 青森県市浦教育委員会
Driesch, Angela Von Den 1976 A Guide To The Measurement Of Animal Bones From Archaeological Sites. Peabody Museum Bulletins No. 1, Harvard University
江坂輝彌ほか 1970『石神遺跡』 ニュー・サイエンス社
福田友之ほか 1995『木造町田小屋野貝塚―岩木川流域の縄文前期の貝塚発掘調査報告書―』青森県立郷土館調査報告第35集 考古-10 青森県立郷土館
長谷部言人 1927「圓筒土器文化」『人類学雑誌』第42巻第1号 pp. 28-41
長谷川豊 2006「縄文時代の多雪地域におけるシカ猟・イノシシ猟―東北・北陸の資料集成とその基礎的検討―」『往還する考古学 近江貝塚研究会論集3』pp. 21-32
林 良博ほか 1977「日本産イノシシの歯牙による年令と性の判定」『日本獣医学雑誌』第39巻第2号 pp. 165-174
肥後俊一・後藤芳央 1993『日本及び周辺地域産軟体動物総目録』 エル貝類出版局
市川金丸ほか 1980『長七谷地貝塚遺跡発掘調査報告書』青森県埋蔵文化財調査報告書第57集 青森県教育委員会
金子浩昌 1965「貝塚と食糧資源」『日本の考古学 II 縄文時代』 河出書房 pp. 372-398
金子浩昌 1986「北海道における縄文時代貝塚の形成と動物相―漁・猟関係骨角製品発達の背景―」『北海道考古学』第22集 pp. 133-151
金子浩昌ほか 1982「狩猟・漁撈対象動物の地域性」『季刊考古学』第1号 pp. 18-24
紀藤典夫・野田隆史・南 俊隆 1998「対馬暖流の脈動と北海道における完新世の温暖貝化石群集」『第四紀研究』第37巻第1号 pp. 25-32
小林和彦 1989「白座遺跡から出土した動物遺存体」『白座遺跡・野場遺跡 (3) 発掘調査報告書』青森県階上町教育委員会 pp. 133-140
小林和彦 1997「畑内遺跡西捨場出土の動物遺存体」『畑内遺跡 IV』青森県埋蔵文化財調査報告書第211集 青森県教育委員会 pp. 194-206

小林和彦 2001「畑内遺跡から出土した動物遺存体」『畑内遺跡 VII 第 2 分冊』青森県埋蔵文化財調査報告書第 308 集　青森県教育委員会　pp. 19-20

小林和彦 2002「畑内遺跡出土の動物遺存体」『畑内遺跡 VIII 第 1 分冊』青森県埋蔵文化財調査報告書第 326 集　青森県教育委員会 p. 253

小池裕子 1992「生業動態からみた先史時代のニホンジカ狩猟について」『国立歴史民俗博物館研究報告』第 42 集 pp. 15-45

小池裕子・林　良博 1984「遺跡出土ニホンイノシシの齢査定について」『古文化財の自然科学的研究』pp. 519-524

南川雅男 2001「炭素・窒素同位体分析により復元した先史日本人の食生態」『国立歴史民俗博物館研究報告』第 86 集 pp. 333-338

宮坂光次 1930「青森県是川村一王寺史前時代遺跡發掘調査報告」『史前学雑誌』第 2 巻第 6 号 pp. 1-20

村越　潔 1968「浮橋貝塚」『岩木山』　弘前市教育委員会　pp. 395-414

村越　潔 1974『円筒土器文化』　雄山閣

名久井文明 2004「乾燥堅果類備蓄の歴史的展開」『日本考古学』第 17 号 pp. 1-24

成田滋彦ほか 2006『東道ノ上 (3) 遺跡』青森県埋蔵文化財調査報告書第 424 集　青森県教育委員会

新美倫子 1990「縄文時代の北海道における海獣狩猟」『東京大学文学部考古学研究室研究紀要』第 9 号 pp. 137-171

新美倫子 1991「愛知県伊川津遺跡出土ニホンイノシシの年齢及び死亡時期査定について」『国立歴史民俗博物館研究報告』第 29 集 pp. 123-148

新美倫子 1997「シカの死亡時期査定に関する予報―エゾシカの場合―」『動物考古学』第 9 号 pp. 21-32

西本豊弘 1984「北海道の縄文・続縄文文化の狩猟と漁撈」『国立歴史民俗博物館研究報告』第 4 集 pp. 1-15

西本豊弘 1991「縄文時代のシカ・イノシシ狩猟」『古代』第 91 号 pp. 114-132

西本豊弘 1998「三内丸山遺跡第 6 鉄塔地区出土の鳥類・哺乳類遺体」『三内丸山遺跡 IX 第 2 分冊』青森県埋蔵文化財調査報告書第 249 集　青森県教育委員会　pp. 53-60

岡田康博ほか 1998『三内丸山遺跡 IX』青森県埋蔵文化財調査報告書第 249 集　青森県教育委員会

奥谷喬司ほか 2000『日本近海産貝類図鑑』　東海大学出版会

大泰司紀之 1980「遺跡出土ニホンジカの下顎骨による性別・年齢・死亡季節査定法」『考古学と自然科学』第 13 号 pp. 51-73

音喜多富寿 1956「八戸周邊に於ける貝塚の自然遺物」『奥南史苑』第 1 号 pp. 12-15

坂本真弓・杉野森淳子 1997「青森近県における陥し穴集成」『研究紀要』第 2 号　青森県埋蔵文化財調査センター　pp. 70-80

酒詰仲男 1961『日本縄文石器時代食料総説』　土曜会

佐藤重紀 1891「陸奥國上北郡の貝塚」『東京人類学会雑誌』第 6 巻第 59 号 pp. 149-153

佐藤達夫ほか 1965「青森県北津軽郡深郷田遺跡発掘概報」『中里町史』pp. 781-801 (佐藤達夫 1983『東アジアの先史文化と日本』　六興出版所収)

白木紀子・西本豊弘 1994「縄文時代のシカ・イノシシの大きさの変異」『動物考古学』第 2 号 pp.

39-52

杉山　武ほか 1989『白座遺跡・野場遺跡（3）発掘調査報告書』青森県階上町教育委員会
須藤　隆ほか 1984『中沢目貝塚』東北大学文学部考古学研究会
鈴木公雄ほか 1981『伊皿子貝塚遺跡』東京都港区教育委員会
橘麻紀乃 1997「現生シカ骨格の大きさによる性査定」『動物考古学』第9号 pp. 33-46
高槻成紀 2006『シカの生態誌』東京大学出版会
樋泉岳二 1998「三内丸山遺跡第6鉄塔地区出土の魚類遺体（I）」『三内丸山遺跡 IX 第2分冊』青森県埋蔵文化財調査報告書第249集　青森県教育委員会　pp. 61-97
樋泉岳二 2006「魚貝類遺体群からみた三内丸山遺跡における水産資源利用とその古生態学的特徴」『植生史研究』特別第2号 pp. 121-138
内山純蔵 2002「鳥浜貝塚における縄文時代前期狩猟採集社会の生業構造に関する展望」『国立民族博物館調査報告』第33集 pp. 185-238
若林勝邦 1919「陸奥國上北郡貝塚村貝塚調査報告」『東洋学芸雑誌』第36巻第146号 pp. 584-591
渡辺　誠 1982「縄文人の食生活」『季刊考古学』第1号 pp. 14-17
山内清男 1929「關東北に於ける繊維土器」『史前学雑誌』第1巻第2号 pp. 117-146
山崎京美ほか 2001『縄文時代島嶼部イノシシに関する基礎的研究』平成11～12年度文部科学省科学研究費補助金（基礎研究（C）（2））研究成果報告書
安田喜憲 1990『気候と文明の盛衰』朝倉書店
吉田　格・直良信夫 1942「青森縣相内村オセドウ貝塚」『古代文化』第13巻第2号 pp. 29-31
遊佐五郎 1974「狩猟活動の季節性について―シカとイノシシの遺存骨による猟期の推定―」『宮城史学』第3号 pp. 45-57

付表1　東道ノ上（3）遺跡出土イノシシ肩甲骨計測値

登録標本No.	左右	部位	癒合	GLP	LG	BG
M0038	R	遠位端	○	44.4	38.4	29.8
M0041	R	遠位端	○	41.7	33.8	28.2
M0160	R	遠位端	×	31	25.5	20.8
M0501	L	遠位端	○	44	36	29.3
M0503	R	遠位端	○	46.1	39	31.9
M0504	R	遠位端	○	45.6	38.5	30.4
M0505	R	遠位端	○	42.2	35.3	27.3
M0506	R	遠位端	×	28.6	25	19.6
M0507	R	遠位端	○	44.4	36	29.1
M0674	L	遠位端	○	40.3	32.9	26.9
M0675	R	遠位端	○	-	-	30
M0702	L	遠位端	○	-	-	28.2
M0731	L	遠位端	○	47.8	38.8	32
M0732	L	遠位端	○	41.2	33	28.1
M0733	R	遠位端	○	-	-	31.5
M1894	L	遠位端	○	42.7	35.2	27.3
M1895	L	遠位端	○	30	25.6	19.1
M1943	R	遠位端	×	32.2	29	20.1
M1948	L	遠位端	○	-	-	26.2

付表2　東道ノ上（3）遺跡出土イノシシ橈骨計測値

登録標本No.	左右	部位	癒合	Bp	Dp	Bd	Dd
M0003	L		p○, d×	34.6	24.9	-	-
M0090	R	近位端	p○	34	23.8	-	-
M0103	R	遠位端	d×	-	-	47.1	31.8
M0106	L	近位端	p○	34.8	25.4	-	-
M0113	L	遠位端	d×	-	-	39.1	28.4
M0166	R	遠位端	d×	-	-	38.9	28.9
M0344	R	遠位端	d×	-	-	40.7	32.3
M0514	L	近位端	p○	32	23.5	-	-
M0515	L	遠位端	d×	-	-	41.3	31.5
M0516			p○, d×	35.4	24.9	40.8	33
M0517	R		p○, d×	35.1	24.1	38.4	32.1
M0518	R		p○, d×	34.3	22.8	40.9	32.2
M0519			p○, d×	36	24.7	42.8	32.2
M0562	R	遠位端	d×	-	-	40.6	30.6
M0723	L	近位端	p○	39.6	28.9	-	-
M0724	L	近位端	p○	35.1	24.5	-	-
M0725		遠位端	d×	-	-	35.9	29.7
M0726	R		p○, d×	34.9	24.2	37.8	-
M0727	R	近位端	p○	34.8	23	-	-
M0728	L	遠位端	d×	-	-	37.3	31.2
M1724	L	遠位端	d×	-	-	29.6	22.8
M1870	L	近位端	p×	29.4	21.4	-	-
M1871	L	遠位端	d×	-	-	37.5	30.2
M1872	L		p×, d×	27.1	21.1	31.9	25.7
M1873	L	近位端	p○	-	-	-	-
M1874	R	遠位端		-	-	-	-
M1875	L	遠位端	d×	-	-	40.2	30.6
M1876	L	遠位端	d○	-	-	46.6	33.2
M1877	L	遠位端	d×	-	-	37.6	29.5
M1878	L	近位端	p×	-	-	-	-
M1879	L	近位端	p○	34.2	24.1	-	-
M1880	L	遠位端	d×	-	-	40.6	34.4
M1944	L	遠位端	d×	-	-	38.6	29.5
M1951	L		p○, d×	33.8	23.6	40.1	30.2
M2045	L	遠位端		-	-	30	25.7
M2703	L	遠位端	d×	-	-	25.2	18.6
M2818	R	遠位端		34.6	24.1	-	-

※部位欄が空白のものは骨端の外れた完形品

円筒土器文化圏における食料獲得活動の地域性　429

付表3　東道ノ上（3）遺跡出土ニホンジカ肩甲骨計測値

登録標本No.	左右	部位	癒合	GLP	LG	BG
M0007	R	遠位端	×	-	30.7	29.8
M0008	R	遠位端	○	53.4	40.8	39.4
M0011	R	遠位端	○	45	34.4	31.1
M0020	R	遠位端	○	49.4	37.4	35.9
M0035	R	遠位端	○	43.2	33.8	29.5
M0036	R	遠位端	×	-	31.9	28.1
M0312	R	遠位端	○	42.6	37.0	30.3
M0357	L	遠位端	○	48.9	37.8	37.0
M0359	L	遠位端	×	41.1	31.2	28.3
M0360	L	遠位端	○	44.6	33.5	30.3
M0361	L	遠位端	×	-	29.6	28.5
M0362	L	遠位端	○	43.9	34.7	32.4
M0363	L	遠位端	○	-	-	31.4
M0364	L	遠位端	○	43.5	32.5	29.1
M0365	R	遠位端	○	51.5	40.5	39.0
M0366	R	遠位端	○	50.3	38.2	38.4
M0369	R	遠位端	○	44.3	33.8	30.4
M0605	L	遠位端	○	50.3	37.8	36.7
M0606	R	遠位端	○	48.8	35.4	32.0
M0607	R	遠位端	○	43.6	30.7	29.0
M0608	R	遠位端	○	49.4	36.6	33.4
M0693	L	遠位端	○	49.1	37.1	34.0
M0767	L	遠位端	○	44.5	34.2	33.1
M1682	L	遠位端	○	-	-	33.8
M1683	L	遠位端	○	50	36.8	35.3
M1684	L	遠位端	×	-	31.7	26.7
M1687	L	遠位端	○	-	32.9	28.9
M1692	R	遠位端	○	48.7	36.5	33.9
M1693	R	遠位端	○	40.8	32.1	29.5
M1695	R	遠位端	○	43.5	33.6	-
M1696	R	遠位端	○	51.5	40.0	37.1
M1697	R	遠位端	○	50.1	39.2	38.6
M1698	R	遠位端	○	43.3	34.0	29.6
M1701	R	遠位端	○	47.9	36.9	35.6
M2475	R	完形	○	50.3	37.5	36.9

付表4　東道ノ上（3）遺跡出土ニホンジカ橈骨計測値

登録標本No.	左右	部位	癒合	Bp	Dp	Bd	Dd
M0005	R	近位端	p○	46.5	26.3	-	-
M0006	R		p○, d×	38.4	23.9	34.3	28.6
M0012	R	完形	p○, d○	42.7	23.9	36.8	28.7
M0015	R		p○, d○	42.5	25.1	39.3	30.6
M0022	R	完形	p○, d○	45.6	26.4	43.9	31.3
M0088	R	近位端	p○	41.9	24	-	-
M0100	R		p○, d○	36.5	22.9	-	-
M0115	L	遠位端	d○	-	-	38.9	26.9
M0118	L	遠位端	d○	-	-	35.6	25.8
M0192	L		p○	39.8	24.6	-	-
M0198	R		p○, d○	38.3	23	33.6	27
M0303	R	近位端	p○	45.3	25.6	-	-
M0304	L	遠位端	d×	-	-	40.2	30.2
M0408	L		p○, d○	41.2	26	37.1	29.2
M0409	L	近位端	p○	44	24.4	-	-
M0411	L	遠位端	d×	-	-	38.8	27.1
M0412	L	完形	p○, d○	41.8	23.6	39.8	28.9
M0413	L	完形	p○, d○	40.8	22.6	35.9	26
M0414	L	遠位端	d×	-	-	40.8	28.7
M0415	L	近位端	p○	39.5	23.2	-	-
M0416	L	近位端	p○	46.9	25.7	-	-
M0417	L	遠位端	d○	-	-	41.4	28.6
M0418	R	遠位端	d○	-	-	43.8	32
M0419	R		p○	41	23.2	-	-
M0420	R	遠位端	d○	-	-	36.3	25.9
M0421	R	遠位端	d○	-	-	43.5	33.2
M0422	R	遠位端	d×	-	-	39.3	27.6
M0423	R	完形	p○, d○	-	26.1	35.6	28.7
M0424	R	近位端	p○	40.2	21.3	-	-
M0425	R	近位端	p○	41.8	23.3	-	-
M0426	R		p○, d○	42.4	26.5	39.6	32.4
M0427	R		d○	-	-	37.9	30
M0428	R	遠位端	d○	-	-	43.6	25.6
M0577	L	近位端	p○	39.9	23.1	-	-
M0578	L	遠位端	d×	-	-	35.6	28.8
M0579	L		p○	41.6	24.1	-	-
M0580	R	近位端	p○	-	22.9	-	-
M0581	R	遠位端	d○	-	-	41	32.4
M0582	R	遠位端	d○	-	-	38.7	33.7
M0584	R	遠位端	d○	-	-	33.3	24.5
M0585	L		p○, d×	42.8	25.4	38.3	30.7
M0586	R	遠位端	d○	-	-	39	28.9
M0642	L	近位端	p○	39.5	24.1	-	-
M0643	L	近位端	p○	39.9	24.3	-	-
M0644	L	遠位端	d○	-	-	37.5	27
M0645	R	近位端	p○	48.8	28.3	-	-
M0646	L	遠位端	d○	-	-	38.1	29.7
M0647	L	遠位端	d×	-	-	38.9	27.2
M0648	L	遠位端	d×	-	-	36.2	27.9
M0691	R	遠位端	d×	-	-	35.4	25.9
M0744	L	近位端	p○	48.2	26.4	-	-
M0745	L	近位端	p○	42.8	23.5	-	-
M0746	L	遠位端	d×	-	-	-	28.4
M0747	R	遠位端	d○	-	-	45.6	30.6
M0748	R	遠位端	d○	-	-	43.7	32.3
M1702	R	遠位端	d×	-	-	40.5	31.2
M1703	L	近位端	p○	-	24	-	-
M1704	R	遠位端	d×	-	-	35.1	28.4
M1705	R	遠位端	d×	-	-	40.5	30.6
M1706	L	遠位端	d×	-	-	38.8	28.5
M1707	R	遠位端	d×	-	-	36.5	27.6
M1708	L	近位端	p○	40.7	23.5	-	-
M1709	R	遠位端	d×	-	-	35.2	27.6
M1710	R	遠位端	d×	-	-	43.7	34.4
M1711	R	遠位端	d×	-	-	36.9	25.3
M1712	R	遠位端	d×	-	-	39.2	29.7
M1713	L	遠位端	d○	-	-	46	32.3
M1714	R	遠位端	d×	-	-	40.8	31.3
M1715	L	遠位端	d×	-	-	38.2	30
M1716	L	遠位端	d×	-	-	39	-
M1717	L	遠位端	d○	-	-	42.1	32
M1718	L	近位端	p○	-	22.4	-	-
M1719	R	遠位端	d×	-	-	39.5	30.5
M1720	L	遠位端	d×	-	-	35.6	28.2
M1721	R	遠位端	d×	-	-	34.7	25.6
M1722	L	遠位端	d×	-	-	42.9	34.3
M1723	R	近位端	p○	39.4	21.7	-	-
M1726	L	遠位端	d○	-	-	38.1	27.4
M1727	L	遠位端	d×	-	-	37.7	27.6
M1728	L	遠位端	d×	-	-	36	25.9
M1730	R		p○, d×	41	25.8	37	31.6
M1731	L		p○, d×	40.8	25.4	36.9	28.8
M1732	R	遠位端	d×	-	-	32.8	27.5
M1734	R	遠位端	d×	-	-	32.3	25.4
M1735	L	近位端	p○	43.8	22.6	-	-
M1736	L	遠位端	d○	-	-	47	33
M1737	L	近位端	p○	39.2	22.7	-	-
M1965	R	遠位端	d×	-	-	43.2	34.2
M1967	L	遠位端	d×	-	-	32.3	24
M1968	L	遠位端	d×	-	-	33.1	25.5

※部位欄が空白のものは骨端の外れた完形品

岩手県大船渡市大洞貝塚における縄文時代後晩期の狩猟漁撈活動

氷 見 淳 哉

I. はじめに

　大船渡市大洞貝塚は大正期より多くの発掘調査が行われ、また山内清男による東北地方における縄文晩期土器標式資料である大洞諸型式の設定や縄文時代の漁撈技術を示す骨角製漁撈具などにより、学術的に高く評価され、今日に至っている。1994（平成6）年より大船渡市教育委員会によって範囲確認調査が行われ、遺跡内容が明らかにされ、2001（平成13）年には国史跡に指定された。この範囲確認調査においては、1994（平成6）・1995（平成7）年にC地点貝塚、1996（平成8）年から1998（平成10）年にB地点貝塚が調査され、また2001（平成13）・2002（平成14）年には内容確認調査としてA地点貝塚の調査が行われた（金野良一1997・2000、氷見淳哉2002・2004）。

　筆者は、これらの範囲確認調査・内容確認調査で出土した大洞貝塚のC・B・Aの各地点貝塚における動物遺存体の同定・分析に携わる機会をいただいた。自らの力量と努力不足によって、いまだに同定することができていない資料も少なからずあるが、小論においては、C・B・A地点から出土した動物遺存体の内容と狩猟漁撈具について述べることとしたい。

II. 大船渡湾周辺の貝塚と大洞貝塚の概要

　大船渡湾には18ヶ所の貝塚が分布し、代表的なものとして縄文時代前期の大船渡市清水貝塚、中期を中心として大規模な貝層が形成される蛸ノ浦貝塚、後晩期には下船渡貝塚、富沢貝塚Ⅰ・Ⅱ、最も湾奥部に位置し、近年の調査で縄文時代中期・晩期の集落の様相が明らかにされ、拠点集落であったと考えられる長谷堂貝塚群などが挙げられる（第1図）。

　大洞貝塚は、リアス海岸の入り組んだ海岸線が続く岩手県沿岸南部に位置する大船渡湾の東岸、湾奥部に位置する（第1図1）。大船渡湾の東方の今出山から南に伸びる大股山から続く丘陵の突端に近い鞍部（標高約23m付近）に遺構が展開する。大洞貝塚が所在する丘陵は現在の海岸線から約600m離れているが、ボーリングサンプルの分析から、丘陵突端付近に後期末頃の汀線が現在の海水面の高さから－50cm付近に存在したと推定される。

　丘陵鞍部とその周辺には縄文晩期から弥生の可能性が考えられる竪穴住居跡や晩期の墓域、土坑群が調査されている。また、鞍部の南側斜面にはC地点貝塚（約480m²）・D地

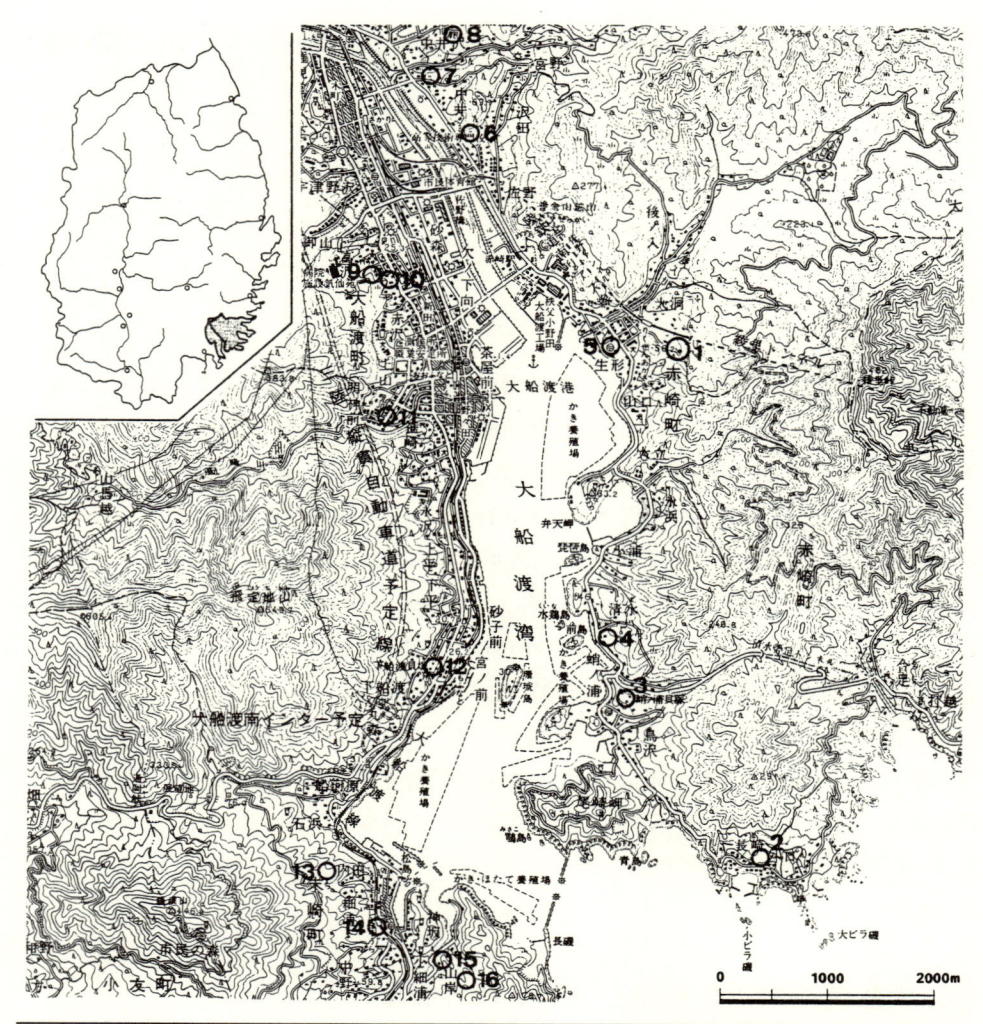

No.	遺跡名	よみがな	時代	所在地	備考
1	大洞貝塚	おおほら	縄文（後期～晩期）	赤崎町字大洞	国指定史跡
2	長崎貝塚	ながさき	縄文（晩期）	赤崎町字長崎	壊滅
3	蛸ノ浦貝塚	たこのうら	縄文（前期～中期）	赤崎町字蛸ノ浦	国指定史跡
4	清水貝塚	しず	縄文（前期～中期）	赤崎町字清水	
5	生形貝塚	おいかた	縄文（前期～後期）	赤崎町字生形	壊滅
6	沢田貝塚	さわだ	縄文（中期）・古代	赤崎町字沢田	
7	中井貝塚	なかい	縄文（後・晩期）・平安	赤崎町字中井	
8	長谷堂貝塚群	はせどう	縄文（中期）～弥生	猪川町字長谷堂・中井沢	
9	富沢貝塚Ⅰ	とみざわ	縄文（晩期）	大船渡町字地ノ森	
10	富沢貝塚Ⅱ	とみざわ	縄文（晩期）	大船渡町字富沢	
11	田中貝塚	たなか	縄文（後期）	大船渡町字明神前	壊滅
12	下船渡貝塚	しもふなと	縄文（後期）～弥生	大船渡町字宮ノ前	国指定史跡
13	内田貝塚	うちだ	縄文（前期～中期）	末崎町字内田	
14	細浦上の山貝塚	ほそうらうえのやま	縄文（前期～後期）	末崎町字細浦	
15	鬼沢貝塚	おにざわ	縄文（後期～晩期）	末崎町字山岸	
16	小細浦貝塚	こぼそうら	縄文（後期）・古代	末崎町字小細浦	

第1図　大洞貝塚の位置と周辺貝塚の分布

点貝塚（約 170 m²）が、北側斜面には B 地点貝塚（約 350 m²）、A・A' 地点貝塚（約 510 m²）が分布する（第 2 図）。

III. 大洞貝塚各地点の調査と分析サンプル

1. C 地点貝塚

　大船渡市教育委員会によって 1994・1995 年の 2 ヶ年に旧発掘区の探査と原堆積貝層の範囲確認を目的とした発掘調査が実施され、1925 年東北帝国大学医学部長谷部言人らによる発掘調査区と推定される範囲とその範囲内にブロック状に未発掘部分が確認されている。未発掘部分は 28 枚の純貝層・混土貝層・混貝土層などに分層され、貝層土壌はサンプリングしている。土壌は悉皆採集され、4 mm 目・2 mm 目・1 mm 目の金属篩によって水洗され、微細遺物を採集した。

　この未発掘部分は大洞 C1・C2 式の土器片が出土しており、縄文時代晩期中葉に形成されたものと考えられる。1995 年に調査した 95C7-2 区と南ベルトの原堆積貝層から採取した貝層サンプル No. 28、29、30、31、32 が分析されている（須藤隆ほか 1997）。小論において、データを提示するにあたって、この分析結果にしたがい同定資料数を集計した。

2. B 地点貝塚

　B 地点貝塚は丘陵北側斜面に分布し、1996～1998 年度に大船渡市教育委員会によって発掘調査が行われた。この調査では 2×2 m² の発掘調査区が設定され、純貝層・混土貝層・混貝土層・土層、合計 368 枚が調査されている。土壌は悉皆採集され、4 mm 目・2 mm 目・1 mm 目の金属篩によって水洗され、微細遺物を採集した。

　1996～1998 年度の B 地点貝塚では 368 枚の層位が、各層の上下の接触関係の検討から層形成期が平行する可能性がある第 1～126 のグループ（並列位）にまとめられている。これらの並列位は出土土器の分析から、第 2 並列位から第 58 並列位 216 層（第 77 並列位 240 層）において大洞 C1 式の土器群が、第 79 並列位 245 層（第 60 並列位 197 層、第 86 並列位 278 層）から第 106 並列位 318 層において大洞 C1 式古段階の土器群が、第 110 並列位 332 層から第 124 並列位 366 層においては大洞 B2 式に属する土器群が出土することが明らかにされている（須藤隆 2000）。

　B 地点貝塚から出土した動物遺存体は、貝類については最上層の 1 層から最下層の 368 層まで、魚類・両生類・爬虫類・鳥類・哺乳類については最上層の 1 層から 300 層までが報告されている（杉山陽亮ほか 2000）。小論においては、未分析であった 301～368 層のデータを加え、縄文時代晩期中葉大洞 C1 式と考えられる第 2～106 並列位と、縄文時代晩期前葉大洞 B2 式と考えられる第 110 並列位～第 124 並列位とに分けて集計した。

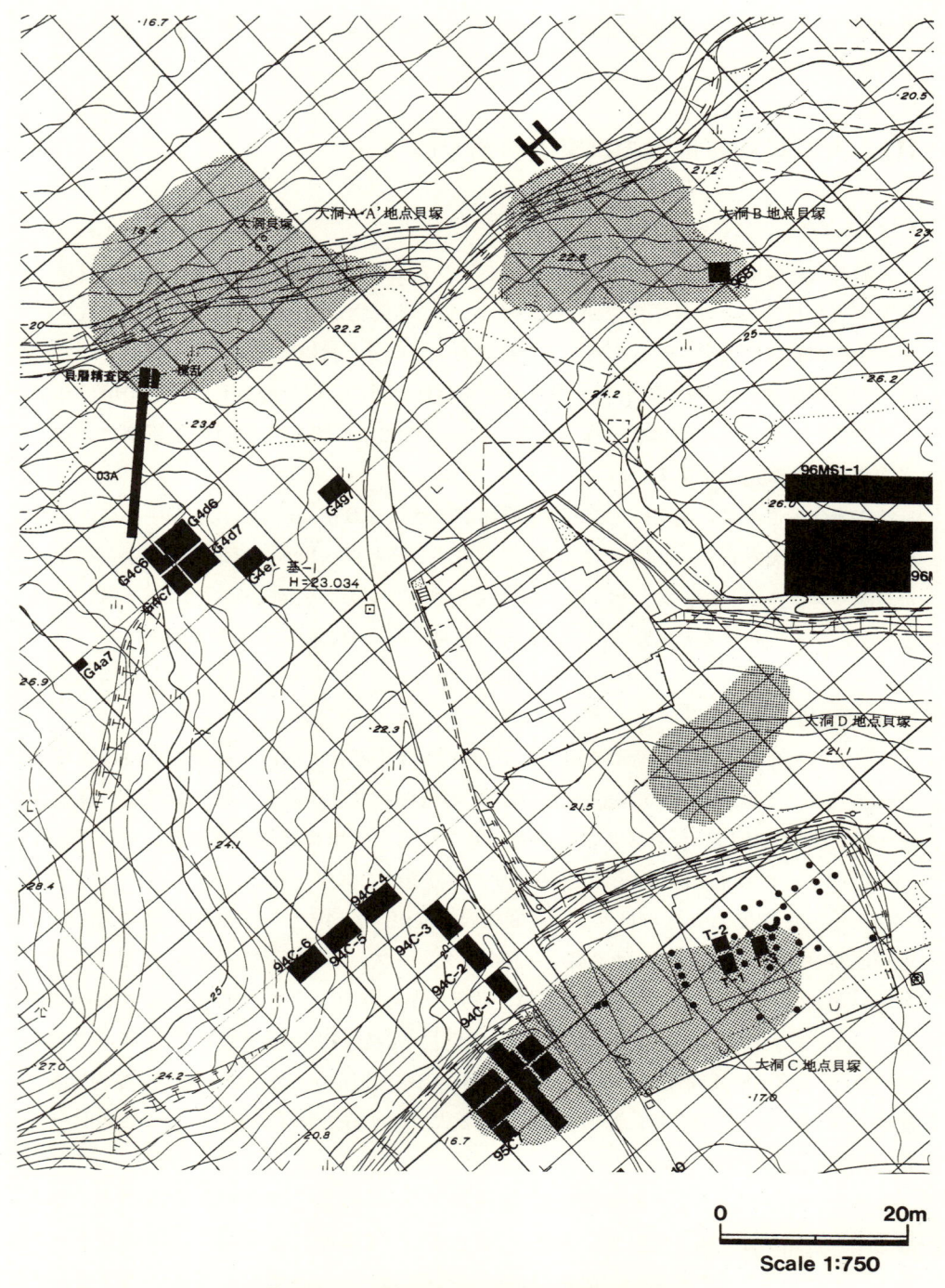

第 2 図　大洞貝塚の貝層の分布と調査区の位置

3. A 地点貝塚

　A 地点貝塚の調査は 2001・2002 年の 2 ヶ年に行われた。発掘調査区は、A 地点貝塚の分布範囲の南西縁辺部にあたる場所に 2×1.1 m の範囲で設定され、1〜117 層が調査された。土壌は悉皆採集され、4 mm 目・2 mm 目・1 mm 目の金属篩によって水洗され、微細遺物を採集した。

　貝層の上部、1 層から 100 層前後までは、アサリを主体とした純貝層・混土貝層が連続して堆積し、土層がはさまることはなく、貝殻以外の遺物は少ない。104 層以下では、貝の包含率が低くなり、混貝土層が連続し、土器片などの人工遺物、獣骨、魚骨が多く出土する傾向が認められた。下部の 108 層から 115 層においては、にぶい黄褐色あるいは明黄褐色の混土土層と黒褐色あるいは灰黄褐色の混貝土層が交互に堆積する様相が認められ、人為的な盛土である可能性も指摘される。

　これらの層は出土土器群の分析から 5〜106 層は縄文時代晩期後葉大洞 A 式に、107 層以下は縄文時代晩期後半に形成されたことが明らかにされている（須藤隆 2004）。今回のデータの提示においては、土器の分析結果にしたがい、縄文時代晩期後葉に形成されたと考えられる 5〜106 層、107 層を境として後期後半に形成されたと考えられる 108〜117 層に分けて集計した。

IV. 動物遺存体の検討

1. 動物遺存体集計の時期区分について

　1994 年度以降の大船渡市教育委員会による各地点の調査によって、C 地点貝塚においては縄文晩期中葉、B 地点貝塚においては晩期前葉及び晩期中葉（大洞 C1 式期）、A 地点においては晩期後葉及び後期後半の貝層が発掘調査されている。各地点の貝塚の調査方法、サンプルの整理手順は、組織的に同様な手順で進められている。

　以下、貝類・魚類・哺乳類・鳥類それぞれについて、縄文時代後期後半（A 地点貝塚 108〜117 層）、晩期前葉（B 地点貝塚第 110〜124 並列位）、晩期中葉（B 地点貝塚第 2〜106 並列位と C 地点貝塚原堆積層）、晩期後葉（A 地点貝塚 5〜106 層）ごとに検討した。

2. 貝類

　各地点・各時期ともにアサリが最小個体数・重量による組成がともに 90％ 以上を占める層がほとんどである。他にウチムラサキ、オオノガイ、マガキ、オニアサリ、イガイ科が多く出土しているが、各地点ともアサリが主体となることにかわりなく、砂泥底を主体とする貝類の生息環境に大きな変化はなかったものと考えられる。

　縄文時代後期後半に属する A 地点貝塚の下部の縄文後期後半（108〜117 層）においては、混貝率の低い混貝土層となる。これらの層においては、貝殻の石灰化が著しく、個体数の

算定部位である殻頂部破片を認めることが難しい場合が多く、重量組成においては多くの層においてマガキやイガイが大きな比率を占める場合もある。

3. 魚類

　時期ごとに4mmフルイ上で検出された資料の同定資料数集計したグラフを第3図に示した。このグラフにおいて、提示したサケ科とした資料は、大半が小破片となった椎骨と遊離歯である。また、2・1mmのフルイ上で検出資料の検討は、微細な魚骨を検討する上で不可欠であるが、現在のところごく一部の層についてしか検討していない。そのため、2・1mm目フルイ上資料については、一部の層の分析結果から補足することとしたい。

　各時期を通して、主要魚種としては、アイナメ・フサカサゴ科・カレイ類・サバ属・フグ科・カワハギ科・マイワシなどが挙げられる。

　縄文時代後期後半（A地点貝塚108～117層）の4mmフルイ上資料においてはフサカサゴ科が非常に多く（47.9%）、次いでカワハギ科（23.3%）、サバ属（8.0%）が多く出土している。また、2mmフルイ上資料は、一部の層（109・112層）のみの同定結果であるが、サバ属が最も多く、次いでマイワシ、フサカサゴ科が多く同定されている。

　縄文時代晩期前葉（B地点貝塚第110～124並列位）の4mmフルイ上資料においては、サバ属が最も多く（20.0%）、アイナメ（9.0%）、フサカサゴ科（13.8%）、カレイ類（9.2%）、である。第110～124並列位においては2mmフルイ上資料の同定作業を行っていないため、内容は不明である。

　縄文時代晩期中葉のB地点貝塚第2～106並列位の4mmフルイ上資料では、アイナメ（20.7%）、フサカサゴ科（5.9%）、カレイ類（21.6%）、サバ属（16.1%）が多く出土している。2mmフルイ上資料においてはサバ属が最も多く、ほかにマイワシなどが出土している。同じ晩期中葉のC地点貝塚原堆積貝層サンプルの4mmフルイ上資料では、アイナメ（20.2%）、フサカサゴ科（4.5%）、カレイ類（26.1%）、サバ属（8.9%）が多く同定されている。C地点貝塚原堆積貝層サンプルの分析では2・1mmフルイ上資料も詳細に検討され、最小個体数の算定からマイワシが最も多く、次いでサバ属が主体となると考えられる（須藤隆ほか1997）。B地点貝塚第2～106並列位とC地点貝塚原堆積貝層サンプルにおけるアイナメ・フサカサゴ科・カレイ類などの主要な魚類の組成に占める割合は類似している。

　縄文時代晩期後葉（A地点貝塚5～106層）の4mmフルイ上資料においてはアイナメ（16.8%）、フサカサゴ科（13.0%）、カレイ類（7.1%）、サバ属（2.8%）、カワハギ科（5.2%）、等が主体魚種として挙げられる。2mmフルイ上資料では、85・86層で同定を行っているが、種不明のものを除くとサケ科の椎骨片が出土しているのみである。

4. 哺乳類

　時期ごとに4mmフルイ上資料で採集された資料の同定資料数を集計したグラフを第4

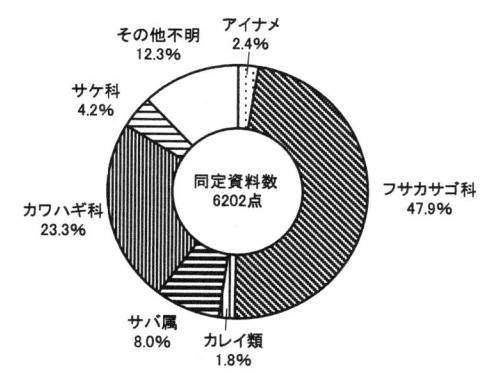

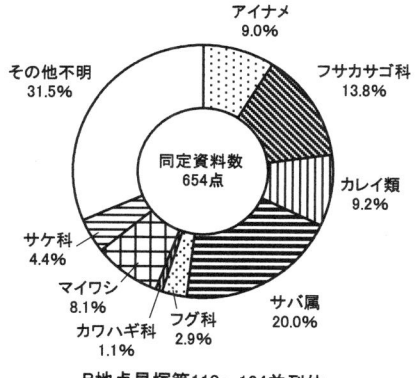

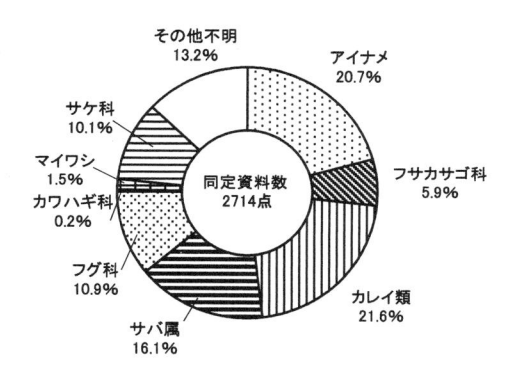

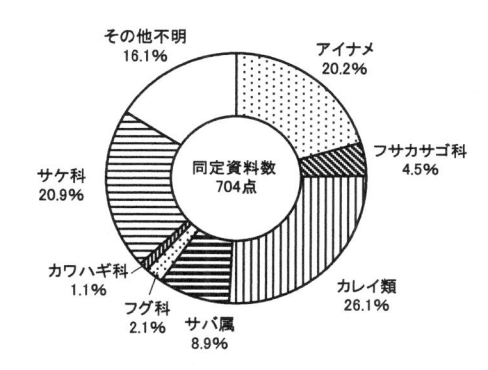

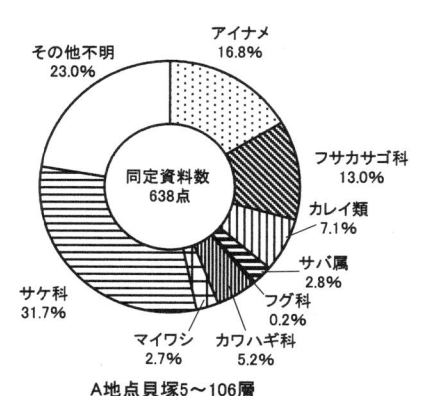

岩手県大船渡市大洞貝塚における縄文時代後晩期の狩猟漁撈活動　437

第3図　大洞貝塚における魚類遺存体の組成

図に示した。各時期を通して、ニホンジカ、イノシシが主体となり、これに出土量は少ないが、ノウサギ・ムササビ、タヌキやキツネ等のイヌ科、さらに少量であるがイルカ・クジラ目などの海棲哺乳類が出土している。

　縄文時代後期後半（A地点貝塚108～117層）においては、ニホンジカが55.7%、イノシシ29.9%と主体を占め、次いでノウサギ4.8%、ムササビ2.4%などが出土している。

　縄文時代晩期前葉（B地点貝塚第110～124並列位）においてはニホンジカが48.7%、イノシシ21.1%と主体を占め、次いでイヌ科等を含む食肉目13.2%などが出土している。

　縄文時代晩期中葉のB地点貝塚第2～106並列位では、ニホンジカが71.5%、イノシシ21.3%と主体を占め、次いでムササビ、イヌ科などを含む食肉目が出土している。同じく晩期中葉のC地点貝塚原堆積層では、ニホンジカが61.7%、イノシシ31.2%と主体を占め、次いでムササビ、イヌ科などの食肉目が出土している。

　縄文時代晩期後葉（A地点貝塚5～106層）においてはニホンジカ（48.7%）、イノシシ（38.0%）が主体を占め、次いで少量であるが、ノウサギ、ムササビが出土している。

　各時期を通じて、ニホンジカとイノシシが主体を占めているが、縄文時代晩期中葉においては、ニホンジカが占める割合が比較的大きくなっている傾向が認められる。

5. 鳥類

　鳥類は、各時期を通じて出土量は少ない。各時期における鳥類の同定結果は以下の通りである。

　縄文時代後期後半（A地点貝塚108～117層）においては、キジ科13点、ガンカモ科2点、ウミスズメ科1点が出土した。

　縄文時代晩期前葉（B地点貝塚第110～124並列位）においてはキジ科1点、ガンカモ科2点が出土した。

　縄文時代晩期中葉のB地点貝塚第2～106並列位では、ガンカモ科が10点、ウ科6点、キジ科2点が出土した。同じ晩期中葉のC地点貝塚原堆積層では、ガンカモ科が6点、キジ科1点、ウミウ1点、ウミスズメ科1点、サギ科1点が出土した。

　縄文時代晩期後葉（A地点貝塚5～106層）においてはキジ科3点、ガンカモ科2点、カラス科1点が出土した。

　丘陵等に生息するキジ科、内湾に生息するガンカモ科、海鳥のウ科が多く、また少数であるが、ウミスズメ科などが出土している。また縄文時代後期後半においてキジ科が多く出土している。

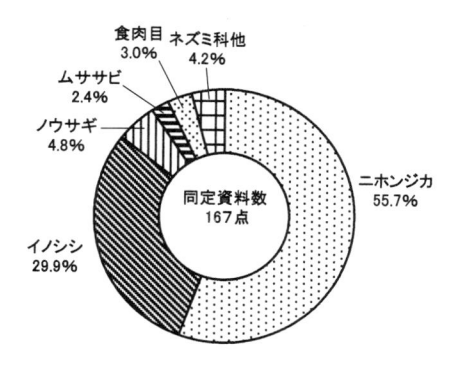

岩手県大船渡市大洞貝塚における縄文時代後晩期の狩猟漁撈活動　439

A地点貝塚108〜117層
哺乳類（縄文時代後期後半）
- ニホンジカ 55.7%
- イノシシ 29.9%
- ノウサギ 4.8%
- ムササビ 2.4%
- 食肉目 3.0%
- ネズミ科他 4.2%
- 同定資料数 167点

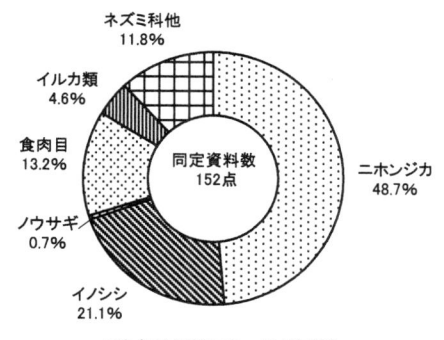

B地点貝塚第110〜124並列位
哺乳類（縄文時代晩期前葉）
- ニホンジカ 48.7%
- イノシシ 21.1%
- ノウサギ 0.7%
- 食肉目 13.2%
- イルカ類 4.6%
- ネズミ科他 11.8%
- 同定資料数 152点

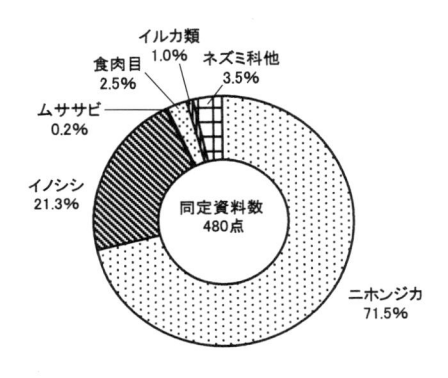

B地点貝塚第2〜106並列位
哺乳類（縄文時代晩期中葉）
- ニホンジカ 71.5%
- イノシシ 21.3%
- ムササビ 0.2%
- 食肉目 2.5%
- イルカ類 1.0%
- ネズミ科他 3.5%
- 同定資料数 480点

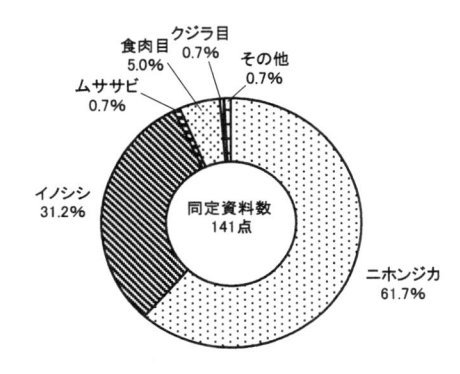

C地点貝塚サンプルNo.28〜32
魚類4mmフルイ（縄文時代晩期中葉）
- ニホンジカ 61.7%
- イノシシ 31.2%
- ムササビ 0.7%
- 食肉目 5.0%
- クジラ目 0.7%
- その他 0.7%
- 同定資料数 141点

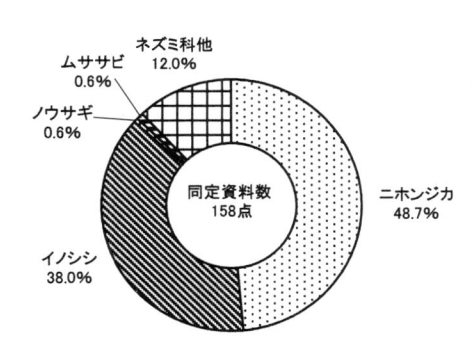

A地点貝塚5〜106層
哺乳類（縄文時代晩期後葉）
- ニホンジカ 48.7%
- イノシシ 38.0%
- ノウサギ 0.6%
- ムササビ 0.6%
- ネズミ科他 12.0%
- 同定資料数 158点

第4図　大洞貝塚における哺乳類遺存体の組成

440

後期後半（A地点貝塚108〜117層）

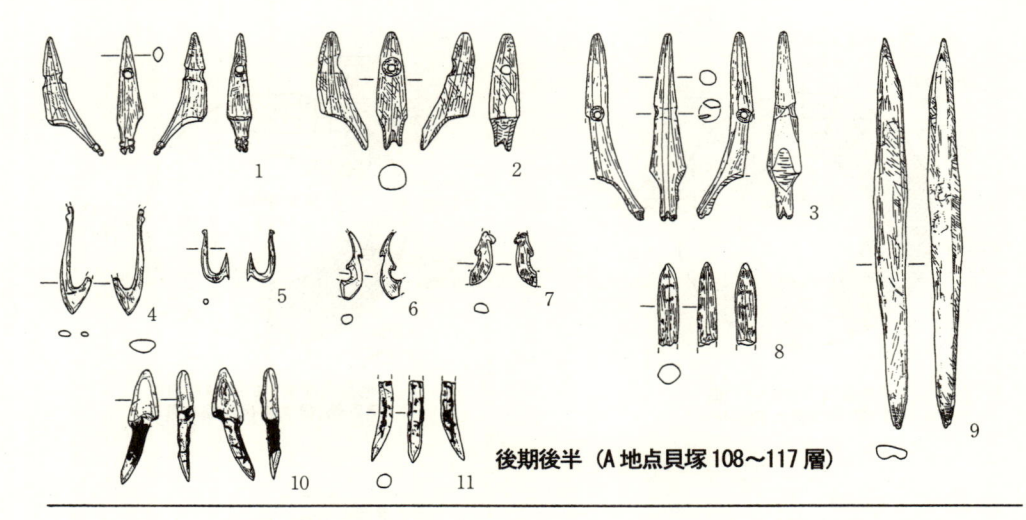

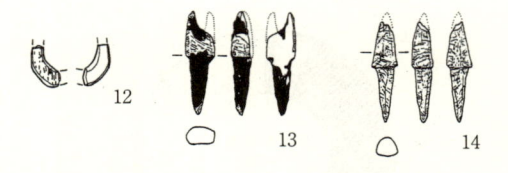

晩期前葉（B地点貝塚第110〜124並列位）

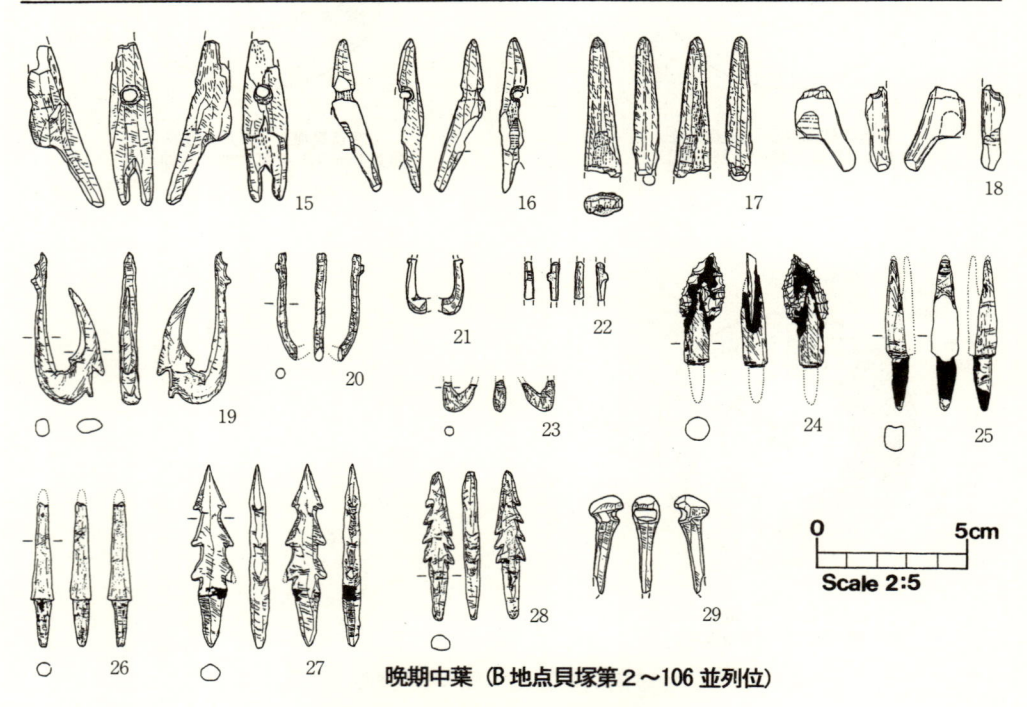

晩期中葉（B地点貝塚第2〜106並列位）

第5図　大洞貝塚における骨角製品（1）

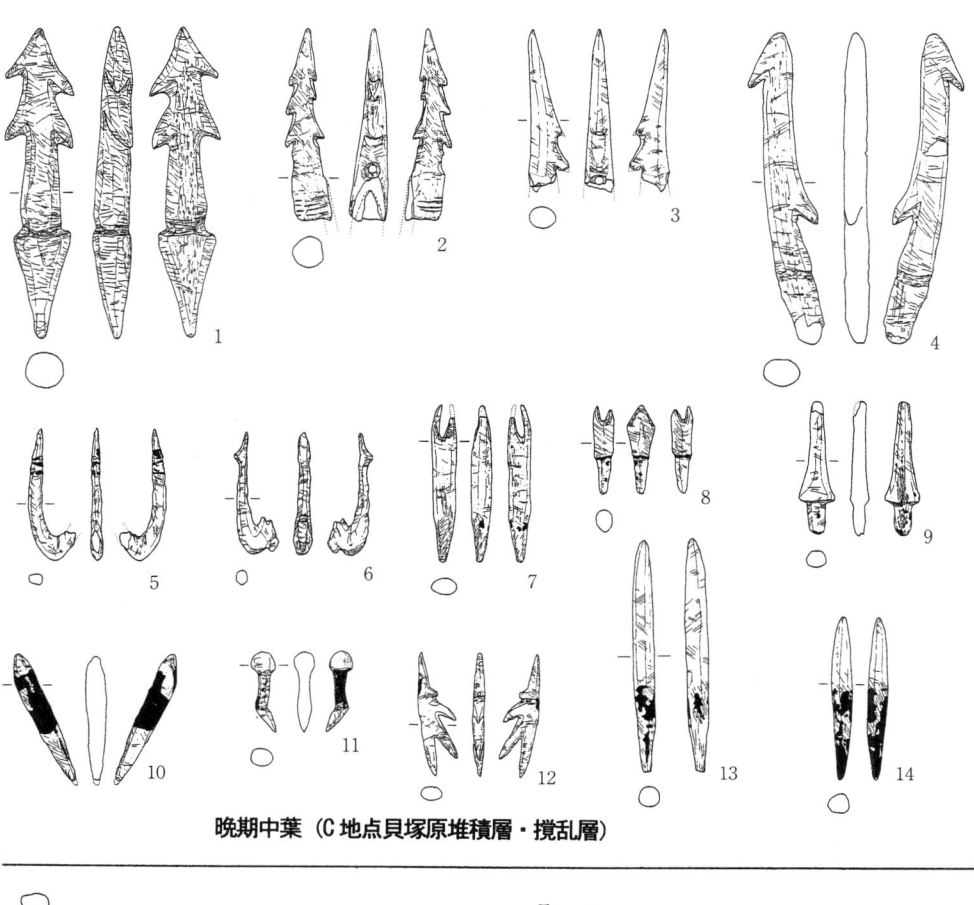

岩手県大船渡市大洞貝塚における縄文時代後晩期の狩猟漁撈活動　441

晩期中葉（C地点貝塚原堆積層・撹乱層）

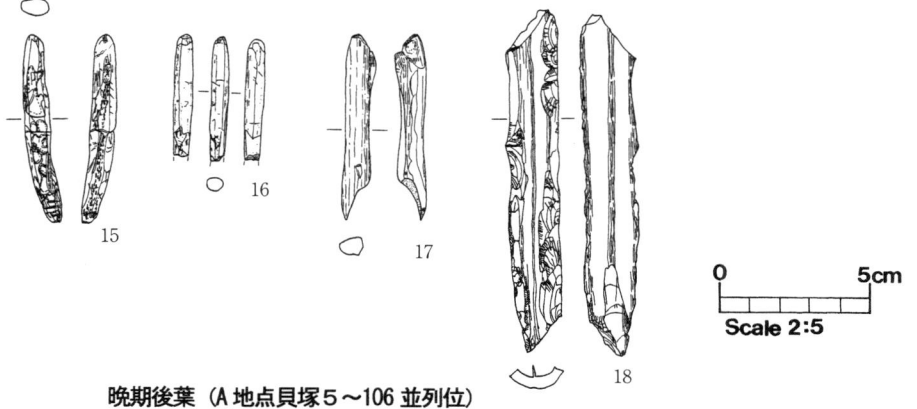

晩期後葉（A地点貝塚5～106並列位）

第6図　大洞貝塚における骨角製品（2）

V. 狩猟・漁撈具

1. 資料の提示について

　各地点から出土した狩猟漁撈具と考えられる骨角製品を中心に、動物遺存体の集計と同様に、時期ごとに、縄文時代後期後半（A地点貝塚108～117層）、晩期前葉（B地点貝塚第110～124並列位）、晩期中葉（B地点貝塚第2～106並列位及びC地点貝塚原堆積貝層・攪乱層）、晩期後葉（A地点貝塚5～106層）の順に第5・6図に掲載した。狩猟具として石鏃等の石器も図版を掲載するべきところであるが、実測図の作成が十分進んでおらず、本文中に出土点数を記載にするにとどめた。なお、以下の記述において石器・骨角製品の点数が報告書において記述されている点数よりも一部増えているものがあるが、これは動物遺存体資料の整理作業の中で、人工遺物として抽出されていなかった資料を加えたためである。

2. 各時期の狩猟漁撈具について

　縄文時代後期後半（A地点貝塚108～117層）において骨角製品は、離頭銛（第5図1～3、出土点数7点）、釣針（第5図4～7、出土点数4点）、組み合わせヤス先端のかえし（第5図10・11、出土点数2）、ヤス・刺突具（第5図8・9、出土点数4）、棒状角器（出土点数2）、髪飾り様鹿角製品（出土点数1）、弭形鹿角製品（出土点数2）、垂飾品（出土点数2）、不明鹿角製品（出土点数1）、加工痕のある鹿角（出土点数2）、管玉（出土点数3）などが出土している。骨角製品の内容は、宮城県気仙沼市田柄貝塚の縄文時代後期後葉とされる第IV～VI期に属する資料に類似する（阿部恵ほか1986）。石器は、石鏃（出土点数32）、石錐（出土点数4）、石匙（出土点数2）、くぼみ石（出土点数2）、石皿（出土点数2）、異形石器（出土点数1）、石核（出土点数3）などが出土している。

　晩期前葉（B地点貝塚第110～124並列位）において骨角製品は、釣針（第5図12、出土点数1）、ヤス・刺突具（出土点数3）、根バサミ（第5図13、出土点数1）、骨角鏃（第5図14、出土点数2）、貝輪（出土点数3）、貝輪未成品（出土点数1）などが出土している。石器は、石鏃（出土点数5）、くぼみ石（出土点数1）、磨り石（出土点数1）、石核（出土点数1）などが出土している。

　縄文時代晩期中葉（B地点貝塚第2～106並列位）において骨角製品は、離頭銛（第5図15～18、出土点数4）、離頭銛未成品（出土点数1）、釣針（第5図19～23、出土点数5）、釣針未成品（2点）、組み合わせヤス先端のかえし（第5図29、出土点数7）、石鏃付き根バサミ（第5図24、出土点数1）、根バサミ（第5図25、出土点数14）、ヤス・刺突具（第5図27・28、出土点数43）、骨角鏃（第5図26、出土点数7）、骨錐（出土点数2）、骨匕（出土点数7）、骨針（出土点数3）、棒状角器（出土点数1）、弭形鹿角製品（出土点数3）、管玉（出土点数5）、管玉未成品（出土点数1）、簪（出土点数1）、スレ貝殻（出土点数1）、貝輪（出土点数1）、貝輪未成

品（出土点数11）、貝製垂飾品（出土点数1）ほか不明骨角製品、加工痕のある鹿角などが出土している。離頭銛は4点が出土しているが、第5図15・16・18の3点は枝角先端を素材とするが、同図17は側面に鹿角の海面質が残されており、鹿角の半截材を素材としている。石器は、石鏃（出土点数29）、石錐（出土点数2）、石皿（出土点数1）、敲き石（出土点数1）、スクレイパー（出土点数3）、石核（出土点数6）などが出土している。

C地点貝塚原堆積貝層からは第6図1の大型のかえしを有するモリが出土している。攪乱層からは、第6図2～14にみるような離頭銛や釣針をはじめとした骨角製漁撈具が出土している。

晩期後葉（A地点貝塚5～106層）において骨角貝製品は棒状角器（出土点数1）、骨匕未成品（出土点数1）、垂飾品（出土点数1）、貝製小玉（出土点数1）、装飾付き鹿角製刺突具（出土点数1）、ほか加工痕のある骨・加工痕のある鹿角など合計13点が出土した。狩猟漁撈に関連するものは含まれていないが、参考として図版に棒状角器（第6図16）、骨匕未成品（第6図18）、加工痕のある骨（第6図17）、加工痕のある鹿角（第6図15）を掲載した。これらと同様のものは、大洞貝塚の他の時期においても出土している。石器・石製品は、石鏃（出土点数2）、くぼみ石（出土点数2）、磨り石（出土点数1）、石核（出土点数1）、石製小玉（出土点数5）などが出土している。狩猟漁撈に関連するものとしては、骨角製品においては特に認められず、石器においても石鏃2点が認められるのみである。

VI. まとめ

大船渡市教育委員会により1994年より継続して行われてきた大洞貝塚の範囲確認調査・内容確認調査においてはC地点・B地点・A地点貝塚が調査され、縄文時代後期後半・晩期前葉・晩期中葉・晩期後葉の各時期の貝層が検出された。

貝類は、縄文時代後期後半から晩期後葉までアサリをはじめとする内湾砂泥底に生息する貝類が採集されている。晩期前葉・中葉・後葉においては、アサリを主体とする混貝率の高い純貝層・混土貝層の形成が見られるが、後期後半においては晩期の層に比較すると貝の包含率が低く、混貝土層が連続して形成されていることが貝採集活動の低調さを示すものかは今後検討したい。

魚類は、縄文時代後期後半から晩期後葉にかけて内湾に生息するフサカサゴ科やアイナメやカレイ類がカワハギ科、ほか2mmフルイ上資料で多く出土する季節的に回遊するサバ属、マイワシなどが比較的安定して捕獲されていると考えられる。縄文時代後期後半においては、フサカサゴ科やカワハギ科が大きな割合を占めており、晩期と傾向が異なる。

また、サケ科の遺存体の出土状況についてみると、椎骨片と遊離歯が大半であるが、魚骨の出土量の少ない晩期中葉のC地点貝塚サンプルと晩期後葉のA地点貝塚5～106層において比較的高い割合を示すことが指摘できる、保存食料として消費されていた可能性が

考えられる。また、C地点貝塚原堆積貝層サンプルの分析では、サケ科の遺存体の出土量の集中から、サケ科魚類の集中的な消費の可能性が推定されている。（須藤隆ほか1997）

　哺乳類は縄文時代後期後半から晩期後葉まで、ニホンジカ、イノシシが主体で、これに小型の哺乳類ノウサギ、ムササビやタヌキやキツネ、少数であるがイルカ科などがみられる。縄文時代晩期中葉において、ニホンジカが占める大きくなる傾向はみられるが、ニホンジカ・イノシシ、主体であることに変化はない。

　鳥類は、丘陵等に生息するキジ科、内湾に生息するガンカモ科、海鳥のウ科が多く、少数であるがウミスズメ科なども捕獲されている。後期後半ではキジ科が、晩期の各時期ではガンカモ科が多い傾向が指摘される。

　大洞貝塚における各時期の動物遺存体の組成を検討したが、魚類や鳥類などの組成において後期と晩期で異なる傾向が指摘できる。現時点で同定できなかった動物遺存体資料も少なくないが、大きな傾向としてはある程度捉えられた。今後、未同定資料の分析とともに、属性分析を進めることによって狩猟漁撈活動について明らかにできるものと考える。

　須藤隆先生には、東北大学在学中より長年にわたりご指導いただき、今にいたるまで多くの勉強させていただく機会とご教示を賜り、深く感謝申し上げます。

　小論の執筆に際しては、金野良一氏、千葉貴子氏、鈴木めぐみ氏には拙き文章に目を通していただき、また様々な面でご支援を賜り、感謝申し上げます。また、今回新たに行った同定作業に際しては、陸前高田市立博物館の現生骨格標本を利用させいただき、感謝申し上げます。

引用文献

阿部　恵・新庄屋元晴・遊佐五郎　1986『田柄貝塚Ⅲ　骨角牙貝製品　自然遺物編』宮城県文化財調査報告書第111集　宮城県教育委員会・建設省東北地方建設局

氷見淳哉　2002『岩手県大船渡市　大洞貝塚　平成12・13年度　内容確認調査報告書』　大船渡市教育委員会

氷見淳哉　2004『岩手県大船渡市　大洞貝塚　平成13・14・15年度　内容確認調査報告書』　大船渡市教育委員会

金野良一　1997『岩手県大船渡市　大洞貝塚　平成6・7・8年度範囲確認調査概報』　大船渡市教育委員会

金野良一　2000『岩手県大船渡市　大洞貝塚　範囲確認調査報告書』　大船渡市教育委員会

須藤　隆　2000「土器」『岩手県大船渡市　大洞貝塚　範囲確認調査報告書』pp. 166-173

須藤　隆　2004「大洞貝塚A地点出土土器群の層位的検討」『岩手県大船渡市　大洞貝塚　平成13・14・15年度　内容確認調査報告書』pp. 34-38

須藤　隆・富岡直人・沢田純明　1997「平成7年度調査　大洞C地点貝塚の動物遺存体について」『岩手県大船渡市　大洞貝塚　平成6・7・8年度範囲確認調査概報』　大船渡市教育委員会　pp. 97-121

杉山陽亮・氷見淳哉・須藤　隆・金野良一・熊谷　賢 2000「大洞 B 地点貝塚の動物遺存体」『岩手県大船渡市　大洞貝塚　範囲確認調査報告書』大船渡市教育委員会　pp. 175-219

日本における先史家畜論
— イノシシ・ブタ頭蓋の研究を中心として —

富 岡 直 人

はじめに

　先史・古代における日本の家畜についての議論は多い。なかでもイノシシ・ブタは、世界に広く分布する動物であることから、その特徴を把握する事が日本の歴史・自然を理解する上で重要な鍵となっており、極めて多くの論考がなされてきた。

　世界各地のイノシシ・ブタの系統は多岐である事が、DNA研究によって近年明らかにされている。イノシシは旧石器時代以来世界各地で人類の狩猟対象となり、旧石器時代末期から新石器時代までの間に、西アジアと東南〜東アジアにおいて一部のブランチが馴化されブタが成立し、古代〜近世にかけて拡散したと考えられている。

　その頭蓋は、容貌を構成する主要素であるばかりでなく、呼吸や咀嚼機能をうかがわせる豊富な属性を有している。さらに、縄文時代以来、その頭蓋を埋納する事が行われ、象徴としての機能も論じられている。

　本論は、家畜論を概括しながらイノシシ・ブタの社会的特性を論じ、さらに日本及び周辺地域で出土・採集された頭蓋の資料の特徴を描出する事を目的とする。

I. 二次動物群としてのイノシシ

　イノシシは、寒帯を除く世界各地の草地や森林に適応している。人の手が加わっていない一次的自然環境を人間が開拓・改変し成立させた二次的環境に容易に適応できる順応性の高い動物で、近年でも西日本では農作物への食害が深刻になっている。つまり、二次的環境に適応しやすい動物として、「二次動物群」と呼びうる特性を持っている。このような哺乳動物としてはイヌやネコや、牧畜動物のウシ、ウマ、ヒツジ、ヤギ等の有蹄類が挙げることができる。いずれも新石器時代までに馴化 domesticate された動物群である。

　domestication の用語は、植物の場合には、より高度な栽培化 cultivation との使い分けがある。動物についても段階的な区分を想定し、セミ・ドメスティケーション semi-domestication、家畜化前段階 predomestication という用語を使う研究者がいるが（高橋龍三郎 1999a・1999b）、この二次動物群という概念もそのような考えに近く、それらよりも広い範囲の動物群を規定する用語である。強いて言えば、生態学での「二次林」の定義に近いといえよう。

一方で馴化という用語自体にこのような中間的な意味を持たせるべきだとする考え方も存在する。フィリップ・スミスは、「馴化という用語をもし少しでも用いるとすれば、一方の極にいる人間と他方の極に位置する動植物との間の共生関係が連続的で、ある広がりを持っているという意味で定義されるべきであろう」と主張し、用語の定義の困難さを指摘するとともに、「このように明確にし難い用語法なので、馴化された動植物を形態の上で識別しようと思っても困難であるか、全く不可能だ」と述べ、形態分析の困難さも指摘し（スミス，フィリップ 1986 : pp. 19-20)、考古学的定義の困難さを指摘している。

　domestication について「愛玩動物を含め、人間に飼育され、繁殖・成長が人間にコントロールされている動物」という広義の解釈もあるが、以下のような狭義の定義（佐々木清綱 1981）が一般的と言えよう。①人間に飼育されていること　②人間によくなれ親しむもの　③人間に経済的に有用に利用されること　④人間の保護により自由に繁殖を行うこと　⑤人間の利用・目的に応じてよく改良されること。ただし、愛玩動物は含まないとする考え方もある。

　一方で、家畜形態学や考古学での domestication の定義は、スミスが指摘した通り形態が基準になりやすいことから、自然状態と異なる特徴を生じた状況で捉えがちである。つまり、結果として明確に「家畜的容貌」を備えた遺存体を以て domestication が生じたと考えがちである。この傾向は、頭蓋の容貌が似るイノシシとブタの分類でも生じがちである。この点は、両者の分類上常に意識する必要があると言えよう。

　ある動物を前にして、それが「野生」なのか、あるいは「家畜」なのかとする二分法 dichotomy 的分類は、厳密に実施しようとする程、困難となる。その原因は、以下の３点が挙げられ、イノシシ・ブタの場合いずれも関連し、野生イノシシであっても、二次動物として「馴化されやすい条件」を有しているということになる。

① 家畜としての形態的特徴の発現は連続的で、野生と家畜との形態的な変異が著しい場合を除いて、判断しにくい。
② 野生種と家畜種が近隣に生息する上、その交雑が容易で、分類が難しい。
③ 家畜種が再野生化しやすい（家畜の餌が周辺の環境に豊富である場合に起こりやすい）。

　本論では以上の諸点を考慮し、馴化が進んで形態が変化している個体―再野生化個体も含む―については「ブタ」、確実に野生イノシシと断じられる場合には「イノシシ」、特徴が把握しにくい部分的な骨格や、馴化の程度が不明な骨格については「イノシシ類」、イノシシ・ブタ・イノシシ類を総称する場合には「イノシシ・ブタ」の用語を当てる。

II. イノシシ・ブタ研究の諸相

　日本先史イノシシ・ブタに関する論争は、松井章によって端的に整理されている（松井章 2005）。本論では、動物分類や骨格の持つ属性にたちかえって検討を行いたい。
　動物を生物学的に分類するには、a. 人為的分類、b. 系統分類、c. 自然分類という手法があげられる[1]。さらに、民族分類 folk-classification という概念もある。これは、民族に固有な分類と定義でき（秋道智彌 1988）、動物に関わる人間の主体性を計る文化的分類と言えよう。考古学的に考えた場合、動物遺存体が文化的脈絡の中で変容を遂げて行くには以下の３つの側面が考えられ、これらは複合する場合もある。これらを検討する事は、考古資料を通して当時の「民族分類」を探る試みとも言える。

ア．食物として利用された側面（食料残滓としての属性）
イ．食物以外の目的に利用された側面（道具の母材等の利用に関連する属性。例：骨製品の母材、端（はした）としての属性、占いや遊興の素材としての属性）
ウ．遺跡が生息地・自生地あるいはその周辺に位置していたことから、自然に入り込んだり、他の動物や自然の堆積作用によってもたらされた側面（遺跡や堆積層の形成に関する属性。例：他の動物の食料残滓が遺跡に混入した場合）

　これらの分類や属性を考慮しながら、本郷一美（2004）、三宅裕（1999）を参考にしつつ、イノシシ・ブタ遺存体の考古学研究の諸相をまとめてみると以下の様になる。

①動物地理学的情報（人為的持ち込みの推定）
②動物種構成と総体的な割合（生業での位置付け）
③動物の死亡年齢構成や性比に関する情報（狩猟・屠殺技術の推定）
④骨格や体毛等の形態の変化（サイズを含め、長短のバランスの変化、ネオテニー（あるいは幼形進化）、縮毛等）
⑤咀嚼器官の変化（退縮、歯の小型化、歯槽膿漏、不正咬合）
　野生動物に比べ、機械的ストレスは減っているが、集団で飼育する事や偏倚した餌に伴う疾病等のストレスは増加。
⑥死亡季節性（生業の季節的構造）
⑦古 DNA 分析による系統の情報（系統分類・自然分類）
⑧食性（安定同位対比分析等によって摂餌状況を推定）
⑨飼育・屠場・加工処理遺構（リン分析、飼育小屋や囲いの検出）
⑩遺体加工・処理技術・文化（カットマークや破壊痕跡、埋納や儀礼）

⑪動物由来疾病（寄生虫卵分析）

　①動物地理学的情報については、西中川らによる『古代遺跡出土骨からみたわが国のイノシシとブタの起源ならびに飼育に関する研究』での実証的研究（西中川駿ほか1999）が評価されるであろう。この研究では、出土地点や分布域が明確なイノシシとブタの頭蓋や四肢骨を計測し、多変量解析等を実施し、その地理的な違いや搬入の可能性を論じている。このような調査が、日本全国はもとより、周辺各国で地道に実施される事が望ましい。他にも遠藤秀明ほかや姉崎智子の取り組みが挙げられる（Endo Hidenori et al. 1998・2000、姉崎智子2004）。

　②動物種構成　③年齢構成・性比については、金子浩昌、西本豊弘らにより先行研究があり、近年では姉崎智子がまとまったデータを提示している（金子浩昌・西本豊弘1987、姉崎智子2004）。

　④骨格や体毛の変化　⑤咀嚼器官の変化についても、西本の一連の検討やそれに批判的見解を示した西中川らの研究が挙げられる（西中川駿ほか1999）。また、歯牙の計測をはじめとする形態による検討も姉崎智子が取り組んでいる（姉崎智子2004）。筆者の研究でも、ベトナム産の若齢以上のブタや西日本出土の若齢以上のブタに、類似した幼齢的な形質がみられることを頭蓋側面の画像によって指摘したことがある（富岡直人2005）。

　⑥生業暦を探る死亡季節性分析や齢査定については、イノシシに対する新美倫子等の研究があり（新美倫子1986）、ブタ資料についても適用が考えられる。しかし、これらの手法の場合、メスの出産期が一年に一回という仮定があり、これがブタに適応可能か検討する必要性がある。

　⑦古DNAについては石黒直隆、小澤智生らによる研究があり、日本列島やその周辺地域でのイノシシ・ブタの自然系統とその歴史が解明されて来ている（小澤智生2000、Watanobe Takuma, Ishiguro Naotaka et al. 2001、Yasuko Morii, Naotaka Ishiguro et al. 2002、石黒直隆・松井章ほか2001・2002）。

　⑧食性については、南川雅男、松井章によって安定同位体比分析が実施され、地域的な食性の違いや、その特徴が解明されつつある（南川雅男・松井章2002）。

　⑨海外に比較すると、先史時代の飼育や屠殺、解体処理遺構についての研究は比較的低調であり、今後の検討課題と言えよう。古墳時代以降については研究があり、松井らに論じられている（松井章・神谷正弘1994）。

　⑩遺体についての加工・処理・埋納行為についての分析のうち、下顎骨懸架については春成秀爾が集成を行っている（春成秀爾1993）。頭蓋に関するカットマークの論考は、金子浩昌らによって報告書や概説書に指摘がなされていた（金子浩昌1980・1984ほか）。筆者は、イノシシ頭蓋の完形品の実測図を作成、集成した時に同じ基準と図化手法で、5点の資料を比較した（富岡直人1999）。しかし、統一基準で全国の資料について加工・処理・埋納の

データが集成された事はない。本論ではこれに関わる内容をVI章で論じる。

⑪現在、人間についての寄生虫卵研究や骨病変からの疾病の研究はみられ、福岡県福岡市鴻臚館出土寄生虫卵から肉食を検討している例（金原正明・金原正子 2004）が最も近い内容と言えよう。イノシシ・ブタの埋納遺構・飼育遺構・ヌタ場を対照とした寄生虫卵分析等は取り組まれていない。

いずれの項目・属性にしても、さらなる論究が必要な現状と言え、「人間がどのようにイノシシ・ブタを取り扱ったのか」という文化的脈絡から研究を深化させる必要が指摘できる。

III. イノシシ・ブタをめぐる社会と環境

家畜論は、象徴的側面、経済的側面、環境適応の側面から農耕論とともに論じられ、「犠牲獣説」「オアシス説」「核地域説（文化段階説）」「モザイク状的生業変化説」「人口圧説」「折衷説」といった説が出されてきた。日本先史時代における家畜論も「犠牲」「人口圧」「核地域」「文化段階」についての論及がなされ、特に弥生ブタ論も含めた家畜論の多くには文化段階論的歴史観がうかがわれる。

文化段階説としての家畜化の図式は、「野生動物を捕獲→人間の管理・保護・飼育→家畜」とまとめられ、この背景に農耕社会成立にともなう生産力の向上や飼料の獲得が当てはめられて来た。しかし、このような説は民族誌からみて普遍的でないことは既に19世紀末に指摘されている事である（ヘンリ, スチュアート 1986：p. 14）。世界水準の考古学研究を考えた場合、日本での適応も慎重な態度が必要であろう。

小長谷は民族学研究を踏まえ、牧畜起源は、農耕を通して始まった、あるいは農耕とは無関係に狩猟から始まったという古典的二説が並存可能という見解を示すとともに、この様な「生業出自論」を見直し、「群れの成立機構論」を取り上げ、「群れの捕捉」「個体捕捉」「子畜捕捉」という脈絡で家畜化を考える事が可能であることを論じ、「母子関係の介入」という視点の重要性を指摘し、農耕社会論から自由な家畜論の方向性を示した（小長谷有紀 1993）。これは動物生態を考究するならば、当然検討されるべき内容といえよう。

このような考え方と通底する意見として、人間にとっても野生動物と家畜は、対極的な存在では無いとする考え方がある。例えば、東アフリカ牧畜民は、採捕 foraging（採集、狩猟、漁労）、牧畜、農耕等のいずれか一つ、あるいはそのいくつかを組み合わせて、生業複合という形で生活しているし、言語系統と牧畜の生業複合には厳密な対応関係はみられない事が指摘されている（佐藤俊 1984）。

また、このように発展段階説に捉われない自由な歴史観で家禽を研究した秋篠宮文仁は、ニワトリにみられる「再家禽化」現象を検討し、「家禽化」が一方向の発展的なものではなく、「行きつ戻りつ」した現象であったと論じた（秋篠宮文仁 2000：p. 216）。

さらに、西アジアやヨーロッパでの初期農耕の展開過程と異なり、「中国に於いては食料生産の高揚とともに、家畜動物の飼育が減少して行くという傾向を一般的に指摘できる」（甲元眞之 2001：p. 37）とする説もあり、domestication が一方向的な展開を遂げるものではない事が考古資料からも指摘されている。

IV. 東北アジア産イノシシ・ブタの特徴

　化石類の調査より、日本列島域でイノシシ類が拡散し始めたのは鮮新世後期から更新世と考えられる。mtDNA 分析の結果から、ニホンイノシシの系譜はユーラシアイノシシに連続すると考えられ、更新世寒冷期に狭隘化した対馬海峡や接続したサハリンからの北方ルートで日本列島域に入ったものと推定される。激しい火山の噴火（始良 Tn 火山灰等）や対馬海流の成立に伴う日本海側での豪雪地帯の出現によって、地域的な隔離・退去・絶滅が起こり、環境の回復後に一部は回復がみられた。このような自然条件の変化もイノシシの地理的な変異や多様性の創出に影響を与えたと考えられる。

　日本および近隣国産のイノシシ類の頭蓋を集めた図が第 1、2 図である。イノシシ・ブタは性的二型が明確なため、できるだけオスの個体を集める事としたが、十分にデータが集められず、一部はメス♀を利用した。長崎県長崎市出島遺跡資料と北海道礼文町香深井 A 遺跡資料の上面と左側面、ベトナムの現生資料の左側面の各図はメスである。また、岡山県新見市 NT 洞窟（更新世中期）資料は Fujita Masakatsu et al.（2000）、中国浙江省河姆渡遺跡（新石器時代中期）資料は、浙江省文物考古研究所（2003）、香深井 A 遺跡資料（RKA1598）は、西本豊弘（1981）と金子浩昌・西本豊弘（1987）に掲載された実測図を利用して作図している。

　稲田孝司らによる NT 洞窟の調査では、更新世中期の良好なイノシシ頭蓋が出土している。この資料は極めて大きく、かつて松本彦七郎や直良信夫がニッポンイノシシやミコトイノシシと呼んだ大型のイノシシ群に似ている。それぞれの断片なので、推定復元が多く、特に頭頂部・後頭部は復元できなかったものの、推定される頭蓋の形態は完新世に日本各地で見られるようになるニホンイノシシと似ており、これを研究した藤田正勝らもこの資料をイノシシ *Sus scrofa* と同定している（Fujita Masakatsu et al. 2000）。

　更新世中期の NT 洞窟資料の場合、犬歯からオスと推定される上顎骨から考えて頭蓋基底全長 basal length は 375～410 mm に達すると推定され、これは河姆渡遺跡と熊本県熊本市黒橋貝塚（縄文時代中期）資料や、福島県いわき市大畑貝塚（縄文時代中期、馬目順一ほか 1975、報告書図版 77 掲載資料）資料とほぼ同じ大きさで、宮城県気仙沼市田柄貝塚（縄文時代後期、阿部恵ほか 1986、FP-CL40-26）よりもやや大型である。

　直良信夫（1938a：p. 47）らは、東北地方においてみられるこのような大型イノシシは縄文時代中に絶滅したものとの考えを示したが、宮城県仙台市中在家南遺跡で弥生時代中期

日本における先史家畜論　453

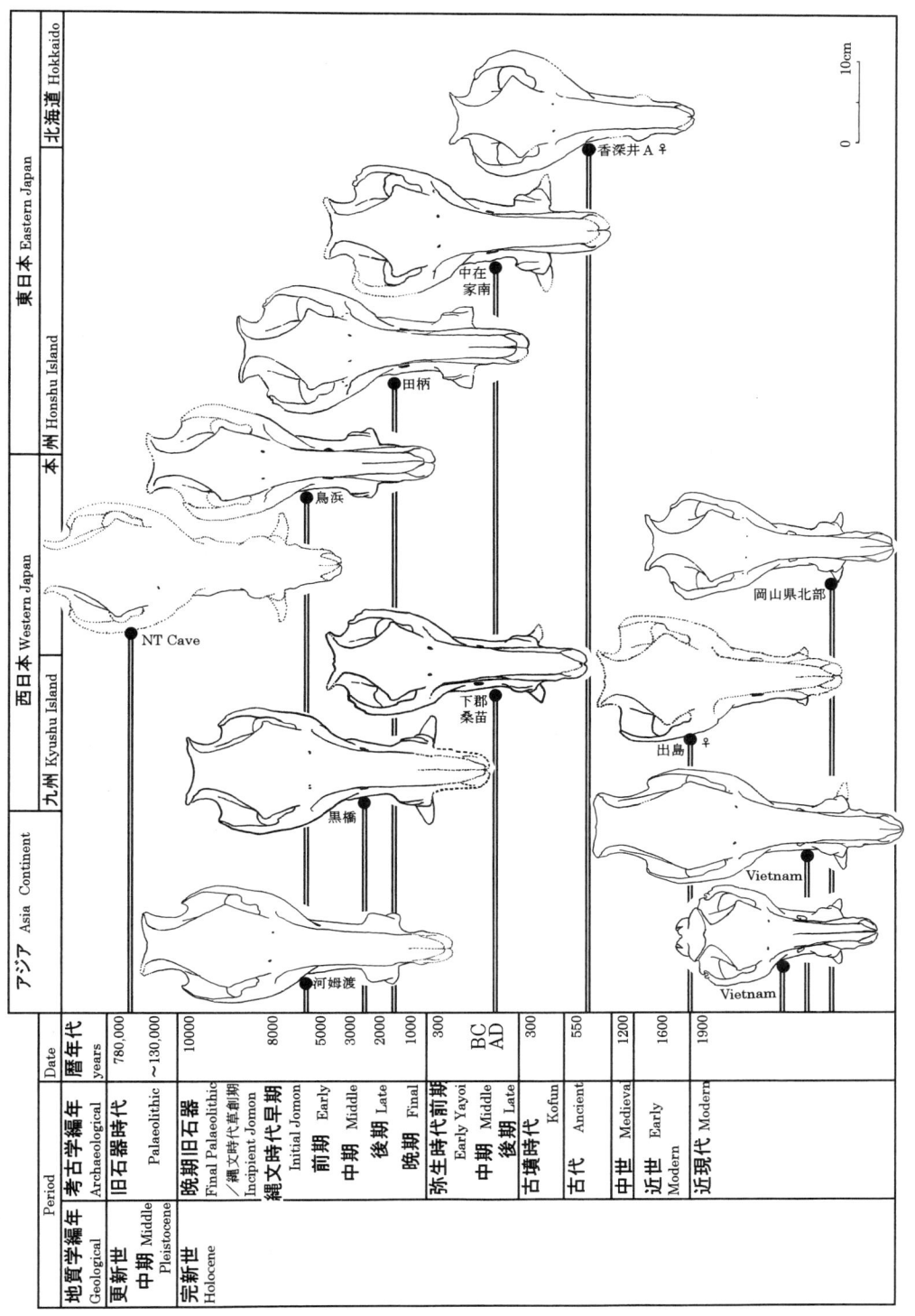

第1図　イノシシ・ブタ頭蓋（上面観）

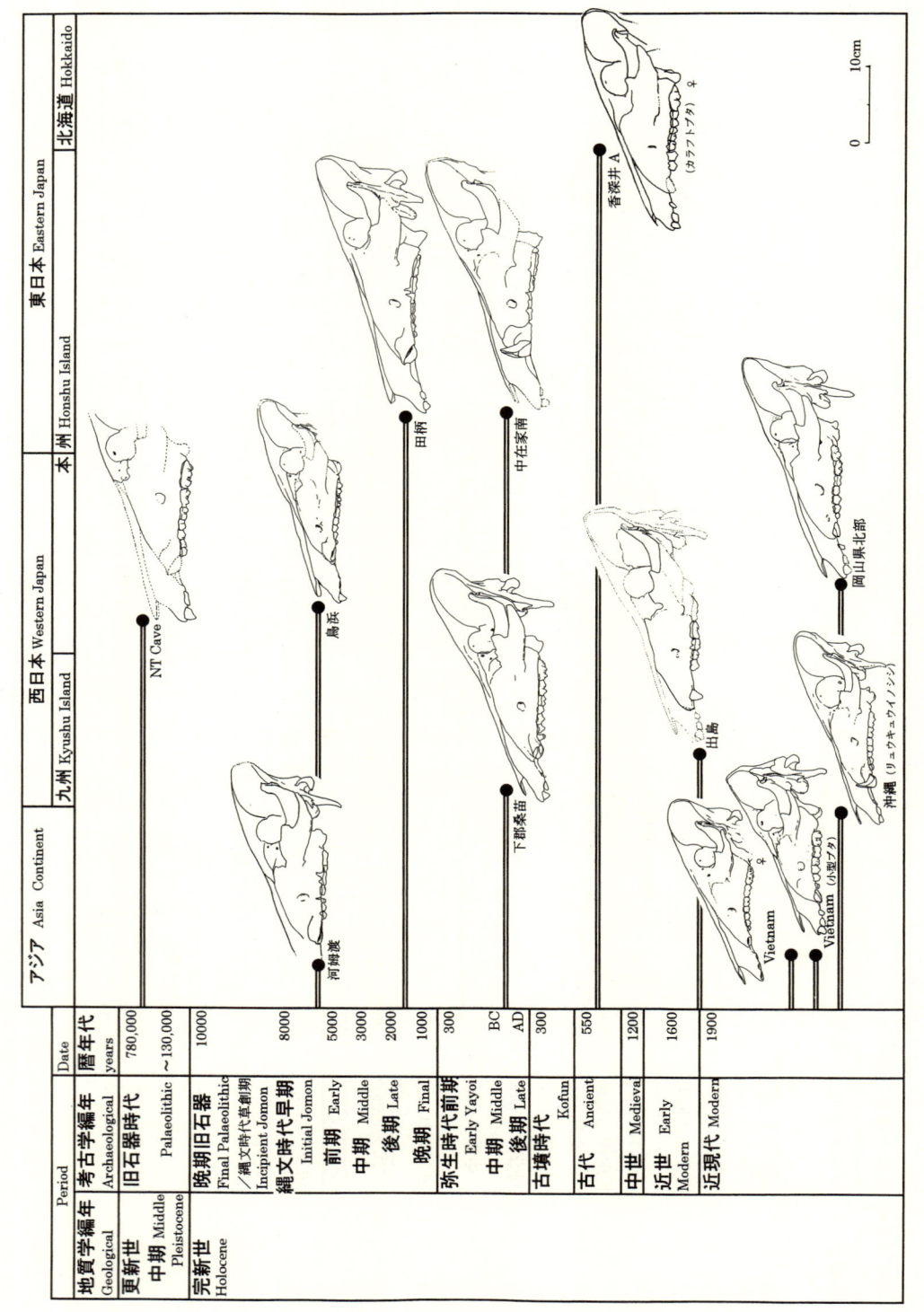

第２図 イノシシ・ブタ頭蓋（左側面観）

の大型のイノシシが発見された事からこの仮説の修正が必要になった。一方、西日本の福井県若狭町鳥浜貝塚資料（縄文時代前期、1985年発掘資料）群は、頬骨突起や上顎骨が細身の個体が多い点が特徴的で、このような頭蓋は大分県大分市下郡桑苗遺跡（弥生時代中期）の資料群（西本豊弘1992b）に類似しており、西日本における特徴的な群を形成している。ただし、これが現生岡山県北部の野生イノシシに系譜が辿れるのかは資料不足のため論証が困難である。特に現在岡山産イノシシは頬骨や吻部の形態が変容しており、西洋種が混血している疑念がある。これらのやや華奢な西日本群と比較するならば、黒橋貝塚の資料は明らかに異質で、NT洞窟資料や東日本の田柄・中在家資料にやや似て、左右に張り出した前頭骨と頬骨突起、巨大な犬歯の歯槽を有している。

　直良信夫によって命名されたカラフトブタ Sus inoi は、金子によってイノシシの亜種とする Sus scrofa inoi が適切ではないかと指摘されている（金子浩昌・西本豊弘1987）。ここにみられるカラフトブタの特徴は、金子らの指摘のように、頬骨弓が強く張り出して丸みが強い点にある。さらに鼻腔と吻部はやや細身で、東北地方に展開していた縄文イノシシとは明らかに異なった shape を示す。このような特徴は、出島遺跡和蘭商館出土資料（西中川駿ほか2002）に報告されているブタ（以後「出島ブタ」と表現）や現生東南アジアブタ（ベトナム北部産オス及びメス資料：考古学院所蔵資料、および富岡研究室所蔵 Dr. Nguyen Van Viet 寄贈）にもやや似るが、吻部の長さはカラフトブタが明らかに長くて出島ブタや東南アジア小型ブタが短く、短頭化も小型ブタが最も進行し、上面観で後頭顆が見えてしまっている。ここで掲げた出島ブタの類例は、隣接する地点でも検出されている（長崎市所蔵資料、金子浩昌1986・1993、金子浩昌・西本豊弘1987）。ここではオス頭蓋も出土しており、金子浩昌、西本豊弘は頭蓋全長360 mmと推定している（金子浩昌・西本豊弘1987）。第1・2図で筆者が提示したメス頭蓋の頭蓋全長が約330 mm程度であることから、数値上も調和的である。これらが、在来のイノシシの馴化で成立したとは考え難く、長崎に生活していたオランダ人や中国人が中継地の東南アジアや中国等から調達した可能性が考えられる。シーボルトが重用した絵師川原慶賀筆の出島を描いた唐蘭館図では、中型程度と小型の2つのタイプのブタが描かれているが、出土例は川原が描いた中型程度のブタにあたると考えられる。ここでは出島遺跡出土資料を総合的に検討して議論をする。側面観は出島ブタとカラフトブタは明らかな違いを示すが、上面観は意外にも比較的類似する。最も違う点はカラフトブタが側頭骨頬骨突起の後位が丸みを帯び、出島ブタが角張っている点である。ただし、いずれも出土資料であり、土圧による変形も考慮せねばならないであろう。特に図示したカラフトブタの頬骨は、他のカラフトブタ資料と比較しても湾曲が強く、変形した可能性がある。

　これらのブタの系譜であるが、いずれも中国あるいはその周辺でイノシシから家畜化されたものと考えられよう。カラフトブタを含む北方系の中型ブタ（研究者によっては小型と位置付けている）についてはVI章で詳述する。

以上、頭蓋の特徴を論じたが、残念ながらここで論じた様な完形の頭蓋を利用した mtDNA 分析は、ほとんど行われていない。せっかくの完形資料を破壊分析で痛めたくないという意図もあるだろうが、実り多い研究の為にはこれら頭蓋資料を利用した遺伝学的研究が切望される。

V. 先史時代日本におけるブタ存否論争

　先史時代の日本においてブタが飼育されていたとする説は、直良信夫によって唱えられた。直良信夫は、弥生時代に属すると考えられる長崎県壱岐市壱岐カラカミ遺跡（カラカミ山貝塚）出土資料に対して「支那豚 Sus vittatus var. domesticus」という分類を用いた（直良信夫 1938a・1941）。また、直良信夫は、伊豆諸島三宅島コハマ浜遺跡出土資料についてもブタであるとの指摘を行った（直良信夫 1937）。これらの資料をもとに、直良は弥生人に島嶼部へブタを移入し、「養豚」をしていた可能性を探っていた。しかし、この説については慎重な研究者が多く、仙波輝彦は懐疑論を展開し、金子浩昌・西本豊弘も「ブタとして認められるのは……北方オホーツク文化にみる他に古い例はない」と記述し、間接的に直良説を否定した（仙波輝彦 1960、金子浩昌ほか 1987）。
　一方で、金子浩昌は弥生人が稲作文化との関連を持つ供儀の目的で日本産のイノシシを飼育していた可能性を指摘している（金子浩昌・牛沢百合子 1980、金子浩昌 1999）。ただし、西本豊弘は、大分県下郡桑苗遺跡出土資料の分析をきっかけとして、弥生時代にブタが存在したことを主張した（西本豊弘 1989）。その後、西本らは先史資料について研究を展開し、「縄文ブタ」「弥生ブタ」を指摘する一連の研究を展開してきている（西本豊弘 1991・1992a・1993・2002）。当初西本は、弥生時代中期の資料について「弥生ブタ」の存在を指摘したが、後続する研究で、縄文晩期終末・弥生時代早期に属する佐賀県唐津市菜畑遺跡、福岡県二丈町曲り田遺跡でもその存在を指摘している。
　動物の品種間の系統関係を探るのに適した mt DNA 分析では、「弥生ブタ」とされる個体群は、現在野生イノシシとして生息する個体群と同じ塩基配列を有しており、当初想定された東アジアで成立したブタの搬入とは考え難い状況になっている。
　小澤智生は、西本が弥生ブタを指摘した遺跡のイノシシ類を DNA 分析し、塩基配列によって特徴付けられる遺伝子型がニホンイノシシ集団に属するものが多く、日本で在来のブタを家畜化しない限りは、外部からブタを移入したとは考えにくいと主張した（小澤智生 2000）。同時に東南アジアのブタと共通する様相が菜畑遺跡の一個体にみられることを指摘した。また、Morii らの研究では、縄文時代晩期・弥生時代・古墳時代初頭の西日本の 3 遺跡から出土した 10 試料のうち、長崎と愛媛から出土した 4 点が現代の東アジアのブタと強い関係がうかがわれ、残りの 6 点（前者と同じ遺跡も含む）は現代の野生ニホンイノシシと強い関係が確認された（Morii Yasuko et al. 2002）。ただし、ブタと考えられたもの

も実際に日本で育種されたのか、大陸から屠殺された個体の部位が部分的にもたらされたのか判然としないと結論づけている。特に弥生ブタとされた資料が多量に出土した下郡桑苗遺跡（弥生時代前～中期）や愛知県清須市・春日町・名古屋市朝日遺跡（弥生時代中期）は、この分析でも東アジア系の家畜ブタではなくニホンイノシシの系統上にある個体群であることが示唆され、ニホンイノシシの馴化の可能性は残しているものの、現在観察可能な野生イノシシと同じハプロタイプという事で、単純にブタとは呼び難い状況となっている。

VI. 北方系ブタ

カラフトブタの供給地と考えられる東北アジアでは、新石器時代にイヌ、ブタが導入されたと推定され、約6000年前迄には極東で穀物栽培と家畜ブタの飼育はほぼ連動した関係を持ったものと想定されている（大貫静夫1998）。カラフトブタの形質とその北方への適応プロセスを考えた場合、カラフトブタが日本に渡来した時点はオホーツク文化が成立した古代～中世であっても、その家畜化のプロセスは先史時代に遡る事が推定されるので、本章でこれに触れる。

甲元による東北朝鮮貝塚の集成的研究では、新石器時代と青銅器時代が分層された屈浦里西浦項遺跡で新石器時代と青銅器時代の層位からイヌとブタの出土が示されている（甲元眞之1997）。特にイノシシとブタの出土率（全哺乳動物中）は、新石器時代には11%未満対1%弱、青銅器時代には17%弱対2%未満と家畜動物の比率が低い事が指摘されている。西浦項遺跡以外には、編年や層位が不明確な遺跡が多い。青銅器時代から初期鉄器時代にかけて形成された草島貝塚では、同時期の西浦項遺跡に比してブタの出土量がやや多く、ブタの役割が大きかったと考えられる。ペスチャヌイ遺跡（シデミ文化・ヤンコフスキー文化期）では家畜動物（イヌ・ブタ・ウシ）の占める割合が7割以上。ブタは若齢のものが85%以上を占めている。

この地域の小～中型ブタ[2]はサハリンや日本の北方域で発見されるカラフトブタと同系譜のものがある事がmtDNA分析によって明らかにされている（Watanobe Taku et al. 2001）。また、この分析から2群ある北方ユーラシアイノシシの内、ニホンイノシシのグループに近いグループが馴化され、ブタにされた可能性が考えられる[3]。つまり、この説を採るならば、東～東北アジアのブタは多系であったと言える。

VII. イノシシ頭蓋にみられる十字カットマーク

縄文時代のイノシシの頭蓋前頭骨・頭頂骨には、十字あるいは縦横に一文字のカットマーク（切創）を残すものがみられる（第3図）。

明確な十字のカットマークを残す資料としては、第3図1に示した岩手県一関市中神

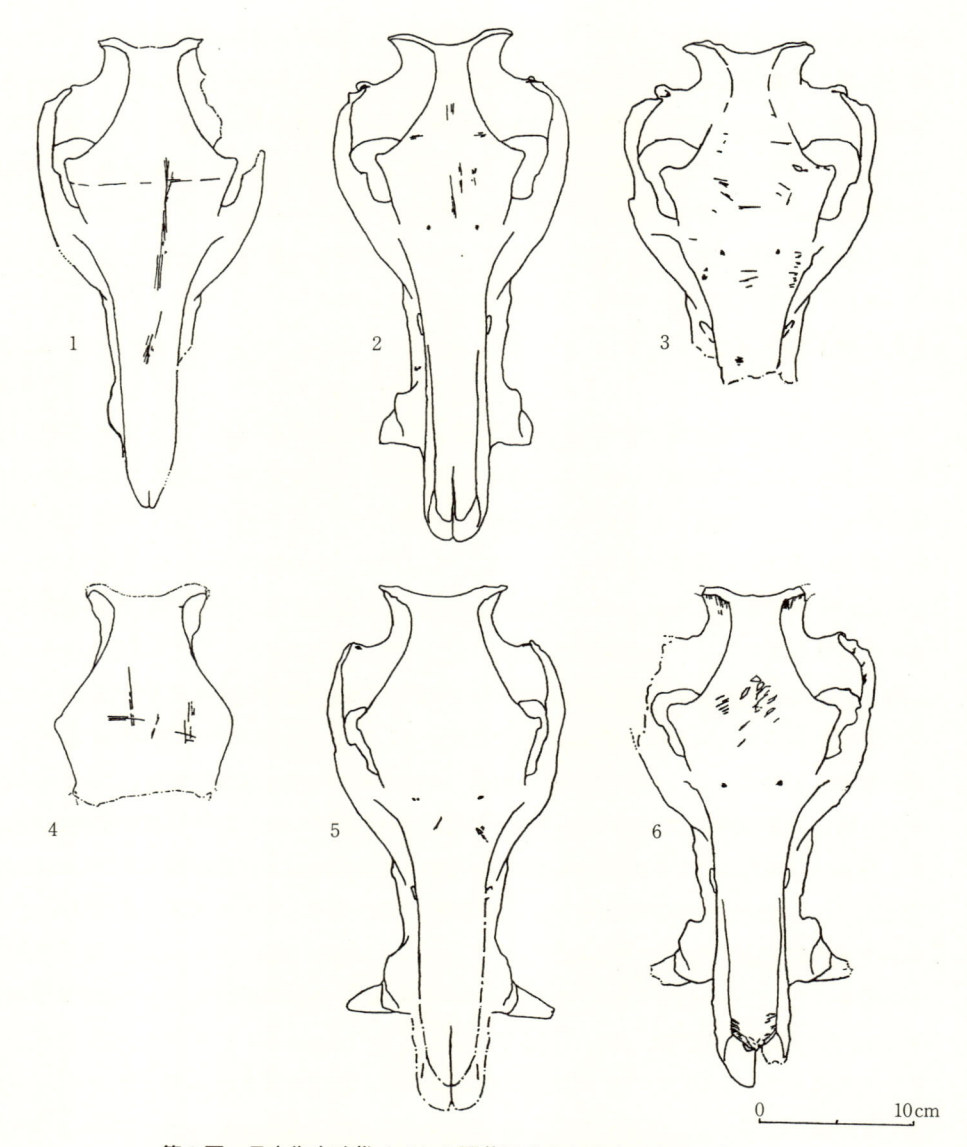

第3図 日本先史時代イノシシ頭蓋にみられるカットマーク
1. 中神遺跡（岩手県　縄文後期）2. 田柄貝塚（宮城県　縄文後期）
3. 青島貝塚（宮城県　縄文中・後期）4. 黒橋貝塚（熊本県　縄文中期）
5. 黒橋貝塚（熊本県　縄文中期）6. 中在家南遺跡（宮城県　弥生中期）

遺跡資料（縄文時代後期、♀：東北大学文学部考古学研究室1991年調査資料、土壙1埋土1出土）と、同県陸前高田市獺沢貝塚資料（縄文時代後・晩期、♂♀不明：関西大学博物館所蔵、関西大学博物館編1998）、さらに第3図4に示した熊本県熊本市黒橋貝塚資料（縄文時代中期、♂♀不明：熊本県教育委員会所蔵、G-9ⅣB、K64）が挙げられる。いずれも成獣の頭蓋であった。

交線が存在する筈の中心部が不鮮明ながらも、カットマークが十字を呈していたことをうかがわせる資料としては、第3図2に示した田柄貝塚資料（縄文時代後期、♂：宮城県教

育委員会所蔵、FP-CL40-26)と、宮城県東松島市川下響貝塚(縄文時代後・晩期、♂?:東北大学総合学術博物館所蔵、松本彦七郎1929)、岩手県一関市貝鳥貝塚(縄文時代後・晩期、♀:金子浩昌ほか1971:F20出土資料、図版65,2a、金子浩昌1984:♂ p.10写真7、♂♀? p.15:写真11)が挙げられる。これ以外に、前頭骨と頭頂骨に横方向(正中線に対してほぼ直行する方向)にカットマークがあった資料としては、第3図3に示した宮城県登米市青島貝塚(縄文時代中・後期、♂:東北大学総合学術博物館所蔵、Reg No. 59935)、福島県新地町三貫地貝塚(縄文時代後・晩期、♂♀不明:福島県立歴史博物館所蔵、第IIIトレンチ649,663,670,706)が挙げられる。

また、この様なカットマークは前頭部・頭頂部のみに残される訳ではない。田柄貝塚資料は額に十字カットマークが残されたのみならず、上顎部にも傷が残されている。これも頭蓋部の皮を剥ぎ、さらに骨膜までも除去する為の切断で残されたものと考えられる。類例として掲げる第4図は、宮城県大崎市中沢目貝塚出土イノシシ上顎骨(縄文時代晩期初頭:HI3区43層出土)にみられる激しいカットマークであり、口唇をこじ開けるか切り裂いた後、歯肉部分を繰り返し切断しようとした痕と考えられる。

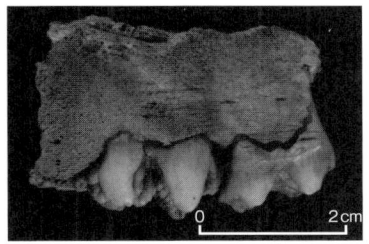

第4図　イノシシ上顎骨臼歯部にみられるカットマーク
中沢目貝塚(宮城県　HI3区43層出土　縄文時代晩期初頭)

十字や一文字のカットマークが額に残される場合、横方向のカットマークは眼窩に対して真上あるいはやや後方に位置しており、定型的な痕跡であることが指摘できる。筆者が以前に検討した時(富岡直人1999)には、類例は東北地方に止まっていたが、その後黒橋貝塚等、九州でも類例を見出すことが出来た。

黒橋貝塚からは、この他にも第3図5で示した様に前頭骨と鼻骨の境目付近に「ハ」の字状のカットマークを止める例が見つかっている(縄文時代中期、♂:熊本県教育委員会所蔵D-9,V層)。これ以外にも、数多くのイノシシ頭蓋が出土した黒橋貝塚からは、カットマークを残す頭蓋が出土しているが、頭頂骨を後位から打割する目的で残されたカットマークや、頸椎と頭蓋を切り離す為に後頭顆周辺の筋肉を切除した際に残されたカットマーク等、定型的なカットマークがみられた。

頭部にこのようなカットマークを残すような行為は、アイヌの方々が伝えるヒグマの解体処理工程やイヨマンテやオプニレ・イワクテ(宇田川洋1980・1989、春成秀爾1995、高橋理2000、佐藤孝雄編著2006)に典型例がみられる。同様の指摘は、金子浩昌も行っている(金子浩昌1984)。このイヨマンテの目的は、単に肉食に止まるものではなく、集落間の社会的紐帯を深める意味も持つ社会的な儀礼であり、狩猟儀礼とのみ位置付けることはできない。特に和人の干渉が激しくなってからは、皮革交易の変容の影響も受け、その儀礼の作法や意味が変質して来た可能性が考えられる。この様な霊送りの儀礼の根本には自然・動物に対する畏敬が存在するという主張は首肯できるが、一定の意味を持った儀式として

普遍化していたとは考えにくい。例えばE・ロット＝ファルクによる『シベリアの狩猟儀礼』(1980) に述べられている骨や皮の取り扱い方やその儀礼の目的は多様で、ストレートに狩猟対象を送るというものではなく、時には霊を欺く事さえ企てると書かれている。

実際のカットマークにたち返って検証し直して見ると、このカットマークは皮を剥ぎ取るのみではなく、筋肉の下にある骨膜までも強く傷つける程加圧して残されたものである。しかし一方で、そこから頭蓋を損壊させようとする意図はほとんどなかったと推定される。例えばアイヌ民族例にみられるヒグマ脳頭蓋の破壊は、前頭骨や頭頂骨は避け、骨格がやや薄い側頭部を狙って行われるが、縄文人が残した十字カットマークは、イノシシの頭蓋で最も固い部分である前頭骨と頭頂骨を対象としており、例えその部分を破損させても、前頭洞が緩衝機能を果たし、脳髄に破壊は到達しにくい。もしも、イノシシ頭蓋から脳髄を取り出したいならば、手っ取り早く頸部を切断して後頭骨や後頭窩を狙えば良い。つまり、この部分に残されるカットマークは、毛皮～骨格の間のものを切断する事を目的としていたと考えるべきであり、アイヌの民俗例とやや違う点がありながらも、主目的は顔面部分の毛皮の剥ぎ取りや切断という、類似した作業を含んでいた可能性が高いと言えよう。また、各カットマークを比較してみると、微妙に方向や長さ、深さに差があることから、作法に差があり、一律ではなかったことが伺われる。

筆者は、今まで霊送りの対象とされたヒグマやキタキツネ、ウミガメ類の頭蓋を観察する機会を得ているが、これら縄文イノシシに残されている十字カットマーク程深い傷を残している例は見出していない。その違いを生み出してしまうのは、切断がやや困難なイノシシの固い毛や筋肉かも知れない。

これら傷が残された資料のうち、三貫地貝塚資料の場合の様に、完全に骨片に破壊されて貝層中から出土する場合もあるが、中神遺跡資料や黒橋貝塚資料[4]の様に土壙から出土する場合もある。これを意図的な埋納と考えるならば、儀礼的な行為と考える事ができ、カットマークは、少なくともその儀礼が実施される前の何らかの行為を形として止めているものと言う事が出来る。新津健は、縄文時代後・晩期の遺跡で検出されるケースが多い焼骨を検討し、「焼くといった行為に清めや物送りといった意味付けを行うにせよ、その一段階前の祭祀を考えるべき」(p. 254) と述べている（新津健 2004）。そのような考え方を支持するならば、この様な定型的でありながら、食用に向いていないカットマークを残す行為を解体処理時から埋納や廃棄までの間になされた祭祀の痕跡の一つとして検討する事は、縄文時代の動物祭祀を問う上で重要と考えられる。

宮城県中在家南遺跡出土資料（弥生時代中期、♂：No. 1435、IXD区15a層）は、前頭～頭頂骨を繰り返し叩いた痕跡を残した頭蓋であるが、それ以外にも耳部と吻端、頬骨側頭突起下位にも執拗なカットマークが残されている。このようなカットマークは縄文時代にも見られる場合があるが、同じ遺跡から出土した下顎骨（第5図）は下顎体が壊され、近遠心方向に直行する方向で多くの溝が残されており、繰り返し人間が叩き割ろうとして刃物

を当てたり、何らかの器物を強く擦り当てた様で、刻骨に似て激しく摩滅している。ただし刻骨程、丁寧な刻みはみられない。痕跡の表面観察のみでは、その加工・処理・破損の方法が不明であった。これについては大阪府和泉市池上遺跡（弥生時代中・後期：金子浩昌1984：pp. 21-22）に類例があり、関連性をうかがわせる。

結語

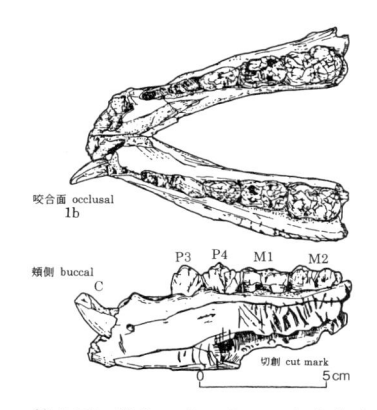

第5図 激しいカットマークを有するイノシシ下顎骨
中在家南遺跡（宮城県　No. 1119　弥生時代中期）

　均質的に捉えられがちな先史社会は、イノシシ・ブタ資源とその取り扱いにおいても多様であった。日本列島という限定的な範囲にあってさえ、イノシシという身近な動物のmtDNAが不均一であったという遺伝学研究の成果は、日本の動物観・環境観にまで影響するインパクトを持っている。

　縄文・弥生社会とその環境は、列島内にあって多様であり、遠隔地との交易があるものの、総合的に社会をコントロールする中心性は希薄であった。その自然環境の構造は地理的に隔絶しやすく、それに影響を受けた社会構造は網状に連絡を持ちつつも、地域社会のコントロールは分散的であったと見るべきであろう。イノシシあるいはブタの馴化・家畜化の議論においても、伝播論や文化段階説におもねる解釈から冷静に距離を保ち、地域毎の主体性を評価する実証的研究の蓄積がいまだ必要といえる。

　特に、西日本弥生文化で広くみられ、大陸での家畜儀礼の影響をうかがわせるイノシシ類下顎骨の懸架は中在家南遺跡では発見されておらず、また「弥生ブタ」的なイノシシも出土しないものの、下顎骨の損壊に類似した作法が採られた事が推定され、イノシシをめぐる祭祀のあり方は縄文時代から変容を遂げ、それが仙台平野の弥生集落で選択された事をうかがわせる。その方向性は馴化を向いていたのかは、東北地方のみで考察していても論証は困難である。ただし、その祭祀が中国や韓半島で展開したブタをはじめとする家畜祭祀や動物祭祀に影響を受けたものと位置付ける事は、今後の周辺地域での調査によって可能となるであろう。

　現段階としては、日本先史・古代の家畜は、ヨーロッパや西アジア、中国のそれに比して、野生種との境界があいまいでありながら、文化的側面である動物祭祀においては、家畜文化の影響をとりいれた状況が予見される。

　資料の見学と研究への利用を御快諾頂いた各教育委員会、各研究機関、須藤隆先生、金子浩昌先生、西中川駿先生、西本豊弘先生、松井章先生、石黒直隆先生をはじめ各研究者

の皆さまにお礼申し上げます。

　東北大学考古学研究室では、伊東信雄先生発掘によるサハリン南貝塚出土カラフトブタ頭蓋や、須藤隆先生発掘による宮城県大崎市中沢目貝塚や岩手県一関市中神遺跡出土イノシシ頭蓋等、貴重な資料を保管し、研究に供してきた。幸いに筆者は、須藤先生の御指導の下、これらの資料を熟覧する事が許され、さらに中神遺跡発掘の際には、試掘から最終年次の発掘にまで参加させていただき、1991年の調査ではイノシシが埋納されていた土擴も間近に観察させて頂いた。そのような資料に触れた経験から、東北大学を離れた後も長い年月をかけてイノシシの分析に取り組んできた。この記念論文集に、先生が真摯に調査されて来た遺跡群研究の成果を利用させて頂き、小論として寄せさせて頂く事とした。

　須藤先生には、動物遺存体も考古資料であり、動物学的情報のみならず、考古資料としての情報性に留意する事、常に海外も視野に入れた分析をするべきである事を御指導いただいた。曲がりなりにもこのように考古学研究に取り組んで来られたのも、須藤先生の御指導をはじめ、同窓の皆様の支えや励ましによる所が大きい。先生の今後益々の御健勝と御発展を祈念しつつ、擱筆する。

　註
1) それぞれの分類は以下の特徴を有するとされる。a. 人為的分類：形態に基づく分類で分類者の意図が中心となるやや主観的な分類。b. 系統分類：生物が進化することを前提にして進化のプロセスを反映するように、縁が近いものほど近いグループにまとめ出土層序なども加味して次第に遠くなるようにグループを並べる分類。c. 自然分類：遺伝のメカニズムを手がかりにして種の類縁関係を示すように分類。
2) この地域のブタを大きさで分けるのは難しい。梅山種の様な極大級のものを大型、それより小さいものを「小型」と呼ぶ場合があるが、第1図に示した通り、この「小型」は、東南アジアの小型ブタと比べるとかなり大きく、ニホンイノシシのやや小振りの個体と同程度の体格と推定される事から「中型」という表現が相応しいであろう。
3) 北方系のブタは、冷涼な環境でも耐えやすい小さい吻部や鼻孔と奥深く吸気を暖めるのに適した鼻腔・口腔を持っている事から、飼育者による選択や淘汰が働いた可能性がある。遺存体として確認し難いものの、民俗誌上でブタについて書かれている内容からは、毛が長く、体部の脂肪の量も多かったとされ、この点も北方に適応している。このような特徴が、カラフトブタにもあったなら、極めて有効な資源であったろう。
4) 黒橋貝塚の場合、頭蓋に切創がある個体のいくつかが、土擴から出土しているのみである。

引用文献
阿部　恵ほか 1986『田柄貝塚』III 宮城県教育委員会文化財調査報告書111　宮城県教育委員会
アイヌ民族博物館 1990『イヨマンテ—熊の霊送り—』　アイヌ民族博物館
アイヌ民族博物館 1991『イヨマンテ—熊の霊送り—』　アイヌ民族博物館

秋道智彌 1988「自然の文化表象」『文化人類学へのアプローチ』 ミネルヴァ書房 p. 205-230
秋道智彌 1993「ニューギニアにおけるブタ」『農耕の技術と文化』 集英社 pp. 309-331
秋篠宮文仁 2000『鶏と人 民族生物学の視点から』 小学館
天野哲也 2003『クマ祭りの起源』 雄山閣出版
姉崎智子 2002「鳥浜貝塚から出土した特異な形態のイノシシ下顎骨─飼育の可能性の検討─」『鳥浜貝塚研究』3 pp. 1-15
姉崎智子 2004「弥生時代のイノシシ類にみられる地理的多様性」『動物考古学』21 pp. 1-15
姉崎智子 2003「Domestication の過程─イノシシをめぐる諸問題─」『メタ・アーケオロジー』4 pp. 59-69
Endo Hidenori, Kurohmaru, M., Hayashi, Y., Tanaka, Matsumoto, M., Nishinakagawa, H., Yamamoto, H., Kurosawa, Y., and Tanaka, K. 1998 'Multivariate Analysis of Mandible in the Ryukyu Wild Pig (*Sus scrofa riukiuanus*).' *"Journal of Veterinary Medical Science"* 60-6 : pp. 731-733.
Endo Hidenori, Hayashi, Y. Sasaki, M., Kurosawa, Y. Tanaka, K. and Tanaka, K.. 2000 'Geographical Variation of Mandible Size and Shapes in the Japanese Wild Pig (*Sus scrofa leucomystax*).' *"Journal of Veterinary Medical Science"* 62-8 : pp. 815-820.
藤井純夫 2001『ムギとヒツジの考古学』 同成社
Fujita Masakatsu et al. 2000 'Middle Pleistocene wild boar remains from NT Cave, Niimi, OKayama Prefecture, west Japan.' *"Journal of Geoscience, Osaka City University"* 43-4 : pp. 57-95
春成秀爾 1993「豚の下顎骨懸架─弥生時代における辟邪の習俗─」『国立歴史民俗博物館研究報告』50 pp. 71-140
春成秀爾 1995「熊祭りの起源」『国立歴史民俗博物館研究報告』60 pp. 57-101
長谷部言人 1925「石器時代の野猪に就いて」『人類学雑誌』40-2 pp. 54-60
ヘンリ，スチュアート 1986「農耕文化出現の研究史」『世界の農耕起源』 雄山閣 pp. 7-37
Hongo Hitomi, Anezaki Tomoko & Yamazaki Kyomi 2003 'Hunting or Management ? Status of Pigs in the Jomon Period'. *"The Pig Project-Pigs and Humans"*
本郷一美 2004「家畜化の考古学」『環境考古学ハンドブック』 朝倉書店
石黒直隆・松井 章・本郷一美 2001「Ancient DNA 解析からみた古代ブタ（カラフトブタ）の系統」『日本考古科学会第 18 回大会研究発表要旨集』 日本考古科学会 pp. 12-13
石黒直隆・松井 章・本郷一美 2002「ミトコンドリア DNA から探る日本の古代家畜の系譜─イヌとイノシシ・ブタをめぐって─」『研究成果報告書 1（日本人および日本文化の起源に関する学際的研究）』国際日本文化研究センター特定領域研究「日本人・日本文化」pp. 214-218
金原正明・金原正子 2004「トイレ遺構から探る食生活」『科学が解き明かす古代の歴史・新世紀の考古科学』 クバプロ pp. 59-68
金子浩昌 1984『貝塚の獣骨の知識』 東京美術
金子浩昌 1986「出島遺跡出土の動物遺存体について」『国指定史跡 出島和蘭商館跡範囲確認調査報告書』 長崎市教育委員会 pp. 35-37
金子浩昌 1993「出島オランダ商館跡出土の動物遺存体について─料理素材となった魚・貝・鳥・獣の研究─」『長崎出島の食文化』親和文庫 17 号 pp. 88-96
金子浩昌 1999「池上遺跡出土の動物遺存体」『金子浩昌著作目録』pp. 171-172
金子浩昌 2004「考古学研究における動物遺体 I-これからの動物遺体研究に向けて─」『金子浩昌

著作目録2』『金子浩昌著作目録』を刊行する会 pp. 5-48

金子浩昌・草間俊一 1971『貝鳥貝塚』 岩手県花泉町教育委員会

金子浩昌・西本豊弘 1987「日本各地遺跡の動物遺存体 検出動物標本について 前編 哺乳類・鳥類・爬虫類」『貝塚博物館紀要』14 pp. 1-28

金子浩昌・牛沢百合子 1980「池上遺跡出土の動物遺存体」『池上・四ツ池遺跡』第6分冊・自然遺物編 大阪文化財センター pp. 9-32

金子之史 1998『哺乳類の生物学1 分類』 東京大学出版会

関西大学博物館編 1998『関西大学博物館』 関西大学

加藤晋平 1980「縄文時代の動物飼育―とくにイノシシの問題について―」『歴史公論』6-5 pp. 45-50

小長谷有紀 1993「母子関係介入をめぐるモンゴルの生態―遊牧起源論の再考」『農耕の技術と文化』 集英社 pp. 217-238

甲元眞之 1997「東北朝鮮の貝塚遺跡」『動物考古学』9 pp. 63-75

甲元眞之 2001『中国新石器時代の生業と文化』 中国書店

馬目順一ほか 1975『大畑貝塚調査報告』 福島県・いわき市教育委員会

枡本 哲 1978「オホーツク文化におけるブタ飼育の問題について」『北海道考古学』14 pp. 83-92

松本彦七郎 1929「陸前国桃生郡小野村川下り響介塚調査報告」『東北帝国大学理学部地質学古生物学教室研究邦文報告』7 東北帝国大学 pp. 1-65

松井 章・神谷正弘 1994「古代の朝鮮半島および日本列島における馬の殉殺について」『考古学雑誌』80-1 pp. 57-94

松井 章 2005「日本におけるブタの存否論争」『暮らしと生業』列島の古代史 岩波書店 pp. 189-193

松井 章・石黒直隆・本郷一美・南川雅男 2001「琉球（沖縄）先史文化におけるブタの移入と系譜」『第4回 韓・日新石器文化 学術発表資料集』 釜山廣域市立博物館・韓国新石器研究会・日本九州縄文研究会 pp. 39-48

松井 健 1989『セミ・ドメスティケーション』 海鳴社

南川雅男・松井 章 2002「炭素窒素同位体による食性解析に基づくイノシシの家畜様式の判別」『日本考古科学会第19回大会研究発表要旨集』 日本考古科学会 pp. 38-39

三宅 裕 1999「The Walking Account：歩く預金口座―西アジアにおける家畜と乳製品の開発―」『現代の考古学3 食糧生産社会の考古学』pp. 50-71

Morii Yasuko et al. 2002 'Ancient DNA Reveals Genetic Lineage of Sus scrofa among Archaeological Sites in Japan' *Anthropological Science* 110（3）pp. 313-328

直良信夫 1937「日本史前時代における豚の問題」『人類学雑誌』52-8 pp. 286-296

直良信夫 1938a「第1章 食物の種類 史前日本の食糧文化」『人類学・先史学講座』第三部日本及び隣接地の先史学 pp. 1-63

直良信夫 1938b「三宅島コハマ浜弥生時代遺跡発掘の豚の臼歯」『人類学雑誌』53 pp. 68-70

直良信夫 1941「食糧政策上よりみたる史前時代の猪類」『日本文化の黎明』 葦牙書房 pp. 81-86

新美倫子 1986「愛知県伊川津遺跡出土ニホンイノシシの年齢及び死亡時期査定について」『国立歴史民俗博物館研究報告』29 pp. 123-148

西本豊弘 1981「動物遺存体について」『香深井遺跡』下 東京大学出版会 pp. 402-452

西本豊弘 1989「弥生時代のブタ」『季刊考古学』28 pp. 91-92
西本豊弘 1991「弥生時代のブタについて」『国立歴史民俗博物館研究報告』36 pp. 175-189
西本豊弘 1992a「朝日遺跡の弥生時代のブタ」『朝日遺跡・自然科学編』愛知県埋蔵文化財センター調査報告書31　愛知県埋蔵文化財センター　pp. 213-228
西本豊弘 1992b「下郡桑苗遺跡出土の動物遺体」『下郡桑苗遺跡　弥生時代のブタ』大分県文化財調査報告89　大分県教育委員会　pp. 92-110
西本豊弘 1993「弥生時代のブタの形質について」『国立歴史民俗博物館研究報告』50 pp. 49-70
西本豊弘 2001「家畜の考古学」『NHKスペシャル　日本人はるかな旅3　海が育てた森の王国』NHKスペシャル「日本人」プロジェクト編　日本放送出版協会　pp. 188-198
西本豊弘 2003「縄文時代のブタ飼育について」『国立歴史民俗博物館研究報告』108 pp. 1-16
西中川駿ほか 1999『古代遺跡出土骨からみたわが国のイノシシとブタの起源ならびに飼育に関する研究』平成8年～10年度文部省科学研究費補助金基盤研究B・(2)　研究成果報告書
西中川駿・小山田和央・久林朋憲 2002「出島和蘭商館跡（平成10・11年度調査区）出土の動物遺体」『国指定史跡出島和蘭商館跡　道路及びカピタン別荘跡発掘調査報告書』　長崎市教育委員会　pp. 194-206
新津　健 2004「書評『金子浩昌著作目録』―特にイノシシ問題から―」『金子浩昌著作目録』2『金子浩昌著作目録』を刊行する会　pp. 252-255
大津忠彦・常木　晃・西秋良宏 1997『世界の考古学⑤　西アジアの考古学』　同成社
大貫静夫 1998『世界の考古学⑨　東北アジアの考古学』　同成社
岡村秀典 1999「中国古代王権と祭祀」『考古学研究』46-2 pp. 73-91
小澤智生 2000「縄文・弥生時代に豚は飼われていたか？」『季刊考古学』73 pp. 17-22
佐々木清綱 1981「家畜」『世界大百科事典』6　平凡社　p. 3
佐藤　俊 1984「東アフリカ牧畜民の適応戦略」『人類学―その多様な発展』　日本人類学会
佐藤孝雄編著 2006『シラッチセの民族考古学―漁河源流におけるヒグマ猟と"送り"儀礼に関する調査・研究―』　六一書房
仙波輝彦 1960「長崎県壱岐島中期及び後期弥生時代遺跡出土哺乳動物骨の研究」『人類学研究』7 pp. 190-233
浙江省文物考古研究所 2003『河姆渡：新石器時代遺址考古発掘報告』　文物出版社
スミス，フィリップ 1986『農耕の起源と人類の歴史―食料生産経済のもたらしたもの』　有斐閣
須藤　隆ほか 1995『縄文時代晩期貝塚の研究II―中沢目貝塚2―』　東北大学文学部考古学研究会
須藤　隆ほか 1997『岩手県花泉町中神遺跡』　東北大学文学部考古学研究室・岩手県花泉町教育委員会
高木正文・村崎孝宏 1998『黒橋貝塚　浜戸川中小河川改良事業に伴う埋蔵文化財の調査』熊本県文化財調査報告166　熊本県教育委員会
高橋龍三郎 1999a「考古学からみたセミ・ドメスティケーション―東部サハラを中心にして―」『史観』第140冊 pp. 85-102
高橋龍三郎 1999b「東部サハラにおける牧畜の起源―社会的・儀礼的背景―」『史観』第141冊 pp. 73-88
高橋　理 2000「アイヌ文化における動物遺存体―「送り」儀礼をめぐる分析の視点と方向―」『一所懸命』pp. 311-325

富岡直人 1999『遺存体データベースからみた縄文・弥生時代生業構造の変化』平成8年〜平成10年度文部省科学研究費補助金基盤研究（c）研究成果報告書

富岡直人 2005「西日本におけるイノシシ類頭蓋形態の多様性について」『動物考古学』22 p. 130

宇田川洋 1980『アイヌ考古学』 教育社歴史新書

宇田川洋 1989『イオマンテの考古学』 東京大学出版会

Watanobe Taku, Ishiguro Naotaka et al. 2001 'Ancient Mitochondrial DNA Reveals the Origins of Sus scrofa from Rebun Island Japan' *"Journal Molecular Evolution"* 52 pp. 281-289

微小骨片の古組織学的検討による動物種類の同定
―岩手県中神遺跡出土骨片の分析―

奈良貴史　澤田純明

I. はじめに

　1990年から1996年にかけて須藤隆教授の指導のもと東北大学文学部考古学研究室は岩手県一関市（旧花泉町）所在中神遺跡の発掘調査を行なった（須藤隆1997、須藤隆編1997）。1994年の調査においてB地区A103グリッドから2組の合口土器棺が出土した。土器棺内の土壌をすべて水洗篩で精査した結果、そのうちの1号土坑の土器棺から少量の焼骨細片が検出された。当時著者の一人奈良が東北大学医学部解剖学第1講座の助手をしていた関係から、この焼骨片が人骨か否かの鑑定を依頼された。焼骨片は全部で7点あったが、最大のもので長さ5.8mm、幅3.9mm、厚さ2.0mmの小片であった（写真1-1）。肉眼による形態学的観察によれば、人骨か他の動物のものかどうか判断できなかった。縄文時代から弥生時代にかけて土器を埋葬容器として用いる葬法が存在していたことが知られる。問題なのは土器から検出される骨がヒトだけに限らないことである。例えば長崎県島原市筏遺跡の縄文時代後期末から晩期の土器から検出された焼骨は獣骨と鑑定された（古国正隆1975、諫見富士郎・古田正隆1976）。さらに奈良県桜井市大福遺跡の弥生時代後期の土器にはイヌが、岡山県岡山市朝寝鼻貝塚の縄文時代後期の土器にはニホンザルが埋葬されていた（富岡直人ほか1998、佐々木好通ほか2000）。この様に土器内から検出される骨は、骨片と言えども慎重に扱うことによって種の同定に至れば、先史時代の埋葬儀礼や習俗を解明できる貴重な情報を提供する資料となり得る。そこで、中神遺跡出土の焼骨片が、何の骨か鑑別できないか思案したところ、骨組織像を検討することによって種の同定の手がかりにならないかと考えた。遺跡から出土する微細骨片は、肉眼形態学的特徴からは種を同定することが不可能なことがほとんどであり、種不明の骨片として取り扱われることが多い。もし、骨組織から種同定の手がかりが得られるとすれば、人類学のみならず、動物考古学の分野にも貢献できると考え、この中神遺跡の骨片の骨組織を検討してみることにした。

　解剖学の成書に記載されている程度の骨組織の知識で、切片を作成して光学顕微鏡で顕鏡したのが写真1-2である。これには人体解剖学の教科書に必ず記載されている円形のオステオンが確認でき骨組織像が観察できることが判明した。しかし、骨の表面に近いところにヒトの骨組織では見られない田畝状の構造が観察され、ヒトと断定できなくなってしまった。この組織像を何人かの人類・解剖学者に見せたところ、そのうちの一人元東京大学理学部人類学教室木村賛教授からこの畝状構造物は偶蹄目の特徴だとご教示を受けた。

そこで顕微鏡組織像を用いることによって動物種を判定できないかと考え、微小骨片の種同定法の確立をめざし、本格的に研究を始めた。1998 年東北大学文学部考古学専攻を卒業したもう一人の著者澤田が、東北大学大学院医学系研究科人体構造学分野（旧医学部解剖学第一講座）の院生となり、修・博士論文の研究対象を骨組織として研究に参加した。研究当初は、日本列島から出土する中・大型動物骨の骨組織像のデータベース作成を目指し、骨標本の収集から始め、できる限りの多くの動物の骨組織の像を顕鏡し、形態学的特徴の把握に努めた。遺跡から出土した微小骨片の分析も継続して行なっており、北海道千歳市柏台1遺跡から出土した希少な旧石器時代焼骨片の動物種類の推定や、島根県斐川町杉沢III遺跡や青森県青森市朝日山(2)遺跡から出土した古代の焼骨片が人骨である可能性を指摘するなど、現在までに6遺跡から出土した骨片を顕微組織像で検討してその成果を報告している（奈良貴史ほか 1999a・1999b、澤田純明ほか 2000・2001、奈良貴史・澤田純明 2002、澤田純明・百々幸雄 2004）。研究の契機となった中神遺跡の骨片についてはこれまで詳細には報告していなかったので、本機会にまとめることにした。

II. 皮質骨の組織形態

　骨質は、主に長管骨の骨幹部を構成する皮質骨と、骨端部において薄い皮質骨の内側に骨梁が海綿状に配列している海綿骨に大別される。遺跡から出土した骨片の組織学的研究対象とされてきたのは、このうちの皮質骨である。皮質骨の組織形態は動物種類で相違するだけではなく成長の過程や健康状態によっても大きく変化するが、ここでは成体の中・大型陸生哺乳類に広く見られる皮質骨組織について概説する。

　ヒトを含む多くの中・大型哺乳類の皮質骨では、最外層に骨表面に平行する外環状層板（外基礎層板）、最内層に骨内面に平行する内環状層板（内基礎層板）があり、その中間に多数のオステオンが存在している。オステオンとは骨の長軸に沿った円柱構造で、動静脈が通るハバース管と、ハバース管を中心として同心円状に形成された線維骨の層板から構成され、ハバース系とも称される。外・内環状層板は骨形成によって作られる一次骨であるが、オステオンは、一旦形成された骨を壊す骨吸収とその後の骨形成の結果としてできる二次骨である。皮質骨の中では新しいオステオンが絶えず作られており、オステオンとオステオンの間には古いオステオンの断片（介在層板）が残存する。ハバース管とは別の管系としてフォルクマン管がみられるが、これは、ハバース管と直交または斜交し、オステオンのような層板をもたず、複数のハバース管の連絡あるいは骨表面からの血管系の導入として機能する導管である。

　シカやイノシシ、ウシなどの偶蹄目、ウマなどの奇蹄目の皮質骨には、オステオンの他に、葉状骨とよばれる組織構造[1]が発達している。葉状骨は骨形成のみで作られる一次骨であり、皮質骨中において骨髄腔を囲むように形成された何層にもわたる網状の管系と、

その網状の管系に直交ないし斜交して複数の網状の管系を連絡する別の管系、およびそれらの管系の間を充填する線維骨の層板から構成されている。低倍の光学顕微鏡で観察したとき、皮質骨横断面の葉状骨は田畝状あるいは「レンガの壁」(Martin, R. B. et al. 1998) のような形状として認めることができる。葉状骨は偶蹄目や奇蹄目の他にも、イヌや鳥類などにみられることが報告されているが (Enlow, D. H. 1968、Margerie, E. de. 2002)、偶蹄目と奇蹄目の葉状骨は管系が密であることと田畝状構造が多層に発達する点で特異的である。

III. 骨組織の比較解剖学的研究と人類学・骨考古学への応用

　動物種類により骨組織の構造が異なることは19世紀には知られており、爾来多くの種類の動物骨について組織学的研究がなされてきた。その対象には化石骨も含まれており、Goodrich はそうした古い骨を扱う組織学を"paläohistology"（古組織学）と呼ぶことを提唱した (Goodrich, E. S. 1913)。Müller と Demarez はヒトのハバース管の直径が他の動物に比べて大きいことを示したが (Müller, M. and Demarez, R. 1934)、これは骨組織の動物種間の相違に形態計測からアプローチした研究の先駆である。Enlow と Brown は魚類から恐竜や哺乳類まで200種にも及ぶ多彩な動物骨組織像の図譜を提示し、詳細な比較解剖学的所見を記載した (Enlow, D. H. and Brown, S. O. 1956・1957・1958)。Jowsey はヒトを含む哺乳類など9種の動物についてオステオンの直径とハバース管の周囲長を計測し、体の大きさと骨組織構造のサイズに関係があることを明らかにした (Jowsey, J. 1966)。動物種類による骨組織の相違については、これが進化上の系統を反映しているとの考えから、古生物学分野でも多くの比較解剖学的研究がなされている (Ricqlès, A. de. 1975-1978、Bakker, R. T. 1971、Chinsamy, A. 2005)。

　このような骨組織形態の特徴を利用して、骨組織から動物種類を同定する試みも行なわれてきた。特に人獣鑑別については、法医学において実際上の要請が強いことから研究成績が蓄積されており、その有効性も高く評価されている (山本勝一 1993、Cattaneo, C. et al. 1999)。人類学・骨考古学分野で遺跡出土骨を対象とする際には、人獣鑑別だけではなくヒト以外の動物種類の同定も問題となる。皮質骨組織形態の動物種類による相違点としては、オステオンとハバース管の大きさ、オステオンの配列や分布の様相、葉状骨の有無などが知られている (Enlow, D. H. and Brown, S. O. 1956・1957・1958、Jowsey, J. 1966、Ricqlès, A. de. 1975-1978、猪井剛ほか 1994、Ubelaker, D. H. 1999)。日本では、当初旧石器時代のヒトの大腿骨と報告された広島県神石高原町 帝釈観音堂 遺跡出土資料を古組織学的方法によりシカの角と再鑑定した報告や (小泉政啓 1981)、骨ではないが化石の歯のエナメル小柱の形態から動物種の同定を試みた研究がある (神谷英利・河村善也 1981)。だが、骨組織形態の個体差や加齢変化までを含めた比較解剖学的研究はまだ少なく、近縁種間の組織形態の相違が明らかにされていない動物群も多いため、骨組織から動物種類を同定する一般的な方法は

今のところ体系的な確立をみていない。それでも、骨の古組織学的検討は肉眼では同定不可能な微小な骨片を同定する有効な方法として関心を集めており、近年では考古資料を材料としたケース・スタディなどを通じて研究法が進展しつつある（Hidaka, S. et al. 1998、Nara, T. et al. 2000、Sawada, J. et al. 2001、Walter, T. L. et al. 2004、Cuijpers, A. G. F. M. 2006）。

IV. 中神遺跡出土骨片の古組織学的検討

1. 材料と方法

　試料としたのは、本稿の冒頭で言及した焼骨片である。試料から切片を作成するにあたり、以下の処理を施した。まず、試料を上昇エタノール系列（70％、80％、90％、100％×2）に室温で2時間浸漬して脱水した。次いで樹脂と親和性の高いスチレン・モノマーに室温で4時間浸漬してスチレン・モノマー置換を行なった。さらにスチレン・モノマーと樹脂の等量混合液に室温で24時間浸漬した後、樹脂に24時間浸漬した（樹脂はRigolac-2004とRigolac-70Fの7対3混合液を用いた）。試料に樹脂が充分浸透した後、ポリエステルカプセル内にて重合促進剤（Benzoyl Peroxide）を添加した樹脂に包埋した。同カプセルは恒温槽にて30℃で24時間、40℃で24時間、50℃で24時間、60℃で24時間安置し、樹脂を重合させた。樹脂が完全に硬化した後、髄腔長軸に対する横断面を得るように試料を硬組織切断機（Leica SP 1600）で70μm厚にスライスし、プレパラートに封入した。

　比較標本には、ヒト（現代人骨、宮城県多賀城市大日北遺跡出土近世人骨（奈良貴史ほか1998）、宮城県東松島市里浜貝塚出土中世人焼骨（会田容弘1998））、イノシシ（*Sus*）、ブタ（*Sus*）、シカ（*Cervus*）、カモシカ（*Capricornis*）、イヌ（*Canis*）、タヌキ（*Nyctereutes*）、ウサギ（Leporidae）、サル（*Macaca*）、クマ（*Ursus*）、ネズミ（Muridae）、オットセイ（*Callorhinus*）、オオハクチョウ（*Cygnus*）の四肢長骨骨幹部の横断切片を用いた。

　検鏡は光学顕微鏡、偏光顕微鏡、位相差顕微鏡で行ない、組織形態の観察所見を得た。さらに、顕微鏡像をCCDカメラ（Polaroid Digital Microscope Camera）で撮影してコンピュータに取り込み、画像解析ソフト（Image J）を用いてオステオンとハバース管の周囲長を計測した。

2. 結果

　写真1-2に光学顕微鏡下で撮影した中神試料の骨組織像の全景を掲げた。焼成時あるいは土中での埋存過程において生じたと思われる裂溝が観察されたが、組織構造の識別は可能である。写真上の右側から左上半にかけては葉状骨で構成されるが、左下半にはオステオンが多く認められる。葉状骨は多層をなす。骨組織への鉱物の浸透が著しいが、オステオンの外形は偏光顕微鏡下で識別することができた（写真1-3）。計測可能なオステオンとハバース管の数は10であった。試料のオステオンとハバース管の周囲長を第1表に示す。

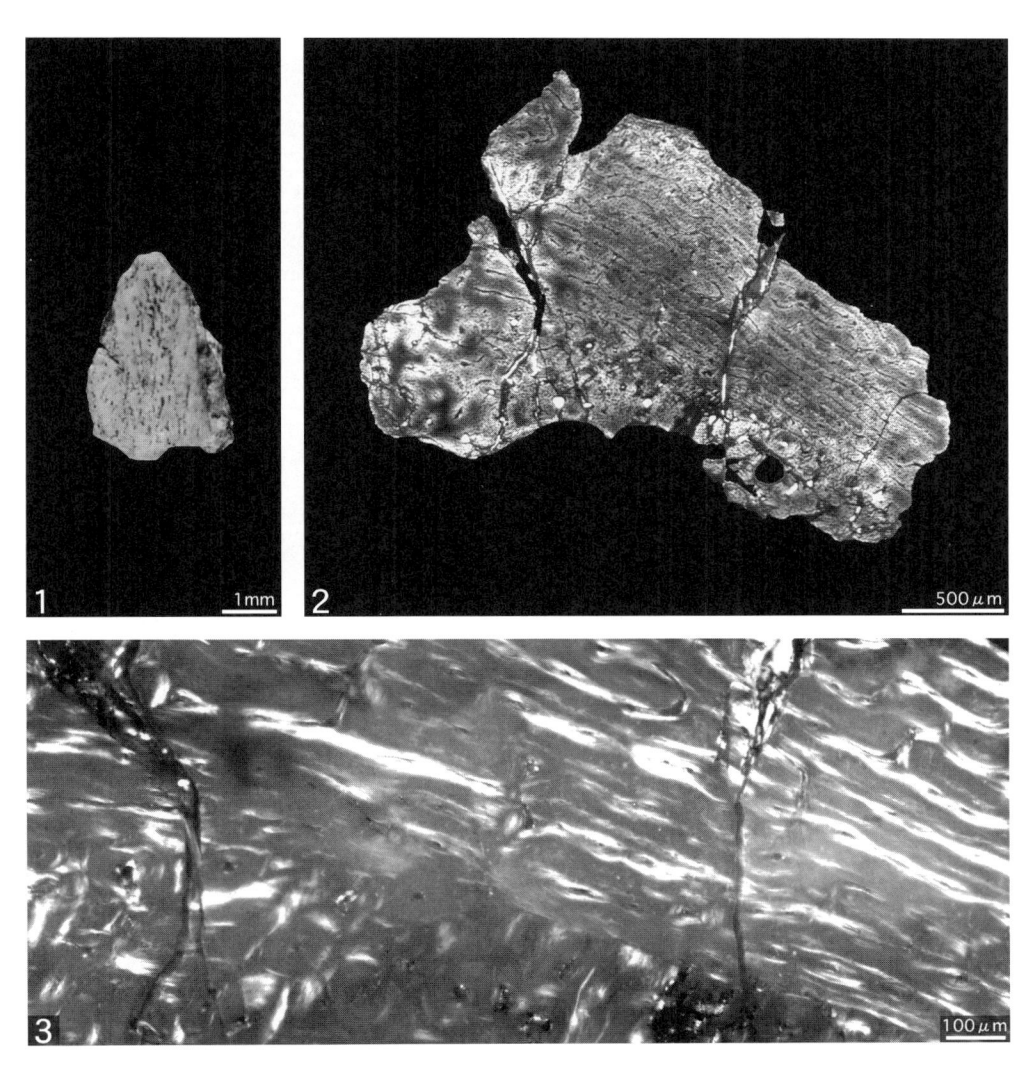

微小骨片の古組織学的検討による動物種類の同定 471

写真1 中神遺跡出土骨片
1 試料骨片　2 切片全体の光学顕微鏡像　3 葉状骨（右上半）とオステオン（左下半）の偏光顕微鏡像

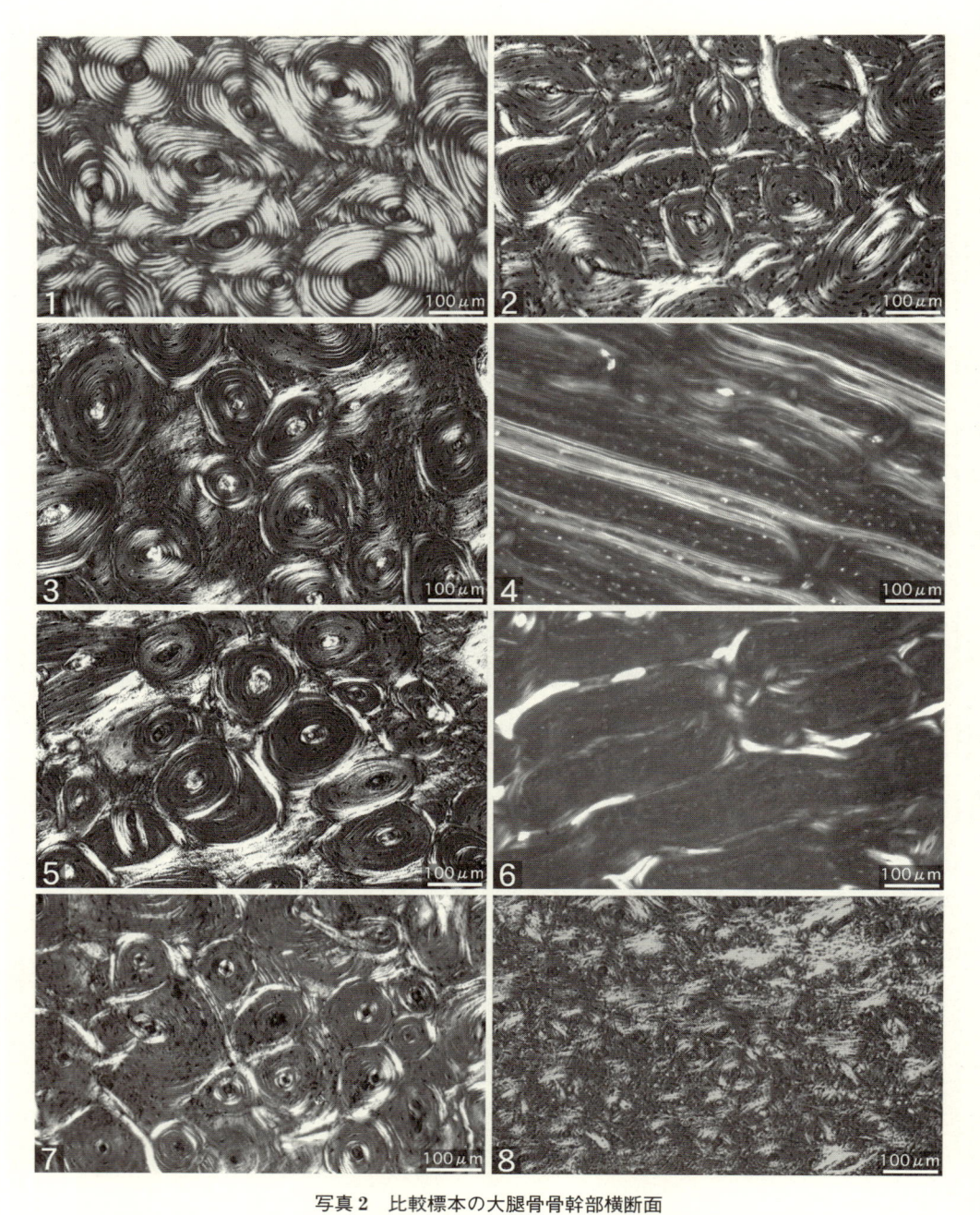

写真 2 比較標本の大腿骨・骨幹部横断面
1 ヒト（オステオン） 2 カモシカ（オステオン） 3 イノシシ（オステオン） 4 イノシシ（葉状骨） 5 シカ（オステオン） 6 シカ（葉状骨） 7 イヌ（オステオン） 8 ウサギ（オステオンと一次骨）

第1表　オステオンとハバース管の周囲長

	オステオン周囲長(μm)			ハバース管周囲長(μm)			ハバース管周囲長/オステオン周囲長(×100)	
	n	Mean	SD	n	Mean	SD	Mean	SD
中神遺跡出土試料	10	487.5	64.9	10	86.8	27.4	18.0	5.9
イノシシ	90	482.4	126.6	90	83.5	21.8	18.2	5.8
シカ	79	346.7	87.5	79	62.6	13.9	19.7	5.1
カモシカ	125	594.3	126.4	125	84.0	31.1	14.6	5.7
ヒト	144	612.6	153.3	144	146.0	56.5	24.1	7.6

比較標本の骨組織像は写真2に示した。

3. 考察

　皮質骨において葉状骨とオステオンの両方が形成されるとき、葉状骨は骨の外側を、オステオンは内側を構成することが知られている（森陵一・小高鐵男1998）。したがって試料の切片では、写真1-2の上部が皮質骨の外側、下部が内側となる。皮質骨の外・内側縁が破損しており本来の皮質骨はさらに厚かったと予想される。皮質骨の厚さからみて、中・大型動物であることは間違いない。幼齢個体に特有の不規則な線維性骨がみられないので、ある程度成長の進んだ個体と思われる。骨質はオステオンと多層にわたる葉状骨から構成されるが、こうした骨組織形態はヒトなどの霊長目や食肉目、海生哺乳類、鳥類、爬虫類には認められず、偶蹄目と奇蹄目に特徴的な構造である（Enlow, D. H. and Brown, S. O. 1956・1957・1958）。試料は弥生時代の所産であるので、奇蹄目の可能性は除外してよいだろう。当時の偶蹄類相を踏まえると、シカ、イノシシ、カモシカのいずれかであると考えられる。

　そこで、中神試料のオステオンとハバース管の周囲長を、これらの偶蹄目の大腿骨骨幹中央部の組織形態計測値と比較してみた（第1表）。試料の計測値は、比較標本のイノシシとほぼ同等であり、シカより大きく、カモシカより小さい値を示した。ただ、試料が焼骨であるため組織形態が収縮している可能性にも留意する必要があるだろう。骨の焼成実験によれば、800℃で20分間焼成したとき組織形態の収縮はわずかであったが、1000℃で20分間焼成すると7～17％収縮したという（Cattaneo, C. et al. 1999）。これにしたがって試料の計測値を15％縮小して考えても、偶蹄目の値の範囲から逸脱していないといってよい。また、オステオンとハバース管の周囲長の比は収縮の影響をさほど受けないことが予想されるが、試料におけるこの比の値はイノシシに最も近く、次いでシカに近い値であった。しかしながら、試料におけるオステオンの計測数が少ないことや、試料の計測値がシカ・カモシカの平均値の1～2SDの範囲内に収まることから、イノシシと断定するのは危険である。シカのオステオンやハバース管の大きさについては、ブタと大きく変わらないという報告もあり（猪井剛ほか1994）、組織学的方法による偶蹄目における種の同定は比較標本

数の増加をまって慎重に吟味するべき問題と思われる。

なお、ヒトと他の動物を区別する骨組織形態計測的な特徴の一つとして、オステオンに対してハバース管が比較的大きいことが挙げられるが（Harsányi, L. 1993、澤田純明ほか2000）、試料のオステオンとハバース管の周囲長の比はヒトより格段に小さく、先述した観察所見に加えて骨組織形態計測の結果からも試料がヒトである可能性は否定される。

以上の検討より、本試料は偶蹄目のものであると判断される。骨組織形態計測の結果からはイノシシに近いように思われるが、現時点では種の特定には至らないと結論した。

V. まとめ

動物が種により異なる骨組織構造を有することから、骨の組織学的分析は動物種類の同定法として有効である。岩手県中神遺跡の合口土器棺から検出された焼骨片を組織学的に検討した結果、これが人骨ではなく、種は特定できなかったものの偶蹄目の皮質骨であることを明らかにした。出土骨がごく少量の細片であることと、中神遺跡では出土動物遺体の41％をシカ、38％をイノシシが占めることから（須藤隆 1997）、埋葬された動物骨と解釈するよりは周囲の包含層から混入した可能性が高いと考えられる。

骨の組織学的分析は資料の破壊を伴うため実施の是非については慎重に検討される必要があるが、肉眼では情報の得られない小片にも適用できるので、遺跡・遺構を理解するうえで成果を上げることが予想できるのならば積極的に試行されることが望まれる。今のところヒト以外の動物骨を種のレベルで特定するのは困難であるが、骨の比較解剖学的研究が進展することで、より精確な同定が可能となるであろう。

本研究の機会を与えてくださった須藤隆教授の退任に際し、これまでの学恩に心より御礼申し上げます。骨切片の作成に際して東北大学大学院歯学研究科口腔器官構造学分野鈴木俊彦助手と東北大学医学部解剖学第1講座末田輝子元技官の御協力をいただきました。記して感謝いたします。

註
1) この組織構造は英語で"plexiform bone"、あるいは"laminar bone"と呼称されており、その用法は研究者間で統一されていない。日本語ではlaminar boneの訳である「葉状骨」が先行研究において用いられており（森陵一・小高鐵男 1998）、本稿ではそれにならった。

引用文献
会田容弘 1998『里浜貝塚 平成9年度発掘調査概報』鳴瀬町教育委員会・奥松島縄文村歴史資料館
Bakker, R. T. 1971 *The Dinosaur Heresies : New Theories Unlocking the Mystery of the Dinosaurs and Their*

Extinction. William Morrow.

Cattaneo, C., DiMartino, S., Scali, S., Craig, O. E., Grandi, M. and Sokol, R. J. 1999 Determining the human origin of fragments of burnt bone : a comparative study of histological, immunological and DNA techniques. *Forensic Science International,* vol. 102, pp. 181-191.

Chinsamy, A. 2005 *The Microstructure of Dinosaur Bone.* Johns Hopkins.

Cuijpers, A. G. F. M. 2006 Histological identification of bone fragments in archaeology : telling humans apart from horses and cattle. *International Journal of Osteoarchaeology,* vol. 16, pp. 465-480.

Enlow, D. H. 1968 *The Human Face.* Hoeber Medical Division.

Enlow, D. H. and Brown, S. O. 1956 A comparative histological study of fossil and recent bone tissues, Pt I. *The Texas Journal of Science,* vol. 8, pp. 405-443.

Enlow, D. H. and Brown, S. O. 1957 A comparative histological study of fossil and recent bone tissues, Pt II. *The Texas Journal of Science,* vol. 9, pp. 186-214.

Enlow, D. H. and Brown, S. O. 1958 A comparative histological study of fossil and recent bone tissues, Pt III. *The Texas Journal of Science,* vol. 10, pp. 187-230.

古田正隆 1975 『筏遺跡：縄文後・晩期の埋葬遺跡』 百人委員会

Goodrich, E. S. 1913 On the structure of Bone in fish : a contribution to palæohistology. *Proceedings of the General Meetings for Scientific Business of the Zoological Society of London,* 1913, pp. 80-85.

Harsányi, L. 1993 Differential diagnosis of human and animal bone. In : *Histology of Ancient Human Bone : Methods and Diagnosis,* Grupe, G. and Garland, A. N. eds., Springer-Verlag, pp. 79-94.

Hidaka, S., Matsumoto, M., Ohsako, S., Toyoshima, Y. and Nishinakagawa, H. 1998 A histometrical study on the long bones of raccoon dogs, *Nyctereutes procyonoides* and badgers, *Meles meles. The Journal of Veterinary Medical Science,* vol. 60, pp. 323-326.

猪井　剛ほか 1994「ヒトと各種動物の長骨組織像の顕微X線学的研究とその法科学的応用」『科学警察研究所報告法科学編』47 pp. 92-101

諫見富士郎・古田正隆 1976 『続：筏遺跡』 百人委員会

Jowsey, J. 1966 Studies of haversian systems in man and some animals. *Journal of Anatomy,* vol. 100, pp. 857-864.

神谷英利・河村善也 1981「帝釈観音堂遺跡産の"長鼻類"臼歯化石―化石の内部組織を同定に役立てた例―」『化石研究会会誌』14 pp. 17-21

小泉政啓 1981「帝釈観音堂人第1号の組織学的観察」『広島大学文学部　帝釈峡遺跡群発掘調査室年報』4 pp. 95-98

Margerie, E. de. 2002 Laminar bone as an adaptation to torsional loads in flapping flight. *Journal of Anatomy,* vol. 201, pp. 521-526.

Martin, R. B., Burr, D. B. and Sharkey, N. A. 1998 *Skeletal Tissue Mechanics.* Springer.

森　陵一・小高鐵男 1998「牛の骨組織の形成と脂溶性ビタミン」『臨床獣医』14 pp. 20-25

Müller, M. and Demarez, R. 1934 Le diagnostic différentiel de l'os de singe et de l'os humain. *Med Leg* vol. 14, pp. 498-560.

奈良貴史ほか 1999a「福生寺観音堂遺跡出土骨片について」『福生寺観音堂遺跡』 会津高田町教育委員会　pp. 32-33

奈良貴史ほか 1999b「千歳市柏台1遺跡出土骨片の骨組織構造の検討（予察）」『千歳市柏台1遺

跡』　北海道埋蔵文化財センター　pp. 241-248

Nara, T., Sawada, J. and Dodo, Y. 2000 Anthropological applications of paleohistology. Anthropological Science, vol. 108, p. 114.

奈良貴史・澤田純明 2002「宮田館遺跡出土焼骨について」『宮田館遺跡』　青森市教育委員会　pp. 123-126

奈良貴史ほか 1998「出土人骨について」『大日北遺跡』　多賀城市教育委員会　pp. 77-97

Ricqlès, A. de. 1975-1978 Recherches paléohistologiques sur les os longs des tétrapodes. Annales de Paléontologie, vol. 61, pp. 51-129, vol. 62, pp. 711-126, vol. 63, pp. 33-56, vol. 64, pp. 85-111.

澤田純明ほか 2000「六反田遺跡出土骨片の組織学的検討」『大野田古墳群・大ノ壇遺跡・六反田遺跡』　仙台市教育委員会　pp. 348-352

澤田純明ほか 2001「須恵器坏内出土焼骨片の鑑定（予報）」『杉沢III遺跡』　斐川町教育委員会　pp. 46-54

Sawada, J., Nara, T., Dodo, Y. and Fukui, J. 2001 Paleohistology of small bone fragments from the Kashiwadai 1 Paleolithic site in Hokkaido. Anthropological Science, vol. 109, p. 69.

澤田純明・百々幸雄 2004「朝日山（2）遺跡出土骨片の鑑定」『朝日山（2）遺跡VIII』　青森県教育委員会　pp. 172-178

佐々木好直ほか 2000『坪井・大福遺跡』　奈良県教育委員会

須藤　隆 1997「東北地方における弥生文化成立過程の研究」『歴史』89 pp. 44-82

須藤　隆編 1997『中神遺跡の調査』　花泉町教育委員会

富岡直人ほか 1998『岡山市津島東3丁目朝寝鼻貝塚調査概報』　加計学園埋蔵文化財調査室

Ubelaker, D. H. 1999 *Human Skeletal Remains, third edition.* Taraxacum.

Walter, T. L., Paine, R. R. and Horni, H. 2004 Histological examination of bone-tempered pottery from mission Espíritu Santo (41VT11), Victoria County, Texas. *Journal of Archaeological Science,* vol. 31, pp. 393-398.

山本勝一 1993『法医歯科学（第6版）』　医歯薬出版

縄文時代中期における宮城県内の遺跡数の推移について

相 原 淳 一

はじめに

　筆者は日本考古学協会2005年度福島大会のシンポジウム1「複式炉と縄文文化」に宮城県分のパネラーとして参加し、研究発表を行った。時間の制約や紙幅の関係で充分に意を尽くして説明しきれなかった部分や、大会に参加してはじめて見えてきた全体像があり、ここではその後に検討が進んだことがらを中心に述べていきたい。

　須藤先生は1968年に宮城県・涌谷町教育委員会の依頼を受けて、東北大学考古学研究室によって発掘調査された涌谷町長根貝塚の報告において、宮城県内でははじめて「複式炉」の名称を用い、本格的な分析を行った。1985年には「東北地方における縄文集落の研究」をまとめられる等、その後も弥生時代研究のみならず、この分野の研究においても第一人者である。ご退任に献呈するにふさわしい論題であると考え、一文を草する次第である。

I. 日本考古学協会福島大会シンポジウム1「複式炉と縄文文化」

　筆者は2005年10月23日に標記シンポジウム中の「宮城県における複式炉と集落の様相」において、まとめとして下記の内容をスライドで呈示することができた。

1　宮城県内の遺跡数の推移では、大木9式期をピークに以後漸減する。
2　大木8b式期では、地床炉のほかに、石囲炉と土器埋設炉（？）がある。後半期には石囲炉は大型化し、炉体奥壁部・焚口部を意識した造りに変化し、短い袖部や炉内に斜位の土器埋設炉を伴うものが出現する。
3　大木9式期には、主炉：複式炉のほかに副炉：土器埋設炉他からなる複数以上の炉を持つ住居が多くなる。住居の主柱は6〜8本のものが卓越する。
　　主炉には、必ずしも土器埋設炉の併置は安定的ではなく、住居奥壁側に離して、設置するものがある。主炉に土器埋設炉を伴う複式炉では、正位に1〜2個の土器を石組炉奥壁側に埋設し、「ハ」の字状に開く前庭部を持つものが広く認められる。七北田川以北には、全く土器埋設を欠いた例がある。
　　このほか、土器敷炉が大衡村上深沢遺跡、横位土器埋設炉の祖形とみられるもの

が美里町山前遺跡で確認される。

4　大木10式期には、主炉と副炉の複数以上の炉を持つ住居とともに、複式炉単独で3～4本柱の単純な構造を持つ竪穴住居も多く認められる。後半期には七北田川水系域以南で敷石住居が確認される。

　　名取川水系以南では、狭義の「上原型複式炉」が認められる。七北田川水系域以北では、何らかの要素が欠け、典型的なものは認められない。

　　後半期には、明瞭な前庭部を欠いたものや「コ」の字状石囲炉の一端に土器埋設を施したもの、石囲炉内に土器埋設を施したものが出現する。

　　七北田・鳴瀬川水系域以北では、石組を欠いた掘込み地床炉に埋設土器が付帯するものや土器埋設炉を全く欠いたものがある。

　　横位土器埋設炉の併置は県下全域において認められるものの、七北田川水系域以北において特に顕著である。

5　後期初頭においては複式炉は確認されない。正位埋設土器を伴う石囲炉や、地床炉などが認められる。

6　大木8a式期以降の遺跡では、尾根筋上の集落や台地縁辺の弧状集落が確認される。大木10式後半期に再び環状集落と見られる遺跡が、県南部に出現する。

　本稿では、これらの中の第1項を主要な検討課題とし、他の項目[1]については機会を改めたい。

II. 縄文時代中期における宮城県内の遺跡数の推移について

1. 宮城県全域における概況

　大会の討論では縄文時代の集落数のピークが、中期終末[2]の大木10式期なのか、中期中葉～後葉の大木8b～9式期なのかをめぐって、意見交換が行われた。大会の主要な論調となった中期終末ピーク説は、発掘調査された遺跡の住居跡軒数を実際に数えてみると、中期終末の大木10式期におけるピークと後期初頭における急減を確かめることができる点を主たる論拠とするものである。これに対して、筆者は、提示されたデータからは大木10式期に住居跡軒数のピークがあるように見えるが、データの基となった「発掘調査された遺跡」は必然的に「開発にさらされ事前調査の行われた遺跡」を意味し、それは圧倒的に平野部に集中する現代の経済活動が営まれる地域における遺跡とほぼ同義であり、その理解は限定的に適用すべきものであり、開発にさらされにくい、すなわち現代の経済活動の余り及ばない地域にまでこうした解釈を適用できるかどうかは、全く別の問題であると考えた。

縄文時代中期における宮城県内の遺跡数の推移について　479

　現在、宮城県全域における遺跡は6,006箇所（宮城県教育委員会1998）あり、うち縄文時代中期として登録されている遺跡が681箇所、後期として登録されている遺跡が301箇所ある。そのうち、細別型式まで明らかにされている遺跡がそれぞれ476箇所、301箇所あり、細別型式ごとに遺跡数（第1表）を見る限り、大木8a～8b式期に遺跡数は急増し、大木9式期にピークを迎える。以後、漸減し、後期末までには、半減していることがわかる。対象とする遺跡数は大幅に異なるものの、ほぼ同様の結論は昭和40年代に行われた検討（丹羽茂1971）においても得られている。

第1表　宮城県における複式炉の時代を中心とする遺跡数の推移

遺跡数	中期 681 遺跡	うち細別可能　476 遺跡
	後期 301 遺跡	うち細別可能　301 遺跡

細別型式	大木7a	大木7b	大木8a	大木8b	大木9	大木10	南境	宝ヶ峯	金剛寺
遺跡数	93	94	187	237	238	218	174	134	119

　　　　　　　　　　　　　　　　　複式炉の時代

第1図　宮城県の地域区分と大木9～10式期住居跡検出遺跡（貝塚）

番号	遺跡名
1	大梁川遺跡
2	小梁川遺跡
3	小梁川東遺跡
4	菅生田遺跡
5	荒井遺跡
6	二屋敷遺跡
7	湯坂山B遺跡
8	泉遺跡
9	田袋遺跡
10	荒町遺跡
11	湯坪遺跡
12	中ノ内C遺跡
13	本屋敷遺跡
14	中沢遺跡
15	梨野A遺跡
16	川添東遺跡
17	人来田遺跡
18	北前遺跡
19	山田上ノ台遺跡
20	上野遺跡
21	下ノ内遺跡
22	六反田遺跡
23	観音堂遺跡
24	沼遺跡
25	郷楽遺跡
26	大木囲貝塚
27	摺萩遺跡
28	梅木遺跡
29	上深沢遺跡
30	大谷地遺跡
31	寺下遺跡
32	山前遺跡
33	玉造遺跡
34	長者原貝塚
35	長根貝塚
36	鱗沢遺跡
37	坂戸遺跡
38	南最知貝塚
39	田柄貝塚

これに対して実際に発掘調査が行われ、住居跡が検出された遺跡数で比較すると、大木8a～8b式期ではわずか8遺跡—美里町 長者原貝塚（南方町教育委員会1978）、気仙沼市 南最知遺跡（気仙沼市教育委員会1980）、大和町勝負沢遺跡（宮城県教育委員会1982a）、川崎町中ノ内B遺跡（宮城県教育委員会1987a）、七ヶ宿町小梁川遺跡（宮城県教育委員会1987b）、蔵王町湯坂山B遺跡（蔵王町教育委員会1991）、亘理町館南囲遺跡（宮城県教育委員会1993）—に過ぎないのに対し、大木9～10式期の住居跡検出遺跡数は39遺跡（第1図）と急増しており、発掘調査の有無にかかわらず遺跡数のみで比較した場合とは大きく異なるデータとなってくる。

2. 宮城県南部域の状況

ここでは、『宮城県史』第1巻（1957）においても特筆された片倉信光・佐藤庄吉氏、志間泰治氏の分布調査成果があり、筆者自身も最も長い踏査歴を持つ阿武隈川水系を中心とする宮城県南部域の地勢と遺跡の変遷に関して、より具体的に見てみたい。

なお、特に引用先を示していない遺跡はすべて『宮城県遺跡地図』（宮城県教育委員会1998）の記載データに基くものである。

(1) 宮城県南部域の地勢

宮城県南部の地形は、西部山地・中央低地・東部丘陵・東部平野の四つに大別されてい

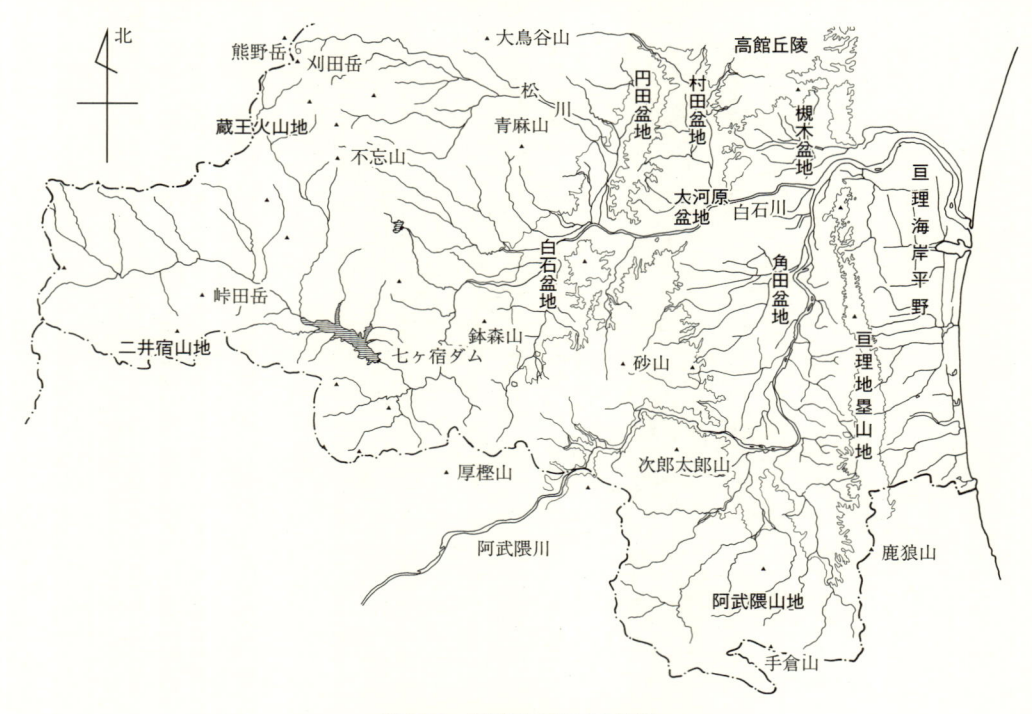

第2図　宮城県南部域の地勢

る。西部山地は刈田郡域の大半を占め、七ヶ宿町を中心にやや低平な二井宿山地と高峻な蔵王火山地とに分けられる。蔵王火山地は形成時期の古い順に、青麻山（標高800 m）、刈田岳（標高1,758 m）・不忘山（標高1,705 m）等からなる南蔵王、熊野岳を主峰とする北蔵王の3つに分類される。このような形成順位からも明らかなように、蔵王火山地と総称される地域は北側ほど、御釜周辺を典型とする断崖や滝の多く見られる急峻な地形が広がっている。南蔵王は比較的温和な山容を呈し、澄川・濁川・秋山沢は豊かな沢相を保ちながら、広大な火山裾野を東流し、遠刈田地区で合流し松川となっている。蔵王火山地の中で最も古い青麻山の裾野には、なだらかな丘陵と扇状地性の地形が広がり、多くの縄文時代遺跡が分布している（第3図参照）。

　中央低地は奥羽山脈と阿武隈山地間の断層に伴う陥没によって形成された中小の盆地群から成り、白石盆地・円田盆地・大河原盆地・村田盆地・角田盆地・槻木盆地が概ね南北方向に並んでいる。このうち、東列の角田盆地・槻木盆地は、縄文海進時には湾を形成しており、貝塚が分布している。東部には名取高館丘陵から派生する丘陵群と阿武隈山地・亘理地墨山地から派生する丘陵群が大きく広がり、さらにその東側には浜堤列の発達した亘理海岸平野がある。

第3図　青麻山遠望（東から）
正面に見える山が青麻山である。周囲にはなだらかな丘陵地が広がっている

(2) 宮城県南部域の遺跡分布の変遷
1) 大木7a-7b式期における遺跡分布（第4図）

現在、20遺跡が知られている。宮城県南部域では縄文海進のピークを過ぎた大木2b式期以降、遺跡数は急減しており、この傾向性が大木7a-7b式期まで継続している。特に標高400〜700mの南蔵王の高原地帯では、急増した縄文時代早期後葉から前期前葉の遺跡群がほぼ姿を消しており、気候の寒冷化とも無関係ではないものと思われる。西部山地では概ね標高100〜300mの七ヶ宿町小梁川遺跡、青麻山南麓の白石市福岡深谷の遺跡、松川左岸の高木丘陵上の遺跡が知られている。中央低地の槻木・角田盆地の早期後葉〜前期前葉にかけて貝塚の形成が認められた沖積地にせりだす低い丘陵地においても引き続き、集落の形成が認められる。

2) 大木8a-8b式期における遺跡分布（第5図）

遺跡数は急増し、72遺跡が知られている。特に目立って増えているのは青麻山南麓〜東麓・松川左岸の標高100m前後の丘陵地である。代表的な遺跡として白石市五輪坂遺跡や蔵王町高木遺跡がある。七ヶ宿町の白石川の川筋の丘陵地においても全体的に遺跡が増加傾向にある。大木7a-7b式期においては遺跡の分布が確認されなかった阿武隈山地や亘理地塁山地から派生する丘陵上にも、白石市小菅（出羽津堂）遺跡・戸谷沢遺跡、丸森町宇賀石遺跡（中橋彰吾・後藤勝彦1976）等の大遺跡の分布が知られている。いずれも緩やかな丘陵上の立地となっている。中央低地の槻木・角田盆地では、貝塚以外の低い丘陵地においても疎らながら遺跡が見られるようになって来る。

3) 大木9式期における遺跡分布（第6図）

88遺跡が知られ、宮城県南部域ではこの大木9式期が遺跡数のピークとなっている。宮城県全域（第1表）では、遺跡数のピークは1遺跡の差ながら大木9式期にあり、ほぼ同様の傾向性を示していると言える。宮城県南部域を相殺した宮城県中北部域の遺跡数では、大木8a式期130遺跡、大木8b式期169遺跡、大木9式期150遺跡となり、大木8b式期がピークとなり、やや異なるデータとなる。

宮城県南部域を市町村別にさらに細かく見てみると、白石市・蔵王町が宮城県中北部域と同じ大木8b式期にピークがあり、他の七ヶ宿町・大河原町・村田町・柴田町・丸森町・亘理町・山元町はすべて大木9式期がピークとなっている。こうしたことは即ち、宮城県南部域では白石市〜蔵王町のやや高めの丘陵地では大木9式期に遺跡数が減少に転じ、代わって白石市・蔵王町以外の標高100mに満たない低平な丘陵地での遺跡数の増加が顕著になるとも考えることができよう。総じて川筋や沢筋、あるいは沢の出口部分の丘陵や台地に分布する遺跡が増加し始め、丸森町大張地区の阿武隈川左岸の沢筋の遺跡群はその典型例として捉えられよう。こうした川筋や沢筋を中心とするより低平な丘陵地での遺跡

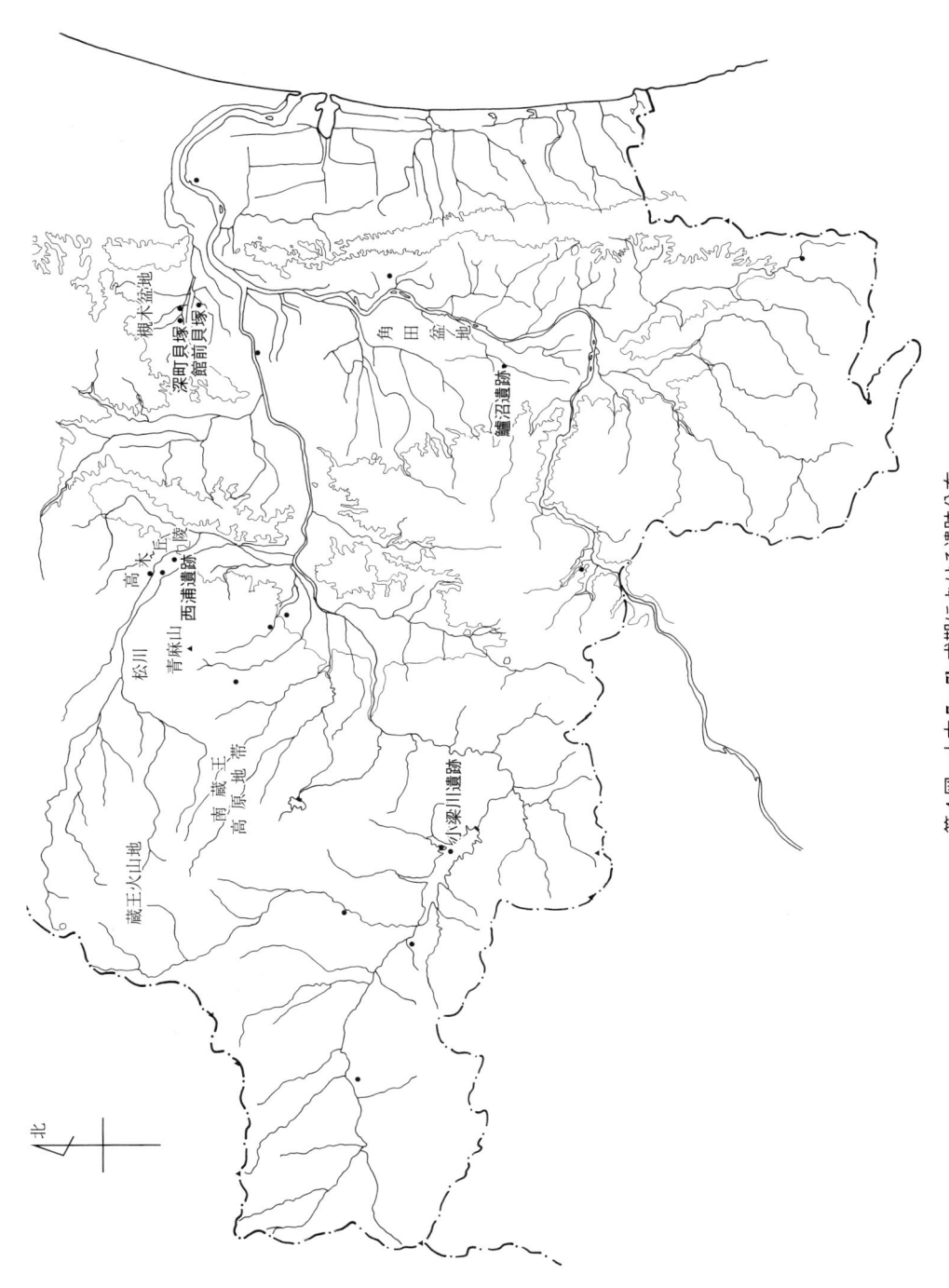

第4図 大木7a-7b式期における遺跡分布

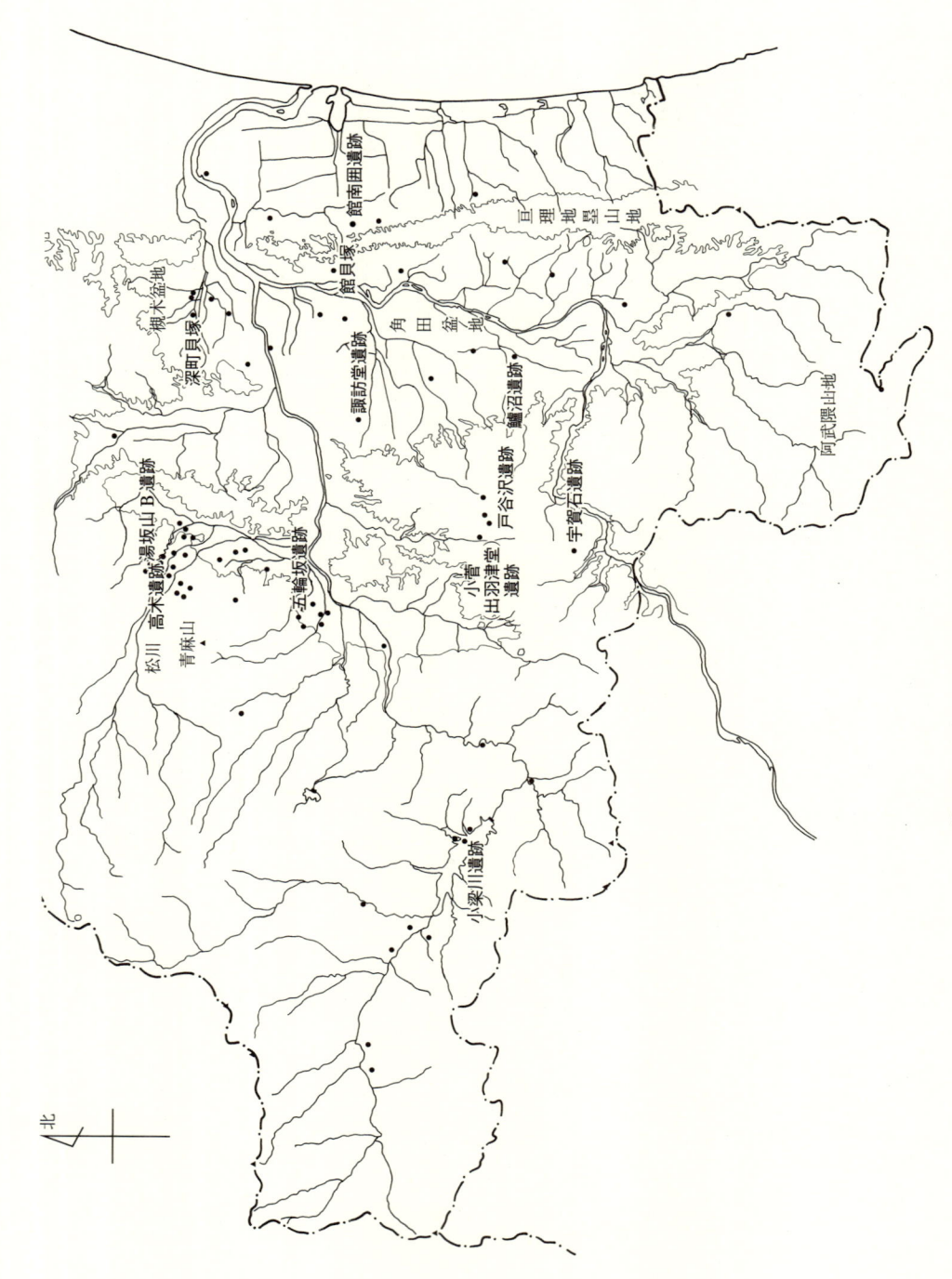

第5図 大木8a-8b式期における遺跡分布

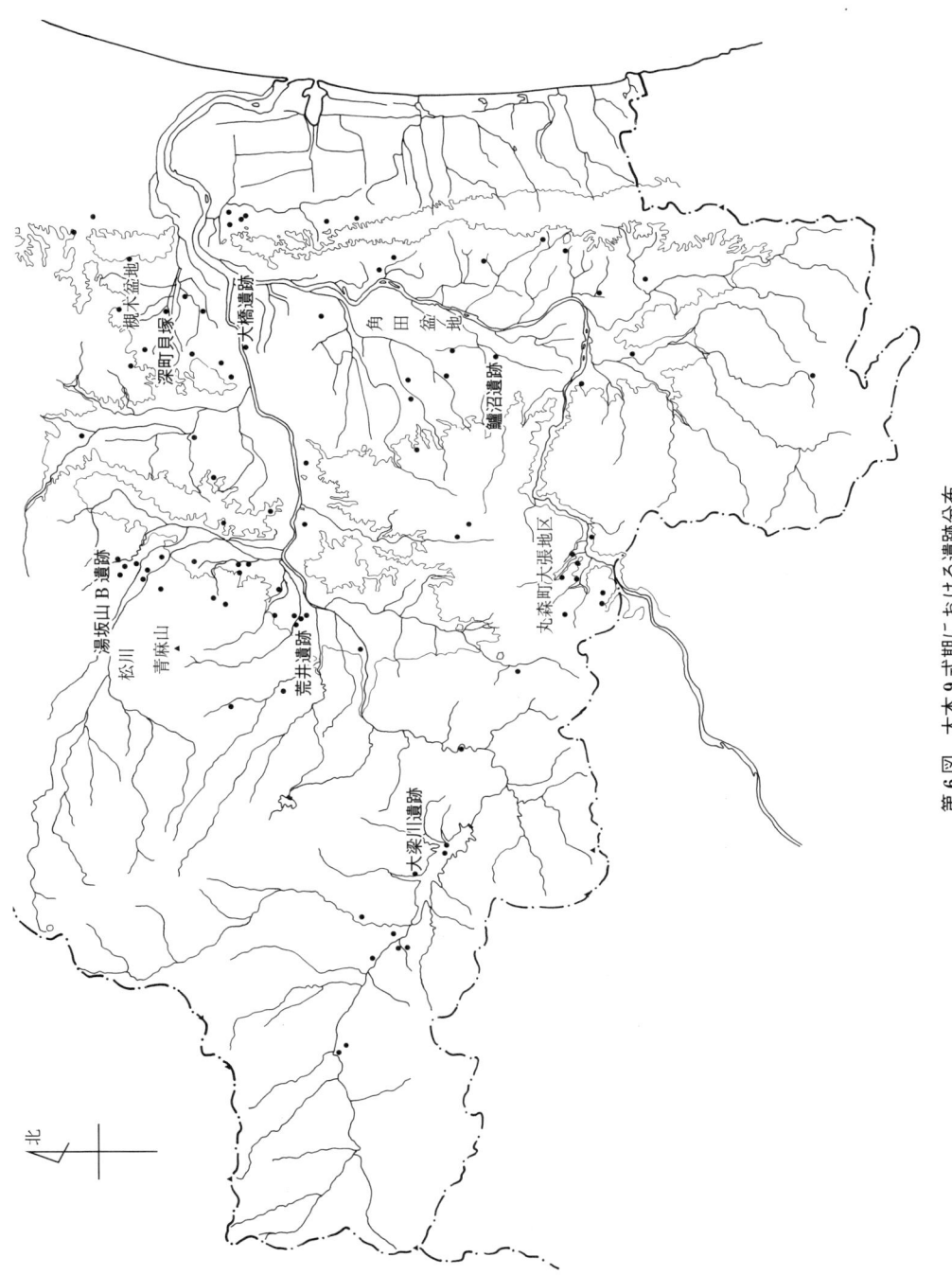

縄文時代中期における宮城県内の遺跡数の推移について　　485

第6図　大木9式期における遺跡分布

数の増加は、近年の研究成果によれば食におけるトチの実の利用との関連が考えられるが、今後の分析に待つところが大きい。

4) 大木10式期における遺跡分布（第7図）

80遺跡が知られ、大木9式期から10%ほど遺跡が減少している。遺跡立地の態様は大木9式期と概ね変わらず、大木9式期から継続する遺跡も多く見られる。全体に川筋や沢筋、沢の出口部分の低平な丘陵や台地に遺跡が集約化される傾向にある。七ヶ宿町の白石川川筋の遺跡群や丸森町大張地区の阿武隈川左岸の沢筋の遺跡群も、こうした文脈において捉えられよう。遺跡数の減少は約4,500～3,600年前（4,450～3,550calBP）における冷涼化による環境変化（吉川昌伸・吉川純子2005）とも無関係ではないものと考えられる。

5) 南境式期における遺跡分布（第8図）

49遺跡が知られ、大木10式期からほぼ半減する。宮城県全域（第1表）で見た場合は、218遺跡から174遺跡への漸減であり、この地域の遺跡の減少傾向は著しい。特に阿武隈川以東の地域において遺跡数の急減は顕著であり、角田市荒町遺跡・亘理町山入遺跡・丸森町高田遺跡（齋藤良治・相原淳一2003）のわずか3遺跡を数えるのみとなる。こうした傾向性は、福島県相馬郡飯舘村の真野ダムの調査においても指摘されており、阿武隈山地北部の共通したあり方とも考えられる。槻木盆地や青麻山南麓～東麓・松川左岸にかけての地域では遺跡数は緩やかに減少しており、発掘調査が行われた柴田町向畑遺跡（芳賀寿幸1974、柴田町史編さん委員会編1983）や白石市菅生田遺跡（宮城県教育委員会1982b）、蔵王町二屋敷遺跡（宮城県教育委員会1984）のように大木10式から継続する遺跡も多く見られ、阿武隈山地とは異なる様相を呈している。

第2表　宮城県南部域における遺跡数の推移

細別型式	大木7a-7b	大木8a-8b	大木9	大木10	南境
遺跡数	20	72	88	80	49

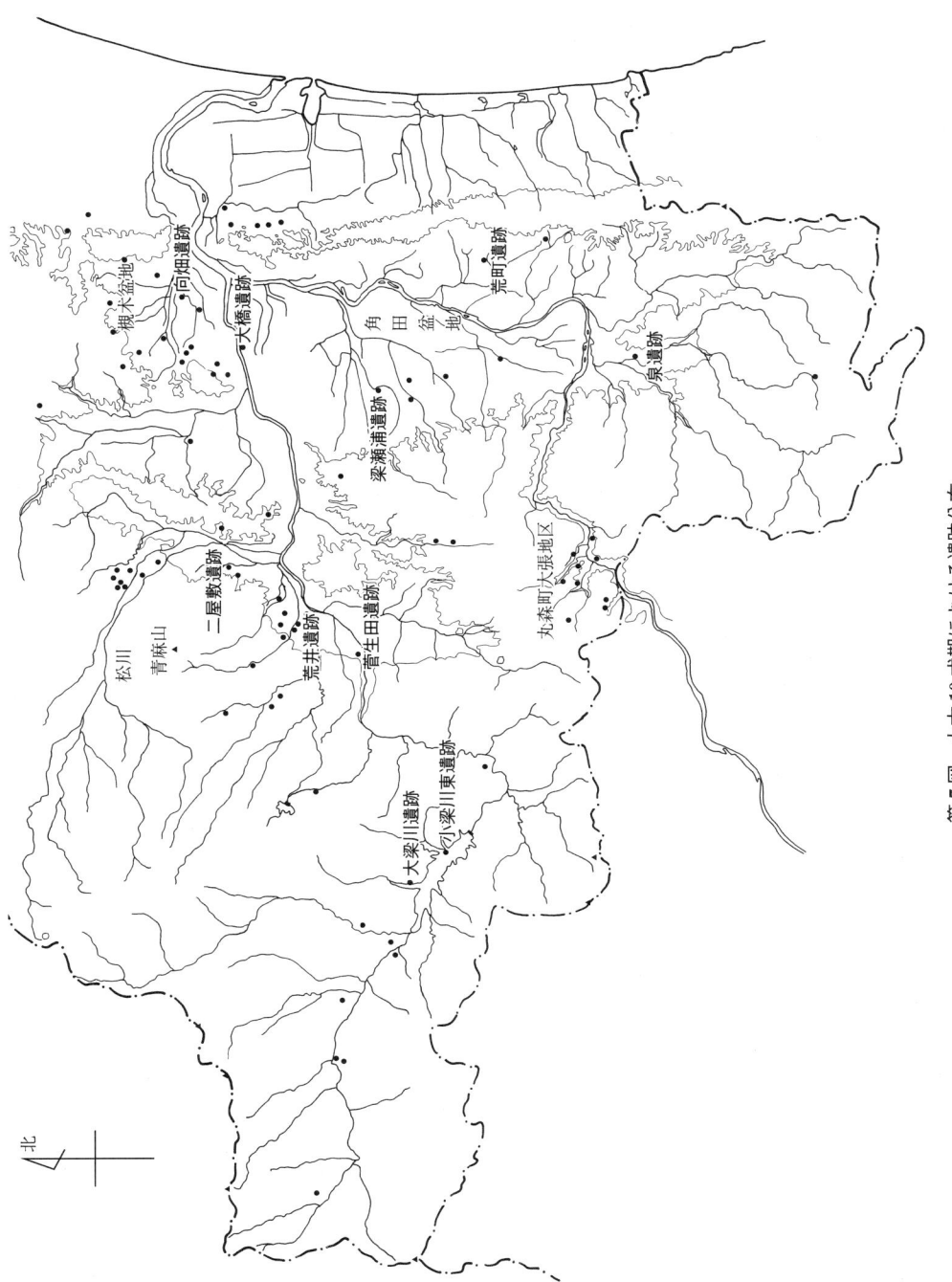

縄文時代中期における宮城県内の遺跡数の推移について　487

第 7 図　大木 10 式期における遺跡分布

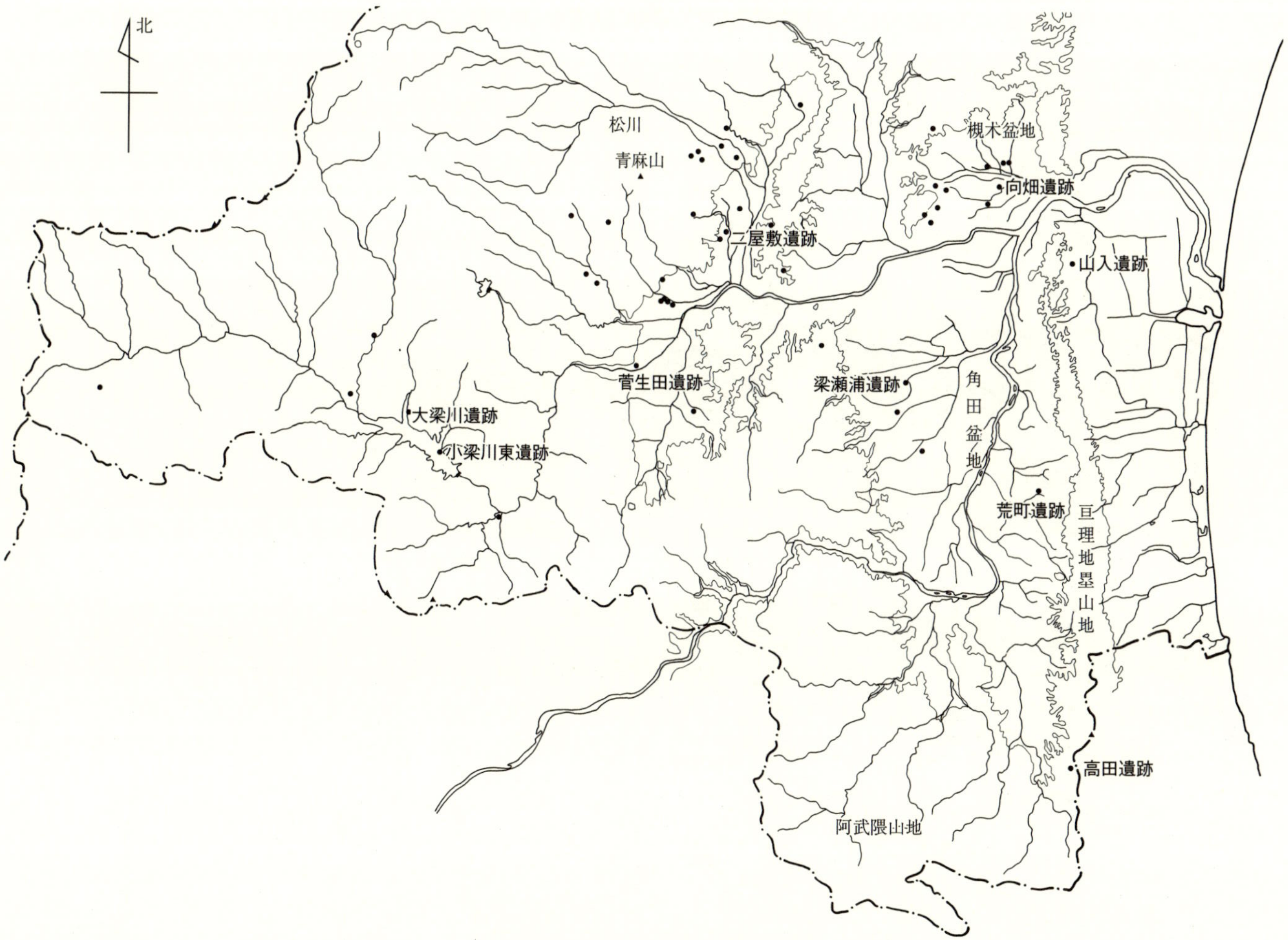

第 8 図 南境式期における遺跡分布

III. まとめ

①発掘調査が行われる地域が現代の経済活動の主体をなす平野部に著しく偏る以上、発掘調査された遺跡における住居跡軒数の比較では、必ずしも正しく全体の様相を反映しているとは言えず、当時の集落や人口規模の推計には適していない。

②郷土史家などによる踏査の蓄積も、発掘調査によるほど多くのデータを引き出すことはできず、遺跡の性格までを明らかにするものではない。ただし、発掘調査の行われる地域に偏りがある以上、全体を鳥瞰する有効なデータのひとつとすることはできよう。

③宮城県全体で縄文時代の遺跡数の推移を見た場合、大木8b式期とは1遺跡差ながら、大木9式期にピークがある。宮城県南部域を中心により詳細に遺跡数の推移を見た場合、西部山地の蔵王町・白石市が宮城県中北部と同様の大木8b式期にピークがあり、その他のやや低平な地域では大木9式期にピークがある。後期前葉の南境式期までには遺跡数は半減する。

④宮城県南部域における最も著しい遺跡数の減少は、前期中葉において認められ、それは「縄文海進」以後の気候変動に伴う環境変化によって、概ね説明可能なものと思われる。中期大木8b～9式期以降の遺跡数の減少もまた、約4,500～3,600年前（4,450～3,550calBP）における冷涼化に伴う環境変化と無関係ではなかろう。

⑤大木9式期以降の川筋や沢筋を中心とするより低平な丘陵地での遺跡数の増加は、食におけるトチの実の利用との関連が窺われるが、今後の分析に待つところが大きい。

おわりに

縄文時代を研究していく上で、どの時期にピークがあり、どの時期が「上り坂」で、「下り坂」なのかは、極めて基礎的な事項に属するものの、容易に明らかにできるものではない。ここでは、遺跡数の推移を中心にそのピークを検討してきたが、そうした人口規模を反映するであろう要素とともに、計量化しがたい縄文文化総体としてみた場合のピークについても、充分に検討されなければならない課題であろう。

また、広く発掘調査が行われるようになり、発掘調査を経ていない遺跡は学術的には無きに等しいものと見なされがちなものの、すべての遺跡を発掘調査することは事実上不可能であり、また発掘調査された遺跡においても、多くは遺跡の一部の調査に過ぎず、すべてが調査されるわけでもない。こうした「見えない部分」が常に存在していることをかなり意識的に認識していない限り、「見えている部分」を前提に、仮定に仮定を積み重ねる事態に陥ることも容易に想像される。ここで何がわかり、何がわからないのか、どうしてわからないのか、わかる部分とわからない部分は同じなのか、違うのか、どうしてそのよ

うに言えるのか、こうした認識の限界点を探るような作業が常に不可欠であり、わからないものを「現状ではわからないものである」という認識に留めておくことも、時には決して無意なことではないものと思われる。

　須藤先生とは、昭和54年4月に、蔵王町松川左岸の分布調査を長谷川真さん・田中敏君とともにご一緒させていただきました。畑や果樹園、一筆ごとの本格的な悉皆調査であり、その精緻で手堅い方法論に驚くとともに、レポートのまとめ役だった長谷川さんとは、表面採集資料がどれほどの意味を持つものなのか、話をしたことがつい昨日のことのように思い出されます。

　末筆ながら、先生の益々のご健勝とご活躍を祈念いたします。

註
1)　当日発表では、疑問符付きとせざるを得なかったスライド第2項の大木8b式期の土器埋設炉（勝負沢遺跡1号炉）については、実際に東北歴史博物館の資料を確認することができた。

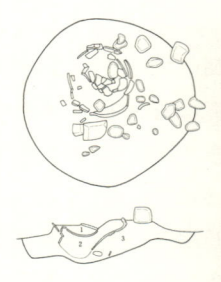

斜位埋設土器

（宮城県教育委員会1982aより一部改変）

斜位に埋設された土器
口縁部を中心に被熱による赤変とアバタ状の火ハジケが観察され、石囲いを伴う斜位土器埋設炉と考えて良かろう。発生期の複式炉を考える上で、興味深い事例である。
（写真掲載は東北歴史博物館の承諾による）

2)　東北地方中部における中期終末と後期初頭の土器型式による境界は、いまだ定見を得るには至っていない。ここでは、大木囲貝塚の山内資料による「大木10式」（山内清男1961、早瀬亮介・菅野智則・須藤隆2006）を中期終末とし、2個1対の刻目文や方形区画文を含む沼津貝塚の「沼津B類土器」（藤沼邦彦1968）を後期初頭とする。詳細については稿を改める。

引用文献

藤沼邦彦 1968『石巻市沼津貝塚調査概報』(謄写版による県教委に提出した概報。その概要は『石巻の歴史』7（石巻市史編さん委員会編 1995）にも一部再録されている。)

芳賀寿幸 1974「向畑遺跡調査概報」『柴田町郷土研究会会報』7　柴田町郷土研究会　pp. 8-20

早瀬亮介・菅野智則・須藤隆 2006「東北大学文学研究科考古学陳列館所蔵大木囲貝塚出土基準資料―山内清男編年基準資料―」『東北大学総合学術博物館研究紀要』5 pp. 1-40

石巻市史編さん委員会編 1995『石巻の歴史』7　石巻市

伊東信雄 1957「古代史」『宮城県史』1　財団法人宮城県史刊行会　pp. 3-51

気仙沼市教育委員会 1980『南最知遺跡発掘調査概報』宮城県気仙沼市文化財調査報告書2

南方町教育委員会 1978『長者原貝塚』南方町文化財調査報告書1

宮城県教育委員会 1982a『東北自動車道遺跡調査報告書Ⅵ』宮城県文化財調査報告書83

宮城県教育委員会 1982b『東北自動車道遺跡調査報告書Ⅶ』宮城県文化財調査報告書92

宮城県教育委員会 1984『東北自動車道遺跡調査報告書Ⅸ』宮城県文化財調査報告書99

宮城県教育委員会 1987a『東北横断自動車道遺跡調査報告書Ⅱ』宮城県文化財調査報告書121

宮城県教育委員会 1987b『七ヶ宿ダム関連遺跡発掘調査報告書Ⅲ』宮城県文化財調査報告書122

宮城県教育委員会 1993『狐塚遺跡ほか』宮城県文化財調査報告書157

宮城県教育委員会 1998『宮城県遺跡地図』宮城県文化財調査報告書176

中橋彰吾・後藤勝彦 1976「主要遺跡の解説」『白石市史』別巻考古資料篇 pp. 559-588

丹羽　茂 1971「縄文時代における中期社会の崩壊と後期社会の成立に関する試論―東日本、特に東北地方南部を中心として―」『研究紀要』1　福島大学考古学研究会　pp. 1-70

日本考古学協会2005年度福島大会実行委員会事務局 2006「シンポジウムⅠ『複式炉と縄文文化』総合討論の記録」『福島考古』47　福島県考古学会　pp. 90-104

日本考古学協会2005年度福島大会実行委員会 2005『日本考古学協会2005年度福島大会シンポジウムⅠ「複式炉と縄文文化」』

齋藤良治・相原淳一 2003「宮城県丸森町高田遺跡の縄文早期土器」『宮城考古学』5　宮城県考古学会　pp. 255-262

柴田町史編さん委員会編 1983『柴田町史』資料篇Ⅰ　柴田町

須藤　隆・長谷川　真・相原淳一・田中　敏 1980「宮城県刈田郡蔵王町松川流域における弥生時代遺跡の分布調査 (1)」『籾』2　弥生時代研究会　pp. 21-36

須藤　隆 1985「東北地方における縄文集落の研究」『東北大学考古学研究報告』1 pp. 1-36　東北大学文学部考古学研究室

山内清男 1961『日本先史土器の縄紋』(没後、1979年に先史考古学会から刊行)

吉川昌伸・吉川純子 2005「縄文時代中・後期の環境変化」『日本考古学協会2005年度福島大会シンポジウムⅠ「複式炉と縄文文化」』pp. 13-33

蔵王町教育委員会 1991「蔵王町湯坂山B遺跡の発掘調査概要」『平成3年度宮城県遺跡調査成果発表会発表要旨』

軒を連ねた縄文ムラ
―青森平野東部の環状配列掘立柱建物群―

永 嶋 　 豊

はじめに

　青森市上野尻遺跡で、1999〜2001年に掘立柱建物跡が次々と検出され、環状を呈することが判明した。その構築年代は縄文時代後期後葉であることが、既に報告されている（木村鐵次郎ほか 2003）。

　報告書内においては、これらの掘立柱建物群の性格についての判断は保留されているが、1999年に調査を担当した筆者は、捨場である旧河川内での煮沸用の無文・縄文地文の深鉢の出土の多さから生活遺跡の感を抱いた。そのため台地上の遺構検出の際、竪穴住居跡の発見を期待したが、三ヵ年の調査で姿を現したのは、竪穴住居跡ではなく見事に環状に巡る掘立柱建物跡群だった。

　果たして縄文時代の家屋の代名詞'竪穴住居跡'を伴わないムラが、この青森県にあったのか？そのような例は縄文時代後晩期の新潟県域で知られるが、時期的・地域的に限定された集落形態なのだろうか？もし上野尻遺跡が竪穴住居跡を伴わない集落なのであれば、35軒という多数の掘立柱建物跡が整然と並ぶ様からは、東北地方北部の新たな集落観が浮かび上がる。

　縄文時代後期中後葉の青森県内の竪穴住居跡や青森市上野尻遺跡の掘立柱建物跡によって、再考してみたい。

I. 宮田地区の中の上野尻遺跡

1. 宮田地区の遺跡

　奥羽山脈の北端八甲田連峰と陸奥湾の間に広がる東西15km・南北9kmの沖積平野は青森平野と称され、県都青森市街を抱く（第1図）。標高684mの東岳から伸びる山塊が陸奥湾へと伸び、青森平野の東進を阻むが、その先の海岸線には古湯浅虫温泉が湧く。青森平野の北東端に位置する宮田地区では、県総合運動公園建設事業により多年度に亘って発掘調査が進行しており、様々な歴史を明らかにしてきた。

　現在までに、青森市宮田館遺跡・山下遺跡・米山（2）遺跡そして上野尻遺跡が調査されており、縄文時代前期〜晩期・弥生時代・平安時代・中世・近世・近現代と人々の活動痕跡が辿れる。注目される調査成果は、米山（2）遺跡の縄文時代後期後葉の集落跡・晩

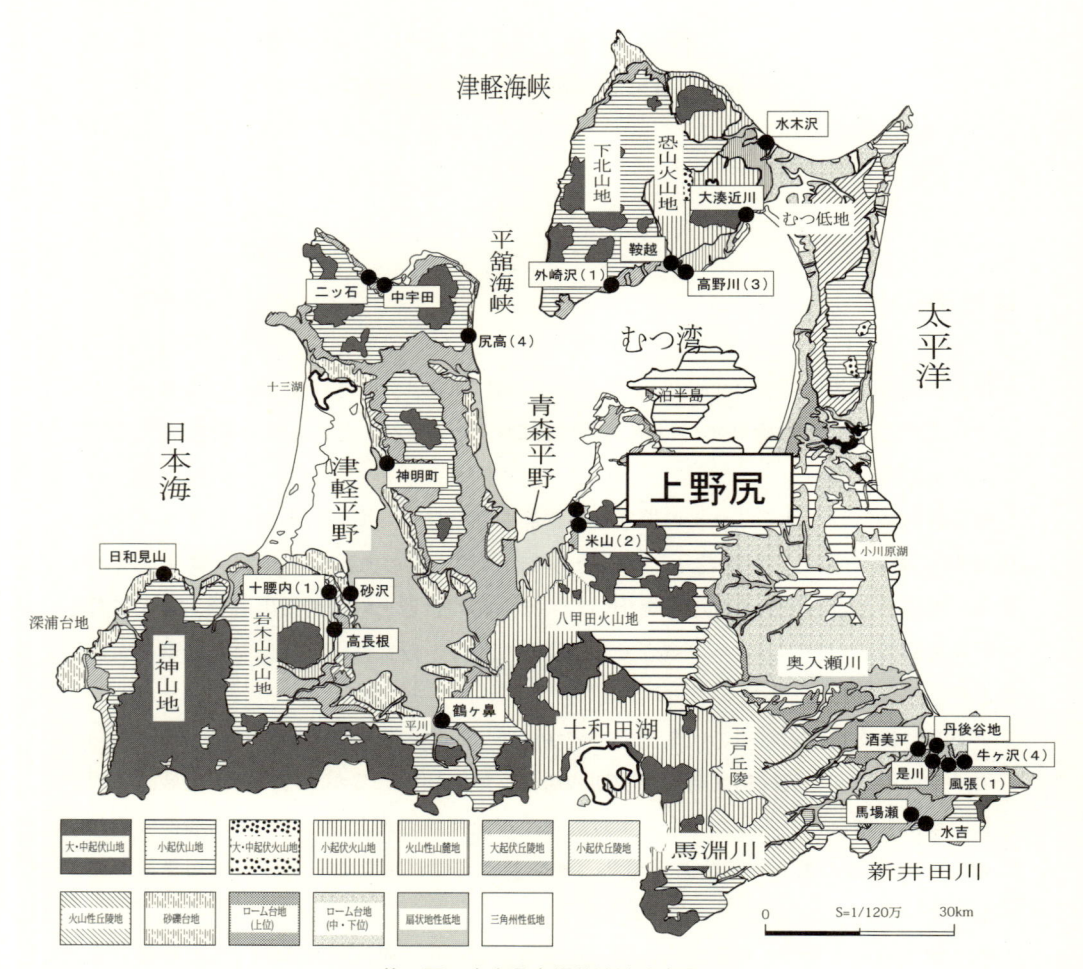

第 1 図　青森県内掲載遺跡分布図

期土坑（畠山昇・永嶋豊 2000、茅野嘉雄・小山内将淳 2005）、宮田館遺跡と山下遺跡の平安時代集落（中村哲也・杉野森淳子 1999、木村高・野村信生 2002、茅野嘉雄 2004）、山下遺跡と米山(2)遺跡で多数検出されている中世期のカマド状遺構・井戸・Pit 群（畠山昇・永嶋豊 2000、小笠原雅行 2003）があげられる。

　上野尻遺跡の北東 300 m には著名な長森（ながもり）遺跡があり、縄文時代晩期初頭の集落跡と晩期中葉の墓域が検出されている（山岸英夫ほか 1985）。

2. 上野尻遺跡の概要（第 2 図）

　上野尻遺跡は海岸線から内陸 2 km の洪積台地上に位置し、陸奥湾を望む。県総合運動公園関連の遺跡の中では最北に位置し、遺跡の北 300 m を小河川貴船川（きふねがわ）が西流し、陸奥湾へと注ぐ。遺跡からは、間近の山稜によって八甲田山は見えないが、好天時には南西方向遠方に岩木山を望むことができる。

1996年の試掘調査を皮切りに、1997・1999～2001年と四ヵ年にわたる本調査が実施された。1999年の調査において掘立柱建物3棟を検出し（工藤由美子・永嶋豊2001）、その後二ヵ年で35棟が環状に巡ることが確認された（工藤由美子・浅田智晴2002、木村鐵次郎ほか2003）。柱穴の精査を行ったものが第1～18号建物跡、他は保存を前提に柱穴レイアウトの確認にとどめている。

　類を見ない35棟からなる環状配列掘立柱建物群が検出されたことから、青森県はそれらの貴重な遺構群の保存を迅速に決定し、現在遺構群は運動公園横に眠り続けている。以後、環状配列掘立柱建物群が検出された上野尻遺跡北端部の区域を『保存区』と呼称する。

　後期後葉の掘立柱建物群が構築された区域は、水捌けが良い場所が選ばれており、その両側に湿地状もしくは降雨時のみ水が流れたと考えられる河川跡があり、多量の遺物が出土した。保存区内には貴船川の氾濫による土石流堆積物の礫層が所々に見られ、遺構検出を困難にした。掘立柱建物の中にはそれらの礫層を掘り込んで構築されたものもある。

　遺跡全体では縄文時代前期集落から中世の遺構などが検出されている。環状配列建物群のある保存区周辺に限れば、後期前葉に土坑群、後期中葉には遺物の出土が見られる。後葉になり掘立柱建物群や土坑群が築かれ、遺物の分布・量も増加する。前葉・後葉ともに旧河川部は、捨て場として利用されており、出土する土器は圧倒的に深鉢が多く、炭化物が付着するものも多いことから、近辺で盛んに煮炊きに使用された後、ここに廃棄されたことがわかる。上野尻遺跡の後期後葉の煮沸用深鉢は、無文のものが最も多く羽状縄文のものがそれに続く。

II. 遺構の分析

1. 遺構 （第3図）

　保存区の後期後葉段階の遺構は「環状配列掘立柱建物群」・「土坑」・「小pit」と捨場である。環状配列の内側に広がる広場中心域からは遺構はみられず、墓と考えられる土坑が多数検出された八戸市風張(1)遺跡とは異なる。ただし第2号や第30号建物跡は他の建物跡より一列内側に位置しており、第35号建物跡周辺や第259号土坑を見ると、この列までは土坑や小pitが分布することが分かる。しかも第259号土坑は、底面中央に炉跡のような焼土が位置し、その脇に2点の小pitが配されており、竪穴住居跡の可能性も指摘されている。

　土坑群は環状配列建物群の南西あるいは南側で検出されており、後期前葉の土坑との重複、後期後葉での重複が激しいものもある。環状配列建物群の内側からは遺物はあまり出土しておらず、生活物資の廃棄は環状掘建群の外側という決まりがあったのだろう。保存区の西側にある旧河川は、縄文時代中期～晩期に捨場として利用されていたようであるが、後期後葉の遺物が圧倒的に多い。A捨場と仮称する。保存区南東部の沢からも後期後葉の

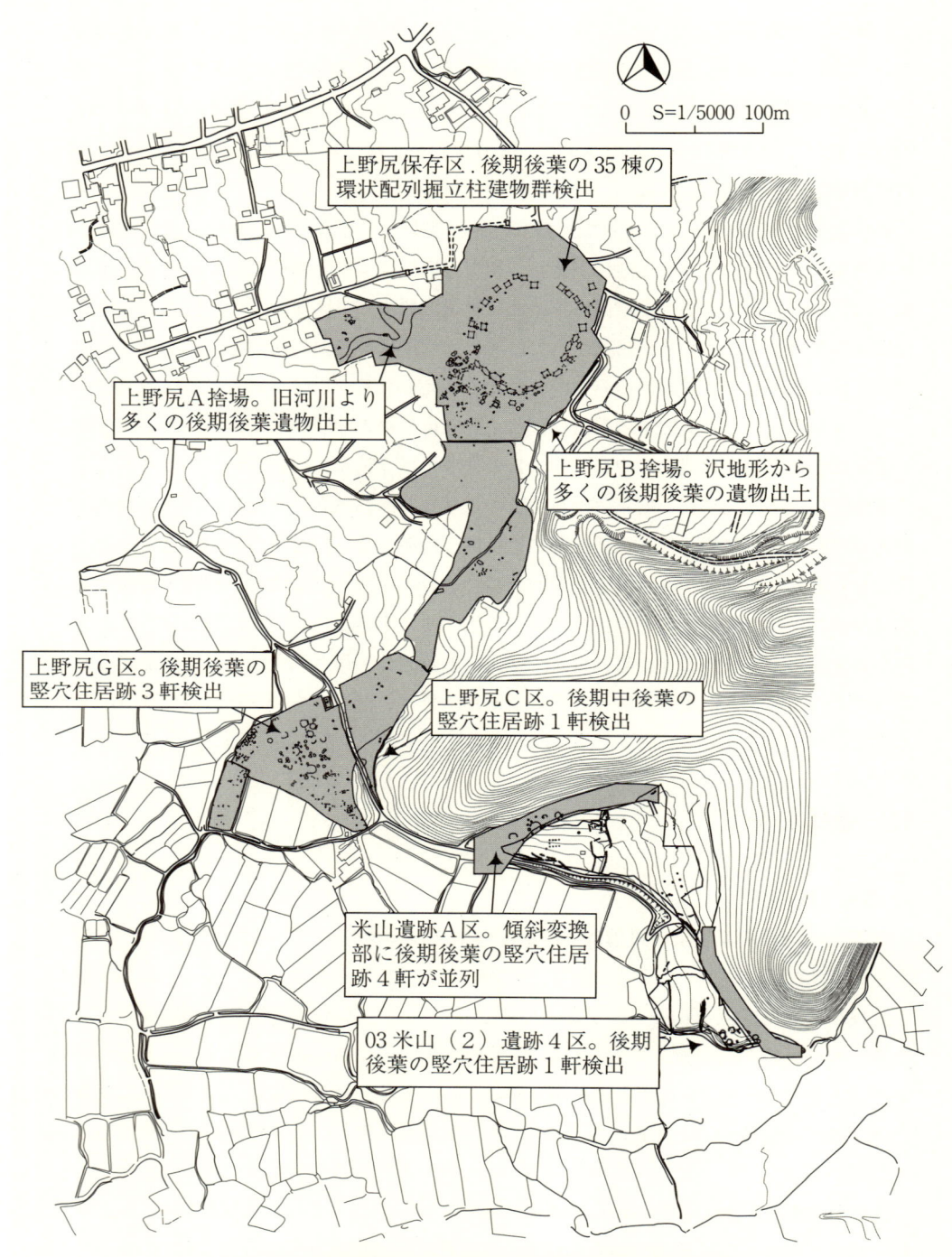

第2図　上野尻遺跡周辺　縄文時代後期後葉遺構検出状況

軒を連ねた縄文ムラ　497

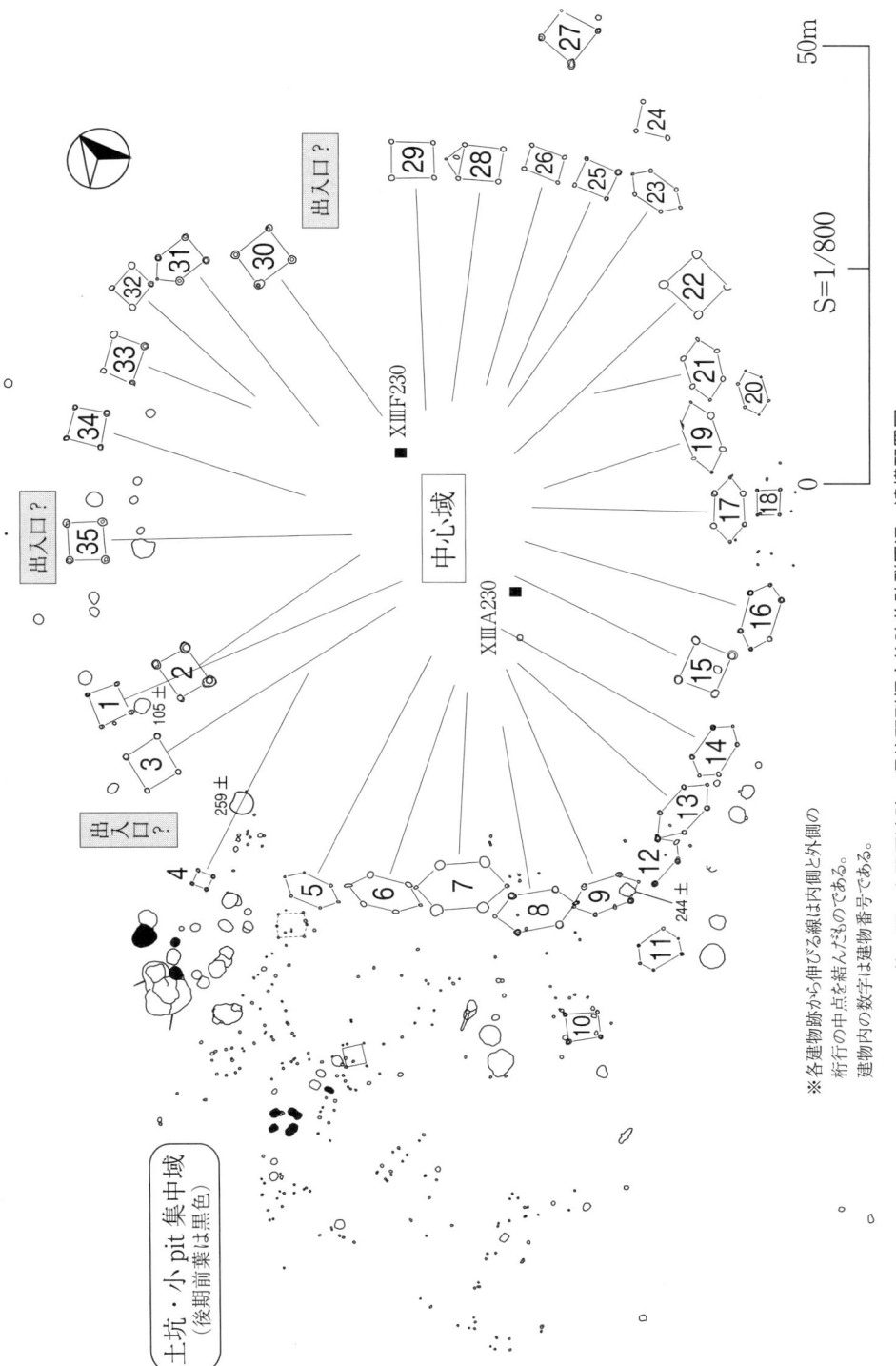

第 3 図　上野尻遺跡　環状配列掘立柱建物群周辺　遺構配置図

498

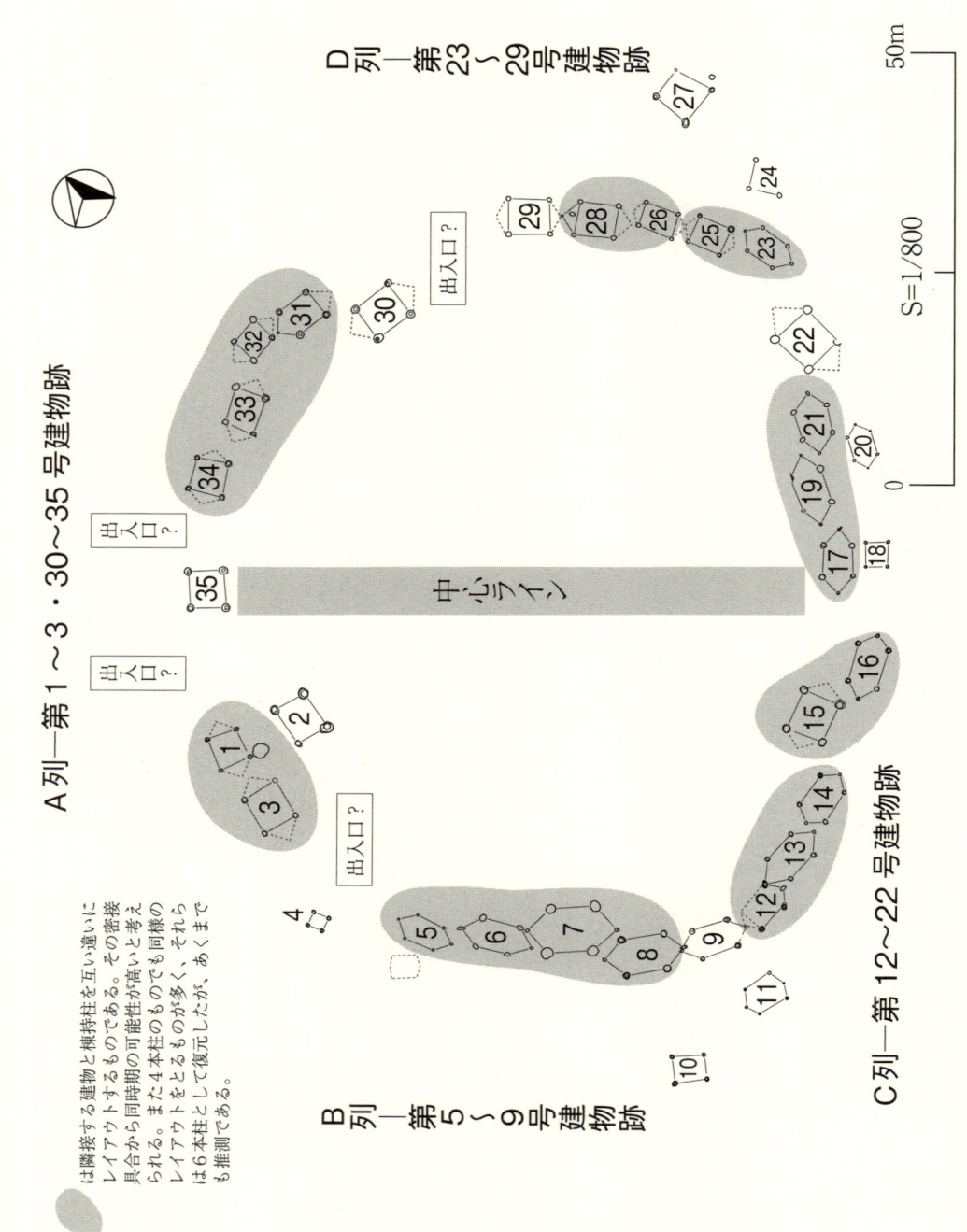

A列―第1～3・30～35号建物跡

D列―第23～29号建物跡

C列―第12～22号建物跡

B列―第5～9号建物跡

出入口？

中心ライン

S=1/800

は隣接する建物と棟持柱を互い違いにレイアウトするものである。その密接具合から同時期の可能性が高いと考えられる。また4本柱のものでも同様のレイアウトをとるものが多く、それらは6本柱として復元したが、あくまでも推測である。

第4図　同時存在の可能性がある建物跡グループ

遺物が集中して出土しており、こちらも捨場として利用されていた可能性が高い。B 捨場と仮称する。A 捨場と B 捨場の遺物の供給元はどこであろうか？当然、環状配列建物群がその候補ではあるが、それ以外にも後期の居住施設が存在していた可能性がある。A 捨場では多量の土器が至る所で出土したが、環状配列建物群とは反対側の岸寄りから出土する遺物も非常に多いことから、この捨場北側の現代の住宅地域に後期集落が眠り、そこから遺物の供給された可能性もある。旧河川内の南側からも多くの遺物が出土し、掘立柱建物群側からの廃棄も多かったことを物語る。上野尻遺跡 C 区・G 区および米山 (2) 遺跡 A 区では、山地形がなだらかに傾斜を変える場所に、後期中後葉の竪穴住居跡が立地する。そのことから B 捨場の東に伸びる緩斜面上にも後期の竪穴住居跡が存在し、そこから B 捨場遺物が供給された可能性もあろう。

2. 環状配列の規模と中心（第 3 図）

環状掘立群内側の広場部分は、建物跡の内径で長軸 79 m × 短軸 71 m の規模の楕円形状を呈する。前述したように広場中心付近からは遺構は検出されず、また遺物の出土も環状配列外に比して圧倒的に少ない。ここで各掘立柱建物の内側桁と外側桁の中間を結び環状配列内側へ直線を描く。その線は環状配列内側の XIIID-230 杭付近に集中することから、広場のこの辺りを中心域と意識し、各建物の構築に及んだ可能性がある（第 3 図）。

3. 対称構造（第 4 図）

前節で環状配列の中心部を IIID-230 杭付近とした。ここで環状配列建物群全体を以下のように、A〜D 列に 4 分割して考える（第 4 図）。A 列は、第 3 号と第 30 号横の掘立柱建物跡が見られない空間で区切る。B 列は、第 5 号建物跡から隣り合う掘立柱建物跡と棟持柱が入り込む第 9 号と第 12 号建物跡間を境とした。C 列は、2 グループに分割される可能性は残るが、第 12 号建物跡から第 22 号建物跡までとした。D 列は第 23・25・26・28・29 号建物跡とした。

A 列—第 1〜3・30〜35 号、B 列—第 5〜9 号、C 列—第 12〜22 号、D 列—第 23・25・26・28・29 号となり、長楕円形とされる環状配列が、4 つの独立した弧状配列の組み合わせで形成されていることが理解できる。各列の分割場所には問題は残るが、C 列を底辺としその両端から B 列と D 列が同程度の半径を描き、A 列に及び急激に半径を小さくし弧形を強くなす。第 4 図を見ると、C 列と A 列それぞれの中間付近を走る直線を中心軸とした線対称に見える。次節で、同時性を有すると考えられる建物の組み合わせを指摘するが、A〜D 各列はそれぞれ同時に存在した可能性が高いと考えている。

4. 掘立柱建物跡の構造と規模（第 1 表、第 5 図）

掘立柱建物跡全 35 棟の各部の寸法を第 1 表-1 に示す。

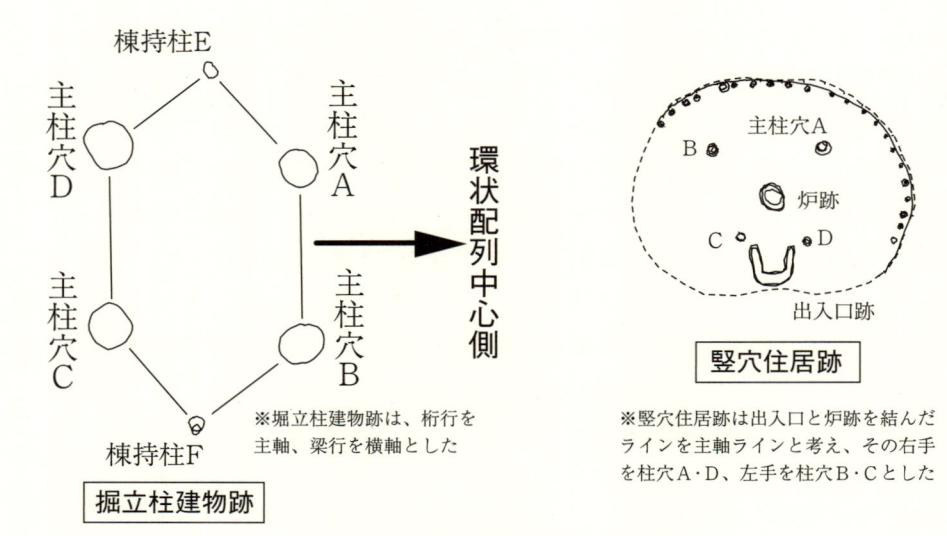

第5図　計測表　柱穴位置凡例

(1) 柱穴配置（第3図）

全35棟のうち、6本柱構造は16棟、4本柱構造は19棟である。共に主柱4本であり、6本柱構造とされるものは主柱外側に、規模の小さな柱穴を伴う。その小柱穴は内傾するものが多く、屋根の棟木を支える内転びの棟持柱であることが推定されている。6本柱構造のもの全てが環状配列中心側に一方の桁を向けており、棟木は環状方向を向く。6本柱構造と4本柱構造は明瞭に分布を異にしており、これを分節構造の表徴と捉える研究者もいる（谷口康浩 2005）。

(2) 面積（第6図グラフ①）

主柱の中心間を結んだ四角形の面積は25 m² を超えるものが2棟、20 m² を越すものが4棟あるが10 m² のものから20 m² のものまでは間断なく存在する。そして環状配列からやや外側に位置する第4・18・20号は10 m² を下回り、他に比してその狭さが際立つ。また4本柱・6本柱いずれも、各面積に散らばっており、柱構造による広さの違いは特に認められない（第1表-1）。

(3) 主柱穴と柱痕径と面積（第6図グラフ②・③・④）

主柱穴直径が80 cm を超すような大規模な建物は面積が20 m² を越すような大型の掘立柱建物跡に多く、また柱痕径も40 cm を上回るものが多い傾向が認められる（第6図グラフ②）。ただし主柱穴4本全ての直径が80 cm を超す例は第7号と第15号と第22号と第35号のみであり、複数個が80 cm を超す例は第2・8・30・33・34号である。一方、面積が小さな第4・18・20号では、主柱穴直径は全て径50 cm を下回り、また柱痕も径30 cm を下回る（第6図グラフ③）。棟持柱とされるものは主柱に比べ明らかに直径が小さく浅い

軒を連ねた縄文ムラ　　501

第1表-1　掘立柱建物跡・竪穴住居跡　計測表

遺跡名	建物No.	縄文時代後期	面積(m²)	主柱外面積(m²)	建物主軸(cm)	建物横軸(cm)	主軸/横軸	A径(cm)	B径(cm)	C径(cm)	D径(cm)	主柱穴平均径(cm)	柱痕平均径(cm)	柱痕1平方cmあたりの面積(平方cm)	A深(cm)	B深(cm)	C深(cm)	D深(cm)	主柱平均深さ(cm)	E径(cm)	E深(cm)	F径(cm)	F深(cm)
上野尻	SB01	後葉	13.47	0	385	362.5	1.06	52	55	44	51	51	-	-	56	70	60	75	65	-	-	-	-
上野尻	SB02	後葉	18.29	0	475	390	1.22	113	143	73	100	107	-	-	90	85	75	85	84	-	-	-	-
上野尻	SB03	後葉	19.16	0	472.5	420	1.13	70	62	58	70	65	-	-	65	58	76	63	66	-	-	-	-
上野尻	SB04	後葉	3.02	0	185	170	1.09	44	46	48	43	45	20	23	68	60	70	65	66	-	-	-	-
上野尻	SB05	後葉	10.23	0	347.5	305	1.14	24	35	29	31	30	-	-	-	-	-	-	-	24	-	25	-
上野尻	SB06	後葉	14.11	0	390	350	1.11	75	69	58	66	67	-	-	-	-	-	-	-	34	-	30	-
上野尻	SB07	後葉	26.86	0	520	540	0.96	110	120	129	136	124	60	24	92	110	88	92	96	40	-	44	92
上野尻	SB08	後葉	20.57	0	490	425	1.15	87	70	83	72	78	45	33	88	70	87	73	80	40	-	35	54
上野尻	SB09	後葉	14.38	0	412.5	347.5	1.19	64	66	58	50	62	30	51	74	74	80	83	78	30	49	30	-
上野尻	SB10	後葉	11.12	0	323.5	310	1.04	48	47	49	63	52	22	75	68	70	61	55	64	-	-	-	-
上野尻	SB11	後葉	12.1	0	350	342.5	1.02	32	38	38	30	35	-	-	82	65	70	72	72	30	58	22	-
上野尻	SB12	後葉	12.52	0	370	350	1.06	-	59	57	68	61	-	-	-	47	58	65	57	-	-	37	-
上野尻	SB13	後葉	13.9	0	390	357.5	1.09	53	53	58	49	53	28	55	82	47	42	70	60	22	56	36	-
上野尻	SB14	後葉	14.36	0	410	345	1.19	54	56	46	51	52	19	127	76	80	73	72	75	36	-	30	-
上野尻	SB15	後葉	21.6	0	495	445	1.11	90	90	115	90	96	35	55	105	113	109	102	107	-	-	-	-
上野尻	SB16	後葉	16.05	0	467.5	352.5	1.33	60	68	63	57	62	36	39	84	98	67	53	76	45	71	42	50
上野尻	SB17	後葉	12.3	0	377.5	340	1.11	65	68	64	54	63	29	48	53	73	60	53	60	36	26	33	32
上野尻	SB18	後葉	7.33	0	295	260	1.13	33	37	34	31	34	29	29	41	56	49	47	48	-	-	-	-
上野尻	SB19	後葉	14.64	0	420	352.5	1.19	41	54	80	66	60	-	-	-	-	-	-	-	30	-	26	-
上野尻	SB20	後葉	7.53	0	287.5	277.5	1.04	35	33	19	30	29	-	-	-	-	-	-	-	16	-	22	-
上野尻	SB21	後葉	12.267	0	335	375	0.89	58	59	55	56	57	-	-	-	-	-	-	-	29	-	33	-
上野尻	SB22	後葉	25.18	0	520	490	1.06	89	98	98	90	94	-	-	-	-	-	-	-	-	-	-	-
上野尻	SB23	後葉	11.3	0	360	320	1.13	42	43	42	-	43	-	-	-	-	-	-	-	36	-	28	-
上野尻	SB24	後葉	12.64	0	365	350	1.04	56	50	52	-	53	-	-	-	-	-	-	-	-	-	-	-
上野尻	SB25	後葉	12.7	0	392.5	327.5	1.20	48	45	46	74	53	35	33	-	-	-	-	-	-	-	-	-
上野尻	SB26	後葉	11.51	0	405	297.5	1.36	40	50	49	46	46	-	-	-	-	-	-	-	-	-	-	-
上野尻	SB27	後葉	20.49	0	475	442.5	1.07	94	72	60	63	72	36	50	-	-	-	-	-	-	-	-	-
上野尻	SB28	後葉	17.33	0	452.5	387.5	1.17	58	50	50	60	55	-	-	-	-	-	-	-	24	-	-	-
上野尻	SB29	後葉	19.29	0	472.5	415	1.14	53	63	53	49	55	-	-	-	-	-	-	-	-	-	-	-
上野尻	SB30	後葉	20.98	0	482.5	445	1.08	92	108	93	79	93	47	37	-	-	-	-	-	-	-	-	-
上野尻	SB31	後葉	13.68	0	385	360	1.07	75	87	70	74	77	39	29	-	-	-	-	-	-	-	-	-
上野尻	SB32	後葉	10.85	0	345	317.5	1.09	64	72	60	77	68	34	30	-	-	-	-	-	-	-	-	-
上野尻	SB33	後葉	15.85	0	447.5	365	1.23	85	68	5	81	60	42	29	-	-	-	-	-	-	-	-	-
上野尻	SB34	後葉	14.72	0	397.5	387.5	1.03	69	62	59	58	62	40	29	-	-	-	-	-	-	-	-	-
上野尻	SB35	後葉	17.8	0	440	405	1.09	95	92	84	85	89	37	42	-	-	-	-	-	-	-	-	-
米山(2)	1	後葉	37.88	31.5	570	780	0.73	21	18	24	24	22	-	-	42	42	42	42	42	-	-	-	-
二ッ石	2	後葉	31.97	26.54	570	640	0.89	25	30	25	25	26	-	-	35	70	35	45	46	-	-	-	-
中宇田	I	中葉	20.24	16.95	528	488	1.08	15	15	15	19	16	-	-	42	48	48	52	48	-	-	-	-
尻高(4)	2	後葉?	19.09	16.02	440	540	0.81	13	13	13	13	13	-	-	-	-	-	-	-	-	-	-	-
尻高(4)	3	後葉?	11.97	7.1	380	390	0.97	13	15	8	8	11	-	-	-	-	-	-	-	-	-	-	-
尻高(4)	6	末葉	47.07	40.23	760	810	0.94	20	20	15	15	18	-	-	-	-	-	-	-	-	-	-	-
神明町	5	中葉	24.01	19.88	630	700	0.90	28	20	22	26	24	10	765	35	36	36	37	36	-	-	-	-
砂沢	1	後葉	19.83	16.59	480	480	1.00	18	18	18	12	17	-	-	31	22	36	47	34	-	-	-	-
砂沢	2b	後葉	29.05	22.53	594	612	0.97	21	24	24	24	23	-	-	68	63	59	57	62	-	-	-	-
砂沢	3	後葉	21.19	16.5	500	572	0.87	18	24	14	19	19	-	-	6.2	64	40	50	40	-	-	-	-
十腰内(1)	8	後葉	9.42	4.69	324	348	0.93	28	38	24	24	29	-	-	13.5	88	36	88	56	-	-	-	-
日和見山	1	後葉	18.28	14.84	450	486	0.93	27	12	15	18	18	-	-	26	23	22	33	26	-	-	-	-
高長根	2	中葉	19.47	15.46	518	488	1.06	22	22	22	22	22	-	-	-	-	-	-	-	-	-	-	-
鶴ヶ鼻	1	後葉	9.07	-	320	365	0.88	30	30	-	30	30	-	-	30	-	30	-	30	-	-	-	-
鶴ヶ鼻	3	中葉	32.65	28.27	552	678	0.81	21	24	18	24	22	-	-	66	57	-	-	62	-	-	-	-
水木沢	1	後葉	46.01	35.35	730	890	0.82	18	18	20	24	20	-	-	42	42	26	39	37	-	-	-	-
水木沢	2	後葉	27.14	21.934	560	640	0.88	18	20	22	22	22	-	-	36	42	55	48	45	-	-	-	-
水木沢	3	後葉	26.36	21.42	600	620	0.97	22	22	24	24	23	-	-	18	26	40	38	31	-	-	-	-
水木沢	5	後葉	31.56	25.18	600	688	0.87	24	24	24	14	23	-	-	43	37	42	34	39	-	-	-	-
水木沢	6	後葉	7.45	5.36	312	306	1.02	21	20	24	18	21	-	-	28	21	23	4	19	-	-	-	-
水木沢	7	後葉	21.08	17.91	426	576	0.74	23	19	23	12	19	-	-	18	12	13	17	15	-	-	-	-
水木沢	8	後葉	24.65	19.82	496	576	0.86	20	26	18	18	21	-	-	34	35	30	44	36	-	-	-	-
水木沢	9	後葉	28.81	22.36	539	641	0.84	22	16	19	18	19	-	-	22	13	28	28	23	-	-	-	-
水木沢	10	後葉	18.78	14.96	438	486	0.90	20	22	20	24	22	-	-	42	56	42	40	45	-	-	-	-
水木沢	11	後葉	21.61	16.35	468	516	0.91	18	18	25	28	22	-	-	37	29	24	25	29	-	-	-	-
水木沢	13	後葉	20.65	15.09	450	504	0.89	18	20	19	19	19	-	-	41	30	30	37	35	-	-	-	-
水木沢	18	後葉	17.31	14.61	408	486	0.84	17	20	20	19	19	-	-	40	47	44	35	42	-	-	-	-
大湊近川	102	末葉	10.17	7.61	325	355	0.92	10	15	15	15	14	-	-	11	10	11	15	12	-	-	-	-
大湊近川	105	末葉	45.34	37.06	780	750	1.04	25	15	30	30	25	-	-	35	38	35	28	34	-	-	-	-
大湊近川	107	末葉	28.41	23.52	555	605	0.92	20	20	20	20	18	-	-	30	63	35	39	44	-	-	-	-
大湊近川	205	末葉	11.97	5.89	350	375	0.93	13	10	10	30	16	-	-	63	16	56	52	47	-	-	-	-
鞍越	32	中葉	35.487	28.897	666	792	0.84	23	26	30	26	26	-	-	-	-	-	-	-	-	-	-	-
高野川(3)	1	中葉	31.74	26.76	660	666	0.99	26	26	23	30	26	-	-	-	-	-	-	-	-	-	-	-
外崎沢(1)	1	中葉	20.15	16.82	552	672	0.82	24	24	24	24	24	-	-	40	27	29	24	30	-	-	-	-
風張(1)	2	後葉	26.9	20.56	594	594	1.00	30	24	30	15	25	-	-	22	56	34	13	31	-	-	-	-
風張(1)	4	中葉	27.49	15.43	576	606	0.95	24	24	17	15	20	-	-	4	17	38	24	21	-	-	-	-

第1表-2 掘立柱建物跡・竪穴住居跡 計測表

遺跡名	建物No.	縄文時代後期	面積(m²)	主柱外面積(m²)	建物主軸(cm)	建物横軸(cm)	主軸/横軸	A径(cm)	B径(cm)	C径(cm)	D径(cm)	主柱穴平均径(cm)	柱痕平均径(cm)	柱痕1平方cmあたりの面積(平方cm)	A深(cm)	B深(cm)	C深(cm)	D深(cm)	主柱平均深さ(cm)	E径(cm)	E深(cm)	F径(cm)	F深(cm)
風張(1)	6	中葉	36.48	31.21	612	708	0.86	30	30	30	24	29	-	-	67	75	68	58	67	-	-	-	-
風張(1)	7	末葉	21.27	14.88	504	522	0.97	15	15	21	18	17	-	-	29	62	44	20	39	-	-	-	-
風張(1)	9	中葉	18.84	15.85	468	504	0.93	24	24	18	24	23	-	-	53	29	29	41	38	-	-	-	-
風張(1)	13	中葉	23.39	20.42	486	594	0.82	18	18	18	18	18	11	616	50	50	29	47	44	-	-	-	-
風張(1)	15	後葉	25.42	20.52	492	624	0.79	36	36	36	30	35	-	-	47	68	42	41	50	-	-	-	-
風張(1)	16	後葉	10.77	8.09	348	390	0.89	10	12	18	18	15	-	-	18	27	23	41	27	-	-	-	-
風張(1)	18	後葉	20.5	17.03	468	534	0.88	15	15	18	15	16	-	-	42	46	46	44	45	-	-	-	-
風張(1)	24	後葉	23.55	16.68	540	576	0.94	24	18	21	24	21	-	-	43	25	34	18	30	-	-	-	-
風張(1)	25	後葉	34.51	27.74	588	708	0.83	30	36	36	42	36	-	-	48	35	46	47	42	-	-	-	-
風張(1)	27	後葉	19.09	15.84	438	516	0.85	18	24	21	24	20	-	-	31	33	48	50	41	-	-	-	-
風張(1)	28	後葉	27.64	23.91	582	588	0.99	24	36	18	24	24	-	-	39	46	12	30	32	-	-	-	-
風張(1)	30	後葉	22.3	-	468	582	0.80	12	18	-	-	15	-	-	49	50	-	-	50	-	-	-	-
風張(1)	32	末葉	45.94	38.62	702	762	0.92	36	36	36	36	36	-	-	40	35	53	46	44	-	-	-	-
風張(1)	36	中葉	20.2	15.83	492	522	0.94	12	12	12	12	11	-	-	39	35	19	16	27	-	-	-	-
風張(1)	50	末葉	22	15.52	516	510	1.01	27	15	30	36	27	-	-	29	22	34	34	30	-	-	-	-
風張(1)	50	後葉	8.82	6.78	318	354	0.90	15	21	12	24	17	-	-	17	22	10	7	14	-	-	-	-
風張(1)	52	後葉	7.84	5.77	312	300	1.04	21	12	12	15	15	-	-	16	10	9	12	12	-	-	-	-
風張(1)	54	末葉	19.59	15.63	474	510	0.93	24	15	15	27	20	-	-	37	23	70	76	52	-	-	-	-
風張(1)	64	末葉	21.59	12.29	510	516	0.99	39	30	36	39	36	-	-	36	37	32	34	35	-	-	-	-
風張(1)	68	末葉	22.32	16.29	546	498	1.10	39	48	30	30	37	-	-	91	50	18	31	48	-	-	-	-
風張(1)	71	末葉	39.57	30.98	672	648	1.04	30	39	24	21	29	-	-	66	75	42	12	49	-	-	-	-
風張(1)	96	中葉	25.88	19.66	540	612	0.88	42	42	30	33	37	-	-	61	68	33	47	52	-	-	-	-
風張(1)	97	中葉	25.4	21.28	534	594	0.90	42	42	36	36	39	-	-	65	53	75	39	58	-	-	-	-
風張(1)	100	末葉	68.08	49.55	888	960	0.93	33	42	30	34	-	-	-	66	61	87	76	73	-	-	-	-
風張(1)	103	末葉	15.06	13.22	390	468	0.83	12	24	15	21	18	-	-	31	22	54	36	36	-	-	-	-
風張(1)	105	後葉	20.7	17.11	474	540	0.88	15	24	24	21	21	-	-	23	35	47	51	39	-	-	-	-
風張(1)	106	中葉	23.57	19.7	474	594	0.80	24	24	18	18	21	-	-	63	62	66	65	64	-	-	-	-
風張(1)	112	後葉	31.35	25.51	564	666	0.85	39	30	18	18	26	-	-	29	16	21	34	25	-	-	-	-
風張(1)	115	後葉	11.18	8.59	342	396	0.86	24	12	18	15	17	-	-	25	36	32	34	32	-	-	-	-
風張(1)	116	中葉	25.37	20.84	486	642	0.76	18	18	18	18	18	-	-	51	54	49	52	52	-	-	-	-
風張(1)	117旧	後葉	26.29	21.62	498	600	0.83	24	15	24	30	22	-	-	61	10	37	49	39	-	-	-	-
風張(1)	117新	後葉	44.06	36.46	684	774	0.83	36	42	30	30	35	-	-	62	56	63	48	57	-	-	-	-
風張(1)	118	中葉	26.637	22.147	522	630	0.83	24	24	21	24	23	-	-	60	53	37	50	50	-	-	-	-
風張(1)	119	後葉	23.76	19.08	570	528	1.08	30	18	24	24	23	15	336	70	61	44	45	55	-	-	-	-
風張(1)	121	後葉	17.17	14.35	444	474	0.94	30	30	18	24	-	-	-	22	40	36	41	35	-	-	-	-
風張(1)	126	中葉	26.06	21.91	498	636	0.78	36	21	30	30	29	-	-	47	45	70	72	59	-	-	-	-
風張(1)	127	中葉	33.65	28.37	558	726	0.77	33	40	30	30	33	-	-	83	76	55	70	71	-	-	-	-
風張(1)	129	後葉	43.56	30.38	744	720	1.03	60	48	33	45	47	-	-	57	66	53	47	56	-	-	-	-
風張(1)	133	中葉	22.8	-	474	558	0.85	18	12	-	-	15	-	-	59	54	-	-	57	-	-	-	-
風張(1)	136	中葉以降	26.62	20.19	582	546	1.07	24	18	24	18	21	-	-	74	60	31	42	52	-	-	-	-
風張(1)	137	中葉以降	17.54	13	432	474	0.91	30	18	12	18	20	-	-	46	32	29	43	38	-	-	-	-
風張(1)	138	中葉以降	15.22	11.15	450	468	0.96	18	18	12	15	16	18	150	57	22	25	19	31	-	-	-	-
風張(1)	140	後葉以降	23.9	19.93	486	600	0.81	18	18	18	18	18	-	-	46	32	26	44	37	-	-	-	-
風張(1)	141	末葉	54.07	42.34	786	840	0.94	18	24	30	30	26	-	-	44	33	60	27	41	-	-	-	-
是川中居	5	中葉	30.85	19.15	618	636	0.97	30	24	18	24	-	-	-	30	-	36	-	33	-	-	-	-
是川中居L区	2	後葉	25.87	20.86	552	588	0.94	24	30	24	24	26	18	254	70	37	27	29	41	-	-	-	-
是川中居L区	3	後葉	17.74	14.71	438	498	0.88	18	24	21	18	20	-	-	12	26	20	10	17	-	-	-	-
牛ヶ沢(4)II	19	中葉	17.22	13.55	474	540	0.77	30	18	15	18	20	-	-	44	37	39	24	36	-	-	-	-
牛ヶ沢(4)II	21	中後葉	22.66	18.58	480	606	0.79	18	24	18	24	21	14	368	67	36	25	41	42	-	-	-	-
牛ヶ沢(4)II	23	中後葉	18.08	15.03	420	534	0.79	24	24	18	24	23	14	316	48	41	41	58	47	-	-	-	-
酒美平II	26	中葉	20.15	16.82	456	534	0.85	18	21	24	18	20	-	-	44	51	63	59	54	-	-	-	-
丹後谷地	16	中葉	20.92	17.45	468	546	0.86	30	21	18	24	26	-	-	40	74	72	39	56	-	-	-	-
丹後谷地	20	前中葉	31.82	27.6	582	630	0.92	30	24	30	24	27	16	396	73	73	49	51	62	-	-	-	-
丹後谷地	22	中葉	31.54	26.05	570	630	0.90	30	24	30	24	29	-	-	65	62	55	60	61	-	-	-	-
丹後谷地	23	中葉	22.21	19.52	510	498	1.02	18	24	21	24	22	-	-	44	47	36	37	41	-	-	-	-
丹後谷地	24	中葉	28.77	23.85	540	618	0.87	15	24	18	24	20	-	-	57	55	56	59	57	-	-	-	-
丹後谷地	27	中葉	13.97	10.68	390	438	0.89	18	24	21	21	20	-	-	17	15	23	22	19	-	-	-	-
丹後谷地	32	中葉	19.18	14.95	450	510	0.88	24	30	18	30	26	-	-	25	25	57	15	29	-	-	-	-
丹後谷地	34	前中葉	12.54	9.19	396	384	1.03	27	21	24	18	23	-	-	21	23	44	33	30	-	-	-	-
丹後谷地	41	中後葉	11.99	8.21	402	378	1.06	18	24	18	24	22	-	-	31	44	42	58	44	-	-	-	-
丹後谷地	44	後葉	29.19	22.98	570	636	0.90	30	24	18	24	24	-	-	24	75	35	21	39	-	-	-	-
丹後谷地	45	前中葉	7.05	3.73	282	294	0.96	24	30	12	18	21	-	-	14	25	44	15	25	-	-	-	-
丹後谷地	46	後葉	25.47	20.54	540	582	0.93	30	18	24	24	24	10	811	33	64	45	22	41	-	-	-	-
丹後谷地	48	中後葉	41.56	33.76	690	786	0.88	30	36	30	36	33	-	-	63	54	53	48	55	-	-	-	-
丹後谷地	49	後葉	5.62	4.83	240	270	0.89	9	12	12	9	11	-	-	16	20	20	19	19	-	-	-	-
丹後谷地	61	後葉	16.01	12.86	426	456	0.93	18	24	18	18	20	-	-	46	58	25	48	44	-	-	-	-
馬場瀬	3	後葉	38.12	31.33	600	800	0.75	24	28	28	28	28	-	-	39	44	53	32	42	-	-	-	-
水吉	4	後葉	10	4.13	342	324	1.06	12	18	21	18	17	-	-	-	-	-	-	-	54	-	54	54

※上野尻遺跡例以外は全て青森県内の竪穴住居跡のデータ。掘立柱建物跡は環状中心を見た時に内側の桁をA－B、対応する外側の桁をD－C、棟持柱をE・Fとした。竪穴住居跡は出入口と炉を結んだラインを主軸とし、掘立柱建物は桁行方向を主軸とした。竪穴住居跡の時期は出土遺物から筆者が判断したものも含む。

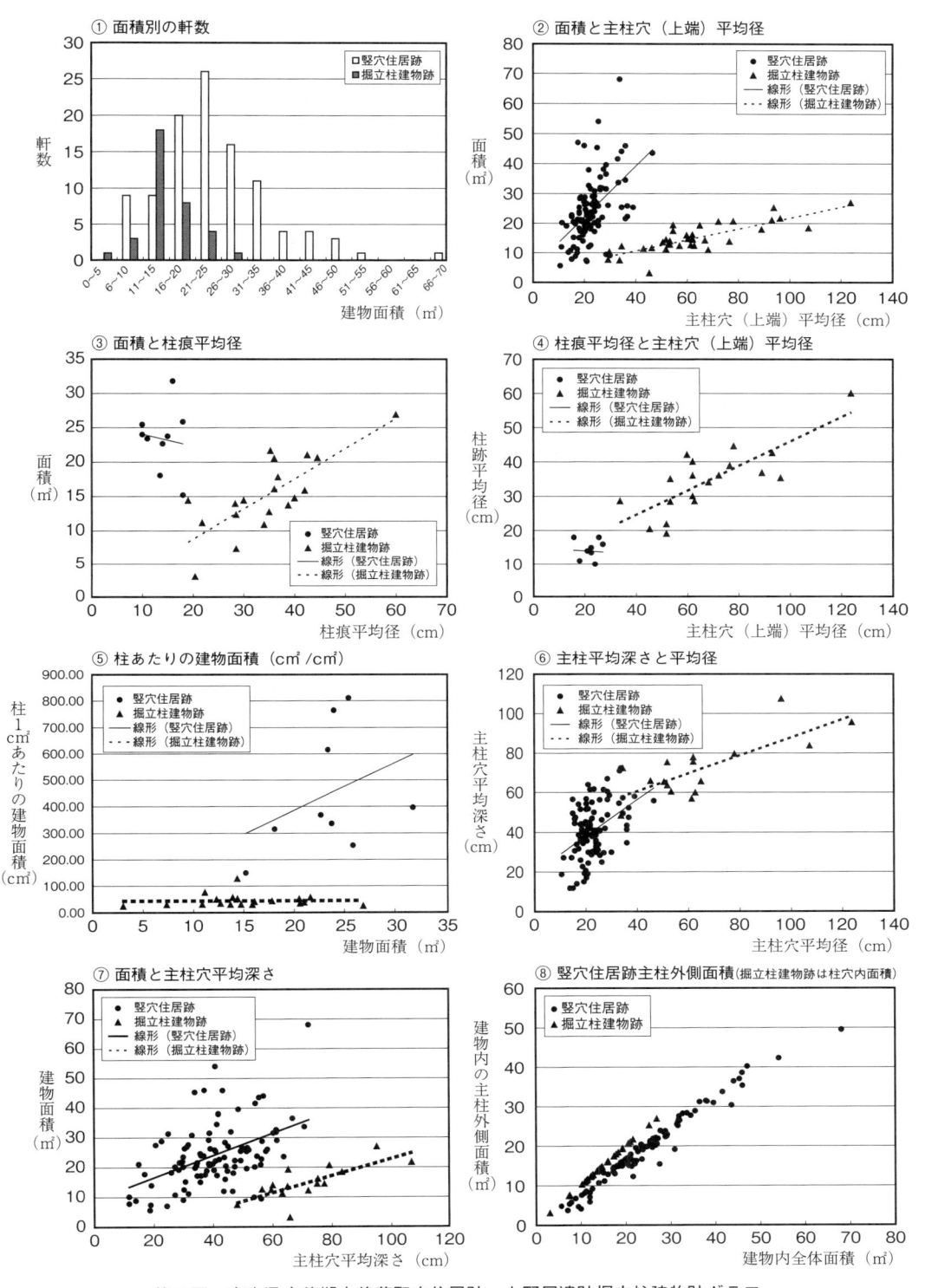

第6図　青森県内後期中後葉竪穴住居跡・上野尻遺跡掘立柱建物跡グラフ

ものが多く、柱痕も細いことから建物全体を受けるのでなく、上屋を補助的に支える構造であったことが再認識できよう（第1表-1）。

(4) 梁と桁の比率（第1表-1）
桁行が梁行よりも僅かに長いものが圧倒的に多く、その平均比率は桁行：梁行＝1.15：1となる。第7号と21号のみ梁行がやや長いが、概ね桁側を長く建築するという統一した意識が感じられる。

(5) 棟持柱と主柱の交点高さ
棟持柱柱穴の傾きの延長線と主柱の上方への延長線との交点の高さを求めた。柱穴E・F側へ出入口が付く切妻構造であった可能性が高い。棟木が桁の長さに等しい場合、棟持柱と主柱延長線の交点が、建物の屋根部の高さを示す。しかし棟木の多くは桁行を超え、両端が飛び出すものであろうから、実際には屋根の高さの最大値に過ぎず、これより低い高さに棟木が渡されたのだろう。桁側側面から各掘立柱建物を見通し、EF柱穴の傾斜角を延長し、垂直に上方に伸びる主柱との交点をその最大値と考えた。抜き取り等による柱穴傾斜角の変化もあるため、想定される最小値と最大値を呈示する。その結果、第7号（26.86 m^2）が5.1〜8.7 m、第8号（20.57 m^2）が5.1〜7.5 m、第9号（14.38 m^2）が5.1〜6.3 m、第11号（12.10 m^2）が-、第16号（16.05 m^2）が2.4〜5.1 m、第17号（12.30 m^2）が6.0〜6.3 m、第19号（14.64 m^2）が5.0〜6.3 mとなる。面積が大きくなるにつれて主柱と棟持柱延長線の交点は高くなる傾向にある。また棟持柱の柱痕は第8号建物跡で1点のみ検出されており、主柱穴径45 cmに対して径24 cmである。

5. 掘立柱建物跡の同時性と柱穴数（第4図）

35棟の掘立柱建物は徐々に建設され、最終的に環状を呈するに至ったのか？時期を決定する遺物が極めて少数であるため不明である。しかし建物群の配列から、数棟のまとまりが同時性を有す可能性を指摘することができる。

第5号建物跡から第6号・7号・8号と、隣り合う建物と棟持柱を互い違いに配列することによって、狭い範囲に隙間無く建物を築く意図が感じられる（第4図）。桁ラインを梁の長さの半分ずつ環状配列の内側あるいは外側へ動かすことにより、主柱を隣接する建物の棟持柱ぎりぎりにレイアウトしている。

同様の配列は、上述の第5〜8号の他、12〜14号、17・19・21号と6本柱構造16棟のうち10棟までもが、この互い違いのレイアウトをとる。このことは偶然そのように主柱と隣接建物の棟持柱を近接させたと考えるより、意図的に行われた可能性が非常に高い。

ここで気をつけたいのは、環状配列群の北側に位置する多くの4本柱構造の掘立柱建物跡が、南側の6本柱建物の互い違いのレイアウト同様の位置関係を呈することである（第

4図)。第23号と第25号、第26号と第28号、第31〜34号（31号は片側の棟持柱のみ検出）の8棟が互い違いのレイアウトをとる。また第15号建物跡も同様である。環状配列の極端に外側に位置する第4・10・18・24・27号と内側に位置する第2・30号と他と離れた第35号の7棟を除けば、4本柱構造の建物のほとんどが互い違いのレイアウトで位置することとなる。

このことは何を意味するのか？第28号・第31号建物跡でも、棟持柱様の小土坑が1点検出されており、そのうち第31号建物跡は報告書文中で遺構確認時の削平による消滅の可能性にも言及されている。4本柱構造と6本柱構想とでは、柱穴の大きさや梁・桁のサイズや主軸方向そして面積にも大きな違いは認められない。このことから、確認時の重機を利用した表土除去による棟持柱跡の削平も考えると、多くの建物跡が本来は6本柱構造であった可能性が浮上する。

第5〜8、12〜14、15・16、17・19・21、23・25、26・28号、31〜34号の20棟が、各まとまりの中にあることとなる。掘立柱建物跡同士で他と重複しそうなものは、第9号が第8・12号と棟持柱がやや互いに入り込む例、第25号と第26号が棟持柱が干渉しそうな例のみである。それとて主柱内の建物部が重複しているわけではなく、同時存在もあり得ると考える。

明らかに別の時期に建築した証拠はなく、概ね左右対称構造を示すレイアウトであることからも、多くの建物が同時に存在した可能性をここで指摘する。

III. 考察

1. 青森県内の後期中後葉の竪穴住居跡との比較 (第1表-1・2、第5図)

ここでは、通常の居住施設であるとされる竪穴住居跡との比較を通して、上野尻遺跡の掘立柱建物跡の特徴を考えてみたい。第1表-1は掘立柱建物跡の、第1表-1・2は県内の後期中後葉の残存状態の良好な竪穴住居跡の各部の寸法である。竪穴住居跡は4本の主柱穴と全体の面積が計測できる残りの良いもののみ選択したため、必ずしもこの時期の竪穴住居跡の様相を正確に反映するものではないが、傾向は捉えられるものと考えた。

(1) 建物面積 (第6図グラフ①)

竪穴住居跡の下端面積と上野尻遺跡掘立柱建物跡の主柱内側の建物面積を求めた。竪穴住居跡の下端面積を計測したのは、上端は各遺跡の遺構確認面の深さの違いによって変化するからである。該期の竪穴住居跡下端には、壁柱穴が巡ることが多く下端面積が必ずしも竪穴内の利用スペースを反映したものではないが、住居によっては壁柱穴の見落としも考えられることから、縄文人が住居構築時に掘り込んだ下端が最も同条件での計測に適すると考えた。

506

上野尻遺跡保存区空撮　貴船川上流側を望む　南西から

A捨場（旧河川跡）東から

礫層検出の第29号建物跡　北西から

隣と近接した第7号建物跡　南東から

隣と近接した第32号建物跡　西から

第7図　上野尻遺跡写真図版1

そうした場合、竪穴住居跡の面積の平均 24.4 m²、上野尻遺跡掘立柱建物跡の平均面積は 14.9 m² であり、平均値に限れば、竪穴住居跡が約 1.6 倍の面積となる。また竪穴住居跡の最大面積は風張 (1) 遺跡第 100 号竪穴住居跡の 68.08 m²、最小面積は丹後谷地遺跡第 49 号竪穴住居跡の 5.62 m² とかなり幅を持つ。一方、上野尻遺跡の掘立柱建物跡の最大面積は第 7 号建物跡の 26.86 m²、最小面積は第 4 号建物跡の 3.02 m² である。

(2) 主柱穴径（上端）と建物面積（第 6 図グラフ②）

第 6 図グラフ②では、竪穴住居跡は面積が大きなものでも、主柱穴直径はほぼ 40 cm 以下に収まる。それに対し掘立柱建物跡は面積は小さいが、主柱穴は大規模なものが多く、明らかに竪穴住居跡とは上屋を受ける構造が異なることが推定される。該期の竪穴住居跡は、主柱の数は掘立柱建物と変わらない 4 本のタイプが一般的であるが、主軸上にレイアウトされる支柱および壁柱によって構成された壁で屋根の垂木を受ける構造、あるいは屋根の垂木を地面に下ろす伏屋構造であったことが想定される。また主柱レイアウトが入口側に向かって狭くなる台形状を呈するものが多い。対して、掘立柱建物跡は細い棟持柱によって屋根の支えはなされるものの、あくまでも主柱が建物のほとんどの荷重を受ける構造であったことを示唆している。

柱穴直径 30 cm 以下のものは竪穴住居跡のものであり、直径 30〜40 cm は竪穴あるいは掘立柱建物両方の可能性、50 cm 以上のものはほぼ掘立柱建物の柱穴に限定される可能性が高い。

(3) 主柱穴径と柱痕径と建物面積（第 6 図グラフ③・④）

上野尻遺跡の掘立柱建物跡においては、柱痕が確認されるものが多く、柱穴上端と柱痕径の関係を第 6 図グラフ④に示した。竪穴住居跡については柱痕が確認されたものは小数であった。

竪穴住居跡の柱痕径は 10〜18 cm のもので占められ、主柱穴の大きさとの関連性はあまり見られない。一方、掘立柱建物跡では太い柱は大きな主柱穴に伴うことが示されている。より強度を必要とする建物を構築する場合には規模の太い材が用いられ、それに伴って大型の柱穴が掘られたこととなる。掘立柱建物の場合、柱痕は 19〜60 cm であり、竪穴住居跡と比較すると柱痕径約 20 cm を境にして 20 cm 以下であると竪穴住居跡、20 cm 以上であると掘立柱建物跡のものである可能性が高い。柱痕径 20 cm 前後の場合、竪穴住居跡では主柱径は 30 cm 以下であり、掘立柱建物跡の場合 40 cm を越えるものが多いことから比較的区別はしやすい。例えば、環状配列ラインから外側に飛び出している第 27 号掘立柱建物跡は、台形状の柱穴レイアウトから、該期の竪穴住居跡の壁が消滅したものにも思えるが、主柱穴直径が 72 cm で柱痕径が 36 cm であることから、掘立柱建物の可能性が強い。

面積と主柱径の相関関係、主柱径と柱痕径の相関関係が掘立柱建物では認められるため、

柱痕径と面積も相関関係にあることが想定され、第6図グラフ③に示した。想定どおり、面積に応じて柱の太さが使い分けられていたことが理解できる。一方、竪穴住居跡では、細い柱が様々な面積のものに採用されており、やはり他に支柱や壁あるいは伏屋式で上屋を受ける構造だったことが推定される。

(4) 柱（柱痕）1 cm² あたりの建物面積（第6図グラフ⑤）

柱痕1 cm² あたりの建物面積を第6図グラフ⑤に示した。上屋重量が柱にかかる数値ではなく、建物面積が主柱の1 cm² あたりにどの程度の割合であるかを示したものである。

竪穴住居跡は面積が大きいものが多くしかも柱痕径が小さいこと、逆に掘立柱建物跡は面積が小さく柱痕径は大きなものが多いことから、ある程度予想されたが、一見してわかるように、竪穴住居跡の柱1 cm² あたりの建物面積が大きく、掘立柱建物跡は小さい。

前項でも述べたように、竪穴住居では面積の増加に伴って柱直径があまり大きくなるわけではないので、面積の増加は柱あたりの面積の増加を意味するが、掘立柱建物では面積が増加しても柱あたりの面積はほぼ一定である。両種の建物上屋の構造や重さは同様ではないだろうが、主柱4本と棟持柱2本で上屋構造を受ける掘立柱建物に比べて、やはり竪穴住居跡は主柱4本以外にも荷重を受ける構造であったことが推定される。

前述のように掘立柱建物では柱あたりの面積はほぼ一定であり、面積が増加した場合、それに適した太さの柱材が選択された。この数値の少なさはさらなる重量物への対応も想定され、建物内側から炉や床や周溝などの施設が僅かでも検出されてないこともあわせると、上野尻遺跡の掘立柱建物の多くが高床構造であったと考える。

(5) 主柱穴径と深さ（第6図グラフ⑥）

掘立柱建物跡の主柱は直径と深さが比例するものが多いが、竪穴住居跡の場合、直径が小さくても比較的深いものがあり、あまり柱穴上端の径と柱穴深さは関係しないのであろう。竪穴住居跡の場合、細い柱でもそれなりの深さが確保されれば、上屋を受けることができたものと考えられる。

(6) 主柱穴深さと建物面積（第6図グラフ⑦）

主柱の深さと建物面積の関係を第6図グラフ⑦にまとめた。掘立柱建物跡では、主柱の深さは建物面積によって使い分けられていたことがわかる。狭い面積のものでも50 cm 以上の深さとなり、面積20 m² を超すものでは、80 cm 以上の深さとなるものが多い。竪穴住居跡では面積40 m² を超すような比較的大型のものでも、主柱深さは40〜50 cm のものが多く、同じ面積のものでも主柱深さは大小ばらつきを示す。

2. まとめ

　環状配列の広場中心付近には遺構は確認されず、また出土遺物も環状配列外よりも圧倒的に少ない。環状配列内は掘立柱建物を築いた人々の中で、ゴミもあまり捨てず何もない空間であることが必要とされた。そして環状配列は北西─南東方向に走る中心線で、おおまかに線対称構造をなす（第4図）。

　そのライン両側では、
①掘立柱建物跡の配列が、概ね線対称形となる。
②第3号─第5号間と第29号─第30号建物跡間には、この広場への公の出入口区域であったのか、掘立柱建物が配されない。また第35号建物跡両側にも空間がある。ただ第3号─第5号間は、最も小規模な第4号建物跡と竪穴住居跡の可能性が指摘される土坑が存在するが、それらと環状配列掘立群との前後関係は不明である。
③規模の大きな掘立柱建物跡は片側には寄らずに、両側にバランスよく配される（第7号と第29号、第2号と第30号、第15号と第22号など）。
④環状配列の外側にも掘立柱建物が構築されるが、それらも中心線の両側で概ね線対称の位置にある。第18号建物跡付近を境に、その両側に第16号と第20号、第10・11号と第24・27号が構築されている。ただし、規模は対応しないようである。

　その他の土坑や小pit等は環状配列の南西外側に限定して集中している。土坑は後期後葉のものが主体であるが、後期前葉のものも二ヶ所にまとまりを見せる。小pitは時期不明とされるが、土坑近辺に集中して分布することから、縄文時代後期前葉あるいは後葉のものの可能性もあり、柱穴の細さから簡易な小屋状建物として復元でそうなものもある（第5号掘立柱の南西側）。また向かい合う列状や環状に見える小pit配列もある。環状配列南西部分では第8号建物跡等付近にも小pitが検出されており、これらは土坑群の周囲に小pit群が分布域していた場所に、ある段階に環状配列が及んだことを示すのであろう。また第18号建物跡付近のように建物跡の外側にあるもの等は、別の施設が存在した可能性もある。

　後期前葉の土坑はまとまりを有し、それ同士が重複するものは非常に少ない。それに対し、後期後葉の土坑は激しく重複するものがあり、この区域の継続的な利用を示す。また第1号建物跡や第9号建物跡に土坑が重複または接近しているのは、土坑と建物跡の時間差を示すのであろう。しかし後期後葉の土坑分布域からやや外れた土坑には、あるいは特定の掘立柱建物跡に対応する可能性も残る。

　II-3において環状掘立柱建物跡が、A～Dの4列で構成されていた可能性を考えた。またII-5では4本柱構造の多くが本来6本柱構造であった可能性を指摘した。そして隣接する建物跡との関係から同時性が強い各群にグルーピングした。その各群を越えて他の群とも同時性を有する可能性があり、この環状配列建物群のほとんどがある段階に、同時に存在した可能性を指摘した。環状配列の内側あるいは外側に幾棟かの掘立柱建物（内側─

第 2 号・30 号、外側―第 4・10・11・16・18・20・24・27 号）が存在することもその可能性を物語っているのではないのか。徐々に小まとまりの数棟が構築されるのであれば、その他の環状ラインの上に建築されることもあろうが、それらの建物跡は全て環状配列の外側あるいは内側に構築されている。環状ライン上には広場への出入口とも考えられる空白部分を除き、構築場所が飽和状態であったために、外側あるいは内側へ構築したものと考えることもできよう。

　たとえ構築に時間差があるとしても、四分割で考えた A～D 列それぞれは同時性の高いものと考える。それぞれの列が使用されなくなってもその建物本体あるいは人々の記憶に建物跡が残る状態で新しい列への構築がなされた為に、重複が非常に少ないのであろう。

　III-1 で触れたように、上野尻遺跡の掘立柱建物群は、同時代の青森県域の竪穴住居跡に比して柱穴および柱痕の太さが目立つ。新潟県新発田市青田遺跡例は軟弱地盤でもあり、上野尻遺跡とは柱穴や柱痕の大きさも異にする傾向が見られる。そして建物内側から炉状の焼土や硬化した床面は検出されておらず、高床構造の想定もなされている（荒川隆史ほか 2004）。それに対して上野尻遺跡例は、掘方を持ち太い柱を採用するものが多く、また青田遺跡同様に焼土面や床面は検出されていない。

　掘立柱建物跡の構造そして性格については諸氏の論考があるが、岩手県紫波町西田遺跡（佐々木勝ほか 1980）・秋田県鹿角市大湯環状列石周辺遺跡（藤井安正・花海義人 1999・2001、花海義人・松田隆史 2002）等での殯・祭祀施設説については、石井寛がそれらのみに限定されない機能の可能性を提示・検証しており、慎重な論調ながらも居住施設・貯蔵施設等の性格も想定する（石井寛 1995）。

　さて上野尻遺跡の環状配列掘立柱建物群の性格はどのように捉えるべきであるのか？その手法としては、建物内に残された施設痕や建物機能を示唆する遺物、他の遺構との位置関係により考えるべきものであろうが、明確に建物機能を示唆する施設痕・遺物というものは不明である。環状配列南西側に集中して分布する土坑群との関係においては、広い意味では同時期のものではあるが、環状配列外側の貯蔵穴とすればここだけに集中する理由は不明であり、明確に墓と考えられるものもない。

　そうしたことから、遺構外から出土した遺物の内容からその性格を想定するしかない状況にある。環状配列掘立柱建物群の構築が、この周囲で最も多く出土している後期後葉段階とすれば、土坑内のほか A 捨場とした旧河川内・B 捨場とした沢地形やまた環状配列の外側からこの段階の多くの遺物が出土している。報告書内では出土土器の詳細な土器組成は記されていないが、圧倒的に煮沸用の深鉢が多いことや石器にしても生活用具として捉えられるものが多いようである。踏むべき手順を省略しての推定は説得力を欠くであろうが、これらのことからこの上野尻遺跡の環状配列掘立柱建物群の性格を、縄文時代後期後葉期の居住域と考え、建物の中には住居として用いられたものも存在した可能性が高いものと考える。また屋内に炉跡等の検出が一切見られなかったことから、暖房を必要とし

ない冬期以外に利用されたものか、あるいはあるべきはずの調理用の炉の存在も不明確であることから、当時の地表面である黒土上での焼土形成の未発達、後世の削平による炉遺構の削平の可能性もあり、結論は出しにくい。他県においては掘立柱建物に伴って炉跡が検出される例もあり、それらは床面を地面レベルに設定した平地住居とされる。当遺跡でもその可能性は否定できないが、同時期の竪穴住居跡との柱穴径あるいは柱痕径の圧倒的な違いから高床構造の可能性を考えたい。伏屋または壁で上屋を受ける竪穴住居に対し、構造の違いが太い柱を必要としたことは間違いない。

これらが季節限定の居住域であると仮定すると、冬期の集落は何処に存在するのか？同じ宮田地区の米山 (2) 遺跡 A 地区で、山地形が傾斜を変え緩やかになった場所に、後期後葉の竪穴住居跡が 4 棟並列して検出された。また上野尻遺跡 C 地区の第 3 号竪穴住居跡はやや時期をさかのぼる可能性が高いが、その構築には同様の地形が選ばれている。神昌樹によって、上野尻遺跡の遺物の分布状況からさらに同様の地形に竪穴住居跡が眠っていることが想定されており、この環状配列掘立柱建物跡が築かれた区域のすぐ東側にもその候補地は拡がる（木村鐡次郎ほか 2003）。また A 捨場では、環状配列建物群側とは反対側である現在の住宅域となっている方向からの遺物廃棄が予想され、そちらにも後期後葉の居住施設が存在した可能性が高い。

もし環状配列掘立柱建物群が季節限定の居住域であるならば、分散して数軒規模の竪穴住居に居住している集団が、なんらかの理由でここに集まり同時期に居住したこととなる。米山 (2) 遺跡 A 地区の 4 軒をひとまとまりとした場合、掘立柱建物跡は面積規模が竪穴住居跡とは異なるために単純に比較できないが 10 集団ほどが集住したのであろうか。竪穴住居跡の主柱内側を寝床以外のスペースとした場合、竪穴住居跡の主柱範囲外と掘立柱建物内の面積はそれほど大きく異なるものではないことが、第 6 図グラフ⑧より分かる。もし高床構造の場合は床下を物置と考えれば、スペースは問題ない。

環状配列建物群を形成するにあたり、この場所は何故選ばれたのか。周辺域に竪穴住居跡が存在し、A 捨て場は縄文時代中期以降、断続的に捨て場として利用されてきた。縄文時代後期前葉に至り、環状配列の南西側に土坑群が穿たれる。あるいは小 pit 群も後期前葉に属し小屋状建物を形成した可能性もある。後期中葉の遺構は見られないが、後期後葉に至り、後期前葉の土坑群域に重ねて、再び土坑群を形成した。この土坑と小 pit 群と環状配列掘立柱建物群との前後関係は不明であるが、各掘立柱建物跡（第 1・11・13・14・35 号住居跡）への帰属を示唆するような位置のものも存在する。しかし建物跡と重複あるいは近接し過ぎのもの（第 105・244 土坑）は、明らかに時間差を有する。周辺に竪穴住居を営む数集団が、後期後葉のある段階において捨場・小 pit による構造物（柵・小屋など）があった場所に隣接するこの水捌けの良い平坦地に、なんらかの理由で進出し、掘立柱建物を環状に巡らし集住した。しかし土器型式にして 1〜2 型式期ほどの短期間でその建物群は放棄された。季節的住み替え・宗教・社会的理由など様々な可能性はあろうが、周辺道

県の後期前葉の一連の掘立柱建物を伴う遺跡、加えて後期前葉の青森市小牧野遺跡（児玉大成1996）から晩期前葉の弘前市大森勝山遺跡（村越潔編1966）へと連なる環状列石の系譜、そして同期の掘立柱建物を伴う集落遺跡である八戸市風張（1）遺跡の存在はそれらを解く手掛かりを与えてくれるものだろう。

　石井寛の述べるように、土器組成は上野尻遺跡をはじめ大湯環状列石周辺遺跡も、集落であったことを示唆している（石井寛1995）。縄文時代の居住施設＝竪穴構造との認識に加え、平地住居・高床住居も現在の検出例以上に存在する可能性を認識することによって、縄文時代集落の新たな景観像を得ることができる。

　岩手県の西田遺跡をはじめ、秋田県鹿角市高屋館遺跡（小畑厳1990）、北海道函館市石倉貝塚（佐藤智雄・田原良信1999）など、環状に掘立柱建物が巡る遺跡は検出されている。石倉貝塚は中心部から「空間の広がる広場、掘立柱痕・土壙の密集する内帯部、基底面に貝層を持ち遺物を大量に含む盛土遺構」に区分され、盛土が切れる部分から外側に墓壙が列状に並び、その部分は掘立柱建物も濃密には見られず、出入り口とされている。広場・内帯部・盛土がそれぞれ同一幅の同心円を呈し、盛土内部からは土坑・掘立柱建物跡・炉遺構が検出されている。盛土の厚さは20cm前後であり、多量の生活に密着した土器・石器に加え、精神生活を示す様々な土製品や石製品、チップやフレーク、骨角器・貝・獣骨・魚骨・炭化種子・炭化木片が検出されている。墓域・生活域、その性格への評価は定まらないが、出入口に並ぶ墓壙列や生活用の土器・石器・食糧残滓・石器製作を示すチップやフレークの存在は、集落であったことを示唆するのではないか？宗教用具とされる土製品・石製品の量は後期前葉には社会的に増加し、この遺跡においてとりわけその出土が突出するわけではないことも重要であろう。上野尻遺跡の最大の特徴には、建物同士の重複がほぼないこと、他の遺構検出が少ないことがある。その為、明確に環状配列を呈することが示されるし、また比較的短期の産物であることが想定される。そして建物跡はほぼ掘立柱構造に限定され、環状方向へと棟木が向く。なんらかの理由で短命でその役目を終えた上野尻遺跡環状配列建物群ではあるが、継続されれば広場中央部への人々の埋葬、環状配列外側への廃棄行為の連続は盛土状を呈する可能性はあったのではないだろうか。

　上野尻遺跡は遠方に岩木山、至近には見事な三角形を呈する大森山が眺望できる。また縄文時代後期前葉の土器棺墓で有名な青森市山野峠遺跡（葛西勵2005）も近距離にあり、青森平野の東の出入り口として、また陸奥湾を介した海路といった交通の要所がこの宮田地区でもある。

　今後同様の掘立柱建物跡の検出が増加するかは不明であるが、ここ陸奥湾の最奥、青森平野の東端では、縄文時代のある一時期に棟を上げた掘立柱建物群が整然と軒を連ね、人々は岩木山や陸奥湾を眺め日々暮らした。亀ヶ岡文化胎動期の出来事であった。

　同級生の鈴木宏行君・津島知弘君・伊藤浩君と私、4人は平成元年東北大学の考古学研

究室へ入りました。須藤隆先生や阿子島香先生をはじめ、多くの個性的な先輩方の導きが、今の私の原点となったものと考えています。須藤先生はこの度、東北大学教授を退任されるということですが、研究の道はこれまで同様追求されることと思います。忘れられないのは「35歳までは体が言うことをきくので、それまでに精一杯に頑張って研究のベースを作りなさい」という先生のお言葉です。その齢を超え不惑を間近にしながらも、未だに自らの研究に太い柱が無いことに気付かされます。我々が学生時代には、先生は自らに厳しい研究姿勢故に、体調を崩されて度々入院されていたことを記憶しています。相変わらずのお忙しい日々を過ごされるのでしょうが、これまでよりはお時間に余裕もあるのでしょうし、体調管理はもちろん、全国に散らばる須藤門下生の下へもお越し頂き、変わらぬご指導と東北そして日本考古学の前進へとご尽力頂ければと考えております。

引用文献

浅川滋男編 1998「重層化したクラの建築的系譜」『先史日本の住居とその周辺』 同成社

荒川隆史ほか 2002『川辺の縄文集落 (財) 新潟県埋蔵文化財調査事業団設立10周年記念公開シンポジウム「よみがえる青田遺跡」資料集』 (財) 新潟県埋蔵文化財調査事業団

荒川隆史ほか 2004『青田遺跡』新潟県埋蔵文化財調査報告書第133集 新潟県教育委員会 財団法人新潟県埋蔵文化財調査事業団

茅野嘉雄 2004『宮田館遺跡IV』青森県埋蔵文化財調査報告第365集 青森県教育委員会

茅野嘉雄・小山内将淳 2005『米山 (2) 遺跡III』青森県埋蔵文化財調査報告書第391集 青森県教育委員会

藤井安正・花海義人 1999『特別史跡 大湯環状列石 発掘調査報告書 (15)』鹿角市文化財調査資料62 鹿角市教育委員会

藤井安正・花海義人 2001『特別史跡 大湯環状列石 発掘調査報告書 (16)』鹿角市文化財調査資料68 鹿角市教育委員会

花海義人・松田隆史 2002『特別史跡 大湯環状列石 発掘調査報告書 (18)』鹿角市文化財調査資料70 鹿角市教育委員会

畠山 昇・永嶋 豊 2000『山下遺跡II・米山 (2) 遺跡』青森県埋蔵文化財調査報告書第274集 青森県教育委員会

石井 寛 1995「縄文時代掘立柱建物址に関する諸議論」『帝京大学山梨文化財研究所研究報告』第6集 pp. 143-213

木村 高・野村信生 2002『宮田館遺跡』青森県埋蔵文化財調査報告第322集 青森県教育委員会

木村鐵次郎ほか 2003『上野尻遺跡IV』青森県埋蔵文化財調査報告書第353集 青森県教育委員会

葛西 勵 2005「第66節 山野峠遺跡」『新青森市史 資料編1考古』 青森市史編集委員会

児玉大成 1996『小牧野遺跡発掘調査報告書』青森市埋蔵文化財調査報告書第30集 青森市教育委員会

工藤由美子・永嶋 豊 2001『上野尻遺跡II』青森県埋蔵文化財調査報告書弟302集 青森県教育委員会

工藤由美子・浅田智晴 2002『上野尻遺跡III』青森県埋蔵文化財調査報告書第324集 青森県教育

委員会
宮本長二郎 1998「平地住居と竪穴住居の類型と変遷」『先史日本の住居とその周辺』 同成社 pp. 3-22
宮本長二郎 1996『日本原始古代の住居建築』 中央公論美術出版
村越 潔編 1966『岩木山―岩木山麓古代遺跡発掘調査報告書』 岩木山刊行会
中村哲也・杉野森淳子 1999『山下遺跡・上野尻遺跡』青森県埋蔵文化財調査報告書第258集 青森県教育委員会
小畑 厳 1990『西山地区農免農道整備事業に係る埋蔵文化財発掘調査報告書Ⅵ-高屋館跡―』秋田県文化財調査報告書第198集 秋田県教育委員会
小笠原雅行ほか 2003『宮田館遺跡Ⅲ・米山（2）遺跡Ⅱ』青森県埋蔵文化財調査報告第344集 青森県教育委員会
佐々木勝ほか 1980『東北新幹線関係埋蔵文化財調査報告書Ⅶ（西田遺跡）』岩手県埋蔵文化財調査報告書第51集 岩手県教育委員会 日本国有鉄道盛岡工事局
佐藤智雄・田原良信 1999『石倉貝塚』 函館市教育委員会
谷口康浩 2005『環状集落と縄文社会構造』 学生社
山岸英夫ほか 1985『長森遺跡発掘調査報告書』 青森市の文化財 青森市教育委員会

第8図 上野尻遺跡 保存区 環状配列掘立柱建物群検出状況 空撮

米山（2）遺跡A地区 後期後葉堅穴住居群 南西から

米山（2）遺跡A地区 後期後葉堅穴住居跡群 北東から

米山（2）A地区 第1号住居跡完掘と斜面の土坑群

米山（2）遺跡A地区 第3号住居跡床面倒立土器

第9図　米山（2）遺跡後期後葉堅穴住居群

縄文時代葬制・墓制の地域的理解にむけて
―北上川上流域の中・後期遺跡の分析を通じて―

小 原 一 成

はじめに

　前稿では、研究史の検討を踏まえ、岩手県紫波町西田遺跡（佐々木勝ほか1980）の分析を通じて、埋葬施設認定の方法と集団構成理解への一試論を試みた（小原一成2005）。研究の次の段階として、本稿では、北上川上流域の資料を対象とした葬制・墓制の遺跡間比較をするための集落研究のひとつを検討する。

I. 研究の目的と方法

1. 研究の目的と視点

　これまでの研究史の検討をもとにすると（小原一成2005）、埋葬施設の認定基準を検討し、分析対象資料の妥当性を検証することが重要と考える。中村大氏の研究では、人骨の出土のほか、遺構形態や出土遺物を対象とした基準が提示されている（中村大1998・2000・2003）。埋葬の痕跡が推定できる資料を分析対象として選定することは、非常に重要であり、検討し続けるべきである。しかし、全ての埋葬で普遍的に付加されると考えられるのは、人骨のみである。よって、これらの基準をもとに選択された資料を分析するさいには、葬法の違いにより資料がかたよる可能性を考慮する必要がある。このかたよりを検証するためには、認定基準をもとにした分析結果に加え、ほかの基準による分析結果と比較する必要があると考える。そして、葬制・墓制と他の考古学的要素を比較することで、葬制・墓制に反映された様々な背景を相対的に検討することができる。これまでの研究では、居住形態と埋葬形態の比較から当時の集団・社会が検討されている。水野正好氏の研究などがその代表として挙げられる（水野正好1968）。また土坑は多様な機能が想定でき、その中に埋葬の痕跡が含まれている可能性がある。よって、住居跡と土坑の比較により、葬制・墓制研究のひとつの方向性を提示することは有効と考える。このような考えのもと、本稿では集落を構成する考古資料の中から葬制・墓制との関連が強いと考えられる土坑と竪穴住居跡に注目し、遺跡単位での比較を試みる[1]。菅野智則氏は、竪穴住居跡数と調査面積の比較から集落の規模を検討し、中期中葉と中期末葉の北上川流域と阿武隈川流域で住居跡数の差はあるものの、仙台湾周辺、三陸海岸地域を含めた傾向の類似性を指摘している（菅野智則2005）。このことから、北上川上流域をひとつの事例として選択し、分析結果を

踏まえて他地域との比較も可能と考える。

　北上川上流域の岩手県盛岡市周辺では、縄文時代中期中葉に西田遺跡（佐々木勝ほか1980）のような環状集落が形成され、岩手県盛岡市大館遺跡（千田和文ほか1986・1993、花井正香ほか2003、似内啓邦ほか1997、室野秀文ほか1998、斉藤信次ほか1989、武田将男編1978、八木光則ほか1981・1982・1984・1991・1992・1993）、同盛岡市繋遺跡（千田和文ほか1986、松野恒夫ほか1980、三浦陽一ほか1995、佐々木和久ほか1984、瀬川司男ほか1982、津嶋和弘ほか1998、八木光則ほか1996）のような多数の竪穴住居跡で構成される集落が出現する。中期末葉においても、岩手県盛岡市湯沢遺跡（三浦謙一ほか1978、三浦謙一1983）、同雫石町南畑遺跡（佐々木淳一・高木晃2001）など竪穴住居跡数が多い遺跡が存在する。その後、後期前葉に至り、岩手県滝沢村湯舟沢遺跡で環状列石が構築される（井上雅孝1991、桐生正一ほか1986、桐生正一1992）。このように、葬制・墓制研究の中で重要な特徴と考えられる環状集落と環状列石を踏まえるために、中期中葉から後期前葉までを分析の範囲とする。

2. 研究の視点

　縄文時代の葬制・墓制研究は、次の①から④の段階を経て行われるべきと考える。①埋葬の痕跡の分析（人骨出土例の検討、副葬品・装身具の検討、認定基準の検討と時期・地域的特徴の把握）。②他の資料（他の遺構、出土遺物などの遺跡構成要素）との比較。③①の資料、分析結果の位置付けの検討。④縄文時代葬制・墓制の歴史的意義について追究。このような手順で検討することにより、それぞれの分析結果を検証できると考える。本稿では、②の段階の分析を行うことにより③の段階を検討するための基礎データを構築することを目的とする。遺跡を単位とした分析として、それぞれの遺構数を比較する[2]。この方法では、他の集落構成要素を付加させることによって、さらなる研究の展開が可能と考える。また、土坑の中でもフラスコ形の土坑は、これまでの研究でも貯蔵施設として認識されており、明確に区分する必要がある。よって、すり鉢状やビーカー状などの壁面が直線的に立ち上がるもの、フラスコ形のもの、壁面が一方に掘り込まれているものなど土坑の壁面形態ごとの比較も行う。

　分析対象遺跡は、中期中葉から後期前葉までの土坑、

1 卯遠坂遺跡
2 湯舟沢遺跡
3 けや木の平団地遺跡
4 松屋敷遺跡
5 向館遺跡
6 上米内遺跡
7 大館町遺跡
8 大新町遺跡
9 小屋塚遺跡
10 山王山遺跡
11 大葛遺跡
12 柿ノ木平遺跡
13 上八木田I遺跡
14 上猪去遺跡
15 上平遺跡
16 猪去沢遺跡
17 猪去館遺跡
18 繋遺跡
19 蒴内遺跡
20 広瀬遺跡
21 南畑遺跡
22 湯沢遺跡
23 西田遺跡

国土地理院発行25000分の1地形図（篠崎、姥屋敷、鷹高、外山、雫石、小岩井農場、盛岡、大志田、鶯宿、南昌山、矢幅、区界、日詰）より作成
S=1/250,000

第1図　盛岡市周辺の遺跡分布図

竪穴住居跡が検出されている20遺跡を選択した。これらの遺跡のうち、時期が推定できた土坑711基、竪穴住居跡405軒を分析対象とする[3]。遺跡の位置は第1図に示し、遺構数は付表にまとめた。また、本稿では大木8a式を中期中葉前半、大木8b式を中期中葉後半、大木9式を中期後葉、大木10式を中期末葉、門前式を後期初頭、宮戸1b式を後期前葉として捉える[4]。遺構の時期比定については、竪穴住居跡は菅野智則氏の方法（菅野智則2003）を踏まえ、土器埋設炉や複式炉などの埋設土器、床面出土遺物を中心として推定し、埋土出土遺物も検討する。土坑については、破片資料を含む出土遺物をもとに時期を推定する。また、遺跡の継続期間から遺構の時期を推定できる場合は、積極的に検討した。

II. 比較検討

1. 土坑数と竪穴住居跡数

　時期ごとの遺跡数を第2図に示す。中期末葉までは、土坑と竪穴住居跡の両方が存在する遺跡が多いのに対して、後期初頭以降は土坑のみ存在する遺跡が多くなり、変化を確認できる。時期別の土坑数、竪穴住居跡数は第3図のようになり、中期中葉前半では土坑数、中期中葉後半、中期末葉では竪穴住居跡数が多くなる。中期後葉、後期初頭、後期前葉は竪穴住居跡数が少ないが、土坑は一定数構築されている。また、中期中葉後半から末葉にかけては、竪穴住居跡とほぼ同数の土坑が構築されているのに対して、中期中葉前半、後期初頭、後期前葉には竪穴住居跡数の約4倍の土坑が構築されている（第4図）。

　このような傾向について遺跡単位で比較する（第5図）。土坑数と竪穴住居跡数は、遺跡ごとにどちらかが多くなる。中期中葉前半の西田遺跡では土坑数が、中期末葉の湯沢遺跡では竪穴住居跡数が突出して多い。これらの遺跡が時期ごとの傾向に大きく影響を与えていると言える。第6図は、第5図の西田遺跡、湯沢遺跡のデータを除いた散布図である。事例数が多い遺跡に注目すると、中期中葉前半では竪穴住居跡数が多い遺跡で構成されており、中期中葉後半には土坑数の多い遺跡もある。その中で、大館遺跡では両時期でほぼ同数の土坑と竪穴住居跡が存在する。中期後葉は土坑数、竪穴住居跡数ともに少ない。中期末葉でも土坑数が多い遺跡が主体となり、中期中葉後半と同様の傾向を示す。後期初頭と前葉は、竪穴住居跡数が少なくなり土坑数が多い遺跡が主体となる。

2. 土坑形態の一傾向

　土坑の壁面形態をもとに、時期ごとの遺構数を第7図に示す。中期末葉と後期前葉を除いて、壁面が直線的に立ち上がる土坑が多い。特に中期中葉前半は約8割になる。フラスコ形土坑は、各時期の3割前後を占める。中期末葉と後期前葉には、4割以上がフラスコ形土坑である。

第 2 図　時期ごとの遺跡数

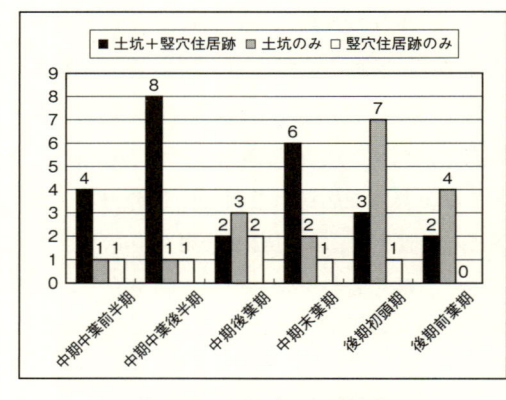

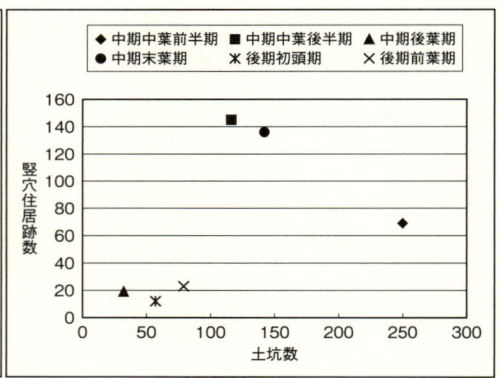

第 3 図　時期ごとの土坑数、堅穴住居跡数

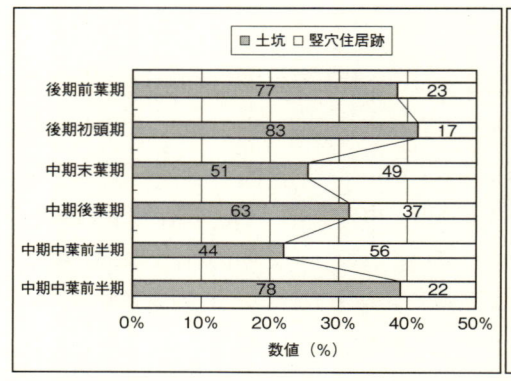

第 4 図　時期ごとの土坑数と堅穴住居跡数の割合

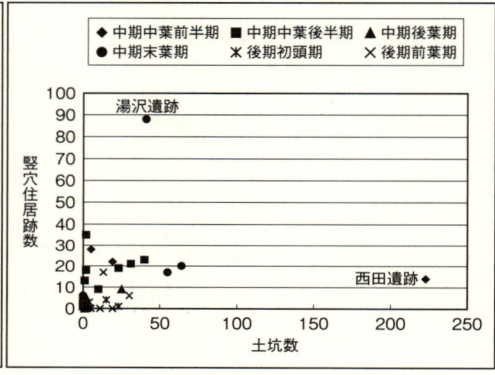

第 5 図　遺跡ごとの土坑数、堅穴住居跡数

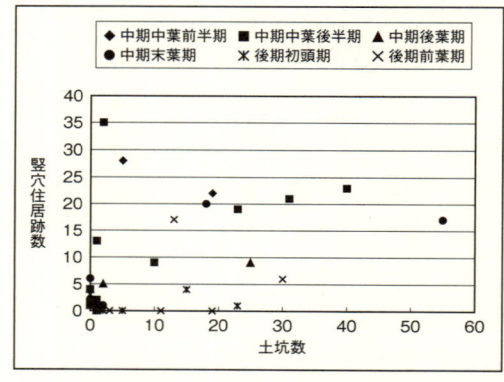

第 6 図　遺跡ごとの時期別土坑数、堅穴住居跡数（第 5 図拡大）

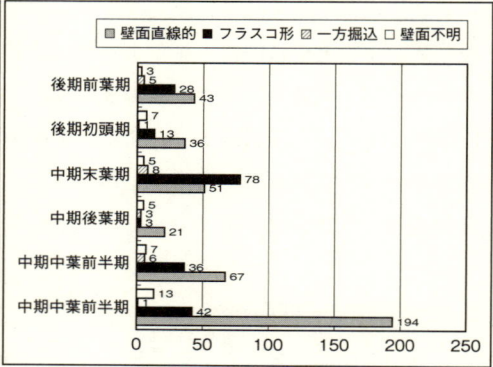

第 7 図　時期ごとの土坑数

縄文時代葬制・墓制の地域的理解にむけて　521

第1表　時期別の土坑と壁面形態（まとまった遺構数が確認できた遺跡）

遺跡名	壁面形態	中期中葉前半	中期中葉後半	中期後葉	中期末葉	後期初頭	後期前葉	総計
西田遺跡	直線的	178						178
	フラスコ形	32	2					34
	一方掘込							
	不明	13						13
大館遺跡	直線的	5	4			1		10
	フラスコ形							
	一方掘込	1						1
	不明		1					1
繋遺跡	直線的	10	20	2	1	2	2	37
	フラスコ形	9	1				1	11
	一方掘込		2					2
山王山遺跡	直線的		6					6
	フラスコ形		25			2		27
	一方掘込							
柿ノ木平遺跡	直線的		5					5
	フラスコ形		6	1		1	2	10
	一方掘込							
上米内遺跡	直線的		29	18	33	13	9	102
	フラスコ形		2	1	11	4	4	22
	一方掘込		4	3	6		4	17
	不明		6	5	5	7	3	26
向館遺跡	直線的					4	2	6
	フラスコ形				1	1	8	10
	一方掘込						1	1
湯沢遺跡	直線的							
	フラスコ形			1	54	4		59
	一方掘込							
南畑遺跡	直線的				47			47
	フラスコ形				14			14
	一方掘込				2			2
	不明				1			1
けや木の平団地遺跡	直線的					14		14
	フラスコ形					1		1
	一方掘込							
卯遠坂遺跡	直線的							
	フラスコ形						13	13
	一方掘込							
湯舟沢遺跡	直線的						30	30
	フラスコ形							
	一方掘込							

このような傾向について、比較的遺構が多く検出されている事例をもとに検討を加える（第1表）。中期中葉前半では、西田遺跡、繋遺跡、大館遺跡で比較的まとまって検出されている。どの遺跡も壁面が直線的に立ち上がる事例が多いが、繋遺跡が約半数ずつであるのに対して、西田遺跡と大館遺跡では8割以上を占める。中期中葉後半では、壁面が直線的に立ち上がる土坑が多い遺跡（繋遺跡、上米内遺跡）と、フラスコ形土坑が多い遺跡（山王山遺跡、柿ノ木平遺跡）の両者を確認できる。中期末葉でも、壁面が直線的に立ち上がる土坑が多い遺跡（上米内遺跡、南畑遺跡）と、フラスコ形土坑が多い遺跡（湯沢遺跡）のそれぞれを確認できる。湯沢遺跡では、フラスコ形土坑と竪穴住居跡の構成となる。後期初頭の岩手県滝沢村けや木の平団地遺跡では、壁面が直線的に立ち上がる土坑が主体である。後期前葉でも、壁面が直線的に立ち上がる土坑が多い遺跡と、フラスコ形土坑が多い遺跡の両者を確認できる。湯舟沢遺跡の土坑は、環状列石下部からの検出であり、壁面は直線的に立ち上がる。一方、近接する岩手県滝沢村卯遠坂遺跡は、フラスコ形土坑のみで構成されている。

3. 小結

以上の分析をもとに、特徴をまとめる（第2表）。

・遺跡内での遺構構成

中期末葉までは、土坑と竪穴住居跡ともに存在する遺跡が多い。後期初頭以降は土坑主体の遺跡が多くなる。

・土坑数と竪穴住居跡数

中期中葉前半では、土坑数が多い。その後、中期末葉までに土坑数と竪穴住居跡数は近似する。後期初頭以降は、再び土坑数の方が多くなる。

・遺跡ごとの特徴

中期中葉前半の西田遺跡、中期末葉の湯沢遺跡にそれぞれ土坑数、竪穴住居跡数が集中する。

第2表　分析結果のまとめ

	中期中葉前半	中期中葉後半	中期後葉	中期末葉	後期初頭	後期前葉
遺跡数	土坑＋竪穴住居跡の遺跡が多い	土坑＋竪穴住居跡の遺跡が多い	各事例ともに存在	土坑＋竪穴住居跡の遺跡が多い	土坑のみの遺跡が多い	土坑のみの遺跡が多い
土坑数と竪穴住居跡数	土坑数が突出して多い	竪穴住居跡数が比較的多い	土坑数が比較的多い	ほぼ同数	土坑数が多い	土坑数が多い
遺跡ごとの傾向	西田遺跡に土坑数が集中	土坑数が多い遺跡と竪穴住居跡数が多い遺跡がある	各遺跡とも遺構数は少ない	湯沢遺跡に竪穴住居跡数が集中	土坑数が多い遺跡が主体	土坑数が多い遺跡が主体
土坑の壁面形態	壁面が直線的に立ち上がる土坑主体	壁面が直線的に立ち上がる土坑主体	壁面が直線的に立ち上がる土坑主体	フラスコ形土坑が多い	壁面が直線的に立ち上がる土坑主体	壁面が直線的に立ち上がる土坑主体

III. まとめ

　これまで、土坑数と竪穴住居跡数の比較から遺跡の時期的変異について検討してきた。最後に、遺構数が多い西田遺跡と湯沢遺跡、また集落の構成が比較的把握しやすい短期間に形成された遺跡を中心に取り上げ、土坑と竪穴住居跡の関係における特徴を検討する。

　土坑数が最も多い西田遺跡は、中期中葉前半に墓域が形成されたと考えられる（佐々木勝ほか 1980）。フラスコ形土坑は竪穴住居跡に近接して構築され、一部で重複が確認できる。竪穴住居跡と土坑墓の重複はない。前稿では、フラスコ形土坑が自然堆積の様相を呈することから、埋葬施設として機能していた可能性は低いと推定した（小原一成 2005）。このことから、西田遺跡においては居住＋貯蔵と埋葬が明確に意識されていたと考えられる。一方、中期前葉から中葉の大館遺跡では、埋葬施設は住居に近接して構築されている（第8図）（八木光則ほか 1993）。このように近似した時期、地域における異なる集落の様相は、遺跡の性格の違いが要因の一つとして考えられる。西田遺跡では土坑数、大館遺跡では竪穴住居跡数が多いことから、1住居あたりの土坑の構築量に差異が確認できる。西田遺跡は、これまでの研究で共同墓地であったと考察されている（佐々木勝ほか 1980、都出比呂志 1986）。今回のような分析方法を踏まえることにより、これらの研究成果を検証する手がかりになると考える。また、埋葬施設が住居に近接して構築される事例は、中期中葉後半から中期末葉にかけての岩手県盛岡市上米内遺跡（佐々木清文・阿部勝則 1995）、後期初頭のけや木の平団地遺跡（桐生正一ほか 1995）などでも確認できる。

　竪穴住居跡数が最も多い中期末葉の湯沢遺跡は、竪穴住居跡とフラスコ形土坑で構成されている。フラスコ形土坑は住居に近接して構築され、重複も多い。このような構成は、中期中葉後半の岩手県盛岡市山王山遺跡（第9図）（菊地榮壽 1999）、後期前葉の卯遠坂遺跡（狩野敏男・石川長喜 1979）など複数の時期で確認できる。しかし、後期初頭の岩手県陸前高田市門前貝塚（佐藤正彦 1992）のようなフラスコ形土坑に埋葬されていた事例を考慮すれば、土坑の使用方法を推定することが遺跡の性格を推定する視点のひとつとして考えられる。フラスコ形土坑が埋葬に使用されていた可能性を含めて、今後検証する必要がある。

　これらの事例をもとにすると、土坑と竪穴住居跡の数量の関係は時期ごとに変化するが、土坑の形態と竪穴住居跡の配置関係には、一部で共通性があると考えられる。同様に、埋葬施設と居住施設の関係も、時期を通じて類似した様相が見出せる可能性がある。遺跡内における土坑を用いた諸活動は、埋葬や貯蔵を含めた複数の要因が複合して成り立っていると考えられる。このような要因は、周辺の遺跡を含めた遺跡の形成が影響している可能性がある。

　竪穴住居跡は、人間が居住していた痕跡である。一方土坑は、多様な目的による人間の活動の痕跡であり、土坑の数は、遺跡内における人間の活動の量をある程度反映している

524

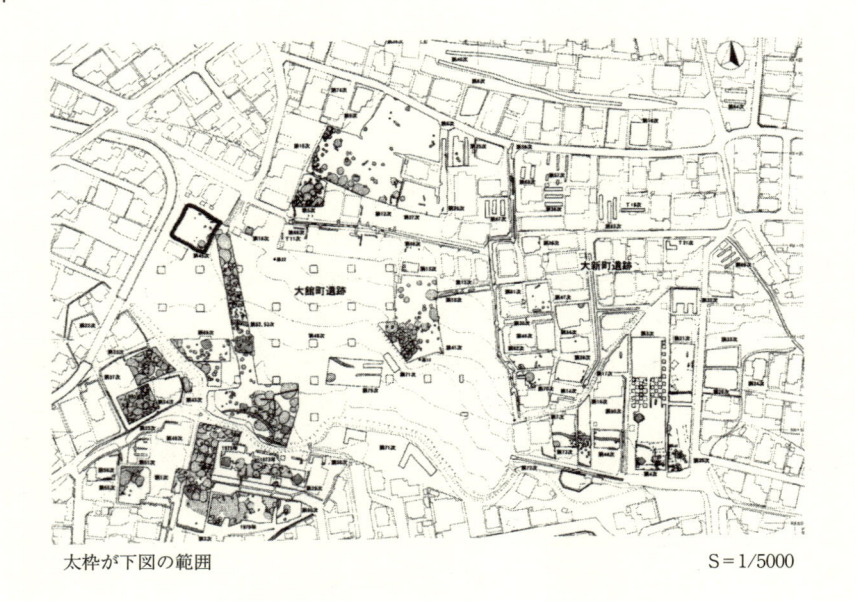

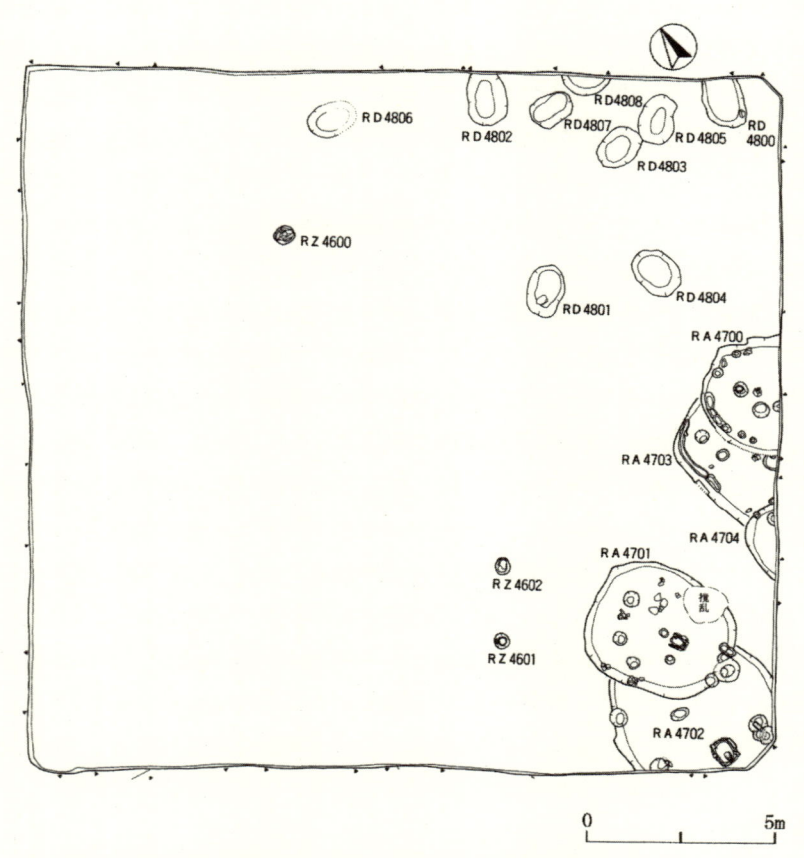

太枠が下図の範囲　　　　　　　　　　　　　　　　S＝1/5000

第8図　大館遺跡遺構配置図（八木光則ほか1993、花井正香ほか2003より作成）

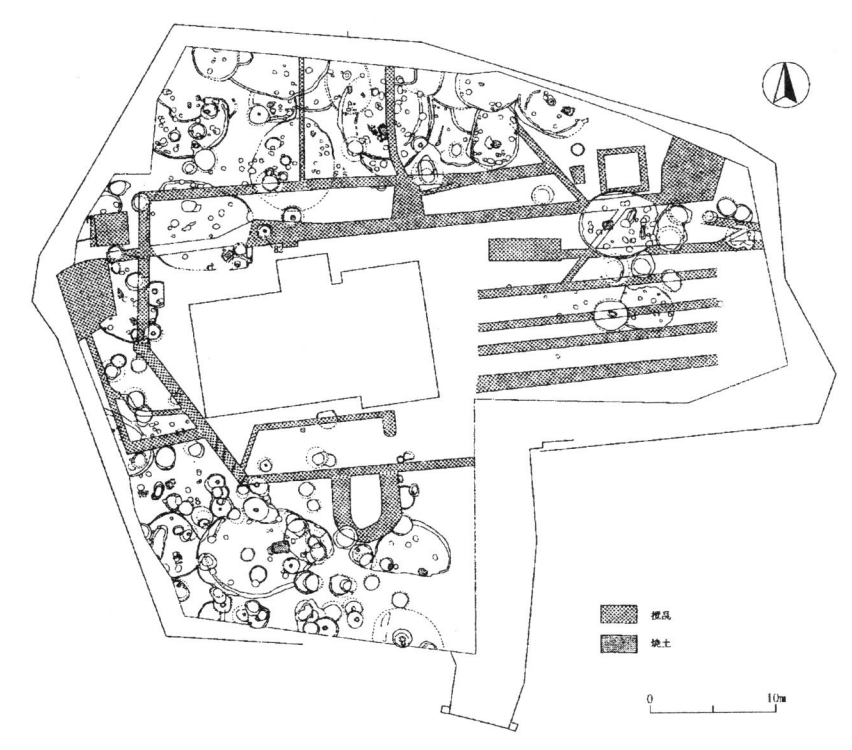

第 9 図　山王山遺跡遺構配置図（菊池榮壽 1999 を改変）

と言える。土坑数と竪穴住居跡数の関係は多様であることから、遺跡ごとにさまざまな活動が累積されていたと考えられる。

IV. 今後の課題

　今回は、縄文時代の葬制・墓制を比較検討していくための大枠を設定するために、集落の様相を検討した。北上川上流域の限られた地域で、土坑と竪穴住居跡を抽出して比較した。これらの傾向が他地域にもあてはまるかどうかは、より広域な分析を行うことにより検証していかなければならない。また、分析条件設定と方法を検証する必要がある。さらに土坑、竪穴住居跡が少数しか検出されていない遺跡の位置付けは、今後の課題となる。遺跡の形成過程の分析や、分布的視点を踏まえた検討が必要である。これらの課題を検証した上で、他の考古資料との比較を踏まえ、葬制・墓制の歴史的位置付けについて検討していきたい。

　また、a. 一定の地域・時期の中で葬制・墓制の変異を検討するとともに、b. 1 遺跡の変遷の中で、葬制・墓制がどのように位置づけられるかも同時に検討する必要がある。本稿の分析は、a を検討するための前段階の方法として位置付けることができる。b については、a の分析結果をもとに遺跡を選択し、詳細に検討する予定である。縄文時代には、土

坑墓のほかに土器棺や配石墓など多様な埋葬施設や、火葬や再葬などの多様な葬法が確認されている。フラスコ形土坑を埋葬施設に転用する事例も確認できる。埋葬施設の差が何を意味するのかは、いまだに不明な点が多い。埋葬施設を推定するための基準としてだけではなく、付属されている施設の意義について検討する必要がある。さらに、副葬や装身具など、多様な出土遺物も主要な研究対象となる。これらを集落構成要素における属性として設定し、比較する方法についてさらなる検討を続けていきたい。

おわりに

　須藤隆先生には、資料整理や修士論文の作成を通じて考古学研究の取り組み方を学ばせていただきました。これまでの御指導に深く感謝するとともに、今後の御健康とさらなる御活躍をお祈りしております。
　また、本稿を掲載するにあたり、阿子島香先生、柳田俊雄先生、菅野智則助手、東北大学考古学研究室に多くの御配慮を賜りました。記して感謝します。

註

1) 多様な機能が想定できる土坑のうち、柱穴は組み合わせによって本来の機能が発揮できるものである。岩手県藤沢町上野平遺跡では、中期末葉まで竪穴住居跡、後期初頭には掘立柱建物跡が使用されていたと考えられる（酒井宗孝・阿部勝則 2000）。このような変化を十分に考慮する必要がある。
　本稿では柱穴と落し穴と考えられる土坑は、平面図、断面図、土層注記の検討によって分析対象から除外したが、今後遺跡ごとに詳細な分析が必要と考える。現段階での埋葬施設の推定基準は、前稿で示した（小原一成 2005）。
2) 遺構数は調査面積との関連が強いと考えられる。この影響を十分に考慮した上で、分析の条件設定を検討し続けたい。
3) 分析対象時期以外を含め、時期を推定できた遺構は、土坑 1942 基中 793 基、竪穴住居跡 727 軒中 413 軒であり、それぞれ全体の約 41％、約 57％ である。土坑と竪穴住居跡では、遺物の出土状態や時期比定の基準などが異なるため、割合の差が生じたと考えられる。特に土坑から出土する土器のほとんどは破片資料であり、編年的位置付けが困難な場合が多い。本稿では、1 時期に推定できた資料を抽出して分析するが、それ以外の事例の扱いについては今後の課題としたい。
4) 本稿では、大館遺跡、柿ノ木平遺跡出土遺物をもとに大木 8a 式、大木 8b 式（高橋憲太郎ほか 1982）、岩手県花巻市観音堂遺跡出土遺物をもとに大木 9 式、大木 10 式、門前式、宮戸 1b 式とした（中村良幸 1986、本間宏 1990・1994）。特に大木 8b 式から 9 式の変遷については、地域ごとに編年案が提示されている（須藤隆 1985、丹羽茂 1971・1981・1988、相原淳一ほか 1988、水沢教子 1995・2003、早瀬亮介ほか 2006）。宮城県七ヶ浜町大木囲貝塚出土の山内清男氏の基準資料（早瀬亮介ほか 2006）を踏まえた土器編年の検討が必要と考える。これらの検討を進めることにより、時期ごとの遺構数が変化する可能性があり、今後も検証を進める必要がある。

引用文献

相原淳一ほか 1988『七ヶ宿ダム関連遺跡発掘調査報告書Ⅳ 大梁川・小梁川遺跡』宮城県文化財調査報告書126集　宮城県教育委員会

千葉孝雄・鈴木恵治 1995『上八木田Ⅰ遺跡発掘調査報告書』岩手県文化振興事業団埋蔵文化財調査報告第227集　岩手県文化振興事業団埋蔵文化財センター

千田和文ほか 1986『繋遺跡―昭和60年度発掘調査概報―』　盛岡市教育委員会

千田和文ほか 1986『大館遺跡群（大新町遺跡・大館町遺跡）―昭和60年度発掘調査概報―』　盛岡市教育委員会

千田和文ほか 1993『大館遺跡群　大館町遺跡―平成4年度発掘調査概報―』　盛岡市教育委員会

花井正香ほか 2003『盛岡市内遺跡群―平成14年度発掘調査概報―』　盛岡市教育委員会

早瀬亮介・菅野智則・須藤 隆 2006「東北大学文学研究科考古学陳列館所蔵大木囲貝塚出土基準資料―山内清男編年基準資料―」『Bulletin of Tohoku University Museum』5 pp. 1-40

本間 宏 1990「東北地方南部における縄文後期前葉土器群の発達過程」『縄文後期の諸問題　第4回縄文セミナー』pp. 215-266

本間 宏 1994「大木10式土器の考え方」『しのぶ考古』10 pp. 3-24

井上雅孝 1991『湯舟沢Ⅱ遺跡』滝沢村文化財調査報告書第16集　滝沢村教育委員会

菅野智則 2003「縄文集落研究の初期的操作」『歴史』101 pp. 103-128

菅野智則 2005「複式炉を有する縄文集落の分布」『日本考古学協会2005年度福島大会シンポジウム資料集』pp. 35-48

狩野敏男・石川長喜 1979『東北縦貫自動車道関係埋蔵文化財調査報告書Ⅰ』岩手県文化財調査報告書第31集　岩手県教育委員会

菊地榮壽 1999『山王山遺跡第9次発掘調査報告書』岩手県文化振興事業団埋蔵文化財調査報告書第316集　（財）岩手県文化振興事業団埋蔵文化財センター

桐生正一 1992『湯舟沢Ⅱ遺跡―ストーンサークルの調査概要（脂肪酸分析）―』滝沢村文化財調査報告書第19集　滝沢村教育委員会

桐生正一ほか 1986『湯舟沢遺跡』滝沢村文化財調査報告書第2集　滝沢村教育委員会

桐生正一ほか 1995『けや木の平団地遺跡―第三次・四次緊急発掘調査―』滝沢村文化財調査報告書第30集　滝沢村教育委員会

松野恒夫ほか 1980『御所ダム建設関連遺跡発掘調査報告書（昭和52年度・53年度）』岩手県埋文センター文化財調査報告書第13集　（財）岩手県埋蔵文化財センター

三浦謙一ほか 1978『都南村湯沢遺跡（昭和52年度）』岩手県埋文センター文化財調査報告書第2集　（財）岩手県埋蔵文化財センター

三浦謙一 1983『湯沢遺跡発掘調査報告書』岩手県埋文センター文化財調査報告書第66集　（財）岩手県埋蔵文化財センター

三浦陽一ほか 1995『繋遺跡―平成5・6年度調査概報―』　盛岡市教育委員会

水野正好 1968「環状組石墓群の意味するもの」『信濃』20-4 pp. 23-31

水沢教子 1995「大木8b式の変容（上）」『長野県の考古学』pp. 84-123

水沢教子 2003「中期後葉の渦巻文を有する土器とその周辺」『中期後半の再検討』第16回縄文セミナー　pp. 161-188

室野秀文ほか 1998『大館遺跡群　大館町遺跡　大新町遺跡―平成8・9年度発掘調査概報―』　盛

岡市教育委員会

中村　大　1998「亀ヶ岡文化における葬制の基礎的研究（1）」『國學院大學考古学資料館紀要』14 pp. 177-209

中村　大　2000「土器の出土状況からみた土壙墓の認定について」『國學院大學考古学資料館紀要』16 pp. 34-61

中村　大　2003「縄文時代における分節化社会の発達過程の研究」『縄文時代後・晩期における居住システムの転換と分節化社会の発達過程の研究（平成11年度〜平成14年度科学研究費補助金（基盤研究（C）（1））研究成果報告書）』pp. 22-47

中村良幸　1986『観音堂遺跡―第1次〜6次発掘調査報告書―』大迫町埋蔵文化財報告第11集　大迫町教育委員会

似内啓邦ほか　1985『柿ノ木平遺跡―昭和59年度発掘調査概報―』　盛岡市教育委員会

似内啓邦ほか　1991『上平遺跡群　上猪去遺跡―平成2年度発掘調査概報―』　盛岡市教育委員会

似内啓邦ほか　1997『大館遺跡群　大館町遺跡―平成6・7年度発掘調査概報―』　盛岡市教育委員会

似内啓邦ほか　1995『上平遺跡群　猪去館遺跡・上平II遺跡―平成4・5年度発掘調査概報―』　盛岡市教育委員会

丹羽　茂　1971「東北地方南部における中期縄文時代中・後葉土器群研究の現段階」『福島考古』12 pp. 1-21

丹羽　茂　1981「大木式土器」『縄文文化の研究』4 pp. 43-60

丹羽　茂　1988「中期大木式土器様式」『縄文土器大観』1 pp. 346-357

小原一成　2005「縄文時代墓制の基礎的研究法に関する一試論」『博古研究』29 pp. 1-20

小原俊巳ほか　1989『上平遺跡群　猪去館遺跡―昭和63年度発掘調査概報―』　盛岡市教育委員会

小原俊巳ほか　1990『上平遺跡群　上平遺跡―第4次発掘調査概報（遺構・土器）―』　盛岡市教育委員会

小原俊巳ほか　1994『上平遺跡群　上平遺跡―第4次発掘調査概報（石器）―』　盛岡市教育委員会

斉藤信次ほか　1989『大館遺跡群　大館町遺跡　大新町遺跡―昭和62年度発掘調査概報―』　盛岡市教育委員会

酒井宗孝・阿部勝則　2000『上野平遺跡発掘調査報告書』岩手県文化振興事業団埋蔵文化財調査報告書第333集　（財）岩手県文化振興事業団埋蔵文化財センター

笹平克子・小山内透　1994『向館遺跡発掘調査報告書』岩手県文化振興事業団埋蔵文化財調査報告書第206集　（財）岩手県文化振興事業団埋蔵文化財センター

佐々木和久ほか　1984『繋遺跡―昭和58年度発掘調査概報―』　盛岡市教育委員会

佐々木淳一・高木　晃　2001『南畑遺跡発掘調査報告書』岩手県文化振興事業団埋蔵文化財調査報告書第349集　（財）岩手県文化振興事業団埋蔵文化財センター

佐々木清文・阿部勝則　1995『上米内遺跡発掘調査報告書』岩手県文化振興事業団埋蔵文化財調査報告書第220集　（財）岩手県文化振興事業団埋蔵文化財センター

佐々木勝ほか　1980『東北新幹線関係埋蔵文化財調査報告VII（西田遺跡）』岩手県文化財調査報告書第51集　岩手県教育委員会

佐藤正彦　1992『門前貝塚』陸前高田市文化財調査報告第16集　陸前高田市教育委員会

瀬川司男ほか　1982『御所ダム建設関連遺跡発掘調査報告書（昭和48・49・50・52年度）』岩手県

埋文センター文化財調査報告書第27集　（財）岩手県埋蔵文化財センター
須藤　隆　1985「東北地方における縄文集落の研究」『東北大学考古学研究報告』1 pp. 1-35
鈴木恵治・阿部勝則　1995『松屋敷遺跡発掘調査報告書』岩手県文化振興事業団埋蔵文化財調査報告書第224集　（財）岩手県文化振興事業団埋蔵文化財センター
高橋憲太郎ほか　1982『柿ノ木平遺跡―昭和50・51年度発掘調査報告―』　盛岡市教育委員会
武田将男編　1978『岩手県盛岡市大館町遺跡―昭和52年度発掘調査報告―』　盛岡市教育委員会
都出比呂志　1986「墳墓」『岩波講座日本考古学』4 pp. 217-267
津嶋和弘ほか　1998『繋遺跡―平成8年度発掘調査概報―』　盛岡市教育委員会
八木光則ほか　1981『大館遺跡群―昭和55年度発掘調査概報―』　盛岡市教育委員会
八木光則ほか　1982『大館遺跡群（大館町遺跡）―昭和56年度発掘調査概報―』　盛岡市教育委員会
八木光則ほか　1983『柿ノ木平遺跡―昭和57年度発掘調査概報―』　盛岡市教育委員会
八木光則ほか　1984『大館遺跡群（大新町遺跡・大館町遺跡）―昭和58年度発掘調査概報―』　盛岡市教育委員会
八木光則ほか　1991『大館遺跡群　平成2年度発掘調査概要』　盛岡市教育委員会
八木光則ほか　1992『大館遺跡群　大館町遺跡　平成3年度発掘調査概要』　盛岡市教育委員会
八木光則ほか　1993『大館遺跡群―平成4年度発掘調査概報―』　盛岡市教育委員会
八木光則ほか　1995『小屋塚遺跡―第1～27次発掘調査報告』　盛岡市教育委員会
八木光則ほか　1996『繋遺跡―平成7年度発掘調査概報―』　盛岡市教育委員会

付表　本稿の分析対象遺跡

遺跡名	市町村	種類	中期中葉前半	中期中葉後半	中期後葉	中期末葉	後期初頭	後期前葉	総計
西田遺跡	紫波町	土坑	223	2					225
		住居跡	14	18					32
大館遺跡	盛岡市	土坑	6	5			1		12
		住居跡	28	35	1				64
小屋塚遺跡	盛岡市	土坑	1						1
		住居跡		1					1
松屋敷遺跡	盛岡市	土坑		1					1
		住居跡	4	2					6
繋遺跡	盛岡市	土坑	19	23	2	1	2	3	50
		住居跡	22	19	5	1			47
上平遺跡	盛岡市	土坑	1	1					2
		住居跡	1						1
山王山遺跡	盛岡市	土坑		31			2		33
		住居跡		21					21
柿ノ木平遺跡	盛岡市	土坑		11	1		1	2	15
		住居跡		9					9
猪去館遺跡	盛岡市	土坑		1					1
		住居跡		13					13
向館遺跡	盛岡市	土坑				1	5	11	17
		住居跡		4	4	1			9
広瀬Ⅱ遺跡	雫石町	土坑				2			2
		住居跡							
上猪去遺跡	盛岡市	土坑			1	2	3		6
		住居跡				1			1
上米内遺跡	盛岡市	土坑		41	27	55	24	20	167
		住居跡		23	9	17	1		50
上八木田Ⅰ遺跡	盛岡市	土坑				6			6
		住居跡							
大葛遺跡	盛岡市	土坑					3		3
		住居跡							
湯沢遺跡	盛岡市	土坑				1	54	4	59
		住居跡					88	3	91
南畑遺跡	雫石町	土坑					64		64
		住居跡					20		20
けや木の平団地遺跡	滝沢村	土坑					15		15
		住居跡					4		4
湯舟沢遺跡	滝沢村	土坑						30+a	30+a
		住居跡				1	1	6	8
卯遠坂遺跡	滝沢村	土坑						13	13
		住居跡						17	17

宮戸島里浜貝塚より発見せられた弥生土器

日 下 和 寿

I. はじめに

　東北地方における弥生文化研究を伊東信雄が進めていた頃、各地で弥生文化に関する発見が相次いだ。その中の一つが、今回取り上げる、宮城県東松島市里浜貝塚寺下囲地区出土の弥生土器である。

　この貝塚は加藤孝により発掘調査が実施されたが、出土遺物、層位や調査概要等の大半が未公表であった。それにより、貴重な弥生時代貝塚の実態が不明確であったというばかりでなく、土器研究からみても、型式設定された寺下囲式の内容が十分に吟味されているとは言い難い状況にあった。

　そこで、層位的に出土したとされる寺下囲地区の弥生土器の実態を明らかにしたいと考えた。

II. 里浜貝塚について

　里浜貝塚は全国的に著名な貝塚で、古くは松本彦七郎が調査を行っている。これまでの調査史やその成果、現状を詳細にまとめたのが『里浜貝塚』I（藤沼邦彦・岡村道雄 1982）である。

　里浜貝塚が立地する宮戸島は、松島湾の東方に位置する（第1図）。里浜貝塚は、寺下、西畑、袖窪、梨ノ木、風越などの地区にわけられる（第1図）。

　寺下囲地区は医王寺のある丘陵の北から西の斜面にあたる。現況は、宅地、駐車場、社地となっている。加藤孝による発掘調査はこの地区で行われたのであるが、具体的にどこの箇所であるのかは詳細不明である。

III. 寺下囲地区の発掘調査経緯

　戦後、在仙の大学研究者を中心に宮戸島遺跡調査会が組織され、宮城県桃生郡鳴瀬町（当時）の宮戸島において発掘調査が実施された。寺下囲地区も数次に亘り調査され、弥生時代の遺物が出土した。その調査内容については、主として加藤孝により報告がなされている（加藤孝 1958・1960・1968、SHIGEMITI TAIRA・TAKASI KATO1958、加藤孝・小野力

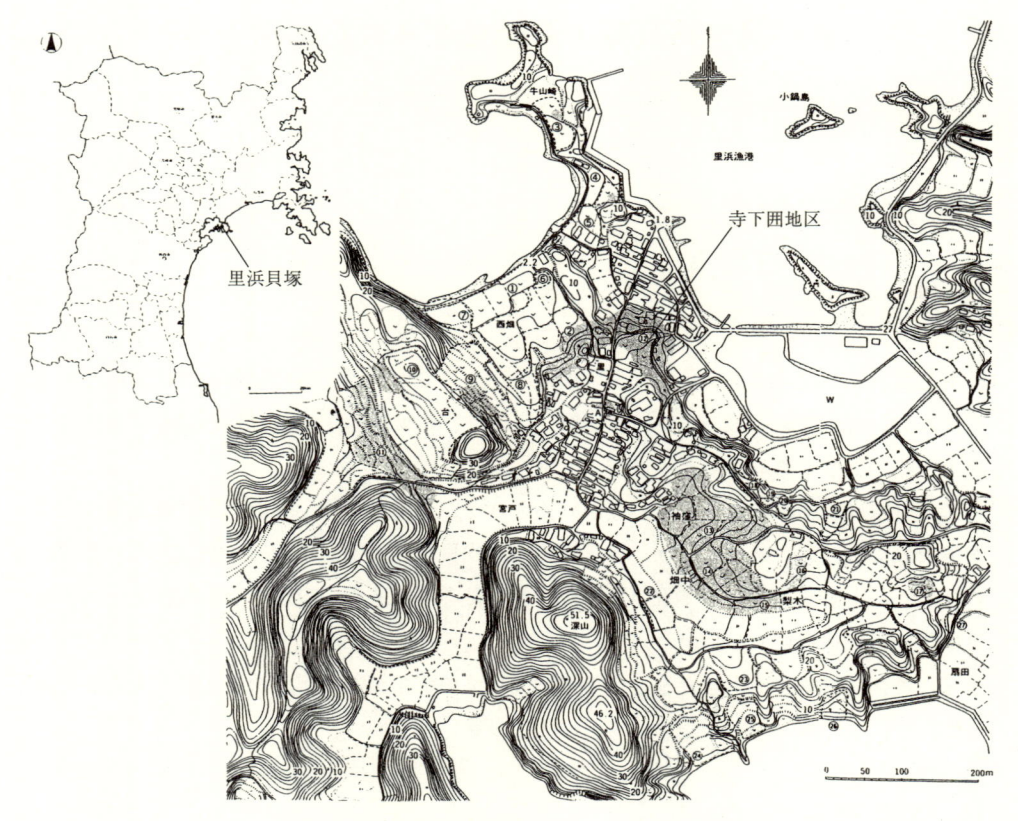

第1図　里浜貝塚位置図（藤沼・岡村1982より）

1964、加藤孝・渡辺泰伸1984）。

　それらによれば、この寺下囲地区から出土した弥生土器の一部は桝形囲式よりも古い型式であり、それに伴う鉄製鋸も発見されている。調査成果の公表は順次なされて、加藤孝により寺下囲式が設定されている。

IV. 寺下囲式の評価

　加藤により報告された土器が弥生土器研究の中でどのような評価をうけるのか見てみたい。

　1966年、伊藤玄三は東北地方の弥生土器編年について論ずる（伊藤玄三1966）。そこでは加藤の示した寺下囲式については具体的な批評はしておらず、寺下囲から出土した土器は棚倉式として理解しているようである。中村五郎は1967年の福島考古学会発表要旨において、宮城県及岩手県南部の編年として、福浦島下層式→寺下囲式？→桝形囲式、南小泉、西台畑の順序を示している（中村五郎1967）。寺下囲式については疑問符を付しているものの、加藤の示した論について支持しているものと思われる。伊東信雄の1968年の

『弥生土器集成』において寺下囲の記述はない（伊東信雄1968）。『福島県史』において目黒吉明は、前に触れた中村と同じ編年観で寺下囲式を認識している（目黒吉明1969）。志間泰治は宮城県角田市鱸沼遺跡の報告にあたり、福浦島、寺下囲の資料と鱸沼の資料が近似しているということから、三者を大泉式としてとらえている（志間泰治1971）。須藤隆は寺下囲式は山王III式出土土器群と桝形囲式との中間的な様相を示しているとした（須藤隆1973）。そして、須藤隆により寺下囲式が詳細に論じられた（須藤隆1983・1998）。1988年には太田昭夫が宮城県内の弥生土器編年を述べ、山王III層式→寺下囲式→桝形囲式と須藤とほぼ同じ編年観を示している（太田昭夫1988）。しかし、「検討すべき資料に乏しく内容的に議論する段階にない」とされた。関根達人、高瀬克範も編年的位置については同様の見解を示している（関根達人1996、高瀬克範2004）。石川日出志は仙台平野の弥生前期・中期土器編年研究上、「寺下囲資料の再検討を経なければならない」としている（石川日出志2005a）。

この様に寺下囲式の編年的位置は研究者間でほぼ一致しているものの、現在の知見でもって型式内容の再検討が必要と言える。

V. 発掘調査における土器の層位的出土状況

今回、4回に渡って実施された発掘調査で出土した土器を、その注記に従って分類を行った。注記がされていない土器が多い。寺下囲地区出土ということは分かるものの、グリッド名や層位名が記されていない土器も多く、詳しい出土状況が不明なものも多かった。次に各年度の土器の層位的な検証を確認していきたい。

1. 昭和31（1956）年12月

この年の調査は、東京大学の鈴木尚博士と共に行われ、人骨が多数出土している。しかし、グリッド配置、層序については加藤報告の記述が一致せず、詳しい記載がないため出土品の注記からグリッド、層位を推定するしかない。グリッドはAからGまであり、それらと数字を組み合わせる様になっている。一方、層序は表土、3つの貝層と混土層、凝灰岩層がある。その中でも第1貝層出土の土器が多い。この発掘では3,000点以上の遺物が出土している。なお骨角類には注記されているものが多い。

「表土下」と記されてている土器を並べてみると（第4図上段）、縄文時代晩期の土器片や桝形囲式に特徴的な列点文の甕を含む上、図示はしなかったが土師器も出土している。よってこの「表土下」とされる層の出土状況は異なる時期の土器型式を含む層である。また、「第1貝」と記される土器を並べてみると（第3図）、縄文時代の単孔土器(3)や、晩期の浅鉢(5)、桝形囲式の甕、土師器などが含まれている。したがって、この「第1貝」とされる貝層は、弥生時代の土器を主体とするものの、他の時期の土器型式を含む層とい

える。その他、「第一貝層上」、「混土層」出土のものは、晩期～弥生時代の土器が主体を占めるものの、出土点数が少ない上、一つの時期の土器型式としてまとまりを示すものではない（第4図中下段）。

　以上のことから、土器の層位的な出土は明確に確認できないことになる。

2．昭和33（1958）年8月

　この年の調査の詳しいことは不明である。したがって土器の注記から、発掘区、層序を推定してみる。グリッドは「1ノ北」、「1ノ南」に分けられ、層序の方は、貝層が2つあり、混土層も1つある。耕土（おそらく表土）からの出土遺物もある。貝層と混土層の上下関係は明らかでない。

　この年の出土土器の中で最も多いのは「1ノ南1混」と注記されたものである（第5図）。同じ注記の土器を並べてみると縄文後期、晩期、弥生時代枡形囲式、土師器まで幅広い時期の遺物を含むようであり、「1ノ北」の発掘区においては複数の時期の土器が存在している。

　つまり、この年の調査において、土器の層位的な出土は確認できないことになる。

3．昭和38（1963）年7-8月

　この年の調査については発掘区の地形図及びセクション図が残されている（第2図）。図面の指す発掘区は現況と比較すると、石神社の裏と駐車場のあたりと思われる。セクション図は多少の記入もれや、図面の取り残しと思われる点が何ヶ所かあるが、東西南北全て揃っている。それによれば、基本層位としてI層は表土、II層は黒土上層、III層は貝層、IV層は含凝灰岩土層、V層は（混凝灰岩）黒土下層となっている。

　セクション図をみていきたい。N壁は、基盤まで約80cm、I層の厚さは45～68cmくらい、II層は約13cm、III層は約15～30cmの厚さで、V層は約3cmほぼである。図の西寄りのところで、黒土上層が途ぎれたり、凹んでいるところがあり、何らかの遺構の可能性がある。

　E壁では、基盤まで深いところで80cmある。I層は、20～40cmある。II層は約13cm、III層は約20cm、IV層は約15cm、V層は約15cmある。ここでは表土、黒土上層が全体を覆っている。その下ではIII層が北寄りにしか分布せず、それより南側ではIV層が堆積している。それより下ではV層が基盤を覆っている。またII層を上面としてピットか何らかの遺構が掘り込まれている。この遺構の底面はV層上面である。

　W壁では、深さ90cmぐらいで基盤に達する。I層は50cmほどと厚く堆積し、III層は、12～40cmほどの厚さがある。V層は、5cm程度の厚さである。ここではII、IV層は分布していない。

　S壁は深さ67cmくらいで基盤に達する。I層は38cmぐらいで、II層は約24cmであ

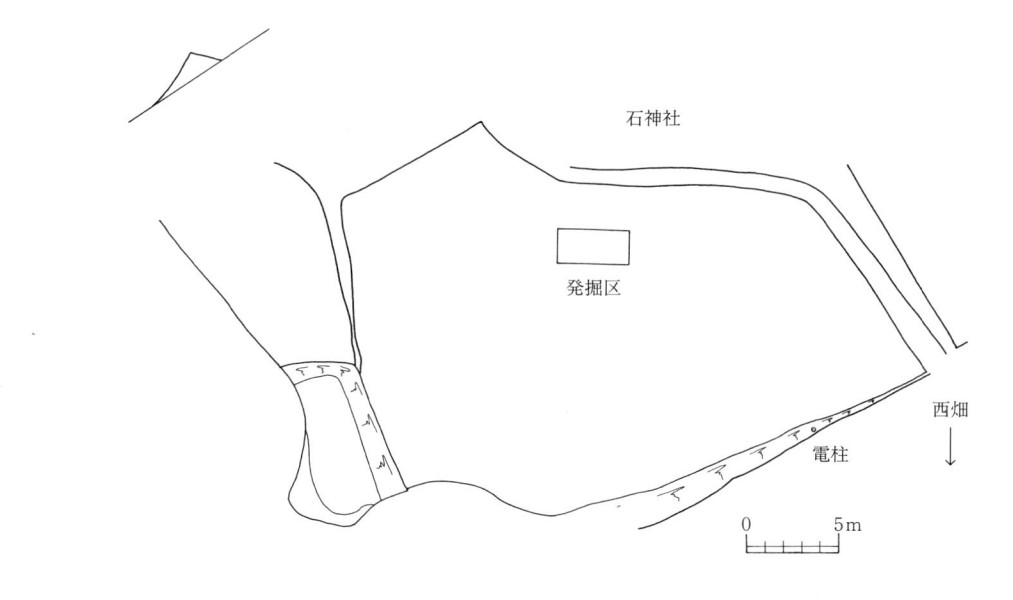

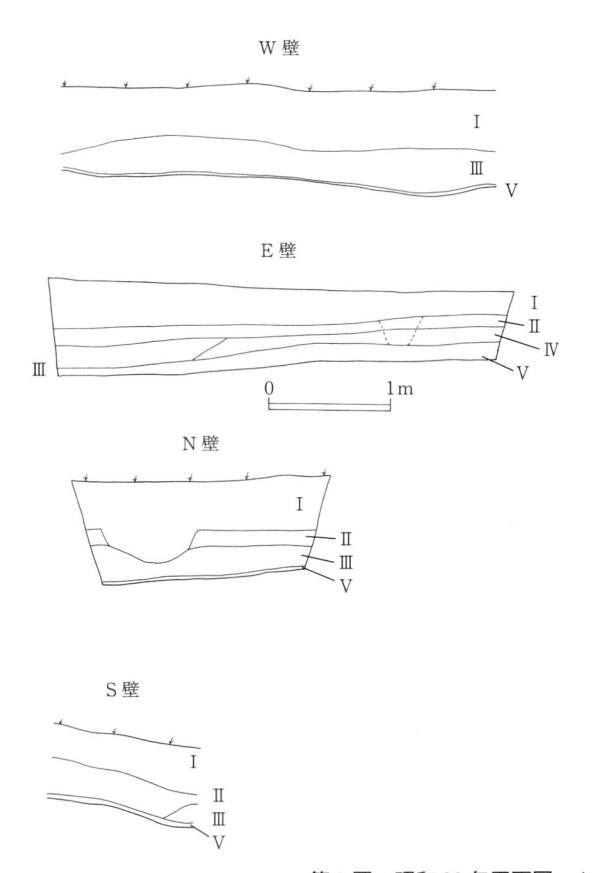

宮戸島里浜貝塚より発見せられた弥生土器　535

Ⅰ：表土
Ⅱ：黒土上層
Ⅲ：貝層
Ⅳ：含凝灰岩層
Ⅴ：黒土下層

第2図　昭和38年平面図、セクション図

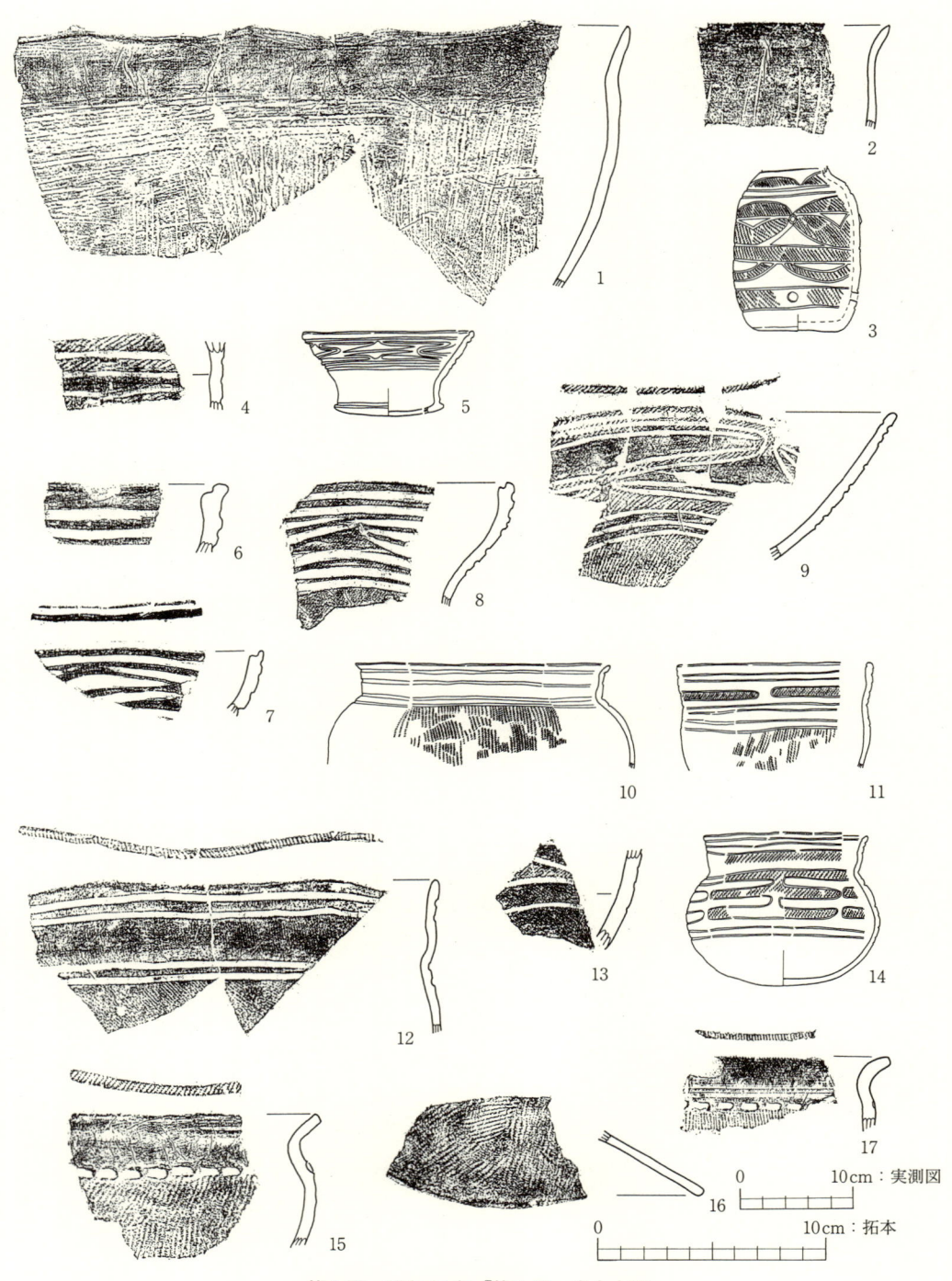

第3図　昭和31年「第1貝」出土土器

宮戸島里浜貝塚より発見せられた弥生土器　　　537

昭和31年「表土下」出土土器

昭和31年「第1貝層上」出土土器

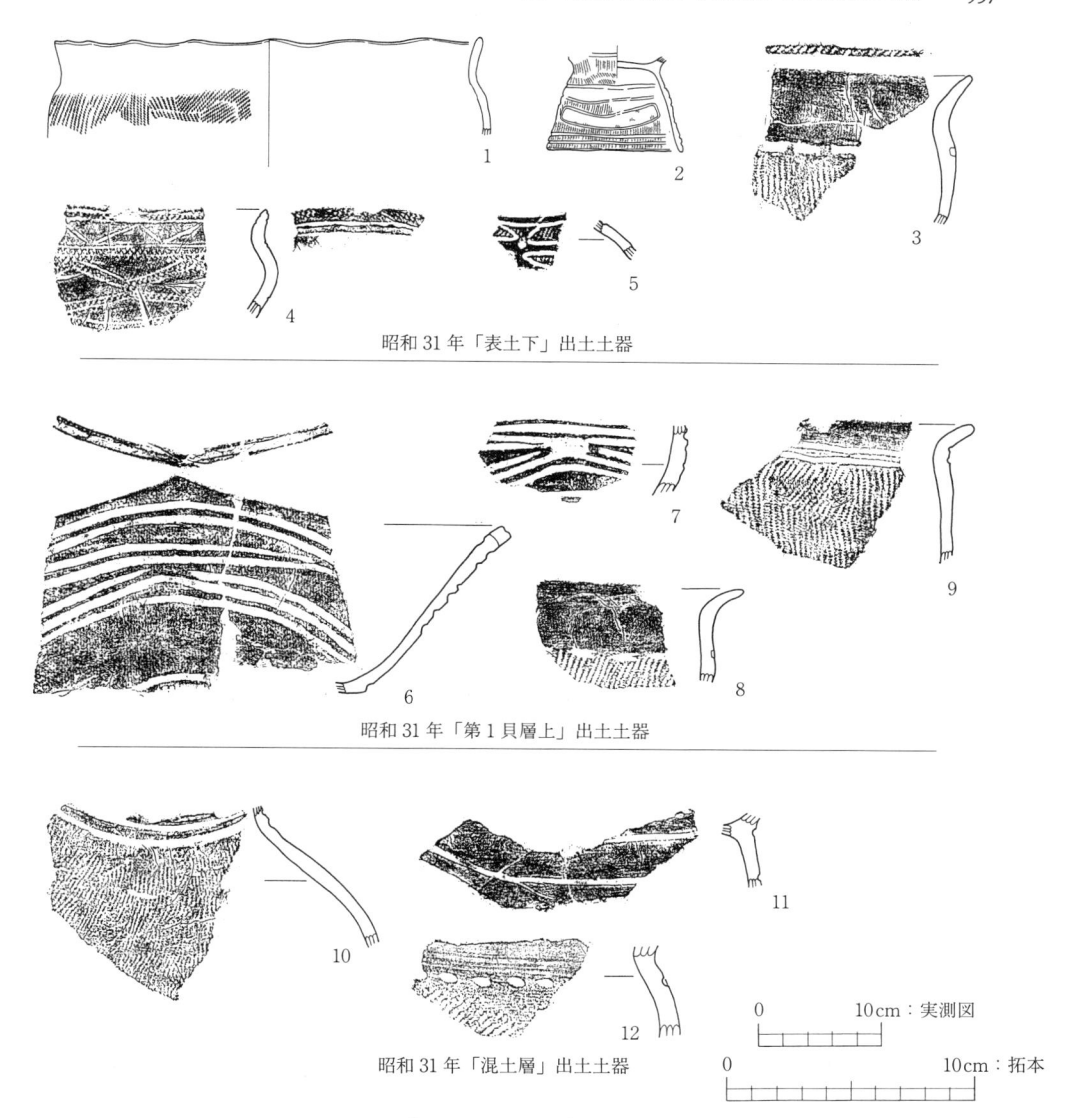

昭和31年「混土層」出土土器

第4図　昭和31年出土土器

り、III層は約16層cm、V層は4cmくらいである。なお、このセクション図は一部しか残されていない。

　この年の出土遺物は所在が判明するもので38点と、次に述べる1970年と共に遺物が非常に少ない。セクション図からすると黒土層があり貝層の下に堆積している。1968年の加藤論文中の「カキ貝層下の黒土層」というのは、セクション図と一致する。このことから1968年の論文の記述はこの年の調査をもとになされていることが判明する。そして、この黒土層という注記のされた土器が存在し、弥生土器が出土しているが（第6図最上段）それらを見ると、弥生時代にまとまるものの、単一の土器型式の出土状況を示すものではないと考えられる。

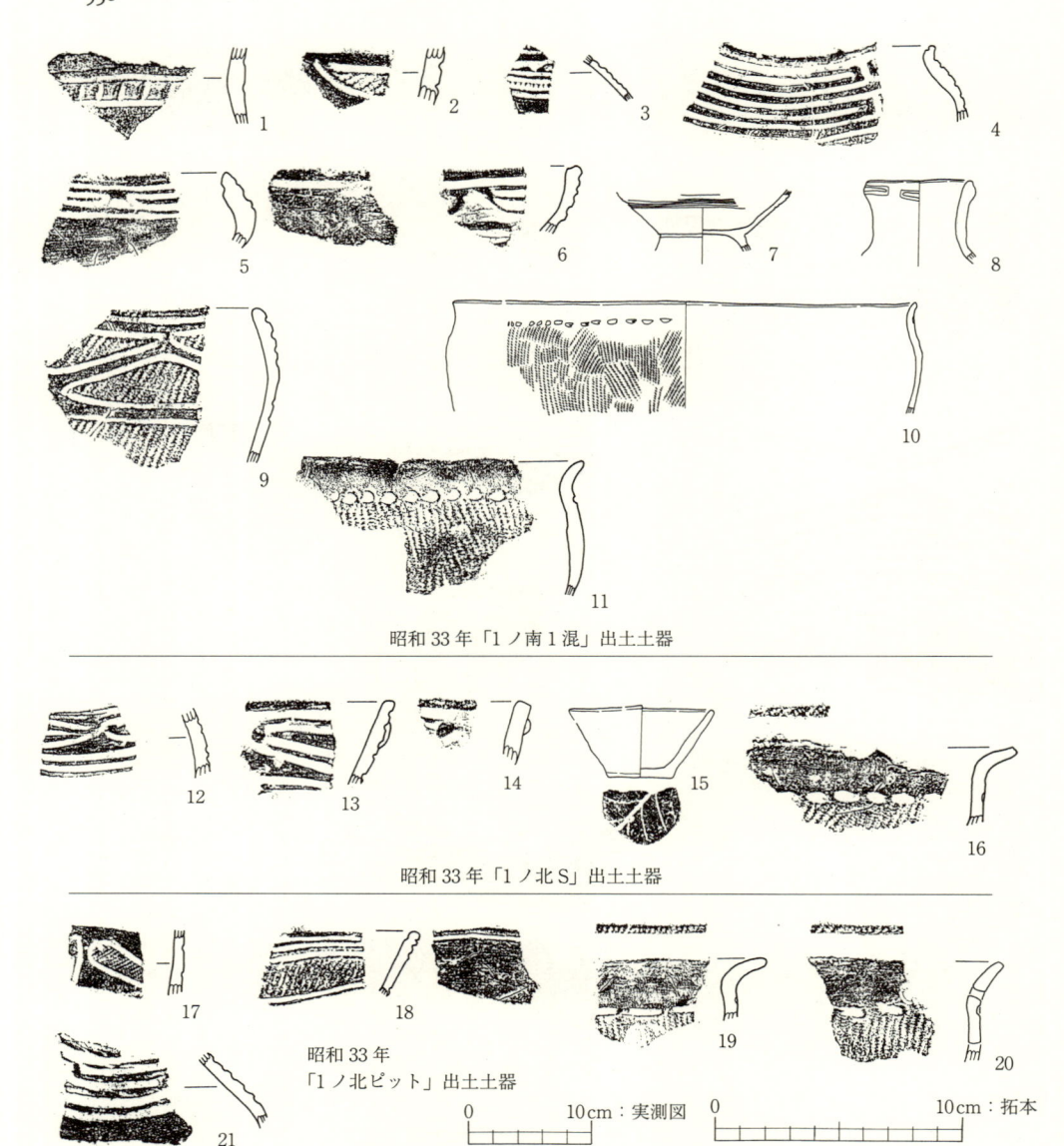

昭和33年「1ノ南1混」出土土器

昭和33年「1ノ北S」出土土器

昭和33年
「1ノ北ピット」出土土器

0　　10cm：実測図　　0　　10cm：拓本

第5図　昭和33年出土土器

4. 昭和45 (1970) 年9月

　この年の調査については、何の報告もなく調査そのものも研究者の間にさえ知られていないようで『里浜貝塚』I（藤沼邦彦・岡村道雄1982）、『宮城県の貝塚』（藤沼邦彦ほか1989）にも記載はない。土器の注記からすると純貝層と、貝層、貝層上という3つに分けられそうである。グリッドはアルファベットを組み合わせたものである。この調査の遺物は今のところ、土器しか確認されていない。出土した土器は枡形囲式を中心とする弥生土器である。また、表土やその他の層の遺物は見当たらない。

宮戸島里浜貝塚より発見せられた弥生土器　539

昭和38年「黒土」出土土器

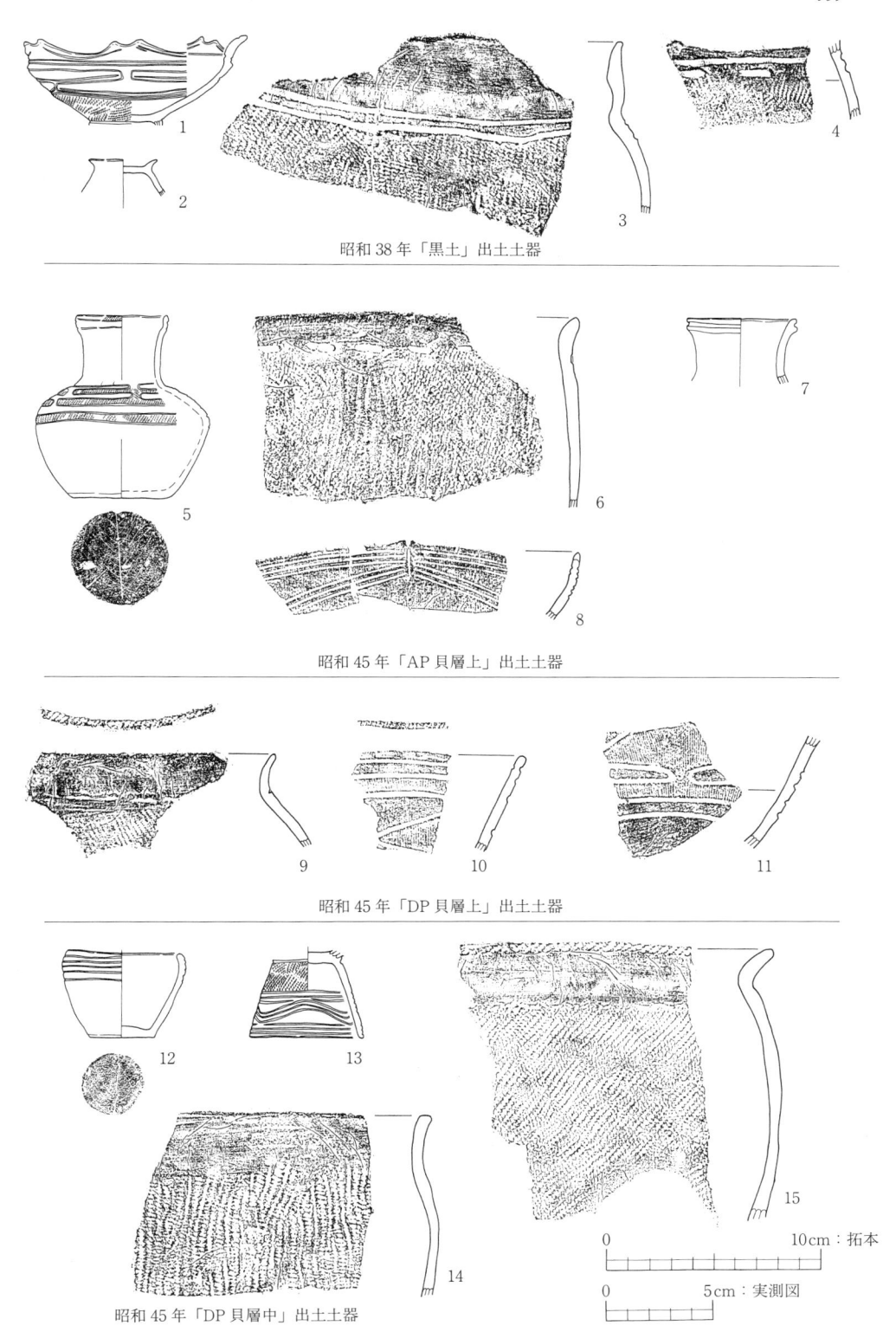

昭和45年「AP貝層上」出土土器

昭和45年「DP貝層上」出土土器

昭和45年「DP貝層中」出土土器

0　　　　　　　　10cm：拓本
0　　　5cm：実測図

第6図　昭和38年、45年出土土器

昭和45年「CP純貝層」出土土器

昭和45年「AP貝層中」出土土器

第7図　昭和45年出土土器

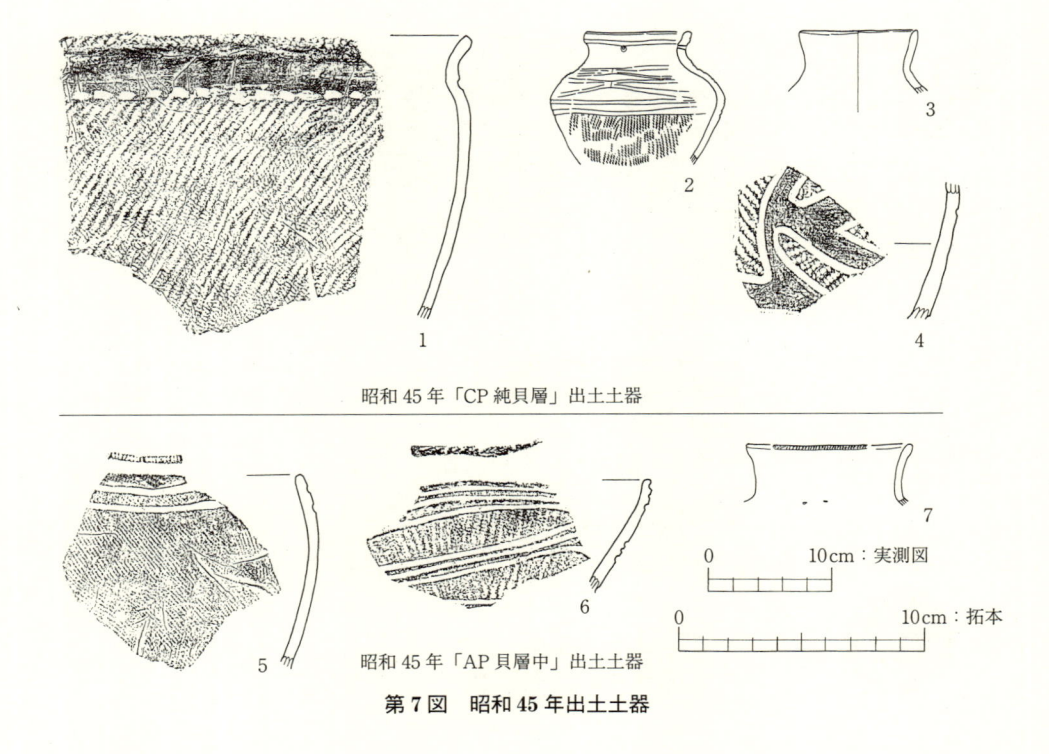

　4回に亘る寺下囲地区の発掘調査において、寺下囲式期の単純な貝層、土層は存在しないようである。現物不明の遺物があることを考慮しても、層位的な出土状況の認定は難しいと考えられる。しかし、弥生時代前期及び中期というような大きい時期区分に収まる貝層、土層は存在するようである。

VI．調査成果の評価

1. 寺下囲地区における発掘調査の概要を見てきたが、一部の調査を除くと層位的な土器の出土は確認できていない。当時の発掘技術からすると、現在の様に貝層を一つ一つのブロックとして認知しながら掘るということは行っていない。つまり、貝層は層位的に順を追って形成されていても、それらを層位的に発掘できていない可能性がある。これは4回に亘る調査全てに言えることでもある。当時、調査に参加した林謙作の所見によれば、後期中葉から晩期初頭の貝層の上に晩期中葉以降の文化層が切り合っていることが指摘され物取り上げ時に異なる時期の遺物を同一層位で発掘している可能性もある。また、文化層が連続して堆積している場合、常に古い遺物がより上の文化層に巻き上げられる可能性が高い。

2. 加藤の過去の報告において、写真、実測図で公表されながらも現物が不明なものがあ

る。今回、確認できた遺物は発掘資料の全てではない。また注記のない遺物については出土層位等が不明のままである。その理由として、加藤が一連の発掘調査を行っていた頃、東北大学では学部統廃合が盛んに実施されており、その中で加藤自身も学部から学部へ、キャンパス移動も重なり、資料もその都度、移動したと考えられる。その後、加藤は東北大学を離れたので資料管理が曖昧になったと推測される。

3. 一連の加藤による報告において、発掘調査の実施した年度および調査面積などに食い違いがみられる（第1表）。調査年度をみてみると、昭和31年（1956）は、ほぼ一致するが2次調査については、いずれの年なのか判断できない。その原因としては、この頃、加藤は毎年の様に宮戸島周辺で発掘調査を実施しており、発掘年次に多少の混乱があったものと思われる。記述で一致するのは、モミ痕のある土器と、後の報告に見られる鉄製鏃についてのみである。そして、調査の成果と土器については一部が公表されているが、実際にどの地区にどういう規模のトレンチを設けたのか、その発掘によってどのような層序が確認され、何型式の遺物が出土したのかが、しっかり公表されていないところに最大の問題があった。

4. 『塩釜市史』（加藤孝1960）、『仙台湾周辺の考古学的研究』（加藤孝1968）における問題点を指摘しておく。前者は寺下囲から出土した土器を多数の実測図で紹介しているが、その記述にもあるように大洞A′式から桝形囲式までを含んでおり、どの土器が寺下囲式であるのかが判然としない。後者において、原文を引用すると（86頁2行目）「～寺下囲地区に於いて、縄文式文化後期、晩期の各遺物を出土する貝層は、アサリ貝を主とした貝層が各所に認め得られるのに、弥生式系の遺物を出土する貝層はカキ貝層であることは、まことに特徴的であると称さねばならないのである。さて、首題の弥生式系の遺物の大部分は、この寺下囲地区のカキ貝層下の黒土層から出土するのである。しかも、カキ貝層中には、人工遺物が殆ど含まれてなく、獣、魚骨片及び木炭片を多少含む程の堆積の状態であるのも、特徴的であると云えるであろう。」そして、次のところでは、こう記している。「カキ貝層上位に約60センチメートルにわたって、堆積せられている耕土層又は、表土層中からも弥生式系の遺物は、全く検出されず、～」とあり、以上のことからすると、弥生時代の包含層がカキ貝層なのか、その下の黒土層なのか曖昧である。そして弥生土器として写真で紹介しているものの中に、明らかに縄文晩期大洞A′式と認定できる鉢形土器が含まれており、寺下囲式の吟味が不十分であるといえよう。

　加藤の示した寺下囲式は、前にも触れたが現在の研究水準からすると複数の土器型式の土器を含むものである。

VII. 土器の分類

　寺下囲の資料には鉢、高坏、蓋、甕、その他がある。それらは主として、器形と文様によって次のように分けられる。平成4年度当時、資料は東北大学文学部考古学研究室、東北学院大学文学部史学科、鳴瀬町奥松島縄文村資料館、多賀城市立埋蔵文化財調査センター、加藤孝の手元に分散され保管されていた。分蔵されていたために同一個体資料が接合できないという事態が生じている。総遺物量は第2表のとおりである。土器図化において時期及び器種が判明するものを中心に拓本359点、実測図68点を作成した。図化したものうち、各分類の代表的なものを選択し図示した。

鉢

　鉢には主として3つの形態がある。1は底部から体部上半まで緩やかに立ち上がり口縁部が内傾、もしくは直立ぎみになるもの（第8図8、第9図2）。2は、底部から口縁部にかけて直線的に開くもの（第16図13）、3は底部から口縁部にかけて緩やかに立ち上がっているもの（第8図3・6・7、第9図1）である。鉢の口径は11～13cmのものが多く最大のものは16cmである。

　これに文様による分類を加える。
1．A　沈線によって描かれるもの
　　　a　平行沈線文が施文されるもの（第8図8、第16図1）
　　　b　細いヘラ描き沈線文で変形工字文が描かれるもの（第16図17）
　　　c　平行沈線文が描かれるもの（第16図14）
　　B　磨消縄文による文様が描かれるもの（第9図2、第16図11）
2．A　平行沈線と斜沈線によって文様が描かれるもの（第16図2～8・13）
3．A　沈線文によって文様が描かれるもの
　　　a　細い沈線文によって文様が描かれるもの（第9図1）
　　　b　太い沈線により文様が描かれるもの（第16図12）
　　B　縄文と沈線による文様が描かれるもの
　　　a　変形工字文が描かれるもの（第16図16）
　　　b　平行沈線文や波状文などによって文様が描かれるもの。（第16図9・15）
　　　c　平行沈線文と地文のみのもの（第8図7）
　　C　無文のもの（第8図3・6）

高坏

　形態には次のものがある。

坏部 1　底部から体部上半にかけて緩やかに外に開き、口縁部で緩く屈曲し外反するもの（第10図5）
　　 2　底部から口縁部にかけて急激に立ち上がるもの（第16図18、第24図17・21・22）
　　 3　底部から体部上半にかけてボール状に緩やかに推移し、屈曲点をもち口縁部が外反するもの（第9図5）
台部 1　体部がまっすぐになっているもの（第10図6〜13・15、第17図16・19、第24図24）
　　 2　末広がりになっており、ラッパ状に開くもの（第10図14）

復元できた例が少ないので、文様を中心とした分類を行う。

1．主として沈線により文様が描かれているもの
　A　変形工字文が描かれるもの
　　a　細い沈線により文様が描かれるもの（第10図5）
　　b　太い沈線により文様が描かれるもの（第16図18）
　　c　変形工字文と平行沈線文が描かれるもの（第9図6、第17図22・24・25）
　B　波状文・斜沈線が描かれるもの（第10図6〜11・13・14、第16図19〜28、第17図1〜21）
2．地文と沈線による磨消文様の入るもの
　A　植物茎回転文を地紋とするもの（第9図5、第10図15、第24図11〜13）
　B　縄文を地文とするもの
　　a　地文の上に沈線文で文様が描かれ一部が磨消されるもの（第17図23、第24図14〜20・23・24）
　　b　磨消しされた縄文帯で文様が描かれるもの（第24図21・22）
3．無文のもの（第10図12）

蓋

　蓋の完形品は出土していない。形態の特徴述べると頂部の直径は6〜7cm前後のものが多く、第10図4のみがやや小さい。頂部の形態は平になっているものと、つまみが造り出されているものとがある。口縁部の形態も、直線的なものと（第10図4、第25図1〜3・5〜7・8）緩やかに屈曲するもの（第25図4）とがある。蓋の形態には、いくつかの種類があるが完形品がなく、形態による分類は不可能であるので　文様によって分類する。

1．縄文に沈線が施されるもの（第10図4、第25図1・6）
2．縄文が施文されるもの（第10図2、第25図2〜5・7・8）
3．沈線文が施文されるもの（第10図3）
4．無文のもの（第10図1）

壺

　壺は形態から次の7つに分けられる。
1．体部は膨らみ頂部はすぼみ、やや外傾しながら口縁部にいたるもの（第12図9）
2．底部は丸底で、体部が緩やかなカーブを描きながら膨らみ、体部と頂部との間で屈曲する。頸部が外に膨らみ、口縁はやや外傾する（第11図4）
3．底部は平底で、体部はやや急に立ち上がり、体部中央で弱く屈曲し、頸部は、ほぼまっすぐ直立する。口縁部は膨らみをもつ（第11図2）
4．体部が球状に膨らみ、頸部と体部で屈曲し、口縁部が直立する（第11図5）
5．肩部が大きく張り、口縁部と体部は直角にちかい形で屈曲する。頸部中央で内面が少しくぼむ。口縁部はやや外反する（第11図1）
6．体部がソロバン珠状に膨らむ。頸部と体部は緩やかに推移し、口縁部がやや外にひらく（第11図6・7）
7．体部が球状に膨らみ、縄文が施文されるもの（第11図3）

　壺で完全に復元できたのは2点のみであるので、口縁部、頸部、体部の文様を中心に土器の分類を行う。
1．磨消縄文による文様をもつもの
　　A　王字文が施文されるもの（第11図2・4）
　　B　菱形、三角形などの曲線の文様を組み合わせたものが施文されるもの（第11図5、第18図2～4）
　　C　横位の磨消縄文帯と連弧文を素材にした文様が描かれるもの（第11図1、第18図5・6）
　　D　イカリ形文や重層する菱形文が描かれるもの（第18図11・23）
　　E　渦巻文が描かれるもの（第18図7・10・12）
2．沈線文と地文によって文様が描かれるもの
　　A　沈線文によるメガネ状文などが描かれるもの（第12図11）
　　B　平行沈線や縄文等で文様が描かれるもの
　　　a　平行沈線と縄文によって文様が構成されるもの（第18図8・9・13）
　　　b　平行沈線と植物茎回転文によって文様が構成されるもの（第18図14・22）
　　C　細描きの沈線文により変形工字文が描かれるもの（第11図6・7）
　　D　口頸部は無文で体部に縄文が施文されるもの（第11図3）
3．沈線文や刺突で文様が描かれるもの
　　A　平行沈線が巡るもの（第12図7）
　　B　刺突がされるもの（第12図10）
4．隆帯がめぐるもの
　　A　隆帯が1本貼りつけられるもの（第12図3～6、第18図15～19・21）

B　隆帯が2本貼りつけられるもの（第12図2）
　　C　隆帯上に縄文が施文され、波状口縁になるもの（第12図8）
5．無文でミガキが加えられるもの
　　A　体部に縄文（LR）が施される（第12図9）。
　　B　体部がみがかれているもの（第12図1、第15図2、第18図20）

甕

口縁部の形態と施文方法により次のように分けられる
1．口縁部と頸部との境でゆるく屈曲し、緩やかに推移するもの
　　A　口縁部が無文で体部には縄文が施文されるもの（第14図2、第22図1～16・18）
　　B　口頸部と体部との境に沈線文が施されているもの、沈線の下は縄文となる。
　　　　a　平行沈線文がほどこされるもの（第19図1～7・9、第22図17・19）
　　　　b　文様が描かれるもの（第19図8）
2．口縁と頸部で強く屈曲するもの
　　A　列点文が施文されるもの（第13図1、第14図3、第19図10～27、第20図1～22、第21図1～11）
　　B　平行沈線文が描かれるもの（第23図2～4）
　　C　口縁部が無文で体部に地文が施文されている
　　　　a　縄文が施文されている（第13図6、第14図1、第21図12～14・17～22、第23図1）
　　　　b　植物茎回転文が施文されている（第21図15・23）
3．口縁部と頸部で屈曲するもの
　　A　頸部の内側が少し凹むもの
　　　　a　主として平行沈線が施文されるもの（第13図2・5、第23図5～9）
　　B　頸部の内側が凹まないもの
　　　　a　細い平行沈線文を主とする文様をもつもの（第23図13～15）
　　　　b　沈線による文様をもつもの（第23図10・11）
4．口縁が内わん、外傾するもの
　　A　口縁が内わんするもの
　　　　a　縄文と沈線による文様が描かれるもの（第13図7、第23図12）
　　　　b　平行沈線文が描かれるもの（第23図17）
　　　　c　地文等のみのもの（第23図19・21、第24図1・2・5）
　　B　口縁が外傾するもの
　　　　a　列点文が施文されるもの（第24図8・9）
　　　　b　地文等のもの
　　　　　　I　縄文のもの（第23図16・18・20、第24図3・4・7）

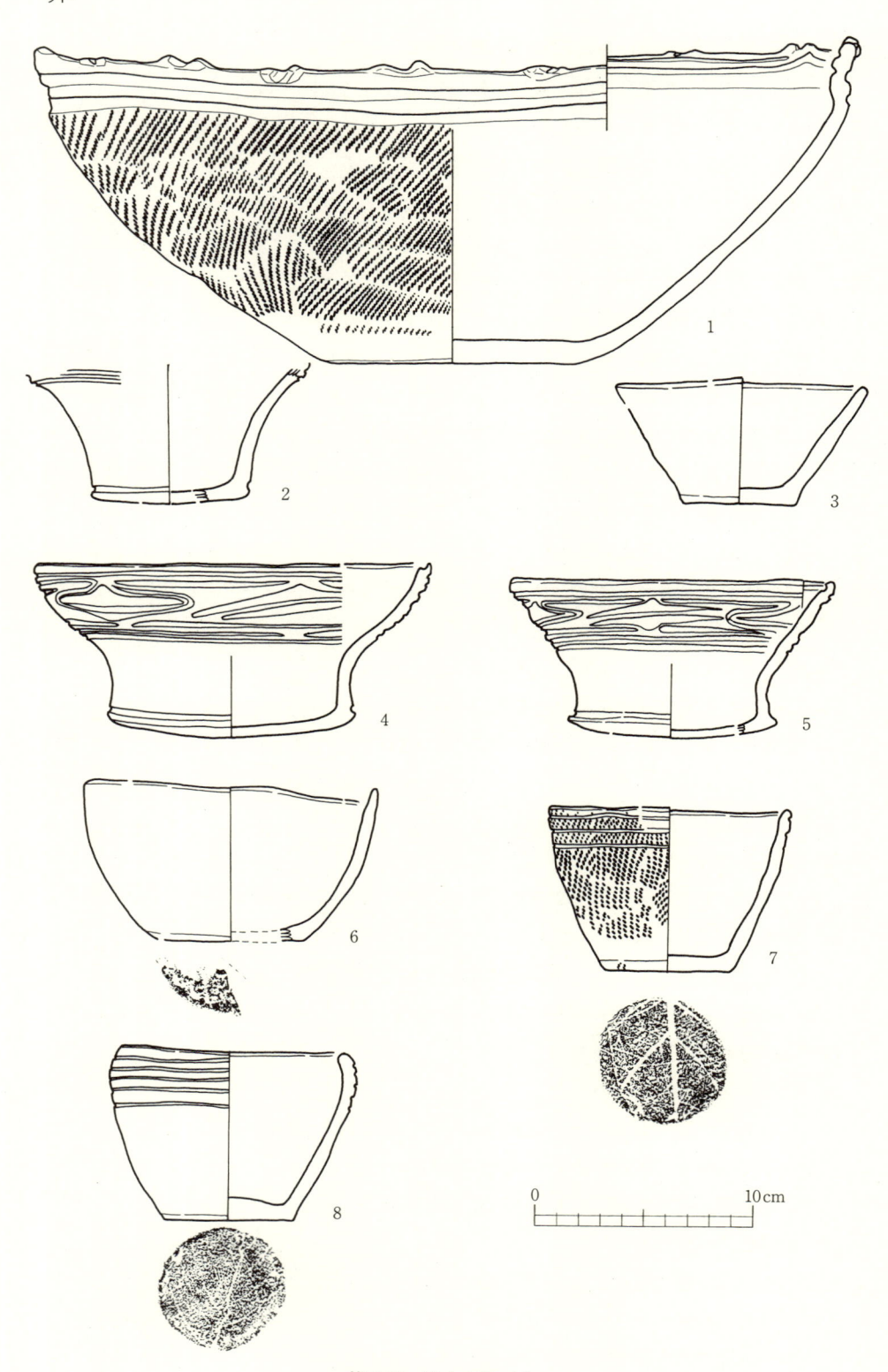

第 8 図　出土土器 (1)

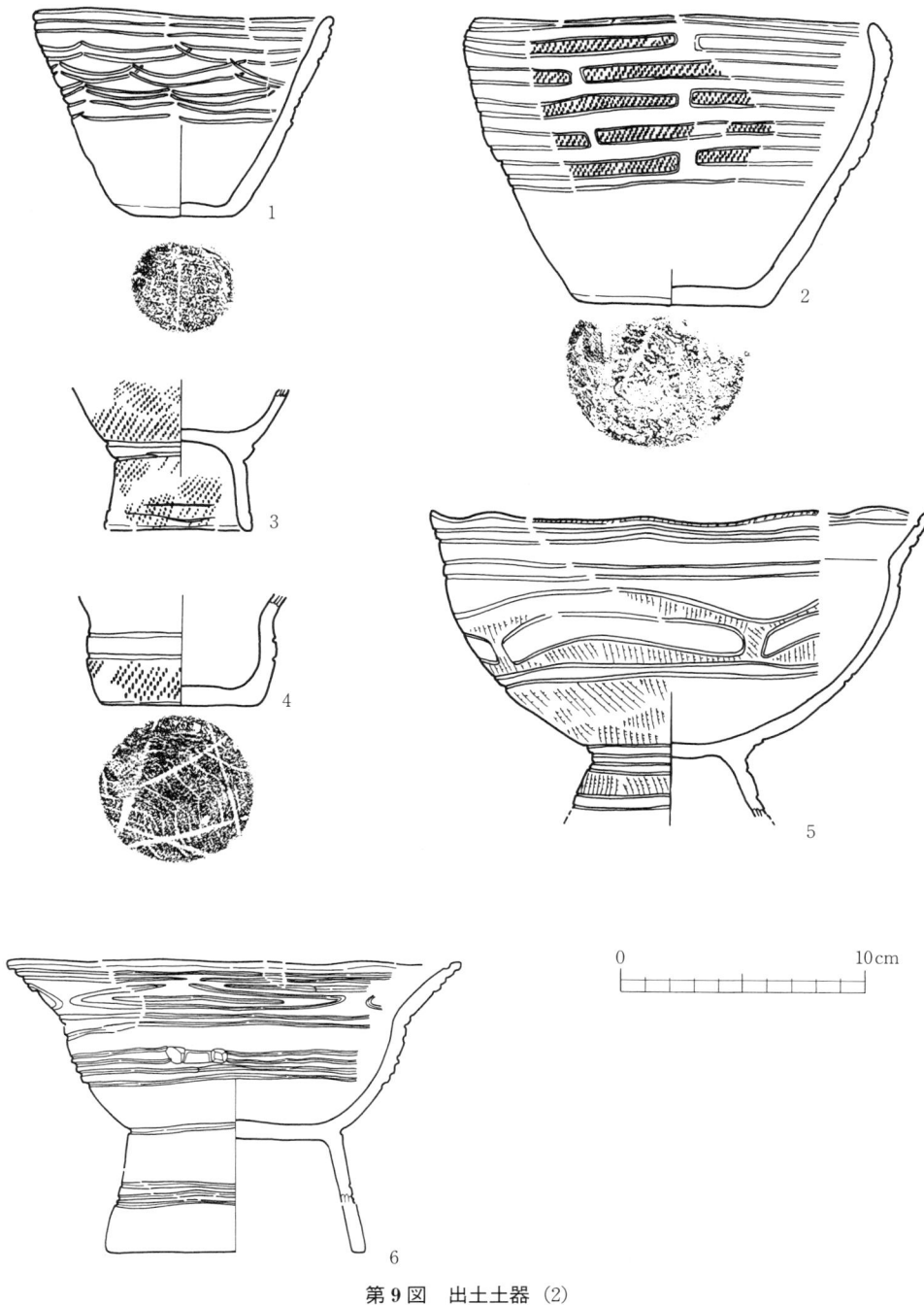

宮戸島里浜貝塚より発見せられた弥生土器　547

第 9 図　出土土器 (2)

第 10 図　出土土器 (3)

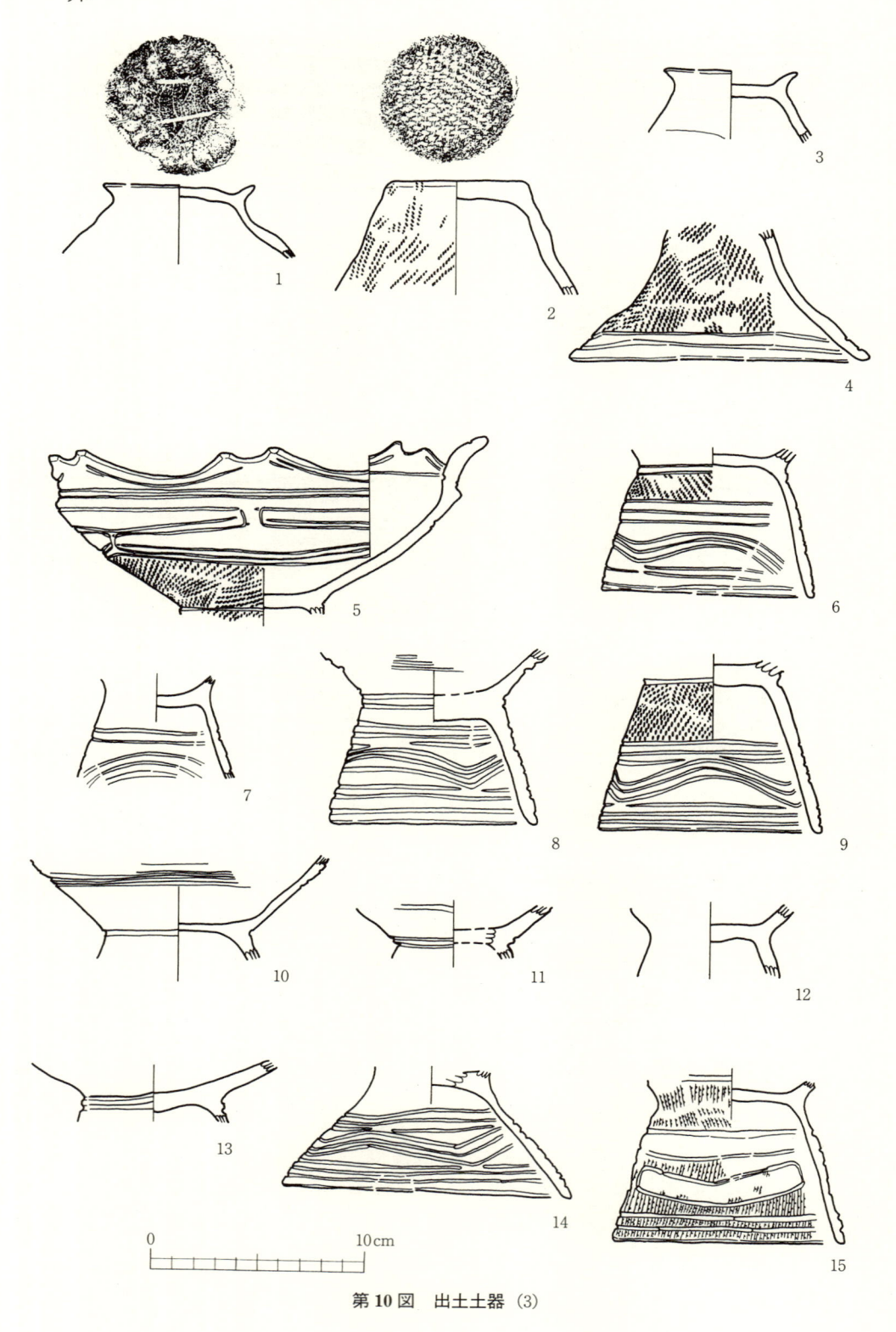

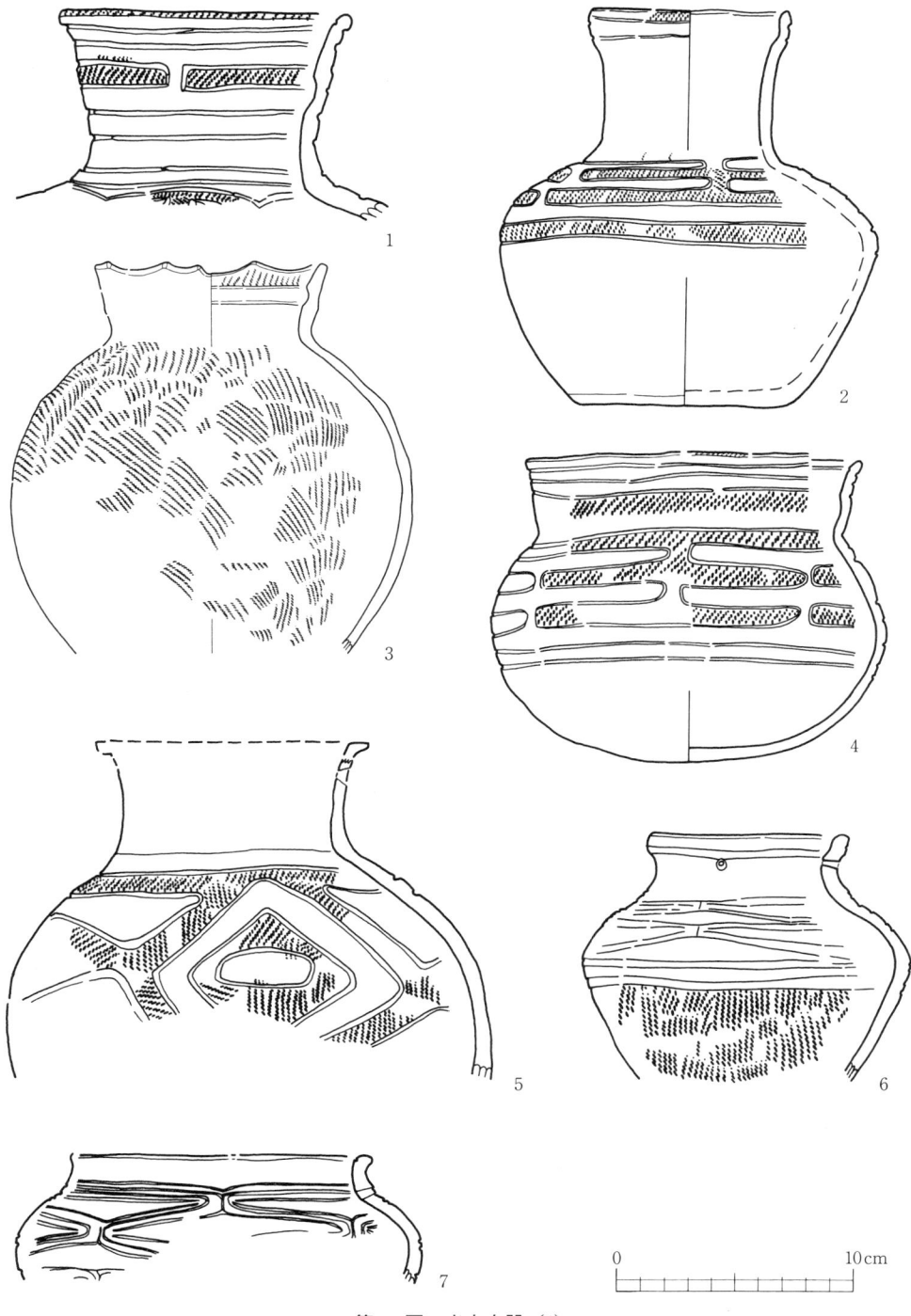

第 11 図　出土土器（4）

550

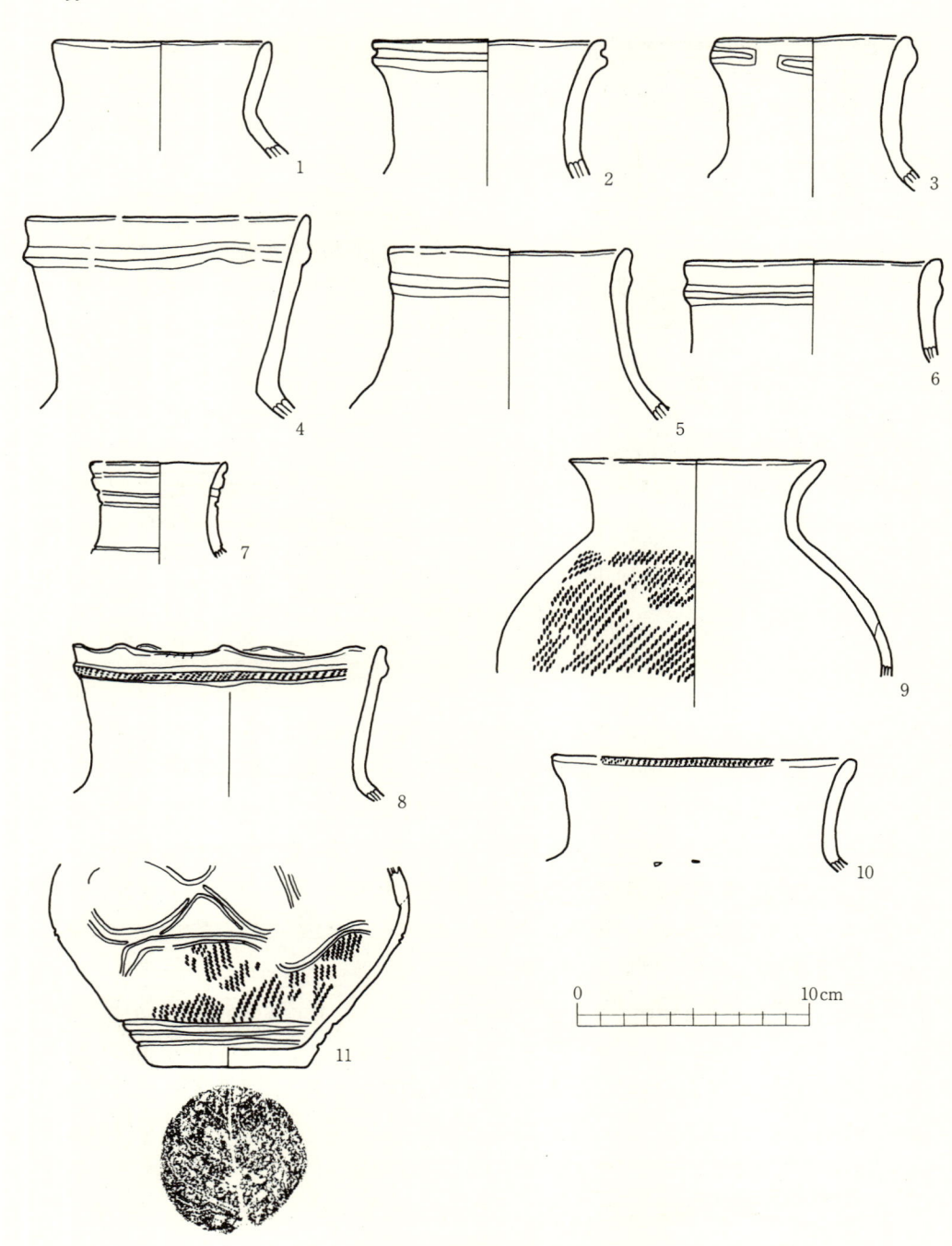

第 12 図　出土土器 (5)

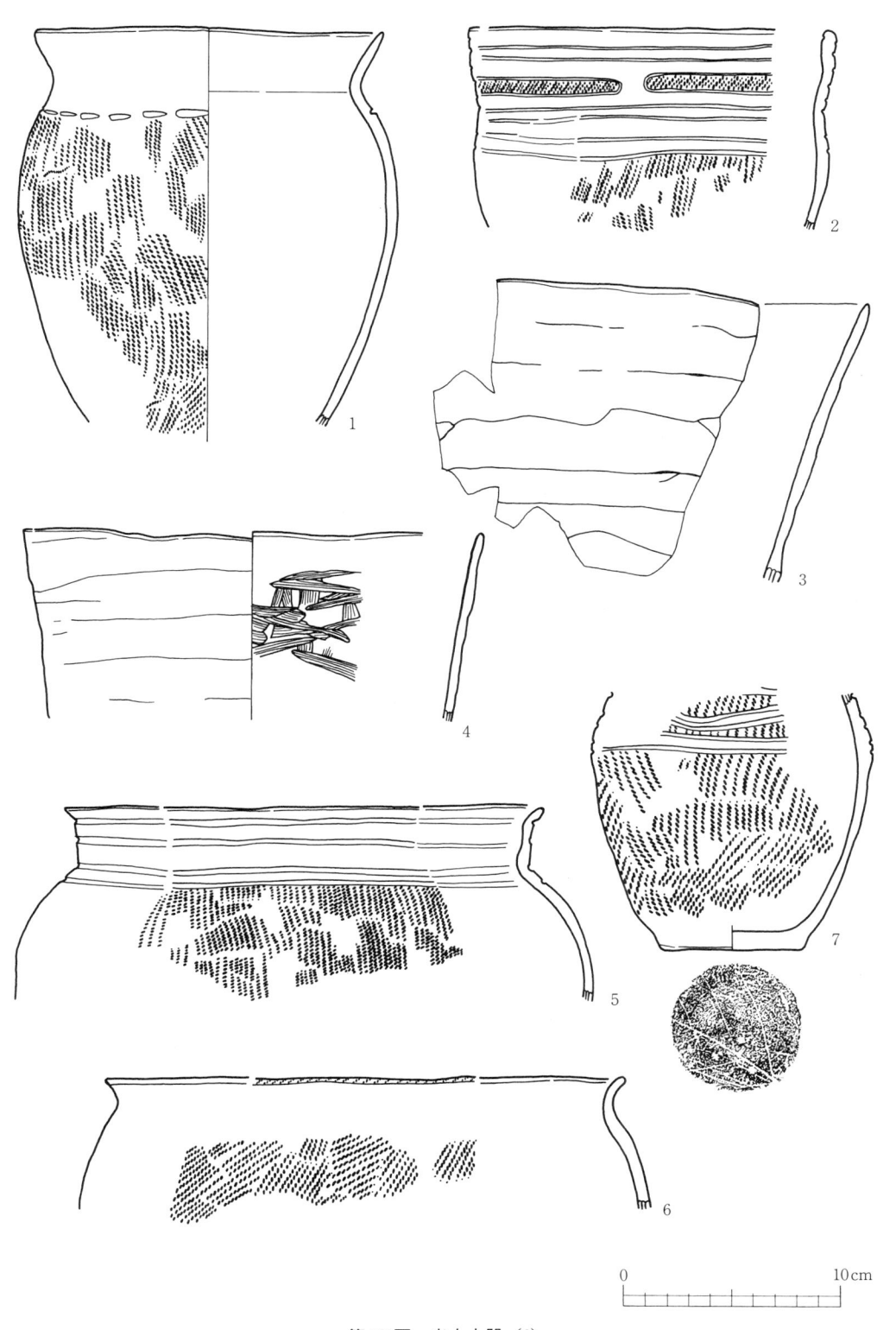

第 13 図　出土土器 (6)

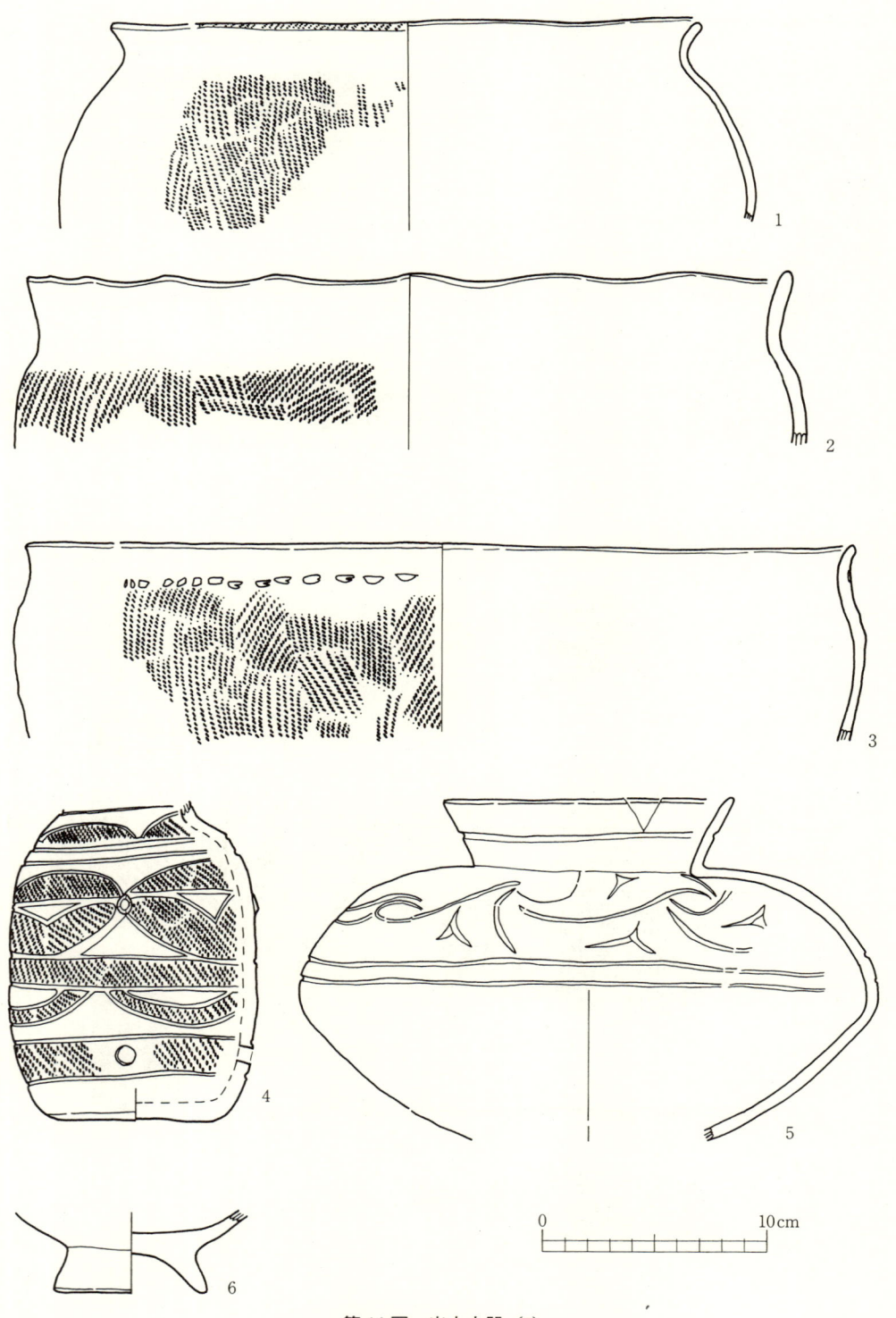

第 14 図　出土土器 (7)

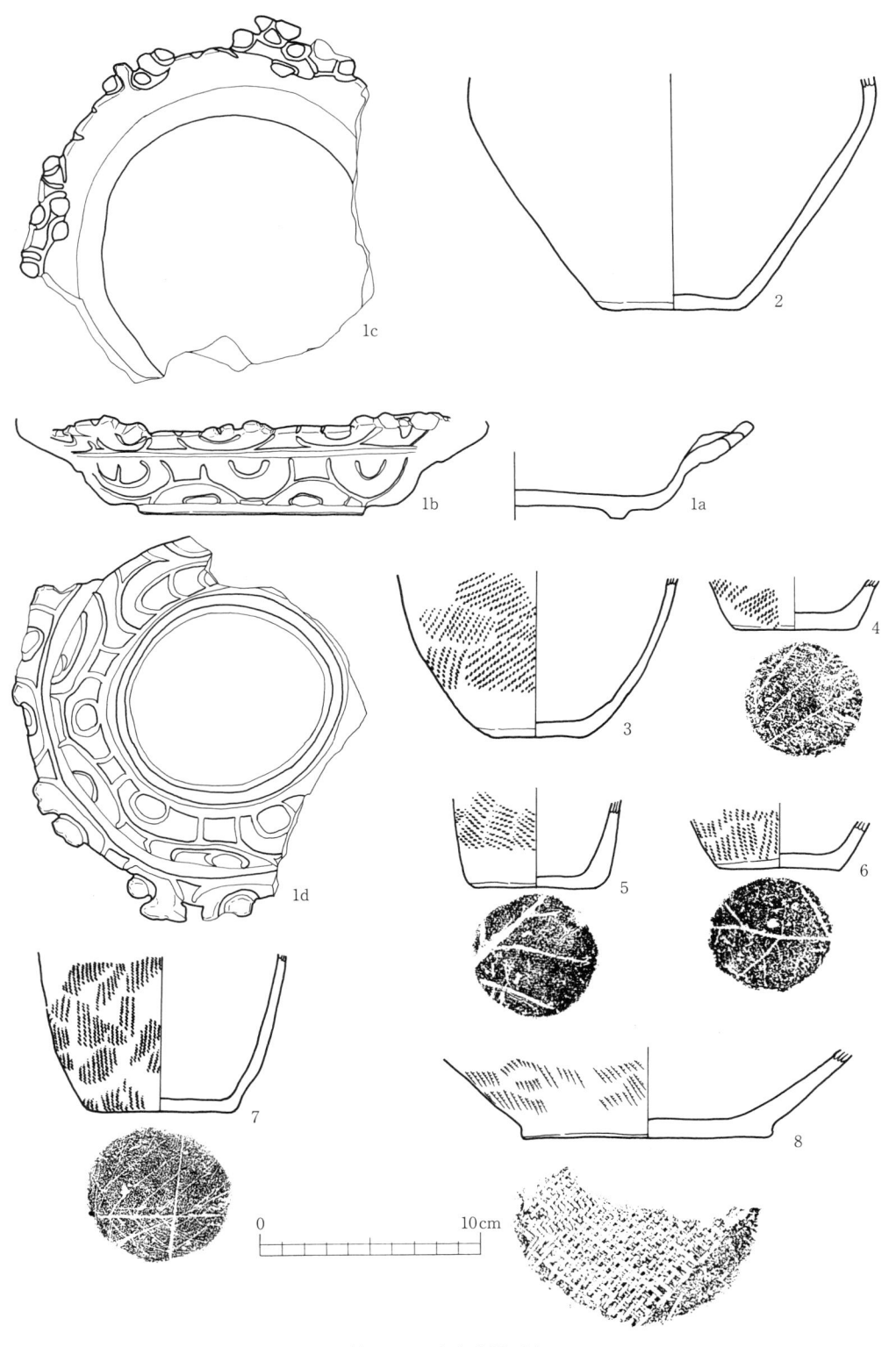

宮戸島里浜貝塚より発見せられた弥生土器　553

第 15 図　出土土器 (8)

554

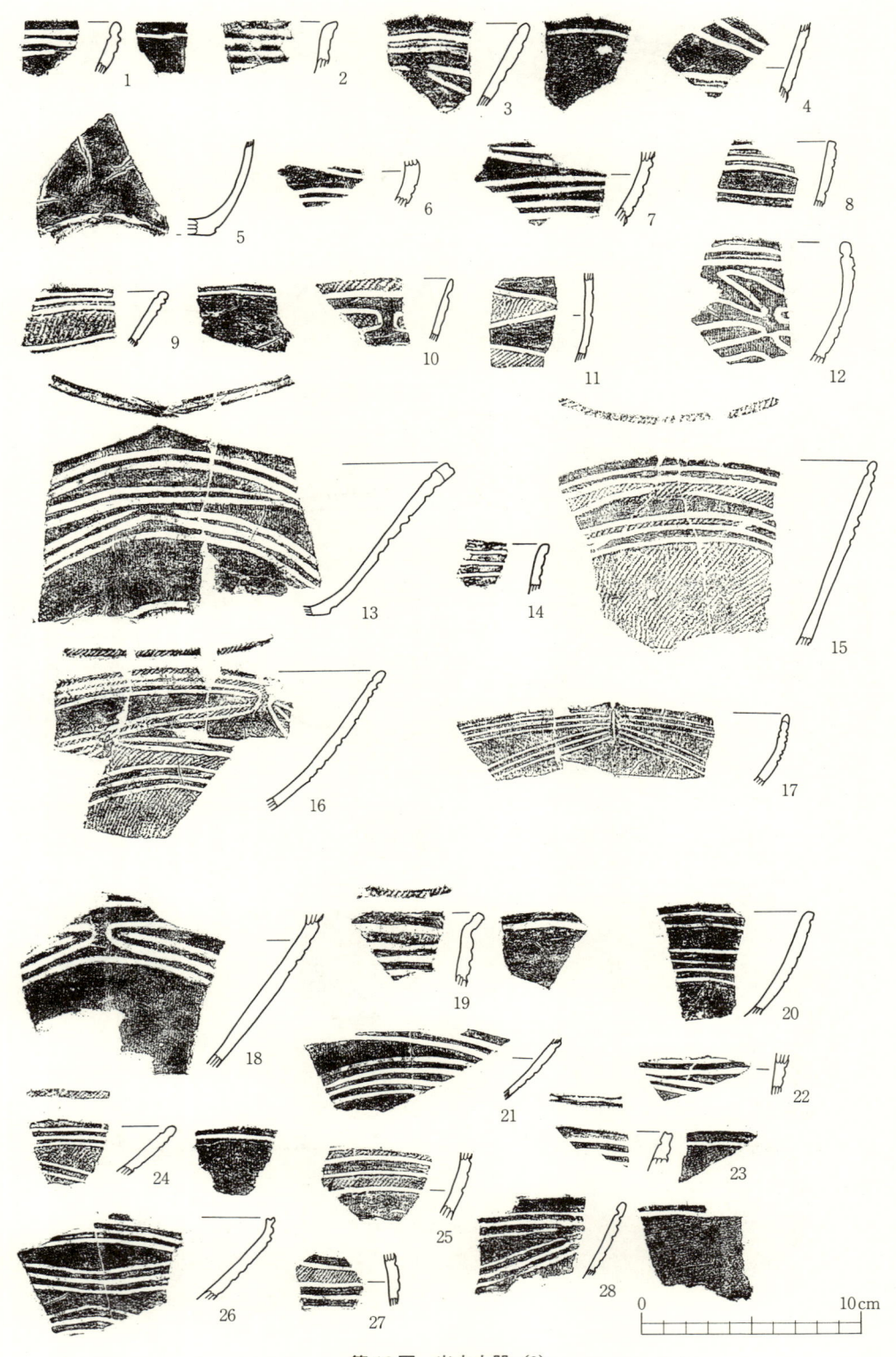

第 16 図　出土土器 (9)

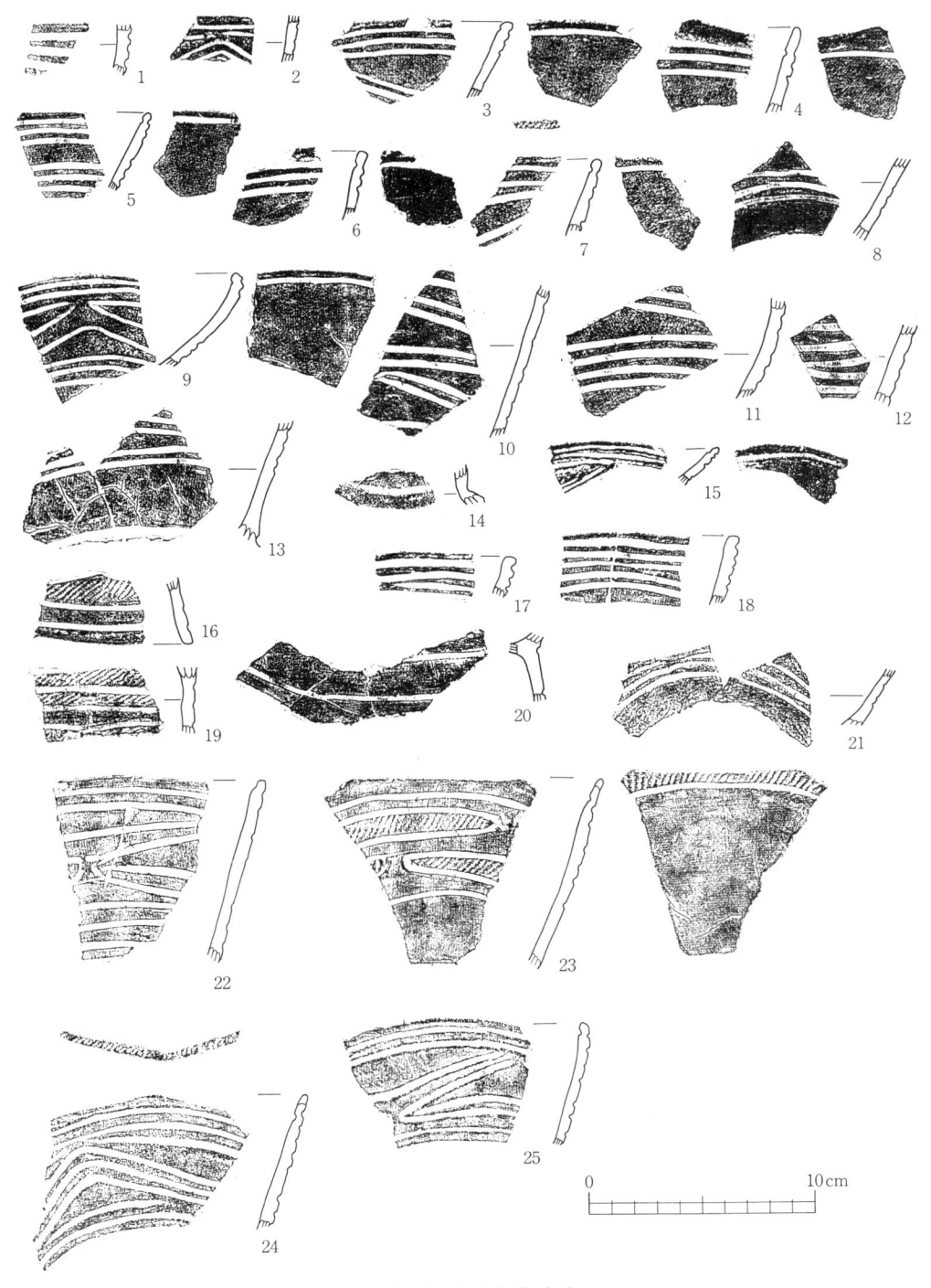

第17図　出土土器（10）

556

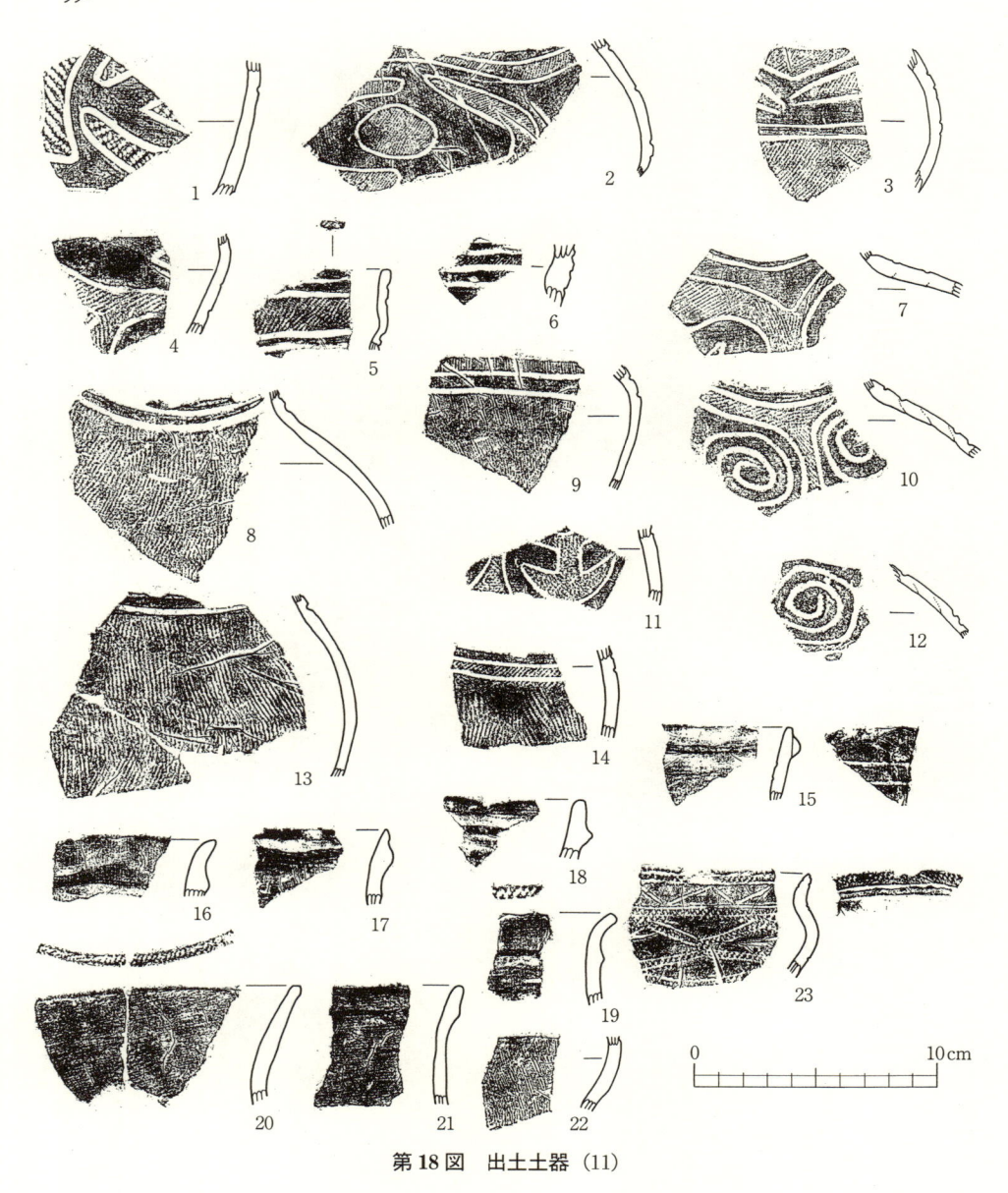

第18図　出土土器（11）

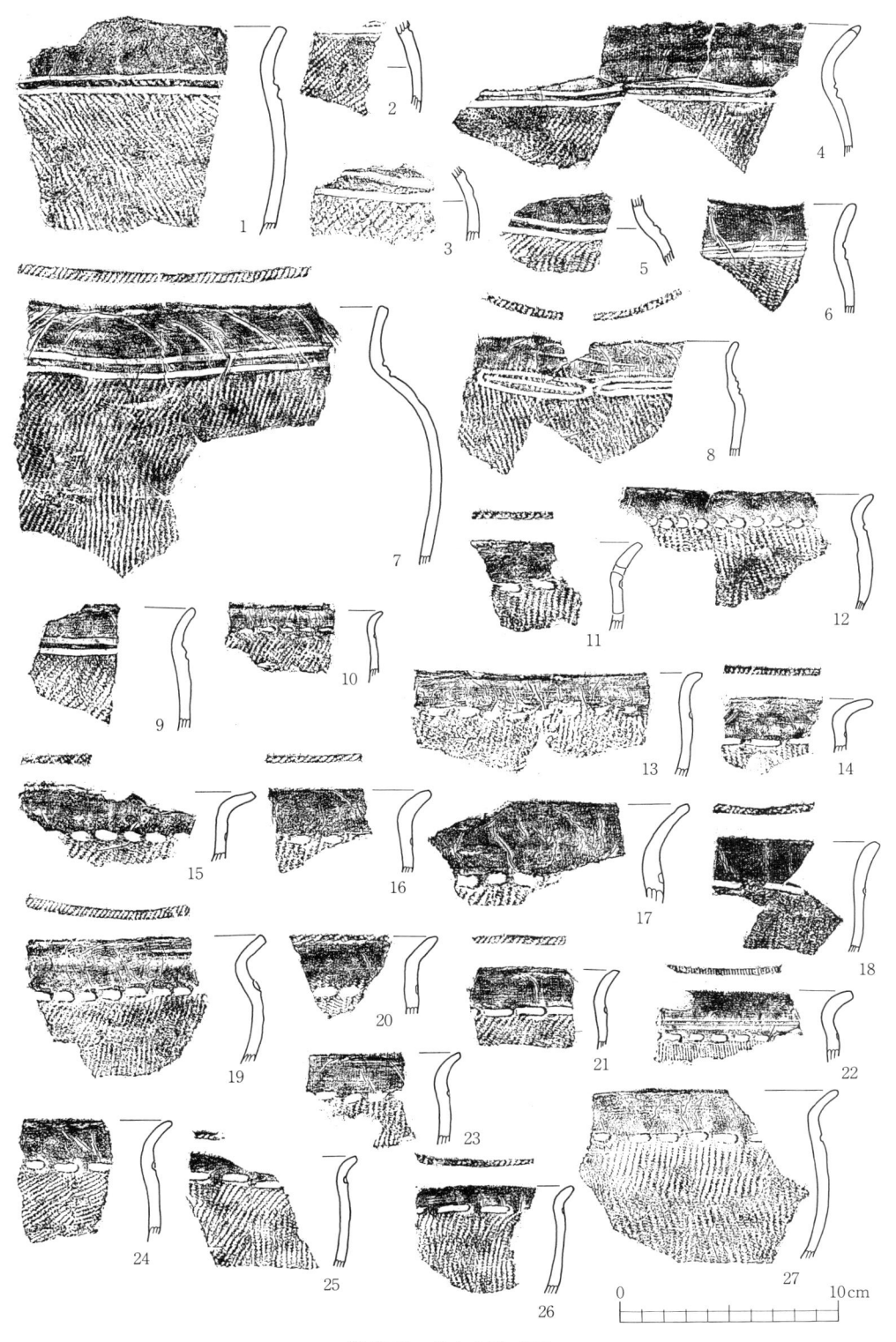

宮戸島里浜貝塚より発見せられた弥生土器　557

第 19 図　出土土器（12）

558

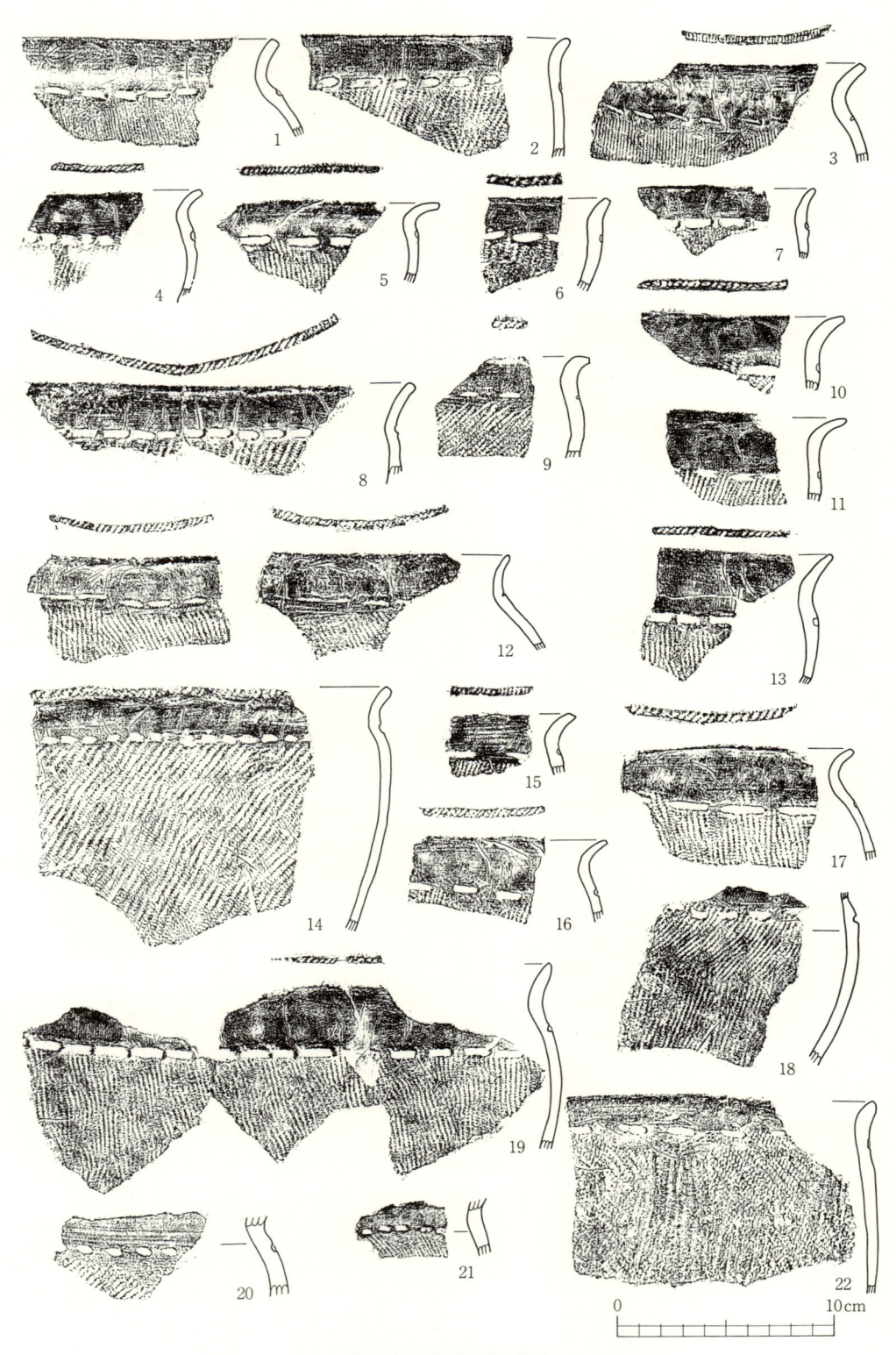

第20図　出土土器 (13)

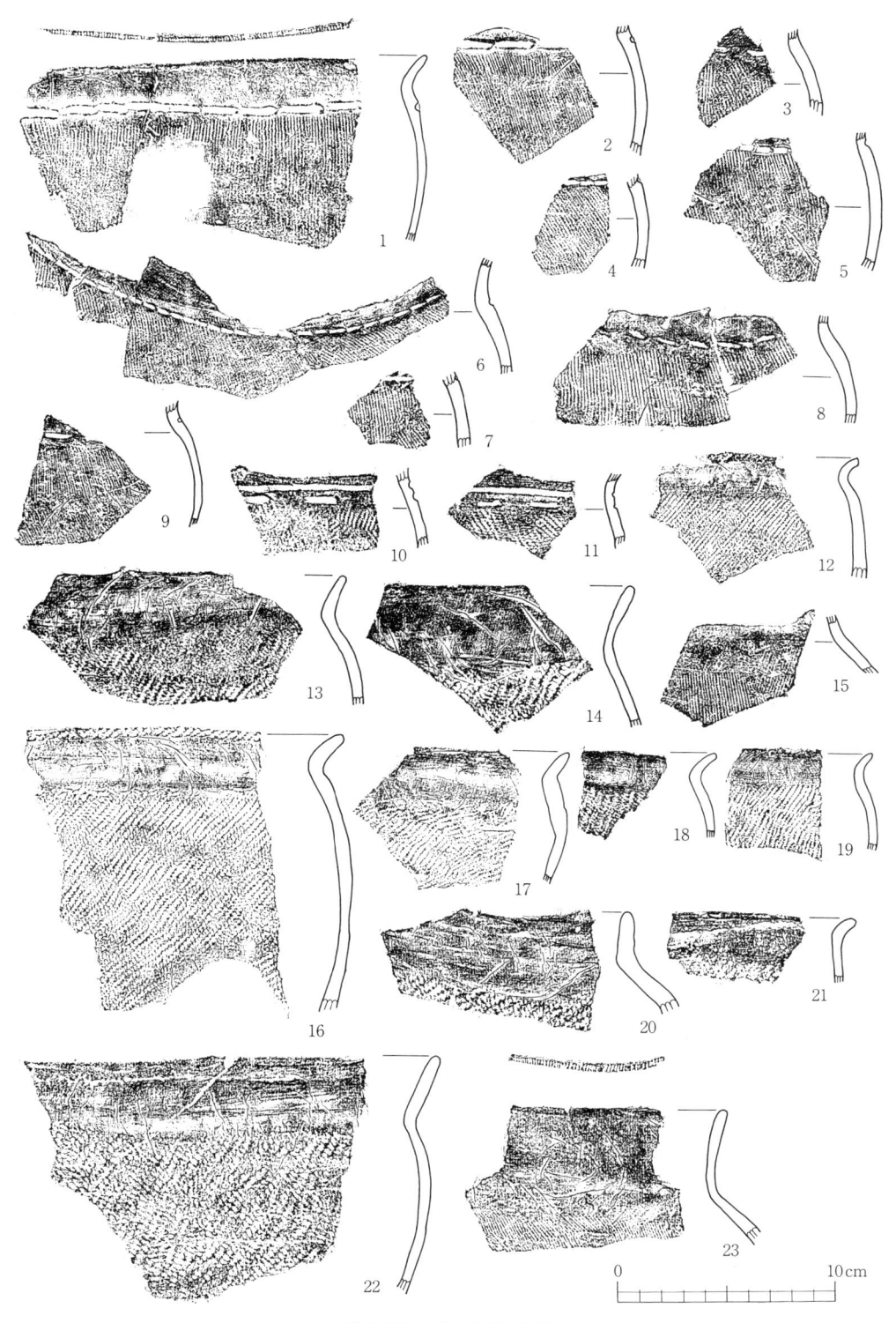

宮戸島里浜貝塚より発見せられた弥生土器　559

第 21 図　出土土器 (14)

560

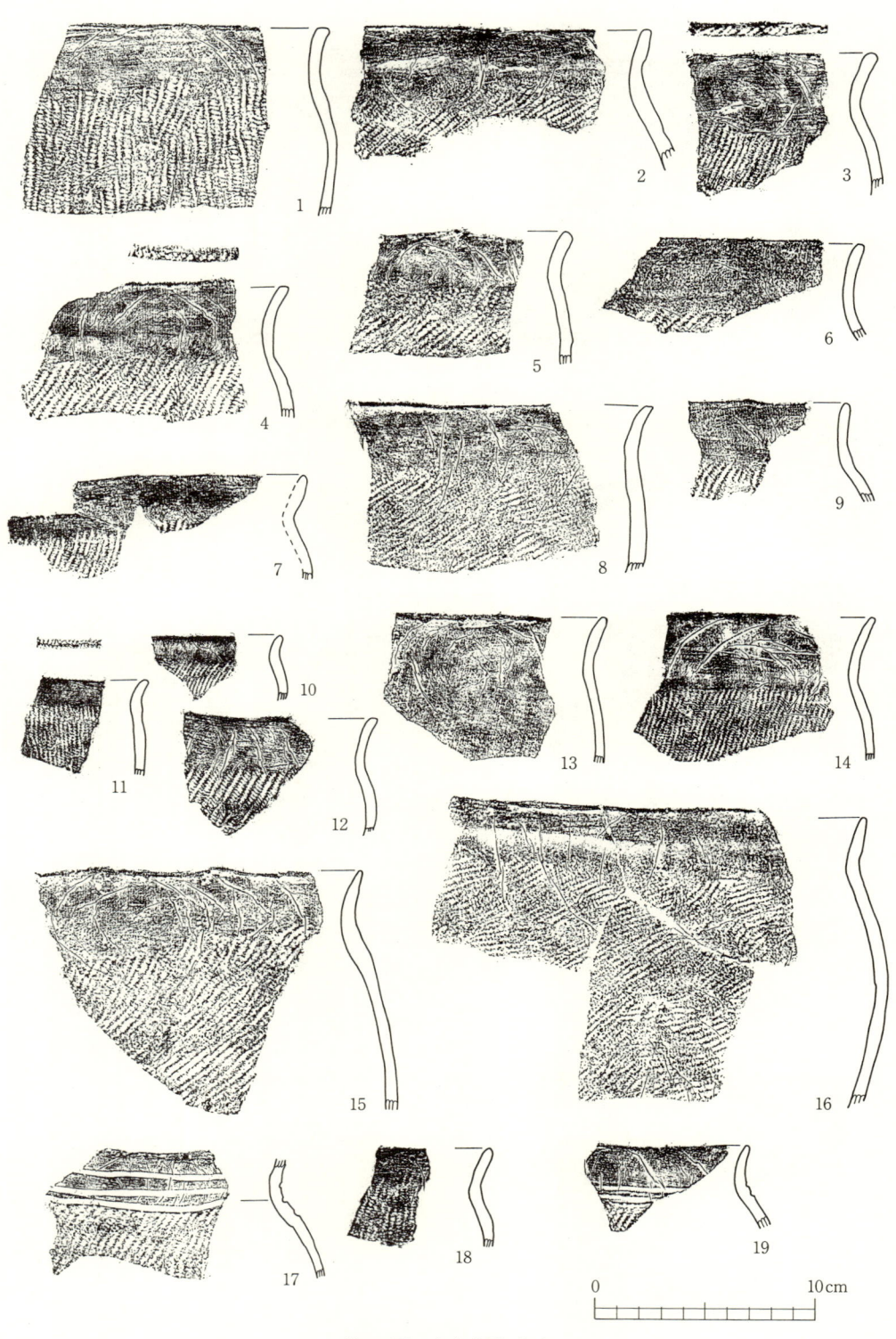

第 22 図　出土土器 (15)

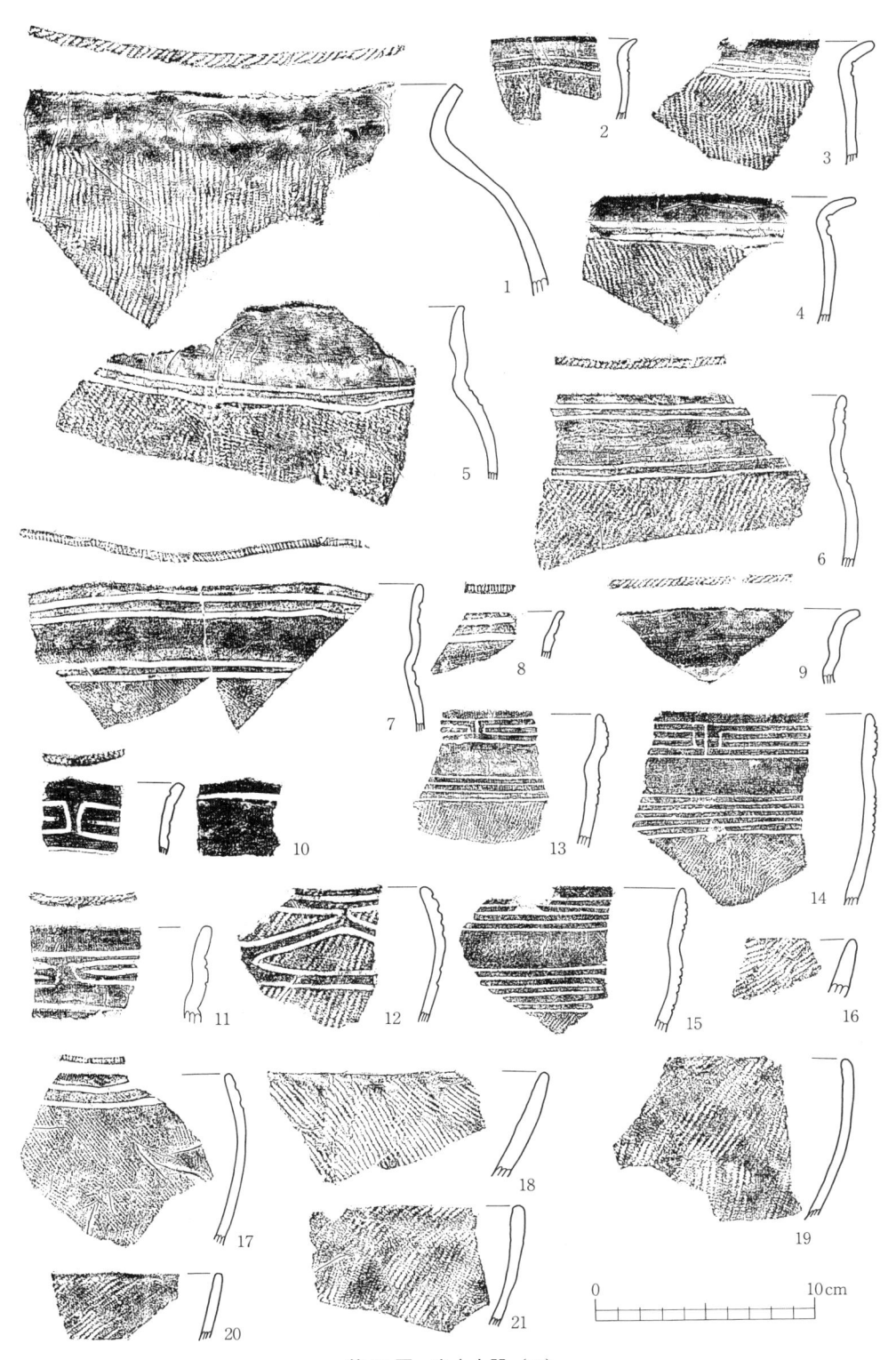

第 23 図　出土土器 (16)

562

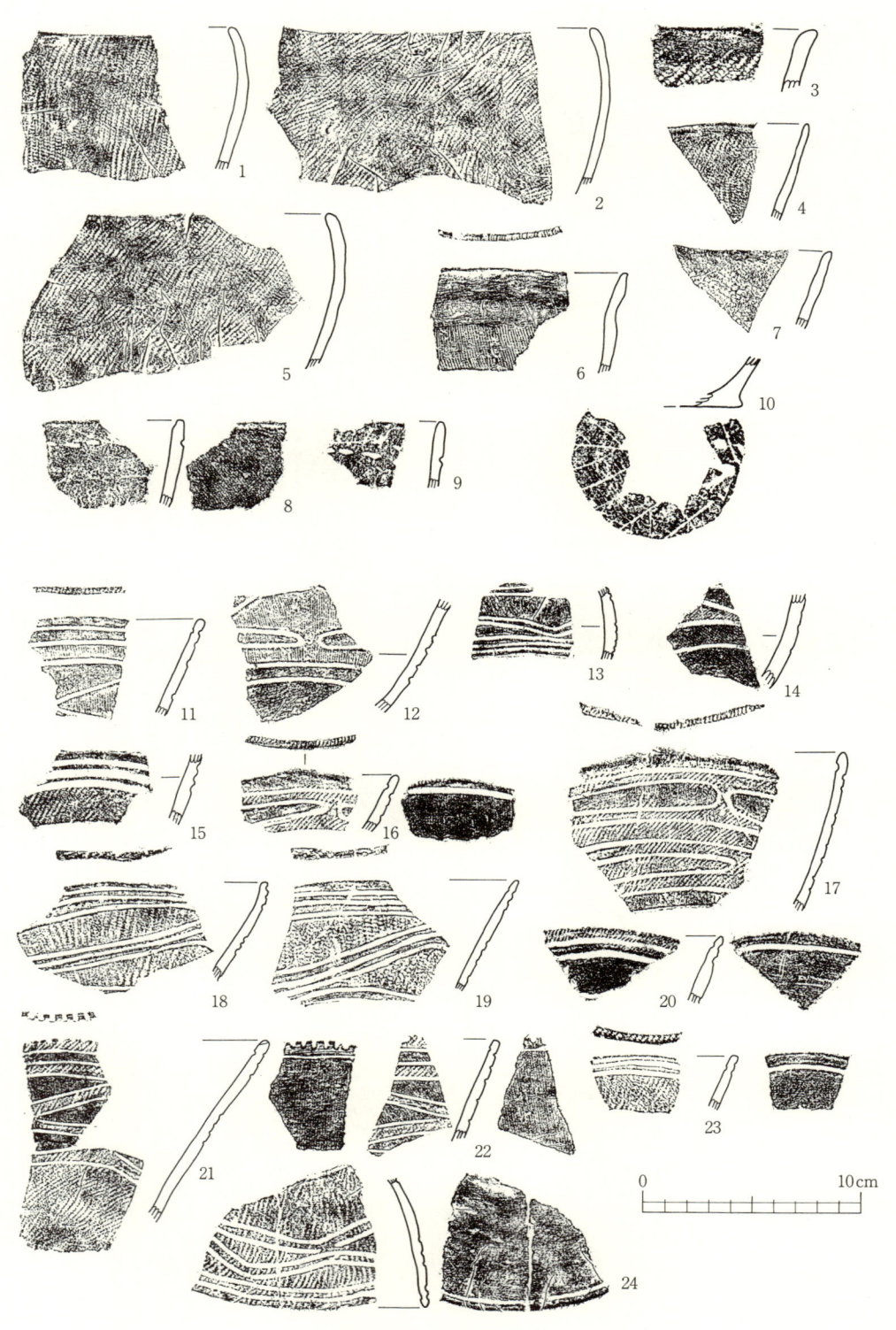

第 24 図　出土土器（17）

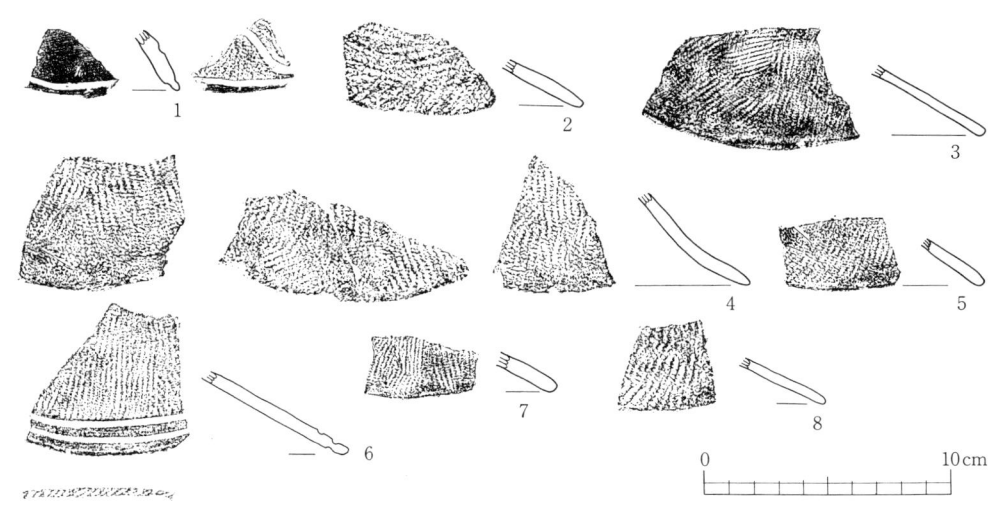

第 25 図　出土土器（18）

Ⅱ　植物茎回転文（第 24 図 6）

弥生時代以外の土器、器種不明の土器

　第 8 図 1・2・4・5 は大洞 A′式、第 14 図 4 は後期中葉の単孔土器、第 14 図 5、第 15 図 1 は大洞 B 式、第 14 図 6 は晩期前半頃の台付鉢、第 9 図 3 は台付土器、第 9 図 4 は器種不明、第 15 図 8 は弥生土器底部破片、第 15 図 3～7 はいずれも底～体部破片である。第 13 図 3・4、第 24 図 10 は製塩土器である。第 16 図 10 及び第 18 図 1 と第 21 図 16 は後期前葉である。

Ⅷ. 出土土器の編年的位置づけ

　前章で述べたように土器が層位的な出土資料としての扱いができないため、それらを現在までの研究成果と型式学的判断により編年的位置付けを行う。なお、当該土器に関連する谷起島式の再評価及び再検討が進んでいるが（石川日出志 2005b）、層位的根拠を優先して山王 Ⅲ 層式（須藤隆 1983）を用いることにする。

　鉢 1Aa は、口縁に沈線が数条巡るものである。このような、割と太い沈線を用いるのは青木畑式（加藤道男 1982）に多いが詳しい帰属は不明である。類似した土器は宮城県仙台市若林区高田 B 遺跡（赤澤靖章 2000）にもある。1Ab は桝形囲式（須藤隆 1990）に類例がある。1B のような器形で、横に展開する帯状の磨消縄文が描かれる土器は、宮城県多賀城市桝形囲貝塚（馬目順一 1978）に類似しているものがあり、桝形囲式であろう。2A は、沈線により波状文などが描かれるもので山王 Ⅲ 層式（須藤隆 1983）前後の土器と考えられる。3Aa は、縄文を伴わず沈線のみであるが、類似した文様構成の土器が宮城県仙台

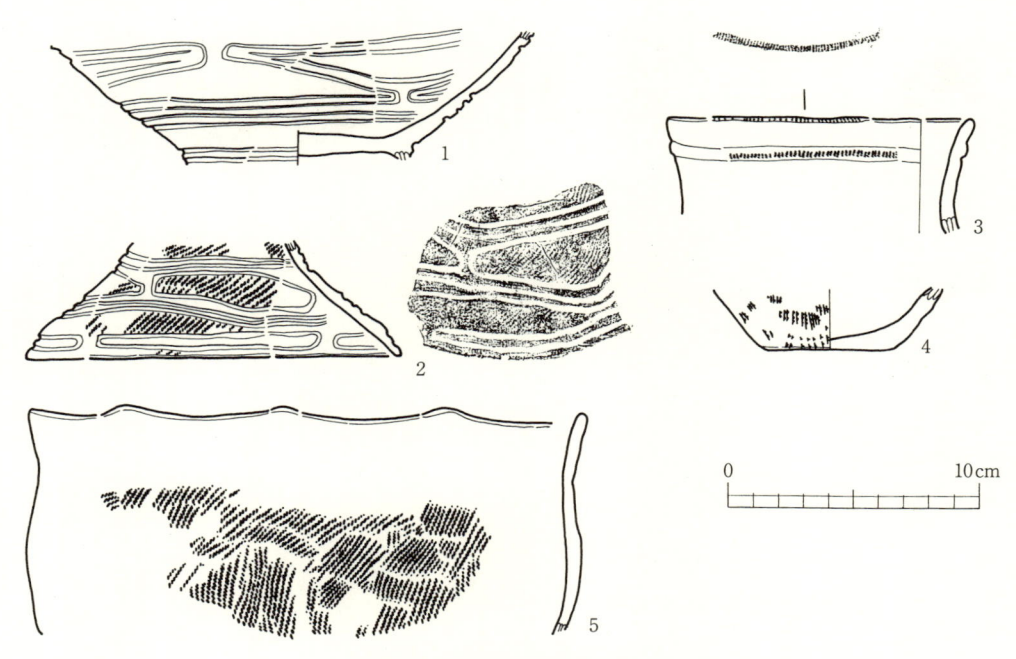

第26図　東宮浜貝塚表採土器（1）

市若林区 南小泉 遺跡（須藤隆1990）から出土しているので、桝形囲式に近い時期のものと思われる。3Ab は類似の事例を見出すのは難しいが寺下囲式としておく。3Ba は変形工字文の流れをくむ文様で磨消縄文が多用されることから桝形囲式の頃の土器であろう。3Bb は、割と太い沈線で磨消縄文が描かれるもので、強いて類似例を求めれば山王III層式辺りになるだろう。3Bc の土器は青木畑式であろう。3C の編年的位置づけは不明である。

　高坏 1Aa は変形工字文が描かれる。須藤の分類（須藤隆1983）に従えばC-2型で山王III層式である。1Ab は太い沈線で変形工字文が描かれる。この様なモチーフの土器は弥生時代初頭にみられる。よって、青木畑式のものであろう。1Ac は寺下囲式と考えられる。1B は沈線により波状文などが描かれる土器である。これらは青木畑式や山王III式に見られるものである。特に高坏の脚部の波状文は青木畑式に顕著である。2A の第9図5は寺下囲式式（須藤隆1983）に位置づけられている。第9図5、第10図15のような文様構成は青木式には見られれない。地文が植物茎回転文であるのが特徴的である。2Ba は縄文と沈線により磨消文様が描かれる。これらは山王III層式に近いものであろう。2Bb の土器は桝形囲式（伊東信雄1957）に典型的にみられるものである。3 は文様が描かれておらず詳しい時期が不明である。南小泉遺跡の資料（伊東信雄1950）の中には坏部の底部と台部の上端が無文になるものがある。

　蓋1は沈線と縄文によって文様が構成される。青木畑式や桝形囲式の蓋には同様の手法の土器があるが、文様構成は異なるようだ。したがって、おおまかに青木畑式から桝形囲式のものとみておく。2の類例は青木畑式、山王III層式、桝形囲式ににみられ時期を限定

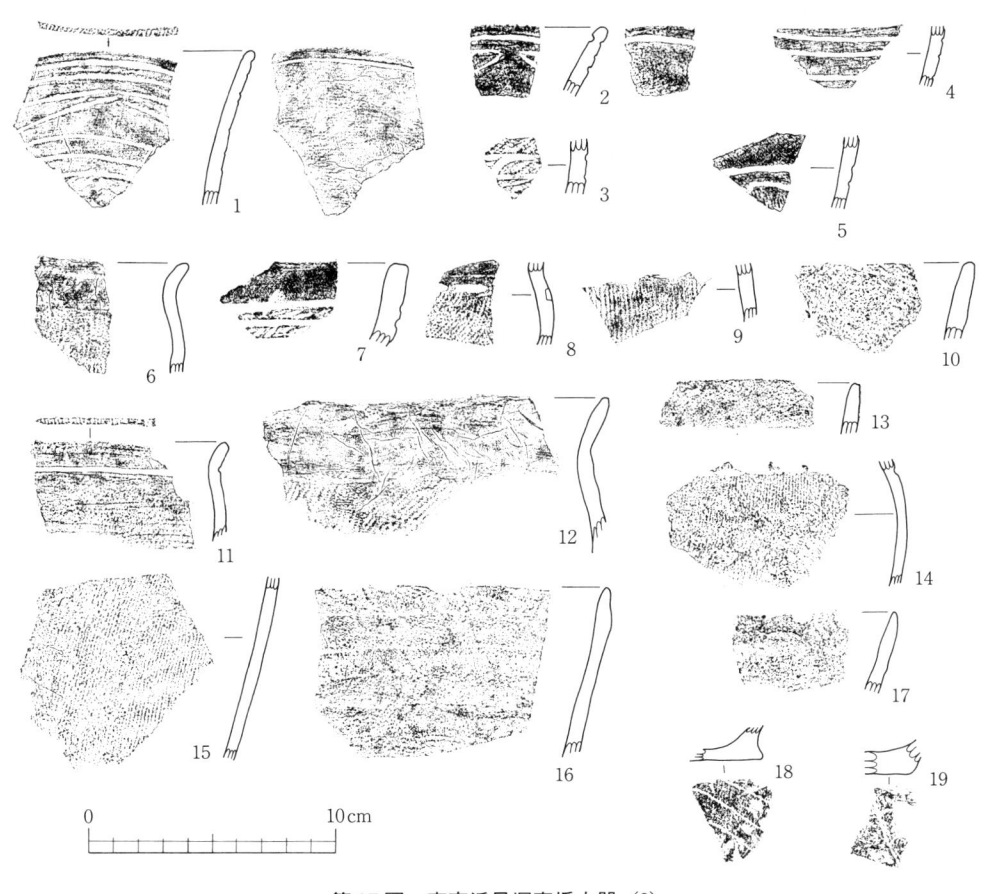

第 27 図　東宮浜貝塚表採土器 (2)

することはできない。3は沈線文が描かれるが、その構成などが不明で、時期が分からない。4は無文のもので詳しい時期を推定できない。

　壺 1A の土器は王字文が施文されるもので両者とも縄文の後、沈線が描かれる。また、土器の頸部が少し凹む点も一致する。第 11 図 4 の土器は寺下囲式（須藤隆 1983）に位置づけられている。第 11 図 2 の土器も同じ文様、構成であるので同時期のもと考えられる。1B は文様構成が推定できる第 11 図 5、第 18 図 2 をみると、縄文と磨消された部分が入り組む。これらの文様は山王 III 層式や桝形囲式にはなく、寺下囲式（須藤隆 1983）のものである。1C に類似した文様の土器は現在のところ、寺下囲式に含められるだろう。1D は南小泉遺跡（伊東信雄 1950）の土器に類似した器形、文様の土器があり桝形囲式に含められる。2A の文様は体部上半にかなり大きく曲線が描かれる。文様構成は、土器の破損により、詳しいことが分からないがメガネ状の文様である。このような、曲線的なモチーフが用いるのは、宮城県角田市鱸沼遺跡（志間泰治 1971、須藤隆 1983）に多い。しかし、この土器の様なモチーフは鱸沼の資料にはなく、時期は不明としたい。2Ba は桝形囲式とされる宮城県仙台市太白区西台畑遺跡の土器（伊藤玄三 1958）の壺には、肩部に沈線が施文され

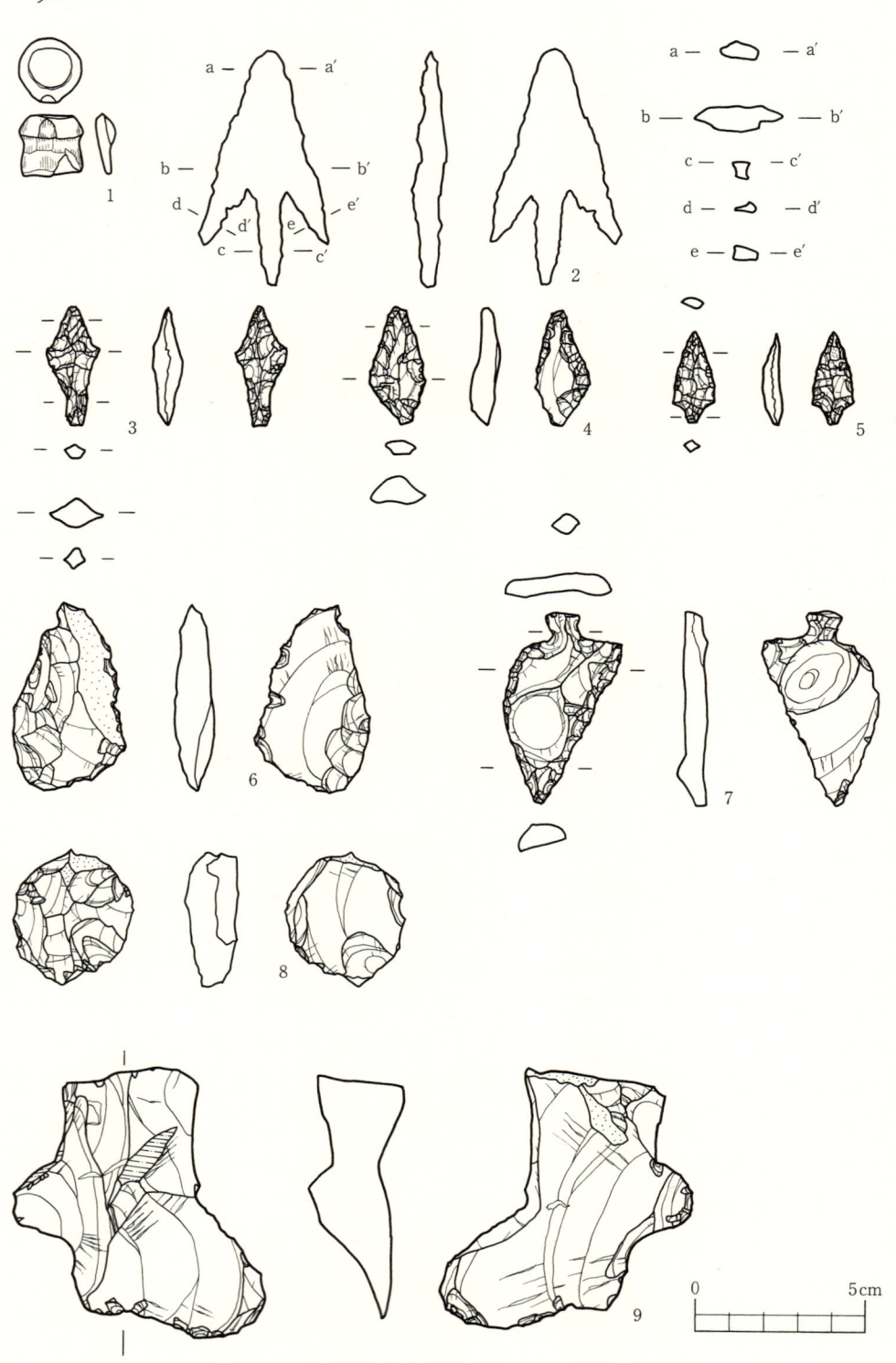

第 28 図　出土石器等 (1)

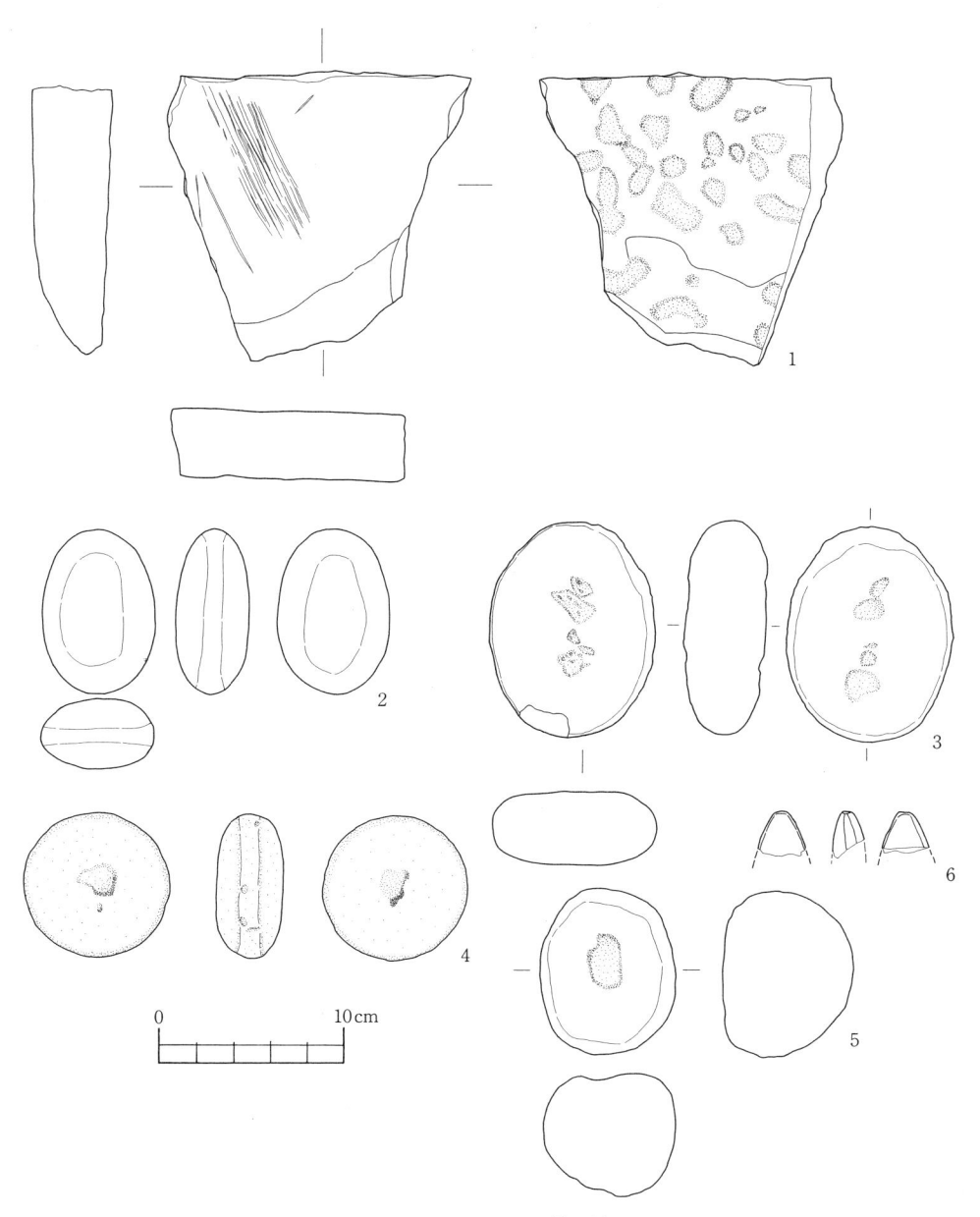

第 29 図　出土石器等（2）

る例があるが、形態が異なるようである。2Bb の植物茎回転文は桝形囲式から円田式に見られるという（佐藤典邦 1987）。よって、この土器もこの頃のものであろう。2C の土器と非常に類似したものが南小泉遺跡（伊東信雄 1950）で出土し桝形囲式とされる。2D は山王 III 層式、桝形囲式には見られないことから寺下囲式としておく。3A は小型の壺で沈線文が引かれる。やや類似したものは青木畑遺跡から出土しており、この土器もその頃のものであろう。3B の土器の時期は不明であるが、刺突文は東北北部の弥生土器によく用いられている文様である。4A に似た土器は岩手県奥州市沼ノ上遺跡（伊東信雄 1974）で出土している。山王 III 層式に伴うと考えられる。4B に似た土器は岩手県金ヶ崎町長坂下遺跡（伊東信雄 1974）にある。長坂下の壺の口縁部内面には沈線が 1 本巡っており、寺下囲式のものと若干異なるが、ほぼ同じ時期のものと考えたい。長坂下の土器は山王 III 層式とみなせるので、4-B はそれと同じ時期の土器であろう。4C は宮城県七ヶ浜町東宮浜貝塚（塩竃女子高等学校社会部 1965）に類似した土器があり、寺下囲式のものと考えられる。5A は山王 III 層式に、これに近い土器があり、その頃のものと思われる。5B は文様などがないので時期は不明である。

　甕 1A は青木畑式、山王 III 層式にみられるものである。1Ba の類例を探すと山王 III 層式にあるが、山王囲遺跡にはみられないものも含んでおり慎重に判断したい。しかし、桝形囲式までは下らないであろう。1Bb の土器については時期を明らかにできない。2A の土器は桝形囲式で典型的に出土するものである。2B の土器は桝形囲貝塚（杉原荘介 1936）に似た土器があり、桝形囲式のものである。2Ca は山王 III 層式から桝形囲式のものとみられる。2Cb は寺下囲式か桝形囲式と考えられる。3Aa の土器は宮城県栗原市青木畑遺跡、同市山王囲遺跡、南小泉遺跡などになく、高田 B 遺跡にある。よって桝形囲式に含められるものと考えられる。頸部が凹む点は壺 1A、1C に共通する。

　3Ba の土器は須藤により桝形囲式新段階土器群とされたものである（須藤隆 1990・1998）。これらは円田式に近い繊細な沈線で文様が描かれ、共通する要素も認められるが、この様な文様構成は円田式には見当らない（片倉信光ほか 1976）。新段階土器群について太田昭夫は須藤の細分案に対して資料の検討と蓄積が必要とし、桝形囲式に含めている（太田昭夫 1991）。同様に高瀬克範も高田 B 遺跡での出土を根拠に時期細分の指標にならない事を指摘している（高瀬克範 2004）。したがって高田 B 遺跡での層位的な出土状況（赤沢靖章 2000）を根拠に桝形囲式としておく。

　3Bb は青木畑式か山王 III 層式のものであろう。4Aa に類似した文様の土器は鱸沼式（須藤隆 1983）にあり、寺下囲式のものとする。4Ab の地文は植物茎回転文であり、このような器形、文様のものは南小泉遺跡、桝形囲貝塚にみられないようなので寺下囲式としておく。

　4Ac の土器の詳しい時期は不明である。4Ba の土器に施文される列点文は、桝形囲式にみられる甕に特徴的である。したがって、ほぼ同じ文様が用いられているこの土器も桝形

囲式としておく。4BbIの土器の詳しい時期は不明である。4BbIIの土器の地文は植物茎回転文であるので、寺下囲式か桝形囲式としておく。

IX. 出土土器群について

　前章において寺下囲式から出土した土器を分類し時期を検討した。それらをまとめると次の様になる。
　青木畑式　―鉢3Bc、高坏1Ab、壺3A
　山王Ⅲ層式―鉢2A、3Bb、高坏1Aa、2Ba、壺4A、4B、5A
　寺下囲式　―鉢3Ab、高坏1Ac、2A、壺1A、1B、1C、2D、4C、甕4Aa、4Ab
　桝形囲式　―鉢1Ab、1B、3Aa、3Ba、高坏2Bb、壺1D、2C、甕2A、2B、3Aa、3Ba、
　　　　　　　4Ba
　上記以外の土器の所属時期は断定出来ず、将来の研究成果に委ねたい。
　寺下囲式の文様の特徴として指摘できるのは王字文、植物茎回転文をあげることができる（須藤隆1998）。器種には鉢、高坏、壺、蓋、甕がある。
　寺下囲式のまとまった出土例は少なく、東宮浜貝塚（塩釜女子高等学校社会部1965）が数少ない調査例である。表採資料ではあるが、第26、27図に同貝塚の表採資料を掲載した。縄文後期の資料（第27図3・7）が若干混じるが、ほぼ寺下囲式の範疇に収まる資料と考えられる。

X. 石器、骨角器、鉄器について（第28、29図）

　寺下囲地区からは石器、骨角器、鉄器も発掘されている。石鏃3点、スクレイパー4点、石皿1点、磨石2点、凹石1点、叩石1点、磨製石斧1点を図示した。図示しなかったものとして石錘1点がある。骨角器は1点図示した。図示できなかったものは骨針1点、骨鋸1点、骨匙3点、有孔牙製品1点、牙製品1点、貝輪3点がある。鉄器は鋏1点あるが、現状と『宮城県史』34（宮城県1981）158頁に掲載されたものと形態が大部異なるので注意が必要である。石皿（第29図1）と磨石（第29図3）については池谷勝典に使用痕分析を依頼しており、次のような結果が出た。石皿は磨面がよく発達しているが、顕微鏡観察では、よくわからない光沢が見られ、現時点での解釈は困難である。磨石は磨面部分の石質の中に赤色の部分が多数認められ、赤色顔料製作に使用されたと推定される。顕微鏡下の光沢も実験結果（赤土を乾燥状態ですったもの）と類似しているので、最終使用は水をほとんど含まない乾燥状態で赤色顔料（ベンガラ）製作にあてられた可能性が高い。

XI. おわりに

本論をまとめるにあたり次の機関・個人からは御協力をいただき感謝申し上げる。東北大学大学院文学研究科考古学研究室、東北学院大学文学部史学科、多賀城市埋蔵文化財調査センター、東松島市奥松島縄文村資料館、相沢清利、会田容弘、太田昭夫、加藤道男、斎野祐彦、佐藤信行、辻秀人、中村五郎、野崎準、山田晃弘の各氏。池谷勝典氏には使用痕分析にご協力いただきました。東北大学文学部考古学研究室諸氏には共に過ごした時間から多くのものを得ました。

須藤隆先生には文学部研究生及び大学院に入学するにあたり、他大学出身であった私を暖かく迎えていただき、その後、3年間、さまざまなご指導を得ることができました。先生のもとで一括資料の扱い方、資料分析の視点等を学ぶことができ、実りの多い3年間となりました。その学恩に感謝を申し上げ、本論を捧げたい。

また本論執筆中に死去した祖母・日下ともよ、東北学院大学においてご指導いただき、寺下囲資料の利用に便宜を図っていただいた故加藤孝先生のご冥福を祈りたい。

第1表　加藤論文中の寺下囲地区調査概要

内容 掲載論文	昭和31年 (1956)	昭和32年 (1957)	昭和33年 (1958)	昭和34年 (1959)	昭和38年 (1963)	調査面積	籾圧痕土器	鉄製銛	内容
加藤孝1958	記載あり	記載あり	−	−	−	記載なし	記載有り	−	31年には晩期の土器、人骨、32年には人骨、桝形囲式土器が出土
平重道・加藤孝1958	記載あり、8月、12月	−	−	−	−	南北4m×東西10m	記載有り	−	弥生土器が層位的に出土
加藤孝1960	記載あり、12月	−	記載あり	−	−	31年は東西にトレンチを設定	記載有り	−	33年、層位、型式学的にも桝形囲式より以前のものである
加藤孝・小野力1964	記載有り	−	−	−	記載あり	不明	記載有り	記載有り	製塩土器が出土
加藤孝1968	記載有り、12月	−	−	記載あり、8月	−	31年は南北4m、東西12m、34年は南北2m、東西4m	記載有り	記載有り	層位的に土器、鉄製銛が出土した、製塩土器が出土
加藤孝1981	記載あり、12月	−	−	記載あり	−	記載なし	記載有り	記載有り	

第2表　出土遺物点数

年 遺物	昭和31年 (1956)	昭和33年 (1958)	昭和38年 (1963)	昭和45年 (1970)	不明	合計
土器	2,284	560	37	30	349	3,260
石器	19	14	1	0	104	138
骨角器等	2	16	0	0	8	26
動物遺存体	732	27	0	0	1,626	2,385
合計	3,037	617	38	30	2,087	5,809

引用文献

赤澤靖章　2000『高田B遺跡』仙台市文化財調査報告書第242集　仙台市教育委員会

藤沼邦彦ほか　1989『宮城県の貝塚』東北歴史資料館資料集第25集　東北歴史資料館

藤沼邦彦・岡村道雄　1982『里浜貝塚』I　東北歴史資料館

後藤勝彦　1970「宮城県宮城郡七ヶ浜町東宮鳳寿寺貝塚」『日本考古学年報』18　誠文堂新光社　pp. 81-82

林　謙作　1977「縄文期の葬制」『考古学雑誌』63-3 pp. 211-246

石川日出志　2005a「仙台平野における弥生中期土器編年の再検討」『関東・東北弥生土器と北海道続縄文　土器の広域編年』科研費基盤研究（B）(2) pp. 9-20

石川日出志　2005b「北上川流域の谷起島式とその後続型式」『関東・東北弥生土器と北海道続縄文土器の　広域編年』科研費基盤研究（B）(2) pp. 21-30

伊藤玄三　1958「仙台市西台畑出土の弥生式土器」『考古学雑誌』44-1 pp. 11-28

伊藤玄三　1966「弥生文化の発展と地域性」『日本の考古学』III　河出書房　pp. 204-220

伊東信雄　1950「南小泉石器時代遺跡」『仙台市史』3　仙台市役所　pp. 13-31

伊東信雄　1957「古代史」『宮城県史』1 pp. 3-171

伊東信雄　1968「東北地方I」『弥生式土器集成』本編2　東京堂　pp. 124-125

伊東信雄　1974「弥生文化」『水沢市史』1　水沢市史刊行会　pp. 291-329

伊東信雄　1979「東北の弥生文化」『東北学院大学東北文化研究所紀要』10　東北学院大学東北文化研究所　pp. 1-12

片倉信光ほか　1976『白石市史』別巻　考古資料篇　白石市

加藤　孝　1958「陸前・宮戸島貝塚調査概報」『日本考古学協会第21回総会研究発表要旨』　日本考古学協会　p. 4

加藤　孝　1960「考古学上よりみた塩竃市周辺の遺跡」『塩竃市史』III 別篇1　塩竃市役所　pp. 50-123

加藤　孝　1968「宮戸島貝塚寺下囲地区出土品に見られる弥生文化」『仙台湾周辺の考古学的研究』pp. 83-99

加藤　孝・小野　力　1964「鉄製銛を出土した宮城県宮戸島貝塚寺下囲遺跡」『日本考古学協会第30回総会研究発表要旨』pp. 9-10

加藤　孝　1981「寺下囲貝塚」『宮城県史』34　宮城県史刊行会　p. 415

加藤　孝・渡辺泰伸　1984「考古学研究資料図録」『東北学院大学東北文化研究所紀要』15 pp. 187-212　東北学院大学東北文化研究所

加藤道男　1982『青木畑遺跡』宮城県文化財調査報告書第85集　宮城県教育委員会

馬目順一　1978「入門講座　弥生土器―南東北3―」『考古学ジャーナル』154 pp. 12-19

目黒吉明　1969「弥生土器編年表」『福島県史』I 通史I　福島県　pp. 119-154

宮城県　1981『宮城県史』34 資料編11　宮城県史刊行会

中村五郎　1967「東北地方弥生式土器編年表」『福島県考古学会発表要旨』（東北考古学会編　1976『東北考古学の諸問題』　寧楽社　所収）

太田昭夫　1988「宮城県における弥生式土器の編年について」『東北地方の弥生式土器の編年について』

太田昭夫　1991『富沢遺跡』仙台市文化財調査報告書第149集　仙台市教育委員会

佐藤典邦 1987「弥生時代中期偽縄文覚書」『踏査』7 pp. 1-5
関根達人 1996「寺下囲式」『日本土器事典』 雄山閣 p. 566
塩釜女子高等学校社会部 1965「宮城県宮城郡七ヶ浜町東宮浜鳳寿寺貝塚の調査報告」『貝輪』2 pp. 3-19
SHIGEMITI TAIRA and TAKASHI KATO 1958 ON THE ORIGIN OF YAYOI CULTURE IN NORTHERN JAPAN SECOND REPORT ON THE SURVEY OF MIYATO-JIMA (ISIAND) EXCAVATION, MIYAGI PREFECTURE, JAPAN, Saito Ho-onKai Museum Research Bulletin No. 27, pp. 1-6
志間泰治 1971『鑪沼遺跡』 東北電力株式会社宮城支店
杉原荘介 1936「下野、野沢遺跡及び陸前：枡形囲貝塚出土の弥生式土器の位置について」『考古学』7-8 pp. 370-384
須藤　隆 1973「土器組成論」『考古学研究』19-4 pp. 62-89
須藤　隆 1983「東北地方の初期弥生土器―山王 III 層式―」『考古学雑誌』68-3 pp. 1-53
須藤　隆 1987「東日本における弥生文化の受容」『考古学雑誌』73-1 pp. 1-42
須藤　隆 1984『会津若松市墓料遺跡発掘調査報告書』 会津若松市教育委員会
須藤　隆 1990「東北地方における弥生文化」『伊東信雄先生追悼　考古学・古代史論攷』 今野印刷 pp. 243-322
須藤　隆 1998『東北日本先史時代文化変化・社会変動の研究』 纂修堂
須藤　隆 1999「第四節　弥生時代の生活と技術」『仙台市史』通史編 1 原始　仙台市 pp. 359-389
高瀬克範 2004『本州島東北部の弥生社会誌』 六一書房

付表1　出土土器属性表

番号	図版番号	器種	外面の特徴	内面の特徴	注記
1	3の1	深鉢	波状口縁、条線文		
2	3の2	深鉢	細い沈線	ミガキ	12.3 第一貝
3	3の6	高坏	沈線文	沈線文、ミガキ	12.3 I 貝 D2
4	3の7	鉢	口唇部に沈線、沈線文	ミガキ	12.2A-2 第一貝
5	3の8	鉢	口唇部に沈線、沈線文	ミガキ	12.2A-2 第一貝
6	4の5	壺	縄文LR→沈線文	ナデ	12.2D〜E1〜2 表土
7	4の7	鉢	沈線文	ナデ	12.4C-2 第一貝層上
8	5の1	深鉢	沈線文、刻目	ミガキ	1ノ1 1混
9	5の2	深鉢	縄文LR→沈線文	ミガキ	1ノ南1混
10	5の3	注口	沈線文	ナデ	1ノ南1混
11	5の4	深鉢	沈線文	ミガキ	1ノ南1混
12	5の5	鉢	沈線文	ミガキ	1ノ南1混
13	5の6	鉢	沈線文	ミガキ	1ノ南1混
14	5の12	高坏	沈線文	ミガキ	33.8 寺下ノ北ピット
15	5の13	鉢	沈線文	ミガキ	33.8 寺下ノ北 4.6
16	5の14	鉢	沈線文	ミガキ	33.8 寺下ノ北ピット
17	5の17	深鉢	縄文LR→沈線文	ミガキ	33.8 1ノ北 S
18	5の21	壺	沈線文	ナデ	33.8 1ノ北 S
19	8の1	大形浅鉢	口縁部に大小16個の突起、2個1対の突起になる、縄文LR→平行沈線文、口径37cm、器高15.3cm、底径11cm	突起と組み合う2条の沈線、ミガキ、底面もミガキ	宮戸島寺下囲小児 1937,12
20	8の2	鉢	沈線文、ミガキ、底径7.2cm、残存高6.2cm	横ミガキ	12.2 A-2 第一貝
21	8の3	鉢	ミガキ、推定口径11.5cm、底径5.2cm、器高5.9cm	ミガキ、底面は木葉痕	33.8 1ノ北 Pit
22	8の4	鉢	変形工字文が推定で4単位、沈線文、口径18cm、底径11.2cm、器高8.3cm	丁寧なミガキ、口唇部に沈線	
23	8の5	鉢	変形工字文が推定で6単位、沈線部分に赤彩、口径15cm、底径9.5cm、推定器高7.5cm	沈線、ミガキ	12.6 D-1、C-1 第1貝
24	8の6	鉢	器面調製粗い、推定口径13.5cm、推定底径6.6cm、器高7.6cm	ケズリ、底面は網代	12.2 D〜E1〜2 表土、表土
25	8の7	鉢	縄文LR→平行沈線文、口径11cm、底径5.6cm、器高7.7cm	ミガキ、底面は木葉痕	宮戸島寺下囲 1956.12
26	8の8	鉢	平行沈線文、ミガキ、口径10.3cm、底径5.8cm、器高8.2cm	ミガキ、底面は木葉痕	寺下囲DP貝層中 S45.9.27
27	9の1	鉢	平行沈線文、連弧文、口径12.2cm、底径4cm、器高8.6cm	ミガキ、底面は木葉痕	
28	9の2	鉢	縄文LR→方形区画文、一部赤彩、推定口径18cm、底径7.5cm、器高12.2cm	ミガキ、底面は木葉痕	
29	9の3	台付土器	縄文LR→沈線文、推定底径6cm、残存高6.3cm	ミガキ	
30	9の4	鉢	縄文LR→平行沈線文、底径6.3cm、残存高4.7cm	ミガキ、底面は木葉痕	31.12.3 表土、表土F F-2
31	9の5	高坏	植物茎回転文→沈線文、体部文様は推定5単位、突起は推定8個、推定口径20.5cm、残存高12.8cm	沈線、ミガキ、ナデ	38.7 寺下囲
32	9の6	高坏	変形工字文は3単位、平行沈線文に粘土粒、赤彩、推定口径18.6cm、残存高10.2cm	沈線、ミガキ	31-冬 B1-B2混貝層、C1-C2混貝土層、12.1
33	10の1	蓋	つまみ部は指で造り出している、ナデ、木葉痕、つまみ部径7.1cm、残存高4.7cm	ナデ、ミガキ	
34	10の2	蓋	網代、つまみ、縄文LR、部径6.3cm、残存高5.7cm	ミガキ	1ノ南1混
35	10の3	蓋	弧状の沈線文、ミガキ、ナデ、つまみ部径6.2cm、残存高3.2cm	ミガキ	38.8 寺下黒土
36	10の4	蓋	縄文LR→平行沈線文、推定径14cm、残存高6.6cm	ミガキ	Dの第1貝層中
37	10の5	高坏	縄文LR→変形工字文が3単位、突起は6個、口径20.5cm、残存高8.7cm	突起と組み合う2条の沈線、赤彩、ミガキ	38.7 寺下囲黒土
38	10の6	高坏	縄文RL→平行沈線文、波状文、底径10cm	ミガキ、ナデ	
39	10の7	高坏	平行沈線文、弧状文、径4.9cm、残存高5cm	ナデ、ミガキ	
40	10の8	高坏	縄文LR→平行沈線文、波状文が3単位、底径9.7cm、残存高8.3cm	雑なミガキ	38.7 寺下囲
41	10の9	高坏	縄文LR→平行沈線文、波状文が推定3単位、底径10.4cm、残存高7.8cm	ミガキ	寺下囲 S45.8.27 DP貝層中
42	10の10	高坏	平行沈線文、波状文、径6.9cm、残存高4.6cm	ミガキ	寺下1ノ南1混
43	10の11	高坏	平行沈線文、推定径5.6cm、残存高2.7cm	ミガキ	
44	10の12	高坏	ナデ、径5.6cm、残存高3.7cm	ナデ、ミガキ	
45	10の13	高坏	沈線文、径6.6cm、残存高2cm	ミガキ	
46	10の14	高坏	平行沈線文、山形文、底径13.5cm、残存高6cm	ミガキ	
47	10の15	高坏	植物茎回転文→沈線文、体部文様は3単位、底径10.8cm、残存高8cm	ミガキ	31.12.3 E1 表土、31.D2 第一貝
48	11の1	壺	縄文LR→沈線文、方形区画は4単位、口唇部にも縄文LR、口径12.4cm、残存高7.8cm	頸部が窪む、沈線、ミガキ	38.7 寺下囲
49	11の2	壺	縄文LR→沈線文、王字文、推定口径8.2cm、底径8.5cm、最大径15.7cm、器高17.2cm	頸部が窪む、ミガキ	宮戸寺下囲 S45.9.26 AP貝層上
50	11の3	壺	突起現存8個、縄文LR→頸部のミガキ、口径9.8cm、残存高16.7cm、底径16.7cm	縄文LR→窪み、ミガキ	12.1.C1〜C2 第一混土、第二貝
51	11の4	壺	縄文LR→沈線文、王字文が推定4単位、口唇部にも縄文、推定口径14.2cm、推定最大径16.6cm、器高13.6cm	沈線文、ミガキ	12.4 C-2 第1貝
52	11の5	壺	平行沈線文、連弧文、口径12.2cm、底径4cm、推定最大径20cm、残存高14cm	ミガキ、口縁部付近に焼成前の穿孔	
53	11の6	壺	縄文LR→変形工字文、推定口径8.4cm、推定最大径13.8cm、残存高10.9cm	ミガキ、穿孔は焼成、沈線文の後	寺下囲 S45.9.27 CP純貝層
54	11の7	壺	変形工字文、推定口径12.7cm、推定最大径17.1cm	ミガキ、焼成前穿孔	
55	12の1	壺	ミガキ、口径9.5cm、残存高5cm	ミガキ	寺下囲 S45.9.27 CP純貝層
56	12の2	壺	2本の隆帯、ミガキ、推定口径10cm、残存高6cm	ケズリ→ナデ→ミガキ	寺下囲 S45.9.27 AP貝層上
57	12の3	壺	隆帯、ミガキ、口径8.9cm、残存高5cm	ミガキ	1南1混
58	12の4	壺	断面三角形の隆帯、雑なミガキ、推定口径12.2cm、残存高8.8	ミガキ	12.4 C2-D2 第1貝
59	12の5	壺	隆帯、ミガキ、口径10.4cm、残存高7.5cm	ミガキ	
60	12の6	壺	隆帯、口径11.1cm、残存高4.2cm	ミガキ	
61	12の7	壺	平行沈線文、推定口径5.8cm、残存高4.1cm	ミガキ	
62	12の8	壺	突起8個、隆帯上に縄文RL→ミガキ、口径13.4cm、残存高6.6cm	ミガキ	

番号	図版番号	器種	外面の特徴	内面の特徴	注記
63	12の9	壺	縄文LR→頸部ミガキ、推定口径11cm、推定最大径17cm、残存高9.9cm	ミガキ	寺下33.8.8
64	12の10	壺	口唇部に縄文LR、頸部に刺突文、ミガキ、推定口径13cm、残存高4.6cm	ミガキ	寺下囲S45.9.27AP貝層中
65	12の11	壺	縄文LR→メガネ状文、平行沈線文、赤彩、推定最大径15.4cm、底径6.5cm、残存高9cm	ナデ、底面は木葉痕	38.7寺下囲
66	13の1	甕	頸部は横ミガキ、縄文LR→列点文、口径16cm、最大径17.4cm、残存高19cm	口縁部は横ミガキ、頸部体部は縦ミガキ	寺下囲 1ノ1区 33.8 第一混土層
67	13の2	甕	縄文(異条)→沈線文、隅丸方形文は推定4単位、推定口径16.8cm、残存高9.7cm	ミガキ、沈線文	12.3D-1 第一貝、C-2第一貝上、12.4
68	13の3	深鉢	製塩土器、ナデ、推定口径11cm、残存高13.6cm	ミガキ	31. 冬、C-1第一貝
69	13の4	深鉢	製塩土器、ナデ、推定口径21.1cm、残存高9.1cm	ナデ	
70	13の5	甕	縄文RL→頸部平行沈線文、推定口径22.2cm、残存高9.3cm	ミガキ	D-1 第1貝、D-2 第2貝
71	13の6	甕	口唇、体部に縄文LR、推定口径24cm、残存高7cm	ミガキ	寺下囲S45.9.27CP 純貝層
72	13の7	甕	縄文LR→平行沈線文、波状文、推定最大径12.9cm、底径6.5cm、残存高12.8cm	ケズリ→ミガキ、底面は木葉痕	38.7寺下囲
73	14の1	甕	口唇、体部に縄文LR、推定口径26.3cm、残存高9.3cm	ミガキ	31.12.3.D1~2第1貝
74	14の2	甕	波状口縁、縄文LR、推定口径34cm、残存高7cm	ミガキ	12.4 C-2表土下第一貝上
75	14の3	甕	縄文LR→列点文、推定口径37cm、残存高9.2cm	横ナデ→ミガキ	1ノ南1混
76	14の4	壺	縄文RL→沈線文、最大径11.7cm、底径6.5cm、残存高14.4cm	底面ミガキ、穿孔は焼成前	宮戸島寺下囲1956.12 DⅡ~E一貝
77	14の5	壺	三叉文、口径12.8cm、最大径25.7cm、残存高15.7cm	ミガキ、ケズリ	12.3
78	14の6	台付土器	底部径6.8cm、残存高3.9cm	ミガキ、ナデ	31.12.3第三貝G
79	15の1	皿	突起、沈線文、丁寧なミガキ、推定口径21.4cm、底部径10.2cm、器高4.7cm	ミガキ	NO.15号人骨骨盤上
80	15の2	壺	ミガキ、最大径18.4cm、底径6cm、残存高10.6cm	ナデ	寺下1ノ南1混
81	15の3		縄文LR、底径4cm、残存高7.8cm	ミガキ、底面はミガキ	12.5表土下東壁
82	15の4		縄文LR、底部径5.3cm、残存高2.4cm	雑なナデ、底面は木葉痕	
83	15の5		縄文LR、底部径5.5cm、残存高4.7cm	ナデ、底面は木葉痕	
84	15の6		縄文LR、底部径5.3cm、残存高3cm	ナデ、底面は木葉痕	
85	15の7		縄文LR、底径6.5cm、残存高7.4cm	ミガキ、底面は木葉痕	12.4C-2 第一貝上
86	15の8		植物茎回転文、底部径11.2cm、残存高3.7cm	ミガキ	
87	16の1	鉢	沈線文	沈線、ミガキ	1ノ南1混
88	16の2	鉢	沈線文、刺突文	ミガキ	1ノ南1混
89	16の3	鉢	変形工字文	ミガキ	1ノ南1混
90	16の4	鉢	沈線文	ミガキ	12.6
91	16の5	鉢	ミガキ、沈線文	ナデ	1ノ南1混
92	16の6	鉢	沈線文	ミガキ	1ノ南1混
93	16の7	鉢	沈線文	ミガキ	33.8寺下1ノ北ピット
94	16の8	鉢	沈線文	ミガキ	33.8寺下1ノ北ピット
95	16の9	鉢	突起、口唇部は縄文LR、撚糸L、沈線文	ナデ	1ノ南1混
96	16の10	深鉢	縄文LR→沈線文	ミガキ	

番号	図版番号	器種	外面の特徴	内面の特徴	注記
97	16の11	鉢	縄文LR→沈線文、赤彩	ミガキ	
98	16の12	鉢	沈線文	沈線、ミガキ	12.6
99	16の13	鉢	突起、平行沈線文、波状文	沈線文、ミガキ	D1第1貝層上、12.4
100	16の14	鉢	沈線文	ミガキ	12.6
101	16の15	鉢	口唇部に縄文LR、縄文LR→沈線文	ミガキ	12.2. A2表土
102	16の16	鉢	口唇部に縄文LR、縄文LR→変形工字文、赤彩	ミガキ	12.4 C-2第一貝
103	16の17	鉢	突起、変形工字文	ミガキ	S45.9.26AP貝層上
104	16の18	鉢	沈線文	ミガキ	
105	16の19	鉢	口唇部に縄文LR、平行沈線文	沈線文、ナデ	33.8寺下1ノ北ピット
106	16の20	鉢		ミガキ	12.4D-2 第一貝
107	16の21	鉢	沈線文、赤彩	ミガキ	
108	16の22	鉢	沈線文	ミガキ	33.8寺下1ノ北ピット
109	16の23	鉢	沈線文	沈線文、ミガキ	
110	16の24	鉢	沈線文	沈線文、ミガキ	
111	16の25	鉢	縄文LR→沈線文	ミガキ	
112	16の26	鉢	縄文LR→沈線文	ミガキ	1ノ1混
113	16の27	鉢	縄文LR→沈線文	ミガキ	12.6
114	16の28	鉢	沈線文	沈線、ミガキ	1ノ1混
115	17の1	高坏	沈線文	ミガキ	33.8寺下1ノ北ピット
116	17の2	高坏	沈線文	ミガキ	
117	17の3	高坏	沈線文	ミガキ	
118	17の4	高坏	突起、沈線文	沈線、ミガキ	1ノ南1混
119	17の5	高坏	沈線文、赤彩	ミガキ	
120	17の6	高坏	沈線文	ミガキ	
121	17の7	高坏	口唇部に縄文LR、沈線文	ミガキ	
122	17の8	高坏		ミガキ	12.2D~E1~2表土下
123	17の9	高坏	変形工字文	沈線、ミガキ	
124	17の10	高坏		ミガキ	
125	17の11	高坏	沈線文	ミガキ	12.2
126	17の12	高坏	沈線文	ナデ	33.8寺下1ノ北ピット
127	17の13	高坏	沈線文、赤彩	ミガキ	寺下1ノ南1混、1ノ南1混
128	17の14	高坏		ナデ	31. 冬D2表土下
129	17の15	高坏	原体不明→沈線文	ミガキ	1ノ南1混
130	17の16	高坏	縄文LR→沈線文	ミガキ	B2 2貝
131	17の17	高坏	13と同一個体		
132	17の18	高坏	13と同一個体		
133	17の19	高坏	縄文LR→沈線文	ケズリ	31.12.3D1-2貝
134	17の20	高坏	沈線文	ミガキ	12.1C1~C2混土
135	17の21	高坏	沈線文	ミガキ	
136	17の22	高坏		ミガキ	
137	17の23	高坏	縄文LR→長楕円形区画文、赤彩	縄文LR、沈線文	
138	17の24	高坏	突起、口唇部に縄文LR、平行沈線文、波状文	沈線文、ミガキ	
139	17の25	高坏		ミガキ	
140	18の1	深鉢	縄文LR→沈線文	ナデ	S45.9.26CP純貝層
141	18の2	壺	縄文LR→円形等区画文	ミガキ	
142	18の3	壺	縄文LR→沈線文	ミガキ	33.81の北Pit
143	18の4	壺	縄文LR→沈線文、赤彩	ミガキ	12.4第一貝□
144	18の5	壺	口唇部に縄文LR、縄文LR→沈線文	ミガキ	
145	18の6	壺	縄文LR→沈線文	ミガキ	1ノ南1混
146	18の7	壺	縄文LR→沈線文	ナデ、オサエ、ミガキ	
147	18の8	壺	縄文LR→沈線文	ミガキ	12.1C1混土
148	18の9	壺	植物茎回転文→平行沈線文	ナデ	1ノ南1混
149	18の10	壺	縄文LR→渦巻文	ナデ	
150	18の11	壺	縄文LR→錨形文		
151	18の12	壺	10と同一個体		
152	18の13	壺	縄文RL→平行沈線文	ミガキ	12.2E1~2表土
153	18の14	壺	縄文LR→沈線文	ミガキ	
154	18の15	壺	隆帯、ミガキ	沈線、ミガキ	1ノ南1混
155	18の16	壺	隆帯、ミガキ	ミガキ	1ノ南1混

宮戸島里浜貝塚より発見せられた弥生土器　　575

番号	図版番号	器種	外面の特徴	内面の特徴	注記
156	18の17	壺	隆帯、ミガキ	ナデ	1ノ南1混
157	18の18	壺	隆帯、ミガキ	ナデ	12.4 第一貝
158	18の19	壺	口唇部に縄文LR、ナデ	ナデ、ミガキ	1ノ南1混
159	18の20	壺	口唇部に縄文LR、ミガキ	ミガキ	12.3D-1 1貝
160	18の21	壺	隆帯、ミガキ	ミガキ	31. 冬 C-1 第一貝
161	18の22	壺	9と同一個体		
162	19の1	甕	波状口縁、縄文LR→平行沈線文	ミガキ	31.12.4D1 第1貝
163	19の2	甕	縄文LR→沈線文	ミガキ	12.3 1貝
164	19の3	甕	附加条→沈線文	ミガキ	骨角器まじり
165	19の4	甕	縄文LR、平行沈線文	ミガキ	12.4 D-1表土下
166	19の5	甕	縄文LR→沈線文	ミガキ	C-2 第一貝 12.4
167	19の6	甕	縄文LR→沈線文	ミガキ	1ノ南1混
168	19の7	甕	口唇部に縄文LR、縄文LR→平行沈線文	ミガキ	31.12.3D1 第1貝
169	19の8	甕	口唇部に縄文LR、縄文LR→長楕円形区画文	ミガキ	12.6
170	19の9	甕	縄文LR、平行沈線文	ミガキ	S45.9.26CP 純貝層上
171	19の10	甕	縄文LR、列点文	ミガキ	
172	19の11	甕	口唇部に縄文LR、縄文LR→列点文、穿孔	ミガキ	33.8 1ノ北S
173	19の12	甕	縄文LR→列点文	ナデ	1ノ南1混
174	19の13	甕	縄文LR→列点文	ミガキ	1の南1貝
175	19の14	甕	口唇部に縄文LR、縄文LR→列点文	ミガキ	33.8 1ノ北S
176	19の15	甕	口唇部に縄文LR、縄文LR、列点文	ナデ	33.8 寺下1ノ北Pit
177	19の16	甕	口唇部に縄文LR、縄文LR→列点文	ミガキ	1ノ南1混
178	19の17	甕	縄文LR→列点文	ミガキ	31.12.3D1第一貝
179	19の18	甕	口唇部に縄文LR、縄文LR、列点文	ミガキ	12.4D-2 第一貝
180	19の19	甕	口唇部に縄文LR、縄文LR→列点文	ミガキ	12.4D-1 第一貝
181	19の20	甕	口唇部に縄文LR、縄文LR→列点文	ミガキ	12.3D-1 第1貝
182	19の21	甕	口唇部に縄文LR、縄文LR→列点文	ミガキ	12.5D-1 第一貝
183	19の22	甕	口唇部に植物茎回転文、列点文、植物茎回転文	ミガキ	12.4D-2 第一貝
184	19の23	甕	縄文LR→列点文	ミガキ	
185	19の24	甕	縄文LR→列点文	ミガキ	
186	19の25	甕	口唇部に縄文LR、縄文LR、列点文	ミガキ	31.12.3D I 第1貝
187	19の26	甕	口唇部に縄文LR、縄文LR→列点文	ミガキ	12.4C2~D2 第一貝
188	19の27	甕	口唇部に縄文LR、縄文LR→列点文	ミガキ	S45.9.27CP 純貝層
189	20の1	甕	植物茎回転文→列点文	ミガキ	
190	20の2	甕	植物茎回転文→列点文	ミガキ	
191	20の3	甕	口唇部に植物茎回転文、列点文、植物茎回転文	ミガキ	
192	20の4	甕	口唇部に縄文LR、縄文LR、列点文	ミガキ	
193	20の5	甕	口唇部に縄文LR、縄文LR→列点文	ミガキ	
194	20の6	甕	口唇部に縄文LR、縄文LR→列点文	ミガキ	
195	20の7	甕	植物茎回転文、列点文	ナデ	
196	20の8	甕	口唇部に縄文LR、縄文LR、列点文	ミガキ	12.5D-1 第一貝
197	20の9	甕	口唇部に縄文LR、縄文LR→列点文	ミガキ	骨角器まじり
198	20の10	甕	口唇部に縄文LR、縄文LR→列点文	ミガキ	12.4D-1表土下
199	20の11	甕	縄文LR→列点文	ミガキ	12.4D-2 貝ソ上
200	20の12	甕	口唇部に縄文LR、縄文LR、列点文	ミガキ	寺下囲 S45.9.27DP 貝層上
201	20の13	甕	口唇部に縄文LR、縄文LR、列点文	ミガキ	31. 冬 D I 第一貝、12.2D~E1-2 表土下
202	20の14	甕	口唇部に縄文LR、縄文LR、列点文	ミガキ	S45.9.27CP 純貝層
203	20の15	甕	口唇部に縄文LR、縄文LR、列点文	ミガキ	12.4C2~D2 一貝
204	20の16	甕	縄文LR→列点文	ミガキ	12.6
205	20の17	甕	口唇部に縄文LR、縄文LR→列点文	ミガキ	
206	20の18	甕	口唇部に縄文LR、縄文LR→列点文	ミガキ	12.4C2~D2 1貝
207	20の19	甕	口唇部に縄文LR、縄文LR→列点文	ミガキ	12.4D-2 第一貝
208	20の20	甕	縄文LR、列点文	ミガキ	12.1C-1混土
209	20の21	甕	植物茎回転文、列点文	ミガキ	
210	20の22	甕	口唇部に縄文LR、縄文LR→列点文	ミガキ	S45.9.27AP 貝層上
211	21の1	甕	植物茎回転文→列点文	ミガキ	
212	21の2	甕	植物茎回転文→列点文	ミガキ	
213	21の3	甕	植物茎回転文	ミガキ	12.4C2~D2 1貝
214	21の4	甕	植物茎回転文、列点文	ミガキ	12.4D-1表土下
215	21の5	甕	植物茎回転文→列点文	ミガキ	12.4D-1表土下
216	21の6	甕	植物茎回転文→列点文	ミガキ	12.5D-1表土下
217	21の7	甕	植物茎回転文、列点文	ミガキ	12.4D-2 ソ上
218	21の8	甕	植物茎回転文→列点文	ミガキ	12.4C2~D2 第一貝
219	21の9	甕	植物茎回転文→列点文	ミガキ	12.4C2 第一貝上
220	21の10	甕	縄文LR→列点文→沈線文	ミガキ	38.8 寺下黒土
221	21の11	甕	縄文LR、沈線文	ミガキ	12.3D1-2 第一貝
222	21の12	甕	口唇部に縄文LR、縄文LR	ミガキ	S45.9.27CP 純貝層
223	21の13	甕	縄文LR	ナデ	1ノ南1混
224	21の14	甕	縄文LR	ミガキ	12.6
225	21の15	甕	植物茎回転文	ナデ	12.31貝 D-2
226	21の16	深鉢	口唇部に縄文LR、縄文LR、綾繰文	ミガキ	S45.9.27DP 貝層中
227	21の17	甕	縄文LR	ミガキ	12.4D-2 ソ上
228	21の18	甕	縄文LR	ミガキ	12.4 第一貝
229	21の19	甕	口唇部に縄文LR、縄文LR	ミガキ	S45.9.26AP 貝層上
230	21の20	甕	波状口縁、縄文LR	ナデ	1ノ南1混
231	21の21	甕	縄文LR	ナデ	1ノ1 1混
232	21の22	甕	縄文LR	ミガキ	
233	21の23	甕	口唇部、体部は植物茎回転文	ミガキ	31.12.3E-1表土
234	22の1	甕	縄文（異条）	ミガキ	S45.9.27DP 貝層中
235	22の2	甕	縄文LR	ナデ	
236	22の3	甕	口唇部は縄文RL、縄文LR	ミガキ	
237	22の4	甕	口唇部に縄文LR、縄文LR	ミガキ	S45.9.27DP 貝層中
238	22の5	甕	縄文LR	ミガキ	1ノ南1混
239	22の6	甕	縄文LR	ミガキ	1ノ1 1混
240	22の7	甕	縄文LR	ミガキ	12.3D-1~2 第一貝
241	22の8	甕	縄文LR	ミガキ	寺下 1ノ11貝
242	22の9	甕	縄文LR	ミガキ	S45.9.27CP 純貝層上
243	22の10	甕	縄文LR	ミガキ	12.4D2~C2 1貝
244	22の11	甕	口唇部に縄文LR、縄文LR	ミガキ	S45.9.26AP 貝層上
245	22の12	甕	縄文LR	ミガキ	12.4C2~D2 第1貝
246	22の13	甕	ミガキ	ミガキ	12.4D-2 一括
247	22の14	甕	縄文LR	ミガキ	12.4C2 第1貝
248	22の15	甕	縄文LR	ミガキ	寺下囲
249	22の16	甕	縄文LR	ミガキ	寺下囲
250	22の17	甕	縄文LR→平行沈線文	ミガキ	寺下1ノ南1貝
251	22の18	甕	縄文LR	ミガキ	
252	22の19	甕	縄文LR→平行沈線文	ミガキ	1ノ南1貝
253	23の1	甕	口唇部に縄文LR、縄文LR	ミガキ	31.12.3□ □ □表土
254	23の2	甕	平行沈線文	ミガキ	12.3D-1~2 第一貝
255	23の3	甕	縄文LR→平行沈線文	ミガキ	12.4D-2 1貝層上
256	23の4	甕	縄文LR→平行沈線文	ミガキ	12.4D1 1貝

番号	図版番号	器種	外面の特徴	内面の特徴	注記
257	23の5	甕	縄文LR→沈線文	ミガキ	38.8寺下黒土
258	23の6	甕	口唇部に縄文LR、縄文LR→平行沈線文	ミガキ	31.12.3A4表土下
259	23の7	甕	口唇部と体部に縄文L→平行沈線文	ミガキ	12.4D-2 第1貝
260	23の8	甕	口唇部に縄文、平行沈線文	ミガキ	12.4D-2 1貝層上
261	23の9	甕	口唇部に縄文LR、ナデ	ミガキ	12.3D1-2 1貝
262	23の10	甕	口唇部縄文LR、沈線文	ミガキ	
263	23の11	甕	口唇部縄文LR、沈線文	ミガキ	
264	23の12	甕	縄文LR→三角形文	ナデ	1ノ南1混
265	23の13	甕	口唇部に縄文LR、縄文LR→沈線文	ミガキ	
266	23の14	甕	縄文LR→沈線文	ミガキ	
267	23の15	甕	縄文LR→沈線文、赤彩	ミガキ	
268	23の16	甕	縄文LR	ミガキ	1ノ南1混
269	23の17	甕	口唇部、体部は植物茎回転文、平行沈線文	ミガキ	S45.9.27AP貝層中
270	23の18	甕	縄文（無節R）	ミガキ	1ノ南1混
271	23の19	甕	縄文LR	ミガキ	12.2A-2 1貝
272	23の20	甕	縄文LR	ミガキ	1ノ南1混
273	23の21	甕	縄文LR	ミガキ	12.3D-2 1貝
274	24の1	甕	縄文LR	ミガキ	1ノ南1混
275	24の2	甕	1と同一個体		
276	24の3	甕	縄文LR	ミガキ	12.6
277	24の4	甕	縄文LR	ミガキ	
278	24の5	甕	1と同一個体		
279	24の6	甕	口唇部、体部は植物茎回転文	ミガキ	12.4C2-D2 1貝
280	24の7	甕	縄文LR	ミガキ	
281	24の8	甕	列点文	ミガキ	C2～D2 第1貝 12.□
282	24の9	甕	列点文	ミガキ	12.3 D2 1貝
283	24の10	甕	ナデ	底面は木葉痕	12.2C-1 第1貝
284	24の11	高坏	口唇部は植物回転文、植物茎回転文→沈線文	ミガキ	S45.9.27DT貝層上
285	24の12	高坏	口唇部は植物回転文、植物茎回転文→沈線文	ミガキ	S45.9.27DT貝層上
286	24の13	高坏	植物茎回転文→沈線文	ミガキ	
287	24の14	高坏	縄文LR→沈線文、赤彩	ミガキ	12.4 第一貝□
288	24の15	高坏	縄文LR→沈線文	ミガキ	
289	24の16	高坏	突起、口唇部は縄文LR、縄文LR→沈線文	沈線文、ミガキ	
290	24の17	高坏	突起、口唇部は縄文LR、縄文LR→沈線文	沈線文、ミガキ	
291	24の18	高坏	突起、口唇部は縄文LR、縄文LR→沈線文	沈線文、ミガキ	S45.9.26AP貝層中
292	24の19	高坏	突起、口唇部は縄文LR、縄文LR→沈線文	沈線文、ミガキ	
293	24の20	高坏	縄文（異条）→沈線文	ミガキ	1ノ南1混
294	24の21	高坏	口唇部に縄文LR、縄文LR→沈線文	ミガキ	1ノ1 1混
295	24の22	高坏	21と同一個体		
296	24の23	高坏	口唇部に縄文LR、縄文LR→沈線文	ミガキ	
297	24の24	高坏	縄文LR→平行沈線文、波状文	沈線文、ミガキ	寺下1ノ南1貝 33.8
298	25の1	蓋	附加条、沈線文	沈線文、ミガキ	1ノ南1混
299	25の2	蓋	縄文LR	ミガキ	
300	25の3	蓋	縄文LR	ミガキ	12.4C-1 第一貝
301	25の4	蓋	縄文LR	ミガキ	12.6
302	25の5	蓋	口唇部に縄文LR、縄文LR→沈線文	ミガキ	12.5D-1 第一貝
303	25の6	蓋	縄文LR→平行沈線文	ミガキ	
304	25の7	蓋	縄文LR	ミガキ	12.3D-2 1貝
305	25の8	蓋	縄文LR	ナデ	1ノ南1混
306	26の1	高坏	変形工字文、直径9cm、残存高4.8cm		
307	26の2	壺	縄文LR→沈線文、推定口径14.8cm、推定残存高4.6cm	ミガキ	
308	26の3	壺	口唇部に縄文LR、隆帯上に縄文LR、推定口径12.2cm、残存高4.7cm	ミガキ	
309	26の4		植物茎回転文	底面は木葉痕、直径4.8cm	
310	26の5	甕	波状口縁、縄文LR		
311	27の1	高坏	口唇部に縄文、沈線文	沈線文、ミガキ	
312	27の2	鉢	沈線文	沈線文、ミガキ	
313	27の3	深鉢	縄文LR→沈線文	調整不明	
314	27の4	鉢	縄文LR→沈線文	ミガキ	
315	27の5	深鉢	縄文→沈線文	ミガキ	
316	27の6	甕	植物茎回転文	ミガキ	
317	27の7	深鉢	縄文→沈線文	ミガキ	
318	27の8	甕	縄文LR→列点文	ミガキ	
319	27の9	甕	植物茎回転文→列点文	ミガキ	
320	27の10	製塩土器	ナデ	ミガキ	
321	27の11	甕	口唇部に植物茎回転文、沈線文	ナデ	
322	27の12	甕	5と同一個体		
323	27の13	製塩土器	ナデ	ミガキ	
324	27の14	甕	植物茎回転文→列点文	ナデ	
325	27の15	甕	植物茎回転文		
326	27の16	製塩土器	ナデ	ナデ	
327	27の17	製塩土器	ナデ		
328	27の18	製塩土器	推定直径10cm	底面は木葉痕	
329	27の19	製塩土器	底面は木葉痕	ミガキ	

付表2 石器等属性表

番号	図版番号	器種	特徴	計測値	注記
1	28の1	骨角器	筒状になっている。上端の一部が窪む。全体に擦痕あり。	長さ1.8cm、外径1.7cm、内径1.2cm、重量2.7g	33.8寺下囲一の南区第一貝層下
2	28の2	鉄鏃	保存処理済み	長さ7.1cm、幅3.8cm、厚さ0.8cm、重量10g、本来一緒だった錆9gがある。	
3	28の3	石鏃	両面に白色物質付着、石材は鉄石英	長さ3.5cm、最大幅1.5cm、最大厚0.9cm、重量2.2g	33.寺下囲三貝
	28の4	石鏃	頁岩	長さ3.5cm、最大幅1.6cm、最大厚0.7cm、重量3.1g	寺下囲1区耕土
	28の5	石鏃	基部に近いところが膨らむ	長さ2.7cm、最大幅1.2cm、最大厚0.5cm、重量1.3g	寺下囲1区第4貝層
	28の6	スクレイパー	自然面が残る、頁岩	長さ5.6cm、最大幅3.3cm、最大厚1.2cm、重量15.4g	寺下囲第2区第2層
	28の7	スクレイパー	両面に焼けはじけ痕あり、黒色物質付着、つまみ部端は折れている。頁岩	長さ5.7cm、最大幅3.3cm、最大厚0.8cm、重量8.4g	寺下囲1の北区第二貝層
	28の8	スクレイパー	石材不明	長さ4cm、最大幅3.5cm、最大厚1.5cm、重量13.6g	寺下囲第一貝層8.6
	28の9	スクレイパー	石核を転用したもの、自然面が残る。	長さ8.2cm、最大幅7.4cm、最大厚2.5cm、重量106.4g	
	29の1	石皿	直線的な擦痕、研磨された面がある。安山岩	長さ15.1cm、最大幅16.5cm、最大厚4.4cm	38.7.26A2貝層下混貝土
	29の2	磨石	全面がつるつるしている。	長さ9.2cm、最大幅6.1cm、最大厚4cm、重量327.2g	寺下囲トレンチ第一貝層（1の1区）8.5
	29の3	凹石	両面に窪みがある、よく研磨されている。側面の一部は叩きに使用したとみられる。	長さ12.1cm、最大幅9cm、最大厚4.3cm、重量640g	宮戸島寺下囲
	29の4	磨石	側面の一部に打痕あり、全体が摩滅している。	長さ8.1cm、最大幅7.8cm、最大厚3.6cm、重量375.7g	寺下囲トレンチ第一貝層（1の1区）8.5
	29の5	叩石	中央部が若干窪む	長さ9.3cm、最大幅7.2cm、最大厚7cm、重量610g	
	29の6	磨製石斧	擦痕は見られない	残存長2.6cm、残存幅2.6cm、最大厚1.7cm	

福島県内における弥生時代墓制研究の動向

田 中 　 敏

I. はじめに

　福島県内における弥生時代の墓制研究は、再葬墓の認識にはじまり、土坑墓・土器棺墓の確認、そして、それまでの成果を踏まえての墓制の系譜、変遷、葬送原理などの追究という流れのなかで進展してきた。また最近では、県内の再葬墓を対象にその造墓・葬送過程、原理を遺構と遺物の面から検討した論考も発表されている（竹田裕子 2006）。さらには、方形周溝墓の確認など、新たな資料の蓄積もなされてきている。

　このような状況を踏まえ、小論では県内における墓制研究を中心にこれまでの動向を整理し、そこから派生してくるいくつかの課題についてまとめてみたい。このことによって、弥生時代の墓制がさらに具体的な姿としてみえてくるはずである。

II. 研究史

1. 再葬墓の認識

　福島県内における弥生時代墓制研究の嚆矢は、明治21年、棚倉町崖ノ上遺跡での弥生土器発見である。当時の状況については、棚倉町史編纂に関連し、崖ノ上遺跡の学史上の価値を追究してきた井上国雄の記述に詳しい（井上国雄 1990）。同氏はこのなかで、畑の耕作中に14・5個の土器が輪のようになって発見された状況が書き記された史料を紹介し、その状況が、再葬墓の出土状況と類似していることを指摘している。この際に出土した土器のうち所在が明らかなのは3点で、これらは、伊東信雄が後に「棚倉式土器」と命名した資料である。

　崖ノ上遺跡は、昭和7年以前に神林淳雄、昭和14年に杉原荘介によって調査されているが、いずれの場合にも、当初期待されたであろう弥生時代の遺構・遺物はほとんど確認されなかったため、弥生時代の遺跡として、その性格を明確にすることはできなかった。

　県内における本格的な墓制研究は、戦後、杉原荘介によって行われた会津若松市南御山遺跡の調査（1次調査）にはじまる。この調査で、小竪穴に人為的に埋納された弥生土器と玉類が出土したが、このうち、弥生土器については、中期の前半と後半に分類され、それぞれ南御山I式、II式という型式が設定された。玉類には、管玉と勾玉があり、特に管玉はその多くが故意に打ち欠かれた状態で出土した（杉原荘介 1954）。

このように、南御山遺跡では小竪穴に土器が埋納され、故意に打ち欠かれた玉類が出土するというように、現在の視点からすれば、この遺跡が墓制に関わるものであることは明白だが、当時はまだ、この種の遺跡についてその性格を明確にできる段階ではなかった。

このような小竪穴の性格について解明されたのは、1963・1964年に行われた千葉県佐倉市天神前遺跡の調査成果によってである（杉原荘介・大塚初重 1974）。この調査において、複数の土器が小竪穴から出土し、そのなかの細頸壺内から成人の遺骨が発見されたことにより、一種の洗骨葬が行われたことが想定され、この小竪穴に「再葬墓」という名称が与えられた。

1960年代、県内では、白河市（旧表郷村）滝ノ森遺跡、金山町宮崎遺跡などが調査されている。以前から人面付土器が出土していることで著名な滝ノ森遺跡では、1966年に調査が行われ、明確な遺構は確認されなかったものの、弥生土器が集中して出土する地点が確認された。破砕された管玉も出土しており、報告では、弥生土器が集中する範囲に、小竪穴墓が存在したと推定している（江藤吉雄・目黒吉明ほか 1967）。

2. 資料の蓄積と研究の深化

この時期、郡山市柏山遺跡、本宮町陣場遺跡など、土坑墓を中心とする遺跡の調査が行われている。このうち、陣場遺跡の調査では、中期後葉（陣場式）の土坑墓が15基確認されているが、土坑上面からは破砕された土器片がまとまって出土するという特徴が把握された（馬目順一 1971）。陣場遺跡の調査は、この時期の墓制のあり方について新しい知見を与えてくれたことになる。

以上のように、1960年代は、小竪穴墓に加え、土坑墓という新たな墓制について、資料の蓄積がなされた時期である。目黒吉明はそれまで東日本で調査されてきた弥生時代墓制の事例を分析・分類し、それぞれの所属時期などについて考察している（目黒吉明 1969）。同氏はこのなかで、東日本における弥生時代の墓制を、「小竪穴墓」「甕棺」「土壙墓」「土器供献土壙墓」に分類し、それぞれが地域的・時間的にどのように展開するのかを検討した。時間的な変遷については、「中期前半は圧倒的に小竪穴墓が多く、中期後半になると、甕棺が盛行し、一部に土壙墓を伴う」という見解を示しているが、これは、この段階における墓制研究の到達点をまとめたものとして、その後の墓制研究の基盤となったと言えよう。

またこの時期は、再葬墓の出現時期やその背景についての議論が展開されはじめた段階でもある。その口火をきったのは杉原荘介である。杉原は相馬市成田藤堂塚遺跡で確認された遺構と出土土器を分析するなかで、同遺跡を縄文時代晩期（大洞 C_2 式、大洞 A′ 式）の再葬墓遺跡と位置づけ、再葬墓はこの地方における縄文時代晩期からの伝統的な葬制であるという見解を示した（杉原荘介 1968）。さらに杉原は、茨城県稲敷市（旧桜川村）殿内遺跡で再葬墓を調査、その報告のなかで、再葬墓の風習が縄文時代晩期中頃に一部で行われ

はじめ、それが東北地方南部・関東地方一円に広がったのは、弥生時代中期前半であると推定した（杉原荘介ほか1969）。なお1966年、杉原を中心とする明治大学考古学研究室は、南御山遺跡の2次調査を実施している。

1970年代に入ると、石川町鳥内遺跡、須賀川市牡丹平遺跡、金山町宮崎遺跡、会津若松市墓料遺跡など、再葬墓の調査例が増加する。

墓料遺跡は、1971年、耕作中に偶然4点の弥生土器が発見されたことを契機に、これまで数回にわたり発掘調査が行われている。特に1974年の調査では、100点あまりの弥生土器がいくつかのまとまりをもった状態で発見され、この遺跡が再葬墓遺跡であることが確認された。しかし、この段階での調査は緊急調査ということもあって、遺構の確認など、詳細な記録が作成されるまでには至らなかった。また、1977年に行われた金山町宮崎遺跡の3次調査では、再葬墓の土坑が確認されている。このほか、須賀川市（旧長沼町）薊ノ内遺跡の調査でも再葬墓が確認され、土坑内から石鏃と破砕された管玉が出土した。

再葬墓以外では、1979年に行われた楢葉町天神原遺跡の調査成果をあげることができる。検出された遺構は以前発見されていたものと合わせると、土器棺墓が33基、土坑墓が48基である。墓域は東西90 m、南北20 m程の広がりをもち、北西群・中央群・南東群の3グループに大別されると判断された（馬目順一1982）。土坑墓は長楕円形を呈し、中央群には勾玉が副葬された土坑墓と、頭部に礫を敷いた土坑墓があり、いずれも底面に赤色顔料が塗られていた。土器棺墓は、ほぼ円形で、直径60 cm程の穴に壺または甕を埋納したものである。報告では、両遺構の時期を中期後半（天神原式）とし、土器棺墓は乳幼児を、土坑墓は成人を埋葬したものという見解が示された。天神原遺跡の調査成果は、中期後半の墓制のあり方を具体的な姿で物語るものとして特筆されよう。

3. 再葬墓の起源をめぐって

1980年代以降、県内では、会津若松市墓料遺跡、伊達市（旧霊山町）根古屋遺跡などで再葬墓が調査され、それらの成果をもとに、従来から論議されてきた再葬墓の起源だけではなく、葬送儀礼の内容（再葬のプロセスなど）などについても、議論が深められるようになる。

以前から再葬墓が確認されていた墓料遺跡では、1980年、東北大学考古学研究室によって範囲確認調査が行われた。この調査は、A墓域について、B墓壙（一括土器群埋納土壙）について、C墓域に関連する集落遺跡（居住域）と遺物包含層について、という問題を解明する目的で実施された。確認された再葬墓は7基で、このうち4基について精査が行われた。再葬墓に埋納された土器を詳細に分析した須藤隆は、①墓料遺跡の再葬墓の初現は縄文時代晩期大洞A′式まで遡る。②再葬墓に埋納される土器の型式は、しばしば極端に相互に異質である。③型式学的な特徴などが共通する土器が同一土壙に埋納されるというあり方も指摘できる、という見解をまとめている。そして、これらの分析結果などか

ら、土壙に土器が埋納される過程、つまり二次葬のプロセスに関して、「(1) 一次葬から改葬まで数年の期間を要し、改葬時に一次葬の遺体の一部が土器に納められ、直ちにそれが土壙に二次埋葬される。(2) 一次葬の遺体の一部が土器に納骨され（改葬）、さらにある程度の期間をおいて土壙に二次埋納される。(2) の場合、改葬行為（土器納骨）がくり返され、土壙埋納の時点までに複数の納骨土器が集積する場合 (2-a) と、改葬行為（土器納骨）が、一次葬に集積した複数の遺体に対して同時にまとめて行われ、この納骨土器群をさらに一定の期間放置しておいた後に、一括して土壙に二次埋葬する場合 (2-b) とが考えられる」としている（須藤隆 1984）。

1981・1982 年、根古屋遺跡が調査され、25 基の再葬墓から合わせて 124 点の土器が出土した。また、土器の内外から焼けた人骨片が発見されるとともに、調査区の北東端を中心とした広さ 2×2 m 程の範囲からは、厚さ 30 cm 程に層をなして大量の焼けた骨片が出土し、注目を浴びた（梅宮茂ほか 1986）。この人骨を分析した馬場悠男らは、遺体は軟らかい部分が付着した状態で強い火で長時間焼かれ、完全に焼けた骨の一部だけが土器の中に入れられ、埋葬された。そして、残った骨は土器の付近あるいはある一定区域に埋められたか、放置された可能性が高いという見解を述べ、再葬に関わる遺体処理の過程で、焼くという行為が採用されたことを想定している。さらに同遺跡からは、人歯骨に穿孔した装身具が出土している。これと同様の例は、新潟県新潟市緒立遺跡や群馬県みなかみ町（旧月夜野町）八束脛洞窟遺跡などでも知られており、それらに検討を加えた外山和夫らは、再葬に関わる遺体処理の過程を復原している（外山和夫・宮崎重雄ほか 1989）。根古屋遺跡における再葬墓の多くは、縄文時代晩期末（大洞式 A′ 式期後半段階）から弥生時代中期初頭（今和泉式期段階）まで営まれたと考えられている。

このほか、只見町窪田遺跡でも 1985～1986 年に行われた調査で、弥生時代前期から中期前半にかけての再葬墓が 13 基検出され、このうち 5 基について精査されている。埋設土器には、合口の例も確認されている。再葬墓は 10 m×3 m の範囲に分布するが、その範囲は未調査の部分にも広がるものと考えられている。また、墓坑の上面には礫の広がりが確認されており、再葬墓との関連が想定されている。なお、墓域の北側では弥生時代の竪穴住居跡が 2 棟検出されており、そのうちの 1 棟は再葬墓と同時期であると判断されている（古川利意 1987）。

県内でこのように再葬墓の調査が相次ぎ、それらの成果が公表されて以降、再葬墓の起源や系譜をめぐって活発な議論が展開され、再葬墓研究はさらに進展する。以下にそのいくつかをみてみる。

石川日出志は、愛知県田原市吉胡貝塚などで確認されている縄文時代晩期の盤状集積葬とよばれる遺骸の 2 次処理例に着目し、再葬墓の系譜を東海地方西部に求めた。さらに、①焼人骨の出土例が縄文時代後・晩期の中部地方に集中すること、②この地域は再葬墓の分布する地域と重なり、時期的にも連続すること、③多数遺体を同時に処理する点が再葬

墓の複数土器埋置と共通すること、などをあげ、中部地方に再葬墓とのつながりが認められるということも示唆している（石川日出志 1989）。

一方、須藤隆は、根古屋遺跡や墓料遺跡などでは、須藤の設定する縄文時代晩期5期新段階の納骨土器が出土していることから、再葬墓が最も早く出現した地域は、阿武隈川流域、会津盆地であるとし、再葬墓は、亀ケ岡土器分布圏と浮線文土器分布圏の境界領域に出現し、その後、北陸地方や関東地方に発達する、という見解を述べている（須藤隆 1990）。

また、設楽博己は、東日本の初期弥生時代に発達した墓制を壺棺再葬墓と呼び、喜多方市（旧熱塩加納村）岩尾遺跡、墓料遺跡、根古屋遺跡の壺棺再葬墓が縄文時代晩期終末、大洞 A′ 式の古い段階のものであることから、浮線文土器分布する地域と大洞 A′ 式土器が分布する地域が接触するところで、壺棺再葬墓がこの時期突如として完成した形で出現する、としている（設楽博己 1993）。

4. 弥生時代中期後半の墓制をめぐって

再葬墓研究が進展するなか、須賀川市大久保 A 遺跡、同市土取場 B 遺跡、会津若松市川原町口遺跡、同市一ノ堰 B 遺跡などで、相次いで土坑墓の調査が行われる。

1987年、一ノ堰 B 遺跡が調査され、112基もの土坑墓が検出された。墓域は約 20 m 四方で、その南側には、直径 20 cm 程の小ピット群がめぐっていた。これらの性格については、墓域の南限を区画する杭列であると判断されている。土坑墓の平面形は、隅丸長方形、長楕円形、楕円形に分類され、さらに規模の面からは、長軸 150 cm 以上、150～100 cm、100 cm 未満の3グループに分けられる。本遺跡で特筆されるのは、土坑墓の上面から破砕し、供献されたと考えられる弥生土器が大量に出土した点と、112基中26基の土坑墓に、墓標と考えられる小ピットが付随していた点である。副葬品としては、管玉と勾玉が出土している。なお、墓域から南に約 20 m 隔てて、1辺約 4.5 m 四方の竪穴住居跡が1棟検出されているが、この性格については、葬送に関わる何らかの施設が想定されている。土坑墓群および竪穴住居跡の時期は、中期後半（二ツ釜式期）と考えられている（芳賀英一ほか 1988）。土坑墓の上面に破砕した土器を供献する例は、一ノ堰 B 遺跡が調査される以前から、須賀川市大久保 A 遺跡、土取場 B 遺跡、会津若松市川原町口遺跡などでも確認されているが、芳賀英一は、このような特徴をもつ土坑墓は、再葬墓の中心地域であった地方で普及するとしたうえで、これを「陣場・一ノ堰 B 型土坑墓」と仮称している（芳賀英一 1988）。

川原町口遺跡の調査では、29基の土坑墓が確認されている。南限が未確定ながら、これらは南北約 28 m、東西約 10 m の範囲に分布しており、墓域もこれ以上大きく広がる可能性は低いと判断されている（堀金靖 1994）。報告によると、出土土器から3期にわたる墓域の変遷が想定されている。それによると、1期は南御山 II 式段階の土坑墓群で、墓域の北端に占地している。2期は一ノ堰 B 遺跡と同時期の二ツ釜式段階で、墓域の中央部分に

集中して分布しており、最も土坑墓数が多い。3期は、川原町口式段階で、墓域の南端に土坑墓の分布がみられる。また、同遺跡では、調査区の北側で検出された埋没谷から、中期前半から後半にかけての土器や石器など、当時の生活痕跡を示す遺物が出土している。

1990年代に入ると、いわき市白岩堀ノ内遺跡、南相馬市(旧鹿島町)南入A遺跡・(旧原町市)長瀞遺跡、楢葉町美シ森B遺跡など、浜通り地方の遺跡で土器棺墓の調査が相次ぐ。白岩堀ノ内遺跡の調査では、中期末の土器棺墓が4基とほぼ同時期の竪穴住居跡が6棟確認されている(井憲治ほか1997)。また、美シ森B遺跡では、白岩堀ノ内遺跡と同時期の土器棺墓3基と竪穴住居跡6棟が確認されている。竪穴住居跡はその配置から、北群3棟、東群3棟に分けられ、土器棺墓の配置からこれらは東群の竪穴住居跡との関連が想定されている(高橋信一ほか1997)。このように、この時期、浜通り地方各地で行われた土器棺墓の調査は、資料の制約上、従来あまり論じられなかった墓域と居住域の関連について重要な知見を提供してくれたことになる。

5. 新たな資料の蓄積

浜通り地方ではこのほか、いわき市平窪諸荷遺跡の調査が行われ、土坑墓を中心とする大規模な墓域が確認された(高島好一ほか1998)。遺跡は標高32m程の独立丘陵上に立地しており、その西側半分が調査されたが、そのほぼ全域から308基もの土坑墓が検出された。また、この墓域からは土坑墓以外にも土器棺墓が8基、方形周溝墓が4基確認されている。

調査成果の概要をまとめると、①この丘陵が墓域とされたのは、弥生時代中期前半から中期末にかけての時期と、後期後半の時期である。②308基の土坑墓のうち副葬品をもつ例は21基である。③副葬品には、碧玉製の管玉や翡翠製の玉以外に、太型蛤刃石斧、扁平片刃石斧、ノミ形石斧がある。④後期後半の墓として、方形周溝墓が確認された。⑤丘陵の南斜面から検出された遺物包含層からは、葬送儀礼で使用されたと考えられる土器が発見されている。⑥墓域は未調査区である丘陵東側にも広がると考えられる、という内容になる。特に、後期後半の方形周溝墓が確認されたという成果は、県内における弥生時代の墓制研究に一石を投じることとなった。

1998年、石川町鳥内遺跡の発掘調査報告書が刊行された。本遺跡の再葬墓は縄文時代晩期大洞A'式の古い段階に出現し、弥生文化受容期である大洞A'式の新しい段階さらに弥生時代前期に最も墓域が拡大するとされ、東に広がる可能性はあるものの、その墓域は現状では東西24m、南北18mの範囲で、部分的に半環状ないし塊状の墓群を構成していると判断されている(目黒吉明ほか1998)。

一方会津地方では、会津若松市屋敷遺跡の調査が行われ、周溝状遺構が13基検出されている(木本元治ほか1991)。これらは弥生時代後期から古墳時代前期にかけてのもので、報告ではそのうち2基について弥生時代後期の方形周溝墓と推定している。しかし、これ

らの遺構は断片的なものであり、現段階でそれらの性格について確証が得られたとは言い難く、北陸地方などに分布する「周溝をもつ建物」の痕跡という可能性もある。このような成果以外に、同遺跡の調査では、北陸地方や関東地方に系譜が求められる土器が出土するなど、会津盆地における弥生時代から古墳時代への変革に、他地域の勢力が深く関与していたことを、改めて想定させる事例が認められた。この屋敷遺跡の成果に加え、このことを裏付ける新たな資料が、最近調査された湯川村桜町遺跡で確認されている。

　桜町遺跡の調査では、弥生時代後期の竪穴住居跡や方形周溝墓などが検出されている（福田秀生ほか2005）。発見された方形周溝墓は全部で7基。いずれも、周囲を方形にめぐる溝の四隅が途切れて陸橋部となる特徴が認められる。規模の面では、1辺が12～14mという大きなものが一基で、そのほかは1辺が5～7mである。また、検出されたのは、周溝だけで、埋葬施設や盛土などの痕跡は確認されていない。方形周溝墓の溝のなかからは、土器が出土しているが、報告によると、これらは本来墓の上面に置かれたものが溝のなかに崩落したものであると判断されている。その内容をみてみると、天王山式土器に後続する段階の土器群が主体を占め、それに関東地方北部に分布の中心をもつ十王台式土器に類似する土器群や、北陸地方からの影響をうかがわせる土器群が加わっている。会津盆地ではこれまでにも、会津坂下町男壇遺跡や塩川町舘ノ内遺跡などで方形周溝墓が発見されているが、これらはいずれも古墳時代初頭の例である。桜町遺跡での調査例は、これらに先行する弥生時代後期後半に、方形周溝墓という新しい墓制が会津盆地で受容されたということを示唆している。

　会津盆地ではこのほか、会津美里町（旧会津高田町）油田遺跡で、約10m四方の範囲から、再葬墓と土坑墓が混在して確認された（阿部健太郎・梶原文子2004）。今後、墓制の変遷を考える上からも、両者が時期的にどのような関係にあるのかが重要となる。本報告の刊行が待たれる。

III. 墓制研究の新たな課題

1. 墓制の変遷

　須藤隆は、東北地方南部における弥生時代の墓制について、根古屋遺跡や鳥内遺跡の再葬墓において、須藤の設定する晩期5期後半と考えられる土器が確認されていることから、再葬墓は縄文時代晩期5期新段階に東北地方南半部で出現した後、弥生時代1期（前期前葉）から3期（中期前葉）にかけて最も盛行し、4期（中期中葉）には消滅する。そしてこの後、土坑墓、単独の土器棺墓、合口土器棺墓が4期後半から5期（中期末葉）にかけて盛行する、という変遷案を提示している（須藤隆1990）。また設楽博己は、再葬自体は関東、信濃地方で弥生後期あるいは古墳時代まで行われていたことが確認されているとした上で、南東北地方と関東、信濃地方では墓制変遷の様相が異なり、前者の地方では壺棺再葬墓は

弥生時代3a期（中期中葉）に急速に消滅し、再葬はおそらく行われなくなった、と述べるとともに、土坑墓と土器棺墓の組み合わせからなる新しい墓制は、東北地方北部から仙台平野を介して東北地方南部に定着したとしている（設楽博己1999）。このように、東北地方南部における弥生墓制の変遷については、「再葬墓→土坑墓・土器棺墓」という図式で論じられることが多かった。筆者も以前、再葬墓は弥生時代前期から中期前半にかけて東北地方南部で盛行し、中期中頃には土坑墓が再葬墓にとってかわる、と述べたことがある（田中敏1993）。

　しかし、石川日出志は再葬墓が盛行した時期、死者の多くは再葬墓に葬られたと考えてよいのかという疑問を投げかけ、弥生再葬墓で壺の群集が確認されても、それに伴う墓坑さえ確認された事例がそれほど多くないことに充分な注意が必要であるとした上で、遺構の輪郭確認が困難なのは土坑墓の場合も同様で、土器の集中が見られない範囲にも土坑があるかどうかの確認調査を行わない限り、土坑墓の有無、つまり再葬が当時どの程度の比率で行われたのかは判断がつかないと言うべきである、と述べている。そして、それ次第で再葬制がどのように継承され、変容したのか、大きく異なってしまう、としている（石川日出志2005）。この見解は同氏も例示しているように、先述した会津美里町油田遺跡などで、再葬墓と土坑墓が密集して検出されたことから示されたものである。本遺跡の詳細については正式報告を待つしかないが、確認された再葬墓と土坑墓との時期的な関係によっては、再葬墓以降の墓制変遷のあり方について再考が迫られる可能性も出てくる。

　弥生時代前期から中期にかけての墓制変遷に関する研究の動向は以上のような状況だが、弥生時代後期の墓制についてはどうであろうか。先にみたように、いわき市平窪諸荷遺跡や湯川村桜町遺跡で、この時期の方形周溝墓が確認されている。また、会津若松市屋敷遺跡では、周溝状遺構と称しているものが検出され、そのいくつかは方形周溝墓の可能性があると指摘されている。

　平窪諸荷遺跡では後期末の方形周溝墓が4基検出されている。いずれも1辺11m程の規模で、周溝・主体部・掘形などが把握できる例は2基ある。このうちの1基について、立地や構造の面から北関東地方の例との関連が論じられている（高島好一2003）。

　会津盆地でも、桜町遺跡の調査で方形周溝墓が7基確認されている（第1図）。いずれも周囲を方形にめぐる溝の四隅が途切れて陸橋部となる特徴が認められ、規模の面では、1辺が12～14mのものが1基、そのほかは1辺5～7mである。また、検出されたのは周溝だけで、埋葬施設や盛土などの痕跡は確認されていない。周溝内からは土器が出土しているが、報告によると、これらは本来、葬送儀礼として墓の上面に置かれたものが、溝のなかに崩落したものであると判断されている。出土土器には天王山式土器に後続する段階のものを中心に、十王台式土器に類似するものや北陸地方からの影響をうかがわせるものがみられる。

　以上のように、県内においても弥生時代後期の墓制として方形周溝墓の存在が明らかと

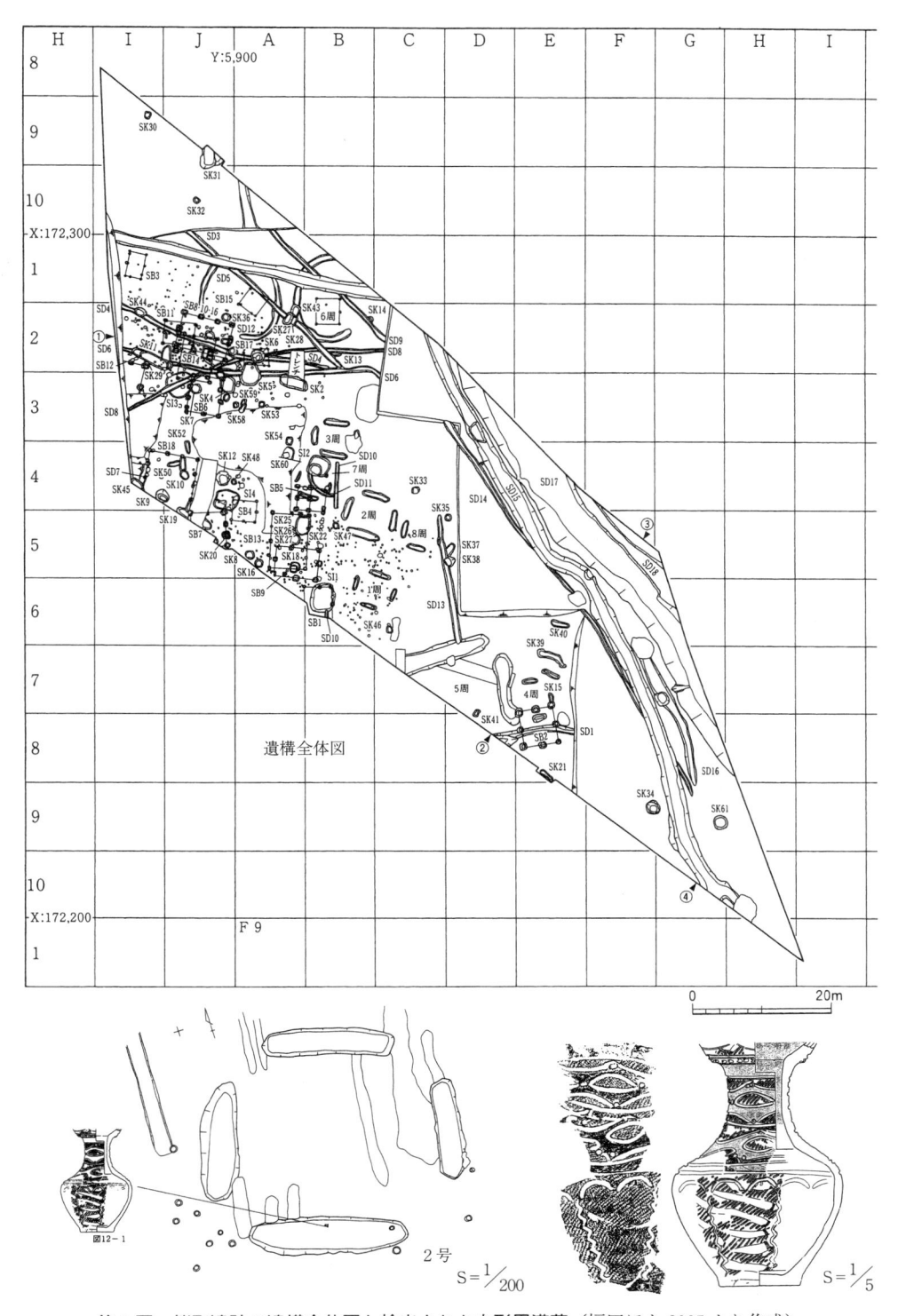

第1図　桜町遺跡の遺構全体図と検出された方形周溝墓（福田ほか2005より作成）

なった。この墓制は墓域構成や構造、規模、葬送儀礼などの面で、弥生時代中期までの墓制とは明らかに異なる。方形周溝墓の発見は、中期以降どのような社会変革があってこの新しい墓制が受け入れられたのか、そして、その受容形態に地域的な違いはあったのかなど、解明すべき新たな研究課題を提示したことになる。今後、類例の増加を待って検討していきたい。

2. 生活痕跡の追究

再葬墓や土坑墓に葬られた人々の生活の場はいったいどこにあったのか。県内においては従来、墓制に関する資料は数多く蓄積されてはきたものの、この課題を解く糸口となるような遺跡の確認はほとんどなかった。しかし 10 年程前から、先述したいわき市白岩堀ノ内遺跡や楢葉町美シ森 B 遺跡など土器棺墓群が確認された遺跡で、墓域に関連する住居跡群が検出され、徐々にではあるが、墓域と居住域の問題が論じられるようになった。

美シ森遺跡では、土器棺墓が 3 基、竪穴住居跡が 6 基（北群・東群それぞれ 3 基）確認されているが、土器棺墓に対応するのはその位置関係から東群の住居跡群と考えられている。住居跡の調査所見から、この小規模な集落は季節的や短期間の使用で廃絶されたと推定されている。集落の性格については不明な点もあるが、石器組成をみると太型蛤刃石斧や扁平片刃石斧などの工具類が多いことから、山に関わる生業や工房的な集落が想定されている。

石川日出志は、再葬墓と生活の場について、墓域に隣接する範囲が通常の住居跡が検出されない遺物集中区や遺物包含層であるとしても、これらは明らかに生活痕跡であり、その時代の典型的な生活遺跡であるとして、再葬墓を営んだ社会の復元をするためには、このような問題意識をもった調査が重要であると説いている（石川日出志 2005）。従来県内でも、再葬墓についてはそれに対応する居住域が未発見というだけで生活痕跡の追究を怠ってきた感がある。今後は、同時期の遺物包含層・遺構外出土資料にも注意を払いながら、再葬墓を営んだ集団の実態解明を進めていくべきだろう。

再葬墓ではないが、このような視点に立てば、土坑墓群が検出されている会津若松市川原町口遺跡の遺物包含層（報告書では捨て場と呼称）も明確な生活痕跡を示すものとして捉えられよう。出土層位の明確な区分による同時期遺物の把握が前提ではあるが、遺物包含層から出土した土器や石器の組成、さらには食料残滓などの内容を詳細に検討すれば、近隣に存在するであろう居住域での生活の様相が具体的に見えてくるはずである。

本遺跡の南東約 2 km にある同市南御山遺跡は 1966 年、明治大学によって 2 回目の調査が行われ、一ノ堰 B 遺跡同様、土器破砕行為を伴う土坑墓の存在が確認された。出土土器を分析した品川欣也は、「個体同定が比較的容易なはずの口縁部・頸部・底部でさえ個体数は合わず、口縁部・頸部が底部の同定数を大きく上回る。また再葬墓出土土器とは異なり復元率も低い。従って遺跡内での土器の破砕行為は考えられず、遺跡外（他遺跡）

での土器の破砕行為、土器破片の選別、遺跡内への搬入（遺跡連鎖）が読み取れる。」とした上で、包含層のみが確認されている遺跡だが、門田条里遺跡を含めた周辺の遺跡群研究は必然だろうと述べている（品川欣也 2004）。

では、一ノ堰B遺跡についてはどうか。本遺跡からは112基にものぼる多くの土坑墓が確認されているが、この墓域が一つの集落構成員だけで営まれたとは考えにくく、墓域に存在するとみられるいくつかの小単位と墓域を営む集落とが対応関係にあるという可能性もある。品川の見解に倣えば、今後は南御山遺跡や一ノ堰B遺跡などが分布する会津盆地南東部地域内での遺跡群研究が重要になってくるだろう。

3. 副葬品の解釈

先述したように、いわき市平窪諸荷遺跡では独立丘陵上から308基にものぼる土坑墓が確認され、そのうち21基に副葬品が納められていた（第2図）。その内訳をみると、玉類と石斧を有するものが5基、玉類のみのものが4基、石斧のみのものが12基となる（第1表）。公表されている内容から判断する限り、土坑墓の時期を中期前半から末葉という幅のなかで考えるしかないため、副葬品の内容が時期的な有意差をもっているのかについてはわからない。

ここで注目されるのは、太型蛤刃石斧、扁平片刃石斧、ノミ形石斧のいわゆる大陸系磨製石器が副葬品として選択されていることである。報告書によると、その内容や出土状況には以下のような傾向が認められる。

①本遺跡から出土した石斧の総数は54点で、その2/3にあたる36点が副葬品として納められている。その内訳は太型蛤刃石斧が17点、扁平片刃石斧が16点、ノミ形石斧が3点となっている。

②副葬された石斧のなかで最大のものは、256号土坑墓に納められた長さ32.4cm、重さ2,060gの太型蛤刃石斧である。これは実用品ではない可能性がある。同土坑墓にはこの石斧と管玉が7点副葬されていた。

③石斧が7点（太型蛤刃1点・扁平片刃4点・ノミ形2点）副葬された土坑墓（98

第1表　土坑墓から出土した副葬品一覧
（平窪諸荷遺跡）

遺構番号	磨製石斧			玉類		
	太型蛤刃	扁平片刃	ノミ形	管玉	砂利玉	ヒスイ製玉
第5号土坑墓	2					
第87号土坑墓	1	1				
第92号土坑墓	1					
第95号土坑墓	1					
第96号土坑墓				1		
第98号土坑墓	1	4	2	1		
第106号土坑墓	1					
第109号土坑墓	1			1	1	
第136号土坑墓	1			5		
第147号土坑墓	2	5	1			
第186号土坑墓	1	1				
第189号土坑墓	1					
第196号土坑墓	1					
第214号土坑墓	1	2				1
第215号土坑墓		1				
第224号土坑墓		2				
第243号土坑墓	1					
第256号土坑墓	1			7		
第262号土坑墓				2		1
第264号土坑墓				1		
第313号土坑墓						1

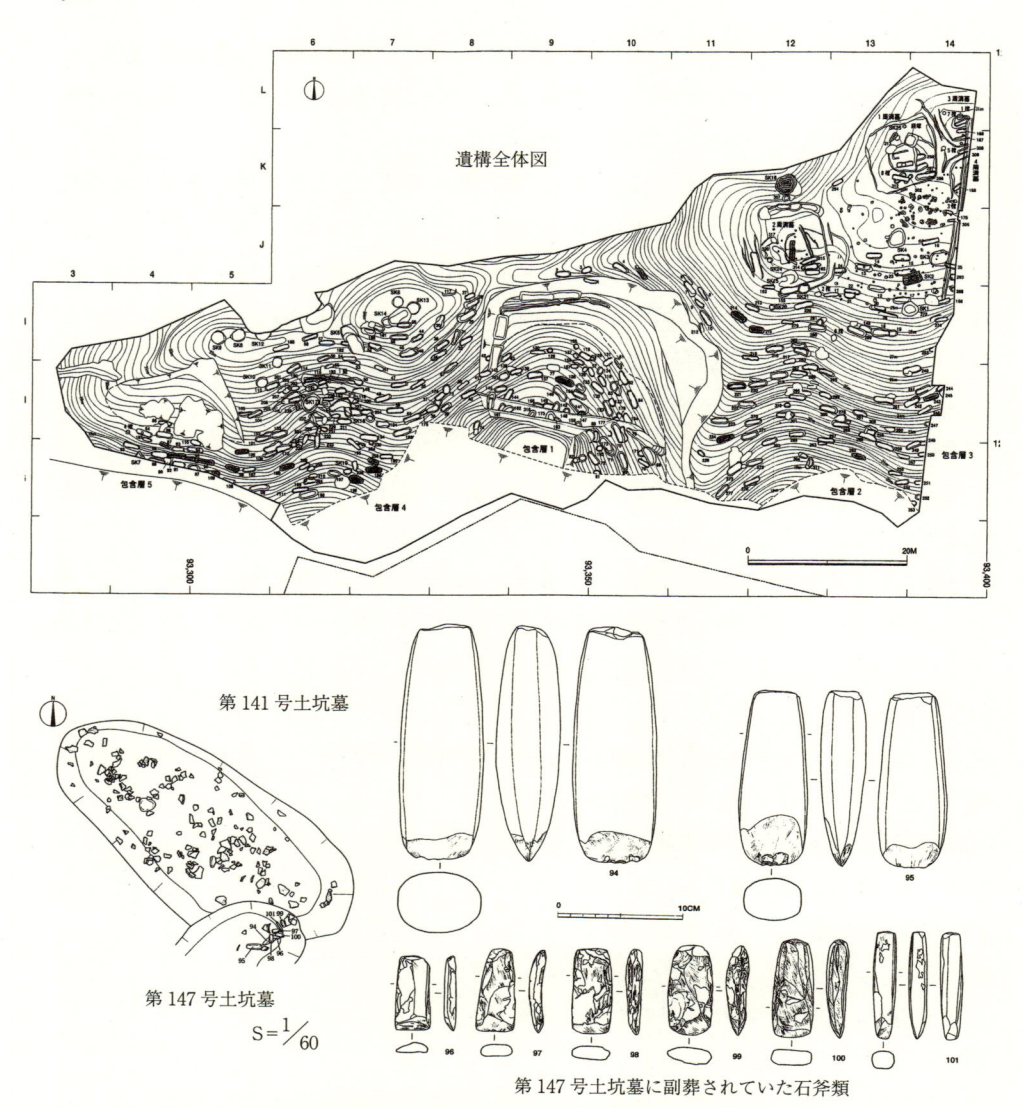

第 2 図　平窪諸荷遺跡の遺構全体図と土坑墓（高島ほか 1998 より作成）

号）や石斧が 8 点（太型蛤刃 2 点・扁平片刃 5 点・ノミ形 1 点）副葬された土坑墓（147 号）がある。98 号土坑墓の扁平片刃石斧 2 点とノミ形石斧 2 点は故意に折られたものと判断されている。これは葬送儀礼の一環として行われたものと理解できる。

④これらの副葬品は土坑墓の中央より東側に偏って出土する傾向がみられる。この傾向は一ノ堰 B 遺跡でもみられることから、東頭位を想定している。

言うまでもなく、副葬された石斧類は伐採用・木材加工用の道具で、報告書で図示されている例だけではあるが、使用していることは明らかである。これらの道具類が副葬された墓の被葬者像をどう捉えればよいのだろうか。単純に山での生業あるいは木材加工などの工房に関わる人物と理解してよいのか。また、最も大きな石斧が副葬された土坑墓に最

も多くの管玉が納められていたこと、さらには、7あるいは8点という多くの石斧類が副葬された土坑墓が存在することをどのように理解すればよいのか。いずれにしても、被葬者像の想定には、勾玉や管玉などの玉類のみを副葬する場合とは異なる解釈が要求されよう。土坑墓個々の細かい時期が不明なため、同時期に存在した土坑墓の数や配置はわからないが、副葬品を有する土坑墓が土坑墓全体に占める割合から判断して、ある時期に営まれた土坑墓のほとんどが副葬品をもたないことは明白だろう。この歴然とした差は何を意味するのか。

一方、平窪諸荷遺跡とほぼ同時期と考えられる会津若松市一ノ堰B遺跡や同市川原町口遺跡の土坑墓群では、石斧類の副葬は確認されていない。遺物包含層などから多くの石斧類が出土している川原町口遺跡でさえ、副葬品として石斧は選択されていない。いわきと会津両地域におけるこのような違いは何に起因するのか。墓域を構成する集団の性格や集団を支えるシステムなどの相違が、副葬品の内容に反映したとも考えられる。

以上、平窪諸荷遺跡の土坑墓を例に、副葬品の解釈をめぐる課題をあげてみた。副葬品の有無や内容、数量などの違いをどう解釈するかについては、階層的格差の存在を問うだけではなく、被葬者の出自や性差、集団内での職掌なども問題とすべきだろう。

IV. おわりに

福島県内における弥生時代墓制研究の動向について、研究史を振り返りながら概観してきた。研究の進展は新たな課題も浮き彫りにする。本論では、新たな資料や研究成果をもとに、墓制の変遷過程、遺物包含層出土資料の分析による生活痕跡の追究、副葬品の解釈について問題を提起した。現状ではこれらに対する明確な答えは提示できないが、今後このような視点での追究を怠らなければ、墓制だけではなく、弥生社会の具体的な姿をも捉えることができるはずである。

須藤隆先生が東北大学に助教授として赴任してこられたのは、私がちょうど教養部から学部に進む時である。その数年後、先生は会津若松市墓料遺跡の調査を実施、私も参加させていただいた。私が弥生時代の墓制について興味を持つようになったのもこの調査がきっかけである。今後も、須藤先生の学恩に報いるべく、「墓制研究から弥生社会を解明する」という基本姿勢で研究を続けてゆきたい。

引用文献

阿部健太郎・梶原文子 2004『油田遺跡（第2次）発掘調査概報』会津高田町文化財調査報告書第21集

江藤吉雄・目黒吉明ほか 1967「福島県表郷村滝ノ森遺跡調査報告」『福島考古』第8号 pp. 14-36

福田秀生ほか 2005『会津縦貫北道路遺跡発掘調査報告 5　荒屋敷遺跡（4次）桜町遺跡（1次）』福島県文化財調査報告書第 430 集　福島県教育委員会　（財）福島県文化振興事業団　国土交通省東北地方整備局郡山国道事務所

古川利意 1987『窪田遺跡―縄文時代、弥生時代の集落遺跡、再葬墓』只見町文化財調査報告書第 3 集　只見町教育委員会

芳賀英一 1988「福島県に於ける弥生時代墓制の展開」『第 9 回三県シンポジウム　東日本の弥生墓制―再葬墓と方形周溝墓―』pp. 524-579

芳賀英一ほか 1988『国営会津農業水利事業関連遺跡調査報告 VI　一ノ堰 A・B 遺跡』福島県文化財調査報告書第 191 集　福島県教育委員会

堀金　靖 1994『川原町口遺跡』会津若松市文化財調査報告書第 36 号　会津若松市教育委員会

井憲治ほか 1997『常磐自動車道遺跡調査報告 10　白岩堀ノ内遺跡』福島県文化財調査報告書第 332 集　福島県教育委員会　（財）福島県文化センター　日本道路公団

井上国雄 1990「崖ノ上遺跡の考古学史」『福島考古』第 31 号 pp. 31-40

石川日出志 1989「再葬墓―研究の課題―」『月刊　考古学ジャーナル』No. 302　ニュー・サイエンス社　pp. 17-22

石川日出志 2005「弥生時代再葬墓に近接する生活遺跡の試掘調査報告―新潟県阿賀野市山ノ下遺跡―」『考古学集刊』特別号 pp. 17-33

木本元治ほか 1991『東北横断自動車道遺跡調査報告 12　屋敷遺跡』福島県文化財調査報告書第 262 集　福島県教育委員会

馬目順一 1971『岩代陣場遺跡の研究―福島県安達郡本宮町大字荒井字陣場―』　本宮町教育委員会

馬目順一 1982『楢葉天神原弥生遺蹟の研究』　福島県楢葉町教育委員会

目黒吉明 1969「福島県における弥生時代の墓制について」『第 11 回福島県考古学大会発表要旨』p12

目黒吉明ほか 1998『鳥内遺跡発掘調査報告書』石川町文化財調査報告書第 16 集　福島県石川町教育委員会

品川欣也 2004「弥生再葬墓と同時代遺物集中区」『月刊　考古学ジャーナル』No. 524　ニュー・サイエンス社　pp. 16-20

設楽博己 1993「壺棺再葬墓の基礎的研究」『国立歴史民俗博物館研究報告』第 50 集 pp. 3-47

設楽博己 1999「再葬墓から新たな墓制へ」『季刊　考古学』第 67 号 pp. 39-43

杉原荘介 1954「福島県北会津郡南御山遺跡」『日本考古学年報』2　誠文堂新光社　p71

杉原荘介 1968「福島県成田における小竪穴と出土土器」『考古学集刊』第 4 巻第 2 号 pp. 19-28

杉原荘介ほか 1969「茨城県（浮島）における縄文・弥生両時代の遺跡」『考古学集刊』第 4 巻第 3 号 pp. 33-71

杉原荘介・大塚初重 1974『千葉県天神前における弥生時代中期の墓址群』明治大学文学部研究報告第四冊　明治大学文学部考古学研究室

須藤　隆 1984『福島県会津若松市墓料遺跡　1980 年度発掘調査報告書』　会津若松市教育委員会

須藤　隆 1990「東北地方における弥生文化」『伊東信雄先生追悼　考古学古代史論攷』伊東信雄先生追悼論文集刊行会　pp. 243-322

高橋信一ほか 1997『NTC 遺跡発掘調査報告　美シ森 A 遺跡　美シ森 B 遺跡　美シ森 C 遺跡　根ッ子原 A 遺跡　下岩沢 A 遺跡』福島県文化財調査報告書第 335 集　福島県教育委員会　（財）福

島県文化センター　東京電力株式会社

髙島好一ほか　1998『平窪諸荷遺蹟―弥生墓跡の調査―』　いわき市教育委員会　（財）いわき市教育文化事業団

髙島好一　2003「東日本最大の弥生墓跡―いわき市平窪諸荷遺跡」『企画展　発掘ふくしま3』　福島県立博物館　pp.30-34

竹田裕子　2006「福島県域における再葬墓研究の現段階」『福島考古』第47号 pp.43-57

田中　敏　1993「弥生のムラと墓」『企画展　東北からの弥生文化』　福島県立博物館　pp.52-67

外山和夫・宮崎重雄・飯島義雄「再葬墓における穿孔人歯骨の意味」『群馬県立歴史博物館紀要』第10号 pp.1-30

梅宮茂ほか　1986『霊山根古屋遺跡の研究』　霊山町教育委員会

多賀城創建期の須恵器

櫻井　友梓

I. 目的

　古代の陸奥国府で、奈良時代には鎮守府もおかれた多賀城は8世紀前半に創建された。これまでの研究により、多賀城跡では政庁跡の遺構が大きくI～IVの4期に区分され、変遷が捉えられている（宮城県教育委員会ほか1982）。そして、多賀城の創建期にあたる多賀城政庁遺構期I期[1]に供給された瓦を生産した窯跡は、色麻町日の出山窯跡群、大崎市下伊場野窯跡群、木戸窯跡群、大吉山窯跡群が知られている。これらのI期の瓦を生産した窯跡は宮城県北の大崎平野周辺に位置し、仙台平野の台原小田原丘陵に位置するII期以降の窯跡と立地が異なる点が指摘されている。また、I期の瓦を生産した窯跡群では、須恵器も生産されており、当該時期の基準となる資料と考えられてきた（岡田茂弘・桑原滋郎1974ほか）。しかし、それらの基準とされた須恵器については一部の紹介にとどまり、詳細が報告されていない資料も存在する[2]。

　そこで本稿では、多賀城創建期に多賀城に瓦を供給した窯跡で生産された須恵器を対象に、これらの先行研究で実態が明確でない資料をあわせて、特徴を示したいと考えている。なお、本稿では煩雑ではあるが点数も示した。また、それらの土器の法量や製作技法を検討し、多賀城創建期の土器群がもつ特徴を示すことが本稿の目的である。

II. 多賀城創建期の土器研究

　多賀城跡やその周辺の土器研究は、氏家和典氏の土師器研究（氏家和典1957・1988）をその嚆矢として、その後の多賀城跡や関連遺跡の調査研究を通して進展してきた。須恵器の研究では、阿部義平氏が編年を示している（阿部義平1968）。その後、岡田茂弘、桑原滋郎の両氏が多賀城跡等からの出土土器を対象に、底部の切り離し技法や再調整などの製作技法により分類し、編年研究を行っている（岡田茂弘・桑原滋郎1974）。この研究での分類、土器変遷はその後も用いられている。また、白鳥良一氏は土師器と須恵器の組み合わせに注目し、土器編年を検討している（白鳥良一1980）。白鳥氏は多賀城跡の遺構出土の一括性が高い土器を中心に土器群を設定し、編年と実年代の検討を行った。白鳥氏の研究は土器群設定の基準が明確であることや、実証性の高さから、現在でも広く支持されている。ただし、8世紀代の資料数が多賀城内で少なかったこともあり、静止糸切りの須恵器坏や回

転へラケズリ技法の位置づけなど8世紀代の土器群に不明確な点があった。このように資料的制約などから一部に不明確な点もあったが、これらの研究で土器類の変遷が示されている。

その後、下伊場野窯跡や日の出山窯跡で調査が行われ、出土遺物の検討が行われた。柳沢和明氏は下伊場野窯跡の報告を行い、他の窯跡の須恵器との比較検討を行っている（進藤秋輝ほか1994）。柳沢氏は、多賀城創建期の須恵器を器種ごとに各特徴を分析し、土器変遷を詳細に検討している。古川一明氏は、日の出山窯跡C地点の資料分析を通して、須恵器坏の底部再調整が回転ヘラケズリから手持ちヘラケズリへと変遷し、切り離しがヘラ切りから糸切りへと変遷することを示している（古川一明ほか1993）。また、村田晃一氏も8世紀代の資料を区分している（村田晃一1992）。辻秀人氏は、生産地同定の観点から宮城県北の横穴出土の須恵器と窯跡出土の須恵器の特徴を示し、供給関係やその背景を検討している（辻秀人1984）。

近年増加した資料を用い、吾妻俊典氏は、先行研究のなかで不明確であった実年代など須恵器製作技法の位置づけを検討している（吾妻俊典2001）。そして、須恵器坏の底部静止糸切り技法が8世紀第2四半期から第3四半期に特徴的な技法であることを示した。また、8世紀代の土器を4期に区分し、これまで明確にされていなかった当該期の土師器の様相を須恵器と共に示している（吾妻俊典2005）。

これらの先行研究で、8世紀代の土器群の変遷が示されており、いくつかの窯跡は製品の特徴が示されている。それらをまとめると、須恵器坏類は底部の再調整が回転ヘラケズリから手持ちヘラケズリへと変化すること、切り離しはヘラ切り主体であるが静止糸切りが8世紀中葉にみられること、下伊場野窯跡と木戸窯跡では回転ヘラケズリの再調整が、日の出山窯跡群では静止糸切りによる切り離しが特徴的にみられることなどがある。そして、窯跡群の操業期間は下伊場野窯跡がもっとも古く、それに続いて木戸窯跡が短期間、日の出山窯跡が長期にわたって操業していたと考えられている[3]。

III. 多賀城創建期の須恵器の内容

1. 大崎市木戸窯跡群
(1) 木戸窯跡群の概要

木戸窯跡群は大崎市田尻沼部に所在する（第1図）。窯跡は、緩やかな丘陵地に、約500m四方の範囲でA・B・Cの3地点に窯跡群をなして分布している。多賀城跡から北に50km程で、木戸窯跡群で焼成したとみられる瓦が出土した鳴瀬川沿いの美里町一本柳遺跡からは北に11km程に位置している。

木戸窯跡群は、古くからその存在が知られており、調査が行われている。窯跡は3地点に分かれて窯跡群をなして分布している。A～Cの各地点で宮城県多賀城跡調査研究所

(吾妻俊典ほか 2005、天野順陽 2006)が[4]、B地点で東北大学（伊藤玄三 1988）が、C地点で宮城県教育委員会（宮城県教育委員会 1975）が調査を行っている。このほかに、東北学院大学でも出土資料を所蔵しており、資料を野崎準氏が紹介している（野崎準 1974）。調査は多くの機関で行われており、以下では資料所蔵名を付けて述べる。このように木戸窯跡群では、A〜Cの各地点でそれぞれ調査が行われている。これまでの調査で確認された窯跡はいずれも地下式の窖窯である。また、東北大学が所蔵する資料には箆書きのある文字瓦が含まれおり（伊藤玄三 1988、吾妻俊典・櫻井友梓 2007）、窯跡群操業の実年代の一端を示している。

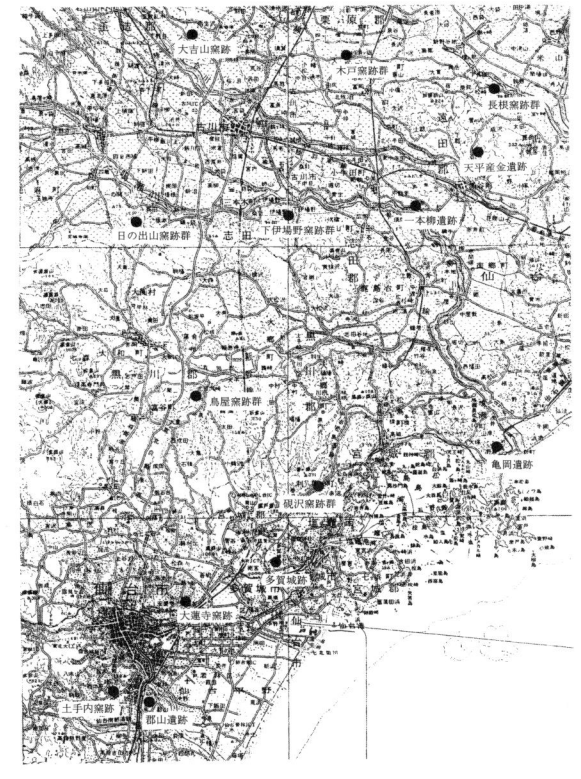

第1図　多賀城跡と周辺の遺跡
（国土地理院発行 1/50000 地形図を改変）

(2)　木戸窯跡群出土資料の特徴

　木戸窯跡群からはA、B、Cの3つの地点から資料が得られている。ここでは、これらの地点から得られた資料について述べる。これまでの研究で木戸窯跡群の須恵器として述べられてきた特徴は、東北学院大学所蔵の須恵器にみられるものである。そこで、まず東北学院大学所蔵資料の概要を述べる。その後、出土地点の明確な資料の特徴を述べ、これらを合わせて、木戸窯跡群の資料の特徴について触れることとする[5]。

　東北学院大学が所蔵する資料は坏、蓋、高台坏が主で、甕がある。無台の坏類は46点あり、確認できる個体はすべて回転ヘラケズリが行われている（第2図1〜10、12）。回転ヘラケズリは、底部全面から体部下端に及んでいる。底部は平底で、立ち上がりは回転ヘラケズリにより直に成形されている。また、口縁部が外反するものが多く、特徴的である。このうち3点は、器高が高い器形である。この器種は、口径、底径は坏とほぼ同様であるが、器高が約6〜7cmで、4cm以下である坏と明瞭に異なる（第2図15・16）。高台坏は8点あるが、器形の全容が判明するものはなく、高台部のみである（第2図17・18）。すべての個体が、底部に回転ヘラケズリが行われている。蓋は27点あり、器形から2つに分類できる。一つは短頸壺などの器種に組み合う蓋とみられる（第2図13）。これは平らな天

井部から、口縁部が下に折れるものである。つまみはいずれも残存していない。もう一つは坏もしくは高台坏に組み合う蓋とみられる（第2図11・14）。つまみはリング状のつまみで、天井部に環状の粘土を貼り付けて成形している。残存していないものも、欠損部位の形態からリング状のつまみとみられる。甕は体部片が多く、口縁部が判明するのは1点である。頸部には文様はみられない。ロクロ回転方向は、右回転と左回転がともに確認できる。坏は右回転が23点、左回転が17点、高台坏は右回転が5点、左回転が1点、蓋は右回転が4点、左回転が4点である。これらのロクロ回転方向の違いは、器形やその他の要素と相関はみられず、同様の製品が生産されている。

A地点では2基の窯跡が調査されており、それぞれの窯跡で須恵器が出土している。SR3窯跡では、坏、蓋、高坏、平瓶、甕が出土している（第3図1～6）。坏は器形がわかるものは4点で、底部はすべて回転ヘラケズリが行われている。ロクロ回転方向は、いずれも右回転である。蓋は台形状のつまみである。甕類が多く出土しており、出土状況から甕類が焼成されていたとみられる床もある。甕は大型、中型があり、大甕は口径約50cm前後、中型の甕は口径約20cm前後とみられる。また頸部の波状文は大甕のみにみられ、中型の甕は頸部に文様が描かれない。SR8窯跡では、坏、甕が出土している（第3図7～9）。坏は底部にヘラ切りの痕跡が確認できる。甕類は大型、中型のものがある。A地点とみられる資料は東北大学所蔵資料にも含まれている。坏は器形の全体は不明だが、確認できるものはすべて底部に回転ヘラケズリが行われている。蓋はリング状のつまみである（第3図14）。

B地点では東北大学が所蔵する資料、多賀城研究所が調査した資料がある。このうち、須恵器を多く含むのは、東北大学所蔵資料で、その他の資料が出土した窯跡は瓦を主に焼成している（吾妻俊典・櫻井友梓2007）。東北大学所蔵資料は、1958年に調査を行った際に得られたものである[6]。須恵器は坏、蓋、甕がある（第3図10～13）。坏は4点あり、いずれも底部から体部下端に回転ヘラケズリが行われている。ロクロ回転方向は、いずれも左回転である。蓋は2点あり、口径が8cmと小さい蓋は宝珠形のつまみである（第3図3）。1点は口径や器形から坏あるいは高台坏の蓋で、リング状のつまみをもつ（第3図4）。宮城県多賀城跡調査研究所が調査したB-SR1窯跡では、須恵器はほとんどみられず、瓦を焼成した窯跡とみられる。

C地点では宮城県多賀城跡調査研究所が調査している。調査された窯跡は主に瓦を焼成したものとみられ、須恵器は一部の床で出土しているが出土量は少ない[7]。C-SR1窯跡では最終床に伴う層から、坏が出土している。坏は底部回転ヘラケズリと、手持ちヘラケズリによる再調整が行われている。C-SR2窯跡では、坏や短頸壺が出土している。坏は底部に手持ちヘラケズリ、体部下端に回転ヘラケズリが行われている。

また、いずれの地点の資料も焼成が堅緻で良好なもので、色調は灰色や青灰色である。胎土は、砂を含むが密度が高く、石粒等はほとんど含まれない。このことは出土地点に関

多賀城創建期の須恵器　597

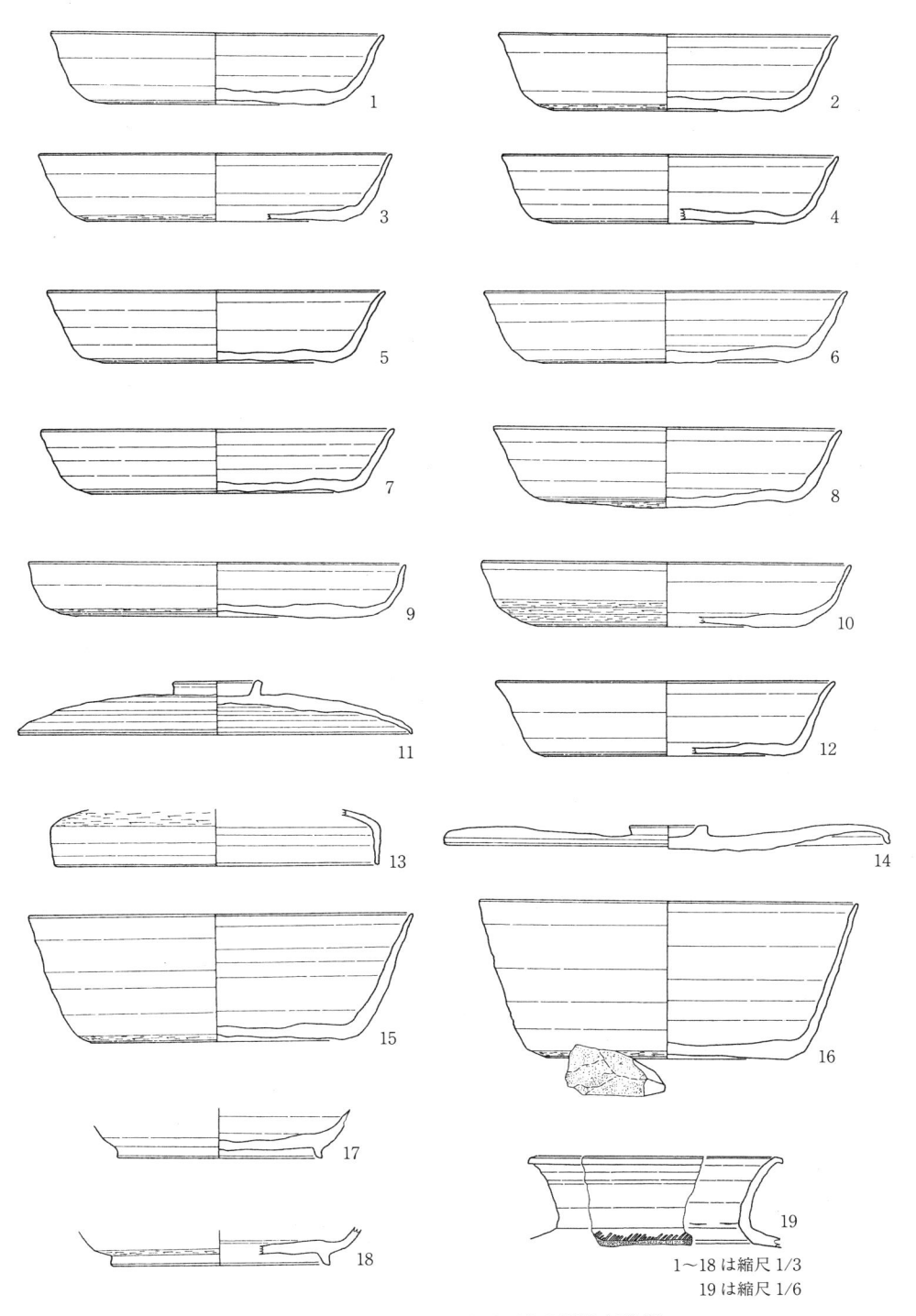

1～18は縮尺1/3
19は縮尺1/6

第2図　木戸窯跡群出土資料（東北学院大所蔵）

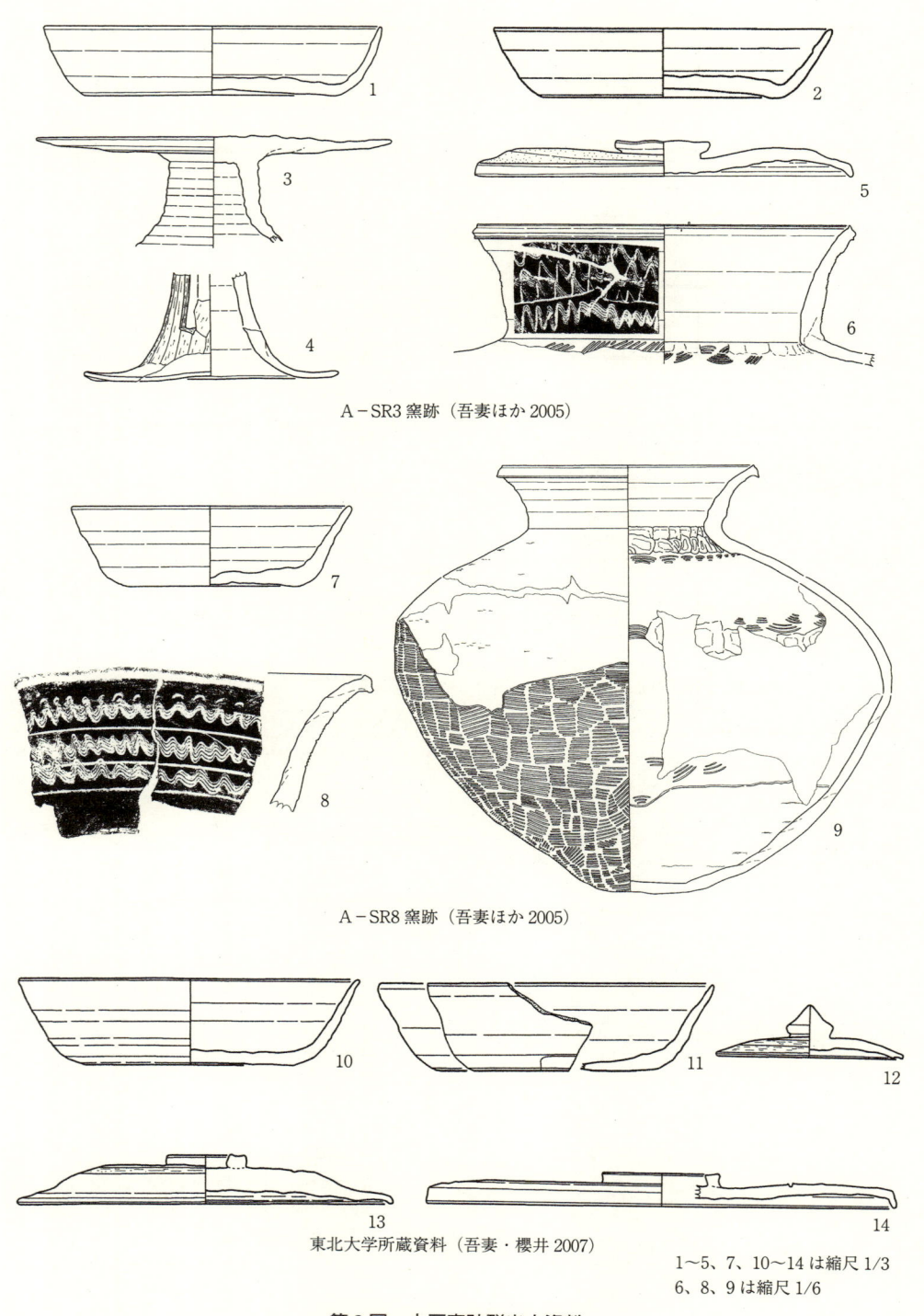

598

A－SR3 窯跡（吾妻ほか 2005）

A－SR8 窯跡（吾妻ほか 2005）

東北大学所蔵資料（吾妻・櫻井 2007）

1〜5、7、10〜14 は縮尺 1/3
6、8、9 は縮尺 1/6

第 3 図　木戸窯跡群出土資料

わらず共通しており、木戸窯跡群の須恵器の特徴である。海綿骨針が確認できる個体があり、一部の地点の製品に含まれる可能性がある。

　木戸窯跡群の資料は、A～Cの各地点で共通する要素もあるが、地点毎もしくは窯跡毎に異なる特徴も存在する。木戸窯跡群出土の須恵器の特徴をまとめる。
①須恵器坏類は、底部切り離し後回転ヘラケズリによる再調整が行われている。ヘラケズリの範囲は、底部から体部下端まで及ぶものが多い。ただし、A地点やC地点の一部の窯跡の資料では、手持ちヘラケズリがみられる。
②器厚がうすい資料が多く、特に坏で顕著である。
③蓋はリング状のつまみが多いが、宝珠形や台形のつまみも含まれる。
④坏類では、ロクロ回転方向が左右ともに確認できる。

2. 大崎市下伊場野窯跡群

(1) 下伊場野窯跡群の概要

　下伊場野窯跡群は大崎市三本木伊場野に所在する（第1図）。多賀城跡から北に35km程に位置し、美里町一本柳遺跡からは西に5km程である[8]。鳴瀬川右岸の、大崎平野南端の丘陵に立地する。窯跡は約500m四方にA、B、Cの3地点に群をなして分布していると考えられている。

　下伊場野窯跡群ではA地点で調査が行われており、3基の窯跡が確認されている（進藤秋輝ほか1994）。そのうちの1基で須恵器を焼成している。この調査で得られた瓦は重弁蓮華文軒丸瓦［多賀城分類型番116］などを含んでおり、多賀城創建期の窯跡群の中でも古い様相を示すと考えられている[9]。窯跡は、瓦を焼成した2基も含めて、いずれも地下式の窖窯である。

(2) 下伊場野窯跡群出土資料の特徴

　下伊場野窯跡群は3基の窯跡が調査されている。このうち、第3号窯跡で須恵器を焼成している。器種は坏、高台坏、蓋、甕が出土している（第4図）。坏は器形が判明するのは24点で、すべて底部の再調整が確認できる。底部は、すべて回転ヘラケズリが行われており、その範囲は底部と体部下端に及んでいる。蓋はつまみ部が確認できるものは7点で、リング状のつまみである。つまみの形状は、リング状であるが、木戸窯跡群の蓋にみられるリング状つまみとは異なり、環状の粘土をつけるのではなく、粘土塊を付けた後に中央部を工具でリング状に成形している。天井部は回転ヘラケズリが行われている。また蓋は口径が約15cmと約20cmの2種類があり、大小にわかれる。ロクロ回転方向は、いずれも左回転である。甕は、出土点数が少なく、体部片も少ない。坏類は、焼台に用いられた痕跡はみられず、この窯跡で生産されたものとみられる。胎土には、海綿動物骨針を多量に含んでいる。これは瓦にもみられ、この窯跡の資料の特徴の一つである[10]。焼成はいず

れも良好で、色調は青灰色である。
　下伊場野窯跡群にみられる特徴を挙げる。
①須恵器坏類は、底部から体部下端に回転ヘラケズリによる再調整が行われる。
②ロクロ回転方向は左回転のみが確認できる。
③蓋はリング状のつまみをもち、天井部に回転ヘラケズリが行われる。

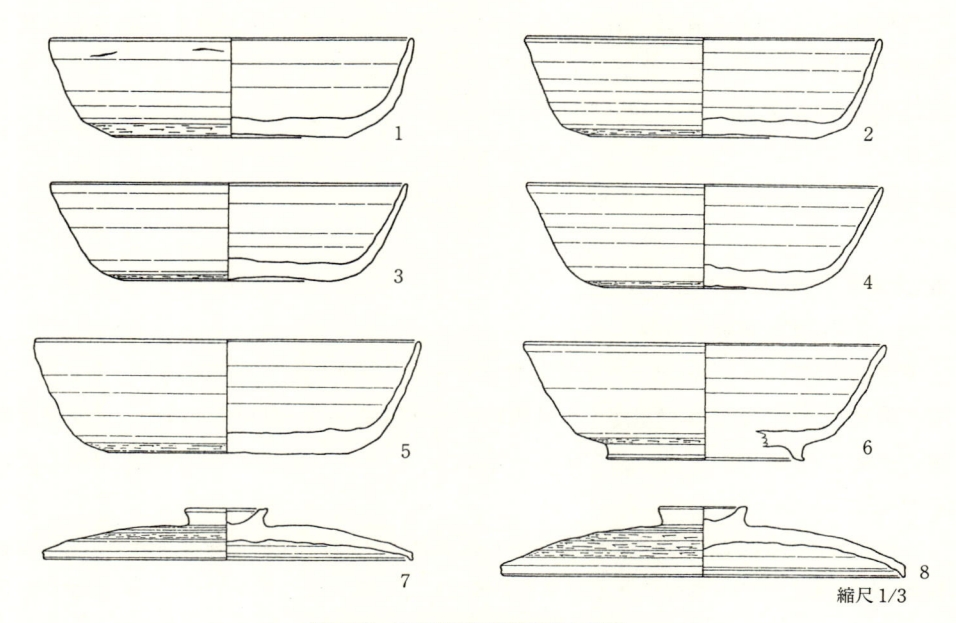

縮尺1/3

第4図　下伊場野窯跡群出土資料

3. 色麻町日の出山窯跡群

(1) 日の出山窯跡群の概要

　日の出山窯跡群は加美郡色麻町に所在する（第1図）。窯跡は約1km四方の範囲でA～Fの6地点に群をなして分布している。多賀城跡から北に30km程の地点で、大崎平野の西に位置している。多賀城創建期の窯跡群の中でもっとも大規模なものであると考えられている。

　日の出山窯跡群では1969年にA地点の、1990年代前半にC地点の調査が行われている。A地点では斜面に並んだ7基の窯跡が調査されており、多量の瓦と須恵器が出土している（宮城県教育委員会1970）。窯跡はいずれも地下式の窖窯である。C地点はA地点の500mほど西側にあたり、7基の窯跡と竪穴住居跡、土師器焼成遺構などが調査されている。窯跡は、一基は半地下式と考えられ、その他は地下式の窖窯である。

(2) 日の出山窯跡群出土資料の特徴

　日の出山窯跡群ではA、Cの2地点が調査されている。ここでは特に、A地点の資料に

ついて述べる[11]。須恵器は調査された7基の窯跡のうち6、7、8号窯跡から主に出土している。ここではそれぞれの窯跡で異なる特徴を述べ、A地点の遺物全体に共通してみられる特徴に触れる。

　8号窯跡では須恵器坏がまとまって出土している（第5図1〜10）。この窯跡から出土した器種は坏、高台坏に限られ、法量や器形もまとまっている。坏は57点あり[12]、底部の調整が判明するものは42点で、いずれも手持ちヘラケズリによる調整が行われている。これらは、13点は手持ちヘラケズリが底部全面に行われ切り離しが不明なもの、19点は手持ちヘラケズリが底部周縁に行われ中央部に静止糸切りによる切り離しが確認できるものである。切り離しは、すべて静止糸切りである。ヘラケズリは体部下端に及ぶものもある。底部から体部への立ち上がりは、明確に屈曲せず、緩やかに立ち上がる。これは手持ちヘラケズリで再調整が行われていることによるとみられる。また、体部内面の底部と体部の境に沈線が確認できるものがある。高台坏は3点あり、法量や器形も同一である（第5図11・12）。稜を持つことや立ち上がりの湾曲などが特徴的な器形である。ロクロ回転方向がわかるものは、すべて右回転である。この窯跡出土の須恵器は、いずれも灰色や灰白色の白い色調で、焼成不良のものである。胎土は砂を多く含んでいる。

　6号窯跡では須恵器坏、高台坏、甕が出土している（第6図1〜10）。坏は14点あり、底部の調整が確認できるものは12点ある（第6図1〜5）。このうち10点は底部全面に回転ヘラケズリが行われ、2点は手持ちヘラケズリが行われ、静止糸切りが確認できる。底部と体部は明確に屈曲して立ち上がり、口縁部が外反する個体もある。小型の坏も1点含まれている。高台坏は3点あり、いずれも底部は回転ヘラケズリが行われている（第6図6〜8）。高台部は小さく短い。ロクロ回転方向がわかるものは、すべて右回転である。甕は口径がわかるものは2点あり、それぞれ19.6cmと24.4cmである（第6図9・10）。いずれも頸部は無文である。このほかに体部片が含まれている。焼台の痕跡等は確認できず、焼成状況や接合から、この窯跡で焼成したとみられる。底部が確認できるものは丸底である。

　7号窯跡では須恵器坏、高台坏が出土している（第6図11〜17）。坏は14点あり、底部の調整が確認できるものは13点ある（第6図11〜15）。これらは、8点が底部全面に手持ちヘラケズリが行われ切り離し不明、2点が静止糸切りで切り離され無調整、3点が静止糸切りの後に周縁部に手持ちヘラケズリが行われている。体部下端にヘラケズリが及ぶものもある。7点は体部内面に底部と体部の境に沈線がみられる。高台坏は2点あり、大型の器形と、坏部が坏と同様の法量の器形である（第6図16・17）。小型の高台坏は焼成不良で、切り離し等は不明である。大型の高台坏は、底部から体部下端に回転ヘラケズリが行われている。

　このほかの窯跡では須恵器の出土は少ない。5号窯跡からは須恵器坏が出土している。底部は、2点は手持ちヘラケズリで再調整が行われ、1点は回転ヘラケズリが行われている。1号窯跡からは須恵器坏が7点出土している（第5図13〜17）。手持ちヘラケズリが行

A 地点　8号窯跡

A 地点　1号窯跡

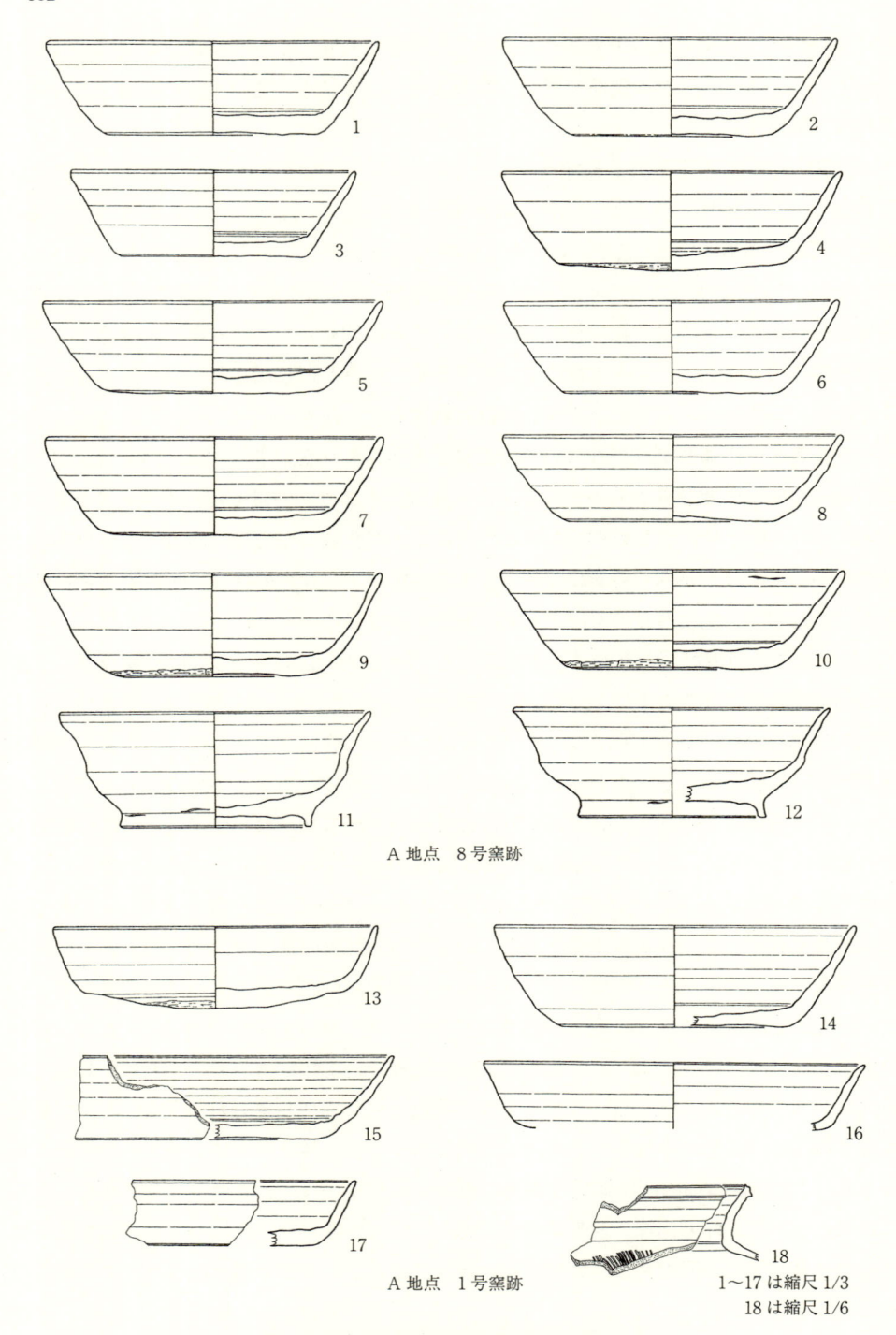

1〜17 は縮尺 1/3
18 は縮尺 1/6

第 5 図　日の出山窯跡 A 地点出土資料 (1)

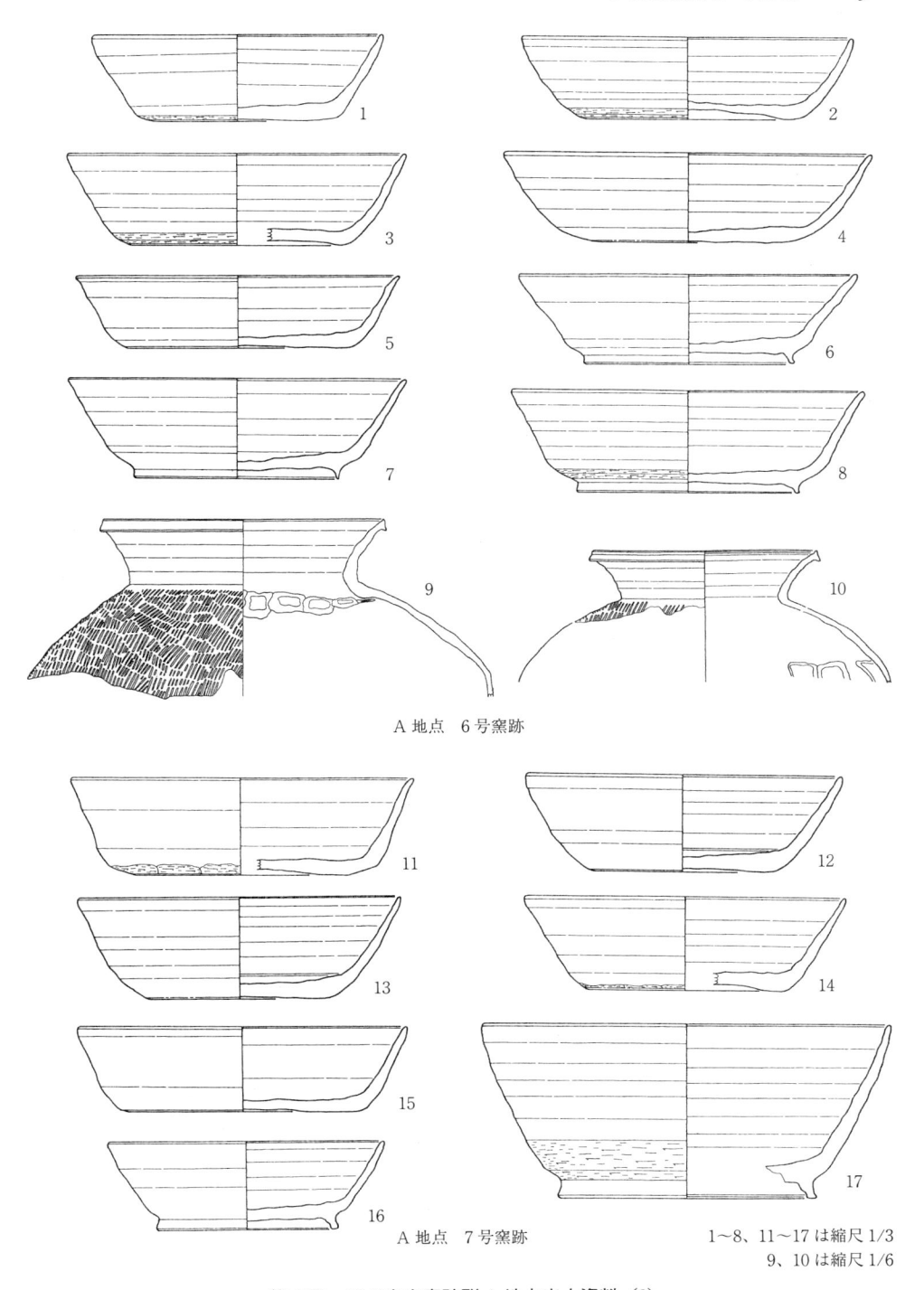

多賀城創建期の須恵器　603

A地点　6号窯跡

A地点　7号窯跡

1〜8、11〜17は縮尺1/3
9、10は縮尺1/6

第6図　日の出山窯跡群A地点出土資料（2）

われており、丸底気味の器形が1点ある。そのほかの坏は、いずれも平底で手持ちヘラケズリが行われている。

　ここで日の出山窯跡群の資料にみられる特徴をまとめる。

①須恵器坏類は、静止糸切りによるものが多く、7号窯跡と8号窯跡では再調整は手持ちヘラケズリが多い。またこれらの坏には、内面に体部と底部の境に沈線が存在する個体がある。6号窯跡出土資料では、切り離し後に回転ヘラケズリが行われている。

②ロクロ回転方向は右回転のみ確認できる。

IV. 多賀城創建期の須恵器にみられる特徴

1. 多賀城創建期に生産された須恵器器種

　多賀城創建期の窯跡では、坏、高台坏、蓋などの食器類と甕、短頸壺、長頸壺が出土し

表1　窯跡別出土点数

遺跡名	地点、窯跡番号	坏	高台坏	高坏	蓋	甕	短頸壺	その他	軒丸瓦	軒平瓦	平瓦 IA	IB	IC	ID	IIA	IIB	IIC	丸瓦 IA	IB	I	IIA	IIB	その他	備考
日の出山窯跡	A地点1号窯跡	7								6	499				93	27					52			日の出山A地点では軒丸瓦は126軒平瓦は511-d
	A地点2号窯跡									1	188				41	3					28			
	A地点3号窯跡	1				1			2	15	700		6		85	208					98			
	貯蔵瓦															51								
	A地点4号窯跡				1					5	232		5		72	32					51			
	A地点5号窯跡	3	1		1					2	123		1		12	13					19			
	A地点6号窯跡	14	3			4				2	62		5		7	1					1			
	A地点7号窯跡	14	1			2		瓶1	3	9	47		1											
	A地点8号窯跡	59	3		1						36		4		3									
	C地点1号窯跡1次床			1	3	1		高台椀1、甑1																
	C地点1号窯跡2次床	8			1	1		高台盤1、													48			板巻き造りの丸瓦11点
	C地点2号窯跡2次床	6						椀1、盤1、高台盤1																
	C地点2号窯跡4次床	13	1			2															100			板巻き造りの丸瓦11
	C地点2号窯跡6次床	33	5		15	9		椀1、鉢2、甑1																
	C地点3号窯跡				1	4																		
	C地点4号窯跡	26	5		15	38	8	椀1、盤1、高台盤2、稜椀2、すり鉢2、浅鉢1、鉢1、甑1	1	1			53								52		14	板巻き造りの丸瓦28　軒平瓦は511　軒丸瓦は笵不明
	C地点5号窯跡1~2次床				1																			
	C地点5号窯跡3次床	1	1						9	1			4			191							1	軒丸瓦は230、231 軒平瓦は660
	C地点5号窯跡4~6次床																							
	C地点5号窯跡9次床	3	3		11	12	2	盤1、高台椀1																
	C地点6号窯跡	5	6	2	3	1										34							1	板巻き造りの丸瓦1
	C地点7号窯跡	1			1			椀1																
下伊場野窯跡	A地点1号窯跡1次床								8	17			442					18	29	61			7	軒丸瓦は116が5 軒平瓦は511が21
	A地点1号窯跡2次床	1			1	1				8			138							9				
	A地点1号窯跡堆積層ほか								3	9			139					2	8	23	1			
	A地点2号窯跡1次床								1				42					1		2				軒丸瓦は116が1
	A地点2号窯跡2次床				3				2	3			43					3	1	4				
	A地点2号窯跡堆積層ほか				1	1			1	2			100						1	7				軒丸瓦は116が1
	A地点3号窯跡1次床	14	4		7	2				1			29						1	8			2	
	A地点3号窯跡2次床	10	1		1			鉢2		1			16					1		3			2	
	A地点3号窯跡堆積層ほか	54	3		30	2		壺1	1	3			52						1	2			2	
木戸窯跡	A地点SR3窯跡3次床	2		3	1	45		長頸壺1	3	3	88									2				軒丸瓦は120 軒平瓦は511 鬼板954 未焼成のものあり
	A地点SR3窯跡2次床	7		3	1	147					56													平瓦I類1 焼台の粘土塊4点
	A地点SR3窯跡1次床					23		鉢1、平瓶1、不明1			111													焼台の粘土塊2点
	A地点SR3窯跡堆積層	11		23	3	170	1				1	234												不明11
	A地点SR8窯跡3次床					31			1		36		1							1				丸瓦II類2 焼台の粘土塊4点
	A地点SR8窯跡2次床	1	1			61					31									2				丸瓦II類2 焼台の粘土塊2点
	A地点SR8窯跡1次床					7					22									2				焼台の粘土塊7点
	A地点SR8窯跡堆積層			2		34					32												1	不明3

ている。これらの出土点数を窯跡ごと、床面ごとにまとめた（第1表）。すべての窯跡で出土している器種は坏、高台坏、蓋などの食器類であり、出土量も多く、当該期の中心的な須恵器器種である。もう一つの須恵器の代表的な器種である甕類は、出土する窯跡が限られる。木戸窯跡群SR3窯跡のように大甕を生産した窯跡も存在するが、全ての窯跡から出土する器種ではなく、日の出山窯跡群、下伊場野窯跡群では甕類の出土は少ない。日の出山窯跡群ではA地点で6号窯跡、C地点では4号窯跡で出土しているが、その他の窯跡ではほとんど出土せず、焼成したとみられる窯跡でも甕類は破片数を含めても少ない。また、蓋は坏類と組み合うタイプと短頸壺と組み合うタイプが出土しており、組み合う短頸壺も生産されているとみられるが、長頸壺をあわせても壺類の出土量は多くない。

　このように、多賀城創建期の窯跡では坏、高台坏、蓋などの食膳具類の器種が普遍的に生産されており、それ以外の貯蔵具類などの器種は出土量が少ない。これらの、主に生産されたとみられる坏と、蓋や高台坏、盤、高坏、盤類などの食器類は官衙での饗宴などの儀礼に適した器種で、特に、高坏や盤類、高台をもつ器種が一定量含まれる点は注目できる。多賀城創建期の窯跡では、城柵官衙での使用に対応した器種を中心に須恵器生産が行われていたことが考えられる[13]。

2. 坏類にみられる法量の特徴

　次に当該期の代表的な器種である坏、高台坏などの特徴に触れる。ここでは、坏の口径、底径、器高を用いた法量による検討を行う。

　口径及び底径を0.5 cmの範囲でまとめた（第7図）。木戸窯跡群では、口径は計測可能な29点のうち22点が14〜16 cm、底径は37点のうち32点が9.5〜11.5 cmに含まれている。この傾向は地点ごとに異なるものではないが、A地点のSR8窯跡出土の坏のみが口径、底径ともに小さい。下伊場野窯跡群の遺物は点数が少ないものの、口径は14〜16 cm、底径は8〜10 cmに多くが含まれている。日の出山窯跡群A地点では、53点のうち44点が口径14〜16 cm、68点のうち61点が底径8〜10 cmに含まれている。また、器高も一定の範囲に含まれることが確認できる（第8図）。木戸窯跡群では4 cm以下に、下伊場野窯跡では3.5〜4.5 cm、日の出山窯跡群では3.5〜4.5 cmの範囲に含まれている。なお、日の出山窯跡群C地点の遺物は、古川一明氏が3群に分けて考察を行っており、A地点の遺物と類似していることが指摘されている（古川一明ほか1993）[14]。このように各窯跡で、計測できる資料のうち8割以上が一定の範囲に含まれ法量がまとまっており、坏はほぼ同様の法量で生産されていることが指摘できる。そして、各窯跡群の様相を比較した場合も同様に口径、底径が一定の範囲に含まれ、各窯跡に固有の法量が、同時に多賀城創建期の窯跡群にも共通している。特に、口径はすべての窯跡で14〜16 cmの範囲に含まれ顕著であり、坏の生産が一定の規格に基づいていたことが想定できる。

　これらの法量値から、口径と底径及び口径と器高の散布図を示した（第8図）。各窯跡群

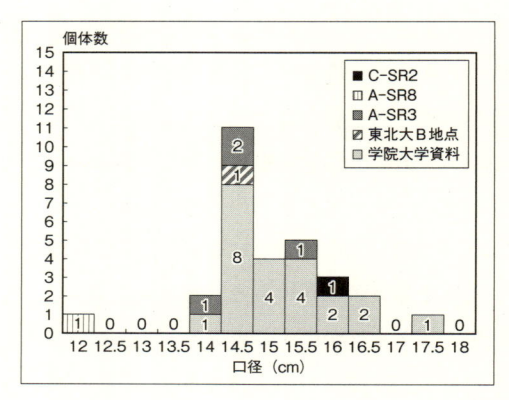

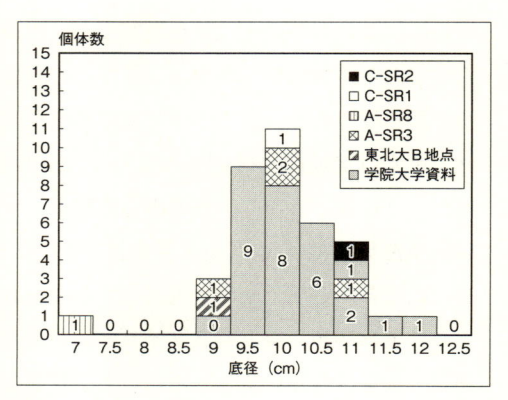

木戸窯跡群

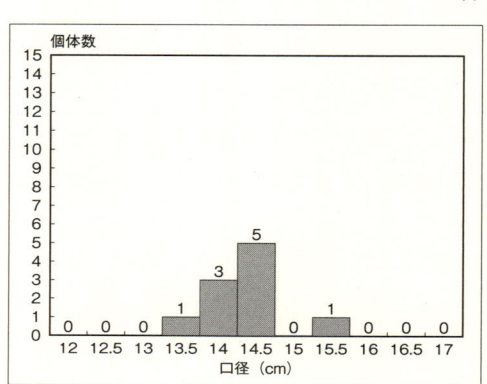

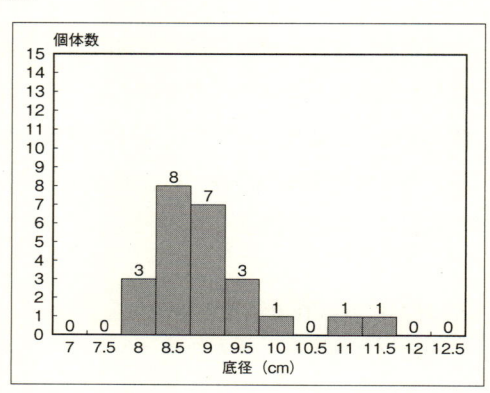

下伊場野窯跡群

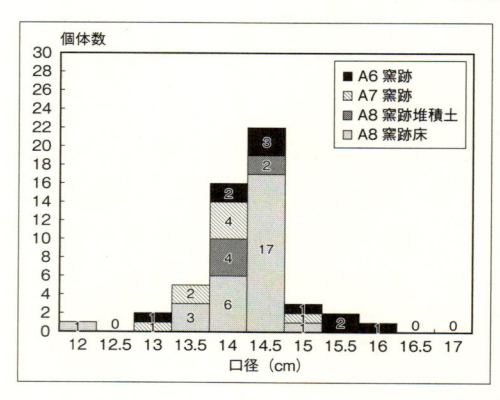

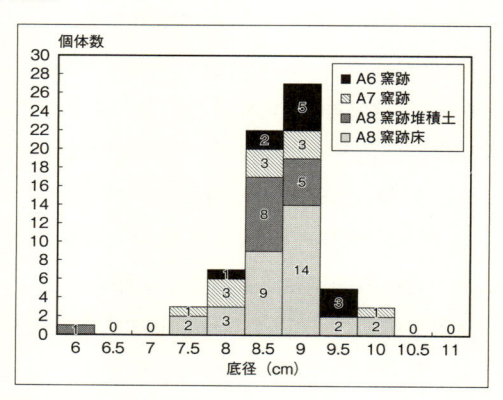

日の出山窯跡群A地点

第7図 各窯跡の口径・底径分布

での分布は、口径と底径、口径と器高の場合、いずれの分布も明確な差異は確認できず、一定のまとまりを示している。このことから坏は、同様の法量比の器形が複数の法量で製作されていたのではなく、ほぼ単一の器形で製作されていたことがうかがえる。つまり、多賀城創建期の窯跡では、坏類は法量の分化が顕著でなく、一つの器種に対する法量が限定されるとみられる。

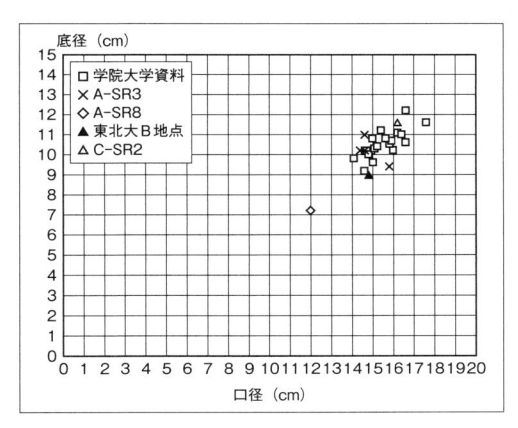

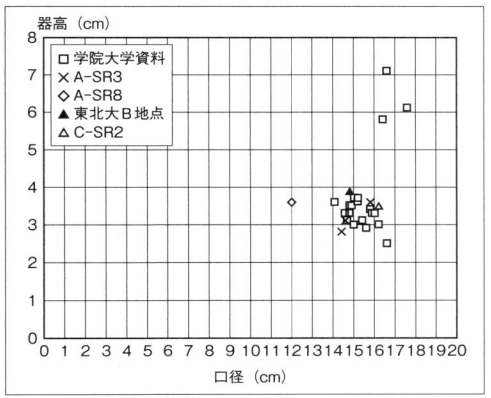

木戸窯跡群

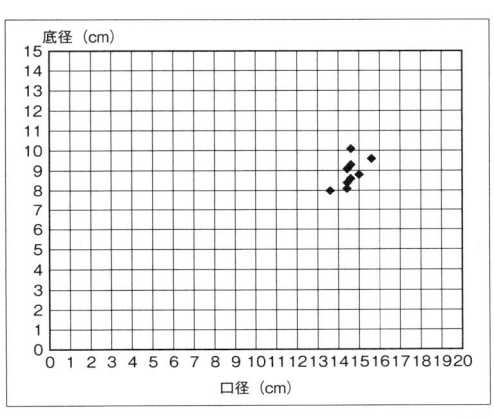

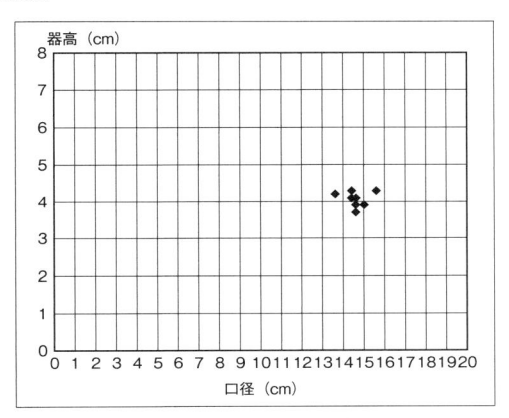

下伊場野窯跡群

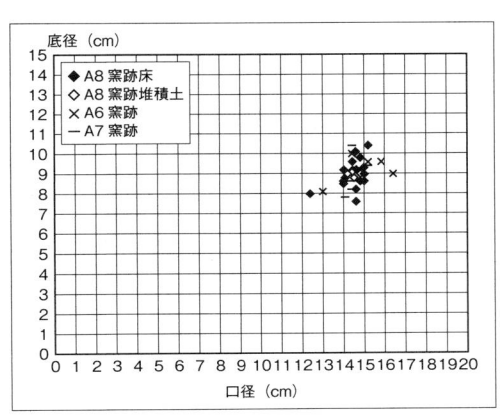

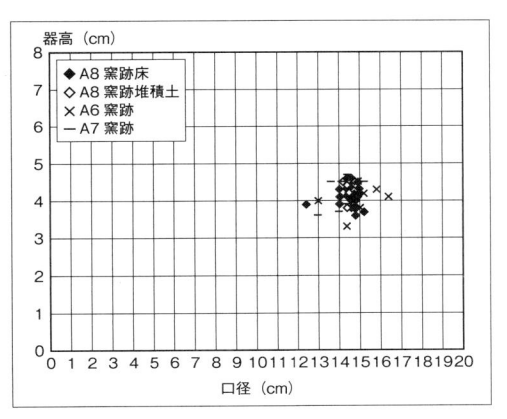

日の出山窯跡群A地点

第8図　各窯跡の法量散布図

3. 窯跡ごとの相違と特徴

　これまでみたように、各窯跡の製品にはそれぞれに固有の特徴がある。これらの特徴は、一つ一つの要素では各窯跡で共通する点も存在するが、いくつかの要素をあわせて検討し

た場合、各窯跡群で生産された須恵器を判別する目安となる。この点は、辻秀人氏が各窯跡の個性として指摘している（辻秀人1984）。今回対象とした窯跡の製品は、胎土の特徴のみではなく、器形の細部の特徴やロクロ回転方向などの須恵器の制作技術に関わる要素で異なる点がみられる。これは、時期的変遷があるとともに、当該期の須恵器生産が、複数の系譜に基づくものであることが考えられる。

　最後に、これらの窯跡の操業について述べる。これまでの研究で、多賀城創建期であるⅠ期とされる窯跡でも操業には時間差があり、下伊場野窯跡や木戸窯跡では古い様相が確認でき、日の出山窯跡がやや後に操業を開始したものと考えられている。このことは、当該期の須恵器の変遷が特に底部の特徴により検討されている。坏底部の切り離しや再調整の変化は、日の出山窯跡群の各地点での同一窯跡での床面ごとの変化や隣接する窯跡での変化から、短期間での変化が推定される。しかし下伊場野窯跡群資料や、木戸窯跡群でも実年代の検討などから古いものとみられる資料で回転ヘラケズリのみ確認できる資料群があり、出土事例からも手持ちヘラケズリが含まれるのは、多賀城Ⅰ期のうちでもやや後出の特徴と考えられる。坏底部の特徴の変遷は、このように出土例や先行研究からも支持できる。また、下伊場野窯跡出土の資料や木戸窯跡群出土の東北学院大所蔵資料やB地点資料は、坏体部の立ち上がりの湾曲が特徴の一つである。これらは、底部から一度外に湾曲して、直線的に口縁部に至る器形である。これに対して、日の出山窯跡A地点の坏は、体部の立ち上がりが底部から直線的に口縁部に至る器形である。

　木戸窯跡群出土の資料は、このような古い特徴をもつもののみでなく、その他の特徴をもつ資料が存在する。東北学院大所蔵資料や、B地点の資料で回転ヘラケズリによる調整がみられる。しかし一方で、A地点のSR8窯跡やC地点の資料のように、手持ちヘラケズリが確認できる資料もある。また、これらの手持ちヘラケズリによる再調整の坏は、器形からも湾曲の弱い直線的に立ち上がる器形である。このように、木戸窯跡群の資料は、底部の調整が手持ちヘラケズリであることや体部の立ち上がりの湾曲など器形の特徴から、日の出山窯跡などにみられる後出する特徴をもつ製品を含んでいる。木戸窯跡群は、従来考えられてきた多賀城創建期のなかでも古い時期にみられる特徴を持つ製品のみを生産した窯跡ではなく、多賀城Ⅰ期のなかでも一定の期間、操業を継続した可能性が考えられる[15]。

Ⅴ. まとめと課題

　本稿では、多賀城創建期の窯跡出土須恵器から当該期の土器様相を検討した。窯跡出土資料の内容を提示し、各窯跡群出土の資料がもつ固有の特徴と共通する特徴を確認した。今後、各窯跡の製品の特徴を通して、消費地である集落や官衙遺跡での各窯跡製品の出土状況を検討し、製品の流通などの需給関係を把握する必要がある[16]。また、時間幅のある

I期の窯跡の製品全体にみられる特徴を指摘し、多賀城創建期の須恵器の特徴として、多様な器種や法量の分化といった様相が顕著ではなく、官衙での使用に対応した器種が法量を限定して生産されていることを挙げた。この特徴を宮都の土器と比べた場合、坏類が特徴的に存在することや規格性が認められることは同様であるが、法量分化が顕著でなく限定されることはやや異なる様相である[17]。出羽国域である秋田城跡周辺や横手盆地での窯跡出土の須恵器の検討では、法量による器種分化も一部で認められている（伊藤武士 1998、島田祐悦 2005）。このように宮都以外の他地域でも、多賀城創建期の須恵器にみられる様相とは異なる特徴も存在している。これらの他地域の様相と比較することで、多賀城周辺域の特質がより理解できる。

　これまで述べたように、多賀城創建期の須恵器生産の様相は、城柵等の官衙関連遺跡での使用に応じた器種構成と製品の規格性が特徴的である。そのような須恵器生産の背景には、これらの特徴をもつ食器類を多量に必要とした饗宴などによる需要の増加が想定でき、多賀城創建や周辺の城柵官衙の整備といった事象に伴うものとみられる。今回示した須恵器の様相は、多賀城創建などの当該期の歴史的事象に伴うもので、多賀城創建期の土器様相がもつ特徴の一つと評価できる。

　本稿では、多賀城の須恵器がもつ特徴を示すと考えられる、瓦を焼成した窯跡資料から、多賀城創建期の須恵器の検討を行った。多賀城のみでなくその周辺域を含めた当該期の土器様相は、今回示した多賀城創建期の須恵器の特徴を、須恵器のみを生産している窯跡[18]や消費地の資料、土師器の様相をあわせて総合的に検討することで明確にすべきものと考えている。今後の課題としたい。

謝辞

　本稿は東北大学に提出した修士論文を基にしたものである。須藤隆、阿子島香両先生には作成にあたって御指導をいただいた。東北歴史博物館、宮城県多賀城跡調査研究所の白鳥良一、小井川和夫、加藤道男、古川一明の各先生方には、日常の激務にも関わらず指導教官を引き受けて頂き、多くのご指導とご配慮をいただき、宮城県多賀城跡調査研究所所蔵の木戸窯跡、日の出山窯跡、下伊場野窯跡出土資料を使用させていただいた。東北学院大学辻秀人先生には資料の使用を許可していただいた。吾妻俊典氏には、木戸窯跡群の調査や整理を通じ、またその後も多くの教示を受けている。深く感謝申しあげます。

　学部入学以来ご指導いただいている須藤隆先生が退任されるにあたり、大変拙いものではありますが、本稿を献呈いたします。先生の今後のご健勝とご活躍を心よりお祈りするとともに、変わらぬご指導をお願い申し上げます。

註

1) 以下では、I期とのみ記すこととする。

2) 辻氏が一部の資料を示している（辻秀人1984）。近年のものでは、柳沢和明氏が詳細に報告し、分析を行っている（進藤秋輝ほか1994）。また、本稿で取り上げた遺物のうち、日の出山窯跡A地点、下伊場野窯跡出土資料は報告書が刊行されおり、実測図も掲載されている。ここでは、観察のため筆者が作成した実測図を掲載した。

3) 大崎市大吉山窯跡は操業がもっとも後のものとされているが、これまで発掘調査が行われておらず、内容には不明な点が多い（古川市教育委員会1979）。

4) 多賀城研究所は2005、2006年度に調査を行っており、2006年度調査分は本稿執筆時点で整理中である。

5) 東北大学所蔵資料については、多賀城研究所の木戸窯跡群調査の一環として行ったもので、観察表、実測図、それを用いた弱干の考察は報告を行っており（吾妻俊典・櫻井友梓2007）、全体の考察は別稿を記したいと考えている。また、東北学院大学が所蔵する木戸窯跡群出土資料について、それぞれの個体毎の観察表、実測図等は別稿で紹介したい。

6) 調査については、伊藤玄三氏が報告している（伊藤玄三1988）。

7) このほかに宮城県教育委員会が調査している（宮城県教育委員会1975）。その資料は瓦が主だが、坏等も含んでいる。宮城県多賀城跡調査研究所が報告する予定であり、ご厚意で実見させていただいた。

8) 一本柳遺跡からは重弁蓮華文軒丸瓦［多賀城分類型番120、121、130］が出土している（茂木好光ほか2001）。この瓦は木戸窯跡群の製品と考えられており、より近い位置にある下伊場野窯跡の製品とみられるものは、これまでの調査では出土していない。

9) 東松島市亀岡遺跡出土資料は、より古い様相を示すものと考えられている（吾妻俊典2004）。

10) 多賀城創建期の窯跡では、木戸窯跡の一部の資料をのぞいては、下伊場野窯跡の資料のみに特徴である。消費地の資料では、生産窯は不明であるが、亀岡遺跡の資料に海綿骨針が含まれている。

11) C地点の資料は古川一明氏が詳細に検討している（古川一明ほか1993）。報文では、A地点資料との類似性が指摘されている。本稿では、報告書が刊行されているが出土遺構等に不明な点が多いA地点資料を紹介もかねて検討する。

12) 日の出山窯跡A地点の発掘調査報告書（宮城県教育委員会1970）では40点とされている。これは、「8号床面」と注記されている点数と一致するため、その点数の集計と考えられる。堆積土出土と考えられる「8号堆土」などの注記が行われている遺物もあり、器種や器形、焼成の程度いずれも差異が認められなかったため、ここでは一括して扱っている。なお、第5図では10が「8号堆土」と注記されたもので、他は「8号床面」と注記されている。

13) 食器類が中心となる一方で、甕類を焼成している窯跡が存在することは注目できる。甕類を焼成した窯跡では、窯体の幅や全長が長い傾向があるようである。今後、窯構造をあわせて生産器種との検討を行うことで、生産体制が明らかになるものと考えている。

14) C地点では2号窯跡6次床で生焼けの製品と焼台の坏が出土し、口径が拡大することが指摘されている。これらの坏は口径18cm以下で器高5cm以下である。

15) これは、従来木戸窯跡の資料として示されていた東北学院大所蔵の木戸窯跡群出土資料が古い特徴を持っていたことによる。しかし、近年の宮城県多賀城跡調査研究所の調査による資料では異なった様相が確認できる。これらの資料の中で、東北学院大所蔵のものがむしろ特異なものである。また、菅原祥夫氏が紹介している唐草文をもつ軒平瓦と、その考察は木戸窯跡群の操業

に示唆を与えるものである（菅原祥夫 1996）。しかし、現在までの調査で得られている瓦は、単一の特徴をもっている。瓦と須恵器にみられるこの違いは何に起因するのか、今後窯跡の時間差もあわせて検討していきたい。木戸窯跡 B 地点 SR1 窯跡では、同じ色調、焼成状態の焼成不良の瓦が出土している（天野順陽 2006）。そこでは、軒丸瓦が瓦当厚の厚いものと薄いものとが、同じ出土状況でまとまって出土している。

16) 横穴の須恵器を通して、辻氏が検討している（辻秀人 1984）。関東地方では埼玉地方を中心に研究が行われている（埼玉考古学会編 2006）。本稿では、このため不十分ではあるが焼成の特徴や胎土の状況も言及することとした。

17) この点は、吾妻俊典氏が多賀城の古代土器様式として示した特徴の一つである（吾妻俊典 2005）。本稿は須恵器の特徴に絞ったものであるが、吾妻氏の示した特徴を支持できると考えている。

18) 当該時期の窯跡として、宮城県利府町硯沢窯跡群（宮城県教育委員会 1987）や、大和町鳥屋窯跡群三角田南地区（東北学院大学考古学研究部 1975）などがある。

引用文献

阿部義平 1968「東国の土師器と須恵器」『帝塚山考古学』1 pp. 49-61

天野順陽 2006『木戸窯跡群 II』多賀城関連遺跡発掘調査報告書第 31 冊　宮城県多賀城跡調査研究所

吾妻俊典 2001「多賀城跡周辺における須恵器製作技法の変化」『古代の土器研究—律令的土器様式の西・東 6　須恵器の製作技法とその転換—』pp. 106-114

吾妻俊典 2004『亀岡遺跡 II』多賀城関連遺跡発掘調査報告書第 29 冊　宮城県多賀城跡調査研究所

吾妻俊典 2005「奈良時代における多賀城の土器」『古代の土器研究　聖武朝の土器様式』pp. 84-99

吾妻俊典ほか 2005『木戸窯跡群 I』多賀城関連遺跡発掘調査報告書第 30 冊　宮城県多賀城跡調査研究所

吾妻俊典・櫻井友梓 2007「東北大学所蔵木戸窯跡群出土資料の報告」『木戸窯跡群 III』多賀城関連遺跡発掘調査報告書第 32 冊

古川一明ほか 1993『日の出山窯跡群—詳細分布調査と C 地点西部の発掘調査—』色麻町文化財調査報告書第 1 集　色麻町教育委員会

古川市教育委員会 1979『大吉山窯跡—史跡保存管理計画策定事業報告書—』古川市教育委員会

伊藤武士 1998「秋田城跡周辺須恵器窯の動向について」『秋田考古学』第 46 号 pp. 1-35

伊藤玄三 1988「宮城県木戸瓦窯跡出土の文字瓦」『法政大学文学部紀要』第 33 号 pp. 97-123

小松正夫 1989「八、九世紀における出羽北半須恵器の特質」『考古学研究』36-1 pp. 67-93

宮城県教育委員会 1970『日の出山窯跡群』宮城県文化財調査報告書第 22 集　宮城県教育委員会

宮城県教育委員会 1975「木戸瓦窯跡」『宮城県文化財発掘調査略報（昭和 48・49 年度）』宮城県文化財調査報告書第 40 集　宮城県教育委員会

宮城県教育委員会 1987『硯沢・大沢窯跡群ほか』宮城県文化財調査報告書第 116 集　宮城県教育委員会

宮城県教育委員会ほか 1970『多賀城跡調査報告 I—多賀城廃寺跡—』

宮城県教育委員会ほか 1982『多賀城跡　政庁跡本文編』宮城県教育委員会・宮城県多賀城跡調査

研究所
村田晃一　1992「多賀城周辺における奈良・平安時代の須恵器生産」『東日本における古代・中世窯業の諸問題』pp. 103-117
村田晃一　1995「萱刈場窯跡」『下草古城跡ほか』宮城県文化財調査報告書第166集　宮城県教育委員会
茂木好光・岩見和泰　2001『一本柳遺跡II』宮城県文化財調査報告書第185集　宮城県教育委員会
野崎　準　1974「東北地方における須恵器生産」『東北文化研究所紀要』第6号 pp. 47-62
岡田茂弘・桑原滋郎　1974「多賀城周辺における古代杯形土器の変遷」『宮城県多賀城跡調査研究所研究紀要』I pp. 65-92
島田祐悦　2005「横手盆地の奈良期における須恵器編年」『秋田考古学』第49号 pp. 35-88
進藤秋輝ほか　1994『下伊場野窯跡群』多賀城関連遺跡発掘調査報告書第19冊　宮城県多賀城跡調査研究所
白鳥良一　1980「多賀城跡出土土器の変遷」『宮城県多賀城跡調査研究所研究紀要』VII pp. 1-38
埼玉考古学会編　2006『古代武蔵国の須恵器流通と地域社会』埼玉考古学会50周年記念シンポジウム
菅原祥夫　1996「陸奥国国府系瓦における造瓦組織の再編過程（1）」『論集しのぶ考古』pp. 369-388
菅原祥夫ほか　1987『温故第14号　熊野堂遺跡』　東北学院大学考古学研究部
東北学院大学考古学研究部　1975『温故』第9号　東北学院大学考古学研究部
辻　秀人　1984「宮城の横穴と須恵器」『宮城の研究』第1巻 pp. 355-424
氏家和典　1957「東北土師器の分類とその編年」『歴史』第14輯 pp. 1-14
氏家和典　1988『東北古代史の基礎的研究』　東北プリント

仙台市土手内窯跡出土「加工焼台」をめぐって

奈 良 佳 子

I. はじめに

　土手内窯跡は、仙台市太白区土手内一丁目に所在した宮城県域では希少な7世紀代の須恵器窯跡である。宅地造成に伴う発掘調査で3基の窯跡が横穴墓群の中に検出された。あいにく供膳形態の器種は出土せず、焼台に転用された甕の破片が主たる遺物であったが、そのなかに「焼成前の甕の体部を方形や台形に切り、切り取ったものの内面（凹面）の縁辺を削って加工した焼台」が認められ、報告者はこれを「加工焼台」と仮称した（熊谷幹男ほか1992）。

　仙台市教育委員会のご厚意により筆者は土手内窯跡出土資料の大半を観察する機会を得、「加工焼台」もまとめて観察することができた。その結果、そこにはこれまで予想もしなかった道具の痕跡が幸運にも残されていることが明らかになった。前著でその概要については言及したが（奈良佳子2004）、ここでは「加工焼台」についてより詳細な資料紹介と検討を加えることとしたい。

II. 「加工焼台」の形状と原形

1. 形状と製作技法

　ここで「加工焼台」と称しているのは第1図のようなものである。2方向に反りをもち、表面に叩きしめた痕を有することから、一見すると窯跡に多量に残されている須恵器甕の胴部破片のようだが、ある約束にしたがった明らかな加工の痕を縁辺部に残している点で、甕の胴部片とは区別される。2号窯・3号窯から破片で41点の出土がみられた。

　その特徴をみていくと、形状は台形（縦長と横長がある）、長方形、扇形、不整方形を呈する。これらは図の上下・左右両方向に反りをもったもので、仮にその表面を凹面・凸面と呼び分けると、須恵器甕の胴部と同様に、凹面側に同心円文当て具痕、凸面側に平行線文叩き具痕を残す。現状で厚み1.6cm程度である。

　側面には凹面側から刀子様のもので切りこみを入れた後、板チョコレートを割るように分割した痕跡をみることができる（第2図）。切りこみの深さは厚みの3分の1から2分の1程である。また、凹面側の縁辺の四隅を中心に幅5mm～20mm程度の面取りが行われている。

割面をナデ調整している例、切りこみと割面が面取りによって削られている例があることから、分割は焼成前であること、面取りは分割後に行われていることは確実であり、原形の成形→切りこみ入れ→分割→面取り→焼成という工程が復元できる。側面によっては切りこみを施さないで割っている場合もあり、また、切りこみ部分でうまく割れず、切りこみがそのまま残された例もある。

　また側面を詳細にみると、全ての面に先に述べた分割痕を残している場合と、4面のうち3面には分割痕があるが、残る1面は断面半円形の溝状を呈していて分割痕がない場合とがある。1面に溝を有する例は平面形が台形のものに多く、その場合溝は台形の下底にあたる辺に存在する。この溝の中を更によく観察すると、詳細は後述するが、一定のパターンを示す圧痕が残されていることがみてとれる。以後本論ではこの溝のないものをA類、溝を有するものをB類として論を進めたい。

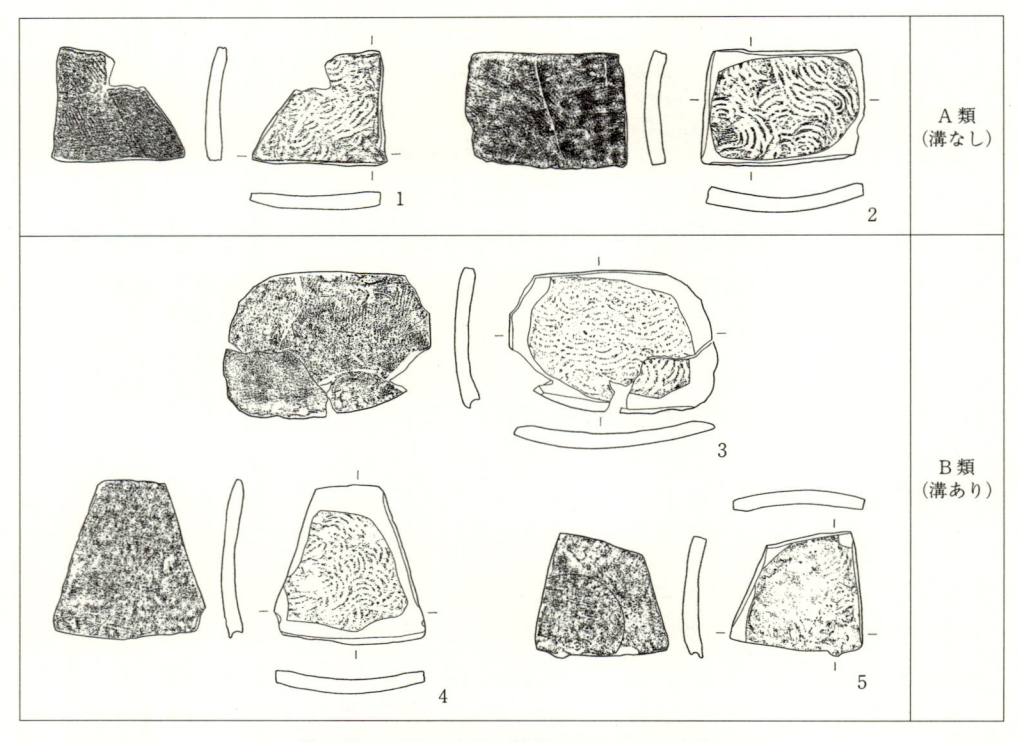

第1図　形状の分類（熊谷ほか1992を改変）　　S=1/8

　表面の調整としては、溝の部分を挟むように凹凸両面が叩き痕の上から幅5cm程なでられている。凸面の調整は、溝を挟むナデが最も明瞭な調整だが、それ以外の部分も叩き具痕は不明瞭で、擦痕は明瞭ではないものの全体的になでられている可能性がある。凹面は溝を挟むナデ以外にも部分的にナデがみられるものもある。

　凹面の同心円文当て具痕は比較的明瞭で、木目は確認できない。原体のキズのありかたからすべて同一のものとみられる。同一個体に複数の原体が用いられた形跡はみられない。

この原体は、当窯出土の他の甕破片には同じものの使用を確認できなかった。凸面の平行線文叩き具痕は不明瞭なものが多いが、観察しえたものでは刻み目に対して木目が右上がり斜めに交差するもののみである。第2図に示した個体には明らかな原体端部のあたりが木目に平行して観察され、木目に対して斜めに刻みを入れた原体であることを示している。これが当窯で出土している他の甕破片にみられる右上がり斜交木目の原体と同一かどうかはわからない。

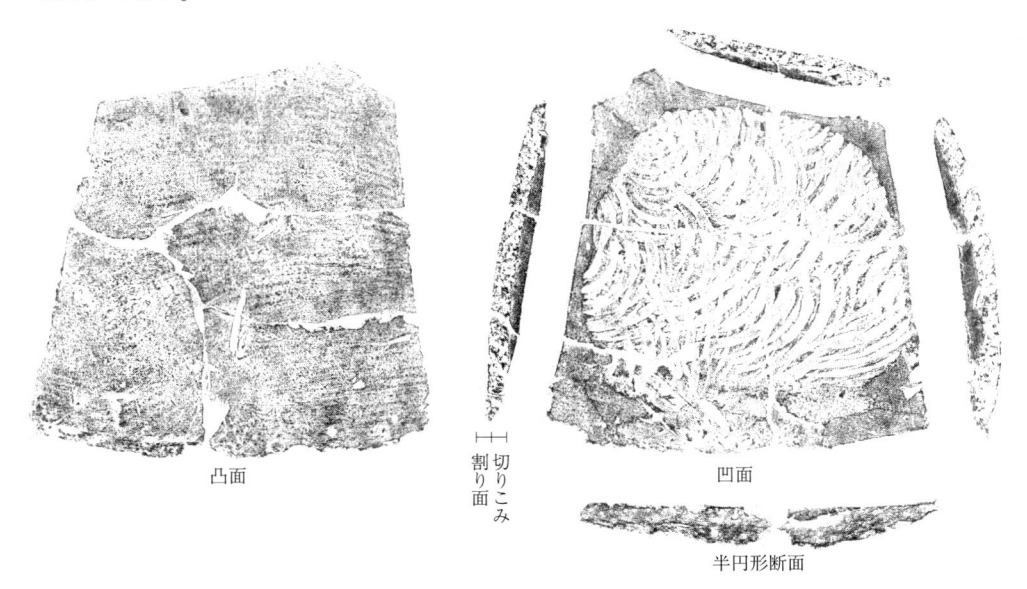

凸面　割り面　切りこみ　凹面　半円形断面

第2図　各面の調整・痕跡　　　　　　　　　　　　　　S=1/3

2. 接合状況

以上のように、これらがある程度の大きさのものを分割して作られており、分割面をよく残すことから、分割面での接合ができれば原形をある程度明らかにできると考えられたため、改めて接合作業を徹底的に行ってみることとした。

その結果、まず分割後の「焼台」としての個体数は31点となった。A類7点、B類22点、A・Bのどちらか不明のもの2点である。窯毎にみると、2号窯から24点（A類7・B類16・不明1）、3号窯から7点（A類0・B類6・不明1）となる。

分割面での接合もかなりのものが可能で、B類は、断面半円形の溝が連続するように接合することが確かめられた（第3図）。3～5個体接合するものが3セットあり、これらがすべて接合して1個の原形となる可能性もあるが、現状ではつながらない。また溝に相対する辺には接合するものがなかった。A類の扇形や長方形のものも2通りの接合パターンがみられた。接合しなかったものはA類3点、B類10点である。

A類の接合パターン

扇形＋扇形　　1　　　　　　　長方形＋扇形　　2

B類の接合パターン

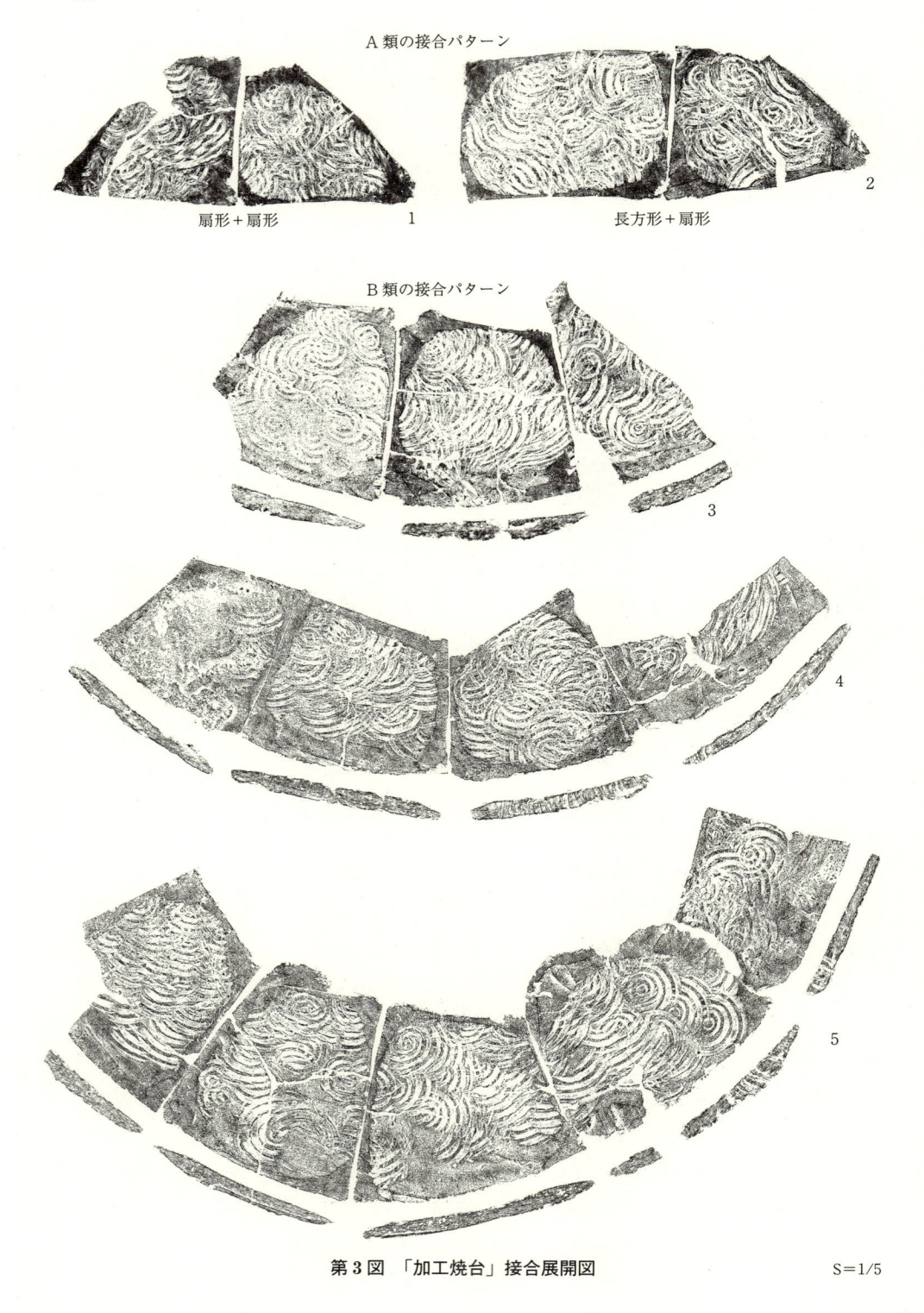

3

4

5

第3図　「加工焼台」接合展開図　　　　S＝1/5

3. 原形の形状と分割手順

　これらの接合状況を総合してみると、A類とB類が接合する例はなかったが、B類の接合状況からみて、A類はB類の溝と相対する辺で分割されたものに相当することがわかり、それぞれに異なる原形を想定する必要はないと考えられる。

　B類の接合状況を立面としてみると、溝を下にした場合、上にむかってすぼまっていく形状である。上部にA類があったとみなし、全体として紙風船を形成しているようなふくらみのある扇形の展開形を呈することから、半球に近いものを想定可能である。したがってまさに丸底甕の胴下半〜底部に近い形状のものが復元される。更に、B類の断面半円形の溝は分割以前の原形段階に形成されたものであることが明らかである。よって、「甕の胴下半〜底部に類する半球形を呈し、その端部に断面半円形の溝が巡っているもの」がこれらの原形であったといえる。

　A類とB類が接合しなかったことに加え、B類の接合した3セットが仮に同一原形であるとしても、相当数のB類が接合せずに残されている。したがって、全体としてみた場合、原形は1個体ではなく、少なくとも2個体は存在したとみるべきである。

　原形の大きさについては、分割後にそれぞれがゆがんでいるとみられあまり正確な値は求められないが、B類の接合した溝部分で直径70〜80cm程度はあったものと推定され、甕とすれば大形の部類である。

　また、B類の接合例では、溝に相対する辺は一直線にならず、かなりジグザグしている。切りこみを入れる際に、2個体分までは連続して入れているが、隣はかなり離れたところで切っているため、ジグザグすることになったとみられる。このようなあり方から、まず2個体分の幅で縦方向に分割線を入れて割ってしまい、その後横方向の分割を行っていることが考えられる。

III. 半円形断面の形成過程の検討

　これまでの検討で、「加工焼台」は甕胴〜底部様の原形を分割したものであることまでは明らかになしえたと思うが、B類に認められた半円形断面部分は、甕胴底部には普通にみられるものではない。この部分は一見いわゆる擬口縁のように粘土紐の接合部が剥がれたもののようにも見える。しかし剥落した痕跡はどこにも認められず、ここに接合するべき形状のものも全く見当たらないことから、この部分が本来端部であったと考えられる。また、当窯出土品のなかで「加工焼台」として分類され得たもの以外の破片には、このような断面を観察することは一切できなかった。従って、仮に須恵器大甕の胴部を転用しているとしても、器体半ばで半円形にくぼむ端部を何らかの方法で作り出していることになる。これは一体何を示しているのだろうか。

　この部分がいかにして形成されたものかを教えてくれるのは、この部分に認められる一

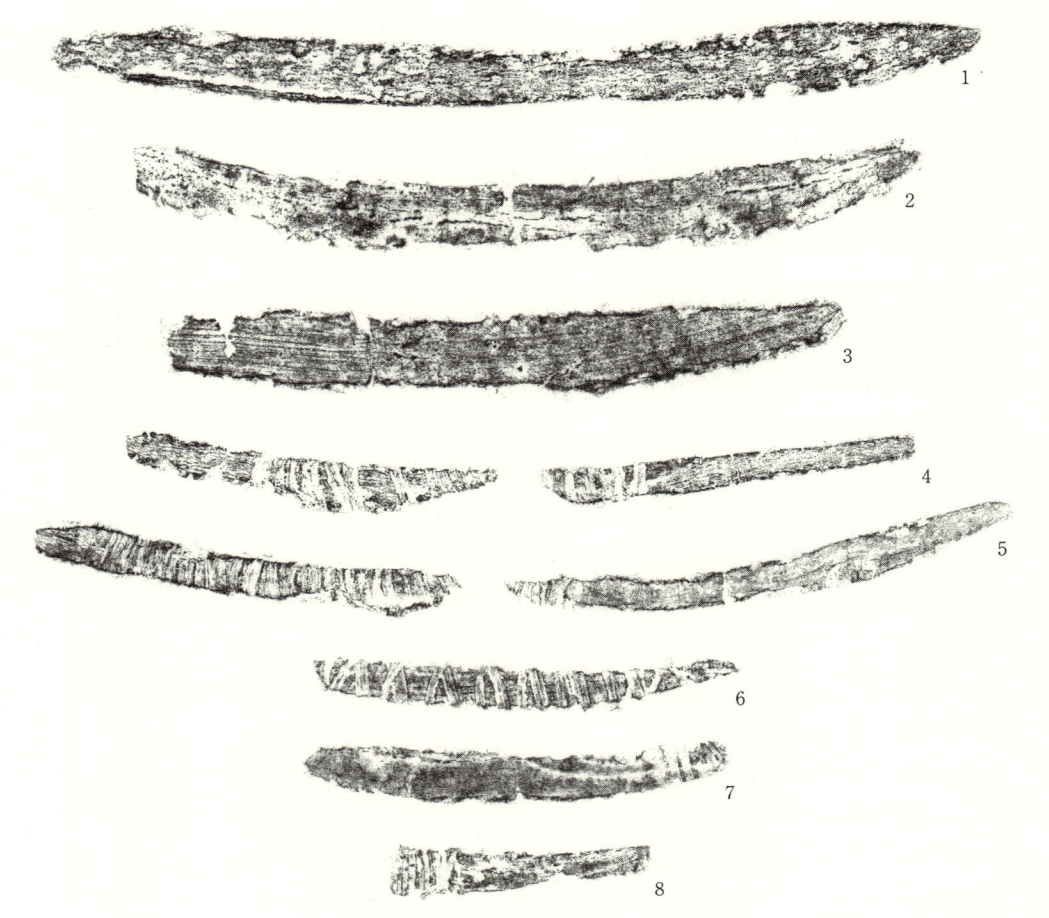

第 4 図　溝内の圧痕　　　　1～3 S=2/3　4～8 S=2/5

写真 1　溝内の圧痕　　　　　　　写真 2　溝内の圧痕（緊縛部）

定のパターンを示す痕跡である。その様相は以下の 4 種類に区別できる（第 4 図・写真 1・2）。

① 直径 2～3mm 程の円形のくぼみが不規則にみられ、長辺方向の細い突線が断続的に連なるもの（第 4 図 1）
② ①に比較するとやや突出の大きい長辺方向の細突線が断続的に連なるもの（第 4 図 2）
③ 長辺方向の極細突線が全体にみられるもの（第 4 図 3）

④ ①～③のいずれかに更に部分的に幅5mm程の凹帯が短辺方向に重なるもの（第4図4～8）

そして、接合状況からは、①・②・④が連続して弧状に連なることが確かめられる。これらはいずれもナデやケズリなどの調整痕ではなく、何らかの圧痕とみられる。③はこれだけでは決めがたいが、①・②の痕跡を残す原体としては、樹木の枝やつるを想定したい。直径2～3mm程の円形のくぼみは樹皮にみられる突起、断続的な長辺方向の細い突線は樹皮の細かい亀裂であろう。④は樹木の枝やつるに更に樹皮のような幅のある平たい繊維を巻きつけたものとみられる。

このようなあり方から、これらの痕跡は全体として、樹木の枝やつるをたわめて縛り、環状にしたものの圧痕であると解釈することができる。

④には繊維の巻き付け方から4～5種類が存在しており、環状のもの1個を作るのに4～5ヶ所縛っていたとすれば輪は1個しかなかった可能性もあるが、最も少なく見積もって緊縛部を輪1個につき1ヶ所とみれば、4～5個の輪が存在したことになる。接合状況からは原形が複数あると思われ、それぞれの原形に異なる輪が用いられていた可能性もある。

素材の樹種について同定の決め手があるのかどうかの検討もできていないが、表面の状況の類似性と加工のしやすさからは、藤のつるの可能性が最も高いと考えている。

以上のように、断面半円形の溝は、現象としては樹木の枝・つるなどをたわめて縛り環状にしたものを、甕の底部のような形状のものの一端にはめこんだために形成されたものと考えられる。

IV．「加工焼台」原形の製作過程と輪

以上のように復元された原形、いったいこれは何なのだろうか。端部に溝がなく別な調整があったり割り面であったならば、単なる「甕の製作失敗品」としてもよいが、端部の溝にはどんな意味があるのだろうか。

この謎を解くために、以下まず原形の製作過程において溝の形成がどのように行われたか、即ち輪がどの段階でどのように用いられた結果、このような痕跡を残すことになったのかについて検討しなければならない。

工程を理解するための基本的な点を確認すると、まず、表面に認められた溝を挟むナデの連続する状況から、この調整は分割以前に行われている。更にそれ以前に叩き締めが行われている。叩き締めは端部にまで及んでいたとみられるが、溝の幅がほぼ一定に保たれていることから、輪がはめこまれた状態で叩いていたと考えられる。当て具痕の切り合いから、叩きは端部側から底部側へと進行している。粘土紐の継ぎ目は定かでない。実際輪に接していた部分が描く弧の長さは、正確にいうと半円にはやや足りないほどで、粘土に

埋めこまれていたのは輪の半分以下であったことになる。

　甕の胴部の成形は一般的に平底を作り、体部を何段か積み上げ、叩きしめるという工程を繰り返しておこなわれたと考えられているが、それにあてはめて考えると、胴部成形が半ばまで達した段階に一旦輪をはめこむことになる。それから輪のあるほうから叩き締めて丸底までつくり、側面をなでた、ということになるが、こんなことができるのだろうか。

　断面をみる限りでは、輪が下にあり、粘土を上に積み上げていたように見える。また、最後に輪をはめこむのでは径の調節が難しく、かつ何のために輪を用いるのか、輪を用いる必然性が理解しにくい。以上の点から輪が先にあってその上に粘土が積まれたと考えたい。

　輪を下において積み上げたとした場合、まず成形台に輪を置く、輪の上に粘土紐を巻き上げていく、ある程度の高さまで巻いて下から叩き締め、輪をつけたまま抱えたりして天井を丸くふさぎ、端部をなでる、という工程が考えられる。横山浩一が紹介している無底の原形を叩いて丸底を作る民俗例（横山浩一 1980）を参考にすれば、あながち不可能なことではないと思われる。

第5図　「輪」を使用する埴輪（川西 1978、赤塚 1991）

V. 輪の類例と使用の意味

　一応上記のように輪は下に置いた状態で使われたと考えることとし、つぎになぜこのような道具が必要とされたのか、輪が使われたことの意味について考えてみたい。

　須恵器自体にこのような道具が使用された類例は今のところないようであるが、埴輪には非常に似たものの使用が考えられている（第5図）。「円筒埴輪総論」（川西宏幸 1978）のなかで、底部に凹帯がめぐる特徴をもつとされた淡輪系埴輪である。この凹帯について川西は、はみ出した底部を起こしたために生じたものであると解釈していたが、近年ではつるなどで作ったタガ状のものの圧痕であるとする説が確実視されている（鈴木敏則 1994など）。輪の使用目的としては製作実験の結果などをふまえ、底径の規格化と自重によるへたりの防止が想定されている。

同じく埴輪では「尾張型埴輪」の底面に針金状の輪をはめていた痕跡が知られる（赤塚次郎 1991）。

　淡輪系・尾張型埴輪ともにその輪の使用の目的としては底径を一定の規格にそろえることが想定されている。その限りにおいて両者の違いは材料の違いであって、機能的に大きな違いはない。ただその太さによっては、器体の支持力が異なり、成形のしやすさという点では差があったと思われる。淡輪の場合については坂靖氏らの製作実験で、輪を使うことによりあまり乾燥させていなくても粘土をつみあげていくことが容易になると指摘された（坂靖・穂積裕昌 1989）が、針金状の輪ではそのような効果は小さいのではないか。その意味では、尾張の針金状の場合、その目的が規格の統一であったと限定して考えることができる。あるいは尾張型の場合、淡輪系の完成品に残る底部の段は器体を土中に据えてしまえば問題にならないが、そのまま正立させておくにはいかにも不安定であることから、段差を残さない細い輪に変更したと考えることもできるだろうか。淡輪系埴輪のなかにはあえて底部の段を埋めるものもあり、やはり器体の不安定を解消しようとしたのではないかと推定する。

　そしてもう一つ見逃すことができないのは、これらの埴輪がいずれも須恵器技法を取り入れて成立したと考えられる点である。輪を用いた成形はそれまでの埴輪に一般的な技法ではなく、5世紀の淡輪の埴輪に突如として現れたものであり、その埴輪には更に叩きや回転ハケメという須恵器技法が伴うという点と、今回土手内窯の須恵器に認められた同種道具の存在から、この輪を用いた成形が、本来須恵器もしくは陶質土器に行われていた技法である可能性が高くなったといえる。むしろ本来須恵器または陶質土器の技法であったと考えた方が、淡輪の埴輪にこの技法が突如として現れたことの解釈を明快なものにしてくれるのではないか。淡輪系埴輪の顕著な特徴である底部の段、尾張型埴輪の針金状圧痕もまた叩きや回転ハケメ、回転ケズリと同様に須恵器技法に由来する要素と位置付けられる見通しが得られたことになる。

　環状の道具が寸法を知るために用いられている例として、時代は下るが、常滑焼では、窯詰めできる大きさかどうか寸法を計るために、「バキメ」と呼ばれる太い針金を2～3重巻いた輪を用いたということを木立雅朗氏が紹介している（木立雅朗 2001）。

　以上のことを勘案すると、輪の機能としては①製品の規格化、②器体の変形を防ぐ、という点が主なものと考えられる。

　個々に検討してみると、規格化ということでは、輪でなくともよいのではないかということもいえる。現代の陶芸に用いられているトンボと呼ばれる道具でも十分ではないか。あるいは成形台に目安の円を描いておけばいいのであって、わざわざ輪を使わなくてもよいのではないか。それは埴輪においてもしかりである。とすると、輪が使われるのには②の変形防止の役目が大きかったと考えることもできる。しかし、その機能が十分でない針金状の輪を用いた尾張型埴輪のあり方は、明確に規格化を意図したものである。現実的に

は本来両者の機能を併せ持つ便利な道具として採用されていたと考えるのが正しく、尾張型埴輪においては本来の意義のすべてが取り入れられず、規格化の側面が強調されて針金状の素材として現われているということではないだろうか。

VI. 須恵器甕への輪の使用の意味

　再び原形は何であったかという問題に立ちかえろう。上記のように輪の使用方法と機能とを考えると、原形は甕の成形失敗品であり、何らかの理由で使い物にならないと判断されて、甕としての製作をやめ転用されたものである可能性が高いと考えられる。そのように製作途上で放棄されたものであるがゆえに、完成していれば残されにくい半円形断面が残されたと考えるのである。

　さて、甕を作るときに使うという前提にたつとして、輪を置いて半球形のものを作り、その後どのように甕として仕上げるのか。少なくとも2通りの方法が想定される。一つは、半球形のものを底部として、輪をはずしそこから新たに粘土を積み上げ胴部を完成させるというもの、いま一つは、同様に作った2つの半球形のもの（上半になるべきものは無底形）を溝の部分で接合するというものである。

　また、輪を使い底部側を倒立状態で作るという方法は大甕製作の工程上にどのような意味をもつだろうか。

　正立状態で初めから丸底を作るのは、型にいれない限り無理と思われる。平底で作り始めた場合、どこまで胴部を作ってから丸底化するのか、またどうやって丸底化するのか（叩き・絞り）によって数通りの作り方があるだろう。平底から器体半ばまで作り、そこで丸底化する作り方（望月の底2工程（望月精司2001）や郭のB方式（郭鐘喆1987））を考えるとき、始めから倒立状態で作れば平底を作る工程が省かれたものと同じである。そしてその場合叩いて丸底にするにはどうしても器体を持ち上げて作業することが必要になる。すなわち台から切り離す必要があるが、そこに輪を介在させるならば、切り離しは容易になるのではないか。径を一定にし、倒立状態での成形を補助、そして器体の容易な持ち上げを可能にする、という一石三鳥の道具だったのではないか。

　胴上半を改めて積み上げていく場合、輪の役目は底部側の成形で終わりである。輪ははずされて新たな粘土紐が積み上げられていったことであろう。

　上半部を別つくりとする場合、さらに、下半を作り終えてから同じ工人が上半部を作る場合と、上下を別々の工人が同時に作り進める場合とが考えられる。さらにそのもっと先の工程まで含めてみたとき、基本的に一連の製作すべてを一人の工人がおこなった場合と、各工程を複数工人で分業していた場合とがありえたであろう。輪のもつ機能のうち規格性のある製品ができるという面が最大限に生かされるのは、後者のような分業という局面においてである。実際の遺物において器体の上下で成形時の上下が異なり、かつその作り手

が異なると想定できる場合（異なる叩き原体の使用＝上下同時併行製作のため同じ原体が使用できなかった、利き手が違うなど）があれば、まさしくここで想定してきたような技法による分業の結果といえるだろう。

　甕胴部を上下別つくりとする例としてまず思い浮かぶのは、中国明代の「天工開物」に紹介されているろくろでつくった上下を叩いて接合する作り方である（宋應星撰1969）。また木立雅朗は、伝統的技術や現代陶芸の技術、李朝白磁の壺などでは、胴部を別作りで継ぐ方法が確認されるが、それらはいずれも轆轤挽き上げ成形によるものであり、それほど大型のものではないこと、信楽焼では近代化のなかで上下二つ合わせて作る「わん作り」を考案したといわれていることを紹介している（木立雅朗2001）。

　これまで知られているものが轆轤挽き上げ成形であまり大形のものではないとしても、轆轤挽き上げ成形のものでなければ胴部上下別作りができないということではないと思われる。須恵器大甕において胴部上下別作りがおこなわれていたかどうかは、全く遺物そのものの観察から明らかにしなければならない課題である。

　ここで考えてきたことをまとめると、輪を使って胴下半を倒立状態で作ることの第1の利点は工程の簡素化にあると思われる。さらに実際おこなわれていたかどうかはさておき、輪があれば胴部別作りも可能であると考えられた。

　ひるがえって、工人の立場から、胴部を分割して作って接合する作り方をしたいと考えた時、上下の径をどうやって合わせるかということが最も問題である。熟練の技と勘をもってすれば計らなくても同じものを作れるかもしれないが、より確実にしようと思うなら始めに径を決めてしまうのが効率的であろう。

　そのような試行錯誤と工夫の積み重ねのなかでこの輪も生み出されてきたのではないだろうか。

VII.「加工」の意味と系譜

　原形の問題はさておき、ここでは現状のように加工されて窯跡に残されたことのもつ意味を考えてみることにする。

　内外面に製品をのせた痕跡を残すこと、および楔状の粘土塊とともに床面に据えられた状態で融着した例が認められることから、これらが焼台として使用されていることは事実である。しかし、焼成に失敗した甕胴部が焼台に転用されるように、当初から焼台として意図して作られたものと考えてよいかどうかはまだ検討する必要がある。それ以外の製品である可能性は全くないのだろうか。

　また仮に焼台として作られたものであるとしても、量的にさして多くもなく、必ずしもその使用が継続的なわけではない。

　当窯で出土している甕の胴部破片の多くは、焼成失敗品が焼台やある種の窯道具として

転用されたものと思われるが、それらが多量にあることは、ある程度サイズを整えるために打ち割ったりすることはあったかもしれないが、特に加工しなくても焼台としての用を果たしていたことを示している。

　わざわざ加工した焼台を用いた理由としてひとつ考えられるのは、リサイクルで済ませようにもそれがなかった場合である。すなわち、当窯の開窯当初、最初の製品の窯詰めにあたって、周辺に焼成失敗品などの適当な焼台の材料がなかったときに、成形段階での失敗品を加工して焼台としたのではないかということである。1回でも焼成が行われれば、焼成失敗品が1割や2割はでてきて、次の窯詰めのときにはその破片を使うことができたため、あえて手間をかけて焼台をつくらなかったのではないか。

　もうひとつの解釈は、当窯の工人達のなかで、焼台はこのようにしてつくるものであるという流儀をもった工人のみがつくったというものである。これらに使われた当て具が他の製品に使われていないことも加味すると、例えば開窯当初に技術を指導するために当窯にいた工人が習い覚えていた技術で製作したもので、指導が終わった後その工人は自分の道具を携えて帰ってしまったということかもしれない。その場合指導を受けた在地工人はこのタイプの焼台を作ることをせず、焼成失敗品で間に合わせたのである。

　あるいはまた、初めての焼成に臨むとき、指導的技術者がもっていたノウハウで焼台をつくったという場合のように、両者があてはまる可能性もある。このように考えてくると、次に問題になるのは、この焼台が当窯で必要に迫られて独自にあみだされたものなのか、このようなやり方がどこかで行われていて、そこからの技術移入であるとみなせるものなのか、ということである。

　報告書でも類例としてあげられている福島県福島市宮沢窯跡例（第6図）は、「大形甕を焼成前に切って作られた扇形と環状を呈する須恵質の出土品」で、窯道具と推定された（伊東信雄ほか1965）。これらはまだ実見の機会を得ていないが、実測図・写真でみるかぎり形状は当窯に共通するが、凹面の面取りや断面半円形の溝は認められないようである。いま少し詳細にみるならば、表裏面いずれにも同心円文当て具痕があり、反りをほとんどもたないもの、布目痕を有するように見えるものなどもあり、より複雑な様相を示している。

　しかし、比較的近接する時期と地域で甕または甕様のものを焼成前に切って窯道具とするということが行われている点は注目に値し、「加工焼台」が当窯でいきなり発明されたものではない可能性を高くする。

　須恵器の焼台は5～6世紀から筒形や碗形に穿孔したものなどが存在するが、7世紀前半にそれらとは異なるもの、具体的には坏や坏蓋に穿孔して転用するもの、貯蔵具頸部切り屑を転用するものなどが出現し、かなりの広がりをもつことが確認されるものの、7世紀中頃には消滅し長くは継続しないことが指摘されている。また同時期に焼成に関わる技術に転換が認められやはり短期間で消滅することから、全国規模での新たな技術を有する

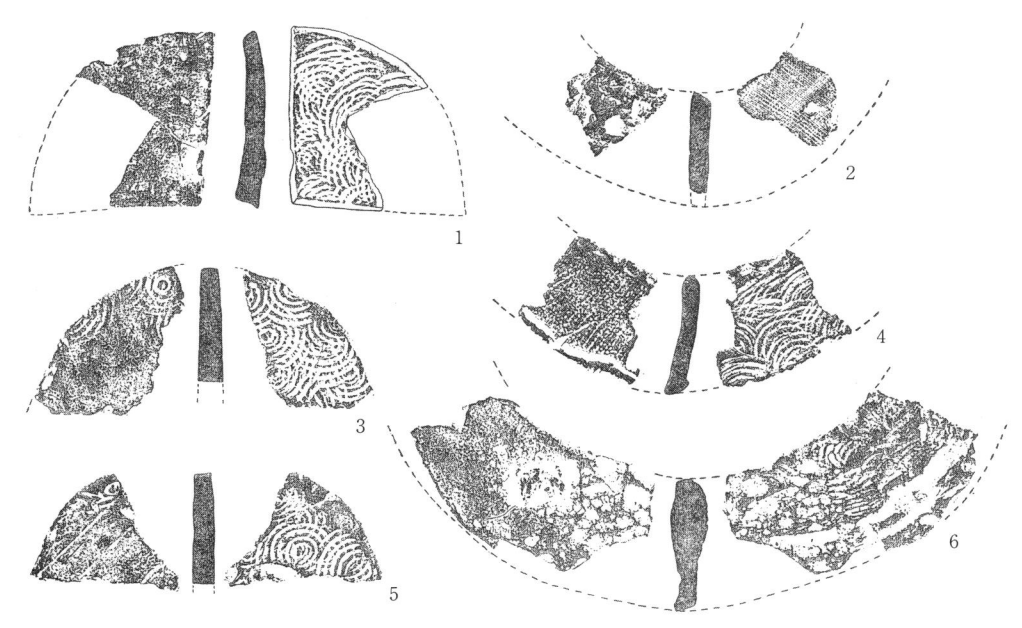

第6図　宮沢窯跡出土の「窯道具」（伊東ほか1965）　S=2/9

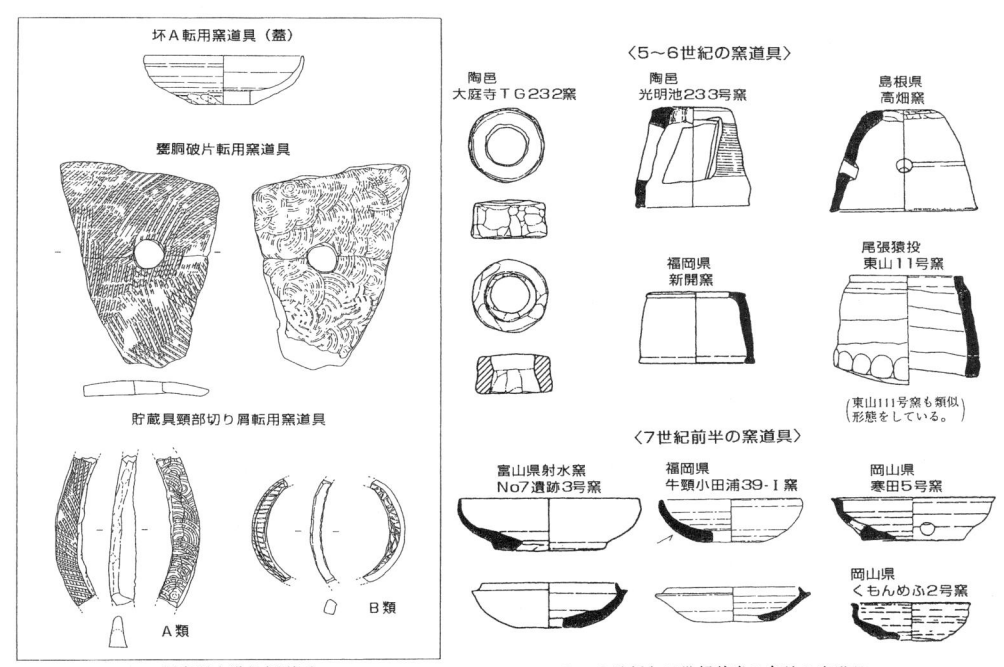

第7図　林タカヤマ窯と各地の窯道具（宮下ほか1999）　S=約1/6

工人の移入が想定されている（第7図）（宮下幸夫ほか1999）。

　東北地方においても福島県双葉町陳場沢窯跡の出土品のなかには坏のような器形の底部に焼成前穿孔されたものがあり、これが窯道具とすれば、その分布域をさらに広げるもの

第8図　陳陽沢1号窯の須恵器
（大竹ほか1993）　S=1/2

となる（第8図）（大竹憲治ほか1993）。
　土手内窯跡の「加工焼台」も当窯跡群のなかでは初期にのみ認められ、長くは続かなかった。宮沢窯跡の例も含めて、これらも7世紀前半～中頃のそのような動向のあらわれといえるかもしれない。

VIII. まとめにかえて

　みちのくの小さな須恵器窯跡群にたまたま残されていた環状道具の痕跡から、須恵器生産に関してのみならず、埴輪生産に関しても新たな知見を加えることができた。今回想定された製作技法を示す須恵器大甕が本当に存在するのかを確かめるためには、その可能性を念頭におきつつ、より多くの製品を観察することが必要である。
　窯跡から大量に出土する須恵器甕の破片は年代のものさしにはならないし、収納場所をとるやっかいものの代表のようなものであるが、そこに残された豊富な製作痕跡の数々にはまだまだ読み取るべき多くの情報が埋もれていると思われる。そのような情報にさらにひとつでも光をあてることができれば、須恵器を単なる年代のものさしとしてではなく、歴史を語る材料として生かす道を広げることができると考えている。

謝辞
　須藤隆先生には学生時代から埋蔵文化財調査研究センターでの勤務時代を通してあたたかいご指導を賜りました。ご在任中に博士論文を提出できなかったことを大変心苦しく感じております。この小文で少しでもご指導に報いることができれば幸いです。
　また本論を成すにあたり、ご指導頂きました阿子島香先生、資料借用にあたりご配慮頂きました仙台市教育委員会の各位、有益なご教示を賜りました藤沢敦、木本元治、櫻井友梓の各氏に御礼申し上げます。

引用文献
赤塚次郎　1991「尾張型埴輪について」『池下古墳』愛知県埋蔵文化財センター調査報告書第24集　pp. 34-50
坂　靖・穂積裕昌　1989「「淡輪技法」の伝播とその問題」『木ノ本釜山（木ノ本III）遺跡発掘調査報告』　和歌山市教育委員会　pp. 76-102
伊東信雄・伊藤玄三　1965「宮沢瓦窯跡」『腰浜廃寺』福島市文化財調査報告　pp. 45-81
郭鐘喆　1987「韓国慶尚道地域出土の陶質大形甕の成形をめぐって―底部丸底化工程を中心に―」『東アジアの考古と歴史』上　岡崎敬先生退官記念論集　pp. 466-488
川西宏幸　1978「円筒埴輪総論」『考古学雑誌』第64巻第2号　pp. 1-70

木立雅朗 2001「大甕造りの民俗事例と須恵器の大甕」『須恵器貯蔵具を考える II つぼとかめのつくり方』北陸古代土器研究第 9 号 pp. 119-146

熊谷幹男ほか 1992『土手内』仙台市文化財調査報告書第 165 集

宮下幸夫・望月精司 1999『林タカヤマ窯跡』 石川県小松市教育委員会

望月精司 2001「須恵器甕の製作痕跡と成形方法」『須恵器貯蔵具を考える II つぼとかめのつくり方』北陸古代土器研究第 9 号 pp. 27-52

奈良佳子 2004「7 世紀の須恵器作り―仙台市土手内窯跡出土資料の検討―」『考古学の方法』第 5 号　東北大学文学部考古学研究会　pp. 23-32

大竹憲治ほか 1993『標葉・陳場沢窯跡群』双葉町埋蔵文化財調査報告第 12 冊

宋應星撰　藪内清訳注 1969『天工開物』東洋文庫 130　平凡社

鈴木敏則 1994「淡輪系円筒埴輪」『古代文化』第 46 巻第 2 号 pp. 39-50

横山浩一 1980「須恵器の叩き目」『史淵』第 117 輯 pp. 127-155

青森県内における五所川原産須恵器の流通

藤 原 弘 明

I. 五所川原産須恵器の概要

1. 五所川原産須恵器の分布

　五所川原須恵器窯跡は、五所川原市街地より南東に約15kmの前田野目川の支流域沿いに分布する。平成10年度から現在までの分布調査の結果、地区別に支群に分類が可能であり、高野地区に1基、桜ヶ峰地区に2基、持子沢地区に12基、原子地区に6基、前田野目地区に19基の計40基が確認されている。

　9世紀末に高野地区（初期）から生産が開始され、次第に生産の場を北上していき10世紀初頭から第1四半期には持子沢地区（前期）、10世紀第2四半期には前田野目地区の南西部（中期）、10世紀の第3四半期以降前田野目地区の北東部（後期）へと変遷する[1]（第1図）。

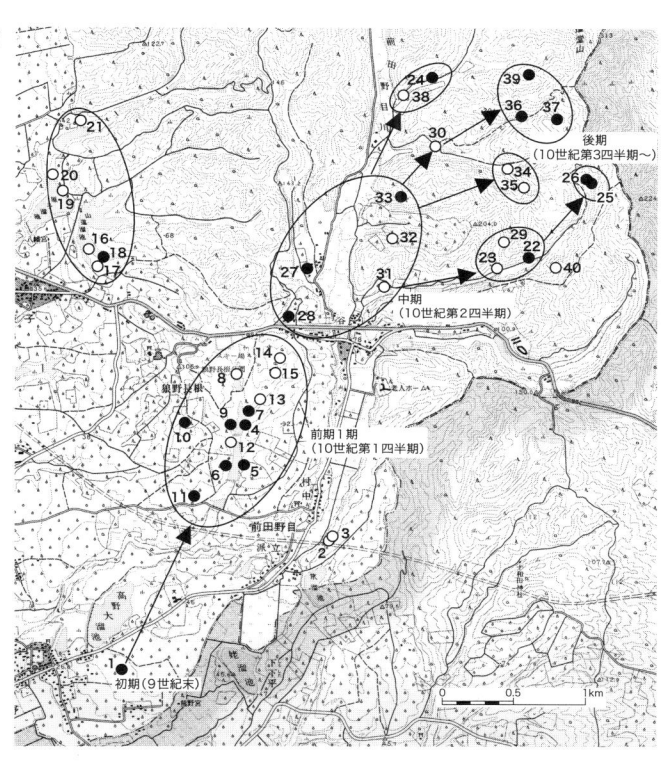

第1図　五所川原産須恵器窯跡の位置図及び変遷図
（藤原2003を一部改変、白抜き丸は未調査の窯跡。）
1：KY（高野）1号窯、2・3：SM（桜ヶ峰）1・2号窯、4～15：MZ（持子沢）1～12号窯、16～21：HK（原子）1～6号窯、22～40：MD（前田目）1～19号窯

2. 五所川原産須恵器の窯構造

　窯構造は全時期を通じて半地下式の無階無段の窖窯であり、初期から前期にかけては、燃焼部から窯尻部にかけて幅が先窄まりの形状を呈するのに対し、中期から後期の窯は燃焼部から窯尻にかけて一定の幅である。これは、後述する器種組成の変化から生じたもの

と考えられる[2]。

　五所川原産須恵器は食膳具である坏・鉢・皿と貯蔵具である壺・甕に大別が可能である。その他に少量ながら、蓋・各器種のミニチュアが製作されている[3]。

　各器種は時期ごとに器形の変化が確認されるが（第2図）、特に顕著な変化を見せるのが、長頸壺である。製作開始時期から既に口縁部の広口化が見られるが、後期になると、その広口化が顕著となり、口頸部上端がフラットな形状を呈する。その他には、蓋及び直上ないしはやや外傾する口頸部を有し、口縁端部が方形を呈する鉢は前期の段階で消滅する。

　各時期における器種組成比を見ると食膳具に対する貯蔵具の割合が初期のKY1号窯期では1：0.6であるが、前期のMZ6・7号窯期及び中期のMD7号窯期にはその割合が拮抗し、後期のMD16号窯期には1：23.5と貯蔵具の占める割合が圧倒的に高くなる（第3図）。以上のことから、当初周辺の消費地への供給を目的としていたため、最も需要の高い食膳具を中心に生産されていたと考えられるが、需要あるいは供給範囲の変化に伴い中期のMD7号窯期までは緩やかに貯蔵具の比率が高くなる。そして、白頭山火山灰（以下B-Tmという。）降下[4]後の後期に食膳具の生産は完全に衰退し、貯蔵具中心の生産体制へと変化していく。このB-Tm降下前後が生産体制の1大画期であると考えられる。

　以上のような画期がなぜ起こったのかを、次章から青森県内の集落遺跡で出土している五所川原産須恵器の分布状況で検討していくことにする。

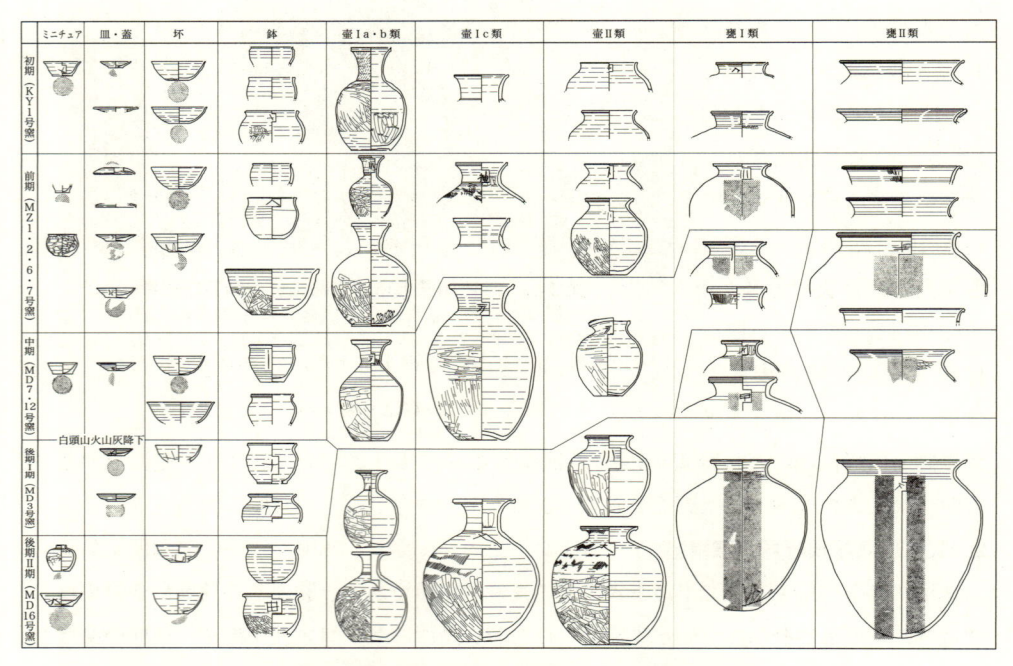

第2図　五所川原産須恵器の器種組成及び編年図（藤原2003を一部改変）

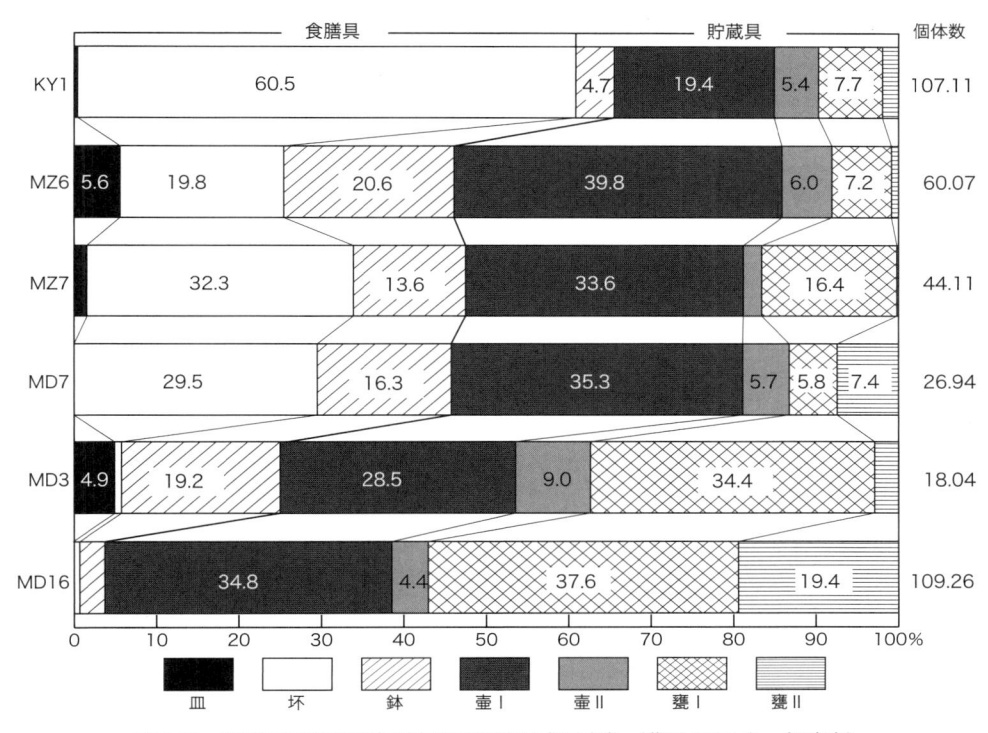

第3図 窯別の五所川原産須恵器の器種組成の変化（藤原2005を一部改変）

II. 青森県内における五所川原産須恵器の分布

1. 分析方法

　青森県内で五所川原産須恵器を出土している遺跡を地域ごとにその分布状況を調べた。また、B-Tm降下前後で時期を2分して各遺跡での出土状況を検討した。

　分析方法として、①発掘調査が実施され、報告書が刊行されているものの内、竪穴住居跡内で出土している時期が明確な遺物のみを扱うこととした。②遺跡の報告書が数次に渡るものや異なる調査機関が実施した同一遺跡の報告書がある場合は、一つの遺跡として集計した。③遺物の器種名は前章の器種名で分類し、食膳具と貯蔵具の比率を求めた[5]。④遺物の個体数は便宜的に口縁部破片数及び底部破片数を採用した。ただし、甕については、体部破片のみ出土している場合でもカウントした（数点出土しても1個体としてカウントした。）。⑤遺構の時期については報告書の記載時期によるが、須恵器の器種組成の変化するB-Tm降下前後（10世紀中葉前後）で2分した。しかし、記載内容で時期が良く判別できなかった住居跡に関しては、出土遺物等により可能な限り分類したが、不明のものは集計から除外した。また記載内容で時期が良く判別できなかった遺跡に関しては、B-Tm降下前後の時期を一括した。

　以上のような分析方法により、各遺跡において総出土数及び食膳具と貯蔵具の組成比、

住居跡1棟に対する須恵器の出土個体数を調べ、青森県内の各地域で五所川原産須恵器がどのように流通しているかを次節で概説する。

2. 分布状況

分析対象とした集落は第4図に示したとおり全部で95遺跡、3,569棟の竪穴住居跡である。その内五所川原産須恵器が出土した住居跡数は、44.3%にあたる1,581棟である。出土した須恵器の総個体数は2,399個体であり、食膳具と貯蔵具の比率は49.6：50.4である。また、住居1棟あたりの須恵器の出土数は0.67個体（須恵器を出土した住居跡のみでは、住居1棟あたり1.52個体）である。これらの平均値を踏まえて、各地域における須恵器の流通状況をみていくことにする。

(1) 五所川原須恵器窯跡周辺（第4・5図 No.1・2）

五所川原須恵器窯跡周辺では、遺物では五所川原市隠川(3)遺跡で古墳時代前期の土師器が出土しているが、その後奈良時代の遺跡は皆無であり、遺跡数が増加するのは9世

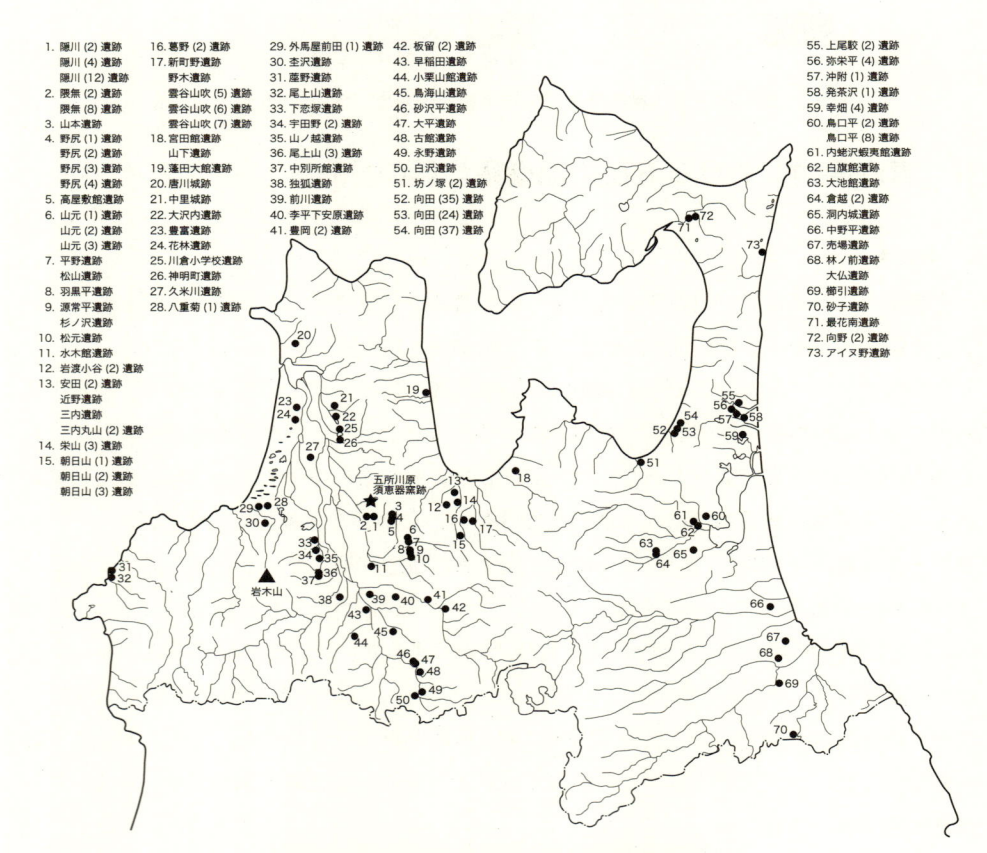

第4図　五所川原産須恵器出土集落遺跡位置図

紀後半になってからである。その後10世紀後半になると五所川原市観音林遺跡に見られるように環濠を有する集落（以下防御性集落6)という。）が形成されるようになる。

　調査された遺跡としては、持子沢窯跡支群の工人集落ではないかと考えられる、ロクロピットを有する住居跡が多数検出されている隠川遺跡群（9世紀末から10世紀初頭）が存在する（木村高・三林健一1998）。

　当遺跡群の五所川原産須恵器の出土状況の特徴として、①1集落内で須恵器の出土する住居の割合が88.0％と高い、②住居1棟あたりの出土個体数が遺跡群平均で、5.84個体と全体の平均値0.68個体と比較して圧倒的に高く、生産地近隣の集落であることを窺わせる点。③総個体数に占める食膳具の比率も約4分の3を占めている点が挙げられる。

　しかし、そこから西方へ1km程しか離れていない隈無の遺跡群からは通常の集落と同程度の須恵器しか出土しておらず（隈無（2）遺跡では1.00個体、五所川原市隈無（8）遺跡では0.67個体）、同一地域の同一時期においても流通の格差が認められる。

(2) 大釈迦丘陵周縁部（第4・5図No.3～11）

　今回分析対象とした住居跡の約26.3％を占める大釈迦丘陵周縁部では、青森市山元(1)遺跡や山元(3)遺跡にみられるように9世紀前葉から集落が営まれている7)。その後9世紀後半になると青森市野尻(2)遺跡等で見られる円形周溝墓が造られるようになり、この時期に五所川原産須恵器の導入が開始される。10世紀の前葉以降になると竪穴住居跡に掘立柱建物跡や外周溝が付随する住居跡が造られるようになる。その後、10世紀の第3ないしは第4四半期以降に、山元(1)遺跡や青森市高屋敷館遺跡に見られる防御性集落が形成されるようになる。

　五所川原産須恵器の出土状況の特徴として、①須恵器を出土する住居跡の比率が52.7％と高い。②食膳具の占める割合が59.0％と高い。③住居1棟あたりの須恵器の出土個体数が0.87と多い。④窯跡の機種組成と同様にB-Tm降下前後でに食膳具と貯蔵具の占める割合が逆転する。⑤B-Tm降下前後で出土量がほぼ一定である点が挙げられ、住居1棟あたりの出土量は少ないものの、窯跡周辺の出土状況と類似する傾向が窺える。

(3) 陸奥湾周辺（第4・5図No.12～19）

　今回分析対象とした住居跡の約38.8％を占める陸奥湾周辺には、9世紀後半から10世紀前半にかけて青森市近野遺跡や朝日山遺跡群、野木遺跡等大規模な集落が形成され、この時期に五所川原産須恵器が流通を開始する。その後10世紀の後半になると青森市宮田館遺跡や蓬田村蓬田大館遺跡等に見られるように防御性集落が形成される。

　五所川原産須恵器の出土状況の特徴として、①須恵器を出土する住居跡の比率が40.3％と低い。②貯蔵具の占める割合が50.6％と平均的である。③住居1棟あたりの須恵器の出土個体数が0.70と平均的である、④B-Tm降下後に従来から継続している集落

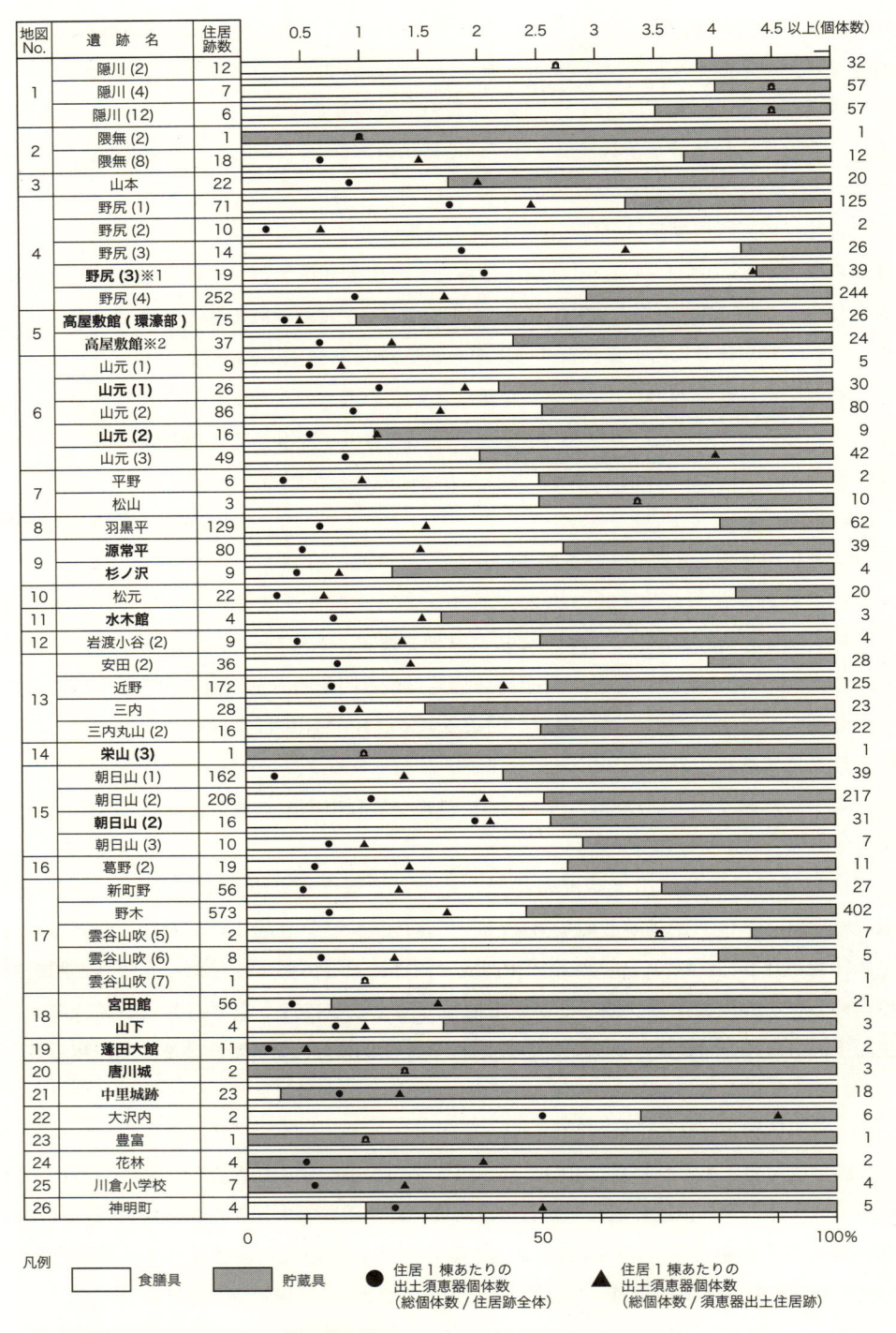

地図No.	遺跡名	住居跡数		個体数
1	隠川 (2)	12		32
1	隠川 (4)	7		57
1	隠川 (12)	6		57
2	隈無 (2)	1		1
2	隈無 (8)	18		12
3	山本	22		20
4	野尻 (1)	71		125
4	野尻 (2)	10		2
4	野尻 (3)	14		26
4	**野尻 (3)** ※1	19		39
4	野尻 (4)	252		244
5	高屋敷館 (環濠部)	75		26
5	高屋敷館 ※2	37		24
6	山元 (1)	9		5
6	**山元 (1)**	26		30
6	山元 (2)	86		80
6	**山元 (2)**	16		9
6	山元 (3)	49		42
7	平野	6		2
7	松山	3		10
8	羽黒平	129		62
9	**源常平**	80		39
9	**杉ノ沢**	9		4
10	松元	22		20
11	**水木館**	4		3
12	岩渡小谷 (2)	9		4
13	安田 (2)	36		28
13	近野	172		125
13	三内	28		23
13	三内丸山 (2)	16		22
14	**栄山 (3)**	1		1
15	朝日山 (1)	162		39
15	朝日山 (2)	206		217
15	**朝日山 (2)**	16		31
15	朝日山 (3)	10		7
16	葛野 (2)	19		11
17	新町野	56		27
17	野木	573		402
17	雲谷山吹 (5)	2		7
17	雲谷山吹 (6)	8		5
17	雲谷山吹 (7)	1		1
18	**宮田館**	56		21
18	**山下**	4		3
19	**蓬田大館**	11		2
20	**唐川城**	2		3
21	**中里城跡**	23		18
22	大沢内	2		6
23	豊富	1		1
24	花林	4		2
25	川倉小学校	7		4
26	神明町	4		5

凡例: □ 食膳具 ▨ 貯蔵具 ● 住居1棟あたりの出土須恵器個体数（総個体数/住居跡全体） ▲ 住居1棟あたりの出土須恵器個体数（総個体数/須恵器出土住居跡）

※1 太字のゴシック体の遺跡はB-Tm降下後の集落である。
※2 明朝体の遺跡はB-Tm降下前後の時期を含む集落である。（その他はB-Tm降下以前）。

第5図　五所川原産須恵器出土遺跡の食膳具・貯蔵具比と1棟あたりの須恵器出土数（1）

内での出土量は一定であるが、その後10世紀後半に新たに出現した防御性集落での出土量は減少する点が挙げられる。

　(4)　岩木川下流域（第4・5・6図 No. 20～27）
　この地域では中泊町中里城跡を除いて大規模な発掘調査が実施されておらず、詳細は不明であるが、8世紀前半の土師器が十三湖西岸の五所川原市中島遺跡から出土している。その後五所川原市川倉小学校遺跡においてB-Tmの降下が堆積土中から確認されており、遅くとも9世紀後半から現在の大沢内溜池や藤枝溜池周辺で集落が形成され、10世紀第3四半期以降になると、五所川原市唐川城跡や中里城跡に見られるように防御性集落へと変遷する。
　五所川原産須恵器の出土状況の特徴として、①須恵器を出土する住居跡の比率が54.3％と高い。②貯蔵具の占める割合が85.0％と非常に高い。③住居1棟あたりの須恵器の出土個体数が0.87と高い点が挙げられ、大釈迦丘陵周縁部と比較すると同様の出土量を示すが、貯蔵具の比率が高い点が異なる。

　(5)　鳴沢川流域（第4・6図 No. 28～30）
　この地域では、9世紀末から集落が形成され始め、10世紀第3四半期以降になると、製鉄遺跡で有名な鰺ヶ沢町杢沢遺跡が営まれる。
　調査された遺跡数が少ないが、五所川原産須恵器の出土状況の特徴として、①須恵器を出土する住居跡の比率が52.6％と高い。②貯蔵具の占める割合が79.4％と非常に高い。③住居1棟あたりの須恵器の出土個体数が1.21と高い点が挙げられ、特筆すべき点は、B-Tm降下後の杢沢遺跡の須恵器の出土量が同時期の遺跡と比較して突出して高い点である。

　(6)　追良瀬川・吾妻川流域（第4・6図 No. 31・32）
　分析対象とした遺跡数が少ないが、9世紀後半から集落が形成され、10世紀後半まで継続している。
　調査された遺跡数が少ないが、五所川原産須恵器の出土状況の特徴として、①須恵器を出土する住居跡の比率が57.7％と高い。②貯蔵具の占める割合が75.0％と非常に高い。③住居1棟あたりの須恵器の出土個体数が0.46と低い。④同一時期に五所川原産以外の須恵器が供給されている点が挙げられる。

　(7)　岩木川上・中流域（第4・6図 No. 33～38）
　この地域では弘前市下恋塚遺跡や小栗山館遺跡等に見られるように、9世紀後半から集落が形成され始め、10世紀の後半になると弘前市中別所館遺跡や小友館遺跡に見られる

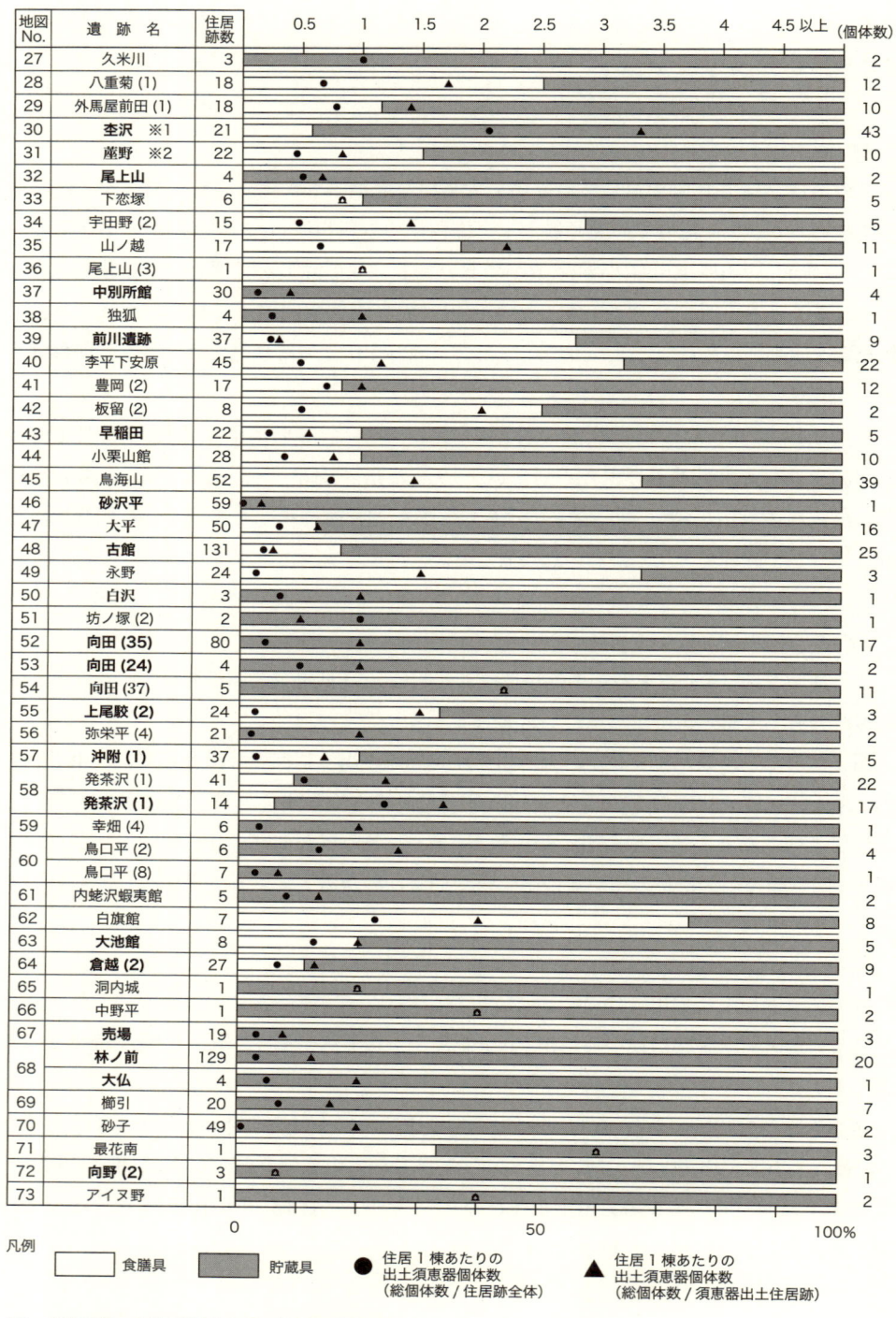

地図No.	遺跡名	住居跡数	個体数
27	久米川	3	2
28	八重菊(1)	18	12
29	外馬屋前田(1)	18	10
30	**李沢** ※1	21	43
31	薩野 ※2	22	10
32	**尾上山**	4	2
33	下恋塚	6	5
34	宇田野(2)	15	5
35	山ノ越	17	11
36	尾上山(3)	1	1
37	**中別所館**	30	4
38	独狐	4	1
39	**前川遺跡**	37	9
40	李平下安原	45	22
41	豊岡(2)	17	12
42	板留(2)	8	2
43	**早稲田**	22	5
44	小栗山館	28	10
45	鳥海山	52	39
46	**砂沢平**	59	1
47	大平	50	16
48	**古館**	131	25
49	永野	24	3
50	白沢	3	1
51	坊ノ塚(2)	2	1
52	**向田(35)**	80	17
53	**向田(24)**	4	2
54	向田(37)	5	11
55	**上尾駮(2)**	24	3
56	弥栄平(4)	21	2
57	**沖附(1)**	37	5
58	発茶沢(1)	41	22
58	**発茶沢(1)**	14	17
59	幸畑(4)	6	1
60	鳥口平(2)	6	4
60	鳥口平(8)	7	1
61	内蛯沢蝦夷館	5	2
62	白旗館	7	8
63	**大池館**	8	5
64	**倉越(2)**	27	9
65	洞内城	1	1
66	中野平	1	2
67	**売場**	19	3
68	**林ノ前**	129	20
68	大仏	4	1
69	櫛引	20	7
70	砂子	49	2
71	最花南	1	3
72	**向野(2)**	3	1
73	アイヌ野	1	2

凡例　□ 食膳具　■ 貯蔵具　● 住居1棟あたりの出土須恵器個体数（総個体数／住居跡全体）　▲ 住居1棟あたりの出土須恵器個体数（総個体数／須恵器出土住居跡）

※1　太字のゴシック体の遺跡はB-Tm降下後の集落である。
※2　明朝体の遺跡はB-Tm降下前後の時期を含む集落である。（その他はB-Tm降下以前）。

第6図　五所川原産須恵器出土遺跡の食膳具・貯蔵具比と1棟あたりの須恵器出土数（2）

ように防御性集落が出現する。

　五所川原産須恵器の出土状況の特徴として、①須恵器を出土する住居跡の比率が38.4％と低い。②貯蔵具の占める割合が65.5％と高い。③住居1棟あたりの須恵器の出土個体数が0.40と低い点が挙げられる。

　(8)　浅瀬石川流域（第4・6図 No.39～42）
　平川市 李平下安原 遺跡や浅瀬石遺跡等に見られるように、8世紀後半から集落が形成され始め、津軽地方では古代において、比較的早い時期に集落が形成され始める地域である。五所川原産須恵器が流通し始める9世紀末以前においても、非五所川原産の須恵器が流通しており、津軽地域としては、早くから住民の移入があったものと考えられる。

　五所川原産須恵器の出土状況の特徴として、①須恵器を出土する住居跡の比率が57.9％と高い。②貯蔵具の占める割合が51.1％と平均的である。③住居1棟あたりの須恵器の出土個体数が0.44と低い点が挙げられる。

　(9)　平川流域（第4・6図 No.43～50）
　この地域では、東北町 大平 遺跡や平川市鳥海山遺跡等のように9世紀後半から10世紀前半にかけて集落が形成され始め、10世紀後半になると平川市古館遺跡や大鰐町 砂沢平 遺跡に見られるように防御性集落が出現する。

　五所川原産須恵器の出土状況の特徴として、①須恵器を出土する住居跡の比率が47.4％とやや高い。②貯蔵具の占める割合がB-Tm降下以前では、42.3％と低く、B-Tm降下後では、84.0％と高い。③住居1棟当たりの須恵器の出土個体数が0.27と低い点が挙げられる。

　(10)　野辺地川・有戸川流域（第4・6図 No.51～54）
　この地域では、8世紀から9世紀の遺跡は殆ど確認できず、遺跡数が増加するのは、西北津軽地域と同様に、9世紀末から10世紀初頭になってからである。その後10世紀後半以降に野辺地町向田 (35) 遺跡に見られるように、防御性集落が展開されるようになるが、11世紀の後半になると集落遺跡が確認されていない（佐藤智生 2004）。

　五所川原産須恵器の出土状況の特徴として、①須恵器を出土する住居跡の比率が27.5％と低い。②出土している須恵器がすべて貯蔵具であり、食膳具が認められない。③住居1棟あたりの須恵器の出土個体数が0.34と低い点が挙げられる。しかし、須恵器を出土した住居跡のみに限定すれば、1棟あたりの須恵器の出土率は1.24と高い比率を見せ、1集落内における須恵器を出土する住居跡の比率が低いということは、集落内においてある特定の人々にのみ供給されていた可能性が考えられる。

⑾ 鷹架沼・尾駮沼周辺（第4・6図 No. 55～59）

　この地域では、土師器のみの出土ではあるが、奈良時代から集落が形成され始め、津軽地域と同様に9世紀後半から、遺跡の数が急増し、六ヶ所村発茶沢 (1) 遺跡や上尾駮 (2) 遺跡等で10世紀後半までの継続が確認されている。

　五所川原産須恵器の出土状況の特徴として、①須恵器を出土する住居跡の比率が32.9%と低い。②貯蔵具の占める割合が90.0%と非常に高い。③住居1棟当たりの須恵器の出土個体数が0.35と低い。しかし、上述した野辺地川・有戸川流域と同様に須恵器を出土した住居跡のみに限定すれば、1棟あたりの須恵器の出土率は1.06と高い比率を見せ、1集落内における須恵器を出土する住居跡の比率が低いということは、集落内においてある特定の人々にのみ供給されていた可能性が考えられる。また、津軽西部や南部と同様に五所川原産以外の須恵器が流入している。

⑿ 七戸川流域（第4・6図 No. 60～64）

　この地域では、七戸町の森ヶ沢遺跡の土壙墓群に見られるように古墳時代から一集団の定着が認められ、同町の倉越 (2) 遺跡や大池館遺跡において奈良時代の集落が検出されており、遺跡の密集度は高い。続く平安時代にも同様の遺跡の密度で集落が形成されている。五所川原産須恵器の出土状況の特徴として、①須恵器を出土する住居跡の比率が54.1%と高い。②貯蔵具の占める割合が73.3%と非常に高い。③住居1棟あたりの須恵器の出土個体数が0.49と低い点が挙げられる。

⒀ 奥入瀬川・馬淵川流域（第4・6図 No. 65～70）

　この地域では、他の地域と異なり奈良時代から集落形成が盛んであるが、津軽地方や上北北部で遺跡が急増する9世紀後半から10世紀前半には遺跡の増加があまり認められず、減少もしくは、一定である。この現象を宇部則保は、この時期に当地域から上北北部へと人の移住が行われたと推定している（宇部則保2000）。続く10世紀後半においても八戸市林ノ前遺跡等の防御性集落は見られるものの集落数はあまり変化しない。

　五所川原産須恵器の出土状況の特徴として、①須恵器を出土する住居跡の比率が22.5%と低い。②貯蔵具のみであり、食膳具の出土が見られない。③住居1棟あたりの須恵器の出土個体数が0.16と低い点が挙げられ、五所川原産須恵器の流通は希薄である。また、この地域にはB-Tm降下以後に主体的に流通し始めるようである。この地域も津軽西部・南部同様に五所川原産以外の須恵器の流入が見られる。

⒁ 下北南部（第4・6図 No. 71～73）

　この地域では、奈良時代の遺跡は調査された遺跡が少なく、遺構の確認がなされているのが、むつ市第1田名部小学校校庭遺跡や最花南遺跡等の9世紀後半からである。この

時期にはそれまで、擦文土器を主体とする集落が中心であったものが、最花南遺跡や東通村アイヌ野遺跡のように、土師器や須恵器のみを出土する集落が出現し、南からの人々の移住があったことが窺える。その後10世紀の後半になると、東通村向野(2)遺跡等で見られるようにいわゆる防御生集落が営まれるようになる（工藤竹久2001）。

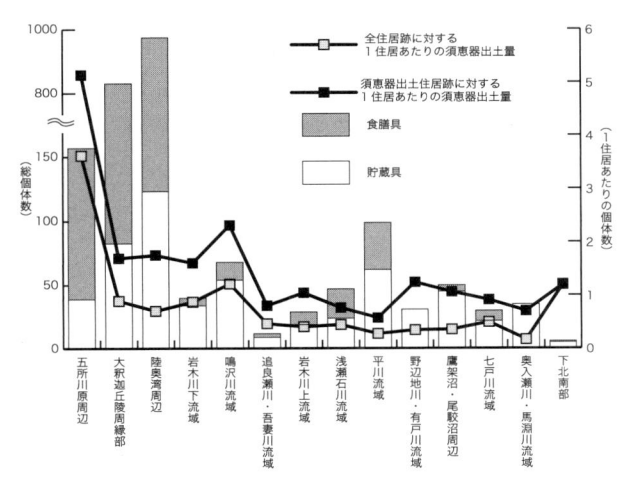

第7図　五所川原産須恵器出土遺跡の食膳具・貯蔵具比と1棟あたりの須恵器出土数（3）

分析対象が3遺跡住居跡5棟のみであり詳細は不明であるが、五所川原産須恵器の出土状況の特徴として、①貯蔵具の占める割合が83.3%と非常に高い。②前期の持子沢窯跡支群から流通している点が挙げられる。

3. まとめと今後の課題

　以上各地域における五所川原産須恵器の流通を概観したが、第7図に各地域の須恵器の出土量を示している。これによるとあくまでも須恵器の流通の中心は窯の周辺部、特に大釈迦丘陵部周縁と陸奥湾周辺であり、それはB-Tm降下後から10世紀第4四半期以前までは出土量の変化は確認されない。器種組成の面からは、食膳具は当該地域を中心に製作されていたものと考えられる。それ以外の地域においては、貯蔵具が主体的に供給されている。

　流通が希薄な地域は、奈良時代から集落が形成され、かつ他地域の須恵器が流通している浅瀬石川流域と奥入瀬川・馬淵川流域であり、特に馬淵川流域では遺跡数が減少する10世紀後半以降に出土数が目立つようになる。

　一方、奈良時代における遺跡数が殆ど確認されておらず、9世紀後半から遺跡数が急増する野辺地川・有戸川流域や鷹架沼・尾駮沼周辺の上北北部では、1集落における須恵器の出土量は少ないものの、須恵器を出土する住居跡に限定すれば、1棟あたりの出土量は津軽地方の出土量と殆ど差異が無い。従って当地域では、1集落内において特定の集団に須恵器が供給されていた可能性が考えられる。

　以上のことから、五所川原産須恵器は津軽地域において9世紀後半から10世紀初頭に急増する集落[8]に呼応するように生産が開始され、B-Tm降下以前の持子沢支群の段階での分布の中心はあくまでも、須恵器窯跡周辺部の津軽地域、特に大釈迦丘陵周縁部や陸奥

湾周辺であり、その他に下北南部や上北北部に同時期に出現した特定の集落へと供給されている（集中的な供給）。

その後10世紀中葉以降になると、分布の範囲は青森県内全域（特に分布の希薄な津軽南部や馬淵川流域）へと広がるものの、各集落への供給量は山元(1)遺跡、朝日山(2)遺跡、杢沢遺跡等の特定の集落以外減少する傾向が確認される。このことは、前期、後期を通じて須恵器の生産量に差異がないものと考えられる（分散的な供給）[9]。

この集中から分散という供給の変化が、①生産地から直接遠隔地へ供給された直接交易なのか、②ある特定集落を経由して各地域へと供給された間接交易なのか、③各集落間による交流の結果、2次的交易により流通範囲が拡大したものなのかを解明していくのが今後の課題である。

最後に、今日青森県内において拙いながら須恵器研究が行えるのも、ひとえに恩師である須藤先生に、在学中に考古学の基礎（遺物・遺構の観察及び分析方法）を御指導して頂いたおかげであると感謝の念に耐えません。今後とも是非ご指導ご鞭撻の程宜しくお願いします。

註

1) 桜ヶ峰窯跡支群と原子窯跡支群は調査が殆ど行われておらず、窯の構築時期等の詳細が不明のため、位置図のみで変遷図から除外した。
2) 窯は水平距離660～920 cm、最大幅122～200 cm、焼成部の平均傾斜角21～30°を測る。
3) 壺及び甕は器形及び法量により細分が可能であり、壺はⅠ類（長頸壺）、Ⅱ類（広口短頸壺）に2分される。さらに壺Ⅰ類は法量により3種類（小・中・大）、壺Ⅱ類は2種類（中・大）に細分される。甕は法量により、Ⅰ類（中甕）、Ⅱ類（大甕）に2分される。
4) B-Tmの降下時期については929年～947年と諸説あるが、ここでは947年説を採用している。
5) 各器種ごとの組成を提示すべきだが、坏・皿の口縁部、壺・甕の口縁部小破片の分類が不可能であったため、おおまかに食膳具と貯蔵具の組成を求めることにした。
6) 9世紀後半から10世紀初頭にかけて低位段丘上に形成された集落形態が、10世紀の後半になると丘陵や台地頂部に立地するようになり、周囲及び一部を堀等で区画する形態が一般化していく。三浦圭介はその区画形態が、津軽地域では集落全体を区画するのに対し、上北地域では集落内の特定の住居のみを区画する形態である点に注目し、前者を「津軽型防御性集落」、後者を「上北型防御性集落」と呼んでいる（三浦圭介1995）。
7) 坏の底部再調整が認められることや体部下半にタタキ調整を有するいわゆる「北陸型長胴甕」の出土から、おいらせ町中野平(なかのたい)遺跡の第Ⅲ群土器に相当するため、9世紀前半という時期を想定している。
8) 三浦圭介は『日本三代実録』元慶三年三月二日条の国司の苛政に苦しむ出羽国で「奥地」へ逃亡した民衆は人口の約3分の1にのぼったという記事中の「奥地」が津軽地域であると推測し、この津軽地域への逃亡・定住が津軽地方で遺跡数が増加する一因であると考えている（三浦圭介

2006)。
9) 今回の論文では扱わなかったが、北海道では前期においては、道南及び道央での分布に留まり、北海道全域に流通するのは、後期の前田野目窯跡支群になってからである。

引用文献

宇部則保 2000「馬淵川下流域における古代集落の様相」『考古学の方法』3 東北大学文学部考古学研究会 pp. 25-30

木村 高・三林健一 1998『隠川（4）遺跡・隠川（12）遺跡 I』青森県埋蔵文化財調査報告書第244集 青森県教育委員会

工藤竹久 2001「第1章 原始・古代 第6節 蝦夷の世界と下北半島」『東通村史 歴史編 I』東通村 pp. 137-162

佐藤智生 2004「第6章 考察 第4節 平安時代における青森県上北群の様相について」『向田（35）遺跡』青森県埋蔵文化財調査報告書第373集 青森県教育委員会 pp. 123-146

藤原弘明 2003『五所川原須恵器窯跡群』五所川原市埋蔵文化財調査報告書第25集 五所川原市教育委員会

藤原弘明 2005『KY1号窯』五所川原市埋蔵文化財調査報告書第26集 五所川原市教育委員会

三浦圭介 1995「北奥・北海道地域における古代防御性集落の発生と展開」『国立歴史民俗博物館研究報告』第64集 pp. 197-222

三浦圭介 2006「北奥の巨大防御性集落と交易・官衙類似遺跡」『歴史評論』No. 678 pp. 70-84

※なお、分析対象となった各遺跡の報告書は、紙幅の都合上割愛する。

陸奥国分寺跡出土瓦について
―軒瓦と瓦生産からみた国分寺の変遷―

渡　邊　泰　伸

I. はじめに

　陸奥国分寺は仙台市若林区木ノ下に所在する。1955（昭和30）年から1959（昭和34）年にかけて、伊東信雄博士の指導による調査で主要伽藍が明らかにされ、国史跡に指定されている（伊東信雄ほか1961）。

　調査の成果によって、その寺域は天平尺で800尺（242m）四方を占め、周囲を築地によって囲まれる寺域と建物跡が検出された。現在、南大門跡にある薬師堂仁王門を入ると、伽藍の南北中軸線上に中門、金堂、講堂、僧坊が一直線に並ぶ。七堂伽藍を兼ね備えた本格的な寺院であったことが明らかとなった。建物の尺度は天平尺で理解できる。その規模は最大級とされている武蔵国分寺の約3町四方には及ばないが、国分寺の標準的な大きさとされている方2町（720尺四方）よりも大規模である（第1図）。

　また、国分尼寺は全体の伽藍が不明であるが、僧寺の東500mに金堂跡基壇が発見されている。寺域は僧寺の半分の400尺（121m）四方と推定される。

　陸奥国分寺創建期は多賀城跡第II期の修造とも重なり、これらの古代陸奥国最大の造営事業により、陸奥国の瓦生産は最大規模となり活況を呈する。

　陸奥国分寺は762（天平宝字6）年前後に完成したと考えられ、国分寺創建期瓦が多賀城跡II期瓦と同様式であり、その後も同一瓦を使用することが多く、多賀城跡など古代東北の城柵の年代を考える基準となっている（伊東信雄ほか1961）。

　そこで、陸奥国分寺跡出土瓦とその瓦生産の分析を通して奈良時代後半以降の陸奥国分寺の変遷を検討してみたい。

II. 陸奥国分寺出土瓦と編年的位置付け

1. 陸奥国分寺における軒瓦の出土状況

　陸奥国分寺跡からは軒丸瓦9種24類、軒平瓦10種20類が出土している（第2・3図）。

　軒丸瓦の中で最も出土量が多いのは重弁蓮華文軒丸瓦で、その中で重弁蓮華文軒丸瓦221、222、223が計318点、225が47点、226が31点出土している[1]（伊東信雄ほか1961・1982a・1982b）。221、222、223の合計が軒丸瓦の33.4％（318点/952総点数）、同様式の重弁蓮華文軒丸瓦の中での比率は80％（318/396）となる。同様式の重弁蓮華文軒丸瓦を合

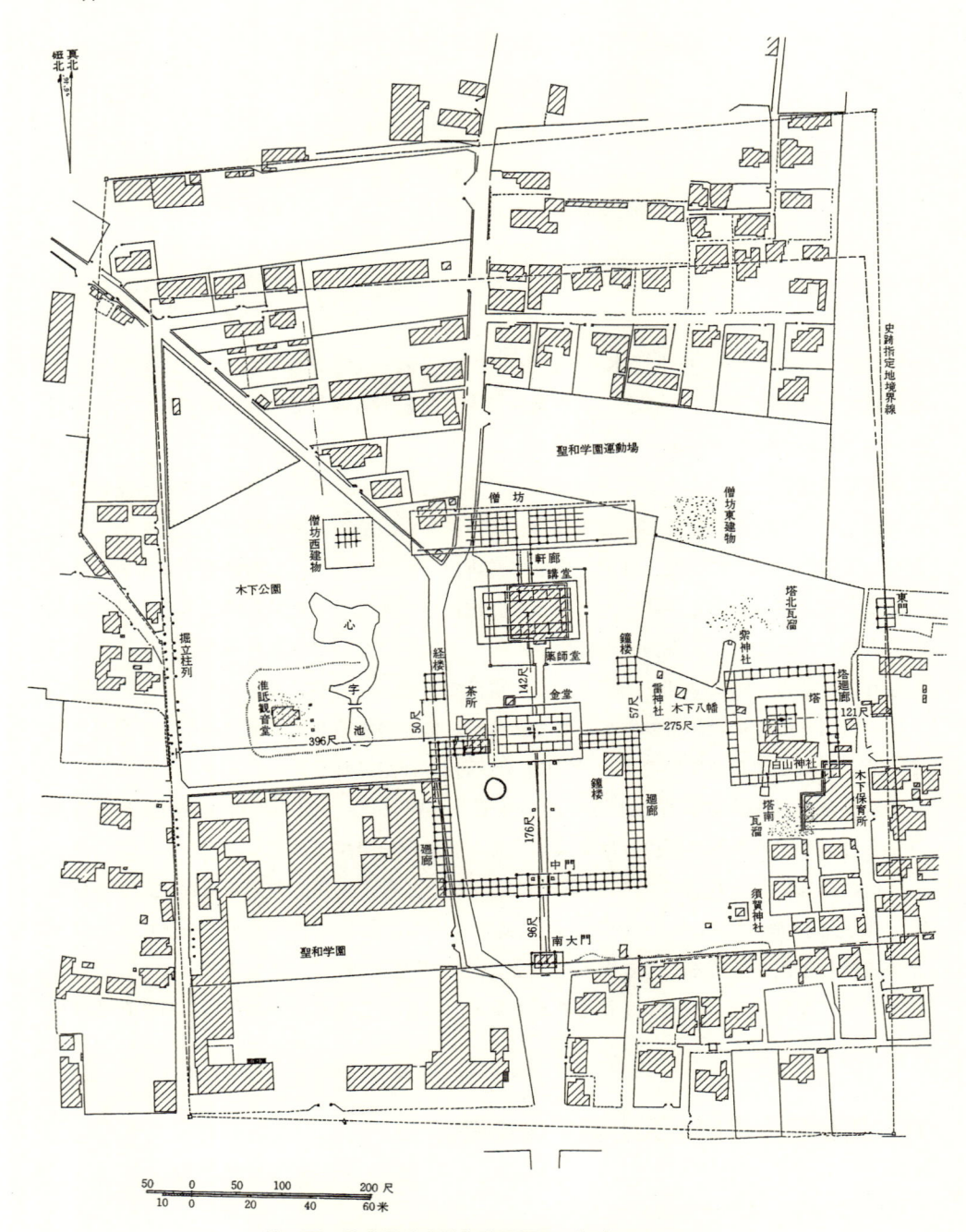

第1図 陸奥国分寺跡伽藍配置図（伊東ほか1961）

わせると軒丸瓦全体の40.1％を占める。次に宝相華文軒丸瓦423、422、425、国宝3、国宝5が計334点出土している。同様式の422・423が252点で軒丸瓦の26.5％（252点/952点）、同様式の425、国宝3、国宝5、427を加えると43.3％（413点/952点）を占めている。次いで細弁蓮華文軒丸瓦が5.8％（56点/952点点）、変形蓮華文軒丸瓦4％（39点/952点）、重弁蓮華文軒丸瓦460など4.4％（42点/952点）、他は各1点である。

軒平瓦は偏行唐草文軒平瓦620は5点、621は206点の計211点出土している。軒平瓦総出土量の18.7％（211点/1128総点数）出土している。さらに同様式である偏3、偏4、偏5を加えると23.4％（264点/1128点）を占める。次に多いのが連珠文軒平瓦830が79点、831が280点の計359点出土し31.8％（359点/1128点）を占める。次いで均整唐草文軒平瓦721B、均1、均2、均3、均4が15.3％（173点/1128点）出土している。他に重弧文軒平瓦610、611、612が6.6％（75点/1128点）などが出土している。

出土軒瓦の数量的分析から大きくA、Bの2つのグループに分けることが出来る。Aグループは出土量の最多の重弁蓮華文軒丸瓦221～226と偏行唐草文軒平瓦の組み合わせである。

Bグループは宝相華文軒丸瓦・歯車文軒平瓦と連珠文軒平瓦830、831の組み合わせである。Aグループの重弁蓮華文軒丸瓦は多賀城創建期と同様式であり、瓦当の様式から陸奥国分寺創建期の軒瓦組み合わせと考えられる。Bグループはそれより新しく大規模な葺き替えが行われた改修期の軒瓦と考えられる。

各遺構における軒瓦の出土状況はBグループが多いが、瓦溜の深部からはAグループが多く出土している。これはAグループが先に用いられ、後にBグループが用いられた結果と考えられる。塔跡と塔回廊跡からは重弁蓮華文軒丸瓦と偏行唐草文軒平瓦、さらに宝相華文軒丸瓦と連珠文軒平瓦の組み合わせが最も多く集中して出土し、それを裏付けている。

また塔跡・塔廻廊跡に関する層位の観察では、創建時の塔基壇の回に、その後の修復による整地層が積まれ、その上に灰白火山灰が、さらにその上に3～12cmの焼土層が堆積している。塔の南側のトレンチではさらにその上にもう一層の焼土層が確認されている。

出土遺物は、整地層からは各種重弁蓮華文軒丸瓦、細弁蓮華文軒丸瓦、宝相華文軒丸瓦422・423・427、歯車文軒丸瓦、連珠文軒平瓦831、三重波文軒平瓦が出土した（加藤孝1961）。焼土層からは相輪の破片である溶解した青銅片や鉄片が出土した。塔の北側では地中に突き刺さった擦管先端が出土している。焼土層の上からは変形蓮華文軒丸瓦と細線陽刻偏行唐草文軒平瓦が出土した。この瓦を使用した建物もやはり焼失したと考えられる。灰白火山灰層の上にある焼土層は、934（承平4）年に雷火で塔が焼失した際のものと考えられ、変形蓮華文軒丸瓦と細線陽刻偏行唐草文軒平瓦はそれ以後に建てられた建物に使用された瓦と考えられる。

以上、陸奥国分寺跡の発掘調査の成果から、出土瓦は大きく3期に分けられることが明

種類	重弁蓮華文			重圏文	宝相花文					歯車文	細弁蓮華文		複弁蓮華文	変形蓮華文	重弁蓮華文			素弁蓮華文			桜花様文	計
陸奥国分寺分類	1・2・3・4類	5類	6類		1類	2類	3類	4類	5類		1類	2類			7類	8類	9類	1類	2類	3類		
多賀城跡分類	221・222・223	225	226	240	422	423	国宝3	425	国宝5	427	国細1	310B	国複	国変	460	国重8	国重9	国素1	国素2	国素3	国桜	
南大門跡										1												1
中門跡	1					1				1												3
回廊跡	22	5	4		1	4		1		2		4				6	2	1				52
金堂跡	1		1		1	6		1				1				1						12
講堂跡	11	1	1			3	1														1	18
僧坊跡	14	2			1	4		1	1	1	2	1			2							29
塔跡	52	7	5		61	103	3	39		63	6	11	1	33								384
塔回廊跡	59	4	3		2	9	2	11		5	8			6								109
鐘楼・経楼跡	1	1																				2
僧坊西建物跡	29	5	3		2	10		1				4					1					55
准胝観音堂付近	13		1		1					1		2			30					1		49
東門跡	7	2			1	1	3	1		2		1										18
南土塁	1																					1
西方境界トレンチ	4					6																10
塔南瓦溜	39	9	4	1	11	9		12		3	4	3										95
塔北瓦溜	64	11	9		2	13		5		1	7	1						1				114
計	318	47	31	1	83	169	9	72	1	79	28	28	1	39	32	7	3	1	1	1	1	952

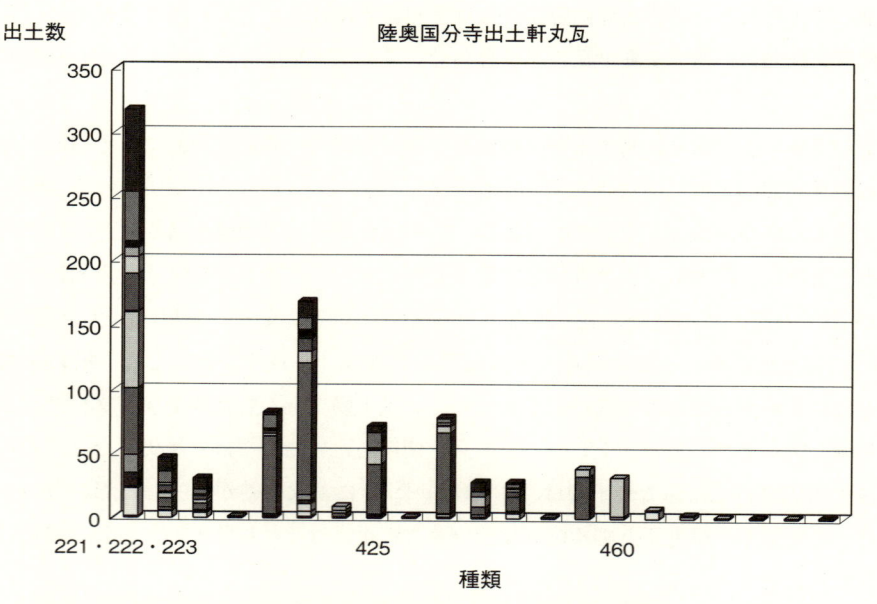

第2図　陸奥国分寺跡出土軒丸瓦　遺構別・種類別出土数（伊東ほか1961から作成）

種類	重弧文				偏行唐草文					山形文	均整唐草文				連珠文		三重波文	細線陽刻唐草文	箆書文	無文	計
陸奥国分寺分類	1類	2類	3類	4類	1類	2類	3類	4類	5類	山形文	1類	2類	3類	4類	1類	2類	三重波文	細線陽刻唐草文	箆書文	無文	
多賀城跡分類	610	611	612	640	621	620	偏3	偏4	偏5	山形文	721B	均2	均3	均4	830	831	三重波文	細唐	箆書	無文	
南大門跡					1														1		2
中門跡					1					1						2					4
回廊跡	6				4		3			20	4	1	1			11			16		66
金堂跡							1			5	2	2	1			1			6	1	19
講堂跡	6				6		1			10	2	5	2			2		1	3	2	40
僧坊跡	5			1	18		2			8	1	3			2	23			1	3	67
塔跡	15		1		44	1	13			23	21	31	7	13	65	156	5	2	15	8	420
塔回廊跡	7			2	26		1			6	1	9	6	9		13			7	1	88
鐘楼・経楼跡	2			2	1		1			2	1		3								12
僧坊西建物跡	10				30	3	2			23	6	2		1	1	40			2	1	121
准胝観音堂付近	1	1	1		4	1				1					2	1					12
東門跡	1				8		1			6		2		1		2					21
南土塁										1											1
西方境界トレンチ	1				1		1														3
塔南瓦溜	4				16		8			5		15	3	6	7	10	1		7		82
塔北瓦溜	15			2	46		19			38	3	5	2	1	2	19			9	9	170
計	73	1	2	7	206	5	53			148	42	75	25	31	79	280	6	3	67	25	1128

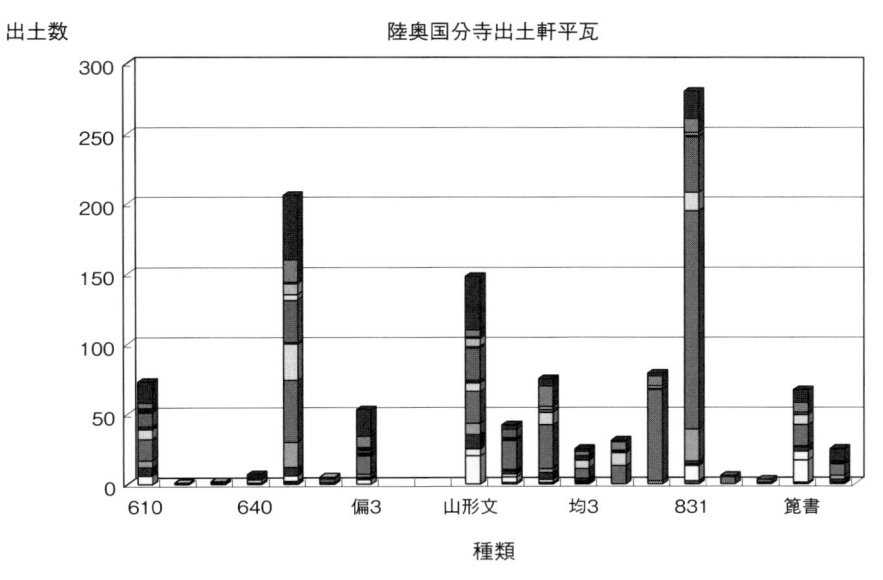

第3図　陸奥国分寺跡出土軒平瓦　遺構別・種類別出土数（伊東ほか1961から作成）

らかとなった。次に瓦窯跡からみた陸奥国分寺瓦のあり方を検討してみたい。

2. 陸奥国分寺跡の瓦窯跡

　奈良時代後半以降の陸奥国分寺・多賀城系の瓦を生産した瓦窯跡群は、古代陸奥国の中央部である仙台市台の原・小田原窯跡群と利府町春日窯跡群に集中的に見られる。両窯跡群はいずれも陸奥国分寺跡、多賀城跡、多賀城廃寺から7kmの範囲に位置する（渡邊泰伸・結城慎一1973）。

　瓦窯跡の調査成果から、陸奥国中央部における瓦生産を5期12段階の変遷として考えた。すなわち多賀城跡と陸奥国分寺跡を基準とし、多賀城創建以前を第Ⅰ期とし、多賀城創建期を第Ⅱ期、陸奥国分寺創建期を第Ⅲ期とし、これ以降は3期4段階（Ⅲ-1・Ⅲ-2→Ⅳ-1・Ⅳ-2→Ⅴ-1・Ⅴ-2・Ⅴ-3）に区分した[2]。これをもとに陸奥国分寺跡出土瓦の編年を考察し陸奥国分寺の変遷を辿ってみたい。

　(1)　瓦生産第Ⅲ期（陸奥国分寺創建期・多賀城跡第Ⅱ期）
　この時期の瓦群は安養寺下瓦窯跡の変遷を基に2段階に区分できる（第4・5図）。

　1)　Ⅲ期第1段階は仙台市安養寺下瓦窯跡の第Ⅰ窯群とⅡ窯群である。窯体は半地下式有階無段登窯のA-1形式である（第5図）[3]。出土瓦はAタイプ（重弁蓮華文軒丸瓦222と偏行唐草文軒平瓦620）の組み合わせ（第6図）と重弧文軒平瓦610が出土している（渡邊泰伸1995）。仙台市神明社瓦窯跡東南地区でも軒丸瓦222と軒平瓦620、重弧文軒平瓦610、重弁蓮華文鬼板が出土し、軒瓦Aタイプの組み合わせが主であり、陸奥国分寺跡出土の軒瓦Aグループと整合する（内藤政恒1964）。

　この段階は神明社瓦窯跡東南地区より安養寺下瓦窯跡に至る広い範囲に、大規模な瓦窯跡群が造られた。陸奥国分寺Aグループの瓦と軒平瓦610はこれらの瓦窯跡で焼成されており、陸奥国分寺創建期では2種の軒平瓦が使用されたことになる。

　2)　Ⅲ期第2段階は安養寺下瓦窯跡第Ⅲ窯群10号下層と神明社瓦窯跡A地点（蟹沢中）を標識とし（渡邊泰伸ほか1988）、神明社瓦窯跡B地点（木村浩二・青沼一民1983）、仙台市枡江瓦窯跡が該当する（渡邊泰伸・結城慎一1980）。

　軒瓦の組み合わせはBタイプ（重弁蓮華文軒丸瓦222と単弧文軒平瓦640）、Dタイプ（重圏文軒丸瓦240～243と単弧文軒平瓦640）が2種みられる段階である（第6・7図）。

　神明社瓦窯跡B地点からは重弁蓮華文軒丸瓦222と重圏文軒丸瓦241・243・220、細弁蓮華文軒丸瓦310、重弁蓮華文鬼板、重弧文軒平瓦610、単弧文軒平瓦640が出土している。軒瓦の組み合わせはA、B、Dタイプが想定されるが、一字刻印文字瓦が出土しDタイプが主と考えられる。

　神明社瓦窯跡A地点は、半地下式ロストル付平窯で、出土軒瓦はDタイプで無文軒平瓦641も組み合う。枡江瓦窯跡は窯体が半地下式無階無段登窯のB-1形式で、軒瓦はE

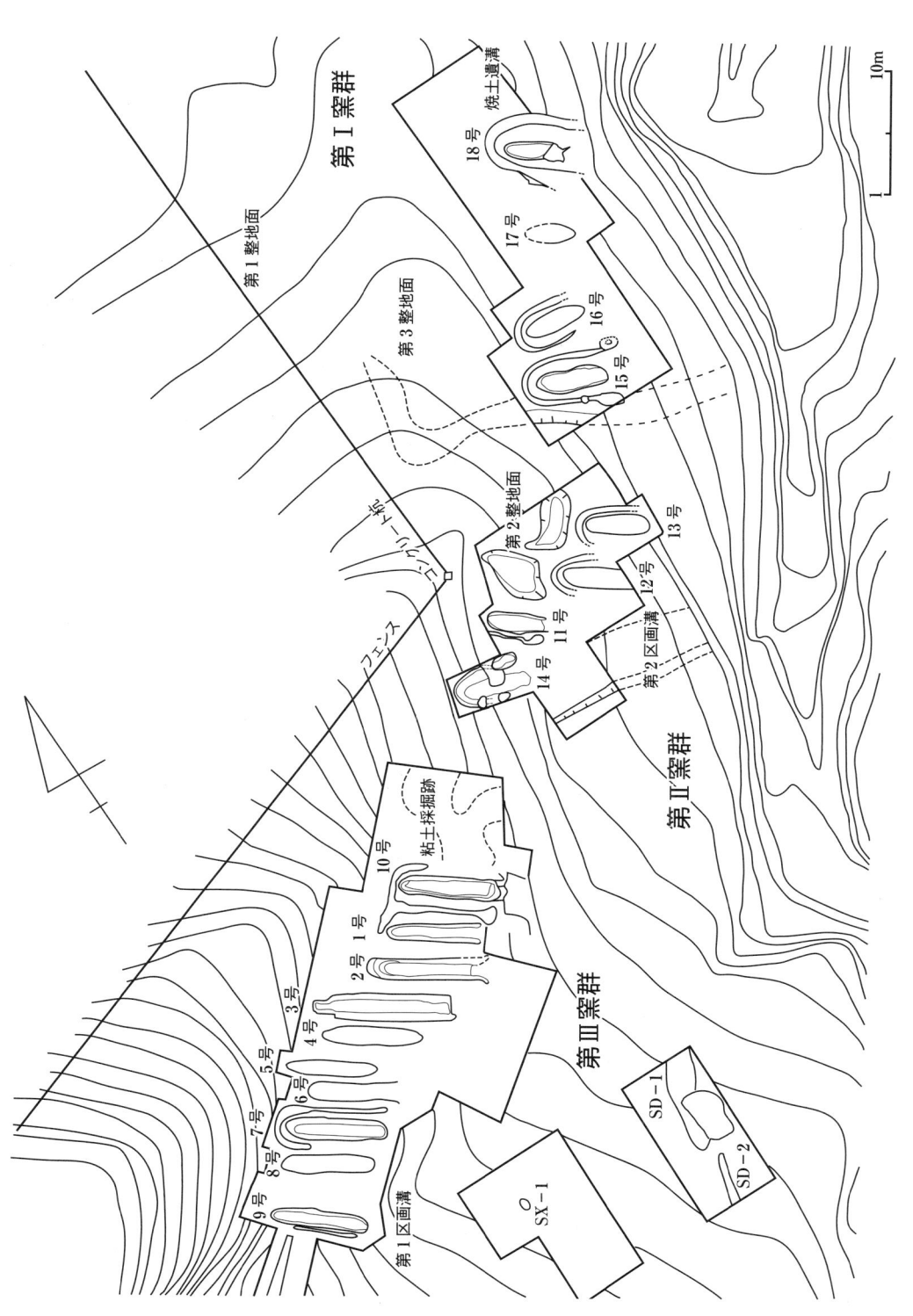

第 4 図　安養寺下瓦窯跡検出遺構位置図

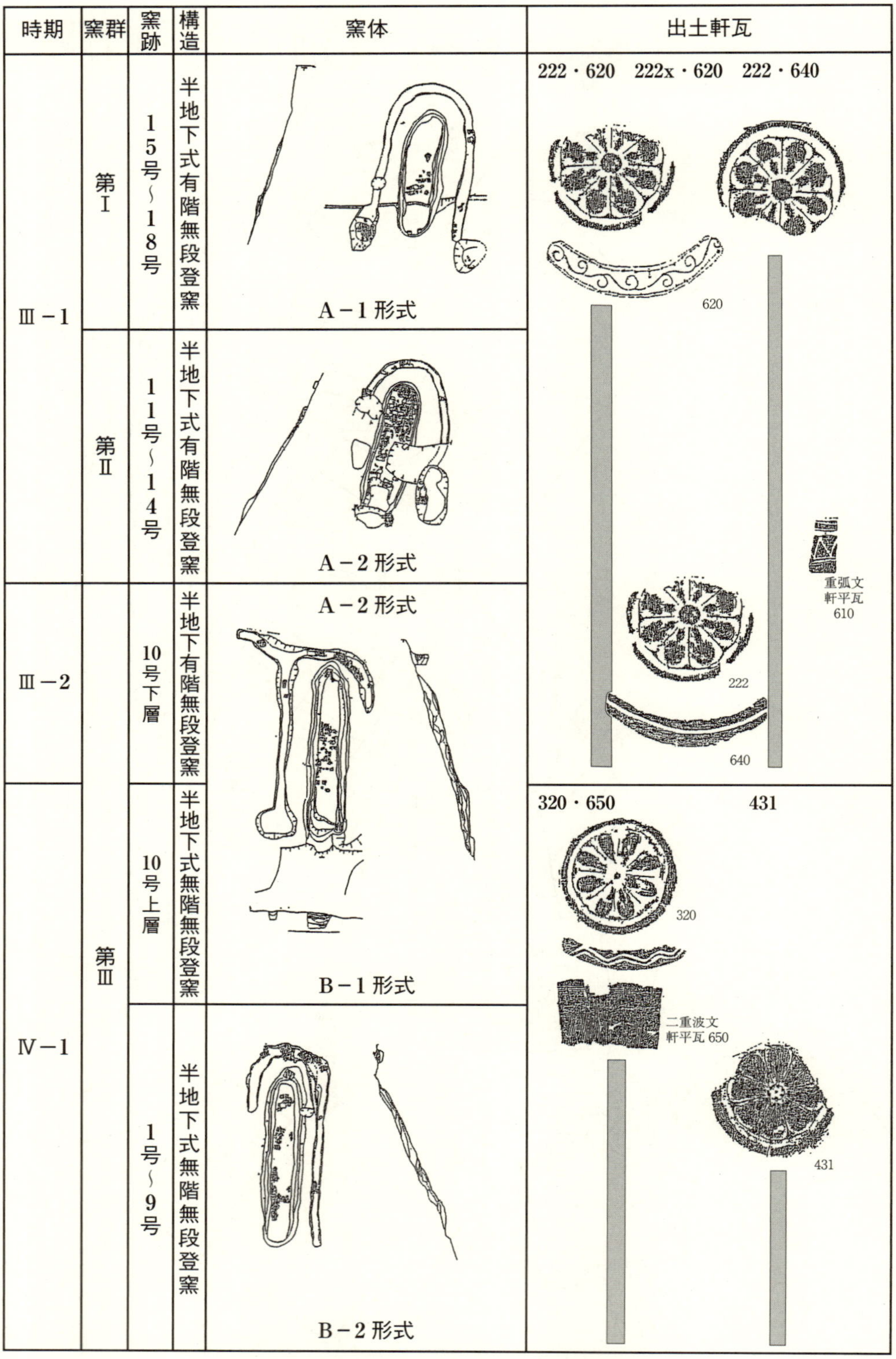

時期	窯群	窯跡	構造	窯体	出土軒瓦
Ⅲ-1	第Ⅰ	15号～18号	半地下式有階無段登窯	A-1形式	222・620　222x・620　222・640　620　重弧文軒平瓦610
Ⅲ-1	第Ⅱ	11号～14号	半地下式有階無段登窯	A-2形式	222　640
Ⅲ-2	第Ⅲ	10号下層	半地下有階無段登窯	A-2形式	320・650　431　320　二重波文軒平瓦650　431
Ⅳ-1	第Ⅲ	10号上層	半地下式無階無段登窯	B-1形式	
Ⅳ-1	第Ⅲ	1号～9号	半地下式無階無段登窯	B-2形式	

第5図　安養寺下瓦窯跡　遺構・遺物関連編年図

タイプ	時期	窯跡	軒丸瓦	軒平瓦	備考
A	Ⅲ-1	安養寺下瓦窯跡Ⅲ・Ⅱ窯群	 重弁蓮華文軒丸瓦 222	 偏行唐草文軒平瓦 620・621	A-1・A-2形式
B		安養寺下瓦窯跡Ⅲ群	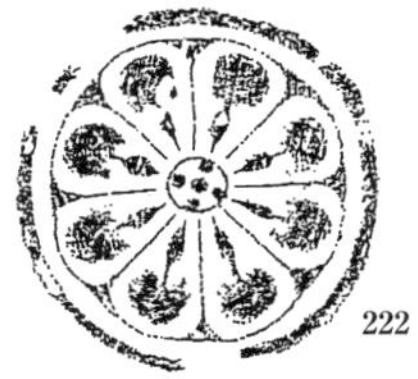 重弁蓮華文軒丸瓦 222	 単弧文軒平瓦 640	10号下層 A-2形式・10号上層 B形式
D	Ⅲ-2	神明社瓦窯跡A地点	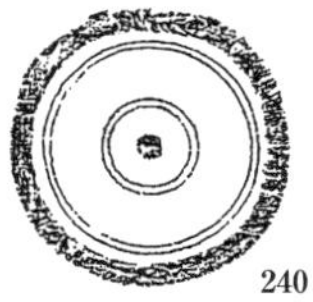 重圏文軒丸瓦 240〜243	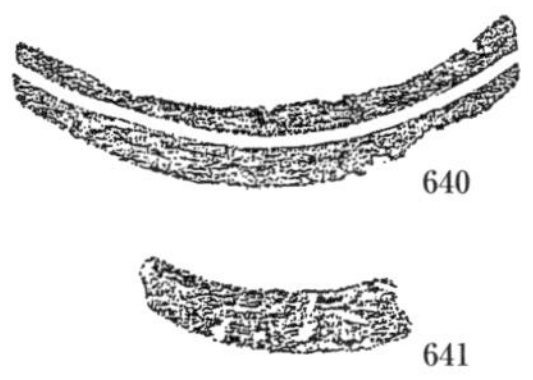 単弧文軒平瓦 640 無文軒平瓦 641	ロストル式平窯 軒丸瓦 250 1字刻印文字瓦
C	Ⅳ-1	安養寺下瓦窯跡Ⅲ窯群	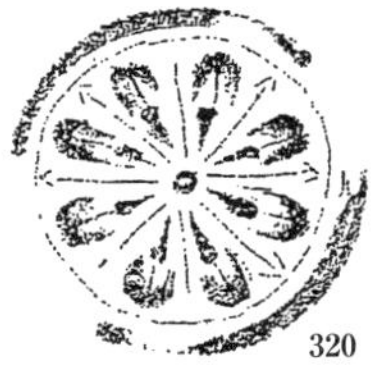 重弁蓮華文軒丸瓦 320	 二重波文軒平瓦 650	B形式
E	Ⅲ-2	枡江瓦窯跡	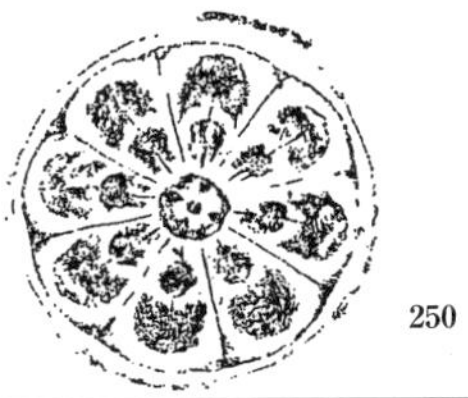 重弁蓮華文軒丸瓦 250	 単弧文軒平瓦 640	B形式 一字刻印文字瓦

第6図 瓦窯跡における軒瓦の組み合わせ (1)(伊東ほか 1982a から作成)

タイプ	時期	窯跡	軒丸瓦	軒平瓦	備考
F	Ⅳ－2	神明社瓦窯跡C地点	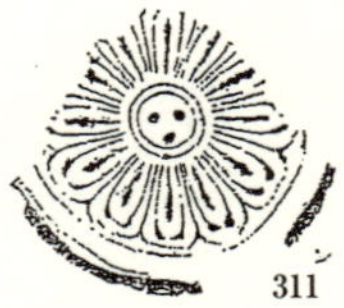 311 細弁蓮華文軒丸瓦 311	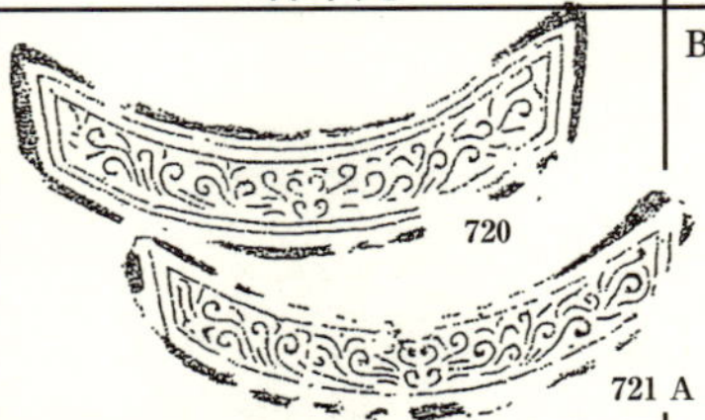 720 721 A 均整唐草文軒平瓦 720・721A	B 形式
G	Ⅳ－2	神明社瓦窯跡C地点	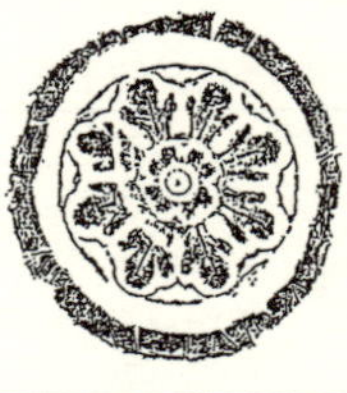 宝相華文軒丸瓦（范番号ナシ）	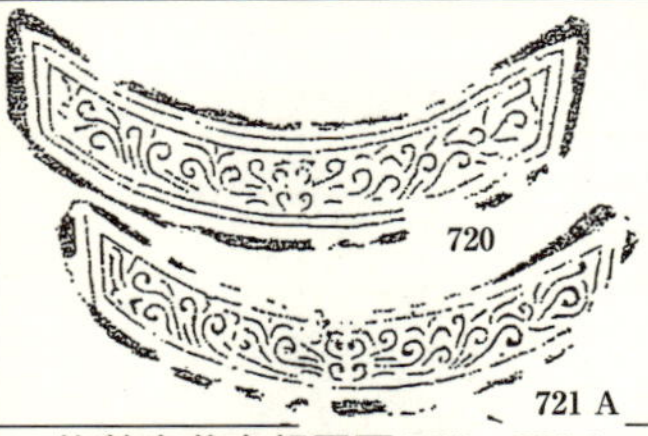 720 721 A 均整唐草文軒平瓦 720・721A	B 形式
H	Ⅴ－1 C	堤町B瓦窯跡	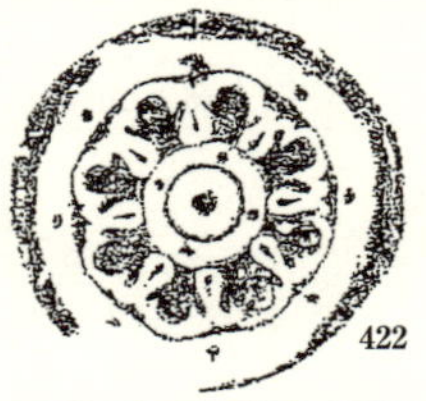 422 宝相華文軒丸瓦 422	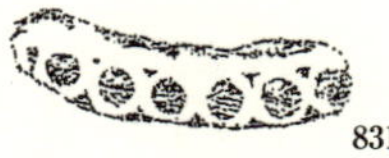 831 連珠文軒平瓦 831	
I	Ⅴ－2	大沢瓦窯跡	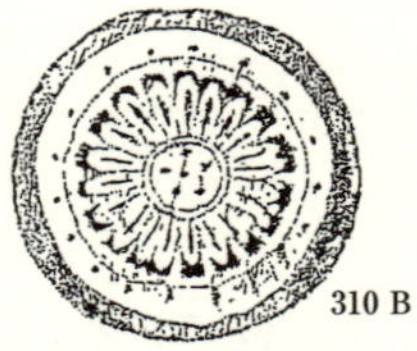 310 B 細弁蓮華文軒丸瓦 310B	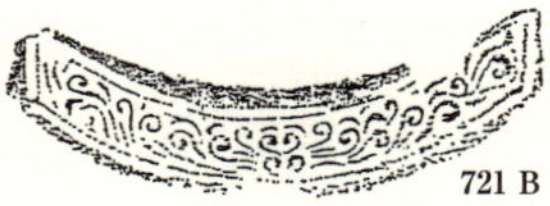 721 B 均整唐草文軒平瓦 721B	A－1 形式
J	Ⅴ－3	五本松瓦窯跡D地点A3号	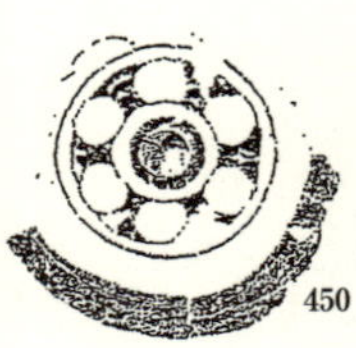 450 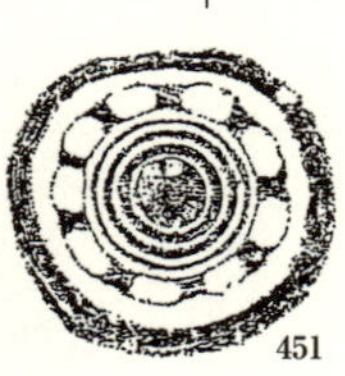 451 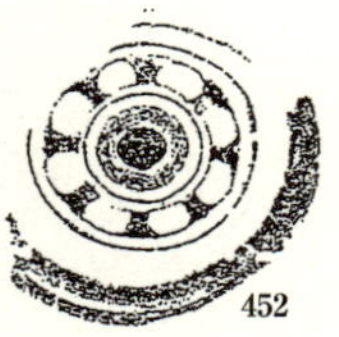 452 陰刻文軒丸瓦 450 451 452		B 形式

第 7 図　瓦窯跡における軒瓦の組み合わせ（2）

タイプ（重弁蓮華文軒丸瓦 250 と軒平瓦 640）である。安養寺下瓦窯跡では一字刻印文字瓦は出土していない。

　神明社瓦窯跡 A 地点、B 地点と枡江瓦窯跡の立地は、同一沢沿いに近接して存在している。神明社瓦窯跡 A 地点と B 地点は、沢が平地と接する沢の下流にあり、枡江瓦窯跡は標高がやや高い沢の中程に立地する。さらに、この沢の上流にはより新しい時期の仙台市与兵衛沼瓦窯跡群がある。出土遺物の共有関係と沢における位置関係から、神明社瓦窯跡 A（蟹沢中）・B 地点が枡江瓦窯跡より僅かに古い可能性がある。

　安養寺下瓦窯跡 III 群 10 号下層では第 1 段階の軒瓦は A タイプと軒平瓦 640 を焼成しており、一字刻印文字瓦のない時期からそれを焼成する時期へと移行したと考えられる。

　そうすると、陸奥国分寺創建期瓦窯跡である安養寺下瓦窯跡 10 号下層で、第 1 段階より僅かに遅れて生産を開始し、次に神明社瓦窯跡 A 地点、B 地点で本格的瓦生産が始まり、前後して枡江瓦窯跡でも生産が始まった考えられる。

　この段階の瓦窯跡は、多様な窯体構造と、軒瓦の組み合わせが異なるのが特徴である。これらのことは、供給先での瓦の組み合わせの変化が、瓦窯跡での生産の在り方に反映した可能性がある。また、平窯という新型式の瓦窯跡と、重圏文軒平瓦と単弧文軒平瓦という新様式の瓦が導入された段階である。新窯業技術と新様式軒瓦の導入を可能にしたのは恵美朝獦による多賀城修造に伴う瓦生産のためと考えられる。

　この時期における陸奥国分寺跡出土の軒瓦はきわめて少なく、一字刻印文字瓦の出土量も少量で、僅かな補修瓦が供給されただけと考えられる。

(2)　瓦生産第 IV 期（伊治公呰麻呂乱後の再建期・多賀城 III 期）

　IV 期の瓦窯跡は台の原・小田原窯跡群では安養寺下瓦窯跡第 III 窯群と神明社瓦窯跡 C 地点である（篠原信彦・結城慎一 1998）。春日窯跡群では利府町大貝瓦窯跡である（高橋義行・吉野久美子 2004）。安養寺下瓦窯跡第 III 窯群と神明社瓦窯跡 C 地点出土軒瓦の組み合わせから 2 段階に区分できる（第 1 表）。

　1)　**IV 期第 1 段階**は安養寺下瓦窯跡第 III 窯群と大貝瓦窯跡が該当する。安養寺下瓦窯跡 III 窯群の窯体は半地下式無階無段登窯で、軒瓦は C タイプ（重弁蓮華文軒丸瓦 320 と二重波文軒平瓦 650）で、重弁蓮華文軒丸瓦 431 も見られる。

　大貝瓦窯跡の窯体は半地下式無階無段登窯の B-1 形式で、安養寺下瓦窯跡第 III 窯群と同笵の重弁蓮華文軒丸瓦 431 を使用し、細弁蓮華文軒丸瓦 313・311 も採用している。

　陸奥国分寺からは、IV 期-1 段階の C タイプの軒丸瓦 320 と軒平瓦 650 は出土しない。類似する三重波文軒平瓦は 6 点出土しているが、二重波文軒平瓦 650 とは異なる。

　2)　**IV 期第 2 段階**は神明社瓦窯跡 C 地点である。窯体は B-2 形式で 1 段階と共通する。

　軒瓦の組合わせは、SQ1 号瓦窯跡では宝相華文軒丸瓦、均整唐草文軒平瓦 720・721A が組み合う。SQ2 号瓦窯跡では宝相華文軒丸瓦、細弁蓮華文軒丸瓦 311、重弧文軒平瓦

第1表 瓦生産第Ⅲ・Ⅳ段階の関連瓦窯跡と主要遺跡の軒瓦

陸奥国分寺瓦生産時期区分	多賀城時期区分	多賀城跡瓦型式	Ⅰ窯群 15号	Ⅱ窯群 11号	Ⅱ窯群 14号	安養寺下瓦窯跡 10号	Ⅲ窯群 1号	Ⅲ窯群 2号	Ⅲ窯群 3号	遺構外	神明社瓦窯跡 A地点(蟹沢中) 1号	2号	3号	4号	5号	表採	東南地区 表採	B地点 住居跡	C地点 1号	2号	柏江瓦窯跡	大貝瓦窯跡	多賀城跡	多賀城廃寺	陸奥国分寺跡	伊治城	郷楽遺跡	燕沢遺跡
Ⅲ-1	Ⅱ期	重弁蓮華文軒丸瓦222			7	2											5						286	5	318			
		重弁蓮華文軒丸瓦222X	3		1	17																					1	
		重弁蓮華文軒丸瓦221															9					1				2			
		重弁蓮華文鬼板(国分寺)							1								1	5							73			
		扁行唐草文軒平瓦620	6	2	5	31											3	1	3				162	8	5			
		扁行唐草文軒平瓦621		9						1													177		206			
		重圏文軒丸瓦240										1				6							46	1	1			
		重圏文軒丸瓦241										1											45			4		
		重圏文軒丸瓦242									1	1				1							(**)	(****)				
		重圏文軒丸瓦243																4					16	1				
Ⅲ-2		単弧文軒丸瓦250			2						1	3	4	1							39		7					
		単弧文軒平瓦640																2		3	5		566	6	7			
		無文軒平瓦641													1								15			2		
		山形文軒平瓦																										
		一字刻印文字瓦									8	163	23	2				22		2	20		905	23	43		3	
Ⅳ-1	Ⅲ期	重弁蓮華文軒丸瓦320			3	34	17	17	8														61					
		二重波文軒平瓦650				2	5	17															88					
		重弁蓮華文軒丸瓦431								2												6	109					
		細弁蓮華文軒丸瓦313																		1		2	3					
		細弁蓮華文軒丸瓦311																		1		10	121					
Ⅳ-2		細弁蓮華文軒丸瓦310A																2			6		147					
		宝相華文軒丸瓦(範番号なし)																		2			69	1				5
		重圏文軒平瓦710																		1			147					
		均整唐草文軒平瓦720																		1			13				5	5
		均整唐草文軒平瓦721A																		4			367					

① 重弁蓮華文軒丸瓦222Xは222と考えられるが中房に蓮子がない。
② 一字刻印文字瓦は蟹沢瓦窯跡にて焼成された刻印文字瓦、各種文字瓦の総計を記載した。
③ 瓦の出土点数は各報告書に基づき、未刊のものは担当者に確認した。
④ (**) 重弁蓮華文軒丸瓦240〜242と考えられるが分類不可のもの59点
⑤ (***) 重弁蓮華文軒丸瓦240〜242と考えられるが分類不可のもの2点

第2表　瓦生産第V段階の関連瓦窯跡と主要遺跡の軒瓦

陸奥国瓦生産時期区分	多賀城時期区分	多賀城跡瓦型式	五本松瓦窯跡 D地点B群表土	五本松瓦窯跡 D地点C群14号	五本松瓦窯跡 D地点A群3号	五本松瓦窯跡 D地点D群2号	五本松瓦窯跡 A地点1号	五本松瓦窯跡 H地点表採	硯沢瓦窯跡	大沢瓦窯跡	安養寺中用瓦窯跡 1号	2号	3号	4号焼成品	4号焼成台	堤町B瓦窯跡土壙等	堤町一本杉瓦窯跡表採	多賀城跡	多賀城廃寺	陸奥国分寺跡	燕沢遺跡	中尾敷前廃寺
V-1		宝相華文軒丸瓦420																26				
		宝相華文軒丸瓦422		1								3	○		2	6		10	1	83		
		宝相華文軒丸瓦423			1											○	1	18		169		
		宝相華文軒丸瓦425					1											10	4	72		
		素弁蓮華文軒丸瓦（国素2類）														1				1		
		宝相華文軒丸瓦（国3類）																		9		
		宝相華文軒丸瓦（国5類）																		1		
		連珠文軒平瓦831														3		18		280		
		均整唐草文軒平瓦（国分2類）															1			75		
		一字刻印文字瓦「末」														2				9	1	
V-2	IV	細弁蓮華文軒丸瓦310B						1	5		1		○					121	20	28	1	
		均整唐草文軒平瓦721B						1	9	2		2	3			1		184	30	42	1	
		歯車文軒丸瓦427	1											12	1			56	18	79	2	
		素弁蓮華文軒平瓦（国素3類）					1								3					1		
		無文軒丸瓦					1															
V-3		陰刻花文軒丸瓦450			5													7	4			
		陰刻花文軒丸瓦451			1													5	3			
		陰刻花文軒丸瓦452																24				
		変形蓮華文軒丸瓦																		39		
		細線陽刻唐草文軒平瓦																		3		3
		四弁宝相華文軒丸瓦																				3
		歯車状文軒平瓦																				2
		華弁文軒平瓦																				

○有り
瓦の出土点数は各報告書に基づく。

610、重弧文軒平瓦710、均整唐草文軒平瓦720・721B、単弧文軒平瓦640が出土している。SQ1号窯における出土状況から宝相華文軒丸瓦（型番なし）・細弁蓮華文軒丸瓦311と軒平瓦720・721A・710が組み合うと考えられる。

特に神明社瓦窯跡C地点出土の宝相華文軒丸瓦（型番なし）は、台の原・小田原丘陵の北端にある仙台市燕沢(つばめさわ)遺跡から出土し多賀城IV期とされていたが、これによりIII期に考えられるようになった。陸奥国分寺跡より出土する宝相華文軒丸瓦420から425の祖形と考えられる（佐川正敏2000）。これらの瓦は多賀城跡と仙台市燕沢遺跡（田中則和ほか1991）、僅かに多賀城廃寺に供給されている（伊東信雄ほか1970）。陸奥国分寺跡からはIV期の瓦はまったく出土しない。

(3) 瓦生産第V期（多賀城IV期・貞観11年大地震の復興期）

第V期の瓦群は、瓦窯跡出土の軒瓦から3段階に区分できる。第1段階は仙台市堤町(つつみまち)B瓦窯跡（金森安孝1982）、安養寺中囲瓦窯跡（4号下層）（東北学院大学考古学研究部編1967）。第2段階は利府町大沢(おおさわ)瓦窯跡・硯沢(すずりさわ)瓦窯跡（宮城県教育委員会1987）と安養寺中囲瓦窯跡（4号上層）である。第3段階は仙台市五本松(ごほんまつ)瓦窯跡が標識である（第2表）。

1) V期第1段階は、堤町B瓦窯跡が標識遺跡で宝相華文軒丸瓦422と連珠文軒平瓦831が出土しGタイプの組み合わせが設定できる。安養寺中囲瓦窯跡の窯体は半地下式無階無段登窯のB-2形式で、4号窯では軒丸瓦422を焼台として、歯車文軒丸瓦427、細弁蓮華文軒丸瓦310Bを焼成し、均整唐草文軒平瓦721B、無文軒平瓦が出土している。

この段階では陸奥国分寺の修復に多量の瓦が使用されている。貞観12年に置かれた陸奥国修理府による陸奥国分寺修復のための瓦窯跡と考えられる。多賀城にも供給されるが、陸奥国分寺が圧倒的に多い。陸奥国分寺が優先的に修復された可能性がある。

2) V期第2段階はIタイプの細弁蓮華文軒丸瓦310Bと均整唐草文軒平瓦721Bの組み合わせが主である。標識遺跡は大沢瓦窯跡で、軒丸瓦310Bと軒平瓦721Bの組み合わせだけが出土している。大沢瓦窯跡の窯体は半地下式有階無段登窯のA-1形式で、安養寺下瓦窯跡のI窯群より全長が1m前後長いが、極めてよく似た構造を持っている。

硯沢瓦窯跡は窯体は半地下式無階無段登窯のB-2形式で、安養寺下瓦窯跡第III窯群の窯体に類似するという違いがあり、軒丸瓦310Bが出土している。

春日窯跡群においては、同時期に異なる構造を持つ窯体が、同じ組み合わせの軒瓦を焼成していることになる。

安養寺中囲瓦窯跡1・2・3・4号上層からも、Iタイプの軒瓦の組み合わせが出土している。他に、歯車文軒丸瓦、素弁蓮華文軒平瓦（国分寺素弁2類）、無文軒瓦がある。この段階になると台の原・小田原窯跡群と春日窯跡群が平行して操業し多賀城跡と陸奥国分寺、多賀城廃寺に多量の瓦を供給している。特に多賀城跡に多く供給されている。この段階では多賀城の修復に力点が置かれたと考えられ、春日窯跡群が操業を開始した。

3) Ⅴ期第3段階の標識遺跡は、五本松瓦窯跡D地点のA群3号瓦窯跡である（小川淳一ほか1987）。窯体は半地下式無階無段登窯のB-2形式で、軒瓦は陰刻花文軒丸瓦450、451が出土し、軒平瓦は不明である。瓦当の様式は稚拙となってくる。台の原・小田原窯跡群の西端に当たり、これ以後この地域での瓦生産は確認されていない。

多賀城跡では軒丸瓦450・451・452が出土し、多賀城廃寺では軒丸瓦450・451が僅かに出土し、陸奥国分寺からは出土しない。これらの瓦は主要な供給先でも補修瓦として使用される程度であったと考えられる。

陸奥国分寺跡でこの段階に属する最も新しい軒瓦と考えられるのは、塔と塔廻廊から出土する変形蓮華文軒丸瓦と細線陽刻偏行唐草文軒平瓦である。この瓦は塔に堆積した灰白火山灰層の上にある焼土層の上から出土している。この灰白火山灰は多賀城政庁跡のⅣ期（第3小期のd少々期）にもある。灰白火山灰層は焼土層の直下に存在することから、陸奥国分寺塔焼失の以前でしかもこれに近い頃のものと考えられる。変形蓮華文軒丸瓦と細線陽刻偏行唐草文軒平瓦はその上から出土している。この瓦を焼成した瓦窯跡は不明であるが、古代瓦生産の終焉と考えられる。

瓦生産第Ⅴ期は陸奥国分寺、多賀城（多賀城Ⅳ期）、多賀城廃寺で同時期に大きな修理が行われた時期と考えられる。1段階は陸奥国分寺を中心に大地震の修復を行ったと考えられる。2段階は多賀城修復を中心とし、多賀城廃寺、燕沢遺跡にも及ぶ。それに伴い春日窯跡も操業しその際に、多様な系統の工人が動員され、従来までの工人と並行して瓦生産に従事したと考えられる。第3段階は軒瓦の瓦当が稚拙になる。多賀城と陸奥国分寺では使用される補修瓦が異なる。前段階までの瓦生産とは大きく異なる体制に変わった可能性がある。

(4) 瓦生産体制と軒瓦の変化からみた陸奥国分寺の変遷

Ⅲ期第1段階は陸奥国分寺創建のために台の原・小田原窯跡群で大規模に瓦生産が開始された。陸奥国分寺創建期の軒瓦は軒丸瓦222と軒平瓦620・621の組み合わせである。軒平瓦610、山形文軒平瓦も使用されたと推定される。平瓦は縄目叩きの一枚作りとなり、丸瓦は粘土紐巻きの有段である。重弧文軒平瓦601・611・612が陸奥国分寺創建期の中でどのような位置付けになるのか、今後検討が必要である。

年代は国分寺造営の詔が出された741（天平13）年を上限とし、749（天平21）年に産金記念の仏堂跡と推定される涌谷町黄金山産金遺跡の下限年代である767（天平神護3）年までの間と考えられる（伊東信雄1960）。

Ⅲ期-2段階は多賀城第Ⅱ期で、神明社瓦窯跡A地点（蟹沢中瓦窯跡）の窯体はロストル式半地下式平窯である。出土軒瓦はBタイプの組み合わせで、窯体も軒瓦もそれまでの伝統的な登窯と重弁蓮華文系軒丸瓦とはまったく異なる新様式が導入される。

多賀城跡では政庁ではBタイプ、東門、築地ではDタイプの軒瓦が組み合い、建物に

より軒瓦の使い分けがある。当初は陸奥国分寺創建期と同じ A タイプの軒瓦を使用し、次に B タイプの軒瓦を使用したと推定される。

陸奥国分寺跡からは重圏文軒丸瓦 240 と単弧文軒平瓦 640 は僅かに出土するだけでこの時期は大きな改修は行われなかったと考えられる。

年代は 767(神護景雲元)年に造営された伊治城から重圏文軒丸瓦が出土しており(大橋泰子 1970、築館町教育委員会 1997・2001)、宮城県北地域で同様式の重圏文軒丸瓦が色麻町官林瓦窯跡、大崎市北長根瓦窯跡、大崎市杉の下遺跡から出土している。伊治城は 3 期の変遷があり、I 期は創建期、II 期は火災にあった建物群、III 期は火災後に立て替えられた建物群よりなる。瓦葺きとなるのは砦麻呂の乱で火災を受けた II 期で、III-2 段階の重圏文軒平瓦は重圏文軒丸 240 に類似する。山形文軒平瓦は山形文軒丸瓦 921 と同様式である。

多賀城碑に見られる恵美朝獦が多賀城を修造したとされる 762(天平宝字 6)年という年代観と整合性がある。朝獦が陸奥国守として赴任した 756(天平宝字元)年から朝獦が多賀城を修造した 762(天平宝字 6)年の間と考えられる。

IV 期-1 段階は多賀城 III 期で安養寺下瓦窯跡 III 窯群を標識とする。窯体は B-2 類である。軒瓦は C タイプで重弁蓮華文軒丸瓦 431 も併焼される。

この時期の窯群は台の原・小田原窯跡群と多賀城に近接する春日窯跡群の大貝瓦窯跡の 2 箇所に分散した。

窯体構造はいずれも B-2 形式であり、共に同范の軒丸瓦 431 が焼成された。C タイプの軒瓦と軒丸瓦 431 は多賀城跡の多賀城 III 期の主要軒瓦を構成しているが、陸奥国分寺跡、多賀城廃寺ではこの時期の瓦は見られない。

年代は 780(宝亀 11)年の伊治公砦麻呂の乱により焼失した多賀城の再建期と考えられる。多賀城政庁では掘立式の暫定的な建物(多賀城跡第 III-1 期)に IV-1 期の C タイプの軒瓦が葺かれ、礎石式の本格的な総瓦葺き建物(多賀城跡第 III-2 期)に IV-2 期の軒丸瓦 431、軒丸瓦 313・311 が葺かれたと考えられる。砦麻呂の反乱では多賀城だけが戦災にあったと推定できる。年代は再建が完了した 780(宝亀 11)年以降の 8 世紀末に相当する(伊東信雄ほか 1982a・1982b)。

IV 期-2 段階は多賀城 III 期で、神明社瓦窯跡 C 地点を標識とする。窯体は半地下式無階無段登窯で B-2 形式で、軒瓦は F タイプ(軒丸瓦 311 と軒平瓦 720・721B)と、G タイプ(宝相華文軒丸瓦(番号無し)・軒平瓦 710)が伴う。この時期の宝相華文軒丸瓦は仙台市燕沢遺跡から出土し(田中則和ほか 1991)、多賀城 IV 期の宝相華文軒丸瓦の祖形である。大貝瓦窯跡でも軒丸瓦 310・311・431 が焼成され、ほとんどが多賀城に供給され、僅かに多賀城廃寺からも出土する。陸奥国分寺跡からはまったく出土しない。年代は 1 段階より僅かに新しい 8 世紀末に相当する。

V 期-1 段階は多賀城 IV 期で 869(貞観 11)年の大地震の復興期である。台の原・小田原窯跡群で陸奥国修理府のもとで生産された、国府の主導する大改修の時期である。多賀

城跡、多賀城廃寺からもHタイプの軒瓦が出土するが、陸奥国分寺では創建に匹敵する大改修が行われている。年代は870（貞観12）年の陸奥国修理府設立後と考えられ、9世紀第3四半期と推定される（佐川正敏2000）。

V期-2段階は1段階同様多賀城IV期の869（貞観11）年の大地震の復興期である。この段階では台の原・小田原窯跡と春日窯跡群でも瓦生産が行われ、多賀城、多賀城廃寺、陸奥国分寺さらには燕沢遺跡にも主としてIタイプの軒瓦が供給される（田中則和ほか1991）。生産、供給に統制があり、国衙による一貫した瓦生産体制が継続している。

年代は陸奥国分寺跡から軒丸瓦310B・427、軒平瓦721Bが相当量出土し、大規模な補修が行われていることが知られる。それらの軒瓦は塔跡の創建以後に積まれた整地層の中に含まれる。整地層の上には10世紀後半と考えられる灰白火山灰層、その上に934（承平4）年の雷火火災による焼土層があり、この事から時期は10世紀後半と考えられる。

V期-3段階は瓦生産体制に大きな変化が見られた段階である。軒丸瓦が陰刻花文軒丸瓦となり瓦当文様の様式は最も稚拙となってくる。この段階の瓦窯跡は台の原・小田原窯跡群の西端に当たり、これ以後この地域での瓦生産は確認されていない。多賀城跡では軒丸瓦450・451・452が出土し、多賀城廃寺では軒丸瓦450・451が僅かに出土するだけで主要供給先でも補修瓦として使用される程度で、この後新たな軒瓦は出土していない。

陸奥国分寺では変形蓮華文軒丸瓦と細線陽刻偏行唐草文軒平瓦がこの段階と考えられる。多賀城跡、陸奥国分寺跡において、異なる瓦が使用されるようになった事実は、前段階の瓦生産とは異なるものに変化していたと推定される。

陸奥国分寺はこの段階で、すでに伽藍の大半はその形を失っていたと考えられる。

名取市熊野堂新宮所蔵の経巻中に「続高僧伝」の奥書に1230（寛喜2）年に国分寺西院なるものが存続していた記載がある。僧坊西建物から青磁破片が出土していることと考えるとこの時期まで国分寺がその命脈を保っていたと考えられる（第8・9図）。

むすび

台の原・小田原窯跡群の調査成果をもとに瓦生産の視点から、陸奥国分寺出土軒瓦を検討し陸奥国分寺の変遷の検証を試みた。陸奥国分寺創建のために新たに近接する台の原・小田原丘陵に瓦窯跡を設置している。この窯跡群における瓦生産体制は一城二官寺（多賀城・多賀城廃寺・陸奥国分寺）に近接し、国府が直接主導する官窯跡群であった。

陸奥国分寺創建期に僅かに遅れ、恵美朝獦の主導による多賀城大修造が行われる。これらの瓦も台の原・小田原窯跡群で生産され、以後古代を通してこの窯跡群は陸奥国の主要な官窯跡群とし継続稼働することになる。

陸奥国分寺創建期である瓦生産第III期は同笵の瓦が一城二官寺に使用され官窯としての瓦生産体制が確立した時期である。IV期には砦麻呂の反乱により多賀城が戦災に遭う

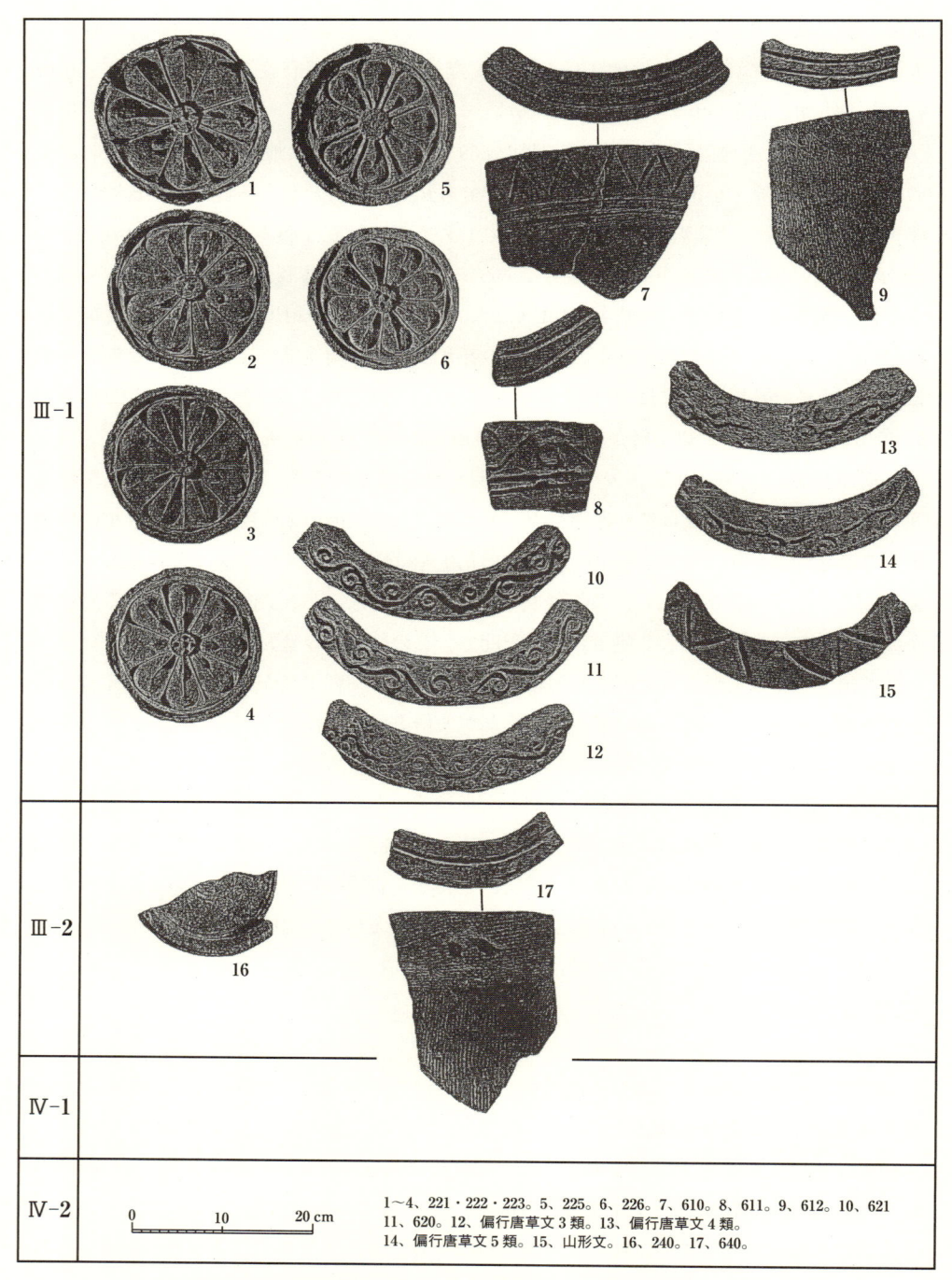

1〜4、221・222・223。5、225。6、226。7、610。8、611。9、612。10、621。11、620。12、偏行唐草文3類。13、偏行唐草文4類。14、偏行唐草文5類。15、山形文。16、240。17、640。

第8図　陸奥国分寺跡出土 III・IV 期軒瓦（伊東ほか 1961 から作成）

陸奥国分寺跡出土瓦について　661

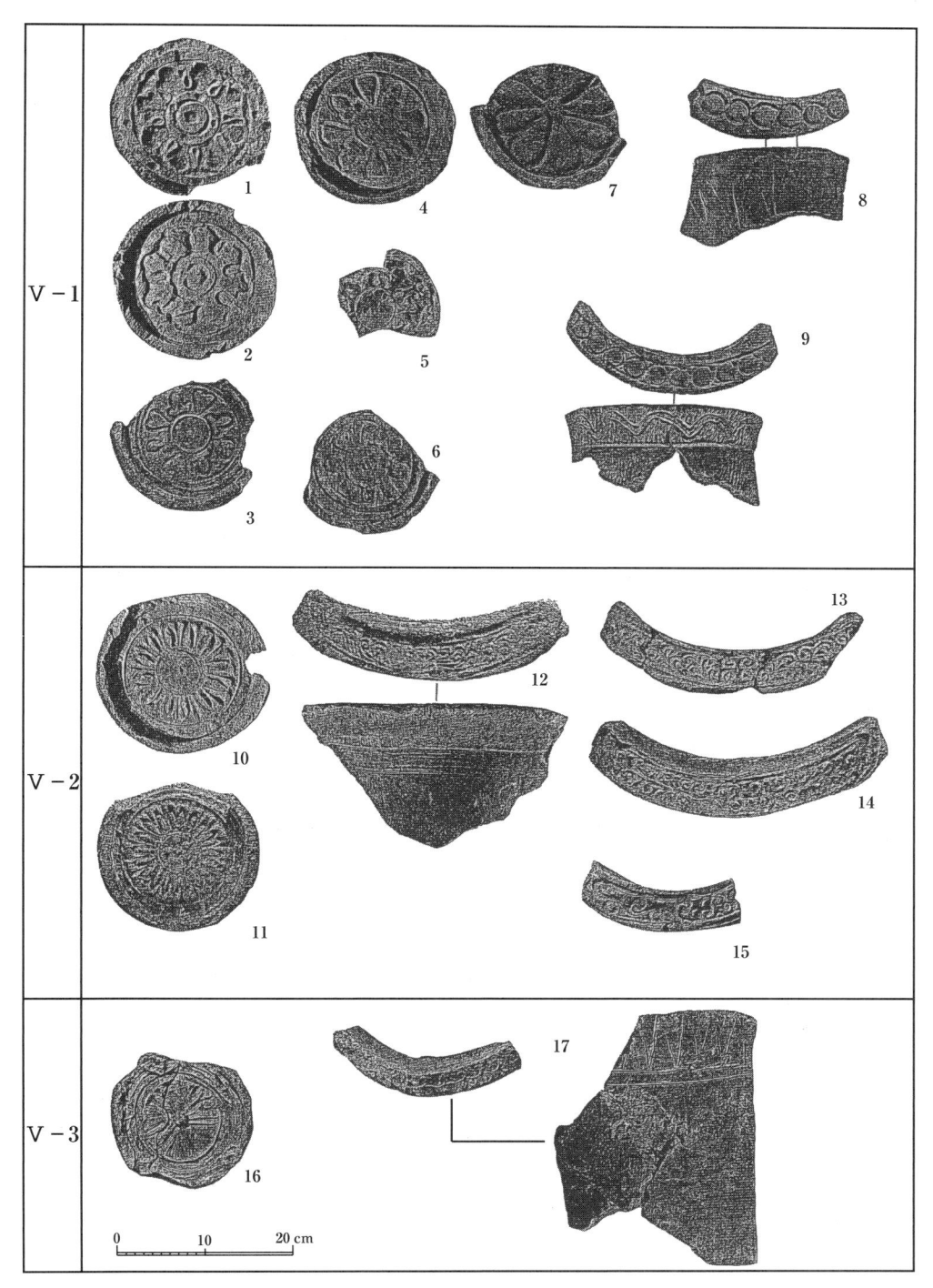

第9図　陸奥国分寺跡出土Ⅴ期軒瓦（伊東ほか1961から作成）
1、422。2、423。3、国宝3。4、425。5、国宝5。6、427。7、国素3。
8、830。9、831。10、国細1。11、310B。12、721B。13、均整唐草文
2類。16、変形花文。17、細線陽刻唐草文。

が、陸奥国分寺は戦災を免れ、その被害は多賀城に限定される。V期は前半は869（貞観11）年の大地震の復興期で、陸奥国分寺では創建期に匹敵する大改修が行われる。後半は陸奥国分寺の塔・塔回廊が934（承平4）年の雷火により焼失している。出土瓦から焼失する僅か前に、かなりの規模の改修が行われている。終末は多賀城と陸奥国分寺で使用された軒瓦が異なり、瓦生産体制が変化したと考えられる。年代は不明であるが、律令体制の変質と連動するものであろう。

陸奥国分寺跡の出土瓦の再検討のために、これまで何度も目を通した「陸奥国分寺調査報告書」をあらためて精読した。そこに記載されている報告は、的確な調査視点と詳細な記録には約半世紀前の報告書という古さを感じさせず、資料として十分に活用できるものであった。報告書は「斯くありたい」と自戒すると共に先輩諸氏の労苦が忍ばれた。

このたび、長年に渡り、私達を真摯にご指導して下さった須藤隆先生が停年退任されることになり、これまでの先生のご好意に対し感謝の意を表しつつ小論を謹呈いたします。

特に1999年からは博士論文をご指導いただきました。私の勤務にあわせ、夜間を主とした長時間のご指導はただ感謝の言葉しかありません。博士論文を書き上げることが出来ましたのは、先生のご指導があったお陰であることを銘記し、深謝の意を表します。

近年、先生が体調を崩した一因は自分にあるのではと、その責を感じるものであります。2006年の夏、博士論文終了後、先生と訪問した韓国慶州、扶余の研修旅行はその総仕上げのようになりました。今後ともよろしくご指導をお願いいたします。

本論文は、須藤隆東北大学大学院教授、阿子島香大学院教授の指導で東北大学に提出、授与された博士論文「古代東北窯業生産の成立と変遷」の一部に資料の追加と加筆したものである。

付記、本論を執筆中、台の原・小田原窯跡群の与兵衛沼窯跡で大規模な窯跡群が次々と発見された。これらは陸奥国の主要官衙である陸奥国分寺・多賀城跡・多賀城廃寺の瓦窯跡群である。陸奥国の一城二官寺の消長を如実に反映している資料と考えられる。

大規模な開発が行われようとしている現在、瓦窯跡群の計画的な保存活用が望まれる。

2007年1月12日

註
1) 多賀城跡、陸奥国分寺跡、多賀城廃寺など国府系瓦は多賀城の型式番号によって表示した（伊東信雄ほか　1982a・1982b）。陸奥国分寺跡からだけ出土した軒丸瓦は、宝相華文軒丸瓦3類・5類は国宝3類、国宝5類。細弁蓮華文軒丸瓦1類は国細1類。複弁蓮華文軒丸瓦は国複。変形蓮華文軒丸瓦は国変。素弁蓮華文軒丸瓦は国素1類・国素2類・国素3類。桜花文様軒丸瓦は国桜と省略した。軒平瓦は偏行唐草文軒平瓦3・4・5類は偏3・偏4・偏5類。均整唐草文軒平瓦2・3・4類は均2・均3・均4類と省略した。

2) 古代東北の瓦生産は5期に区分し、陸奥南部は10段階、中央部は12段階に区分した。これについては以下の論がある。

　渡邊泰伸　2005a「陸奥国・出羽国の瓦生産」『シンポジュウム報告書造瓦体制の変革―東日本―』帝塚山大学考古学研究所　pp. 76-110

　渡邊泰伸　2005b「古代東北における瓦様式の変遷―福島県文化財センター白河館専門研修（官衙遺跡研究研修）―」『秀光中等学校・仙台育英学園高等学校研究紀要』21

3) A-1形式は安養寺下瓦窯跡第I窯群の15号〜18号瓦窯跡を基準とした形態で、階が明確なのが特徴である。A-2形式は安養寺下瓦窯跡第II窯群の11号〜14号瓦窯跡で、階が不明瞭となりその機能が失われる。A-1類からA-2に変化したと判断される。

　B形式は半地下式無階無段登窯であるが、安養寺下瓦窯跡第III窯群の10号瓦窯跡下層床面に「階」の痕跡がありB-1類とし、10号瓦窯跡の床面上層は無階無段でありB-2類と区分した。

引用文献

伊東信雄　1960『天平産金遺跡』宮城県涌谷町

伊東信雄ほか　1961『陸奥国分寺発掘調査報告書』宮城県教育委員会

伊東信雄ほか　1970『多賀城廃寺』多賀城跡調査報告書I　宮城県教育委員会・多賀城町

伊東信雄ほか　1982a「多賀城跡　政庁跡　本文編」宮城県教育委員会・宮城県多賀城跡調査研究所

伊東信雄ほか　1982b『多賀城跡　政庁跡　図版編』宮城県教育委員会・宮城県多賀城跡調査研究所

金森安孝　1982『仙台平野の遺跡群I-堤町窯跡B地点』仙台市文化財調査報告書37　仙台市教育委員会

加藤　孝　1961「塔跡」『陸奥国分寺発掘調査報告書』宮城県教育委員会　pp. 43-46

木村浩二・青沼一民　1983『神明社窯跡発掘調査報告書』仙台市文化財調査報告書54　仙台市教育委員会

宮城県教育委員会　1987『硯沢・大沢窯跡ほか』宮城県文化財調査報告書116　宮城県教育委員会・宮城県道路公社

内藤政恒　1964「仙台市台の原・小田原窯跡群と出土の古瓦II」『歴史考古』11　pp. 1-7

小川淳一ほか　1987『五本松窯跡』仙台市文化財調査報告書99　仙台市教育委員会

大橋泰子　1970『伊治城出土遺物目録並文献目録』伊治城資料2　築館町文化財保護委員会

篠原信彦・結城慎一　1998『神明社窯跡ほか発掘調査報告書』仙台市文化財調査報告書232　仙台市教育委員会

佐川正敏　2000「陸奥国の平城宮式軒瓦6282-6721の系譜と年代―宮城県中新田町城生遺跡と福島県　双葉町郡山五番遺跡・原町市泉廃寺―」『東北学院大学東北文化研究所研究報告』32　東北学院大学東北文化研究所　pp. 89-106

田中則和ほか　1991『燕沢遺跡　第4・5・6次発掘調査報告』仙台市文化財調査報告154　仙台市教育委員会

高橋義行・吉野久美子　2004『大貝窯跡群』利府町文化財調査報告書12　利府町教育委員会

東北学院大学考古学研究部編　1967『安養寺中囲瓦窯址発掘調査報告　温古　特集号』東北学院大学考古学研究部

築館町教育委員会 1997「伊治城の官衙地域」『第23回古代城柵官衙遺跡検討会資料』 古代城柵官衙検討会 pp. 87-90

築館町教育委員会 2001「伊治城」『第27回古代城柵官衙遺跡検討会資料』 古代城柵官衙検討会 pp 145-148

渡邊泰伸・結城慎一 1973「陸奥国官窯跡群―台の原古窯跡群調査報告―」『古窯跡研究会研究報告』2 pp. 1-20

渡邊泰伸・結城慎一 1980『枡江遺跡発掘調査報告―造瓦所の調査―陸奥国官窯跡群III』研究報告5 古窯跡研究会

渡邊泰伸ほか 1988『仙台市蟹沢中窯跡第2次調査報告書―多賀城第II期・陸奥国分寺創建期瓦窯跡―半地下式の平窯（ロストル式）陸奥国官窯跡群V』研究報告8 古窯跡研究会

渡邊泰伸 1995「仙台市安養寺下窯跡第9次調査概要」『仙台育英学園高等学校紀要』10 pp. 1-30

元慶の乱と古代地域社会
―秋田平野における古代集落遺跡の分析を中心として―

神田 和彦

I. はじめに

　秋田平野は、元慶二年（878）の夷俘の反乱、所謂「元慶の乱」における主要な舞台の一つである。これまで、元慶の乱は主に文献史学の立場から描かれてきた（新野直吉1968・1971・1982、熊田亮介1986・1987・1991）。その一方で、考古学の立場から秋田県内の古代集落遺跡を分析し、元慶の乱とその背景となる古代地域社会を総合的に概観したものとして、小松正夫の論考があげられる（小松正夫1996）。その後9世紀代の古代集落遺跡の発掘調査例も増加し、秋田城跡出土資料による土器編年も詳細に提示されつつあり、秋田城周辺地域では今や四半世紀ごとの土器編年が可能である（小松正夫ほか1997など）。本論では、小松氏の論考をふまえ、近年の発掘調査の知見を追加し、秋田城跡出土資料による土器編年をもとに、秋田平野における古代集落遺跡について、考古学的記録を整理することを第一の目的とする。そして、元慶の乱とその背景となる古代地域社会の実体に迫りたい。

II. 分析の方法

　本論において扱う「秋田平野」とは、先行研究において指摘されている「秋田郡域」を考慮し、秋田平野を中心として、南は岩見川流域、北は男鹿半島および馬場目川流域周辺までの、現在の行政区分でいうところの秋田市、男鹿市および旧南秋田郡（五城目町・八郎潟町・井川町・潟上市）を対象とする（新野直吉1968、髙橋富雄ほか1975）。

　はじめにこの地域内における古代集落遺跡の集成を行い、遺跡のまとまりをもとに小地域の設定を行う。次に、発掘調査・試掘調査等が行われた65遺跡について、各集落遺跡の消長を整理する。なお、ここで扱った65遺跡は9世紀代のものを中心とし、前後する8世紀・10世紀のものも含めた。時間軸として秋田城跡出土資料をもとにした土器編年を用いる（小松正夫ほか1997、伊藤武士1997、小松正夫2001）。なお、10世紀代の土器編年については、伊藤が示す3期区分を採用した（伊藤武士1997）。秋田城編年と古代集落土器編年の対比については、拙稿を参照していただきたい（神田和彦2005）。以上をもとに、各小地域のまとまりごとに集落遺跡の変遷と画期について言及し、その特徴をまとめる。

　なお、本論において扱う「集落遺跡」には、郡衙等に比定され得るものも含まれるが、

一括して取り扱った。また、墳墓については、火葬墓が集落遺跡内に存在する場合もあるため、集落遺跡の範囲内で取り扱った。居住域の認められない生産遺跡については、集落遺跡の展開を考えるうえで重要であるため、一部言及する。

III. 分析の結果

1. 地域設定

　秋田平野周辺において、古代（奈良・平安時代）の所謂「周知の遺跡」として登録されているものは332箇所存在し、図示したものが第1・2図である（秋田県教育委員会1990、秋田市教育委員会2002）。この分布図から遺跡のまとまりと河川単位を考慮して、14箇所の小地域を設定することが可能である。設定した小地域は下記のとおりである。
　①男鹿半島（五里合）、②男鹿半島（脇本）、③馬場目川流域、④井川流域、⑤妹川流域、⑥豊川流域、⑦馬踏川流域、⑧新城川流域、⑨旭川（添川）流域、⑩太平川流域、⑪秋田城周辺、⑫猿田川流域・岩見川右岸、⑬岩見川左岸、⑭雄物川左岸
　また、この中で発掘調査・試掘調査等がなされた65箇所の集落遺跡の内容については、付表1・2にまとめた。生産遺跡の9遺跡については付表3にまとめた。

2. 集落遺跡の変遷と画期

　出土土器の年代から65遺跡の消長を示したものが付表4・5である。各遺跡の消長、遺跡の内容、先に述べた各小地域等のパターンから、秋田平野周辺の古代集落遺跡の変遷と画期を考える。
　集落遺跡の変遷と画期を考える際、14の小地域を大きく3つの地域にまとめて捉えることができる。男鹿半島の五里合と脇本および馬場目川・井川・妹川・豊川・馬踏川流域の地域を「八郎潟周辺地域」とする。新城川・旭川（添川）・太平川・秋田城周辺の地域を「秋田平野北部地域」とする。猿田川流域・岩見川右岸と岩見川左岸の地域を「秋田平野南部地域」とする。以下、各地域ごとに変遷と画期を述べる。

(1) 八郎潟周辺地域（第3図）
1) 8世紀第2四半期〜8世紀第3四半期（集落遺跡の発生期）
　8世紀第2四半期〜8世紀第3四半期には、馬場目川流域に、開防遺跡(7)[1]・中谷地遺跡(10)・岩野山古墳(12)、馬踏川流域に、大平遺跡(23)が存在する。この時期、明確な住居をもつのは、開防遺跡SI39、大平遺跡第1号竪穴住居のみである。中谷地遺跡は、河川跡出土のものに当該期のものが一定量含まれるが、明確な居住域からの出土はない。岩野山古墳では、方形状の周溝をもつ第1号墓周辺から出土している。また、男鹿半島（五里合）においても、当該期の資料が採集されている（高橋学1998）。

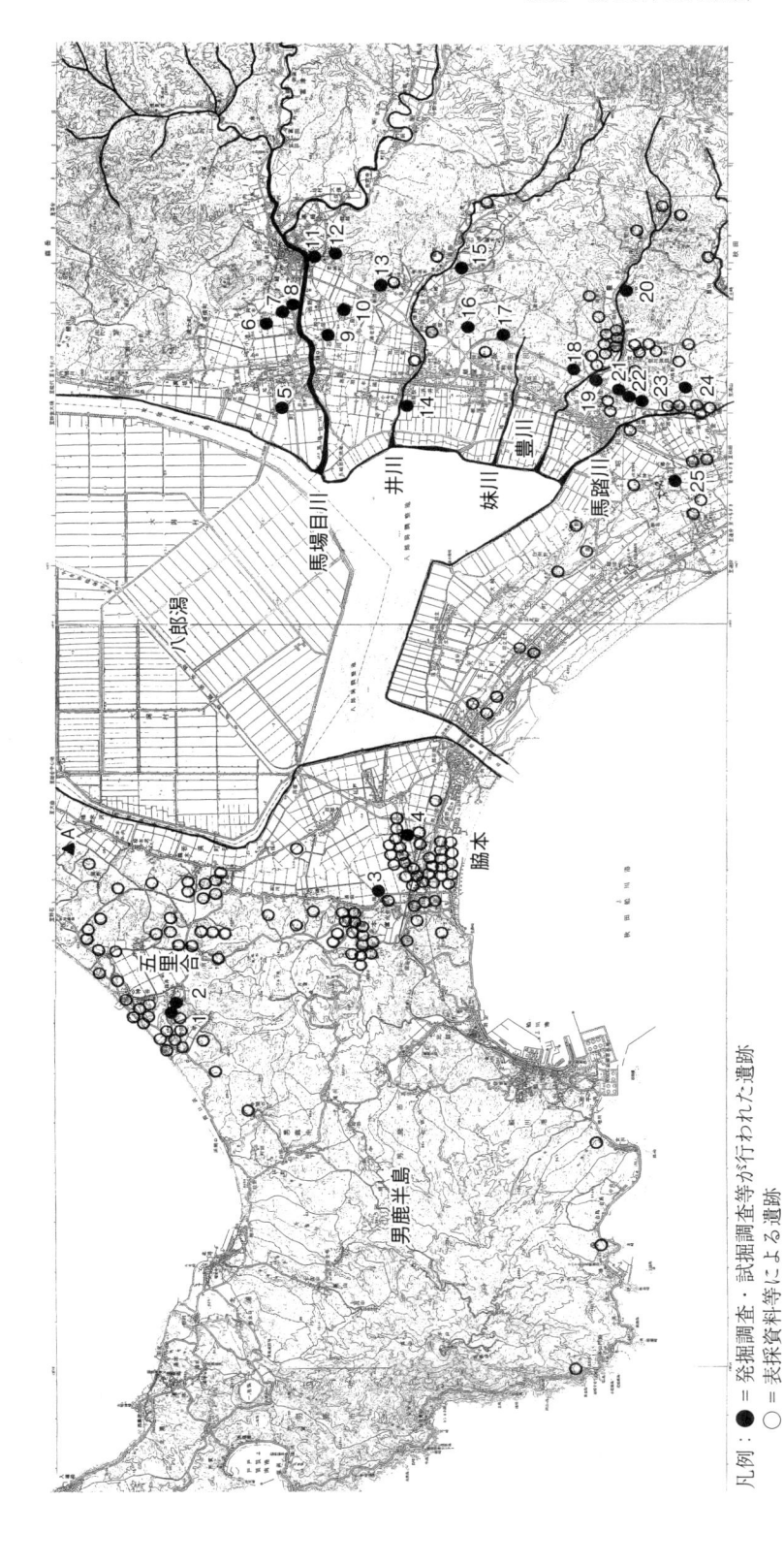

第 1 図 秋田平野北半部における古代集落遺跡の分布図 （S=1/200,000）

凡例： ● ＝発掘調査・試掘調査等が行われた遺跡
　　　 ○ ＝表採資料等による遺跡

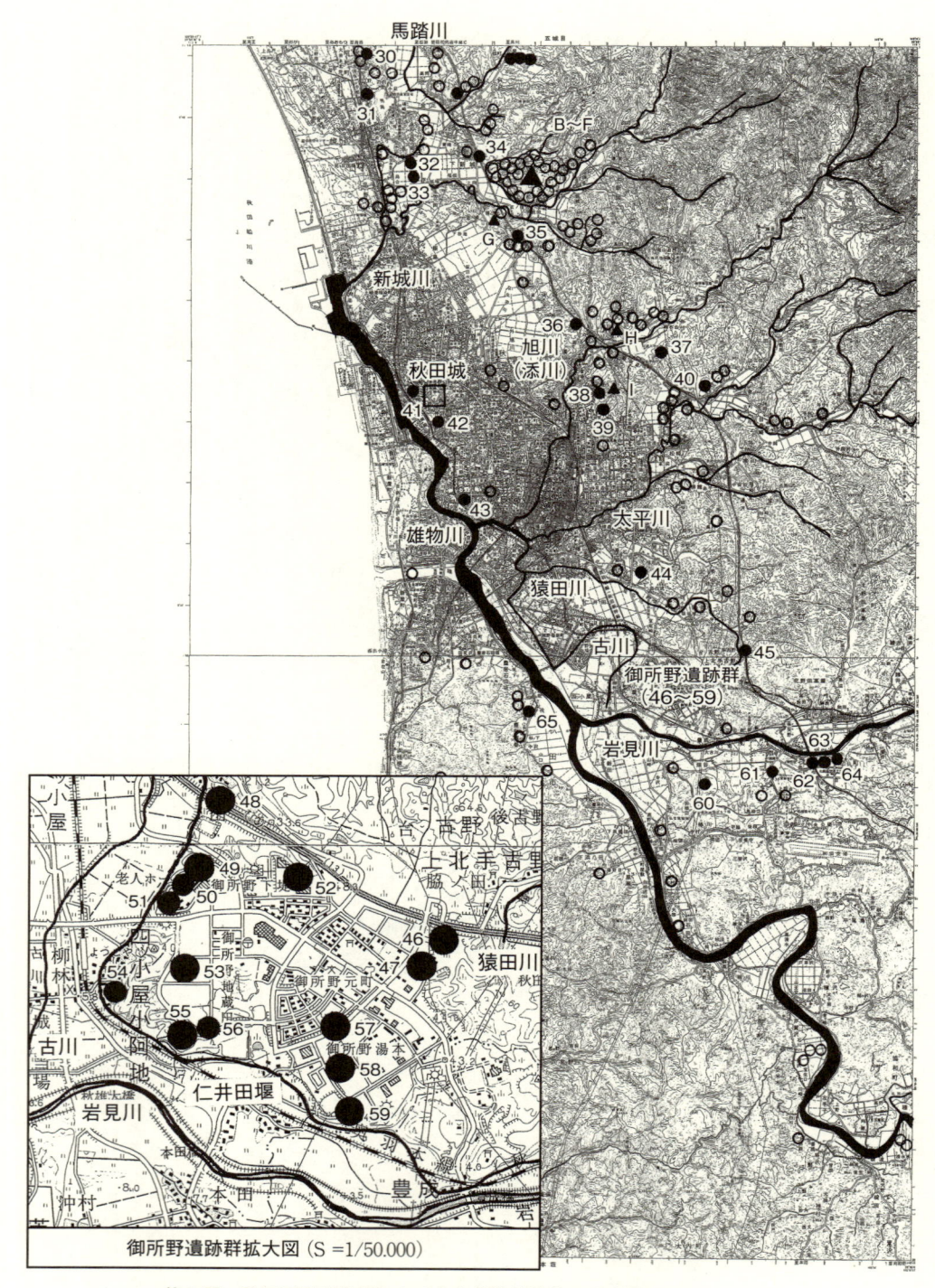

第2図 秋田平野南半部における古代集落遺跡の分布図 (S=1/200,000)

元慶の乱と古代地域社会 669

1) 8世紀第2〜3四半期

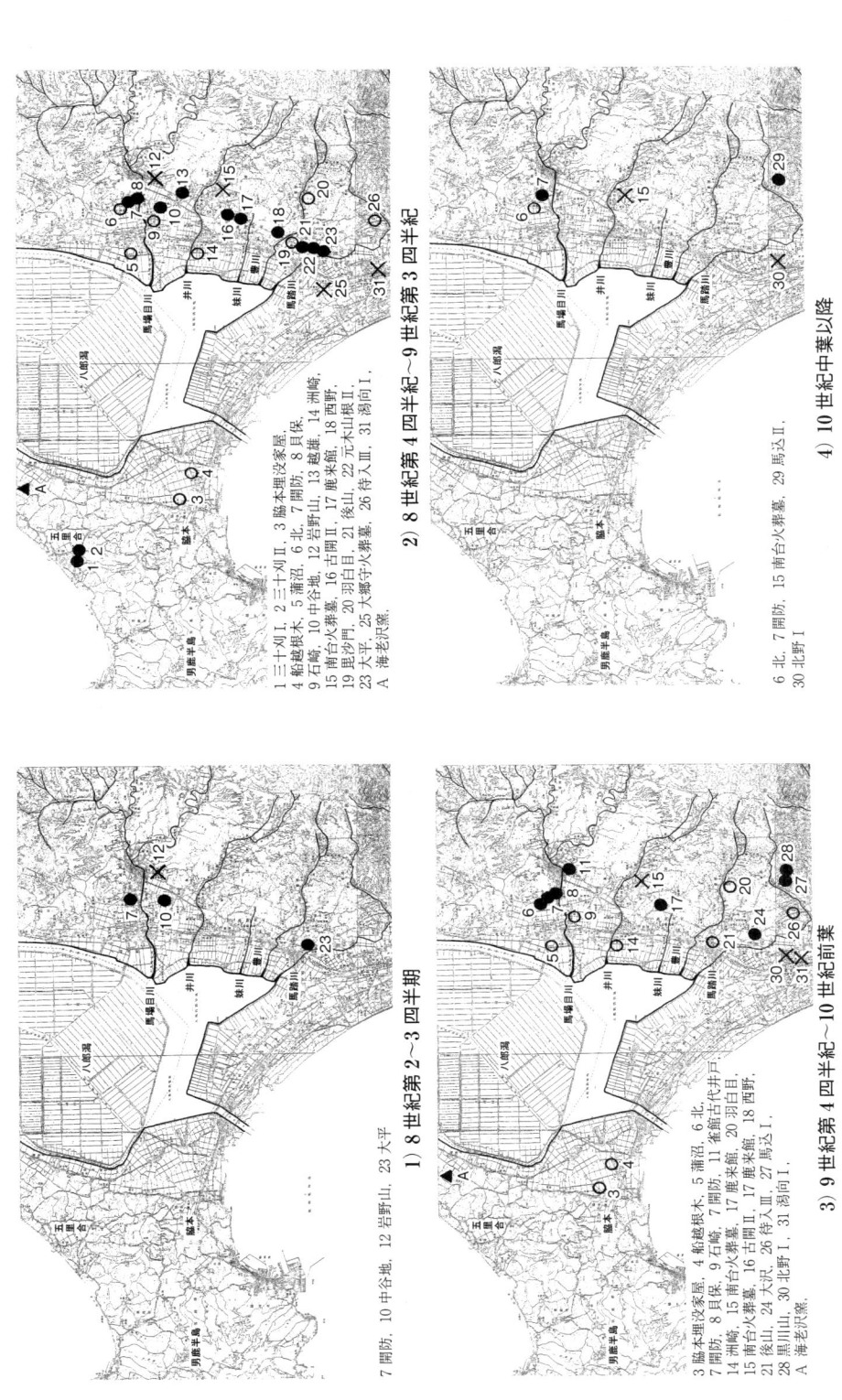

7 開防、10 中谷地、12 岩野山、23 大平

2) 8世紀第4四半紀〜9世紀第3四半紀

1 三十刈 I、2 三十刈 II、3 脇本埋没家屋、
5 蒲沼、6 北、7 開防、8 貝保、
9 石崎、10 中谷地、12 岩野 II、13 蔵雄、14 洲崎、
15 南台火葬墓、16 古開 II、17 鹿来館、18 西野、
19 里沙門、20 羽田目、21 後山、22 元木山根 II、
23 大平、25 大郷守火葬墓、26 侍入皿、31 潟向 I、
A 海老沢窯

3) 9世紀第4四半紀〜10世紀前葉

3 脇本埋没家屋、4 船越根木、5 蒲沼、6 北、
7 開防、8 貝保、9 石崎、11 雀館古代井戸、
14 洲崎、15 南台火葬墓、17 鹿来館、18 西野、
21 後山、24 大沢、26 侍入皿、27 馬込 I、
28 黒川山、30 北野 I、31 潟向 I、
A 海老沢窯

4) 10世紀中葉以降

6 北、7 開防、15 南台火葬墓、29 馬込 II、
30 北野 I

凡例：● = 遺構を伴うもの、○ = 遺構を伴わないもの、× = 墳墓、▲ = 生産遺跡

第 3 図　八郎潟周辺地域の古代集落遺跡変遷図

いずれの遺跡も7世紀代にさかのぼる確証のある遺物は出土しておらず、秋田城造営を契機に展開したものと考えられる。

2) 8世紀第4四半期～9世紀第3四半期（集落遺跡と生産施設の展開―元慶の乱以前―）

8世紀第4四半期～9世紀第1四半期になるといずれの小地域でも集落遺跡が展開し始める。そして集落遺跡は9世紀第3四半期まで増加する。また、生産施設をもつ遺跡および生産遺跡も展開する。この時期注目すべき遺跡として、掘立柱建物のみで構成される中谷地遺跡(10)、生産施設をもつ西野(にしの)遺跡(18)、大平遺跡(23)が挙げられる。

中谷地遺跡(10)は、馬場目川の左岸の沖積地に位置し、掘立柱建物のみで構成される遺跡である（第4図）。主要な遺構の年代は、8世紀第4四半期～9世紀第3四半期である。掘立柱建物跡は9棟確認され、板材列（SA24・48・49・61）も確認されている。河川跡からは、木製祭祀具（同図1～3）も発見されており、律令的祭祀が行われていたと考えられる。また、墨書土器も多量に出土しており、官の影響が強い遺跡と考えられる。中谷地遺跡の近接地には、秋田郡衙跡の可能性が指摘されている石崎(いしざき)遺跡(9)があり、中谷地遺跡も深く関連したものであると考えられる。なお、墨書土器および木製祭祀具は脇本埋没家屋(わきもとまいぼつかおく)(3)からも出土している。

西野遺跡(18)は、豊川右岸の丘陵上に位置し、製鉄関係の生産施設をもつ遺跡である（第5図）。主要な遺構の年代は8世紀第4四半期～9世紀第2四半期で、掘立柱建物跡2棟、竪穴住居16軒が確認されている。竪穴住居からは、炉壁・鍛冶滓等が出土し、カマドがなく、床面に焼土がみられることから、鍛冶工房としての利用であると考えられる。また、鍛冶炉1基（SS25）が検出されている。この他、当該期の鍛冶炉は、貝保(かいほ)遺跡(8)で1基検出されている。

大平遺跡(23)は、馬踏川右岸の丘陵地に位置し、炭焼窯等が検出された遺跡である（第6図）。前段階に位置づけられる1号住居跡を除き、竪穴住居跡の多くは、8世紀第4四半期～9世紀第2四半期に位置づけられる。半地下式の炭焼窯跡が2基発見されているが、特に2号炭焼窯は、前段階に位置づけられる1号竪穴住居跡を取り壊して構築されており、年代は8世紀後半と考えられている。また、土器生産施設の可能性も指摘されている。二次調査区で検出されたSK41・47は、土坑内に焼土・炭化物が検出され、土器焼成遺構の可能性が、SK39は粘土採掘坑の可能性が指摘されている。

この他、豊川流域に、格子目瓦[2]が出土する羽白目(はじろめ)遺跡(20)がある（第7図5・6、小松正夫1976）。また生産遺跡は、男鹿半島（五里合）に海老沢(えびさわ)窯跡(A)が展開する。

3) 9世紀第4四半期～10世紀前葉（集落遺跡の減少―元慶の乱以後―）

9世紀第4四半期になると、集落遺跡数は一定数存在するが、前段階と比較すると減少する。八郎潟周辺地域では、9世紀第3四半期で途絶える遺跡が多い。例えば、掘立柱建物跡のみで構成される中谷地遺跡(10)、生産施設をもつ西野遺跡(18)、大平遺跡(23)などは、当該期には存続しない。当該期に存在する集落遺跡は、ほとんど前段階に出現し

元慶の乱と古代地域社会　671

第4図　中谷地遺跡（10）

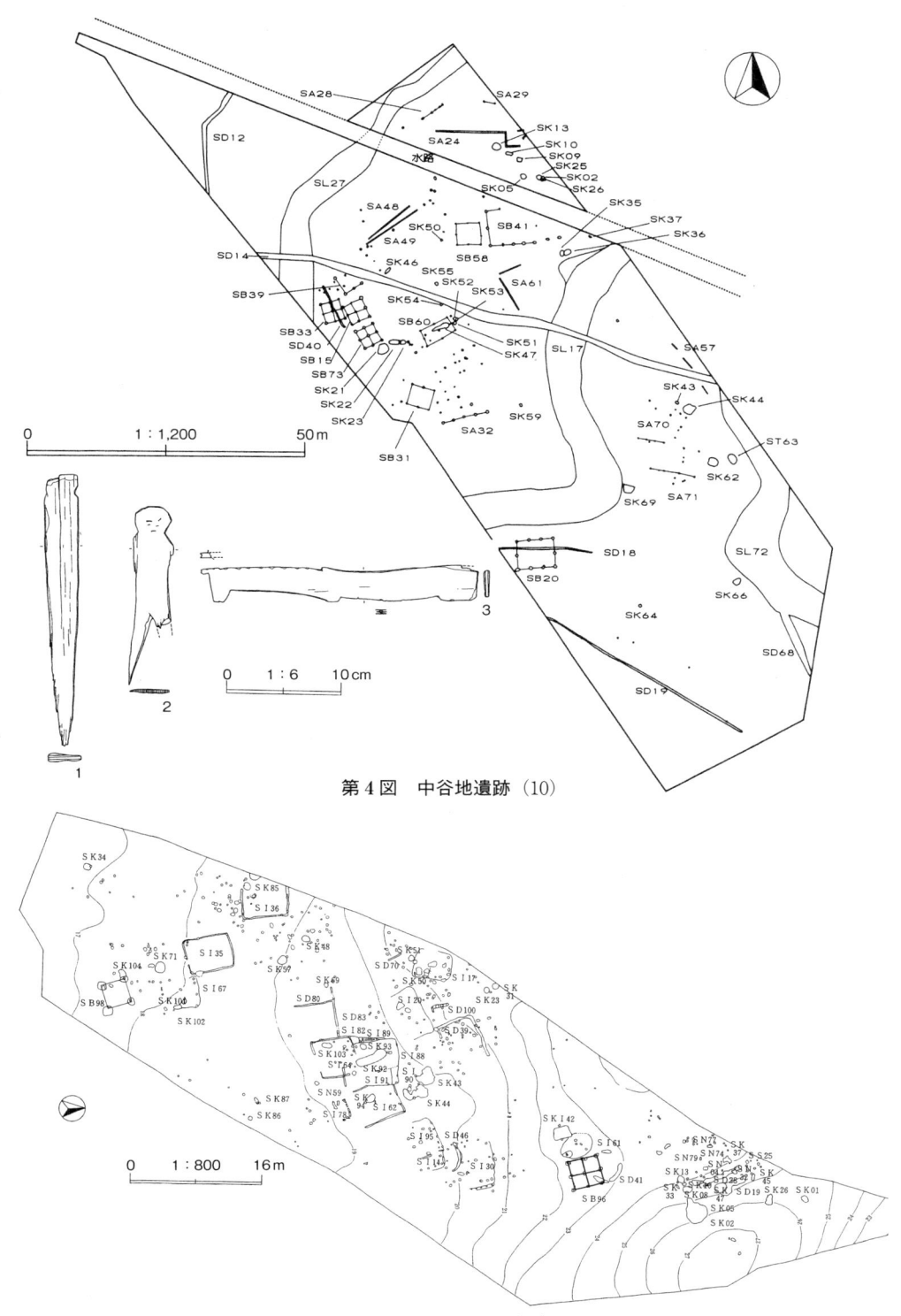

第5図　西野遺跡（18）

た遺跡の継続である。新たに展開する遺跡としては、馬踏川流域の大沢遺跡（24）、馬込Ⅰ遺跡（27）、黒川山遺跡（28）、北野Ⅰ遺跡（30）のみである。この内、明確な居住域が認められるのは、大沢遺跡の竪穴住居1軒のみであり、大規模遺跡の新たな展開は認められない。なおこの時期、小規模ながら製鉄関係の生産活動を行っていた遺跡がある。開防遺跡（7）では当該期の鉄滓等の捨て場が検出され、馬込Ⅰ遺跡（27）では竪穴状遺構から鉄滓が出土し、黒川山遺跡（28）でも鉄滓が出土している。

4) 10世紀中葉以降（集落遺跡の激減）

10世紀中葉以降になると、集落遺跡数が激減する。前段階からの継続で、わずかに馬場目川流域の北遺跡（6）、開防遺跡（7）が存在する。新たな遺跡は、馬踏川上流域の馬込Ⅱ遺跡（29）のみである。いずれも出土遺物は土坑類等からであり、明確な居住域が認められる遺跡はない。

この他、八郎潟周辺地域の特徴的出土遺物として、耳皿・砂底土器・土錘があげられるので付言しておきたい。

耳皿は、馬場目川流域に位置する貝保遺跡（8、第7図1）から出土している。その他は、雄物川左岸の諏訪遺跡（65、同図2）から出土するのみである。秋田郡域を考えるうえで興味深い。

砂底土器は、土器底部外面に砂粒が付着しているものであり、北緯40度以北に出土遺跡が集中し、「夷俘」の土器と捉えられている（櫻田隆 1993）。秋田平野では、砂底土器は2タイプあり、砂粒が全面に付着するもの（以下「砂底A」とする）、木葉痕の周辺に砂が付着するもの（以下「砂底B」とする）がある[3]。

砂底Aは、馬場目川流域の開防遺跡（7）を始め、妹川流域の鹿来館跡（17）、新城川流域の山崎遺跡（34）で出土し、新城川流域以北に集中する。また、飛び地的に岩見川左岸の岱Ⅲ遺跡（60）、上野遺跡（61）で出土している。一方で、砂底Bは、新城川流域の長岡遺跡（32、第9図6）を北限に、猿田川流域・岩見川右岸の古野遺跡（49）、下堤C遺跡（49）、岩見川左岸の河辺松木台Ⅲ遺跡（62）で出土しており、新城川流域以南に集中する。

土錘は、当該地域では、三十刈Ⅱ遺跡（2）、脇本埋没家屋（3）、開防遺跡（7）、越雄遺跡（13）、待入Ⅲ遺跡（26）で出土しており、八郎潟周辺地域では漁労活動が盛んだったことが示唆される。その他、秋田平野南部地域の野形遺跡（47）、湯ノ沢Ⅰ遺跡（58）で出土している。

(2) 秋田平野北部地域（第8図）

1) 8世紀第2四半期～8世紀第3四半期（生産遺跡の展開）

8世紀第2四半期～8世紀第3四半期にかけて、谷地Ⅱ遺跡（C）、右馬之丞窯跡（G）、手形山窯跡（I）等の須恵器窯が展開するものの、集落遺跡は新城川流域の長岡遺跡（32）、秋田城周辺の後城遺跡（41）のみである。後城遺跡は、秋田城造営に深く関わる遺跡で

元慶の乱と古代地域社会　673

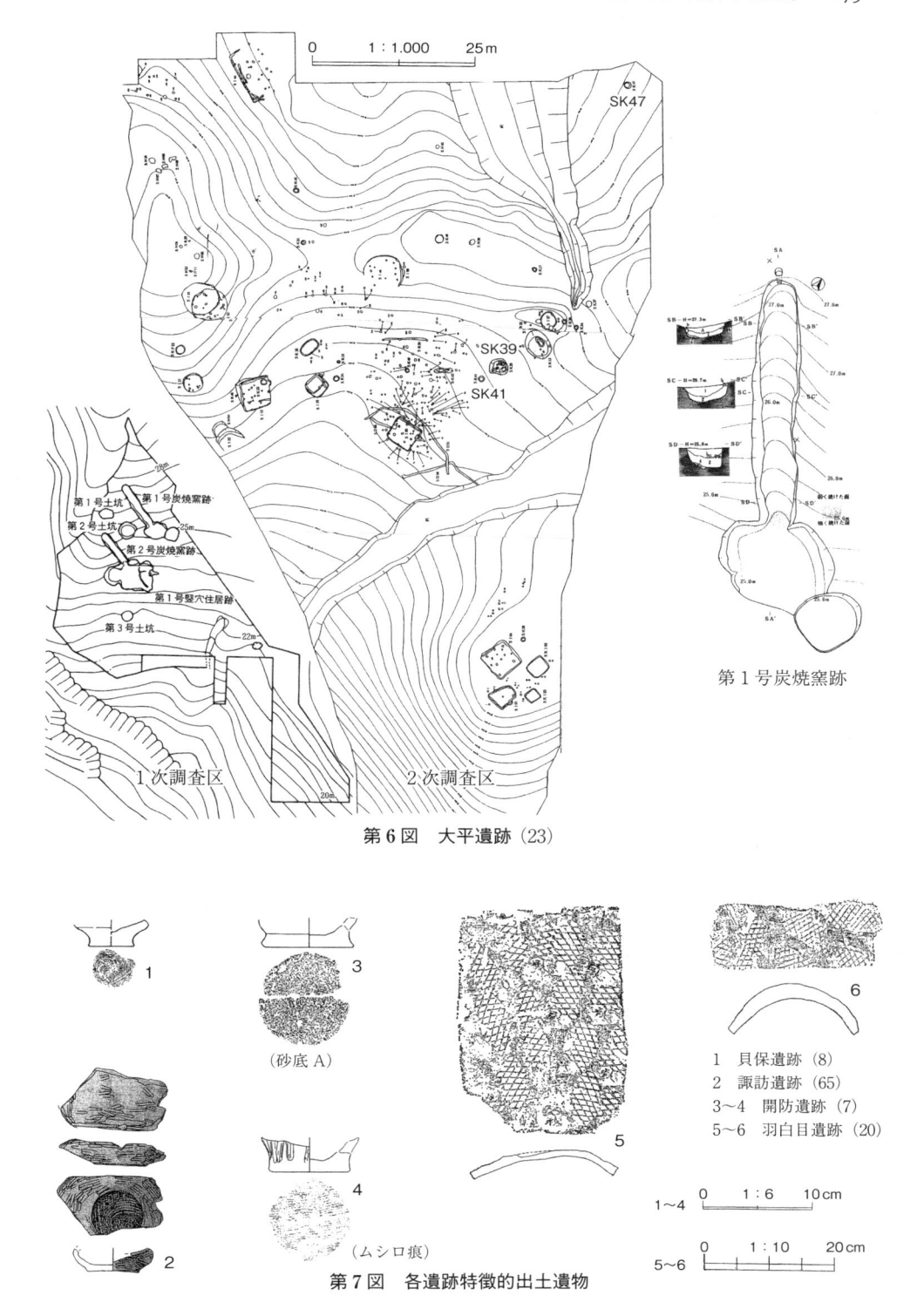

第6図　大平遺跡 (23)

第1号炭焼窯跡

1　貝保遺跡 (8)
2　諏訪遺跡 (65)
3〜4　開防遺跡 (7)
5〜6　羽白目遺跡 (20)

第7図　各遺跡特徴的出土遺物

あり、当該期に既に一定数の竪穴住居が存在する。また秋田城跡でも 41 次調査 SI782、82 次調査 SI717 の政庁造営以前の竪穴住居があり、8 世紀第 1 四半期頃に位置づけられ、高清水丘陵では在地集団の存在が確認できる。長岡遺跡では、遺物包含層や溝跡出土の遺物に当該期のものが含まれるのみであり、明確な居住域は不明である。

  2) 8 世紀第 4 四半期～9 世紀第 3 四半期（集落遺跡の展開と生産遺跡の増加—元慶の乱以前—）

 8 世紀第 4 四半期～9 世紀第 3 四半期に集落遺跡数は増加する。新城川流域・旭川（添川）流域のいずれの地域でも集落遺跡が展開する。集落遺跡の展開は、新城川流域では 8 世紀第 4 四半期～9 世紀第 1 四半期、旭川（添川）流域では、9 世紀第 2 四半期からであり、やや時間差がある。また、須恵器窯の生産遺跡もこの時期増加する。新城川流域の上新城窯跡群（B～F）、旭川（添川流域）の古城廻窯跡（H）・手形山窯跡（I）がある。

 この中で、上新城流域の長岡遺跡（32）は、掘立柱建物のみで構成され、瓦が出土し、官の影響が強い遺跡であり、注目される（第 9 図）。掘立柱建物等の主要な遺構の年代のピークは 8 世紀第 4 四半期～9 世紀第 3 四半期であるが、土坑類や河川跡からは 9 世紀第 4 四半期の遺物が認められる。掘立柱建物は 3 回程度の建て替えが行われている。また、長岡遺跡からは、瓦が出土している。①凸面に縄目の叩き痕をもつ平瓦（第 9 図 1）、②凸面に縄目の叩き締め後撫で調整を施す丸瓦（同図 2）、③凸面に格子目の叩き痕をもつもの（同図 3）がある。いずれも秋田城跡からも出土しているタイプであり、特に③の格子目の叩き痕をもつものは、豊川流域の羽白目遺跡（20）でも出土しており（第 7 図 5・6）、その関係が注目される。また、長岡遺跡からは、底部圧痕に特徴のある甕が出土している。①底部に砂が付着し撫でを施す「砂底風」のもの（第 9 図 4）、②底部に木葉痕があり底部周辺のみ砂が付着するもの（砂底 B、同図 5）、③底部にムシロ痕を残すもの（同図 6）がある。③のムシロ痕は、長岡遺跡でまとまって出土しており、「近夷郡の蝦夷」が作り出した製品である可能性がある（菅原祥夫 2000）。なお、長岡遺跡の他には、馬場目川流域の開防遺跡（7）で出土している（第 7 図 4）。また、木製祭祀具（第 9 図 7）が出土しており、律令的祭祀が行われている。

  3) 9 世紀第 4 四半期～10 世紀前葉（集落遺跡・生産遺跡の減少—元慶の乱以後—）

 9 世紀第 4 四半期になると、集落遺跡は新城川流域で減少し、存続はしているが主要遺構のピークは過ぎる。旭川（添川）流域では、新たに蟹子沢遺跡（36）、鶴木台 III 遺跡（37）が展開するが、遺物包含層からの出土や試掘調査によるものであるため、詳細は不明である。また、生産遺跡は減少し、谷地 II 遺跡（C）のみとなる。

  4) 集落遺跡の激減（10 世紀中葉以降）

 10 世紀中葉以降になると集落遺跡は激減し、新城川流域の山崎遺跡のみとなる。しかし、山崎遺跡の 10 世紀中葉以降の遺構は土坑等のみであり、明確な居住域は不明瞭である。

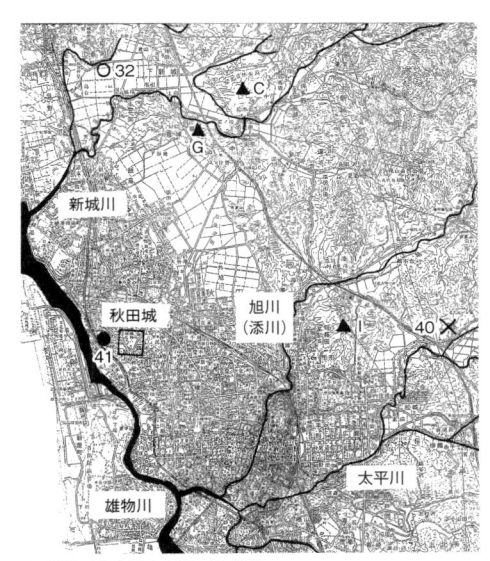

元慶の乱と古代地域社会　675

32 長岡, 40 久保台古墳, 41 後城,
C 谷地Ⅱ, G 右馬之丞窯, I 手形山窯,

1) 8 世紀第 2～3 四半期

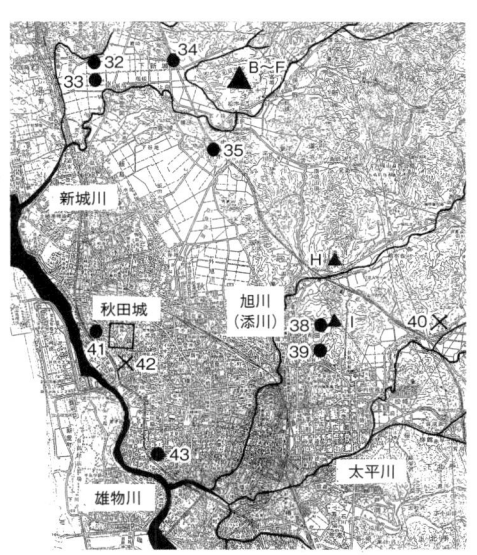

32 長岡, 33 佐戸反, 34 山崎, 35 片野Ⅰ, 38 大松沢Ⅰ,
39 手形山南, 40 久保台古墳, 41 後城, 42 神屋敷火葬墓,
43 下夕野,
B 松木台Ⅱ, C 谷地Ⅱ, D 大沢窯Ⅰ, E 大沢窯Ⅱ,
F 小林, H 古城廻窯, I 手形山窯

2) 8 世紀第 4 四半紀～9 世紀第 3 四半期

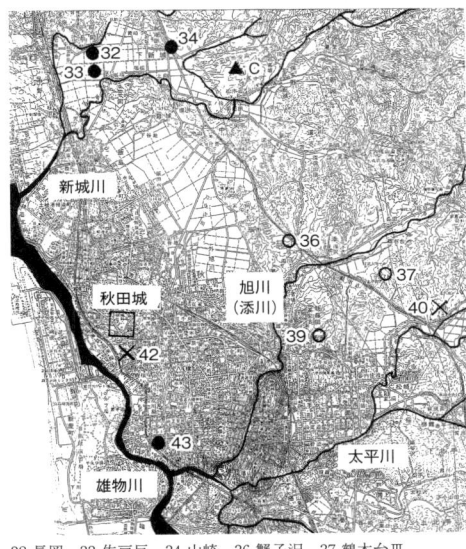

32 長岡, 33 佐戸反, 34 山崎, 36 蟹子沢, 37 鶴木台Ⅲ,
39 手形山南, 40 久保台古墳, 42 神屋敷火葬墓, 43 下夕野,
C 谷地Ⅱ

3) 9 世紀第 4 四半紀～10 世紀前葉

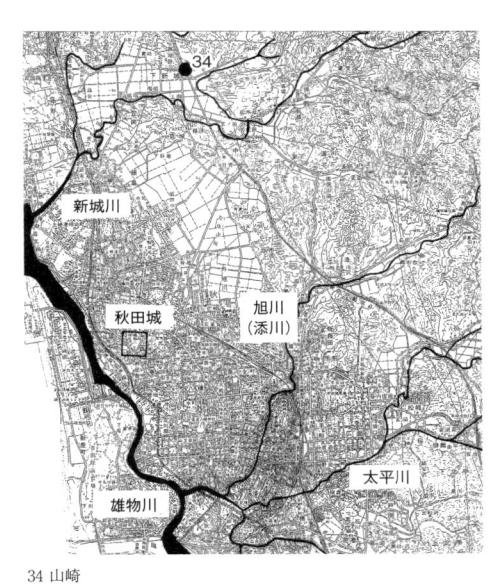

34 山崎

4) 10 世紀中葉以降

凡例：●＝遺構を伴うもの、○＝遺構を伴わないもの、×＝墳墓、▲＝生産遺跡

第 8 図　秋田平野北部地域の古代集落遺跡変遷図

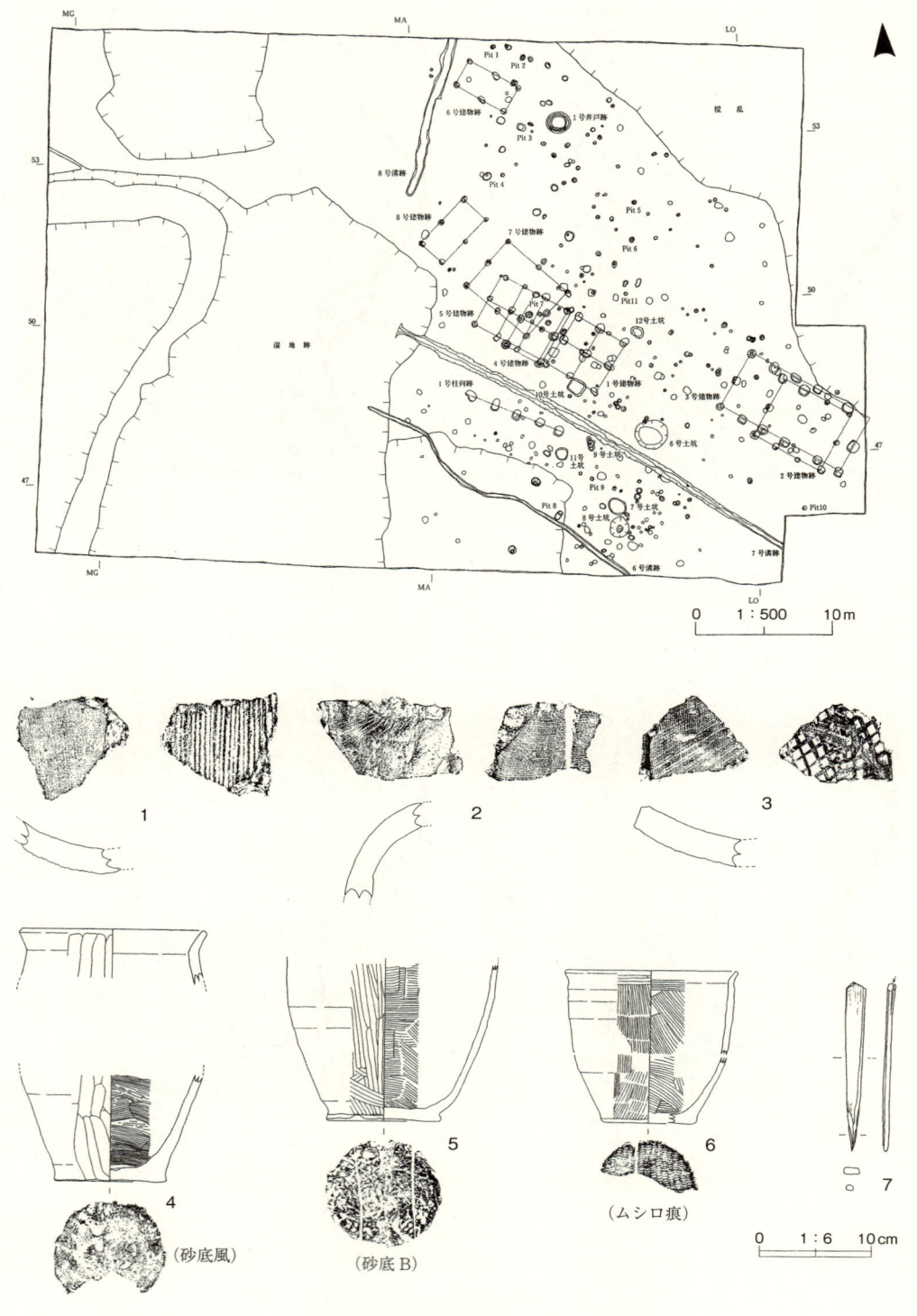

第9図　長岡遺跡（32）

(3) 秋田平野南部地域（第10図）

1) 8世紀第2四半期～8世紀第3四半期（集落遺跡の存在なし）

秋田平野南部地域において、8世紀第2四半期～8世紀第3四半期に該当する集落遺跡・生産遺跡は共に存在しない。これは、上述2地域と大きく異なる点である。

2) 8世紀第4四半期～9世紀第3四半期（集落遺跡の展開―元慶の乱以前―）

8世紀第4四半期になると猿田川流域・岩見川右岸の御所野台地において集落遺跡が展開し始める（第10図2)-1）。深田沢遺跡（46）、下堤C遺跡（49）は、開始期が8世紀第4四半期～9世紀第1四半期であり、御所野台地の主要な集落遺跡として展開する。

下堤C遺跡は、御所野台地の北西に位置し、猿田川の支流の台地縁辺を流れる古川・仁井田堰に面して立地している。下堤C遺跡からは、31軒の竪穴住居跡が発見されており、小松の分析によれば、竪穴住居は、おおきく3つに分類される（小松正夫1996、第11図）。I類は、住居壁がほぼ北西―南東を指し、カマドは南東壁に設置され、煙道は1.4～1.7mと長いものである。II類は、住居壁の方位がI類よりさらに南北方向に近くなり、カマド煙道は0.8～1.2mとやや長いものである。III類は、住居壁がほぼ真北方向を指し、小規模でカマドは南壁・東壁に設置され、煙道は1m以内と短いものである。出土土器の年代からI類は8世紀第4四半期～9世紀第2四半期、II類は9世紀第3四半期～第4四半期、III類は9世紀第4四半期～10世紀前葉である。なお、調査区西側の土坑群は、III類遺構とほぼ同時期で、9世紀第4四半期～10世紀中葉である。当該期においては、I類遺構とII類遺構の一部が該当する。

深田沢遺跡は、御所野台地北東に位置し、猿田川に面して立地している。掘立柱建物・竪穴住居の両者が混在するが、掘立柱建物が卓越する。御所野台地においては、官の影響が強い遺跡である（第12図）。主要な遺構の年代は8世紀第4四半期～9世紀第2四半期であり、掘立柱建物跡は少なくとも2回以上の建て替えが行われている。また、竪穴住居と掘立柱建物が併列する遺構（高橋学1989）が検出されており、秋田平野においては唯一の例である。

その他、岩見川左岸の七曲台台地では、9世紀第2四半期頃に河辺松木台III遺跡（62）がみられる。

また、御所野台地では、9世紀第3四半期から集落遺跡が微増し、下堤B遺跡（51）、地蔵田A遺跡（55）、秋大農場南遺跡（56）等がみられ、小画期を設けることができる（第10図2)-2）。

3) 9世紀第4四半期～10世紀前葉（集落遺跡の増加と生産施設の展開―元慶の乱以後―）

9世紀第4四半期になると猿田川流域・岩見川右岸、岩見川左岸のいずれの地域においても集落遺跡が増加する。また、この時期に生産施設をもつ集落遺跡が展開する。竪穴住居内で小鍛冶を行い、伏焼炭窯をもつ上野遺跡（61）や製鉄炉をもつ諏訪ノ沢遺跡（44）、土器焼成遺構をもつ野形遺跡（47）等がある。

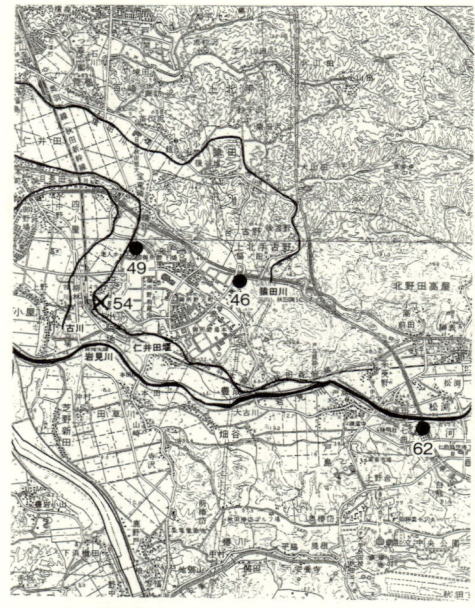

46 深田沢, 49 下堤 C, 54 小阿地古墳,
62 河辺松木台Ⅲ

2)-1　8世紀第4四半紀～9世紀第2四半紀

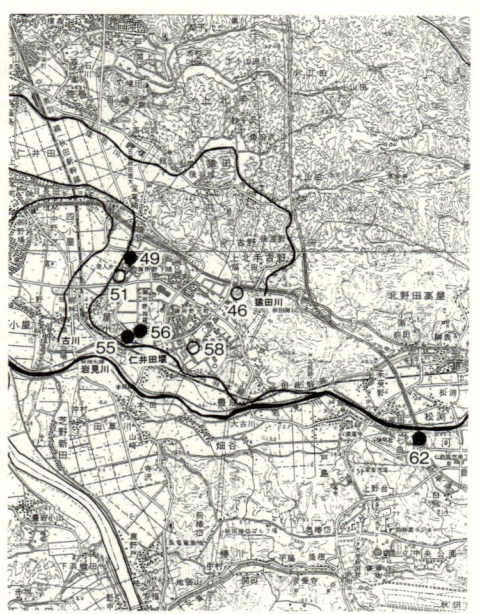

46 深田沢, 49 下堤 C, 51 下堤 B, 55 地蔵田 A
56 秋大農場南, 58 湯ノ沢Ⅰ, 62 河辺松木台Ⅲ

2)-2　9世紀第3四半紀

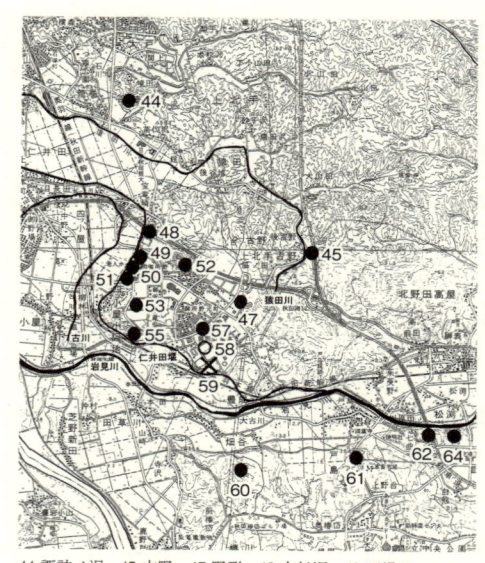

44 諏訪ノ沢, 45 古野, 47 野形, 48 大杉沢, 49 下堤 C,
50 下堤 A, 51 下堤 B, 52 下堤 D, 53 坂ノ上 F,
55 地蔵田 A, 57 湯ノ沢 B, 58 湯ノ沢Ⅰ, 59 沢ノ沢 F,
60 岱Ⅲ, 61 上野, 62 河辺松木台Ⅲ, 63 河辺松木台Ⅱ

3)　9世紀第4四半紀～10世紀前葉

48 大杉沢, 49 下堤 C

4)　10世紀中葉

凡例：● = 遺構を伴うもの、○ = 遺構を伴わないもの、× = 墳墓、▲ = 生産遺跡

第10図　秋田平野南部地域の古代集落遺跡変遷図

湯ノ沢F遺跡（59）の土壙墓群もこの時期に該当する（第13図）。湯ノ沢F遺跡では、40基の土壙墓が検出されているが重複はなく、比較的短期間に形成されていると考えられる。3号墓出土の赤褐色土器坏の底部には、「夫」の刻書がみられ、「夷」の異体字と解釈し[4]、被葬者を「律令側に帰属した俘囚」とする指摘がある（小松正夫1996）。

この時期、集落構成にも変化がみられる。上野遺跡（61）では、集落遺跡が立地する台地縁辺に溝が巡り、竪穴住居に加え、掘立柱建物も存在する（第14図）。SI28では、竪穴住居のカマド煙道に礫を敷き詰めており、秋田平野周辺においては類例がなく異質である。また竪穴住居内から、砂底土器（砂底A）が出土している。その他、砂底土器（砂底A）は岱III遺跡（60）の竪穴住居内からも出土しており、岩見川左岸では当該期に飛び地的に砂底土器（砂底A）が出土する。なお、上野遺跡では、竪穴住居内から製鉄関係遺物が出土しており、竪穴住居内で小鍛冶を行っていたと考えられる。また、伏炭焼窯跡と考えられる土坑が2基検出されている。なおこの時期の竪穴住居の形態は、下堤C遺跡のIII類遺構のような、前段階に比べ小規模でカマド煙道の短いものが多い（第11図）。

その他に生産遺跡をもつ集落遺跡は、2基の製鉄炉（半地下式竪形炉・平地式、鋼精錬炉か）をもつ諏訪ノ沢遺跡（44）、18基の土器焼成遺構をもつ野形遺跡（47）がある。

4) 10世紀中葉以降（集落遺跡の激減）

10世紀中葉になると、集落遺跡数は激減する。わずかに大杉沢遺跡（48）、下堤C遺跡（49）がみられるのみである。また、出土遺物は土坑等からのもので、明確な居住域は不明である。

3. 秋田平野周辺における集落遺跡の地域的特徴

以上のように3地域の集落遺跡の変遷と画期を概観すると、地域ごとに集落遺跡の展開と内容に時期差が生じていることがわかる（第1表）。

八郎潟周辺地域では、集落遺跡の発生は、8世紀第2四半期〜第3四半期にみられる。そして、8世紀第4四半期〜9世紀第1四半期に、各小地域において集落遺跡が展開し、増加する。また、9世紀第3四半期までの間に、西野遺跡（18）や大平遺跡（23）のように鉄・炭等の生産施設をもつ集落遺跡が展開する。一方、9世紀第4四半期になると、前段階に比べ集落遺跡数は減少し、西野遺跡・大平遺跡のように集約的に生産施設をもつ集落遺跡、中谷地遺跡（10）のように官の影響の強い遺跡は存続していない。そして、10世紀中葉には集落遺跡数は激減する。

秋田平野北部地域では、8世紀第2四半期〜第3四半期には、須恵器窯の生産遺跡は展開するが、集落遺跡は秋田城周辺を除き不明確である。8世紀第4四半期〜9世紀第1四半期に集落遺跡が展開し始め、9世紀第3四半期まで増加している。9世紀第4四半期になると集落遺跡・生産遺跡は減少し始め、10世紀中葉に激減する。

秋田平野南部地域では、8世紀第2四半期〜第3四半期には集落遺跡・生産遺跡は共に

第 11 図 下堤 C 遺跡 (49)

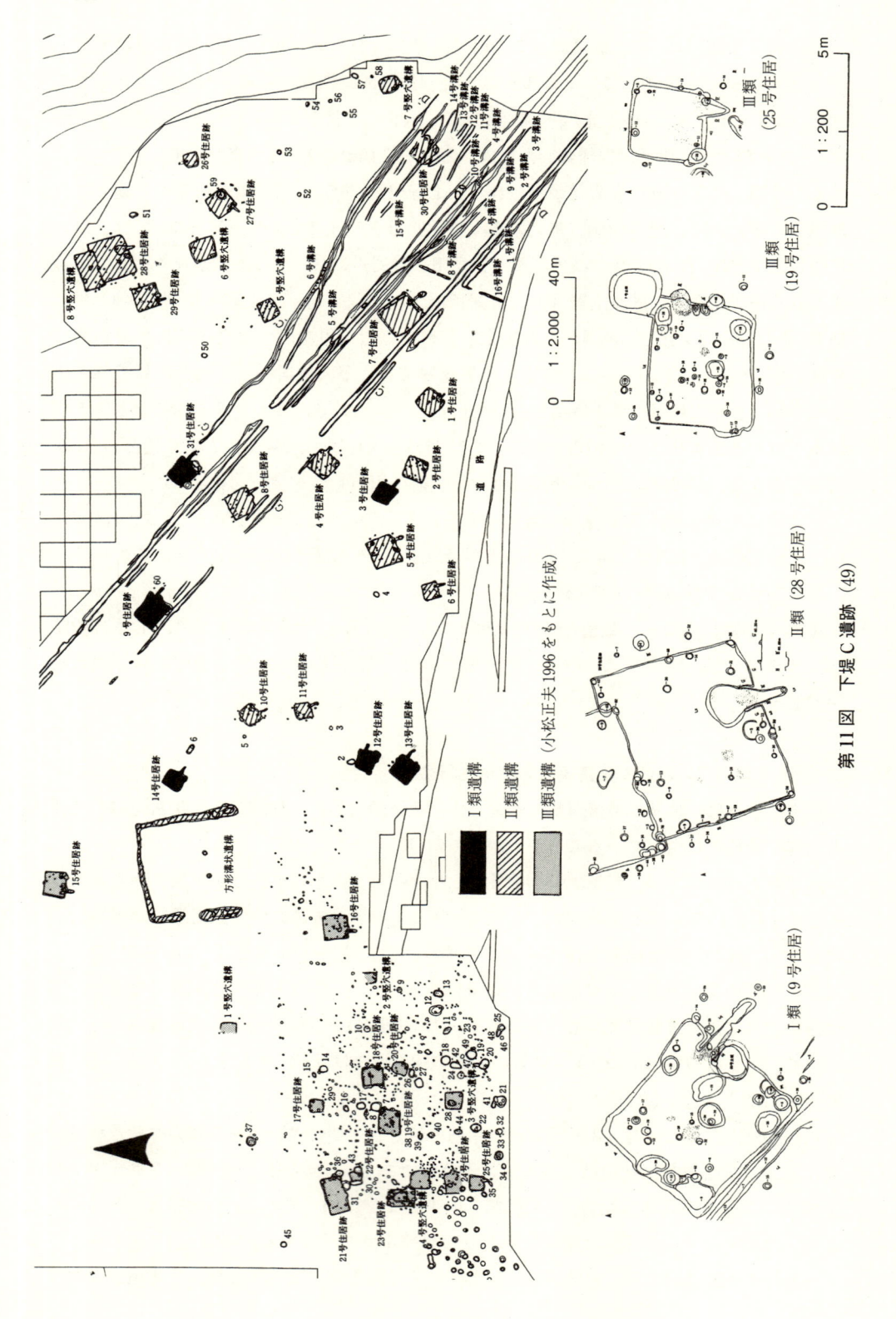

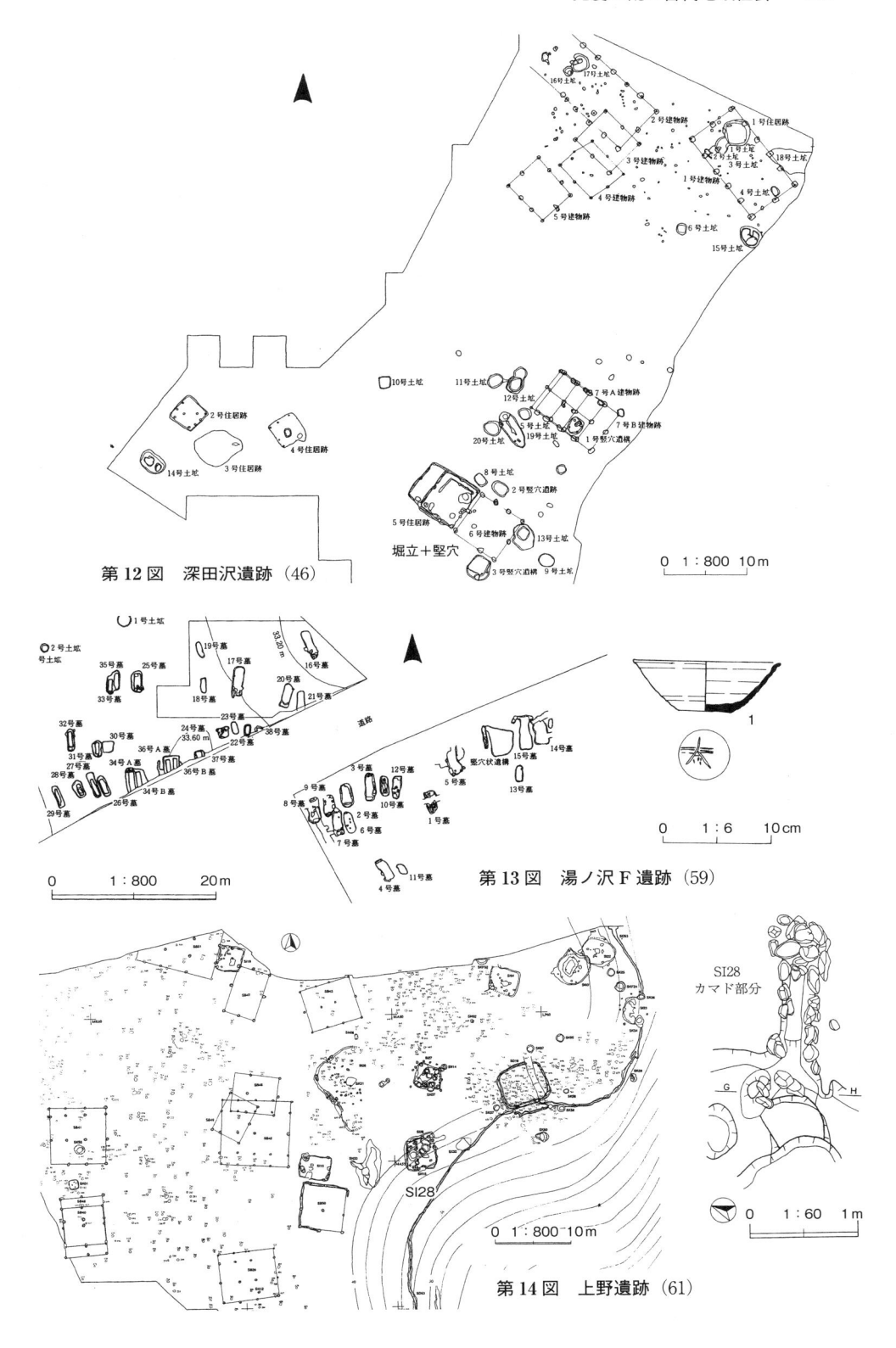

元慶の乱と古代地域社会　681

第 12 図　深田沢遺跡 (46)

第 13 図　湯ノ沢 F 遺跡 (59)

第 14 図　上野遺跡 (61)

存在しない。集落遺跡が展開し始めるのは 8 世紀第 4 四半期～9 世紀第 1 四半期であり、9 世紀第 3 四半期に集落遺跡数はやや微増する。一方、9 世紀第 4 四半期になると、集落遺跡数は増加し、諏訪ノ沢遺跡・野形遺跡のような集約的に生産施設をもつ集落遺跡が展開する。そして 10 世紀中葉になると集落遺跡数は激減する。

以上のように、集落遺跡の展開は、八郎潟周辺で 8 世紀第 2 四半期～第 3 四半期に先行するものもあるが、各地域ともに増加しはじめるのは 8 世紀第 4 四半期～9 世紀第 1 四半期である。また、八郎潟周辺・秋田平野北部地域では、生産施設をもつ集落遺跡や生産遺跡のピークは 9 世紀第 3 四半期以前であるが、秋田平野南部地域は、9 世紀第 4 四半期以後に生産施設をもつ遺跡が展開する。また、秋田平野南部地域では、9 世紀第 4 四半期～10 世紀前葉にかけて、集落の増加や竪穴住居構造・集落構造の変化がみられ、集落の再編が行われていると考えられる。

IV. 考察

IIIで得られた考古学的記録をもとに、元慶の乱とその背景となる地域社会について考察を述べる。

1. 村落について

秋田平野の古代集落遺跡は、河川単位を中心として一定のまとまりがみられた。この小地域は、河川交通により各集落遺跡が密接につながったある種のまとまりと考えられる。『日本三代実録』に記される元慶の乱期における村落名、所謂、秋田城下の反乱勢力であ

第1表　各地域の古代集落遺跡の変遷

	①8世紀第2四半期～8世紀第3四半期	②8世紀第4四半期～9世紀第3四半期	③9世紀第4四半期～10世紀前葉	④10世紀中葉～
八郎潟周辺	・集落遺跡あり	・集落遺跡増加 ・生産施設をもつ集落遺跡展開 ・(生産遺跡展開)	・集落遺跡減少	・集落遺跡激減
秋田平野北部	・集落遺跡あり 　(秋田城周辺のみ) ・(生産遺跡展開)	・集落遺跡増加 ・(生産遺跡増加)	・集落遺跡減少 ・(生産遺跡減少)	・集落遺跡激減
秋田平野南部	・なし	・集落遺跡展開	・集落遺跡増加 ・生産施設をもつ集落遺跡展開	・集落遺跡激減

る「賊地十二村」、帰属勢力である「向下俘地三村」
の比定地が文献史学の立場から示されている（新野直
吉 1968・1971・1982、熊田亮介 1986、第 15 図）。先行研
究によれば、賊地十二村のうち、本論で取り扱った地
域には、「腋本」（男鹿半島脇本）・「大河」（馬場目川流
域）・「堤」／「姉刀」（井川・妹川流域）・「方上」（昭和
町方面）・「焼岡」（秋田市金足・新城方面）が含まれる。
また、向下俘地三村の「添河」（旭川流域）、「覇別」
（太平川流域）、「助川」（岩見川流域）が含まれる。今回
設定した小地域は、上記村落名の比定地と一定の対応
関係があるものと考えられる。すなわち、「腋本」＝
男鹿半島（脇本）、「大河」＝馬場目川流域、「堤」＝井
川流域、「姉刀」＝妹川流域、「方上」＝豊川流域、「焼
岡」＝馬踏川流域もしくは新城川流域、「添河」＝旭川

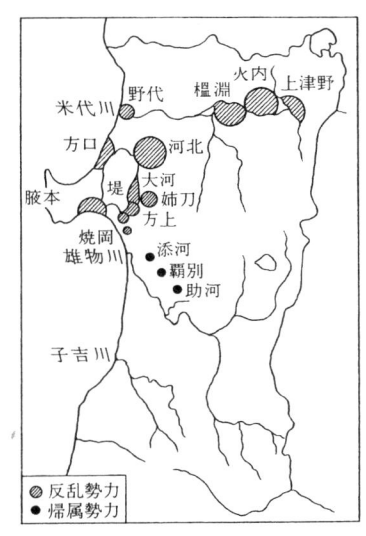

第 15 図　元慶の乱関係図
（熊田 1986）

（添川）流域、「覇別」＝太平川流域、「助川」＝猿田川流域・岩見川右岸および岩見川左岸
である。その他、賊地の一つである「方口」は、先行研究によれば三種町（旧八竜町）浜
口周辺とされるが、この近辺に古代集落遺跡はなく、やや南に下った男鹿半島（五里合）
周辺が該当するものと考えられる。

2. 秋田郡域の拡大時期について

　八郎潟周辺では、8 世紀第 2〜3 四半期にやや先行するが、いずれの地域でも 8 世紀第 4
四半期〜9 世紀第 1 四半期に集落遺跡が増加しはじめ、9 世紀第 3 四半期まで継続するこ
とから、秋田郡域の拡大はこの時期であると考えられる。秋田郡域については、先行研究
で既に指摘されているように、北は馬場目川流域までと考えられ（新野直吉 1968、高橋富雄
ほか 1975）、中谷地遺跡のような官の影響の強い遺跡が存在することから、このことが裏
付けられる。

3. 秋田平野内における地域間の差異について

　次に秋田平野内の地域間において、集落遺跡の展開に時期差があることについて考える。
八郎潟周辺地域では、9 世紀第 3 四半期までに集落遺跡が増加し、生産施設をもつ集落遺
跡が充実するが、9 世紀第 4 四半期になると集落遺跡・生産施設をもつ遺跡が減少する。
一方、秋田平野南部地域では、9 世紀第 4 半期以降に集落遺跡が増加し、生産施設を持つ
集落遺跡が充実する。八郎潟周辺地域と秋田平野南部地域では、元慶の乱を画期に対照的
である。
　この時期差の一つの解釈として、「賊地」と「向下俘地」となった村落の担った地域的

な役割の違いが考えられる。すなわち、8世紀第4四半期～9世紀第1四半期頃に秋田郡域は馬場目川流域まで拡大する。八郎潟周辺地域は、こうした郡域拡大に伴う生産拠点を担ったものと考えられる。この地域において、郡域の拡大と生産活動の強化により俘囚と官の間で摩擦がおき、元慶の乱へと発展していった可能性が高い。また八郎潟周辺の俘囚の生業は、土錘の出土や地理的立地から日本海や八郎潟を利用した漁労活動が盛んであったと考えられる。小松が指摘するように、夷俘軍による秋田城攻略の奇襲作戦に用いた「軽舸」を提供し、巧み操ったのはこの地域の集団であろう（小松正夫 1996）。

一方、秋田平野南部地域は、元慶の乱に伴う戦後処理のバックヤードとして機能していたものと考えられる。秋田平野南部地域では、元慶の乱以後である9世紀第4四半期以降に、集落の増加や生産活動の活発化、湯ノ沢F遺跡の土壙墓群の形成などの大きな変化がみられる。また、この時期、秋田平野北部以北で出土することの多い砂底土器（砂底A）が岩見川左岸の上野遺跡から出土し、上野遺跡・下堤C遺跡のように竪穴住居・集落構造が大きく変化する。特に下堤C遺跡のように竪穴住居跡の規模が小さくなり煙道が短いものが主体となる変化は、横手盆地における古代集落遺跡でもこの時期にみられる（島田祐悦 2005）。このように秋田平野南部地域では9世紀第4四半期以降には異なる生活基盤をもつ集団が混在しながら、集約的に居住する様相が伺える。

4. 元慶の乱と古代地域社会について

最後に秋田平野の様相と秋田城および出羽国の他地域の様相を比較し、元慶の乱と古代地域社会について素描し、まとめとしておきたい。

これまででみてきたように、秋田平野では、元慶の乱を画期として古代地域社会が大きく変化していることが指摘できた。また、特に八郎潟周辺と秋田平野南部では、元慶の乱を前後して「賊地」「向下俘地」を特徴づけるような異なる地域的役割も指摘できた。

一方、秋田城跡の元慶の乱以前の様相としては、8世紀第4四半期～9世紀第3四半期に外郭や政庁の区画施設、城内利用が大きく変化することが指摘されている（伊藤武士 2005）。具体的には、区画施設が、視覚的効果を重視した築地塀から実質的な維持管理に即した材木塀に変化する。また、外郭区画施設には、櫓状建物が付設され、軍事的機能が強化される。秋田城内西側地区で倉庫群が整備され、秋田城内東側地区で鉄精錬に関わる鉄生産施設が整備される。こうした秋田城跡元慶の乱以前の様相からは、律令支配の展開と強化が伺われる。秋田平野、特に八郎潟周辺地域および秋田平野北部地域においては、このような律令支配の強化の影響を強くうけたものと考えられる。

文献史学の見地から、元慶の乱の要因は、「北方の地の特産物を求めて横行する交易活動と、その特産物を独占して利ざやを稼ぐために行う国司の苛政に苦しみ反発した集団」の「計画的に立ち上がった事件」と見られている（熊田亮介 2005）。考古学的記録における8世紀第4四半期～9世紀第3四半期の秋田城跡および八郎潟周辺地域、秋田平野北部地

域の様相から伺われる律令支配の展開と強化は、直接的ではないが、こうした元慶の乱の要因を誘発する背景を示唆する結果となっている。

　元慶の乱以後には、秋田平野では、全体的に古代集落遺跡は激減する。しかし、一方で、八郎潟以北の米代川流域や津軽地方では、9世紀第4四半期以降に生産施設（須恵器・鉄製産等）が展開し、古代集落遺跡の爆発的な増加がみられ（宇田川浩一2005、工藤清泰2005)[5]、秋田平野と対照的である。元慶の乱終結期とその後には、文献史学の見地では、元慶3年（879年）に「奥賊」の討伐命令がなされ、元慶4年（880年）には秋田城に配置されていた権大目・春海奥雄が「奥地」におもむき、俘囚軍が奪っていった甲冑を返還させ、位記を没収したとされている（熊田亮介2005）。このように、元慶の乱の終結期とその後には、律令支配の影響が「奥地」に及んでいることが伺われる。こうした点は、米代川流域や津軽地方における9世紀第4四半期以降の古代集落遺跡の爆発的増加と密接な関係があるものと考えられ、元慶の乱以後の古代地域社会を考える上では、米代川流域以北が重要な地域であり、今後より詳細に検討すべき課題である。

謝辞

　須藤隆先生には、東北大学入学以来、考古学の基礎的な方法から研究者としての姿勢にいたるまで指導していただきました。大学を離れ秋田市に就職する際、先生から「地域の資料を用いて考古学を続けなさい」と指導を賜りました。今回の寄稿がその指導に答えられたかどうか甚だ心許ないところがありますが、先生の学恩に感謝いたします。

　また、本論を作成するにあたり、下記の方々のご指導・ご協力をいただきました。末筆ながら記して感謝申し上げます。（順不同・敬称略）

　小松正夫、伊藤武士、安田忠市、西谷隆、船木義勝、高橋忠彦、高橋学、谷地薫、
　宇田川浩一、島田祐悦、竹内弘和、旧昭和町教育委員会、松橋良樹。

　なお本論は、2005年に秋田市で開催された『第31回　古代城柵官衙遺跡検討会』の特集『9世紀後半の城柵と地域社会—元慶の乱を考える—』において「秋田平野周辺における集落の様相」として発表したものをもとに、当会での検討等を取り入れて、加筆・修正を加えたものである。

註

1) 本文および図中の遺跡名の末尾につく（　）内の番号は付表1～3の遺跡番号と対応している。また、図中の遺構図面等は各報告書等に加筆したものである。なお、本文中には遺跡の所在市町村名は省略し、付表1～3に記載した。
2) 格子目瓦の年代は、佐川正敏氏の見解（佐川正敏1999）および長岡遺跡の出土例から、8世紀第4四半期～9世紀第2四半期と考えている。
3) 櫻田隆氏の分類（櫻田隆1993）によれば、本論で言う「砂底A」はパターンA、「砂底B」は

パターンDに相当する。
4) 近年これを「奉」とする意見もある。
5) 『第31回 古代城柵官衙遺跡検討会』(2005)の「津軽平野の様相」では、当日は斉藤淳氏の口頭発表であり、9世紀後葉以降の古代集落遺跡の増加が指摘されており、本論においてはその見解に基づいている。

引用文献

秋田県教育委員会 1990『秋田県遺跡地図（中央版）』
秋田市教育委員会 2002『秋田県秋田市 遺跡詳細分布調査報告書―改訂版―』
伊藤武士 1997「出羽における10・11世紀の土器様相」『北陸古代土器研究』7 pp. 32-44
伊藤武士 2005「秋田城跡発掘調査の成果」『第31回古代城柵官衙遺跡検討会資料集』 古代城柵官衙遺跡検討会 pp. 85-112
神田和彦 2005「秋田平野周辺における集落の様相」『第31回古代城柵官衙遺跡検討会資料集』 古代城柵官衙遺跡検討会 pp. 113-140
小松正夫 1976「秋田城跡出土瓦について」『東北考古学の諸問題』pp. 391-406
小松正夫 1996「元慶の乱期における出羽国の蝦夷社会」『古代蝦夷の世界と交流 古代王権と交流 1』名著出版 pp. 281-318
小松正夫 2001「九 秋田城跡出土土器の編年」『秋田市史 第七巻 古代 史料編』pp. 383-390
小松正夫ほか 1997「秋田城跡出土土器と周辺窯の須恵器編年（試案）」『蝦夷・律令国家・日本海―シンポジウムⅡ・資料集』 日本考古学協会1997年度秋田大会 pp. 18-30
工藤清泰 2005「津軽平野の様相」『第31回古代城柵官衙遺跡検討会資料集』 古代城柵官衙遺跡検討会 pp. 169-188
熊田亮介 1986「元慶の乱関係史料の再検討―『日本三代実録』を中心として―」『新潟大学教育学部紀要人文科学編』27-2（熊田亮介 2003『古代国家と東北』 吉川弘文館 pp. 226-273 所収）
熊田亮介 1987「賊気已衰―元慶の乱小考」『日本歴史』465 pp. 21-38
熊田亮介 1991「元慶の乱覚え書き」『秋田地方史の展開』（熊田亮介 2003『古代国家と東北』 吉川弘文館 pp. 298-315 所収）
熊田亮介 2005「元慶の乱―文献史料を中心として―」『第31回古代城柵官衙遺跡検討会資料集』 古代城柵官衙遺跡検討会 pp. 205-217
新野直吉 1968「元慶の乱」『秋大史学』15 pp. 20-39
新野直吉 1971「「元慶の乱」の史的意義」『歴史』71 pp. 1-12
新野直吉 1982『秋田県の歴史』 秋田魁新報社
佐川正敏 1999「古代出羽国秋田城の積み上げ技法成形台一本造り軒丸瓦の研究」『東北学院大学東北文化研究所紀要』31 pp. 1-20
櫻田 隆 1993「『砂底』土器考」『翔古論聚―久保哲三先生追悼論文集』pp. 353-370
島田祐悦 2005「横手盆地における集落の様相」『第31回古代城柵官衙遺跡検討会資料集』 古代城柵官衙遺跡検討会 pp. 219-240
菅原祥夫 2000「平安時代における蝦夷系土器の南下―蝦夷の移住をめぐって―」『阿部正光君追悼集』pp. 131-142
高橋 学 1989「竪穴住居と掘立柱建物が併列して構築される遺構について―能代市福田遺跡・十

二林遺跡を端緒として―」『秋田県埋蔵文化財センター　研究紀要』4 pp. 23-40
高橋　学 1998「再び「口縁部に沈線をもつ土師器」について」『秋田考古学』46 pp. 37-49
高橋富雄ほか 1975『石崎遺跡発掘調査報告書　第1-第3回合報』　五城目町教育委員会・石崎遺
　　跡発掘調査団
宇田川浩一 2005「元慶の乱前後の集落と生業―米代川流域と旧八郎潟湖東北岸の違い―」『第31
　　回古代城柵官衙遺跡検討会資料集』　古代城柵官衙遺跡検討会　pp. 141-168

〔分析対象遺跡調査報告書等　番号は付表1～3の「文献番号」と対応〕
 1　船木義勝 1996「秋田県五城目町雀館古代井戸跡から出土した黒色土器」『秋田県立博物館研究
　　報告』21 pp. 51-56
 2　船木義勝ほか 1999「秋田市内出土資料の再検討」『秋田市史研究』8 pp. 24-41
 3　半田あきほ・高橋忠彦 2003『西野遺跡―日本海沿岸東北自動車道建設事業に係る埋蔵文化財
　　発掘調査報告書XVII―』秋田県文化財調査報告書第360集　秋田県教育委員会
 4　石郷岡誠一 1993『諏訪ノ沢遺跡―宅地造成計画に伴う緊急発掘調査報告書―』　秋田市教育委
　　員会
 5　石郷岡誠一・納谷信広 1993『馬込I遺跡・馬込II遺跡・黒川山遺跡発掘調査報告書』　秋田市
　　教育委員会
 6　石澤宏基ほか 2001『岱I遺跡・岱II遺跡・岱III遺跡―日本海沿岸東北自動車道建設事業に係
　　る埋蔵文化財発掘調査報告書V』秋田県文化財調査報告書第314集　秋田県教育委員会
 7　磯村朝次郎編 1978『船越誌―その自然と歴史』
 8　磯村　亨ほか 2003『元木山根II遺跡―地域用水環境整備事業に係る埋蔵文化財発掘調査報告
　　書―』秋田県文化財調査報告書第362集　秋田県教育委員会
 9　伊藤　攻・庄内昭男 1996『秋田外環状道路建設事業に係る埋蔵文化財発掘調査報告書III―大
　　平遺跡―』秋田県文化財調査報告書第264集　秋田県教育委員会
10　伊藤武士 1994「大沢窯跡I遺跡の須恵器について」『秋田考古学』44 pp. 26-43
11　伊藤武士 1998「秋田城跡周辺須恵器窯の動向について」『秋田考古学』46 pp. 1-35
12　伊藤武士ほか 2002『長岡遺跡―下新城西部地区県営担い手育成基盤整備事業に伴う緊急発掘
　　調査報告書―』　秋田市教育委員会
13　伊藤種秋・岩見誠夫ほか 1950『城土手遺跡緊急発掘調査報告書・海老沢窯跡緊急発掘調査報
　　告書』秋田県文化財調査報告書第22集　秋田県教育委員会
14　岩見誠夫・船木義勝 1985「秋田県の須恵器および須恵器窯の編年」『秋大史学』32 pp. 1-27
15　泉田　健・松本昌樹 2000『上野遺跡―日本海沿岸東北自動車道建設事業に係る埋蔵文化財発
　　掘調査報告書I』秋田県文化財調査報告書第295集　秋田県教育委員会
16　利部　修・山田広美 2003『開防遺跡・貝保遺跡―主要地方道秋田八郎潟線高速交通関連道路
　　整備事業に係る埋蔵文化財発掘調査報告書―』秋田県文化財調査報告書第361集　秋田県教育委
　　員会
17　神田和彦 2004『市内遺跡確認調査報告書』　秋田市教育委員会
18　加藤　竜 2001a『北遺跡―日本海沿岸東北自動車道建設事業に係る埋蔵文化財発掘調査報告書
　　VI―』秋田県文化財調査報告書第315集　秋田県教育委員会
19　加藤　竜 2001b『古開II遺跡―日本海沿岸東北自動車道建設事業に係る埋蔵文化財発掘調査

20　小林　克ほか 2002『諏訪遺跡―主要地方道寺内新屋雄和線地方道特定道路整備工事に係る埋蔵文化財発掘調査報告書―』秋田県文化財調査報告書第328集　秋田県教育委員会
21　児玉　準・三嶋隆儀 1984『三十刈I・II遺跡発掘調査報告書―秋田県男鹿市における縄文・弥生・平安時代遺跡の調査』秋田県文化財調査報告書第110集　秋田県教育委員会
22　小松正夫 2001「久保台古墳」『秋田市史　第7巻　古代資料編』pp. 142-145
23　小松正夫ほか 1974『手形山窯跡』　秋田考古学協会
24　小松正夫ほか 1976『野形遺跡』　秋田考古学協会
25　小松正夫ほか 1978『後城遺跡発掘調査報告書』　秋田市教育委員会
26　小松正夫ほか 1979『下夕野遺跡』　秋田市教育委員会
27　小松正夫ほか 1997『古城廻窯跡発掘調査報告書』秋田市史叢書1　秋田市
28　栗澤光男・藤澤　昌 1996『東北横断自動車道秋田線発掘調査報告書XX―蟹子沢遺跡』秋田県文化財調査報告書第261集　秋田県教育委員会
29　松本昌樹ほか 2000『元木山根II遺跡・毘沙門遺跡・六ッ鹿沢遺跡―日本海沿岸東北自動車道建設事業に係る埋蔵文化財発掘調査報告書III―』秋田県文化財調査報告書第309集　秋田県教育委員会
30　三嶋隆儀・河田弘幸 2001『中谷地遺跡―日本海沿岸東北自動車道建設事業に係る埋蔵文化財発掘調査報告書VII―』秋田県文化財調査報告書第316集　秋田県教育委員会
31　三嶋隆儀・庄内昭男 1987「男鹿市小谷地遺跡の墨書土器」『秋田県博物館研究報告』12 pp. 51-66
32　村上義直 2003『越雄遺跡―日本海沿岸東北自動車道建設に係る埋蔵文化財発掘調査報告書XVI―』秋田県文化財調査報告書第357集　秋田県教育委員会
33　鍋倉勝夫 2002『開防遺跡―湖東総合病院建設に伴う敷地造成工事に係る埋蔵文化財発掘調査報告書―』　五城目町教育委員会
34　中川宏行 2002『市内遺跡確認調査報告書』　秋田市教育委員会
35　奈良修介ほか 1965「羽白目遺跡調査報告」『秋田考古学』25 pp. 2-9
36　奈良修介ほか 1975『岩野山―南秋田郡五城目町岩野山古墳第3次発掘調査報告書―』　五城目町教育委員会
37　西谷　隆 1997『大杉沢遺跡―携帯電話無線基地局建設に伴う緊急発掘調査報告書―』　秋田市教育委員会
38　西谷　隆・安田忠市 1994『秋田新都市開発整備事業関係埋蔵文化財発掘調査報告書　地蔵田A遺跡』　秋田市教育委員会
39　小畑　厳 1992『山崎遺跡発掘調査報告書』秋田県文化財調査報告書第223集　秋田県教育委員会
40　大野憲司ほか 1985『七曲台遺跡群発掘調査報告書』秋田県文化財調査報告書第125集　秋田県教育委員会
41　大野憲司ほか 1986『東北横断自動車道秋田線発掘調査報告書I―石坂台IV遺跡・石坂台VI遺跡・石坂台VII遺跡・石坂台VIII遺跡・石坂台IX遺跡・松木台III遺跡―』秋田県文化財調査報告書第150集　秋田県教育委員会
42　大野憲司・庄内昭男 1991『秋田外環状道路建設事業に係る埋蔵文化財発掘調査報告書I―大

沢遺跡・松館遺跡―』秋田県文化財調査報告書第 204 集　秋田県教育委員会
43　斉藤　忠・奈良修介ほか 1965『脇本埋没家屋第一次調査概報』秋田県文化財調査報告書第 5 集　秋田県教育委員会
44　斉藤　忠・奈良修介ほか 1966『脇本埋没家屋第二次調査概報』秋田県文化財調査報告書第 6 集　秋田県教育委員会
45　斉藤　忠・奈良修介ほか 1967『脇本埋没家屋第三次調査概報』秋田県文化財調査報告書第 11 集　秋田県教育委員会
46　酒井清治ほか 2001『手形山南遺跡―秋田市水道局手形山配水池増設工事に伴う緊急発掘調査―』　秋田市教育委員会・駒澤大学考古学研究室
47　庄内昭男 1984「秋田県における古代・中世の火葬墓」『秋田県立博物館研究報告』9 pp. 29-44
48　庄内昭男ほか 1996『秋田外環状道路建設事業に係る埋蔵文化財発掘調査報告書 IV―片野 I 遺跡―』秋田県文化財調査報告書第 265 集　秋田県教育委員会
49　庄内昭男・小畑　巌 1992『秋田外環状道路建設事業に係る埋蔵文化財発掘調査報告書 II―待入 III 遺跡―』秋田県文化財調査報告書第 224 集　秋田県教育委員会
50　柴田陽一郎 2001『松木台 III 遺跡―日本海沿岸東北自動車道建設事業に係る埋蔵文化財発掘調査報告書 IX―』秋田県文化財調査報告書第 326 集　秋田県教育委員会
51　柴田陽一郎・松本昌樹 2001『大平遺跡―日本海沿岸東北自動車道建設事業に係る埋蔵文化財発掘調査報告書 X―』秋田県文化財調査報告書第 329 集　秋田県教育委員会
52　柴田陽一郎・佐藤雅子 1982『蒲沼遺跡発掘調査報告書』秋田県文化財調査報告書第 96 集　秋田県教育委員会
53　菅原俊行ほか 1982『下堤 D 遺跡発掘調査報告書』　秋田市教育委員会
54　菅原俊行ほか 1983『秋田臨空港新都市開発関係埋蔵文化財発掘調査報告書　下堤 G 遺跡・野畑遺跡・湯ノ沢 B 遺跡』　秋田市教育委員会
55　菅原俊行ほか 1984『秋田臨空港新都市開発関係埋蔵文化財発掘調査報告書　坂ノ上 E 遺跡・湯ノ沢 A 遺跡・湯ノ沢 C 遺跡・湯ノ沢 E 遺跡・湯ノ沢 F 遺跡・湯ノ沢 H 遺跡』　秋田市教育委員会
56　菅原俊行ほか 1985『秋田臨空港新都市開発関係埋蔵文化財発掘調査報告書　下堤 E 遺跡・下堤 F 遺跡・坂ノ上 F 遺跡・狸崎 A 遺跡・湯ノ沢 D 遺跡・深田沢遺跡』　秋田市教育委員会
57　菅原俊行ほか 1986『秋田新都市開発整備事業関係埋蔵文化財発掘調査報告書　地蔵田 B 遺跡・台 A 遺跡・湯ノ沢 I 遺跡・湯ノ沢 F 遺跡』　秋田市教育委員会
58　菅原俊行ほか 1988『秋田新都市開発整備事業関係埋蔵文化財発掘調査報告書　下堤 A 遺跡・下堤 B 遺跡』　秋田市教育委員会
59　菅原俊行ほか 1992『秋田新都市開発整備事業関係埋蔵文化財発掘調査報告書　狸崎 B 遺跡・秋大農場南遺跡』　秋田市教育委員会
60　菅原俊行ほか 1993『秋田新都市開発整備事業関係埋蔵文化財発掘調査報告書　狸崎 B 遺跡・地蔵田 A 遺跡』　秋田市教育委員会
61　菅原俊行・安田忠市 1987『秋田新都市開発整備事業関係埋蔵文化財発掘調査報告書　下堤 C 遺跡』　秋田市教育委員会
62　髙橋忠彦ほか 1982『脇本埋没家屋第四次調査報告書（小谷地遺跡）』男鹿市文化財調査報告書第 2 集　男鹿市教育委員会

63　高橋忠彦・栗澤光男　1987『大杉沢遺跡発掘調査報告書――一般国道13号御所野拡幅事業に係る埋蔵文化財発掘調査』秋田県文化財調査報告書第151集　秋田県教育委員会

64　高橋　学ほか　2000『洲崎遺跡―県営ほ場整備事業（浜井川地区）に係る埋蔵文化財発掘調査報告書』秋田県文化財調査報告書第303集　秋田県教育委員会

65　高橋　学・松尾睦子　1994『秋田昭和線地方道改良事業に係る埋蔵文化財発掘調査報告書I―大松沢I遺跡―』秋田県文化財調査報告書第249集　秋田県教育委員会

66　高橋富雄ほか　1975『石崎遺跡発掘調査報告書　第1―第3回合報』　五城目町教育委員会・石崎遺跡発掘調査団

67　高橋富雄ほか　1976『羽白目遺跡（調査概報）』　昭和町教育委員会

68　豊島　昂　1963「南秋田郡五城目町発見　雀館古代井戸址」『秋田考古学』23 pp. 9-10

69　渡邊慎一・播磨芳紀　2002『鹿来館跡―日本海沿岸東北自動車道建設事業に係る埋蔵文化財発掘調査報告書XI―』秋田県文化財調査報告書第332集　秋田県教育委員会

70　渡邊慎一・高橋忠彦　2002『後山遺跡―日本海沿岸東北自動車道建設事業に係る埋蔵文化財発掘調査報告書XII―』秋田県文化財調査報告書第340集　秋田県教育委員会

71　谷地　薫　1995『東北横断自動車道秋田線発掘調査報告書XIX―古野遺跡―』秋田県文化財調査報告書第253集　秋田県教育委員会

付表1　秋田平野の古代集落遺跡一覧①

No.	遺跡名	種別	立地	時期	規模・構成 掘立	規模・構成 竪穴	規模・構成 掘+竪	規模・構成 その他	生産施設	備考	文献番号	所在市町村	地域
1	三十刈Ⅰ遺跡	集落	台地	8C④～9C①		2		柱列2			21	男鹿市	男鹿半島（五里合）
2	三十刈Ⅱ遺跡	集落	台地	9C①～③	5	8		柱列3、土坑3、焼土4		土錘	21	男鹿市	
3	脇本埋没家屋（小谷地遺跡）	集落	沖積地	5C、9C	3			井戸1		墨書祭祀土錘	31,43,44,45,62	男鹿市	男鹿半島（脇本）
4	船越根木遺跡（根木Ⅰ遺跡）	集落?	沖積地	9C②～④				井戸1			7	男鹿市	
5	蒲沼遺跡	集落	沖積地	9C③～④				-		墨書	52	八郎潟町	馬場目川流域
6	北遺跡	集落	沖積地	9C①～10C中				土坑3			18	五城目町	
7	開防遺跡	集落・生産・火葬墓	沖積地	8C中～10C後	25	6		柱列8、竪穴状5、鍛冶炉4、製鉄捨場1、炭窯7、土器埋設7、井戸2、土坑141、溝42、焼土21、Pit	鉄・炭	砂底Aムシロ土錘	16,33	五城目町	
8	貝保遺跡	集落・生産	沖積地	9C②～10C前	1			柱列2、井戸1、土坑5、溝4、鍛冶炉1、焼土3、Pit	鉄	耳皿	16	八郎潟町	
9	石崎遺跡	郡衙?	沖積地	9C②～④				柱根、柵列、槽跡?		墨書	66	五城目町	
10	中谷地遺跡	郡衙?	沖積地	8C中～9C③	9			柱列9、土坑27、捨場1、溝2、河川跡3	(フイゴ)	墨書祭祀削瓶	30	五城目町	
11	雀舘古代井戸跡	集落?	沖積地	9C④～10C前				井戸1			1,68	五城目町	
12	岩野山古墳群	墳墓	台地	8C中～9C③				環溝3、土壙墓9			36	五城目町	
13	越雄遺跡	集落	台地	9C①～③		2		土坑2、溝2、焼土1		土錘	32	井川町	井川流域
14	洲崎遺跡	集落	沖積地	9C③～④				-			64	井川町	
15	南台火葬墓	火葬墓	台地	9C後半～10C前				土器埋設1?			47	井川町	
16	古開Ⅱ遺跡	集落	台地	9C③		1			(ロクロピット)		19	潟上市	妹川流域
17	鹿来館跡	集落	台地	9C③～④		1				砂底A	69	潟上市	
18	西野遺跡	集落・生産	台地	8C④～9C③	2	16		竪穴状1、鍛冶炉1、土坑20、溝5、焼土2、Pit	鉄・土器	墨書	3	潟上市	豊川水系
19	毘沙門遺跡	集落	台地	9C①～②				-		墨書	29	潟上市	
20	羽白目遺跡	集落?・生産?	台地	9C				竪穴状、空堀、望烽跡	(鉄滓)	瓦	35,67	潟上市	
21	後山遺跡	集落	台地	9C③～④		1		土坑4、溝2、焼土4、Pit	(フイゴ)		70	潟上市	
22	元木山根Ⅱ遺跡	集落	台地	9C①～②	1	3		土坑16、溝2			8,29	潟上市	
23	大平遺跡	集落・生産・火葬墓?	台地	8C中～9C②	1	6		竪穴状2、炭窯（半地下式）2、土坑17、土器埋設1、焼土1、溝3、Pit	炭・土器?(鉄滓)		9,51	秋田市	馬踏川流域
24	大沢遺跡	集落	台地	9C④		1					42	秋田市	
25	大郷守火葬墓	火葬墓	台地	9C前半				土器埋設1?			47	潟上市	
26	待入Ⅲ遺跡	集落?	台地	9C①～④				井戸4	(フイゴ)	墨書土錘	49	秋田市	
27	馬込Ⅰ遺跡	集落・生産?	台地	9C④				竪穴状1、土坑1	(鉄滓)		5	秋田市	
28	黒川山遺跡	集落・生産?	台地	9C④				土坑1	(鉄滓)		5	秋田市	
29	馬込Ⅱ遺跡	集落	台地	10C中				土坑1、溝1、Pit			5	秋田市	
30	北野Ⅰ遺跡	火葬墓	砂丘上	9C④～10C中				土器埋設3?		削瓶	47	秋田市	
31	潟向Ⅰ遺跡	火葬墓	砂丘上	9C③～④				土器埋設7			47	秋田市	
32	長岡遺跡	集落	沖積地	8C中～9C④	8			柱列1、溝8、井戸1、土坑12、河川跡1、Pit	(フイゴ)	墨書祭祀ムシロ砂底B瓦	12	秋田市	新城川流域
33	佐戸反遺跡	集落	沖積地	9C③～10C前				Pit			34	秋田市	
34	山崎遺跡	集落・生産?	台地	9C①～10C後	1			竪穴状1、土坑15、溝14、Pit	(鉄滓)	砂底A	39	秋田市	
35	片野Ⅰ遺跡	集落	台地	8C④～9C②		2				墨書	48	秋田市	

付表2　秋田平野の古代集落遺跡一覧②

No.	遺跡名	種別	立地	時期	掘立	竪穴	掘+竪	その他	生産施設	備考	文献番号	所在市町村	地域
36	蟹子沢遺跡	集落?	台地	9C④							28	秋田市	旭川（添川）流域
37	鶴木台Ⅲ遺跡	集落?	台地	9C④～10C前	○			溝、土坑			17	秋田市	
38	大松沢Ⅰ遺跡	集落・生産	台地	9C②～③	1			竪穴状1、炭窯2	炭		65	秋田市	
39	手形山南遺跡	集落	台地	9C③～④		1				墨書	46	秋田市	
40	久保台古墳	墳墓	台地	8C中～9C							22	秋田市	太平川流域
41	後城遺跡	集落	丘陵上	8C②～9C②	33			柱列1		瓦	25	秋田市	秋田城周辺
42	神屋敷火葬墓	火葬墓	丘陵上	9C後半				土器埋設1?		墨書	47	秋田市	
43	下夕野遺跡	集落	沖積地	9C②～④	8?			井戸3?、土坑3?		削瓶	26	秋田市	
44	諏訪ノ沢遺跡	集落・生産	台地	9C④～10C前		3		竪穴状10、製鉄炉2、土坑34、溝6?	鉄		4	秋田市	猿田川流域・岩見川右岸
45	古野遺跡	集落	台地	9C④～10C前		2		土坑1		砂底B	71	秋田市	
46	深田沢遺跡	集落	台地	8C末～9C③	7	5	1	竪穴状3、土坑22		墨書	56	秋田市	
47	野形遺跡	集落・生産	台地	9C④～10C前		4		土器焼成遺構18、土坑3	土器	削瓶土錘	24	秋田市	
48	大杉沢遺跡	墳墓・集落	台地	10C前～中		1		土坑12、環溝3、溝2、Pit			37,63	秋田市	
49	下堤C遺跡	集落	台地	8C末～10C中		31		竪穴状8、土坑49、方形溝状遺構1	(フイゴ)	墨書砂底B	61	秋田市	
50	下堤A遺跡	集落	台地	9C④		4					58	秋田市	
51	下堤B遺跡	集落	台地	9C③～④		3		土坑11	(フイゴ)		58	秋田市	
52	下堤D遺跡	集落	台地	9C④～10C前		3		SI 3			53	秋田市	
53	坂ノ上F遺跡	集落	台地	9C④～10C前	5	2			(フイゴ)	削瓶	56	秋田市	
54	小阿地古墳	墳墓	台地	8C④～9C①				環溝?			2	秋田市	
55	地蔵田A遺跡	集落	台地	9C③～10C前	3	5		土坑15		墨書	38,60	秋田市	
56	秋大農場南遺跡	集落	台地	9C③		1		土坑4			59	秋田市	
57	湯ノ沢B遺跡	集落	台地	9C④		1				墨書削瓶	54	秋田市	
58	湯ノ沢Ⅰ遺跡	集落?	台地	9C後半				－		土錘	57	秋田市	
59	湯ノ沢F遺跡	土壙墓	台地	9C④～10C前				土壙墓40		削瓶放痕	55,57	秋田市	
60	岱Ⅲ遺跡	集落	台地	9C④						砂底A	6	秋田市	岩見川左岸
61	上野遺跡	集落・生産	台地	9C④～10C前	11	6		溝2、土坑1、炭窯2、方形溝状遺構1	鉄・炭	砂底A削瓶	15	秋田市	
62	河辺松木台Ⅲ遺跡	集落・生産?	台地	9C②～10C前		5		柱列1、土坑23、焼土9、Pit	(鉄滓)	砂底B	41,50	秋田市	
63	風無台Ⅰ遺跡	集落?	台地	不明	1						40	秋田市	
64	河辺松木台Ⅱ遺跡	集落?	台地	9C④～10C前				土坑1			40	秋田市	
65	諏訪遺跡	集落	台地	9C③～10C前	1			柱列3、井戸2、土坑5、焼土4		墨書耳皿	20	秋田市	雄物川左岸

付表3　秋田平野の古代生産遺跡一覧

No.	遺跡名	種別	立地	時期	規模・構成	生産施設	備考	文献	市町村	地域
A	海老沢窯跡	生産	台地	9C③～④	窯4	須恵器		13	男鹿市	男鹿半島（五里合）
B	松木台Ⅱ遺跡	生産	台地	9C①～②		須恵器	焼き台	14	秋田市	新城川流域
C	谷地Ⅱ遺跡	生産	台地	8C③～9C④	窯3（内2基は半地下式）	須恵器・瓦		11	秋田市	
D	大沢窯跡Ⅰ	生産	台地	8C④・9C②	窯（半地下式）2	須恵器・瓦		10	秋田市	
E	大沢窯跡Ⅱ	生産	台地	9C①	窯（半地下式）1、竪状1	須恵器		11	秋田市	
F	小林窯跡	生産	台地	9C②	窯（半地下式）1	須恵器		11	秋田市	
G	右馬之丞窯跡	生産	台地	8C③	窯（半地下式）1	須恵器		11	秋田市	
H	古城廻窯跡	生産	台地	9C②	窯（半地下式）3	須恵器・瓦		27	秋田市	
I	手形山窯跡	生産	台地	8C②・8C④	窯（半地下式）2	須恵器		23	秋田市	旭川（添川）流域

付表1～3　凡例
1：8C中＝8世紀中葉、9C①＝9世紀第1四半期、9C②＝9世紀第2四半期、9C③＝9世紀第3四半期、9C④＝9世紀第4四半期、10C前＝10世紀前葉、10C中＝10世紀中葉、10C後＝10世紀後葉
2：掘立＝掘立柱建物跡、竪穴＝竪穴住居跡、掘+竪＝掘立柱建物跡と竪穴住居跡が併列するもの、竪穴状＝竪穴状遺構、焼土＝焼土遺構、土器埋設＝土器埋設遺構、環溝＝環状の溝状遺構
3：墨書＝墨書土器、祭祀＝祭祀関係遺物、ムシロ＝底部ムシロ痕土器、砂底A＝底部砂底土器、砂底B＝底部木葉痕＋砂底の土器、削瓶＝胴部外面に手持ちヘラ削りのある長頸瓶（東北北部型長頸瓶）、放痕＝底部に放射状痕跡をもつ須恵器

元慶の乱と古代地域社会　693

付表4　秋田平野古代集落遺跡の消長①

地域	NO	遺跡名	8C①	8C②	8C③	8C④	9C①	9C②	9C③	9C④	10C①	10C②	10C③	10C④
五里合	1	三十刈Ⅰ												
	2	三十刈Ⅱ												
脇本	3	脇本埋没家屋												
	4	船越根木												
馬場目川	5	蒲沼												
	6	北												
	7	開防												
	8	貝保												
	9	石崎												
	10	中谷地												
	11	雀館古代井戸												
	12	岩野山												
井川	13	越雄												
	14	洲崎												
	15	南台火葬墓												
妹川	16	古開Ⅱ												
	17	鹿来館												
豊川	18	西野												
	19	毘沙門												
	20	羽白目												
	21	後山												
	22	元木山根Ⅱ												
馬踏川	23	大平												
	24	大沢												
	25	大郷守火葬墓												
	26	待入Ⅲ												
	27	馬込Ⅰ												
	28	黒川山												
	29	馬込Ⅱ												
	30	北野Ⅰ												
	31	潟向Ⅰ												
新城川	32	長岡												
	33	佐戸反												
	34	山崎												
	35	片野Ⅰ												

元慶の乱　　十和田a

付表5 秋田平野古代集落遺跡の消長②

地域	NO	遺跡名
旭川（添川）	36	蟹子沢
	37	鶴木台Ⅲ
	38	大松沢Ⅰ
	39	手形山南
太平	40	久保台古墳
秋田城周辺	41	後城
	42	神屋敷火葬墓
	43	下夕野
猿田川・岩見川右岸	44	諏訪ノ沢
	45	古野
	46	深田沢
	47	野形
	48	大杉沢
	49	下堤C
	50	下堤A
	51	下堤B
	52	下堤D
	53	坂ノ上F
	54	小阿地古墳
	55	地蔵田A
	56	秋大農場南
	57	湯ノ沢B
	58	湯ノ沢Ⅰ
	59	湯ノ沢F
岩見川左岸	60	岱Ⅲ
	61	上野
	62	河辺松木台Ⅲ
	63	風無台Ⅰ
	64	河辺松木台Ⅱ
雄物川	65	諏訪

元慶の乱　十和田a

〔付表4・5 線種凡例〕
　──────　遺構内出土遺物の時期　　〰〰〰　元慶の乱（878）
　――――――　遺物包含層出土遺物　　〰〰〰　十和田a火山灰降下年代（915）
　──────　明確な時期決定できない遺物

方割石に関する検討
―北上川中流域における様相―

高 木 晃

I. はじめに

　続縄文時代から古代にかけての北海道、及び東北地方において、扁平な礫を人為的に分割したいわゆる"方割石"の出土が知られている。北海道石狩市 石狩八幡町 遺跡ワッカオイ地点（石橋孝夫ほか1977）で最初にこの種の資料が着目され、続縄文時代の土壙墓と有機的に結びついた葬送儀礼と関連する遺物であるとの見解が提示されて以来、東北地方でも類似資料の出土例が徐々にではあるが蓄積されてきた。
　筆者が岩手県 奥州 市（旧水沢市）中半入 遺跡の調査において当該資料を報告する機会を得た際、出土状況等より黒曜石製石器群と密接な関係を持つ実用品的な性格を備えているのではないか、との推論を記載した（高木晃ほか2002）。しかしこの報告段階では研究史の認識、石器そのものの観察が不十分な状態であった。小稿では改めてこれまで当該資料がどのように捉えられているのか研究史をトレースし、その上で古墳時代中期の工房跡と推定される中半入遺跡105号住居跡出土方割石の再検討から読み取れることを記述する。なお、これまでに当該資料については複数の名称が与えられているが、ここでは最初に提案された「方割石」に統一し[1]、割れ口となる面については引用部分を除き「破断面」として記載する。

II. 研究史の概観

1. 石狩低地帯における方割石認識の端緒

　前述の通り、方割石についての最初の検討は石狩八幡町遺跡ワッカオイ地点D地区報文においてなされた[2]。D地区では後北C2・D式の33基の土壙墓群が検出され、これらの上面を中心に514点[3]の「四角あるいは四分円に割られている」礫が出土し「方割石」と命名された。ここでは、まず破断面の数とその交差角により形態分類が行われ、素材、計測値、分割前と分割後の使用痕、接合関係について詳細に検討されている。また方割石の性格としては、土壙墓との関係、副葬された土器が穿孔されている例等を考慮し、「副葬のために打ち割られたもの」[4]という見解が示される。この中で方割石の特徴として多くの指摘がなされている。以下、本文に即して列挙する。
　①破断面の数により製作過程が示される。

②厚手の（素材）礫の場合、原石面に平行に1回ないし2回打撃が加えられて原石面を失っているものがある。

③素材の形態は厚さの差こそあれ扁平な円礫という点で共通する。

④石材は凝灰岩の河原石が圧倒的多数である。

⑤分類ではC・Dの2回以上分割されるものが主体となる。

⑥破断面交差角は直角が半数を占めており直角の指向性は明らかである。鈍角と鋭角になるものについては当初直角を目的としたものの、角度がばらついた結果の可能性がある。

⑦D型が最終形態と考えられる。

⑧重量は厚さに影響さればらつく傾向がある。

⑨分割前の使用痕を持つものが存在する。使用痕の種類は周縁の敲打痕、中央部の敲打痕、平坦面の擦痕などがあげられる。

⑩分割後に角や縁辺が叩いたり擦られて潰れているものが少数ある。しかし、破断面にはっきりした使用痕が残る例は非常に少ない。

⑪分割の打面にリタッチを持つものがある。

⑫方割石は礫石器全体の75%を占めるほど多量に出土している。

⑬出土地点は墓域の中心部、土壙墓上部堆積土、土壙墓上部集積であり、土壙墓との密接な関係が窺える。

⑭接合例が少ない。集石を形成した資料群中でも2例のみである。

出土例が増加した今日においても、上記はいずれも方割石の基本的な性質を的確に表現したものと評価できる。形状、素材に関連する（③・④・⑤・⑧）、製作方法に関連する（①・②・⑥・⑦・⑪）、使用痕跡に関連する（⑨・⑩）については、安山岩を主要な素材とする遺跡も多い点を除いて他遺跡資料に共通する点であり、破断面の数による基本分類はこれ以降も踏襲されている[5]。

副葬品としての位置づけは、出土状況（⑬）だけではなく、破断面の使用痕が少ない点（⑩）からも導かれた推定であるが[6]、同時に接合例の僅少さ（⑭）の理由として集落内で分割され墓域に運搬された可能性が考えられている。この点に関しては、副葬のために分割されたという前提以外に、集落で実際に使用されたものが副葬品として持ち込まれたという解釈の成立余地を残すと思われる。

その後、ワッカオイ地点と同様のあり方を示す例として、札幌市北大構内ポプラ並木東地区遺跡の調査（横山英介1987）が行われている。北大Ⅰ式段階の土壙墓7基が群を構成し、その上面等から破損した「分割礫」75点が出土している。これらのうち半数以上の42点に被熱痕、炭化物付着が観察され、火を受けたのは敲打痕、擦痕等の使用痕が形成された後であり、なおかつ分割以前であることが示された。横山はこの状況から、まず埋葬に伴い礫に使用痕を形成するような作業が行われ、次いでそれらの礫は火に関連する作

業に用いられ[7]、その後大部分が墓域内で分割され一部は副葬された、という経過を想定している。

ここに挙げた2編の論考により、方割石（＝分割礫）が続縄文文化の葬送儀礼に関連し、打ち割られた後で土壙墓上部に副葬された、とする見解が定着していったようである。

一方、札幌市K135遺跡4丁目地点（上野秀一・加藤邦雄1987）では後北C_2・D式段階の包含層から総数3,273点にのぼる礫ないし礫石器が出土し、このうち46.7％に相当する1,530点が割れていたとされる。掲載された実測図による限り、前2者の遺跡から出土した方割石と同種同大のものと判断できる。また、30.7％に相当する1,006点に被熱痕が認められた[8]。被熱痕の多さは北大構内遺跡例と同様であるが、ここでは加熱により破損したのではないかと想定されている。更に、遺跡の性格が該期の生活址であり墓域ではない点を踏まえ、個々の資料に即して「破損」なのか「意図的な分割」なのかを検証しない限り、ワッカオイ地点で述べられたような副葬儀礼との関係は明確にできないと述べられる。

確かに、扁平な礫を素材とした敲石、磨石、くぼみ石等は縄文時代からごく一般的に使用されており、破損して出土する例は少なからず多いと思われる[9]。この破損の要因の確定は、指摘のように議論の前提となるべき事項である。

また、K135遺跡では前2者のように墓域が検出された遺跡ではなく、サケ類の漁撈にウェイトが置かれた集落跡と考えられている。葬送儀礼との関連が想定し難い遺跡での類例として注目される。破断面に使用痕が見られる資料が少数ながら存在すること[10]と併せ、後述する実用品としての性格を示す資料の初出であると思われる。

2. 東北地方での類似資料の検討

東北地方での出土例としては、岩手県奥州市（旧水沢市）今泉遺跡（八重樫良宏・相原康二1981）、及び膳性遺跡（高橋與右衛門・鈴木恵治ほか1982）での古代集落に伴う報告事例が初期のものである。

両遺跡は隣接した位置関係にあるが、それぞれ自然礫（栗囲式・国分寺下層式段階の住居址出土が多い）の中に、扁平な円礫を2分割ないし4分割したものがあり、「破砕礫」と仮称された。中でも膳性遺跡の圭頭太刀柄頭を出土したD-8住居址-1では、主柱穴の一つP6の埋土中位に分割された礫が48点まとまっており、接合例も4例ある。柱穴埋土中ということから柱の根固めの可能性が想定されているが、同時に他の柱穴には存在しない点、他の遺構では住居堆積土内出土が大部分である点から疑問も呈されている[11]。

岩手県北の滝沢村大石渡遺跡（井上雅孝1993）においては、後北C_2・D式段階の土壙墓上面より隣接して半割された磨石が出土し接合した。この状況から、葬送儀礼の一環として供献品の破壊が行われたという推定が述べられている[12]。

また青森県五所川原市隠川(11)遺跡（木村高ほか1999）では20点の方割石が出土し、

層位、平面分布状況から後北 C_2・D 式土器、古墳時代前期土師器との「共存」関係にあると想定された。そして土師器が赤彩される精製土器であること、続縄文土器が小型品であることから、方割石も墓域との関連が示唆されるとされる[13]。

一方、宮城県下において続縄文文化関連遺跡の調査から、佐藤信行は後北 C_2・D 式、北大 I 式に伴い、この種の石器が存在することを指摘していた（佐藤信行 1994）。江合川上流に位置する大崎市（旧岩出山町）木戸脇裏遺跡、一本松北遺跡採集資料の分析を通じ、佐藤信行・須田良平は正面から当該資料を取り上げ、北海道内資料との比較を試みている（佐藤信行・須田良平 1998）。これによると両遺跡資料の特徴は次のようにまとめられる。

両遺跡を合計すると 46 点を数える方割石類似資料[14]のうち、I 類の「半分に折れているもの」と III 類の「互いに接する 2 側辺が折れて」いるものが 35 点で過半数を占め、大きさは 10 cm 前後、安山岩や凝灰岩、砂岩などを素材としている。二次加工痕や使用痕を持つものが少数含まれる。被熱痕は半数近くで観察されるが、折れ面に明瞭な打点が生じているものが多く、破損の主要な原因は火を受けたことによるものではない。また、形態的にまとまりを持つこと、敲打痕を生じる使用の繰り返しによって破損したとは考えられないことから、「何らかの目的を持って意図的に割っていることの蓋然性が高い」[15]とされた。また機能については、使用痕を持つものが少ないことから通常の礫石器とは異なり、ワッカオイ地点や北大構内遺跡の出土状況を踏まえて埋葬儀礼に関連するものとの見解が提出されている。また、この時点での確認遺跡数の少なさより、北大式土器を使用した特定の集団が使用した、伝統的な墓制に則って残された遺物であると想定されている。

ここで注意しておくべき点は、両遺跡共に続縄文土器、古墳時代前期～中期の土師器、湯の倉産黒曜石を素材としたスクレイパー類が同様に採集されていることである。出土状況に基づくものではないため共伴関係とまでは捉えられないが、その後の調査でこれらのセット関係が確認されていく。後述するが、東北地方において方割石を出土する遺跡の特徴はまさにこの点にあると言えよう。

3. 集落遺跡における大量出土事例の増加

近年の出土事例の特徴は、岩手県南～宮城県域で調査された墓域を伴わない一般集落遺跡において、方割石が大量に出土するケースが増加していることにある。冒頭に述べた岩手県中半入遺跡（高木晃ほか 2002）では、古墳時代中期後半を主体とする時期の竪穴住居跡内等から、合計 238 点の方割石が出土している。湯の倉産黒曜石製石器群とセットとなる関係が認められる（第 IV 章後述）。

宮城県大崎市（旧古川市）名生館官衙遺跡第 23 次調査（大谷基 2002）では、5 世紀後半の竪穴住居跡床面から黒曜石製石器と方割石がまとまって出土したのをはじめ、総数 179 点の方割石出土が報告された。点数の多さに対し接合関係が認められていないことが特徴的である。

仙台市鴻ノ巣遺跡第7次調査（工藤哲司2004）では、人為的に分割された痕跡が明らかな7点の方割石が出土している。古墳時代中期の集落に伴うことは明らかで、黒曜石製石器群や後北C$_2$・D式、北大Ⅰ式土器も出土しているが、名生館官衙遺跡との違いとして住居内で使われた痕跡がないことが指摘されている[16]。

青森県域でも前述の隠川（11）遺跡に続き、資料の発見が報告されている。八戸市田向冷水遺跡（小保内裕之ほか2006）においては、5世紀後半代のカマドを持つ竪穴住居跡内から6点の方割石出土が報告されている。ここでも湯の倉産を主体とする黒曜石製石器が住居内から出土しているが、出土傾向においては方割石との共通性は認められていない。

以上のような状況に関連し、井上雅孝、及び高橋誠明は東北地方における続縄文文化の検討を行う中で方割石をその要素の一つに挙げ、近年の出土事例を集成、検討した上で、それぞれ埋葬儀礼に関わる遺物であるとする考え方、黒曜石製石器群に伴う加工具とする考え方に対する見解を述べている（井上雅孝2002、高橋誠明2002）。

4. 恵庭市における続縄文～擦文時代遺跡の「分割礫」

恵庭市ユカンボシE9遺跡（上屋眞一1993）では、後北C$_2$・D式段階、及び北大Ⅲ式段階の焼土遺構群周辺等から、人為的に分割されたと見られる礫が多数出土している。「分割礫」と称された資料の検討では、これまで未確認の場合が多かった破断面の使用痕、及び割れ方についての興味深い観察結果が記載されている。以下、報告書から抜粋して要約する[17]。

①続縄文時代の礫片は合計30点出土した。
②擦文時代早期（北大Ⅲ式期）では礫が53点、そのうち割られたものが44点ある。
③被熱痕を持つものが多い。
④割れ方については破断面が直角をなすものが多く、打点を観察できるものがあることから、人為的に分割されたと考えられる。
⑤破断面に擦痕を持つものが多い。また、使用痕は破断面の凹凸部が消えるまで磨り減ったものはなく、おもに凸部に擦痕が認められる。
⑥破断面の周縁部にも磨痕があり角がわずかに丸くなったものもある。

そして、意図的な分割は礫面に対し直角に交わる破断面＝擦面とその鋭角的な縁辺部を得ることが目的であったとし、サケ科、シカ遺存体が多数含まれる焼土遺構の周囲に分布することから、サケ・シカの解体処理に関係して残された遺物の可能性が高いと想定されている。

上に挙げた特徴では、礫面と破断面が直角に交わることへの指向性や、人為的に分割されたと見られる点（④）等で他遺跡の資料と共通する。一方、破断面の使用痕跡が確実であり（⑤）、かつ縁辺や角にも使用痕が見られ磨り減っているものがあること（⑥）から、方割石の中に単に分割のみを目的としたものではなく、破断面の使用を前提として分割し

たものが含まれることが明らかとなった。また、破断面の凸部にのみ擦痕が残されるように極端に磨り減ったものがないこと（⑤）から、この使用痕は微弱で、石材によっては観察が困難な場合が多いことが考えられる。ユカンボシE9遺跡の例から類推して、他遺跡において使用されたかどうか不明とされている資料の中には、実際に破断面を使っていてもその痕跡が見えないケースが含まれるのであろう。

その後、同じく恵庭市に所在する茂漁6遺跡（森秀之・阿部将樹2000）では、破断面の平坦さを特徴の一つに追加し、使用を前提とした分割がなされていることがその理由に挙げられている。また、素材を2分割したものが半数以上となる点について、丸みのある原石面を残した場合の「手持ちの良さ」への指向が現れているものとされる。更に、こうした擦石としての用途と、全石器中に占める割合が非常に高いことから特定の作業に使用された可能性が高いとし、皮革のスクレイピング作業、焼骨の粉砕といった軟質の対象物が具体的に想定されている[18]。

以上のように恵庭市域で調査された続縄文時代から擦文時代にかけての遺跡では、方割石（＝「分割礫」）が加工具としての特徴を備えると判断されることが特徴であり、集中的な出土状況から動物遺体の処理に関連した用途が推定されている。使用痕跡の観察から対象物を確定することは今後も困難が予想される中で、ここで示されたような状況証拠からの積極的な推論が持つ意味は小さくないと思われる。

5. 定義、観察事項に対する不備の指摘

青森県八戸市（旧南郷村）畑内遺跡の平成13年度調査（小山浩平ほか2003）では、弥生時代の遺物集中地点より4点の「意図的に割られた石」が出土し、方割石に相当するものという見解が示されている。ここでは「意図的」の判断基準として「割れ面に打点が1カ所以上確認されること」かつ「割れ面が2面以上あるもの」を抽出し、「割れ面が1面で打点が1カ所しかないものは、自然に割れた可能性も考えられ除外」された。

またこの報告文中では、これまで方割石と報告された事例について以下のような疑問が問いかけられている。まず、方割石の定義に関して「どのようにして石を割っていったのかという点が明示されていない」ため、「意図的に割ったもの全てを含めるのか、そうではなく、ワッカオイ遺跡で本器種の最終形態とした3回以上打ち欠いて名称の発端になった方形に近い形状になるものをいうのかが定かではな」く「定義が曖昧である」。次いでその用途に関しては「ワッカオイ遺跡では『葬送儀礼に関するもの』、中半入遺跡では『実用品』とされ、180°違う見解が出されて」おり、「定義が不明な状況で、似たような石器を、時期も出土した地域もかけ離れているにも関わらず同器種として議論されている状況である。今後、折れ面の形成過程などの技法的な面も明示し議論していくことが必要と思われる」という指摘である[19]。

確かにこれまで弥生時代後期から古墳時代にかけての遺跡で、扁平な割れた円礫が出土

した場合、単純に方割石と見なしてきた傾向も否めない。ここで指摘されたように、分割の打点の確認を必要条件とする等により「人為的に分割」の確実性を担保すべきであろう。ただし、石材によっては打点が極めて不明瞭で観察困難なものがある点を克服しなくてはならない[20]。破断面の特徴以外に縁辺や原礫面に分割の敲打痕がどのように残るのかを類型化する必要がある。

なお、用途に関する指摘について、方割石は弥生時代末期から古墳時代の北日本という限定された時期、地域に盛行するものであり、北海道と東北のものを単純に比較することが誤りとは言い切れないであろう。

6. 方割石の性格に対する2つの見解

これまでやや冗長に方割石に関する議論をなぞってきた。方割石の性格については井上の要約のように大きく2つの見解にまとめることができる（井上雅孝2002）。一つは分割する行為そのものが主目的であり、その行為は葬送儀礼の一環であったとする見解、もう一つは一定面積の平坦面や直角をなす縁辺を機能面として作り出し、軟質の対象物を加工する行為に用いられたものであるという見解の2者である。これは、専ら出土した遺跡の状況証拠から判断されてきたものだが、石器そのものの観察から導き出された見解は、恵庭市ユカンボシE9遺跡等において「分割礫」の破断面と縁辺の使用痕から加工具とした見方（上屋眞一1993）がある。また、分割過程に対する観察の不足と一器種としての定義の不備が指摘されている（小山浩平ほか2003）。

以下、本稿では上記の指摘を踏まえ、集落遺跡出土の方割石についての検討を試みる。

III. 東北地方の出土事例

1. 各遺跡の出土事例について

これまで記載したように東北地方では青森、岩手、宮城の3県に該当する石器の報告がある。個々の説明は第1表に記載した。なおそれぞれの実物資料にあたることができず、全て報告書等の記述をもとにしている。また、形態分類についてはワッカオイ地点報文の分類方法（飽津博史1977）に従い、個々の報告点数を改変している。

2. 出土事例の要約

ここに挙げた12遺跡では、弥生時代後期の赤穴式、古墳時代前期から中期にかけての土師器、後北C_2・D式、北大I式土器に伴出する例が多く、実年代では概ね3世紀～5世紀代に比定できる（井上雅孝2002）。例外としては板子塚遺跡の弥生時代中期土壙墓に伴う出土、今泉・膳性遺跡における7世紀代竪穴住居跡内の出土がある。名生館官衙遺跡での古代遺構出土例は混入の可能性が想定される。

出土地点の状況より見た墓域との関係については、土壙墓上部からの出土例に大石渡・木戸脇裏遺跡、墓域と想定される区域の出土例に板子塚遺跡・隠川(11)遺跡があり、一本松北遺跡も同様のケースが想定される。

一方、竪穴住居跡内など居住域からの出土例として田向冷水・今泉・膳性・中半入・名生館・鴻ノ巣の各遺跡がある。これらのうち7世紀代の今泉・膳性を除く4遺跡では基本.

第1表 東北地方における方割石出土遺跡

遺跡名	出土地点	点数	特徴	石質	重量(g)	厚(mm)	文献
畑内 青森県八戸市	弥生時代後期 遺物集中地点	C3:3点	打点確認	砂岩	984〜4028	47〜107	小山ほか 2003
板子塚 青森県むつ市	遺構外(弥生時代中期土壙墓周辺)	D3+C3:1点 ほか接合例1点	分割前のスリ面、被熱痕	凝灰岩、流紋岩	557〜1110	30〜44	木村 1995
田向冷水 青森県八戸市	古墳時代中期 竪穴住居内	B:3点、C3:2点、D2:1点		砂岩、頁岩、凝灰岩、斑糲岩、安山岩	279〜646	30〜58	小保内ほか 2006
隠川(11) 青森県五所川原市	後北C2・D式 遺物集中地点	B:11点、C1:1点、C2:2点、D2:1点、D3:1点、B+C1:1点	亜角礫素材主体	凝灰岩主体、流紋岩、頁岩	61〜354 平均188	18〜39 平均26	木村ほか 1999
大石渡 岩手県滝沢村	後北C2・D式 土壙墓上面	B+B:1点	亜円礫	硬砂岩	236	19	井上 1993
今泉 岩手県奥州市	古代竪穴住居内		亜円礫				八重樫・相原 1981
膳性 岩手県奥州市	古代竪穴住居内	B・C:48点	亜円礫				髙橋・鈴木 1982
中半入 岩手県奥州市	古墳時代中期 竪穴住居内、遺構外	B:93点、C1:33点、C2:57点、C3:24点、C4:4点、D1:7点、D2:14点、D3:4点、E:3点	摩滅痕有62点 被熱痕有12点	安山岩主体、石英安山岩、石英斑岩、凝灰岩ほか	44〜3193 平均381	11〜116 平均37	髙木ほか 2002
名生館 宮城県大崎市	古墳時代中期 竪穴住居内、後期古墳周溝内、遺構外	B:88点、C:72点、C〜D:19点	磨面、凹面有				大谷 2002
一本松北 宮城県大崎市	続縄文遺物共伴	B:12点、C:15点、D:5点	半数に被熱痕	安山岩、砂岩、凝灰岩、花崗岩ほか	45〜420 平均172	15〜37 平均24	佐藤・須田 1998
木戸脇裏 宮城県大崎市	続縄文遺物共伴	B:4点、C:6点、D:4点	半数に被熱痕	安山岩、砂岩、凝灰岩、花崗岩	35〜530 平均218	13〜41 平均27	佐藤・須田 1998
木戸脇裏 宮城県大崎市	古墳時代中期 土壙墓周辺	C2+C2:1点、B:8点、C:18点、D:2点、E:1点		石英安山岩、閃緑岩、凝灰岩質砂岩			阿部ほか 2003
鴻ノ巣 宮城県仙台市	古墳時代中期集落 遺構外	B+C2+C2:1点、B:2点、C2:1点、D1:1点、	磨面、凹痕有 被熱痕有	砂岩、安山岩、ヒン岩	110〜500	16〜40 平均30	工藤 2004

方割石に関する検討 703

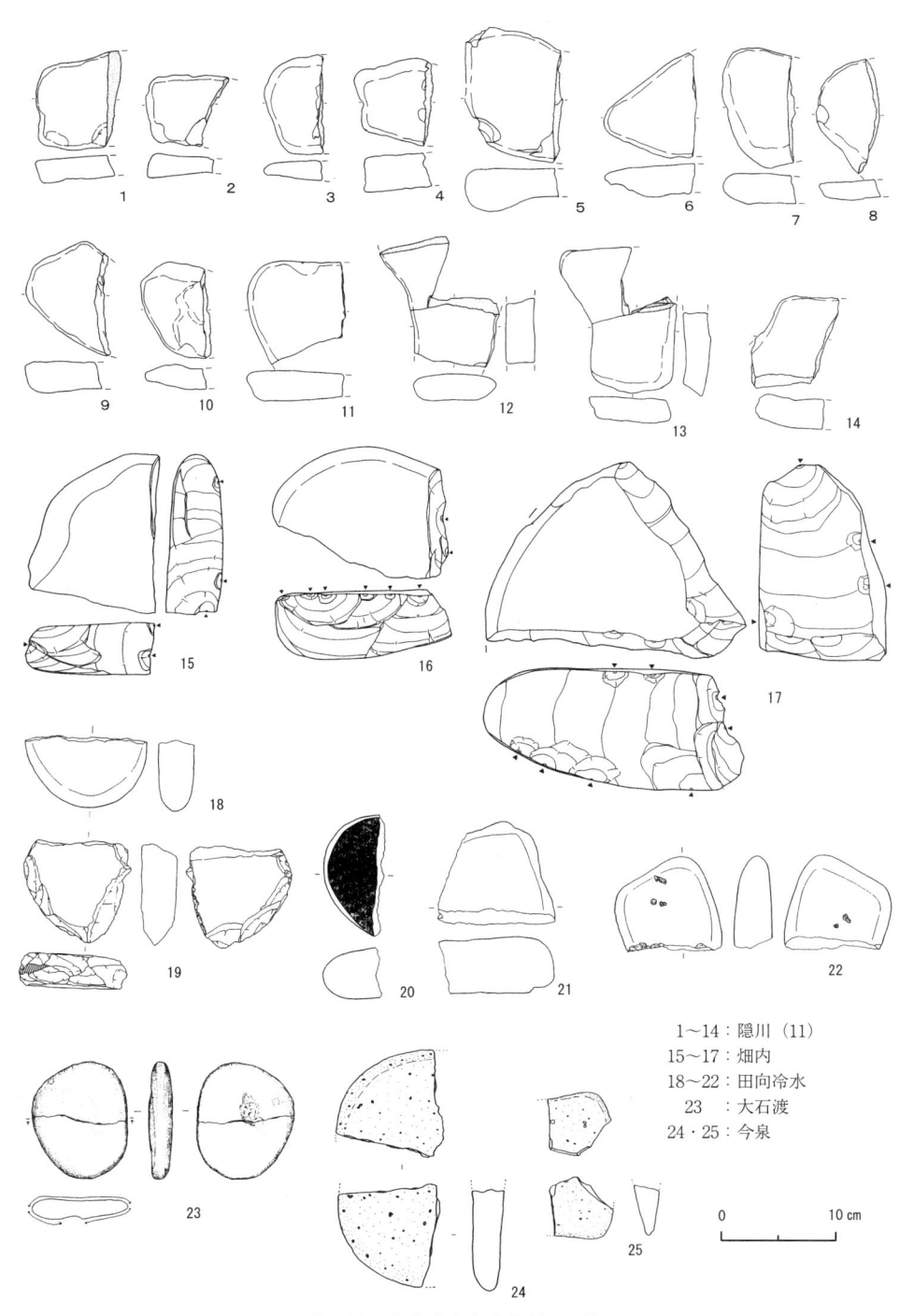

1〜14：隠川（11）
15〜17：畑内
18〜22：田向冷水
23：大石渡
24・25：今泉

第1図　東北地方出土方割石（1）

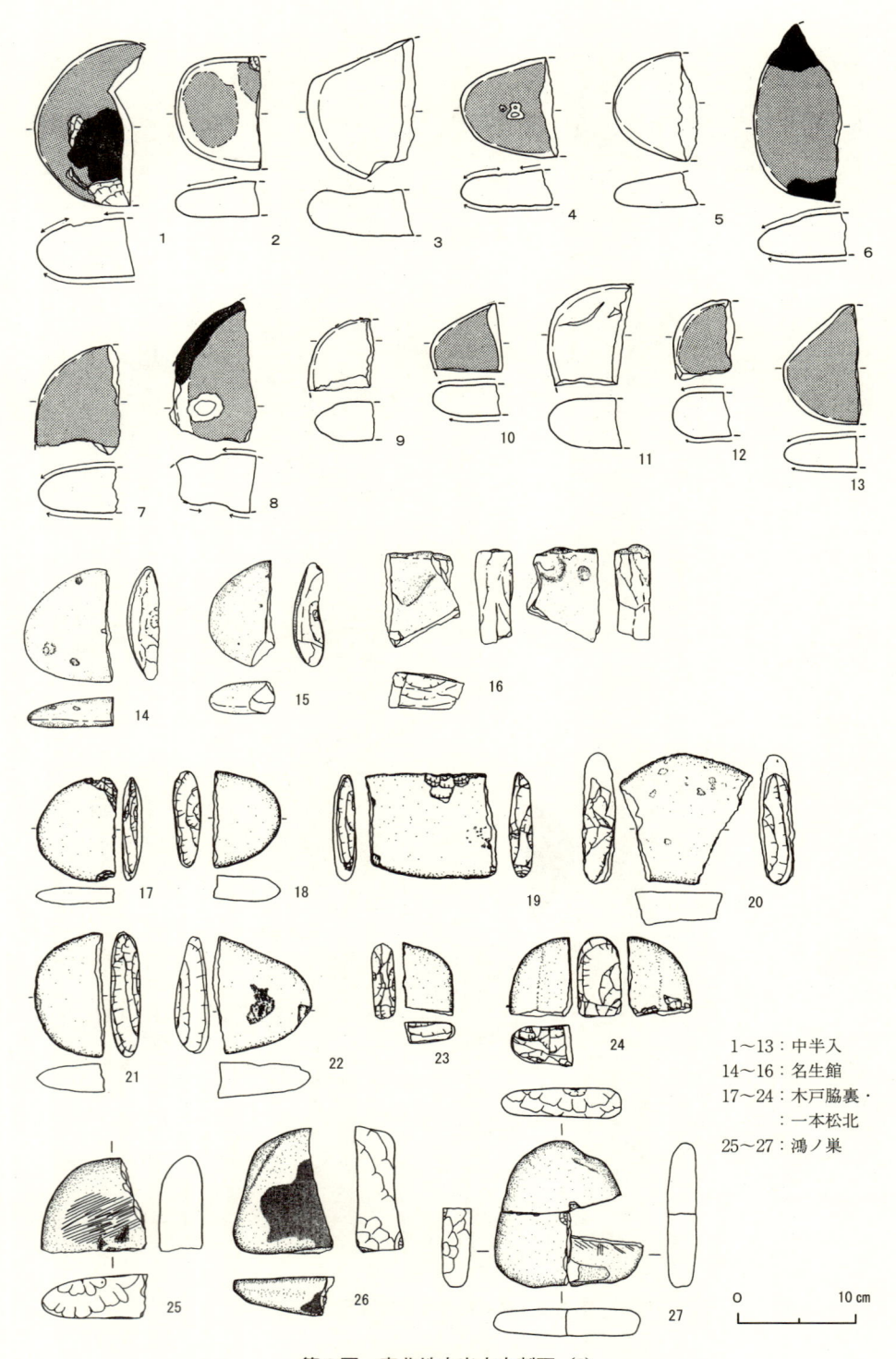

704

第2図　東北地方出土方割石 (2)

1～13：中半入
14～16：名生館
17～24：木戸脇裏・
　　　　一本松北
25～27：鴻ノ巣

的に土師器を使用した古墳時代の方形竪穴住居からなる集落遺跡であり、遺物組成に黒曜石製石器、続縄文土器、方割石が含まれるという状況である。いずれも黒曜石は宮城県湯の倉産原石の使用割合が高いという点でも共通する。

　石器そのものの特徴においては、まず接合例の少なさ、B・C・D 型が満遍なく出土する点等共通点が多い。計測値のうち重量では、極端に重いものを除くとほぼ 200〜500 g の範囲に収まり、また厚さは 25〜35 mm 程度と揃うことが指摘できる。ここに挙げた資料群は概ね共通する特徴を持っていると言えよう。

IV．中半入遺跡 105 号住居跡出土資料の分析

1．遺跡の概要と方割石の出土状況

　中半入遺跡は 1998〜1999 年に（財）岩手県文化振興事業団埋蔵文化財センターにより第 1 次発掘調査が行われた。古墳時代前期から後期の集落跡が発見され、特に近隣に所在する角塚古墳の築造期と重なる可能性の高い、5 世紀後半代に大規模な集落が営まれたことが判明した（高木晃ほか 2002）。このうち複数の住居跡、及び遺構外の土層より方割石が総計 238 点出土している。遺構内出土としたもののうち、古墳時代前期の塩釜式後半段階では 2 遺構より総計 10 点、中期後半段階（須恵器の陶邑編年 TK208〜47 型式段階に相当）では 16 遺構より総計 144 点となり後者への集中が明確である。また、この方割石出土遺構では湯の倉産黒曜石製石器の出土数が多い傾向があり、両者の共伴関係が想定される。以下、所属時期が限定される工房遺構から出土した方割石を俎上に上げ、工房で行われた作業と方割石の関連について検討する。

2．105 号住居跡の状況

　検出された遺構群の中で遺跡中央部に位置する 105 号住居跡については、床面の特殊な施設、多量の黒曜石製石器群の出土（トゥール類で 78 点、剝片 700 点以上）、及びそれらの使用痕分析（高瀬克範・丸山浩治 2003）により、皮革製品の製作、鍛冶作業が行われた工房跡の可能性が高いと判断される。出土遺物の中で方割石は床面出土のもので 30 点、堆積土上部〜中位のものを含め 32 点を数える[21]。平面分布状況は遺構北コーナー付近の遺物集中部、遺構中央付近にやや偏在するようだが、意図的な配列は見られず遺棄された状態と捉えられる。また方割石だけではなく台石、スリ石等の礫石器も比較的豊富に残存している。鍛冶滓もまとまった出土があり、中央炉の南側にある小規模な炉の周辺で鉄製利器の加工が行われていたらしい。

　遺構の付帯施設としては、周囲に杭穴状の小柱穴が巡る床面中央の地床炉、これに隣接し相互に溝で連結された方形ピット群がある。カマドは検出していないものの、遺構南側で確認した周堤を巡らす貯蔵穴の存在から見て、調査区域外の南東壁にカマドが作られて

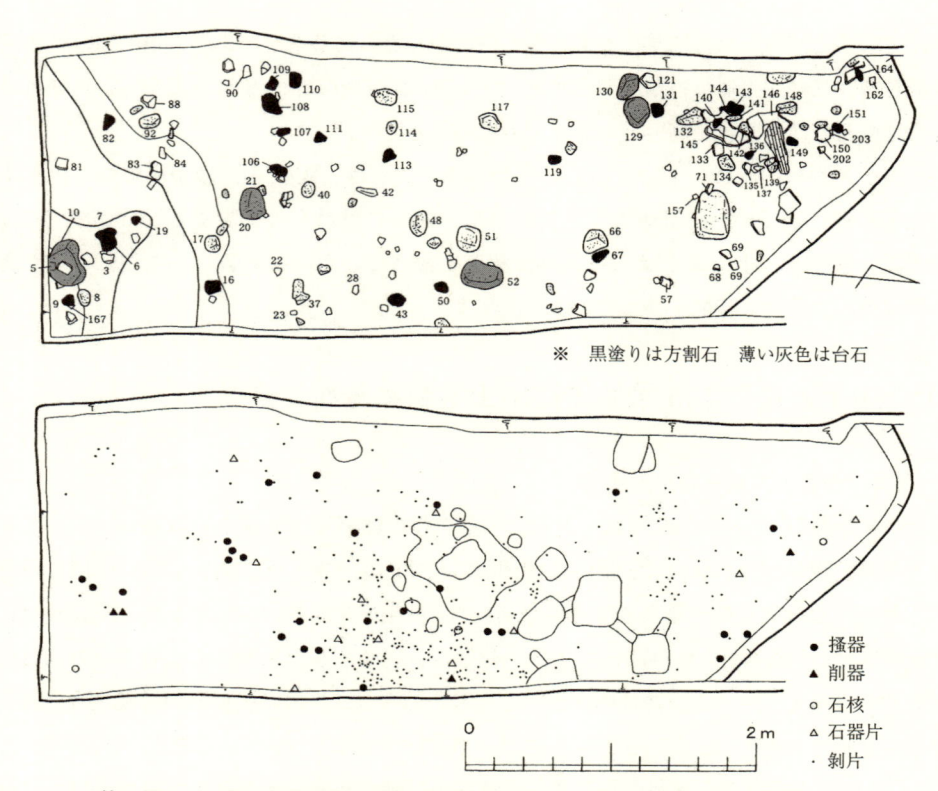

第3図　105号住居跡遺物分布図（上段：礫石器・土器、下段：黒曜石製石器）

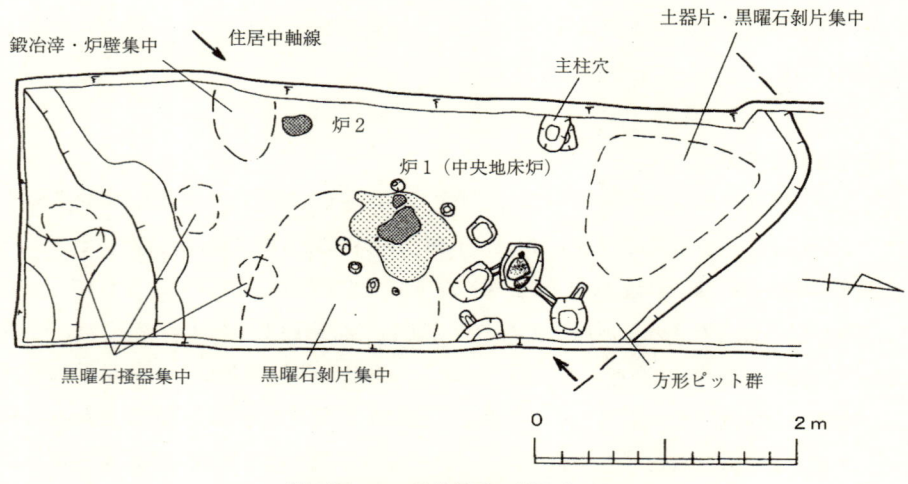

第4図　105号住居跡の構造復元図

　いた可能性が高い。この場合、中央の炉は一般的な住居の火処とは異なる機能が想定される。炉の周囲に散乱する黒曜石製のトゥール・剝片類の分析から、竪穴内部、特に中央の炉を中心として皮鞣し段階の作業が実施されていたと想定される。

　地床炉の機能について皮革利用・加工に関する民族事例（佐々木史郎1992、齋藤玲子

第 2 表　105 号住居跡出土方割石一覧

掲載 No.	登録 No.	出土地点	特徴	石質	重 (g)	厚 (mm)
414	813	105 住 No. 7 (Pit1・床面)	B 型, 両面摩滅, 分割前被熱痕	安山岩	1301.7	50
411	822	105 住 No. 6 (Pit1・床面)	B 型, 破断面弧状	花崗斑岩	710.7	48
420	825	105 住 No. 9 (Pit1 底面)	C2 型, 片面敲打痕集中	安山岩	449.7	48
425	827	105 住 No. 16 (床面)	C3 型, 側縁被熱痕, 礫面に対し破断面斜め	安山岩	614.8	72
	829	105 住 No. 19 (床面)	C2 型	安山岩	78.5	45
421	831	105 住 No. 21 (床面)	C3 型, 両面摩滅, 周縁縁辺潰れ	安山岩	220.3	41
415	835	105 住 No. 43 (4 層～床面)	C2 型, 両面摩滅, 破断面 B 面えぐれ	安山岩	390.3	43
	837	105 住 No. 50 (4 層～床面)	C1 型	安山岩	213.0	34
	840	105 住 No. 78 (床面)	D1 型, C3 型の破損の可能性あり	安山岩	124.3	33
419	842	105 住 No. 82 (4 層～床面)	B 型, 両面摩滅, 中央部両極打法で分割	安山岩	278.2	29
	844	105 住 No. 106 (床面)	B 型, 分割前の被熱痕	安山岩	538.9	70
423	845	105 住 No. 107 (床面)	C2 型, 両面摩滅	安山岩	161.5	26
409	846	105 住 No. 108 (4 層～床面)	B 型, 破断面曲折, 両面摩滅, 両面分割後被熱痕	安山岩	873.1	51
412	847	105 住 No. 109 (4 層～床面)	B 型, 両面摩滅, 分割後に凹痕形成	安山岩	295.4	34
	848	105 住 No. 110 (4 層～床面)	D2 型, 背面の欠損	ホルンフェルス	359.1	30
	849	105 住 No. 111 (4 層～床面)	D1 型, 背面の欠損	安山岩	113.1	17
413	850	105 住 No. 113 (4 層～床面)	B 型, 破断面に段差有り	安山岩	276.9	33
422	854	105 住 No. 119 (4 層)	C1 型, 片面摩滅, 周縁縁辺潰れ	安山岩	346.3	44
410	858	105 住 No. 131 (4 層～床面)	B 型, 片面摩滅, 打点有	安山岩	381.0	34
	861	105 住 No. 136 (4 層～床面)	C3 型	安山岩	139.5	40
	862	105 住 No. 139 (4 層～床面)	C2 型, 破断面 B 面えぐれ	安山岩	228.5	34
	863	105 住 No. 140 (4 層～床面)	B 型	安山岩	127.6	28
	864	105 住 No. 142 (4 層)	D2 型, 背面の欠損	安山岩	569.9	42
	865	105 住 No. 143 (4 層)	B 型	安山岩	609.0	49
417	866	105 住 No. 144 (4 層～床面)	C2 型, 周縁敲打痕	安山岩	197.4	39
418	868	105 住 No. 149 (4 層～床面)	C2 型, 両面摩滅	安山岩	167.3	31
	869	105 住 No. 151 (4 層)	B 型	安山岩	234.6	36
	870	105 住 No. 164 (床面)	B 型	安山岩	278.8	32
	871	105 住 1 層	B 型	安山岩	208.6	29
	873	105 住北コーナー 4 層～床面	C1 型, 破断面凹凸顕著	安山岩	629.7	41
416	874	105 住 No. 67 (Pit2)	C2 型, 両面摩滅と敲打痕集中, 片面と側縁分割前の被熱	安山岩	590.5	51
	1097	105 住 2 層	C3 型	安山岩	132.3	21

1998) に類例を求めると、スクレイピングと乾燥・薫蒸を繰り返す工程の中で毛皮を吊り下げ、その下で火を焚いて燻すという事例があり、本遺跡の炉もそれに類したものと考えられる。また、方形ピット群の性格については溝で連結する状態と見られるため、液体を用いた作業で使用された可能性があり、皮革加工工程中の媒材塗布作業等がその候補に挙げられる。

3. 105号住居跡出土方割石

(1) 形態分類

出土した方割石をワッカオイ地点分類（飽津博史1977）に従い形態分類を行うと以下のような状況となる。半円形のB型と交差角が直角のC2型で2／3を占める。この割合は遺跡全体での出土傾向にほぼ等しい（第5図）。

- B型　：13点　1回の分割、半円形
- C1型：3点　2回の分割、破断面の交差角が鋭角
- C2型：8点　同上　　　破断面の交差角が直角
- C3型：4点　同上　　　破断面の交差角が鈍角
- D1型：2点　3回の分割、破断面の交差角が鋭角
- D2型：2点　同上　　　破断面の交差角が直角

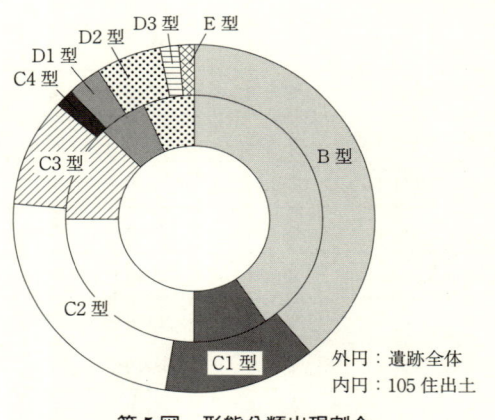

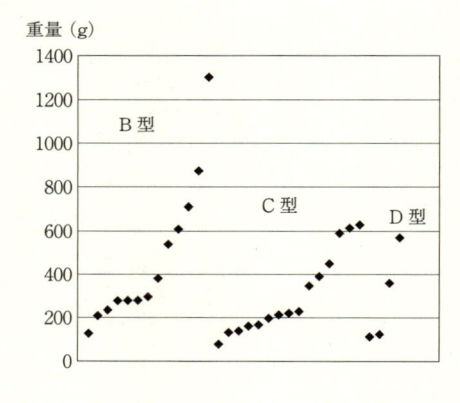

第5図　形態分類出現割合　　　第6図　105住出土方割石重量（分類別）

(2) サイズ

重量による比較では、B型が200～300g、C型が150～200g付近にまとまる傾向があり、400gを超す大型品との差が明瞭である（第6図）。遺跡全体で見るとまとまりは200～500g程度とやや分布が広がるが、同様に500gを超える少数の大形品と区別が可能である（第7図）[22]。また厚さの数値は17～72mmとやや分散する傾向があるが、平均値の39mmを中心として30～50mm程度に収まるものが大半である。

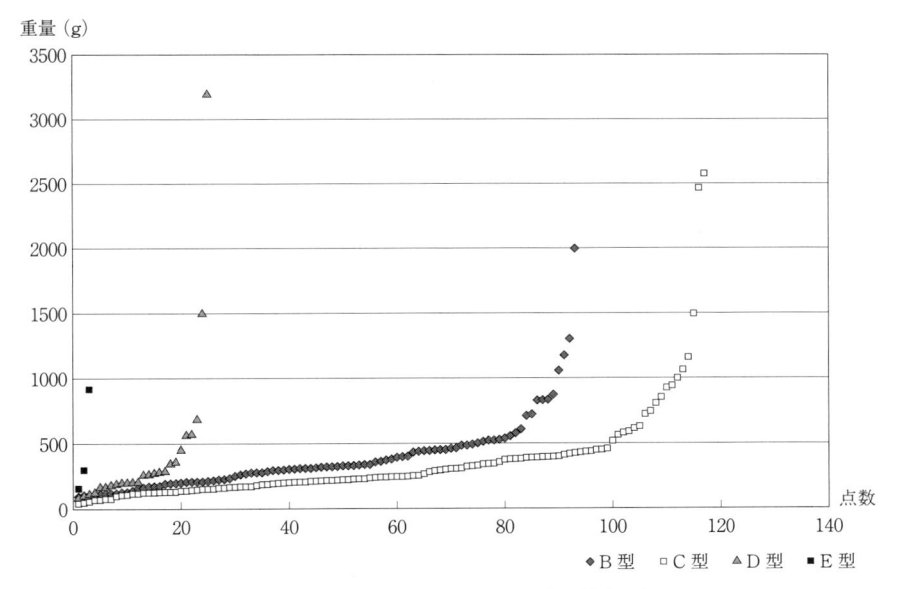

第7図　遺跡出土方割石重量分布（分類別）

(3)　破断面

　破断面は原礫面に対し直角の角度をなして分割されたものが大半である。また破断面は数点えぐれたように湾曲するものがあるが、概ね平坦（上面観で直線的）となっている。ただし面自体には石材の関係で小さい凹凸がある。

　破断面の長幅サイズを計測し第8図に示した。2面以上の破断面を持つC・D型は長い方をA面、短い方をB面としている。A面の長さは50〜120 mm、B面では40〜60 mm程度に集中し、一定の長さに収まる状態と言える。また破断面の幅は素材の厚さに規制されているため25〜50 mm程度のものが多く、A面とB面での違いはない。

(4)　使用痕跡

　破断面自体に擦痕や使用による平滑化、光沢が生じているものは認められない。破断面と原礫面が接する周縁については32点中2点で縁辺の潰れが観察できるが、これも破断面内部の凹凸には痕跡が残らない。素材礫の平坦面や側縁に敲打痕、スリ面の形成が比較的多いこととは対照的である。なお、分割前の被熱痕が4点に残る。

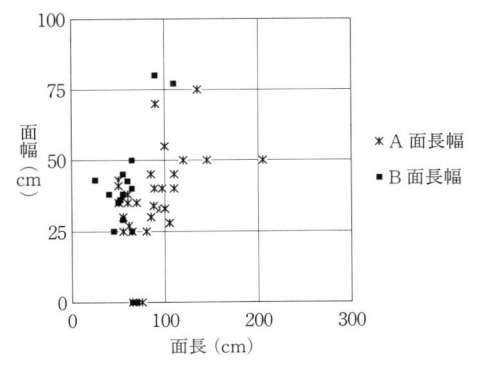

第8図　破断面長幅分布

第3表 遺構別方割石・黒曜石製石器出土状況

時期	遺構名	方割石	黒曜石製石器
前期1期	302住	2	1
前期2期	303住		
	304住		1
	401住	8	27
	404住		
	405住		
(前期2期)	301住		1
	305住		
中期1期	104住	3	10
中期2期	105住	32	78
	108住		1
	109住		1
	110住	1	4
	111住	5	19
	113住	12	7
	119住	8	4

時期	遺構名	方割石	黒曜石製石器
中期2期	201住	10	6
	202住	6	1
	403住	10	8
	濠	35	37
(中期2期)	121住	1	1
	402住		1
	406住		
	409住		
中期3期	101住		1
	103住		2
	106住	9	33
	112住	1	11
	114住	6	2
	120住	4	1
	410住	1	4
(中期3期)	102住		
	116住		1

時期	遺構名	方割石	黒曜石製石器
後期1期	122住		1
後期2期	118住		
	123住		2
(後期2期)	117住		1
後期3期	115住		
	407住		1
(後期3期)	124住		
	408住		

前期1・2期：4世紀代
中期1～3期：5世紀後半
後期1～3期：6・7世紀代

(5) 遺跡全体での方割石出土状況

　古墳時代中期の遺構に集中する傾向が顕著である（第3表）。また、105号住居跡の32点を筆頭に113・201・403・106号住居跡等で出土点数が多いが、これらは黒曜石製石器類を多量に出土する遺構であることに注目したい。105号住居跡は工房跡として捉えられるが、その他の遺構でも方割石と黒曜石製石器類の共伴関係が成立すると見られる。

(6) 中半入遺跡出土方割石の性格

　中半入遺跡では古墳時代の土壙墓はもとより墓域の可能性がある空間は確認できず、竪穴住居跡が集中する居住域と首長層の関与が想定される方形区画遺構、105号住居跡のような工房跡が検出されている。このような状況では埋葬儀礼に関連した方割石とは考えにくい。使用痕跡が微弱なため観察から直接的、具体的に用途を推測することは不可能だが、専ら皮革加工に用いられている黒曜石製石器との共伴関係を踏まえると、方割石も実用的な利器として使用されたと想定できる。

　上屋眞一がユカンボシE9遺跡出土資料の分析から明らかにしたように、中半入遺跡においても平坦な破断面と直角の縁辺を作り出すための分割行為がなされたのではないだろうか（上屋眞一1993）。また分割を繰り返すD・E型においてもサイズの縮小が顕著でないことから見て、分割には一定程度の大きさに揃えることも目的に含まれていた可能性がある。森秀之の指摘する「手持ちの良さ」に重量・大きさの属性も追加すると、手で持ち対象物の上で動かして加工する動作がイメージされる（森秀之・阿部将樹2000）。

　105号住居跡が皮革加工の場と想定されることは前に述べた。またこの遺構においては、台石とした扁平で一定の厚みと重量を持つ礫も複数出土している。こうした状況から、台

石の上に加工途中の皮を広げ、上から擦る、敲くといった動作を伴う、皮鞣し工程の中の擦り込みや柔軟化作業に方割石が使用された可能性が考えられる。使用痕が顕著でないのは対象物が軟質であることが理由の一つなのだろう。なお、同様に皮革加工の工程で用いられた礫石器の例として、堤隆は旧石器時代の遺跡で出土する円礫が掻器と連携して柔軟化に用いられたとする説を述べている（堤隆 2000）。方割石のような平坦面は持たないが、特定の目的に特化した石器が時代を超えて存在することを示す一例であろう。

V. まとめ

1. 方割石の2者

　第Ⅳ章で検討した中半入遺跡出土の方割石は、皮革加工に関する柔軟化等の作業に用いられたものと考えた。東北地方の古墳時代中期集落出土方割石についても、黒曜石製石器との密接な関わりを持つ点で共通することから、同様の性格を備えていたのではないかと思われる。また恵庭市域の遺跡でもシカ・サケ遺体の処理、焼骨の粉砕、皮革のスクレイピング作業というように、動物遺体に関わる複数の機能が想定されている。

　一方これまで述べてきたように、続縄文文化の埋葬儀礼に関連し、器物の破壊という意味で分割され土壙墓に副葬された礫も存在し、同様に方割石と呼ばれている。全く相反するように見える両者だが、素材の扁平礫が受けた加工（変形）行為を抜き出す限りでは同一である。相違点は、片方は分割して平坦な破断面を作り出すことに目的がおかれ、もう一方は素材の礫の姿を変える行為そのものに意味が付されているという点にある。これらの存続期間、地域が重なることを考えると次のような想定も許されるのではないか。

　本来的には扁平礫を敲打により分割する技術に基づき、動物遺体処理等に用いられた方割石が存在した。これを使用する社会においては葬送儀礼の一環として器物の破壊が取り入れられており、その技術を用いて礫、もしくは礫石器を破壊する行為もその一部に組み込まれた。時には、使用されることを前提に作られた方割石が、墓域に運ばれ副葬品に転用されることもあった。

2. 課題

　前述した2者の方割石の共通点、相違点の確認が前提となる。今回は個々の実物資料の比較観察がかなわなかったため、いわば机上の推論に過ぎない。分割方法、分割過程、使用痕の状態、被熱痕の状態、破断面の大きさと状態、縁辺の角度など、各種属性に関する検討を行う必要がある。

　また、専ら続縄文的石器としての位置づけがなされてきた方割石であるが、東北地方の古墳時代中期社会においては黒曜石製石器と共に古墳文化側に加工具として取り込まれた可能性が高いと思われる。こうした物質文化の動態に作用した背景を視野に入れ、個々の

遺物だけではなく総体的な生産、流通システムの一部としての位置づけを考えることが重要となろう。

　文末になりますが、須藤隆先生の学恩に心から感謝するとともに、益々の御健康と御発展を祈念いたします。まとまりのない粗文を献呈することをお許し下さい。
　また、本稿の作成にあたり資料観察、文献の入手等において下記の方々より御指導、御配慮をいただきました。記して感謝申し上げます（順不同・敬称略）。
　　伊藤博幸　井上雅孝　佐藤良和　丸山浩治

註

1) ワッカオイ地点では四角、四分円となる形状をもとに「方割石」の名称が与えられており（飽津博史 1977）、必ずしも最終形態の方形のみを指したものではない。むしろ、破断面が直線的で、交差角が直角になるものが多い実態を上手く表現していると思われることから、割られた石の用途を想定する場合も、割る行為そのものに意味を見出す場合にも通用する名称として支持したい。
2)「方割石」に関する記述は（飽津博史 1977）による。
3) 報告書本文に記載された 514 点という合計点数（p. 51）は、土壙墓出土数を含んでいないと見られ、これに遺構出土の礫石器計測表（p. 81 Table19）の記載数を加えると 534 点となる。
4)（飽津博史 1977）p. 54
5)（佐藤信行・須田良平 1998）の分類も大枠では破断面の数による分類と見なすことができる。
6)（飽津博史 1977）p. 53
7) 被熱痕を生じさせる行為は調理のみには限定されないと思われる。
8)（上野秀一・加藤邦雄 1987）p. 250
9) 縄文時代中期最終末の単独時期の遺跡である岩手県 雫石 町 南畑 遺跡（佐藤淳一・高木晃 2001）を例に取ると、礫石器（磨石・敲石・凹石・台石）は 458 点、そのうち破損しているものは約 20% の 93 点である。
10) 報告書では「割れ口面」と表現され、これが擦面として使用されたものが 6 点挙げられている（上野秀一・加藤邦雄 1987）p. 251
11)（高橋與右衛門・鈴木恵治 1982）第 2 分冊 p. 551
12)（井上雅孝 1993）p. 121
13)（木村高ほか 1999）p. 86
14) 佐藤信行・須田良平（1998）では当該資料を「盤状礫石器」と呼称し、分析結果を北海道内の方割石と対比するという慎重な手順を踏んでいる。
15)（佐藤信行・須田良平 1998）p. 200
16)（工藤哲司 2004）p. 298
17)（上屋眞一 1993）p. 109-113
18)（森秀之・阿部将樹 2000）p. 57・58
19)（小山浩平ほか 2003）p. 141

20) 今回中半入遺跡資料について打点の把握を目的の一つに観察し直したが、筆者には全体の1割程度で指摘し得たのみであった。石材による制約以外に観察方法に問題があるのかどうかはわからない。
21) 調査区の制約により遺構全体の半分程度を調査したため、本来の遺存点数はこれを上回ると思われる。
22) なお、報告書（高木晃ほか 2002）ではB～E型の重量平均値を比較し、B・CよりもD・Eの数値が大きいことを根拠として、サイズを一定に揃えることが分割目的の一つでありかつ分割回数に反映しているという推定を述べた。しかし、個々の資料の数値を示した散布図を見るとD・E型の分布はB・C型よりやや小さい数値にまとまりを持っており、例数が少ないために重量平均値が大型品の影響を強く受けたことが明らかである（第7図）。平均値での比較は誤りであり、ここで報告書の記載を訂正したい。しかし、D・E型の数値がB・C型に比較し大きく落ち込むということもないため、一定程度にサイズを揃えたという推論は成立するものと思われる。

引用文献

阿部義平ほか 2003「岩出山町木戸脇裏遺跡における北海道系土壙墓と出土遺物の研究」『宮城考古学』5 pp. 51-77

飽津博史 1977「4.4. ワッカオイ地点D地区出土の礫石器について　4.4.6.「方割石」」『ワッカオイIII-石狩・八幡町遺跡ワッカオイ地点D地区発掘調査報告書—』ワッカオイ調査団　pp. 49-54

石橋孝夫ほか 1977『ワッカオイIII-石狩・八幡町遺跡ワッカオイ地点D地区発掘調査　報告書—』ワッカオイ調査団

井上雅孝 1993『大石渡遺跡』岩手県滝沢村文化財調査報告書第24集　滝沢村教育委員会

井上雅孝 2002「岩手県域における続縄文文化」『岩手県を取り巻く続縄文文化　岩手考古学会第29回研究大会発表要旨』pp. 20-27

木村　高 1995『板子塚遺跡』青森県埋蔵文化財調査報告書第180集　青森県教育委員会

木村　高ほか 1999『隠川（11）遺跡I・隠川（12）遺跡II』青森県埋蔵文化財調査報告書第260集　青森県教育委員会

小保内裕之ほか 2006『田向冷水遺跡II』八戸市埋蔵文化財調査報告書第113集　八戸市教育委員会

工藤哲司 2004『鴻ノ巣遺跡第7次発掘調査報告書』仙台市文化財調査報告書第280集　仙台市教育委員会

小山浩平・佐藤智生・福井流星 2003『畑内遺跡IX』青森県埋蔵文化財調査報告書第345集　青森県教育委員会

大谷　基 2002「名生館官衙遺跡第23次調査」『名生館官衙遺跡XXII・灰塚遺跡』宮城県古川市文化財調査報告書第30集　古川市教育委員会

齋藤玲子 1998「極北地域における毛皮革の利用と技術」『北海道立北方民族博物館研究紀要』7 pp. 69-92

佐々木史郎 1992「北海道、サハリン、アムール川下流域における毛皮および皮革利用について」『狩猟と漁労』雄山閣出版　pp. 122-151

佐藤淳一・高木　晃 2001『南畑遺跡発掘調査報告書』岩手県文化振興事業団埋蔵文化財調査報告

書　第349集　（財）岩手県文化振興事業団埋蔵文化財センター
佐藤信行　1976「東北地方の後北式文化」『東北考古学の諸問題』　東北考古学会編集　pp. 263-298
佐藤信行　1994「東北地方南部の続縄文文化と研究史」『北日本続縄文文化の実像　第5回縄文文化検討会シンポジウム資料』pp. 48-59
佐藤信行・須田良平　1998「宮城県木戸脇裏遺跡・一本松北遺跡採取の盤状礫石器―続縄文文化のいわゆる方割石との類似資料について―」『時の絆　石附喜三男先生を偲ぶ』pp. 187-211
高木　晃ほか　2002『中半入遺跡・蝦夷塚古墳発掘調査報告書』岩手県文化振興事業団埋蔵文化財調査報告書第380集　（財）岩手県文化振興事業団埋蔵文化財センター
高瀬克範・丸山浩治　2003「中半入遺跡における古墳時代の黒曜石製石器―1D区「105号住居跡」出土資料の検討―」『古代』113 pp. 165-183
高橋誠明　2002「宮城県域における続縄文文化」『岩手県を取り巻く続縄文文化　岩手考古学会第29回研究大会発表要旨』pp. 13-19
高橋與右衛門・鈴木恵治ほか　1982『水沢市膳性遺跡　金ヶ崎バイパス関連遺跡発掘調査報告書II』岩手県埋文センター文化財調査報告書第34集　（財）岩手県埋蔵文化財センター
堤　隆　2000「搔器の機能と寒冷適応としての皮革利用システム」『考古学研究』47-2 pp. 66-84
森　秀之　1997『茂漁5遺跡発掘調査報告書』　恵庭市教育委員会
森　秀之・阿部将樹　2000『茂漁6遺跡発掘調査報告』（CD-ROM版）　恵庭市教育委員会
森　秀之　2004『茂漁7遺跡・茂漁8遺跡』　恵庭市教育委員会
上野秀一・加藤邦雄　1987『K135遺跡』　札幌市文化財調査報告書XXX　札幌市教育委員会
上屋眞一　1993『ユカンボシE9遺跡・ユカンボシE3遺跡』　恵庭市教育委員会
八重樫良宏・相原康二　1981「今泉遺跡」『東北縦貫自動車道関係埋蔵文化財調査報告書』IX（水沢地区）岩手県文化財調査報告書第60集　岩手県教育委員会
横山英介　1987『北大構内の遺跡5 昭和59年度』　北海道大学
吉谷昭彦・高橋誠明　2001「宮城県における続縄文系石器の意義と石材の原産地同定」『宮城考古学』3 pp. 53-76

原史・古代の内陸漁撈

種 石　悠

I. はじめに

　農耕社会が営まれた日本列島の原史・古代の遺跡において、農耕以外の生業の存在を示す考古資料が出土する。狩猟を表現した弥生時代の銅鐸絵画、漁撈の実施を物語る銛頭・釣針・土製漁網錘そして動物遺存体などがそれである。

　このうち一般的に土錘と呼称される土製漁網錘については、西日本の例を中心に研究が進められてきた。そして筆者も東日本において、原史・古代の土錘の分布および変遷に関する検討を行ってきた（種石悠2006・2007）。その結果、関東・東北地方の古墳時代・律令期の土錘が、河川下流・汽水域および湾沿岸以外に、内陸の河川流域からも出土する状況が認められた。海岸から離れた地域における土錘の分布状況は、明らかに当時内水面で網漁が行われていたことを示している。

　原史・古代の内水面漁撈は、水田経営と深く関わっていたことが予想される。したがって農耕の副業として行われていたとしても、当時の生業活動を総合的に考察するうえでその検討は欠かすことができない。先学によっても、河川湖沼あるいは水田とその周辺の用水路で行われた筌・簗・網漁に代表されるこれら内水面漁撈は、「農村型漁業」（渡辺誠1988）あるいは「農民漁業」（大野左千夫1992）と呼ばれ、弥生時代以降の漁撈がもつ性格として注意されてきた。

　根木修氏らは現代の水田を観察し、コイ・フナ・ナマズ・ドジョウ・アユモドキの水田を遡上して産卵する魚の採捕の開始が、水稲農耕の定着期に遡る可能性を示した（根木修ほか1992）。

　初期稲作期における朝鮮半島から西日本東部にかけての土錘を検討した下條信行氏は、土錘の伝播は「稲作の広がりと密接な関係をもったもの」（337頁）とみなし、一気呵成に広域に拡散したわけでなく、「各地で変容、付加、創出を繰り返しながら、順次的に東伝したと見るのが妥当」（同頁）とした。そしてこの結果から、従来の稲作の伝播に対する考え方に再考を促した（下條信行1993）。

　九州・近畿・東海地方の遺跡を対象に漁具・漁場を検討した高橋龍三郎氏は、弥生以降の「淡水漁撈」は「変化に乏しく歴史を通じて保守的な性格を帯びたものである」と読み取り、さらにこれを「湖沼や一般の河川で行われる漁」と「集落や水田に付随する用水路、または水田そのもので行なわれる場合」（129頁）の2種類に分類した。氏が弥生以降の

「淡水漁撈」について強調する性格は後者である（高橋龍三郎 1996）。

このほか、大沼芳幸氏は琵琶湖沿岸において弥生時代に水田とその周辺水系で行われた漁撈について、現行例を参考にしつつ論じた（大沼芳幸 2003）。また筌・簗について検討した論考（渡辺誠 1982、久保禎子 1988）も知られている。

以上の研究は、西日本と東海地方における海岸およびその周辺の数遺跡例を対象としている。しかし東日本とりわけ内陸の遺跡についての検討が不足している。そこで本稿では、東日本のなかでも長野・群馬・埼玉県域の内陸を対象とし、管見にふれた原史・古代の漁撈関連遺跡について検討し、不足を補いたい。内陸遺跡を対象とするのは、これらは海面から離れた場所に所在し、確実に内水面漁撈が実施されていた痕跡としてみなしうるからである。また海岸およびその周辺の遺跡に対して、内陸遺跡を相対化させるねらいもある。

さらにその検討ののち、内陸での網漁の実施を示す甲信地方・岐阜県域内陸部出土の原史・古代の土錘についても検討を加えてみたい。これらの地域の土錘について、いまだ詳しい検討がなされていないためである。

なお時代・時期区分および実年代比定にあたっては、基本的に各報告書の見解に従い、また拙稿（種石悠 2006・2007）でふれた東日本における諸土器編年案を参考にする。

II. 内陸の漁撈関連遺跡（第 1a・1b 図）

1. 内陸の漁撈関連遺跡と人工・自然遺物について

長野県千曲市（旧更埴市）雨宮・生萱生仁遺跡（佐藤信之ほか 1989）

千曲川の自然堤防の東端に流れ込む沢山川によって形成された微高地上に立地する。弥生時代後期の卜骨をはじめ、弥生〜平安時代の骨角器とシカ・イノシシ・ウマ・イヌなどの動物遺存体が多量に出土した。漁具の可能性のある遺物として、古墳時代中期前半の 66 号住居と平安時代の 49 号住居などからシカの中手・中足骨を素材としたヤス状刺突具が認められる。

同県長野市松代町東条屋地遺跡（長野市教育委員会 1990）

皆神山の北西麓に位置し、蛭川による扇状地の扇央部東端に立地する。東側には藤沢川が流れる。主に平安時代に占地されていた遺跡で、ウマ・ウシ・イヌ・イノシシ・シカなどの動物骨やヒラメの頭骨が出土した。漁具の可能性のある遺物として、遺構外から骨角製の銛頭と刺突具が知られる。これらの遺物も平安時代に属すると考えられる。

同県同市松代町松原遺跡（上田典男ほか 2000）

長野盆地の南東部、千曲川右岸の自然堤防上に立地する。遺跡西側には蛭川が流れている。7〜11 世紀そして中世の集落跡であり、9〜10 世紀に主に占地される。後述する土錘のほか、河川跡から簗状遺構が検出された（第 2 図）。簗状遺構は木組みおよび杭列よりなる。「木組みは、二又に組んだ交差部の下側に横木を渡すという手法で組まれていたと考

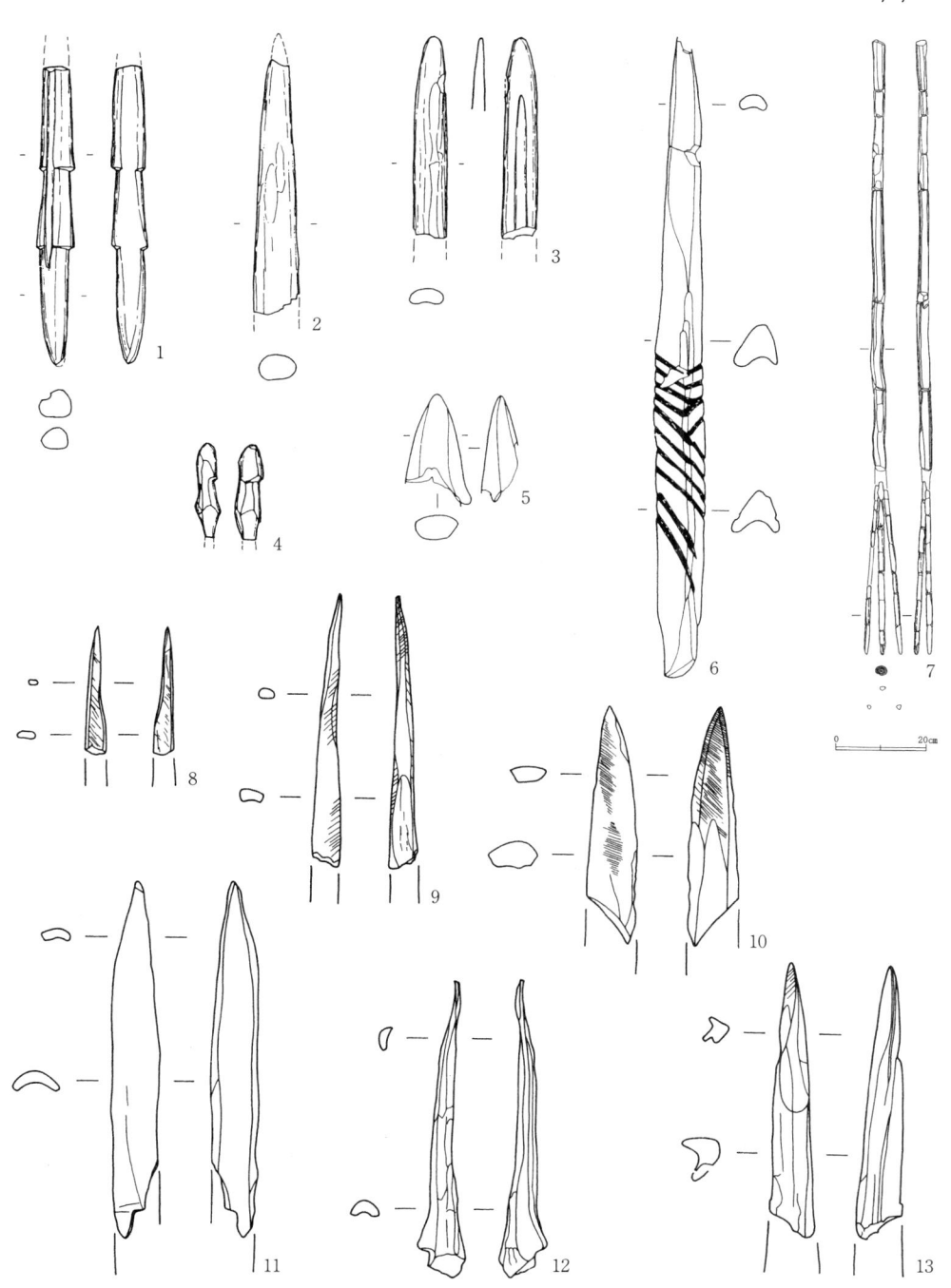

第 1a 図　内陸の漁撈関連遺物　(7以外 S＝1/2、各報告書より転載)
生仁遺跡：1～4、屋地遺跡：5・6、北島遺跡：7、新保田中村前遺跡：8～13

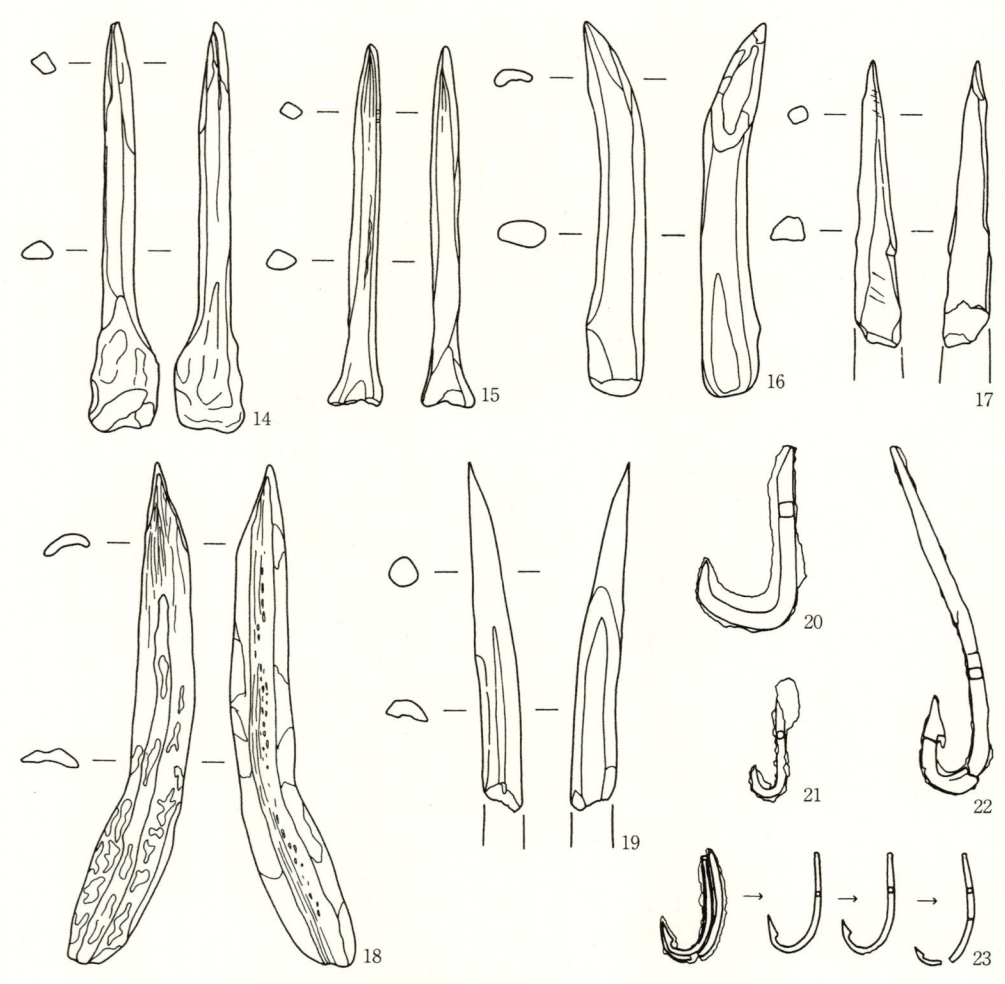

第1b図　内陸の漁撈関連遺物（S＝1/2、釣針は渡辺2000より転載）
新保田中村前遺跡：14〜19、北堀遺跡：20、丸山遺跡：21、古城遺跡：22、お玉の森遺跡：23

えられ」（146頁）る。そして、木組みの上には網代が4枚ねられて配置され、それぞれの間には木が渡されていた。この網代は、木組みの南側すなわち上流にむけて傾斜をもつ。木組みから約16m上流に位置する杭列は5mにわたり、水流に対して斜めにならぶ。そして、「割り竹状の細く薄い部材を杭頭で交互に挟むことで連結している様子が窺え」（同頁）る。木組み内出土土器から、7世紀末〜8世紀初頭に属する遺構と考えられている。

同県佐久市芝宮遺跡群・小諸市中原遺跡群（樋泉岳二 1999）

　佐久盆地北半部、火山性台地に立地する。遺跡群周辺には千曲川の支流である中小河川が流れている。6世紀後半から10世紀にかけての集落遺跡である。漁撈具は出土していないが、住居カマド内部の堆積物からタニシ類と海産種の可能性が高い巻貝類、およびニシン科・コイ科の魚類遺存体が検出された。古墳後期に属するニシン科の例はマイワシと考えられる。コイ科のなかにはフナと同定される例が認められた。資料数122のうち約半

原史・古代の内陸漁撈　719

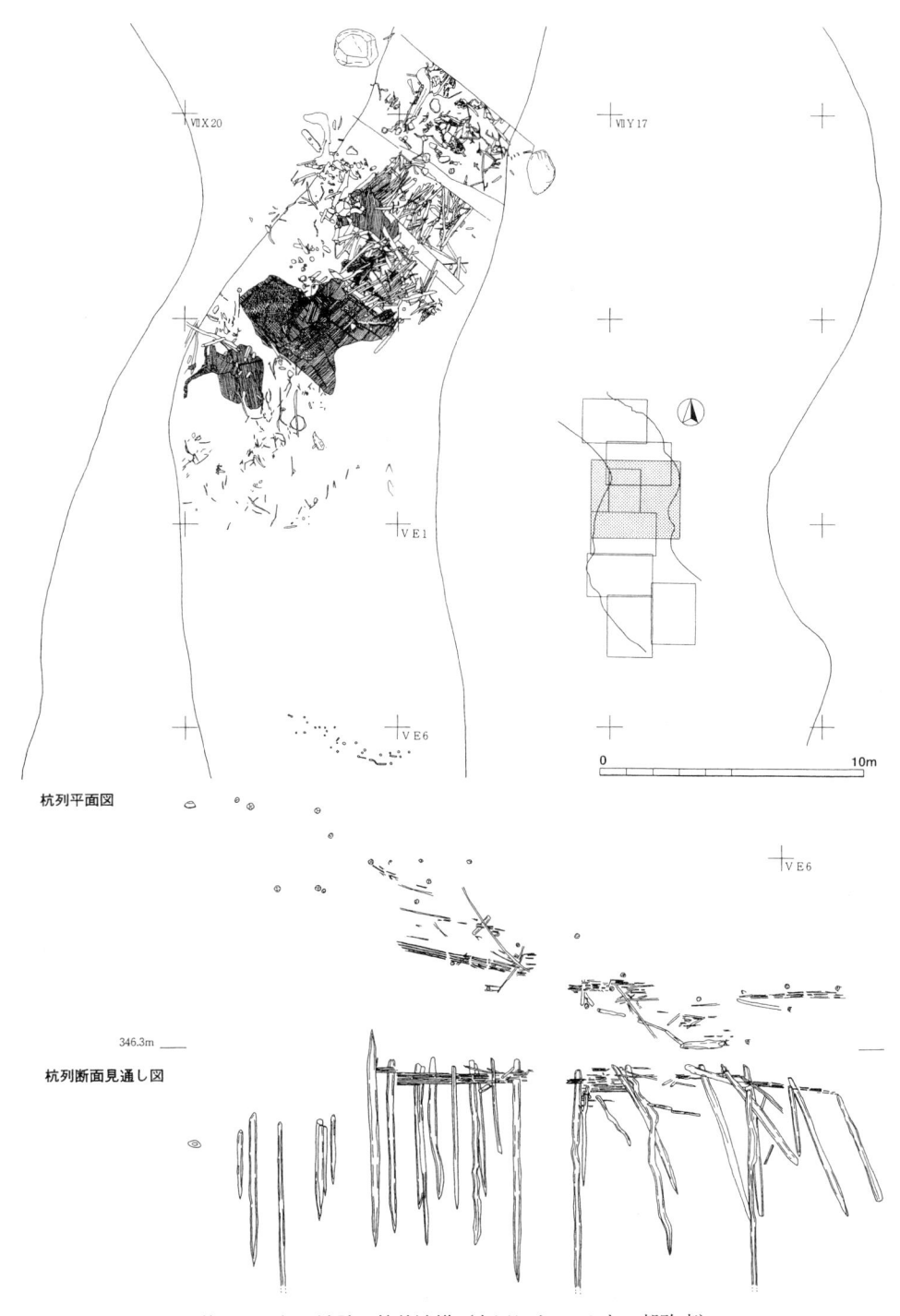

杭列平面図

杭列断面見通し図

346.3m

第 2 図　松原遺跡の簗状遺構（上田ほか 2000 を一部改変）

数が貝類・鳥類・哺乳類で、2割が魚類、1割がカエル類である。そして貝類はタニシ類が最も多く、魚類はコイ科がほとんどを占める。鳥類・哺乳類は破損により種名まで特定できないが、イノシシの可能性のある歯が出土している。以上の遺存体組成は、古墳後期から平安時代まで大きく変化しないとされる。

群馬県高崎市新保田中村前遺跡（金子浩昌1994）

榛名山と赤城山を南流する利根川は大きな扇状地を形成する。この扇状地端部で、中小河川によって形成された自然堤防上に立地する。弥生中期～古墳前期の拠点集落跡である。弥生後期に属するイノシシ・ニホンジカ主体の動物遺存体と多量の骨角製品が出土した。魚類の遺骸は今のところ検出されていない。漁具と推察される骨角製の刺突具が認められた。これらはニホンジカの角・中手骨・中足骨およびイノシシの腓骨を素材とする。

埼玉県熊谷市上川上北島遺跡（礒崎一・山本靖2005）

荒川によって左岸に形成された扇状地の末端と低地の末端が錯綜する地に立地する。扇状地末端には中小河川が多く、これら河川の自然堤防上に本遺跡は営まれた。古墳前期前半の遺構・遺物を主体とする集落遺跡である。423号溝跡とされた河川跡から木製のヤスが出土した。一木式の複式ヤスで、残存長143.5cm、幅2.8cmを測る。芯持ち材を用いており、柄の部分は断面が円形、先端部は三角形を呈する。先端部は一本の材を三分割して形成される。

自余

渡辺誠氏の集成（渡辺誠2000）によれば、鉄製釣針が長野県大町市古城遺跡で1点（弥生後期、高さ9.5cm）、同県飯田市丸山遺跡で1点（古墳時代、残存高2.7cm）、同県木曽町（旧日義村）お玉の森遺跡で4点（平安時代、うち3点は高さ2.8cm）、山梨県笛吹市（旧一宮町）北堀遺跡で1点（11C後半～12C前半、高さ5.0cm）、そして群馬県前橋市天神山古墳で5点（古墳前期）出土している。未計測の前橋天神山古墳例を除き、氏の分類の「小型」から「超大型」までが認められる[1]。

このなかで古城遺跡の例（篠崎健一郎ほか1991）は、弥生後期に属する静岡県浜松市伊場遺跡の例（青銅製・高さ8.1cm）および神奈川県三浦市毘沙門B洞窟遺跡の例（鉄製・高さ3.9cm、青銅製・高さ1.9cm）と並んで、東日本で認められる金属製釣針としては最も古い。そして古城遺跡と伊場遺跡の例は、ともに超大型品に該当する。海岸に近い伊場遺跡の例は海洋魚を対象としていたかもしれないが、古城遺跡は内陸に立地しており、海洋魚より小形の種が多い淡水魚を対象とした場合、超大型品は不向きと思われる。対象魚および用途に問題が残る。

なお対象時期から外れるが、長野県長野市若穂保科宮崎遺跡で、縄文時代晩期の鹿角製銛頭およびシカの中足骨を素材とする刺突具が出土した（矢口忠良ほか1988）。また、縄文時代内陸出土の土・石製漁網錘の研究も進展している（上野修一1982、宮坂光昭1984、村松佳幸1999、長沢宏昌2003）。動物遺存体からの内水面漁撈の検討も行なわれた（松井章2004）。

これらの調査・研究が明らかにしつつある、縄文時代の内陸漁撈と弥生時代以降のそれとの連続性・関連性の有無も、今後の検討課題となろう。

2. 小結

上記の漁撈関連遺跡の出土遺物・遺構から、当地域の原史・古代には後述する網漁に加え、ヤス・銛を用いた刺突漁や釣漁、および簗漁が行われていたことが推測される。そしてその漁場は、出土漁具の性格と松原遺跡における河川跡内の簗状遺構の検出例、および北島遺跡における河川跡からのヤスの出土例からみて、集落付近の河川湖沼であったと考えられる。

ただし、漁場に関して他の可能性を示す出土例もある。芝宮・中原遺跡群からは多くのタニシ類・コイ科魚類遺存体が出土し（樋泉岳二 1999）、長野県千曲市雨宮屋代遺跡群では9世紀前半に属する住居のカマド内からドジョウ科の椎骨片が検出された（市川桂子ほか2000b）。これらは河川湖沼のほか、水田および水田用水に生息する貝類・魚類でもある。したがってこれらの事実は、自然水系に加え、水田やそれに付随する人工的な水系においても漁撈が行われていた可能性を示唆する。しかし、水田およびその周辺の人工水系における漁撈の存在を直接的に示す考古学的痕跡は、いまのところ管見にふれていない。今後も検討を継続する必要がある。

また原史・古代の漁具は有機質や金属質の素材を用いているため、貝類・魚類遺存体同様、残存する例が僅少である。そのため、当地域における漁撈技術の内容や実施頻度についてこれ以上の解釈を行うことは現段階では難しい。

III. 甲信地方・岐阜県域内陸部における原史・古代の土錘について

1. 土錘について

東日本における原史・古代の土錘については、筆者の小考（種石悠 2006・2007）をはじめ、東海・北陸・関東・東北地方を対象に吟味がなされてきた[2]。

甲信地方では、長野県域の諏訪湖周辺を対象とした先行研究がある。古くは鳥居龍蔵と藤森栄一の研究（鳥居龍蔵1924、藤森栄一1927）があり、弥生時代〜中世の管状土錘について分布・形態・製作技法の検討を行った宮坂光昭氏の論考（宮坂光昭1974）がある。近年では、長野県千曲市更埴条里遺跡・屋代遺跡群から出土した古墳前期〜中世の土錘211点のうち時期が特定できる127点について出土点数の時期的な変遷が検討された（市川桂子ほか1999）。そして当遺跡報告書の総論編（市川桂子ほか2000b）では、縄文時代から中世にかけての漁撈内容の変遷がまとめられた。

このように、甲信地方の原史・古代の土錘を扱った研究は緒に就いたところであり、いまだ少ない。ここでは、甲信地方に岐阜県域内陸部を加えた地域の土錘を対象とし、内陸

における網漁の検討を行うことにしたい。

　検討するのは土錘出土遺跡の分布、そして土錘の重量分布・変遷である。今回管見にふれた弥生〜平安時代の20遺跡の出土例580点余り（第3図、第1表）を対象とする。

　まず分布であるが、宮坂氏の検討（宮坂光昭1974）でふれられた諏訪湖沿岸に加え、甲府盆地・長野盆地・上田盆地・佐久盆地・松本盆地・諏訪盆地・伊那盆地・高山盆地における釜無川・千曲川・天竜川・宮川・飛驒川の河川流域そして野尻湖沿岸に土錘出土遺跡が認められる。拙稿（種石悠2006）で述べたように、網漁撈者[3]の集落と漁場は近接していたと考えられる。したがってこれら分布する遺跡付近の河川湖沼が、当時網漁の舞台であったと推察される。内陸のなかでも盆地は平地を擁しており、そこを流れる河川の流速も山地の上流域と比べれば緩やかである。網漁を行うにあたって適した環境だったのだろう。

　このような地理的環境のもとで出土する土錘の形態は、球・管状を呈する。そして管状土錘の形態にはヴァリエーションが存在する。関東地方を対象に行った分類（種石悠2006）のうちA1類は認められず、A2類は2遺跡2点、B1類は6遺跡29点、B2類は20遺跡536点余りが該当する。したがって当地域の管状土錘はB2類がほとんどを占めることになる。

　管状土錘は20遺跡すべてで出土した。球状土錘はいまのところ管見にふれた例が3遺跡7点と少ない。また土錘は、長野県長野市篠ノ井石川条里遺跡（市川隆之ほか1997）で祭祀関連とされる溝・遺物集中から、岐阜県飛驒市（旧古川町）上町遺跡金子地点（河合英夫ほか2001）で道路あるいは側溝跡と考えられる溝から出土したほか、大部分は竪穴住居跡からの出土である。

　次に重量の検討に移る。9割以上残存し、重量が判明している土師質・須恵質管状土錘252点について、重量分布をグラフとして示したのが第4図である。160g未満に分布が認められ、そのなかでも90g未満に分布が集まる。それ以上は、屋代遺跡群出土の古墳前期の管状土錘270g（茂原信生ほか1998）と8世紀前半の管状土錘194.3g（市川桂子ほか1999）が認められるだけである。

　分布が集まる90g未満では、10〜30gと40〜70gの分布数が突出して多い。この分布状況を、関東地方を対象に行った重量分類案（種石悠2006）を用いて表現すると、中型品とした20〜90gの点数に比して、小型品とした20g未満の出土点数が少ないということになる。関東・東北地方では20g未満に特に分布の集中が認められたが、甲信地方・岐阜県域ではむしろ中型品のとる重量範囲に分布が集まる傾向にある。

　この理由としては、平地を擁する盆地の河川が漁場であるとはいえ、やはり標高の高い地域であり海岸とその周辺に比して河川の流速は速く、関東・東北地方の平野部で見受けられる20g未満の軽い土錘では漁網の沈子として適さなかったことが考えられる。

　なお球状土錘の重量は、石川条里遺跡（市川隆之ほか1997）出土の2例が20.34gと

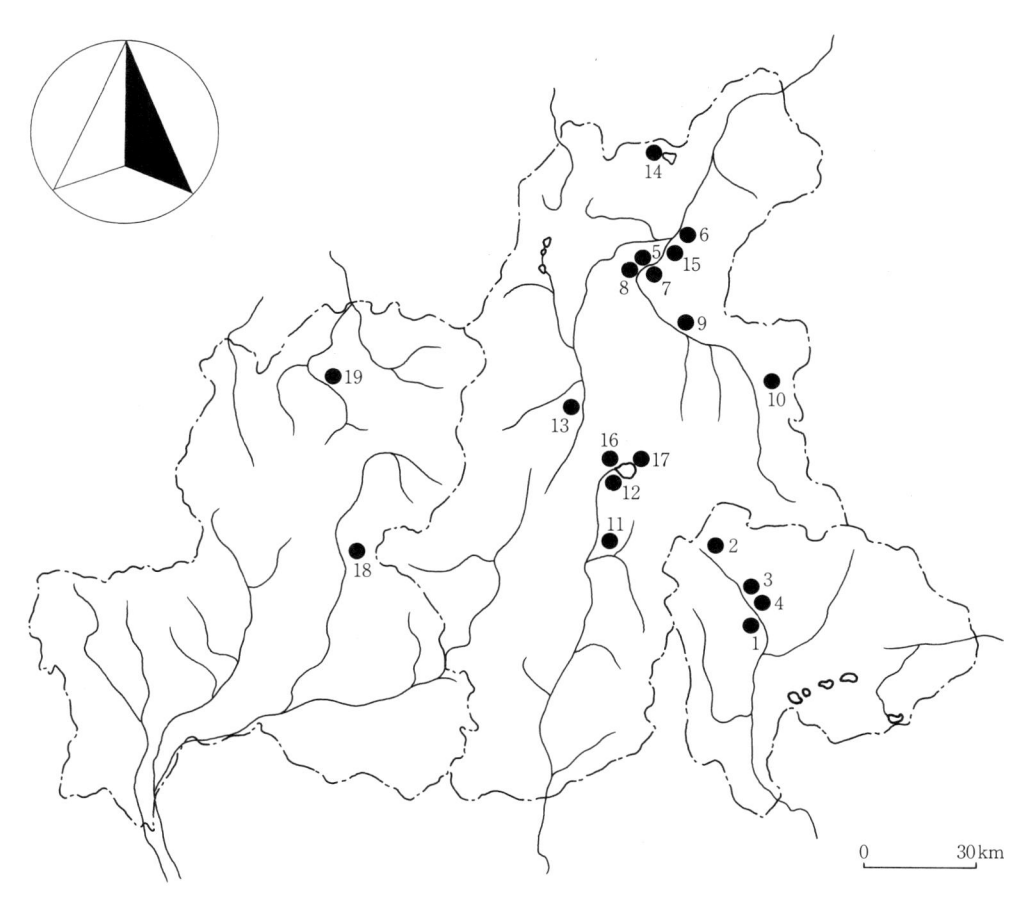

第3図　原史・古代の主要な土錘出土遺跡（番号は集成表に一致）

8.13gを量ることが判明している。今回管見にふれた球状土錘は7例にとどまり、重量分布の傾向をつかむのは現段階では困難である。

　次に土錘内容の変遷について述べたい。土錘を出土した遺跡数を、時期を絞れない例を除き、時代・時期ごとに挙げると、弥生中期1、弥生後期1、弥生後期～古墳前期1、古墳前期2、古墳前期後半～中期前半1、古墳中期2、古墳後期3、古墳終末期4、奈良時代2、奈良後半～平安前半1、平安前半11、平安後半1となる。このうち、管状土錘は弥生中期～律令期に認められる。出現以降、律令期まで存続したと考えられる。球状土錘は、古墳前期後半～中期後半、古墳後期後半以降そして律令期の遺跡から出土している。点数が僅少であり変遷を詳しく把握することはできないが、球状土錘は古墳前期から律令期まで存在していたと考えたい。

　主要な土錘出土遺跡の数をみると、古墳後期～終末期にかけてわずかに増え、その後は平安時代前半に最も増加する。出土する土錘点数は、弥生中期以降、古墳時代全期を通じて乏しく、平安時代前半に出土点数が大幅に増大する。そして平安時代後半11～12世紀の例はほとんど認められない。また、今回の集成のなかで群を抜く最大重量例は、先述し

第1表　甲信地方・岐阜県域内陸部における原史・古代の主要な土錘出土遺跡

県域	遺跡名	遺構	分類と点数	時期	文献	No.
山梨	百々遺跡	31号住居ほか	管状B1類(10)・B2類(3)	平安(9C)	今福2004	1
	寺所遺跡	13号住居	管状B2類(1)	平安(10C)	新津・八巻1987	2
	前田遺跡	5号住居	管状B2類(2)	平安前半	山下ほか1988	3
	堂の前遺跡	9号住居	管状B2類(1)	平安前半	山下1987	4
長野	篠ノ井遺跡群	7272号住居	管状B2類(1)	弥生中期	西山ほか1997	5
		7082号住居	石錘(2)	弥生後期		
		7256号住居	土器片錘※底部を転用			
		7084号住居	管状B2類(1)	古墳前期		
		7001号住居ほか	球状(1), 管状A2類(1)・B2類(39), 石錘(2) ※須恵質3点を含む	奈良～平安(8～11C)		
	榎田遺跡	293号住居	管状B2類(1)	弥生後期～古墳前期	土屋ほか1999	6
		532号住居	管状B2類(1)	古墳終末期		
		1号住居	管状B2類(1)	奈良後半～平安前半		
	更埴条里遺跡・屋代遺跡群	住居・溝・土坑・水田ほか	管状B1類(9)・B2類(67) ※合計217点出土	古墳前期前半～平安(4C後半～11C後半)	市川ほか1999	
		住居・溝ほか	管状B2類(10)	平安(10C前半～11C初)	市川ほか2000a	
	屋代遺跡群	5039号住居	管状B1類(2)	古墳前期	茂原1998	7
		7055号溝	管状B2類(1)	古墳後期		
		11号住居ほか	管状B2類(9)	古墳終末期～平安(7C後半～9C中頃)	青木・西2000	
		368号住居	管状B1類(1)	古墳後期前半		
		366・373号住居	管状B2類(2)	平安前半	佐藤ほか2002	
		21号住居ほか	球状(4)	古墳後期後半以降	木下ほか2000	
		住居・溝・土坑ほか	管状A2(1)・B2類(56) ※須恵質8点を含む	平安		
	石川条里遺跡	遺物集中地点ほか	球状(2), 管状B1(4)・B2類(4)	古墳前期後半～中期前半	市川ほか1997	8
	国分寺周辺遺跡群	442号住居	管状B2類(2)	古墳中期(5C中頃)	柳澤ほか1998	9
		331号住居	管状B2類(1)	古墳終末期(7C前半)		
		413号住居	管状B2類(1)	平安(9C後半)		
	前田遺跡	H112号住居	管状B2類(2)	古墳終末期前半	林ほか1989	10
	下手良中原遺跡	4号住居	管状B2類(3)	平安前半	友野・飯塚2001	11
	船霊社遺跡	5号住居	管状B2類(2)	古墳後期	樋口ほか1980	12
		3・6・7号住居	管状B2類(9)			
		4号住居	管状B1(1)・B2類(3)・不明(1)	平安前半		
		12号住居	管状B2類(30)・不明(6)			
	南栗遺跡	住居	管状B2類(8) ※須恵質1点を含む	古墳終末期～平安(7C後半～9C)	市村ほか1990	13
	仲町遺跡	303号住居	管状B2類(11)	平安(9C後半～10C初)	鵜田ほか2004	14
		304号住居	管状B2類(3)	平安(9C)		
	松原遺跡	住居・溝ほか	管状B1(1)・B2類(39)	平安(9～10C)	上田ほか2000	15
	海戸遺跡	26号住居	管状B2類(60余)	平安	宮坂1974	16
	殿村遺跡(S47年度)	H1号住居	管状B2類(120余)	平安		17
岐阜	上ヶ平遺跡	26号住居	管状B2類(7) ※11号住居から鉄製釣針1点	古墳後期	八賀・岩田2002	18
	上町遺跡金子地点	1号溝	管状B2類(38) ※すべて須恵質	奈良(8C中～後半)	河合ほか2001	19

た屋代遺跡群の古墳前期および奈良時代前半の管状土錘である。当地方で土錘の質・量が発展したと考えられるのは、遺跡数がわずかながら増える古墳後期～終末期と遺跡数・土錘点数ともに増大する平安時代前半であるが、関東地方での検討結果とは異なり、これらの時期と最大重量例の属する時期とが重ならない結果となった[4]。今後の調査動向にも留意したいが、現段階では土錘出土遺跡数がわずかながら増加する古墳後期～終末期に網漁の小規模な発展があり、その後は遺跡数・土錘点数ともに増大する平安時代前半に網漁の盛行期を迎えていたと考えられる。

　なお、先述した更埴条里遺跡・屋代遺跡群では、土錘出土量の増加のピークは7世紀後半と9世紀中頃～後半に認められ、9世紀末には減少傾向を示すとされる（市川桂子ほか

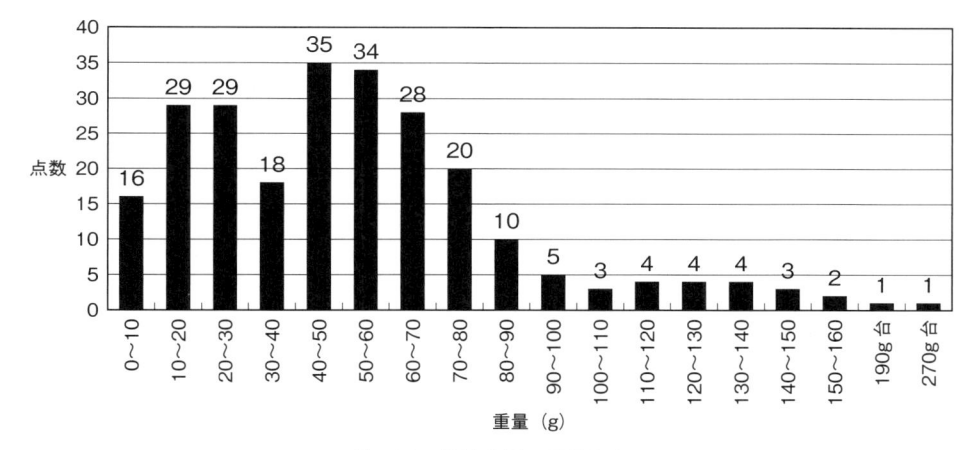

第4図　管状土錘の重量分布

2000b)。この2つのピークは古墳終末期と平安時代前半であり、筆者の考える土錘内容の2つの発展期とも一致する。特に第2のピークの時期には、遺跡群内のほとんどの集落から土錘が出土するという。当遺跡群でも、網漁が最も盛行したのは9世紀中頃～後半の平安時代前半であったと考えられるようである。

しかし当地域で網漁が最も盛行したとみられる平安時代前半においても、主要な土錘出土遺跡数・点数の点で関東・東北地方とは明らかに差が認められる。おそらく両地方に比して、原史・古代の網漁操業者の数・操業頻度は少なかったと推測する。この理由として、当時の人口の差も原因としてあろうが、海岸およびその周辺の平野における流速のゆるやかな河川、また古霞ヶ浦湾・古十三湖の汽水湖のように網漁にとって格好の漁場となりうる内水面が、当地域にはなかったことも考えられる。

また、屋地遺跡（長野市教育委員会1990）でのヒラメ頭骨の出土、芝宮・中原遺跡群でのニシン科魚類・海産貝類の可能性のある遺存体の検出例（樋泉岳二1999）から、当地域でも古墳後期～律令期に海産魚貝類が消費されていたことが判明している[5]。仮に、この海産魚貝類の内陸への流通量が大規模であったとすると、動物性タンパク質を求めて内陸でさほど漁を行う必要はない。つまりこの仮定も、当地域で網漁操業頻度が少なくなった原因として想定しうるかもしれない。しかしいまのところ海産魚貝類の遺存体出土例はごくわずかである。芝宮・中原遺跡群での魚類遺存体の検出例にしても、コイ科がほとんどを占める。したがって、原史・古代における海産魚貝類の当地域への流通増加は、原因として認めがたいと考える。

当地域にみる原史・古代の内陸の網漁は、関東・東北地方あるいは瀬戸内海沿岸に比して実施頻度は少なかったとみなされる。その原因は上述した以外にもあるかもしれないが、網漁にとって格好の漁場に恵まれているとはいえない内陸の河川で、小規模ながらあえて漁撈を行っていた事実は、内陸農耕民の生業における漁撈の位置を推量する上で示唆に富むものである。

2. 須恵質土錘・土器片錘・石錘について（第5図）

　当地域出土の土錘は、土師質の球・管状土錘が大部分を占めるが、例外も認められる。これらの資料についてふれてみたい。

　屋代遺跡群（木下正史ほか 2000、市川桂子ほか 1999）・長野県長野市篠ノ井遺跡群（西山克己ほか 1997）・同県松本市島立南栗遺跡（市村勝巳ほか 1990）・上町遺跡金子地点（河合英夫ほか 2001）から、律令期の須恵質管状土錘が合計 53 点出土した。出土遺跡数・点数ともに、同時期の関東・東北地方を凌ぐ。

　屋代遺跡群の 11 点は住居・土坑・溝跡から出土した。筆者の分類案（種石悠 2006）の B2 類に相当し、重量 57～156 g を量る。平安時代 9 世紀に属する。一部の例には外面にケズリ調整がなされたため、孔と並行方向に稜が形成される。これは秋田県秋田市秋田城跡（小松正夫ほか 1976）出土の平安時代 9 世紀後半の須恵質土錘に認められた特徴に類似する。

　篠ノ井遺跡群の住居・土坑・溝跡から出土した 3 点のうち、2 点は B2 類だが 1 点は A2 類である。A2 類はいまのところ西日本には類例が認められず（和田晴吾 1982、真鍋篤行 1993）、須恵質土錘では僅少な例である。前者の重量は 59.0 g と 125.0 g で、後者は 146.0 g を量る。8～11 世紀に属する。

　南栗遺跡では 595 号住居より 1 点が出土した。B2 類に相当し、重量 154 g を量る。10 世紀前葉に属する。

　上町遺跡金子地点では 1 号溝状遺構より出土した。38 点すべて B2 類に相当する。重量 24.2～91.3 g を量り、平均は 51.5 g である。8 世紀中頃から後半に属する。報告書によれば、上町遺跡の立地する盆地の北西に位置する中原田窯址から須恵質土錘が出土したという[6]。この事実から、上町遺跡の須恵質土錘は、中原田窯址をはじめとする近隣の窯跡から供給されていたと推測される。一方、長野県域出土の須恵質土錘の供給元については該当する窯跡が管見にふれておらず、今後検討を要する。

　土器片錘・石錘は、篠ノ井遺跡群（西山克己ほか 1997）から弥生後期と律令期の例が出土した。弥生後期に属する土器片錘は底部を転用しており、重量 44.0 g を量る。同時期の石錘は、石材は不明であるが勾玉状を呈する例（61.0 g）と軽石製で管状を呈する例がある。律令期の石錘は、デイサイトを素材とし有孔で長球状を呈する例（2/3 残存、284.0 g）と、軽石を素材とし有孔で不定球形の例（20.0 g）が認められる。これらは形態・素材そして出土例の乏しさからみて、漁網の沈子とは即断しがたい。特に軽石製の例は、漁網の浮子の可能性もある。

　また更埴条里遺跡・屋代遺跡群から、平安時代および中世の打欠石錘が出土している（市川桂子ほか 2000b）。しかし点数がわずかであり、漁撈用のほかに編み物用錘具などの用途（渡辺誠 1981）も検討すべきかも知れない。

　このほか、伊那盆地南部で弥生時代の打欠石錘が、諏訪湖沿岸で弥生後期～古墳初頭の

須恵質土錘（1〜11）　　　　　　　　　　土器片錘

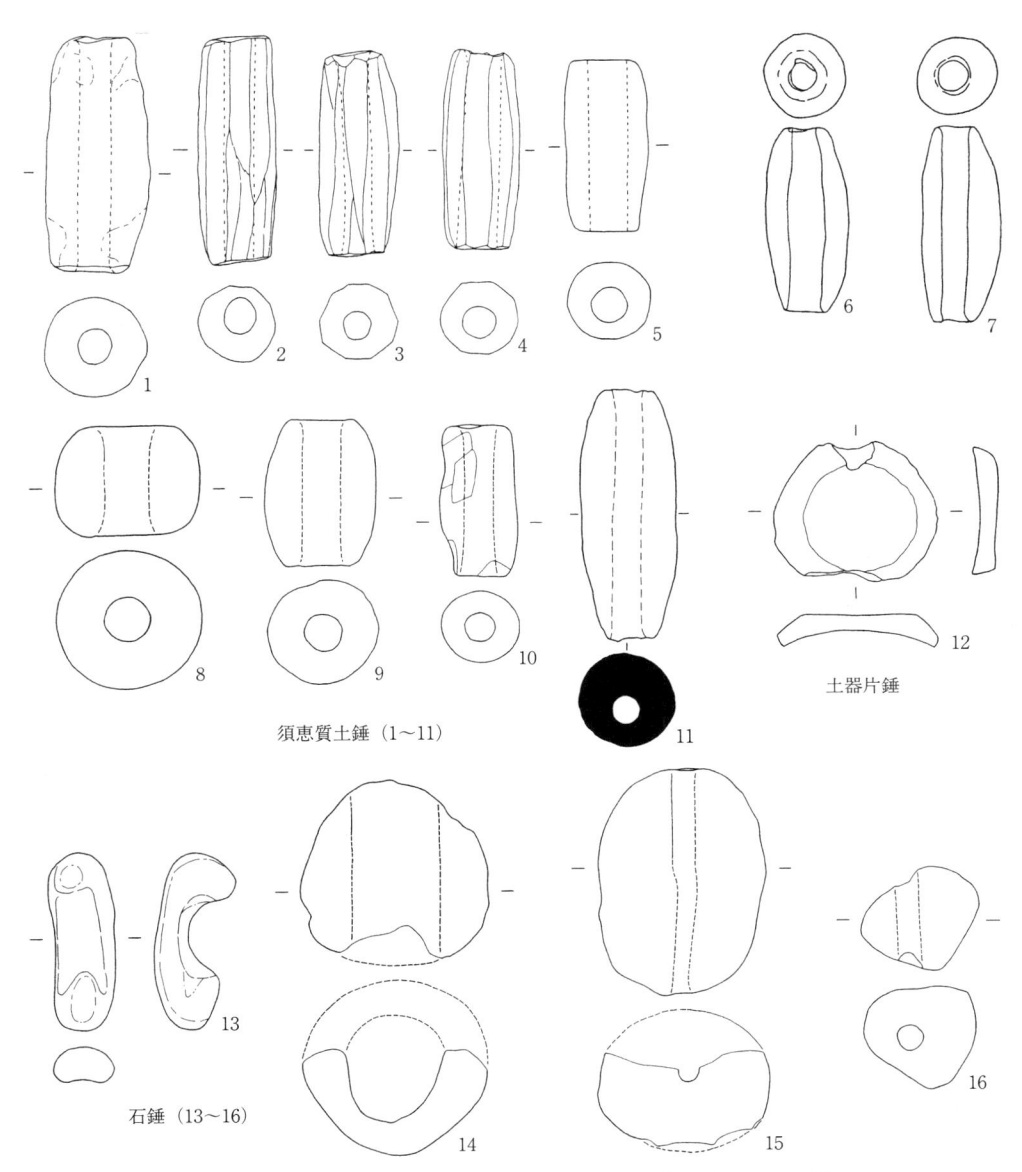

石錘（13〜16）

第5図　須恵質土錘・土器片錘・石錘（S＝1/3、各報告書より転載）
屋代遺跡群：1〜5、上町遺跡：6・7、篠ノ井遺跡群：8〜10・12〜16、南栗遺跡：11

大形石錘が認められる（神村透1988）。打欠石錘については「編物石」の可能性も考えられている。大形石錘は、いわゆる有溝石錘と有頭石錘を含む。用途として大規模な網漁や延縄・タテ縄漁の沈子、または碇が推定されている（大野左千夫1981）。

　漁撈用沈子以外では、漁網に関連する資料として屋代遺跡群（市川桂子ほか1999）から網針と浮子の可能性がある木製品が出土した（第6図）。いずれも7世紀後半から8世紀前半に属する。網針は針葉樹を素材とする。類例として、新潟県新潟市的場遺跡（小池邦明・藤塚明1993）で8世紀前半から10世紀前半に属する網針の部分が出土している。浮子

の可能性がある木製品は、木札状木製品および用途不明とされた木製品のなかに認められた。前者は短冊状の板の両端側面に対の切り欠きを施す例である。的場遺跡で出土した8〜10世紀前半の木製品のなかに類例が認められる。後者は、楕円形を呈する板の長軸上の両端に2箇所穿孔を施す例である。福島県相馬市長老内大森A遺跡（福島県文化センター1990）で古墳後期の水田跡から類例が出土している。

浮子と考えられる木製品のうち前者の類例は、筆者が土錘を検討した東北地方でも認められた。宮城県仙台市若林区下飯田遺跡（中富洋ほか1995）の河川跡において7世紀後半以降の堆積土から1点出土している（第6図）。マツ属の短冊状の板材を素材とし、両端部両側面に抉りをもつ。

なお、住居内の配置箇所や装着状態をうかがわせるようなまとまった土錘の出土状況、また土錘孔内の沈子綱残存例は今回管見にふれなかった。有溝・棒状土錘などの非在地系土錘（種石悠2006）も甲信地方では認められなかった。

岐阜県域においては、伊勢湾沿岸の弥生以降の漁撈関連遺跡を検討した久保禎子氏によれば、美濃加茂市牧野小山遺跡および可児市宮之脇遺跡から棒状土錘が出土しているという（久保禎子1994）。宮之脇遺跡の例は、古墳前期に属する。しかしこの2遺跡は濃尾平野の北東端、木曽川流域に位置し海岸からはさほど離れてはいない。したがって、当時明らかな内陸であったとは認めがたい。そうなると甲信地方と岐阜県域内陸部からは、いまのところ非在地系土錘は出土していないことになる。

関東・東北地方で非在地系とした有溝・棒状土錘は、原史・古代に瀬戸内海沿岸を中心に分布する（大野左千夫1978・1980、和田晴吾1982）。この分布状況は、これらの土錘が海面や海岸およびその周辺の内水面に適した漁網錘であることを示唆している。そのため内陸の内水面とりわけ河川流域には不向きな漁網錘とみなされ、受容されなかったのではないだろうか。しかし棒状土錘に限っては、先述したように岐阜県域で木曽川流域の遺跡から出土している。そのまま河川に沿って、棒状土錘とそれを用いた網漁技術が内陸までもたらされることもありえたはずである。今後の調査結果に留意したいが、内陸の棒状土錘の不在は、在地の漁撈者の主体的な選択による受容の拒否を示唆していると考える。

IV. 結語にかえて—海岸およびその周辺における内水面漁撈との比較—

本稿で検討した内陸の漁撈関連遺跡および土錘出土遺跡には、高橋氏の設定した弥生以降の内水面漁撈がもつ性格のうち第2分類、すなわち「集落や水田に付随する用水路、または水田そのもので行なわれる場合」（高橋龍三郎1996）が存在した明確な痕跡は認められなかった。漁撈関連遺跡では、北島遺跡でヤスの出土地点が判明しているが、これは河川跡であり人為的な環境とはいえない。また屋代遺跡群（市川桂子ほか1999）では、7世紀末〜8世紀前半の水田跡から土錘が2点出土したが、出土点数がわずかであり類例もなく、

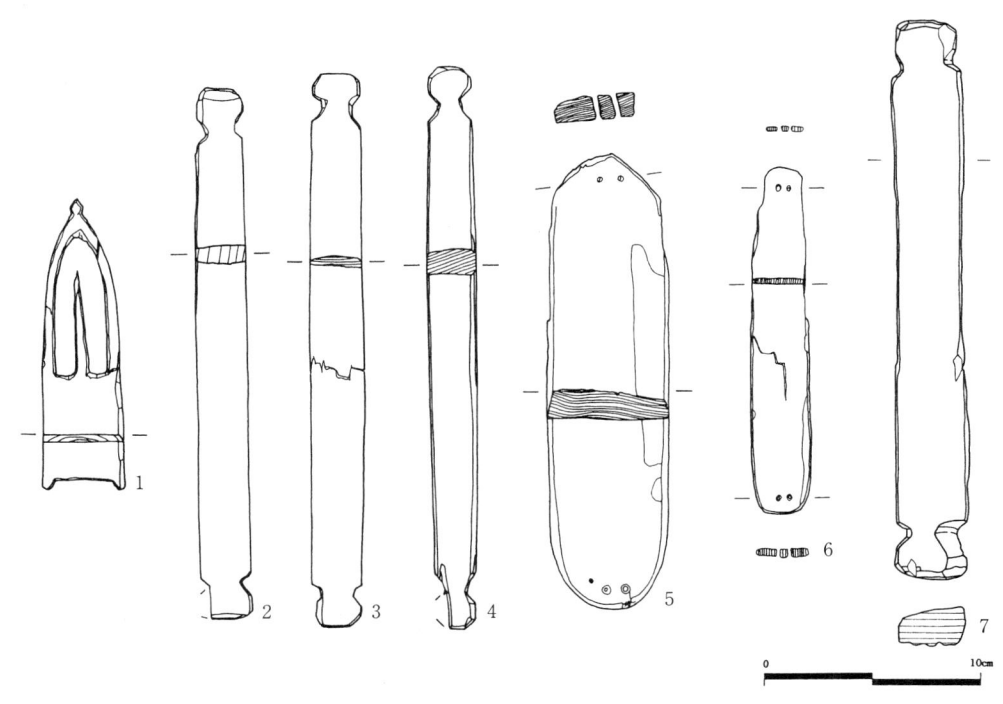

第6図　網針と浮子の可能性がある木製品(7以外 S = 1/3、各報告書より転載)
屋代遺跡群：1～6、下飯田遺跡：7

水田での網漁の痕跡とは即断できない。

　IIでは、芝宮・中原遺跡群のコイ科魚類・タニシ類遺存体、そして屋代遺跡群（市川桂子ほか2000b）のドジョウ科椎骨の検出例を示し、当地域で水田やその周辺の人工水系においても漁撈が行われていた可能性は否定できないとした。しかし、これも現段階では実証までには至っていない。

　内陸から出土する漁具は、ヤス・銛などの刺突漁具および鉄製釣針・土錘が認められる。これらの漁具は水田およびその周辺の人工水系よりも、むしろ河川湖沼での漁撈に適している。高橋氏が弥生以降に特徴的な漁撈に用いられたとする漁具のうち、筌・釿・タモ網・四手網はいまのところ内陸で認められない。簗状遺構は、松原遺跡（上田典男ほか2000）で検出されたが、自然河川内の設置である。

　比較から判明したこれらの事実は、海岸およびその周辺と内陸との間における内水面漁撈の性格の差異を示していると考えられる。

　弥生以降の内水面漁撈の性格には、高橋氏が設定する2分類が存在したと考える。しかし、内陸には漁撈の性格の第1分類すなわち河川湖沼における漁撈の色彩が強く、それに比して第2分類とされる集落や水田とその周辺の人工水系での漁撈の色彩が弱いようである。一方、氏の扱った遺跡例は、その出土漁具の種類・遺構の性格からみて、第2分類の色彩が第1と同様か、あるいはそれ以上に強かった可能性が考えられる。つまり、弥生以

降の内水面漁撈がもつ性格の2分類の色彩の強弱には、海岸およびその周辺と内陸との間で地域的差異があったと推察されるのである。

　また、甲信地方・岐阜県域を対象に検討してきた原史・古代の内陸の土錘内容を、主に海岸およびその周辺平野の遺跡から出土する関東・東北地方の土錘のそれと比較することによって、両者の間の差異が明らかとなった。すなわち、管見にふれた甲信地方・岐阜県域内陸部の主要な土錘出土遺跡数は、現段階では関東・東北地方より明らかに少ない。そしてその重量は、両地方の管状土錘より重い範囲に分布が集まる。また、須恵質管状土錘は両地方に比べ多く出土し、非在地系土錘は岐阜県域の非内陸部出土の棒状土錘を除き、未検出である。ただし変遷では、網漁が盛行したと考えられる時期が平安時代前半であり、両地方と一致する。このように原史・古代における海岸およびその周辺と内陸との間に認められた土錘内容の差異は、当時の網漁技術の内容とその操業形態においても、両地域の間に差異が存在した可能性を示唆する。

　ところで、松本建速氏は東北地方北部の馬匹生産・鉄生産および土器などの検討を通じて、「東北北部の古代において蝦夷と表記された人々の大部分は、7世紀以降に当地域よりも南の山間地から移住した人々であった」(189頁)との仮説を示している[7]（松本建速2006）。鉄滓の化学成分分析や土器胎土分析を採用し、蝦夷研究をさらに発展させる高著である。しかし上述したように、東北地方北部と甲信地方の律令期ことに平安時代前半の土錘には、その内容や重量分布の傾向および網漁がおこなわれた漁場に違いが認められる。つまり土錘および網漁の内容に関しては、両地方に深い関連を見出すことはできない。また、陸奥湾沿岸をはじめ東北地方北部では、9世紀後半から10世紀にかけて土器製塩が営まれる（北林八洲晴2005）。そして、青森県域では平安時代に属する鉄製釣針が陸奥湾・太平洋沿岸から40点余り出土しており（齋藤淳2005）、盛んに釣漁が行われていたことが推量される。これら海に関係する生業と「山間地から移住した人々」との関連も問題となろう。松本氏の仮説成立の可否については、生業の面からの検討も必要となるかもしれない。

　これまで先学によって、弥生以降の農耕社会においても縄文時代に引き続き漁撈・狩猟が行われていたことが論じられてきた[8]。すなわち当時の生業には、農耕だけではなく狩猟や漁撈も含まれ、複合的な性格が認められるという主張がなされてきたのである。本稿ではこれらの研究成果をうけて、数ある生業分野のなかでも内水面漁撈を対象とし、その性格に地域差があったことを示した。そして、当時の複合的な生業にさらに多様性が認められることを論じようと試みた。内陸の漁撈関連遺跡・土錘出土遺跡数は調査例がさほど多くはない。今後の調査動向にも留意する必要があるが、以上の仮説を提示し諸学の高教を俟つことにしたい。

謝辞

前田　潮先生、マーク・ハドソン先生をはじめ、筑波大学の諸先生方からは日頃より御指導をいただいている。また本稿を草するにあたり、髙木暢亮氏・森田賢司氏から文献入手の便宜を図っていただき、あるいは有益な御教示を賜った。謝意を表する。

附記

筆者は、須藤　隆先生から土器の観察についてよく指導を賜った。「この土器など 3 回も観察カードを作成している。このようにして自分に土器を覚えこませてしまうのだ」。このようにおっしゃって、ご自身が記入された土器の観察カードを見せていただいたことがある。また他の研究を評価して自身の研究を進めることも強調しておられた。東北大学在学時にいただいたご指導は、いまだに筆者の研究における基礎の一部となっている。

学恩に感謝し、本稿を先生に献呈する。

註

1) 渡辺氏は、釣針の高さが 1・2 cm 台を小型、3・4 cm 台を中型、5・6 cm 台を大型、7 cm 台以上を超大型と分類した。

2) 東日本の諸研究については、拙稿（種石悠 2006・2007）を参照願いたい。

　　また拙稿（種石悠 2007）脱稿後、以下の土錘出土遺跡例にふれた。これらの例は、東北地方の原史・古代における網漁の実態を解釈するうえで欠くことはできない。筆者の不勉強をお詫びするとともに、次の 2 例を拙稿の集成に補う次第である。

宮城県多賀城市浮島市川橋遺跡（千葉孝弥ほか 2001・2003）：遺物包含層などから有溝土錘 44 点・棒状土錘 5 点・管状土錘 10 点・球状土錘 2 点が出土した。平安時代の 9 世紀代に属する。当遺跡で認められた有溝土錘の出土点数は、律令期の関東地方には匹敵する例がなく、東日本のなかでも最多の例に入ると思われる。律令期を迎えると、東北地方は古墳時代と比べ非在地系土錘の出土点数が関東地方を凌ぐと拙稿で述べた。この仮説を補強する資料である。

青森県七戸町倉越 (2) 遺跡（永嶋豊ほか 2005）：16 号住居および 5・7 号溝から、東北地方北部の律令期に認められる土錘のなかでは、比較的大形の管状土錘が出土した。平安時代後半の 11 世紀代に属し、重量は 52.9〜141.3 g を量る。報告書の考察で横井猛志氏が述べているように、「岩木川周辺以外でみられる内水面網漁の数少ない痕跡のひとつ」であり、律令期東北地方の土錘分布を検討するうえで重要な遺跡である（横井猛志 2005）。また律令期の青森県域において大形土錘を出土した寡少な例でもある。

　　なお、上述の横井氏の論考で、青森市（旧浪岡町）野尻 (4) 遺跡出土の律令期の有溝土錘が紹介されている。これが事実であるとすると、拙稿で述べた有溝土錘の北限は、秋田城跡からさらに青森県域まで北上することになる。

3) ここでいう漁撈者とは古代「海人」のような専業的な漁撈民ではなく、農耕を主生業とし副業的に漁撈を営んでいた人びとの意である。

4) 土錘の重量は、それが装着されていた漁網の操業形態の規模を反映しうると考える（種石悠 2006）。したがって、土錘重量の軽重の時間的推移は、網漁操業形態の規模の推移を示す可能性

5) このほか、長野県小諸市竹花(たけはな)遺跡の古墳後期の住居跡から、カジキ類の椎骨が出土したという（藤原直人1999）。
6) 東日本ではほかに、佐渡島において律令期の窯跡出土の須恵質管状土錘が知られている（坂井秀弥ほか1991）。新潟県佐渡市(さどし)（旧羽茂町(はもちまち)）小泊(こどまり)窯跡群から、9～10世紀前半の例が1点出土した。古代佐渡において須恵質土錘が製作されていた事実を示す。
7) 移住者の故地については、「元来あまり稲作農耕に向かない土地に住み、馬飼や雑穀栽培を主としておこなう人々であったと推測」し、「東北北部に連なる地域では、東山道地域や甲斐などの馬産地が、その移住者の出身地として有力な候補となる」（181頁）と述べている。
8) 弥生時代の漁撈研究については拙稿（種石悠2006）でふれている。狩猟に関しては、金子浩昌氏・中井一夫氏・山田昌久氏の論考がある（金子浩昌1981、中井一夫1981、山田昌久1985）。なかでも金子氏は「中央高地帯における弥生時代遺跡出土の動物遺体」について、長野県上田市（旧真田町(さなだまち)）菅平唐沢(すげだいらからさわ)岩陰の例を挙げ言及している。この遺跡からは、イノシシ17個体・シカ10個体・クマ15個体・カワウソ1個体・アナグマ2個体余り・タヌキ4～5個体・ノウサギ1個体・ニホンザル13個体・カモシカ5個体分の遺存体と打製石鏃197点が出土したという。これらは弥生中～後期に属する。氏は、このように豊富な動物遺存体の出土について「菅平のような恵まれた狩猟環境のなかにあって、はじめて可能であったろう」（120頁）と述べている。

引用文献

藤森栄一 1927「有史以前における土錘の分布と諏訪湖」『諏訪中学校友会誌』26（1974『長野県考古学会誌』19・20合併号 pp. 142-152 再録）

藤原直人 1999「芝宮遺跡群・中原遺跡群出土の動植物遺体―古代の食生活を考える―」『食の復元』帝京大学山梨文化財研究所研究集会報告集2 pp. 171-185

神村 透 1988「III 生産と生活の道具 3 弥生時代の道具」『長野県史考古資料編1巻（4）遺構・遺物』長野県史刊行会 pp. 481-517

金子浩昌 1981「弥生時代の貝塚と動物遺存体」『三世紀の考古学 上巻』学生社 pp. 86-141

金子浩昌 1994「新保田中村前遺跡出土の骨角製品」『新保田中村前遺跡IV』（財）群馬県埋蔵文化財調査事業団発掘調査報告書176 pp. 1-65

北林八洲晴 2005「III部2章3節4項 青森県の土器製塩」『青森県史 資料編 考古3 弥生～古代』青森県 pp. 368-371

久保禎子 1988「愛知県朝日遺跡のヤナ」『季刊考古学』25 pp. 45-49

久保禎子 1994『漁の技術史―木曽川から伊勢湾へ』一宮市博物館平成6年度企画展図録

真鍋篤行 1993「付論 瀬戸内地方出土土錘の変遷」『瀬戸内地方出土土錘調査報告書（II）』瀬戸内海歴史民俗資料館 pp. 42-67

松井 章 2004「山地域における生業」『日本考古学協会2004年度広島大会研究発表会資料集』pp 95-114

松本建速 2006『蝦夷の考古学』同成社

宮坂光昭 1974「天竜川水系上流の管状土錘」『長野県考古学会誌』19・20合併号 pp. 67-75

宮坂光昭 1984「諏訪湖水系における漁網錘の研究」『中部高地の考古学』III pp. 64-87

村松佳幸 1999「山梨県内出土の石錘について」『山梨考古学論集』IV pp. 181-196

中井一夫 1981「狩猟」『三世紀の考古学　中巻』 学生社 pp. 140-157
長沢宏昌 2003「山間地の漁労と打欠石錘の用途」『山梨県立考古博物館・山梨県埋蔵文化財センター研究紀要』19 pp. 45-61
根木　修ほか 1992「水稲農耕の伝来と共に開始された淡水漁撈」『考古学研究』39-1 pp. 87-100
大野左千夫 1978「有溝土錘について」『古代学研究』86 pp. 19-37
大野左千夫 1980「有孔土錘について」『古代学研究』93 pp. 30-38
大野左千夫 1981「漁撈」『三世紀の考古学　中巻』pp. 158-192
大野左千夫 1992「弥生時代の漁具と漁撈生活」『考古学ジャーナル』344 pp. 15-19
大沼芳幸 2003「田んぼと魚のちょっといい関係―近江弥生時代の水田漁労に関する試論―」『弥生のなりわいと琵琶湖―近江の稲作漁労民―』 サンライズ出版 pp. 92-111
齋藤　淳 2005「岩木川流域における古代の漁撈について」『北奥の考古学』 葛西勵先生還暦記念論文集刊行会 pp. 503-518
坂井英弥ほか 1991「佐渡の須恵器」『新潟考古』2 pp. 26-67
下條信行 1993「わが国初期稲作期における土錘の伝来と東伝」『考古論集―潮見浩先生退官記念論文集―』 潮見浩先生退官記念事業会 pp. 319-338
高橋龍三郎 1996「弥生時代以降の淡水漁撈について」『早稲田大学大学院文学研究科紀要』第41輯・第4分冊 pp. 115-131
種石　悠 2006「関東地方における原史・古代の土錘について」『物質文化』80 pp. 29-53
種石　悠 2007「東北地方における原史・古代の土錘について」『物質文化』83（印刷中）
樋泉岳二 1999「5章1節　中原遺跡・芝宮遺跡出土の動物遺体」『上信越自動車道埋蔵文化財発掘調査報告書18 芝宮遺跡群・中原遺跡群』（財）長野県埋蔵文化財センター発掘調査報告書39
鳥居龍蔵 1924『諏訪市　1巻』 諏訪教育会
上野修一 1982「栃木県における縄文時代の網漁について」『栃木県考古学会誌』7 pp. 23-37
和田晴吾 1982「弥生・古墳時代の漁具」『考古学論集』小林行雄博士古稀記念論文集 pp. 305-339
渡辺　誠 1981「編み物用錘具としての自然石の研究」『名古屋大学文学部研究論集 LXXX 史学27』 pp. 1-46
渡辺　誠 1982「弥生時代の筌」『稲・船・祭―松本信廣先生追悼論文集―』 六興出版 pp. 121-137
渡辺　誠 1988「縄文・弥生時代の漁業」『季刊　考古学』25 pp. 14-20
渡辺　誠 2000『考古資料ソフテックス写真集　第15集』 名古屋大学文学部考古学研究室
山田昌久 1985「弥生時代の狩猟」『歴史公論』114 pp. 54-62
横井猛志 2005「第5編　まとめ　第3章　倉越（2）遺跡出土の管状土製品（土錘）について」『倉越（2）遺跡、大池館遺跡』青森県埋蔵文化財調査報告書389 pp. 164-167

遺跡報告書文献

青木一男・西　香子 2000『国道403号土口バイパス埋蔵文化財発掘調査報告書　屋代遺跡群』（財）長野県埋蔵文化財センター発掘調査報告書46
千葉孝弥ほか 2001『市川橋遺跡』多賀城市文化財調査報告書60
千葉孝弥ほか 2003『市川橋遺跡』多賀城市文化財調査報告書70

林　幸彦ほか　1989『前田遺跡（第Ⅰ・Ⅱ・Ⅲ次）発掘調査報告書』　佐久市教育委員会
福島県文化センター　1990『相馬開発関連遺跡調査報告Ⅱ』福島県文化財調査報告書234
今福利恵　2004『百々遺跡2・4』山梨県埋蔵文化財センター調査報告書212
礒崎　一・山本　靖　2005『北島遺跡ⅩⅢ』埼玉県埋蔵文化財調査報告書305
市川桂子ほか　1999『上信越自動車道埋蔵文化財発掘調査報告書26 更埴条里遺跡・屋代遺跡群―古代1編―』（財）長野県埋蔵文化財センター発掘調査報告書42
市川桂子ほか　2000a『上信越自動車道埋蔵文化財発掘調査報告書27 更埴条里遺跡・屋代遺跡群―古代2・中世・近世編―』（財）長野県埋蔵文化財センター発掘調査報告書50
市川桂子ほか　2000b『上信越自動車道埋蔵文化財発掘調査報告書28 更埴条里遺跡・屋代遺跡群―総論編―』（財）長野県埋蔵文化財センター発掘調査報告書54
市川隆之ほか　1997『中央自動車道長野線埋蔵文化財発掘調査報告書15 石川条里遺跡』（財）長野県埋蔵文化財センター発掘調査報告書25
市村勝巳ほか　1990『中央自動車道長野線埋蔵文化財発掘調査報告書7 南栗遺跡』（財）長野県埋蔵文化財センター発掘調査報告書7
河合英夫ほか　2001『上町遺跡金子地点・氷見地点発掘調査報告書』　古川町教育委員会
木下正史ほか　2000『屋代遺跡群』　更埴市教育委員会
小池邦明・藤塚　明　1993『新潟市的場遺跡』　新潟市教育委員会
小松正夫ほか　1976『昭和50年度秋田城跡発掘調査概報』　秋田市教育委員会
長野市教育委員会　1990『屋地遺跡Ⅱ』長野市の埋蔵文化財36
永嶋　豊ほか　2005『倉越（2）遺跡、大池館遺跡』青森県埋蔵文化財調査報告書389
中富　洋ほか　1995『下飯田遺跡発掘調査報告書』仙台市文化財調査報告書191
新津　健・八巻与志夫　1987『寺所遺跡』山梨県埋蔵文化財センター調査報告書27
西山克己ほか　1997『中央自動車道長野線埋蔵文化財発掘調査報告書16 篠ノ井遺跡群』（財）長野県埋蔵文化財センター発掘調査報告書22
佐藤信之ほか　1989『生仁遺跡Ⅲ』　更埴市教育委員会
佐藤信之ほか　2002『屋代遺跡群　附　松田館』　更埴市教育委員会
澤谷昌英・寺内貴美子　1998『北陸新幹線埋蔵文化財発掘調査報告書3 更埴条里遺跡・屋代遺跡群』（財）長野県埋蔵文化財センター発掘調査報告書32
茂原信生ほか　1998『上信越自動車道埋蔵文化財発掘調査報告書25 更埴条里遺跡・屋代遺跡群―弥生・古墳時代編―』（財）長野県埋蔵文化財センター発掘調査報告書29
篠崎健一郎ほか　1991『古城』大町市埋蔵文化財調査報告書19
友野良一・飯塚政美　2001『松太郎窪遺跡』　伊那市教育委員会
土屋　積　1999『上信越自動車道埋蔵文化財発掘調査報告書12 榎田遺跡』（財）長野県埋蔵文化財センター発掘調査報告書37
鶴田典昭ほか　2004『一般国道18号埋蔵文化財調査報告書3 仲町遺跡』（財）長野県埋蔵文化財センター発掘調査報告書63
上田典男ほか　2000『上信越自動車道埋蔵文化財発掘調査報告書6 松原遺跡　古代・中世』（財）長野県埋蔵文化財センター発掘調査報告書53
八賀哲夫・岩田　修　2002『上ヶ平遺跡Ⅱ』岐阜県文化財保護センター調査報告書73
矢口忠良ほか　1988『宮崎遺跡』長野市の埋蔵文化財28

山下孝司ほか 1987『中本田遺跡・堂の前遺跡』 韮崎市教育委員会
山下孝司ほか 1988『前田遺跡』 韮崎市教育委員会
柳澤　亮ほか 1998『北陸新幹線埋蔵文化財発掘調査報告書2』（財）長野県埋蔵文化財センター発掘調査報告書31

内耳の摩滅痕からみた内耳土器から焙烙への変化
―房総の資料を中心に―

簗 瀬 裕 一

I. はじめに

　中世後半の東国を主とする地域おいて、内耳土器[1]と呼ばれる土製の鍋が広く使われていた。この時代の調理具は言うまでもなく鉄製の鍋や釜が主体であるが、鉄は何度でも再利用が可能な素材であるため、当該期の遺跡の調査が膨大な件数行われているにもかかわらず、良好な鉄製鍋釜の資料は非常に少ないのが現状である[2]。このような中世考古学における鉄製調理具資料の欠如は、人間の生活のなかで重要な位置を占める食文化の解明に大きな負の要因になっている。こうした点から、比較的出土点数の多い内耳土器は、当時の食文化やそれに絡む生活様式を考える上で重要な資料であるといえるものである。本稿ではこの内耳土器について、特に内耳部分に見られる摩滅痕に着目して、その使用方法を主題として検討を進めてみたい。

　これまでの研究から、内耳土器は内耳鉄鍋を模倣した形で登場し、やがて形を変えながら焙烙へと変化することは良く知られている。その形態の変化は、内耳土器が煮炊きに使う「土鍋」から、水を加えずに煎ったり炒めたりする「焙烙」へと変わることに対応したもので、この点については、内耳土器の先駆的な研究である中村倉司氏の論文（中村倉司 1979）おいても指摘されているとおり、今日でも基本的な認識となっているものである。こうした内耳土器から焙烙への変化を主題とした代表的な研究として両角まり氏のものがあげられる（両角まり 1996）。両角氏は、関東における中近世の内耳土器を分類し、その編年を提示した上で、近世江戸在地系焙烙の成立について論じている。両角氏の研究は、関東における在地系土器生産の流れの中に、近世江戸の在地系焙烙の成立とその時期を位置づけたものであり、筆者も学ぶ点が多かった。しかし、約 10 年前という段階の資料の蓄積状況を反映しているのかもしれないが、両角氏の関東における中世の内耳土器の分類は、地域ごとおよび時期的にも複雑な変化を見せている実態に対して、十分に対応しきれていないと考えている。また、両角氏の研究テーマは近世の焙烙の成立であったが、実際には中世において焙烙と呼べるものが既に成立していたと考えられ、その成立時期について筆者は異なる見解を持っている。そして、ここで検討対象とする内耳土器にとって重要であると考えている内耳土器の摩滅痕には、ほとんど検討が加えられていないという課題を残している。

　焙烙の内耳に摩滅痕が見られるのは珍しくないが、出土資料をよく観察すると中世の内

耳土器にも摩滅痕を有するものが少なからず存在する。内耳土器の摩滅痕についてはこれまで注意されることが少なかったが[3]、この土器の使用方法や用途を推定する上でも重要な情報源になると考えている。ここでは、内耳土器を最も特徴づけている内耳に残る摩滅痕を手がかりに、内耳土器の使用方法を検討し、やがて炮烙に変化してゆく過程を考えてみたい。これは単に土器の変化の問題だけではなく、囲炉裏などの火所の形態を含む生活様式、食材や調理法の変化を含む食生活など、より広範な当時の生活文化を考える材料ともなるのである。

なお、筆者は、主に房総をフィールドとして中世の在地土器の研究を進めているため、先述の両角氏の研究範囲に比べれば、本稿は限られた一地域の資料をもとにした研究に過ぎないが、詳しく観察する機会を得た千葉県内の資料[4]より得た情報を中心に、筆者なりの分析を示し、中世考古学の研究に寄与したいと考える。

II. 房総の内耳土器について

房総においては、15世紀中頃に土器・陶磁器類に大きな変化が認められる。古瀬戸後期IV期新段階に相当する時期になると瀬戸製品の流入量が増加し、常滑窯の鉢は瀬戸擂鉢に駆逐されてゆく。また、この段階から房総では、カワラケの出土量が急増し、内耳土器・土器擂鉢も急速に普及するようになる（簗瀬裕一 2003）[5]。内耳土器は鉄鍋の模倣から生産が始まったため、初期のものは鉄鍋の形態を忠実に写しており、深さのあるものが主体となっていたが、時期が下がるとともに浅くなってゆく。房総では、15世紀中葉の後期IV期古段階頃に内耳土器が出現するとみられるが、この時期の資料は少なく、後期IV期新段階になると多数の資料が見られるようになる[6]。県内のいくつかの遺跡では、後期IV期古段階の瀬戸擂鉢を模したと考えられる土器擂鉢が確認されており、この段階の瀬戸窯の擂鉢をコピーすることにより土器擂鉢の生産が始まった可能性が大きいと考えられる。そして、内耳土器についても瓦質のものの場合、土器擂鉢とともに出土する場合が多いこと、胎土や焼成法において両者に共通性がみられることなどから、同一の生産地において同じ頃に製作が開始されたものと考えられる。それが15世紀の中頃であり、15世紀後半になると千葉県内に広くかつ量的にも安定して流通するようになる。

ただし、15世紀段階の資料でも単一のモデルから製作されたとは考えにくい複数のタイプの内耳土器が確認でき、複数の鉄鍋をモデルとした編年の系列を考える必要がある。こうした状況から、モデルとした内耳鉄鍋を異にする独自の製品を生んだ複数の生産地の存在が推定され、それぞれが固有の流通圏を持っていたと考えられるのである。そうした小単位の流通圏が複合して大きな地域性が生じていると思われるので、内耳土器の研究を進めるに当たっては、胎土や焼成法などを組み入れた型式分類を行なったうえで、地域的様相を織り込んだ編年作業を行なう必要がある。

房総における内耳土器研究については、いくつかの先行研究があるが（津田芳男 1990・2006、鳴田浩司 2000、簗瀬裕一 2005、近世の焙烙については藤尾慎一郎 1991 など）、数多くの資料が蓄積されている割には低調といえよう。全県的な資料収集と編年作業を行なった鳴田浩司氏の研究が初めての本格的研究といえるが（鳴田浩司 2000）、鳴田氏の場合、内耳土器のほとんどの資料を 15 世紀代に含めており、16 世紀代は空白に近い状況としている。しかし、中世の内耳土器と近世の焙烙が型式的に連続している状況から見て、15 世紀代から近世まで継続して生産・使用され続けたと考えられるので、年代観の再検討により、その空白を埋める努力が必要と考える。

　ここで扱う千葉県の資料については、常陸地域の内耳土器を含めて、「常総型」として共通性の高いひとつのグループとして理解されることが多いが（浅野春樹 1991）、実際には千葉県内の資料においてもかなりの地域差を含んでおり、単純にひとくくりにはできない複雑な状況にある。確かに一部には、胎土や製作技法からみても常陸地域産か常陸の影響を受けていると見られる資料も存在するので、将来的には型式別の分布を検討することにより、生産地や流通といった問題も研究してゆくべきであろう。

III. 内耳土器の分類

　以下では、記述の便宜のため、第 1 図のとおり、内耳に番号をふって、内耳を表記することとしたい。また、個別の内耳についてふれるときには、土器の中心側から内耳に向かってみた状態を基本として記述したい。筆者がこれまで調べてきた限り、房総では 3 個の内耳を有するものしか確認されていないので、以下でも基本的に破片の出土資料についても、3 内耳の内耳土器であることを前提として論を進めたい。

　内耳土器の分類については、大きくその器形によって分類を行った両角氏のものに従って（両角まり 1996）、下記の通り 3 つに分類しておく（第 2 図）。
　A 群：器高が口径のおおよそ 1/3 以上のもの。深鍋型。
　B 群：器高が口径のおおよそ 1/3 未満から 1/6 以上のもの。中深鍋型。
　C 群：器高が口径のおおよそ 1/6 未満のもの。浅鍋型。
　両角氏の分類は、房総の資料に照らしてみると、網羅されていない中間的なものが存在するので、ここでは口径と器高の比率という単純明快な分類基準を基本的に採用して議論を進めたい[7]。また、分類名だけでは理解しにくいので、別にその形態に応じた呼び名を独自につけておいた。A 群は古い段階の内耳土器に多い深い鍋型を呈するもの、C 群は焙烙と呼んでもよい浅鍋状の形態のもの、B 群は A 群と C 群の中間のタイプで、中深鍋型としておく。A 群には、還元炎焼成の瓦質のものないしはくすべ焼き（黒色処理）のもので、体部が直立して口縁が外反するタイプと、酸化炎焼成で体部が外反するが、口縁の屈曲部の幅が狭いタイプがある。B 群・C 群では還元炎焼成のものは少なくなり、大部分は

第1図　内耳土器部位名称

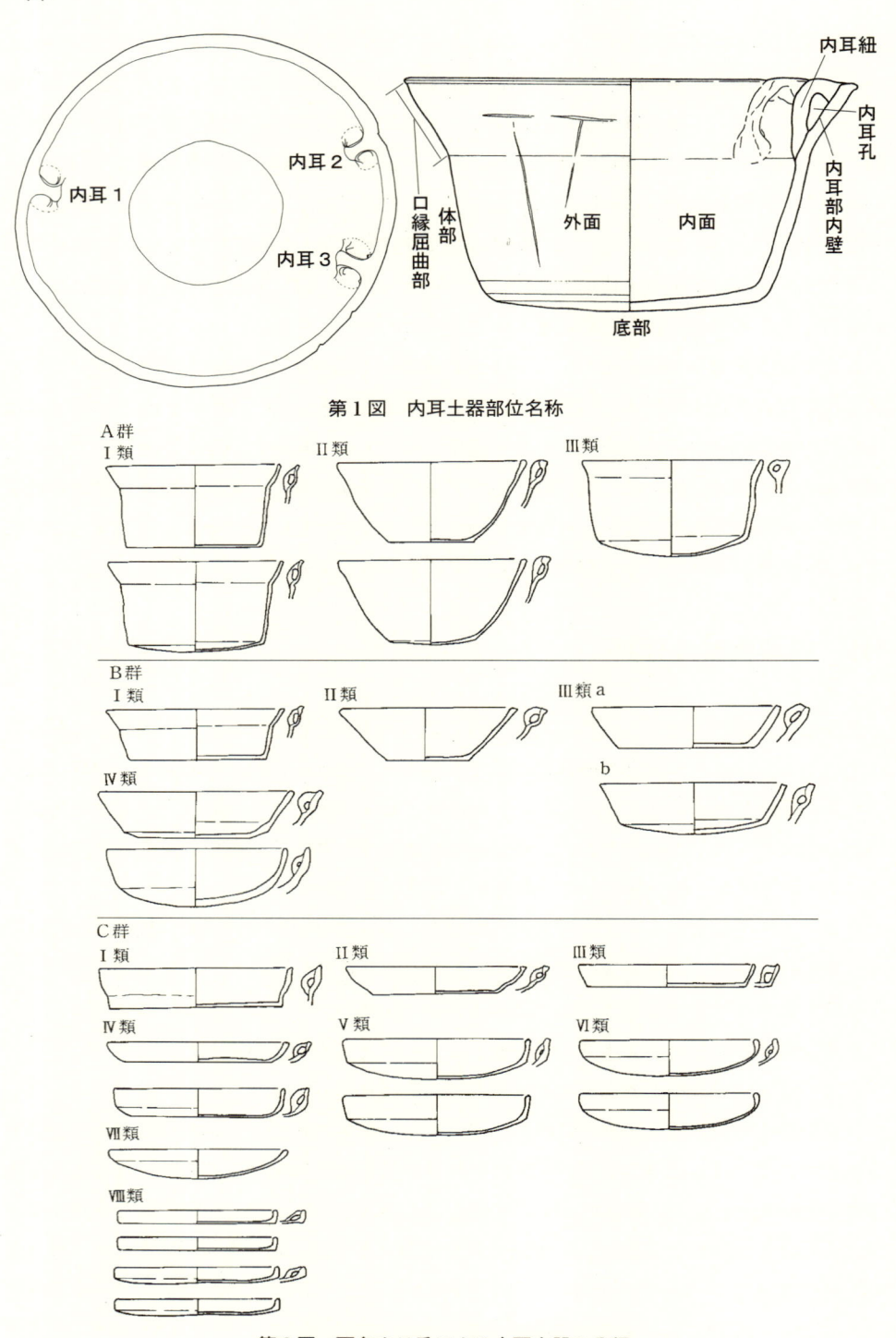

第2図　両角まり氏による内耳土器の分類
（両角 1996 より、一部改変）

酸化炎焼成のものとなる。そして、房総の特徴のひとつであるが、B群では口縁の屈曲部を持つものは非常に少ない。

IV. 摩滅痕を有する資料の検討

　焙烙タイプの浅い内耳土器には、経験的に内耳に摩滅痕があるのをしばしば確認してきたが、中世の内耳土器にも摩滅痕が認められる資料が一定量存在する。以下でも取り上げるように、千葉県では早くに四街道市池ノ尻館跡の報告書において、出土遺物を報告するにあたり、内耳土器の摩滅についても注意が払われており、その使用方法についても簡単にふれている（中野遺跡調査団編1986）。しかし、このほかはまったく関心が払われてこなかったといって良い。以下では、筆者が観察し得た内耳土器を中心にその摩滅痕を取り上げたい。ここに紹介する資料以外にも摩滅痕を確認した資料も存在するが、紙幅の関係もありすべてについて述べることは出来なかった[8]。

1. 匝瑳市福岡遺跡の事例

　中近世の寺院跡とも考えられている福岡遺跡においては、多数の中近世の遺物が検出されているが、内耳土器も比較的豊富な資料が得られている（白崎智隆2003）。図化されている内耳を残す資料33点のうち、8点において内耳の摩滅が確認できた（第3図）。以下、簡単に説明したい。

　1：1号溜井と呼ばれた遺構から検出された内耳2と内耳3を残す資料である。内耳2の左側と内耳3の右側にそれぞれに摩滅が確認できる。以下でも取り上げるように、内耳土器に摩滅痕を有するものは少なくないが、これほど顕著にみられるものは珍しい。この資料により、内耳土器の摩滅に本格的に関心を持つようになったものである。内耳3では摩滅が内耳紐の半分以上に達しており、強度的にもこれ以上の使用に不安を覚えるのではないかと思えるほどである。そして、注目すべき点は2ヶ所の摩滅が、まるで内耳の側面に丸棒状のヤスリを当てて前後に動かすことにより、削り取ったように見えることである。これに対し、内耳の裏側には摩滅が見られず、その摩滅の状態も注目される。さらに二つの内耳の摩滅の進み具合と位置、およびその方向も違う点も注意すべきである。内耳2は斜め上方向、内耳3は水平より少し上向き方向に摩滅しており、それぞれに掛け渡された弦の向きがかなり違っていたことを推測させる。そして内耳3の方が摩滅の進行が早かったことがわかる。3個の内耳を使って単純に均等に吊り下げたのではないことが、摩滅の状況から推定できる。

　2：4号溝からの資料で、これも内耳2と内耳3を残す資料である。それぞれの内耳の外側に摩滅がみられ、その位置も内耳2が口縁に近い位置に、内耳3は内耳の中央寄りにあり、その摩滅のありかたは、基本的に資料1と共通している。3：地下式坑からの検出

742

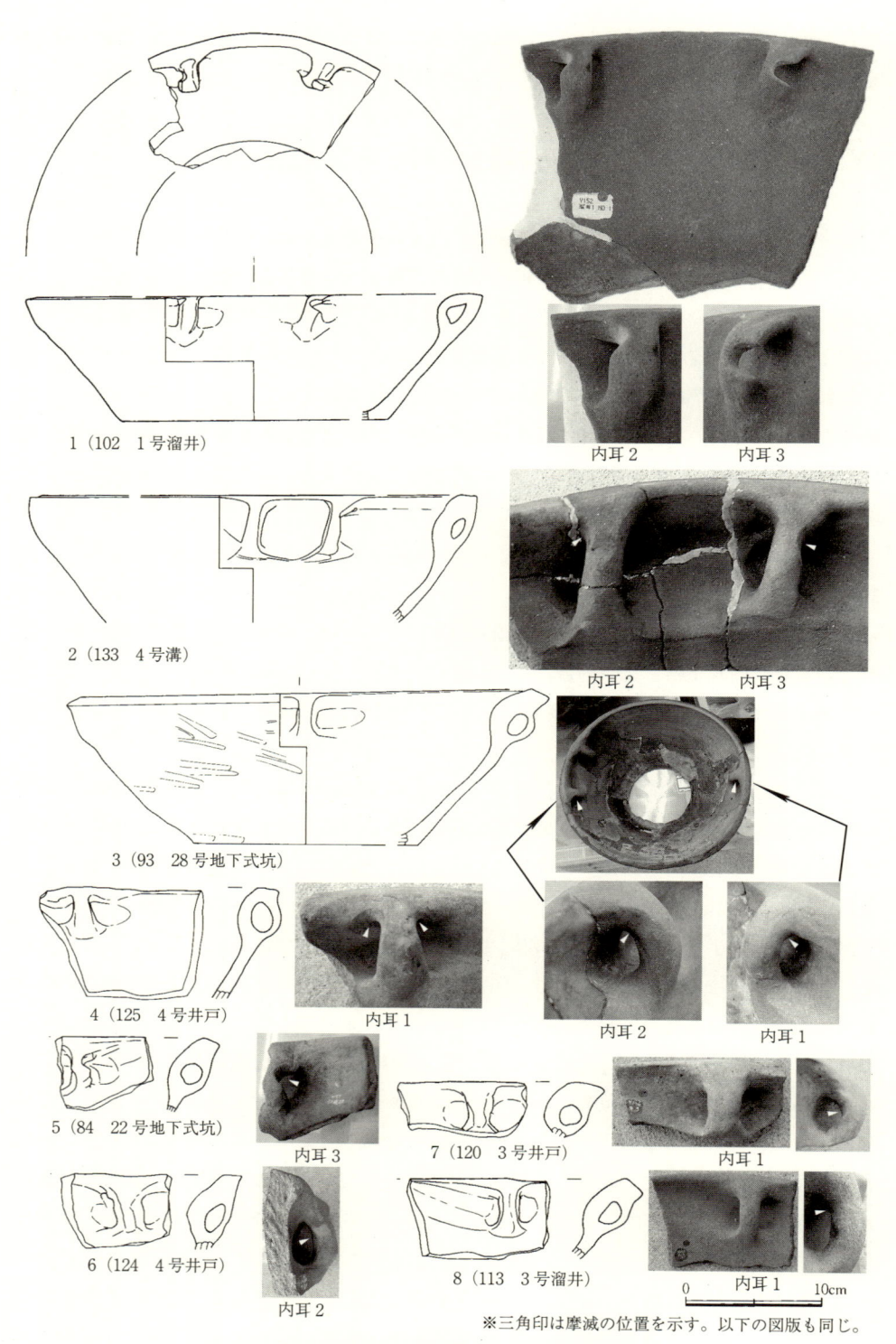

1（102 1号溜井）

2（133 4号溝）

内耳2　内耳3

内耳2　内耳3

3（93 28号地下式坑）

4（125 4号井戸）

内耳1　内耳2　内耳1

5（84 22号地下式坑）

内耳3　7（120 3号井戸）　内耳1

6（124 4号井戸）

内耳2　8（113 3号溜井）　内耳1

0　10cm

※三角印は摩滅の位置を示す。以下の図版も同じ。

第3図　摩擦痕の観察された内耳土器（福岡遺跡）

遺物である。全体の形が復元されており、2個の内耳を残す資料である（内耳3は復原したもの）。内耳1には右側に摩滅が認められるが左側は不明瞭である。内耳2にはやはり左側に摩滅が確認できる。4以下は単独の内耳の破片資料である。4：内耳の両側の付け根部分に摩滅が認められる。向かって左側のほうが摩滅は進行している。5：右側にえぐり込んだようなかなり進行した摩滅が認められる。6：左側に軽度の摩滅が認められ、その部分が白っぽくみえる。7・8：いずれも内耳の裏側が摩滅している。

2. 他遺跡の類例

福岡遺跡以外の事例をつぎに紹介しておきたい（第4～7図）。

第4図1～7は、横芝光町篠本城跡の内耳土器で摩滅の観察された資料である。この遺跡でも多数の内耳土器が検出されているが（道澤明2000）、摩滅痕を有するものの比率は福岡遺跡に比べるとやや低い（図化49点中7点）。この遺跡は時期的には15世紀代に主体があり、16世紀でも早い段階で廃絶したとみられ、福岡遺跡よりも相対的に古いといえる。両遺跡の比較からすれば、内耳土器に摩滅を有する資料は、時期が古い段階では少なく、新しくなるにつれて増加することが予想される。換言すれば、内耳に摩滅を残すような使い方は、より新しい時期に始まったのではないかと考えられるのである。1～3・6・7はいずれも右側に摩滅が認められ、内耳3の資料であると考えられる。4・5は、内耳の両側と裏側に摩滅があり、内耳1の資料とみられる。8・9は香取市大崎城跡の資料である[9]。8は左側に摩滅がみられ、内耳2に相当する。9は内耳2と3の資料で、福岡遺跡の事例と同じく、二つ並んでいる内耳の外側にあたる部分に摩滅がそれぞれに認められる。この資料でも、内耳2のほうの摩滅がより高い位置にあり、内耳3の摩滅はやや下がって内耳の中央付近にある。10は千葉市西屋敷遺跡の資料で（矢戸三男ほか1979）、右側に摩滅があり、内耳3の資料とみられる。

第5図1～6は、四街道市池ノ尻館跡の資料である（中野遺跡調査団編1986）。資料を実見出来なかったが、報告書には摩滅の位置の記載があるので、それと掲載写真を参考にして摩滅の位置を図に三角印で示した。そのあり方から判断すれば、1・2は内耳2、3・4は内耳3、5は内耳1に相当する。資料5については、左側がより激しい摩滅を受けていると報告されており、ここでも摩滅の偏りが注意されている。6は内耳2と3を残す資料である。内耳2には左側に摩滅がみえるが、内耳3については摩滅の有無や位置は報告書の記述からは確認できない。

第5図7～10・第6図には炮烙ないしはそれに近い浅いタイプの土器をまとめた。7は柏市中馬場遺跡の資料で、3個の内耳に摩滅がみられる。内耳2がやや高い位置に、内耳3にはやや低い位置に摩滅があり、これも福岡遺跡の事例と共通する。8・9は船橋市東中山台遺跡群10次調査の資料である（（財）船橋市文化・スポーツ公社埋蔵文化財センター編1998）[10]。8は体部の立ち上がりがやや急な浅い鍋形の内耳土器である。断面図の通り、

744

1（605 12号堀）

2（609 8号地下式坑）

3（583 12号堀）

0　　　10cm

※4～6は実測図なし。

篠本城跡

大崎城跡

西屋敷遺跡

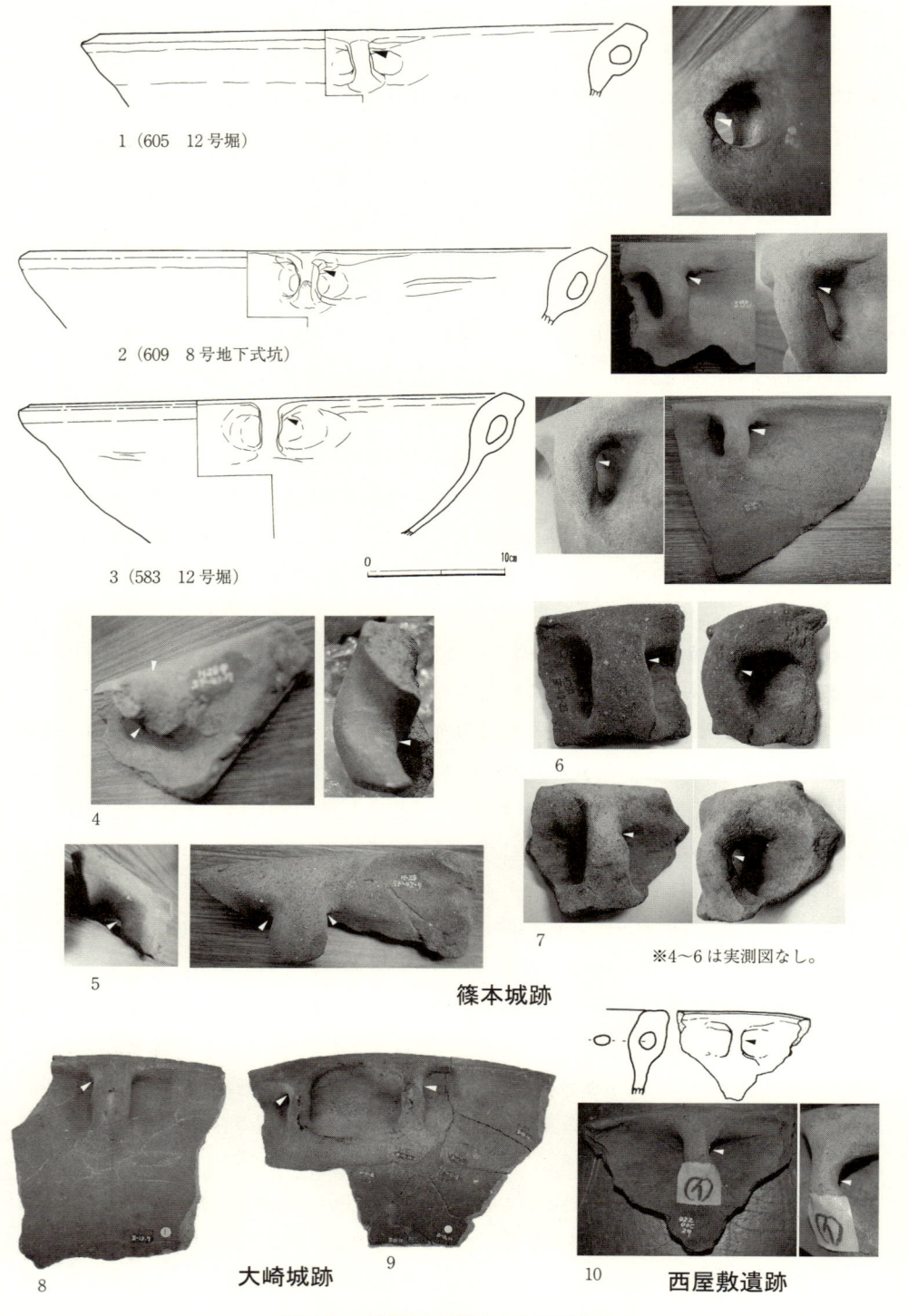

第4図　摩擦痕の観察された内耳土器

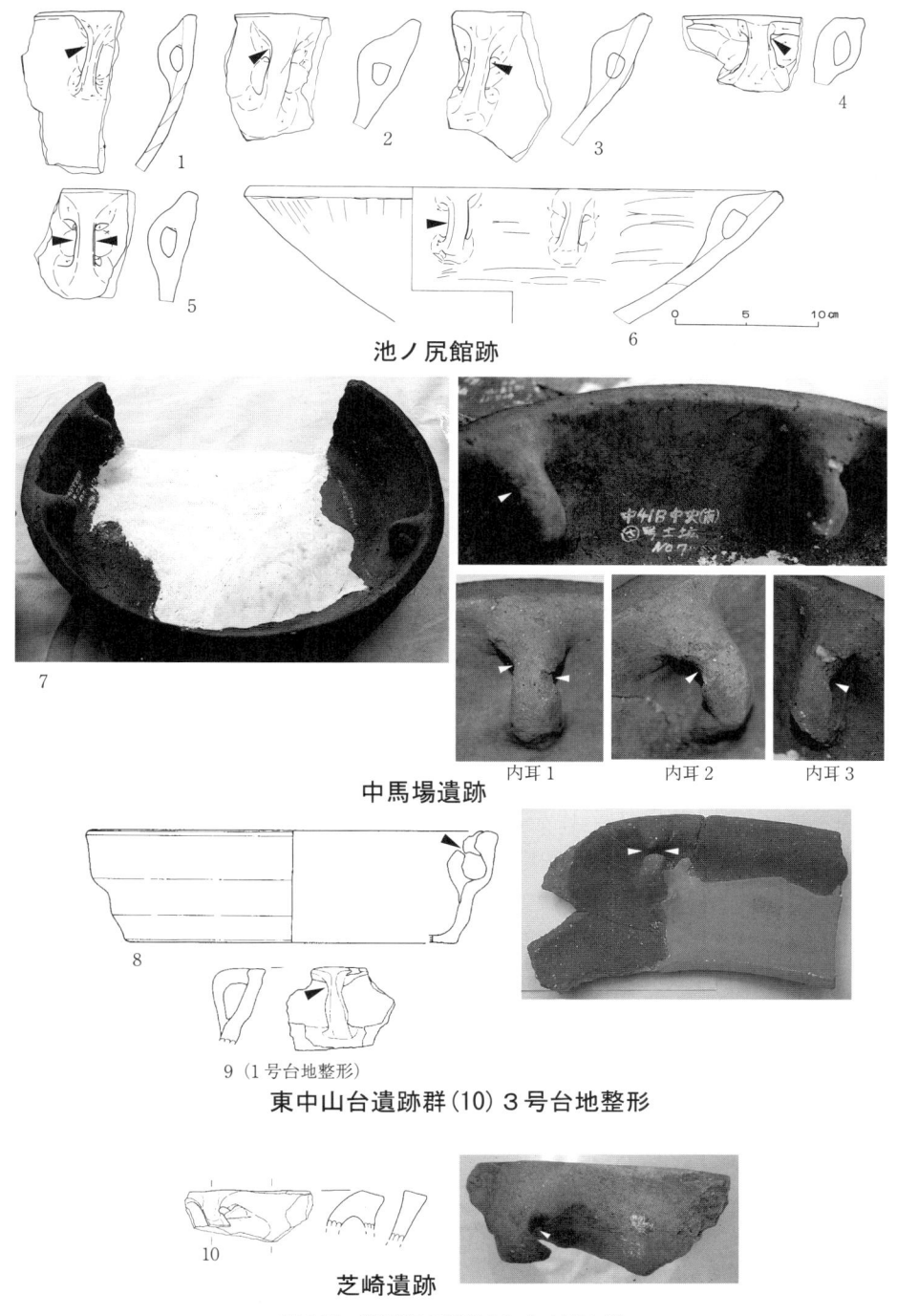

内耳の摩滅痕からみた内耳土器から焙烙への変化　　745

池ノ尻館跡

中馬場遺跡

9（1号台地整形）
東中山台遺跡群（10）3号台地整形

芝崎遺跡

第5図　摩擦痕の観察された内耳土器

この内耳は摩滅が進み最後は内耳紐が擦り切れてしまったものである。内耳の周囲から摩滅しており、この資料は紐のようなものによる摩滅の可能性も考えられそうである。この摩滅の仕方は、ここまで見てきた多くの資料が、棒状の対象物との摩擦によって摩滅が形成されたと推定できるのとは摩滅の生じ方が異なっている[11]。この事例は内耳1とみてよいだろう。9は左側に摩滅があり、内耳2の破片とみられる。10は横芝光町の芝崎遺跡の資料で、胎土や形態から見て近世の焙烙に含まれると思われる（道澤明編2006）。内耳の右側にえぐり込んだような深い摩滅が認められる。内耳3に相当するものと見て良いだろう。第6図は、千葉市生実城跡の焙烙で近世の資料と考えられるものである（長原亘・簗瀬裕一ほか2002）。1・2ともに右側に摩滅が認められ、内耳3の資料である可能性が高い。その摩滅の位置は若干異なり、2のほうがやや高い位置にあり、1は内耳の中央より若干低い位置にある。

3. 金輪の痕跡と摩滅痕を有する内耳土器

　内耳土器を使用する場合は、金輪（五徳）にかけるか吊り下げるかのいずれかであろう[12]。吊り下げた痕跡は、本稿でも検討しているようにそれほど珍しいものではない。しかし、金輪にかけたと推定される事例はほとんど確認されていないのである[13]。そうしたなかで、金輪にかけた痕跡が土器にみられる貴重な事例が存在する。佐倉市井野城跡の出土遺物で、ほぼ完全な形に復原できた資料である（第7図）[14]（竹内順一・阿部有花2006）。この資料の底部以外には、外側全体にススが付着しているが、体部外面の口縁から約1.5cm下に7mmほどの幅で帯状に、ススがあまり付着してない部分がほぼ全周しているのが確認できる。これは位置からしても内耳土器を金輪にかけた痕跡と見られるもので、金輪があったためにその部分にススが付着しなかったと考えられ、運良くその状態が残ったまま廃棄されたものであろう。この痕跡により、この内耳土器は金輪に掛けられて使用されていたとみられるのである。しかし、同時にこの土器には、内耳の摩滅痕も確認できるのである。それほど強い摩滅痕ではないが、写真の通り、3個の内耳に明瞭に摩滅が認められる。その摩滅のあり方も福岡遺跡などの事例と共通している。この資料によって内耳土器は、金輪に掛けて使う方法と吊り下げて使う方法とが併用された場合があることが確認できた。

5. 内耳の摩滅痕について

　以上に紹介してきた資料から、内耳の摩滅のありかたに注目すべき点がいくつかみられる。第一に、福岡遺跡の第3図1〜3の資料によって、特定の内耳にはそれぞれ固有の摩滅がみられること。すなわち、内耳2は左側面、内耳3は右側面にそれぞれ摩滅がみられる。同じ摩滅のあり方は、井野城跡や中馬場遺跡の3個の内耳を有する資料でも確認できるので、一部の特殊な事例ではないといえる。そして、内耳の両側から裏側に摩滅をもつ

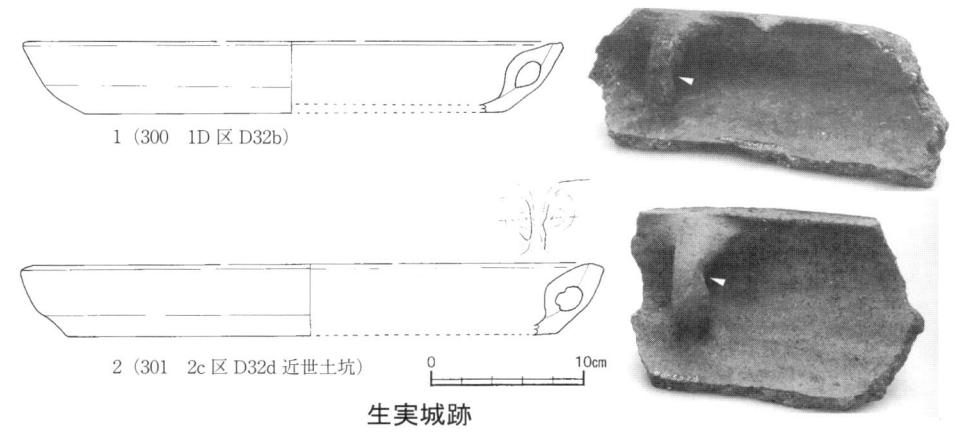

内耳の摩滅痕からみた内耳土器から焙烙への変化　747

1（300　1D区 D32b）

2（301　2c区 D32d 近世土坑）

生実城跡

第6図　炮烙タイプの内耳土器の摩滅痕

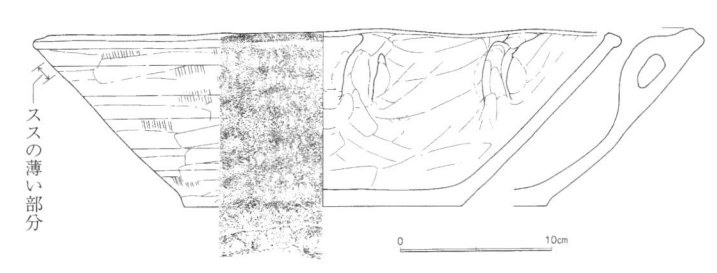

ススの薄い部分

189号土坑出土内耳土器

金輪の痕跡が口縁部下に帯状に白っぽく見える

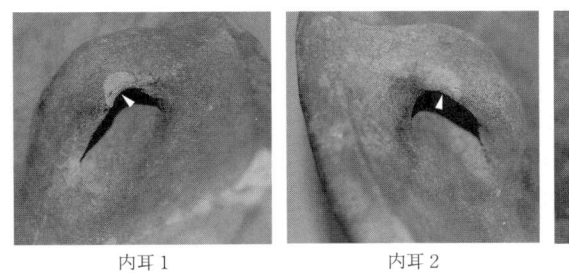

内耳1　　　内耳2　　　内耳3

第7図　摩滅痕と金輪痕跡を有する内耳土器（井野城跡）

資料が内耳1であるということになる。これにより、摩滅痕が見られる内耳部分の資料においては、その摩滅の位置により、3個の内耳のうちのどれであるか判断がつくことになった。すなわち左側のみが摩滅していれば内耳2、右側のみが摩滅していれば内耳3、両側が摩滅していれば内耳1ということになる。

　第二点として、内耳2と3のそれぞれの外側にあたる部分のみが丸棒状のヤスリで削り取ったようにすり減っていること。この摩滅は、ある程度硬質の素材からなる弦との摩擦によって形成されたものと推定されるものである。弦は金属製または木製であろう。一般に内耳鉄鍋の内耳については、吊り下げる弦が火によって燃えないための工夫とされているが、内耳土器の場合、その摩滅痕からすると紐のようなもので吊り下げてはいなかったと推定されるので、弦の材質と吊り下げ方は大きな問題である。筆者が紐を使って行った簡単な実験でも、このような摩滅は形成されなかったので[15]、弦は紐ではなく金属や木のようなより硬い材料で出来ていたと考えられるのである。弦の材質としては、火にかけられるためにやはり燃えやすい材料でできた紐は不向きであり、紐よりは燃えにくいものを材料とした弦の存在が考えられる。弦鍋では、鉄製の弦をもつ出土資料も知られているが、内耳鉄鍋では鉄の弦の実例が見られないので、木製の可能性も考えられよう。紐だと鉤から外したときに鍋に入り込んで具合が悪いという理由があったのかもしれない。問題として残るのは、出土資料では側面のみの摩滅で、内耳の裏側には摩滅が生じていないことである。内耳の裏側には力が加わらず、側面のみに摩擦が生じるような吊り下げ方を推定せざるを得ない。金属ないしは木製の丸棒状の弦を内耳の片側にあててそのまま内耳に縛り付けるという方法が推定できるかもしれない。この場合には、弦の端は単に太さが同じ棒ではすっぽ抜けやすいと思われるので、えぐりを入れるなどして抜けるのを防いだのであろう。

　第三点として、内耳2と3では左右の摩滅の位置が異なり、その摩滅の進み具合と摩滅の方向も違っていること。摩滅の位置は、内耳2が口縁に近いやや高い位置に摩滅痕が見られるのに対し、内耳3は少し低い位置にある。その摩滅のあり方から、摩滅の原因となった内耳土器を吊り下げていた弦の方向がそれぞれ異なっていたことが推定可能である。そして、内耳3と内耳1の左側で摩滅の進行が早い傾向があり、こちら側が摩滅しやすい要因の存在が想定される[16]。このような摩滅のあり方から、内耳2と内耳3の摩滅位置の違いは、それぞれの内耳と内耳1にかけられる弦の長さと関係すると考えられる。内耳2の弦は長く、内耳3の弦は短かったと推定される。

　もう一つ、内耳土器の使用方法には、鉤などに吊り下げる方法と金輪を用いて固定する方法の両者があり、時には併用された場合もあったこと。金輪の痕跡を持つ資料はきわめて少ないが、内耳に摩滅痕を持たない資料は多いので、金輪に据えて使う方法もかなり一般的に行われていたと推定されるのである。金輪の痕跡についても、注意して観察すれば類例は増えてくると思われる。

V. 内耳土器の吊り下げについて

　内耳土器は紐のような柔軟なもので吊り下げたものではなく、弦には棒状のより硬質のものを用いていたことが推定できたが、実際にどのように吊り下げていたのであろうか。内耳土器は吊り下げて使われたのか、吊り下げて使ったとしたら弦の材質はどのようなものだったのかは、中村倉司氏が内耳土器の編年研究に端緒をつけたときから問題となってきたが（中村倉司 1979）、現在でも未解決の問題である。吊り下げには、内耳に吊り下げによる摩滅が認められないことから、紐を用いたとする考え方が一般的になっていると思われるが[17]、これは内耳土器を吊り下げて使うものという前提に立った推論であり、吊り下げたか金輪に据えたかの検討がまず必要なのである。たとえ鍋に弦がついていても、それが直接吊り下げ用を意味するのではないことは注意されるべきである。弦付鍋の場合でも、鉤に吊すためのものではなく、移動用の把手であり、竈や金輪などに据えて用いるのが基本だったとされている（朝岡康二 1997）。内耳鉄鍋についても、吊り下げて使うことを前提とすることは出来ないが、次にふれるように内耳鉄鍋を吊り下げることが行われていたから、金輪などに据えて用いる方法と吊り下げて使う方法いずれの可能性も視野においておく必要があろう。

　ここでは、これまで紹介してきた出土資料に見える内耳の摩滅の状態からその吊り下げ方を考えてみたいが、具体的に参考となる研究については管見のかぎりほとんど見つからなかった。そうしたなかで貴重な情報を提供してくれたのが朝岡康二氏の論文である（朝岡康二 1997）。朝岡氏は民俗例をもとに加熱装置としての囲炉裏や竈、および煮炊器具としての鍋と釜を多角的に取り上げているが、そのなかで青森南部地方などの「内耳鍋」の吊り下げ方にもふれている。この「内耳鍋」は3内耳の事例である。その吊り下げ方は、まず樹皮を編んだ綱で3個の内耳のうち二つを結ぶ。さらに別の綱を天井に固定し（鉤に掛ける場合もあったという）、その一端を残った内耳に結びつける。この天井ないしは鉤と繋がった綱の途中に小木を結んでおき、これを引っかけとして先の二つの内耳を結んだ綱を引っかけるというものである。これにより、引っかけをはずすと容易に鍋を傾けられるとされており、これはおそらく調理した中身を、別の容器などにうつし易くするための工夫であると思われる。このように、内耳鍋を吊り下げる方法は単純に3個の内耳に紐を通して吊り下げるといったものではなく、独自の工夫がされていたわけである。

　出土内耳土器にみられる摩滅の多くは、紐状のもので形成されたとは考えられないので、この朝岡氏の紹介している事例がそのまま適用はできないが、内耳に生じる摩滅の違いについてはある程度参考になる。内耳土器の内耳2には口縁に近い位置に摩滅があり、その摩滅方向もかなり上方から弦が内耳2に達していると推定できるあり方である。この点からすれば、内耳2が朝岡氏の紹介する事例の天井ないし鉤と結びつけられたものに相当す

るのではないかと考えられるかもしれない。しかし、内耳1には両側から摩滅が認められるので、内耳1と2、内耳1と3は弦で結ばれていた可能性が高く、朝岡氏の事例のように一つの内耳のみ天井と結びつけるような方法で吊り下げてはいなかった可能性の方が高いのである。ここでは、これ以上詳しく吊り下げ方を掘り下げる余裕はないが、内耳1と2、内耳1と3とを繋げている弦の長さがかなり違っていたことを指摘するにとどめておきたい。おそらく鉤が2段にでもなっていなければこういった吊り方はできないと思われる。このようなバランスを欠く弦の掛け方がどのような効果を有するのかもよくわからないが、使用する上でなんらかの効果があって採用されたものであろう。この弦のあり方は、上記のように、中身を取り出しやすくするための方法だったのかもしれない。

　そして、内耳に摩滅が生じるような使用方法の存在を想定する必要がある。筆者の実験では、麻紐などで擦ったくらいでは摩滅は生じることはなく、簡単には摩滅が形成されることはないという印象を受けた。こうしたことから、摩滅をもつ内耳土器は、その使用にあたってかなり強く鍋を揺り動かすような操作が行われたのではなかろうかと考える[18]。これにより、弦と内耳が擦れ合い摩滅が生じたものであろう。そういったことが成り立つのであれば、それは鍋に水を入れて煮るという調理方法ではなく、水を加えずに、油を入れて炒めるか、または油も入れないで煎りながら、同時に鍋を動かすという方法ではなかったかと推定されるのである。この使い方こそ焙烙のものであり、内耳の摩滅痕は焙烙として使われた痕跡とみてよいと思う。

VI. 内耳土器から焙烙へ

　第8図は、これまで扱ってきた摩滅を持つ内耳土器を中心に、摩滅の有無を確認した資料を追加して、内耳に摩滅を持つものと持たないものに分け、器形の型式分類とあわせて図化したものである。この図により、A群には摩滅が認められず、B・C群に摩滅を持つものが含まれることが明らかである。相対的に浅いものに摩滅をもつものが多くなるということがわかる。内耳土器は内耳鉄鍋を模して作られたものであるが、坂井隆氏も内耳土器の耳について、初め移動用の紐掛けであったものが、吊すための釣り手になったと想定しているように（坂井隆1985）、当初はこの内耳を使って吊り下げることは行われなかったと考えられる。おそらく初期の内耳土器は単に煮炊用の鍋として作られ、金輪に据え使用したものと思われる。これらは胎土の上でも瓦質ないしは黒色処理されたものが多いのに対し[19]、摩滅痕を有するものは多くが酸化炎焼成によるものであり、製作段階から両者には違いがあったことになる。還元炎焼成から酸化炎焼成に変わってゆくのも、使い方の差と関連している可能性がある[20]。

　ここまで、内耳の摩滅を中心に検討してきたが、ひとつの結論として、摩滅の形成を焙烙としての使われ方を示すとすれば、内耳土器に摩滅が認められるようになった段階が焙

内耳の摩滅痕からみた内耳土器から焙烙への変化　751

第 8 図　摩滅を持つ内耳土器と持たないもの

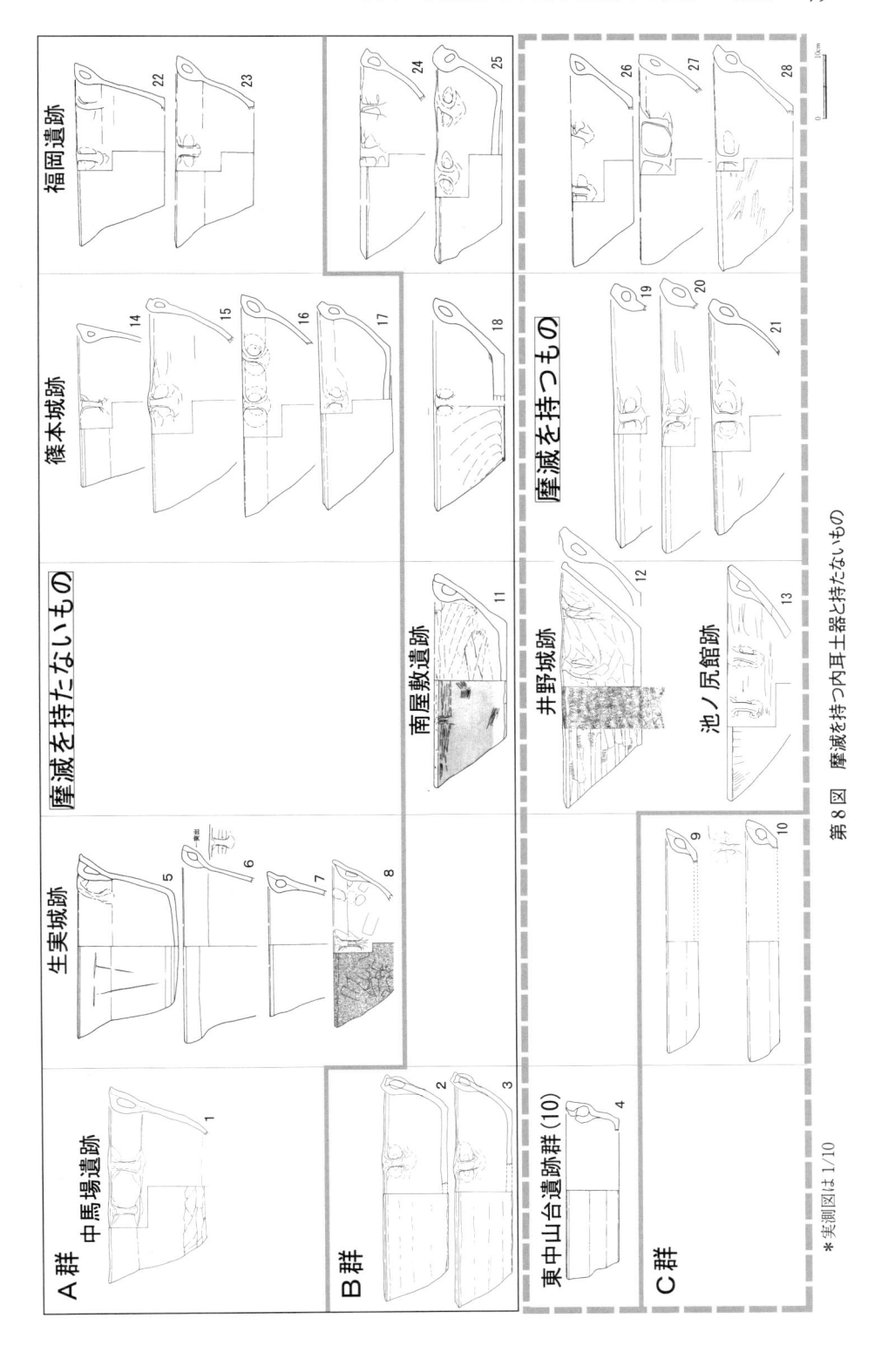

*実測図は 1/10

烙の登場といえることになる。実際には摩滅が認められるようになる以前から、焙烙としての使用が始まっていた可能性もあるが、摩滅が認められるようになった時が、煮炊用の土鍋から煎る・炒めるための焙烙への変化が明確化する段階とみることができ、内耳土器にとっては大きな転換点といえるのである。その新しい使用方法は、鈎に吊り下げて鍋を揺り動かすというものであり、形態的にはそれまでのものとは大きな違いがなくとも、使用方法においては異なっており、別の調理具と評価できるものである。

両角まり氏は、内耳土器から焙烙への変化については、土器外面のオコゲとススの付着の状況から、丸底の江戸在地系焙烙（C群V類・VI類（第2図））の成立を契機に、内耳土器が焙烙に変化したと推定している（両角まり1996）。両角氏の編年では17世紀半ばのことである。しかし、本稿での検討では、B群にも摩滅をもつ内耳土器が認められ、既に一部には焙烙と同じ使い方がなされていたものがあったと推定できるのである。

この土鍋としての内耳土器から焙烙への変化のおこった時期はいつであろうか。内耳土器の詳しい編年が確立していない段階では確定的な結論は述べることはできないが、これまでの検討では瀬戸・美濃焼の編年によれば、古瀬戸後期段階とみられる摩滅をもつ資料は少なく、大窯段階に伴うと考えられる資料が主体である。したがって、その移行期は16世紀の前半頃ではないかと思われる。16世紀の半ば以降、内耳土器の検出例は房総でも減少してゆく。16世紀中葉には東西日本において、土製煮炊具の消失が顕著となり、その原因として鋳鉄鋳物の羽釜や鍋の普及が指摘されている（浅野晴樹1991、五十川伸矢1992）[21]。東日本においても、かなりの盛行をみた内耳土器も16世紀代には焙烙を除き消滅してゆくことになる。したがって、煮炊具としての内耳土器は鉄製鍋に取って代わられたが、焙烙は鉄製品には変えがたいものとして生き残ったものとみられるのである[22]。

鉄鍋を模倣して作られた煮炊具として生まれた内耳土器は、当初吊り下げて使われることはなかったが、深さを減じてゆくとともに一部のものは内耳を利用して吊り下げて使われるようになった。その変化は、内耳を使って吊り下げた方が煎る・炒めるといった調理に具合が良かったのであろう。器高の減少は、土鍋としてではなく煎る・炒める使い方では、内容量を稼ぐための深さが必要なくなったことを意味し、反面、熱を受ける底面の大きさのほうが重要となり、このため器高が低下するとともに、相対的に底面が拡大するという変化が進行したと考えられるのである。これが、内耳土器から焙烙への形態変化の経過である。

VII. おわりに

本稿では内耳の摩滅を、内耳土器の使用方法の変化を反映するものとして検討してきた。今回の検討対象は、千葉県内の資料に限られており、まだ検討事例が少ないので、これがどこまで一般化できるかが問題であろう。しかし、内耳土器の形態変化は広域的なもので

あり、摩滅痕についても千葉県に限らず確認されるものなので、中世から近世に移行してゆくなかで、東国においておこった共通の現象と予想されるが、より広範な資料収集によりその実体が明らかになってこよう。また、筆者の準備不足もあって、近世の焙烙の摩滅の事例については詳しく検討できなかった。これについては、そのあり方が中世のものと同じなのか違うのか、都市部と郡部では違いがあるのか等、再検討の要があると考えている。もう一つ、内耳土器と同時期に使われていた土器擂鉢も忘れてはならないだろう。土器擂鉢は、形態の上では瀬戸・美濃焼の製品によく似てはいるが、火に掛けられた痕跡を持つものが少なくなく、擂鉢という機能に加え、鍋としての機能を持った調理具の一種でもあったことになる。この土器は、吊り手を持たないことから金輪に掛けて使用されたと思われるが、吊り下げ用と見られる体部に穴をあけた資料が存在するので[23]、一部には吊り下げて使用されたものがあったと推定される。土器擂鉢は、鍋としての機能においては、内耳土器と競合する部分もあったわけで、その具体的な使用方法や器種としての消長は内耳土器と無関係とは考えられず、両者の関わり合いが一つの問題となろう。

　ここに述べてきた内耳土器の変化とは、単なる形態の変化にとどまらず、いわば質的な転換を内包するものであり、調理方法の変化（煮炊から、煎る・炒めるへ）を受けて、形態の変化（深いものから、浅いものへ）が引きおこされ、さらにはすべてではないと思われるが使用法の変化（据え置きから、吊り下げへ）も伴いながら、展開したものと考えられるのである。これまで内耳土器の編年研究は、形態および製作技術が研究の中心となってきたが、焙烙への変化を踏まえた場合、機能的な研究を抜きにしては進められないと考える。内耳土器観察にあたっては、内耳の摩滅に注意を喚起したい。さらには、内面の状態、外面の煮こぼれの焦げ着き・ススの付着・金輪の痕跡の有無などを含めて多角的に検討が進められるべきであると考える。

註
1) ここで対象とするのは主に中世の内耳土器であるが、一部には近世のものを含んでいる。その呼び方については、内耳土器や内耳土鍋もしくは内耳土鍋などが併用されているが、内耳を有する土器全般ということで内耳土器としておき、この中には焙烙も含むことになる。
2) 五十川伸矢氏は、古代〜中世の羽釜や鍋の遺品は、伝世品と出土資料に全形のうかがえる鋳型をあわせてもようやく100点を超える程度とし、研究の難しい器物であると述べている（五十川伸矢1997）。
3) 内耳土器の摩滅痕については早くに中村倉司氏（中村倉司1979）が、埼玉県の3遺跡（白石城・長宮遺跡・上手遺跡）について論及していた。
4) 今回の検討対象は、筆者が観察する機会を得た千葉県内の資料を中心としている。各資料の実見にあたっては次の通りの協力をいただいた（所属は当時のもの）。福岡遺跡・篠本城跡：（財）東総文化財センター道澤明氏、井野城跡：（財）印旛郡市文化財センター加藤有花氏、西屋敷遺跡：（財）千葉県教育振興財団文化財センター井上哲朗氏、大崎城跡：（財）香取郡市文化財セン

ター黒沢哲郎氏。中馬場遺跡：柏市教育委員会。なお、本稿で用いた写真は一部を除き、筆者が撮影したものである。

5) ただし、内耳土器・土器擂鉢は上総南部～安房地域は最後までその分布域外であった。

6) 以前は古瀬戸後期IV期古段階の内耳土器の確実な資料は確認できていなかったが、横芝光町の中島遺跡（道澤明編2006）では、IV期古段階までの古瀬戸に伴い内耳土器が検出されている。この遺跡ではIV期新段階以降の遺物は基本的に伴わないと見られるので、この資料により、IV期古段階において房総では内耳土器が出現していたと考えられることになった。

7) 本稿では土器の分類が目的ではないので、ここでは特に土器の分類を提示しないが、いずれ機会をあらためて内耳土器の分類と編年を行いたいと考えている。

8) ここに紹介した以外に内耳に摩滅を観察できた遺跡は、主なものは佐倉市墨古沢遺跡・船橋市東中山台遺跡群（8・9）（道上文氏ご教示）・茨城県桜川市真壁城跡などがあるが、他にも報告書掲載の写真で摩滅と思われるものが見えるものは少なくない。

9) この2点の大崎城跡の資料については、報告書（鬼澤昭夫2001）には掲載されていない。

10) この資料については、船橋市埋蔵文化財事務所道上文氏にご教示いただいた。写真も提供いただいたものである。

11) 焙烙タイプの内耳土器には、このような摩滅が内耳1にみられるようである。より深いタイプの内耳土器と摩滅のあり方が異なるのかどうかは今後の検討課題である。

12) 竈の可能性もあるが、当該地域の中世遺跡の調査では竈の検出例がないので、ここでは検討対象外とする。

13) 酒々井町本佐倉北大堀遺跡の1号堀から出土した内耳土器（報告書第30図9）にかなり明瞭に金輪の痕跡が残っているのを確認している（天本昌希2006）。この土器は口縁が外反する深鍋型のもので、内耳に摩滅痕は確認されなかった。

14) この資料の存在は（財）印旛郡市文化財センター加藤有花氏にご教示いただいたものである。

15) 紙幅の関係で詳しくは記せないが、内耳土器を筆者が複製し、麻紐で吊り下げて簡単な実験を行なってみた。単に揺り動かすだけでは内耳に摩滅は生じなかった。そのため内耳に通る部分の紐をぬらし、さらにそこに細粒の砂を付着させて強制的に摩滅を起こさせた。その結果、この方法では簡単に摩滅が生じた。その摩滅を観察すると内耳2・3の摩滅は、斜め後ろ側にあり、出土資料に見られるほぼ真横につくものとは明らかに異なっていた。

16) 註14でふれた筆者の実験でも鍋を動かして操作する側の方の内耳の摩滅の進行が早かった。

17) たとえば、星野守弘氏のかみつけの里博物館展示解説図録の記述（星野守弘2000）参照。

18) 摩滅の形成には、土器が使用されることによるその劣化も関係していると思われる。また、調理対象が関係している可能性もあろう。

19) 深いタイプの内耳土器が吊り下げて使われなかったことを示す現象がそういったタイプの内耳土器に観察される。一部の資料ではあるが、型式学的にみて内耳の作りが退化するように粗雑化の変化が見られるのである。第9図5～7は千葉市生実城跡の内耳土器で、瓦質の深鍋型であるが、鉄鍋をよく模倣している初期の段階（5）から、内耳の作りが粗雑化し、口縁部の屈曲が徐々になくなってゆく変化を見せる。そして、もっとも興味深いのは内耳孔が徐々に小さくなってゆくのである（7）。同様の変化は篠本城跡の資料にも確認でき（同図14）。これは、内耳に紐を通すという機能を前提にしていればこのような変化はおこりにくいはずであり、内耳に紐を通すことは製作者に重視されていなかったことを意味する。他のタイプでも内耳が非常に華奢で強

度的に吊り下げに不向きではないかと思われる事例もみられる。この変化は江戸時代の焙烙において内耳が小型化しやがて消滅するのと共通する部分もあるが、内耳土器の場合、内耳が消滅することはなかったのである。そうした意味では、頻繁に使うものではなくとも無くなると困る部位であったと考えられる。

20) ただし、その後も一部には還元焼成の焙烙も残るので、還元炎焼成と酸化炎焼成が機能と関連があるかどうかはさらに検討が必要である。

21) 内耳土器の出現については、戦乱による武器生産の急増による鉄不足を要因とする見解もあるが（木津博明2000）、同じ時期に土器擂鉢も生産されるようになるので、鉄不足が理由とは考えにくい。

22) 18世紀初期に刊行された『和漢三才図会』には、金属製の「いりなべ」と土製の「ほうろく」（砂鍋）が掲載されており、近世には油を使って炒める料理には専ら金属製の鍋を使い、穀類などを煎る為には焙烙が使われるように機能分化したようである。近世のほうろくは、熱伝導性が鉄鍋に比べ劣るという性質を利用して、から煎り専用の調理具となったのではないかと考えられる。

23) 実見した資料としては佐倉市墨古沢遺跡の事例があるが（柴田龍司2006）、資料数では茨城県に多いという印象を持っている。

引用文献

天本昌希 2006『本佐倉北大堀遺跡―セブン・イレブン酒々井本佐倉店建設に伴う埋蔵文化財調査―』財団法人印旛郡市文化財センター

浅野晴樹 1991「東国における中世在地産土器について―主に関東を中心として―」『国立歴史民俗博物館研究報告』第31集 pp. 55-126

朝岡康二 1997「煮炊器具と火の管理技術　炉の形式と鍋釜を中心に」『国立歴史民俗博物館研究報告』第71集 pp. 667-691

藤尾慎一郎 1991「佐倉と江戸―近世の瓦質・土師質土器から見た地域性―」『国立歴史民俗博物館研究報告』第36集 pp. 255-293

（財）船橋市文化・スポーツ公社埋蔵文化財センター編 1998『東中山台遺跡群（10）』船橋市教育委員会

星野守弘 2000「内耳土なべを観察する」清水豊編『かみつけの里博物館第6回特別展　鍋について考える展示解説図録』pp. 8-12

五十川伸矢 1992「古代・中世の鋳鉄鋳物」『国立歴史民俗博物館研究報告』第46集 pp. 589-606

五十川伸矢 1997「中世の鍋釜　鋳鉄製煮炊用具の名称」『国立歴史民俗博物館研究報告』第71集 pp. 589-607

柏市遺跡調査会編 1999『中馬場遺跡（第4次）』柏市埋蔵文化財調査報告書第38集　柏市教育委員会

木津博明 2000「土鍋のゆくえ」清水豊編『かみつけの里博物館第6回特別展　鍋について考える展示解説図録』かみつけの里博物館 pp. 30-33

道澤　明 2000『笹本城跡・城山遺跡―ひかり工業団地内埋蔵文化財調査報告2―』財団法人東総文化財センター

道澤　明編 2006『芝崎遺跡群―国道126号山武東総道路建設に伴う埋蔵文化財調査―』財団法人

東総文化財センター

両角まり 1996「内耳鍋から焙烙へ―近世江戸在地系焙烙の成立―」『考古学研究』第42巻第4号 pp. 85-105

長原 亘・簗瀬裕一ほか 2002『千葉市生実城跡―昭和63年度・平成3～6年度調査―』 財団法人千葉市文化財調査協会

中村倉司 1979「内耳土鍋の編年とその問題」『土曜考古』創刊号 pp. 15-24

中野遺跡調査団編 1986『下総国四街道地域の遺跡調査報告書―池ノ尻館址・戸崎館址・前広遺跡―』 中野遺跡調査団

鳴田浩司 2000「第3 出土遺物について」『千葉県文化財センター研究紀要20―中近世城館跡の構造と特質―』 財団法人千葉県文化財センター pp. 215-307

鬼澤昭夫 2001『大崎城跡』 財団法人香取郡市文化財センター

坂井 隆 1985「中近世の食生活―上総国を中心として―」『群馬の考古学 （財）群馬県埋蔵文化財調査事業団創立十周年記念論集』 群馬県考古学資料普及会 pp. 513-532

山王遺跡発掘調査団編 2000『山王遺跡―発掘調査報告書―』 山王遺跡発掘調査団

柴田龍司 2006『東関東自動車道水戸線酒々井PA埋蔵文化財調査報告書3 酒々井町墨古沢遺跡 中世編』 （財）千葉県教育振興財団

白崎智隆 2003『福岡遺跡』 （財）東総文化財センター

竹内順一・阿部有花 2006『臼井屋敷跡遺跡II―市道I-32号線（吉見工区）埋蔵文化財調査―』 財団法人印旛郡市文化財センター

津田芳男 1990「中世煮炊具に関する若干の覚書―千葉県を中心にして―」『長生郡市文化財センター年報』No. 4 財団法人長生郡市文化財センター pp. 32-39

津田芳男 2006「千葉県内における中世煮炊具について」『房総中近世考古』第2号 pp. 69-80

矢戸三男ほか 1979『千葉市西屋敷遺跡―千葉東金道路建設工事に伴う埋蔵文化財発掘調査報告書4』 （財）千葉県文化財センター

簗瀬裕一 2001『千葉市源町遺跡群―高津辺田遺跡・南屋敷遺跡―』 財団法人千葉市文化財調査協会

簗瀬裕一 2003「東国の戦国城館成立期におけるひとつの実像―千葉市生実城跡の調査成果から―」『千葉城郭研究』第7号 pp. 29-56

簗瀬裕一 2005「房総における15・16世紀の土器・陶磁器研究の現状」『中世土器・陶器編年研究会記録3 関東、東海における中世土器（煮炊具）の最近における研究成果』pp. 59-82

脱稿後、本稿で紹介した福岡遺跡の資料（第3図1）と非常に類似する資料の存在が明らかになった。それは茨城県潮来市に所在する内野遺跡SK01の事例（山武考古学研究所編2003）で、内耳2と3の外側にかなり進んだ摩滅が認められ、そのあり方は福岡遺跡の事例と非常に共通性が高く、内耳土器の摩滅痕を研究する上では重要な資料となろう。こうした資料は、他にも存在する可能性が高く、今後、関連資料を網羅した上で再検討する必要があると考えている。なお、この内野遺跡の事例については、比毛君男氏にご教示いただいた。

山武考古学研究所編 2003『内野遺跡 茨城県潮来市 市指定史跡島崎城外郭部の第2次調査報告書』 潮来市遺跡調査会

中世都市尾道における貿易陶磁器の変遷

西井 亨

I. はじめに

　尾道市は広島県南東部に位置する。2市3町の合併により、山岳部、沿岸部、島嶼部と多様な地形と広大な面積を有することとなり、歴史においても縄文時代の人骨が70体以上出土した大田貝塚、瀬戸内海屈指の製塩遺跡である満越遺跡、室町〜戦国時代の村上水軍や海賊の城跡、そして、瀬戸内海有数の中世港湾都市が埋蔵されている尾道遺跡と多くの遺跡をもち、観光地としても著名である密集した多くの寺院と坂の町として知られている。

　尾道市中心市街地に位置する尾道遺跡は、戦禍や大規模開発から免れ、都市成立期から現代に至る数百年の生活遺構が良好な状態で埋蔵されている。ただし、限られた土地と商業都市特有の間口の狭い敷地での発掘調査は多くの制約を伴い（西井亨 2006a）、いまだ遺跡の全容解明にはほど遠い状態にある。発掘調査は190回を越え、様々なデータが得られ

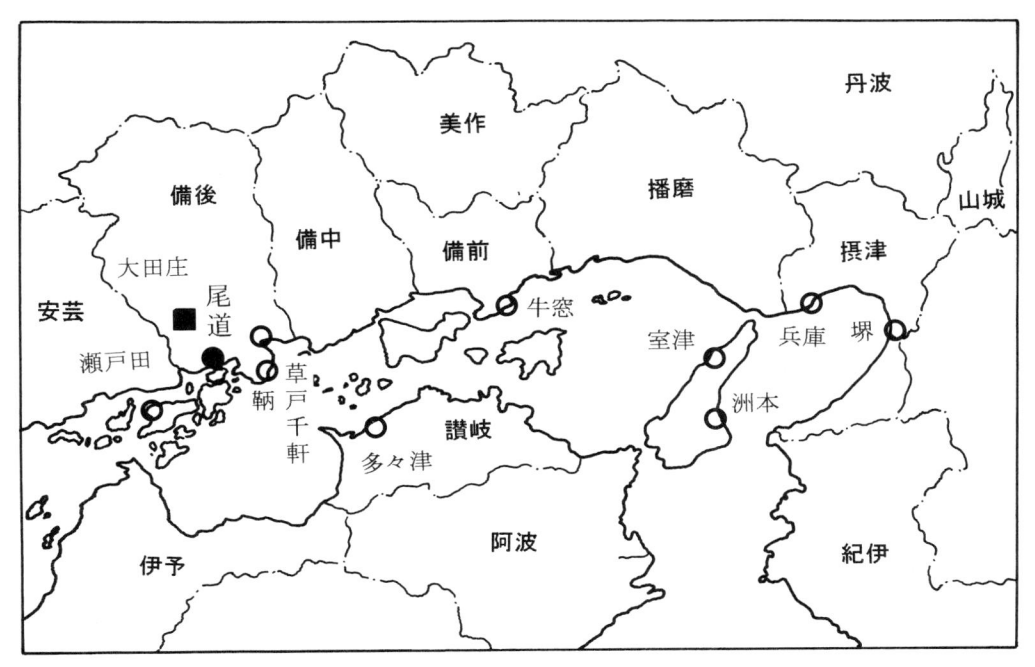

第1図　中世瀬戸内海の主要な港（津）

ているが、それを比較検討する作業は現在までにあまり行われてきていない。

　そこで、本論では分類や編年の検討がなされ、物資の流通についての考察が可能である貿易陶磁器を抽出し、その出土量や特徴の変遷について分析し、中世都市尾道の変遷過程を考えてみたい。中世史と貿易陶磁器については既に多くの議論がなされており（大庭康時 2004）、その有効性は十分にあると考えられる。まず、文献史学からみた中世都市尾道の歴史を概観し、尾道遺跡出土貿易陶磁器の変遷との比較を行うこととする。

II. 中世都市尾道の歴史

　中世都市尾道の成立は平安時代末期まで遡る。小さな漁村であった尾道が1169（嘉応元）年備後大田庄の倉敷地として公認され（青木茂 1971）、その後、後白河院領となった。さらに1186（文治2）年に後白河院が備後大田庄を紀州高野山に寄進し、倉敷地である尾道も高野山領となっている。尾道が倉敷地として公認されたことについては、様々な理由が考えられるが、瀬戸内海の中央部に位置し、大型船が進入できるほど水深が深い尾道水道と、いわゆる「尾道三山」に囲まれた緩斜面に位置するなど港としての立地環境に恵まれていることが挙げられよう。

　さらに1270（文永7）年の高野山文書によれば、「尾道浦」と記載され、船舶から独自に津料を徴収しており（青木茂 1971）、倉敷地となってからわずか100年で、独立した港町となっていたことが分かる。また、1319（元応元）年には、備後国守護である長井貞重らが尾道浦に乱入・狼藉をはたらき、「焼払仏閣社殿数箇所政所民屋一千余宇」との記載があることから（青木茂 1971）、すでにこの時期に尾道浦には数百軒の民家があり、また、政所も存在し、瀬戸内海でも有数の港湾都市となっていたことが窺える。1370（建徳元）年には、九州探題に任じられた今川了俊が尾道浦に立ち寄った際、山麓にそって民家が密集し、港には東北や九州地方に向かう船も見受けられる等、紀行文『道ゆきぶり』（蔵中スミ 1998）に当時の様子を書き記している。他にも中世都市尾道の繁栄を伝える史料として、1389（康応元）年に室町幕府将軍足利義満が厳島参詣の途上、尾道天寧寺に宿泊したという『鹿苑院殿厳島詣記』（蔵中スミ 1998）や1420（応永27）年に朝鮮通信使が尾道に寄港し、街並みのにぎやかさを伝える『老松堂日本行録』（村井章介 1987）などがある。また、1445（文安2）年の港に寄港した船舶の記録である『兵庫北関入舩納帳』（林屋辰三郎 1981）によれば、尾道浦所属の船61隻が確認され、瀬戸内海近海では第9位の数を誇ることが分かる。この14～15世紀の尾道は記録からも分かるとおり、最も繁栄した時期であり、往時は81寺あったと伝えられる浄土寺、西國寺などの尾道浦後背地に鎮座する寺社仏閣が再興され、瀬戸内海交易の拠点となる港湾都市であったと考えられる。松井輝昭や佐々木銀弥は『兵庫北関入舩納帳』などの分析から尾道は瀬戸内海において畿内と九州の中間点に位置し、大型船も寄港する拠点的な港湾都市であったと推定している（佐々木銀弥 1994、

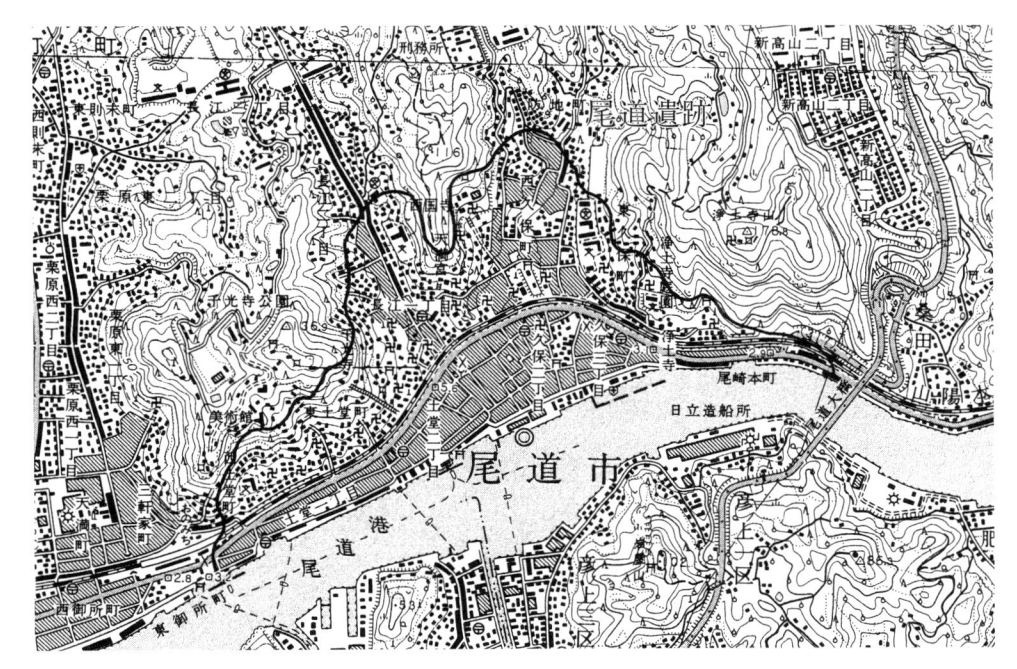

第2図　尾道遺跡の位置と範囲

松井輝昭 2004)。

III. 尾道遺跡出土貿易陶磁器の概要

　尾道遺跡は、その名のとおり尾道市中心部市街地に位置する。平安時代末期から現在にいたるまでの港湾都市の遺構が良好な状態で堆積し、190回を越える発掘調査により、港、商家・民家、寺社、倉庫群などの施設が確認されている。遺跡推定面積37000 m²のうち、約1％しか調査されておらず、広島県福山市草戸千軒町遺跡のような面としての把握が困難な状況ではあるが、平安時代末期から現在までの遺構・遺物を明瞭な層位の中で捉えることができる。そこで、本論文では中世都市尾道における流通・交易を検討する資料として、尾道遺跡第1・5・182・184次調査（篠原芳秀 1975・1978、宮本一輝 2004）出土貿易陶磁器の分析から変遷過程を考察することとする。貿易陶磁器の分類については、大宰府分類（横田賢次郎・森田勉 1978）を踏襲し、その他に青磁碗や白磁の分類・編年（森田勉 1982、上田秀人 1982、山本信夫 1995、水澤幸一 2004）を参考にした。
　3地点ともに遺構出土土器は少ないが、重層した遺物包含層から多量に出土しているため、流通の変遷を捉えることができる。

1. 尾道遺跡第5次調査出土土器
　第3・4図1～27は第5次調査出土貿易陶磁器である。この地点からは多量の貿易陶磁

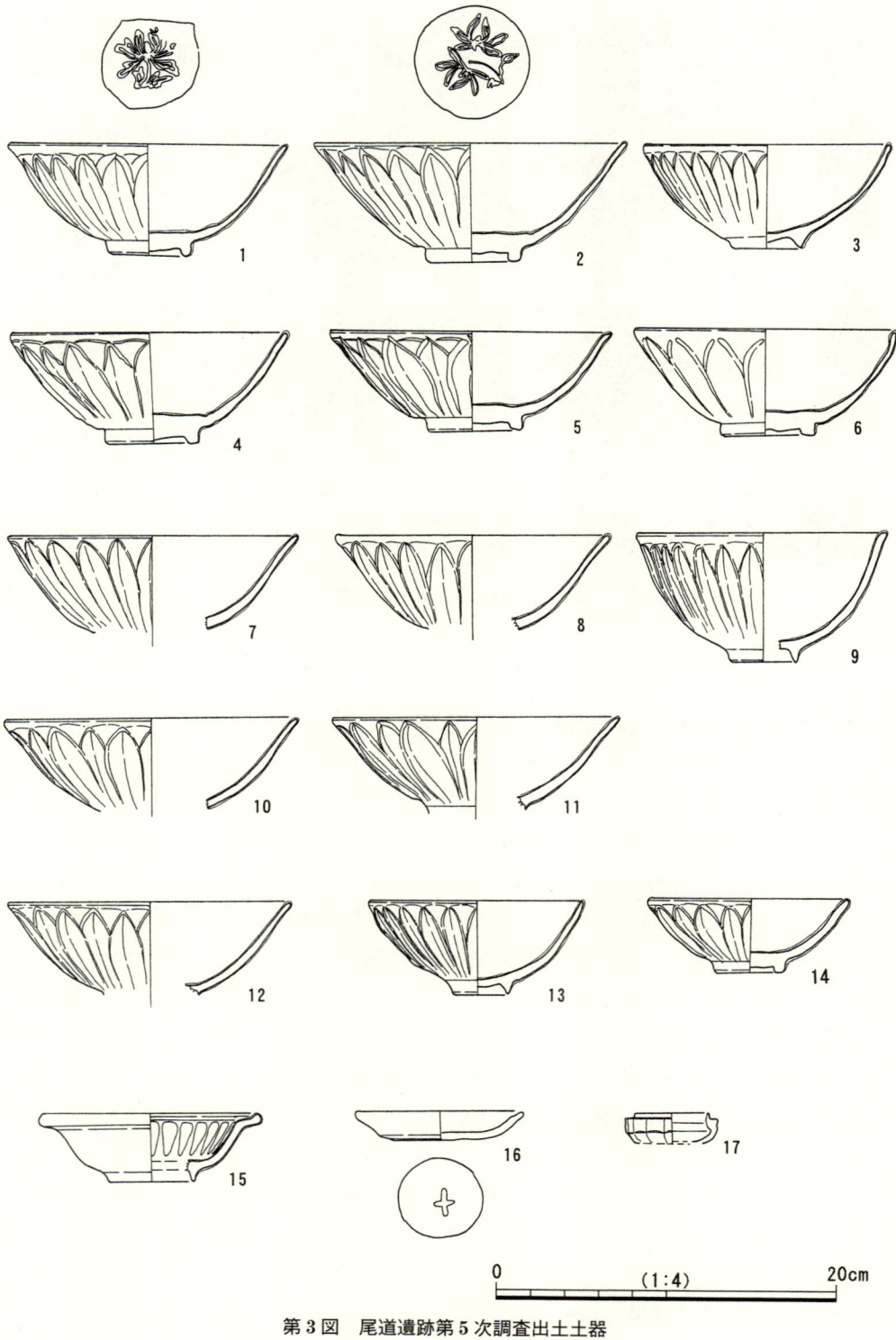

第 3 図　尾道遺跡第 5 次調査出土土器

中世都市尾道における貿易陶磁器の変遷　761

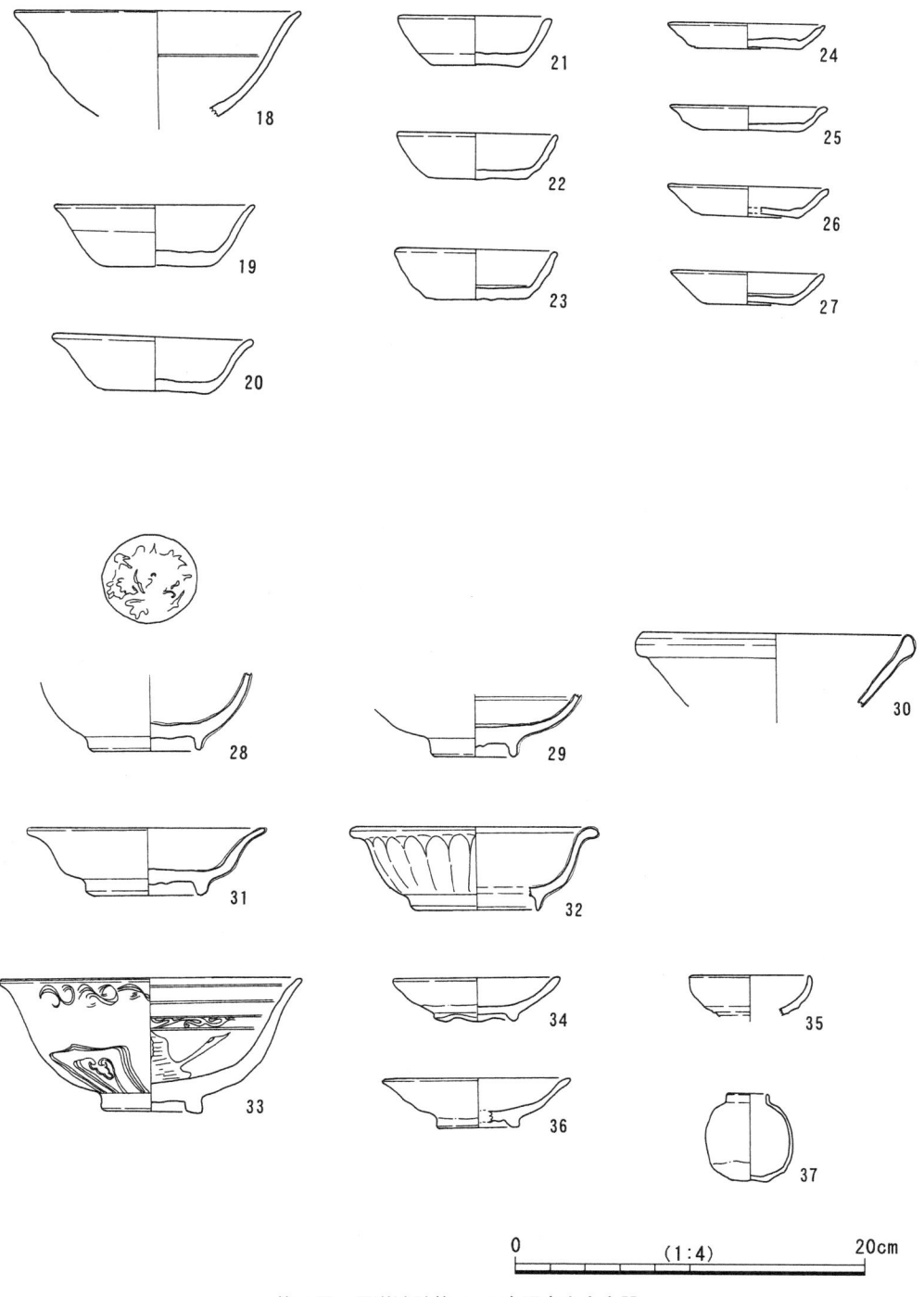

第4図　尾道遺跡第1・5次調査出土土器

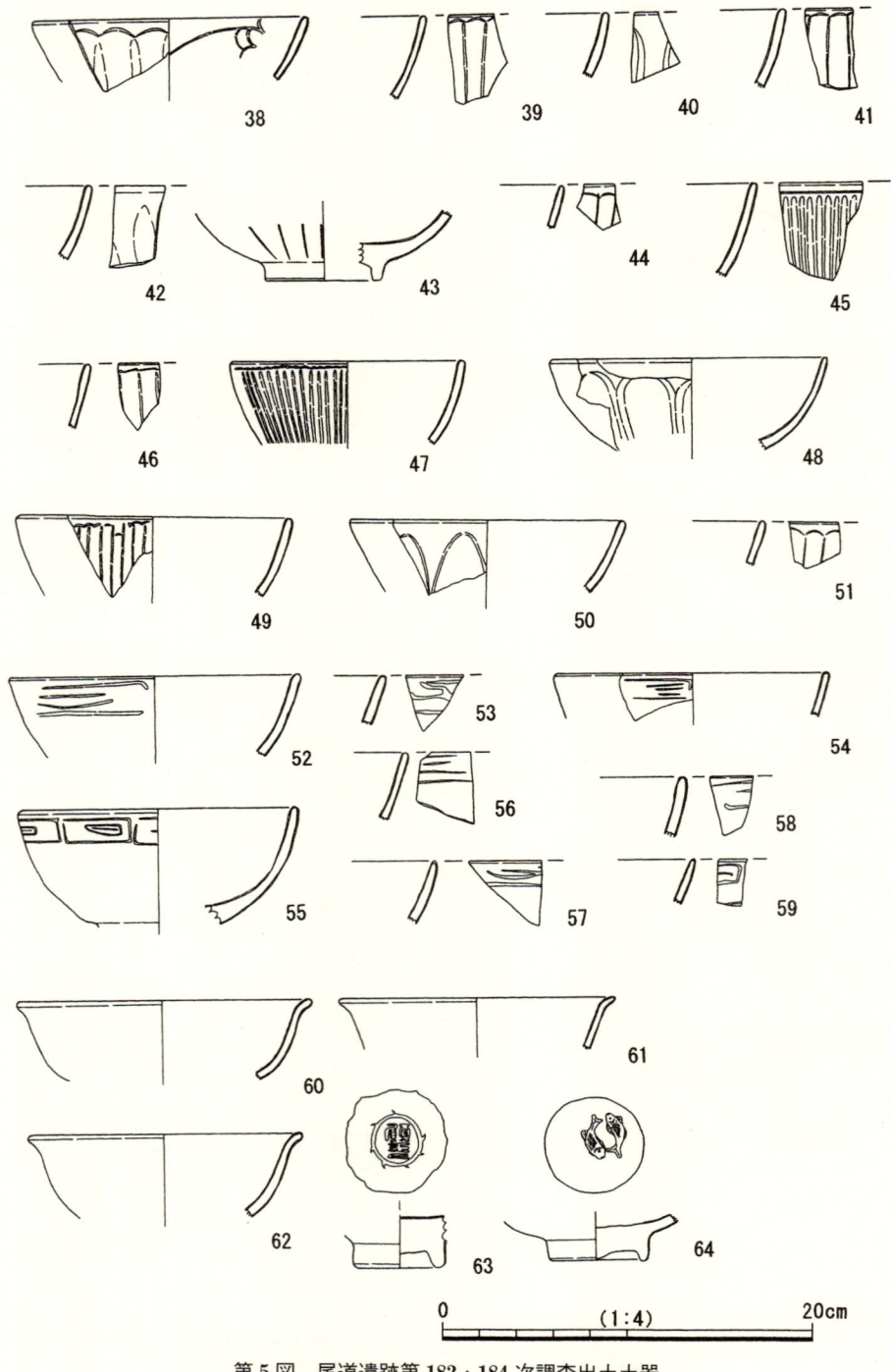

第 5 図　尾道遺跡第 182・184 次調査出土土器

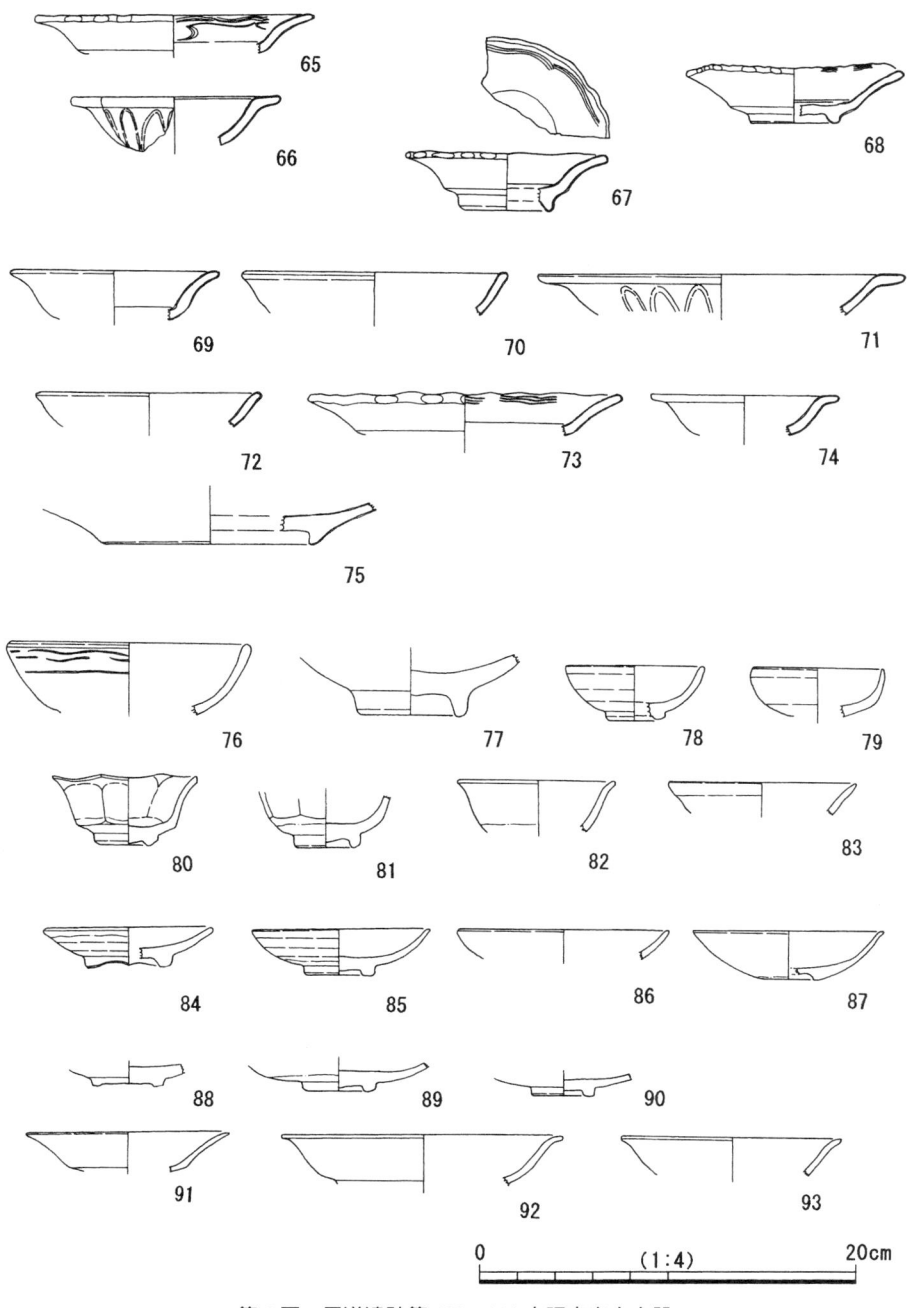

中世都市尾道における貿易陶磁器の変遷　763

第 6 図　尾道遺跡第 182・184 次調査出土土器

器が出土しているため（篠原芳秀1978）、主要なもののみ図示した。1～2、4～8、10～12、14は龍泉窯青磁碗I-5類である。1、2はみこみに印花文がスタンプされ、他の青磁碗と同様に外面には縞蓮弁文が施文される。高台は四角形で内面はドーナツ状に露胎しているものが多い。

　3、9、13は龍泉窯青磁碗III類である。外面は比較的細めの縞蓮弁文が施文され、高台は先が細く尖り、釉薬部分が厚い。

　15は端反青磁皿、16は底部に「十」が墨書された青磁皿、17は青磁合子である。

　18は白磁碗IX類、19～27は口縁端部が口禿になった白磁皿IX類である。

　これらの第5次調査出土貿易陶磁器は共伴している土師質土器の編年（鈴木康之2006）から14世紀前半から中葉に比定され、流通していた時期が当該期であることが推定できる。また、この資料の特徴として、龍泉窯青磁碗と白磁皿の割合が極端に高く、この地点の機能を示す重要なデータであると言えよう。

2. 尾道遺跡第1次調査出土貿易陶磁器

　第4図28～37は第1次調査出土貿易陶磁器である。28、29は龍泉窯青磁碗、30白磁碗V類、31、32は端反青磁皿、33は枢府系白磁碗である。34～36は15世紀末～16世紀初頭に属する土師質土器が共伴しており、34の抉入高台白磁皿などはこの時期特有の器種である。

3. 尾道遺跡第182・184次調査出土貿易陶磁器

　第5・6図38～93は第182・184次調査出土貿易陶磁器である。38～64は青磁碗である。簡略化された蓮弁文が施文される38～51と口縁部に雷文帯が施文される52～59に分けることができる。また、みこみに「顧氏」の文字や双魚文が印刻された63、64も存在する。

　65～74は青磁皿で、内面に波状文が施文された稜花皿（65、67、68、73）や外面に蓮弁文が施文された端反皿が存在する。

　76は灰色がかった釉薬の白磁碗で、口縁部には簡略化された雷文帯が施文される。78、79は白磁杯、80、81は白磁多角杯である。84の抉入高台白磁皿や87の碁笥底白磁皿は年代が特定できる良好な資料であり、福井県福井市一乗谷朝倉氏館遺跡や和歌山県岩出市根来寺坊院跡などでも出土している（森田勉1982）。

IV. 枢府系白磁碗について

　前述の白磁碗は遺跡出土の完形品として著名であり、白磁編年にも用いられている（森田勉1982）。日本において遺跡から出土した枢府系白磁は数が限られており、この他の資料は破片資料となっている（森田勉1980）。

枢府系白磁は、元代の景徳鎮で製作され、枢密院の官舎等で使用されていたが、日本等海外での出土事例も多く、いわゆる「公用」の磁器とは言えなくなりつつある。日本では、博多、大宰府、根来寺、京都等西日本の中世都市から出土事例があり、他の貿易陶磁器とは流通量に違いが認められるため、流通状況が異なっていた可能性が高い。流通している器種には碗、腰折坏（こしおれつき）、皿があり、みこみに印花文が施文され、「枢」「府」などの文字が印刻されているものが認められる。

尾道遺跡第1次調査出土白磁碗（33）は、口縁部が軽く外反し、胴部が丸く膨らみ、高台はわずかに外に開く。外面には渦文とラマ蓮弁文を配し、内面には1対の雲鶴文と唐草文、3条の沈線が配される。釉薬は枢府系白磁の特徴であるわずかに青味を帯びた白色を呈する。これに類似した資料として、福岡県太宰府市（だざいふ）大宰府の推定金光寺（こんこうじ）跡出土白磁碗があり、文様の配置が類似し、口縁部の形状はまっすぐ立ち上がっており若干異なる。

この33については、共伴遺物や層位関係から15世紀代と考えられる包含層から出土しており、他の出土事例とも年代的な矛盾はない。枢府系白磁の年代は、中国での調査成果から、14世紀前半が上限と考えられており（森田勉1980）、流通過程を考えるうえでも当該資料の重要性は高い。

V. 貿易陶磁器の変遷と流通

尾道遺跡出土貿易陶磁器について主要なものを概観したが、それぞれの調査地点ごとに特徴と年代についてまとめておきたい。

まず、第5次調査では貿易陶磁器総破片数259点のうち、図示した青磁碗、白磁皿が約9割にあたる232点出土している。しかも他の調査地点と比べても圧倒的に完形率が高く、かなりまとまった状態で廃棄された可能性を示している。貿易陶磁器の他にも土師質土器などが数千点、これも完全に近い形で出土しているため、かなり特殊な場所であったと考えることができよう。例えば、港における商品の選別場などが推定でき、港湾部の中心的な場所であった可能性が高い。この貿易陶磁器の偏った組成はこのような推論を肯定しうるものである。

また、これらの陶磁器の年代については、大宰府編年によれば、13世紀前半に属するが、共伴している土師質土器の年代が草戸千軒町遺跡の編年で草戸II期前半（14世紀前半）と考えられることから、埋没した時期は14世紀前半となる。よって、九州での流通時期と尾道での流通時期では100年の開きがあることになる。この現象は広域流通品特有のものであり、鈴木康之が指摘しているように（鈴木康之2002）、流通時期と消費地での廃棄時期のずれがこうした現象の一つの原因であろう。特に尾道のような物資集散地であるとともに、大量消費地でもある場合にはこうした傾向が顕著であると考えられる。

次に第1次調査では、15～16世紀の貿易陶磁器が出土しているが、やはり前述の枢府

系白磁碗の出土は特殊であると言えよう。日本の中世遺跡から出土した完全な形の枢府系白磁碗はこれ一つのみであり、出土数も少なく、代表的な中世都市でしか出土していない枢府系白磁が出土するということは、身分や財力が十分である者が存在したことを示している。この白磁碗が埋没した15世紀は文献などで分かるとおり、尾道が最も繁栄していた時期とも重なり、有力な商人が多く、様々な地域と交易を行っている。そうした中で、前述の大量の青磁碗、白磁皿は一般的な消費財であり、枢府系白磁のようないわゆる「伝世品」としての高級品とは流通経路が異なる可能性が考えられる。

　第182・184次調査では調査地点が近世山陽道（西国街道）にあたるため、前述の2箇所の貿易陶磁器とは特徴が若干異なる。まず、廃棄時期は共伴遺物から15世紀～16世紀初頭と考えられ、新しい時期の貿易陶磁器である。ここからは、14世紀に遡る遺物は出土しているものの、龍泉窯青磁碗Ⅰ類等は出土しておらず、先の2地点とは異なる様相を呈する。どちらかといえば、尾道遺跡の他の調査地点もこれと同じ出土状態である場合が多い。15世紀になると、他の地域との時期的なずれが解消され、消費財として大量に出回っていることが窺える。

　以上のように、中世都市尾道では14世紀前半から貿易陶磁器が廃棄されており、それ以前の時期の包含層からは貿易陶磁器はほとんど出土していない。都市が成立した12世紀末～13世紀は文献においても記録が少なく、いまだ解明されていない部分も多い。ただ、尾道は消費地であるとともに、集散地でもあることから、貿易陶磁器が商品としてすぐ他の都市へ移動していったとも考えられる。この時期については、もう少し資料の蓄積が必要であろう。

　14世紀になると、前述のとおり、貿易陶磁器が流通しはじめ、特に青磁碗、白磁皿が大勢を占める。逆に香炉や酒会壺、水指といった器種はほとんど出土していない。これは

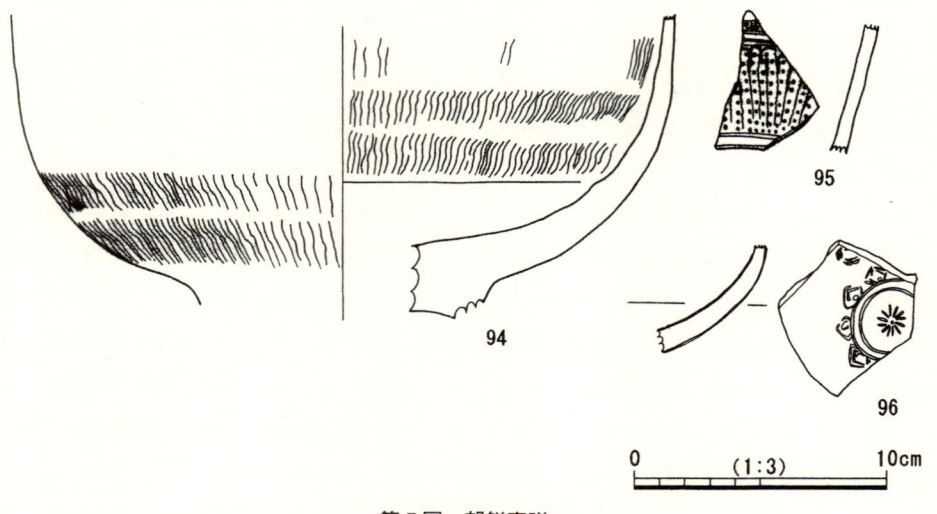

第7図　朝鮮青磁

やはり、集散地としての尾道を示すものといえるのではないだろうか。この時期多くみられるのは、龍泉窯青磁碗Ⅰ・Ⅲ類、白磁皿Ⅸ類であり、最も一般的な流通品といえる。

15〜16世紀は尾道遺跡でも最も遺物出土量が多く、都市も拡大していった時期である（西井亨2006b）。貿易陶磁器も他地域と同様の様相を呈し、貿易陶磁器の流通量が増加したと言えよう。尾道では中国製だけでなく、朝鮮製青磁もみられるようになり（第7図）、様々な商品が流通していたと考えられる。94は李朝青磁碗の体部〜底部で、内外面に三島手が認められる。95、96も李朝青磁碗で、花文や雲文の象嵌が施されている。

このように、物資集散地である尾道において、貿易陶磁器の様相から流通と都市の盛衰を考察した。しかし、14世紀における他地域との流通時期のずれや都市構造の変遷などについては十分に検討できなかった。また、周辺の消費地である大田庄や草戸千軒町遺跡との比較検討もできていない。今後、さらに広い視野をもって、貿易陶磁器だけでなく、様々な流通品の検討を行う必要がある。畑野順子が指摘しているように（畑野順子2001）、尾道だけでなく、周辺の瀬戸田、弓削などの港町との流通関係、尾道を中心とする周辺港湾と島々との立場の究明、さらに西瀬戸内海における尾道の役割の解明が今後の課題である。

最後になりましたが、須藤隆先生の退任に際し、小論を献呈いたします。在学中、熱心にご指導いただいたことを感謝いたしますとともに、先生の今後の益々のご活躍とご健康をお祈りいたします。

引用文献

青木　茂　1971『新修尾道市史　第1巻』尾道市
　　　　　　　（高野山文書　宝簡集1「後白河院々庁下文」）
　　　　　　　（高野山文書　宝簡集7「大田庄内桑原方所務和与状」）
　　　　　　　（高野山文書　「金剛峯寺衆徒等解状」）
大庭康時　2004「中世史研究と貿易陶磁器」『中近世土器の基礎的研究』18 pp. 179-196
畑野順子　2001「中世尾道と「しまなみ海道」一帯の水運上の役割と結びつき」『地方史研究』292 pp. 27-31
林屋辰三郎編　1981『兵庫北関入舩納帳』中央公論美術出版
蔵中スミ編　1998『中世紀行文学選』翰林書房
松井輝昭　2002「中世後期の瀬戸内海水運と海賊―西瀬戸内海を中心に」『海と風土―瀬戸内海地域の生活と交流』雄山閣　pp. 69-93
松井輝昭　2004「中世の瀬戸内海水運における尾道の位置」『中世瀬戸内の流通と交流』塙書房 pp. 95-118
水澤幸一　2004「15世紀前葉から中葉の貿易陶磁器様相」『貿易陶磁器研究』24 pp. 194-210
宮本一輝　2004『尾道遺跡―久保一丁目地区幹線管渠築造工事に伴う埋蔵文化財発掘調査』尾道市教育委員会

森田　勉　1980「「枢府磁に関する二・三の資料」『月刊文化財』206 pp. 39-44
森田　勉　1982「14～16世紀の白磁の分類と編年」『貿易陶磁研究』2 pp. 47-54
村井章介　1987『老松堂日本行録』　岩波書店
西井　亨　2006a「尾道の埋蔵文化財」『広島県文化財ニュース』190 pp. 16-19
西井　亨　2006b「「中世の港町・尾道」の構造と変遷―近年の発掘調査成果から」『2006年度広島県史学研究会考古部会発表資料』
佐々木銀弥　1994「室町時代備後国太田庄の年貢送進と尾道船」『日本中世の流通と対外関係』　吉川弘文館　pp. 122-152
志田原重人　1983「草戸千軒・尾道にみる中世港町の側面」『瀬戸内社会の形成と展開―海と生活』　雄山閣　pp. 134-158
篠原芳秀　1975『尾道中世遺跡発掘調査概報―尾道土堂一丁目所在―』　尾道中世遺跡発掘調査団
篠原芳秀　1978『尾道―市街地発掘調査概要―』　尾道市教育委員会
篠原芳秀　1985「瀬戸内の中世遺跡から出土した高麗・李朝陶磁」『貿易陶磁研究』2 pp. 29-36
鈴木康之　2002「考古資料からみた中世集落における消費活動―草戸千軒町遺跡における資料形成過程の分析」『国立歴史民俗博物館研究報告』第92集 pp. 269-297
鈴木康之　2006『中世集落における消費活動の研究』　真陽社
上田秀人　1982「14～16世紀の青磁碗の分類と編年」『貿易陶磁研究』2 pp. 55-70
山本信夫　1995「中世前期の貿易陶磁器」『概説　中世の土器・陶磁器』　真陽社　pp. 470-484
横田賢次郎・森田　勉　1978「大宰府出土の輸入中国陶磁器について―型式分類と編年を中心にして―」『九州歴史資料館研究論集』4 pp. 1-26

中世奥羽の陶器生産と流通

山 口 博 之

I. はじめに

　小稿は中世奥羽社会における陶器生産と流通の様相について整理するとともに、山形県鶴岡市（旧羽黒町）執行坂窯跡出土の刻画文壺を例として陶器生産の具体的様相を考察するものである[註]。奥羽とは、陸奥国と出羽国を統合した表現であり、現在の行政区分の東北6県、すなわち青森・秋田・岩手・山形・宮城・福島を内包する。この面積は約66,886 km^2 であり国土の約18% を占めている。

　現在知られている奥羽の中世陶器窯は、青森県と岩手県を除く各県の11地点である（第1図）。12世紀半ばから14世紀半ばにかけて営まれ、太平洋側の福島県北部から宮城県北部までの地域に集中し、日本海側には薄い。執行坂窯跡は日本海側最北の瓷器系陶器窯である。

　中世陶器はその特徴に従っていくつかに分類することができる。楢崎彰一は中世陶器を「瓷器系中世陶器」「須恵器系中世陶器」「土師器系中世土器」に分類し、研究の先鞭をつけた（楢崎彰一1977など）。吉岡康暢はこの分類を発展させ、さらに細分を試みた（吉岡康暢1994など）。また中野晴久は、楢崎彰一の瓷器系中世陶器窯の分類を発展させている（中野晴久1997）。なお小稿では、常滑焼を常滑と表わす。同様に瀬戸焼は瀬戸、珠洲焼は珠洲とし以下これに習う。また、中世奥羽の陶器窯を在地窯と呼び、全国的な流通圏をもつ陶器を生産する瀬戸・常滑・渥美窯などを広域窯と呼ぶ。

　以下、中世奥羽の陶器生産の様相と流通について述べる。

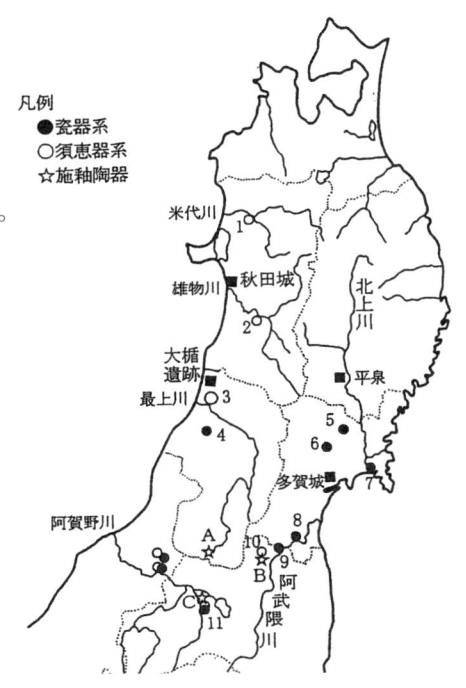

第1図　奥羽の中世陶器窯分布図
（飯村1995より）

II. 中世奥羽の陶器生産

　中世奥羽の陶器生産の研究は、藤沼邦彦、飯村均等によって主導されてきた。藤沼邦彦は1970年代から80年代に宮城県域を主として資料の発見と蓄積に努め、中世奥羽の陶器生産について見通しを示した（藤沼邦彦 1977 など）。飯村均はその後90年代に福島県域と日本海側の資料を追加し、資料の編年的・技術的理解を深め、陶器窯は13〜14世紀に営まれた総数は約200基以上、窯業生産には12世紀中葉、13世紀前後、14世紀後半の3つの画期を示した（飯村均 1995）。

1. 奥羽の中世陶器窯の分類と技術系譜

　飯村均は奥羽の中世陶器について「須恵器系」を「珠洲系」「東日本型」（折衷系）、「瓷器系」を「渥美系」「東常滑系」に分類した。東北の中世陶器をその陶器焼造の技術によって、瓷器系の愛知県知多半島常滑窯の技術を受け継いだもの「梁川窯」「大戸窯」「伊豆沼窯」「三本木窯」「白石窯」「執行坂窯」（常滑系）、同じく瓷器系の愛知県渥美半島渥美窯の技術を受け継いだもの「水沼窯」（渥美系）、須恵器系の石川県珠洲市珠洲窯の技術を受け継いだもの「エヒバチ長根窯」「大畑窯」「新溜窯」（珠洲系）とに整理し、さらに当初は珠洲系の焼造技術で焼造しながら、後には常滑系の技術を用いて、焼造するもの「飯坂窯」「大戸窯（霞ノ沢支群）」（東日本型（折衷系））に分類した（飯村均 2003）。

　太平洋側には「瓷器系中世陶器」の技術伝統を継承する窯跡群、日本海側に「須恵器系中世陶器」の技術伝統を継承する窯跡群が分布する。陸奥南部には当初は須恵器系の焼造技術で焼造しながら、後には瓷器系の焼造技術を用いて生産する窯跡が分布すると見ることができる。

　製品は瓷器系陶器窯の生産は壺・甕・擂鉢を主体とし、一部には五輪塔や火鉢、硯などを生産するが、器種は須恵器系陶器窯に比べれば少ない。須恵器系陶器窯は壺・甕・擂鉢を主体とするのは同様であるが、五輪塔や火鉢、硯などのほかに、水注・擦粉木・分銅・陶錘なども生産し、瓷器系陶器窯の生産に比べれば概して器種が豊富である。

第2図　12世紀代の生産と製品の分布

2. 奥羽の中世陶器窯の年代と流通

　奥羽の中世陶器窯の生産は12世紀半ば前後～14世紀前後までの約150年間であるが、この間の生産年代と製品の分布について、『中世奥羽の土器・陶磁器』の各窯の記述に拠りながら整理したい（東北中世考古学会編2003）。なお生産の様相から12世紀代・13世紀代・13世紀～14世紀代の3時期に分ける。

(1) 12世紀代の生産と製品分布（第2図）

　この時期に生産しているのは、水沼窯・エヒバチ長根窯・飯坂窯・大戸窯である。

　最古の生産を行ったのは渥美の技術を直接導入した水沼窯である。渥美製品との型式比較により12世紀第2四半期の年代が考定されている（藤沼邦彦ほか1984）。その分布は、おもに陸奥中部の北上川沿岸部であり、岩手県平泉町・宮城県多賀城市などを分布域とする。これらはいずれも陸奥の政治的拠点を形成する地域である。窯の操業は短期間だが奥州藤原氏に関連した窯と考えられ、渥美からの直接的な技術導入も政治的な関係から行われるという（藤沼邦彦1992）。

　次に12世紀後半に須恵器系陶器窯である出羽北部のエヒバチ長根窯、陸奥南部の飯坂窯・大戸窯が出現する。エヒバチ長根窯は、秋田県の日本海側能代市に所在し、北緯40度ラインの周辺に位置する（第1表）。製品の分布は、おもに秋田県の中部から北半であり、大館市・秋田市・横手市などを中心とするが、一部には山形県遊佐町、岩手県平泉町を含むとも見られている。出羽国中部日本海側から

第1表　奥羽の陶器窯跡（各図にNo.は一致）

No.	窯跡名	支群名	所在地	窯数	分類	調査の有無
1	エヒバチ長根	−	秋田県能代市	3基	珠洲系	確認調査
2	大畑	大畑	秋田県大仙市	4基以上	珠洲系	2基調査
		桧山腰		−	珠洲系	−
		赤平平家		−	珠洲系	−
		甕コ沢		−	珠洲系	−
3	新溜		山形県酒田市	1基以上	珠洲系	試掘調査
4	執行坂	執行沢	山形県鶴岡市	1基	常滑系	1基調査
		長坂		−	常滑系	−
5	三本木	多高田	宮城県大崎市	1基	常滑系	1基調査
		芦ノ口山		1基	常滑系	−
6	伊豆沼	熊狩A	宮城県栗原市	3基	常滑系	2基調査
		熊狩B		3基	常滑系	−
		熊狩C		2基	常滑系	−
		熊狩D		5基	常滑系	−
		山塚沢		8基以上	常滑系	−
		東沢		13基	常滑系	−
		品ノ浦		12～13基	常滑系	−
7	水沼	−	宮城県石巻市	3基	渥美系	3基調査
8	白石	東北	宮城県白石市	約20基	常滑系	−
		黒森		2基	常滑系	−
		市の沢		1基以上	常滑系	−
		一本杉		20基	常滑系	20基調査
9	梁川	八郎	福島県伊達市	4基以上	常滑系	2基調査
10	飯坂	毘沙門平	福島県福島市	4基以上	(折衷系)	2基調査
		赤川		3基	(折衷系)	1基調査
11	大戸	菱ノ沢	福島県会津若松市	2基	(折衷系)	1基調査
		樋ノ沢A		4基	常滑系	−
		樋ノ沢B		1基	常滑系	−
		下丸		6基	常滑系	1基調査
		中丸A		10基	常滑系	−
		中丸B		6基	常滑系	2基調査
		谷地平A		7基	常滑系	−

北部の大部分を含み、一部には陸奥の拠点的遺跡にまで分布を広げていると見ることができる。大戸窯は福島県会津若盆地南部に位置し、その製品の分布は陸奥南部の会津盆地から郡山盆地にわたり会津若松市・喜多方市・郡山市などを主とする。陸奥南部太平洋側を除きその全域を覆う。飯坂窯は福島県の福島盆地の北部に位置し、その製品の分布は福島盆地北部に集中する。

これらの所在地には、いずれも12世紀代に有力な勢力が関係した。水沼窯には奥州藤原氏が関係し、エヒバチ長根窯の所在地は1189（文治5年）年源頼朝に敗北した藤原泰衡が夷島に渡ろうと敗走中、河田次郎に殺されたのがこの周辺肥内郡贄柵であった。米代川の沿岸には12世紀～13世紀にかけての中世遺跡が多い。飯坂窯の所在地は、藤原秀衡の命で弟忠信とともに源義経の郎等となり、屋島の戦で戦死した佐藤継信の故地である陸奥国信夫荘に近い。在地の窯業生産はこうした勢力と深い関係があったことは間違いなかろう。この時期の窯は、飯坂窯を除いて比較的広大な流通圏を持ち、開窯には在地の有力者の影響があったことが大きな特徴とみて良かろう。

また製品は流通するものの消費遺跡での出土量は少ない傾向がある。この点について水沼窯を例に取り補足すれば、田中則和は、平泉遺跡群の中で水沼窯製品と報告があるものを紹介し、岩手県平泉町柳之御所27・29次調査での国産陶器出土点数は、総数7,340点のうち、渥美3,865点（53％）、常滑3,034点（41％）、須恵器系陶器418点（古代を含む、6％）、水沼窯製品23点（0.003％）と整理した（田中則和2003）。確かに水沼窯製品の平泉遺跡群での出土数は少ない。これは、操業期間の短かったことを示すと同時に、その製品自体の供給も少なかったであろうことを示している。渥美を模倣した製品は、潤沢な渥美製品の供給の前には主体とはなり得なかったのであろう。むしろその生産は他の12世紀代の中世陶器窯の場合と同様、政治的な意味が大きいと見ておきたい。

(2) 13世紀代～14世紀代の生産と製品分布

この時期は中世奥羽の陶器生産がもっとも活発化する時期である。須恵器系陶器窯は大畑窯、新溜窯が操業し、瓷器系陶器は大戸窯、飯坂窯、梁川窯、白石窯、伊豆沼窯、三本木窯、執行坂窯が操業する。前代のエヒバチ長根窯、水沼窯は生産を停止する。梁川窯は13世紀の前半から生産を開始するが、中野晴久は梁川窯の生産の開始を12世紀末と見る（中野晴久1997）。12世紀代後半にに須恵器系陶器窯として成立した大戸窯・飯坂窯は、生産技術を瓷器系の技術に転換させている。須恵器系から瓷器系へと生産技術を変化させる窯跡は、福島県と宮城県の県境さらには新潟北半（北越窯群）に存在する。この奥羽の南部を形成する地域は古代以来から国造制が敷かれた地域であり、一般の律令支配が行われた地域であり、この一線は中世においても一つの地域区分を示すと見ることができる。

1) 13世紀初頭から13世紀後半の生産と製品分布

瓷器系陶器窯の梁川窯は福島県北部の伊達市（旧梁川町）に位置し、13世紀前半代から

生産を開始する。製品の分布は、おもに福島県の北部宮城県との県境付近であり、福島市・旧梁川町・桑折町などを分布域とする。白石窯は宮城県南部の白石市に位置し、13世紀半ばから生産を開始する。製品の分布は、福島県北部から宮城県中央部までであり、福島県旧桑折町から仙台市・多賀城市などを分布域とする。伊豆沼窯は宮城県北部の栗原市（旧築館町）に位置し、13世紀半ばから生産を開始する。製品の分布は、宮城県北部から岩手県南部であり、宮城県栗原市（旧高清水町）・岩手県平泉町などを分布域とする。なお、伊豆沼窯からは、花菱文の押印（熊狩B窯跡）と花押状文（熊狩C窯跡付近）が施された陶器片も採集されている（安達訓二 2003）。三本木窯は宮城県北部の大崎市

第3図 13世紀初頭〜後半の生産と製品分布

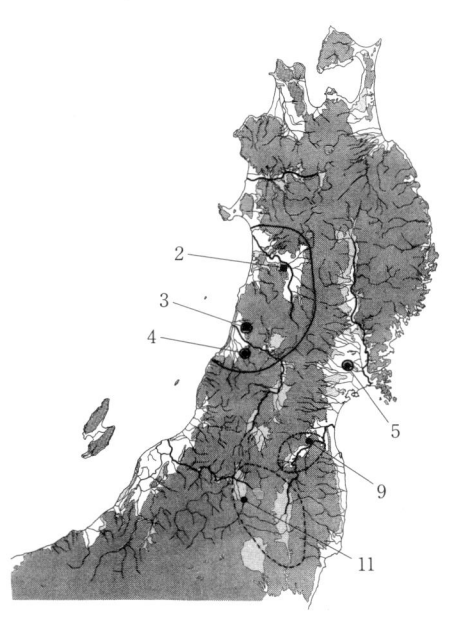

（旧三本木町）に位置し、13世紀半ばから生産を開始する。執行坂窯は山形県の日本海側鶴岡市（旧羽黒町）に位置し、13世紀半ばから生産を開始する。三本木窯・執行坂窯製品の分布は、現在のところ周辺に限られる。

須恵器系陶器窯の大畑窯は秋田県の中部大仙市南外村に位置し、13世紀前半から生産を開始する。製品の分布は、秋田県湯沢市（雄勝町）から秋田市までの秋田県中部を中心とし、山形県の日本海側まで分布している。新溜窯は山形県の日本海側酒田市（旧平田町）に位置し、13世紀後半から生産を開始する。珠洲などの須恵器系陶器窯との判別が難しく、分布を知るに至らない。

13世紀〜14世紀代の消費遺跡の分布からは、須恵器系陶器窯である日本海側の大畑窯は、前代のエヒバチ長根窯と同様に、広大な流通圏を持ち大規模とみることができる。瓷器系陶器窯は大戸窯の分布は広大であるが、梁川窯・飯坂窯の分布域は狭い。

第4図 13世紀後半〜14世紀代の生産と製品分布

(3) 13世紀後半から14世紀代の生産と製品分布

　主として13世紀後半～14世紀代の陶器窯は、瓷器系陶器窯のみが分布する。伊豆沼窯の品ノ浦支群・白石窯の一本杉支群であり、窯跡群の中のわずかな支群に生産が残される状況である（第4図）。この時期の分布域は、白石窯は仙台市付近まで、伊豆沼窯は平泉付近まで分布域を持ち、陸奥南部を2分する形となる。この時期、須恵器系陶器窯はすでに生産を終了している。これら14世紀代の生産を最後として、中世奥羽の陶器生産は終息すると整理することができる。

　次に、全国の陶器生産の中で中世奥羽の陶器生産はいかなる位置を占めるのかを整理したい。

3. 日本における中世奥羽の陶器生産の位相

　中世奥羽には12世紀前半代に瓷器系陶器窯が成立し、次に遅れて須恵器系陶器窯が成立し、最終的に瓷器系陶器窯のみが残るが、14世紀の中頃で中世奥羽の陶器生産は終了すると整理することができる。

　また、奥羽の中世陶器の流通は、生産された陶器が奥羽一円に潤沢に供給されるわけではない。生産窯と消費遺跡の位置関係を整理すれば、在地窯の製品の流通は、初期には広域に流通するが次第に流通は狭域となり、1郡規模あるいは数郡規模となる。これは、数国規模あるいはそれ以上の規模で流通する広域流通品が潤沢に供給されているためであろう。事実日本海側には珠洲が分布し、太平洋側では常滑あるいは渥美が卓越する。奥羽山脈を挟んだ両地域の陶器の分布は、平泉や瑞巌寺などの場合を除いて、基本的には排他的であり干渉しない。太平洋側には須恵器系陶器は嵌入を見せるものの主たる分布を示さず、日本海側には常滑・渥美はほとんど分布しないという分布圏を形成している。これと異なり瀬戸は両地域に分布し、この様相は貿易陶磁器の分布と相応する。こうした様相を流通実態の投影と見れば、中世奥羽には、日本海側を中心とする須恵器系陶器の流通圏、太平洋側を中心とする瓷器系陶器の流通圏、両者を覆う貿易陶磁器の流通圏という3者が存在することになる。またそれぞれの流通圏は在地窯陶器の流通圏からすれば、1郡～数郡規模の流通圏を内包していることになろう。こうした中世奥羽の陶器生産の様相を念頭に、全国の陶器生産との比較を行ってみたい。

　全国の中世窯造営の様相は中野晴久が整理している（中野晴久2000・2006）。中野晴久の整理によりながら、全国的な中世窯の展開の中で中世奥羽の陶器窯の様相を整理することができる。

　まず瓷器系の陶器窯であるが、全国的な様相の中では、12世紀前半にその姿を明らかにし始める（第2表）。まず静岡県・愛知県・岐阜県の東海地方に窯跡が成立し、渥美・湖西窯、常滑窯などが生産を開始する。次いで12世紀の半ばから後半になると、この技術はこの地域から飛び出し、遠隔の地へと分布を拡大する。兵庫県の丹波窯・緑風台窯、そ

第2表　全国の中世窯一覧（瓷器系）（中野晴久2000より）

No.	名称	所在地	窯数	12C前	12C後	13C前	13C後	14C前	14C後	15C前	15C後	16C前	16C後	備考
1	執行坂	山形県鶴岡市（旧羽黒町）	1			▲	▲							
2	三本木	宮城県大崎市（旧三本木町）	2			▲	●							
3	伊豆沼	宮城県栗原市（旧築館町）・登米市（旧迫町）	52			▲	●							
4	水沼	宮城県石巻市	3		●									
5	白石	宮城県白石市	34以上				●	●						
6	八郎	福島県伊達市（旧梁川町）	4以上			●								
7	大戸	福島県会津若松市	36			●								
8	五頭山麓（笹神）	新潟県阿賀野市（旧笹神村）	5以上				●							
9	五頭山麓（赤坂山）	新潟県阿賀野市（旧安田町）	2				●	●						
10	八尾（京ヶ峰）	富山県富山市（旧八尾町）	5				●	●						
11	加賀	石川県加賀市・小松市	35以上				●	●	▲					
12	越前	福井県越前町（旧織田町・宮崎村）			●	●	●	●	●	●	●	●	●	
13	助宗	静岡県藤枝市	4	●	●									
14	旗指	静岡県島田市	10以上	●	▲									
15	金谷	静岡県島田市（旧金谷町）	10以上		●	●				▲	▲	●	●	15Cは古瀬戸系
16	土器谷	静岡県牧之原市（旧榛原町）・島田市	3〜4		●	●								
17	南原	静岡県島田市	1〜2											
18	相楽	静岡県牧之原市（旧相良町）				▲	●							
19	皿山	静岡県菊川市（旧菊川町）	10以上	●	●	●								
20	清ヶ谷	静岡県掛川市（旧大須賀町）			●	●								
21	西脇	静岡県森町	数基		●	▲								
22	宮口	静岡県浜松市（旧浜北市含む）	6	●	●	▲								
23	宇志	静岡県浜松市	1〜2	▲	▲									
24	湖西	静岡県湖西市	60	▲	●									
25	渥美	愛知県田原市（旧田原町・旧渥美町）	450	●	●	●	▲							田原市（旧赤羽根町）・豊橋市
26	幸田	愛知県幸田町・岡崎市	20	●	●									
27	東栄	愛知県東栄町	1		●									
28	足助（桜ヶ入・他）	愛知県豊田市（旧足助町）	4		●	●								塩狭間・藪下窯
29	藤岡	愛知県豊田市（旧藤岡町）	50			●	●	●	●					
30	知多（常滑）	愛知県常滑市・武豊町	3000	●	●	●	●	●	●	●	●	●	●	東海市・大府市・知多市・半田市・他
31	猿投	愛知県名古屋市・他	560	●	●									豊明市・刈谷市・豊田市・日進市・他
32	瀬戸	愛知県瀬戸市・他	600	●	●	●	●	●	●	●	●	●	●	尾張旭市・名古屋市・長久手町
33	尾北	愛知県小牧市	10	●										
34	恵南	岐阜県恵那市（旧明智町）	3		●									
35	恵那・中津川	岐阜県恵那市・中津川市	40	▲	●	●								
36	東濃	岐阜県多治見市・土岐市	500	▲	●	●	●	●	●	●	●	●	●	可児市・瑞浪市・笹原町・愛知県瀬戸市
37	兼山	岐阜県可児市（旧兼山町）	4											
38	美濃須衛	岐阜県各務原市	10	●	●	●								
39	信楽	滋賀県甲賀市（旧信楽町）・三重県	50以上				●	●	●	●	●	●	●	伊賀市（旧阿山町）
40	丹波	兵庫県篠山市（旧今田町）	10以上		●	●								
41	緑風台	兵庫県西脇市	2		●									
42	上七重	山口県萩市	1			●								

第3表　全国の中世窯一覧（須恵器系）（中野晴久2000より）

No.	名称	所在地	窯数	12C前	12C後	13C前	13C後	14C前	14C後	15C前	15C後	16C前	16C後	備考
1	エヒバチ長根	秋田県能代市（旧二ツ井町）	3		●									
2	大畑	秋田県大仙市（旧南外村）	4以上			●								
3	大戸	福島県会津若松市	36		●									
4	飯坂	福島県福島市	7		●									
5	泉谷地・新溜	山形県酒田市（旧平田町含む）	数基			●								
6	五頭山麓（北沢）	新潟県新発田市（旧豊浦町）	5											
7	珠洲	石川県珠洲市・能登町（旧内浦町）	24		●	●	●	●	●	●	●			
8	宮谷	福井県越前市（旧武生市）	1	●										
9	壺の谷	兵庫県篠山市（旧篠山町）	1	▲	▲									
10	見比	兵庫県三田市	数基	▲	●	●								
11	末（井ノ口）	兵庫県三田市	1	●	▲									12C以前より
12	小名田	兵庫県神戸市	2			●								
13	大谷	兵庫県西脇市		●										
14	池ノ尻	兵庫県西脇市												11C後半
15	三木・小野諸窯	兵庫県三木市・小野市	40	●	●	●								与呂木・久留美・宿原・跡部
16	神出	兵庫県神戸市	100	●	●	●								12C以前より操業
17	魚住	兵庫県明石市	47以上	●	●	●	●	●	▲					
18	三本松	兵庫県明石市	数基	●										瓦出土
19	魚橋	兵庫県高砂市		●										
20	岸	兵庫県加古川市	数基	●										
21	志方	兵庫県加古川市	100	●										
22	西田原	兵庫県加古川市	2～3											11C後半より
23	関宮	兵庫県養父市（旧関宮町）	2～3	●										12C以前より
24	清水谷	兵庫県姫路市（旧夢前町）	2～3											11C後半まで
25	揖西	兵庫県たつの市												11C後葉
26	若狭野	兵庫県相生市			●									
27	佐礼尾	兵庫県南あわじ市	1～2		●	●	●							
28	勝間田	岡山県勝央町・美作町	33	●	●	●								
29	備前	岡山県備前市	80	●	●	●	●	●	●	●	●	●	●	
30	亀山	岡山県倉敷市	30	●	●	●	●	●	●	●	●			
31	鎌山	広島県福山市		●	●	●	▲							
32	十瓶山	香川県綾川町（旧綾南町）	7	●	●									12C以前より
33	花園	徳島県三好市（旧三野町）		●										
34	坊僧	徳島県美馬市（旧美馬町）		●										
35	香美	徳島県阿波市（旧市場町）	4	●	▲									
36	佐古亀山	高知県香南市（旧野市町）		▲	▲									
37	樺万丈	熊本県荒尾市				▲	●							
38	下り山	熊本県錦町	1	●										
39	カムイヤキ	鹿児島県伊仙町	1		●	●	●	●						

して宮城県の水沼窯である。奥羽の瓷器系陶器窯は全国的に見ても非常に早い段階に成立を見せている。13世紀の前半になると、この様相はさらに拡大し、奥羽でも瓷器系の中世窯が盛んに営まれるようになる。日本海側最北の執行坂窯、さらには本州最北の瓷器系陶器窯である伊豆沼窯もその姿を見せ始める。このラインはほぼ北緯39度ラインの内側にあたる。13世紀の後半になると、奥羽の中世窯の生産は活発であり、本州最南の瓷器系陶器窯である、山口県萩市の上七重窯も姿を見せ始める。しかしながら、これと時を同じくして静岡県方面では中世窯生産は減少傾向に突入する。14世紀の前半には白石窯・大戸窯などが生産を残し、北陸方面の新潟県の笹神窯、富山県八尾窯、石川県加賀窯なども操業しているが、静岡県方面の生産は終焉を迎える。14世紀後半になると、奥羽の中世陶器の生産は終焉を迎え、奥羽とともに根強く生産を継続させていた北陸方面の中世窯も同様に終焉を迎える。12世紀代から奥羽の陶器窯の生産は連続的に行われ、14世紀前半に他の地域の陶器生産が終息傾向を示しても、奥羽の瓷器系陶器生産は根強く残ると見ることができる。この後15世紀代になると各地に展開していた中世窯は完全に姿を消し、生産を継続する窯は六古窯に連なる窯に集約されていく。

　以上の整理からすれば奥羽の瓷器系陶器の生産は、瓷器系陶器窯の全国展開の様相に連動しながらも、全国的に見ても早期に開始し、全国的な再編時期にまで生産を継続させると整理することができる。

　次に須恵器系陶器に関して中野晴久の整理に従って整理すれば次のようになる（第3表）。須恵器系陶器の生産は、11世紀後半代に瀬戸内の兵庫県を中心とした地域で開始し、瀬戸内地域に位置する兵庫県の神出・魚住窯を中心とする地域に初期の密度が濃い。次いで12世紀前半代には瀬戸内地域の兵庫・岡山・香川・徳島、この他熊本にまで拡散し、北陸地方の福井県越前市（旧武生市）宮谷窯にも生産を広げる。12世紀の中頃には日本海側に珠洲窯が生産を開始する。12世紀後半代にはさらに生産が広がり、秋田県のエヒバチ長根窯、さらには鹿児島県徳之島町・伊仙町カムィ焼も生産を開始する。13世紀前半までこの傾向は続くが、この時期には最初に須恵器系陶器の生産を開始した瀬戸内の窯はその生産を終息させる。奥羽の須恵器系陶器の生産は13世紀前半（新溜窯・大畑窯・檜山腰窯）でほぼ終了する。13世紀後半段階になると、他の須恵器系陶器の生産地も活動を終息させ、14世紀代になっても生産を継続するのは、石川県の珠洲窯、兵庫県明石市魚住窯、岡山県備前市備前窯、岡山県倉敷市亀山窯、鹿児島県伊仙町カムィ焼のみとなる。なお、カムィ焼を須恵器系陶器に分類できるかどうかについては、その技術系譜を含めて検討を経なければならない。列島の南と北に須恵器系陶器が生産され、その内側には常滑窯・渥美窯などの瓷器系陶器窯が営まれるという様相が見られる。

　以上の整理からすれば、奥羽の須恵器系陶器窯の生産は、全国的な須恵器系陶器窯の消長の様相と、幾つかの地域的特徴を有しながらも基本的には連動していると見ることができる。これは瓷器系陶器窯の全国展開の様相と同様であり、列島の中の中世陶器窯の動向

とこの地域は無縁ではないことを示している。

次に中世奥羽の国産陶器生産の具体的様相を、日本海側最北の瓷器系陶器窯である山形県執行坂窯跡の様相から整理して行きたい。

III. 羽黒町執行坂窯跡

執行坂窯は、山形県鶴岡市羽黒町字荒川字前田元89に所在する（酒井英一1999）。後考する刻画文壺は1点のみ出土している（第5図）。分焰柱を持つ窯体構造、さらには製品の様相からすれば、一部製品には須恵器系の技術が見られるものの、瓷器系陶器窯であるととらえることができる。従来瓷器系陶器窯の分布は日本海側では新潟県北部（北越窯群）までしか確認されていなかったため、日本海側最北の瓷器系陶器窯となる。

1. 執行坂窯跡の様相

執行坂窯跡は開田により大きく窯体が損なわれている。酒井英一は、分焰柱を持つ「焚口部・燃焼室・焼成室・煙道部からなる構造の大型の無階段地下式窖窯」と見、「窯を使用している最中に窯の温度が上がらず、天井部や側壁上部の崩落があって放棄されたもの」と整理した（酒井英一ほか2002）。

発掘調査と採集資料から確認された器種は、壺・甕類、擂鉢類、小皿そして焼台である。壺は口径が20cm内外であり、高さが40cm内外のものが多い。肩が張り、頸部ですぼまり、口縁部はN字状口縁となる。体部表面には縦位のケズリが見られ、内面には横位の調整が見られ底部は砂底となる。胎土は細かく細砂と赤色粒子が含まれている。焼成は甘く、白色あるいはやや赤っぽい発色を呈する。その年代はN字状口縁を持つことなどの特徴からして、鎌倉時代前半頃13世紀中葉前後と考えることができる。擂鉢には卸目が施される。こうした要素は須恵器系に連なるものである。

隣接する長坂区からは壺・甕の破片が採取されている。良く焼き締められた陶片は、赤褐色を呈している。おそらく執行坂窯跡の製品も焼成が完成すれば、こうした赤褐色の発色を呈したものと考えられる。中野晴久によれば、赤褐色の発色もまた、瓷器系陶器を特徴付けるものであるという（中野晴久2000）。

2. 執行坂窯跡の刻画文陶器

刻画文陶器の代表作である渥美窯製品の『秋草文壺』は中世陶器としては唯一国宝に指定（慶応義塾蔵）され、類例は奥州藤原氏の根拠地である岩手県平泉で多数出土している。八重樫忠郎は出土事例について集成し、中世都市平泉の王朝文化への傾斜と豊かな物量を知ることができると見ている（八重樫忠郎1995）。刻画文陶器は奥州藤原氏と連なる、12世紀の造形として広く知られている。

(1) 刻画文の構成

　執行坂窯の刻画文陶器（第5図）はモチーフが植物と小禽という様に2つから構成され、さらにはそれらが絵画的構成を取るということからすれば、渥美窯の製品と共通すると見ることもできる。また、その施文部位も、胴部最大幅近くから頸部下端に位置し、不明確でさらには崩れてもいるが、子細に観察すれば、胴部最大幅近くには2条の区画線を有し、描画の左右は縦位の3条線で区画される。こうした胴部の最大幅近くで横位置の区画線で画面を分割するのは、12世紀代の渥美窯の製品である『秋草文壺』・『葦鷺文壺』（第6図・重要文化財愛知県陶磁資料館蔵）に共通する、さらにこれに加えて縦位置で画面を分割するのは、『葦鷺文壺』と同趣と見ることもできる（小野田勝一1998）。執行坂窯跡出土の刻画文陶器の年代は13世紀中頃前後と考定されることからすれば、渥美窯の主たる生産時期と時間的には空隙が存在する。両者の隔たりは50年程度の可能性があるため、渥美窯での刻画文陶器の生産が終焉を迎えた後に、まだ陶器への施文技術を持つ画工が生存し、その者たちが関与したとも考えられる。

　しかしながらこの時期、13世紀代には丹波窯・越前窯・珠洲窯など渥美窯以外にも刻画文陶器を焼造している窯もある（吉岡康暢1994）。このため執行坂窯の製品の刻画文陶器をどの系列に置くかはさらに議論を重ねる必要がある。

　なお、東北地方に営まれる窯でも刻画文を持つ陶器が焼造されることがある。例えば宮城県栗原市に所在する「熊狩B窯跡」

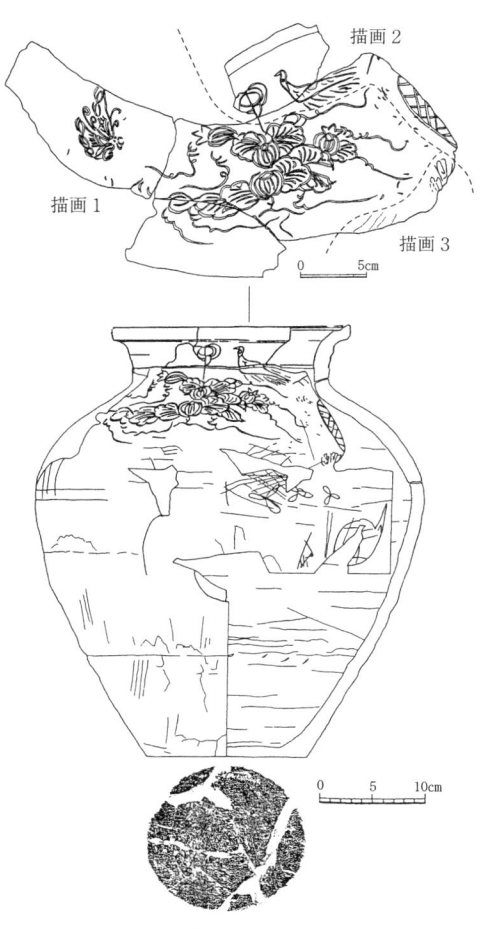

第5図　「瓜蝶文」刻画文壺

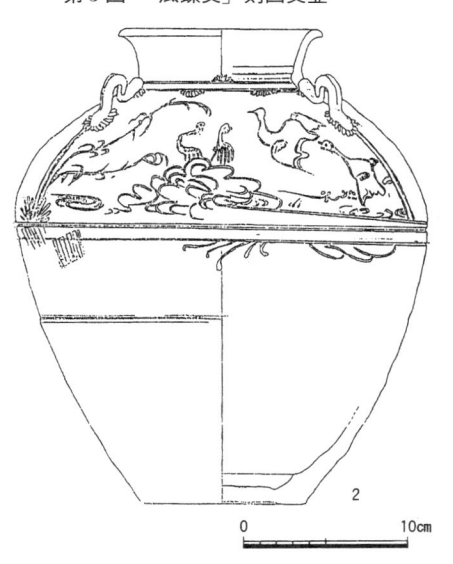

第6図　「葦鷺文」刻画文壺

からは、鳥の絵が描かれた陶片が採集されている（藤沼邦彦 1977）。山形県寒河江市 三条遺跡には、生産窯は不明ながらも、擂鉢の内面に花草文が描かれた瓷器系陶器がある（高桑弘美ほか 2001）。これらは時期的には近似するが、モチーフが単独で描かれていることが多く、執行坂窯跡の事例とは相違すると見ておきたい。

(2) 刻画文の検討

執行坂窯跡出土の刻画文陶器は、植物と小禽から構成される。酒井英一はこのモチーフを、蝶とウリ、鳥と見るべきであり、全体として吉祥を表わしていると見る（酒井英一 2001）。酒井英一の視点に導かれながらさらに検討を深めたい。

壺の最大幅から上方にかけて描かれている描画は、子細に検討すると、異なる3つの作画によって成り立っていることがわかる（第5図）。まず一つ目は、構図全体からすれば中央とやや右側にあたる植物と蝶をあらわしたもの（描画1）、二つ目は、構図全体からすれば中央から上方にあたる植物から茎のように口唇に向かって伸びる描画と、その右側の左向きの鳥のような描画と植物の右側に描かれる楕円に斜格子の入る描画である（描画2）。三つ目は植物の右下に見られる細い線描きの描画である（描画3）。一つ目と二つ目の描画は同じくヘラ描きによるものであるが、三つ目のそれは線描きによるものであり明らかに違っている。一つ目と二つ目の描画を比較すると、一つ目の描画には非常に闊達なヘラ描きが見られ、ヘラの動きはスムースでありスピード感、躍動感を感じる熟練した雰囲気を持つ。しかしながら、おなじヘラ描きでありながら、二つ目の描画にはこうしたスピード感は存在せず明らかに稚拙である。一つ目の描画は手慣れた専門工人の手によるものであり、二つ目、三つ目の技術力とは明らかに違っていることがわかる。

同一陶器に異なる筆致の三者が共存する理由は明らかにできないが、中央のもっとも重要な場所に描画1が位置することからすれば、最初に描画1が描かれ、次にその右側に描画1の右側を囲むように位置する描画2が描かれたものと考えられる。

以上からすれば、もっとも注目しなければならないのは、もっとも洗練されている描画1である。

(3) 刻画文のモチーフ

このモチーフについては、当初は植物文の部分の破片しか存在せず牡丹唐草文であろうと考えていたが、後次の調査によって出土した蝶が描かれる陶片が接合し、蝶＋植物文であることが明らかとなった。植物の回りには蔓が延び、その周囲に蝶が飛び回っている風情である。植物の様子を子細に検討すると、楕円または円形に縦位の線が入るものが右側に1個、中央に上下に2個、左側に上下に離れて2個の合計5個を数えることができる。このうち右側と中央のものには先端に丸い円が加飾されている。右側と左側上のものには三裂の突起が加飾されている。また、こうした楕円あるいは円形の描画を囲むように描か

れているものは、周囲が波状に描かれ、中央のものは中心線から左右に線が描かれている。そのほかの例では中心線は省略されているものの、やはり波状に描かれている外郭線に向かって中心から左右に線が描かれている。ここでは、楕円または円形に縦位の線が入るものについてはウリの果実、三裂の突起はウリの雌花の名残、円文はウリの雌花の脱落した痕跡と見る。さらに外郭線が波状に描かれ内部に線が描かれるものについては、ウリの葉の輪郭と葉脈と見ておきたい。

　このような検討からすれば、この壺の表面には、蝶とウリの果実、葉、蔓が描かれていると見ることができ、全体の装飾は「瓜蝶文」であると見ることができる。

　執行坂窯の製品について、渥美窯との関連性を指摘してきたが、渥美窯の代表的な作例である『秋草文壺』にも、「カラスウリ」のモチーフが存在する（第7図）（小野田勝一1998）。葉の輪郭の表現さらには、放射状に描かれる葉脈の様子は、執行坂窯例と類似する。瓜の果実自体は果実の長軸に平行して走る縦線を横に分割している。執行坂窯の例にはこの平行する分割線は存在しないが、先端に突起を持つ果実全体の印象は、巻きながら外部へと延びる蔓とともに類似性が高い。

　こうしたモチーフは何を表わすのであろうか。絵画資料に類例を求めたところ中国絵画にこのモチーフが頻出することが判明した。代表的事例として示したのは、現在根津美術館に所蔵されている、中国明代（15世紀）の呂敬甫の筆による「瓜虫図」である（写真1）。構図の全体を三角形にまとめ、外縁に瓜の蔓が四方八方に延び、内部には瓜と瓜の葉が幾重にも描きこんでいる。さらには、三角形に配置された瓜あるいは瓜の葉の周囲には、蝶が舞い風情を添えている（東京国立博物館1998）。執行坂窯跡出土の蝶とウリの果実、葉、蔓が描かれる瓜蝶文も、植物は三角形

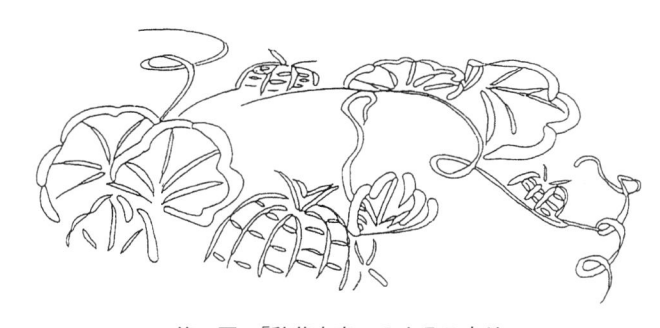

第7図　「秋草文壺」のカラスウリ

写真1　呂敬甫筆「瓜虫図」

にまとめられ、そこから蔓が外界へ向かって手を延ばして、そこに蝶が風情を添えている。こうした画面の構成は共通性が高い。こうしたモチーフに連なる絵画は、元〜明代（14〜15世紀）に描かれた、東京国立博物館所蔵の『草虫図』などもあげることができる（東京国立博物館 1998）。他にも類例を探すことができ、三角形に配置された瓜あるいは瓜の葉の周囲に、蝶等の小禽が舞い風情を添える趣向は同様である。

(4) 瓜蝶文の寓意

こうした中国絵画との共通性という理解のもとで、執行坂窯跡出土の瓜蝶文刻画文陶器のモチーフはいかに整理されるのであろうか。

中国に於ける美術作品の作製にあたっては、その表現のなかに様々な寓意がこめられていることがよく知られている。瓜と蝶との組み合わせもそのモチーフの一つとして存在している。ウリ（瓜〈か〉）と蝶（アゲハチョウ）（瓞〈てつ〉と通音）の組み合わせは「瓜瓞綿綿〈かてつめんめん〉」を寓意とするモチーフであるという。すなわち本来は発音あるいは表記すべき「瓜瓞綿綿」を、音が通じる象徴画像とそれぞれ置き換えその組み合わせによって、本来の表現を想起させるというのである。

こうした表現は実は中国陶磁器では良く見ることができる。一例をあげれば、静嘉堂文庫美術館所蔵の「五彩一猿双鹿文盤」は明時代末（17世紀）の優品であるが、内底の見込の中央には牡丹と二匹の鹿、さらに手にした枝で蜂の巣を突こうとしている猿が描かれている。この図に表われた寓意は、鹿（lu）が二匹で「路（鹿と通音）々順利」（ずっと順調）の意となり、猿（hou）は諸侯の侯（hou）と通音し、蜂（feng）が封（feng）と通音することから、猿と蜂との組み合わせは「封侯」（高位につく）を表すという（静嘉堂文庫美術館編 1997）。執行坂窯跡出土の刻画文陶器もこうした事例に連なるものであろう。

以上の検討からすれば執行坂窯跡出土の瓜蝶文刻画文壺は「瓜瓞綿綿（かてつめんめん）」の句を表現したものと見ることができる。「瓜瓞綿綿」は古く紀元前に成立した『孝経』に由来する子孫繁栄を祝する吉祥であり、古来様々な意匠で表現されてきた。その一つが執行坂窯の出土資料に出現したのである。

刻画文陶器のモチーフについては、平安時代の貴族趣味にその淵源が求められてきた。大和絵などとのモチーフの共通性や、それまでの施釉陶器に見られる絵画的意匠の発展として、中世陶器に存在する刻画文陶器を位置付け理解しようとするものである。荒川正明は「（前略）十二―十三世紀前半までの刻画文陶器は、この白磁四耳壺を強力なライバルと設定し、その対抗策として、優雅な和風ティストの花鳥文装飾という付加価値をつけたのではあるまいか。」という（荒川正明 2004）。この時代の人々が憧れていた中国産白磁四耳壺に対抗する、和風の焼き物であるというのである。執行坂窯跡の出土事例についても、先に検討した内容からすれば、個別的絵画表現としての瓜は「秋草文壺」に存在し、蝶も越前窯の製品には存在する。こうした観点からすれば和風の焼き物という存在として評価

することができる。

　しかしながら、瓜と蝶のモチーフは組み合わされて、中国吉祥句である「瓜瓞綿綿」を、象徴する画像として理解することができるのは先程の検討の通りである。こうした理解にも今後は注意を払わなければならないであろう。さらには、他の刻画文陶器についてもこうした吉祥句にその意味を探ることができる可能性があろう。

　次に、執行坂窯跡の成立と、中国吉祥に類する刻画文陶器が焼造された理由について、13世紀中葉前後の羽黒山の様相についていくつかを述べながら整理してみたい。

3. 羽黒山と刻画文陶器

　山形県庄内平野南東にある標高414mの羽黒山は月山・湯殿山と共に総称して、出羽三山と呼ばれる。ここは東国三十三国の修験の根拠地でもある。羽黒山と執行坂窯跡はどう関係するのであろうか。

（1）執行坂窯跡の位置

　執行坂窯跡の生産の主体となったものは羽黒山を中心とする宗教勢力であったことは疑いない。窯跡は羽黒山の一山内にあり、窯業活動にともなう粘土・燃料材の採集あるいは排煙などは羽黒山の寺社勢力と無縁ではあり得ない。さらにその位置は羽黒山の本堂である現在の出羽三山神社とは、南西に京田川を隔ててわずか2.5kmを測り至近である。また、遺跡の周辺には寺院伝承なども存在することから、羽黒山の関係者が開窯に関連したのであろうことは疑いなかろう。

　羽黒山との宗教的関係を付け加えることができる資料として、遺跡名にもなっている「執行」という文言にも注意を払わなければならない。執行とは寺院内の職制のひとつであり、上級の僧侶として寺務を行う職を表わしている。江戸時代羽黒山の実務の中心を担っていたのは本坊「宝前院」であったが、その最高位は「執行・別当」であった（戸川安章ほか1996）。次に羽黒山に関係する文献史料を紹介し、執行坂窯跡の営まれた時期の羽黒山の様相について整理したい。

（2）13世紀中葉前後の羽黒山

　この時期羽黒山の関係する文献史料には、中央の政治的状況と深く関連する事柄を見いだすことができる。これは、執行坂窯跡の技術の将来と生産がどのような意図によるのかを傍証する手段となろう。

　1）宗教的様相

　羽黒山は東国三十三国の修験の根拠である。修験者は全国にわたって活躍し、こうした連携の中で窯業技術が将来されたと見ることもできよう。

　羽黒山の修験者に関連すると考えられる者達が姿を現わし始めるのは、平安時代の末頃

のこととなる。鎌倉時代の中頃に成立したという『平家物語』には1094年（嘉応元年）に「(前略) 折節其頃出羽の国羽黒より、月山の三吉と申しける童御子一人上りて、御社に参籠したりけるか、俄に御前の庭にをとり出て、一時はかり舞をとり、庭に倒れふして絶入したりけれは、(後略)」と見える。羽黒から来た月山の三吉と名乗る修験者は、月山は羽黒山の後ろに聳え立つ霊峰であることからしても羽黒山の修験者と見てよかろう。こうした者達は、全国様々な場所に姿を現している。『北条九代記』の「羽黒山伏訴之事」には「(前略) 上総国より一人の羽黒山伏を搦めとり鎌倉に参らせけるを、由井の浜にて首を刎られ候也、羽黒の山伏諸国に修行して大道を求る輩いかほとも有レ之、其中にもしハ悪事非法あれハ搦とて本山につかわし、罪科を究明して刑に行ふ作法にて候。(後略)」という。『羽黒町史』ではこれを1297年（永仁五年）としている（戸川安章ほか1991）。山伏が首を刎ねられた由比ヶ浜は、中世都市鎌倉の周縁の場であり、発掘調査の成果によればこの地下には数千の人骨が葬られていた（斉木秀雄2002）。この時期に羽黒山伏は諸国を巡り歩いていたこと、その管理は羽黒山がこれを行うという強い宗教的自意識があったことがわかる。1303～1306年（嘉元年中）にも、土佐国で同様の事件が起こったがこの時もやはり羽黒山の主張が通ったという（戸川安章ほか1991）。羽黒山本山で山伏を検断したと見ることができるとともに、広く全国を行脚していたことを知ることができる。

　廻国したのは何も山伏ばかりではなかった。『お伽草子』に収められる「花鳥風月」には「(前略) てはのはくろ、ものにて候。おとゝひ候か、あねをは花鳥、いもうとをは、風月と申て、空とふとりをもいのりおとし、又くわこ・みらいのことをもとふに、あきらかなるか、かゝみのことく、なに事も申し候。(後略)」と見え、葉室中納言の回りの姉妹の羽黒巫女が語られる。これは羽黒山を本所とする歩き巫女と見ることができる。このように、鎌倉時代から室町時代には全国くまなく羽黒山に関係する宗教者は広がっているのであった。こうした者達は情報の伝達も行っていた。後のことにはなるが1524年（大永4年）11月23日の『上杉家文書』によれば、出羽山伏が越後長尾氏と後北条氏との連絡役を務めている。また、羽黒山の聖なる泉「鏡池」に納められた鏡には、「敬白熊野御正体飯高国元」の針書銘が認められ、熊野との関係を知ることもできる。

　以上から、羽黒山は全国的情報ネットワークを持ち得たこと、さらにはその地位は在地において独立的であったと確認しておきたい。こうしたことからすれば、執行坂窯跡の窯業技術は羽黒山を中心とする宗教的ネットワークの中から将来された可能性を指摘することができる。

2）　政治的様相
　宗教的ネットワークの存在について先に検討したが、次に権門と羽黒山との関わりを、13世紀中葉前後の史料から検討してみよう。
　八重樫忠郎によれば、刻画文陶器は平安貴族などの中央権門との関わりの中で、奥州平

泉に将来されるという。渥美焼の著名な窯跡のひとつ大アラコ窯跡経営に関わっていた、国司藤原顕長の名は焼造された短頸壺に残されている。この同族である藤原基成は、陸奥守として赴任し娘は藤原秀衡の妻となり、晩年は平泉に居住した。この人的ネットワークにより、奥州藤原氏の根拠地平泉に大量の渥美焼がもたらされたという（八重樫忠郎 2003）。小野田勝一は藤原顕長銘の短頸壺が焼造された大アラコ窯跡を取りあげ、藤原顕長が三河守に任官したのは 1136 年（保延 2 年）であり、在任期間からして 1136 年～1155 年までの間に焼造したものという（小野田勝一 1977）。渥美焼の焼造技術もまた伝播している。宮城県石巻市の水沼窯跡は窯体の構造そのものが渥美窯の技術で構築されている。水沼窯跡の位置は平泉の外港石巻湊に近く、北上川とその支流で平泉と結ばれている。この立地は主たる消費地である平泉に製品を供給する選地と見える。またその技術は政治的人的ネットワークにより将来されたものと考えることができよう。

　窯業技術導入にかかわる羽黒山の政治的人的ネットワークはいかなる様相であったのであろうか。13 世紀中葉前後の政治的状況の中で、羽黒山と中央との結び付きを承久の乱に関連する史料を検討しながら整理してみたい。

　3）　羽黒山総長吏「尊長」と承久の乱
　1221 年（承久 3 年）に起こった承久の乱には、羽黒山の総長吏尊長が関係するという。『吾妻鏡』に承久の乱の首謀者の一人として登場するのが、羽黒山の長吏「尊長」である。総長吏とは羽黒山の総支配と見てよかろう。執行坂窯跡の成立はこの戦乱のやや後と見られ、この検討をもとに執行坂窯跡成立前夜の様相を知ることができる。

　承久の乱は後鳥羽上皇が鎌倉幕府の打倒を企て挙兵し敗北した事件である。源頼朝の未亡人北条政子が、動揺する御家人を前にして熱弁を振い、その結果再び御家人の結束は強固なものとなり、北条泰時・時房以下 19 万騎と伝えられる軍勢が京都に攻めのぼり、またたくまに京都を占拠したのであった。上皇方は予想に反して総兵力は 2 万数千に留まるなどして敗北した。戦後処理は苛烈であり、後堀河天皇の即位・後高倉法皇の院政を決め、首謀者である後鳥羽とその子土御門・順徳の 3 上皇が配流された。この乱を通して、鎌倉幕府は西国にまでその支配を伸長させ、強固な基盤が作られることとなった。

　尊長は一条能保の子であり、後鳥羽上皇の側近として法勝寺・蓮華王院の執行を勤め承久の乱では張本の一人となった。尊長は上皇方の有力者と言えよう。

　次に尊長について史料を拾いあげてみよう。承久の乱の前年、『仁和寺日次記』承久 2 年（1220 年）12 月 12 日条に「法印尊長、よろしく出羽国羽黒山総長吏たるべきのよし宣旨を下さる。」と見える。『仁和寺日次記』は仁和寺の僧によって記されたと考えられる、鎌倉時代前期の仁和寺関係の日記である。次いで『吾妻鏡』承久 3 年（1220 年）5 月 19 日条に「昨日十四日。幕下（公経）ならびに黄門（西園寺）、実氏。二位法印尊重に仰せて弓場殿に召し籠めらる。」と見える。西園寺実氏は西園寺公経の子供である。西園寺家は承

久の乱後朝廷にあっての武家との連絡役である関東申次につき、以後代々同氏の子孫が継承している。尊重はこの幕府方の2人を拘禁しているのである。

　この事件は承久の乱の開始を告げるものであった。このあと後鳥羽院は盛んに御家人に揺さぶりをかる。翌15日には北条義時追討の宣旨が発せられ、御家人に動揺が走る。このとき動揺を鎮めたのが、『吾妻鏡』承久3年（1220年）5月19日条に見える北条政子演説であった。勢いを得た幕府方に対して朝廷方はもろかった。『吾妻鏡』承久3年（1221年）6月8日条に「去る六日、摩免戸において合戦し、官軍敗北のよし奏聞す。諸人顔色を変ず。およそ御所中騒動し、女房ならびに上下北面医陰の輩等、東西に奔迷す。忠信・貞通・有雅・範茂以下公卿侍臣、宇治・勢多・田原等に向うべしと云々。次に叡山に御幸あり。女房また出御す。女房等ことごとくもって乗車す。上皇・土御門院・新院・六条親王・冷泉親王皆騎馬なり。まず尊長法印の押小路河原の宅に入御す。このところにおいて、諸方防戦の評定ありと云々。黄昏に及び、山上に幸す。内府・定輔・親兼・信成・隆親・尊長等御供に候す。主上また密々に行幸す」。官軍敗北の最中、後鳥羽上皇奔走に付き従っていたのが尊重であったのである。尊重の邸宅で事後を図っていることなどからしても、まさに院の近臣と見ることができる。次いで後鳥羽院は体勢の立て直しに動き、諸方に官軍を派遣する。『吾妻鏡』承久3年（1220年）5月12日条では「芋洗に一條宰相中将・二位法印（尊長）」を派遣した。しかし大勢は既に決していた。15日には先に出した北条義時追討の宣旨を否認し、事実上の降伏宣言をすることになる。

　『吾妻鏡』承久3年（1220年）6月18日条には、承久の乱の論功行賞のための交名が作られるが、この中に二位法印家人を討ち取ったと見えることからすれば、尊長自身も実戦に加わっていたのであろう。しかしながら、尊長自身は合戦で討ち死にすることはなかった。『吾妻鏡』承久3年（1220年）6月25日条には「二位法印尊長・能登守秀康等は逐電すと云々」と見え、合戦の張本とされた人々が六波羅に連行されるときには姿をくらましている。その後、尊長の消息は途絶えてしまう。承久の乱の7年後、『吾妻鏡』嘉禄3年（1227年）6月18日条には「去ぬる七日辰の刻、鷹司油小路大炊助入道の後見肥後坊が宅において、菅十郎左衛門尉周則、二位法印尊長を虜へんとするのところ、たちまち自殺を企つ。いまだ死に終わらざるの間、襲い到るところの勇士二人、彼がために疵を蒙りをはんぬ。翌日八日、六波羅において尊長すでに死す。これ承久三年合戦の張本なり。」と見える。肥後坊宅に隠れ住んでいたところを、襲われ必死の防戦をしたものの疵を負い、翌日には落命したというのである。

　以上尊長に関係する記事を拾い集めてきたが、羽黒山総長吏尊長は、鎌倉時代の初めには政治的な中核を形成していた人物の一人であったことになる。その縁者は上皇方・幕府方それぞれに存在ししかも重要であった。こうした政治的人的ネットワークの中で執行坂窯跡の技術がもたらされた可能性を指摘したい。

　また、尊重がいた仁和寺と東海の陶器窯は深い関係があった。静岡県湖西市の湖西中世

古窯「山口17地点古窯跡」で焼造された均等蓮花文や複弁蓮華文を有する瓦は近国では出土せず、仁和寺円堂院出土軒先瓦や朝堂院出土瓦と同文であった（後藤建一ほか1991）。これは渥美古窯群の大アラコ古窯群に併行する時期であり、年代は12世紀前半と考定されている。執行坂窯の年代に先行するが、両者の関係をうかがう傍証とはなろう。

興味深いことに、羽黒山には「尊長」に関連する史料を見いだすことはできないという（戸川安章ほか1991）。しかしながら、羽黒山が尊長を通した関わりの中で、中央に結び付いていたことは事実でありこの点は見逃してはなるまい。

IV. まとめ

以上、中世奥羽の陶器窯の生産と流通の様相を全国的な視点から概観し、さらには、執行坂窯跡出土の「瓜蝶文」刻画文陶器を取り上げ陶器窯造営と陶器焼造の背景を探った。13世紀代の羽黒山の様相から、13世紀中葉前後に営まれた執行坂窯跡の「瓜蝶文」刻画文陶器は、宗教的ネットワーク、政治的・人的ネットワーク、さらには中国趣味が重なり合って成立したことを示した。こうした様相は奥羽の中世窯造営の一様相を示すものであろう。

東北大学大学院文学研究科教授須藤隆先生には、社会人身分でありながら大学院博士後期課程への編入学をご許可いただき、論文の構想そして構成、考古学資料理解の方法論についてご指導をいただき心からの感謝を申し上げます。先生のご健康とますますのご発展をご祈念申し上げます。

註
本稿では、窯跡の所在地などは基本的に第1～3表に示した。

引用文献
安達訓二 2003「伊豆沼古窯跡採集の中世陶器について」『宮城考古学』第5号 pp. 279-285
荒川正明 2004『やきものの見方』角川選書367 角川書店
藤沼邦彦 1977「宮城県出土の中世陶器について」『東北歴史資料館研究紀要』第3巻 pp. 21-50
藤沼邦彦 1992「石巻市水沼窯跡の再検討と平泉藤原氏」『石巻の歴史』第6巻 石巻市 pp. 364-419
藤沼邦彦ほか 1984『水沼窯跡発掘調査報告』石巻市文化財調査報告書第1集 石巻市教育委員会
後藤建一ほか 1991『山口第17地点古窯跡発掘調査報告書』湖西市文化財調査報告第26集 湖西市教育委員会
飯村 均 1995「東北諸窯」『概説中世の土器・陶磁器』 高志書院 pp. 425-436
飯村 均 2003「総論」『中世奥羽の土器陶磁器』 高志書院 p. 115
川崎利夫・佐藤禎宏 1975「羽黒山頂の諸遺物について」『出羽三山・葉山の考古』 山形考古学文

献刊行会　p. 399
中野晴久　1997「瓷器系中世陶器の生産」『瀬戸市埋蔵文化財センター研究紀要』第5輯 pp. 7-24
中野晴久　2000「陶器生産の変容」『第19回中世土器研究会報告資料』第16号 pp. 12-20
中野晴久　2005「中世陶器技術の伝播について」『中世窯業の諸相』pp. 77-81
中野晴久　2006「瓷器系陶器の拡散と収斂」『鎌倉時代の考古学』　高志書院　pp. 239-248
楢崎彰一　1977「中世の社会と陶器生産」『世界陶磁全集』第3巻　小学館　pp. 149-157
小野田勝一　1977「渥美」『世界陶磁全集』第3巻　小学館　p. 219
小野田勝一　1998「渥美窯の「ヘラ描き文」」『楢崎彰一先生古希記念論文集』　真陽社　pp. 180-183
斉木秀雄　2002「都市鎌倉と死のあつかい」『中世都市鎌倉と死の世界』　高志書院　pp. 7-29
酒井英一　1999「山形県羽黒町執行坂出土の中世陶器」『山形考古』第6巻3号 pp. 78-89
酒井英一　2001「羽黒町執行坂窯跡の刻画文様」『庄内考古学』第21号 pp. 235-236
酒井英一ほか　2002『執行坂窯跡―第2次発掘調査報告書―』羽黒町文化財調査報告書第3集　羽黒町教育委員会
静嘉堂文庫美術館編　1997『静嘉堂蔵呉州赤絵名品図録』　静嘉堂文庫美術館
高桑弘美ほか　2001『三条遺跡第2・3次発掘調査報告書』山形県埋蔵文化財センター調査報告書第93集　山形県埋蔵文化財センター
田中則和　2003「水沼窯跡」『中世奥羽の土器・陶磁器』　高志書院　pp. 127-144
戸川安章ほか　1991「鎌倉時代と羽黒山」『羽黒町史』上巻　羽黒町　pp. 369-371
戸川安章ほか　1996「羽黒山と修験道」『羽黒町史』別巻　羽黒町　p. 525
東北中世考古学会編　2003『中世奥羽の土器・陶磁器』　高志書院
東京国立博物館編　1998『吉祥』　東京国立博物館
八重樫忠郎　1995「平泉出土の刻画文陶器集成」『平泉と鎌倉』　蘇れ黄金・平泉祭実行委員会　pp. 127-154
八重樫忠郎　2003「渥美焼の歴史」『陶磁郎』35号 p. 15
吉岡康暢　1994「中世陶器の分類」『中世須恵器の研究』　吉川弘文館　pp. 26-35

青森県の中世墓研究における現状と課題

竹ヶ原 亜希

I. はじめに

　中世のはじまりと終わりを何をもって理解するかという紙幅を費やす精緻な議論はさておき、中世は概ね鎌倉時代から戦国時代（12世紀～17世紀初頭）までの約400年を指す時期区分として理解される[1]。

　青森県においては、12世紀末、奥州藤原氏滅亡後に源氏方の家臣が南部に入部したことをもってはじまり、豊臣秀吉が全国統一をほぼ達成する1590（天正18）年段階（青森県史編さん考古部会編2003）か、徳川氏の覇権が確立する契機となる1600（慶長5）年の関ヶ原の戦い、もしくは弘前藩・南部藩の成立をもって中世の終わりとする認識が主流であるように感じられる。

　青森県における中世の国指定史跡としては、旧浪岡町 浪岡城跡、八戸市根城跡、津軽氏城跡（弘前市 弘前城跡・同市 堀越城跡・鯵ヶ沢町 種里城跡）、七戸町 七戸城跡、旧南部町聖寿寺館跡、旧市浦村十三湊遺跡といった城館跡や港湾遺跡がある[2]。

　青森県における中世の遺跡については、些か古いデータではあるが、1998年に刊行された『青森県遺跡地図』によると、登録遺跡総数4236件の内317件と、全体の7%程度にとどまっている。各時代の時間幅や現代の市街地部と重複する立地条件といった要因を考慮しても、青森県においては縄文時代、古代の遺跡が圧倒的に多く認められ、調査報告件数も格段に多い。

　青森県における中世遺跡の調査は、1970年代にはじまった東北縦貫自動車道関連調査を皮切りに、堀越城跡、浪岡城跡、根城跡などの調査がおこなわれた一方、『青森県の中世城館』において中世城館遺跡の集成がおこなわれるなど（青森県教育委員会1982）、城館遺跡の調査研究を核として進展してきたと言える。

　その中にあって、中世考古学の総合化・体系化を目指し、周辺諸科学との「学融合」により、新領域「中世総合資料学」の樹立を目的とした、文部科学省科学研究費補助金「特定領域研究」『中世考古学の総合的研究―学融合を目指した新領域創生―』（課題番号15068216）における研究計画A-01「中世総合資料学研究系に属する「墳墓遺跡及び葬送墓制研究の観点からみた中世」」において、筆者が弘前大学人文学部助教授関根達人氏と青森県の中世墓の集成に携わる機会を得た（関根達人・竹ヶ原亜希2004）ことから、集成の結果浮かび上がった様相と傾向をまとめ、中世墓研究における課題を提起することとしたい。

II. 分析

1. 対象資料

本稿において分析の対象としたのは、中世につくられたと想定される墓である。

墓は『広辞苑』によると「死者の遺骸や遺骨を葬った所。つか。おくつき。墳墓。」(新村出編1997)とあるが、考古学的には遺骸・遺骨・副葬品並びに埋葬行為を示す痕跡を留める場、並びにその上に置かれた石塔(墓碑)等が相当することとなろう。

現実的には、遺構構築時に埋葬行為があっても、条件によっては調査に至るまで遺骸や遺骨が残らず、現代においては土層観察結果や土壌分析結果から辛うじて「墓の可能性が高い」と判断される場合も多い。土壌分析結果等によらず遺構の性格を判断する場合、調査担当者の知識・経験等に委ねられることとなるが、一方で後に「根拠薄弱で客観性に乏しい」といった批判を受けることがある。

このため、破片ではあっても人骨・歯、木棺(棺桶)といった「人体が収められた痕跡」を明確に理解し得る要素が確認された遺構を取り上げた。中世と判断する根拠としては、遺構の層位的事実のほか共伴資料があるが、江戸時代に鋳造された寛永通宝(初鋳年1636年)を共伴せず、主に開元通宝、永楽通宝といった中国銭等を伴うものを抽出した。

したがって、本稿で取り扱った遺構は、遺跡発掘調査報告書中で中世墓と報告された((関根達人・竹ヶ原亜希 2004)において中世墓として集成した)もののうち、特に共伴資料等から墓並びに中世と根拠付けできるもののみに限定し、分析をおこなった。

2. 分析結果

先述の要件を満たす遺構を付表、付図に示した。

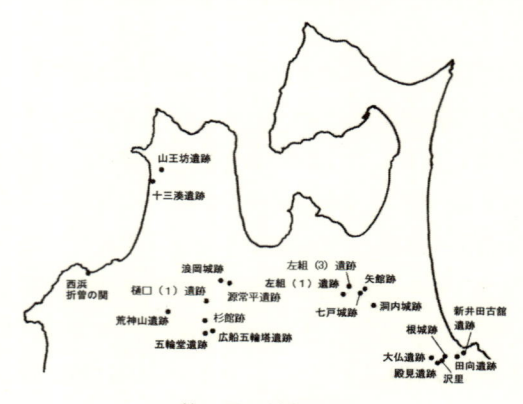

第1図 対象遺跡

対象となる遺構は、第1図・第1表に示したように21遺跡、138件にのぼり、内10遺跡、92件が津軽地域、11遺跡、46件が南部地域における報告事例となっている。多くが発掘調査による報告事例であるが、偶然発見されることの多い蔵骨器のように調査報告がない事例もある。

遺構数の多い遺跡は、十三湊遺跡、旧平賀町(ひらか)五輪堂(ごりんどう)遺跡、根城跡であり、調査件数の多い十三湊遺跡、根城跡においては、複数地点から墓が検出された一方、

五輪堂遺跡のように、中世の寺院跡と伝えられる宗教遺跡の調査により、多数の中世墓遺構が密集して確認された事例もある。

次に、項目ごとに傾向をまとめる。

(1) 時期変遷

遺構に付された年代別に遺構数と埋葬法の推移を第2図・第2表に示した。

遺構の時代決定に際しては一定の時間幅があるため、厳密な意味での時期変遷を抽出できた訳ではないが、突出して遺構数が多いのは14世紀から15世紀にかけてである。この時期は、十三湊を拠点にしていた安藤氏の活動が盛んであり、平賀郡を領していた鎌倉御家人の曽我氏が根城南部氏と覇を争った時期にも相当していることから、全県的に活動が盛んであったことが推定されるとともに、当該期の城館の調査が多数おこなわれていることが一因と考えられる。

第1表 対象遺跡

遺 跡 名	旧市町村名	現市町村名	数
山王坊遺跡	市浦村	五所川原市	1
十三湊遺跡	市浦村	五所川原市	50
西浜折曾の関	深浦町	深浦町	1
荒神山遺跡	弘前市	弘前市	1
樋口（1）遺跡	田舎館村	田舎館村	1
五輪堂遺跡	尾上町	平川市	31
広船五輪塔遺跡	平賀町	平川市	4
杉館跡	平賀町	平川市	1
源常平遺跡	浪岡町	青森市	1
浪岡城跡	浪岡町	青森市	1
矢館跡	七戸町	七戸町	2
七戸城跡	七戸町	七戸町	1
左組（1）遺跡	七戸町	七戸町	1
左組（3）遺跡	七戸町	七戸町	1
洞内城跡	十和田市	十和田市	1
根城跡	八戸市	八戸市	24
沢里	八戸市	八戸市	1
新井田古舘遺跡	八戸市	八戸市	9
大仏遺跡	八戸市	八戸市	1
殿見遺跡	八戸市	八戸市	1
田向遺跡	八戸市	八戸市	4
計			138

一方で、14世紀までに遺構数が少ないことに注目すると、人口、人的活動や調査事例

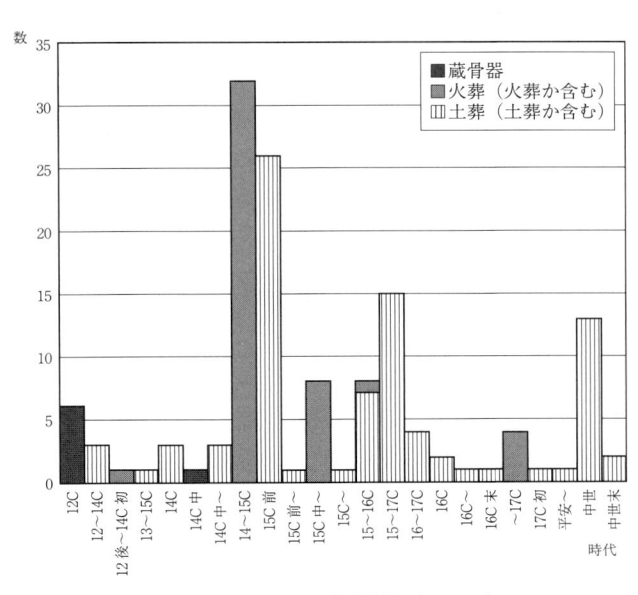

第2図 年代別遺構数推移 (n=138)

第2表 年代別遺構数・埋葬法別数

年　代	土葬	火葬	蔵骨器	計
12C	0	0	6	6
12～14C	3	0	0	3
12後～14C初	0	1	0	1
13～15C	1	0	0	1
14C	3	0	0	3
14C 中	0	0	1	1
14C 中～	3	0	0	3
14～15C	0	32	0	32
15C 前	26	0	0	26
15C 前～	1	0	0	1
15C 中～	0	8	0	8
15C～	1	0	0	1
15～16C	7	1	0	8
15～17C	15	0	0	15
16～17C	4	0	0	4
16C	2	0	0	2
16C～	1	0	0	1
16C 末	1	0	0	1
～17C	0	4	0	4
17C 初	1	0	0	1
平安～	1	0	0	1
中世	13	0	0	13
中世末	2	0	0	2
計	85	46	7	138

の変化以外にも、勝田至氏が文献史学的アプローチによる「中世京都死体遺棄年表」において、中世の平安京では貴族の日記等に死体放置が多く記されていたにもかかわらず、13世紀前半に急減した事実を埋葬習俗の普及と関連づけた指摘が想起される（勝田至2003）。

　同様に、関根達人氏が指摘しているように（関根達人2004）、青森県においても、中世の初期においては埋葬地としての墓を持つ富裕層、持たない一般層、といった階層による墓の有無があり、14世紀から15世紀の間に富裕層だけが持っていた埋葬習俗が一般層にも普及した可能性が考慮されるものである。

(2) 葬法

　埋葬法の構成比を第3表・第3図に示した。

　穴を掘り、遺骸・遺骨等について直接埋葬行為があったものを土葬、遺骸・遺骨を荼毘に付した後に埋葬行為があったものを火葬として分類した。更に、荼毘に付した遺骨等を納骨容器としての陶磁器に納め埋葬したものを火葬蔵骨器とした。

　第3図に示したように、全体的には土葬（土壙墓）が多く、時代を通じて認められる。土葬の可能性があるものを含めると全体の6割となる。十三湊遺跡（No. 49、No. 51）、八戸市新井田古舘遺跡（No. 125）のように検出面に石が置かれる事例もあり、墓碑的性格の可能性があるが、後世の影響を受けることが多いためであろうか、多くは確認されない。

　火葬は日本では仏教伝来によりはじまったとされ、仏教の普及に伴い当初は「荼毘所」や「薪などの燃焼材」を確保できる富裕層に広まったと解されるが、青森県においても中世初期段階においては既に取り入れられ、特に中世寺院があったと伝えられる五輪堂遺跡においては多数の火葬墓が検出された他、比較的中世の前半期に集中する傾向が認められる。

　火葬するためには荼毘所が必要であり、根城跡の事例（No. 101）のように土坑底面に被熱痕跡があるものについては、荼毘所としての土壙がそのまま埋葬地となったものと考えられるが、他の火葬事例においては埋葬地と荼毘所は別であり、荼毘後二次的に埋葬されたものと判断される。

第3表　埋葬法

種　別	数（件）
火　葬	47
火葬か	1
火葬蔵骨器	7
土　葬	80
土葬か	3
計	138

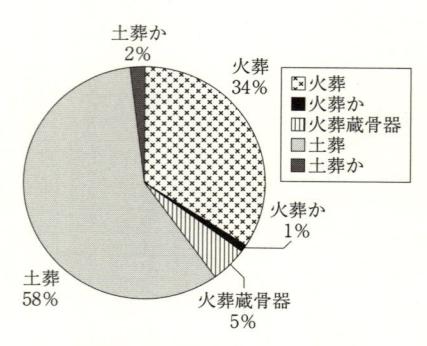

第3図　埋葬法（n=138）

土葬か 2%
火葬 34%
火葬か 1%
火葬蔵骨器 5%
土葬 58%

旧市浦村琴湖岳遺跡（現十三湊遺跡）で「火葬台跡」として報告された1例（No. 2）が荼毘所の調査事例であろうか。

　ただし、他遺跡において当該期の荼毘所と想定される遺構の報告事例がないことから、今後調査事例の蓄積が待たれ

る。

蔵骨器は7遺跡において確認された（No. 1・52・54・90・91・96・97）。火葬骨を納めた蔵骨器を埋葬する行為が確認されるのは12世紀から14世紀中頃までであり、現代では極めて一般的な火葬・納骨習俗が中世のある時点で下火になるか一旦途切れたと推定される。

（3）性別・年齢

性別が同定された事例は21件あり、第4表に示した。また、年齢が同定された事例は24例あり、第5表に示した。

女性が男性より多く認められるが、性別による葬制、埋葬地、埋葬姿勢等の別は認められない。

年齢については、壮年・老年を含めた成年の占める割合が多いが、根城跡の調査で確認されているように、乳児・幼児の墓も一定数認められる。特に、根城跡では本丸南辺部という限られた箇所で集中的に乳児・小児墓が確認されたことから、民俗学等で指摘される、成年に達しない子が死亡した際に、通常の葬儀をおこなわず成人の墓と区別して埋葬されるという「子墓」の存在を想定できよう。

（4）埋葬姿勢

埋葬姿勢が確認された事例は14件あり、第6表、第4図に示した。

屈位が極めて多いが、伸展位・坐位といった姿勢も確認される。

伸展位は八戸市殿見（とのみ）遺跡の1例（No. 134）のみであり、中世の初期段階と想定される。

坐位は、根城跡の1例（No. 103）のみであるが、同時代の被葬者の多くが屈位を示すことを考慮すると、どういった要因により埋葬姿勢が選択されたのか、現時点では判断できない。

屈位における仰屈位（あおむけ姿勢）・臥屈位（うつぶせ姿勢）の別においては、仰屈位が多く、臥屈位は1例が確認されている。仰屈位をとらない場合は、臥屈位か身体の右側か左側を下にした姿勢（横臥）をとることとなるが、この場合、身体の右側を下にした姿勢をとる事例が多く認められる。

第4表　性別

性　別	数（件）
女　性	14
男　性	7
計	21

第5表　年齢

種　別	数（件）
乳児	2
幼児	8
少年	2
青年	1
成年	11
計	24

第6表　埋葬姿勢

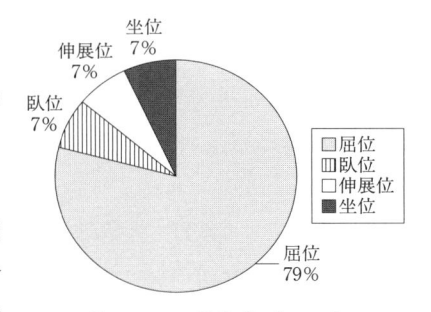

埋葬姿勢	数（件）
屈　位	11
臥　位	1
伸展位	1
坐　位	1
計	14

第4図　埋葬姿勢（n＝14）

(5) 頭位

頭位が確認された事例は15件あり、第7表、第5図に示した。

被葬者の頭が置かれた方角については、現代においても一般に「北枕」などと言われるように、漠然と青森県においても中世段階には北側を強く意識した埋葬法が取り入れられていたのではないかと想定していた。

結果、東・西といった「北ではない」方位も一定数存在しているが、北西・北東も含めた「概ね北方向」という観点でみると、80％と極めて偏向性の強い状況が明らかとなった。

前項の「身体の右側を下にして埋葬される事例が多い」ことを考慮すると、結果的に「頭を北に置き、身体の右側を下に埋葬される事例」、即ち、西側に顔を向ける姿勢が多い結果となる。

この姿勢は、多くの「釈迦涅槃図」にも見られるように、「頭を北に横たわり、右手を枕に横臥する」入滅時の釈迦の姿に酷似する。

この強い志向性は、時代を通じて全般に見られ、仏教の強い影響下にあることが推測できる。

第7表　頭位

方　位	数（件）
北	7
北西	2
北東	3
西	2
東	1
計	15

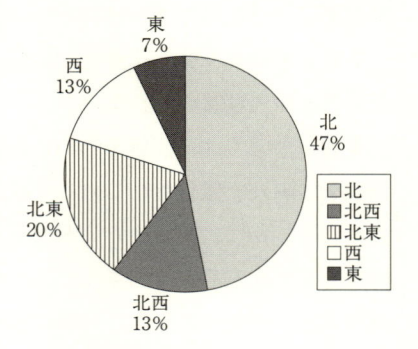

第5図　頭位（n＝15）

(6) 共伴資料（副葬品）

第8表に共伴資料一覧を示した。

銭貨が墓に埋納される事例は14世紀以降見られるものであるが、時代が新しくなるにつれて普及する傾向がうかがえる。

「六道銭」と称されるように銭貨6枚が検出された遺構は十三湊遺跡の1例（No.8）であり、1枚～48枚まで多様な状況にある。ただ、6の倍数である12、18、48枚の銭貨が埋納されている事例が注目される。

木材を固定する鉄釘も多数見られる。現在では腐敗等の結果明確に確認できる状況にはないが、埋葬時は遺骸等が有機質の「棺」のような構造物に納められた可能性を指摘できる。

根城跡（No.103・105・113）、殿見遺跡（No.134）においては、残存する木棺・棺桶といった構造物が検出されている。殿見遺跡の事例は、古代に特徴的な形態の墓である円形周溝墓群と近接して営まれていることから、古代ではないがさほど時間的隔たりのない時代のものとして報告され、15世紀から17世紀にかけて構築されたと

第8表　共伴資料（副葬品）

（重複不問）

種　別	数（件）
銭　貨	32
刀　子	4
鉄　釘	24
陶磁器	10
ガラス玉	2
和　鏡	1
内耳鉄鍋	4
木棺・棺桶	4
計	81

＊共伴資料なし89件

報告される根城跡の事例よりも古い可能性が考慮されるものである。

　ガラス玉は青森県の中世においては搬入品と想定され、十三湊遺跡（No. 21）、田向遺跡（No. 138）でそれぞれ1件が確認されている。ともに海に近い遺跡での副葬事例であるが、遺跡の立地状況によるものか、被葬者の身分・性格によるものか不明である。

　内耳鉄鍋は遺骸に鍋を伏せる「伏せ鍋葬」に用いられたものであり、4例が確認される（No. 98・106・123・136）。伏せ鍋葬においては、特に副葬品が多いことが注意される。根城跡の事例（No. 106）では被葬者にハンセン病痕が認められた。

　鍋を伏せる遺構については、浪岡城跡の本丸機能をもつと想定される内館において左綯いの縄に括られた鍬先・芋引金・刀子・轡・鉄釘・鎌だけが鉄鍋と共に埋納された事例が報告され（工藤清泰・木村浩一 1986）、考古学的・民俗学的見地から「忌み嫌う事変の要因または場所や方角等の悪霊を刃物で祓って穴に埋め、それに鍋を伏せることによって鎮魂せしめる呪術の一つ」（三浦貞栄治 1986）と解されている。

　被葬者にハンセン病痕が確認されない他の3事例においても、被葬者に祓う対象と見なされる何らかの「穢れ」があり、最上部に鍋を伏せるとともに多くの副葬品を埋納する鎮魂行為につながったものと考えられる。他にも、本稿における分析からは省いたが旧川内町（現むつ市）上野平遺跡において、和人的特徴を備えた熟年男性の頭蓋骨の入った14世紀から15世紀前半の珠洲焼擂鉢が伏せた状態で検出された事例（橋善光 1977）においては、伏せ鍋葬との類似性を指摘できる一方、被葬者による多様な葬法があった可能性も考慮されるが他に例がないことから、可能性を挙げるにとどめることとする。

（7）その他

　五輪堂遺跡（No. 63）、旧平賀町広船五輪塔遺跡（No. 86）の事例は、ともに火葬で被葬者が複数確認される。被葬者相互の関係や追葬の有無については言及できないが、個別に埋葬される事例が大多数を占める現状では注目される事例であり、家族墓の存在を想起させるものである。

3. 小結

　以上、簡単ではあるが青森県の中世墓の様相を述べてきた。

　従来指摘されてきたことを再確認した感も否めないが、以下に明らかになったことを箇条書きにまとめる。

・中世の前半期では土葬のほかに火葬や陶磁器への納骨行為が見られるが、火葬をおこなう富裕層と土葬をおこなう（墓を持たない）一般層という在り方から、富裕層・一般層ともに土葬へ移行する埋葬習俗の変化が推定される。
・16世紀頃には、土葬が主体となるが、伏せ鍋葬といった特殊な埋葬法も見られる。
・仏教の影響によると推定される北や西を強く意識した埋葬姿勢をとり、伸展位から屈

位・坐位へと移行する。
・銭貨や陶磁器、刀子などの副葬品がある。

　これらの要因については、社会体制の変化や宗教思想の影響に基づく死者の供養、遺体尊重の観念の普及などが考えられるが、推測の域を出ない。筆者の知識・経験の不足もあるが、検討材料が不足していることも一因と考える。

　墓は単独で存在するのではなく、近世以降見られる「屋敷墓」などのように、居住域（日常の場）との位置関係の検討なしには性格を明らかにし難い面がある。しかしながら、中世の集落については調査事例も少なく、2006年の青森県埋蔵文化財発掘調査報告会で報告された、居住域と墓域がともに確認された青森市米山（2）遺跡のような（茅野嘉雄2006）、集落遺跡の調査事例の増加と報告が強く待たれるところである。

　更に、主体部の大部分が有機質資料で構成される墓については、特に腐敗等の経年変化による資料の減少と発掘調査で取り上げた後の環境の変化による劣化が著しいことから、調査・発見時に人骨の分析等をおこない得る調査状況・体制を確保できるかについても大きな課題となろう。

III. まとめ　―中世墓研究の展望にかえて―

　考古学資料における「墓」は埋葬される側の地位、富だけでなく、精神構造や社会構造、地域的な様相を示す資料であり、被葬者の「最終的な姿」を現代まで留めるタイムカプセルでもある。

　今回青森県における中世墓の様相と傾向の一端を理解したことで、更に中世という時代や「中世人」に対する課題を再認識することとなった。

　青森県における中世は、考古学資料と文献資料が明瞭に協調・拮抗して研究可能な魅力的な時代である。昭和50年代に城郭調査を中心にはじまった調査研究の成果がまとまり、史跡の環境整備や市町村史、県史の刊行といった形をとり学術研究者だけでなく、地域・近隣住民にも認識されるようになったことで、逆に分からないことが膨大に存在する事実も浮かび上がらせている。

　前述の発掘調査報告会においては、米山（2）遺跡の他にも、青森市新田（1）遺跡より中世人骨・銭貨を伴う遺構が報告されるなど（木村淳一2006）、新知見が得られている。

　こういった調査成果を地道に積み重ね、青森県だけでなく北海道、北東北といった近隣地域の様相も併せて検討することで、より深い理解につながることと考えている。

　本稿においては、筆者の能力的・時間的状況により多様なアプローチができず、消化不足の感が否めない結果となった。分析方法によっては、より興味深い結果を導くことのできる魅力的な課題であったが、城郭・集落内において墓域が居住域とどのような位置関係にあるか、石塔・板碑等の墓の上部構造を含めた墓主体部全体の構造などの観点について

も、文献史学、民俗学、宗教学の成果も併せ検討することで、さらに中世社会に対する理解が深まるものと確信している。

　私が文学部1年のときに受講した「考古学入門講座」において考古学の奥深さや面白さを教えられてから現在に至るまで、多くのご指導やご教示をいただいてきた須藤隆先生には、本当にお世話になりました。深く感謝申し上げます。
　本稿の執筆にあたっては、執筆の契機となった『中世墓資料集成』から継続して弘前大学人文学部助教授の関根達人氏には様々ご指導、ご教示をいただきました。
　旧浪岡町教育委員会工藤清泰氏、木村浩一氏には、旧浪岡町教育委員会で仕事につくまで中世に関する知識も認識も殆どなかった筆者に、史跡浪岡城跡をはじめ中世への知見を開くようなご指導ご教示を多くいただくとともに、公私ともに大変お世話になりました。記して心から感謝する次第です。

註
1) 『青森県史』では、古代と中世の境は「およそ12世紀前後」、中世と近世の境を「およそ16世紀末」となっているが、発掘調査報告書中では若干の時代幅があることから、本稿では17世紀初頭までを含めて扱うこととした。
2) 本稿で遺跡所在地を表記する場合、市町村合併以前の表記を優先し、旧〇〇〇とした。書誌名・発行所から関連図書を探す際の便宜をはかることを意図したためである。合併以降の市町村名については、第1表に示した。

引用文献
青森県教育委員会編 1982『青森県文化財調査報告書　青森県の中世城館』　青森県教育委員会
青森県教育委員会編 1998『青森県遺跡地図』　青森県教育委員会
青森県史編さん考古部会編 2003『青森県史　資料編　考古4 中世・近世』　青森県
茅野嘉雄 2006「米山(2)遺跡―中世の集落跡―」『平成18年度　青森県埋蔵文化財発掘調査報告会資料』p. 14
勝田　至 2003「中世京都死体遺棄年表」『死者たちの中世』吉川弘文館　pp. 252-264
木村淳一 2006「石江遺跡群」『平成18年度　青森県埋蔵文化財発掘調査報告会資料』p. 12
工藤清泰・木村浩一 1986『昭和59年度浪岡城跡発掘調査報告書　浪岡城跡VIII』　浪岡町教育委員会
三浦貞栄治 1986「浪岡城跡内館出土の伏せ鉄鍋について」『昭和59年度浪岡城跡発掘調査報告書　浪岡城跡VIII』　浪岡町教育委員会　pp. 131-137
新村出編 1997『広辞苑　第四版』　岩波書店
関根達人 2004「青森県の中世墓」『中世墓資料集成検討会盛岡大会発表要旨』
関根達人・竹ヶ原亜希 2004「青森県」『中世墓資料集成―東北編―』　中世墓資料集成研究会　pp. 1-72
橘　善光 1977『下北の古代文化』　下北の歴史と文化を語る会

付表　分析遺構 (1)

No.	遺跡名	旧市町村名	遺構名	時代	葬法	性別	年齢	頭位	姿勢	骨ほか（有＝○）	焼土・灰・炭化物(C)	鏡貨	刀子	鉄釘	陶磁器・木器	鉄器	その他	備考
1	琴湖岳遺跡（伝山王坊遺跡）	市浦村	火葬台跡	12C	火葬蔵骨器	不明	不明	不明	不明	不明								正式な調査成果ではない
2	十三岳遺跡	市浦村	SK05	14〜15C	火葬か	不明	不明	不明	不明	焼骨								現十三湊遺跡
3	十三湊遺跡	市浦村	SK61	12後〜14C 初	火葬か	不明	不明	不明	不明	焼骨	灰				古瀬戸草創器の無釉四耳壺			第 4 次調査
4	十三湊遺跡	市浦村	SP39	12〜14C	土葬か	不明	不明	不明	不明	○								第 9 次調査
5	十三湊遺跡	市浦村	SP170	12〜14C	土葬か	不明	不明	不明	不明	○								第 9 次調査
6	十三湊遺跡	市浦村	SK01	15C 中〜	土葬か	不明	不明	不明	不明	○								第 9 次調査
7	十三湊遺跡	市浦村	SK10	15C 中〜	火葬	不明	不明	不明	不明	焼骨		3						第 77 次調査
8	十三湊遺跡	市浦村	SK11	15C 中〜	火葬	不明	不明	不明	不明	焼骨		6	○	15				第 77 次調査
9	十三湊遺跡	市浦村	SK23	15C 中〜	火葬	不明	不明	不明	不明	焼骨		○		○				第 77 次調査
10	十三湊遺跡	市浦村	SK34	15C 中〜	火葬	不明	不明	不明	不明	焼骨		○		○				第 77 次調査
11	十三湊遺跡	市浦村	SK43	15C 中〜	火葬	不明	不明	不明	不明	焼骨		7		18				第 77 次調査
12	十三湊遺跡	市浦村	SK44	15C 中〜	火葬	不明	不明	不明	不明	焼骨		○		5			和鏡	第 77 次調査
13	十三湊遺跡	市浦村	SK46	15C 中〜	火葬	不明	不明	不明	不明	焼骨								第 77 次調査
14	十三湊遺跡	市浦村	SK01	15C 前	土葬	不明	不明	不明	不明	○								第 91 次調査
15	十三湊遺跡	市浦村	SK08	15C 前	土葬	不明	不明	不明	不明	○								第 91 次調査
16	十三湊遺跡	市浦村	SK12	15C 前	土葬	不明	不明	不明	不明	○								第 91 次調査
17	十三湊遺跡	市浦村	SK15	15C 前	土葬	不明	不明	不明	不明	○								第 91 次調査
18	十三湊遺跡	市浦村	SK17	15C 前	土葬	不明	不明	不明	不明	○								第 91 次調査
19	十三湊遺跡	市浦村	SK19	15C 前	土葬	不明	不明	不明	不明	○								第 91 次調査
20	十三湊遺跡	市浦村	SK22	15C 前	土葬	不明	不明	不明	不明	○		2					ガラス玉 2	第 91 次調査
21	十三湊遺跡	市浦村	SK40	15C 前	土葬	不明	不明	不明	不明	○								第 91 次調査
22	十三湊遺跡	市浦村	SK42	15C 前	土葬	不明	不明	不明	不明	○								第 91 次調査
23	十三湊遺跡	市浦村	SK47	15C 前	土葬	不明	不明	不明	不明	○								第 91 次調査
24	十三湊遺跡	市浦村	SK53	15C 前	土葬	不明	不明	不明	不明	○								第 91 次調査
25	十三湊遺跡	市浦村	SK74	15C 前	土葬	不明	不明	不明	不明	○								第 91 次調査
26	十三湊遺跡	市浦村	SK76	15C 前	土葬	不明	不明	不明	不明	○								第 91 次調査
27	十三湊遺跡	市浦村	SK79	15C 前	土葬	不明	不明	不明	不明	○								第 91 次調査
28	十三湊遺跡	市浦村	SK91	15C 前	土葬	不明	不明	不明	不明	○								第 91 次調査
29	十三湊遺跡	市浦村	SK101	15C 前	土葬	不明	不明	不明	不明	○				○				第 91 次調査
30	十三湊遺跡	市浦村	SK102	15C 前	土葬	不明	不明	不明	不明	○								第 91 次調査
31	十三湊遺跡	市浦村	SK126	15C 前	土葬	不明	不明	不明	不明	○								第 91 次調査
32	十三湊遺跡	市浦村	SK04	15C 前	土葬	不明	不明	不明	不明	○				○				第 86 次調査
33	十三湊遺跡	市浦村	SK12	15C 前	土葬	不明	不明	不明	不明	○	C			○				第 86 次調査
34	十三湊遺跡	市浦村	SK17	15C 前	土葬	不明	不明	不明	不明	○	C			○	古瀬戸・珠洲			第 86 次調査
35	十三湊遺跡	市浦村	SK20	15C 前	土葬	不明	不明	不明	不明	○	C	○	○	○				第 86 次調査

青森県の中世墓研究における現状と課題

付表 分析遺構 (2)

No.	遺跡名	旧市町村名	遺構名	時代	葬法	性別	年齢	頭位	姿勢	骨ほか (有=○)	焼土・灰・炭化物(C)	共伴 銭貨	共伴 刀子	資 鉄釘	料(副葬品) 陶磁器・木器・鉄器	その他	備考
37	十三湊遺跡	市浦村	SK24	15C前	土葬	不明	不明	不明	不明	○		○	○		古瀬戸・珠洲		第86次調査
38	十三湊遺跡	市浦村	SK27	15C前	土葬	不明	不明	不明	不明		C	○	○		珠洲		第86次調査
39	十三湊遺跡	市浦村	SK29	15C前	土葬	不明	不明	不明	不明	○	C	○			古瀬戸・珠洲		第86次調査
40	十三湊遺跡	市浦村	SK77	15C前	土葬	不明	不明	不明	不明	○	C		○		古瀬戸・珠洲		第86次調査
41	十三湊遺跡	市浦村	SK10	14C	土葬	不明	不明	不明	不明	○							第78次調査
42	十三湊遺跡	市浦村	SK26	14C	土葬	不明	不明	不明	不明	○							第78次調査
43	十三湊遺跡	市浦村	SK27	14C	土葬	不明	不明	不明	不明	○							第78次調査
44	十三湊遺跡	市浦村	SK49	15C前〜	土葬	不明	不明	不明	不明	○		○		2			第145次調査
45	十三湊遺跡	市浦村	SK01	中世	土葬	不明	不明	不明	不明	○	C						第97次調査
46	十三湊遺跡	市浦村	SK09	中世	土葬	不明	不明	不明	不明	○	C						第99次調査
47	十三湊遺跡	市浦村	SK11	中世	土葬	不明	不明	不明	不明	○	C						第99次調査
48	十三湊遺跡	市浦村	SK12	中世	土葬	不明	不明	不明	不明	○	C					遺構上部に被熱痕多数	第106次調査
49	十三湊遺跡	市浦村	SK23	中世	土葬	不明	不明	不明	不明	○	C			○			第108次調査
50	十三湊遺跡	市浦村	SK30	中世	土葬	不明	不明	不明	不明	○							第108次調査
51	十三湊遺跡	市浦村	SK48	中世	土葬	不明	不明	不明	不明	○						遺構上部に被熱痕多数	第109次調査
52	西方折曽の関	深浦町		14C中	火葬蔵骨器	男性	成年	不明	不明	焼骨					古瀬戸中期灰釉瓶子	頭骨多い	発掘調査によらない
53	荒神山遺跡	弘前市	61号	中世	火葬	不明	不明	不明	不明	焼骨		7					
54	樋口(1)遺跡	田舎舘村		12C	火葬蔵骨器	不明	不明	不明	不明	不明					珠洲焼四耳壺		発掘調査によらない
55	五輪堂遺跡	尾上町	No.1	14〜15C	火葬	不明	成年	不明	不明	焼骨		○					
56	五輪堂遺跡	尾上町	No.2	14〜15C	火葬	不明	不明	不明	不明	焼骨							
57	五輪堂遺跡	尾上町	No.4	14〜15C	火葬	不明	成年	不明	不明	焼骨							
58	五輪堂遺跡	尾上町	No.22	14〜15C	火葬	不明	成年	不明	不明	焼骨							
59	五輪堂遺跡	尾上町	No.41	14〜15C	火葬	不明	成年	不明	不明	焼骨							
60	五輪堂遺跡	尾上町	No.21	14〜15C	火葬	不明	成年	不明	不明	焼骨		4					
61	五輪堂遺跡	尾上町	No.6	14〜15C	火葬	男性	成年	不明	不明	焼骨							
62	五輪堂遺跡	尾上町	No.15	14〜15C	火葬	女性	成年	不明	不明	焼骨							
63	五輪堂遺跡	尾上町	No.39	14〜15C	火葬	女性	成年	不明	不明	焼骨(2個体)							
64	五輪堂遺跡	尾上町	No.17	14〜15C	火葬	不明	成年	不明	不明	焼骨		2					
65	五輪堂遺跡	尾上町	No.5	14〜15C	火葬	不明	不明	不明	不明	焼骨		○					
66	五輪堂遺跡	尾上町	No.7	14〜15C	火葬	不明	不明	不明	不明	焼骨							
67	五輪堂遺跡	尾上町	No.8	14〜15C	火葬	不明	不明	不明	不明	焼骨							木製容器付着鉄貨
68	五輪堂遺跡	尾上町	No.9	14〜15C	火葬	不明	不明	不明	不明	焼骨							
69	五輪堂遺跡	尾上町	No.11-a	14〜15C	火葬	不明	不明	不明	不明	焼骨							
70	五輪堂遺跡	尾上町	No.11-b	14〜15C	火葬	不明	不明	不明	不明	焼骨							
71	五輪堂遺跡	尾上町	No.13	14〜15C	火葬	不明	不明	不明	不明	焼骨							

付表　分析遺構 (3)

No.	遺跡名	旧市町村名	遺構名	時代	葬法	性別	年齢	頭位	姿勢	骨ほか(有=○)	焼土・灰・炭化物(C)	銭貨	刀子	鉄釘	陶磁器・木器・鉄器	その他	備考
72	五輪堂遺跡	尾上町	No.16	14～15C	火葬	不明	不明	不明	不明	焼骨							
73	五輪堂遺跡	尾上町	No.18	14～15C	火葬	不明	不明	不明	不明	焼骨							
74	五輪堂遺跡	尾上町	No.19	14～15C	火葬	不明	不明	不明	不明	焼骨							
75	五輪堂遺跡	尾上町	No.20	14～15C	火葬	不明	不明	不明	不明	焼骨							
76	五輪堂遺跡	尾上町	No.25	14～15C	火葬	不明	不明	不明	不明	焼骨							
77	五輪堂遺跡	尾上町	No.26	14～15C	火葬	不明	不明	不明	不明	焼骨							
78	五輪堂遺跡	尾上町	No.28-a	14～15C	火葬	不明	不明	不明	不明	焼骨							
79	五輪堂遺跡	尾上町	No.28-b	14～15C	火葬	不明	不明	不明	不明	焼骨							
80	五輪堂遺跡	尾上町	No.30	14～15C	火葬	不明	不明	不明	不明	焼骨	C・焼土						
81	五輪堂遺跡	尾上町	No.31	14～15C	火葬	不明	不明	不明	不明	焼骨	C・焼土						
82	五輪堂遺跡	尾上町	No.35	14～15C	火葬	不明	不明	不明	不明	焼骨							
83	五輪堂遺跡	尾上町	No.40	14～15C	火葬	不明	不明	不明	不明	焼骨							
84	五輪堂遺跡	尾上町	T-5	14～15C	火葬	不明	不明	不明	不明	焼骨(3個体)	焼土						
85	五輪堂遺跡	尾上町	T-6	14～15C	火葬	成人(内1人女性、小児)	不明	不明	不明	焼骨							
86	広船五輪塔遺跡	平賀町	第1	～17C初	火葬	不明	不明	不明	不明	焼骨	C						
87	広船五輪塔遺跡	平賀町	第2	～17C初	火葬	不明	不明	不明	不明	焼骨	焼土						
88	広船五輪塔遺跡	平賀町	第3	～17C初	火葬	不明	不明	不明	不明	焼骨							
89	広船五輪塔遺跡	平賀町	第4	～17C初	火葬	不明	不明	不明	不明	焼骨						珠洲焼四耳壺・小壺	発掘調査によらない
90	杉館遺跡	平賀町		12C	火葬蔵骨器	不明	不明	不明	不明	不明						珠洲焼四耳壺	発掘調査によらない
91	源常平遺跡	浪岡町		12C	火葬蔵骨器	不明	不明	不明	不明	不明						瓦質小壺	北館
92	浪岡城跡	浪岡町	SK01	16C	土葬	女性	青年	北	仰臥屈位	○					鉄製品		
93	矢館遺跡	七戸町	2号	中世末	土葬	女性	不明	北西	仰臥屈位	○							
94	矢館遺跡	七戸町	3号	中世末	土葬	男性	不明	北東	仰臥屈位	歯		12		○			北館
95	七戸城跡	七戸町	256号	15～16C	土葬	不明	不明	不明	不明	焼骨							
96	左組(1)遺跡	七戸町		12C	火葬蔵骨器	不明	不明	不明	不明	不明						常滑三筋壺	発掘調査によらない
97	左組(3)遺跡	七戸町		12C	火葬蔵骨器	不明	不明	不明	不明	不明		2				常滑焼壺	発掘調査によらない
98	十和田市	十和田市		16C	土葬	不明	不明	不明	不明	不明					兜・甲冑・刀剣・馬具・鉄鏃・金襴	内耳鉄鍋	鍋被り葬
99	根城跡	八戸市	SK31	15～17C	土葬	不明	幼年	北	右側臥位	○・歯							岡前館
100	根城跡	八戸市	SK34	15～17C	土葬	女性	不明	不明	右側臥位	○							岡前館
101	根城跡	八戸市	SK35	15～17C	火葬	不明	不明	西	不明	焼骨・歯	C						土壙内に被熱痕 岡前館
102	根城跡	八戸市	SK36	15～17C	土葬	不明	幼年	北	仰臥屈位	○・歯							岡前館
103	根城跡	八戸市	SK37	15～17C	土葬	不明	幼年		坐位	歯		22				棺桶	

付表 分析遺構 (4)

No.	遺跡名	旧市町村名	遺構名	時代	葬法	性別	年齢	頭位	姿勢	骨ほか (有＝○)	焼土・灰・炭化物(C)	銭貨	刀子	鉄釘	陶磁器・木器・鉄器	その他	備考
104	根城跡	八戸市	SK65	15～17C	土葬	不明	幼年	西	仰臥屈位	○		13				木棺	岡前館
105	根城跡	八戸市	SK82	15～17C	土葬	不明	少年	不明	不明	○		48		10		木棺・編み物・火箸・鉸金具・不明鉄製品・漆器片	岡前館 ハンセン病痕 鍋被り葬 東構地区
106	根城跡	八戸市	SK137	16～17C	土葬	女性	不明	北西	不明	○					志野皿・内耳鉄鍋		東構地区
107	根城跡	八戸市	SK142	15～17C	土葬	男性	不明	不明	不明	○		4					本丸
108	根城跡	八戸市	SK104	16C～	土葬	不明	少年	不明	不明	○							本丸
109	根城跡	八戸市	SK477	15～17C	土葬	不明	不明	不明	不明	○		2					本丸
110	根城跡	八戸市	SK478	16～17C	土葬	不明	不明	不明	不明	○				○			本丸
111	根城跡	八戸市	SK536	15～17C	土葬	不明	幼年	不明	不明	歯							岡前館
112	根城跡	八戸市	SK559	16～17C	土葬	不明	幼年	不明	不明	○		18				棺桶	岡前館
113	根城跡	八戸市	SK566	15～17C	土葬	不明	幼年	不明	不明	○							岡前館
114	根城跡	八戸市	SK567	15～17C	土葬	女性	不明	東	仰臥屈位	○							岡前館
115	根城跡	八戸市	SK627	15～17C	土葬	不明	不明	北	屈位	○							岡前館
116	根城跡	八戸市	SK628	16～17C	土葬	不明	不明	不明	不明	○						藁製編物	岡前館
117	根城跡	八戸市	SK633	15～17C	土葬	女性	不明	不明	不明	○		9					岡前館
118	根城跡	八戸市	SK644	15～17C	土葬	不明	不明	不明	不明	○							岡前館
119	根城跡	八戸市	SK695	16C末	土葬	不明	乳児	不明	不明	歯				3			岡前館
120	根城跡	八戸市	SK780	15～16C	土葬	不明	乳児	不明	不明	歯							
121	根城跡	八戸市	SK782	15～16C	土葬	女性	不明	不明	不明	○				5			
122	根城跡	八戸市	SK792	15～16C	土葬	男性	不明	不明	不明	○					内耳鉄鍋	太刀	鍋被り葬
123	沢里	八戸市		17C初	土葬	不明	不明	不明	不明	○・歯							
124	新井田古館遺跡	八戸市	SK15	14C中～	土葬	男性	不明	北	仰臥屈位	○		4				上面に自然石	
125	新井田古館遺跡	八戸市	SK18	14C中～	土葬	女性	不明	北	仰臥屈位	(粉化)							
126	新井田古館遺跡	八戸市	SK117	14C中～	土葬	不明	不明	不明	不明	歯							
127	新井田古館遺跡	八戸市	10号	15C～	土葬	不明	不明	不明	不明								
128	新井田古館遺跡	八戸市	35号	中世	土葬	不明	不明	不明	不明								
129	新井田古館遺跡	八戸市	36号	中世	土葬	不明	成年	不明	不明					○			
130	新井田古館遺跡	八戸市	38号	中世	土葬	不明	成年	不明	不明	○							
131	新井田古館遺跡	八戸市	41号	中世	土葬	不明	不明	不明	仰臥屈位								
132	新井田古館遺跡	八戸市	44号	中世	土葬	女性	不明	北東	右側臥屈位								
133	大仏	八戸市	SK28	13～15C	土葬	男性	不明	北	伸展位	○	焼土	12					
134	殿見遺跡	八戸市	8号	平安～	土葬	不明	不明	不明	不明					○		木棺	円形周溝分布域と近接
135	田向遺跡	八戸市	1SK87	15～16C	火葬	女性	不明	不明	不明	焼骨						炭化米	
136	田向遺跡	八戸市	SK71	15～16C	土葬	女性	不明	北東	左側仰屈位	○		10			内耳鉄鍋	鉄・植物製品	鍋被り葬
137	田向遺跡	八戸市	SK75B	15～16C	土葬	女性	不明	不明	不明	○		2					
138	田向遺跡	八戸市	2SK150	15～16C	土葬	不明	幼年	不明	不明	○		12				ガラス玉2	

802

（伝）山王坊遺跡

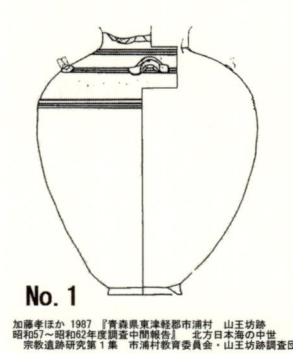

No. 1

加藤孝ほか　1987　『青森県東津軽郡市浦村　山王坊遺跡
昭和57～昭和62年度調査中間報告』　北方日本海の中世
宗教遺跡研究第1集　市浦村教育委員会・山王坊遺跡調査団

琴湖岳遺跡

〔第8図〕「火葬台地」実測図　　S=1/20

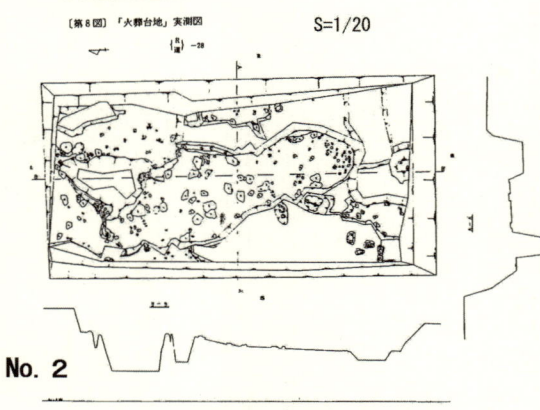

No. 2

新谷雄蔵ほか　1988　『琴湖岳遺跡（十三小学校線道路改良工事に
関る事前発掘調査）』市浦村教育委員会

十三湊遺跡

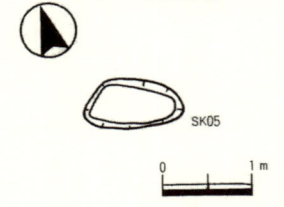

SK05

第27図　十三湊遺跡第4次調査地区
SK05平面図（国立歴史民俗博物館 199?）

No. 3

榊原滋高　2003　『十三湊遺跡～平成13年度第145次発掘調査
報告書～』市浦村埋蔵文化財調査報告書第15集　市浦村教育委員会

SP39
SP170
SK61

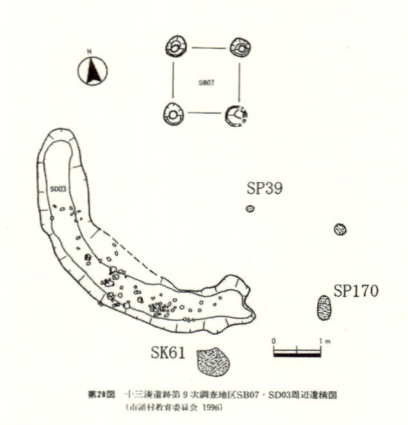

第28図　十三湊遺跡第9次調査地区SB07・SD03周辺遺構図
（市浦村教育委員会 1996）

No. 4～6

榊原滋高　2003　『十三湊遺跡～平成13年度第145次発掘調査
報告書～』市浦村埋蔵文化財調査報告書第15集　市浦村教育委員会

Ⅲ層地山　地山

SK39
SK34
SX02
SK23
SK10
SK09
SK01
1地区遺構平面図
SK11
SK12
SK14　SK15
SK30
SK31　SK46
SK47
SK44
SK45
SK43

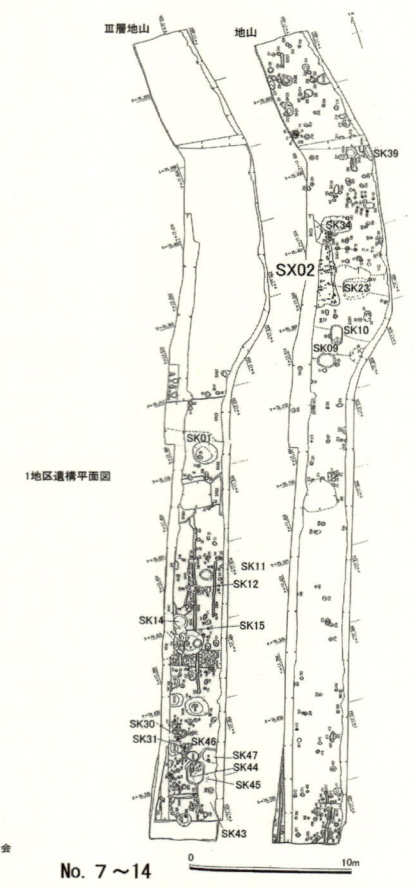

No. 7～14

前川要・榊原滋高ほか　1998　『十三湊遺跡第77次発掘調査報告書』
市浦村埋蔵文化財調査報告書第9集　市浦村教育委員会

付図　分析遺構（1）

青森県の中世墓研究における現状と課題　803

No. 12～32

第3図　第91次調査区　遺構平面図

鈴木和子ほか　2000　「第91次調査」『十三湊遺跡Ⅴ―第91次・第92次・第93次・第94次発掘調査概報―』青森県埋蔵文化財調査報告書第286集　青森県教育委員会

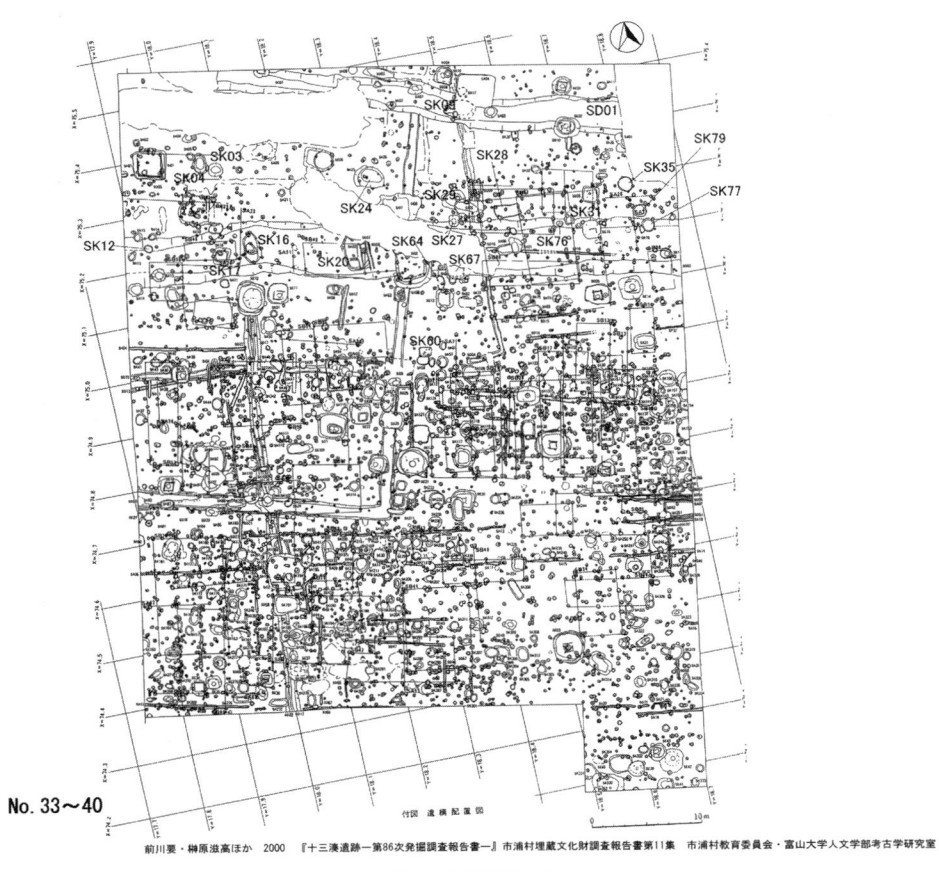

No. 33～40

付図　遺構配置図

前川要・榊原滋高ほか　2000　『十三湊遺跡―第86次発掘調査報告書―』市浦村埋蔵文化財調査報告書第11集　市浦村教育委員会・富山大学人文学部考古学研究室

付図　分析遺構（2）

No. 41～43

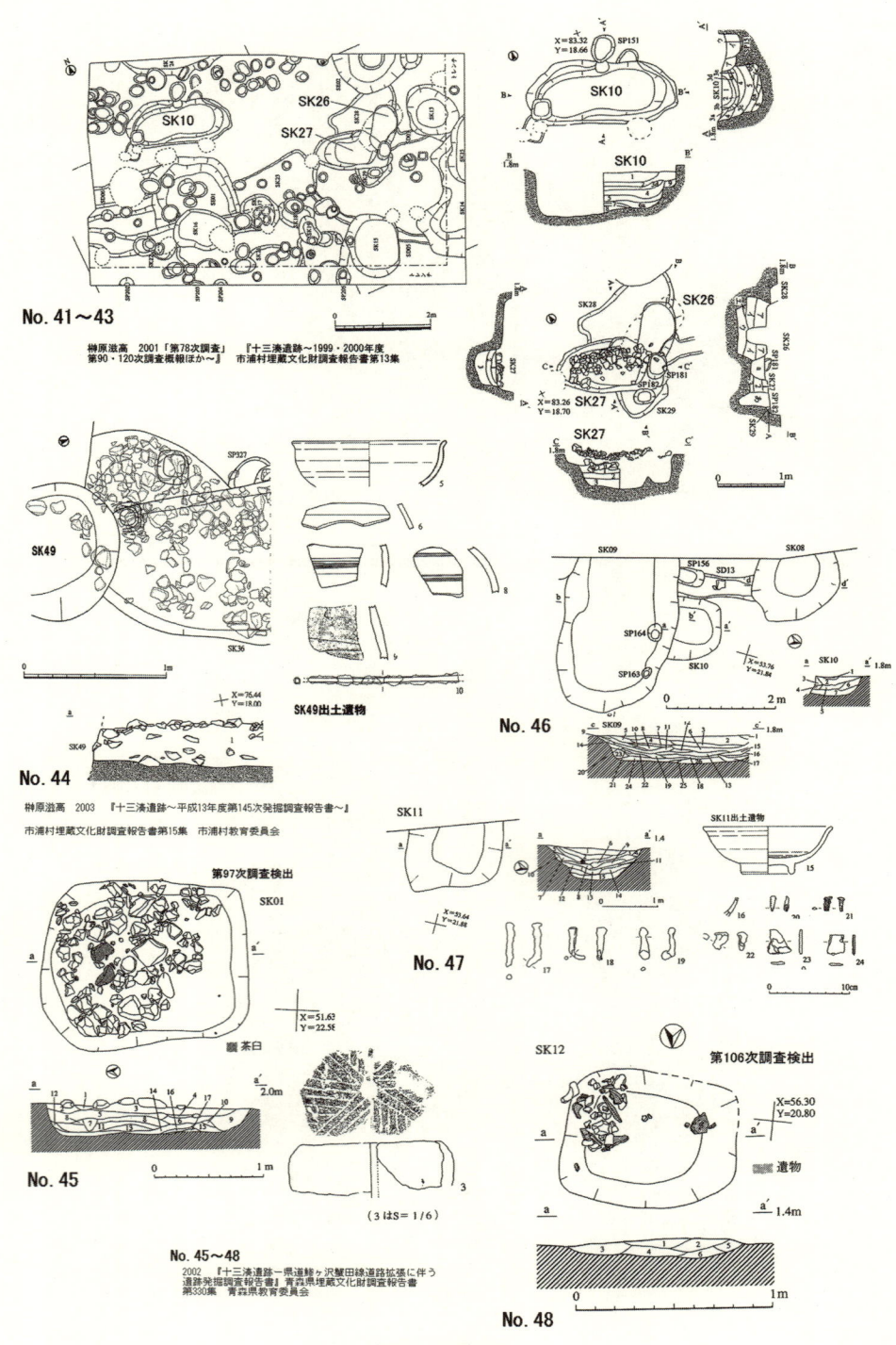

榊原滋高　2001「第78次調査」『十三湊遺跡～1999・2000年度第90・120次調査概報ほか～』市浦村埋蔵文化財調査報告書第13集

No. 44

榊原滋高　2003『十三湊遺跡～平成13年度第145次発掘調査報告書～』市浦村埋蔵文化財調査報告書第15集　市浦村教育委員会

No. 45～48

2002『十三湊遺跡－県道縫ヶ沢蟹田線道路拡張に伴う遺跡発掘調査報告書』青森県埋蔵文化財調査報告書第330集　青森県教育委員会

付図　分析遺構（3）

青森県の中世墓研究における現状と課題　805

No. 49　No. 49〜51
2002　『十三湊遺跡－県道鰺ヶ沢蟹田線道路拡張に伴う遺跡発掘調査報告書』青森県埋蔵文化財調査報告書第330集　青森県教育委員会

西浜折曽の関
No. 52　青森県　2003　『青森県史』

荒神山遺跡

第61号
No. 53

荒神山遺跡出土銭貨・石製品

村越潔ほか　1981　『荒神山遺跡発掘調査報告』　岩木町教育委員会

樋口（1）遺跡
No. 54　青森県　2003　『青森県史』

五輪堂遺跡
No. 55　No. 60　No. 61

藤村正雄ほか　1980　『五輪堂遺跡発掘調査報告書』　青森県埋蔵文化財調査報告書第60集

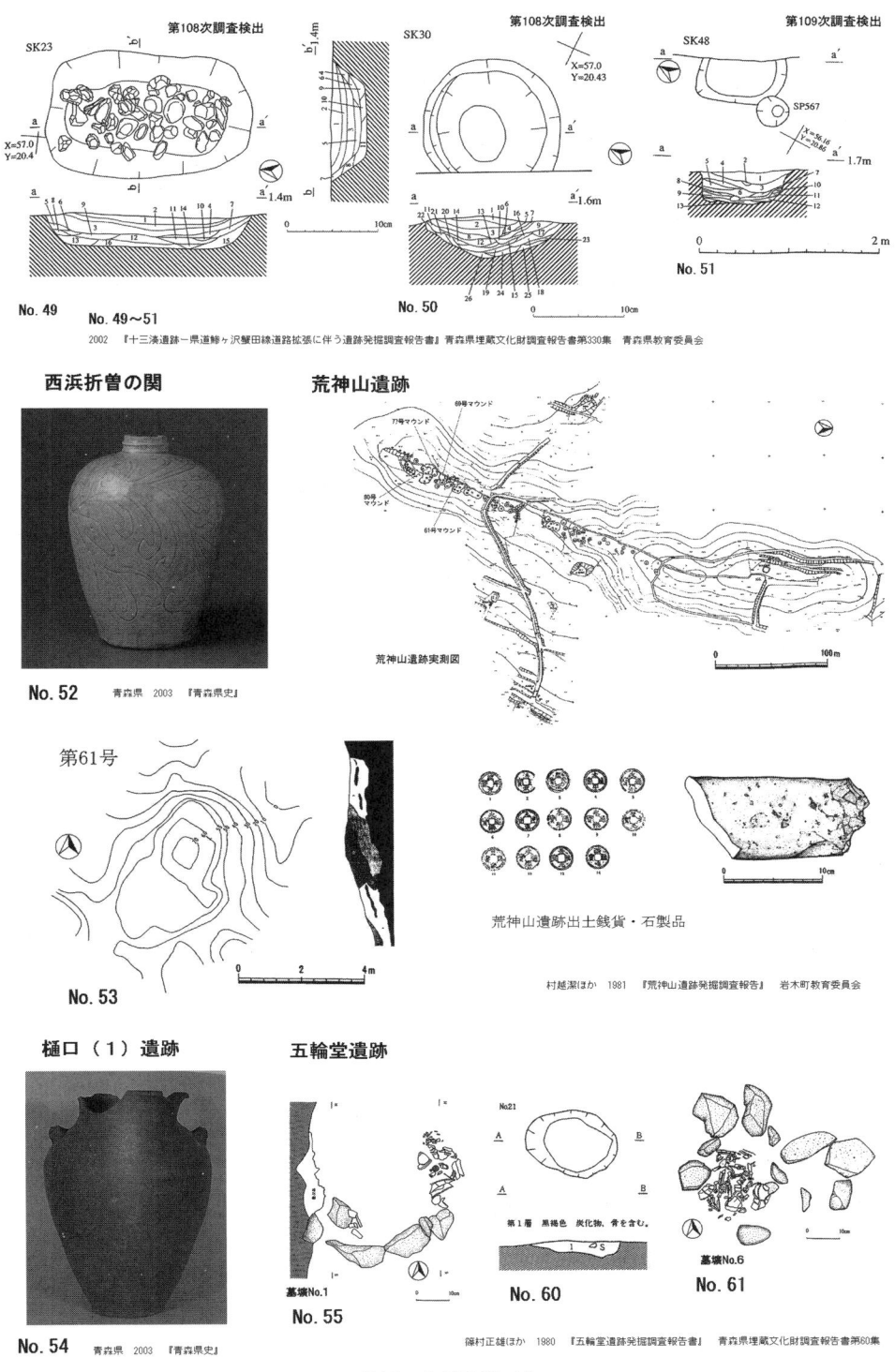

付図　分析遺構（4）

五輪堂遺跡

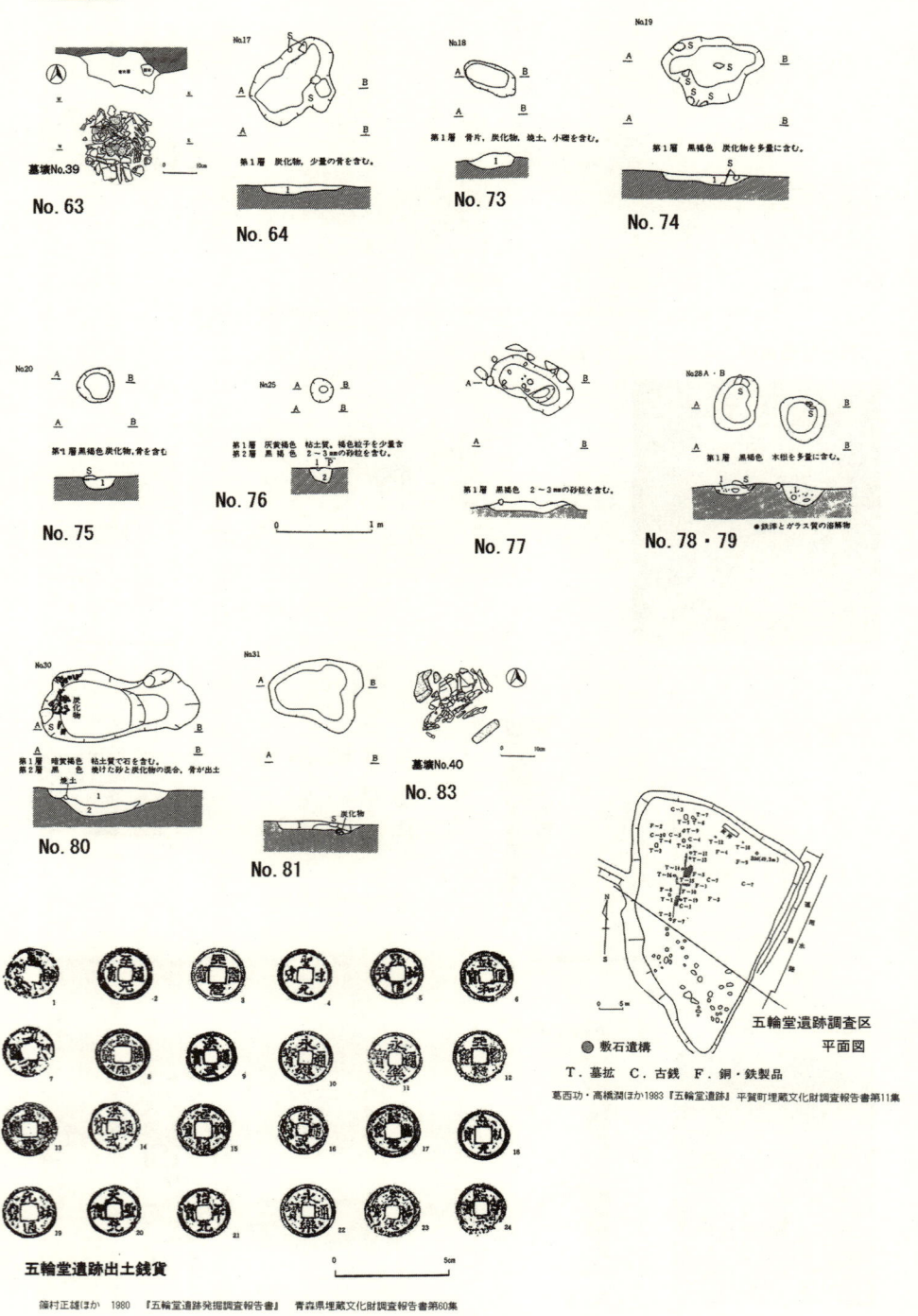

墓墳No.39
No. 63

No.17
No. 64
第1層 炭化物，少量の骨を含む。

No.18
No. 73
第1層 骨片，炭化物，焼土，小礫を含む。

No.19
No. 74
第1層 黒褐色 炭化物を多量に含む。

No.20
No. 75
第1層黒褐色 炭化物，骨を含む

No.25
No. 76
第1層 灰黄褐色 粘土質。褐色粒子を少量含
第2層 黒褐色 2～3mmの砂粒を含む。

No. 77
第1層 黒褐色 2～3mmの砂粒を含む。

No.28 A・B
No. 78・79
第1層 黒褐色 木根を多量に含む。
鉄滓とガラス質の溶解物

No.30
No. 80
第1層 暗黄褐色 粘土質で石を含む。
第2層 焼けた砂と炭化物の混合，骨が出土
焼土

No.31
No. 81
炭化物

墓墳No.40
No. 83

五輪堂遺跡出土銭貨

五輪堂遺跡調査区
平面図

● 敷石遺構
T．墓拡 C．古銭 F．銅・鉄製品

葛西功・高橋潤ほか1983『五輪堂遺跡』平賀町埋蔵文化財調査報告書第11集

篠村正雄ほか 1980 『五輪堂遺跡発掘調査報告書』 青森県埋蔵文化財調査報告書第60集

付図 分析遺構 (5)

青森県の中世墓研究における現状と課題　807

杉館跡

No. 90　青森県　2003　『青森県史』

源常平遺跡

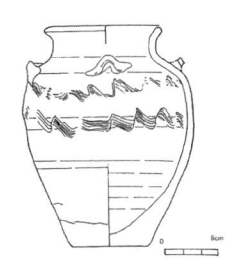

No. 91

三浦圭介ほか　1977　『源常平遺跡―東北縦貫自動車道関係埋蔵文化財発掘調査』青森県埋蔵文化財調査報告書第39集　青森県教育委員会

浪岡城跡

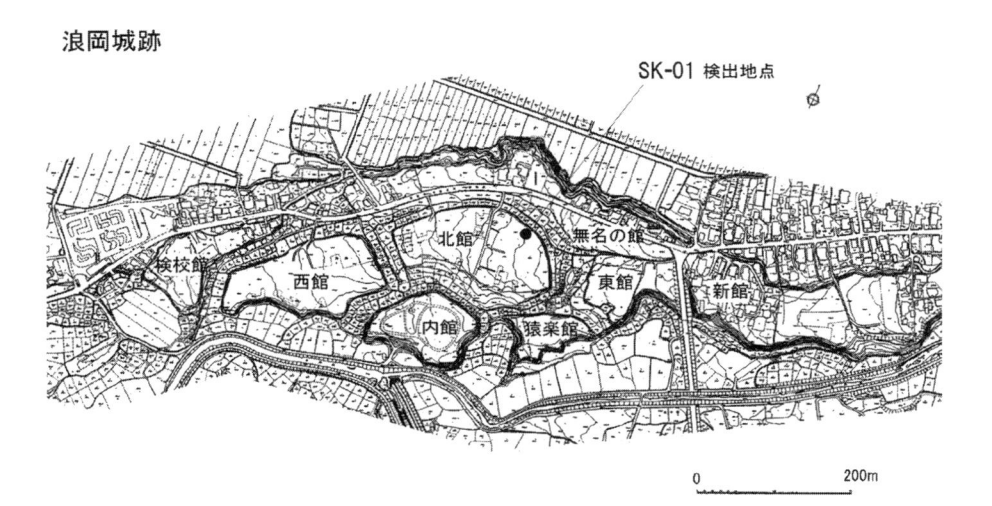

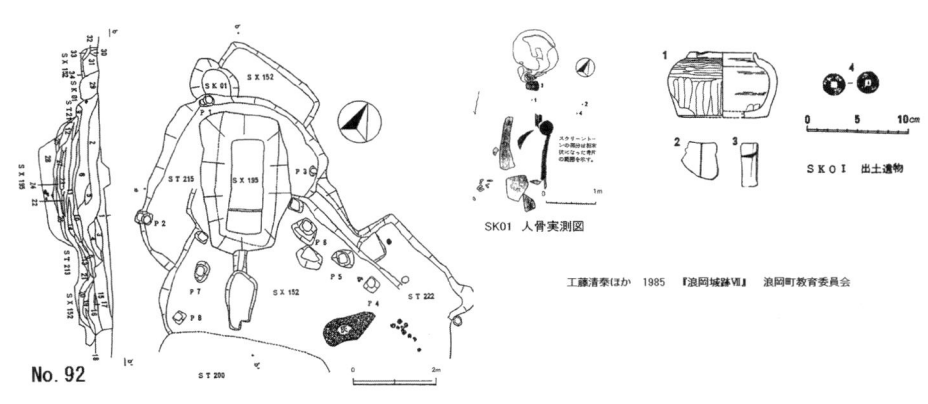

SK-01 検出地点

0　　　　200m

No. 92

SK01 人骨実測図

SKOI 出土遺物

工藤清泰ほか　1985　『浪岡城跡Ⅶ』浪岡町教育委員会

付図　分析遺構（6）

矢館跡

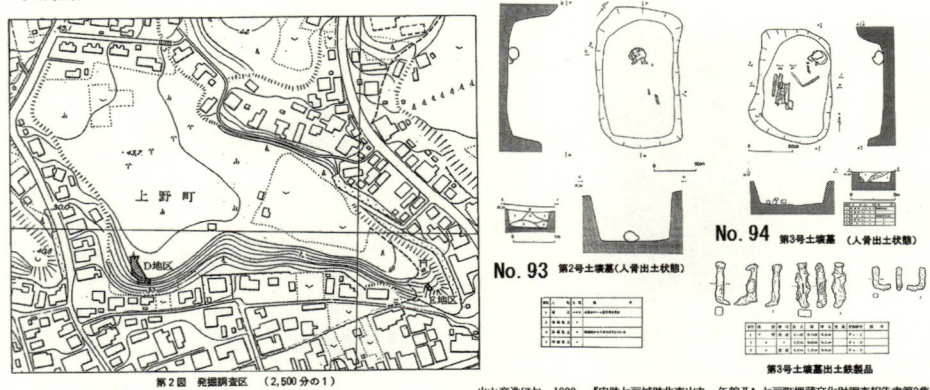

No. 93 第2号土壙墓（人骨出土状態）

No. 94 第3号土壙墓（人骨出土状態）

第3号土壙墓出土鉄製品

小山彦逸ほか　1989　『史跡七戸城跡北東出丸　矢館Ⅱ』七戸町埋蔵文化財調査報告書第3集
七戸町教育委員会

七戸城跡

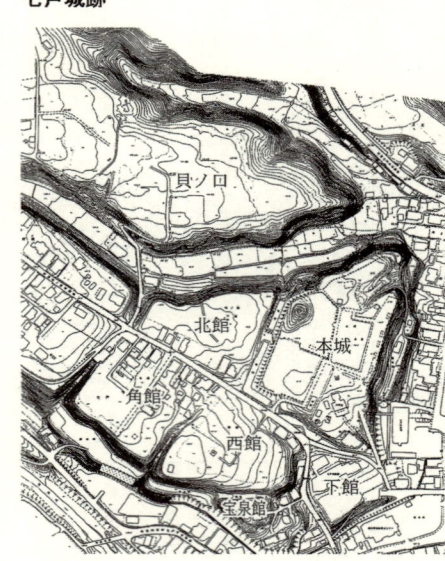

第256号土壙

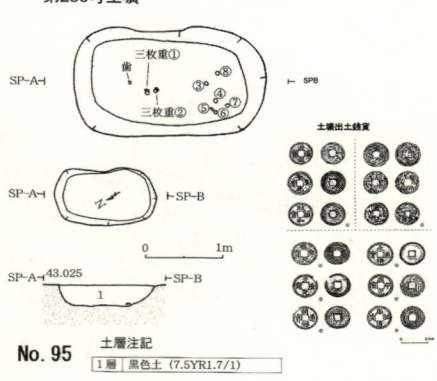

No. 95

土層注記
| 1層 | 黒色土 (7.5YR1.7/1) |

相馬和徳　2003　『史跡七戸城跡北館ⅩⅡ』七戸町埋蔵文化財調査報告書第41集
七戸町教育委員会

左組（1）遺跡

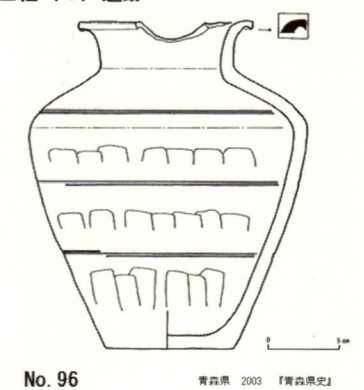

No. 96　　青森県　2003　『青森県史』

左組（3）遺跡

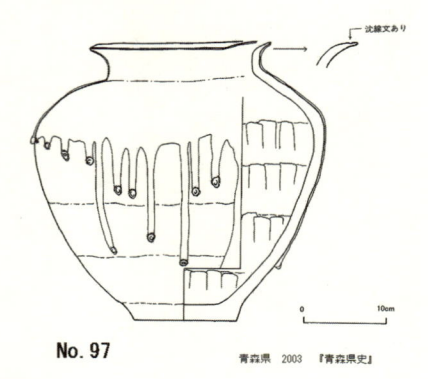

No. 97　　青森県　2003　『青森県史』

付図　分析遺構（7）

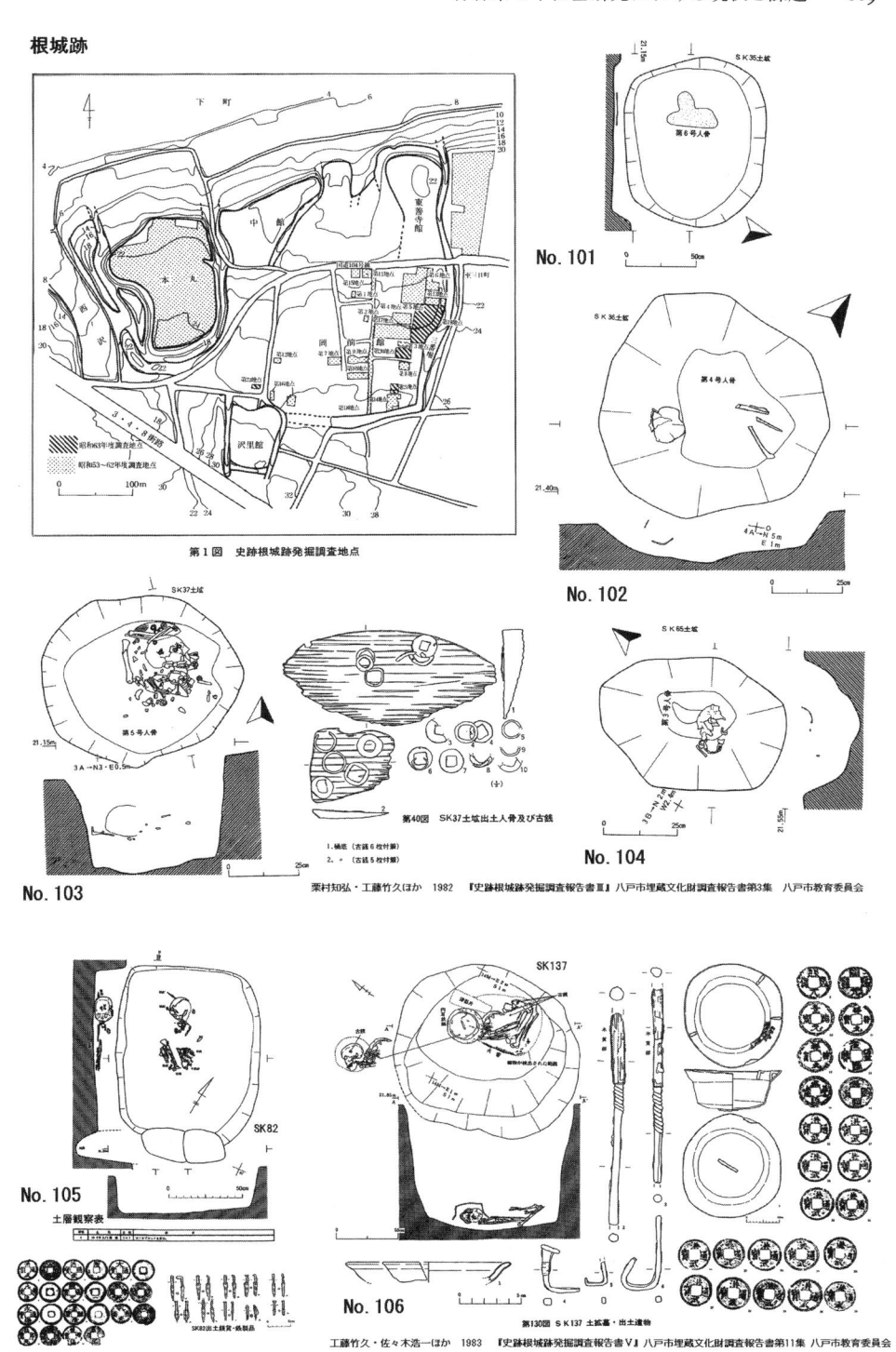

青森県の中世墓研究における現状と課題　809

根城跡

No. 101

No. 102

No. 103

第40図　SK37土坑出土人骨及び古銭

No. 104

栗村知弘・工藤竹久ほか　1982　『史跡根城跡発掘調査報告書Ⅲ』八戸市埋蔵文化財調査報告書第3集　八戸市教育委員会

No. 105

工藤竹久・佐々木浩一ほか　1983　『史跡根城跡発掘調査報告書Ⅳ』
八戸市埋蔵文化財調査報告書第9集　八戸市教育委員会

No. 106

第130図　SK137 土坑墓・出土遺物

工藤竹久・佐々木浩一ほか　1983　『史跡根城跡発掘調査報告書Ⅴ』八戸市埋蔵文化財調査報告書第11集　八戸市教育委員会

付図　分析遺構（8）

810

工藤竹久・佐々木浩一ほか　1983
『史跡根城跡発掘調査報告書Ⅴ』
八戸市埋蔵文化財調査報告書第11集
八戸市教育委員会

本丸検出土壙墓の位置

栗村知弘・佐々木浩一ほか　1993　『根城―本丸の発掘調査―』八戸市埋蔵文化財調査報告書第54集　八戸市教育委員会

小林和彦・佐々木浩一ほか　1988
『史跡根城跡発掘調査報告書Ⅹ』
八戸市埋蔵文化財調査報告書第25集　八戸市教育委員会

小林和彦・佐々木浩一ほか　1989『史跡根城跡発掘調査報告書ⅩⅠ』八戸市埋蔵文化財調査報告書第31集　八戸市教育委員会

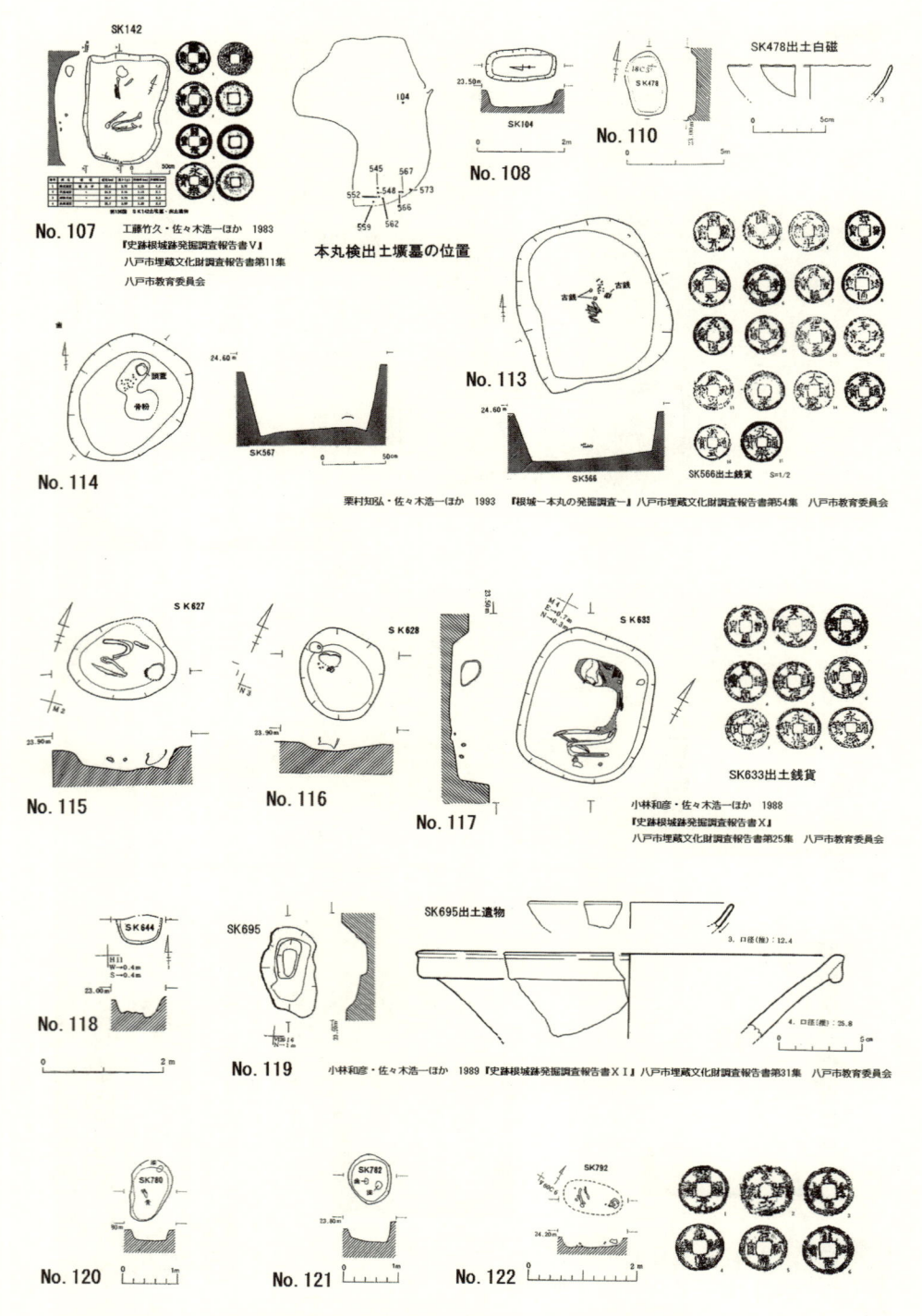

小林和彦・佐々木浩一ほか　1992　「史跡根城跡岡前館　第26・27地点」『八戸市内遺跡発掘調査報告書4』　八戸市埋蔵文化財調査報告書第45集　八戸市教育委員会

付図　分析遺構（9）

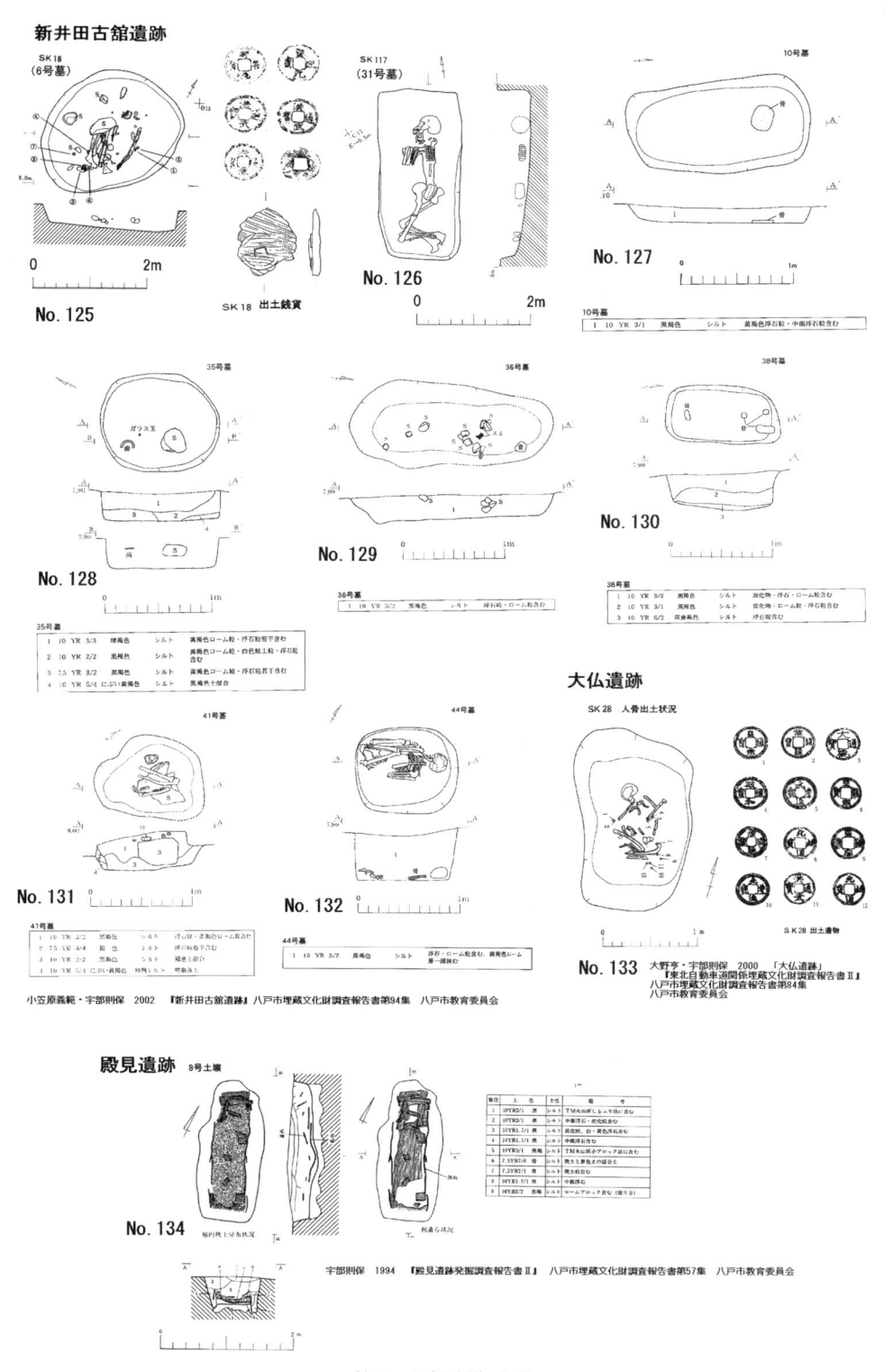

付図　分析遺構（10）

田向遺跡

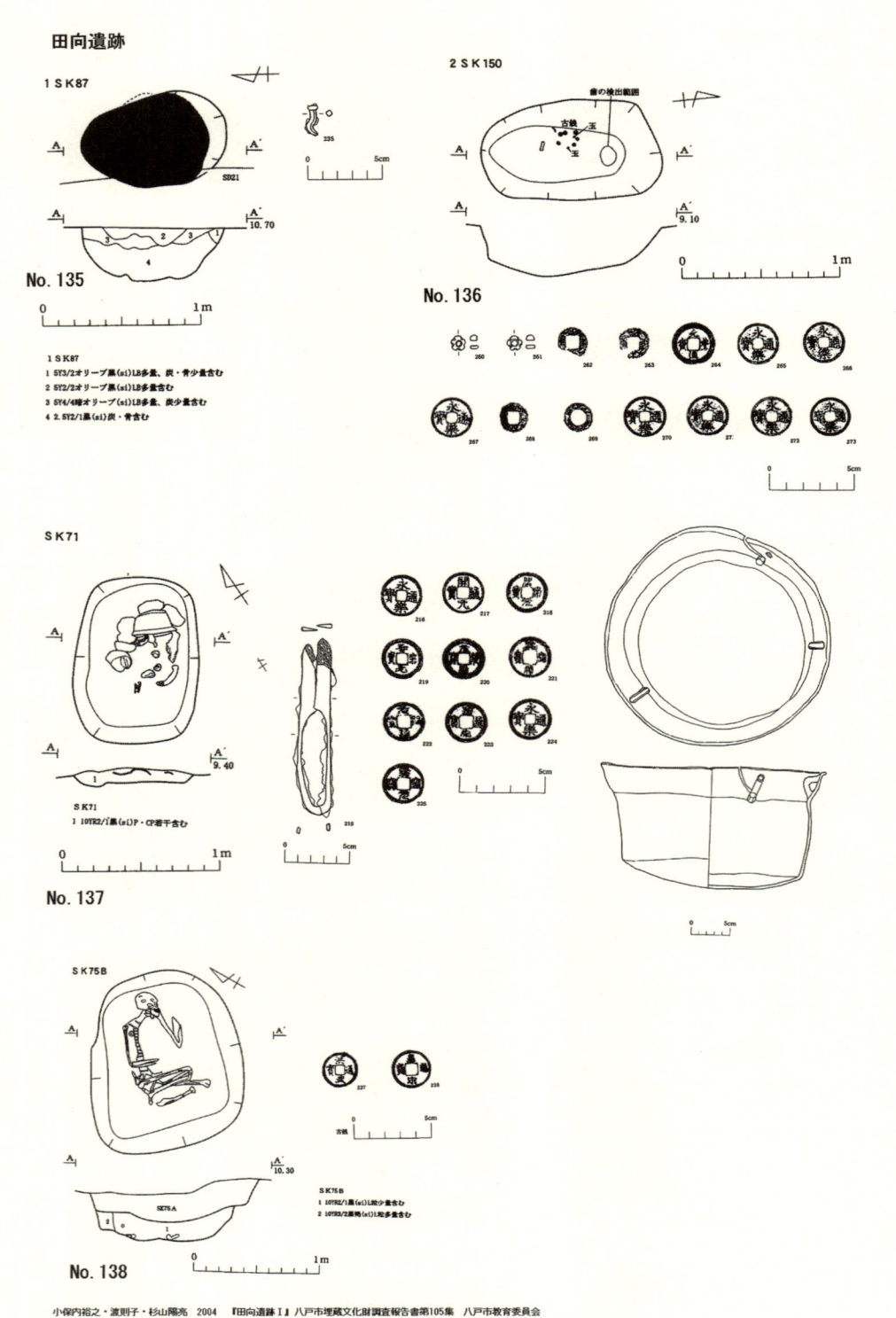

No. 135
No. 136
No. 137
No. 138

付図　分析遺構（11）

北方先住民の儀礼
―その起源と変容―

高 橋　　理

I.「ヒグマ送り」という儀礼

　北方考古学における大きな課題のひとつに、アイヌ文化の起源とその成立の探求があり、多くの先学がこの課題に取り組んだきた。

　渡辺仁は、アイヌ文化をクマ祭りを中心とする文化要素の集合体である「クマ祭り文化複合体」と定義したうえで、その成立の指標として、定住性・金属器の普及とともに仔グマ飼育型送り儀礼の確立をもってあてた（渡辺仁 1972）。

　したがって、仔グマ飼育型送り儀礼の成立の起源を知ることが、アイヌ文化の成立の解明に近づくことになる。しかし、定住性や流通経済という指標を考古学的な証拠（遺構・遺物）から考究することはむしろ本来的方法論の範疇における議論となるのであるが、儀礼や祭りの痕跡を同所に求めることは容易ではない。

　さらに仔グマ飼育型送り儀礼は、北海道からカラフトおよびアムール川中、下流域にわたって分布することから、広大な北方地域を考察の対象としていく必要がある。すでに渡辺仁は、「アイヌ文化の核心をなすクマ祭りの信仰儀礼体系の源流は、あくまで北方文化に根ざすものであり、最も直接にはオホック文化の流れを汲むものではないかと考えざるを得ない」（渡辺仁 1974）と、北方文化を念頭に具体的にはオホーツク文化の流れを重視する起源論を提示している。

　渡辺のクマ祭り文化複合体を踏まえ、より具体的な文化現象を加えた実証的な研究を展開してきた宇田川洋は、この点について「考古学的にはクマの頭骨の存否をその判断基準としておく。（中略）これをみると、あきらかにクマの頭骨を送ったとみられる狭義のイオマンテは、現在までの資料では 18 世紀末以降にしか認められない。（中略）古記録にみられるクマ送りのイオマンテ儀礼の確立は 18 世紀後半以降としてよいようである。（中略）これと考古学上の史料を考えあわせて、おおむね 18〜19 世紀にかけての時期にその確立年代を設定しておきたい。」（宇田川洋 1989）と比較的新しい時期における確立論を展開する。

　一方、西本豊弘は「仔グマ飼育は少なくともアイヌ文化期・前期、おそらく擦文文化期には始まったのではないかということである。（中略）考古学的資料からみて、アイヌ文化を特徴づける『イオマンテ』（クマ送り）は、アイヌ文化期・前期には成立しており、擦文文化期までさかのぼり、擦文人が自発的に始めた可能性があると考えているのである。」

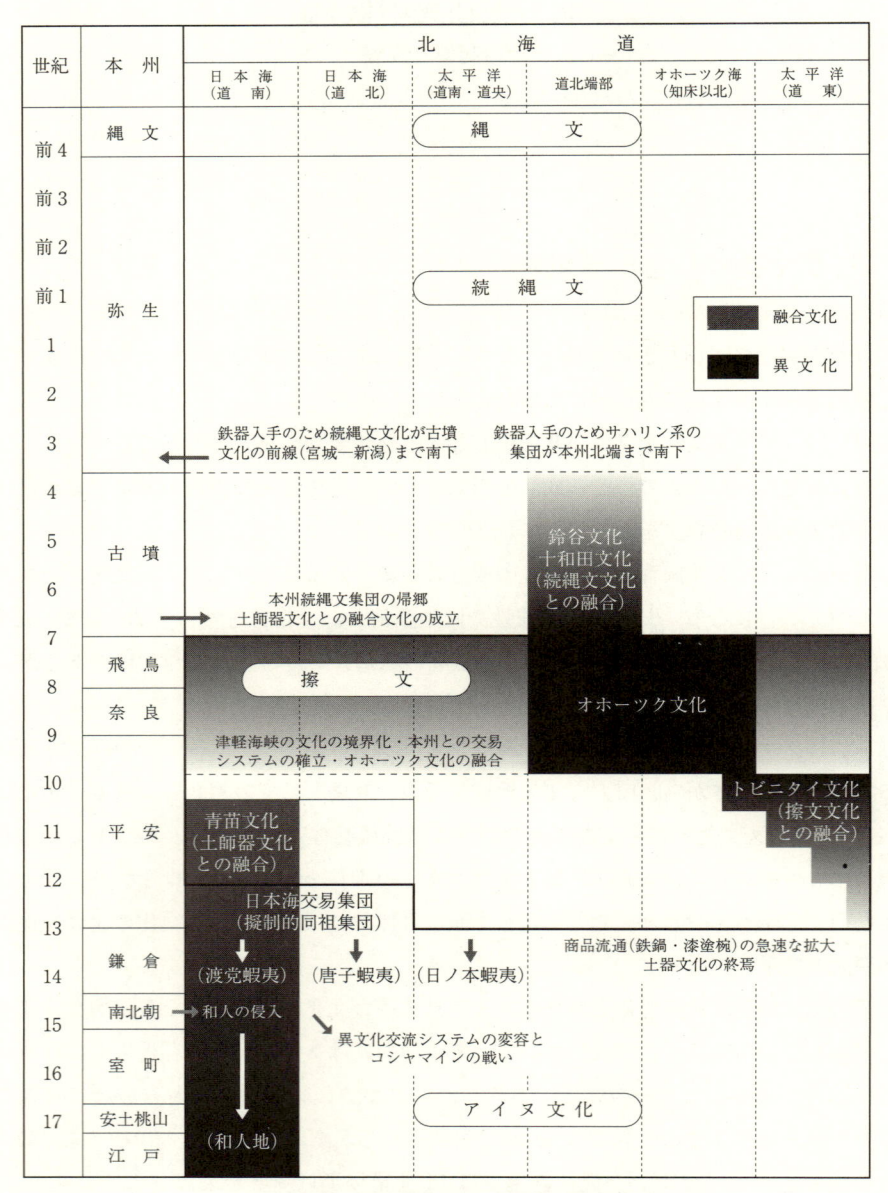

第1図　擦文文化の成立と終焉の見取り図
瀬川拓郎（2005）『アイヌ・エコシステムの考古学』より図1

（西本豊弘 1989）と、擦文文化そのものに起源と時期を求めている。

　このように、仔グマ飼育型送り儀礼の成立時期については、18～19 世紀から擦文文化期まで数百年の開きの中で成立論が展開され、起源や伝播論もあいまって多くの成立期が提示されてきた。

II. 和人の記録した儀礼

　仔グマ飼育型送り儀礼についての最古の文献は、江戸時代中期、松宮観山の『蝦夷談筆記』（1710）とされる。「（中略）十月に成候て大木二本にて首をはさみ、首にシトキ道具也をかけさせ、男女五、六人にて押殺、膽を取、肉をば喰申候。皮ははぎ候て商に仕候。殺候跡にて一時も二時も寄合、大きに歎き、其上にて弔い餅とて米をひやし、しとぎの様に拵、寄合給候由の事」（『日本庶民生活資料集成』4　1969）との記述には、近・現代の送り儀礼との共通項が諸処にみとめられる。宇田川洋はこの松宮の記述をはじめとする近世における記録をもとに、考古学的資料とを勘案して、仔グマ飼育型送り儀礼の成立を 18 世紀末前後とした（宇田川洋 1989）。

　これに対して秋野茂樹は、ヒグマ儀礼の形態は江戸期に展開した場所請負制のもとで大きく変容をみせたと考えている（秋野茂樹 2006）。秋野は、高倉新一郎の区分による前松前藩時代（1514～1798）の 8 文献、前幕府直轄時代以降（1799～）の 4 文献を丁寧な引用と詳細な読み取りを行い、記述される送り儀礼を構成する諸要素を取り出して考察を行った。

- 儀礼の時期の 10・11 月は、場所請負制におけるアイヌ社会の漁業労働が終了し、ヲムシャが実施される時期にある。
- これは冬期間の産物・軽物生産活動前にあたり、請負人との関係を強制させる生活領域と自らの自由な意志が主体となるそれとの「分岐点」を意味する。
- 主催者は乙名層であり、その権威―経済力を誇示する場とされた。
- 和人集団が参席することにより、送り儀礼が「アイヌ社会内の行事」から「場所の行事」へと変容している。

　場所請負制度下において漁場労働者層と乙名層に二分階層化したアイヌ社会において、儀礼の担い手はその経済的格差から乙名層しかありえず、儀礼の趣旨を「霊送り」におきながらも、その実は乙名層の権威誇示、儀式の盛大化であり、「道具」が陳列品と饗宴であったというのである（秋野茂樹 2006）。秋野のいうように、近世における文献の示すところが場所請負制における変容した儀礼の姿であったとするならば、自ずとその儀礼の初源はそれをさかのぼる時期にならなければならないだろう。ヒグマ儀礼の変容については、池田貴夫も萌芽―発展―変容という歴史的変遷をむしろ自明のこととし、近世以前におけるその発現の可能性を示唆し、検討の必要性を提起している（池田貴夫 2000）。

III. 民族考古学的考察に導かれる儀礼の成立期

　北海道東部、目梨郡羅臼町オタフク岩洞窟遺跡の調査の成果（涌坂周一 1991）は、ヒグマ送り儀礼起源論を大いに再燃させるものとなった。ここでは、トビニタイ期（10～13世紀）の土壙を切る深さ 70 cm ほどのくぼみの内部にヒグマの頭骨が安置されていたのである。くぼみには 10 体分（オスメス 5 体ずつ）のヒグマ頭骨が吻端（口）を洞窟開口部に向けて並列されている。

　上層に頭蓋骨、下層に下顎骨が分かれて出土しており、頭蓋と下顎が連合していない。また四肢骨や胴部骨がごく少量で、頭部の骨と胴部・四肢骨に大きな数量的不均衡がみられる。オスメス 1 体ずつの頭蓋に穿孔が観察され、その位置はオスが左、メスが右頭頂骨であった。また、すべて 3 才以上の成獣であること、死亡時期は春季であることがわかった。

　このようにオタフク岩洞窟は、擦文文化期最終末（13 世紀）の土器が主体的に伴いながらも、一方では近・現代における猟場の送り場との共通項を多く有する特徴があった。これをもとに、佐藤孝雄はオタフク岩のヒグマの死亡時期が春季にもかかわらず仔グマを伴わない点に注目し、仔グマ飼育型送り儀礼の成立は擦文文化期末であった可能性を提示したのである（佐藤孝雄 2004）。

　道央石狩低地帯の千歳市や恵庭市には、猟場の送り場と呼ばれる岩屋群、あるいは岩陰が比較的多く残されている（上屋眞一 1984、天野哲也 1986、大谷敏三・田村俊之 1984）。

　千歳市の美笛岩陰は支笏湖南岸の社台台地に位置し、開口部は高さ 12 m、奥行きが 2～4 m、長さは 50 m ほどの比較的幅の広いテラスを形成する。送り場のヌササンはすでに倒壊して片付けられている。この送り場については二世代に確実な情報がないので、使用が終わって 70 年は経過していると考えられる。

　岩陰の奥壁には、オタフク岩と同じように吻端が開口部を向くように頭蓋骨が並列されていた。さらにその下層から下顎骨が出土し、頭蓋骨と下顎骨が連合していない（大谷敏三・田村俊之 1984）。

　恵庭市の岩屋群では、漁川とその支流ラルマナイ川に沿って本流の岩屋、金山沢、三股の岩屋（上屋眞一 1984、天野哲也 1986）、また島松沢に沿って島松沢の岩屋（佐藤孝雄 2006）がそれぞれ残されている。

　オタフク岩洞窟と美笛岩陰のヒグマはいずれも死亡年齢が 2 歳をこえており、ここには 2 歳以下の幼獣が含まれていない。同様に、三股の岩屋、金山沢の岩屋についてもヒグマの死亡年齢は 2 歳より上の年齢構成となっている。

　頭部の骨、胴部の骨、四肢骨について各遺跡の偏りの有無とその程度を比較すると、オタフク岩洞窟と美笛岩陰、本流の岩屋では頭部の骨が顕著に多く（オタフク岩 10 点、美笛

岩陰13点、本流の岩屋9点)、胴部の骨と四肢骨はごく少量である（オタフク岩3点、美笛岩陰2点、本流の岩屋1点）。三股の岩屋と金山沢の岩屋では頭骨のみが残されている。このように頭部の骨に限って送ることへの高い指向性がみうけられる。

オタフク岩洞窟と美笛岩陰、漁川上流の岩屋群との共通点は以下にまとめられる。

・2歳以下の幼獣が含まれない。
・残されたヒグマ骨は頭骨が特に多く、四肢骨や胴部骨がごく少ない。
・死亡時期はオタフク岩洞窟と美笛岩陰は春季に限定される、もしくは非常に多い。
・性による頭部穿孔位置に規則性がある。

オタフク岩を猟場の送り場ととらえると、現代との送り場との共通点が非常に多い。擦文文化終末という時期に猟場の送りのような儀礼がすでに成立していたのではなかったか。さらに、2歳以下の幼獣が洞窟の送り儀礼からは除外されているのではないか。すなわち、ここから幼獣だけを集落に持ち帰り、飼育型送り儀礼に供していた可能性が考えられるのではなかったか。佐藤孝雄の論点はここにある。

古宇郡泊村堀株1遺跡は北海道西部積丹半島の南西に位置する。2001年の調査ではアイヌ期の墓壙が検出され、漆塗り製品や鉄鍋その他の多くの金属製品が非常に良好な状態で残っていた（田部淳・村上章久2004）。翌年隣接地域の緊急調査が行われ、貝層とともに獣骨の散布が検出されたが、その中に11点のヒグマの四肢骨が含まれていた（高橋理2005）。頭部の骨や胴部の骨は含まれていない。これらには鋭利な金属器で切断された痕跡が明瞭に残っていた。このヒグマは調査者によって、10世紀から11世紀の擦文文化期中期の所産と考えられている（田部淳・村上章久2005）。これらの骨は骨端の癒合が完了した成獣で、幼獣は含まれていない。

頭部の骨と胴部の骨が出土していないという特徴は、古宇郡神恵内村神恵内観音洞窟遺跡（擦文文化期後期）においても認められ（四肢骨5点）、洞窟以外の場所でのクマ送り儀礼の存在の可能性が指摘されている（金子浩昌1984）。

北海道東部、川上郡標茶町に虹別シュワンの送り場がある。19世紀から20世紀にかけて営まれた近・現代のコタンにおける送り場で、榛幸太郎というクマ撃ち名人が200〜300頭のクマを捕って祀った所であるといわれる。ここでは昭和14年（1939年）まで仔グマ飼育型の送り儀礼が行われ、その最後の儀式の詳細が記録され映像として残されている。宇田川洋はここを詳細な記録をとりながら調査を行い、出土動物骨の成果は佐藤孝雄によってまとめられている（佐藤孝雄2003）。

このシュワンの送り場との比較において堀株1遺跡のヒグマを再検する。堀株1遺跡出土のヒグマは、

・堀株1遺跡のヒグマは擦文文化期中期に属する。
・出土は四肢骨に限られ、頭部の骨・胴部の骨がまったく欠落している。
・骨端部の成長線が消えていることから成長が終わった成獣である。

・著しい解体痕が見られ、筋肉や腱、骨髄の積極的な利用をものがたる。
という特徴がある。

虹別シュワンの送り場では59体（成獣48体、幼獣11体）にのぼるヒグマが確認され、幼獣はすべて2歳未満である。四肢骨と上腕骨は下顎骨の30%にとどまる。四肢骨と胴部の骨には多くの解体痕や切断痕が認められるが、量的に下顎骨の30%ほどであることから、四肢骨については筋肉あるいは腱、骨髄の利用のために、送り場とは別の場所で解体し分配したのではないかと考えられている（佐藤孝雄2003）。

堀株1遺跡の特徴である四肢骨だけが出土するという点、解体痕が著しいという点は、シュワンの送り場と同じ解釈ができるのではないだろうか。すなわち（その存在が想定される）送り場から肉と共に分配されて、遺跡内に持ち込まれたのではなかったか。神恵内観音洞窟のヒグマについてもこのような可能性が指摘されていることは前述した（金子浩昌1984）。

オタフク岩岩陰遺跡では千歳、恵庭の岩陰などの猟場の送り場との共通点が指摘された。このことは、猟場のヒグマ送り儀礼が擦文文化期末期にすでに成立していた可能性を示すだけでなく、コタンにおける仔グマ飼育型送り儀礼も該期に成立をみていたのではないかという可能性の提示につながる。さらに、擦文文化期中期の堀株1遺跡と近・現代のコタンにおける送り場である虹別シュワンとの共通性は、猟場の送り場、仔グマ飼育型送り、コタンにおけるヒグマ送り儀礼など、アイヌ文化におけるさまざまなヒグマ送り儀礼の形態が、おおまかに「擦文文化期」という時代においてすでに成立を遂げていたのではなかったか、という可能性の提示にもつながるのではないだろうか（第1図）。

IV. オホーツク文化におけるヒグマ儀礼

クマ送り儀礼は、オホーツク文化においても盛んにとりおこなわれた儀礼であることはよく知られている。宇田川洋は仔グマ飼育型送り儀礼の成立をオホーツク文化の動物信仰に求め、アイヌ文化の精神的基盤はオホーツク文化にあると述べている（宇田川洋1992）。

礼文島香深井A遺跡より出土したヒグマの中で、満2歳以上にあたる成獣・若獣が春季に死亡し、1歳以下の幼獣のほとんどが秋季に死亡している（大井晴男・大泰司紀之・西本豊弘1980）。この点から、オホーツク文化の集団が仔グマを飼育した後、送り儀礼の対象としたこととなり、この儀礼は6世紀のオホーツク文化にまでその系譜をたどることができるとされた（天野哲也1975・2003）。また佐藤孝雄によれば、道北地方のオホーツク文化集団は8世紀から9世紀以降、ヒグマの骨を屋内から屋外にも集積するようになったという（佐藤孝雄2004）。

ところが、天野によれば「他方、これにさきだつ時期には、骨塚資料は、オンコロマナイ遺跡H-1・2・3号（泉ほか編1984）、香深井B遺跡2号（菊池1981：569-652）、マタワッカ

貝塚（岡田ほか1978）（中略）など鈴谷式土器をともなう既報の竪穴住居7軒ではまったく得られていない。」（天野哲也2003）とあり、6世紀以前の北海道北部からサハリン、大陸側にはヒグマに対する儀礼をたどれなくなるらしい。

　この点について、内山幸子らがサハリンにおけるオホーツク文化の動物利用に視点をあてた分析は興味深い。すなわち、オホーツク文化後期のプロムイスロヴォⅡ遺跡（東多来加貝塚）やザーパドナヤ遺跡群から得られた動物骨では、イヌやイノシシ類、アザラシ類が主体となり、ヒグマはほとんど認められないという（前田潮ほか2001、内山幸子2002・2006）。このことは、飼養動物や海獣類への意識とヒグマへの意識のあいだの大きな高さの差異をうかがわせる。

　「オホーツク文化におけるヒグマ儀礼」は、少なくとも6世紀前後以降の「北海道におけるオホーツク文化集団」に維持され営まれたといえるのではないだろうか。とすると、ヒグマ送り儀礼の系譜や伝播経路は北海道の北方地域に求めることは困難なこととなるだろう。

　これに関して香深井A遺跡のヒグマのmtDNA分析の結果は興味深いものとなる。増田隆一らは、同遺跡から出土したヒグマのmtDNAを抽出し、そのタイプと死亡時期・年齢のデータとを重ね合わせた。その結果、2歳以上春季死亡の成獣・若獣は道北・道央のmtDNAタイプ、秋季死亡の当歳の3個体が道南のmtDNAタイプ、中でも「積丹半島の付け根から支笏湖周辺地域」のハプロタイプ（Cグループ：ハプロタイプHB-14エリア）と判明した（増田隆一・天野哲也2001）。

　古段階のオホーツク文化集団のヒグマ儀礼の対象となったヒグマの中に、秋季死亡の当歳個体があり、そのほとんどが道南からもたらされていた事実は、ヒグマ儀礼の系譜とその成立に関して、北海道南部日本海地域に目を向ける必要性をつよく促すものとなった。佐藤孝雄は「この事実からは、続縄文文化集団がオホーツク文化集団と交流をもち、彼らの社会におけるヒグマの価値を理解していたことがうかがえます。」（佐藤孝雄2004）と、日本海地域における異文化集団間の相互認識の深さと交流を支える紐帯の確かさを評価している。天野哲也はさらに、仔グマに対する価値観がオホーツク文化や続縄文文化集団に共有され、その「捕獲・飼育・ギフトのシステム」が成立していた可能性も指摘している（天野哲也2003）。

V. ヒグマ儀礼成立の要因と背景

　堀株1遺跡や奥尻町青苗砂丘遺跡（北海道埋蔵文化財センター編2002・2003）など道南日本海地域を考慮すると、この地域集団がヒグマ送り儀礼成立に深く関わったのではなかったかと考えられる。

　瀬川拓郎によれば、続縄文文化後半の後北C2・D期（4世紀）以降、続縄文文化集団が

前期古墳の北限まで南下し、東北北部までが続縄文文化圏に入った。北海道集団が鉄鏃・刀子・鉄斧などの金属器を求めたことによる。さらに青苗砂丘遺跡にみられるように、続縄文文化末期にはオホーツク文化集団が日本海地域を南下をしていた。このオホーツク文化集団の動きも鉄器への指向を背景としており、擦文文化成立前夜の東北北部からサハリンにいたる地域は鉄をめぐって大きなうねりをみせていた（瀬川拓郎 2005）（第1図）。

その後、7世紀から9世紀にかけて東北北部が東北南部と文化的同質化を果たすと同時に、北海道南部・道央に東北北部から移住がはじまり、この集団を介して北海道に東北北部と同質な文化が展開する。古墳の造営や豊富な金属器の出土、石器から鉄器への移行の完了など、これをもって擦文文化の成立をみる。その背景には、移住者集団による東北北部との確固とした流通ラインの確立があった。

9世紀以降、東北北部の土師器文化への急速な移行に対し、環境的資源的要因から従来の狩猟・漁労の生業体系を展開する北海道は東北北部とは一線を画すこととなった。しかし、これは異文化間の断絶ではなく、双方の生業体系の「乖離の拡大」を前提に成り立つ逆説的システムに支持される交易の強化と紐帯の充実に結果した。北海道の在地集落は「流通集落」（瀬川）に変容し、東北北部との流通経済に即応する形となった。

10世紀中葉に道南日本海沿岸に成立した「青苗文化」は、東北北部集団―擦文文化集団間交易の仲介的存在と考えられる。さらに、土器の底部にみられる刻印記号（祖印）とその分布から導かれる「擬制的同祖関係」は、より北方の道央擦文集団さらには道北擦文集団をも取り込む広範な「日本海交易集団」を編成し、サハリンまでを含む広大な北方エリアにおける異文化間の円滑な交易を可能とするシステムを生み出した（第2図）。

以上の瀬川拓郎の論考の中にヒグマ儀礼成立を考える糸口がありそうである。青苗文化集団は擦文文化集団と祖印を共有する一方で、東北北部集団と婚入を背景とする同族的関係を有していたという。続縄文文化期後期の後北C2・D式期（4世紀）にはじまる続縄文文化集団の東北北部への南下は、同地方を同じ文化圏としてくくるまでに同質化させた。その同質化は青苗文化同様、同族化にすらいたったのだろう。彼らは定住性の低い流動的な生活形態であったらしい（高橋理 1993・1997）が、そのことは北海道と北部本州の南北間で自らが大きく振幅する柔軟で活発な交易が可能であったことを意味する。それは奥尻島など日本海の島嶼を拠点として、同様に鉄器を求めてきたオホーツク文化集団に対しても、あたかも後代の青苗文化集団と同じ仲介機能を果たすものではなかったかと推察されるのである。

北海道南部あるいは東北地方において、縄文時代から続縄文時代や弥生時代に続くさまざまなクマの意匠は、この動物に対する並々ならぬ意識の存在を十分に強く感じさせる（女鹿潤哉 2000）。海峡の彼我を自ら大きく振幅していた続縄文文化集団（特に道南日本海沿岸集団）が、鉄とともに本州の伝統的なクマへの意識（儀礼）をオホーツク文化集団に受け渡したのではなかったのだろうか。あるいはすでに当の続縄文文化集団がヒグマ儀礼を

北方先住民の儀礼　821

擦文土器

外向型刻印

サハリンの擦文
土器出土遺跡
1　オルロヴァ
2　チャイキノ
3　ザヴェトイ・
　　イリチャ
4　ネヴェリスクⅡ
5　クズネツォヴォⅠ
6　セヴェルヌイ・
　　クリリオン
7　トレチャ・パージ

内向型刻印

余市町

道北擦文集団

道央擦文集団

青苗文化集団

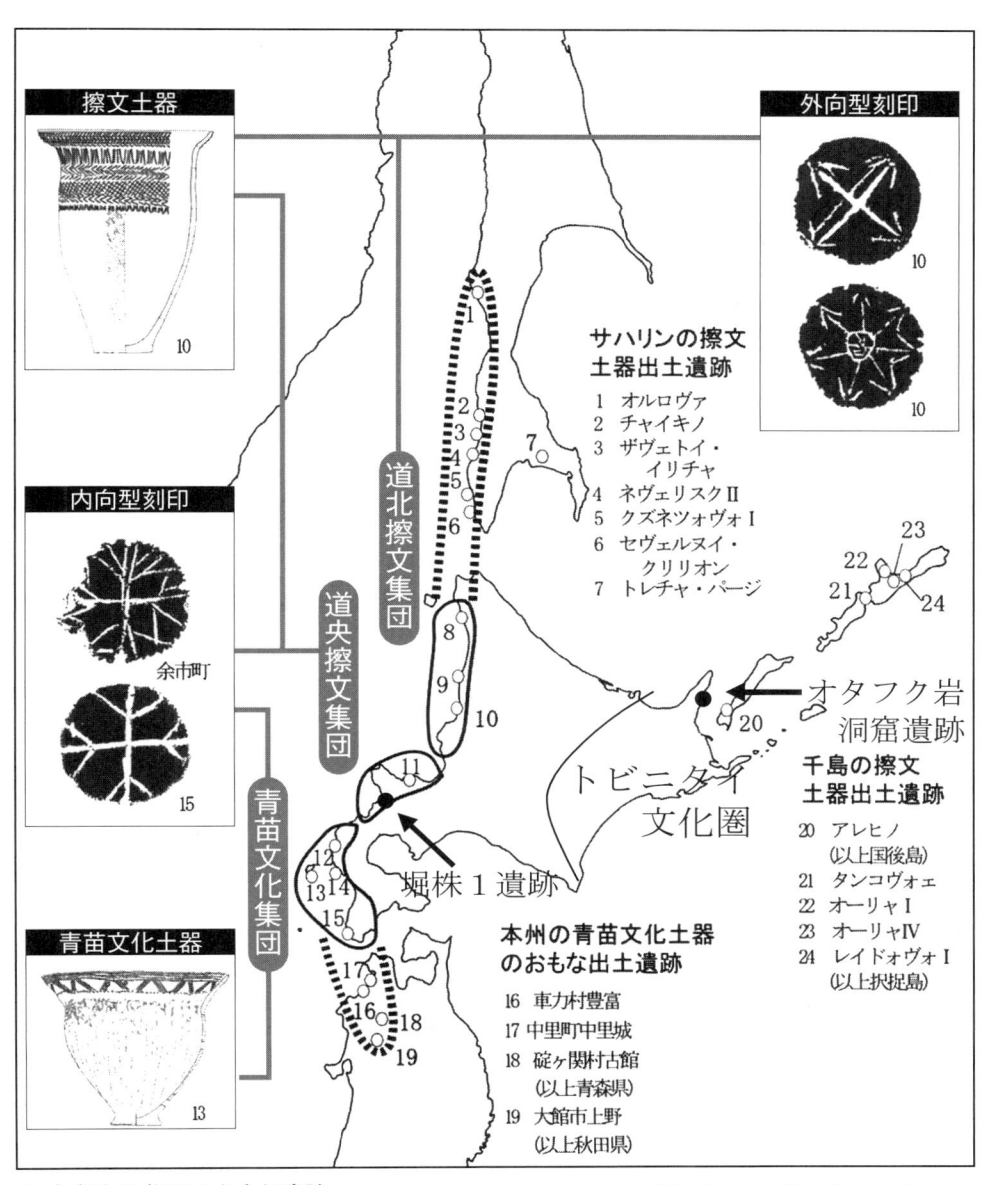

トビニタイ文化圏

オタフク岩洞窟遺跡

千島の擦文土器出土遺跡
20　アレヒノ
　　（以上国後島）
21　タンコヴォエ
22　オーリャⅠ
23　オーリャⅣ
24　レイドヴォⅠ
　　（以上択捉島）

堀株1遺跡

青苗文化土器

本州の青苗文化土器のおもな出土遺跡
16　車力村豊富
17　中里町中里城
18　碇ヶ関村古館
　　（以上青森県）
19　大館市上野
　　（以上秋田県）

日本海交易集団のおもな遺跡　8 豊富町豊里　9 苫前町香川6・香川三線　10 小平町高砂　11 余市町大川
12 瀬棚町南川2　13 奥尻町青苗　14 乙部町小茂内　15 松前町札前

第2図　日本海交易集団と関連位置図
瀬川拓郎（2005）『アイヌ・エコシステムの考古学』より図4を改変

自己のものとして受け入れていたかもしれない。続縄文文化期前半恵山期におけるヒグマへの強い意識に裏打ちされたさまざまな意匠は、その下地がすでに整っていた可能性を支持するともいえるだろう。

　青苗砂丘遺跡における6・7世紀のオホーツク文化期にともなうヒグマ骨や、7世紀の続縄文人的形質をもつ墓の存在は、そこにこれら異文化集団間の交流という接点が看取される。くりかえすが、オホーツク文化集団におけるヒグマ儀礼は6世紀を前後する時期以降「北海道におけるオホーツク文化集団」に維持され営まれたのであり、続縄文文化集団との接点においてはじめてそれが現出したといえるだろう。礼文島香深井A遺跡における事例は、道北─道央のヒグマに対して開始されつつあったヒグマ儀礼に加え、天野の指摘する「ギフト」かもしれない当歳グマが続縄文文化集団よりもたらされた結果である。それが「積丹半島の付け根から支笏湖周辺地域（Cグループ：ハプロタイプHB-14エリア）」の「当歳グマ」であったのは、舟による搬出・搬入の容易さ、「ギフト」を使用する側と受け手の利便性にあったと思われる。

　オホーツク文化集団は南からもたらされたヒグマを対象とした儀礼を受容する中で、さらに「仔グマ飼育」というプロセスを儀礼に組み込む段階に踏み込もうとしただろうか。現段階では、オホーツク文化集団における仔グマ飼育型送り儀礼の存在を肯定する条件は乏しい。佐藤孝雄の骨塚の集成によれば、オホーツク文化後期にいたるまで、含まれるヒグマは当歳のみならず2歳未満を含めてもごくわずかにすぎず、佐藤は「オホーツク文化集団は仔グマを飼育していたとしても半年程度が一般的だったとみられるのに対し、北海道アイヌの場合、その飼育期間が通常1年ないし2年に及んでいる点も社会経済的な観点から重要な違いといえる。」、「オホーツク文化の動物儀礼が、アイヌの「霊送り」の基本形態を獲得するまでには至らなかったことも指摘した。」（佐藤孝雄 2004）と述べるにいたる。

　オホーツク文化集団は8世紀以降日本海の島嶼拠点を放棄し、道東オホーツク沿岸へとその活動の場を移していく。さらに9世紀末にはじまる擦文文化集団の拡大により、オホーツク文化は擦文文化と融合したトビニタイ文化段階へと変化する。このトビニタイ文化と擦文文化集団は、土師器文化集団に対する擦文文化集団とは異なり、相互補完的な「共生」関係ではなかったと瀬川は指摘する（瀬川拓郎 2005）。それは、擦文文化集団との共存をはかるため、自らの文化や生業の差異を減じるマイノリティ戦略に転じたからだという。軋轢や衝突を回避するこの生存戦略は、やがて自らを内的・外的に滅する「同化」に結果することとなる。

　北海道斜里郡斜里町のチャシコツ岬下B遺跡は、11世紀から13世紀のトビニタイ文化期に営まれた（加藤博文ほか 2005）。該期の土器とともにヒグマの四肢骨が出土している。調査・分析はこれから本格化するのであるが、この遺跡のヒグマが四肢骨に限定されることに注目したい。オホーツク後期においてもヒグマ儀礼をとり行い続けたオホーツク文化

集団であったが、トビニタイ文化期にいたりその痕跡がみられなくなっていた。擦文文化との差異を可能な限り小さくしようとするトビニタイ文化集団にとって、従来の「伝統的オホーツク文化的ヒグマ儀礼」はむしろ回避される傾向にあったのではないだろうか。

瀬川は、擦文文化に同化しようとしたトビニタイ文化の振幅を「ゆらぎ」と表現し、土器製作技法、住居形態や付属施設などにそれを看取する（瀬川拓郎 2005）。トビニタイ期のチャシコツ岬下 B 遺跡は、堀株 1 遺跡あるいは神恵内観音洞窟における擦文文化期の儀礼の形態と共通性をもつといえそうだが、該期におけるヒグマ送り儀礼の希少さこそが、トビニタイ文化における目に見えない「ゆらぎ」ではなかったか。

続く擦文文化期末期のオタフク岩洞窟遺跡の例は、すでに近・現代の送り儀礼につながるものととらえられることは既述のとおりだが、これらの儀礼形態はトビニタイ文化集団が擦文文化集団に同化をとげる中で、「ゆらぎ」をとおして生み出された送り儀礼の形態とは考えられないだろうか。すなわち、春グマ猟を前提とする仔グマ飼育型送り儀礼や猟場の送りというアイヌ文化における二つのタイプのヒグマ儀礼が、擦文文化期最末期において成立したとみておきたい。ただ、その成立には擦文文化集団のみをそこにみるのではなく、伝統的オホーツク文化の継承者であるトビニタイ文化集団の最後の光芒を認めなければならないだろう。現時点ではオタフク岩洞窟遺跡例のみにとどまるが、新しい儀礼の受容と拡大の嚆矢はかつてのトビニタイ文化圏において想定できるのではないだろうか（第 2 図）。

一方、すでに擦文文化期中期において道南日本海地域において行われていたコタンにおけるヒグマ儀礼は、あるいは続縄文前半恵山期における下地のもとに、続縄文文化集団による東北北部集団との同族化の中で本州で生成していたクマ儀礼が比較的容易に受容され、さらに東北北部集団の組織的移住（瀬川拓郎 2005）によって成立した擦文文化の担い手によって維持・継承されることとなる「物送り的信仰」（高杉博章 1987）や「動物崇拝に基づく屋外祭祀」（菊池徹夫 1994）として擦文文化の拡大とともに受容されていったと考えられる。それは、瀬川拓郎の指摘する強い紐帯をもった日本海沿岸地域から石狩川上流域を経て道北やオホーツク海沿岸地域にいち早く実現していったことが推察される。

VI. アイヌ文化の成立と拡大・変容

アイヌ文化におけるヒグマ儀礼は、その成立の時期や要因は一様ではなく、道南日本海地域と道東トビニタイ文化圏における諸文化集団の振幅、交流、戦略的同化などを経て、時期と地域を異にする二元的な成立をしていた可能性を指摘した。ただし、日本海地域において続縄文文化集団からオホーツク文化集団が受容したヒグマ儀礼の伝統が、後代のトビニタイ文化集団に「ゆらぎ」の中で引き継がれながら、やがて擦文文化期最末期に成立するヒグマ儀礼の中にそのよすがをみる点は、地域と時期を大きく異にしながらもそこに

因と果を存在させる「必然」であったともとらえられる。

　しかし、猟場の送りやコタンにおける送りとは異なり、仔グマ飼育型送り儀礼の当初の姿を具体的に提示することは困難である。秋野の指摘するように近世江戸期における場所請負制下での儀礼がすでに変容を経ているとすれば、その発展期、さらに遡上して萌芽期のあり方を具体化させるにはあまりにも資料に乏しいといわざるを得ない。

　ただ、瀬川拓郎の提唱する「アイヌ・エコシステム」を理解しようとする中で、道南日本海地域にはじまるヒグマ儀礼と、拡大したそれを底流に「ゆらぎ」のなかで道東を中心に成立したヒグマ儀礼が、なぜ北海道の先住民たるアイヌ民族の中にすみやかに、かつほとんど同質に維持・継承されていったかという疑問にいくらかのレスポンスができそうである。

　13世紀以降北海道全域の土器文化が終焉し、北海道は以前にも増して本州の流通経済にさらされることとなった。その中で、外的な条件に適応しながらも自身を維持・存続させていく「異文化交流における社会の持続性のメカニズム」＝「アイヌ・エコシステム」の重要性がよりいっそう強く予測、認識されたのではなかったか。渡辺仁が指摘するアイヌにおける環境二側面の一方の超自然的側面、すなわち儀礼的活動体系（渡辺仁 1977）のすみやかなる充実と汎用化・普遍化の重要性と重なるものであり、それは土器文化終了前夜に早くも実現されていた可能性すらある。

　二元的成立をみたヒグマ儀礼が、確固とした儀礼形態を具備する北海道の先住民たるアイヌにおけるヒグマ儀礼として北海道全域に拡大・受容された「ヒグマ儀礼の第二次成立」をもってアイヌ文化の成立と考えたい。そしてその時期は、現時点では擦文文化期最末期あるいはその直後に位置づけておく。渡辺仁によって定義された、アイヌ文化成立の指標たる定住性・金属器という技術的活動体系は擦文文化期をとおして達成されていることから、アイヌ文化は段階的な発展を背景に、擦文文化期最末期からその直後に成立したこととなろう[1]。

　サハリンへの擦文文化の進出はオホーツク文化後期に平行する南貝塚文化に見いだされはじめ、また国後・択捉では11世紀後半の擦文土器が認められるようになるという（瀬川拓郎 2005）。サハリンにおいては、「擬制的道祖集団」によるガラス玉などの交易体制が確立していく中での現象とみなすことができる。また、千島列島へはトビニタイ文化集団をふくむ擦文文化集団の海獣皮交易の拡大によるという（山浦清 1983）。土器文化終焉後の13世紀半ばのサハリンでは、進入する骨嵬（アイヌ）が現地の吉里迷（ニブフ）と衝突し、当時大陸東部までを勢力下においていた元朝が骨嵬討伐の派兵を行い、半世紀にわたる戦闘を繰り返したことはよく知られている。このことは、北海道からサハリン、千島列島への北海道アイヌ集団の進出・拡大をものがたり、同時に仔グマ飼育型送り儀礼の拡大につながったのであろう。1643年、オランダ東インド会社のフリース船隊がサハリン・テルペニア湾（タライカ湾）において、ヒグマが檻で飼育されており、檻がイナウに飾られて

いた様子を確認したのはこのことをを示しているだろう（池田貴夫 2000 に引用）。

　それは後にはそれぞれの地域色を呈し、また特にサハリンにおいてはサハリンアイヌからニブフ、ウィルタ、さらにはアムール川中・下流域におけるニブフ、オロチ、ナナイなどに受容・拡大していった。それは北海道アイヌにおける「霊送り」の主旨や形態とは必ずしも軌を一にするものではなかった（池田貴夫 2000、天野哲也 2003）。

　それは、サハリンや大陸においては元・明・清とつづく強大な国家の圧力と奔流のような異文化の波とに直に相対しながら、しかし彼我との交流・交易にその生存の道を探っていくという背景において、自らの社会的持続性をもたらすシステムの維持とアイデンティティの保持を目的としてヒグマ儀礼を受容しとりおこなっていたという、北海道アイヌとはまた異なった政治・社会・経済的環境を考慮しなければならないだろう（池田貴夫 2003）。仔グマを購い求めても儀礼をとりおこなわなければならなかったという理由はここに求められるだろう。しかし、やがてサハリンアイヌにおいてはそのシステム機能が停滞し（佐々木史郎 1996）、北海道アイヌにおいても 15 世紀以降、異文化交流システムそのものの変容をきたしはじめることとなる。

　須藤隆先生には、学部 3 年生から宮城県（旧）田尻町の中沢目貝塚の調査・分析を通じて、縄文時代後・晩期における生業活動とその背景の究明についてさまざまなご指導・ご鞭撻をいただいた。この小論は先生のその大きな学恩に対してはあまりにも小さなご恩返しかもしれない。先生のご研究のより一層の発展を心より祈念して筆をおきたい。

　なお本論は、2005 年（平成 17 年）の札幌大学：シンポジウム＆公開講座［アイヌ文化研究の今］「クマ送りの世界」における発表内容をもとに大幅に構成を練り直したものである。本論をまとめる機会を与えられた札幌大学の木村英明先生に深く感謝します。

謝辞
　本論作成にあたり次の方々より多くのご教示をいただきました。記して深謝いたします。
　秋野茂樹（財団法人アイヌ文化振興・研究推進機構）、天野哲也（北海道大学総合博物館）、池田貴夫（北海道開拓記念館）、宇田川洋（東京大学）、上屋眞一（恵庭市教育委員会）、木村英明（札幌大学）、佐藤孝雄（慶応義塾大学）、瀬川拓郎（旭川市博物館）、豊原煕司（有限会社文化財サポート）、西本豊弘（国立歴史民俗博物館）、増田隆一（北海道大学）

註
1)「仔グマ飼育型クマ祭りを遺構・遺物の面から考古学的に認定するのはきわめて困難な作業であり（中略）そもそも仔グマ飼育型クマ祭りをアイヌ文化成立の物質的な指標とすることに問題はないのであろうか。」（瀬川拓郎 2005）という指摘や、アイヌの地域社会に関する研究が蓄積

されていない段階で、仔グマ飼育型クマ祭りをアイヌ文化の指標として一般化し、モデル化を急ぐことが妥当か否かという深沢の提議（深沢百合子 1999）は十分に考えてみる必要性があると思われる。

　定住性の認定方法や本論で明らかにした儀礼の段階的成立、三つの指標の時期的差異などは、渡辺の示すアイヌ文化成立の物質的指標としての「実効性」を疑問視する（瀬川拓郎 2005）根拠となりうるだろう。

引用文献

秋野茂樹 2006「江戸期におけるアイヌの霊送り儀礼―和人が記した記録からその様相を見る―」『環太平洋・アイヌ文化研究』5 pp. 1-26

天野哲也 1986「恵庭市漁川のクマ送り場」 大井晴男編『環太平洋における狩猟獣の捕獲・配分・儀礼』pp. 44-48

天野哲也 1975「オホーツク文化における動物儀礼の問題」『北大史学』15 pp. 62-87

天野哲也 2003『クマ祭りの起源』 雄山閣

深沢百合子 1999「アイヌ民族をとおしてみる日本考古学」 安田喜憲編『はじめて出会う日本考古学』 有斐閣アルマ　p. 222

北海道文化財研究所編 1992『堀株1・2遺跡』北海道文化財研究所調査報告書6　北海道文化財研究所

北海道埋蔵文化財センター編 2002『奥尻町青苗砂丘遺跡』重要遺跡確認調査報告書2　北海道埋蔵文化財センター

北海道埋蔵文化財センター編 2003『奥尻町青苗砂丘遺跡2』重要遺跡確認調査報告書3　北海道埋蔵文化財センター

池田貴夫 2000「アイヌ民族のクマ儀礼形成像」『「北の文化交流史研究事業」研究報告』pp. 197-214

池田貴夫 2003「記憶の中のクマ送り―サハリン・ニヴフにおけるクマ送りの消失について―」『北方文化共同研究事業　2000-2002年度調査報告』 北海道開拓記念館　pp. 167-182

金子浩昌 1984「2. 動物遺体」『神恵内観音洞窟』 神恵内村教育委員会　pp. 24-25

加藤博文ほか 2005「斜里町チャシコツ岬下B遺跡」『北海道考古学 2005年度　遺跡調査報告会資料集』pp. 57-60

加藤博文・布施和洋・木山克彦・内山幸子・松田　功 2006「知床半島チャシコツ岬下B遺跡で確認したオホーツク文化終末期のヒグマ祭祀遺構について」『北海道考古学』42 pp.129-134

菊池徹夫 1994「クマ送り儀礼の系譜をめぐって」『考古学ジャーナル』371 p. 21

前田　潮・V. D. フェドルチェク・内山幸子・諸留佐織 2001「サハリン中部における調査報告」『第2回北アジア調査研究会』pp. 34-35

増田隆一・天野哲也 2001「環オホーツク海におけるヒグマの遺伝的多様性、古環境の変遷およびクマ送り文化の考察」『日本人と日本文化　その起源をさぐる』15 p. 18

Masuda, R., Amano, T. and Ono, H. 2001 Ancient DNA analysis of brown bear (*Ursus arctos*) remains from the archaeological site of Rebun Island, Hokkaido, Japan　*Zoological Science* 18 pp. 741-751

松宮観山 1710『蝦夷談筆記』（『日本庶民生活史料集成』4　三一書房　1969 所収）

女鹿潤哉 2000「「クマ祭儀」の行方―縄文時代後期～弥生時代中期の北部東北地方と北海道におけ

る「クマ意匠」をめぐる一考察」『北海道考古学』36 pp. 47-64

西本豊弘 1989「『クマ送り』の起源について」『考古学と民族誌―渡辺仁教授古稀記念論文集』 六興出版 pp. 215-226

佐々木史郎 1996『北方から来た交易民　絹と毛皮とサンタン人』NHKブックス772　日本放送出版協会

佐藤孝雄 2003「虹別シュワン熊送り場跡の動物遺体―コタンの熊送り場に関する動物考古学的研究―」『国立歴史民俗博物館研究報告』107 pp. 119-166

佐藤孝雄 2004「VII ヒグマの"送り"儀礼―起源をめぐる研究の現状と課題」 宇田川洋編『クマとフクロウのイオマンテ―アイヌの民族考古学―』 同成社 pp. 91-110

佐藤孝雄編 2006『シラッチセの民族考古学―漁川源流域におけるヒグマ猟と"送り"儀礼に関する調査・研究―』 六一書房

瀬川拓郎 2005『アイヌ・エコシステムの考古学』 北海道出版企画センター

高杉博章 1987「擦文文化における"物送り"の信仰儀礼」『北海道考古学』23 pp. 59-71

高橋　理 1993「3. 恵庭市ユカンボシE9遺跡出土動物遺存体」『ユカンボシE9遺跡・ユカンボシE3遺跡』 北海道恵庭市教育委員会 pp. 127-130

高橋　理 1997「2. 動物遺存体」『1997 茂漁5遺跡』 恵庭市教育委員会 p. 83

高橋　理 2005「北海道古宇郡泊村堀株1遺跡出土動物遺存体」『堀株1遺跡（2）』 北海道泊村教育委員会 pp. 41-60

田部　淳・村上章久 2004『堀株1遺跡』 北海道泊村教育委員会

田部　淳・村上章久 2005『堀株1遺跡（2）』 北海道泊村教育委員会

宇田川洋 1989『イオマンテの考古学』 東京大学出版会

宇田川洋 1992『蝦夷地とアイヌ―民族・考古学的側面からみて―」『アジアの中の日本史』IV（地域と民族） 東京大学出版会

内山幸子 2002「オホーツク文化の動物利用について―プロムイスロヴォエII遺跡（東多来加貝塚）を中心に―」『サハリンにおけるオホーツク文化の形成と変容・消滅』 北海道大学総合博物館第5回公開シンポジウム pp. 124-130

内山幸子 2006「オホーツク文化の動物儀礼」『北海道考古学』42 pp. 75-92

上屋眞一 1984『熊送り場所在確認調査報告書（三股の岩屋・金山沢の岩屋）』 恵庭市教育委員会

大井晴男・大泰司紀之・西本豊弘 1980「礼文島香深井A遺跡出土ヒグマの年齢・死亡時期・性別の査定について」『北方文化研究』13 pp. 43-74

大谷敏三・田村俊之 1984『千歳市美笛における埋蔵文化財分布調査』 千歳市教育委員会

山浦　清 1983「オホーツク文化の終焉と擦文文化」『東京大学考古学研究室紀要』2

涌坂周一 1991『オタフク岩遺跡（第I地点・第II地点・洞窟）』 北海道目梨郡羅臼町教育委員会

渡辺　仁 1972「アイヌ文化の成立　民族・歴史・考古諸学の合流点」『考古学雑誌』58-3

渡辺　仁 1974「アイヌ文化の源流　特にオホック文化との関係について」『考古学雑誌』60-1 pp. 72-82

渡辺　仁 1977「アイヌの生態系」『人類学講座12-生態』 雄山閣 p. 403

考古学における進化論の展開

高 木 暢 亮

I. 進化論とはなにか

　進化論とはごく単純にいってしまえば、生物にみられる多様性を共通祖先からの変化で説明する理論であるといえる。19世紀までのキリスト教的世界観のなかでは、生物の多様性は創造主である神の存在を示すものと考えられてきた。つまり世界が創造された時点で現在のすべての生物が作られ、その種類や姿かたちはその時から変わっていないというものである。19世紀になるとこのような伝統的な価値観に変わって、生物の多様性が変化によって生じたものであるとする考え方、すなわち進化論がしだいに一般化した。

　生物が進化するという説を提唱したのはダーウィンが最初ではない。1809年にフランスのラマルクは『動物哲学』を著し、生物は環境条件に応じて変化するという考え方を示していた。ラマルクの進化論は「用不用説」を中心とするものである。用不用説とは頻繁に使用する器官は発達し、逆に使用しない器官は退化するというものであり、よく知られている例として、キリンの首が長いのは高い木の枝についた葉を食べようと首を伸ばし続けた結果であるというものがある。このような後天的な「獲得形質」が子孫に伝わることで進化が生じると考えたのである。したがって、ラマルクの進化論においては生物自身の努力や前進的な進歩という目的論的な側面が強くあらわれているといえる。この他にもダーウィンの祖父であるエラズマス・ダーウィンの説などダーウィン以前にも進化論と同じような考え方は存在した。

　しかしダーウィンの進化論がこれらの進化論と決定的に異なるのは、変異と自然選択という概念を取り入れた点にあった。ダーウィンの示す進化のメカニズムは次のようなものである（ダーウィン，C. 1963）。

（1）変異の存在と遺伝

　生物のもつ性質は、同一の種内であっても個体によって少しずつ異なっている。このような変異は栽培植物や家畜だけでなく、自然界においても普通に観察されるものであり、個体間でみられる変異のいくつかは親から子供へと伝えられる。

（2）生物の過剰な繁殖能力

　どんな生物でも生まれた子供のすべてが生存し繁殖するということはない。多くの固体は繁殖する前に死んでしまう。つまり生物は最終的に生き残る数よりも多くの子供を産み、生存し繁殖する個体数以上の繁殖をおこなっている。

(3) 生存のための奮闘

どのような生物も子孫を残すために周囲の環境や他の生物と奮闘している。この奮闘は直接的な闘争のみを意味するものではなく、例えば植物が受粉するためにより多くの昆虫を引き付けようとする方向に進化したりすることも含まれる。ダーウィンは生物が周囲の環境や他の生物との間の相互作用のなかで子孫を残していこうとする試みを、「生存のための闘争」と呼んだ。

(4) 有利な変異の保存

すべての生物が「生存のための奮闘」を繰り広げるなかで、生存や繁殖により有利な性質（変異）をもつ個体は、その変異をもっているために多くの子孫を残すことができる。植物が蜜を分泌するのは昆虫を引き付け受粉するためであるが、そのなかでより多くの蜜を分泌する個体は、より多くの昆虫を引き付け受粉の機会が多くなる。つまり蜜を多量に分泌する花はより多くの子孫残すことが可能になり、次第に蜜を多量に分泌する花が個体群の多数を占めるようになる。

ダーウィンはこのような、生物にとって有利な変異が保存される過程を「自然選択」と呼んだ。ダーウィンの進化論にみられる生物の漸進的な変化や自然選択という概念は、微細な変化が累積して大きな変化に結びつき、変化の原因と結果は地球上のどのような場所でも同一であるという地質学者ライエルの「斉一説」や人口増加に対する食糧の相対的希少性から生存競争が起こると仮定したマルサスの「人口論」の影響を強く受けたものであることはよく知られている。

ダーウィン説が発表当初強い反発を受けたのは、創造説を否定したからという理由だけではない。確かに創造説の否定は伝統的なキリスト教的価値観を否定するものであり、特に宗教界から強い反発を受けたのは事実だが、一方で、単純な生物から知性をもつ複雑で高等な生物である人間が誕生する一連のプロセスこそが神の意思の顕現であるとみなすことでキリスト教的価値観と折り合いをつけることも可能であったし、実際ダーウィン説の信奉者にもそのような理解をしたものが少なくなかった。ダーウィンの進化論の最も革新的な部分は、進化の原動力を自然選択であるとした点である。自然選択にはラマルク説のような進歩や前進といった一定の方向に向かう目的性や傾向はなく、変異と自然選択による変化それ自体はランダムで無目的なものであり、その意味で唯物論的な色彩を強く帯びていた。ダーウィンが進化の原動力として重視した自然選択にともなう淘汰や種の絶滅は、優れていたから生き残った、逆に劣っていたから滅びたというように単純化されて受け取られがちであるが、自然選択はそのような単純な優勝劣敗の論理で語ることができるほど単純なメカニズムではない。過去の生命史で何度か起きた大量絶滅は環境の激変によって引き起こされたものであるが、その時点で最も上手く環境に適応し繁栄していた生物種こそ逆に環境が激変した場合は大量絶滅という結果が生じるといえる。一般に短期間で急激に環境変化が生じた場合、機能分化や特殊化が進み特定の環境への適応度が高い生物ほど

ダメージは大きく、むしろあまり機能分化が進んでいない原始的な特徴を残している生物のほうが生存に有利になることが多い。

　ダーウィン自身は進化を「変化の由来」（descent with modification）と呼び、進化を進歩とは明確に分離して考えていた。しかしダーウィンと同時代の人々は進化を進歩や前進的発展として理解した。ダーウィンが用いた「変化の由来」という言葉がその後忘れ去られ、evolutionという言葉が使用されたことはそのことを如実に示している。ダーウィンの時代には既にevolutionという言葉はあったが、ダーウィン自身がその言葉を用いなかったのは、evolutionという言葉に「一連の長い出来事が順序正しく次々に現れてくる」という意味があり、前進的発展という概念を含んでいたからである（グールド, S. J. 1995）。

II. ダーウィン以後の進化論

　ダーウィンの進化論にはいくつかの問題点があった。ダーウィン自身が『種の起源』のなかで言及しているように、進化の原動力となる生物の形質上の変異が生じる原因は明らかとはなっていなかった。ダーウィン以後の進化論の展開において、最も重要な発見の一つはダーウィンの時代には明らかとなっていなかったDNAの構造と働きが解明されたことであろう。ワトソンとクリックによるDNAの発見によって、ダーウィンの時代にはわからなかった遺伝の具体的な仕組みが理解されるようになった。さらに1930年代の集団遺伝学の発展とメンデル法則の再評価によってダーウィン説のいくつかの誤りも明らかとなった。ダーウィンはラマルクと同様、獲得形質が親から子へ遺伝すると考えていたが、実際には獲得形質は遺伝しないことがわかっている。また突然変異については、遺伝子の突然変異には個体にとって有利でも不利でもない「中立な」ものが含まれており、それらの中立な突然変異が累積されることによって進化が生み出されるという中立説が提唱されている。中立な突然変異の蓄積は遺伝子的浮動による偶然性の高いものであるが、環境の変化、競争相手の絶滅などが起きた場合、中立な形質が有利に働くことがあり、そのような時新たな種が生じることになる。

　進化の過程についても、ダーウィンは漸進的な進化が起こったと考えた場合に問題となる、古い形質をもつ化石とより新しい形質をもつ化石との間に中間的な特徴をもつ化石がないことに苦慮していたが、その後の研究で進化の過程はダーウィンが考えていたような漸進的なパターンだけではとらえられないことが明らかとなった。実際の進化の過程では、全生物種の大半が絶滅するような大量絶滅が、二畳紀やペルム紀、カンブリア紀、そして恐竜の絶滅を引き起こした白亜紀後期と生命の歴史の中で何度も繰り返されたことが明らかとなり、それまで漸進的な変化と考えられていた進化の過程が、実際には断続的なものであることが認識されるようになった。古生物学者であるエルドリッジとグールドは、生物の進化には急激に変化する期間とほとんど変化が生じない期間（平衡状態の期間）がある

ことを指摘し、断続平衡説として提唱している（Eldredge, N. and Gould, S. J. 1972）。このグールドらの説に対しては、化石資料で急激な形態変化が認められたとしても形態の変化が種の分化と関係しているとは限らないなどの批判があるが、生物の進化のプロセスが漸進的なものではなく、何度かの大絶滅を挟む断続的なものであったという点では研究者間の見解は一致しているといえる。

　ダーウィンは性淘汰や地理的隔離が自然選択と並んで進化を推し進める原動力であることは認識しつつも自然選択ほどには重視していなかったが、天敵に見つかる危険性が高い派手な体色や必要以上に巨大化した角や牙といった自然選択だけでは説明できない現象、つまり異性へのアピールという方向への淘汰、すなわち性淘汰が進化のプロセスのなかで重要な役割を果たしていることが明らかとなってきた。現在の進化論は自然選択に加えて、遺伝学の成果や地理的隔離、性淘汰などの要因を含めた総合説（ネオダーウィニズム）が主流となっており、進化は目的性や定向性をもつものではなく、環境の激変などの偶発的な要因に左右されることが多いと考えられており、現在の生物がたどってきた進化のプロセスも必然的なものではないとされている。

III. 社会進化論の展開

1. 初期の社会進化論

　近代以前においても、人間の社会が時間の経過とともに変化するという観念自体は特別に珍しいものではなく、むしろ一般的な考え方であったといえる。ただし時間の経過にともなって物事が進歩・発達するという考え方が常に一般的であったわけではない。時間の経過に従って人間の社会は退行していくという歴史観や時間は循環するという歴史観も存在した。人間の知性や理性の進歩によって過去より現在が、現在よりも未来のほうが発達した社会になるという考え方が広まったのは18世紀の啓蒙思想によるところが大きい。

　啓蒙思想の広がりにより、ダーウィンの進化論の登場と前後して、社会進化論が形成された。したがって、ダーウィンの『種の起源』が社会科学全般に影響を与え、その結果社会進化論が生み出されたという理解は必ずしも正しくはない。むしろ19世紀に広がった自由主義や進歩といった思想の流れのなかにダーウィンの進化論も位置づけたほうがより正確であろう。

　『種の起源』が出版されたほぼ同時期、ハーバード・スペンサーは独自の社会進化論を展開していた。この種の社会進化論は「社会ダーウィニズム」と呼ばれているが、その特徴は自由な競争こそが社会の発展を促すというものであり、ダーウィニズムの「自然選択」の概念に強く影響を受けている部分があった。しかしながらすでに指摘したように、ダーウィンの進化論には目的性・定向性・進歩といった概念は含まれておらず、その点でスペンサーの社会進化論とは決定的な相違があった。社会ダーウィニズム的な自由な競争

を歓迎し人間の技術や知性に大きな信頼をもつ考え方は、19世紀の西洋社会では学問間の領域を超えた大きな潮流であり、その背景には西洋社会が生み出した科学や近代社会に対する自信と信頼があるといえるだろう。

ルイス・モーガンは1877年に『古代社会』のなかで技術、政治組織、親族組織、親族呼称法などの発達プロセスを「野蛮」、「未開」、「文明」という3つの時期に区分した。さらに野蛮と未開段階は「前期」、「中期」、「後期」の3つの段階に細分され、最初の前期野蛮時代の段階にとどまっている民族は現存しないとしたが、それ以外のすべての段階について実在する民族を実例としてあげている（モーガン, L. H. 1969）。エドワード・タイラーも1871年の著作『原始文化』のなかで、やはり「野蛮」、「未開」、「文明」という分類を示している。タイラーは野蛮期を石器の使用や野生の食物を食べていたこと、未開期を金属器の使用や農耕の開始、文明期を文書の発展で特徴づけた（タイラー, E. B. 1962）。このようなモーガンやタイラーの社会進化モデルは「古典進化論」や「単系進化説」と呼ばれるものだが、その特徴は社会や文化の発展はいかなる民族においても同じような内容をもつ特定の段階を経て進行するものであり、個別の社会や民族ごとに発達の速度が異なる場合はあるものの、発達のプロセスは単一の直線上をたどるという考え方にある。このため進化は目的性をもった進歩の過程とみなされ、進歩の階梯が存在すると考えられた。その場合、進歩の頂点にあるのは近代社会へと到達することができた西洋社会であり、その他の社会、特に未開社会は何らかの原因で進歩を止めてしまった社会とみなされた。

しかしながら20世紀に入ると社会進化論に対する関心は急速に薄れていく。それに替わって台頭してきたのが、ブロニスラフ・マリノフスキーやアルフレッド・ラドクリフ＝ブラウンが提唱した機能主義的人類学やフランツ・ボアズが主導した歴史主義的人類学である。この時期の人類学では異なる文化間の発展段階を比較するという方法は否定され、基本的にすべての文化は同等なものであるとみなされた。同時期に生物学では遺伝学とダーウィン説の統合によって新たな進化論が展開したのに対して、社会科学の分野では進化論は過去の理論として扱われるという対照的な状況を呈したのである。

2. 新進化主義の登場

20世紀前半に主流となった機能主義や歴史主義に対して、1940年代になると新たな社会進化論が提示されるようになった。この進化論は新進化主義と呼ばれたが、新進化主義の先駆者がレスリー・ホワイトである。ホワイトは、文化を技術体系、社会体系、観念体系の3つの部分からなるとし、技術体系におけるエネルギーの使用量を進化の原動力と考え、年間一人当たりのエネルギーの使用量やエネルギーを使用する技術によって文化進化の段階を区分できると主張した（White, L. A. 1959）。そのため彼の理論は「エネルギー決定論」と呼ばれることがある。

その後ジュリアン・スチュワードやエルマン・サーヴィス、マーシャル・サーリンズら

によって新進化主義の理論は深められていった。スチュワードはチグリス・ユーフラテス川やナイル川流域、アメリカ大陸において、農耕が出現して都市が発達するプロセスの比較を行い、初期の農耕村落から征服帝国へという一連の発展過程に類似性、規則性を認めた（スチュワード, J. 1979）。スチュワードは自らの理論を一系的な進化説（unilinear evolution）に対して「多系進化説」（multilinear evolution）であると主張し、ホワイトやチャイルドの理論は個別の文化ではなく世界文化を対象としていることから「普遍進化説」（universal evolution）と呼んだ（スチュワード, J. 1979）。スチュワードは人間の社会や文化は環境から切り離して考えることはできないと指摘し、その上で社会進化の要因を社会と環境との相互作用に求めた。しかしながら一方で、スチュワードの見解は環境が全てを決定するという単純な環境決定論ではない点も指摘しておきたい。スチュワードは環境要因に対する人間の多様な反応の形態を認めているからである。彼はその点で社会構造や文化が発達するプロセスは「多系」的であると主張している。彼が自らの社会進化論を「多系進化説」であると主張しているのはこのためである。

　このような、文化は人間の環境に対する適応手段のひとつであるというスチュワードの見解や、彼が提唱した環境と人間と文化との間の諸関係を考察する「文化生態学」（cultural ecology）的アプローチは考古学研究にも大きな影響を与え、とくに北米を中心としたプロセス考古学においては、システム論とともに主要な理論的枠組みとして、積極的に導入された。

　ホワイトやスチュワードの影響を強く受けたサーヴィスは『未開の社会組織』のなかでバンド社会、部族社会、首長制社会、原始国家という4つの段階（Service, E. 1962）を示した。この社会の発展段階説は社会進化論の枠組みに大きな影響を与えた。その後サーヴィスは『文化進化論』のなかで、現存する少数民族の社会は相当な変化を被っていることを指摘し、自らが設定したバンド、部族、首長制、原始国家という段階が現在の民族誌によって設定されたものであり、過去の社会を考察する場合には適当でないとしている。その上で、バンドと部族という区別をやめて単一のタイプ「平等社会」、首長制と原始国家を含む段階である「階層社会」、そしてそれに続く段階として「古代文明」ないしは「古典的帝国」という修正をおこなったが（Service, E. 1971）、社会進化に段階説を採用している点は変わっていない。

　サーヴィスの社会進化論にはその他にも特徴的な点がある。それは断続的な進化の概念を取り入れた点である。従来の進化論では進化は単系的・直線的なものと考えられ、新しい種がさらに新しい種を生み出すとされてきたが、サーヴィスは、先進形態は通常つぎの先進段階を生み出すものでなく、つぎの段階はそれとは別の系統からはじまるという「進歩の系統発生的不連続」と進歩の継続・段階が同一の地域内であらわれるとは考えられないという「進歩の地域的不連続」を指摘している（Service, E. 1971）。このような不連続は、適応はある程度まで行きつくと頭打ちになり、完全に適応しきった場合、一般的進歩とい

う点では進歩は止まってしまい、特殊化した種は安定化（進化の停止）に向かい特殊化の低い種にかぎってあらたな前進が起こるという「安定化の原理」によって生じるものである。したがって、進化の可能性という点からみた場合、後進性はむしろ潜在力を有していると考えることができる。

またこのなかで、文化変化を「進化」(evolution)、「内旋」(involution)、「革命」(revolution) という 3 つのタイプに分けて説明している。進化とは定向的な尺度をもつ形態の進歩そのものについての視点であるのに対して、内旋とは現在の構造をつくろうことによってあらたな問題を解決しながらその構造を維持しようとするところの革新の一形態で、特定の環境条件に適応する適応的特殊化である（Service, E. 1971）。

したがって、内旋はある環境下での進歩がただちに別の環境下での進歩を意味するものではないという点で相対的であるのに対して、進化はより一般的な段階によって測られる比較対照が可能なものであるという違いがある。つまり、さまざまな環境に対する異なった適応戦略によって文化は多様性に満ちたものとなるが、一般的にみれば狩猟採集段階、農耕段階といった共通の段階によって位置付けることができるということになるだろう。

同様の視点はサーリンズの主張のなかにも認められる。サーリンズは「一般進化」と「特殊進化」という概念を提示することによって、社会進化を論じている（サーリンズ, M.・サーヴィス, E. 1976）。一般進化とは文化体系や社会構造が漸進的に複雑なものとなり適応力が増大する過程であり、特殊進化は文化体系や社会構造がさまざまな環境に適応して多様性を生み出す過程である。そしてサーリンズはこの二つは対立する概念ではなく、進化の二つの局面であると指摘している。サーヴィスやサーリンズの主張は、文化進化を個別環境下における適応とより一般的な段階論に分けたものであり、極端な文化相対主義に対する反論であるといえるだろう。

3. 現在の社会進化論

このような文化人類学で生じた新進化主義の台頭という形での進化論の復興は、社会科学全体では顕著なものではなかった。その背景として行動科学や心理学の発達によって関心の対象がマクロな社会集団からマイクロな個人レベルへと移ったことや分子遺伝学の発達で生物としてのヒトの進化が強く意識されるようになったことなどがある。特に社会学では生物の進化と人間社会の歴史的な変遷をアナロジーとしてとらえることへの拒否感が強く、19 世紀の単系進化論が廃れた後は「社会進化論」という言葉は否定的に扱われるのが一般的であった。

しかしながら、最近では社会的相互作用における進化論的アプローチと合理的選択アプローチの統合が模索され、再び進化論への関心が高まっている。進化論的アプローチはさまざまな行為のなかから成功した行為が結果として多く採用されて残っていくというものであり、いわば行為の自然選択モデルといえる方法である。これに対して合理的選択アプ

ローチは、行為者が自らの利得が最大となるように選好順序に基づいて選択を行うというものである（織田輝哉 1998）。このような、行動科学や心理学の分野で発達したゲーム理論などの合理的選択モデルと通時的な視点をもつ進化論的なアプローチの統合は社会進化論の新たな局面を切り開くものとして期待できる。

IV. 考古学と進化論

考古学において進化論的な視点は、さまざまな時代の出土遺物を時系列に沿って分類する必要性から、まず時代区分論と型式学として受容された。1836 年にトムセンは遺物をその材質によって石、銅、鉄の3つに分類して、石器時代、銅器時代、石器時代という3つの時代区分を設定した。モンテリウスは「層位は型式に優先」という考え方と生物進化における痕跡器官の概念を応用した型式組列（セリエーション）の方法を確立した（モンテリウス, G. O. A. 1943）。一方で 19 世紀後半には単系進化説に基づく、文化の発達が論じられるようになる。先に述べたモーガンに代表されるように、この種の議論はヨーロッパの文化を発達の頂点と考え、未開の民族文化を未発達の段階にとどまる「生きた化石」とみなすものであった。

ところが 20 世紀に入ると、このような単系進化説にかわって伝播論や民族移動説が主流をしめるようになってくる。この時期の考古学者の主たる関心は、考古遺物が示す文化がどの民族の文化であるかを特定し、そこから民族移動を復元することであった。民族移動説では、文化の変化を民族の移動によって説明する。すなわち、ヨーロッパでは、イベリア人→ケルト人→チュート人（ゲルマン人）というように、それぞれ以前の段階よりも優れた文化をもつ民族が侵入してくることによって文化の発達と変容が生じたと解釈された。この場合後から移動してくる民族がもともとどこにいたのかが問題となるが、中央アジア周辺の地域に想定されることが多く具体的な検証がなされることはなかった。またヨーロッパの農耕、金属器生産技術の起源はすべてオリエントに求められ、新たな文化要素は東から西へ伝播したという伝播論が研究者間の基本的な共通認識となった時期でもある。このような状況のなかで、ゴードン・チャイルドは社会進化の原動力として生産を重視するマルクス主義的な進化論の立場をとり、進化論と伝播論を統合した。洪積世後の乾燥化がチグリス・ユーフラテス川やナイル川のような大河川流域への人口の集中を招き人間と動物や植物の共生関係が成立したことに農耕と牧畜の起源を求めた「オアシス仮説」（Childe, V. G. 1952）や農耕の開始によって食料の大量生産が可能となり古代文明の誕生に繋がったとする「新石器革命」の概念（チャイルド, V. G. 1951・1958）はその後の考古学に大きな影響を与えた。

第二次大戦後の文化人類学での新進化主義の台頭を受けて、考古学においてもルイス・ビンフォードによって「ニューアーケオロジー」が提唱され、進化論の見直しが始まった。

進化論との関係では、スチュワードやサーヴィス、サーリンズの新進化主義の影響を強く受けている。従来の発展段階的なモデルにかわってバンド社会や部族社会、首長制社会といった社会の諸類型が基本的な概念として用いられるようになった。特に生態学的な適応モデルを積極的に取り入れて、文化の多様性をさまざまな環境に対する適応の違いとして解釈した。また最適捕食理論などの生態学の理論も積極的に導入された。

　従来の文化史的な研究で一般的であったさまざまな要素の集合という文化観が静的なものであったのに対して、プロセス考古学が提示した環境への適応としての文化という考え方は自然と人間との間の相互関係や環境に対する人間のさまざまな活動を視野に入れている点で動的なものであった。

　またフォン・ベルタランフィの一般システム論の概念を用いて環境と社会や文化との関係をフィードバックによる相互規定的なものとしてとらえ、文化を技術・社会技術・思想技術の3つのサブシステムによって構成されるシステムであるとみなした（Binford, L. R. 1962）。このシステム論はフィードバックによるホメオスタシス（恒常性）で系の平衡状態が保たれるという開放系の動的平衡モデルであり、常に平衡状態が維持されているはずの社会や文化がなぜ変化するのかという問題はあるが（高木暢亮 2001）、社会や文化を要素の集合としてではなく機能的な統一性をもった一つの「系」として解釈することによって要素間の機能的関係性に注目する視点を考古学の研究のなかに導入した。プロセス考古学は技術形態や古環境の復元、道具の使用と廃棄、セトルメントパターン、遺跡形成過程などの新たな視点に基づく研究で成果を上げたが、一方で過度の適応モデルの応用、長期的な社会・文化変動に対しての関心の薄さなどの点で後にポストプロセス学派から批判を受けることとなる。

V. 考古学における進化論的アプローチの問題点と可能性

　これまでの考古学史上、進化論は何度か考古学に大きな影響を与えてきた。初期の単系的発展段階論から始まり、チャイルドの「新石器革命」概念の提示、1960年代の新進化主義に基づく生態学的視点に基づく研究の隆盛など、研究史の上でのいくつかの画期に進化論は重要な役割を果たしてきた。しかしながら現在では、生物としての人間の進化を扱う古人類学の分野を除いては、進化論に大きな関心が払われることはないように思われる。特に1980年代以降、ポストプロセス考古学による文化の諸類型を環境に対する適応パターンとみなす生態学的視点への批判と、一般法則を重視する進化論的なアプローチよりも個別性、歴史性を重視すべきだとの主張が考古学界にもかなりの影響を与えている。現在の考古学における進化論に準拠した研究には、以下に指摘するいくつかの問題点があると考える。

　第一にあげられるのは現在にも残る進歩主義的な思想の影響である。19世紀の単系進

化論のように文化間の差異を発展段階の差として解釈する研究者はいない現在において、依然として進歩主義的な思想が影響を残しているという指摘は奇異に感じられるかもしれない。しかしながら小川英文が指摘するように、狩猟採集社会は博物館の展示では最も古い段階のものとされ、農耕社会や古代国家の成立以前の最も原始的な段階として扱われている（小川英文 2000）。実際には農耕社会成立以降も狩猟採集民は存在し、農耕社会と相互補完的な関係を築いていたにも関わらず、そのような観点から狩猟採集社会が語られることはあまりないといってよいだろう。たとえば日本の弥生時代研究では、農耕、そのなかでも特に水田での稲作にある種の「執着」とでも呼べるほどの関心の集中が見られるが、一方で水田での稲作が普及した後も生業で重要な位置をしめていたであろう狩猟採集や漁撈に関心が払われることはあまりない。このように 19 世紀以来の単系的な発展段階史観は現在の我々の思考にも、明確に自覚されることなく、深く影響していることは確かである。

　また、異なる文化間の差異や共通性を環境に対する適応の結果であるとみなす解釈において文化の系統の違いがほとんど考慮されていない点も問題であるといえる。生物の進化においては、共通の祖先から生じた構造である「相同」と、機能的に同じ役割を果たす構造が別種の祖先からそれぞれ別の構造に由来して生じた「相似」は厳密に区別される。人間の腕とコウモリの翼はともに共通祖先の前肢が変化した結果生じた構造であるから相同の関係にある。それに対して、昆虫の翅と鳥の羽は異なる祖先からそれぞれ別の構造が変化することによって生じたものであるため相似の関係にある。昆虫の翅と鳥の羽は空を飛ぶという機能を果たすため、異なる適応過程によってそれぞれ別に進化したものであり、両者を比較することは同一の機能を果たす場合でもさまざまな適応の方法があるということを明らかにはするが、進化の過程を推定する場合には有効な方法ではない。相似の関係にある形質を比較することでは正確な歴史的な進化のプロセスを推定することはできないからである。しかしながら従来の進化論に基づく考古学研究では、この両者の区別が厳密になされてきたとはいい難い状況がある。ある系統の文化がさまざまな環境への適応の結果、多様な系統の文化へと変化した相同の場合も、まったく系統的なつながりのない文化間でみられる共通性が同じような環境下での類似した適応の結果生じた相似の場合もともに「環境に対する適応」とみなしてしまっては、正確な社会進化のプロセスは明らかにはできないと考える。

　さらに、ある程度複雑化あるいは機能分化した社会に対して適応モデルは上手く当てはまらないのではないかという疑問もある。複雑化・機能分化した社会では系を構成する要素の数が増大し、要素間の相互関係もそれにともなって複雑化する。また技術レベルが上がれば環境が人間の活動に与える物理的な制約は相対的に減少する。したがって、一定程度複雑化した社会では多数の文化要素のうちどれが環境への適応とみなすことができるかを同定することがより単純な構造をもつ社会と比較すると困難である。一定程度複雑化し

た社会を対象とした研究（Flannery, K. V. 1968、Redman, C. L. 1978 など）もあるが、生態的な適応モデルを採用した研究の多くは比較的単純な構造である狩猟採集段階の社会を対象としている。適応という視点に依拠しすぎては、長期の変動を扱うことは難しいのではないだろうか。

現在の進化論にはさまざまな環境と歴史のなかで展開してきた諸文化の差異と共通性双方を歴史的な脈絡や系統を考慮した上で統合することが求められている。このように考慮すべき問題点はあるものの、考古学が通時的な社会や文化の変動を扱う以上、進化論の重要性は今後も変わることはないと考える。

今回、須藤隆先生の退任にあたり拙文を献呈する機会を与えていただいたことに感謝いたします。先生の今後のますますのご健勝とご活躍を祈念してやみません。今後も変わらぬご指導をいただきたいと思います。文献の収集では種石悠氏に協力していただいたことにお礼を申し上げます。

引用文献

Binford, L. R. 1962 Archaeology as anthropology. *American Antiquity*, 28 (2) pp. 217-225.
Childe, V. G. 1952 *New Light on the Most Ancient East*. Routledge & Kegan Paul.
チャイルド, V. G. ねずまさし訳 1951『文明の起源』上・下　岩波書店
チャイルド, V. G. 今来陸郎・武蔵潔訳 1958『歴史のあけぼの』岩波書店
Eldredge, N. and Gould, S. J. 1972 Punctuated equilibria: an alternative to phyletic gradualism. In T. J. M. Schopf, ed., *Models in Paleobiology*. Freeman Cooper. pp. 82-115.
Flannery, K. V. 1968. Archaeological Systems Theory and Early Mesoamerica. In *Anthropological Archaeology in the Americas*, ed. by B. J. Meggers. pp. 67-87.
グールド, S. J. 浦本昌紀・寺田鴻訳 1995『ダーウィン以来』早川書房
ダーウィン, C. 八杉竜一訳 1963『種の起源』上・中・下　岩波書店
モンテリウス, G. O. A. 浜田耕作訳 1943『考古学研究法』萩原星文館
モーガン, L. H. 荒畑寒村訳 1969『古代社会』上・下　角川文庫
織田輝哉 1998「社会学における進化論的アプローチと合理的選択アプローチ」『理論と方法』22 pp. 137-148
小川英文 2000「狩猟採集民」『現代考古学の方法と理論』III pp. 131-141
Redman, C. L. 1978 *The rise of civilization: From early farmers to urban society in the ancient Near East*. W. H. Freeman.
サーリンズ, M.・サーヴィス, E. 山田隆治訳 1976『進化と文化』新泉社
Service, E. 1962 *Primitive Social Organization*. Random House.
Service, E. 1971 *Cultural Evolution: Theory in Practice*. Holt, Rinehart & Winston.
スチュワード, J. 米山俊直ほか訳 1979『文化変化の理論—多系進化の方法論—』弘文堂
高木暢亮 2001「考古学の理論的枠組みとしてのシステム理論の可能性」『人類史研究』13 pp. 41-46
タイラー, E. B. 比屋根安定訳 1962『原始文化』誠信書房
White, L. A. 1959 *Evolution of Culture*. MccGraw-Hill.

執筆者一覧 (執筆順)

氏名	(ふりがな)	東北大学卒業・修了等年度	所属 (2007年3月現在)
小野 章太郎	(おの しょうたろう)	2005年度 博士後期課程単位取得退学	宮城県教育庁文化財保護課
村上 裕次	(むらかみ ゆうじ)	2003年度 博士前期課程修了	宮城県教育庁文化財保護課
羽石 智治	(はねいし ともはる)	2004年度 博士後期課程単位取得退学	つがる市教育委員会文化課
佐久間 光平	(さくま こうへい)	1986年度 博士後期課程中途退学	宮城県教育庁文化財保護課
鈴木 宏行	(すずき ひろゆき)	1994年度 博士前期課程修了	(財)北海道埋蔵文化財センター
鹿又 喜隆	(かのまた よしたか)	2005年度 博士後期課程単位取得退学 2006年度 博士(文学) 取得	(株)加速分析研究所
原田 雄紀	(はらだ ゆうき)	2002年度 学部卒業	沼津市教育委員会文化振興課文化財調査係
早瀬 亮介	(はやせ りょうすけ)	2005年度 博士後期課程単位取得退学	福井県教育庁埋蔵文化財調査センター
千葉 直樹	(ちば なおき)	1999年度 博士前期課程修了	宮城県教育庁文化財保護課
菅原 哲文	(すがわら てつぶみ)	1995年度 博士後期課程中途退学	(財)山形県埋蔵文化財センター
水沢 教子	(みずさわ きょうこ)	1990年度 博士前期課程修了	長野県立歴史館
菅野 智則	(かんの とものり)	2004年度 博士後期課程単位取得退学 2006年度 博士(文学) 取得	東北大学大学院文学研究科
関根 達人	(せきね たつひと)	1991年度 博士前期課程修了	弘前大学人文学部
市川 健夫	(いちかわ たけお)	2005年度 博士前期課程修了	東北大学大学院文学研究科博士後期課程 在籍中
土屋 和章	(つちや かずあき)	2004年度 博士前期課程修了	長野県安曇野市役所
会田 容弘	(あいた よしひろ)	1987年度 博士後期課程中途退学	郡山開成学園郡山女子大学短期大学部
髙橋 哲	(たかはし あきら)	1997年度 博士前期課程修了	(株)アルカ
山崎 健	(やまざき たけし)	1999年度 学部卒業	名古屋大学大学院生命農学研究科博士課程(後期課程) 在籍中
斉藤 慶吏	(さいとう やすし)	2001年度 博士前期課程修了	青森県埋蔵文化財調査センター
氷見 淳哉	(ひみ あつや)	1997年度 博士後期課程中途退学	大船渡市教育委員会事務局生涯学習課
富岡 直人	(とみおか なおと)	1991年度 博士後期課程中途退学	岡山理科大学総合情報学部
奈良 貴史	(なら たかし)	1994年〜2002年 医学部助手 1994年 理学博士(ボルドーⅠ大学) 取得	国際医療福祉大学リハビリテーション学部
澤田 純明	(さわだ じゅんめい)	2003年度 博士後期課程修了 博士(障害科学) 取得	聖マリアンナ医科大学医学部
相原 淳一	(あいはら じゅんいち)	1979年度 学部卒業	宮城県教育庁文化財保護課
永嶋 豊	(ながしま ゆたか)	1995年度 博士前期課程修了	青森県埋蔵文化財調査センター
小原 一成	(おばら かずまさ)	2005年度 博士前期課程修了	北上市立埋蔵文化財センター
日下 和寿	(くさか かずひろ)	1994年度 博士前期課程修了	白石市教育委員会博物館準備室
田中 敏	(たなか さとし)	1983年度 博士前期課程修了	福島県文化センター白川館
櫻井 友梓	(さくらい ともはる)	2005年度 博士前期課程修了	岩手県教育委員会
奈良 佳子	(なら よしこ)	2005年度 博士後期課程単位取得退学	
藤原 弘明	(ふじわら ひろあき)	1997年度 博士前期課程修了	五所川原市教育委員会
渡邊 泰伸	(わたなべ やすのぶ)	2002年度 博士後期課程単位取得退学 2006年度 博士(文学) 取得	仙台育英学園高等学校
神田 和彦	(かんだ かずひこ)	2000年度 博士前期課程修了	秋田市教育委員会
高木 晃	(たかぎ こう)	1991年度 学部卒業	岩手県立博物館
種石 悠	(たねいし ゆう)	2002年度 博士前期課程修了	筑波大学大学院博士課程人文社会科学研究科 在籍中
簗瀬 裕一	(やなせ ゆういち)	1982年度 学部卒業	千葉市立加曽利貝塚博物館
西井 亨	(にしい とおる)	1998年度 博士前期課程修了	尾道市文化振興部世界遺産推進課
山口 博之	(やまぐち ひろゆき)	2006年度 博士後期課程単位取得退学 2006年度 博士(文学) 取得	(財)山形県埋蔵文化財センター
竹ヶ原 亜希	(たけがはら あき)	2000年度 博士前期課程修了	青森市教育委員会文化財課
高橋 理	(たかはし おさむ)	1987年度 博士後期課程単位取得退学	千歳サケのふるさと館
高木 暢亮	(たかき のぶあき)	2000年度 博士後期課程修了 博士(文学) 取得	東北大学埋蔵文化財調査室

編集後記

　このたび、須藤隆先生のご退任をお祝いする『考古学談叢』を刊行することができました。40人の執筆者の方々による大部の論集となりました。これもひとえにご多忙の折にもかかわらずご執筆頂いた方々、多額の寄附を頂いた皆々様のおかげと、厚く御礼を申し上げます。また、題字を頂いた宮城教育大学教授加藤豊伋先生に心から感謝申し上げます。
　本論集の編集作業は、関根達人と菅野智則が中心となって進めました。本論集にかかわる事務作業には、東北大学考古学研究室の工藤久美子氏のほか、市川健夫ら大学院生の諸氏にご協力を頂きました。また、本論集刊行にあたり六一書房の八木環一氏、三陽社の若槻真美子氏には、様々なご配慮を頂きました。ご協力いただいた皆様に深く感謝の意を表します。

　　　　　　　　　　　　　　　　　　　　　　　　　　　須藤隆先生退任記念論集刊行会

考古学談叢

2007年5月25日　初版発行

編　者　東北大学大学院文学研究科考古学研究室
　　　　須藤隆先生退任記念論文集刊行会

発行者　八木　環一

発行所　有限会社　六一書房
　　　　〒101-0064　東京都千代田区猿楽町1-7-1　高橋ビル1階
　　　　TEL　03-5281-6161　　　FAX　03-5281-6160
　　　　http://www.book61.co.jp　　E-mail　info@book61.co.jp
　　　　振替　00160-7-35346

印　刷　株式会社　三陽社

ISBN 978-4-947743-50-3　C3021　　　　　　　　　　　　　　Printed in Japan